Praxisorientierte Einführung in die Allgemeine Betriebswirtschaftslehre

Lizenz zum Wissen.

Sichern Sie sich umfassendes Wirtschaftswissen mit Sofortzugriff auf tausende Fachbücher und Fachzeitschriften aus den Bereichen: Management, Finance & Controlling, Business IT, Marketing, Public Relations, Vertrieb und Banking.

Exklusiv für Leser von Springer-Fachbüchern: Testen Sie Springer für Professionals 30 Tage unverbindlich. Nutzen Sie dazu im Bestellverlauf Ihren persönlichen Aktionscode C0005407 auf *www.springerprofessional.de/buchkunden/*

Jetzt 30 Tage testen!

Springer für Professionals.
Digitale Fachbibliothek. Themen-Scout. Knowledge-Manager.

- Zugriff auf tausende von Fachbüchern und Fachzeitschriften
- Selektion, Komprimierung und Verknüpfung relevanter Themen durch Fachredaktionen
- Tools zur persönlichen Wissensorganisation und Vernetzung

www.entschieden-intelligenter.de

Springer für Professionals   Springer

Joachim Paul

Praxisorientierte Einführung in die Allgemeine Betriebswirtschaftslehre

Mit Beispielen und Fallstudien

3., aktualisierte Auflage

Springer Gabler

Prof. Dr. Joachim Paul
Hochschule Pforzheim
Pforzheim
Deutschland

ISBN 978-3-658-07105-9   ISBN 978-3-658-07106-6 (eBook)
DOI 10.1007/978-3-658-07106-6

Die Deutsche Nationalbibliothek verzeichnet diese Publikation in der Deutschen Nationalbibliografie; detaillierte bibliografische Daten sind im Internet über http://dnb.d-nb.de abrufbar.

Springer Gabler
© Springer Fachmedien Wiesbaden 2006, 2011, 2015
Das Werk einschließlich aller seiner Teile ist urheberrechtlich geschützt. Jede Verwertung, die nicht ausdrücklich vom Urheberrechtsgesetz zugelassen ist, bedarf der vorherigen Zustimmung des Verlags. Das gilt insbesondere für Vervielfältigungen, Bearbeitungen, Übersetzungen, Mikroverfilmungen und die Einspeicherung und Verarbeitung in elektronischen Systemen.
Die Wiedergabe von Gebrauchsnamen, Handelsnamen, Warenbezeichnungen usw. in diesem Werk berechtigt auch ohne besondere Kennzeichnung nicht zu der Annahme, dass solche Namen im Sinne der Warenzeichen- und Markenschutz-Gesetzgebung als frei zu betrachten wären und daher von jedermann benutzt werden dürften.
Der Verlag, die Autoren und die Herausgeber gehen davon aus, dass die Angaben und Informationen in diesem Werk zum Zeitpunkt der Veröffentlichung vollständig und korrekt sind. Weder der Verlag noch die Autoren oder die Herausgeber übernehmen, ausdrücklich oder implizit, Gewähr für den Inhalt des Werkes, etwaige Fehler oder Äußerungen.

Lektorat: Susanne Kramer

Gedruckt auf säurefreiem und chlorfrei gebleichtem Papier

Springer Fachmedien Wiesbaden ist Teil der Fachverlagsgruppe Springer Science+Business Media
(www.springer.com)

Vorwort zur 3. Auflage

Ich kann „aus meiner Praxiserfahrung die Schilderung der Herausforderungen und Probleme ... nur bestätigen. Ich erkenne mein tägliches Arbeitsumfeld der vergangenen Jahre wieder", kommentiert ein Manager aus der Praxis die erste Auflage dieses Buches. Genau das ist auch das Ziel: nicht nur ein weiteres theoretisches Lehrbuch schreiben, sondern die Theorie mit der Praxis zu verbinden.

Praxisorientiert zu sein, das ist der Anspruch vieler Lehrbücher. Um diesem Anspruch gerecht zu werden, ist es indessen notwendig, nicht nur marginale Anpassungen vorzunehmen, sondern *neue Konzepte* zu entwickeln. Dies wird hier versucht.

Neue Konzepte – das bezieht sich zunächst einmal auf die Didaktik. Das Buch zeichnet sich durch zahlreiche *praktische Beispiele* und *Fallstudien* aus. Neben vielen Fällen aus realen Unternehmen, werden die Theorien auch jeweils anhand zweier fiktiver, aber realitätsnaher Unternehmungen verdeutlicht.

Neue Konzepte – das bezieht sich auch auf den *Inhalt*. Es bedeutet die Integration *neuer praxisrelevanter Themen* in die klassische Betriebswirtschaftslehre, dem der Verzicht auf einige historisch bedeutsame, aber heute weniger relevante Themen gegenübersteht.

Es bedeutet die Integration von Aspekten des *Verhaltens von Individuen* – Machtinteressen, Emotionen, Abteilungsegoismus – mit denen praktisch jeder in der Praxis konfrontiert wird, die aber in den meisten Lehrbüchern kaum behandelt werden.

Es bedeutet die Integration des Themas *Ethik* – in der Wirtschaft wohl notwendiger denn je, aber ebenfalls bisher in Einführungen wenig diskutiert.

Neue Konzepte – das bezieht sich schließlich auf die *Lesbarkeit*. Der Stoff wird aufgelockert durch Beispiele im Anekdoten-Stil. Dabei geht es gelegentlich auch um Themen, die der Leser vielleicht nicht in einem betriebswirtschaftlichen Lehrbuch erwartet, um Borussia Dortmund, Britney Spears und Mutter Theresa, und um ein „Mülleimer"-Modell. Er lernt in diesem Buch eine aktuelle, abgerundete und umfassende Betrachtungsweise der Betriebswirtschaft kennen.

Ich danke allen, die mich bei meiner Arbeit durch konstruktives inhaltliches Feedback und wertvolle und zeitraubende redaktionelle Arbeiten unterstützt haben. Mein Dank gilt den Kolleginnen und Kollegen der Hochschule Pforzheim, allen voran Prof. Dr. Jürgen Volkert; der akademischen Mitarbeiterin des Studiengangs International Business (IB), Frau Julia Daß, sowie Anke Reiling für die redaktionelle Überarbeitung und Aktualisierung der dritten Auflage.

Mein persönlicher Dank gilt meiner ganzen Familie für die liebevolle Unterstützung bei allen privaten und beruflichen Herausforderungen.

Das Buch richtet sich an alle Studierenden und an Studieninteressierte der Wirtschaftswissenschaften, die an einer praxisorientierten Einführung interessiert sind, die nicht auf Kosten des Niveaus geht. Es richtet sich also an Fachhochschulen und Corporate Universities, aber auch an Studierenden und Dozenten von Universitäten, die an einer Brücke von der Theorie zur Praxis interessiert sind. Schließlich ist das Buch gerade auch für Praktiker, die sich jenseits des Tagesgeschäfts einen fundierten Überblick über die Betriebswirtschaftslehre verschaffen möchten, eine nützliche Lektüre.

Den Leserinnen und Lesern wünsche ich nicht nur einen für Studium und Beruf brauchbaren Erkenntnisgewinn, sondern auch viel Spaß beim Lesen.

Prof. Dr. Joachim Paul

Inhaltsverzeichnis

1	**Einführung**		1
	1.1	Themenstellung	1
	1.2	Zum Begriff der Betriebswirtschaftslehre	6
	1.3	Aufbau des Buches	7
	1.4	Didaktik des Buches	7
	1.5	Einführung in die Fallstudien	8
		1.5.1 Fitness GmbH	8
		1.5.2 Supercar AG	15
2	**Grundlagen**		23
	2.1	Erste Perspektive: Unternehmensebene	23
		2.1.1 Begriff des Unternehmens	23
		2.1.2 Typologie der Unternehmen	26
		2.1.3 Das ökonomische Prinzip	32
		2.1.4 Weitere Beispiele zum ökonomischen Prinzip	33
		2.1.5 Teilgebiete der Betriebswirtschaftslehre	35
		2.1.6 Das volkswirtschaftliche Umfeld des Unternehmens	37
	2.2	Zweite Perspektive: Ebene der Individuen im Unternehmen	41
		2.2.1 Individuelles Verhalten in Organisationen – die Sichtweise verschiedener Disziplinen	41
		2.2.2 Erkenntnisse der Volkswirtschaftslehre	41
		2.2.3 Erkenntnisse der Politikwissenschaft	62
		2.2.4 Die Ebene der einzelnen Akteure als Teilgebiet der Betriebswirtschaftslehre	83
		2.2.5 Schlüsselkompetenzen und „Soft Skills"	102
		2.2.6 Steuerungsprozesse im Unternehmen	124
	2.3	Dritte Perspektive: Ethik- und Werteebene	127
		2.3.1 Der Begriff der Ethik	127
		2.3.2 Unternehmensethik	130

		2.3.3	Individualethik	147
		2.3.4	Whistleblowing	156
	2.4	Fazit		161

3 Unternehmenspraxis ... 163
- 3.1 Grundfragen der Unternehmenspraxis ... 163
- 3.2 Unternehmensstrategie ... 164
  - 3.2.1 Strategien und strategische Erfolgspositionen ... 164
  - 3.2.2 Die Einbettung des strategischen Managements in eine „Management-Philosophie" und eine Unternehmenskultur ... 171
  - 3.2.3 Kritik am strategischen Management in der Praxis ... 180
  - 3.2.4 Fallstudien zur Strategieentwicklung ... 188
- 3.3 Rechtsformen des Unternehmens ... 196
  - 3.3.1 Überblick über die verschiedenen Rechtsformen ... 196
  - 3.3.2 Die wichtigsten traditionellen Rechtsformen ... 199
  - 3.3.3 Kriterien bei der Wahl der Rechtsform ... 203
  - 3.3.4 Die Führung von Großunternehmen ... 212
  - 3.3.5 Weitere Rechtsformen ... 222
  - 3.3.6 Mischformen ... 227
  - 3.3.7 Neuere Rechtsformen: UG, SE ... 232
  - 3.3.8 Fallstudien zur Rechtsform ... 234
- 3.4 Unternehmensorganisation ... 241
  - 3.4.1 Begriff und Grundlagen der Organisation ... 241
  - 3.4.2 Aufbauorganisation ... 246
  - 3.4.3 Ablauforganisation ... 278
  - 3.4.4 Formale und informale Organisation ... 286
  - 3.4.5 Organisatorische Veränderungen ... 291
  - 3.4.6 Fallstudien zur Organisation ... 304
- 3.5 Human Resources Management (HRM) ... 317
  - 3.5.1 Einleitung ... 317
  - 3.5.2 Personalbedarfsplanung ... 319
  - 3.5.3 Personalbeschaffung ... 323
  - 3.5.4 Personaleinsatz ... 333
  - 3.5.5 Personalführung ... 344
  - 3.5.6 Motivation ... 361
  - 3.5.7 Entgelt und andere materielle Leistungen ... 379
  - 3.5.8 Personalentwicklung ... 395
  - 3.5.9 Personalfreisetzung ... 402
  - 3.5.10 Fallstudien zum Personalmanagement ... 403
- 3.6 Finanz- und Rechnungswesen, Controlling ... 410
  - 3.6.1 Einleitung ... 410
  - 3.6.2 Rechnungswesen ... 411

		3.6.3	Investition und Investitionsrechnung	422
		3.6.4	Finanzierung	429
		3.6.5	Controlling	436
		3.6.6	Fallstudien zum Controlling	481
	3.7	Beschaffung und Logistik		489
		3.7.1	Begriffsbestimmung	489
		3.7.2	Beschaffung	491
		3.7.3	Logistik	500
		3.7.4	Supply Chain Management (SCM)	503
	3.8	Produktion		505
		3.8.1	Begriff der Produktion	505
		3.8.2	Grundsätzliche Produktionsentscheidungen	506
		3.8.3	Operative Fertigungsplanung	511
	3.9	Marketing/Absatz		518
		3.9.1	Marketing als Unternehmensphilosophie	518
		3.9.2	Ethik im Marketing	520
		3.9.3	Der Markt als das wirtschaftlich relevante Umfeld der Unternehmung	521
		3.9.4	Marketingstrategie	522
		3.9.5	Marktsegmentierung	524
		3.9.6	Die Marketing-Instrumente	526
		3.9.7	Fallstudien zur primären Wertschöpfungskette	543
	3.10	Fazit: Betriebswirtschaft als Koordinations- und Optimierungsaufgabe		549
4	Konsequenzen und Schlussbemerkungen			551
	4.1	Die Ebene des Individuums		551
	4.2	Die Ebene der Unternehmensführung		554
	4.3	Die gesamtgesellschaftliche Ebene		555
Literatur				559
Sachverzeichnis				587

Abbildungsverzeichnis

Abb. 1.1	Organisationsstruktur „Fitness GmbH".............................	9
Abb. 1.2	Übersicht über die handelnden Personen der Fitness GmbH und wichtiger Kennzahlen.............................	16
Abb. 1.3	Organigramm Supercar AG.............................	17
Abb. 1.4	Aufsichtsrat der Supercar AG.............................	18
Abb. 1.5	**a** ausgewählte Kennzahlen (Gesamtjahr 2013) der Supercar Group. **b** Supercar Group-Fahrzeugabsatz nach Land bzw. Region (Gesamtjahr 2013). **c** Supercar Group-Anzahl Mitarbeiter per 31.12.2013.............................	19
Abb. 1.6	Organigramm des Bereichs Supercar AG International (Auszug)	20
Abb. 1.7	Übersicht über die handelnden Personen der Supercar AG.............	21
Abb. 2.1	Elemente und Systeme.............................	24
Abb. 2.2	Unternehmen und Haushalte.............................	25
Abb. 2.3	Unternehmenstypologien nach Branchen.............................	27
Abb. 2.4	Anteil der Wertschöpfung der Wirtschaftsbereiche am Bruttosozialprodukt 2012 in %.............................	28
Abb. 2.5	Klein-, Mittel- und Großbetriebe.............................	29
Abb. 2.6	Anteil der Unternehmen nach Anzahl der Beschäftigten.............	30
Abb. 2.7	Anteil der Beschäftigten nach Unternehmensgröße 2011.............	30
Abb. 2.8	**a** Die größten Unternehmen 2013 in Deutschland. **b** Die größten Unternehmen 2013 weltwelt.............................	31
Abb. 2.9	Teilgebiete der Betriebswirtschaftslehre.............................	36
Abb. 2.10	Gefangenendilemma.............................	44
Abb. 2.11	Einordnung von NIÖ und Principal-Agent-Problem in der Volkswirtschaftslehre.............................	45
Abb. 2.12	Typologie der Gewalt nach Galtung.............................	66
Abb. 2.13	Reaktionen des Einzelnen auf existenzielle und politische Angst und Ohnmacht.............................	69
Abb. 2.14	Die 36 Strategeme.............................	79
Abb. 2.15	Grundstruktur des Mülleimer-Modells.............................	87

Abb. 2.16	Schlüsselkompetenzen.	103
Abb. 2.17	Handlungskompetenz.	103
Abb. 2.18	Verhaltensregeln beim Smalltalk.	113
Abb. 2.19	Das Beziehungsnetzwerk.	113
Abb. 2.20	Konzentration auf die wesentliche Botschaft.	123
Abb. 2.21	Hansen-Schema.	136
Abb. 2.22	Merkmale des Compliance- und Integrity-Ansatzes.	142
Abb. 2.23	Unternehmensethischer Codex von Soer.	144
Abb. 3.1	Unternehmenspraxis – Aufbau des Kapitels	164
Abb. 3.2	Einbettung des strategischen Managements.	172
Abb. 3.3	Kulturtypen nach Deal/Kennedy	177
Abb. 3.4	Vereinheitlichung unterschiedlicher Interessen durch die Unternehmenspolitik.	183
Abb. 3.5	Rechtsformen.	197
Abb. 3.6	Grundstruktur der KG	200
Abb. 3.7	Mögliche Struktur einer GmbH.	201
Abb. 3.8	Mögliche Struktur einer kleinen GmbH	202
Abb. 3.9	Unternehmen nach Rechtsform und Größenklassen (2012)	203
Abb. 3.10	Ausprägungen und Wesensmerkmale der wichtigsten Rechtsformen	204
Abb. 3.11	Grundstruktur der Organe der AG.	214
Abb. 3.12	Größe und Zusammensetzung des AR gem. § 7(1) MitbestG.	216
Abb. 3.13	Grundstruktur der Organe der Aktiengesellschaft in den der Mitbestimmung unterliegenden Unternehmen.	217
Abb. 3.14	AR-Mandate in deutschen Unternehmen.	220
Abb. 3.15	Personelle Verflechtungen in deutschen Aufsichtsräten und Vorständen.	221
Abb. 3.16	Gesellschaftsstruktur der Bertelsmann AG (vereinfacht).	226
Abb. 3.17	Struktur einer GmbH & Co. KG	229
Abb. 3.18	Struktur einer GmbH & Co. KGaA.	230
Abb. 3.19	Gesellschaftsstruktur Borussia Dortmund GmbH & Co. KG	231
Abb. 3.20	Mögliche Rechtsformen für das Unternehmen von Fritz Ness	237
Abb. 3.21	Optimaler Organisationsgrad.	244
Abb. 3.22	**a** Mögliche organisatorische Grundstruktur eines Unternehmens. **b** Komponenten des Organigramms.	248
Abb. 3.23	Bestandteile einer Stellenbeschreibung.	250
Abb. 3.24	Beispiel Funktionendiagramm.	251
Abb. 3.25	Funktionale Organisation.	255
Abb. 3.26	Divisionale Organisation	257
Abb. 3.27	Regionale Organisation	258
Abb. 3.28	Organisation nach Kundengruppen (am Beispiel eines Verlags)	258
Abb. 3.29	International Division	259
Abb. 3.30	Beispiel einer Matrix-Organisation	260

Abbildungsverzeichnis

Abb. 3.31	Beispiel einer Matrix-Organisation mit Kompetenzübergewicht der divisionalen Dimension	261
Abb. 3.32	Spartenorganisation mit zentralen Stellen	262
Abb. 3.33	Beispiel einer Organisation nach SBU	263
Abb. 3.34	Stablinienorganisation	264
Abb. 3.35	Unternehmen U – ursprüngliche Organisation	267
Abb. 3.36	Unternehmen U – Stammhausorganisation und Tochtergesellschaften	268
Abb. 3.37	Unternehmen U nach der Reorganisation	268
Abb. 3.38	Organigramm der Voith AG	270
Abb. 3.39	Mindestanzahl von Mitarbeitern in Holdings europäischer Unternehmen	271
Abb. 3.40	Teilprozesse bei der Kundenauftragsabwicklung	273
Abb. 3.41	Organisation Siemens AG – Grobstruktur	275
Abb. 3.42	Ursprüngliche Organisation der Schulz GmbH	276
Abb. 3.43	Organigramm der Schulz GmbH nach dem Erwerb von D	276
Abb. 3.44	Organigramm der Schulz GmbH mit Asien-Vertrieb	277
Abb. 3.45	Endgültige Struktur der Schulz GmbH	277
Abb. 3.46	Beispiel Ablaufplan	283
Abb. 3.47	Beispiel Balkendiagramm	283
Abb. 3.48	Beispiel einer Vorgangsliste mit Abhängigkeiten	285
Abb. 3.49	Netzplan	285
Abb. 3.50	Formale und informale Strukturen	287
Abb. 3.51	Der „organisationale Eisberg"	288
Abb. 3.52	OE und Business Reengineering	302
Abb. 3.53	Organigramm der Fitness GmbH nach der Integration der e-Fitness	308
Abb. 3.54	Organigramm: Reorganisation der Supercar AG – erster Entwurf	311
Abb. 3.55	Organigramm: Reorganisation der Supercar AG – zweiter Entwurf	312
Abb. 3.56	Organigramm (Auszug): Tochtergesellschaften der Supercar AG nach dem Reorganisationskonzept	313
Abb. 3.57	Organigramm (Auszug): Tochtergesellschaften der Supercar AG nach dem Reorganisationskonzept – revidierte Fassung	317
Abb. 3.58	Betriebliche Produktionsfaktoren	318
Abb. 3.59	Kosten einer Fehlentscheidung bei einer Einstellung	324
Abb. 3.60	Internet Jobbörsen in Deutschland	326
Abb. 3.61	Ablauf eines Assessment Centers	329
Abb. 3.62	Vor- und Nachteile der Stellenspezialisierung	336
Abb. 3.63	Psychologische Wirkungen von Farben	340
Abb. 3.64	„Managerial Grid"	347
Abb. 3.65	Beispiel von Ziel- und Messgrößen	356
Abb. 3.66	Rollendilemmata von Führungskräften	359
Abb. 3.67	Anreizarten	362

Abb. 3.68	Bedürfnispyramide nach Maslow.	364
Abb. 3.69	Einflussfaktoren der Arbeitszufriedenheit.	367
Abb. 3.70	VIE-Theorie.	369
Abb. 3.71	Zusammenhang zwischen Zielhöhe und Motivation.	370
Abb. 3.72	VIE-Theorie – Beispiel.	370
Abb. 3.73	Wichtige Motivatoren aus Sicht von Mitarbeitern und Managern.	372
Abb. 3.74	Einteilung materieller Leistungen.	380
Abb. 3.75	Zielerreichung und Prämie (Beispiel).	383
Abb. 3.76	Vergütungen der Vorstände der „Dax"-Unternehmen im Jahr 2012.	392
Abb. 3.77	Organigramm S-Int nach Umstellungen.	409
Abb. 3.78	Finanz- und Rechnungswesen und Controlling – Überblick.	411
Abb. 3.79	T-Konto.	414
Abb. 3.80	Verbuchung Materialeinkauf.	414
Abb. 3.81	Schematische Darstellung der Erstellung des Jahresabschlusses.	415
Abb. 3.82	Grundstruktur der Bilanz.	416
Abb. 3.83	Bilanz vereinfachtes Beispiel.	417
Abb. 3.84	IFRS-Abschlüsse in Deutschland.	419
Abb. 3.85	Überleitung HGB-IFRS Abschluss der Volkswagen-Gruppe im Jahr 2000.	420
Abb. 3.86	Verfahren der Investitionsrechnung.	424
Abb. 3.87	Rentabilitätsrechnung.	425
Abb. 3.88	Amortisationsrechnung.	425
Abb. 3.89	Kapitalwert einer Investition.	426
Abb. 3.90	Jährlicher Einnahmeüberschuss einer Investition (Beispiel).	426
Abb. 3.91	Barwert der Investitionsrechnung (Beispiel).	426
Abb. 3.92	Arten der Finanzierung.	429
Abb. 3.93	Finanzplan Fall „Photolabor GmbH".	435
Abb. 3.94	Controlling-Prozess und Controlling-Funktionen.	436
Abb. 3.95	Einteilung des Controlling in vier Stufen.	437
Abb. 3.96	Struktur der IT eines Unternehmens.	438
Abb. 3.97	Beispiel eines „OLAP"-Datenwürfels.	441
Abb. 3.98	Praktisches Beispiel eines Datenwürfels.	442
Abb. 3.99	Anforderungskatalog für ein MIS-Projekt.	445
Abb. 3.100	Zweite Stufe des Controlling.	447
Abb. 3.101	Teilgebiete der KLR.	448
Abb. 3.102	Generelle Formel Kapitalrendite.	449
Abb. 3.103	Zeitplan Budgetrunde.	451
Abb. 3.104	Eingabemaske für einen Bericht.	457
Abb. 3.105	4-Fenster-Berichtswesen – Grundstruktur.	458
Abb. 3.106	Ergebnisbericht (Beispiel).	459

Abb. 3.107	Dritte Stufe des Controlling.	461
Abb. 3.108	Controller und Manager.	461
Abb. 3.109	Balanced Scorecard (Beispiel).	467
Abb. 3.110	Balanced Scorecard: die 4 Perspektiven.	469
Abb. 3.111	Balanced Scorecard: Zusammenhang zwischen Strategie und Tagesgeschäft.	469
Abb. 3.112	Balanced Scorecard: Entwicklung einer Balanced Scorecard.	470
Abb. 3.113	Ableitung von Kennzahlen (Beispiel).	472
Abb. 3.114	Balanced Scorecard: die Verknüpfungen.	473
Abb. 3.115	Struktur der OLAP-Variablen bei Supercar.	489
Abb. 3.116	Materialwirtschaft und Logistik.	490
Abb. 3.117	Pull-System der Kanban-Steuerung.	492
Abb. 3.118	Kombination von ABC- und XYZ-Analyse.	494
Abb. 3.119	Lieferantenkriterien.	497
Abb. 3.120	Optimale Bestellmenge.	498
Abb. 3.121	„Sägezahnkurve".	499
Abb. 3.122	Anteil Logistikkosten am Einzelhandels-Verkaufspreis von Bananen.	502
Abb. 3.123	Anteil Logistikkosten am Einzelhandels-Verkaufspreis ausgewählter Produkte.	502
Abb. 3.124	Beispiel einer Supply Chain.	503
Abb. 3.125	Anpassung von Absatz- und Produktionsprogramm.	508
Abb. 3.126	Charakteristika der Fertigungstypen.	509
Abb. 3.127	Fertigungsverfahren.	510
Abb. 3.128	Struktur zweier Erzeugnisse (Beispiel).	512
Abb. 3.129	Beispiel Stückliste.	513
Abb. 3.130	Daten zu einem Beispiel Gantt-Diagramm. (Legende: D = Drehbank, B = Bohrmaschine, S = Schleifmaschine).	515
Abb. 3.131	Beispiel Gantt-Diagramm (Maschinenbelegungsdiagramm).	515
Abb. 3.132	Daten zum Übungsbeispiel Gantt-Diagramm.	516
Abb. 3.133	PPS-Module.	517
Abb. 3.134	Gegenüberstellung von Absatz- und Marketing-Konzept (Selling and Marketing Concept).	519
Abb. 3.135	Marktgrößen.	522
Abb. 3.136	Kriterien der Marktsegmentierung.	525
Abb. 3.137	Milieus in Deutschland nach der Sigma-Studie.	526
Abb. 3.138	Komponenten des Produktnutzens.	528
Abb. 3.139	Lebenszyklusphasen.	531
Abb. 3.140	Distributionspolitische Entscheidungen.	536
Abb. 3.141	Absatzorgane.	538
Abb. 4.1	Die 10 Regeln des Intrapreneurs.	552

1 Einführung

1.1 Themenstellung

Die Betriebswirtschaftslehre ist seit über hundert Jahren als Wissenschaft und Lehrfach etabliert[1]. Viele entsprechende Studiengänge zeugen davon, Standardwerke wie die von Wöhe[2] oder Thommen/Achleitner[3] sowie andere Lehrbücher[4] sind weit verbreitet.

Gleichwohl wird hier ein weiteres Lehrbuch vorgelegt. Wozu, wenn doch „das Rad erfunden" zu sein scheint? Der Grund liegt in Ansätzen und in Themengebieten, die in der traditionellen betriebswirtschaftlichen Lehre zu kurz kommen. Themen, die für Betriebswirte aber von zu hoher *praktischer Relevanz* sind, um ignoriert oder nur als Randgebiet behandelt zu werden. Diese Themen zu integrieren, ist der Ansatz der hier beschriebenen Betriebswirtschaftslehre.

Vermittelt werden in der Betriebswirtschaft in Literatur und Studium zunächst einmal, lose definiert, die „traditionellen" betriebswirtschaftlichen Themen wie Allgemeine BWL, Finanzierung, Marketing und so weiter. Gemeint ist damit nicht nur Faktenwissen, sondern durchaus auch Methodenkompetenz, die Fähigkeit zum logisch strukturierten Vorgehen beim Treffen von Entscheidungen und dergleichen. Gemeinsam ist allen Ansätzen der orthodoxen Betriebswirtschaftslehre, dass stets das Optimum für das *Unternehmen als Ganzes* gesucht wird. „Die Betriebswirtschaftslehre befasst sich mit den Unternehmen"[5], das ist ihr Credo. Und das bedeutet, Gegenstand der Betriebswirtschaftslehre ist die Frage, wie optimale Entscheidungen *aus Sicht des Unternehmens* getroffen werden.

---

[1] vgl. z. B. Brockhoff (Geschichte).
[2] vgl. Wöhe (Betriebswirtschaftslehre).
[3] vgl. Thommen/Achleitner (Betriebswirtschaftslehre).
[4] vgl. z. B. Luger (Betriebswirtschaftslehre), Olfert/Rahn (Einführung), Korndörfer (Betriebswirtschaftslehre), Donnelly/Gibson/Ivancevich (Management).
[5] Olfert/Rahn (Einführung) S. 21.

© Springer Fachmedien Wiesbaden 2015
J. Paul, *Praxisorientierte Einführung in die Allgemeine Betriebswirtschaftslehre*,
DOI 10.1007/978-3-658-07106-6_1

Diese Art der Optimierung beleuchtet indessen nur eine Perspektive. Es existiert daneben eine zweite Perspektive, *die Perspektive der Individuen im Unternehmen*, die ihre *eigenen Interessen*, ihre Verhaltensweisen und so weiter haben. Bei dieser zweiten Dimension geht es um *Sozialkompetenz*, um *personale Kompetenz*. Beispiele hierfür sind Team- und Konfliktverhalten, Kommunikationsfähigkeit sowie Rhetorik, Argumentatorik.

Wie Untersuchungen zeigen, werden aus Sicht der Unternehmen die fachlichen Kompetenzen etwa durch die Hochschulen recht gut vermittelt. Größere Defizite sind aber im Bereich der sozialen und persönlichen Kompetenzen zu finden[6].

Tatsächlich blieb an den Hochschulen das Thema der „Stärkung sozialer und wertebezogener Kompetenzen lange Zeit deutlich unterbelichtet".[7] Eine Betriebswirtschaftslehre, welche diese Erkenntnis ernst nimmt, muss das Thema Sozialkompetenzen viel stärker integrieren. Immerhin geschieht das mittlerweile in vielen Ansätzen. In der Lehre bieten einige Hochschulen, zum Beispiel die Universität St. Gallen, entsprechende Wahlpflichtblöcke an. Andere, zum Beispiel Pforzheim, haben entsprechende Lehrveranstaltungen als obligatorischen Bestandteil im Curriculum integriert. Einzelne Projektveranstaltungen, die in diese Richtung gehen, sind ebenfalls zu finden[8].

Auch existiert mittlerweile eine Vielfalt von Literatur auf diesem Gebiet, sowohl was das Thema als Gegenstand wissenschaftlicher Forschung betrifft,[9] als auch in Form so genannter „praxisorientierter" „Ratgeber"[10]. Es fehlt aber weit gehend die *Integration*, die Behandlung des Themas als *selbstverständlichen Teil betriebswirtschaftlichen Handelns*, die Betrachtung des Aspekts bei allen „sachbezogenen" Entscheidungen.

Die zweite Perspektive umfasst aber noch einen anderen Aspekt, eine, wenn man möchte, „dunkle Seite", die oft ausgeblendet wird. So gut wie jeder Praktiker dürfte indessen im täglichen Leben andere Erfahrungen gemacht haben. Entscheidungen werden sehr stark beeinflusst von Interessen von einzelnen Akteuren, Personen oder Gruppen. Diese decken sich oft nicht mit denen des Unternehmens, oder stehen sogar im direkten Widerspruch dazu. Einige einfache plakative Beispiele:

- Zentrale Aufgabe des Personalmanagements bzw. der Führungskräfte ist es, Mitarbeiter zu fördern. Diese scheinbar banale Erkenntnis ist die Basis unzähliger Literatur zum Thema. Umgekehrt bedeutet das aus Sicht der Mitarbeiter: je mehr Leistung, um so besser. In der Praxis ist der Zusammenhang zwischen Leistung und Beförderung aber durchaus nicht eindeutig. Nach amerikanischen Studien schlägt angeblich „die Qualität der Arbeit gerade mal mit zehn Prozent bei einer Beförderung zu Buche"[11]. Dieses

---

[6] vgl. DIHK (Umfrage) S. 5 ff., S.14; vgl. auch z. B. Schaeper/Briedis (Kompetenzen); für Österreich: Hofstätter (Entwicklung) S. 5.
[7] Noll (Unternehmensethik) S. V.
[8] vgl. Knauf/Knauf (Schlüsselqualifikationen).
[9] vgl. z. B. Rosenstiel (Organisationspsychologie).
[10] vgl. z. B. Vogel (verkaufen), Lürssen (Karriere), Bonneau (Smalltalk).
[11] Krcal (Bescheidenheit).

Phänomen wird durchaus verständlich, wenn man die übliche Sichtweise der Betriebswirtschaft verlässt und sich in die persönliche Situation einer Führungskraft versetzt. Für diese könne die Förderung und Beförderung leistungsfähiger Mitarbeiter durchaus die Förderung eines Konkurrenten bedeuten – mit allen entsprechenden negativen Konsequenzen für die eigene Person, bis hin zum Verlust des eigenen Arbeitsplatzes. Damit wird verständlich, wenn gerade nicht die Besten gefördert werden, wie es die Literatur erwartet. „Erstklassige Leute ziehen erstklassige Leute nach, zweitklassige Leute ziehen drittklassige Leute nach" – diese unter „Headhuntern" kursierende Aussage drückt den Tatbestand aus. Im Extremfall gilt die finale Steigerungsform: „... und drittklassige Leute heuern Idioten an"[12].

- Angenommen, ein jüngerer Hochschulabsolvent stehe vor der Aufgabe, eine Werbekampagne in einem Unternehmen zu entwickeln. Angenommen, er erhalte die Möglichkeit, sein sachlich hervorragendes Konzept vor dem Vorstand zu präsentieren. Es sei weiterhin angenommen, er beherrsche hervorragend Präsentationstechniken. Ist damit die Annahme so gut wie sicher? Keineswegs: „Alte Gremienhasen wissen, dass jeder noch so gute Plan Verbündete braucht. Wer nicht rechtzeitig Allianzen schmiedet, kann sich meist nicht durchsetzen"[13]. Dies gilt in der Politik ebenso wie in anderen Organisationen. Fachkompetenzen reichen also nicht aus, auch nicht zusammen mit Methodenkompetenz in Sachen Präsentationstechnik. Ebenso wichtig ist ein weiterer Baustein, ein bestimmtes politisches Verhalten, hier also das Schmieden von Koalitionen. Der Plan könnte unabhängig von der Sache am Mangel an Verbündeten scheitern. Möglicherweise ist die Bildung von Allianzen im Vorstand gerade ungünstig verlaufen für den Vertreter der Abteilung Marketing Kommunikation. In diesem Fall könnte das Konzept scheitern aus Gründen, die unmittelbar gar nicht im Einflussbereich des Präsentierenden liegen.

- Das ökonomische Prinzip, die Grundlage der Betriebswirtschaftslehre, „zielt auf ein möglichst günstiges Verhältnis von Aufwand und Ertrag ab"[14]. In der Ausprägung des Minimalprinzips bedeutet das, einen bestimmten Erfolg mit möglichst geringen Mitteln zu bewirken. In der Praxis also: jeder sollte versuchen, im Sinne des Unternehmens bestimmte Ziele mit möglichst geringem Budget zu erreichen. Budgetminimierung ist aber gerade nicht unbedingt das Ziel von Abteilungsleitern. Im Gegenteil, als individuell Erfolg versprechend gilt es, *quantitativ immer mehr* zu produzieren, wie die so genannten praxisorientierten „Karriereratgeber" denn auch konsequenterweise betonen[15]. Mehr messbaren Output zu bringen lautet der Grundsatz, denn es wird „auf Quantität mehr reagiert als auf Qualität"[16]. Die Konsequenz ist dann auch, ein möglichst großes

---

[12] Mountfield (Visionen).
[13] o. V. (Sinn).
[14] Olfert/Rahn (Einführung) S. 22.
[15] vgl. Iaconetti/O'Hara (Karriere) 108 ff.
[16] Iaconetti/O'Hara (Karriere) 110.

Budget zu beantragen und durchzusetzen[17]. Im Controlling ist der Versuch, ein möglichst großes Budget unabhängig dem tatsächlichen Bedarf durchzusetzen, bekannt unter dem Begriff „budgetary slack"[18].

> **Beispiel: Standortwahl eines Automobilunternehmens**
>
> Ein großes europäisches Automobilunternehmen besaß vor einigen Jahren zwei Produktionsstätten in Nordamerika, eine in den USA, eine in Mexiko. Aufgrund von Absatzproblemen, Entwicklungen in der Produktionstechnologie sowie der Entstehung des gemeinsamen Nordamerikanischen Marktes (NAFTA) wurde damals klar, dass nur ein Standort sinnvoll und auf die Dauer überlebensfähig war.
>
> Der Leiter der Abteilung Finanzplanung wurde, wie in diesen Fällen üblich, mit der Erstellung einer Studie beauftragt, welche der beiden Fabrikationsstätten in Zukunft erhalten bleiben sollte. Das Ergebnis fiel überraschend eindeutig zugunsten des mexikanischen Standorts aus, obgleich diverse Gesichtspunkte wie Qualität, Verkehrsanbindung, Marktnähe und Image zunächst für die USA sprachen.
>
> Auf Basis des Vorschlags wurde von Vorstand und Aufsichtsrat dann auch die Schließung der US-Fabrik beschlossen.
>
> Insider behaupten indessen, sie hätten einen solchen Ausgang vorhergesehen. Aus einem einfachen Grund. Der zuständige Abteilungsleiter war einige Jahre Finanzchef des Unternehmens am mexikanischen Standort. Während dieser Zeit hatte er dort ein Haus gebaut, das er nun an Expatriates, also aus der Zentrale nach Mexiko entsandte Mitarbeiter des Konzerns, zu guten Konditionen vermietete. Da es in der mexikanischen Kleinstadt ansonsten kaum einen Markt für Häuser dieser Qualität und Größe gab, hätte eine Schließung des Werks zu massiven persönlichen finanziellen Einbußen des Abteilungsleiters geführt.

Dass es sich hier nicht um Einzelfälle handelt, sondern um weit verbreitete Praktiken, ist empirisch belegbar. So glauben nach einer Umfrage der Akademie für Führungskräfte in Bad Harzburg über Entscheidungsprozesse in Unternehmen drei Viertel aller deutschen Führungskräfte, „dass Macht- und Interessenkonflikte ein Votum für die beste Entscheidung ausschließen".[19] Entsprechend hat sich die „praxisorientierte" „Ratgeberliteratur" auch dieses Themas angenommen[20].

Die wirtschaftswissenschaftliche Literatur redet in diesem Zusammenhang von *Opportunismus*. Individuen handeln egoistisch, das bedeutet hier nicht im Sinne des Gesamtunternehmens.

---

[17] vgl. Iaconetti/O'Hara (Karriere) 249 ff.
[18] vgl. Horngren/Foster/Datar (Accounting) S. 185.
[19] o. V. (Manager).
[20] vgl. z. B. Drummond (Machspiele), DuBrin (Politics).

1.1 Themenstellung

Die Erkenntnis divergierender Interessen zwischen Unternehmen einerseits und den handelnden Akteuren andererseits ist in den Wirtschaftswissenschaften nicht neu. So ist sie in der Volkswirtschaftslehre Gegenstand der so genannten Neuen Institutionenökonomik (NIÖ) und der Principal-Agent-Theorie[21]. Die Betriebswirtschaftslehre beschäftigt sich mit ihr etwa im Rahmen der Mikropolitik[22]. Forschungsgegenstand sind die Dysfunktionalitäten, die durch die unterschiedlichen Interessen des Eigentümers des Unternehmens – Auftraggeber bzw. Principal – und des Managers oder Mitarbeiters – Beauftragter bzw. Agent – entstehen.

Die Principal-Agent Debatte hat indessen ebenso wie die Mikropolitik und ähnliche Gebiete kaum Eingang gefunden in der anwendungsorientierten Betriebswirtschaftslehre.

Hochschulabsolventen und Praktiker können aus der Literatur bisher wenig konkrete Handlungsanweisungen gewinnen. In den Einführungen zur allgemeinen Betriebswirtschaftslehre beispielsweise wird sie, wenn überhaupt, nur kurz und abstrakt erwähnt[23]. Dabei fordern Beiträge jüngeren Datums durchaus den Einbezug von Themen wie der NIÖ in die Managementausbildung[24]. Hier wird versucht, einen praktischen Beitrag zur Erfüllung der Forderung zu leisten.

Zu einer Betriebswirtschaftslehre, die den Anspruch erhebt, umfassend zu sein, gehört nun noch eine dritte Perspektive: *die ethische Perspektive* oder auch die *Perspektive der Vermittlung von Reflektionskompetenz*. Zur Illustration der Notwendigkeit der dritten Dimension auf die oben genannten Beispiele verwiesen. Angenommen, der Betriebswirtschaftslehre gelingt es, konkret darzulegen, wie ein Akteur Allianzen schmiedet, sein Budget maximiert, oder „verdeckte Spiele in Hierarchien"[25] betreibt. Es ist offensichtlich, dass hier sehr schnell eine ethische Komponente auftaucht. Die Akteure sehen sich mit der Frage konfrontiert, wie weit sie mit ihrem opportunistischen Verhalten gehen sollten. Wie skrupellos darf jemand sein, der sein Budget auf Kosten des Unternehmens maximiert, der Entscheidungen von Allianzen eher abhängig macht als von sachlichen Gesichtspunkten, der Beförderungen mittels „verdeckter Spiele" anstrebt?

Auf einer höheren Ebene wird der Manager dann mit typischen Problemen der Unternehmensethik konfrontiert. Ein bekanntes Beispiel unter vielen ist etwa die Frage, inwieweit international agierende Unternehmen auf korrupte Praktiken eingehen sollten, selbst wenn dies im jeweiligen Land gängige Praxis ist[26]; ein weiteres öffentlich viel diskutiertes Beispiel ist das der gesellschaftlichen Verantwortung von Unternehmen[27].

Betriebswirte, die in ihrer Ausbildung ausführlich mit opportunistischen Praktiken konfrontiert werden, könnten sich im schlimmsten Fall selbst zu Opportunisten entwi-

---

[21] vgl. z. B. Meinhövel (Principal-Agent) S. 471.
[22] vgl. Neuberger (Mikropolitik), Neuberger (Macht).
[23] vgl. z. B. Wöhe (Betriebswirtschaftslehre) S. 69 f., 75.
[24] vgl. Haase (Managementlehre) S. 162.
[25] Kräkel (Beförderungsentscheidungen) S. 25.
[26] vgl. z. B. Boda (Globalization) S. 238 f.
[27] vgl. z. B. Brost (Moral), Greiner (Gewinne).

ckeln[28]. Betriebswirte, die sich in ihrer Ausbildung nicht oder nur am Rand mit den sozialen Folgen ihres Handelns auseinandersetzen, sind Technokraten, die ihrer Rolle in der Gesellschaft nicht gerecht werden. Die normative Forderung ist daher, *bewusst auch in ethischen Kategorien* zu denken, also Reflektionskompetenz zu entwickeln.

1.2 Zum Begriff der Betriebswirtschaftslehre

Neben der Erweiterung der thematischen Basis ist auch eine *didaktische Komponente* charakteristisch für den hier praktizierten Ansatz der BWL. Die Theorien werden anhand von *Beispielen* und *Fallstudien* illustriert.

Betriebswirtschaftslehre (BWL) wird also hier *definiert* durch eine im Vergleich zur traditionellen Lehre *erweiterten Betrachtungsweise* durch die *parallele, aber auch integrative Betrachtung der drei Perspektiven:*

- *Unternehmensebene*
- *Ebene des Individuums*
- *Ethik- oder Werteebene*

sowie den stärkeren Gebrauch von Fallstudien und Beispielen.

Gegen diesen Ansatz mag eingewandt werden, dass durch den Einbezug neuer und so breiter Themenkreise, die Teilgebiete von Volkswirtschaftslehre, Politikwissenschaften und anderer Disziplinen einschließt, eine Überforderung von Lesern und Studierenden, aber auch von Lehrenden einschließlich des Autors stattfindet.

Darauf ist zu entgegnen, dass die Motivation für den Ansatz nicht (nur) analytisch-theoretisch, sondern die *praktische Relevanz* war.

Eine Betriebswirtschaftslehre, die den Anspruch erhebt, die Unternehmenswirklichkeit zu analysieren und angehenden und praktizierenden Betriebswirten Gestaltungshinweise zu geben, kann nicht wichtige Bereiche einfach ausklammern. Dieses Vorgehen würde an die alte Geschichte des Betrunkenen erinnern, der nachts an einer Laterne einen 100 m vorher verlorenen Schlüssel sucht, und auf die Frage, warum er nicht dort suche, wo er den Schlüssel verloren hat, antwortet: „Ich suche hier, weil hier Licht ist und dort ist es dunkel!"

Die Betriebswirtschaftslehre muss, um in diesem Bild zu bleiben, den „Schlüssel suchen wo er liegt".

Das Problem einer potenziellen Überforderung besteht gleichwohl. Es wurde hier gelöst, indem innerhalb aller Bereiche möglichst konsequent selektiv relevante Themen behandelt und weniger relevante ausgelassen wurden. Diese Selektion nach relevanten und weniger relevanten Themen ist, das sei zugestanden, zwangsläufig subjektiv; andere Autoren könnten zu einer anderen Auswahl kommen.

---

[28] vgl. Ghoshal/Morna (Bad).

1.3 Aufbau des Buches

Entsprechend dem erläuterten Konzept ist das Buch aufgebaut.

Das folgende Kap. 2 enthält zunächst die *Grundlagen*. Dabei wird unterschieden nach den drei Perspektiven. Eine ist die des Unternehmens, sie beschreibt im Wesentlichen den Ansatz der „klassischen" Betriebswirtschaftslehre.

Die zweite ist die des *Individuums im Unternehmen*. Hier werden, soweit zum Thema relevant, einige Grundlagen der Volkswirtschaftslehre und der Politikwissenschaften beschrieben. Es wird konkret auf die nötigen sozialen Kompetenzen, die „soft skills", eingegangen, und es werden Hinweise zum Verhalten im Unternehmensalltag gegeben.

Die dritte Perspektive in diesem Kapitel führt den Leser ein in die *Fragen der Ethik*, soweit sie im konkreten unternehmerischen Zusammenhang relevant sind.

Im Kap. 3 werden die Konsequenzen des Ansatzes für die einzelnen *Bereiche* der *betrieblichen Praxis* dargestellt. Behandelt werden zunächst strategische Fragen der Unternehmung und anschließend die wichtigsten Funktionen.

Auch in den einzelnen Abschnitten dieses Kapitels ergeben sich Unterschiede zum „orthodoxen" Ansatz durch die Integration der verschiedenen Perspektiven.

So wird bei Themen wie Organisation und Führung starkes Gewicht auf die Berücksichtigung der Interessen der einzelnen Akteure gelegt, im Finanz- und Rechnungswesen wird im Schwerpunkt Controlling auch auf ethische Fragen hingewiesen, die mancher Leser dort vielleicht nicht erwarten würde. Hingegen wird aus Platzgründen auf andere Themen wie Produktions- und Kostentheorie oder die Standortwahl des Unternehmens verzichtet, zumal diese auch in vielen anderen Lehrbüchern bereits ausreichend beschrieben sind[29].

Im abschließenden Teil werden einige mögliche Konsequenzen dargestellt, Konsequenzen für das Handeln des Einzelnen, des Unternehmens, und auch politische und wirtschaftspolitische Konsequenzen für gesellschaftliche Entscheidungsträger.

1.4 Didaktik des Buches

Ein zentrales didaktisches Mittel sind neben der praxisorientierten allgemeinen Darstellung *zwei Fallstudien* von fiktiven, gleichwohl realitätsnahen Unternehmen. Die Unternehmen, die Fitness GmbH und die Supercar AG, werden in den folgenden Abschnitten vorgestellt.

In einzelnen Kapiteln werden die beschriebenen Themen anhand der Unternehmen erläutert. Die Fallstudien laufen also *begleitend über das gesamte Buch*.

▶ Daneben wird der beschriebene Sachverhalt in den jeweils grau unterlegten Teilen anhand spezifischer realer Beispiele verdeutlicht. Diese Beispiele sind teilweise der Literatur entnommen und entsprechend belegt.

---

[29] vgl. z. B. Luger (Betriebswirtschaftslehre) S. 67 ff.; Wöhe (Betriebswirtschaftslehre) S. 320 ff.

Andere Fälle kenne ich als Autor entweder aufgrund eigener Erfahrung oder aus persönlichen Gesprächen. Ein Beispiel für diese Art Fallstudien ist die oben beschriebene Standortwahl eines Automobilherstellers. Es liegt in der Natur der Sache, dass diese Beispiele nicht überprüfbar und damit im wissenschaftlichen Sinn nicht belegt sind. Sie erheben insofern auch nicht den Anspruch von Wissenschaftlichkeit, wurden aber bewusst dennoch aufgenommen, da sie sich didaktisch oft gut zur Verdeutlichung eignen.

1.5 Einführung in die Fallstudien

1.5.1 Fitness GmbH

Das Unternehmen „Fitness GmbH" wurde vor neunundzwanzig Jahren von Fritz Ness (56 Jahre alt) gegründet und ist heute ein europaweit agierender Anbieter von Produkten und Dienstleistungen rund um das Thema „Wellness"[30]. Im vergangenen Jahr beschäftigte das Unternehmen ca. 300 Mitarbeiter und erzielte einen Umsatz in Höhe von 39 Mio. € bei guter Profitabilität. Sitz des Unternehmens ist eine mittelgroße Kreisstadt im Südwesten von Deutschland mit rund 70.000 Einwohnern. In den Anfangsjahren des Unternehmens produzierte das Unternehmen Gehäuseteile aus Blech und übernahm als Lohnfertiger Montagearbeiten für Kunden aus der Metall- und Elektroindustrie. Fritz Ness selbst ist von Hause aus Diplom-Ingenieur und schon früh erkannte er, dass durch rationale und schlanke Produktions- und Montageverfahren Geld zu verdienen war. Er entschied sich daher, sein eigenes Unternehmen zu gründen, nachdem er zuvor drei Jahre erfolgreich als Konstrukteur in einem Unternehmen des Maschinen- und Anlagenbaus tätig war.

Mit unternehmerischer Weitsicht und Intuition baute er sein Unternehmen ständig weiter aus. Trotz des bisherigen Erfolges seines Unternehmens schreckt er auch nicht davor zurück, immer wieder „alte Zöpfe" abzuschneiden und durch innovative Lösungen zu ersetzen. Vieles, was er als Unternehmer unternahm und entschied, entsprang weniger einer systematischen Strategie und Vorgehensweise. Er folgte vielmehr seinem unternehmerischen Gespür. Gerade seine Vision und sein Gespür waren in Vergangenheit immer wieder Motor für kreative und richtungsweisende Produkte und Leistungen aus seinem Unternehmen. Seine ständige Unruhe, Dinge anders und besser als Andere zu machen, war die Quelle für seine zahlreichen Ideen für Neuprodukte, Produktions- und Montageverfahren. Getragen durch seinen gesunden Menschenverstand und Pragmatismus verstand er es meisterhaft, für seine Kunden anwendungsfreundliche Produkte mit hohem Nutzen zu schaffen. Was Fritz Ness bedauerte, war, dass er in all den Jahren nie die Zeit für eine fundierte Managementausbildung fand. Das, was er an Managementkompetenz besaß, erwarb er sich schlicht und einfach nach dem Prinzip „Versuch und Irrtum". Seine ihm an-

---

[30] die Fallstudie basiert auf Hering/Frick (Fallbeispielen) mit freundlicher Genehmigung des Herausgebers. Zu Kap. 1 vgl. Hering/Frick (Fallbeispielen) S 1 ff.

1.5 Einführung in die Fallstudien

geborene Neugierde an allem Neuen machte jedoch auch nicht vor Managementmethoden halt. Gerne hörte er in diesem Punkt auf den Rat seiner Führungskräfte und Mitarbeiter und bohrte so lange mit Fragen nach, bis er die Hintergründe eines Sachverhaltes selbst verstanden hatte. War eine Sache einmal entschieden, mussten die Dinge dann rasch und effizient umgesetzt werden. Entsprechend seinem rationalen Wesen waren ihm schnelle Lösungen lieber, die ein Problem zu 90 % lösten. 110 %-ige Lösungen, die eine Sache „vergolden", wie er immer sagte, waren ihm ein Dorn im Auge. Bei allem Perfektionismus war es ihm lieber, Dinge anzupacken und nach dem Motto vorzugehen: „Wer beginnt gewinnt". Gingen Vorhaben schief, so trug er dies mit seinem beliebten rheinländischen Humor und versuchte, aus den gemachten Erfahrungen zu lernen.

Vor drei Jahren wandelte Fritz Ness sein Unternehmen in eine Kapitalgesellschaft, eine Gesellschaft mit beschränkter Haftung (GmbH), um, deren Anteile er bislang alleine besitzt. Als Junggeselle möchte er den langfristigen Fortbestand seines Lebenswerkes sichern, in dem nach seinem Tode mindestens 25 % der Anteile auf die von ihm gegründete „Fitness Stiftung" übergehen.

Gleichzeitig mit der Umwandlung in eine GmbH gab er dem Unternehmen eine neue Organisationsstruktur. Das Unternehmen war eine Holding mit vier rechtlich selbständigen GmbH-Gesellschaften (vgl. Abb. 1.1). Die Holding selbst versteht sich als Managementholding und besitzt die Gesellschaften zu 100 %.

- *Fitness Produktions GmbH (FP GmbH)*

Die FP GmbH beschäftigt derzeit 200 Mitarbeiter und produziert ausschließlich Wellness-Produkte wie beispielsweise Fitnessgeräte, Solarien und Massagegeräte für die unternehmenseigene Fitness Vertriebs- und Service GmbH. Der Innenumsatz der FP GmbH betrug im letzten Jahr rund 16 Mio. €. Geschäftsführer der FP GmbH ist Willi Kantig (55 Jahre),

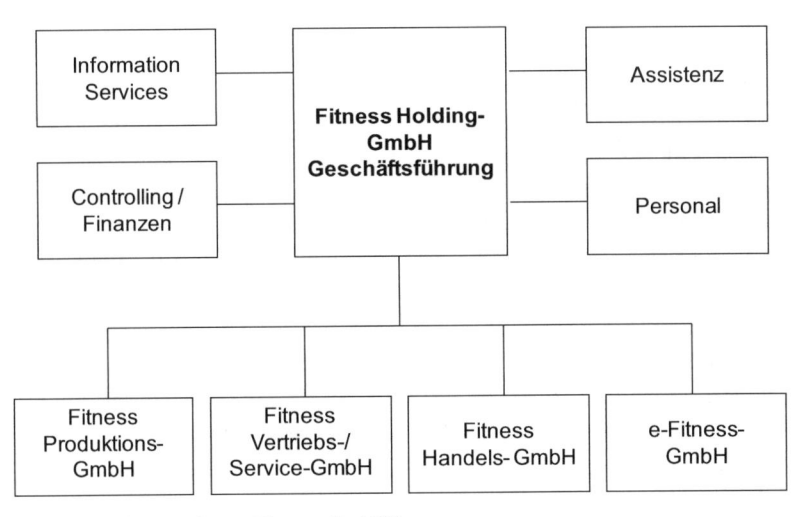

Abb. 1.1 Organisationsstruktur „Fitness GmbH"

der gleichzeitig der dienstälteste Mitarbeiter im Konzern ist. Willi Kantig wurde von Fritz Ness vor sechsundzwanzig Jahren als REFA-Techniker eingestellt und ist seither sein treuer Weggefährte. Beide kennen sich von der gemeinsamen Schulzeit, sind Duz-Freunde und verstehen sich in allen technischen Fragen blind. Ihre gemeinsame Leidenschaft war der Sport und ist seit wenigen Jahren insbesondere das gemeinsame Golfspiel bei bestem Handicap. Willi Kantig gilt als Allround-Talent in Produktions- und Montagethemen. Er ist begeisterter Verfechter der Massenproduktion mit entsprechend arbeitsteiligen Fertigungsstrukturen. Seinem misstrauischen Wesen entspricht auch sein Führungsprinzip: „Klare Vorgaben machen und ständig kontrollieren". Als spröder Haudegentyp ist er bei seinen Mitarbeitern mehr aufgrund seiner fachlichen Qualitäten, als aufgrund seiner persönlichen Eigenschaften geschätzt.

- *Fitness Vertriebs- und Service GmbH (FVS GmbH)*

Die FVS GmbH beschäftigt derzeit 30 Mitarbeiter und erzielte im vergangenen Jahr einen Umsatz in Höhe von 25 Mio. €. Die Vertriebsgesellschaft ist für den europaweiten Vertrieb und die Distribution der von der FP GmbH hergestellten Wellness Produkte verantwortlich. Zusätzlich bietet die FVS GmbH ihren Kunden Dienstleistungen rund um das Thema Wellness an. Hierzu gehören z. B. die Ernährungsberatung, Seminare für Mitarbeiter und Manager in Fitness- und Wellness-Centern, Einrichtungsberatung beim Ausbau von Wellnessbereichen. Hauptzielgruppe für diese Produkte und Dienstleistungen sind vorrangig Hotels und Fitness-Center, also Firmenkunden. Geleitet wird die FVS GmbH von Harry Netzer (45 Jahre), der seit acht Jahren im Unternehmen tätig ist und vor der Neuorganisation für Marketing und Vertrieb für das Gesamtunternehmen verantwortlich war. Harry Netzer absolvierte nach seiner Ausbildung als Hotelkaufmann ein Studium zum Diplom-Kaufmann. Aufgrund seiner vorangegangenen beruflichen Stationen bei internationalen Unternehmen verfügt er über exzellente Marktkenntnisse und hervorragende geschäftliche Beziehungsnetzwerke. Fast alles, was Harry Netzer begann, war von Erfolg gekrönt. Er arbeitete strukturiert und erkannte aufgrund seiner herausragenden Auffassungsgabe sehr schnell die kritischen Punkte, auf die es bei einer Sache ankam. Als ausgebuffter Stratege und Generalist zog er meist die richtigen Schlussfolgerungen bei anstehenden Managementfragen und traf die richtigen Entscheidungen. Eine weitere große Stärke von Harry Netzer ist sein Beziehungsmanagement zu anderen Menschen. Er pflegt nicht nur vertrauensvolle Beziehungen zu seinen Kunden, sondern ist auch bei seinen Mitarbeitern und Managementkollegen äußerst beliebt. Mit seinem kooperativen Führungsstil bezieht er seine Mitarbeiter sehr früh in anstehende Entscheidungen mit ein. Er delegiert ausgesprochen gern die Verantwortung für die Umsetzung von Vorhaben an seine Mitarbeiter und hält sich so den Rücken für wesentliche Aufgaben und die Beziehungspflege frei. Besonders erfreut sind die Mitarbeiter, wenn er als kleine Aufmunterung im Alltagstrott im Vorbeigehen etwas Süßes auf den Schreibtisch legt oder den so genannten „Freitagskuchen" spendiert. Fritz Ness schätzt die Kompetenz und persönliche Art von Harry Netzer

1.5 Einführung in die Fallstudien

sehr und im Rahmen der Neuorganisation ernannte er ihn zum Stellvertreter der Holdinggeschäftsführung. Er dokumentierte damit klar, wer „zweiter Mann im Hause" ist und nach seinem Ausscheiden aus dem Tagesgeschäft mit sechzig Jahren seine Nachfolge antreten sollte. Über all die Jahre der Zusammenarbeit hatte sich zwischen den beiden ein sehr gutes Vertrauensverhältnis entwickelt, das von gegenseitigem Respekt getragen war. Rein privat verband die beiden nicht besonders viel, da es Harry Netzer mit seinen 111 kg Körpergewicht mehr mit Winston Churchill hielt: „No sports". Wellness war für ihn die aktive Pflege eines passiven sich erholenden Körpers.

- *Fitness Handels GmbH (FH GmbH)*

Die FH GmbH war die Lieblingsgesellschaft von Fritz Ness, weil sie seiner Meinung nach alles Sinnliche und Schöne im Wellnessbereich vertrieb. Die Produkte – ausschließlich Handelsware unter der Marke „Fit&Beauty" – waren Kosmetika, Öle und Ernährungszusatzstoffe für den gesunden Körper. Hauptzielgruppe für diese Produkte waren Kosmetikstudios, Beauty-Farmen, Wellness-Center und natürlich Frauen. Die Gesellschaft erzielte im vergangenen Jahr den bisherigen Rekordumsatz in Höhe von 14 Mio. € und beschäftigt derzeit 42 Mitarbeiter, davon 21 im Außendienst. Die Geschäftsführerin der FH GmbH ist Yvonne Diehl (39 Jahre). Sie ist seit ihrem Hochschulabschluss als Diplom-Wirtschaftsingenieurin in der Fitness GmbH tätig. Ihre Karriere begann sie in der Fertigungsplanung und kam über Logistikprojekte mehr durch Zufall in den Vertrieb als Leiterin Auftragsabwicklung und Technische Hotline. Gerne wäre sie Geschäftsführerin der FP GmbH geworden. Sie war Verfechterin einer schlanken und flexiblen Fertigungsphilosophie und sah gerade in diesem Bereich noch enormes Potenzial für die Fitness GmbH. Fritz Ness schätzte ihre Kompetenz im Produktionsmanagement sehr, doch war ihm auch nicht die Händlermentalität von Yvonne Diehl entgangen. Bei Verhandlungen zeigte sie sich sympathisch und partnerschaftlich, vertrat jedoch beharrlich und scharfsinnig ihre Verhandlungspositionen und setzte sich mit dieser Strategie meistens durch. Auf diese Weise hatte sie dem Unternehmen bei Investitionen schon viel Geld gespart. Wie viele Händler besaß sie auch eine gute Portion Schlitzohrigkeit, ohne dabei die Geschäftspartner über den Tisch zu ziehen. Oberstes Gebot bei allen ihren Managemententscheidungen war die Profitorientierung. Sie entschied nach dem einfachen Motto: „No business without profit". Gerade diese Denkweise gefiel Fritz Ness besonders und es war sein erklärtes Ziel, sie so gut es ging als Mentor zu fördern. Im Managementteam zeigte sich Yvonne Diehl als echte Teamplayerin, partnerschaftlich, offen für andere Standpunkte, engagiert und konstruktiv kritisch. Nur manchmal musste sie wegen ihrer Dynamik und impulsiven Art von den Kollegen gebremst werden. Ihre Mitarbeiter führte sie konsequent nach zuvor vereinbarten Zielen und verlangte wie von sich selbst hohe Leistungen. Sie gab ihren Mitarbeitern große Freiräume, wurde allerdings sehr unangenehm, wenn der bestehende Freiraum nicht genutzt oder missbraucht wurde.

- *e-Fitness GmbH (eF GmbH)*

Die jüngste Gesellschaft im Fitness-Konzern war die e-Fitness GmbH. Auf Betreiben von Tom Frisch (30 Jahre) wurde vor drei Jahren dieses Start Up Unternehmen als eigenständige Gesellschaft neu gegründet. Ziel ist es, die verschiedenen e-Business Aktivitäten des Fitness Konzerns in dieser Gesellschaft zu bündeln. Zentrale Aufgabe ist hierbei die Einrichtung eines elektronischen Marktplatzes für Produkte und Dienstleistungen der Wellnessbranche auf der Plattform „FitandWellPoint.com". Hauptzielgruppe sind die bereits bestehenden Firmenkunden (Hotels und Fitness Center) und insbesondere Privatkunden, die an Wellness-Angeboten und Themen interessiert sind. Bislang erzielte die eF GmbH mit 6 Mitarbeitern noch keine nennenswerten Umsätze und verursacht beträchtliche Anlaufkosten. Gerade deshalb ist die eF GmbH innerhalb des Managementteams nicht ganz unumstritten.

Tom Frisch arbeitete seit fünf Jahren mit dem Fitness Konzern zusammen und wollte ursprünglich sein eigenes Unternehmen mit Internetdiensten gründen. Nachdem ihm hierfür das nötige Eigenkapital fehlte, wollte er ursprünglich Fritz Ness als Investor (Venture Capitalist) gewinnen. Dieser sah es jedoch als vorteilhafter an, Tom Frisch für die freie Mitarbeit an einigen innovativen Projekten der Informationstechnologie im Unternehmen zu gewinnen.

Schon als Teenager hatte sich Tom Frisch für IT und das Internet begeistert und gilt in der einschlägigen e-Business Szene als absoluter Kenner der Materie. Fritz Ness gefiel an Tom Frisch die Kreativität und der Enthusiasmus, wenn er von einer Idee überzeugt war und er sich einer Sache total verschreiben konnte. Und gerade die eF GmbH machte er ganz zu seiner Sache. Rastlos arbeitete er nahezu rund um die Uhr am Aufbau des elektronischen Marktplatzes. Er liebte die Möglichkeit, völlig autonom an seiner Geschäftsidee arbeiten zu können. Im Konzern selbst wurde er als „Exot" bzw. „Paradiesvogel" gesehen, weil er weder eingefahrenen Strukturen und Wege für sich beanspruchte, noch diese akzeptierte. Mit seiner jugendlichen und unvoreingenommenen Art hatte er etwas lausbübisch Verspieltes an sich, so dass man ihm fast nichts übel nehmen konnte. Alle sahen in ihm den irgendwie netten Kerl.

- *Die Zentralfunktionen*

Neben den GmbH-Gesellschaften gehören zur Holding einige Zentralfunktionen (vgl. Abb. 1.1). Dies sind: Informationstechnologie/Wissensmanagement, Controlling und Finanzen, Personal sowie Assistenz der Geschäftsführung. Die Zentralfunktionen haben die Aufgabe, den GmbH-Gesellschaften mit ihrem Expertenwissen unterstützend und beratend zur Seite zu stehen. Die Kosten für diese Leistungen werden den GmbH-Gesellschaften durch einen jährlich neu festgelegten Umlageschlüssel zugerechnet. In dieser Frage gab es jedes Jahr aufs Neue langatmige Diskussionen über die Höhe der Umlage und deren Rechtfertigung. Überhaupt war die Beziehung zwischen den GmbH-Gesellschaften und den Zentralfunktionen seit der Neuorganisation latent angespannt. Die GmbH Gesellschaften sahen sich durch Vorgaben aus der Holding „gegängelt"; umgekehrt reklamieren die Zentralfunktionen für sich mehr fachlichen Einfluss und Weisungsbefugnis auf die GmbH-Gesellschaften. Fritz Ness sah diesen Konflikt, hoffte aber, dass letztendlich das „freie Spiel der Kräfte" und die „persönliche und fachliche Kompetenz" sich in dieser Frage langfristig durchsetzen werden.

1.) Zentralfunktion „Informationstechnologie/Wissensmanagement"
Die Organisationseinheit „Informationstechnologie/Wissensmanagement" wird von Pit Baith (42 Jahre) geleitet. Pit Baith machte bereits seine Ausbildung zum Industriekaufmann bei der Fitness GmbH und er hat sich im Lauf der Jahre zielstrebig vom Operator zum EDV-Leiter hochgearbeitet. Angetrieben von seinem Ehrgeiz und mit hohem zeitlichem Einsatz folgt er fachlich den dynamischen Entwicklungen der Informationstechnologie. Nach einer streng logischen Systematik hat er für den Fitness Konzern eine auf aktuellem Stand befindliche IT-Infrastruktur aufgebaut. Als Verfechter einer zentralen IT-Strategie geht er bei der Ausgestaltung des IT-Systems auf die spezifischen IT-Bedarfe der GmbH-Gesellschaften nur ungern ein. Er verfährt eher nach dem Grundsatz „Vogel friss oder stirb". Das Thema Wissensmanagement, das seit der Neuorganisation zusätzlich zu seinem Verantwortungsbereich hinzukam, wird von ihm kaum bzw. sehr einseitig vorangetrieben. Wissensmanagement ist seiner Ansicht nach das Bereitstellen einer gut strukturierten und zentralen Datenbank mit kurzen Zugriffszeiten für die Nutzer.

2.) Zentralfunktion „Finanzen und Controlling"
Die Verantwortung für die Organisationseinheit „Finanzen und Controlling" liegt bei Simon Ordnung (35 Jahre). Er war im Zuge der Neuorganisation vor drei Jahren als Nachfolger für den langjährigen kaufmännischen Leiter eingestellt worden. Zuvor war er als Junior Berater bei einer renommierten amerikanischen Unternehmensberatung tätig gewesen. Simon Ordnung hatte bei seinen Beratungsprojekten zahlreiche Erfahrungen in verschiedenen Branchen gesammelt. Er entsprach in vielerlei Hinsicht dem Idealprofil eines guten Controllers und hatte gutes Potenzial für die Aufgaben eines Geschäftsführers. Simon Ordnung besaß ein gutes analytisches Denkvermögen und er hinterfragte alle wesentlichen Sachverhalte beharrlich, bis sie ihm wirtschaftlich plausibel erschienen. Manchmal wurde er dem einen oder anderen recht unbequem, wenn er bei Planungsrunden die zugrunde liegenden Prämissen in Frage stellte und durch bessere Daten und Fakten ersetzte. Meist zeigte sich im Nachhinein jedoch, dass er mit seinen Einschätzungen richtig lag. Für Fritz Ness und die anderen Geschäftsführer war er der kompetente Ansprechpartner in allen betriebswirtschaftlichen Belangen. Schnell erfasste er unternehmerische Themenstellungen, analysierte diese scharfsinnig und leitete daraus in sich schlüssige und pragmatische Lösungsansätze ab. Häufig gingen ihm Entscheidungsprozesse im Unternehmen zu langsam und, bedingt durch seine Ungeduld und sein ungestümes Vorgehen, konnte er manchmal nicht verstehen, dass bestimmte Entscheidungen nicht nur verordnet, sondern auch innenpolitisch akzeptiert werden mussten.

3.) Zentralfunktion „Personal"
Susi Pay-Roll (33 Jahre) ist seit einem Monat die neue Personalleiterin der Fitness GmbH. Sie ist verheiratet, hat zwei Kinder und ist seit knapp zehn Jahren im Personalmanagement tätig. Nach ihrem Studium der Betriebswirtschaft war sie knapp zwei Jahre Assistentin des Personalleiters in einem größeren Unternehmen der Metallindustrie. Aufgrund Ihrer sehr guten Leistungen wurde sie im selben Unternehmen Personalleiterin eines Produktionswerkes mit 800 Mitarbeitern.

Auf der Suche nach der Gesamtverantwortung für das Personalwesen in einem erfolgreichen Unternehmen lernte sie die Fitness GmbH kennen. Sie wurde eingestellt und hatte alles, was man für eine solche Stelle braucht: eine gute Ausbildung, Erfahrung, Engagement, Kommunikationsfähigkeit und eine positive Persönlichkeit. Mit großer Ambition und vielen neuen Ideen zur Gestaltung eines innovativen Personalmanagement ist sie in ihre neue Aufgabe gestartet. In ihrem Mann fand Susi Pay-Roll auch einen hervorragenden Gesprächspartner für alle beruflichen Belange. Er selbst ist Marketingdirektor eines Maschinenbauunternehmens, führt fünfzehn Mitarbeiter und trifft Tag für Tag mit den unterschiedlichsten Menschen zusammen. Vorgänger von Susi Pay-Roll war Walter Ausgleich. Er hatte dieses Amt über 20 Jahre lang inne und arbeitete sich vom kaufmännischen Auszubildenden innerhalb des Unternehmens hoch. Er verstand es immer vorzüglich, Konflikte im Unternehmen zu schlichten und das Unternehmen auch nach außen als harmonisches Ganzes zu repräsentieren. Er war in gewisser Hinsicht Beichtvater für die Mitarbeiter und Prellbock gewesen zwischen den Bedürfnissen der Geschäftsführung und den Interessen der Belegschaft. In der komplexen Welt der verschiedenen Interessenlagen und Beziehungsnetzwerke im Unternehmen hatte er sich zurechtgefunden und war überall beliebt.

Der Gesamtbetriebsrat Besonders zugute kamen ihm seine Stärken im Umgang mit der Gesamtbetriebsratsvorsitzenden Olga Prohle (56 Jahre). Mit ihrer hervorragenden Rhetorik war sie die Meinungsbildnerin im Unternehmen schlechthin und konnte, wenn erforderlich, auch die Mitarbeiter hinter ihre Positionen bringen. Sie war konstruktiv-kritisch und ging neue Wege der Geschäftsführung und Personalleitung dann mit, wenn die Interessen der Mitarbeiter ausreichend berücksichtigt wurden.

Letztendlich gelang Walter Ausgleich und Olga Prohle über all die Jahre eine sehr gute Personalpolitik im Sinne einer guten Balance zwischen den individuellen Bedürfnissen der Mitarbeiter und Führungskräfte und den unternehmerischen Zielen und Anforderungen.

Assistent der Geschäftsführung Die Assistenzfunktion der Geschäftsführung wurde vor drei Monaten erstmalig durch Heike Pfiffig (25 J.) besetzt. Heike Pfiffig stammt aus einer alteingesessenen Unternehmerfamilie und hat ihr Studium der Internationalen Betriebswirtschaft mit Prädikatsexamen an einer privaten Business School abgeschlossen. Sie hatte in verschiedenen internationalen Unternehmen Praktika gemacht und zwei Jahre als Juniorberaterin in einer renommierten Unternehmensberatung gearbeitet. Heike Pfiffig kannte Fritz Ness von verschiedenen sportlichen Begegnungen. Auf der Suche nach einer herausfordernden Aufgabe mit Gestaltungsmöglichkeit in einem mittelständischen Unternehmen sprach sie auch Fritz Ness an, der ihr eine vielversprechende Aufgabe als Assistentin der Geschäftsführung anbot. Fritz Ness war schon lange auf der Suche nach einer qualifizierten Kraft, die ihn mit aktuellen Managementmethoden in seinen Geschäftsführungsaufgaben unterstützen sollte. Heike Pfiffig war auf den ersten Blick für diese Aufgabe etwas überqualifiziert, aber es war geplant, dass sie mittelfristig die Funktion Strategische Planung bei der Fitness GmbH übernimmt. Heike Pfiffig hatte eine sehr gute Auffassungsgabe, konnte hervorragend analytisch denken und war sehr konzeptionsstark. Mit Ihrer couragierten und diplomatischen Art fand sie sehr schnell die Akzeptanz bei den Führungskräften und wurde respektvoll die „Junge Wilde" genannt.

Für Fritz Ness war erfolgreiches Unternehmertum eine Mischung aus Intuition, Konsequenz und systematischem Vorgehen. Insbesondere beim letzten Punkt hatte er das Gefühl, dass er sein Unternehmen für die zukünftigen Herausforderungen fit machen musste. Er gab Heike Pfiffig daher den Auftrag, im gesamten Unternehmen eine Bestandsaufnahme zu den eingesetzten Managementmethoden zu machen und Optimierungsvorschläge auszuarbeiten. Ihm kam es dabei weniger auf das lehrbuchartige Aufzeigen von Managementmethoden an. Vielmehr wollte er wissen, mit welchen pragmatischen Managementwerkzeugen in seinem Unternehmen wesentliche strategische und operative Themenstellungen systematisch und effizient gelöst werden konnten (Abb. 1.2).

1.5.2 Supercar AG

Im Jahr 1904 entwickelte der junge schwäbische Ingenieur Martin Superle den Wagen mit dem Namen „Falke", eines der in der damaligen Zeit leistungsstärksten Fahrzeuge. Der „Falke" ging aber nie in Serie. Erst zwanzig Jahre später machte sich Superle, der sich mittlerweile aus privaten Gründen in Köln niedergelassen hatte, selbständig und verkaufte den „S-3 Typ 40", der nicht nur im Markt, sondern auch in vielen Autorennen erfolgreich war. 1936 erwuchsen daraus die Superle Automobilwerke. Kurz nach dem zweiten Weltkrieg, in dem die Fertigung auf die Rüstungsproduktion umgestellt worden war, kam der Sportwagen „S-11" auf den Markt. Der S-11 war von Anfang an ein Erfolg. Gut zwei Drittel der Produktion wurden exportiert, die USA waren der größte Auslandsmarkt.

Die *Produktpalette* wurde kontinuierlich verändert und erweitert, zunächst innerhalb des Sportwagen-Segments. Später kamen sportliche Limousinen hinzu, und Ende der neunziger Jahre mit einem „Sports Utility Vehicle" (SUV) eine dritte Modellreihe. Der SUV wird in der amerikanischen Stadt St. Louis produziert, der ersten und bisher einzigen Produktionsstätte außerhalb Deutschlands.

Heute sieht die Palette wie folgt aus:

- Sportwagen: SC 110 (Coupé, Cabriolet) und SC 112 (Roadster)
- Limousinen: SC 242, der größere SC 244, und der Kombi SC 246
- SUV: SC 444.

Funktion	Typ
Geschäftsführer (Holding) Fritz Ness	Visionär, gute Ideen, intuitiv, Alleininhaber, wenig systematisch, aber interessiert an neuen Managementmethoden (56 Jahre)
Geschäftsführer Fitness Produktion GmbH/FP GmbH 200 Mitarbeiter/16 Mio. Euro Willi Kantig	26 Jahre im Unternehmen, Duz-Freund vom Holding-GF, spielen gemeinsam Golf, Massen-Produktioner, Anhänger der arbeitsteiligen Fertigung, Führungsprinzip: Vorgabe und Kontrolle; Haudegen-Typ (55 Jahre)
Geschäftsführer Fitness Vertriebs- und Service GmbH/FVS GmbH 30 Mitarbeiter/25 Mio. Euro Harry Netzer	Strukturiert, stark im Beziehungsmanagement, guter Stratege, generalistisch, Vertreter des GF Holding (2. Mann im Hause), exzellente Marktkenntnisse (45 Jahre) seit 8 Jahren im Unternehmen; no sports-Typ
Geschäftsführerin Fitness Handels GmbH/FH GmbH 42 Mitarbeiter/14 Mio. Euro Yvonne Diehl	Weiblich, Händlertyp; dynamisch, schlitzohrig, partnerschaftlich, profitorientiert, Anhängerin schlanker, flexibler Strukturen, (39 Jahre), wollte Produktions-GF werden, seit 12 Jahren im Unternehmen (nach Hochschule)
Geschäftsführer E-Business GmbH 6 Mitarbeiter/0 Euro Umsatz Tom Frisch	Will autonom sein, versteht sich gut mit jungen Leuten, absoluter Kenner der E-business-Szene, enthusiastisch, überzeugt von seiner Idee, akzeptiert keine eingefahrenen Strukturen und Wege, 30 Jahre, seit 5 Jahren im Unternehmen, wollte ursprünglich sein eigenes Unternehmen gründen, hatte hierfür jedoch zu wenig Kapital
IT/Wissensmanagement (Holding) Pit Baith	Eigengewächs (seit 17 Jahren im Haus: vom Operator zum EDV-Leiter), technologiegetrieben, analytisch, Zentralist (42 Jahre)
Controlling und Finanzen (Holding) Simon Ordnung	Erfahrung, analytisch denkend, kreativ, unbequem, gutes Potenzial für Geschäftsführeraufgaben, 3 Jahre im Unternehmen, agiert als Berater im Unternehmen (35 Jahre), war Junior-Berater
Personal (Holding) Susi Pay-Roll	Innovativ, unerfahren, neu im Unternehmen, kommunikativ, weiblich (33 Jahre), 2 Kinder, Mann ist Marketing-Direktor in einem Maschinenbau-Unternehmen
Betriebsrats-Vorsitzende Olga Prohle	Konstruktiv-kritisch, geht neue Wege mit, sofern die Mitarbeiterinteressen gewahrt sind, exzellente Rhetorikerin, die die Mitarbeiter hinter ihre Position bringen kann, Meinungsbildnerin (56 Jahre), frühere Freundin des Alleininhabers, seit 40 Jahren im Unternehmen, informelle Macht im Hause
Assistentin der Geschäftsleitung Heike Pfiffig	25 Jahre, seit drei Monaten im Unternehmen, zweijährige Erfahrung in Strategieberatung, sehr gute Auffassungsgabe, analytisch, konzeptionsstark, beliebt im Management, couragiert und diplomatisch, „Junge Wilde"

Abb. 1.2 Übersicht über die handelnden Personen der Fitness GmbH und wichtiger Kennzahlen

Gesellschaftsrechtlich erfolgte 1956 die Umwandlung in eine Aktiengesellschaft (AG). Zehn Jahre später brachte der Sohn des mittlerweile verstorbenen Firmengründers das Unternehmen an die Börse, um das weitere Wachstum zu finanzieren. Die Familie des Enkels des Firmengründers, Franz-Martin Superle, besitzt noch 25 % des Stammkapitals (genauer: 25 % plus eine Aktie). Ende der siebziger Jahre geriet das Unternehmen in Turbulenzen und als Folge davon in eine Liquiditätskrise. Die Krise schlug auch politisch in der Region hohe Wellen. Um die Arbeitsplätze zu sichern, gewährte das Bundesland Nordrhein-Westfalen (NRW) nach langer Diskussion eine Unterstützung und stieg dabei als Anteilseigner bei der Supercar AG mit 15 % ein.

1.5 Einführung in die Fallstudien

```
                    ┌─────────────────┐
                    │ Dr. Rolf Wimme  │
                    │ AR- Vorsitzender,│
                    │   Aufsichtsrat  │
                    └────────┬────────┘
                             │
                    ┌────────┴────────┐
                    │ Dr. Gerhard Eisele│
                    │  Sprecher des   │
                    │    Vorstands,   │
                    │    Vorstand     │
                    └────────┬────────┘
                             │──────────────── Supercar International
         ┌─────────┬─────────┼─────────┬─────────┐
```

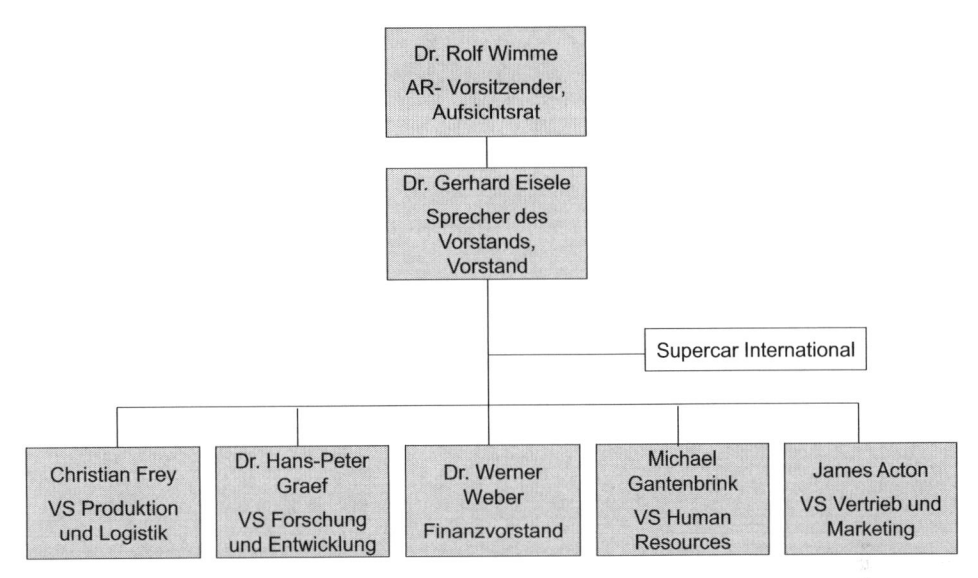

Christian Frey	Dr. Hans-Peter Graef	Dr. Werner Weber	Michael Gantenbrink	James Acton
VS Produktion und Logistik	VS Forschung und Entwicklung	Finanzvorstand	VS Human Resources	VS Vertrieb und Marketing

Abb. 1.3 Organigramm Supercar AG

Eine deutsche Bank besitzt ebenfalls ein größeres Aktienpaket. Der Rest des Kapitals befindet sich in der Hand von Kleinaktionären, also in Streubesitz. Damit sieht die Anteils- und Stimmrechtsverteilung so aus:

- Familie Superle 25 %
- NRW 15 %
- deutsche Bank 12 %
- Streubesitz 48 %.

Das Unternehmen ist in verschiedene Vorstandbereiche gegliedert (vgl. Abb. 1.3).

Im *Vorstand* existieren, so wird kolportiert, zwei „Fraktionen". Die eine Fraktion gilt als der Familie Superle nahe stehend und vertritt eine konservative Linie. Manche bezeichnen sie als die „alte Mafia". Ihr gehören der Sprecher Dr. Eisele und der Entwicklungschef Dr. Graef an. Die beiden kennen sich seit der Zeit ihres gemeinsamen Ingenieurstudiums.

Ihr stehen die bisweilen so genannten „Revolutionäre" gegenüber, James Acton und Christian Frey.

Der Engländer Acton wurde vor drei Jahren von Dr. Eisele selbst in das Unternehmen geholt, weil, wie er in einer Pressekonferenz erläuterte, sich die „globale Ausrichtung des Unternehmens auch in der Zusammensetzung des Vorstands spiegeln" sollte. Für Acton und Frey bedeutet die „globale Ausrichtung" aber, die Supercar Gruppe viel mehr nach angelsächsischen Grundsätzen führen, was auf den entschiedenen Widerstand der anderen Fraktion stößt. Die beiden restlichen Vorstandsmitglieder gelten als neutral.

Der *Aufsichtsrat (AR)* ist entsprechend dem Gesetz über die paritätische Mitbestimmung mit jeweils 10 Vertretern aus Arbeitgeber- und Arbeitnehmerseite besetzt. Die

```
┌─────────────────────┐
│  Dr. Rolf Wimme     │
│  AR-Vorsitzender    │
└─────────────────────┘
```

Arbeitgeberseite:
- Franz-Martin Superle (Vertreter Fam. Superle)
- Hans-Friedrich Hösch (Vertreter Land NRW)
- ...

Arbeitnehmerseite:
- Hans Bauer (stellv. AR-Vorsitzender, stellv. Vorsitzender IG Metall)
- ...

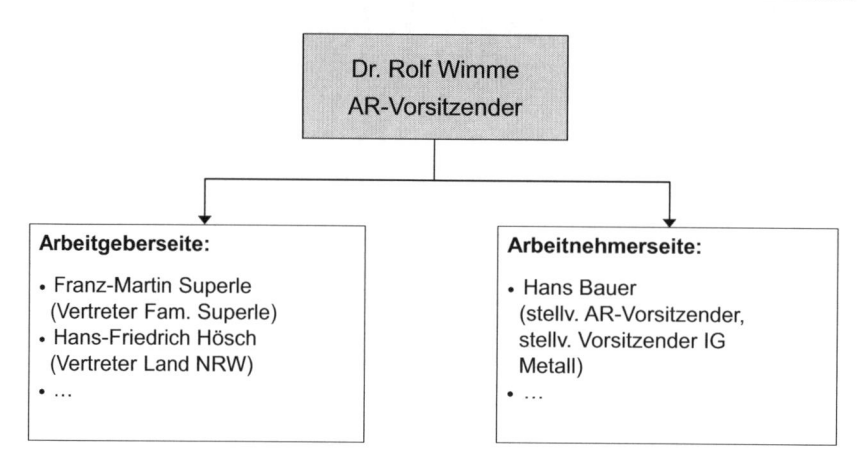

Abb. 1.4 Aufsichtsrat der Supercar AG

Arbeitgeber stellen dabei den Vorsitzenden, die Arbeitnehmer den Stellvertreter. Die wichtigsten Mitglieder des AR sind in Abb. 1.4 dargestellt.

Traditionell gehören dem Aufsichtsrat ein Vertreter der Familie Superle und einer des Landes Nordrhein-Westfalen an, wobei der NRW-Vertreter H.-F. Hösch Mitglied der Landesregierung ist.

Der Aufsichtsratsvorsitzende ist selbst Vorstandsvorsitzender eines Energieversorgungsunternehmens. Ihm werden auch gute Kontakte zum Vorstand der Deutschen Bank nachgesagt.

Der Supercar *Konzern* (Supercar Group) besteht aus 11 Gesellschaften, der Konzernmutter in Deutschland und zehn Tochtergesellschaften, die zu 100 % der Supercar AG gehören:

SuperCar AG, Köln, Deutschland
SuperCar Inc., St. Louis/Missouri, USA
SuperCar Espana S.A., Madrid, Spanien
SuperCar Australia Pty. Ltd., Brisbane, Australien
SuperCar Great Britain Ltd., Watford, Großbritannien
SuperCar France S.A., Lyon, Frankreich
SuperCar Japan K.K., Tokyo, Japan
SuperCar South Africa Pty. Ltd., Cape Town, Süd Afrika
SuperCar Italia S.p. A., Milano, Italien
SuperCar Latinoamerica S.A., Sao Paulo, Brasilien
SuperCar Middle East FZE, Dubai, VAE

Produziert wird in Köln und St. Louis, alle anderen Tochterunternehmen sind reine Vertriebsgesellschaften. Den folgenden Tabellen sind die wichtigsten Kennzahlen der Gruppe zu entnehmen (vgl. Abb. 1.5a–c).

Die Betreuung der Tochtergesellschaften wird im Stammhaus vor allem durch eine Stabsabteilung – genauer: ein Bereich – vorgenommen, die *Supercar International* („S-Int")

1.5 Einführung in die Fallstudien

Umsatz	27 938 Mil. €
Gewinn (Ergebnis nach Steuern)	234 Mil. €
Anzahl ausgelieferte Fahrzeuge	765 Tsd.
Anzahl Mitarbeiter per 31.12.	69 Tsd.

a

	Ausgelieferte Fahrzeuge (Tsd.)
Deutschland	184
USA	160
Spanien	36
Australien	41
Großbritannien	49
Frankreich	39
Japan	49
Südafrika	24
Italien	40
Lateinamerika	43
Arabische Länder	30
Rest der Welt (RdW)	70
TOTAL	**765**

b

	Anzahl Mitarbeiter (Tsd.)
Deutschland - Produktion	27,9
Deutschland - Forschung/Entwicklung	4,9
Deutschland - Rest	8.9
USA - Produktion	7,6
USA - Rest	6
Restliche Gesellschaften	13,6
TOTAL	**68,9**

c

Abb. 1.5 a ausgewählte Kennzahlen (Gesamtjahr 2013) der Supercar Group. **b** Supercar Group-Fahrzeugabsatz nach Land bzw. Region (Gesamtjahr 2013). **c** Supercar Group-Anzahl Mitarbeiter per 31.12.2013

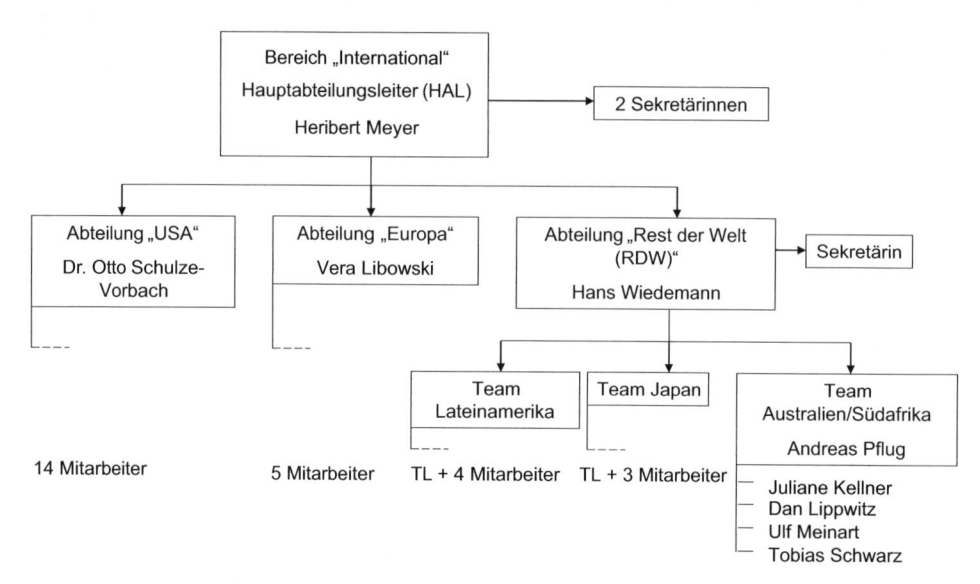

```
┌─────────────────────────┐
│  Bereich „International"│
│ Hauptabteilungsleiter(HAL)│─────▶ 2 Sekretärinnen
│     Heribert Meyer      │
└─────────────────────────┘
        │
   ┌────┼─────────────────┬──────────────────┐
┌──▼──────┐  ┌────────────┐  ┌───────────────┐
│Abteilung│  │ Abteilung  │  │   Abteilung   │       Sekretärin
│ „USA"   │  │  „Europa"  │  │ „Rest der Welt│──▶
│Dr. Otto │  │Vera Libowski│  │    (RDW)"    │
│Schulze- │  │            │  │Hans Wiedemann│
│Vorbach  │  │            │  │              │
└─────────┘  └────────────┘  └──────────────┘
                                │
                    ┌───────────┼──────────────┐
                ┌───▼──┐   ┌────▼────┐   ┌─────▼─────┐
                │ Team │   │Team Japan│   │   Team    │
                │Latein-│   │         │   │Australien/│
                │amerika│   │         │   │Südafrika  │
                └──────┘   └─────────┘   │Andreas Pflug│
                                         └───────────┘
14 Mitarbeiter  5 Mitarbeiter  TL+4 Mitarbeiter  TL+3 Mitarbeiter
                                                   Juliane Kellner
                                                   Dan Lippwitz
                                                   Ulf Meinart
                                                   Tobias Schwarz
```

Abb. 1.6 Organigramm des Bereichs Supercar AG International (Auszug)

heißt und, wie im Organigramm ersichtlich, direkt an den Vorstandssprecher berichtet. In Abb. 1.6 wird aufgezeigt, wie Supercar International organisiert ist.

Die personelle Konstellation in dem Bereich ist schwierig. Die Führungskräfte unterscheiden sich sehr stark voneinander, sowohl was Persönlichkeit als auch was Interessen betrifft.

Der Leiter, Heribert Meyer, ist einer der wenigen Nichtakademiker auf der Ebene der Bereichsleiter. Er begann vor 30 Jahren seine Laufbahn im Unternehmen mit einer kaufmännischen Ausbildung und legt Wert auf seine umfangreiche Praxiserfahrung.

Der ihm unterstellte Abteilungsleiter der Abteilung „USA" Dr. Otto Schulze-Vorbach ist in vieler Hinsicht das Gegenteil. Er stammt aus einer angesehenen Bankiersfamilie, hat neben seiner Promotion in Volkswirtschaftslehre auch ein Germanistik-Studium abgeschlossen und wird allgemein als „Charismatiker" bezeichnet.

Die Leiterin der Abteilung „Europa", Vera Libowski, ist mit 37 Jahren die Jüngste auf dieser Ebene. Betriebswirtschaftlicher Uni-Abschluss, MBA einer renommierten US-Hochschule, fing sie nach dem Studium als Assistentin von Dr. Eisele an. Ihre Abteilung muss mit weniger Mitarbeitern als die benachbarten auskommen. Aufgrund einer effizienten Organisation stehen die Arbeitsergebnisse denen der anderen aber in keiner Weise nach. Trotz ihrer nachgewiesenen Leistungen in Studium und Beruf und obwohl es dafür keinerlei Indizien gibt, verstummen die Gerüchte nicht, die attraktive Frau habe ihre Zeit als Assistentin des Vorstandsvorsitzenden „zur Kontaktpflege nicht nur auf der professionellen Ebene" genutzt und sei nur deshalb Führungskraft geworden.

Die dritte Abteilung mit der Bezeichnung „Rest der Welt (RdW)" ist selbst in drei „Teams" untergliedert. Je eines für die Betreuung von Lateinamerika, Japan, und Australien/Süd-Afrika. Die Führung obliegt Hans Wiedemann, der vorher sieben Jahre lang

1.5 Einführung in die Fallstudien

Funktion	Typ
AR-Vorsitzender Dr. Rolf Wimme (63 J.)	Vorstandsvorsitzender eines Energieversorgungsunternehmens, gute Kontakte zur deutschen Bank, die ein Aktienpaket der Supercar AG hält
Stellv. AR-Vorsitzender Hans Bauer (55 J.)	Arbeitnehmervertreter im AR, ebenfalls stellvertretender Vorsitzender der IG Metall in NRW
Franz-Martin Superle (48 J.)	Enkel des Firmengründers
Hans-Friedrich Hösch (61 J.)	Vertreter des Landes NRW im AR, zugleich Mitglied der Landesregierung
Sprecher d. Vorstands Dr. Gerhard Eisele (53 J.)	Dr.-Ing., seit 21 Jahren im Unternehmen, vor seiner Wahl als Sprecher VS Forschung und Entwicklung (F+E), der Familie Superle nahe stehend
VS Produktion und Logistik Christian Frey (46 J.)	Diplom-Kfm., war vorher Partner in einer internationalen Unternehmensberatung, möchte das Unternehmen neu ausrichten
VS Forschung und Entwicklung (F+E) Dr. Hans-Peter Graef (50 J.)	Dr.-Ing, Studienfreund von Dr. Eisele, seit 18 Jahren im Unternehmen, folgte Dr. Eisele schon öfter als Nachfolger
Finanzvorstand Dr. Werner Weber (51 J.)	Dr. rer. pol., seit 19 Jahren im Unternehmen, zuvor bei einer Wirtschaftsprüfungsgesellschaft
VS Human Resources Michael Gantenbrink (49 J.)	"Eigengewächs", d.h. stieg unmittelbar nach dem BWL-Studium bei Supercar AG ein
VS Vertrieb und Marketing James Acton (49 J.)	Harvard MBA, kam vor 3 Jahren vom Vorstand eines US-Unternehmens der Konsumgüterindustrie in den Supercar-Vorstand, möchte das Unternehmen neu nach angelsächsischen Maßstäben ausrichten
Leiter S-Int Heribert Meyer (60 J.)	einer der wenigen Nichtakademiker auf der Ebene der Bereichsleiter, begann vor 30 Jahren seine Laufbahn im Unternehmen mit einer kaufmännischen Ausbildung, legt Wert auf seine umfangreiche Praxiserfahrung
Leiter S-Int, Abteilung „USA" Dr. Otto Schulze-Vorbach (53 J.)	Stammt aus einer angesehenen Bankiersfamilie, neben seiner Promotion in Volkswirtschaftslehre auch ein Germanistik-Studium, „Charismatiker"
Leiter S-Int Abteilung „Europa" Vera Libowski (37 J.)	Betriebswirtschaftlicher Uni-Abschluss, MBA einer renommierten US-Hochschule, nach dem Studium Assistentin von Dr. Eisele
Leiter S-Int Abteilung „Rest der Welt (RdW)" Hans Wiedemann (55 J.)	Vorher sieben Jahre lang Geschäftsführer der Tochtergesellschaft in Sao Paulo. Hatte gehofft, nach seiner Rückkehr nach Köln eine Schlüsselposition übernehmen zu können, die unmittelbar einem Vorstand untersteht
Teamleiter „Australien/ Süd-Afrika (AUS/ZA)" Andreas Pflug (35 J.)	Dipl.Betriebswirt, Studium mit Schwerpunkt Marketing, entsprechend marketingorientiert, extrovertiert
Juliane Kellner (26 J.)	„Administrative Assistant", insbesondere administrative Tätigkeiten, also Sekretariatsarbeiten, aber auch selbständige Bearbeitung monatlicher Statistiken
Dan Lippwitz (37 J.)	In New York aufgewachsen, mit einer Deutschen verheirateter Amerikaner, betreut „AUS"
Ulf Meinart (37 J.)	Betriebswirt, seit 7 Jahren im Unternehmen, betreut „ZA"
Tobias Schwarz (26 J.)	FH-Absolvent, Master in „International Business", seit 6 Monaten im Unternehmern

Abb. 1.7 Übersicht über die handelnden Personen der Supercar AG

selbst Geschäftsführer der Tochtergesellschaft in Sao Paulo war. Er hatte gehofft, nach seiner Rückkehr nach Köln eine Schlüsselposition übernehmen zu können, die unmittelbar einem Vorstand unterstellt war. Seine Enttäuschung war groß, als er „nur" Abteilungsleiter bei S-Int wurde.

Das Team „Australien Süd-Afrika (AUS/ZA)" besteht aus folgender Mannschaft (vgl. Abb. 1.7):

- Dipl.-Betriebswirt Andreas Pflug als Team-Leiter, studierte mit Schwerpunkt Marketing und ist entsprechend Marketing-orientiert, eher ein extravertierter Typ
- Juliane Kellner, „Administrative Assistant", die insbesondere die administrativen Tätigkeiten wahrnimmt, also Sekretariatsarbeiten, aber auch die selbständige Bearbeitung monatlicher Statistiken für das Top-Management
- Dan Lippwitz, ein in New York aufgewachsener und mit einer Deutschen verheirateter Amerikaner, der die Gesellschaft in Australien betreut
- Ulf Meinart, ein seit sieben Jahren im Unternehmen tätiger Betriebswirt, zuständig für die Betreuung Süd-Afrikas
- Tobias Schwarz, 26, ist seit einem halben Jahr bei der Supercar AG. Er hat gerade sein Studium mit dem „Master in International Business" an einer guten deutschen Fachhochschule abgeschlossen und ist froh, danach schnell einen so interessanten Job gefunden zu haben.

Insgesamt arbeiten bei S-Int 40 Mitarbeiter.

Grundlagen 2

2.1 Erste Perspektive: Unternehmensebene

2.1.1 Begriff des Unternehmens

Die Betriebswirtschaftslehre befasst sich traditionell mit *Unternehmen*, sie sind, wissenschaftstheoretisch, das *Erkenntnisobjekt* der Betriebswirtschaftslehre[1].

Was ist ein Unternehmen? Unter den diversen Möglichkeiten der Definition wird hier folgende gebraucht:

▶ Ein Unternehmen ist ein offenes, dynamisches, produktives soziales System[2].

„Mit dieser Umschreibung wird zum Ausdruck gebracht, dass das Unternehmen

- als offenes System mit seiner Umwelt dauernd Austauschprozesse durchführt und durch vielfältige Beziehungen mit seiner Umwelt verbunden ist
- sich laufend ändern muss, um sich neuen Entwicklungen anzupassen oder diese selber zu beeinflussen (dynamisches System) …
- durch Kombination von Produktionsfaktoren produktive Leistungen erstellt
- ein soziales System ist, in welchem Menschen als Individuen oder in Gruppen tätig sind und das Verhalten des Unternehmens wesentlich beeinflussen."[3]

Einige Erläuterungen zu diesen Begriffen:

---

[1] vgl. Albert (Sozialwissenschaften), Raffée (Grundprobleme), Olfert/Rahn (Einführung) S. 22 f.
[2] vgl. Ulrich (Unternehmung) S. 153 fff., Thommen/Achleitner (Betriebswirtschaftslehre) S. 38.
[3] Thommen/Achleitner (Betriebswirtschaftslehre) S. 38 f.

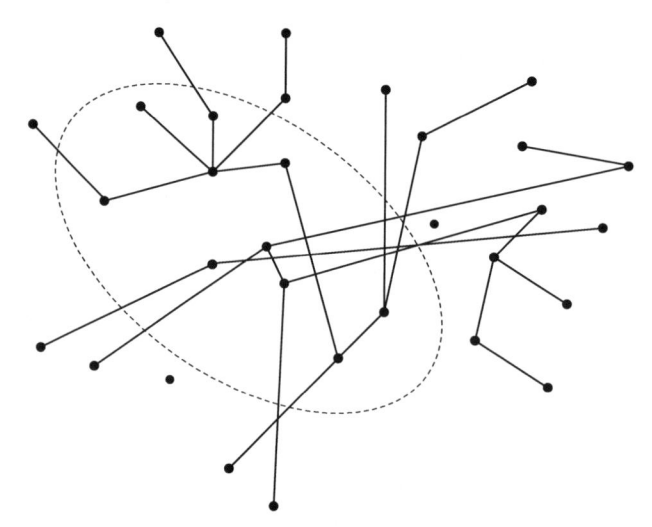

Abb. 2.1 Elemente und Systeme. (Quelle: Ulrich (Unternehmung) S. 108)

- Unternehmen sind nach diesem Ansatz zunächst einmal *Systeme*. Unter einem System kann „eine Gesamtheit von Elementen, zwischen denen irgendwelche Beziehungen bestehen oder hergestellt werden können"[4] bezeichnet werden. Diese Definition stammt aus der Systemtheorie und Kybernetik, wonach die Welt eben aus Elementen aufgebaut ist, die miteinander mehr oder weniger geordnet in Verbindung treten[5].

Abbildung 2.1 stellt dies graphisch dar. Das System – abgegrenzt von der Umwelt durch die gestrichelte Linie – besteht aus mehreren Elementen, die miteinander nach innen und nach außen in Beziehung treten. Das größere Gesamtsystem, in welches es eingebettet ist, ist das „Supersystem".

Ein solches System ist zunächst ein sehr abstraktes Gebilde. Es kann ein Baum sein, bestehen aus Elementen wie Zweigen und Wurzeln, innerhalb eines Supersystems Wald. Oder es kann eine Maschine sein, bestehend aus Komponenten als Elementen, innerhalb des Supersystems Fabrik.

- Das Unternehmen grenzt sich aber von Maschinen, Bäumen und so weiter durch das Definitionsmerkmal *sozial* ab. Es ist ein „soziales" System, was bedeutet, die Elemente stellen miteinander in Beziehung tretende Menschen dar. Der Begriff „sozial" bezieht sich also nur hierauf, mit „sozial" ist nicht zwangsläufig wie in der Umgangssprache „wohltätig" oder „human" gemeint.
- Dass das System *offen*, also in intensiver Beziehung zur Umwelt stehend, und *dynamisch*, also sich regelmäßig verändernd, ist, dürfte selbsterklärend sein.

---

[4] Flechtner (Kybernetik) S. 353.
[5] vgl. z. B. Beer (Kybernetik), Luhmann (Organisation).

- Schließlich noch das Definitionsmerkmal *produktiv*. Dies bedeutet, ein Unternehmen handelt nach dem ökonomischen Prinzip, mit Einsatz von Produktionsfaktoren einen bestimmten Output zu erzielen. Auf das für die Betriebswirtschaftslehre zentrale ökonomische Prinzip wird wegen seiner Bedeutung im nächsten Abschnitt separat eingegangen.

Diese Definition erlaubt eine konkrete Abgrenzung dessen, was nun als Unternehmen bezeichnet wird und was nicht:

- Unternehmen sind in diesem Sinn nicht nur die klassischen erwerbswirtschaftlich orientierten Privatunternehmen, sondern die Definition umfasst auch *öffentliche Institutionen* wie Krankenhäuser, Schulen und Hochschulen und so weiter.
- „Unternehmen" sind nicht zwangsläufig gewinnorientiert. Auch die *Non-Profit Organisations (NPOs)*, etwa Attac oder Greenpeace, fallen darunter. Dies ist auch praktisch sinnvoll, da viele betriebswirtschaftliche Techniken zur effizienten Organisation, Mitarbeiterführung und so weiter auch in NPOs angewandt werden können.
- Ausgeschlossen von der Definition sind hingegen *Haushalte*, sowohl privat als auch öffentliche. Diese sind in der hier gebrauchten Terminologie nicht produktiv, sondern *konsumtiv*, verbrauchen also Ressourcen und sind nicht wertschöpfend tätig.

Mit anderen Worten lassen sich Unternehmen „im Gegensatz zu Haushalten als produktionsorientierte Wirtschaftseinheiten umschreiben, die primär der Fremdbedarfsdeckung dienen und deshalb auch Produktionswirtschaften genannt werden."[6] Abbildung 2.2 verdeutlicht diese Abgrenzung.

Träger \ Art der Bedarfsdeckung	Eigenbedarfsdeckung (Konsumtionswirtschaften)	Fremdbedarfsdeckung (Produktionswirtschaften)
öffentliche Hand	öffentliche Haushalte	öffentliche Unternehmen und Verwaltungen
private Hand	private Haushalte	gemischtwirtschaftliche Unternehmen
		private Unternehmen

Abb. 2.2 Unternehmen und Haushalte. (Quelle: Thommen/Achleitner (Betriebswirtschaftslehre) S. 37)

---

[6] Thommen/Achleitner (Betriebswirtschaftslehre) S. 35.

Hingewiesen sei noch auf den Unterschied zwischen Unternehmen einerseits und dem Begriff *Betrieb* andererseits. Als Betrieb wird hier lediglich die technische Einheit verstanden, das Unternehmen ist also eher der Oberbegriff.

Die auf *Gutenberg*[7] zurückgehende klassische deutsche Betriebswirtschaftslehre geht von einer anderen Abgrenzung aus – hier ist der Betrieb der Oberbegriff, während Unternehmen als „Betriebe des marktwirtschaftlichen Wirtschaftssystems"[8] bezeichnet werden. Im vorliegenden Buch wird nicht auf Gutenbergs Definition aufgebaut, der Leser sollte sie gleichwohl kennen.

Schließlich sei noch auf die Bezeichnung *Unternehmung* hingewiesen; sie wird hier synonym zum Begriff Unternehmen gebraucht.

2.1.2 Typologie der Unternehmen

Unternehmen lassen sich nach sehr vielen verschiedenen Kriterien klassifizieren, hier seien nur die wichtigsten genannt[9]:

- Produktionsfaktoren
- Branche
- Rechtsform
- Größe

„Nach dem vorherrschenden *Produktionsfaktor* gibt es:

- *Arbeitsintensive Unternehmen*, die sich durch einen besonders hohen Lohnkostenanteil an den gesamten Produktionskosten auszeichnen. ...
- *Anlagenintensive Unternehmen* haben einen besonders hohen Stand an Betriebsmitteln...
- *Materialintensive Unternehmen* haben einen besonders hohen Anteil an Werkstoffen, insbesondere für Rohstoffe."[10]

Eine praktische Relevanz dieser Klassifizierung zeigt sich beispielsweise bei der derzeitigen Diskussion um die Verlagerung von Arbeitsplätzen aus Deutschland in so genannte Billiglohnländer wie etwa Mittel- und Osteuropäische Staaten (Polen, Slowakei) oder China. Betroffen sind hiervon natürlich in erster Linie arbeitsintensive Unternehmen, da hier die Löhne durch den hohen Kostenanteil eine größere Bedeutung haben als in der anlagenintensiven Unternehmung.

---

[7] vgl. Gutenberg (Grundlagen I).
[8] Wöhe (Betriebswirtschaftslehre) S. 6.
[9] vgl. Olfert/Rahn (Einführung) S. 38 ff.
[10] Olfert/Rahn (Einführung) S. 38 f.

2.1 Erste Perspektive: Unternehmensebene

Sachleistungs-unternehmen
- Land- und Forstwirtschaft
- Industrie
  - Bergbau / Energie
  - Verarbeitendes Gewerbe
    - Investitionsgüter
    - Konsumgüter
  - Baugewerbe
- Handwerk

Dienstleistungs-unternehmen
- Handel
  - Großhandel
  - Einzelhandel
- Finanzdienstleistungen
  - Banken
  - Versicherungen
- Verkehr
- Sonstige Dienstleistungsunternehmen
  - Hotel und Gaststätten
  - Wirtschaftsprüfer / Steuerberater

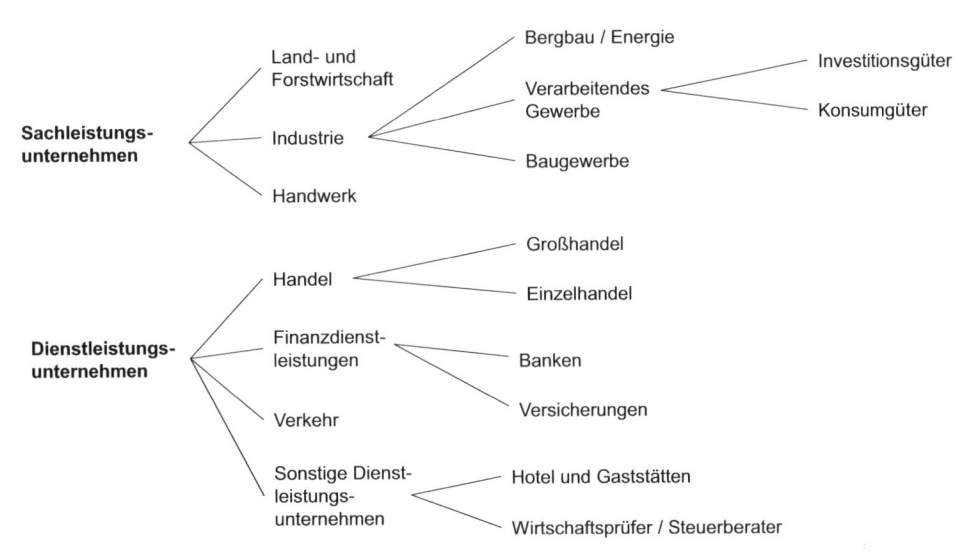

Abb. 2.3 Unternehmenstypologien nach Branchen. (Quelle: in Anlehnung an Olfert/Rahn (Einführung) S. 39, Wöhe (Betriebswirtschaftslehre) S. 14 f.)

Wer nun, für ein spezielles Unternehmen oder die Volkswirtschaft insgesamt, die Auswirkungen dieser Verlagerungen untersuchen möchte, für den spielt es entsprechend eine große Rolle, inwieweit Unternehmen oder Branchen arbeitsintensiv sind – denn um so höher ist der Anteil der Personalkosten und damit der Anreiz der Verlagerung in die Billiglohnländer.

Nach *Branchen* oder Wirtschaftszweigen wird zunächst unterschieden zwischen *Sachleistungs- und Dienstleistungsunternehmen* (vgl. Abb. 2.3).

Die dargestellte Klassifizierung kann noch weiter verfeinert werden, beispielsweise die Investitionsgüterindustrie in Maschinenbau und so weiter. Sie ist auch keineswegs einheitlich.

Bei dieser Typologisierung ist auch insofern Vorsicht geboten, als sich gerade in neuerer Zeit die hier gezogenen Grenzen immer mehr *verwischen*:

- So bieten Maschinenbauunternehmen heute oft Komplettlösungen an, also nicht nur die Lieferung bestimmter Maschinen, sondern damit einhergehend auch begleitende Dienstleistungen wie Einrichtung, Programmierung der elektronischen Steuerung und dergleichen. Damit sind sowohl klassische Industrie- als auch Dienstleistungskomponenten enthalten. Praktisch alle Automobilhersteller bieten heute neben den Fahrzeugen auch Möglichkeiten zu deren Finanzierung an. Dazu haben sie eigene Finanzdienstleistungsgesellschaften gegründet (Volkswagen Bank, Mercedes-Benz Bank etc.). Bei der Analyse entsprechender Statistiken ergeben sich also möglicherweise Unschärfen, je

Land-, Forstwirtschaft, Fischerei	1,0 %
Produzierendes Gewerbe ohne Baugewerbe	26,1 %
Baugewerbe	4,5 %
Handel und Verkehr	14,2 %
Information und Kommunikation	3,9 %
Finanz- und Versicherungsdienstleister	4,0 %
(sonstige) öffentliche und private Dienstleister	46,3 %

Abb. 2.4 Anteil der Wertschöpfung der Wirtschaftsbereiche am Bruttosozialprodukt 2012 in %. (Quelle: Statistisches Bundesamt (Jahrbuch 2013) S. 318)

nachdem, ob die Leistungen dieser Banken bei dem Industrieunternehmen (Volkswagen, Daimler etc.) oder im Finanzdienstleistungssektor auftauchen.

- Schwer in dieses klassische Schema einzuordnen sind teilweise auch Unternehmen des Bereichs *TMT (Technology, Media and Telecommunications/Technologie, Medien, Telekommunikation)*. Computerhersteller bieten sowohl die Hardware an (Sachdienstleistung, Industrie), als auch Serviceleistungen bei Einführung von Softwaresystemen wie etwa die kundenindividuelle Konfiguration (Dienstleistung).

Ungeachtet der Differenzen im Einzelnen bleibt aber festzuhalten, dass in der Bundesrepublik Deutschland, wie in allen anderen führenden Wirtschaftsnationen auch, die Dienstleistungen in den diversen Ausprägungen eindeutig vorherrschend sind (Abb. 2.4):

Typische *Rechtsformen* von Unternehmen sind Einzelgesellschaft, offene Handelsgesellschaft (OHG), Kommanditgesellschaft (KG), Gesellschaft mit beschränkter Haftung (GmbH), Aktiengesellschaft (AG), und Mischformen, etwa die GmbH & Co. KG. Auf die Rechtsformen wird später noch im Detail eingegangen werden[11].

Hinsichtlich der *Größe* wird in der Regel zwischen *Klein-, Mittel- und Großunternehmen* unterschieden. Wo ist hier die Grenze zu ziehen?

Eine gängige Unterscheidung ist im deutschen Handelsgesetzbuch (HGB) festgelegt (vgl. Abb. 2.5):

Diese Grenzen für Großunternehmen entsprechen jedoch oft nicht der Unterscheidung in der Praxis[12]. Hier werden mittlerweile teilweise Unternehmungen mit mehreren tausend

---

[11] s. u. Kap. 3.3.
[12] vgl. auch z. B. Kayser (KMU).

	Kleinunternehmen	Mittelunternehmen	Großunternehmen
Bilanzsumme	bis 4.840 T €	bis 19.250T €	über 19.250 T €
Umsatzerlöse	bis 9.680 T €	bis 38.500 T €	über 38.500 T €
Anzahl Beschäftige	bis 50	bis 250	über 250

Abb. 2.5 Klein-, Mittel- und Großbetriebe. (Quelle: HGB § 267)

Mitarbeitern noch als KMU (Klein- und Mittelunternehmen) oder „Mittelstand" bezeichnet. Das gilt insbesondere dann, wenn sie im Familienbesitz und Familienmitglieder noch aktiv in der Geschäftsführung tätig sind und sie damit typische Merkmale eines KMU aufweisen.

Auch in anderen Ländern, insbesondere in den USA, werden wesentlich größere Unternehmen meistens noch als „SME" (Small and Medium-sized Enterprise) bezeichnet.

Eine statistische Betrachtung zeigt, „dass rund 85 % aller Unternehmen lediglich 1 bis 9 Beschäftigte und weniger als 3 % der Unternehmen 50 und mehr Beschäftigte aufweisen"[13].

Freilich hat die Statistik in Abb. 2.6 nur eine begrenzte Aussagekraft. Interessanter ist die Frage, wie viel Prozent der Beschäftigten denn in Unternehmen welcher Größenordnung arbeiten.

Hier zeigt sich, dass die Mehrzahl der Beschäftigten in mittleren oder größeren Unternehmen tätig ist (vgl. Abb. 2.7).

Einen Eindruck über die Bedeutung der allergrößten Unternehmen Deutschlands und der Welt vermitteln die Abb. 2.8a sowie b.

Der Umsatz der zehn größten Unternehmen der Welt liegt mit über 3486 Mrd. $ knapp unter dem Bruttoinlandsprodukt (BIP) Deutschlands von 3634 Mrd. $[14]. Der Gewinn betrug 208 Mrd. $ und damit rund die Hälfte des BIP Österreichs[15].

Der Vergleich von Umsatz und Gewinn mit dem Bruttoinlandsprodukt von Staaten ist nur sehr begrenzt aussagefähig und der Leser sei vor zu weit reichenden Schlussfolgerungen gewarnt. Gleichwohl sagt er etwas über die relevanten Größenordnungen aus.

---

[13] Olfert/Rahn (Einführung) S. 42.
[14] Vgl. The World Bank (GDP).
[15] Vgl. The World Bank (GDP).

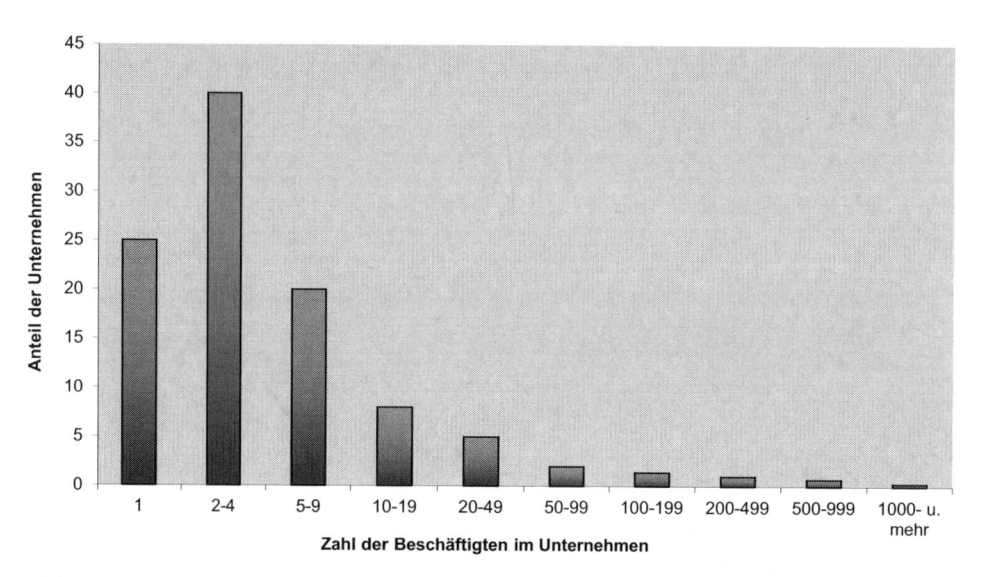

Abb. 2.6 Anteil der Unternehmen nach Anzahl der Beschäftigten. (Quelle: Olfert/Rahn (Einführung) S. 42)

Unternehmen mit ... bis ... Beschäftigten	Anzahl Beschäftigte in 1000	Anzahl Beschäftige in % v. Total
1-9	4028	16,5
10-49	4665	19,2
50-249	5199	21,3
250 und mehr	10468	43
Total	**24360**	*100,0*

Abb. 2.7 Anteil der Beschäftigten nach Unternehmensgröße 2011. (Quelle: Statistisches Bundesamt)

2.1 Erste Perspektive: Unternehmensebene

Platz	Firmenname	Branche	Umsatz (Mio. €)	Gewinn/ Verlust (Mio. €)	Beschäftigte
1	Volkswagen	Automobil	192 676	21 884	549 800
2	E.ON SE	Energie	132 093	2 641	72 100
3	Daimler AG	Automobil	114 297	6 495	275 100
4	BASF-Gruppe	Chemie	78 729	5 222	113 300
5	Siemens AG	Technologie	78 296	4 590	370 000
6	BMW Group	Automobil	76 848	5 122	105 900
7	Schwarz-Gruppe	Handel	67 600	k.A.	320 000
8	Metro AG	Handel	66 739	101	283 000
9	Deutsche Telekom AG	Telekommunikation	58 169	-4 757	229 700
10	Aldi-Gruppe	Handel	56 836	k.A.	250 000
11	Deutsche Post AG	Logistik	55 512	1 780	473 600
12	BP Europa SE	Mineralöl	54 733	515	9 900
13	Robert Bosch GmbH	Technologie	52 464	2 342	305 900
14	RWE AG	Energie	50 771	1 704	70 200
15	Rewe Group	Handel	49 680	98,2	327 600
16	Edeka-Verbund	Handel	44 800	168,6	317 600
17	ThyssenKrupp AG	Rohstoffe	40 124	-5 042	168 000
18	Bayer AG	Chemie	39 760	2 496	110 500
19	Deutsche Bahn AG	Mobilität, Logistik	39 296	1 477	310 800
20	Continental AG	Technologie	32 736	1 967,9	169 600

a Auf Basis der zum Zeitpunkt aktuellsten veröffentlichten Ergebnisse

Platz	Unternehmen	Branche	Umsatz (Mrd. $)	Gewinn n. Steuern (Mrd. $)
1	Wal-Mart Stores	Handel	469,16	17,0
2	Royal Dutch Shell	Mineralöl	467,15	26,59
3	Sinopec	Mineralöl	433,25	10,12
4	Exxon Mobil	Mineralöl	420,71	44,88
5	BP	Mineralöl	375,58	11,58
6	PetroChina	Mineralöl	347,93	18,28
7	Toyota Motor	Automobil	267,03	11,64
8	Volkswagen	Automobil	247,76	27,93
9	Total	Mineralöl	234,41	13,75
10	Chevron	Mineralöl	222,58	26,18
11	Glencore Xstrata	Rohstoffhandel	214,44	1,0
12	Phillips 66	Mineralöl	179,46	4,12
13	Samsung Electronics	Elektronik	178,62	20,59
14	E.ON	Energie	169,85	2,85
15	ENI	Mineralöl	163,59	10,01
16	Berkshire Hathaway	Mischkonzern	162,46	14,82
17	Apple	Computer	156,51	41,73
18	Gasprom	Erdgas	153,59	38,12
19	General Motors	Automobil	152,26	6,19
20	Axa	Versicherung	149,42	5,34

b Auf Basis der zum Zeitpunkt aktuellsten veröffentlichten Ergebnisse

Abb. 2.8 **a** Die größten Unternehmen 2013 in Deutschland. (Quelle: o. V. (Unternehmen)). **b** Die größten Unternehmen 2013 weltweit. (Quelle: o. V. (Unternehmen))

2.1.3 Das ökonomische Prinzip

Der grundsätzliche Maßstab wirtschaftlichen Handelns ist das *Rationalprinzip*.

Es lautet: *Der Mensch will sein Ziel mit einem möglichst geringen Einsatz erreichen.*[16] Diese Aussage ist zunächst einmal nicht nur für die Betriebswirtschaft, sondern für alle Bereiche des Wirtschaftens und selbst darüber hinaus gültig.

Daraus wird für die Betriebswirtschaftslehre das *ökonomische Prinzip* abgeleitet. Es existiert in zwei Ausprägungen: „Entweder: *Mit einem gegebenen Aufwand soll ein maximaler Ertrag erzielt werden.* Oder: *Ein gegebener Ertrag soll mit einem minimalen Aufwand erreicht werden.*"[17]

Oder auch, bei gegebenem Input einen maximalen Output zu erreichen (Maximalprinzip) oder einen bestimmten Output mit minimalem Input (Minimalprinzip) zu erreichen.

Es fällt einfach, die Prinzipien anhand konkreter Beispiele aus der betrieblichen Praxis zu erläutern und zu konkretisieren.

Der erste Grundsatz wird etwa so angewandt:

- eine Maschine läuft zwei Schichten, also 16 h, pro Arbeitstag und verursacht dabei bestimmte Kosten. Ziel ist es, möglichst viele Einheiten des produzierten Produkts herzustellen.
- Dem Vertrieb steht ein Werbebudget von X Millionen € zur Verfügung. Es soll so eingesetzt werden, dass möglichst viel potenzielle Konsumenten erreicht und damit ein möglichst hoher Umsatz erzielt wird.

Ein typisches Beispiel der zweiten Variante stammt aus der Energiewirtschaft. Die Energiewirtschaftsunternehmen haben die Aufgabe, den Elektrizitätsbedarf zu decken. Der Ertrag ist also (weitgehend) extern vorgegeben. Die Aufgabe lautet nun, den Bedarf mit minimalem Aufwand zu befriedigen.

In der Praxis ist in der Regel weder der Ertrag noch der Aufwand fix. Vielmehr wird man versuchen, zwischen beiden eine optimale Kombination zu erreichen. So wird man in den oberen Beispielen die Laufzeit der Maschine entsprechend der Auftragslage variieren, und auch das Werbebudget wird man nach oben oder unten anpassen. Es werden also in der Regel sowohl Aufwand als auch Ertrag variiert und damit der erste und zweite Grundsatz des ökonomischen Prinzips kombiniert.

Jedoch bedeutet das *nicht* eine *gleichzeitige* Minimierung des Aufwandes und Maximierung des Ertrags. Dies wäre eine logische *Unmöglichkeit*.

---

[16] Luger (Betriebswirtschaftslehre) S. 53.
[17] Luger (Betriebswirtschaftslehre) S. 54.

Ein Beispiel zur Verdeutlichung der Unmöglichkeit[18]. In der Leichtathletik ist es das Ziel, eine bestimmt Strecke in minimaler Zeit zurück zu legen. Sieger ist, wer die definierte Distanz am schnellsten Überwindet.

Logisch möglich ist auch ein anderer Ansatz: die Zeit wird fixiert, und Ziel ist es, während dieser Zeit eine maximale Strecke zu laufen. In der Praxis kommt dies zwar wesentlich seltener vor; Beispiele gibt es aber auch für diesen Ansatz. So geht es im „24-Stunden-Lauf" darum, innerhalb dieser Zeit eine möglichst weite Strecke zurück zu legen[19].

Der Leichtathlet wird je nach seinen Stärken entscheiden, ob er zum Beispiel über 100 m, 800 m, oder zum Marathon-Lauf antritt. Im umgekehrten Fall könnte er je sich für den 24-Stunden-Lauf entscheiden. In beiden Fällen fixiert er eine Komponente, während er die andere zu minimieren bzw. maximieren versucht. Nicht Ziel führend wäre aber der Versuch, „innerhalb möglichst kurzer Zeit möglichst weit" zu laufen. Dies ist ebenso wenig möglich wie der Versuch, bei gleichzeitiger Minimierung des Aufwandes den Ertrag zu maximieren.

2.1.4 Weitere Beispiele zum ökonomischen Prinzip

In der betrieblichen Praxis bedeutet die Anwendung des ökonomischen Prinzips in aller Regel in Geld messbare Ertragsmaximierung bzw. Kostenminimierung. Untechnisch und vereinfacht gesagt also, möglichst viel Euro verdienen bzw. möglichst wenig Euro ausgeben.

Es ist jedoch bereits erwähnt worden, dass ökonomisches Prinzip und Rationalprinzip keineswegs nur gelten, wenn es um Gewinnmaximierung geht. Die Prinzipien haben einen viel größeren Geltungsbereich.

Einige mögliche Beispiele:

- Mutter Theresa stand während ihres Lebens vor der Aufgabe, mit ihren erhaltenen Spenden und Zuschüssen in Kalkutta und anderswo Sterbehospize zu betreiben. Die Aufgabe war also, mit gegebenen Mitteln möglichst vielen Personen ein menschenwürdiges Sterben zu ermöglichen. Auch dies ein maximal möglicher Output mit gegebenem Input und damit ökonomisch rational.
- Ein Angestellter oder Beamter mag Wert darauf legen, stets pünktlich Feierabend zu machen, um sich seiner Familie, seinem Haus und seinem Garten zu widmen. Hier ist sowohl die Interpretation Minimalprinzip – eine bestimmte Lebensqualität im privaten Bereich bei möglichst wenig Arbeit – als auch die Interpretation Maximalprinzip – bei gegebener Arbeit möglichst hohe private Lebensqualität – möglich. In jedem Fall handelt der Angestellte oder Beamte aber rational.

---

[18] vgl. Rieger (Privatwirtschaftslehre) S. 57.
[19] vgl. z. B. Schmid (Sage).

> **Beispiel: Die Anwendung des ökonomischen Prinzips durch Greenpeace**
>
> Die Organisation Greenpeace ist ein typisches Beispiel einer Nicht-Regierungs-Organisation (non-governmental organization – NGO), deren Ziel nicht die Gewinnmaximierung, sondern die Förderung eines bestimmten Anliegens, des Umweltschutzes, ist. Sie hat ein bestimmtes Budget für Ihre Kampagnen zur Verfügung. Der Input ist also fixiert. Der Output ist nun aber nicht ein möglichst hoher Gewinn, sondern beispielsweise die Steigerung des Umweltbewusstseins von möglichst vielen Menschen oder die Verhinderung möglichst vieler Umweltkatastrophen. Greenpeace mag nun verschiedene Alternativen haben, Kampagnen durchzuführen. Zum Beispiel gegen die Nutzung der Arktis für Ölbohrungen zu protestieren und dabei ein Forschungsschiff zu besetzen, oder einige Millionen Briefe zu versenden um damit auf die Abholzung der tropischen Regenwälder aufmerksam zu machen, oder Zeitungsannoncen gegen das umweltschädliche Verhalten des Unternehmens X zu schalten.
>
> Greenpeace hat nun bestimmte Kriterien entwickelt, um die voraussichtliche Effizienz des Mitteleinsatzes für eine Kampagne zu beurteilen. Der ehemalige Greenpeace-Chef Thilo Bode erläutert: „Im Grunde benötigen Sie drei Dinge: ein klares Ziel, einen eindeutigen, populären Konflikt mit einem geeigneten Gegner und die Konstellation David gegen Goliath. Gute Gegner sind selten, für kleine Firmen zum Beispiel interessieren sich meist zu wenige Menschen. Als Angriffsziele bieten sich Aktiengesellschaften und deren Vorstände an…"[20]
>
> Ein bekanntes Beispiel für diese Vorgehensweise war etwa die „Brent-Spar"-Aktion, also die Besetzung der Bohrinsel des Unternehmens Shell in der Nordsee. Ziel war es, die geplante, aber unter Umweltgesichtspunkten fragwürdige, Versenkung der Insel in der Nordsee zu verhindern. Mit relativ geringen Mitteln erreichte Greenpeace damit einen extrem hohen Grad an Aufmerksamkeit und veranlasste Shell, ihr Verhalten zu ändern und ihre Pläne zur Versenkung aufzugeben.
>
> Ein klassisches Beispiel ökonomisch rationalen Verhaltens. NGOs müssen dabei oft sogar stärker als Unternehmen darauf achten: „Da Nicht-Regierungs-Organisationen … nur über einen Bruchteil des Geldes verfügen, das Konzerne für Ihre Öffentlichkeitsarbeit ausgeben, kommt es vor allem auf die Kreativität an. Es ist wie beim Judo: wenn Sie den richtigen Griff ansetzen, werfen Sie einen scheinbar übermächtigen Gegner auf die Matte"[21]. Das ist nichts anderes als die Anwendung des ökonomischen Prinzips.

- Abschließend noch ein oft gebrauchtes Beispiel eines Studierenden, der mit dem Ziel studiert, die Prüfungen zu bestehen. Zwei Ansätze sind möglich. Erstens der (in der Regel realistische) Ansatz, den gegebenen Output „Prüfungen bestehen" mit möglichst geringem Lernaufwand zu erreichen. Alternativ der (von Professoren bevorzugte) An-

---

[20] Bode (Kampagne) S. 97.
[21] Bode (Kampagne) S. 96.

satz, mit gegebenem möglichen Lernaufwand möglichst gute Noten zu schreiben, also den Output zu maximieren.

Es greift also zu kurz, rationales Handeln gleichzusetzen mit „Einkommen maximieren".

Die in der öffentlichen Diskussion oft gehörte Aussage, die Wirtschaftswissenschaften vernachlässigten durch das Rationalitätsprinzip Emotionen, Altruismus und dergleichen, ist daher so nicht haltbar.

Mutter Theresa handelte ebenso wie Greenpeace nach dem ökonomischen Prinzip – auch wenn diese Aussage vielen sozial und ökologisch engagierten Menschen zunächst etwas irritierend erscheinen mag. Und Mutter Theresa war ökonomisch betrachtet eine ausgezeichnete Managerin. Praktisch bei Null beginnend schuf sie ein Netz von 710 „Häusern der Nächstenliebe" in 133 Ländern[22].

Aus diesen Beispielen folgt eine weitere Konsequenz. Handeln nach dem ökonomischen Prinzip als solches ist zunächst einmal ethisch weder „gut" noch „schlecht"[23]. „Gut" oder „schlecht" ist erst die konkrete Anwendung aus Sicht des Beurteilungsmaßstabs des Betrachters. Mit wenigen Ausnahmen[24] wird wohl die große Mehrheit die Aktivitäten von Mutter Theresa als gut bezeichnen. Viele – wenn auch längst nicht alle – dürften bei Greenpeace ähnlicher Meinung sein. Umgekehrt gilt das ökonomische Prinzip durchaus auch bei einer verabscheuungswürdigen Tätigkeit wie dem Betreiben eines KZ. Entscheidend für eine moralisch-ethische Wertung ist folglich nicht das Prinzip selbst, sondern der konkrete gesellschaftliche Zusammenhang.

Das ökonomische Prinzip „ist *Leitmaxime aller Überlegungen in der Betriebswirtschaftslehre*"[25]. Seine Bedeutung ist daher kaum zu überschätzen. Jedoch wird hier auch ein Unterschied zwischen der klassischen Betriebswirtschaftslehre einerseits und dem hier verfolgten Ansatz andererseits deutlich.

Die klassische Betriebswirtschaftslehre betrachtet das ökonomische Prinzip aus Unternehmensebene, lehrt also, wie ein *Unternehmen als Ganzes* Ertrag bei gegebenem Aufwand maximiert respektive einen Ertrag mit minimalem Aufwand erreicht.

Hier wird hingegen auch auf die *individuellen Akteure* im Unternehmen eingegangen. Diese wenden zwar für sich durchaus das Rationalprinzip an. Ihre Aktivitäten sind aber keineswegs zwangsläufig darauf ausgerichtet, das ökonomische Prinzip im Gesamtunternehmen zu realisieren. Das wird in den kommenden Kapiteln noch deutlich werden.

2.1.5 Teilgebiete der Betriebswirtschaftslehre

Die Betriebswirtschaftslehre befasst sich also mit Unternehmen. Innerhalb dieses Gesamtgebiets existieren diverse Teilgebiete. Im Rahmen der *Allgemeinen Betriebswirtschafts-*

---

[22] vgl. o. V. (Teresa).
[23] vgl. hierzu Wöhe (Betriebswirtschaftslehre) S. 52 ff., Wöhe (Werturteile), Popper (Logik).
[24] vgl. Chatterjee (Mother).
[25] Luger (Betriebswirtschaftslehre) S. 54.

```
                    ┌─────────────────────────────┐
                    │   Betriebswirtschaftslehre  │
                    └──────────────┬──────────────┘
                       ┌───────────┴───────────┐
```

Allgemeine Betriebswirtschaftslehre	Spezielle Betriebswirtschaftslehre
➢ Führungslehre	➢ Industriebetriebslehre
➢ Materialwirtschaftslehre	➢ Handelsbetriebslehre
➢ Produktionswirtschaftslehre	➢ Bankbetriebslehre
➢ Marketinglehre	➢ Versicherungsbetriebslehre
➢ Personalwirtschaftslehre	➢ Verkehrsbetriebslehre
➢ Informationswirtschaftslehre	➢ Touristikbetriebslehre
➢ Rechnungswesenlehre	➢ Handwerksbetriebslehre
➢ Organisationslehre	➢ Steuerlehre
➢ Controllinglehre	➢ Prüfungslehre

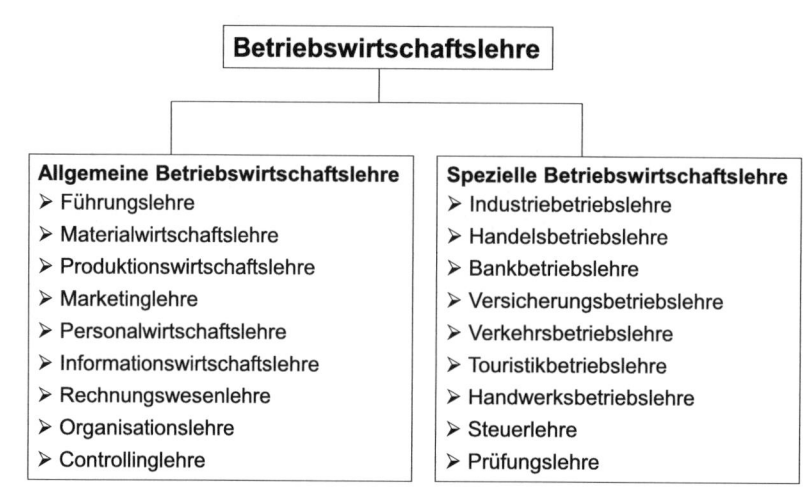

Abb. 2.9 Teilgebiete der Betriebswirtschaftslehre. (Quelle: Olfert/Rahn (Einführung) S. 23)

lehre werden die unterschiedlichen *Funktionen* untersucht, beispielsweise Produktion, Personal, Finanzwirtschaft. Thema der *Speziellen Betriebswirtschaftslehre* sind hingegen die diversen *Branchen*. Abbildung 2.9 gibt einen Überblick über die Teilgebiete.

Die hier skizzierte klassische deutsche Betriebswirtschaftslehre geht in erster Linie auf *Gutenberg* zurück, sein dreibändiges Werk „Grundlagen der Betriebswirtschaftslehre"[26] gilt als der Klassiker schlechthin.

Das darauf basierende in Deutschland am weitesten verbreitete Lehrbuch stammt von *Wöhe*[27]. Es existieren darüber hinaus aber noch eine Reihe weiterer guter Bücher, welche die Einführung in die (allgemeine) Betriebswirtschaftslehre zum Thema haben, beispielsweise von *Thommen/Achleitner*[28], *Luger*[29], *Korndörfer*[30], oder *Weber*[31]. Daneben existieren im deutschsprachigen Raum und darüber hinaus auch grundsätzlich andere Ansätze:

- Bekannt im deutschen Sprachraum ist etwa der auf *Ulrich*[32] zurückgehende und dann unter anderem von *Bleicher*[33] und einer Gruppe um Dubs[34] weiter entwickelte St. Galler „Systemansatz". Dabei wird die Unternehmung – wie im vorliegenden Buch auch – als „System" definiert. Darauf aufbauend wird dann versucht, die Erkenntnisse der allgemeinen Systemtheorie auf die Betriebswirtschaftslehre zu übertragen.

---

[26] vgl. Gutenberg (Grundlagen I), Gutenberg (Grundlagen II), Gutenberg (Grundlagen III).
[27] vgl. Wöhe (Betriebswirtschaftslehre).
[28] vgl. Thommen/Achleitner (Betriebswirtschaftslehre).
[29] vgl. Luger (Betriebswirtschaftslehre), Luger/Geisbüsch/Neumann (Betriebswirtschaftslehre 2).
[30] vgl. Korndörfer (Betriebswirtschaftslehre).
[31] vgl. Weber (Einführung).
[32] vgl. Ulrich (Unternehmung).
[33] vgl. Bleicher (Konzept).
[34] vgl. Dubs (Managementlehre).

2.1 Erste Perspektive: Unternehmensebene

Als weiterer betriebswirtschaftlicher Ansatz neben dem klassischen deutschen von Gutenberg/Wöhe und dem St. Galler ist der von *Heinen* zu nennen[35]. Mit diesem Namen verknüpft ist der so genannte *entscheidungsorientierte* Ansatz der Betriebswirtschaftslehre. Darin wurden zunächst die „betriebswirtschaftlichen Entscheidungstatbestände aufgelistet, systematisiert und auf ihre rationalen Lösungsmöglichkeiten hin untersucht. Hierzu lagen bereits von früher Ergebnisse der Produktions- und Kostentheorie und der Investitionstheorie vor. Die Entscheidungsmodelle dieser Art wurden um Variablen erweitert, die die Entscheidungssituation nach Sicherheit, Risiko und Unsicherheit variierten. Aus diesen Bemühungen ergaben sich mathematisch formulierte Entscheidungsmodelle, mit deren Hilfe sich die verschiedensten Entscheidungsprobleme prinzipiell lösen ließen"[36].

Der entscheidungsorientierte Ansatz ist also stark mathematisch geprägt. Er hat in einigen Teilgebieten sowohl in der Theorie als auch in der Praxis starke Verbreitung gefunden: bei der Optimierung von Produktionsprogrammen, der Optimierung von Investitions- und Finanzierungsprogrammen, der Optimierung der Lagerhaltung. Verschiedene mathematische Verfahren wurden damit erstmals betriebswirtschaftlich eingesetzt[37].

Der Ansatz befasst sich daneben auch mit der Spieltheorie, die später im Rahmen der „Neuen Institutionenökonomik" noch genauer erklärt wird.[38]

- Was wichtige Beiträge zur betriebswirtschaftlichen Literatur außerhalb des deutschen Sprachraums betrifft, so sei für einen Überblick auf das Buch von *Crainer*[39] hingewiesen. Darin werden fünfundsiebzig aus Sicht des Autors wegweisende Bücher zum Management vorgestellt.

2.1.6 Das volkswirtschaftliche Umfeld des Unternehmens

2.1.6.1 Das Unternehmen in der Marktwirtschaft

Es bestehen vielfältige Beziehungen zwischen dem Unternehmen und seiner Umwelt – mit Kunden und Lieferanten, Mitarbeitern, Interessensorganisationen und so weiter.

Das Unternehmen ist eingebettet in Umweltsphären. Die Umweltsphären können unterteilt werden in technische, soziale, ökologische Sphäre und so weiter[40]. Die wichtigste Umweltsphäre ist die volkswirtschaftliche.

Die Beschreibung der volkswirtschaftlichen Zusammenhänge ist Aufgabe der *Volkswirtschaftslehre*.[41]

---

[35] vgl. Heinen (Einführung).
[36] Bellinger (Zeit) S. 84.
[37] Wöhe (Betriebswirtschaftslehre) S. 61.
[38] s. u. Kap. 2.2.2.
[39] vgl. Crainer (Ultimate).
[40] vgl. Ulrich (Unternehmungspolitik) S. 66 ff.
[41] vgl. hierzu z. B. Woll (Volkswirtschaftslehre), Samuelson (Economics).

Das Verständnis der Funktionsweise einiger Mechanismen an den *Schnittstellen* zwischen einzelner Unternehmung und der Gesamtwirtschaft ist aber auch im Rahmen der Betriebswirtschaftslehre relevant, weshalb auf diese grundlegenden Mechanismen hier eingegangen wird.

Als der „eigentliche Begründer der modernen Nationalökonomie"[42] und der marktwirtschaftlichen Theorie gilt *Adam Smith* (1723–1790), insbesondere durch sein Hauptwerk „The Wealth of Nations"[43], erstmals erschienen im Jahr 1776.

Die Kernaussage ist: unter Einhaltung bestimmter Regeln kommt es in der Marktwirtschaft zu optimalen Ergebnissen, wenn jedes Wirtschaftssubjekt *egoistisch handelt* und seinen *Eigennutzen* maximiert. Denn warum, so die Argumentation, backt der Bäcker Brötchen und braut der Brauer Bier? Nicht, weil der Bäcker sich sozial verantwortlich fühlt, die Menschen in seiner Umgebung satt zu machen oder der Brauer den Menschen mit seinem Bier eine Freude bereiten will. Der Grund ist banaler – sie möchten Geld verdienen. „It is not from the benevolence of the butcher, the brewer, or the baker, that we expect our dinner, but from their regard to their own interest. We address ourselves, not to their humanity but to their self-love, and never talk to them of our own necessities but of their advantages"[44].

Das System funktioniert also wie folgt. Die Verbraucher haben Hunger und sind bereit, für Brötchen entsprechend Geld zu zahlen. Es existiert eine Nachfrage. Der Bäcker erkennt dies, und schafft ein Angebot in Form von Brötchen, die er profitabel verkauft. In einer zweiten Periode erkennen nun mehr Personen, dass sich mit Brötchen Geld verdienen lässt. Auch sie backen Brötchen. Das Angebot und die Konkurrenz steigen, damit sinken im Wettbewerb die Preise. Wer nun ein Gewerbe eröffnen will, wird dies nicht mehr als Bäcker tun – der Markt ist weitgehend gesättigt. Aber möglicherweise möchten die Konsumenten auch Fleisch essen, und es existiert noch kein Metzger. Also werden Metzger ihre Dienste anbieten, um damit Geld zu verdienen. Am Ende ist der Bedarf der Bevölkerung optimal gedeckt, obwohl oder gerade weil niemand an das Gemeinwohl, sondern jeder nur an seinen Eigennutz gedacht hat.

Die Funktionsweise mag banal erscheinen. Sie ist aber nach wie vor die Antriebsfeder unseres Wirtschaftssystems, und man kann sie bei näherer Betrachtung überall sehen:

- Bekannt ist der „Internet-Hype" in der zweiten Hälfte der neunziger Jahre. Bedingt durch eine technische Entwicklung – das Internet – entstand der neue Markt der mit Internet verbundenen Dienstleistungen: neue Software Produkte, Internet-Plattformen, Internet-Versandhandel und so weiter. Viele erkannten die Chance, damit Geld zu verdienen – oder glaubten sie zu erkennen. Es entstanden in praktisch allen industrialisierten Ländern der Welt zahlreiche Unternehmen, die in diesen Markt gingen, von komplizierten Software Programmen bis hin zum Verkauf von Hundefutter über das

---

[42] Studer (Kapitalismus) S. 226.
[43] vgl. Smith (Wealth).
[44] Smith (Wealth) S. 18.

Internet. Die Nachfrage wurde so schnell befriedigt, und nach wenigen Jahren stellte sich ungefähres Gleichgewicht zwischen Angebot und Nachfrage ein. Viele zu spät eingestiegene oder weniger leistungsfähige Anbieter verschwanden wieder.
- Der Mechanismus funktioniert aber nicht nur im Großen, sondern auch in vielen kleinen Dingen. Angenommen, ein Supermarkt bietet 45 verschiedene Joghurt-Sorten an. Nun erscheint eine neue sechsundvierzigste Sorte, beispielsweise Diät-Joghurt mit Maracuja-Geschmack. Warum bietet der Hersteller das an? Aus dem gleichen Grund, aus dem Smith' Bäcker Brötchen backt – er glaubt eine Marktlücke entdeckt zu haben, wodurch er Geld verdient.
- Der einzige Kiosk am Ort schließt. Der Supermarkt erkennt die daraus entstehende Marktlücke und erweitert sein Sortiment um mehr Zeitungen und Zeitschriften und Schreibwaren.

Die Suche nach einer profitablen Marktlücke, nach einem kleinen Monopolbereich, in dem ein Unternehmen überleben kann, ist Ausgangspunkt aller Überlegungen zur Unternehmensstrategie[45].

2.1.6.2 Wettbewerb und Selbstorganisation als Grundprinzip der Marktwirtschaft

Anders ausgedrückt, ist die *Konkurrenz* zwischen den Wirtschaftssubjekten wesentliche Triebfeder der Wirtschaft. Der Wettbewerb ist die Basis aller marktwirtschaftlich ausgerichteten Wirtschaftssysteme. Wo Wettbewerb herrscht, führt das Streben nach immer besserer Befriedigung der Nachfrage zu optimalen Ergebnissen.

Daraus folgt auch die Überzeugung aller liberalen Marktwirtschaftler, dass Wettbewerb besser ist als eine zentrale Steuerung der Volkswirtschaft. Viele Ökonomen, geprägt vor allem durch *Hayek*, sind „der Überzeugung, dass dort, wo ein echter Leistungswettbewerb möglich ist, diese Methode der Wirtschaftssteuerung jeder anderen überlegen ist"[46].

Zwar muss der Staat bestimmte Rahmenbedingungen schaffen, die Anwendung des Wettbewerbsprinzips „macht sogar bestimmte Arten der staatlichen Aktivität notwendig"[47]. So muss der Staat für Rechtssicherheit sorgen. Diese Eingriffe dienen aber nur dem Setzen von Rahmenbedingungen. Innerhalb dieses Rahmens reguliert sich die Wirtschaft selbst. Die Volkswirtschaftslehre spricht – auf Adam Smith zurückgehend – von dem Prinzip der *unsichtbaren Hand*, das die Wirtschaft regelt.

Liberale Ökonomen warnen demzufolge auch immer wieder vor einem verfehlten Machbarkeitsglauben von Wirtschaftspolitikern. Eine Volkswirtschaft ist nur begrenzt steuerbar, vieles sollte besser jener „unsichtbaren Hand" überlassen werden.

Der Steuerungsmechanismus und seine Überlegenheit gegenüber zentraler Lenkung kann auch systemtheoretisch begründet werden. Die Volkswirtschaft ist ein komplexes

---

[45] s. u. Kap. 3.2.
[46] Hayek (Knechtschaft) S. 58.
[47] Hayek (Knechtschaft) S. 59.

System. Hohe Komplexität bedeutet, dass das System aus sehr vielen Elementen mit sehr vielen Beziehungen besteht. Optisch kann das anhand der Abb. 2.1 verdeutlicht werden. Die Graphik besteht aus einigen wenigen Elementen und deren Beziehungen. Wollte man nun aber die gesamte Volkswirtschaft abbilden, dann bräuchte man Millionen und Milliarden von Elementen, die miteinander in Beziehung stehen und Systeme und Subsysteme bilden. Jedes Wirtschaftssubjekt ist ein Element, jedes Unternehmen, jede Gruppe, jede Familie bilden ein System, jede Abteilung ein Subsystem.

Solche komplexen Systeme sind weniger störanfällig, also: funktionieren besser, wenn sie *sich selbst regulieren* und nicht auf eine zentrale Steuerung angewiesen sind[48]. Zentralisierte Steuerungsmechanismen wirken dagegen kontraproduktiv. „Weniger ab-strakt gesprochen, wenn in einem Ladenregal das Duschgel ‚Ultra-Douche' überraschend zur Neige geht, dann löst dies unverzüglich eine Zusatzbestellung aus, und der Filialleiter braucht nicht auf irgendeine nächste Planlieferung zu warten. Oder wenn umgekehrt ein Ladengeschäft qualitativ schlechte und dennoch teure Ware anbietet, so muss es damit rechnen, Kunden an die Konkurrenz zu verlieren"[49].

Diese volkswirtschaftliche Erkenntnis hat unmittelbare Auswirkungen auf die Arbeit im Unternehmen selbst:

- Ebenso wie eine zentrale Lenkungsbehörde nicht in der Lage ist, ein komplexes System wie die Volkswirtschaft zu steuern, so ist auch ein Unternehmen nicht in der Lage, alle Auswirkungen seines Handelns abzuschätzen. Ob, um beim obigen Beispiel zu bleiben, das Duschgel ‚Ultra-Douche' im Markt Erfolg haben wird, ist vorher angesichts vom Milliarden von Elementen und Beziehungen nicht vollkommen berechenbar. Ob sich das Backen von Brötchen für den Bäcker lohnt, ebenfalls nicht. Natürlich existieren betriebswirtschaftliche Instrumente der Unternehmenssteuerung, der Planung, zur Marktforschung. Es ist schließlich ein zentrales Anliegen der Betriebswirtschaftslehre, Instrumente bereit zu stellen, welche den Erfolg des Unternehmens im Markt steigern. Gleichwohl muss sich jeder Manager und jeder Studierende der Tatsache bewusst ein, dass der Beeinflussbarkeit des Unternehmenserfolgs Grenzen gesetzt sind. Unternehmerisches Handelns muss somit zum Teil immer nach dem Prinzip „Versuch und Irrtum" – „try and error" – erfolgen, und Erfolg oder Misserfolg sind teilweise schlichtweg Zufall.
- Die gleichen Prinzipien können teilweise selbst auf Prozesse innerhalb großer Unternehmen übertragen werden. Diese Unternehmen sind selbst komplexe Systeme mit vielen Elementen, Beziehungen und Subsystemen. Daraus folgt: auch deren interne Prozesse sind zentral nur begrenzt steuerbar. Auch innerhalb des Unternehmens müssen selbstregulierende Kräfte aktiviert werden. Das in der Organisationslehre wichtige Prinzip der Dezentralisierung folgt daraus. Konkret: der Filialleiter sollte selbst die

---

[48] vgl. Ulrich/Probst (Anleitung) S. 84 f, S. 240.
[49] Studer (Marktwirtschaft) S. 158.

Kompetenz haben, eine Zusatzbestellung von „Ultra-Douche" auszulösen, und nicht auf eine zentrale Einkaufabteilung angewiesen sein[50].

- Auch *individuelle Akteure* im Unternehmen wie Manager, Abteilungsleiter, Mitarbeiter, können durch ihre Tätigkeiten das Unternehmen nur begrenzt im gewünschten Sinn steuern. Auch sie werden – systemtheoretisch gesprochen – mit vielen Elementen und Beziehungen konfrontiert. Entscheidungsprozesse im Unternehmen laufen nicht rational im Sinne von zielgerichtet ab, sondern sind Ergebnis vielfältiger unterschiedlicher Einflüsse. Darauf wird in diesem Buch noch an vielen Stellen eingegangen, denn diese Erkenntnis ist eine der Grundlagen der zweiten Perspektive, der der Individuen.

2.2 Zweite Perspektive: Ebene der Individuen im Unternehmen

2.2.1 Individuelles Verhalten in Organisationen – die Sichtweise verschiedener Disziplinen

Wer sich mit dem Verhalten von Individuen befasst, der kommt an einem *interdisziplinären* Ansatz nicht vorbei. Er muss auch Erkenntnisse aus benachbarten Disziplinen berücksichtigen. Relevant sind dabei Gebiete der *Volkswirtschaftslehre* und der *Politikwissenschaften*. Daneben hat sich auch die *Betriebswirtschaftslehre* selbst in Teilbereichen mit dem Verhalten Einzelner im Unternehmen beschäftigt. Stichworte sind das „Unternehmen als politische Koalition" und Mikropolitik. Deren Erkenntnisse sind wesentliche *Bausteine*. Das folgende Kapitel dient der Beschreibung der „Bausteine" aus den drei Disziplinen.

2.2.2 Erkenntnisse der Volkswirtschaftslehre

2.2.2.1 NIÖ und das Principal Agent-Problem

Volkswirtschaftslehre als Quelle von Erkenntnissen des Verhaltens Einzelner im Unternehmen? Es mag zunächst als Widerspruch erscheinen, zumal das Erkenntnisobjekt der Volkswirtschaftslehre zunächst einmal die Gesamtwirtschaft, also eher der Überbau des Unternehmens als dessen Untergliederung in Individuen ist. Tatsächlich beschäftigt sich die Volkswirtschaftslehre im Rahmen der Mikroökonomie aber mit dem Verhalten *einzelner Wirtschaftssubjekte*, und Wirtschaftssubjekt ist nicht nur ein Unternehmen oder ein Haushalt, sondern auch ein Individuum innerhalb einer Organisation.

Wichtigster volkswirtschaftlicher „Baustein" ist im hier relevanten Zusammenhang die so genannte *Neue Institutionenökonomik (NIÖ)*, und hieraus insbesondere die *Principal-Agent Theorie*.

Die *Neue Institutionenökonomik* entstand etwa in den siebziger Jahren als Reaktion auf den als zu eng gefasst empfundenen Ansatz der Neoklassischen Theorie („Neoklassik").

---

[50] s. u. Kap. 3.4.

Kernpunkte der *Neoklassik* als Forschungsansatz sind „starke Analogien zu naturwissenschaftlichen Erklärungen"[51] sowie die zentrale Rolle des Gleichgewichts von Angebot und Nachfrage, also des *Marktgleichgewichts*, der Steuerung über den Preis. Tatsächlich gehört das Marktgleichgewichtsdenken zum „harten Kern des neoklassischen Forschungsprogramms"[52]. Der Erforschung des Funktionierens von *Institutionen* wurde hingegen in diesem Rahmen ein „geringer Stellenwert ... zuteil"[53].

Das Manko versuchte zunächst die frühe (alte) Institutionenökonomie auszugleichen, aus der dann seit den 1970er Jahren die NIÖ hervorging[54].

Die NIÖ geht insbesondere auf Williamson[55] zurück. Mittlerweile hat sie als Forschungsgebiet weite Verbreitung gefunden[56]. Spätestens seit den frühen 1990er Jahren ist die Neue Institutionenökonomik ein fester Bestandteil der Wirtschaftswissenschaften[57].

Institutionen im engeren Sinn sind dabei Regeln, also „Regelsysteme wie z. B. das ‚Regelwerk' einer Sportart, die ‚Regelung' staatlicher Interventionsbefugnis gegenüber seinen Bürgern durch die Verfassung oder durch ein Spezialgesetz. Im weiteren Sinne zählen in prozessualer Sicht auch Handlungsabläufe, die über vorgenannte Regelsysteme geordnet werden (Handlungssysteme), zu den Institutionen, also z. B. ein nach vorgenannten Regeln angesetztes Fußballspiel, das Eingreifen der Staatsgewalt in die Berufsausübung oder die Limitierung des Geschäftsvolumens eines Kreditinstituts durch die zuständige Bundesanstalt für Finanzdienstleistungsaufsicht. Dies gilt unabhängig davon, dass der dem Grunde nach so geordnete Handlungsablauf Verletzungen der Regelwerke aufweisen mag wie Foulspiele oder Kompetenzüberschreitungen von Vertretern der Exekutive"[58].

Untersuchungsziel der Institutionenökonomik ist es daher, „den Beitrag vertraglicher, institutioneller oder auch gesetzlicher Regelungen zur Sicherung möglicher, aber gefährdeter Kooperationsvorteile herauszuarbeiten"[59]. Vereinfacht und auf den hier verfolgten Zweck bezogen ausgedrückt also: *Wie müssen die Regeln lauten, damit ein Unternehmen funktioniert?*

Teilgebiete sind insbesondere die Theorien der

- *Auftragsbeziehungen*
- *Transaktionskosten*
- *Verfügungsrechte*[60]

---

[51] Jansen (Neoklassische) S. 53.

[52] Jansen (Neoklassische) S. 55.

[53] Horsch/Meinhövel/Paul (Einführung) S. 9, vgl. auch Paul/Horsch (Ökonomik) S. 716.

[54] vgl. Horsch/Meinhövel/Paul (Einführung) S. 10, Coase (Economics).

[55] vgl. Williamson (Institutions).

[56] vgl. z. B. Richter/Furubotn (Institutionenökonomik), Neus (Betriebswirtschaftslehre), Göbel (Institutionenökonomik), Ménard (Institutions), Fritz (Transaktionskostentheorie).

[57] vgl. Schauenberg (Anmerkungen) S. 370.

[58] Horsch/Meinhövel/Paul (Einführung) S. 3.

[59] Neus (Betriebswirtschaftslehre) S. 10.

[60] vgl. Göbel (Institutionenökonomik) S. 60 ff.

2.2 Zweite Perspektive: Ebene der Individuen im Unternehmen

sowie einige speziellere Forschungsgebiete wie die *Spieltheorie*.

Bei den *Auftragsbeziehungen* steht das Principal-Agent Problem im Mittelpunkt, hierauf wird weiter unten eingegangen.

Transaktionskosten sind alle Kosten, die im Zusammenhang mit ökonomischen Transaktionen stehen. Eine „Transaktion" kann dabei die physische Übergabe eines Produkts sein. Das kann auch im Zusammenhang mit Dienstleistungen gelten, zum Beispiel im Zusammenhang mit Beratungs- oder Bildungsleistungen, sowie für die Übertragung von Rechten an zukünftigem Eigentum[61]. Sie können Kosten der Informationsbeschaffung, der Kontrolle, der Abwicklung im Zusammenhang mit dem Kauf eines Produkts, Eingehen eines Arbeitsverhältnisses etc. umfassen. Die Höhe der Transaktionskosten wird oft unterschätzt. „Einigen Schätzungen zufolge erreichen sie in modernen Marktwirtschaften bis zu 50–60 % des Nettosozialprodukts"[62]. Angesichts des nicht zu vernachlässigen Umfangs gehören die Transaktionskosten zu den Wesensmerkmalen der NIÖ.

Unter *Verfügungsrechten* werden „sowohl Ansprüche auf materielle als auch auf immaterielle Vermögensgegenstände"[63] verstanden. Die „elementarste Form von Verfügungsrecht ist das Eigentum an Sachen"[64]. Daneben existieren auch so genannte relative Verfügungsrechte, das sind Rechte, die nur gegenüber bestimmten Personen geltend gemacht werden können. Typische Beispiele sind Miet- und Arbeitsverträge. Im weitesten Sinne kann man „auch noch zum Vermögen einer Person rechnen, was sich im Laufe der Zeit an persönlichen Beziehungen aufgebaut hat"[65].

Auch die *Spieltheorie*[66] wird als ein Teilgebiet der NIÖ angesehen. Unter Spieltheorie „verstehen wir eine Sammlung von mathematischen Modellen zum Studium der Entscheidungsfindung in Konfliktsituationen. Solche treten z. B. auf bei den sogenannten strategischen Spielen (z. B. Schach, Dame, Jass) oder bei verschiedenen Wirtschaftssubjekten, die miteinander in Konkurrenz stehen"[67]. Verhaltensweisen beziehungsweise die Verhaltensänderungen, die durch das Erscheinen von Konkurrenten, Gegenspielern oder dergleichen bewirkt werden, stehen also im Mittelpunkt der Untersuchung.

In spieltheoretischen Modellen werden viele unterschiedliche Situationen mehr oder minder realistisch betrachtet, etwa der Konflikt eines Ehepaars, die beide gemeinsam eine Veranstaltung besuchen möchten, aber einer – in der Regel der Mann – möchte einen Boxkampf besuchen, der/die andere eine Ballettveranstaltung[68]. Oder der „Kampf der Ge-

---

[61] vgl. Richter/Furubotn (Institututionenökonomik) S. 47 f.
[62] Richter/Furubotn (Institutionenökonomik) S. 45.
[63] Jansen (Verfügungsrechte) S. 105.
[64] Göbel (Institutionenökonomik) S. 66.
[65] Göbel (Institutionenökonomik) S. 67.
[66] vgl. hierzu z. B. Bühlmann/Loeffel/Nievergelt (Spieltheorie) S. 153 ff.
[67] Bühlmann/Loeffel/Nievergelt (Spieltheorie) S. 155.
[68] vgl. Bühlmann/Loeffel/Nievergelt (Spieltheorie) S. 206 ff., Gobold (Spieltheorie).

Abb. 2.10 Gefangenendilemma

	B schweigt	B gesteht
A schweigt	A:−2 / B:−2	A:−5 / B:0
A gesteht	A:0 / B:−5	A:−4 / B:−4

schlechter" (Paarungsstrategien von Männern bzw. Frauen)[69], oder die „Angst vor dem Elfmeter" (In welche Ecke soll der Schütze schießen?)[70].

Am bekanntesten ist das so genannte „*Gefangenen-Dilemma*" (prisoner's dilemma)[71]. Zwei Gefangene A und B werden verdächtigt, eine Straftat begangen zu haben. Jedem wird ein Handel angeboten: gesteht er, bekommt er seine Strafe erlassen. Der Partner bekommt dann aber die Höchststrafe von fünf Jahren. Gesteht jedoch niemand, so kann keiner der beiden für die Straftat verurteilt werden, da die Indizien nicht ausreichen. Sie können beide aber für eine mindere Straftat in diesem Zusammenhang – zum Beispiel unerlaubten Waffenbesitz – zu zwei Jahren Haft verurteilt werden. Gestehen schließlich beide, so werden sie verurteilt, erhalten auf Grund des Geständnisses aber eine etwas mildere Strafe von vier Jahren Gefängnis.

A und B wissen, dass der Handel auch dem jeweils anderen angeboten wurde. Sie können aber nicht miteinander kommunizieren. Somit ist jeder in einem Dilemma. Gesteht etwa A, könnte er frei kommen – oder aber für vier Jahre in Gefängnis wandern, wenn B ebenfalls gesteht. Schweigt A, kommt er für zwei Jahre ins Gefängnis – oder aber für fünf Jahre, wenn B gesteht.

Die Situation wird in der Matrix in Abb. 2.10 visualisiert. Ein eindeutig richtiges Verhalten existiert zunächst hier nicht. Typisch für diese wie auch andere Entscheidungssituationen ist die Divergenz, eben das Dilemma, zwischen individuell richtiger Entscheidung einerseits – Geständnis – und der optimalen kollektiven Entscheidung – schweigen.

Von hoher praktischer ökonomischer Relevanz sind spieltheoretische Ansätze zum Beispiel in oligopolistisch geprägten Märkten, also Märkten mit einer nur geringen Zahl von in Konkurrenz stehenden Anbietern[72] oder bei Auktionen.

---

[69] vgl. Gobold (Spieltheorie).
[70] vgl. Neus (Betriebswirtschaftslehre) S. 480 f.
[71] vgl. Rappaport/Chammah (Prisoner's).
[72] vgl. z. B. Laidler (Microeconomics) S. 200 ff.

2.2 Zweite Perspektive: Ebene der Individuen im Unternehmen

> **Beispiel: Die UMTS-Versteigerung in Deutschland[73]**
>
> Die Versteigerung der UMTS-Lizenzen in Deutschland wird als typisches Beispiel einer praktischen Anwendung der Spieltheorie gesehen.
>
> Im Juli 2000 wurden in Deutschland von der Bundesregierung im Auktionsverfahren 12 Frequenzblöcke für die Nutzung von UMTS (Universal Mobile Telecommunication System) über 20 Jahre versteigert.
>
> Ein Bewerber musste mindestens 2 Frequenzen erwerben und eine bestimmte Netzabdeckung garantieren.
>
> Absprachen zwischen den Anbietern waren verboten. Da es sich um eine typische spieltheoretische Situation handelte und es um große Beträge ging, waren in allen Projektteams der interessieren Unternehmen Spezialisten der Spieltheorie eingesetzt.
>
> Es nahmen sieben Mobilfunkanbieter teil: DeTeMobil, Mannesmann Mobilfunk, E-Plus, Viag Interkom (O2), Debitel, Group 3G, Mobilcom Multimedia GmbH. Debitel schied im Lauf des Bieterverfahrens aus.
>
> Die verbleibenden sechs Anbieter setzten den Bieterwettbewerb fort, obwohl bei den insgesamt 12 Frequenzblöcken rechnerisch für jeden 2 Blöcke verfügbar waren. Sie hofften aber, bei weiterem Bieten einen Konkurrenten aus dem Feld zu schlagen und so einen dritten Frequenzblock zu bekommen – ein typisches spieltheoretisches Dilemma.
>
> Es schied indessen niemand mehr aus. Am Ende erwarben die restlichen sechs Anbieter jeweils zwei Lizenzen für 16,3 bis 16,5 Mrd. DM. Insgesamt wurde ein Erlös von 98,8 Mrd. DM, also 50,52 Mrd. €, erzielt. Er wurde von der Bundesrepublik Deutschland zum Abbau der Staatsverschuldung eingesetzt.

Nun zur Principal-Agent-Theorie. Sie ist ein Teilgebiet der NIÖ, die wiederum aus den traditionellen volkswirtschaftlichen Ansätzen entstanden ist, und kann innerhalb der Volkswirtschaftslehre deshalb wie in Abb. 2.11 eingeordnet werden.

Was genau verbirgt sich hinter dem Principal-Agent-Problem?

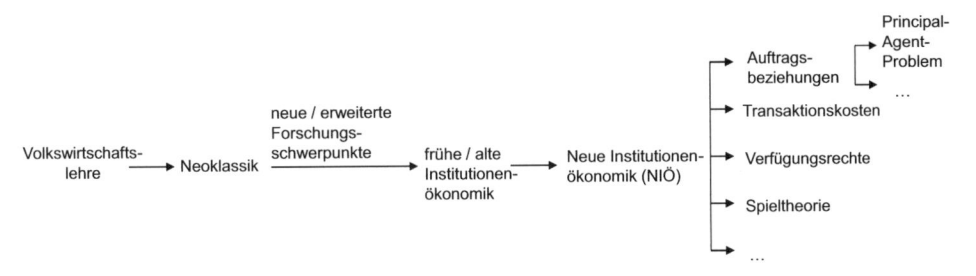

Volkswirtschaftslehre → Neoklassik → neue / erweiterte Forschungsschwerpunkte → frühe / alte Institutionenökonomik → Neue Institutionenökonomik (NIÖ) → Auftragsbeziehungen → Principal-Agent-Problem … / Transaktionskosten / Verfügungsrechte / Spieltheorie / …

Abb. 2.11 Einordnung von NIÖ und Principal-Agent-Problem in der Volkswirtschaftslehre

---

[73] vgl. Riemer (UMTS), Pohl/Baudendistel (UMTS).

In einer Wirtschaft kommen nicht nur (anonyme) Markt-Transaktionen zwischen gleichgestellten (gleichinformierten) Akteuren vor. Vielmehr sichert sich häufig ein Auftraggeber (engl. principal) die Dienste eines besser informierten Beauftragten (agent)[74].

Die Principal-Agent-Theorie befasst sich mit allen daraus entstehenden Fragestellungen. Die Probleme resultieren vor allem daraus, dass der Agent „seinen Entscheidungsspielraum auch opportunistisch gegen den Principal ausüben kann"[75]. *Opportunistisch* ist das Schlüsselwort. Der Agent handelt nicht im Sinne und Interesse des Principals, sondern verfolgt seine eigenen, abweichenden. Er handelt eben als Opportunist.

Unter *opportunistischem Verhalten* versteht man „in der Alltagssprache die Ausnützung günstiger Situationen, unter Umständen zum Nachteil anderer."[76] Der Ausdruck kann auch weiter gefasst werden: „so gehört zum opportunistischen Handeln z. B. die Verfälschung und Zurückhaltung von Informationen oder das Erfinden unwahrer Angaben, um seine eigenen Interessen voranzutreiben. Der Akteur setzt Kreativität und Hinterhältigkeit ein und zeigt sehr geringe moralische Skrupel, solange dieses Verhalten nicht mit (vorwiegend ökonomischen) Sanktionen verbunden ist. Im Extremfall gehören dazu auch Handlungen, die sich am Rande der Legalität befinden oder diesen überschreiten, wie z. B. Lügen, Betrügen, Bestehlen, Erpressen etc."[77]

Das Anwendungsgebiet ist potenziell sehr weit gefächert, einige Definitionen sind sehr weit gefasst, etwa diese: „Whenever one individual depends on the action of another, an agency relationship arises"[78].

Beispiele sind die Beziehungen zwischen Fiskus und Steuerpflichtigem, Kreditgeber und Kreditnehmer, Arbeitgeber und Arbeitnehmer, Patient und Arzt, Lehrer und Schüler, Versicherer und Versicherter[79].

Eine Person kann dabei gleichzeitig Agent und Principal sein. Der Arzt ist Principal gegenüber seinem Patient und Agent der Krankenhausleitung und Krankenkassen; der Aufsichtsrat einer Aktiengesellschaft Principal gegenüber dem Vorstand, Agent gegenüber dem Aktionär[80].

Ein Beispiel. Ein mögliches Principal-Agent-Verhältnis könnte zwischen Professor und Studierenden gesehen werden. In einer Prüfung von zum Beispiel fünfzehn Minuten Dauer möchte der Lehrende den Wissensstand des Studenten feststellen, um ihn anschließend zu benoten. Der Professor hat zunächst kaum Informationen über das Wissensniveau des Studierenden, und kann dieses Defizit in fünfzehn Minuten auch nicht vollständig beseitigen. Er ist also darauf angewiesen, sich während der Prüfung im Zustand unvoll-

---

[74] Pfaff/Zweifel (Principal-Agent) S. 184.

[75] Meinhövel (Principal-Agent) S. 470.

[76] Fritz (Transaktionskostentheorie) S. 41.

[77] Fritz (Transaktionskostentheorie) S. 41.

[78] Pratt/Zeckhauser (Principals) S. 2.

[79] vgl. Picot/Dietl/Frank (Organisation) S. 85, Firchau (Information) S. 82, Swoboda (Finanzierung) S. 162.

[80] vgl. Picot/Dietl/Frank (Organisation) S. 85.

kommener Information ein Bild zu machen. Der Student kennt hingegen seinen eigenen Wissensstand, er weiß, was er kann, er weiß aber insbesondere auch, was er nicht kann.

Der Prüfer wird also auf der Basis von stichprobenartigen Fragen das Wissen testen. Der Student kann seinen Informationsvorsprung über seine Kenntnisse nun opportunistisch ausnutzen – trivial ausgedrückt: er kann versuchen, sich als ein besserer Student darzustellen, als er ist. Wie wird er das in der Praxis tun? Jeder Studierende dürfte die Techniken kennen. Insbesondere wird er durch mehr oder weniger ausweichende Antworten auf Fragen versuchen, das Gespräch auf Themen und Sachgebiete zu lenken, bei denen er gut vorbereitet ist.

Die Grundstruktur lässt sich auch auf eine „Vielzahl betriebswirtschaftlich relevanter Sachverhalte anwenden. So kann beispielsweise die Beziehung zwischen Eigentümern und Managern von Kapitalgesellschaften, zwischen Vorstand und Bereichsmanagern oder zwischen Geschäftsleitung und Außendienstmitarbeitern Gegenstand der Betrachtung sein. In all diesen Fällen ist davon auszugehen, dass die jeweiligen Agenten sowohl ein höheres Maß an Fachkompetenz zur Durchführung der ihnen zugewiesenen Aufgabe besitzen, als auch über genauere Kenntnisse der Rahmenbedingungen des operativen Geschäfts verfügen als der jeweilige Prinzipal. Dieser Informationsvorsprung bietet dem Agenten grundsätzlich die Möglichkeit, seinen eigenen Nutzen zu Lasten des Prinzipals zu erhöhen."[81]

In diesem Buch wird auf dieses Anwendungsgebiet der Principal-Agent-Theorie Bezug genommen. Also auf Vorgänge im Unternehmen, Beziehungen zwischen Arbeitgeber und Arbeitnehmern, zwischen Vorgesetzten und Mitarbeitern, und zwischen Eigentümern und angestellten Managern. Letzteres wird allgemein als das Hauptanwendungsgebiet betrachtet[82].

Zwei Eigenschaften müssen vorhanden sein, um ein Principal-Agent-Verhältnis *entstehen* zu lassen: „Zum einen muss der Agent zum Handeln für den Principal berechtigt sein, also über ‚authority' verfügen. Beschränkungen dieser Geschäftsführungsmacht des Agent können aus der Natur der Beauftragung selbst stammen oder explizit durch den Principal vorbehalten sein. Die zweite hauptsächlich geforderte Eigenschaft ist die Übereinkunft der Parteien (‚consent') im Sinne übereinstimmender Willenserklärungen. Sind diese Merkmale erfüllt, gelten die innerhalb der Agency ausgeübten Tätigkeiten des Agenten damit als für den Principal bzw. im Namen des Principals ausgeführt"[83].

In den Modellen werden die Beteiligten anhand von folgenden Merkmalen beschrieben[84]:

- *individuelle Nutzenmaximierung*
- *Interessensunterschiede*

---

[81] Göx/Budde/Schöndube (Modell) S. 66.
[82] vgl. Kiener (Sicht) S. 20, vgl. auch z. B. Jensen/Meckling (Theory).
[83] Meinhövel (Principal-Agent) S. 470.
[84] vgl. zum Abschnitt Ebers/Gotsch (Theorien) S. 196 f.

- *Risikoneigung*
- *Informationsasymmetrie*

Die individuelle Nutzenmaximierung beruht auf bestimmten gegebenen Präferenzen. Ein Schlüsselwort ist *individuell*: der *eigene* Nutzen wird maximiert, nicht der der Organisation oder des Principals. Nutzen umfasst dabei nicht nur monetäre, sondern gegebenenfalls auch nicht-monetäre Aspekte wir Macht und Prestige. Das ergibt sich auch aus der obigen Beschreibung des Rationalprinzips. Nutzenmaximierung ist nicht nur Einkommensmaximierung. Die Nutzenmaximierung schließt opportunistische Praktiken wie Betrug, Fälschung, Täuschung ein.

Durch die individuelle Nutzenmaximierung ergeben sich auch *Interessensunterschiede*. So möchte ein Eigentümer eines Unternehmens (Principal) den Gewinn maximieren, der angestellte Manager (Agent) sein eigenes Gehalt, sein Budget oder die Anzahl der ihm unterstellten Mitarbeiter. Die Ziele sind also nicht kongruent.

Unterschiedliche Risikoneigungen vergrößern das Principal-Agent-Problem. Ein Eigentümer mag gewillt sein, bestimmte Risiken im Unternehmen einzugehen. Der Manager denkt jedoch in erster Linie an die Sicherheit seines Arbeitsplatzes und verhält sich daher risikoscheu. Er wird also andere Entscheidungen treffen, als sie der Principal aufgrund seiner Präferenzen treffen würde.

Auf die *Informationsasymmetrie* als Grundvoraussetzung des Principal-Agent-Problems wurde schon hingewiesen. Da der Agent mit einer Aufgabe betraut wird, beschäftigt er sich eingehend damit. Ein Manager ist täglich im Unternehmen, während ein Aktionär den Besitz eines Anteils als Geldanlage ansieht und sich daher wenig in operative Belange einmischt (einmischen kann). Ein Sachbearbeiter ist ausschließlich mit einem Vorgang betraut, während der Vorgesetzte viele Vorgänge gleichzeitig betreut. Der Agent erwirbt damit einen Informationsvorsprung. Der Principal ist nicht in der Lage, die Qualität der Arbeitsergebnisse vollständig zu überprüfen beziehungsweise die Ursachen der Ergebnisse – Leistung des Agent oder externe Faktoren – zu erkennen.

Es werden allgemein *drei Arten von Agentur-Problemen* unterschieden, die daraus resultieren[85]:

- *hidden characteristics* (mögliche Konsequenz: „adverse selection")
- *hidden intention* (mögliche Konsequenz: „hold up")
- *hidden action/hidden information* (mögliche Konsequenz: „moral hazard")

Die *hidden characteristics* beziehen sich insbesondere auf verborgene Eigenschaften des Agents, die der Principal vor Vertragsabschluss nicht erkennt. Sprich: mangelnde fachliche und/oder persönliche Qualifikation. Verfahren der Personalauswahl – Tests, Interviews, Assessment Center und so weiter – sind aus dieser Sicht Versuche des Principals „Arbeitgeber", die hidden characteristics der Bewerber zu erkennen. Aufgrund der unvoll-

---

[85] vgl. zum Abschnitt Spremann (Information), Dietl (Institution) S. 137 ff, Horsch (Agency).

2.2 Zweite Perspektive: Ebene der Individuen im Unternehmen

kommenen Information kann sich aber der Bewerber opportunistisch Verhalten, zum Beispiel seine Schwächen durch entsprechend trainiertes Auftreten zu verbergen suchen oder Bewerbungsunterlagen fälschen oder „frisieren". Unter bestimmten Bedingungen führt das zu systematisch falscher Auswahl der Vertragspartner, oder gar zum Zusammenbruch des Marktes für die Auftragsverhältnisse, der sog. „*adverse selection*".

Ein bekanntes Beispiel für Störungen im Markt ist der für Gebrauchtwagen. Potenzielle Käufer kennen die Qualität eines angebotenen Fahrzeugs nicht. Möglicherweise ist das Fahrzeug in einem guten Zustand, möglicherweise auch fehlerhaft. Letztgenannte Fahrzeuge werden im amerikanischen Englisch umgangssprachlich als „Lemons" bezeichnet, weshalb das Thema in der ökonomischen Literatur auch unter diesem Stichwort („Market for Lemons"[86]) bekannt ist. Typischerweise kennt der Verkäufer genauer die Qualität des Autos als der Käufer. Da die Käufer die Unterschiede nicht kennen, müssen die guten und schlechten Wagen zum selben Preis verkauft werden.

Die Marktstörung entsteht, weil der potenzielle Käufer über keine vollkommene Information verfügt und daher möglicherweise den Verdacht hegt, das Fahrzeug sei eine „Lemon". Er ist deshalb nicht bereit, soviel zu zahlen, wie es dem tatsächlichen Wert des Fahrzeugs entsprechen mag. Möglicherweise kommt es deshalb gar nicht zum Vertragsabschluss, da der Verkäufer dann nicht mehr bereit ist, den Wagen zum geringeren Preis – also „unter Wert" – zu verkaufen[87].

Der Principal kann auch, insbesondere vor Vertragsabschluss, die Motive und Überzeugungen nicht erkennen. Das wird als *hidden intention* bezeichnet. Die Ausnutzung dieser fehlenden Information durch den Agent bezeichnet man als „hold up", also den englischen Ausdruck für einen Überfall. Ein derartiger „Überfall" ist beispielsweise eine überhöhte Gehaltsforderung eines Spezialisten, nachdem sein Arbeitgeber einen zeitlich limitierten Großauftrag erhalten hat, zu dessen Erfüllung er den Spezialisten braucht[88].

Hidden action und *hidden information* tauchen in der Phase nach Vertragsabschluss auf und sind Folge der oben genannten mangelnden Möglichkeit der Kontrolle des Agents durch den Principal. Bei hidden action können die Handlungen nicht eindeutig beobachtet werden, im Fall der hidden information können die Handlungen zwar beobachtet, aber die Konsequenzen mangels Fachkenntnissen nicht eindeutig beurteilt werden. Die dadurch entstehende suboptimale Erfüllung von Verträgen ist als „moral hazard"[89] bekannt.

Könnte der Principal die Informationsasymmetrie beseitigen, könnte er durch Auswahl und Überwachung der Agents immer für eine optimale Erledigung der Aufgaben sorgen. Dies wäre die so genannte „*First-Best-Lösung*" des Problems. In der Realität ist die Beseitigung des Informationsdefizits aber meistens nicht oder nicht ohne übermäßig hohe Kosten möglich. Daher sind die Beteiligten gezwungen, zu einer *Second-Best-Lösung* zu kommen.

---

[86] vgl. Akerlof (Lemons).
[87] vgl. Richter/Furubotn (Institutionenökonomik) S. 236 f.
[88] vgl. Wosnitza (Kapitalstrukturentscheidungen) S. 17.
[89] vgl. auch Laffont (Incentives).

Durch die Differenz aus erst- und zweitbester Lösung entstehen Kosten, die *Agency-Kosten*: „Die Differenz zwischen einer bei vollkommener Information erzielbaren First-Best-Lösung und der bei unvollkommener Information realisierten Second-Best-Lösung bezeichnet man als Agency-Kosten"[90].

Allgemein werden drei Arten von Agency-Kosten unterschieden[91]:

- *Bonding costs* sind so genannte Signalisierungskosten der Agenten, mit denen er versucht, das Vertrauen des Principals zu gewinnen. Typische Signalisierungskosten sind Aufwändige Bewerbungsmappen, Bewerbertrainings und dergleichen. Typische „Signale" im universitären Arbeitsmarkt sind etwa Publikationen, insbesondere in Fachzeitschriften, wodurch die Wissenschaftler ihre Kompetenz im Markt signalisieren[92].
- *Monitoring costs* umfassen die Kontroll- und Überwachungskosten, mit denen der Principal versucht, sein Informationsdefizit zu verringern. Beispiele sind die Kosten für Revisionsabteilungen in Unternehmen, externe Wirtschaftsprüfer, oder Assessment Center zur Auswahl von Bewerbern.
- Unter *Residual costs* werden die verbleibenden Wohlfahrtsverluste verstanden, denn „trotz Signalisierungs- und Kontrollanstrengungen kommt es in der Regel nicht zu einer optimalen Struktur der Arbeitsteilung bzw. Spezialisierung"[93].

Die verschiedenen Aspekte der Principal Agent-Modelle unter unterschiedlichen Annahmen sind Gegenstand vieler auch kontroverser Diskussionen in der wirtschaftswissenschaftlichen Literatur[94].

> **Beispiel: Fremdvergabe von Forschungs- und Entwicklungsarbeiten**
>
> Immer mehr Unternehmen vergeben Arbeiten der Forschung und Entwicklung (FuE) nach außen, also an externe Unternehmen[95].
>
> Beispielsweise lassen Automobilhersteller Motoren, Karosserien und andere Komponenten extern entwickeln. Ein bekannter Anbieter in Deutschland auf diesem Sektor ist etwa das Unternehmen Bertrandt AG. Auch der Fahrzeughersteller Porsche AG betreibt Forschung und Entwicklung für andere Automobilhersteller[96].

---

[90] Picot/Dietl/Frank (Organisation) S. 73.
[91] vgl. zum Abschnitt Jensen/Meckling (Theory) S. 208 ff, Dietl (Institution) S. 134 ff, Picot/Dietl/Frank (Organisation) S. 86 ff.
[92] vgl. zum Thema z. B. Spence (Signaling), Cho/Kreps (Games), Cho/Sobel (Stability), Gruber (Signalling).
[93] Picot/Dietl/Frank (Organisation) S. 86 f.
[94] vgl. z. B. Schneider (Flops), Schmidt („Flop").
[95] vgl. zum Abschnitt Kloyer (Innovationskooperationen).
[96] vgl. Porsche AG (Engineering), Bertrandt AG (Portrait).

Externe FuE bietet einige Vorteile. Auf das entsprechende FuE-Gebiet spezialisierte Unternehmen haben dort große Erfahrung und können entsprechend schnell und effizient arbeiten. Ein Unternehmen, das die Aufträge nach außen vergibt, muss die entsprechenden Kapazitäten nicht selbst aufbauen und spart dadurch Kosten. Es erhöht seine Flexibilität, indem bei einem Engpass relativ schnell auf zusätzliche Kapazität zurückgegriffen werden kann, ohne umgekehrt in auftragsarmen Zeiten entsprechende Abteilungen vorhalten zu müssen.

Als Nachteil steht dem unter anderem ein typisches Principal-Agent Problem gegenüber.

Angenommen, ein Automobilhersteller möchte FuE-Arbeiten nach außen vergeben, zum Beispiel Grundlagenforschung auf dem Gebiet der Fahrzeugsicherheit und die Entwicklung eines Motors für einen neuen Mittelklassewagen.

Der Autohersteller A kennt nun zunächst nicht die Eignung des Entwicklungsunternehmens E für diese Aufgaben, das Entwicklungsunternehmen besitzt „hidden characteristics", unbekannte Eigenschaften. Es besteht die Gefahr, einen ungeeigneten Anbieter auszuwählen, also die Gefahr der „adverse selection". E wird nun versuchen, seine Qualifikation für die Aufgabe durch entsprechende „Signale" gegenüber A zu demonstrieren. Ein typisches Signal sind in diesem Fall Patente, welche die Leistungsfähigkeit des Anbieters deutlich machen. Auch kann E eine Liste von Referenzkunden vorlegen, andere große Automobilhersteller, die bereits mit dem Unternehmen zusammengearbeitet haben.

Der Abnehmer der Leistung kann versuchen, sein Risiko zu vermindern, indem er leistungsbezogene Vergütung anbietet. Bezahlt wird also erst, nachdem der Motor mit vorher festgelegten Merkmalen auch entwickelt und abgenommen ist. Diese leistungsbezogene Vergütung ist indessen nicht immer möglich. Bei einem konkreten Entwicklungsziel – einem Motor für einen Mittelklassewagen – können die Ergebnisse zumindest einigermaßen vorab spezifiziert werden. Bei Grundlagenforschung hingegen steht das Ergebnis naturgemäß vorher nicht fest. Hier ist die Gefahr der „adverse selection" daher größer.

Der Abnehmer A weiß auch vorher nicht, ob das Entwicklungsunternehmen nicht „hidden intentions" hat, also einen „hold up" plant. E könnte nach Vertragsabschluss, wenn der Automobilhersteller erst einmal unter Zeitdruck steht, das neue Modell auf den Markt zu bringen, immer neue Zusatzforderungen stellen. Ein typisches Argument lautet hierbei, die Eigenschaft X oder Y des Motors, die jetzt gewünscht würde, sei vorher nicht vereinbart worden. Tatsächlich ist es bei technischen Produkten kaum möglichen, die Spezifikationen vorab so detailliert vertraglich festzulegen, dass nicht ein Argumentations- und damit Missbrauchsspielraum besteht. A kann sich dagegen zwar mit juristischen Mitteln zu wehren versuchen. Doch die Lösung solcher juristischer Streitfragen dauert lange, der Ausgang ist zudem ungewiss. A wird sich deshalb im Fall eines „hold-ups" eher wehren, indem er damit droht, das Verhalten von E publik zu machen und damit E einen Reputationsschaden zuzufügen.

„Hidden action" von E wäre zum Beispiel ineffiziente Arbeit oder auch das in Rechnung stellen von Entwicklungsstunden, die gar nicht auf das Projekt verwendet wurden. Auch hier ist es bei Motorenentwicklung leichter, sich zu schützen. Üblich sind vertraglich vereinbarte „Meilensteine", also eine Festlegung, was bis wann fertig zu stellen ist. Was E in der Zwischenzeit tut bzw. wie er diese Ziele erreicht, kann A in der Regel egal sein. Im Fall der Grundlagenforschung wird hidden action ein gravierendes Problem darstellen, da insbesondere der Prozess der Ideengenerierung sehr schwer zu beobachten und in seiner Qualität zu beurteilen ist.

Auch „hidden information" ist bei der Motorenentwicklung weniger ein Problem. Der Abnehmer hat als Automobilproduzent durchaus die Fachkenntnisse zu beurteilen, ob der Motor entsprechend den Anforderungen funktioniert oder nicht. In der Grundlagenforschung dürfte dies meistens, aber nicht immer, ebenfalls der Fall sein.

Allerdings ist das Pricipal-Agent-Problem im vorliegenden Fall nicht so gravierend, wie es den Anschein haben könnte. Empirische Untersuchungen von FuE-Kooperationen kommen zwar zu dem Ergebnis, dass die Opportunismusgefahren zwar wahrgenommen werden. Aber nicht immer sichern sich Unternehmen gegen opportunistisches Verhalten gegenüber der Gegenseite so ab, wie das zu erwarten wäre, es wird also nicht immer als dermaßen gravierendes Problem gesehen. Eine mögliche Erklärung für dieses Verhalten ist gegenseitiges Vertrauen, entweder als „eigentliches" Vertrauen auf der Basis grundlegender ethischer Werte und Normen, oder dem Vertrauen auf so genannte Vertrauenssubstitute, also „Mechanismen, die disziplinieren, weil sie einen ökonomischen Vorteil versprechen. Zu diesen Mechanismen zählen insbesondere die Reputationsgefährdung oder die Perspektive einer weiterhin Nutzen bringenden Geschäftsbeziehung"[97]. Opportunistische Praktiken durch Bertrandt oder Porsche sind aus diesem Grund in der Praxis schwer vorstellbar, jedenfalls nicht systematisch und nicht in größerem Umfang. Denn die Automobilindustrie wird beherrscht von wenigen großen Unternehmen, die Kommunikationskanäle untereinander sind vielfältig. Opportunistisches Verhalten führte daher sehr schnell zu Reputationsverlust und entgangenen Folgeaufträgen, mit katastrophalen ökonomischen Konsequenzen für die Anbieter. Außerdem ist die Informationsasymmetrie auf diesem Markt in der Praxis nicht so groß wie in anderen Fällen. Die Automobilhersteller kennen die Leistungsfähigkeit der Anbieter von Entwicklungsdienstleistungen gut, und sie besitzen einen Stab von Experten im eigenen Haus, die deren Ergebnisse fachlich kompetent beurteilen können.

In anderen Situationen, insbesondere in Märkten mit vielen kleineren Unternehmen und grenzüberschreitenden Kooperationen, wird das Principal-Agent-Verhalten teilweise noch deutlicher.

Principal-Agent-Probleme werden in der wirtschaftswissenschaftlichen Literatur üblicherweise mittels teils hochkomplexer mathematischer Modelle analysiert. Auf die mathematische Darstellung kann aber hier zugunsten einer verbalen Beschreibung des Sachverhalts verzichtet werden.

---

[97] Kloyer (Innovationskooperationen) S. 319.

Nachfolgend seien einige *Beispiele* genannt.[98] Typisch ist etwa die Frage der *leistungsabhängigen Entlohnung* und der richtigen *Indikatoren*, um die Leistung zu messen.[99]

„Ein Geselle in einer Autowerkstatt wird anhand der Anzahl der durchgeführten Reparaturen bezahlt, ein Stürmer auf dem Fußballplatz erhält eine Prämie pro geschossenem Tor, ein Unternehmensvorstand erhält einen Bonus in Abhängigkeit des erzielten Umsatzwachstums. Das sind nur drei Beispiele, in denen ein Agent (Geselle, Fußballspieler oder Vorstand) im Auftrag eines Prinzipals (Werkstattleiter, Fußballverein oder Aktionäre) handelt und leistungsabhängig entlohnt wird. Zweck der leistungsabhängigen Entlohnung ist es, den Agenten zu einem Handeln zu bewegen, das primär nicht das Eigeninteresse des Agenten, sondern das Interesse des Prinzipals berücksichtigt.

Doch die Realität sieht oft anders aus. Der Geselle nutzt die fehlende Kontrollmöglichkeit des Werkstattbesitzers und die Unwissenheit des Autobesitzers aus, indem er durch unnötige Reparaturen seinen Lohn steigert. Der Stürmer vernachlässigt seine Defensivaufgaben und nutzt jede noch so aussichtslose Chance zum Torschuss, anstatt den Ball an den besser positionierten Mitspieler abzugeben. Der Vorstand maximiert das Umsatzwachstum durch überhöhte Verschuldung, zu niedrige Preise und ohne Rücksicht auf die (langfristige) Gewinnsituation.

Offensichtlich handeln die Agenten in diesen Beispielen nicht im Sinne der jeweiligen Prinzipale. Die Beurteilung der Güte der Leistung erfolgt anhand ‚ungenauer' Kriterien. Es kann nicht im Sinn des Werkstatteigentümers sein, dass unzufriedene Kunden nach zu teuren Reparaturen den Betrieb zukünftig meiden. Den Fußballverein interessiert in Wirklichkeit nicht die Anzahl der erzielten Tore eines Spiels, sondern das Ergebnis des Spiels. Die Aktionäre sind nicht in erster Linie an einer Umsatzmaximierung, sondern an einer Maximierung des Shareholder Value interessiert. In den drei Beispielen wählten die Prinzipale Leistungsindikatoren, die zwar leicht und kostengünstig zu beobachten sind, deren Motivationswirkung allerdings äußerst zweifelhaft ist."[100]

Die Aufgabe besteht also in der Praxis darin, *Leistungsindikatoren* zu finden, die einerseits leicht zu messen sind, andererseits aber auch eine entsprechende Güte besitzen, das heißt die Erreichung des eigentlich gewollten Ziels ausreichend reflektieren. Das Problem wird verschärft, wenn der Agent mehr als ein Ziel zu verfolgen hat, also im Fall von „Multitasking". Ein Mitarbeiter, der beispielsweise in einer Automobilfabrik am Band arbeitet und die Aufgabe hat, die Frontscheibe bei den neuen Fahrzeugen einzusetzen, hat nur diese eine Aufgabe. Es ist daher einfach, ihn im Akkord anhand der eingesetzten Frontscheiben zu entlohnen. Es existiert ein eindeutiger Leistungsindikator. Er wird als Agent keinen Anreiz haben, nicht im Sinne des Prinzipals Arbeitgeber zu agieren. Der Geselle in der Autowerkstatt hingegen hat die Aufgabe, sowohl quantitativ (Anzahl der Reparaturen) als auch qualitativ einen bestimmten Output zu erbringen. Gerade die Messung des zweiten Punktes ist schwierig bzw. aufwändig.

---

[98] zu weiteren Beispielen vgl. Jost (Prinzipal).

[99] vgl. zum Abschnitt Dietl/van der Velden (Leistungsmessung).

[100] Dietl/van der Velden (Leistungsmessung) S. 318.

Es ist nun nachweisbar, dass der Auswahl entsprechender Leistungsindikatoren entscheidende Bedeutung zukommt: „Die Güte dieser Leistungsindikatoren hängt davon ab, wie stark sie mit dem tatsächlichen Leistungsergebnis korrelieren. Je stärker die Korrelation ist, desto besser ist der betreffende Leistungsindikator"[101]. Das ist intuitiv auch nachvollziehbar. Wer an einem Indikator gemessen wird, der eng an das vom Principal gewünschte Ergebnis angelehnt ist, wird auch im Interesse des Principals arbeiten. Sagt der Indikator wenig darüber aus, wird der Agent auch nicht unbedingt im Interesse des Principals handeln. In der Praxis wird diese Erkenntnis aber oft nicht umgesetzt. Gerade Manager mit komplexen Aufgaben werden teilweise an Leistungsindikatoren gemessen, die wenig mit dem tatsächlichen Ergebnis zu tun haben. Das kann zu negativen Auswirkungen für das Unternehmen führen, wie noch gezeigt wird[102].

Ein weiteres Anwendungsgebiet ist die Erforschung des so genannten *Anreizintensitätsfaktors* von Entlohnungssystemen[103]. Mit anderen Worten: inwiefern führt ein variables Entlohnungssystem von Managern, das an das Unternehmensergebnis gekoppelt ist (Bonus, Tantieme, Aktienoptionen), tatsächlich zu den gewünschten *verstärkten* Anstrengungen? Untersuchungen ergaben, dass der Effekt sehr schwach, also „zu gering ist, um im Sinne der Agency-Theorie optimal zu sein"[104], wobei in den USA noch ein leicht höherer Faktor gemessen wurde als in Deutschland und in Deutschland ein leicht höherer Faktor als in Japan[105]. Banaler ausgedrückt, der durchschnittliche japanische Manager strengt sich kaum stärker an, um damit mehr Geld zu verdienen. Die Agency-Theorie kann diese geringen Werte durch Berücksichtigung von Variablen wie Umweltunsicherheiten und risikoscheues Verhalten erklären und Hinweise geben, wie durch bessere Informationsbeschaffungssysteme für die Kontrollorgane der Eigentümer der geringe Wert erhöht werden kann.

Schließlich sei ein weiteres Beispiel aus dem Personalwesen genannt: der Einfluss von Principal-Agent-Fragestellungen auf *Beförderungsentscheidungen*[106].

„Hierarchische Organisationen sind durch eine pyramidenförmige Organisationsstruktur gekennzeichnet, wobei der einzelne Entscheidungsträger zugleich Vorgesetzter für untergeordnete und Untergebener für übergeordnete Hierarchieebenen ist. Ausnahmen hiervon bilden die oberste (Unternehmensleitung) und die unterste Hierarchieebene. Die Probleme der hierarchischen Organisation können sehr unterschiedlich sein. Zum einen wird anhand der Ergebnisse der modernen Bürokratietheorie deutlich, dass eine effiziente organisatorische Gestaltung das Entstehen produktiver Interaktionsbeziehungen zu fördern hat. Umgekehrt ist jedoch auch denkbar, dass in Hierarchien kontraproduktive

---

[101] Dietl/van der Velden (Leistungsmessung) S. 321.
[102] vgl. Paul (Kennzahlen), s. u. Kap. 2.6.
[103] vgl. zum Abschnitt Graßhoff/Schwalbach (Managervergütung).
[104] Graßhoff/Schwalbach (Managervergütung) S. 438.
[105] vgl. Kato (Compensation), Schwalbach/Graßhoff (Unternehmenserfolg), Jensen/Murphy (Performance).
[106] vgl. zum Abschnitt Kräkel (Beförderungsentscheidungen).

Interaktionsbeziehungen in Form von Koalitionsbildungen (Kollusionen) entstehen, bei denen mindestens zwei Organisationsmitglieder eine Absprache gegen ein oder mehrere andere Mitglieder treffen. Zum anderen ist zu beachten, dass hierarchische Strukturen gleichzeitig bestimmte Machtstrukturen widerspiegeln, ein opportunistisches Ausnutzen von Autorität innerhalb eines diskretionären Spielraums daher ebenfalls kontraproduktive Wirkungen haben kann"[107].

Eine „kontraproduktive Interaktionsbeziehung in Form von Kollusionen", nämlich die Gefahr von Absprachen bei Beförderungsentscheidungen wird in dem zitierten Beitrag von Kräkel näher analysiert.

„Den Ausgangspunkt … bildet ein einfaches dreistufiges Hierarchiemodell mit der Unternehmensleitung (Principal) auf der obersten Hierarchieebene, einem Vorgesetzten (Supervisor) auf der mittleren Ebene sowie zwei Untergebenen (Agenten), von denen genau einer befördert werden soll, auf der untersten Ebene. Angenommen wird dabei, dass die effektive Beförderungsentscheidung vom Supervisor getroffen wird, der über die Geeignetheit der jeweiligen Agenten für die Besetzung der vakanten Stelle besser informiert ist als der Principal. Der Principal, der die dezentralen Informationen des Supervisor nicht hat, trifft lediglich die formale Beförderungsentscheidung"[108].

In einer solchen Situation ist es „denkbar, dass der Supervisor seinen diskretionären Spielraum ausnutzt, um einen oder beiden Agenten einen Handel anzubieten, was aus der Sicht des uninformierten Principals als verdecktes Spiel (hidden game) zwischen dem Supervisor und den beiden Agenten bezeichnet werden kann. Der Supervisor könnte den beiden Agenten jeweils ankündigen, sie nur dann bei einer bevorstehenden Beförderungsentscheidung zu berücksichtigen, wenn sie sich zu einer bestimmten Transferleistung an den Supervisor entschließen. Solche Transferleistungen könnten von kleinen Gefälligkeiten, über monetäre Transferzahlungen bis hin zur Duldung sexueller Belästigung bzw. Erpressung reichen. Letztlich ist zu befürchten, dass hierdurch nicht unbedingt die am meisten geeigneten Bewerber befördert, möglicherweise jedoch fähige Arbeitnehmer zum Verlassen der Unternehmung veranlasst werden"[109].

Es mag nun eingewandt werden, dass derartige Praktiken in der Praxis wohl nur in seltenen Ausnahmefällen vorkommen. Dies ist wohl richtig. Aber die Analyse ist analog auch auf Situationen anwendbar, die unbestreitbar wesentlich häufiger vorkommen. Das sind „Transferleistungen", die sehr subtil sind und zu einem „Handel" führen, der eher durch unter- und unbewusstes Verhalten der Beteiligten als durch explizite verbale Aussagen zustande kommt.

Zum Beispiel mag ein Mitarbeiter am Abend eines gemeinsamen Skiwochenendes der Abteilung stundenlang mit seinem Vorgesetzten an der Hotelbar sitzen und sich angeregt mit ihm unterhalten, obwohl er eigentlich lieber auf sein Hotelzimmer gehen würde.

---

[107] Kräkel (Beförderungsentscheidungen) S. 25.
[108] Kräkel (Beförderungsentscheidungen) S. 25.
[109] Kräkel (Beförderungsentscheidungen) S. 25 f.

Oder eine jüngere, attraktive Mitarbeiterin benimmt sich – ohne dass es zu einer sexuellen Beziehung kommt – betont freundlich und charmant ihrem Vorgesetzten gegenüber, ohne ihn speziell sympathisch zu finden. Also Verhaltensweisen, die umgangssprachlich als „schleimen" bezeichnet werden.

Der Vorgesetzte wird dadurch vielleicht bewogen, den Mitarbeiter bzw. die Mitarbeiterin zu befördern, obwohl deren Leistung nicht besser ist als die anderer Kollegen.

Worin best hier die Transferleistung? Es geht um soziale Bedürfnisse, Zuneigung und Zuwendung, Wertschätzung. Diese Bedürfnisse bzw. deren Bedeutung sind auch in der Betriebswirtschaftslehre seit langem bekannt[110]. Der Vorgesetzte erfährt einen Nutzengewinn durch Befriedigung dieser Bedürfnisse, die Mitarbeiter leisten durch nicht-monetären Nutzenverzicht den Beitrag hierzu.

Die Bildung so genannter „Seilschaften" kann in diesem Zusammenhang auch genannt werden. Der Untergebene leistet einen Beitrag, indem er sich besonders loyal zum Vorgesetzten verhält und ihn zum Beispiel im Unternehmen positiv darstellt. Der Vorgesetzte hat also einen Nutzen: sein Ruf im Unternehmen verbessert sich, mit entsprechend besseren Karrierechancen. Im Gegenzug wird der Untergebene bei Beförderungen bevorzugt. Diese „Seilschaften" werden kaum explizit gebildet, sondern durch ein nicht-verbales, quasi automatisches gegenseitiges Verständnis. Ökonomisch macht es aber keinen Unterschied, ob die Transferleistungen explizit verlangt werden oder durch non-verbale Verständigung zustande kommen.

Im Ergebnis, so wurde von Kräkel festgestellt, führt ein System von Transferleistungen zu Ineffizienzen. Bei monetären Transferleistungen bewirken sie in 50% der Fälle ineffiziente Stellenbesetzungen. „Bei nicht-monetären Transferleistungen dürfte die Wahrscheinlichkeit ineffizienter Beförderungsentscheidungen vermutlich noch weit höher liegen"[111].

Der Principal kann dem zwar entgegen wirken, indem er „über ein Prämien- oder Bonussystem einen Teil der Supervisorentlohnung an den Erfolg der Beförderungsempfehlung"[112] koppelt. Die Grenzen dieses Vorgehens liegen aber in den genannten Problemen der richtigen Leistungsindikatoren für den Erfolg und der entsprechenden Kontrolle.

Das Principal-Agent-Problem hat also Auswirkungen in vielen Teilbereichen der Betriebswirtschaft: bei der Mitarbeiterauswahl und -führung, der Entwicklung von Entlohnungssystemen, der Organisation, im Controlling bei der Auswahl von Leistungsindikatoren, und bei der Unternehmensaufsicht und -kontrolle, der „Corporate Governance".

Ob die Neue Institutionenökonomik in der betriebswirtschaftlichen Ausbildung eingesetzt werden sollte, ist *nicht unumstritten*[113]. Den *Hauptkritikpunkt* bildet die Opportunismusannahme der NIÖ, also die Unterstellung des egoistischen, „Tricks" und Täuschungen

---

[110] vgl. Thommen/Achleitner (Betriebswirtschaftslehre) S. 685 ff.
[111] Kräkel (Beförderungsentscheidungen) S. 40.
[112] Kräkel (Beförderungsentscheidungen) S. 40.
[113] vgl. Schauenberg/Schreyögg/Sydow (Institutionenökonomik).

einschließenden Verhaltens der Menschen[114]. Diese Annahme, so die Kritiker, stelle eine unzulässige Vereinfachung der Realität dar und verkenne die weitaus komplexere Motivationsstruktur der Menschen, zu der auch Fairness, Sinn für Gerechtigkeit, Vertrauen und so weiter gehöre. Die Kritik geht aber noch weiter und befürchtet, die Opportunismusannahme sei eine sich selbst erfüllende Prognose. Die Annahme opportunistischen Verhaltens führt danach dazu, dass sich die Akteure tatsächlich so verhalten. Weil aber davon ausgegangen wird, dass sich die Akteure so verhalten, wird mit Gegenmaßnahmen in Form exzessiver Kontrolle reagiert, um die negativen Folgen des Verhaltens zu unterbinden. Das Ausschalten dieser Folge ist aber unmöglich; im Gegenteil führen die Kontrollen letztlich wieder zur Verfeinerung der opportunistischen Techniken[115].

Die Kritik mag berechtigt sein, wenn Opportunismus als *ausschließliche* Orientierung menschlichen Verhaltens im Unternehmen unterstellt wird. Das soll hier aber nicht behauptet werden. Vielmehr wird Opportunismus als *eine von mehreren* Verhaltensweisen gesehen. Es wird von einem Motivationsmix[116] ausgegangen. Und es wird von der Notwendigkeit ausgegangen, sich mit dem Phänomen auseinanderzusetzen. Denn nur die Existenz des Phänomens zu bestreiten, weil man die normativen Konsequenzen fürchtet, löst das Problem nicht. Die Auseinandersetzung mit opportunistischem Verhalten wird daher in dem vorliegenden Buch auf zwei Ebenen geschehen. Erstens, in dem ausführlich auf damit verbundene ethische Fragen eingegangen wird[117]. Das allein wird aber als nicht ausreichend angesehen, denn alle „Hoffnung in das Gute im Menschen zu setzen, kann der Weisheit letzter Schluss ja wohl kaum sein"[118]. Deshalb werden zweitens auch Möglichkeiten der Schaffung von Anreizsystemen, der Kontrolle und der Transparenz aufgezeigt, die es ermöglichen, mit dem Problem umzugehen.

2.2.2.2 Private und öffentliche Güter

Seit langer Zeit gehört es zum Standard der Volkswirtschaftslehre, Güter zu unterteilen in *private* und *spezifisch öffentliche* Güter[119]. Dazwischen liegen die *meritorischen* Güter. Das Unterscheidungskriterium ist dabei *nicht*, ob das Gut von privaten oder öffentlichen Unternehmen bereitgestellt wird. Die Transportleistung von einer Person von Stadtteil A nach Stadtteil B ist nach dieser Definition ein privates Gut, auch wenn die Leistung von öffentlichen Verkehrsbetrieben erbracht wird. Umgekehrt können auch öffentliche Güter von Privaten produziert werden.

---

[114] vgl. zum Abschnitt Koch (Markt) S. 196 ff., Ortmann (Apriori).
[115] vgl. Ghoshal/Morna (Bad).
[116] vgl. Pietsch (Opportunismus) S. 19.
[117] s. u. Kap. 2.3.3.
[118] Ortmann (Apriori) S. 232.
[119] vgl. z. B. Musgrave (Finanztheorie) S. 16 ff, Buchanan/Musgrave (Public).

Unterscheidungskriterium ist vielmehr das sog. *Ausschlussprinzip*, das „besagt, dass ein Konsument von dem Genuss eines bestimmten Gutes solange ausgeschlossen bleibt, wie er nicht bereit ist, den geforderten Preis an den Verkäufer zu zahlen"[120].

Gilt das Ausschlussprinzip, redet man von einem privaten Gut. Ist es hingegen nicht anwendbar, dann liegt ein öffentliches Gut (auch Kollektivgut genannt) vor, im eindeutigen Fall ein spezifisch öffentliches Gut.

„Die Situation lässt sich durch ein Beispiel veranschaulichen. In manchen Städten der USA kommt es vor, dass die Mieter größerer Wohnhäuser einen Wächter einstellen. Die von ihm ausgehende Sicherheit für die Mieter, die ihn bezahlen, kommt auch den Nachbarn zugute. Die Mieter müssen das ‚Mitkonsumieren' des Gutes ‚Sicherheit' durch die Nachbarschaft deshalb hinnehmen, weil sich keine Möglichkeit findet, die externen Vorteile dieser Maßnahme zu internalisieren, d. h. den Mitkonsumenten einen Preis abzufordern. Obwohl also auch die Nachbarn das Gut der zusätzlichen Sicherheit erhalten, kommt es, außer auf freiwilliger Basis, nicht zur Zahlung, weil die Mitkonsumenten sich strategisch geschickt verhalten werden. Sobald sie die Unteilbarkeit der Leistung überblicken, d. h. einsehen, dass auch ihnen die Leistung zugutekommen muss, wenn sie überhaupt in der Nachbarschaft angeboten wird, dann können sie bei der Bitte um Kostenbeteiligung vorgeben, sie hätten kein Interesse an der Leistung"[121]. Das wird auch als free-rider-Haltung bezeichnet – jemand konsumiert ein Gut mit, ohne einen Beitrag zu leisten. Aufgrund des fehlenden Ausschlussprinzips und der „free rider" wird allgemein gefordert, dass der Staat die öffentlichen Güter bereitstellen muss. Ein typisches Beispiel ist das oben erwähnte Gut „Sicherheit". Die Polizei wird wegen des fehlenden Ausschlussprinzips vom Steuerzahler finanziert. Gleiches gilt für die äußere Sicherheit. Eine Armee wird nicht auf privater Basis zu finanzieren sein, da die Leistung, der Schutz des Landes, den Zahlenden und nicht Zahlenden gleichermaßen zugutekommt. Schließlich ist der Umweltschutz ein öffentliches Gut. Wer zum Beispiel auf das Auto verzichtet, um die Umwelt zu schonen, trägt die damit verbundenen Kosten allein. Der Nutzen kommt aber allen gleichermaßen zugute[122].

Der Effekt ist auch als „*Tragedy of the commons*" bekannt und wurde zuerst von *Hardin* in einem bekannten Artikel beschrieben, der in der Folge viele Diskussionen in der Literatur auslöste[123]. Er wählt als Beispiel eine Allmende (engl. Commons), also das von Dorfbewohnern gemeinschaftlich genutzte Grundstück, um das Vieh zu weiden. „The tragedy of the commons develops in this way. Picture a pasture open to all. It is to be expected that each herdsman will try to keep as many cattle as possible on the commons. Such an arrangement may work reasonably satisfactory for centuries because tribal wars, poaching, and disease keep the numbers of both man and beast well below the carrying ca-

---

[120] Zimmermann/Henke (Finanzwissenschaft) S. 44.
[121] Zimmermann/Henke (Finanzwissenschaft) S. 46.
[122] vgl. Paul (Durchsetzungsfähigkeit) S. 233 ff.
[123] vgl. z. B. Hardin/Baden (Commons), Dasgupta (Control) S. 13 ff., Clark (Overexploitation).

2.2 Zweite Perspektive: Ebene der Individuen im Unternehmen

pacity of the land. Finally, however, comes the day of reckoning, that is, the day when the long-desired goal of social stability becomes a reality. At this point, the inherent logic of the commons remorselessly generates tragedy. As a rational being, each herdsman seeks to maximize his gain. Explicitly or implicitly, more or less consciously, he asks: ‚what is the utility to me of adding one more animal to my herd?'"[124] Die Antwort ist klar. Der Nutzen besteht in dem Profit, welcher ein zusätzliches Tier bringt. Die Kosten aber, der Schaden durch „overgrazing", werden von allen Nutzern gemeinsam getragen. „Adding together the component partial utilities (Profit und Kosten, J.P.), the rational herdsman concludes that the only sensible course for him to pursue is to add another animal to his herd. And another ..."[125]. Auch hier bleibt also nur die Möglichkeit, die Nutzung der Allmende durch eine übergeordnete Instanz, etwa die Regierung der Gemeinde, zu regulieren.

Die *meritorischen* Güter sind dadurch charakterisiert, dass das Ausschlussprinzip „nur auf Teile des Nutzens, nicht jedoch auf den Gesamtnutzen angewendet werden kann"[126]. Daneben werden sie von der Bevölkerung nicht oder noch nicht in diesem Umfang gewünscht, so dass die Regierung sie entsprechend fördern muss. Beispiele sind der Impfzwang, der einen unmittelbaren Nutzen für den Geimpften, aber auch einen mittelbaren für die Bevölkerung hat; oder auch Bildung und Kultur.

Es ist nun nicht so, dass öffentliche Güter gar nicht bereitgestellt würden. Altruismus, der Einsatz für das Gemeinwohl, sind durchaus auch Motive des Handelns. Anders wären zum Beispiel Spenden auch nicht zu erklären. Altruismus ist indessen ökonomisch betrachtet ein sehr knappes Gut, weshalb es nicht ausreichend wäre, zur ausreichenden Versorgung mit öffentlichen Gütern nur hierauf zu vertrauen[127].

Auch die Theorie der öffentlichen Güter kann, wenn auch nur mit Einschränkungen, auf das Handeln in Unternehmen übertragen werden. Der (langfristige) *Erfolg* des Unternehmens ist teilweise so etwas wie ein *öffentliches Gut*. An seiner Bereitstellung arbeiten die Mitarbeiter und Manager. Zwar besteht hier zunächst ein Ausschlussprinzip. Mitarbeiter bekommen ein individuell festgelegtes Gehalt, das grundsätzlich auf der Leistung des Einzelnen basiert. In der Praxis profitieren aber meistens alle mehr oder minder stark von guten Unternehmensergebnissen. Der Arbeitsplatz ist dann sicherer, Wünsche nach Gehaltssteigerungen sind leichter durchzusetzen, Investitionen zum Beispiel in einen neuen PC oder neue Möbel am Arbeitsplatz werden eher genehmigt. Über vom Unternehmensergebnis abhängige variable Gehaltsbestandteile profitieren die Mitarbeiter unmittelbar.

Entscheidend ist aber: bei einem speziellen Engagement für das Gesamtunternehmen trägt der Mitarbeiter die Kosten allein, der Nutzen kommt aber dem Unternehmen bzw. den Mitarbeitern insgesamt zugute.

Der Effekt ist umso deutlicher, je größer das Unternehmen ist. Bei einem Selbständigen in einem Ein-Personen-Unternehmen stellt sich die Frage nicht. Alle seine Anstrengungen

---

[124] Hardin (Tragedy) S. 20.
[125] Hardin (Tragedy) S. 20.
[126] Zimmermann/Henke (Finanzwissenschaft) S. 48.
[127] vgl. Hardin (Altriusm).

erhöhen seinen persönlichen Nutzen. In mittelgroßen Unternehmen kommen die Anstrengungen zwar grundsätzlich nicht mehr dem Einzelnen zugute, aber er wird die Effekte seiner Arbeit auf das Gesamtergebnis doch in der Regel spüren. Anders in Konzernen mit 10.000 oder gar 100.000 Mitarbeitern. Das Engagement des Einzelnen bewirkt meistens kaum mehr etwas – wie es auch für den Einzelnen keinen merkbaren Unterschied macht, ob er seinen Wagen stehen lässt, um etwas für die Luftqualität in einer Großstadt zu tun.

Zum Beispiel sei angenommen, ein Kunde melde sich auf einem großen Werksgelände beim Pförtner und suche einen Ansprechpartner. Der Pförtner kann entweder den (komplizierten) Weg beschreiben oder aber mit dem Besucher bis zu dem Ansprechpartner gehen. Wählt er die zweite Alternative, nützt das dem Unternehmen – die Hilfsbereitschaft hinterlässt einen positiven Eindruck beim Kunden und verstärkt die Bindung. Andererseits trägt der Pförtner die Kosten in Form von Unbequemlichkeit, insbesondere bei schlechtem Wetter. Aus seiner individuellen Sicht ist es also besser, in der Kabine zu bleiben. Aus Sicht des Unternehmens aber wäre die andere Alternative wünschenswert.

Ein zweites Beispiel. Frau Meier stellt eine Informationsmappe zusammen. Da viele Informationen nicht verfügbar sind, ist das ein größerer Aufwand für sie. Herr Müller aus einem anderen Bereich hat einen wesentlich besseren Zugang zu einigen der Informationen. Frau Meier kann nun den Kollegen um Hilfe bitten. Für das Unternehmen insgesamt ist es kostengünstiger, wenn er einen Teil der Mappe zusammenstellt, da er weniger Arbeitszeit braucht. Für Müller selbst lohnt sich die Hilfe aber nicht, er hat dadurch nur Arbeit und keinen Nutzen. Er hat keinen Grund, den Wunsch nach Hilfe zu erfüllen.

Nun werden Betriebswirte einwenden, dass es ja gerade die Aufgabe der jeweiligen Vorgesetzten ist, Mitarbeiter zum Handeln im Unternehmensinteresse anzuhalten. Der Chef des Pförtners beziehungsweise der Teamleiter von Müller sollten zu entsprechendem Verhalten motivieren – durch Lob und Tadel, entsprechende Berücksichtigung kollegialen Verhaltens bei Gehaltserhöhungen und so weiter. Aber hier kommt wieder das Principal-Agent Problem ins Spiel. Die Vorgesetzten haben keine vollständige Information über das Verhalten der Mitarbeiter. Der „Facility Manager" als Vorgesetzter des Pförtners ist vermutlich zu dem Zeitpunkt nicht in der Pförtnerloge, und der Vorgesetzte von Müller bekommt den Anruf von Frau Meier nicht mit. Es ist in einem großen Werk auch unwahrscheinlich, dass, falls der Kunde bzw. Frau Meier sich positiv über die gute Hilfe äußern, diese Information an die jeweiligen Vorgesetzten gelangt. Der Pförtner und Herr Müller müssen also lediglich Mindeststandards der Höflichkeit einhalten, um zu verhindern, dass den Vorgesetzten Beschwerden zu Ohren kommen. Darüber hinaus kommt jedes Engagement im Unternehmensinteresse der Bereitstellung eines öffentlichen Guts gleich.

Das stellt das Management von großen Unternehmen vor entsprechende Probleme, wenn es um die Motivation der Mitarbeiter geht[128].

---

[128] s. u. Kap. 3.5.

2.2.2.3 Weitere volkswirtschaftliche Ansätze

Auch aus weiteren volkswirtschaftlichen Ansätzen, die hier nicht im Detail beschrieben werden sollen, können Erkenntnisse für die BWL gewonnen werden. Ein Beispiel ist die politische Ökonomie, die mit ökonomischen Gesetzmäßigkeiten das Verhalten von Politikern und Wählern zu erklären versucht[129].

Erwähnenswert ist auch die Theorie von *Olson*[130], die sich mit den politischen Prozessen der Entscheidungsfindung in (demokratischen) Staaten befasst. Er weist nach, dass bestimmte Gruppen einen größeren Einfluss auf politische Entscheidungen haben als andere. Olsons Erkenntnisse haben seinerzeit – in den 70er Jahren – die Politikwissenschaften revolutioniert. Sein Beitrag „stellt eine Wende in der Verbandsforschung, ja in der Demokratietheorie schlechthin dar. Den Wissenschaftlern hat er die optimistischen Erklärungen und den Politikern das gute Gewissen beraubt"[131]. Das bezieht sich insbesondere auf die Widerlegung der damals vorherrschenden Meinung, im freien Wettbewerb der Interessensgruppen würden sich zu bestimmten Machtgruppen stets entsprechend mächtige Gegengruppen ausbilden (Theorie der „countervailing power"[132])[133]. Olson hingegen stellt fest, dass bestimmte Lobbyisten strukturell im Vorteil sind. Paradoxerweise sind das unter anderem relativ kleine Gruppen. „Klein" bezieht sich dabei auf die Anzahl der Mitglieder. In großen Gruppen fehlt aufgrund der Kollektivgutproblematik für den Einzelnen der Anreiz, sich für den Gruppenzweck einzusetzen. Denn eine Erreichung des Gruppenziels kommt allen Mitgliedern gleichermaßen zugute, während das dafür eintretende Individuum die gesamten Kosten trägt.[134] Die Folge: „Je größer die Gruppe ist, um so weniger wird sie in der Lage sein, die optimale Menge eines Kollektivgutes bereitzustellen"[135].

„So entsteht eine neue Formel: Minderheit plus Organisation ergeben die neuen Eliten"[136].

Große Gruppen – Olson nennt als Beispiel Steuerzahler und Konsumenten – können ihre Interessen hingegen nicht adäquat vertreten. Olson nennt sie die schweigend Leidenden – „those who suffer in silence"[137].

Es sei an dieser Stelle einfach die Frage in den Raum gestellt, ob sich nicht auch hier Analogien in Entscheidungsprozessen in Unternehmen finden lassen. Ob es mit anderen Worten nicht auch hier einerseits kleine Gruppen gibt, die ihre Interessen sehr gut vertreten können, und dagegen andere, die „schweigend leiden".

---

[129] vgl. z. B. Frey (Oekonomie), Frey/Kirchgässner (Wirtschaftspolitik).
[130] vgl. Olson (Logic), dt.: Olson (Logik).
[131] Dettling (Macht) S. 24.
[132] vgl. Galbraith (State).
[133] vgl. Paul (Durchsetzungsfähigkeit) S. 256 ff.
[134] vgl. Olson (Logik) S. 8 ff.
[135] Olson (Logik) S. 33.
[136] Atteslander (Wohlstands) S. 87.
[137] Olson (Logic) S. 165.

Die vorherigen Abschnitte haben aufgezeigt, dass die Übergänge zwischen Ökonomie und politischen Wissenschaften hier fließend werden. Eine Betriebswirtschaftslehre, welche die Entscheidungsprozesse in Unternehmen und die Interessen von Einzelnen und einzelnen Gruppen zum Gegenstand macht, muss sich daher auch mit der Politikwissenschaft beschäftigen. Das geschieht im folgenden Kapitel.

2.2.3 Erkenntnisse der Politikwissenschaft

2.2.3.1 Politik und Politikwissenschaft

„Politik ist die in der Regel staatlich vollzogene verbindliche Entscheidung von Konflikten zwischen gesellschaftlichen Interessen sowie die darauf bezogenen Handlungen, Regeln und Ideen; sie beruht auf Macht, d. h. der Fähigkeit, bei allen Adressaten ihren Willen durchzusetzen"[138].

Führt man sich diese Definition von Politik vor Augen, dann ist nachvollziehbar, dass Erkenntnisse aus der Politik für die vorliegenden Fragestellungen teilweise irrelevant, teilweise aber auch bedeutsam sind.

Irrelevant oder weniger relevant sind Teilgebiete, welche sich spezifisch auf staatliche Institutionen beziehen und daher für das Erkenntnisobjekt der Betriebswirtschaftslehre, die Unternehmen, nicht anwendbar sind. Wenig Anhaltspunkte ergeben sich etwa aus der vergleichenden Politikwissenschaft[139], die „politische Systeme verschiedener souveräner Staaten oder politische Phänomene in verschiedenen nationalstaatlich organisierten Gesellschaften"[140] vergleicht, also beispielsweise Politik in den Regionen Westeuropa, Asien und Naher Osten. Weniger relevant ist auch die spezielle Verbands[141]- und Parteienforschung[142].

Spätestens aber beim Wort „Macht" werden die Verbindungen zwischen Politik und Ökonomie deutlich. „Macht" ist in der Politikwissenschaft ein Schlüsselbegriff: „Konstitutiv für politische Wissenschaft ist die Analyse der Bedingungen politischer Macht, ihrer konkreten Erscheinungsformen und der in ihnen wirksamen Entwicklungstendenzen"[143]. Zwischen wirtschaftlicher und politischer Macht bestehen Interdependenzen, denn „virtually all economic decisions are affected by concentrations of wealth and power, either indirectly, directly, or both"[144].

---

[138] Hartmann (Politikwissenschaft) S. 10.

[139] vgl. z. B. Berg-Schlossr/Müller-Rommel (Vergleichende), Hague/Harrop (Comparative).

[140] Hartmann (Vergleichende) S. 14.

[141] vgl. z. B. Schmid (Verbände), Zimmer/Weßels (Verbände), Gabriel (Pluralismus), Dettling (Verbände).

[142] vgl. z. B. Dettling (Parteien), Andersen (Parteien), Lenk (Soziologie) S. 86 ff.

[143] Kammler (Gegenstand) S. 9.

[144] Klein (Power) S. 331.

2.2 Zweite Perspektive: Ebene der Individuen im Unternehmen

Daraus folgt: „Wirtschaftliche Beziehungen können nicht auf das Preissystem reduziert werden, wie auch – umgekehrt – das Preissystem nicht nur ‚wirtschaftliche' Transaktionen im Sinne der Produktion und Verteilung von Gütern regelt. Gerade in modernen Gesellschaften werden große Teile der Wirtschaft durch Entscheidungssysteme außerhalb des Marktes gesteuert"[145], eine Erkenntnis, die auch ein Kernpunkt der Institutionenökonomie darstellt. Typische Beispiele finden sich in der Arbeit von Lobbyisten, die versuchen, durch ihre Arbeit wirtschaftspolitische Entscheidungen zu beeinflussen.

In diesem Zusammenhang kann auch von der Aufhebung zwischen Variablen und den für die Wirtschaftssubjekte exogen vorgegebenen Daten gesprochen werden. In traditionellen ökonomischen Modellen sind Preise und Mengen die Variablen; Machtstrukturen, Eigentumsordnungen, soziale Beziehungen werden dagegen als exogen vorgegeben angesehen. Diese Unterscheidung „besitzt anscheinend den Vorzug unzweifelhafter Objektivität und Rationalität; auch in der Leseart: hier die Fakten und hier die Wirtschaftsabläufe. In diese bequeme Rumpelkammer der vorgegebenen Daten steckt man alles, was nicht der persönlichen Wertung unterliegt: Preise und Mengen, und somit alles, was es braucht, um den Markt hinreichend zu beschreiben. Ausgeklammert bleiben für den Ökonomen die Eigentumsordnung und die Spielregeln der industriellen und sozialen Beziehungen"[146]. Um aber zu realitätsnäheren Modellen zu kommen und auch um praktische Handlungsanweisungen geben zu können, müssen diese Komponenten einbezogen werden.

Die Analyse der Machtbeziehungen zwischen Unternehmen und Politik sind auch in dem hier beschriebenen Zusammenhang wichtig. Noch wesentlich wichtiger sind jedoch die durch diverse Machtmittel definierten Beziehungen zwischen Unternehmen und die Machtstrukturen der einzelnen Akteure untereinander *innerhalb* der Unternehmungen. Im Folgenden wird daher versucht, eine Brücke zwischen einigen Beiträgen der Politikwissenschaft und betriebswirtschaftlichen Fragestellungen zu schlagen.

Der deutsche Begriff „Politik" ist zunächst einmal zu konkretisieren, da er in den Sozialwissenschaften drei Bedeutungsinhalte besitzt, die umschrieben werden mit

- *Polity*
- *Politics*
- *Policy*[147]

Unter „Polity" versteht man „den Bereich der politischen Ordnung im weiteren Sinn, die politischen Institutionen des Staates und im Umfeld des Staates, insbesondere das engere Regierungssystem, die rechtlichen Grundlagen staatlicher Politik und die erklärten Ziele, auf die sich Staat und Verfassung verpflichten. Um es vielleicht mit einem Bild zu um-

---

[145] Frey (Entscheidungssysteme) S. 153, vgl. auch Frey (Wirtschaftspolitik) S. 70 ff.
[146] Perroux (Macht) S. 31.
[147] *vgl. zum Absatz Hartmann (Politikwissenschaften) S. 38 ff.*, Rohe (Politik) S. 64 f.

schreiben, ist die ‚polity' das Gehäuse, inklusive seiner verschiedenen Kammern und Verbindungsgänge, in dem sich der politische Betrieb abspielt"[148].

Politics „bezeichnet demgegenüber den politischen Prozess, d. h. das Handeln der Politiker im Staat: Machtstrukturen und Bürokratien in Parteien und Verbänden, das Zusammenspiel von öffentlicher Meinung und Gesetzgebung, Strategien zur Erlangung politischer Ämter etc."[149] Umgangssprachlich kann Politics also mit Begriffen wie Taktieren, Interessenspolitik u. ä. umschrieben werden. Es ist indessen nicht zutreffend, den Begriff ausschließlich negativ zu belegen. Politikwissenschaftler versuchen, der negativen Konnotation des Politikbegriffs eine eher wertneutrale oder gar positive gegenüber zu stellen, etwa wenn *Stone* „politisches Verhalten" als jede Aktivität einer Person, die auf die kooperative Lösung der Probleme des Alltagslebens gerichtet ist[150] definiert. Klassisch ist die Definition von Politics von Lasswell: „Who gets What, When, How."[151]

„‚Policy' bedeutet schließlich eine Betrachtung des politischen Prozesses und auch der politischen Ordnung von den Ergebnissen her. Policies sind das Endprodukt des politischen Prozesses. Im Deutschen entspricht die Redensart von z. B. Finanzpolitik, Sozialpolitik und Umweltpolitik dem angelsächsischen ‚policy'-Begriff, der ebenfalls im Zusammenhang mit bestimmten ‚Politikbereichen' gebraucht wird."[152]

Politics und Policy existieren dabei nicht eindeutig und sauber getrennt voneinander. „Es wäre beispielsweise verfehlt, davon auszugehen, „dass zunächst immer ein inhaltliches Programm aufgestellt wird, und dass sodann der Versuch beginnt, für die Durchführung die notwendigen politischen Grundlagen zu schaffen. In Wirklichkeit sind beide Dimensionen untrennbar verfilzt. So wie Zustimmung besorgt werden muss, um inhaltliche Programme zu verwirklichen, so können auch inhaltliche Programme erstellt werden, um zunächst einmal politische Macht und politisches Ansehen zu gewinnen und zu bewahren. ... Die Unterscheidung von ‚policy' und ‚politics' ist deshalb eine vorwiegend gedankliche Unterscheidung, die es uns erlaubt, Ordnung in unser Nachdenken über das Politische zu bringen".[153]

Natürlich gelten die Begriffsabgrenzungen auch innerhalb der „Polity"-„Unternehmen".

„Policy" umschreibt das inhaltliche Ergebnis: als eine bestimmte Unternehmenspolitik, eine bestimmte Produktpolitik (Welches Produkt kommt neu auf den Markt, welches wird vom Markt genommen etc.), eine bestimmte Werbestrategie.

Als „Poltics" sind Prozesse anzusehen, die Wahrnehmung von individuellen und Gruppeninteressen und so weiter.[154]

---

[148] Hartmann (Politikwissenschaften) S. 38 f.
[149] Hartmann (Politikwissenschaften) S. 39.
[150] vgl. Stone(Psychology) S. 16.
[151] Lasswell (Politics).
[152] Hartmann (Politikwissenschaften) S. 39.
[153] Rohe (Politik) S. 64.
[154] vgl. auch z. B. Sandner (Unternehmenspolitik) S. 51 ff., Neuberger (Macht) S. 9 ff.

Wächter erläutert das anhand der Personalpolitik: „Personalpolitik als ‚policy' drückt die grundlegenden Entscheidungen im Personalbereich und ihren Zusammenhang mit der allgemeinen Unternehmenspolitik aus. In dieser Interpretation entspricht er dem Begriff ‚Personalmanagement'. Personalpolitik als ‚politics' verweist demgegenüber auf das Zustandekommen der grundlegenden Entscheidungen im Personalbereich sowie die jeweiligen Handlungsgrundlagen (Machtressourcen) und -strategien".[155]

Danach ist „Policy" eher der Gegenstand der klassischen Betriebswirtschaftslehre, während die moderne BWL, wie sie hier beschrieben wird, sich gerade auch mit „Politics" beschäftigt.

Die Unterscheidung ist freilich vor allem gedanklicher Natur und lässt sich auch im Unternehmensalltag nicht immer sauber abgrenzen. Beispielsweise wird im Unternehmen nicht unbedingt zuerst die Produktpolitik definiert und danach versucht, die Grundlagen zu dessen Durchführung zu schaffen. Vielmehr ist zu erwarten, dass bereits während des Entscheidungsprozesses Einfluss im Sinne von Politics ausgeübt wird. So werden diejenigen, die ein bestimmtes Know-how im Bereich einer Produktgruppe besitzen, versuchen, den Stellenwert dieser Gruppe innerhalb der Unternehmenspolitik zu erhöhen.

Grundlegende organisatorische Entscheidungen sind unternehmenspolitischer Natur im Sinne von „Policy", aber auch sie kommen zustande durch das Ringen der verschiedenen Interessensgruppen im Unternehmen um eine möglichst machvolle Position innerhalb der Unternehmenshierarchie.

2.2.3.2 Zum Begriff der Macht

Wenn „Macht" ein Schlüsselwort der Politik und politischen Wissenschaften ist, dann lohnt es sich, sich mit dem Begriff etwas näher auseinander zu setzen.

Macht wird meistens in Anlehnung an die Beschreibung von *Max Weber* definiert. Danach ist Macht „jede Chance, innerhalb einer sozialen Beziehung den eigenen Willen auch gegen Widerstreben durchzusetzen, gleichviel worauf diese Chance beruht."[156]

Daneben existieren indessen noch viel weitere Ansätze, Macht zu definieren.[157] Macht wird zur *Gewalt*, wenn ein Akteur die Möglichkeit hat, „über einen anderen Akteur zu verfügen, ohne dass dieser in der Lage wäre, sich dem Willen des anderen in irgendeiner Weise zu widersetzen".[158]

Macht und Gewalt müssen dabei durchaus nicht nur personifiziert gesehen werden, im Sinne eines Vorgesetzten, der seinem Mitarbeiter eventuell auch willkürlich, bestimmte Anweisungen erteilt. Oder im Sinne eines Räubers, der sein Opfer mit vorgehaltener Pistole zur Herausgabe der Brieftasche zwingt.

---

[155] Wächter (Personalwesen) S. 320.
[156] Weber (Grundbegriffe) S. 28.
[157] vgl. z. B. Morgenthau (Macht), Lenk (Soziologie) S. 22 ff., Adorno (Moralia), Neuberger (Macht) S. 52 ff, Luhmann (Systeme).
[158] Mohr (Moral) S. 26.

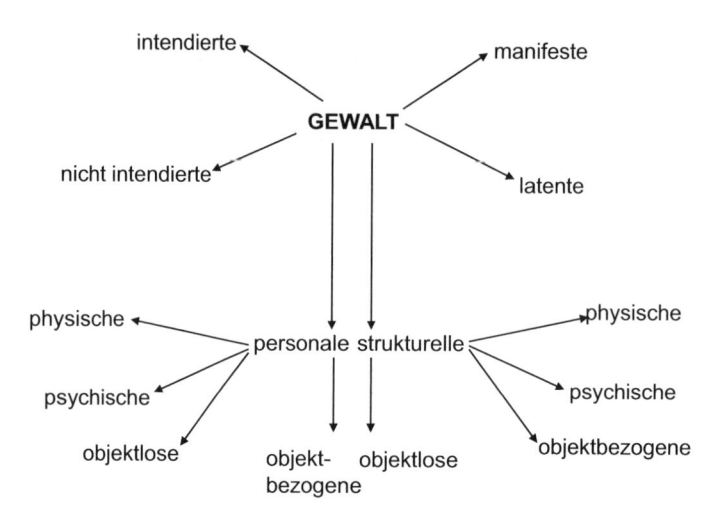

```
             intendierte ↖            ↗ manifeste
                          GEWALT
          nicht intendierte ↙        ↘ latente

   physische ←              ↓   ↓              → physische
              \  personale  strukturelle  /
   psychische ←                            → psychische
            ↙       ↓         ↓       ↘
      objektlose  objekt-  objektlose  objektbezogene
                  bezogene
```

Abb. 2.12 Typologie der Gewalt nach Galtung. (Quelle: Neuberger (Macht) S. 61)

Gewalt kann auch anonymisiert erfolgen. *Galtung* spricht in diesem Fall von *struktureller Gewalt*[159]. Diese strukturelle Gewalt liegt immer dann vor, „wenn Menschen so beeinflusst werden, dass ihre aktuelle somatische (körperliche, J.P.) und geistige Verwirklichung geringer ist als ihre potentielle Verwirklichung"[160]. Das Konzept verdeutlicht er an einigen Beispielen: „Wenn im 18. Jahrhundert ein Mensch an Tuberkulose starb, wird das schwerlich als Gewalt auszulegen sein, wenn aber heute jemand an Tuberkulose sterben muss, ist dies Gewalt. Eine durchschnittliche Lebenserwartung von dreißig Jahren war in der Steinzeit keine Gewalt. Heute dagegen ist es Gewalt, wenn in einem Staat die mittlere Lebenserwartung dreißig Jahre ist".[161]

Die Klassifizierung von Gewalt in verschiedene Typen hat Galtung weiter ausgebaut. Abbildung 2.12 veranschaulicht das.

„Die zentrale Differenzierung bezieht sich auf personale (durch eine Person sichtbar ausgeübte) und strukturelle (anonyme) Gewalt. Personale Gewalt zeigt sich. Wenn jemand mit der Maschinenpistole, den Finger am Abzug, um Geld ‚bittet', dann ist das personale Gewalt. Wenn die anonyme Institution ‚Finanzamt' einen Brief schreibt, in dem sie bis zum Soundsovielten eine Überweisung in der Höhe X fordert, dann braucht man ebenfalls gute Gründe, um dieser strukturellen Gewalt nicht Folge zu leisten."[162]

Auch die Unterscheidung zwischen manifester und latenter Gewalt ist wichtig. „Normalerweise denkt man bei Machtausübung an personale Einflussbeziehungen; latente, nicht sichtbare, strukturelle Gewalt, die die Alternativen des Handelns vorab festlegt und

---

[159] vgl. Galtung (Gewalt).
[160] Galtung (Gewalt) S. 9.
[161] Neuberger (Macht) S. 61.
[162] Neuberger (Macht) S. 61.

definiert, gerät so aus dem Blickfeld. Die latente Gewalt legt die Entscheidungs- und Handlungsprämissen fest und damit alles, was daraus konkret folgt… Es gibt für Galtung auch objektlose Gewalt. Dies setzt die Unterscheidung zwischen dem Objekt der Gewalt (dem Opfer), dem Subjekt (Gewaltausübenden) und der Handlung, die geschieht, voraus. Akzeptiert man diese Unterscheidungen, dann gibt es Gewaltakte, die objektlos (gegen keine konkrete Person gerichtet) sind und ‚nur' allgemeine Bedrohung implizieren. Wenn z. B. ein Staat Atombombenexperimente macht, fügt er zunächst keinem konkreten anderen Staat (militärisch gesehen) Schaden zu. Aber es ist denkbar, dass sich andere Staaten, die davon erfahren, in ihren Beziehungen zum experimentierenden Staat weniger aggressiv verhalten werden, obwohl sie nicht konkret bedroht werden; oder: Atombombenexperimente von Dritte-Welt-Ländern veranlassen andere zum Wettrüsten und erschöpfen damit Ressourcen, die für die Bekämpfung der Armut gebraucht würden.

Für viele Menschen in unserer Gesellschaft ist die Tatsache, dass es z. B. reiche und arme Staaten gibt, ein Naturgesetz. Wenn dann Arme unter dem Vorwand politischen Asyls zu uns kommen, weil sie hoffen, es bei uns besser zu haben, werden Gesetze gegen diesen Zustrom der ‚Wirtschaftsflüchtlinge' erlassen. Im Sinne von Galtungs Konzept der strukturellen Gewalt ist das Wohlstandsdifferential zu den früher kolonialisierten und ausgebeuteten ‚Entwicklungs'-Ländern der Grund für die Differenz zwischen der aktuellen und der potentiellen Situation. Solange diese Diskrepanz nicht beseitigt ist, ist Macht nötig, um sie zu erhalten."[163]

Auch hier ist es wieder interessant und angebracht, diese Typologie auf praktische in Unternehmen vorkommende Prozesse anzuwenden. Intuitiv wird wohl jeder im Zusammenhang mit Macht in Unternehmen zunächst an personifizierte Gewalt denken – an Arbeitsanweisungen, die auf einer Entscheidung von einer bestimmten hierarchisch höher angesiedelten Person beruhen.

Typische anonyme Gewalt verkörpernde Institution ist hingegen der „Markt". Wenn etwa gesagt wird, „wir können uns diese Investition (oder Gehaltserhöhung) nicht leisten", dann wird dabei implizit oder explizit darauf verwiesen, dass das Unternehmen durch die so entstehenden Kosten an Marktanteilen verlöre, weil die Produkte dann zu teuer würden, der „Gewaltausübende" ist also zunächst eine recht anonyme Institution.

Auch Beispiele latenter, also nicht offensichtlicher struktureller Gewalt, die die Alternativen des Handelns vorab festlegt, lassen sich finden. Eine üblich vorab festgelegte Handlungsprämisse kann zum Beispiel Pünktlichkeit sein. Niemand fordert Tag für Tag explizit dazu auf, pünktlich zur Arbeit zu erscheinen, es wird aber erwartet[164].

Ein Beispiel objektloser Gewalt kann etwa die Veröffentlichung einer Studie eines Industrieverbandes sein, in der festgestellt wird, die Lohnkosten seien in Deutschland im Vergleich zu den Staaten X und Y zu hoch. Die Aussage enthält keine unmittelbare Drohung gegen eine spezifische Personengruppe. Gleichwohl ist das Signal etwa an Arbeiter

---

[163] Neuberger (Macht) S. 62.

[164] vgl. auch Neuberger (Macht) S. 60.

aus dieser Branche eindeutig – „seid zurückhaltend mit Lohnforderungen, sonst gefährdet Ihr Euren Arbeitsplatz".

Wird nun davon ausgegangen, dass in Unternehmen zumindest in vielen Fällen zur Gesamtgesellschaft analoge Machstrukturen herrschen, dann stellt sich die Frage, wie die einzelnen Akteure, also insbesondere die Mitarbeiter, darauf reagieren.

Einige mögliche Reaktionsmechanismen werden hier anhand der Theorie von *Langer*[165] aufgezeigt. Ausgangspunkt ist dabei die Beobachtung von Langer, wonach sich der Einzelne in der gegenwärtigen Gesellschaft Kräften, Prozessen und Mechanismen ausgeliefert fühlt, „die in ihrer Gesamtheit kaum noch jemand zu verstehen geschweige denn zu steuern vermag."[166] Die Annahme, dass große Unternehmen ebenso wie die Gesellschaft kaum noch steuerbar sind und sich die Mitarbeiter demzufolge anonymen Prozessen und Kräften ausgesetzt fühlen, ist sicher nicht weit hergeholt, wie auch in späteren Kapiteln noch deutlich wird.

Die Folge: der Einzelne „hat Angst und fühlt sich machtlos"[167]. Die möglichen Reaktionen hierauf hat Langer zusammengestellt (vgl. Abb. 2.13).

Was kann das konkret für einen Mitarbeiter in einem Konzern bedeuten? Die so genannte systemkonforme Reaktion, die *Anpassung*, ist leicht nachvollziehbar. Es wird nicht mehr hinterfragt, es wird nur noch versucht, Karriere zu machen. „Streben nach Macht" ist damit weitgehend – wenn auch nicht völlig – identisch mit „Streben nach Profit", wobei „Profit" hier mit Gehalt bzw. Einkommen zu übersetzen wäre.

Nicht in jedem Fall unmittelbar anwendbar sind die „systemnonkonformen" Reaktionen, da in einem Unternehmen der Grad der Akzeptanz dieser Reaktionsformen naturgemäß geringer ist als in der Gesamtgesellschaft. So wird *Aggression* normalerweise nicht geduldet. Gleichwohl sind aggressive Reaktionen in Unternehmen zu finden, wenn auch seltener in Form von physischer Gewalt. Aber unterhalb dieser Schwelle existieren sie sehr wohl, beispielsweise als verbale Aggression in Form ständiger Nörgeleien. Existent ist sicher auch der „blinde Aktionismus". Es dürfte schwer zu beweisen sein, aber die Frage stellt sich, inwieweit etwa das Verhalten der so genannten „Workaholics" mit – in Langers Terminologie – „systemnonkonformer" Reaktion auf Angst und Ohnmacht zu erklären ist. Denn Workaholics sind keineswegs zwangsläufig übermäßig produktiv. Möglicherweise ist gerade der blinde Aktionismus typischer, in Form von Perfektionismus – an der Wortwahl eines wenig bedeutenden internen Schreibens wird tagelang gefeilt – oder durch Initiieren zahlreicher Projekte, ohne diese jemals zu Ende zu führen.

Die typische *„Fluchtreaktion"* ist in dem Zusammenhang sicher zunächst die Kündigung, die „Aussteiger", die sich Sekten und dergleichen anschließen, sind seltener. Nicht zu vernachlässigen ist auch die (Alkohol-)Sucht als Fluchtreaktion. Nach Schätzungen sind „5 % der Beschäftigten alkoholkrank und etwa 10 % unmittelbar gefährdet"[168]. Selbst-

---

[165] vgl. Langer (Herrschaft).
[166] Langer (Herrschaft) S. 20.
[167] Langer (Herrschaft) S. 20.
[168] DHS (Störungen) S. 12.

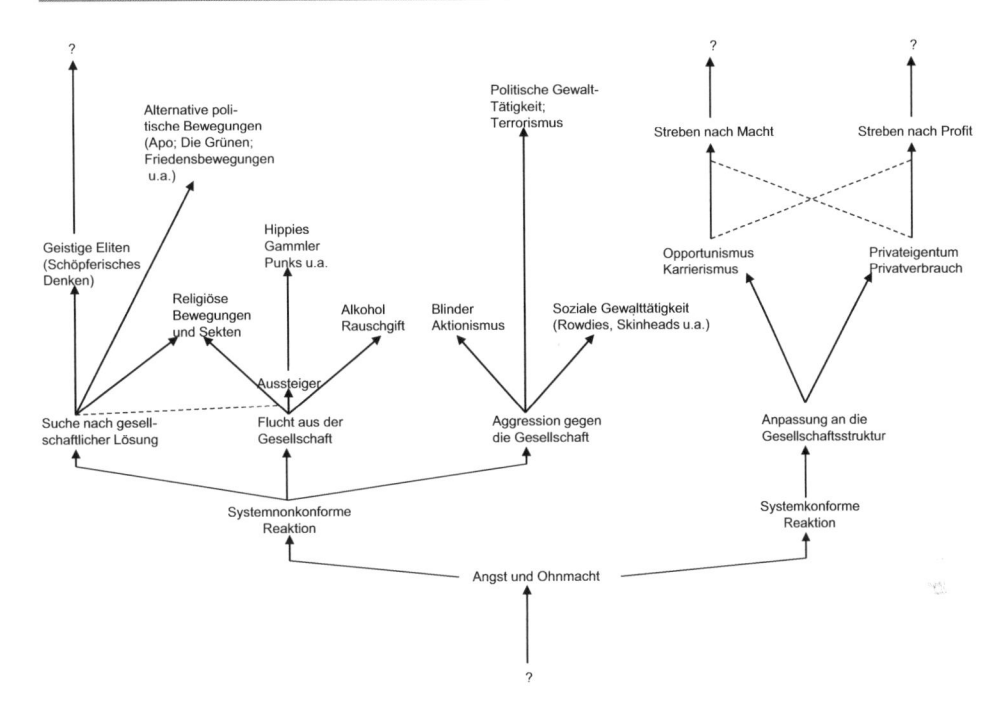

Abb. 2.13 Reaktionen des Einzelnen auf existenzielle und politische Angst und Ohnmacht. (Quelle: Langer (Herrschaft) S. 23)

verständlich liegt nicht bei jedem Alkoholkranken die Ursache der Sucht im beruflichen Bereich, aber ein Zusammenhang besteht in vielen Fällen.

Die „*Suche nach gesellschaftlicher Lösung*" besteht schließlich hier im Engagement im Unternehmen. Nicht generell im Engagement, sondern in dem Versuch, bestimmte Prozesse und Verhaltensweisen im Unternehmen zu ändern.

2.2.3.3 Herrschaft, Bürokratie, Interessen

Der Begriff der Macht ist von dem der *Herrschaft* abzugrenzen. Wird von Webers Definition von Macht ausgegangen, so ist Herrschaft dementsprechend „jener Zustand, in dem jene, über die Macht ausgeübt wird, sich auch in ihrem Bewusstsein angeglichen haben. Machtverhältnisse haben sich dann zu einem Herrschaftsverhältnis im Sinne einer Machtbalance eingespielt, wenn die Beziehungen zwischen den Mächtigen und den weniger Mächtigen den Charakter des Selbstverständlichen angenommen haben"[169]. Lose formuliert, wird also Macht zur Herrschaft, wenn sich die Machtmechanismen eingespielt haben.

Herrschaft kann „rein durch Interessenslage, also durch zweckrationale Erwägungen von Vorteilen und Nachteilen seitens des Gehorchenden bedingt sein. Oder andererseits durch ‚Sitte', die dumpfe Gewöhnung an das eingelebte Handeln; oder sie kann rein affek-

---

[169] Lenk (Soziologie) S. 35.

tuell, durch bloße persönliche Neigung des Beherrschten, begründet sein. Eine Herrschaft, welche nur auf solchen Grundlagen ruhte, wäre aber relativ labil. Bei Herrschenden und Beherrschten pflegt vielmehr die Herrschaft durch Rechtsgründe, Gründe ihrer ‚Legitimität', innerlich gestützt zu werden"[170].

Weber unterscheidet drei Typen legitimer Herrschaft, die in der Praxis allerdings selten in reiner Form vorkommen:

- *traditionale*
- *charismatische*
- *legale*

Herrschaft.

„Der erste Herrschaftstyp gründet sich auf die Legitimation eines einzelnen Herrschers oder einer herrschenden Klasse durch Brauchtum; der zweite hebt auf die Anziehungskraft persönlicher Ausstrahlung ab; die legale Herrschaft meint Herrschaft durch eine Autorität, die sich aus der Beachtung gewisser Regeln und Konventionen ergibt."[171]

Die legale, also rechtlich formalisierte Herrschaft ist typisch für moderne Gesellschaften. In Unternehmen wird die Herrschaft etwa per Arbeitsvertrag legalisiert, durch Formulierungen wie „der Mitarbeiter hat alle ihm durch seinen Vorgesetzten erteilten Weisungen zu folgen". Es wäre aber indessen verfehlt, den Einfluss der charismatischen Komponente bei der Führung der Mitarbeiter zu unterschätzen[172].

Wird Herrschaft rechtlich formalisiert, dann ist dies untrennbar mit *Bürokratisierung* verbunden. Bürokratisierung bezog sich ursprünglich auf die staatliche Verwaltung, das Beamtentum, bezeichnet wurde damit „die Tendenz zur organisierten, regelgebundenen Erledigung bestimmter Aufgaben durch besoldete Beamte, zugleich die Eingliederung bestimmter Aufgabengebiete in einen Verwaltungsmechanismus, der für die Regelung zuständig ist"[173]. Der Bürokratie-Begriff beschränkt sich heute freilich nicht auf Beamte und die öffentliche Verwaltung, sondern gilt für alle Organisationen – also auch Unternehmen –, die bestimmter administrativer Regeln bedürfen.

Die Begriffe Bürokratie und Bürokratisierung sind oft negativ belegt im Sinne von überbordender Regelungswut. Übersehen wird dabei aber, dass Bürokratisierung ein sowohl unabdingbarer als auch teilweise positiver Vorgang ist. Unabdingbar, weil sich „immer dort, wo Interessen in organisierter Form nach Durchsetzung streben, ... in der Regel Organisationsformen bürokratischer Verwaltung"[174] entwickeln. Positiv, weil bürokratische Regeln zu Berechenbarkeit für die Beteiligten und zu Rationalisierungseffekten

---

[170] Weber (Analysen) S. 151.
[171] Hartmann (Politikwissenschaft) S. 41.
[172] s. u. Kap. 3.5.
[173] Lenk (Soziologie) S. 40.
[174] Lenk (Soziologie) S. 41.

führen. Es ist eine wichtige Aufgabe von Unternehmen, die „optimale Regelungsdichte" zu finden, d. h. das richtige Maß an Bürokratie.[175]

Erwähnt wurde in dem Zusammenhang auch der Begriff *Interessen*, ein weiterer Schlüsselbegriff der Politikwissenschaft, der nun noch zu erläutern ist. Der Begriff wird zunächst einmal oft mit dem „Wollen sozialer Gruppen und Institutionen und dem Handeln von Personen und Gruppen gleichgesetzt."[176] Der Begriff ist aber etwas differenzierter zu sehen. Dies wird „am ehesten deutlich, wenn man den Begriff des Bedürfnisses von dem des Interesses abgrenzt. Bedürfnis ist das, was ein einzelner oder viele (vielleicht unbewusst) gemeinsam ... wollen. Der Schritt vom Bedürfnis zum Interesse wird damit vollzogen, dass das simple, gleichsam infantile ‚Ich will' der Bedürfnisartikulierung auf Rechtfertigungsgründe bezogen wird. ... Ein Bedürfnis wird zum Interesse, wenn es sich an allgemein gültigen oder allgemein verbindlichen moralischen und politischen Maßstäben legitimiert: ‚Ich will, weil ich sonst nicht gerecht behandelt werde'".[177]

Ausgehend von diesem Begriffsgerüst werden nun bekannte Ansätze zum Thema Macht und Politics exemplarisch beschrieben.

2.2.3.4 Beispiel von Theorien der Macht: French/Raven

Die von *French* und *Raven*[178] 1959 erstmals vorgestellte Theorie stellt die „weitaus bekannteste und in der einschlägigen Literatur auch bei weitem am häufigsten zitierte Zusammenstellung von Machtgrundlagen dar"[179]. French und Raven identifizieren die *Machtgrundlagen*, so genannte „*Bases*" (engl. Plural für das Wort Basis), die die Voraussetzungen für die damit auch identifizierten Machtarten bilden[180]. Zusammen mit anderen Autoren, welche die Theorien später mit ihnen weiterentwickelten, werden sechs solcher Machtgrundlagen identifiziert und beschrieben:

1. Macht durch Belohnung (reward power)
2. Macht durch Bestrafung (coercive power)
3. Macht durch Legitimation (legitimate power)
4. Macht durch Identifikation (referent power)
5. Macht durch Sachkenntnis (expert power)
6. Macht durch Information (informational power)

Im ersten Fall (Macht durch *Belohnung*) verfügt eine Person A über bestimmte Ressourcen, die sie nutzen kann, um eine Person B in eine Situation zu versetzen, die von diesem als positiv empfunden wird; A kann also B einen Vorteil verschaffen und dadurch Macht

---
[175] vgl. Breton/Wintrobe (Conduct) S. 136 ff., s. u. Kap. 2.4.
[176] Hartmann (Politikwissenschaft) S. 43.
[177] Hartmann (Politikwissenschaft) S. 44 f.
[178] vgl. French/Raven (Bases).
[179] Sandner (Macht) S. 17.
[180] vgl. zum Abschnitt Noll (Unternehmensethik) S. 16 ff.

ausüben. Die Ressourcen können rein materieller Art sein, sich also zum Beispiel in einer Gehaltserhöhung ausdrücken. Aber auch andere Formen der Belohnung sind denkbar, beispielsweise kollegiale Unterstützung und emotionale Zuwendung. Als Belohnung wird auch der Verzicht auf negative Handlungen oder die Aufhebung negativer Situationen aus Sicht von B gesehen. So kann A zum Beispiel B von einer speziell unangenehmen Arbeit befreien oder auf eine Abmahnung verzichten.

Macht durch *Bestrafung* basiert auf der Fähigkeit von A, Sanktionen gegen B zu verhängen. Ihn also – im Gegensatz zur Macht durch Belohnung – in eine Situation zu versetzen, die er als negativ empfindet. Auch die Bestrafung kann materiellen Charakter haben – Entlassung oder eine schlechte Leistungsbeurteilung, wodurch B weniger Gehalt bekommt – oder auch immateriellen Charakter – emotionale Zurückweisung, verbale Angriffe und so weiter. Entscheidend ist, ob B die dadurch hervorgerufene Situation als negativ empfindet.

Macht durch *Legitimation* stützt sich auf die Auffassung, dass „es A zusteht, von B etwas zu erwarten oder zu verlangen, und dass B seinerseits die Pflicht hat, diesem Verlangen bzw. dieser Erwartung nachzukommen."[181] Diese Form kann durch formale Regeln festgelegt sein, wenn etwas im Arbeitsvertrag steht, der Mitarbeiter habe die Arbeitsanweisungen des Vorgesetzten zu folgen, oder das Militärgesetz regelt, dass Untergebene die Befehle ihres Vorgesetzten ausführen müssen. Macht durch Legitimation kann aber auch eine informelle Basis haben, Dinge, die „man tut" oder die „man nicht tut". Wenn in einer Gruppe Jugendlicher erwartet wird, Kleidung einer bestimmten Marke zu tragen, und jedes Gruppenmitglied das auch ganz selbstverständlich tut, dann ist das eine Form der Macht durch Legitimation.

Werden die Normen und Werte nicht mehr anerkannt, geht die Legitimation und damit die Macht verloren. Unternehmen und andere Institutionen stützen daher die Legitimation durch die Drohung von Sanktionen im Fall der Nichtbeachtung. Wer den Anweisungen des Vorgesetzten nicht Folge leistet, wird ermahnt, abgemahnt, entlassen.

Bei der vierten Machtbasis (Macht durch *Identifikation*) dient jemand als Bezugsperson für andere und veranlasst diese zu bestimmten Handlungsweisen. B möchte zu einem bestimmten Grad gleich oder ähnlich seiner Bezugsperson A sein. Mitarbeiter mögen bei bestimmten Verhaltensweisen ihren Chef nachahmen. Teenager ahmen ihre Popidole bei Haarschnitt und Kleidung nach. Je größer die Vorbildfunktion von A, also je größer die Attraktivität von A für B, umso größer die Macht.

Umgekehrt existiert auch eine *negative* Identifikationsmacht, wenn sich bewusst von einer anderen Person distanzieren will. So mag man eine bestimmte Kneipe meiden, weil dort Herr X regelmäßiger Gast ist, mit dem man keinesfalls in Verbindung gebracht werden möchte. Der Effekt wird in der Praxis ausgenutzt, etwa mit dem Argument: „Sie möchten doch nicht mit der Person Y auf eine Stufe gestellt werden…".

Die Macht durch *Sachkenntnis* bezieht sich auf das Wissen eines Experten auf dem Gebiet, der durch seine Feststellungen als anerkannter Experte andere zu einem bestimmten

---

[181] Sandner (Macht) S. 18.

Verhalten bringt. Wenn der hoch qualifizierte Leiter der IT-Abteilung sagt, das Unternehmen solle die Software S installieren, mag das Management dem ohne nähere Prüfung Folge leisten. Der IT-Leiter übt entsprechend Macht aus. Gerade die Macht durch Sachkenntnis kann sich aber zu so genannter *negativer Macht* umkehren. Dann nämlich, wenn der Adressat den Eindruck gewinnt, er sollte manipuliert werden. Wenn im Beispiel also das Management zu Recht oder Unrecht den Eindruck gewinnt, der IT-Leiter wolle aus nur Gründen persönlicher Bedürfnisbefriedigung möglichst viele Software-Programme anschaffen, dann wird es auf ihn nicht mehr hören. Und zwar auch dann, wenn der Kauf eines Programms tatsächlich objektiv geboten wäre.

Der letzte Punkt, Macht durch *Information*, liegt nahe an der Macht durch Sachkenntnis. Macht durch Sachkenntnis ist aber personengebunden. Wer Macht durch Sachkenntnis ausübt, muss Expertenwissen besitzen. Hingegen ist eine bestimmte Information objektiv, also nicht personenbezogen, vorhanden. So kann A den B von den Vorzügen eines Produktes überzeugen und ihn damit zum Kauf überreden – also Macht durch Information ausüben – ohne ein spezieller Experte für das Produkt zu sein. Ein weiteres Beispiel: „Der Verkäufer A berichtet über die neuesten Aktivitäten der Konkurrenz und ruft damit hektische Strategiesitzungen im eigenen Unternehmen hervor"[182].

In der Praxis wird Macht in der Regel nicht nur durch eine Grundlage, sondern durch eine Kombination von mehreren ausgeübt werden. Die sechs Grundlagen sind auch analytisch nicht immer sauber zu trennen. So ist schwer zu entscheiden, wann beim Entzug einer Belohnung oder der Aufhebung einer Strafe die Macht durch Belohnung aufhört bzw. die Macht durch Bestrafung beginnt. Auch die Unterscheidung zwischen Macht durch Sachkenntnis und durch Information ist nicht immer eindeutig.

Auch muss das Machtpotenzial nicht immer objektiv vorhanden sein. Es genügt, wenn der Adressat B *subjektiv* der Ansicht ist, A verfüge darüber. So reicht es bereits aus, wenn der Mitarbeiter B glaubt, sein Chef A verfüge über Möglichkeiten der Belohnung oder Bestrafung, um sein Verhalten entsprechend anzupassen. Auch wenn in Wirklichkeit beispielsweise alle Personalentscheidungen von A's Vorgesetztem AA getroffen werden, und AA überhaupt nicht auf die Aussagen von A hört.

Die Ausübung von Macht kann auch *unbewusst* erfolgen. Das bedeutet nicht nur, dass eine Person nicht unbedingt die sechs Machtgrundlagen kennen muss, um sie einzusetzen (Britney Spears muss French/Raven nicht gelesen haben und auch nicht lesen können, um Identifikationsmacht zu haben). Es bedeutet auch, dass der Betreffende sich der Macht gar nicht bewusst zu sein braucht. So registriert ein Vorgesetzter vielleicht gar nicht, dass seine Mitarbeiter – ebenso unbewusst – seine Verhaltensweisen annehmen.

Folgt man diesem Ansatz, dann laufen Machtprozesse praktisch bei jedem sozialen Kontakt ab. Angenommen, ein Konsument kaufe eine Hose. Der Verkäufer oder die Verkäuferin A wird auf verschiedenste Art und Weise Macht ausüben. Belohnen oder Bestrafen durch aufmerksames sich dem Kunden zuwenden, oder auch nicht, möglicherweise

---

[182] Sandner (Macht) S. 20.

durch einen Preisnachlass; A übt Macht aus durch Information (Wo hängen welche Kleidungsstücke?) und/oder Sachkenntnis („Diese Farbe ist derzeit sehr im Trend").

Der Leser mag verschiedene Situationen in seinem sozialen Umfeld einmal durchspielen, er wird schnell erkennen, wie allgegenwärtig Macht ist und mittels welcher subtilen Formen Macht ausgeübt wird.

Auch kann sich jeder, der an seinem Arbeitsplatz oder auch zum Beispiel in einem Verein etwas durchsetzen will (eine Gehaltserhöhung, ein Budget für ein bestimmtes Projekt, eine Änderung eines Handbuchs oder einer Vereinssatzung) einmal fragen: Welche Machtgrundlage, welche Ressource, besitze ich eigentlich, um bei den relevanten Personen meine Vorstellungen durchzusetzen? Kann ich überzeugen – durch Information? Kann ich belohnen, durch Zuneigung (freundliches Verhalten), fleißiges Zuarbeiten an meinen Chef, eine Spende in die Vereinskasse? Oder kann ich auf anderen Grundlagen aufbauen?

Aus der Theorie sind auch in der Literatur *praktische Handlungsempfehlungen* von hoher Relevanz im Unternehmensalltag entwickelt worden.

Macht durch *Information* ist demnach die zu *bevorzugende* Form; und Belohnungsmacht ist der Vorzug vor Bestrafung zu geben.

Die These ist nachvollziehbar. Denn Legitimationsmacht ist ohnehin die Voraussetzung der Machtausübung in formalen Organisationen. Identifikationsmacht ist generell nur begrenzt gegeben.

Macht durch Sachkenntnis ist potenziell sehr wirksam, ist aber „an das zugeschriebene Expertentum von A gebunden"[183].

Macht durch Belohnung ist aufgrund der begrenzten Ressourcen nur entsprechend begrenzt einsetzbar. Gerade die Möglichkeit materieller Belohnung – Gehaltserhöhung – ist begrenzt.

Und Macht durch Bestrafung sollte aufgrund ihrer *Sekundärwirkungen* nur begrenzt ausgeübt werden. Sekundärwirkungen, das sind die Reaktionen der Betroffenen und den Folgen: Loyalitätsverlust, „Dienst nach Vorschrift", Kündigungen etc.

Bleibt die Macht durch Information. Sie hat nicht die Nachteile der Alternativen, ist nicht unmittelbar mit einer bestimmten Person verknüpft, bedarf keiner Überwachungsmaßnahmen, wirkt längerfristig und hat einen vergleichsweise großen Anschein von Objektivität.

Zusammenfassend wird das Modell von French/Raven in der Literatur vor allem aufgrund des *pragmatischen* Ansatzes positiv beurteilt. Die *Kritik* entzündet sich meistens an theoretisch-analytischen und methodologischen Schwächen, etwa der fehlenden klaren Abgrenzung zwischen den unterschiedlichen Machtgrundlagen.

2.2.3.5 Beispiel von Macht und Politics: Machiavelli

Wer über Politik beziehungsweise Politics in Sinne von Strategie, Taktik, Durchsetzung von Interessen in Organisationen beziehungsweise gegenüber anderen Organisationen spricht, kommt an dem Namen Machiavelli nicht vorbei.

---

[183] Sandner (Macht) S. 21.

Machiavelli gilt als die personifizierte eiskalte und skrupellose Machtpolitik, machiavellistisches Verhalten dementsprechend in Politik und Wirtschaft als rücksichtsloses, nicht an Moralvorstellungen orientiertes Verhalten. Sein Name taucht auf, wenn Manager wegen angeblich zweifelhaftem Verhalten kritisiert werden[184]. Er gilt auch als Vater der modernen Politikwissenschaft.

Niccolo Machiavelli wurde 1469 in Florenz geboren[185]. Er war Schriftsteller und mehrfach Beamter des Stadtstaats Florenz. Er selbst praktizierte keineswegs, wofür er später stehen sollte. Sieht man sich sein Leben unter dem Gesichtspunkt von Machtpolitik an, war er öfters auf der Verliererseite (wie übrigens auch andere Autoren, die später ähnliche Thesen vertraten[186]). Er wurde 1513 verhaftet und gefoltert, jegliche öffentliche Tätigkeit wurde ihm bis 1519 verboten. Nach einer relativ kurzen Periode (1521–1525) des Wirkens im diplomatischen Dienst von Florenz verlor er im Zuge der damaligen Umwälzungen seine Ämter und starb 1527 arm und enttäuscht.

Sein Ruf wurde durch das Buch „Il Principe", also „Der Fürst"[187] begründet. Von den 26 Kapiteln beziehen sich die meisten konkret auf die damalige historische Situation. Es werden die (Fürsten-)Herrschaftsformen und deren Ursprünge beschrieben, sowie die Funktionsweisen damaliger Armeen. Am Ende steht ein Aufruf zur Befreiung Italiens von der Fremdherrschaft (den „Barbaren"). Bekannt geworden sind jedoch die Ratschläge, wie ein Fürst die Macht erwerben und erhalten kann. Sie befinden sich vorwiegend im hinteren Teil des Werks.

Einige der bekanntesten Zitate lauten[188]:

- „Gewalttaten muss man alle auf einmal begehen, damit sie weniger empfunden werden und dadurch weniger verbittern. Wohltaten dagegen muss man nach und nach erweisen, damit sie nachhaltiger wirken"[189]. Unpopuläre Maßnahmen müssen demnach schnell und radikal am Anfang einer Herrschaftsperiode ergriffen und durchgesetzt, also nicht „sanft" über einen längeren Zeitraum hinweg implementiert werden.
- „Zwischen dem Leben, wie es ist und wie es sein sollte, ist ein so gewaltiger Unterschied, dass, wer das, was man tut, aufgibt für das, was man tun sollte, eher seinen Untergang als seine Erhaltung bewirkt; ein Mensch, der immer nur das Gute tun wollte, muss zugrunde gehen unter so vielen, die nicht so gut sind. Daher muss der Fürst, der sich behaupten will, auch imstande sein, nicht gut zu handeln und das Gute zu tun und zu lassen, wie es die Umstände erfordern."[190]

---

[184] vgl. z. B. Noll/Bachmann (Machiavelli).
[185] vgl. zum Abschnitt z. B. Gil (Machiavelli), Kreis (Machiavelli).
[186] vgl. Joly (Aufsteigers), Glogowski (Gunst).
[187] vgl. Machiavelli (Fürst).
[188] vgl. auch Neuberger (Macht) S. 111.
[189] Machiavelli (Fürst) S. 71.
[190] Machiavelli (Fürst) S. 95.

- Berühmt sind auch die Ausführungen zur Frage, ob es besser für einen Herrscher sei, geliebt oder gefürchtet zu sein: „Die Antwort lautet, dass es am besten wäre, geliebt und gefürchtet zu sein; da es aber schwer ist, beides zu vereinigen, ist es weit sicherer, gefürchtet zu sein als geliebt, wenn man schon auf eins verzichten muss. Denn von Menschen lässt sich im Allgemeinen so viel sagen, dass sie undankbar, wankelmütig und heuchlerisch sind, voll Angst vor Gefahr, voll Gier nach Gewinn. Solange sie von dir Vorteil ziehen, sind sie dein mit Leib und Seele ... Wer Freunde durch Geld und nicht durch großherzige Gesinnung gewinnt, erwirbt sie, ohne sie zu besitzen, und kann in der Not nicht auf sie zählen"[191].
- „Ein kluger Fürst kann und darf demnach sein Wort nicht halten, wenn er dadurch sich selbst schaden würde oder wenn die Gründe weggefallen sind, die ihn bestimmten, es zu geben. Wenn alle Menschen gut wären, wäre diese Vorschrift nicht gut, da sie aber schlecht sind und dir die Treue nicht halten würden, brauchst du sie ihnen auch nicht zu halten. ... Deshalb muss er verstehen, sich zu drehen und zu wenden nach dem Winde und den Wechselfällen des Glücks, und am Guten festhalten, soweit es möglich ist, aber im Notfall vor dem Schlechten nicht zurückschrecken."[192]
- „Es ist also nicht nötig, dass der Fürst alle aufgezählten Tugenden besitzt, wohl aber, dass er sie zu besitzen scheint."[193]
- Machiavelli rät dabei aber davon ab, nur durch Grausamkeiten, Angst und Furcht zu regieren. Im Gegenteil sollte der Fürst vermeiden, gehasst und verachtet zu werden[194]. Er sollte sich auch Ansehen erwerben, etwa durch vorbildliches Verhalten[195]. Überdies muss der Fürst „zu geeigneter Zeit das Volk durch Feste und Schauspiele unterhalten"[196].

Die Ratschläge wirken – Grund für Machiavellis Bekanntheit – zeitlos und auch heute gültig. Etwa, wenn neu eingesetzte Vorstände Betriebsschließungen und Entlassungen möglichst am Anfang ihrer Mandatszeit radikal vornehmen. Das entspricht auch dem Vorgehen von Regierungen, unpopuläre Entscheidungen wie Steuererhöhungen an den Anfang einer Legislaturperiode zu stellen und die „Wohltaten" danach im Laufe der Zeit zu verteilen – insbesondere natürlich kurz vor anstehenden Wahlen. Opportunismus im Sinne von wechselnden Meinungen ist ebenso wenig unbekannt wie gekonnte Selbstdarstellung von Managern, die nicht dem tatsächlichen Leistungsvermögen entspricht[197].

---

[191] Machiavelli (Fürst) S. 101.
[192] Machiavelli (Fürst) S. 104 f.
[193] Machiavelli (Fürst) S. 105.
[194] vgl. Machiavelli (Fürst) Kap. 19.
[195] vgl. Machiavelli (Fürst) Kap. 21.
[196] Machiavelli (Fürst) S. 128.
[197] vgl. z. B. Pfeffer/Sutton (Trap).

Machiavelli bzw. der Machiavellismus wurde auch Gegenstand der sozial- und wirtschaftswissenschaftlichen Forschung[198]. Im Mittelpunkt steht in der Regel die Frage, wie ausgeprägt machiavellistische Eigenschaften bei den Menschen sind. So wurden vier Kernpunkte identifiziert, die einen „Machivellisten" ausmachen[199]:

- Relativ geringe affektive Beteiligung bei interpersonellen Beziehungen. Machiavellisten denken sich nicht in die Situation – insbesondere das Leiden – anderer Menschen, denen der Machiavellist Schaden zufügt, hinein
- Relativ geringe Bindung an konventionelle Moralvorstellungen. Machiavellisten haben entsprechend wenig Hemmungen, gegen Konventionen zu verstoßen. Sie sind bereit zum Verstoß, wenn es ihnen nützt, und haben keine oder wenig moralische Bedenken
- Realitätsangepasstheit, also eine nicht bzw. wenig verzerrte Wahrnehmung der Realität. Demnach haben Machiavellisten wenig oder keine neurotischen oder psychotischen Persönlichkeitsmerkmale. Denn diese führen zu Wahrnehmungsverzerrungen, was die Einflussstrategien wirkungslos machen würde
- Relativ geringe ideologische Bindung. Machiavellisten orientieren sich nicht an einem „idealen" Endzustand, einer Vision. Sie setzen pragmatisch (eigene) Ziele und Zwischenziele und setzen die jeweils Erfolg versprechende Taktik ein.

Kritik am Machiavellismus ist nicht nur unter ethischen Gesichtspunkten – diese Frage wird noch ausführlicher erörtert – angebracht. Wissenschaftlich hat die Theorie eine geringe Erklärungskraft, da sie ausschließlich auf Persönlichkeitsmerkmale abstellt. Nicht berücksichtigt wird die Tatsache, dass unterschiedliche Situationen auch unterschiedliches Vorgehen verlangen. „Es fehlt jegliche situative Indizierung nach dem Muster ‚Unter der Bedingung XY werden die Handlungen RS wahrscheinlich zum Erfolg führen'."[200] Aufgrund dessen werden die Möglichkeiten durch rein machiavellistisches Verhalten oft überschätzt. Ähnliches gilt auch für andere Theorien und für Ratgeber, die sich nur an Persönlichkeitsmerkmalen festmachen und Unterschiede der Rahmenbedingungen außer Acht lassen.

2.2.3.6 Beispiele von Politics: Lehren aus der Kriegsführung

Es ist nahe liegend und hat eine gewisse Tradition, zu versuchen, Erkenntnisse aus dem Militärischen auf zivile Anwendungen zu übertragen. Im Krieg erfolgreiche Strategien und Taktiken, so der Gedanke, müssten auch in anderen Lebensbereichen, insbesondere im Management, anwendbar sein. In der Betriebswirtschaftslehre sind daraus unter anderem einige „praxisorientierte" „Ratgeber" entstanden. Die Übertragung ist in vielen Fällen problematisch. Insbesondere bei der „Ratgeber"-Literatur ist – wie generell in diesem Genre – Vorsicht geboten. Die Wirksamkeit der dort genannten „Tricks" wird oft völlig

---

[198] vgl. zum Abschnitt Neuberger (Macht) S. 111 ff.
[199] vgl. Christie/Geis (Machiavellism), Henning/Six (Konstruktion).
[200] Neuberger (Macht) S. 114.

überschätzt. Gleichwohl sind einige der in der militärischen Strategie-Literatur entwickelten Gedanken erwähnenswert. Einige bekannte Autoren seien daher genannt.

Das Standardwerk der Kriegskunst stammt von dem preußischen Offizier *Carl von Clausewitz* (1780–1831). Sein Buch „Vom Kriege"[201] erschien erstmals 1932, die letzten Kapitel wurden nicht beendet. Es beschreibt zunächst das Wesen des Krieges als Teil der politischen Auseinandersetzung. Der bekannte Ausspruch „Der Krieg ist die Fortsetzung der Politik mit anderen Mitteln" hat hier seinen Ursprung. Er geht danach auf strategische Überlegungen ein – inwieweit Kräfte gebündelt werden sollten, inwieweit strategische Reserven vorzuhalten sind – um schließlich Ratschläge für das Verhalten im Gefecht zu geben. Immer wieder wird auf die Parallelen zwischen kriegerischen Auseinandersetzungen einerseits und dem Wettbewerb im Geschäftsleben andererseits hingewiesen, woraus der Schluss gezogen wird, aus der Lektüre von Clausewitz seien entsprechende Erkenntnisse zu gewinnen[202]. Dennoch existiert bisher in der betriebswirtschaftlichen Literatur kaum ein Werk[203], das explizit die Anwendung der Lehre von Clausewitz thematisiert.

Hingegen existieren in der Management-Literatur eine ganze Reihe von mehr oder minder populärwissenschaftlichen Büchern, die auf alten Werken *fernöstlicher Kriegskunst* basieren. Alte chinesische und japanische Lehren scheinen in diesem Zusammenhang eine gewisse Faszination auszuüben – aus welchem Grund auch immer.

Bekannt sind beispielsweise die so genannten „*36 Strategeme*"[204]. Als Strategem bezeichnet man (bzw. bezeichnete man früher) eine List bzw. eine Kriegslist. Der Autor der 36 Strategeme ist nicht bekannt. Sie sind Teil einer größeren chinesischen Militärschrift, die um 1500 entstanden ist: dem Traktat „Sanshiliu Ji. Miben Bingfa" (Die 36 Strategeme. Geheimbuch der Kriegskunst)[205]. In Abb. 2.14 sind alle 36 Strategeme aufgeführt.

Die Formulierung der Strategeme entspricht dem Stil im damaligen China, also dem Gebrauch von Metaphern. Es ist aber nur wenig Phantasie erforderlich, um die Aussagen in die heutige Sprache zu „übersetzen".

Einige Beispiele:

- Strategem Nr. 4: „Ausgeruht den erschöpften Feind erwarten". Der Ratschlag, ausgeruht in eine „Schlacht" zu gehen, klingt banal. Vor schwierigen Kundengesprächen, Budgetverhandlungen, sensitiven Konferenzen sollte man auf seine körperliche Fitness achten. So einfach die Aussage ist, in der Praxis besteht durchaus die Gefahr, dagegen zu verstoßen. Neben dem Kundengespräch oder der Konferenz ist in der Regel noch viel Tagesarbeit zu erledigen. Die Versuchung ist groß, hierin ebenfalls viel Energie zu investieren. Das mögliche Ergebnis sind anstrengende zwölf-Stunden-Tage; entsprechend erschöpft wird man danach zur eigentlichen „Schlacht" erscheinen. Das Strate-

---

[201] vgl. Clausewitz (Kriege).
[202] vgl. z. B. Siepmann (Clausewitz).
[203] vgl. aber Brunken (Meister).
[204] vgl. Senger (Strategeme).
[205] vgl. Senger (Traktat).

2.2 Zweite Perspektive: Ebene der Individuen im Unternehmen

1. Den Himmel (also den Kaiser) täuschend das Meer überqueren.
2. (Die ungeschützte Hauptstadt des Staates) Wei belagern, um (den durch die Streitmacht des Staates Wei angegriffenen Bündnispartner) Zhao zu retten.
3. Mit dem Messer eines anderen töten.
4. Ausgeruht den erschöpften Feind erwarten.
5. Eine Feuersbrunst (als günstige Gelegenheit) für einen Raub ausnutzen.
6. Im Osten lärmen, im Westen angreifen.
7. Aus einem Nichts etwas erzeugen.
8. Sichtbar die Holzstege instand setzen, insgeheim nach Chencang marschieren.
9. (Wie unbeteiligt) die Feuersbrunst am gegenüberliegenden Ufer beobachten.
10. Hinter dem Lächeln den Dolch verbergen.
11. Den Pflaumenbaum an Stelle des Pfirsichbaums verdorren lassen.
12. Mit leichter Hand das (einem unerwartet über den Weg laufende) Schaf (geistesgegenwärtig) wegführen.
13. Auf das Gras schlagen, um die Schlangen aufzuscheuchen.
14. Für die Rückkehr der Seele einen Leichnam ausleihen.
15. Den Tiger vom Berg in die Ebene locken (wo er sich nicht verteidigen kann).
16. Will man etwas fangen, muss man es zunächst loslassen.
17. Einen Backstein hinwerfen, um einen Jadestein zu erlangen.
18. Will man eine Räuberbande unschädlich machen, muss man deren Anführer fangen.
19. Unter dem Kessel das Brennholz wegziehen.
20. Das Wasser trüben, um die (ihrer klaren Sicht beraubten) Fische zu fangen.
21. Die Zikade entschlüpft (einer Situation, indem sie sich verwandelt und aus) ihrer goldglänzenden Hülle (steigt, die ihre Verfolger ablenkt).
22. Die Türe schließen und den Dieb fangen.
23. Sich mit dem fernen Feind verbünden, um den nahmen Feind anzugreifen.
24. Einen Weg durch Yu für einen Angriff auf Guo ausleihen (um danach Yu ebenfalls zu erobern).
25. Die Tragbalken stehlen und die Stützpfosten austauschen (um etwas von innen auszuhöhlen). (Dieses Strategem wird etwa bei der Begriffsentleerung oder beim heimlichen Begriffswandel angewendet).
26. Die Akazie scheltend auf den Maulbeerbaum zeigen.
27. Verrücktheit mimen (Harmlosigkeit vortäuschen), ohne dabei das Gleichgewicht (und sein Ziel aus den Augen) zu verlieren.
28. Auf das Dach locken, um dann die Leiter wegzuziehen.
29. Dürre Bäume mit (künstlichen) Blumen schmücken.
30. Die Rolle des Gastes in die des Gastgebers umkehren.
31. Das Strategem der schönen Frau (die den Feind in eine Falle lockt).
32. Das Strategem der leeren Stadt (einen Hinterhalt vortäuschen, der die eigene Schwäche verschleiert).
33. Das Strategem des Zwietracht-Säens.
34. Das Strategem des leidenden Fleisches (eine Selbstverletzung mobilisiert den Samariter-Reflex des Gegners oder das Mitleid des Publikums).
35. Das Ketten-Strategem (das zwei oder mehr Strategeme miteinander verknüpft).
36. (Rechtzeitiges) Weglaufen ist (bei völliger Aussichtslosigkeit) das Beste.

Abb. 2.14 Die 36 Strategeme. (Quelle: Senger (Strategeme))

gem kann also so interpretiert werden: lieber einige Aufgaben liegen lassen, um sich vor den entscheidenden Gesprächen auszuruhen. Hinzu kommt aber noch der zweite Teil des Strategems – den *erschöpften* Feind erwarten. Wer sich danach richtet, sollte also versuchen, die Gegenseite im Vorfeld zu möglichst viel Arbeit zu veranlassen. Beispielsweise indem in einer vorbereitenden Konferenz Aufgaben für die eigentliche Sitzung besprochen werden, welche die Gegenseite arbeitsmäßig belasten (z. B. die

Erstellung einer umfangreichen Dokumentation für eine Software). Oder indem man selbst schon vor längerer Zeit vorbereitete umfangreiche Vorlagen wenige Tage vor der Sitzung verteilt – die Gegenseite muss diese dann in kurzer Zeit durcharbeiten.
- Strategem Nr. 9: „Die Feuersbrunst am gegenüberliegenden Ufer beobachten". Mit anderen Worten, sich nicht in Streitigkeiten zwischen Dritten, insbesondere innerhalb der Gegenseite einmischen, sondern ruhig abwarten. Denn erstens kostet eine Einmischung eigene Ressourcen. Zweitens stärkt es nur die Gegenseite, wenn deren Konflikte gelöst werden. Drittens könnte sich Feinde machen, wer in Konflikten Partei ergreift. Konkret kann es also für den Vertriebsvorstand klug sein, sich nicht an der Diskussion zu beteiligen, wenn in einer Vorstandssitzung die Kollegen aus dem Finanz- und dem Personalbereich in Streit geraten.
- Strategem Nr. 10: „Hinter dem Lächeln den Dolch verbergen"[206]. Das dürfte weit gehend selbst erklärend und auch aus dem privaten Umfeld bekannt sein. Sich freundlich geben und einschmeicheln, im Verborgenen aber andere Pläne schmieden.
- Strategem Nr. 15: „Den Tiger vom Berg in die Ebene locken". Es sollte versucht werden, eine Auseinandersetzung auf einem Terrain zu führen, auf dem der Betreffende selbst stärker ist als der Gegner. Das wird relativ direkt physisch umgesetzt, wenn etwa in einem Vertrag als Gerichtsstand bei Konflikten der Ort des eigenen Unternehmens gewählt wird. Gegebenenfalls muss dann die Gegenseite anreisen, was für sie besonders bei grenzüberschreitenden Geschäften von Nachteil sein kann. Gilt es doch für sie, Sprachbarrieren zu überwinden und sich in einer fremden (Rechts-) Kultur und einem fremden Rechtssystem zurecht zu finden. Das Strategem kann auch im übertragenen Sinn gelten, etwa bei der Auswahl von Themen. Bekannt ist beispielsweise das Vorgehen bei Verkaufsverhandlungen, möglichst nur über Produkteigenschaften und die Vorteile des Produkts für den Kunden zu reden, den kritischen Punkt – den Preis – aber möglichst völlig auszuklammern. Bei der Vorbereitung eines Meetings kann es von Vorteil sein, die Agenda selbst festzulegen. So ist es möglich, die Themen in den Vordergrund zu stellen, die einem selbst mehr liegen.
- Strategem Nr. 28: „Auf das Dach locken, um dann die Leiter wegzuziehen". Also jemand in eine Situation bringen, aus der er ohne Konzessionen nicht mehr zurück kann, weshalb hier auch von einem Sackgassen-Strategem gesprochen wird. Auf das Dach locken kann bedeuten, jemanden in Terminzwang zu bringen: „Die chinesische Firma A hatte die deutsche Firma B ... zu eigentlich verfrühten Vertragsverhandlungen über ein Joint Venture nach China gelockt. Prompt blieb für die Beilegung der zahlreichen Meinungsverschiedenheiten kaum genügend Zeit. Schließlich stand der Abflug der deutschen Delegation unmittelbar bevor. Sowohl in der chinesischen als auch in der englischen Version des Vertragstextes waren einige Vertragspunkte noch nicht bereinigt, weil der Vorstandsvorsitzende der chinesischen Firma den gerade von beiden Seiten fertig formulierten englischen Vertragstext immer wieder etwas ändern wollte. Da blieb keine Zeit mehr für die chinesische Übersetzung der englischen Endversion

---

[206] vgl. auch Langer (Dolch).

des Vertragstextes."²⁰⁷ Das erwies sich für die chinesische Seite als nachteilig. „Wollte sie den Vertrag nämlich nicht noch im letzten Augenblick scheitern lassen, blieb ihr nämlich nichts anderes übrig, als das englischsprachige Vertragsdokument, auf das man sich immerhin hatte einigen können, als maßgebend anzuerkennen. Üblicherweise trachtet der chinesische Vertragspartner von Joint Ventures danach, die chinesischsprachigen Vertragsdokumente als alleinige Grundlage festzulegen. Hier erwies sich die deutsche Seite – wohl nicht wissend, dass sie strategemisch handelte – spontan als geschickte Anwenderin des Sackgassen-Strategems. Chinesen und Deutsche waren auf dem Dach angekommen, das heißt, sie hatten sich über den Vertrag inhaltlich in englischer Sprache geeinigt. Indem die Deutschen nun auf ihren unaufschiebbaren Abflug hinwiesen, zwangen sie die Chinesen zum Griff der für sie unangenehmen Leiter in Form einer Konzession hinsichtlich des maßgeblichen Vertragstextes in englischer und nicht in chinesischer Sprache."²⁰⁸

Weitere Anwendungen sind ein Arbeitnehmer, der sich auf einem bestimmten Gebiet – zum Beispiel einem Software-Programm – ein Monopolwissen aneignet und dann unter Androhung der Kündigung eine exorbitante Gehaltserhöhung fordert. Oder das Vorgehen von Software-Unternehmen, das Produkt selbst bzw. die Lizenzen zu niedrigen Preisen zu verkaufen, aber relativ hohe Wartungskosten zu fordern. Der Abnehmer steht in diesem Fall „auf dem Dach" – er muss die hohen Kosten praktisch akzeptieren, da, einmal eingeführt, der Wechsel einer Software kaum noch möglich ist.

Mobilfunkanbieter handeln ähnlich, wenn Mobiltelefone extrem billig verkaufen, den Verkauf aber an einen Vertrag koppeln, der zu hohen Verbindungskosten führt.

Noch ein Beispiel aus dem privaten Bereich: „Liebespaar in früheren Zeiten: Die Frau eröffnet dem Mann, sie sei schwanger, eine Heirat sei daher unausweichlich."²⁰⁹ Oder die Frau „vergisst" einfach die Pille.

Ebenso verbreitet wie die 36 Strategeme sind die Lehren von *Sun Tzu* (in anderer Schreibweise auch Sun Tsu oder Sunzi). Der chinesische General lebte vor 2500 Jahren, die genauen Daten sind ebenso unsicher wie die Frage, ob er das unter seinem Namen bekannte Werk überhaupt selbst geschrieben hat[210]. Das Buch „Die Kunst des Krieges"[211] inspirierte gleich mehrere Autoren, daraus einen Ratgeber für Manager zu entwickeln[212].

Sun Tzus Beitrag[213] ist untergliedert in 13 *Gebote,* die dann jeweils erläutert und kommentiert werden. Sie lauten:

---

[207] Senger (Strategeme) S. 166.
[208] Senger (Strategeme) S. 166.
[209] Senger (Strategeme) S. 165.
[210] vgl. Schwanfelder (Sun Tzu).
[211] vgl. Sun Tzu (Krieges).
[212] vgl. Schwanfelder (Sun Tzu), Krause (Kunst), Michaelson (Marketing).
[213] vgl. zum Absatz Schwanfelder (Sun Tzu).

1. Gründliche Vorbereitungen sind das A und O des Erfolgs
2. Ein kluger Umgang mit Ressourcen verhilft zum Sieg
3. Die richtige Strategie verhilft der Vision zum Sieg
4. Die siegreiche Taktik vermeidet Fehler und schließt Risiken aus
5. Mit Methode und guten Manövern siegen
6. Die Bedingungen diktieren – und dadurch erfolgreich sein
7. Wer siegen will, muss taktische Manöver beherrschen
8. Um einen entscheidenden Vorteil im Kampf zu erlangen, muss man sich situationsabhängig entscheiden können
9. Mit aufmerksamer und vorbildlicher Führung gewinnen
10. Die angemessene Berücksichtigung des Geländes schafft taktische Vorteile
11. Auch in der Schlacht ist die Berücksichtigung der Situationen entscheidend für den Sieg
12. Bei der Anwendung extremer Mittel ist besondere Vorsicht geboten
13. Vermeide langwierige und teure Schlachten durch Informationsvorsprung.

Wer nun als Betriebswirt erwartet, aus der Anwendung der Schriften Sun Tzus im Unternehmen neue Erkenntnisse zu gewinnen, dürfte enttäuscht werden. Denn Wesentliches läuft doch auf das hinaus, was in der Betriebswirtschaftslehre ohnehin Standard ist und gelehrt wird. Ob es um die Konzentration der Ressourcen geht[214], die Konzentration auf Kernkompetenzen und die eigenen Stärken[215], die Angemessenheit der Kontrollspannen (optimale Leitungsspanne)[216], oder die Führung und Motivation der Mitarbeiter[217] – die Erkenntnisse sind von eher geringem Neuigkeitswert.

Mehr der Vollständigkeit halber sei noch auf ähnliche Bücher *japanischen* Ursprungs hingewiesen. Hierzu gehört etwa Musashis „Buch der fünf Ringe"[218]. Miyamoto Musashi war ein Samurai, der im 17. Jahrhundert lebte. Das Buch ist zunächst einmal eine Anleitung zum Schwertkampf. Angeblich dient es darüber hinaus als Anleitung für strategisches Handeln und zur Schulung des Bewusstseins und daher auch als Ratgeber in Managementfragen. Inwieweit bei dem Ansatz dieser Anspruch noch seriös eingelöst werden kann, sei aber dahingestellt.

Eine zentrale Botschaft, die vor allem in der fernöstlichen Literatur immer wieder vorkommt, ist der Gedanke, mit List und Klugheit zu arbeiten statt auf rohe, überlegene Gewalt zu setzen. Bei Sun Tzu heißt es etwa: „In hundert Schlachten hundert Siege zu erringen ist nicht der Weisheit letzter Schluss. Besser ist es, den feindlichen Widerstand ohne Kampf zu brechen... Die höchste Stufe des Krieges besteht darin, die Strategie des Feindes zu durchkreuzen; die zweitbeste ist es, ihn an der Zusammenziehung seiner Truppen

---

[214] vgl. Schwanfelder (Sun Tzu) S. 58 ff.
[215] vgl. Schwanfelder (Sun Tzu) S. 74 ff.
[216] vgl. Schwanfelder (Sun Tzu) S. 131.
[217] vgl. Schwanfelder (Sun Tzu) S. 163 ff.
[218] vgl. Musashi (Ringe), vgl. auch z. B. Yamamoto (Hagakure), Nitobe (Bushido).

zu hindern; an dritter Stelle steht der Angriff auf offenem Feld; die schlechteste Variante ist die Belagerung befestigter Städte"[219]. In einem anderen Management-„Ratgeber", der auf chinesischer und japanischer Kriegskunst basiert, kommt das schon im Titel zum Ausdruck: „Die Kunst zu siegen, ohne zu kämpfen"[220].

Auch wenn bei generalisierenden Aussagen über Philosophien fremder Völker Zurückhaltung angebracht ist, um nicht in Klischees zu reden, so scheint dieser Grundsatz doch auch Ausdruck der dortigen Lebenseinstellung zu sein. Konflikte nicht durch frontalen Angriff lösen, sondern durch Abwarten und kluges Taktieren. Der Gedanke, der auch beim Judo zum Ausdruck kommt. Nicht der physisch stärkere gewinnt, sondern der, der zur richtigen Zeit den richtigen Griff ansetzt.

Studierende und Praktiker mögen darin auch einen Hinweis zum Thema Geschäftstätigkeit in fremden Kulturen und interkulturelle Kompetenz sehen. Ein Beispiel, wie in manchen Kulturen grundsätzlich anders an die Lösung von Konflikten herangegangen wird.

2.2.4 Die Ebene der einzelnen Akteure als Teilgebiet der Betriebswirtschaftslehre

2.2.4.1 Macht, Politik, Politics im Unternehmen

Tradtionelle Ansätze der Betriebswirtschaftslehre gehen von einem Unternehmensmodell aus, in dem das Top Management eine die Gesamtziele der Organisation enthaltende Strategie entwirft, und innerhalb der Hierarchie arbeiten die mittleren und unteren Ebenen analytisch-rational daran, diese Gesamtziele zu erreichen. Entscheidungen werden nach diesen Kriterien von den dafür Zuständigen mit Hilfe formaler Regeln getroffen, bei Abweichungen greifen die Führungskräfte ein und versuchen, das Unternehmen wieder auf diesen Kurs zu bringen. Im Idealfall funktioniert alles reibungslos und läuft „wie am Schnürchen".

Doch entspricht dieses Bild nicht der Realität. Nicht nur Praktiker aufgrund ihrer Erfahrung, sondern auch zahlreiche Untersuchungen[221] „zeichnen ein anderes Bild des Unternehmensalltags: sie finden konkurrierende Zielvorstellungen, die Verfolgung und Realisierung von Individual- und Gruppeninteressen, von Konflikt und Macht geprägte Entscheidungsprozesse sowie strategische und taktische Handlungsorientierungen. Darüber hinaus halten die Untersuchungen fest, dass Mitarbeiter solche Prozesse als regelmäßigen Bestand ihrer Organisationsrealität betrachten"[222].

---

[219] Sun Tzu (Krieges) Gebot 3, Pkt. 2,3.

[220] vgl. Fauliot (Kunst).

[221] vgl. Titscher/Königswieser (Entscheidungen), Gandz/Murray (Experience), Madison et al (Exploration), Allen et al (Tactics), Pettigrew (Politics), Breton/Wintrobe (Conduct).

[222] Sandner (Macht) S. 64.

Mitarbeiter, einschließlich der Führungskräfte, stellen demzufolge „keine beliebig einsetzbaren und austauschbaren funktionalen Einheiten dar. Im Gegensatz dazu sind sie als Akteure zu betrachten, die ihre Interessen einbringen und verfolgen, dabei Koalitionen bilden und auflösen, Konflikte eingehen usf., kurzum: politisch handeln"[223].

Der Gedanke des Unternehmens als rein rational und technisch steuerbares System ist also in der Realität nicht haltbar[224]. Praxisorientierte Ausbildung muss sich also auch mit Interessen, Macht, Politics, politischen Prozessen beschäftigen. Diese Themen rufen aber bei „etlichen Betriebswirtschaftlern – noch immer – Berührungsängste hervor"[225]. Zwar beschäftigt sich die wirtschaftswissenschaftliche Forschung durchaus damit, wie sich auch an den hier erläuterten Ansätzen zeigt. Mit wenigen Ausnahmen[226] hat aber kein Transfer in die Mehrzahl der Lehrbücher stattgefunden. Aufgrund der erheblichen Relevanz des Themas für die Praxis führt dieses Defizit aber zu Qualitätsverlusten in der Ausbildung. Machtstrukturen und politische Prozesse im Unternehmen sind daher ein Kernpunkt dieses Buchs.

Betriebswirte, die aus dieser Sicht im Unternehmen agieren, und Wissenschaftler, die Organisationen aus dieser Sicht untersuchen, stellen Fragen wie: „Wer hat was davon?" oder „Wem dienen diese Handlungen"[227]?

2.2.4.2 Das Unternehmen als politische Koalition und das „Mülleimer"-Modell

Bereits in den späten 1950er und frühen 1960er Jahren haben einige Autoren angefangen, die Thematik zu durchleuchten[228]. Bekannt geworden sind die Arbeiten von *Cyert* und *March*[229]. Diese Autoren betrachteten „corporations as somehow, or in essence, political organizations"[230]; also die Unternehmen als *politische Organisation*.

Daraus folgt, dass die Manager auch vielmehr als Politiker denn als rein sachrational bezogen entscheidende Personen sind: „Basically, we assume that a business firm is a political coalition and that the executive in the firm is a political broker. The composition of the firm is not given; it is negotiated. The goals of the firm are not given; they are bargained"[231]. Manager schließen also Koalitionen, sie versuchen, Verbündete zu gewinnen, zu Auftreten und Charisma ebenso zu überzeugen wie durch Sachargumente. Auch wenn viele es nicht wahrhaben wollen, nicht zugeben und nicht offen aussprechen: sie sind Poli-

---

[223] Sandner (Macht) S. 64.
[224] vgl. zum Abschnitt Sandner (Macht) S. 63 ff.
[225] Sandner (Zielgerichtetheit) S. 1.
[226] vgl. z. B. Staehle (Management) S. 371 ff., Heinen (Einführung), Gairing (Führen) S. 141 ff.
[227] vgl. Sandner (Unternehmenspolitik) S. 71.
[228] vgl. z. B. Simon (Models), Burns (Micropolitics), Martin/Sims (Tactics).
[229] vgl. Cyert/March (Firm), March (Coalition).
[230] Burns (Microplitics) S. 258.
[231] March (Coalition) S. 672.

tiker. „Executives … although they would hate the thought and deny the allegations, the fact is that they are politicians"[232].

Das widerspricht diametral dem in der Öffentlichkeit teilweise vorhandenen und auch in vielen Lehrbüchern skizzierten Bild der Führungskraft als, untechnisch ausgedrückt, Feldherr, der eine große Freiheit besitzt, die ihm ergebenen Truppen zu dirigieren, um die Schlacht zu gewinnen, also den Unternehmenserfolg zu sichern.

Natürlich agieren die in den Unternehmen arbeitenden Menschen nicht ausschließlich als Politiker. Sachbearbeiter oder Sekretärinnen, die mit ihrer Arbeit weitgehend zufrieden sind und keine Aufstiegsambitionen haben, mögen sich weitgehend auf die Sachprobleme konzentrieren und die politischen Prozesse nicht oder nur am Rande wahrnehmen. Geschäftsführer und noch mehr geschäftsführende Inhaber mittlerer Unternehmen sind vielleicht tatsächlich eher mit kleinen Feldherren zu vergleichen als mit Politikern. Dennoch – Mitarbeiter und insbesondere Führungskräfte agieren *auch* in der Rolle von Politikern im Unternehmen, diese Rolle steht mehr oder minder im Vordergrund, ist aber vorhanden und nicht zu vernachlässigen.

March und andere Autoren[233] haben ihren Ansatz dann entwickelt zum so genannten *Mülleimer*-Modell der Organisation[234].

Der Grundgedanke ist, dass innerhalb der Organisation viele Akteure permanent Probleme und Lösungen wie in einen Mülleimer (garbage can) in völlig unstrukturierter Folge einkippen. Innerhalb des Mülleimers wird alles irgendwie gemischt, und heraus kommt irgendwann irgendeine Entscheidung (oder auch eine Nicht-Entscheidung):

„Aus diesem Blickwinkel ist eine Organisation eine Ansammlung von Entscheidungen, die Probleme suchen, Fragen und Gefühle, die Entscheidungssituationen suchen, in denen sie zur Sprache gebracht werden können, Lösungen, die nach Fragen suchen, für die sie Antworten sein könnten und Entscheidern, die nach Arbeit suchen … Um die Prozesse in Organisationen zu verstehen, kann man eine Entscheidungsgelegenheit als einen Mülleimer sehen, in den die Teilnehmer verschiedene Arten von Problemen und Lösungen – so wie sie gerade entstehen – kippen. Das Müllgemisch in einem einzelnen Eimer hängt ab von der Mischung verfügbarer Eimer, von der Art des gegenwärtig produzierten Mülls und von der Geschwindigkeit, mit der der Müll gesammelt und vom Ort das Geschehens entfernt wird"[235].

Das „garbage-can"-Modell ist auch schon so beschrieben worden: „Stellen Sie sich einen runden, schräg geneigten Fußballplatz mit vielen Toren vor, auf dem Menschen Fußball spielen. Viele verschiedene Leute (aber nicht jeder) können zu verschiedenen Zeiten mitspielen oder aufhören. Einige Leute können Bälle ins Spiel werfen oder wegnehmen.

---

[232] Martin/Sims (Tactics) S. 25.
[233] vgl. Cohen/March/Olsen (Papierkorb), Cohen/March/Olsen (People), March/Olsen (Garbage), March (Entscheidung).
[234] vgl. zum Abschnitt Neuberger (Macht) S. 183 ff.
[235] Cohen/March/Olsen (Papierkorb) S. 2.

Solange sie mitspielen, versuchen die Spieler jeden Ball, der in ihre Nähe kommt, auf die Tore zu schießen, die sie mögen und weg von den Toren, die sie vermeiden möchten"[236].

Es existieren also weder klare Strukturen noch eindeutige Regeln; es ist nicht klar, wer „mitspielt", sich also einmischt; es existieren eine ganze Reihe von Problemen und beliebig viele Lösungen.

Daher wird das Modell auch das der *kollektiven Anarchie* genannt. Das garbage-can Modell bleibt aber nicht bei der Aussage stehen, dass Handeln nicht konsequent, zielgerichtet und zweckrational abläuft.

Es wird auch ein Gegenmodell zu dem „rationalen" Modell der Organisation entwickelt. Danach zeichnet sich das Handeln in oder der Organisationen durch folgenden Komponenten aus:

- *Mehrdeutigkeit (Ambiguity, Ambiguität)*
- *Lockere Verkoppelung (loose coupling)*
- *zeitlicher Ablauf (temporal order) und Kontextambiguitäten:*

In Organisationen existieren keine eindeutigen Informationen, Ziele oder Messkriterien. Vielmehr tauchen ständig sich widersprechende Informationen auf, unterschiedliche Ziele, die nicht logisch miteinander vereinbar sind, werden gleichzeitig verfolgt, es wird gehandelt in komplexen und undurchschaubaren Umwelten. Dinge wie eindeutige Zielhierarchien existieren nicht.

Lockere Verkoppelung Akteure, Abteilungen, Bereiche, arbeiten teilweise unabhängig, miteinander, oder auch gegeneinander. Es existiert kein eindeutiges Zentrum der Willensbildung, vielmehr eine Mischung aus verschiedenen individuellen und Gruppeninteressen. Damit können auch Fehler an einer Stelle gepuffert und abgefangen werden.

Zeitlicher Ablauf und Kontext Wie kommen nun Entscheidungen in einer Organisation zustande? Nach dem Mülleimer-Modell aufgrund von *vier Faktoren* (Ströme), die auf den Prozess einwirken, aber selbst von vielen internen und externen Faktoren abhängen, so dass die aktuelle Zusammensetzung der vier Faktoren zu einem bestimmten Ergebnis führt. Die vier Faktoren bzw. Strömungen sind:

- *Entscheidungsgelegenheiten* (Choice Opportunities), also alle Gelegenheiten, bei denen eine Entscheidung getroffen werden kann. Das umfasst sowohl die formalen Gelegenheiten – entsprechend angesetzte Konferenzen – wie informale Begegnungen, eine kurzes Gespräch am Kaffeeautomaten, ein Konflikt, der sich aus einer Diskussion entwickelt.
- *Probleme*: Auf die Entscheidungen im Unternehmen können alle Probleme, also auch alle privaten Probleme der Akteure, Einfluss haben. An einigen Beispielen wird das

---

[236] March, J.G/Romelaer, P.J. (Positions) S. 276, zit. nach Neuberger (Macht) S. 189.

schnell deutlich – etwa wenn der Vorgesetzte einem Mitarbeiter einen Wunsch abschlägt, weil er sich gerade über irgendetwas geärgert hat, weil er, banal gesagt, „mit dem falschen Fuß aufgestanden" ist.
- *Lösungen*: Die Aussagen zu diesem Faktor sind besonders widersprüchlich zu den herkömmlichen Modellen der Entscheidungsfindung. Lösungen werden hier nicht als etwas gesehen, was immer als Antwort auf ein bestehendes Problem entwickelt wird. Vielmehr kann auch die Lösung vor der Frage da sein, man mag erst die Frage kennen, nachdem man die Lösung kennen gelernt hat.
- *Teilnehmer*: Die Entscheidung ist nicht nur abhängig von den sachlichen Faktoren, sondern auch von den Personen, die sich – zufällig oder von wem auch immer geplant – mit dem Problem befassen.

Welche Entscheidung sich nun aus dem Zusammentreffen der vier Ströme ergibt, hängt von ihrem *zeitlichen Ablauf* ab, also kann abhängig davon sein, ob sich Frau A und Herr B gerade auf dem Gang begegnen, ob C gerade krank ist, ob D ein Excel-Spezialist ist, der sich auf dem Gebiet betätigen möchte, und so weiter.

Der Prozess wird in Abb. 2.15 dargestellt. Die Theorie klingt zunächst teilweise abstrakt. Aus der Literatur und vor allem aus der Praxis lassen sich aber schnell Beispiele für diese Abläufe finden.

- Ein Mitarbeiter, der sich sehr gut auf Excel versteht, wird in die Controlling-Abteilung versetzt. Nach einiger Zeit wird ein Controlling-System aufgebaut, das auf Excel basiert. Der Mitarbeiter hat eine „Spielwiese" gefunden. Niemand hat vorher ein solches System vermisst, niemand hat auch bewusst entschieden, der Mitarbeiter solle künstlich beschäftigt werden. Die Lösung, wie es oben ausgedrückt wurde, hat sich eine Frage gesucht und diese dann auch gefunden.

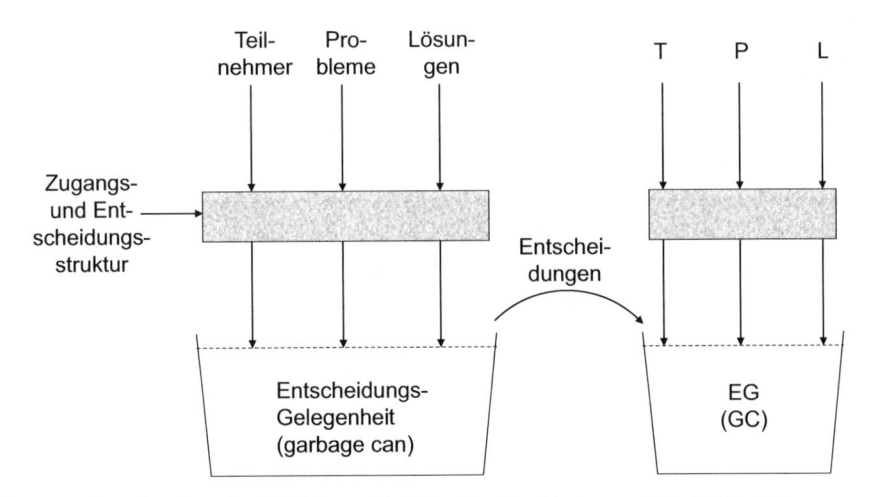

Abb. 2.15 Grundstruktur des Mülleimer-Modells. (Quelle: Neuberger (Macht) S. 186)

- Zwischen A und B schwelt schon lange ein persönlicher Konflikt. Eines Tages geraten die beiden in einen Streit um einen freien Parkplatz auf dem Firmengelände. Aufgrund der persönlichen Abneigung eskaliert der Streit; am Ende erstellt die Stabsabteilung „Organisation" – in der, wie oben ausgedrückt, „Entscheider nach Arbeit suchen" – eine Richtlinie zur Vergabe und Benutzung von Parkplätzen auf dem Firmengelände.
- C möchte ein neues Produkt einführen. D, E und F blocken das ständig ab. Zwei Monate später macht G den gleichen Vorschlag – der wird akzeptiert. Der (bewusste oder unbewusste) Ablehnungsgrund im ersten Fall lag in der Person C, die sich mit D, E und F in einer Konkurrenzsituation befindet oder sich mit ihnen einfach persönlich nicht versteht.
- Bisweilen wird ein Vorschlag, zum Beispiel die Einführung eines neuen Produkts, zuerst abgelehnt, ein Jahr später plötzlich akzeptiert, ohne dass sich an den beteiligten Personen oder den Sachargumenten irgendetwas geändert hätte. Es hat sich einfach „der Wind gedreht", die „Stimmung ist besser" für das neue Produkt, ohne dass eine klare Ursache für den Stimmungswandel zu lokalisieren ist. Erfahrene Verwaltungsbeamte haben im Hinblick auf die Durchsetzung neuer Ideen schon den Begriff „Wellenreiten" gebraucht – es muss einfach gewartet werden, bis die „richtige Welle" da ist, auf der mit der Idee geschwommen werden kann.
- Ein ständiges Spannungsfeld besteht auch dadurch, dass initiative Geschäftsführer von ausländischen Tochterunternehmen von Konzernen neue Geschäftsfelder erschließen möchten, die Konzernzentrale das aber blockiert – teilweise aus Desinteresse, grundsätzlicher Skepsis, oder Angst vor konzerninterner Konkurrenz. Tochterunternehmen entwickeln daher teilweise recht ausgefeilte Strategien, um Geschäftsfelder zu erschließen, ohne dass dies bei der Zentrale zu früh bekannt wird.[237]

Ein Schwerpunkt des Mülleimer-Modells ist auch die Untersuchung der Kontrolle des *Zugangs* zu Entscheidungsgelegenheiten. Zeit ist ein knappes Gut, und viele haben eine Meinung zu vielen Problemen. Daher spielt es eine Rolle, welche Fragen und welche Lösungen überhaupt thematisiert werden; ebenso wie es eine Rolle spielt, welche Personen bei welchen Entscheidungsgelegenheiten involviert sind.

Auch in anderen Modellen betonen Autoren die Entscheidungen, bzw. die „*Nicht-Entscheidungen*", die im *Vorfeld* einer Entscheidungsarena fallen[238].

„Dieses Vorfeld ist geprägt durch organisatorische Normen, Regeln, Vorschriften, Verfahren, Präzedenzfälle, Vorurteile, Drohungen, Einschüchterungen, Patronage etc. Hier kristallisiert sich heraus, welche Vorschläge, Ideen, Meinungen, Interessen in die vorherrschenden Handlungspläne und Realitätsdefinitionen ‚hineinpassen', was also in den interessensgeleiteten Anspruch des ‚bei uns wird das so gemacht' integriert wird und was davon ausgeschlossen wird (z. B. durch ein ‚das hat mit der Sache nichts zu tun'). Im Allgemeinen dürfte es ‚kostengünstiger' sein, den eigenen Interessen konträre Anliegen nicht

---

[237] vgl. Birkinshaw/Fry (Auslandstöchter).
[238] vgl. Bachrach/Baratz. (Nondecisions).

zu einem offiziellen Entscheidungsproblem werden zu lassen, als sich in einer formellen Entscheidungsarena damit herumschlagen zu müssen"[239].

Das Mülleimer-Modell ist später auch empirisch untersucht worden, die Ergebnisse stützen die Grundannahmen.

Ja und, mögen manche Praktiker nun einwenden, solche Fälle gibt es, die kennen wir auch ohne das Mülleimer-Modell zu kennen, aber was folgt daraus?

Was daraus folgt, ist für die Organisations-Theorie und damit auch für die Betriebswirtschaftslehre *revolutionär*. Denn die orthodoxen Theorien lehren, auf solche „irrationalen" Prozesse zu reagieren, indem versucht wird, sie möglichst weitgehend auszuschalten, gegebenenfalls durch mehr und präzisere Vorschriften, mehr Kontrolle und so weiter.

Gemäß dem Mülleimer-Modell ist die gegenteilige Strategie Erfolg versprechender. Die beschriebenen Verhaltensweisen sind demnach unauslöschlicher Bestandteil jeder Organisation. Daher sollte nicht versucht werden, sie zu bekämpfen, sondern die Situation akzeptieren und Nutzen, also das Beste daraus machen. Das bedeutet, Intuition als Realität zu sehen, Scheinheiligkeit und Doppelmoral temporär bis zu einem gewissen Grad zu akzeptieren („Obwohl man die wahren Verhältnisse durchschaut hat, muss man so tun, als ob man immer noch an ihre Gültigkeit und Richtigkeit glaubte")[240], sich nicht immer selbst treu bleiben, „Selbstverständlichkeiten" manchmal in Frage zu stellen, spielerische und scheinbar „verrückte" Haltungen zulassen.

Mülleimer-Prozesse sind nicht schlecht, sondern sind „intelligente und angemessene Antworten auf komplexe, mehrdeutige, intransparente Situationen"[241].

Ambiguitäten und lockere Verkoppelungen haben Vorteile. Ambiguitäten, weil sich daraus neue Ziele, neue Präferenzordnungen, entwickeln können, die sich im Zeitablauf aufgrund veränderter Rahmenbedingungen als überlegen erweisen können. Ambiguitäten verhindern also mit anderen Worten das zu starre Festhalten an überkommenen Zielen, sie werden sozusagen natürlich im Zeitablauf durch andere abgelöst. Lockere Verkoppelungen erhöhen die Flexibilität, federn Inkonsistenzen ab, verhindern zu negative Auswirkungen von Fehlern.

Beispiel: Umgang mit Situationen nach dem „Mülleimer-Modell"

Ein Mitarbeiter A eines Unternehmens hat eine Affinität zu und ein Interesse an der Türkei als neuen Markt für das Unternehmen[242]. Er ist nicht für die Region zuständig; die Zuständigkeit liegt vielmehr bei der Vertriebsabteilung „Ausland II – Asien und vorderer Orient". Die Vertriebsabteilung hat sich bisher nicht um die Türkei gekümmert, was durchaus im Einklang mit der offiziellen Unternehmensstrategie ist, gemäß

---

[239] Sandner (Macht) S. 82.
[240] Neuberger (Macht) S. 188.
[241] Neuberger (Macht) S. 188.
[242] vgl. dazu auch Birkinshaw/Fry (Auslandstöchter).

der die Türkei keine Priorität hat. A möchte den Markt für das Unternehmen – durchaus auch aus persönlichen Interessen – erschließen. Er bringt den Plan aber nicht in die offiziellen Entscheidungsarenen – Vorstandssitzungen und so weiter – ein, da ihm klar ist, dort abgelehnt zu werden. Vielmehr beginnt er, auf eigene Initiative in die Türkei zu reisen und dort Kundenkontakte anzubahnen. Um die Reisen abrechnen zu können, konstruiert er „kreative" Dienstreiseanträge. Er findet Gründe, um in den Mittelmeerraum zu fliegen, und macht auf dem Rückweg längere „Zwischenlandungen" in Istanbul.

Seine unmittelbare Vorgesetzte B, die die Abrechnungen nur oberflächlich prüft, bemerkt zwar Ungereimtheiten, verfolgt die Angelegenheit aber nicht weiter. Sie steht drei Jahre vor der Pensionierung, hat lange Jahre gut mit A zusammengearbeitet, und bringt das möglicherweise brisante Thema daher nicht zur Sprache. A vermutet zwar, dass B vermutet, dass er gegen die Reisekostenregelung verstößt, spricht das Thema aber natürlich ebenfalls nicht an.

Die Akquisition von Kunden ist erfolgreich. Nach einiger Zeit macht das Unternehmen gute Umsätze in der Türkei. A kann mittlerweile auch offen Dienstreiseanträge mit dem Ziel Istanbul stellen. Zuständig ist nach dem Organigramm aber weiterhin nicht er, sondern die Abteilung „Ausland II", und auch die Prioritäten der Unternehmensstrategie wurden nicht geändert. Niemand hat ein Interesse, die Themen „Neuverteilung der Zuständigkeiten" und Änderung der Unternehmensstrategie auf die Agenda zu setzen, auch wenn C, der Abteilungsleiter von „Ausland II", sich immer wieder ohne konkrete Namensnennung über die „chaotischen Abläufe" beklagt.

In diesem Fall ist es offensichtlich, dass eine rigide Durchsetzung der Vorschriften, sowohl was Zuständigkeiten als auch was die Strategie und Reisekostenabrechnungen betrifft, dem Unternehmen geschadet hätte.

Aber, werden nun die Vertreter orthodoxer Organisationstheorien einwenden, aus dem einen Beispiel kann nicht generell auf den Grundsatz geschlossen werden. Es existieren Gegenbeispiele, wie Unternehmen durch fehlende Beachtung von Vorschriften zu Schaden gekommen sind.

Es wird aber, und gerade darum geht es beim Umgang mit Ambiguitäten, gar nicht gefordert, systematisch Vorschriften zu missachten. Dann könnten man sie gleich abschaffen, womit auch die Ambiguität abgeschafft wäre. Die Vorschriften müssen schon eingehalten werden, gerade um einen effizienten Ablauf sicherzustellen. Es kann zwar immer entschieden werden, aus bestimmten Gründen eine Ausnahme zu machen. Eine solche Ausnahme liegt freilich gerade hier nicht vor, denn A hat ja die Entscheidungsgremien gerade nicht gefragt, ob sie eine Ausnahme genehmigen würden.

Also gilt es, die Vorschrift einzuhalten, aber gleichzeitig auch nicht – gerade das macht die Ambiguität aus. Sinnbildlich ausgedrückt, ergibt Zwei plus Zwei gleich Vier, gleichzeitig aber auch Fünf.

Die orthodoxe Organisationslehre hat aber insofern Recht, als aus diesem und anderen Fällen kein Freibrief für eine generelle „großzügige" oder „kreative" Handhabung formaler Regeln abgeleitet werden kann. Es ist im Einzelfall abzuwägen, inwieweit eine Organisation mit Ambiguitäten leben kann und sollte und wann hart durchgegriffen werden muss. Ein generelles Kriterium hierzu bietet auch das Mülleimer-Modell nicht.

Aufgrund der Analyse kommen die Protagonisten des Mülleimer-Modells zu konkreten möglichen politischen *Taktiken*[243]:

- *„Nimm dir Zeit.* Wer Zeit investiert, bietet ein knappes Gut an. Irgendwann ergibt sich für deine Lösung eine günstige Entscheidungsgelegenheit.
- *Habe Ausdauer.* Siege und Niederlagen hängen teilweise vom Zufall ab. Wenn Du Geduld hast, kann sich das Blatt zu Deinen Gunsten wenden.
- *Tausche Status gegen Inhalt.* Sachfragen sind manchmal nur vorgeschützt. Oft geht es den Teilnehmern in Entscheidungsgelegenheiten um Reputation, Gesichtswahrung, Beeindruckung …
- *Ermögliche Opponenten die Teilnahme* (weil die Frustrationen des Mülleimer-Entscheidungsprozesses Erfolgserwartungen dämpfen).
- *Überlaste das System.* Wenn Du viele Projekte einbringst, ist deine Chance größer, dass wenigstens ein paar (vielleicht sogar in deinem Sinne) behandelt werden.
- *Sorge selber für Mülleimer.* Lenke vermutlich irrelevante Probleme und Lösungen auf ungefährliche Entscheidungsgelegenheiten um (z. B. Diskussionen über langfristige Planungen oder die Unternehmensziele).
- *Führe unauffällig.* Segle die Unternehmung, statt mit ihr Rennboot zu fahren.
- *Interpretiere die Geschichte.* Steuere die Definitionen dessen, was geschieht und geschah (weil sich daraus günstige Präzedenzfälle und Regeln ableiten lassen).

„Der Eindruck, hier würde ein sehr pessimistisches und negatives Bild von Menschen und Organisationen vermittelt, ist aber falsch. Im Gegenteil sind die Ansätze „weniger von Zynismus und Machiavellismus, als von einem unverwüstlichen Optimismus und liberalen Individualismus getragen: Menschen und Organisationen sind unvollkommen (irrational, kurzsichtig, egoistisch, widersprüchlich, dumm, scheinheilig usw.) – und weil das so ist, muss man das Beste daraus machen. Weniger für ‚die Organisation' als für sich. Dabei kommt die (am Bestand und Überleben der Organisation orientierte) funktionalistische Grundeinstellung zum Vorschein, die die Autoren teilen: die organisierte Anarchie führt nicht zum Verfall und zum Kampf aller gegen alle, sondern – die unsichtbare Hand winkt – zu einem befriedigenden Ergebnis für alle."[244]

2.2.4.3 Spiele in Unternehmen

Der Ausdruck „Spiel", so wie er umgangssprachlich vorwiegend gebraucht wird, scheint zunächst schlecht zu den hier diskutierten Vorgängen in Unternehmen zu passen[245]. Wer-

---

[243] vgl. March/Olsen (Garbage), zit. Nach Neuberger (Macht) S. 188.
[244] Neuberger (Macht) S. 191.
[245] vgl. zum Abschnitt Neuberger (Macht) S. 192 ff.

den doch mit dem Begriff „Spiel" eher zweckfreie, nur zum Spaß mit Freunden oder Kindern vorgenommene Handlungen verbunden. Dies sind „Spiele" im Sinne des englischen Begriffs „play". Spiele in Organisationen, so wie der Begriff in der Literatur gebraucht wird, sind dagegen eher „games", Wettkampf-, Mannschafts- oder Rollenspiele. Der Begriff Spiele in Organisationen ist schwer zu definieren. Der Ausdruck wird als Metapher gebraucht zur Beschreibung bestimmter Vorgänge in Organisationen.

Auch Spieltheorien haben, ähnlich dem Mülleimer-Modell, die Kernaussage, dass Unternehmen keine rein hierarchisch funktional und technokratisch funktionierenden Gebilde sind, sondern dass ihr Funktionieren auf einer Summe vielfältiger individueller und kollektiver Interessen, Einflüsse, Handlungsweisen und so weiter beruht.

Die Theorien gehen wesentlich auf *Crozier* und *Friedberg* zurück[246]. Die Autoren beschäftigen sich mit der Beziehung zwischen einzelnen Akteuren und dem System. Organisationen funktionieren demnach auf der Basis der drei Komponenten

- *Macht*
- *Strategie*
- *Spiele*

Der *Macht*begriff wurde bereits ausführlich besprochen, auf eine weitere Differenzierung wird hier verzichtet.

Strategien sind, lose definiert, die hinter dem Handeln liegenden grundlegenden Absichten, Motiven, Zwecke. Das Handeln ist danach stets *rational*. So genanntes irrationales, also ziel- und regelloses Handeln existiert nicht. Nur sind die dahinter liegenden Ziele bzw. Strategien nicht immer zu erkennen, weshalb das Handeln scheinbar irrational ist. Crozier/Friedberg drücken mit dem Strategiebegriff aus, dass Akteure nicht nur reaktiv auf Anweisungen und sonstige Impulse von außen, sondern „(eigen-) aktiv handeln. Sie sind nie total und direkt fremdbestimmt (determiniert)"[247]. Hier kommt als die individuelle Komponente der Akteure, deren Interessen und Ziele etc., zum Tragen.

Die dritte und zentrale Komponente, als *Spiele* bezeichnet, vermittelt nun zwischen „der Freiheit (des rationalen Entscheiders) und dem Zwang (des fremdbestimmten Rollenträgers) zu vermitteln"[248].

Einerseits sind Organisationen nicht, wie von der orthodoxen Organisationstheorie unterstellt, die rein zweckrationalen Gebilde, da Menschen eben nicht wie Maschinen funktionieren. Aber andererseits können auch nicht alle Akteure ohne Rücksicht und nur egoistisch ihre eigenen Ziele verfolgen, da dies zum Untergang jeder Organisation führe. Es braucht also ein *Bindeglied*, ein Integrationsmechanismus beider Strömungen. Das sind die Spiele. Sie sind also keineswegs zweckfrei oder dysfunktional, sondern haben im Gegenteil eine wichtige Funktion. Anstelle von Spiel könnten dabei auch andere Me-

---

[246] vgl. Crozier/Friedberg (Macht).
[247] Neuberger (Macht) S. 209.
[248] Neuberger (Macht) S. 210.

taphern wie Kampf, Turnier, Wettstreit, improvisiertes Theater und dergleichen genutzt werden.

Die Redewendungen wie „was für ein Spiel wird denn hier gespielt" oder „was für ein Theater ist das hier" decken sich bemerkenswert genau mit den Erkenntnissen der Spiele-Theorien.

Die Akteure verhalten sich nun wie in anderen Spielen auch: sie bilden Mannschaften (Koalitionen und Netzwerke), sie haben Gegner, sie versuchen durch geschickte Taktiken Siege zu erringen und Niederlagen zu vermeiden, sie spielen fair oder auch foul, sie unterstützen sich innerhalb der Mannschaft („spielen sich die Bälle zu"), sie nehmen an einem bestimmten Spiel teil und steigen aus einem anderen aus.

Spiele in Organisationen haben aber auch einen deutlichen Unterschied zu, beispielsweise, einem Fußballspiel: sie sind *wesentlich weniger strukturiert*. Die Regeln sind unklar und ändern sich ständig bzw. werden von den Spielern geändert, es existiert kein „allmächtiger" Schiedsrichter, der Regelverstöße nach klaren Vorgaben sanktioniert, Anfang und Ende eines bestimmten Spiels sind nicht exakt festgelegt.

Dennoch halten sich die Akteure an bestimmte Regeln, sie „spielen das Spiel mit", sie überschreiten nicht bestimmte Grenzen. Die Grenzen sind dort erreicht, wo die *Existenz der Organisation* gefährdet ist. Jeder weiß (bzw. ahnt), inwieweit er bestimmte Regeln beachten muss, damit die Organisation weiter existiert, was ja auch die Voraussetzung für die Akteure ist, um ihre eigenen Interessen weiter zu verfolgen. Die „Spieler" sind also in einem ständigen (und spannenden) Abwägungsprozess. Einerseits das Akzeptieren der Regeln, andererseits das kreative Ausnutzen der Lücken im Regelwerk, der Verfolgen der eigenen Interessen, das Ändern der Regeln.

Beispielsweise werden sich Mitarbeiter über Konkurrenten ärgern, die aus ihrer Sicht die Spielregeln missachten und zum Beispiel wichtige Informationen nicht weitergeben. Der Akteur wird vielleicht ebenso antworten und Informationen zurückhalten. Dennoch werden beide Informationen weiterhin austauschen, die überlebensnotwendig sind. Sie werden auch weiterhin ein Mindestmaß an freundlichem sozialem Umgang pflegen, sich in der Kantine beim Mittagessen über banale Dinge unterhalten und so weiter, also bestimmte soziale Rituale vollziehen. Ohne dieses Mindestmaß an freundlichem Umgang trotz gegenteiliger Interessen wäre ein Zusammenarbeiten und – im Rahmen des Arbeitsverhältnisses – Zusammenleben nicht machbar.

Welche Spiele werden nun konkret gespielt? Mintzberg unterscheidet 13 verschiedene Spiele, die er in fünf Gruppen einteilt[249]. Spiele, in denen Widerstand gegen Autorität geleistet wird:

1. *Widerstands-Spiele*, wobei zwischen subtilen Spielen (Dienst nach Vorschrift, bewusste Fehlinterpretation oder „vergessen" von Anweisungen) und offene aggressiven Spielen wie Streik, Widerspruch, Sabotage unterschieden wird.

---

[249] vgl. Mintzberg (Power), zit. nach Neuberger (Macht) S. 195 ff.

Spiele gegen die Widerstands-Spiele:

2. *Konterrevolutionäre Spiele* als Reaktion oder vorbeugende Maßnahme gegenüber den Spielen unter 1., typischerweise Sanktionen, (drastische) Strafen, Gehaltskürzungen, intensive Kontrolle etc.

Spiele zum Aufbau von Macht:

3. *Sponsor-Protégé-Spiel*, vielleicht bekannter als Bildung von Seilschaften. Ein aufsteigender Star fördert Schützlinge, versorgt sie mit materiellen Ressourcen und Informationen und lobt sie öffentlich, im Gegenzug zeigen die Schützlinge Loyalität zum Sponsor und unterstützen ihn.
4. *Bündnis-Spiel.* Es werden Beziehungen geknüpft, Netzwerke gebildet, Informationen ausgetauscht, sich gegenseitig geholfen. Im Unterschied zu 3. wird das Spiel meistens, aber nicht immer, auf gleicher hierarchischer Ebene gespielt.
5. *Reichsgründungs-Spiel.* Einzelne Personen sammeln Verbündete um sich. Es kann zur Bildung von Lagern oder Fraktionen kommen.
6. *Budget-Spiel.* Die Akteure versuchen, sich ein möglichst großes und steigendes Budget mit entsprechenden Projektmitteln, Stellen und so weiter zu sichern. Das Spiel ist sehr bekannt und wird im Rahmen des Controlling noch besprochen.
7. *Expertise-Spiel*, das gespielt wird, indem Expertenwissen vorgetäuscht und übertrieben, Unersetzlichkeit vorgegaukelt und scheinbar beeindruckendes Fachwissen verbreitet wird; andererseits aber Informationen zurückgehalten werden. Dabei können auch wohl gesonnene Externe – Unternehmensberater – hinzugezogen werden, die scheinbar objektiv den eigenen Standpunkt stärken.
8. *Dominanz-Spiel*, auf Englisch „lording". Das offensichtlichste Machtspiel, dominantes Verhalten, Tyrannei, einen Untergebenen anbrüllen und so weiter. Ziel ist die Einschüchterung und die Demonstration, wer die Macht hat.

Spiele zur Bekämpfung von Rivalen:

9. *Linie-gegen-Stab-Spiel.* Zwischen Stabsstellen und Linienabteilungen bestehen oft unterschiedliche Interessen, unterschiedliche Informationsstände, aber auch unterschiedliche Mentalitäten. Daraus möglicherweise entstehende Konflikte werden im Kapitel Unternehmensorganisation noch besprochen.
10. *Rivalisierende-Lager-Spiel*, der Kampf unterschiedlicher Fraktionen und Lager gegeneinander, oft Folge von Reichsgründungs- und Bündnis-Spielen. Ein häufig zu beobachtendes Schema ist dabei die Spaltung zwischen der „Mafia der Alten" einerseits und der „jungen Reformer" andererseits.

Spiele zur Realisierung organisatorischen Wandels:

2.2 Zweite Perspektive: Ebene der Individuen im Unternehmen

11. *Das Strategische-Kandidaten-Spiel*, wobei mit Kandidat nicht nur Personen mit Karriere-Ambitionen und Hoffnungen gemeint sind, sondern auch prestigeträchtige Projekte, Investitionen, Programme und so weiter. Es geht darum, einen „Kandidaten" zu finden, diesen im Unternehmen aufzubauen (zu „verkaufen"), ihn in eine entsprechende Position zu bringen, und sich dann – wie in Seilschaften – an ihn zu „hängen".
12. *Das Verpfeifen-Spiel*, also offenes oder verdecktes Whistleblowing, um die entsprechenden internen oder externen Stellen zum Eingreifen zu bewegen bzw. Opposition zu mobilisieren.
13. *Das Jungtürken-Spiel*, es könnte auch Putsch-Spiel genannt werden. Ein bestimmter Kreis von in der Regel hochrangigen Managern plant eine Revolution, um die Geschäftsleitung zu stürzen. Das Spiel ist wie Whistleblowing mit hohem persönlichem Risiko verbunden.

Beispiel: „Spiele" in Unternehmen

In der Literatur findet sich eine Reihe von Beispielen, hier seien einige Fälle aus der Produktion zitiert, die der Kategorie „Widerstands-Spiele" zuzuordnen sind.

„In einem Frauenbetrieb ‚schrecken' die überdurchschnittlichen Verdienste die Betriebsleitung. Neue Zeitstudien werden angekündigt. Die Solidarität der Kolleginnen verhindert dieses Ansinnen. Sobald der Zeitnehmer am Band erschien, war der Arbeitsrhythmus gestört. Die Kolleginnen hatten mehr Reparaturen als vorher. Es fehlten plötzlich Arbeitsmittel, die erst durch den Vorarbeiter herbeigeschafft werden mussten. Die Kolleginnen hatten dringende Gespräche mit dem Betriebsrat zu führen, oder andere unaufschiebbare Arbeiten zu verrichten. Da der Arbeitsfluss der Gruppe somit ständig gestört war, konnte es zu keiner neuen Zeitaufnahme kommen."[250]

„Die Betriebsleitung hatte eine Steuerkabine mit einer Klimaanlage ausgerüstet und den Arbeitern daraufhin die Hitzezulage gestrichen. Schlagartig häuften sich die Störungen an der Klimaanlage so stark, dass die Arbeiter ihren Hitzezuschlag begründet weiterverlangen konnten; genau so schlagartig hörten die Störungen wieder auf, nachdem die Fortzahlung der Zulage auch bei intakter Klimaanlage zugestanden worden war."[251]

„Im Verlauf des Sommers wurde ein Programm der Rotierenden Sabotage auf der Ebene der gesamten Fabrik ausgearbeitet, um freie Zeit herauszuschinden. Auf einer Versammlung teilten sich die Arbeiter die Nummern 1 bis 50 oder mehr zu ... Jeder Arbeiter war verantwortlich für einen bestimmten Zeitraum von etwa zwanzig Minuten innerhalb der nächsten zwei Wochen und sobald seine Zeit anfing, machte er irgend etwas, um die Produktion in seiner Abteilung zu sabotieren, wenn möglich schwer genug, um das ganze Band zu stoppen. Sobald der Chef seine Mannschaft einberief, um den ‚Fehler' zu beheben, fing dasselbe in einer anderen Schlüsselstellung wieder

---

[250] Hoffmann (Arbeitskampf) S. 51.
[251] Hoffmann (Arbeitskampf) S. 54.

an. Auf diese Weise begab sich die Fabrik während gut einiger Wochen für fünf bis zwanzig Motoren pro Stunde zur Ruhe; entweder das Band stand still oder es gab keine Motoren auf den entsprechenden Bändern."[252]

Die Metapher der Spiele bietet eine spannende und nachvollziehbare Erklärung für vielen Praktikern in den Unternehmen bekannte Phänomene. Spiele-Theorien erklären, warum zahlreiche scheinbare „Dysfunktionalitäten" in Unternehmen vorkommen und warum sie dennoch weiter funktionieren bzw. existieren[253].

Spiele-Theorien stoßen aber sowohl theoretisch-analytisch als auch pragmatisch betrachtet an Grenzen. Es existiert kein vollständiges, analytisch stringentes Modell, sondern eine Ansammlung von sich teilweise überschneidenden, teilweise ergänzenden Ansätzen. Spiele-Theorien sind auch wenig operationalisiert, sie bieten keine detaillierte Analyse konkreter Spielstrukturen und daher auch nur bedingt praktische Handlungsanleitungen.

2.2.4.4 Mikropolitik

Der Begriff *Mikropolitik* ist zentral. Als Erfinder des Begriffs „*Micropolitics*" gilt Burns[254], in Deutschland fand die deutsche Übersetzung erstmals durch Bosetzky[255] weitere Verbreitung. Später hat sich insbesondere *Neuberger* intensiv damit auseinander gesetzt, seine Beiträge sind wesentliche Grundlage dieses Kapitels[256].

Neuberger definiert Mikropolitik als das Insgesamt jener alltäglichen Einflussversuche einzelner Akteure, durch die sie ihren eigenen Handlungsspielraum erweitern und sich fremder Kontrolle entziehen wollen. Der Begriff ist nicht eindeutig definiert, und so ist auch nicht eindeutig, wo genau die Grenzen von Micropolitics liegen und wo Politics (ohne „Micro"-) beginnt. Die Beiträge von Crozier/Friedberg, das Mülleimer-Modell ebenso wie Machiavelli und Sun-Tzu überschneiden sich mit Mikropolitik bzw. sind aus mikropolitischer Perspektive interessant. An dieser Stelle wird nicht weiter auf die Begrifflichkeit eingegangen, sondern es werden zentrale Aussagen der Mikropolitik und insbesondere mikropolitische Taktiken beschrieben, soweit sie an anderer Stelle noch nicht erwähnt wurden.

Neuberger nähert sich dem Thema im Zusammenhang mit Fragen der Führung[257]. Ebenso wie andere Autoren kritisiert er zunächst das vorherrschende technokratisch-rationale Modell des Unternehmens, nachdem ein allen bekanntes einheitliches Zielsystem existiert, präzise Entscheidungsregeln angewandt werden können, Leistung eindeutig messbar ist und so weiter. Dem stellt er ein realistischeres Modell entgegen: „Abgesehen von Routinefällen dürfte im allgemeinen für Führungshandeln typisch sein, dass viele,

---

[252] Hoffmann (Arbeitskampf) S. 107.
[253] vgl. auch Brunsson (Hypocrisy).
[254] vgl. Burns (Micropolitics).
[255] vgl. Bosetzky (Beförderung), Bosetzky (Mikropolitiker).
[256] vgl. Neuberger (Mikropolitik), Neuberger (Macht), vgl. auch Gairing (Führen) S. 143 ff.
[257] vgl. zum Abschnitt Neuberger (Mikropolitik), Neuberger (Macht) S. 134 ff.

2.2 Zweite Perspektive: Ebene der Individuen im Unternehmen

häufig sogar alle diese Bedingungen nicht erfüllt sind: Man kennt und berücksichtigt nicht alle Handlungsmöglichkeiten (bzw. erzeugt fortwährend neue), man hat keine abschließenden Informationen über die Ereignisse der Zukunft (und die Wahrscheinlichkeit ihres Eintretens), es liegt normalerweise kein stabiles, konsistentes (widerspruchsfreies), klar definiertes Zielsystem vor, die Zurechnung von Werten ist mehrdeutig, und es sind keine eindeutigen Entscheidungsregeln vorgeschrieben, vielmehr stehen mehrere widersprüchliche und interpretationsfähige zur Auswahl. In allen Fällen, in denen diese Voraussetzungen zutreffen, kann es deshalb prinzipiell (und nicht etwa wegen Unfähigkeit einzelner Führungskräfte) kein technisch rationales Handeln geben."[258] Führung ist danach im Wesentlichen irrational. Nur *rund 20%*, so die üblichen Auskünfte von Praktikern, von Leistung und Erfolg können objektiv gemessen werden. Was im Umkehrschluss bedeutet: rund 80% der Beurteilung von Führungskräften, mit allen Konsequenzen wie Gehaltsfestsetzung, Beförderung oder Kündigung und so weiter, basiert auf subjektiven Urteilen.

Neuberger weist dann auch auf die individuelle Macht- und Interessensgebundenheit von Führungshandeln hin: „Handeln zielt darauf ab, Machtpotenziale aufzubauen und einzusetzen, um eigene Interessen durchzusetzen. Formeln wie Gemeinwohl oder gemeinsame Unternehmensziele haben eine – durchaus wichtige – konfliktverschleiernde oder -regulierende Funktion, können aber nicht als handlungsbestimmender Bezugspunkt dienen."[259]

Die politischen Praktiken werden aber, wie auch andere Autoren ausführen[260], „tabuisiert". Sie existierten zwar schon immer, wurden aber „- ähnlich wie Pornos – unter der Theke gehandelt"[261]. Von Tabuisierung zu schreiben, ist zwar nicht ganz zutreffend, was die Forschung betrifft, wie die zitierten Werke von Cyert und March, Crozier und Friedberg und anderen zeigen. Gleichwohl wird das Thema oft, gerade auch in Lehrbüchern, verdrängt. Der Grund liegt darin, dass die Anhänger des traditionellen „rationalen" Modells diese Erscheinungsformen als „irrational" oder „unmoralisch" beiseite schieben. Nur hilft das schlichte Ausblenden wichtiger Teilbereiche nicht weiter. Es geht auch „gar nicht um Schuldzuweisungen und Personalisierungen (wer mikropolitisch handelt, hat einen verdorbenen Charakter, ist Machiavellist usw.), noch sollen zynische Empfehlungen zum Training solcher Fertigkeiten gegeben werden, damit sie besonders wirksam und unbemerkt eingesetzt werden können. Es wird vielmehr davon ausgegangen, dass das Funktionieren von Organisationen besser verstanden werden kann, wenn man sie als politische Einrichtungen sieht, die durch ein System von ‚Checks und Balances' charakterisiert sind … Es wird davon ausgegangen, dass in einer funktionierenden Unternehmung alle diese Methoden praktiziert werden, dass keine fehlen und keine dominieren darf, sondern dass sie jeweils so stark (ausgeprägt) sein müssen, dass sie einander in Schach halten, um durch ihr Wechselspiel jene Dynamik zu erzeugen, die einer Unternehmung ihre Vitalität

---

[258] Neuberger (Mikropolitik) S. 40 f.
[259] Neuberger (Mikropolitik) S. 41.
[260] vgl. Hoffmann (Macht).
[261] Neuberger (Mikropolitik) S. 40.

sichert. … Es geht nicht darum, diese Erscheinungen zu leugnen, zu unterbinden oder gar zu fördern, sondern sie zu kontrollieren".[262] Die Realität zur Kenntnis nehmen und das Beste daraus mache, statt sie zu leugnen, weil sie so aus moralischen Gründen „nicht sein darf" – das ist die Quintessenz[263].

Was sind nun die wesentlichen mikropolitischen Taktiken? In Umfragen sind insgesamt 370 Taktiken genannt worden[264], die aber in relativ wenigen Gruppen zusammengefasst werden können. Hier die wichtigsten davon:

- *Zwang, (Nach)Druck* bzw. umgekehrt *Belohnen, Vorteile schaffen*. Das entspricht etwa den ersten beiden von French/Ravens Machtgrundlagen. Das positive Belohnen und Vorteile verschaffen ist aus den genannten Gründen von Sekundärreaktionen dem negativen Zwang und Druck möglichst vorzuziehen. Die Taktiken können auch schon wirken, ohne effektiv eingesetzt zu werden – es genügt schon, wenn der Adressat weiß (oder glaubt zu wissen), dass sie eingesetzt werden könnten. In der Regel wird auch eine unangenehme Arbeitsanweisung ohne Widerspruch und ohne explizite Drohung des Vorgesetzten ausgeführt, weil sich der Mitarbeiter den Konsequenzen auch so bewusst ist.
- *Einschaltung höherer Autoritäten*. Dies sind zunächst einmal Vorgesetzte bzw. Vorgesetzte des Vorgesetzten. Höhere Autoritäten können aber auch Institutionen sein, in der Politik etwa Verfassungsgrundsätze wie Menschenrechte, in Unternehmen neben Gesetzen (Arbeitsgesetze, Betriebsverfassungsgesetz) auch unternehmenskulturelle Standards. Beispielsweise die Argumentation „wenn Sie das tun, entspricht das unserer Kultur und Tradition eines fairen Umgangs miteinander". Auch stehen in Unternehmensleitsätzen Formulierungen wie „der Kunde steht im Mittelpunkt" oder „alle unsere Anstrengungen richten sich auf die Zufriedenheit des Kunden" – der Verweis darauf kann dann von Vertriebsabteilungen genutzt werden, um ein höheres Budget für die Marktbearbeitung zu bekommen. Kritischen Fragen nach dem Kosten-/Nutzen-Verhältnis wird dann pauschal mit dem Hinweis auf den höheren Wert Kundenzufriedenheit begegnet.
- *Idealisierung, Ideologisierung*, begeisternde Appelle an Ideale, Missionen, Aufgehen in Gemeinschaft, „wir sitzen alle in einem Boot". Im Unterschied zur Einschaltung höherer Autoritäten wird hier stärker an Gefühle appelliert. Der Appell wirkt zunächst selbstlos, ist aber tatsächlich eine Selbstvergrößerung, da eine Verschmelzung mit einer hohen Idee suggeriert wird. Dies ist grundsätzlich eine sehr ökonomische Methode, denn der Adressat wird, so er überzeugt ist, aus sich selbst heraus die entsprechenden Ideale verfolgen und braucht nicht kontrolliert zu werden. Das Ziel ist meist unerreichbar (Weltkommunismus, Weltmarktführerschaft, totale Kundenzufriedenheit), weshalb die Technik permanent einsetzbar ist. In der Politik ist die Taktik vor allem aus Dikta-

---

[262] Neuberger (Mikropolitik) S. 43 f.
[263] vgl. auch Kellerman (Macht).
[264] vgl. Kipnis/Schmidt/Wilkinson (Influence).

turen sehr bekannt – Aufmärsche, Massenveranstaltungen, emotionalisierende Reden. In Unternehmen findet man beispielsweise jährliche Veranstaltungen für Außendienstmitarbeiter mit einer starken emotionalen Komponente, um diese nicht nur über die Vorzüge der Produkte zu informieren, sondern um sie zu begeistern, in der Hoffung, dass diese Begeisterung sich in der Kommunikation mit den Kunden überträgt.
- *Rationales Argumentieren*, überzeugen, bezieht sich hingegen auf eine Problemlösung auf der Sachebene. Es entspricht dem Ideal des Unternehmens als rational-funktionales Gebilde, in dem sich die „besseren Argumente" durchsetzen. Aus allen Machttheorien und Überlegungen zur Mikropolitik ergeben sich die Grenzen dieses Ansatzes – wer aus Interessensgründen nicht auf Sachargumente eingehen will, der wird damit auch nicht erreicht werden. Gleichwohl existieren natürlich auch Probleme, die durch rationales Argumentieren zu lösen sind.

Rationales Argumentieren überschneidet sich auch mit der fünften Machtgrundlage von French/Raven. Dabei ist zu Beachten, dass nicht nur das Argument selbst zählt, sondern auch, *wer* so argumentiert. Mit anderen Worten wird mit rationalem Argumentieren nur der Erfolg haben, dem entsprechende Sachkenntnis auf dem Gebiet zugeschrieben wird.

- *Persönliche Anziehungskraft* als mikropolitische Taktik kann mit French/Ravens vierter Machtbasis verglichen werden: Einfluss durch Identifikation, Überzeugen durch Charisma.
- *Beziehungspflege und Koalitionsbildung* ist die wohl am besten bekannteste Taktik. Sie drückt sich in vielen einzelnen Techniken aus. Koalitionen sind „Zusammenschlüsse zweier oder mehrerer Akteure, die durch Nutzung ihrer Ressourcen ihre Interessen zu realisieren beabsichtigen".[265]

Beziehungspflege beginnt mit *Hofieren* bzw. *Schmeicheln* insbesondere von Vorgesetzten und anderen als wichtig erachteten Personen. Solange die Schmeicheleien ernst genommen werden, ist es gleichgültig, was die sachliche Grundlage dafür ist. Es ist „oft faszinierend mit anzusehen, auf welche plumpen Lobhudeleien Akteure (d. h. wir) mitunter ansprechen"[266].

Daraus entwickeln sich bisweilen die so genannten *Seilschaften*. Meistens gehen sie von einem Mentor, auch Sponsor, Patron, Förderer ö. ä. genannt, aus. Dieser in der Regel hierarchisch höher Stehende fördert Mitarbeiter, versorgt sie mit Informationen und materiellen Ressourcen, sorgt für Beförderungen. Die Schützlinge sind dafür zu Loyalität und entsprechenden Gegenleistungen verpflichtet. „Damit wird zuweilen ein quasi-feudales Unterstellungsverhältnis begründet, in dem vom Junior'partner' bedingungslose Loyalität oder gar Unterwerfung gefordert wird"[267]. Diese Ausprägung wird auch als *Don-Corleo-*

---
[265] Sannder (Macht) S. 155.
[266] Sandner (Macht) S. 133.
[267] Neuberger (Macht) S. 146.

ne-Prinzip bezeichnet, „so benannt nach dem Mafia-Paten Don-Corleone. Das Prinzip ist, sich andere Personen durch Wohltaten zu verpflichten; wenn später deren Dienstleistung opportun erscheint, werden sie ‚unwiderstehlich' an die früheren Gefälligkeiten erinnert und um Gegenleistung bzw. Rückzahlung gebeten"[268].

Einige Autoren sehen auch in bestimmten Ehen eine Form der Seilschaft[269]. Der Mann als Sponsor versorgt die Frau mit Ressourcen, d. h. Geld oder auch Status. Im Gegenzug ordnet die Frau ihre persönlichen Interessen weitgehend denen des Karriere-Mannes unter und hält ihm den Rücken frei. Die „*Rückenfreihalte-Frauen*" verschaffen damit dem Mann gegenüber Konkurrenten und insbesondere auch Konkurrentinnen einen Wettbewerbsvorteil im Kampf um den Aufstieg.

Koalitionen können auch auf gleicher Ebene gebildet werden, was Mintzbergs „Bündnis-Spiel" entspricht. Sie dienen der gegenseitigen Unterstützung, können aber auch negativ der Isolation und Ausschaltung von Konkurrenten dienen. Die auch *Netzwerke* genannten Koalitionen können nun verschiedene Formen annehmen. Neben den rein auf spezifischen gemeinsamen Interessen basierenden Koalitionen gibt es traditionelle Netzwerke, wie etwa die rein männlichen „Herrenclubs" oder „old boys networks", auf die Frauen heute bisweilen mit Frauen-Netzwerken als Gegengewicht antworten. Netzwerke können auch aus Ehemaligen einer Hochschule bestehen, aus Mitgliedern von Studentenverbindungen; Homosexuelle oder Angehörige gleicher ethnischer und/oder regionaler Abstammung können ein Netzwerk bilden.

- *Informationskontrolle.* „Wissen ist Macht", wie der Volksmund diese Taktik nennt. Sowohl die verschönernde und übertrieben positive Darstellung von Sachverhalten gehört dazu ebenso wie umgekehrt die Zurückhaltung von Informationen. Taktiker können versuchen, ein Monopol auf den Zugang zu bestimmten Informationen zu erlangen, um diese Technik anzuwenden. Wenn der Vorgesetzte beispielsweise auf Einhaltung des Dienstwegs pocht, dann verschafft er sich damit gegenüber den Mitarbeitern ein Monopol auf den Zugang zu bestimmten Informationen, da er andere Kommunikationswege unterbindet. Wenn in Unternehmen oft über fehlende Information geklagt wird, dann kann das mindestens zum Teil mit taktischem Verhalten derer, die die Information besitzen, erklärt werden.
- *Kontrolle von Verfahren, Regeln, Normen.* Die Beeinflussung von Verfahren, Regeln und Normen durch Kontrolle der Agenden, Prozeduren und Kriterien setzt vor der Informationskontrolle an und ist oft wirksamer als diese. Beispielsweise ist es gängige Praxis, Zahlen aus dem Rechnungswesen zur Leistungsbewertung heranzuziehen. Eine zentrale Rolle spielt etwa die Kapitalrendite, der Return on Investment (ROI). Ein vom Rechnungswesen ausgewiesener Betrag mag den Anschein von Objektivität erwecken. Jeder, der Erfahrung darin hat, weiß indessen, wie unterschiedlich hoch ein ROI sein kann – und zwar allein durch entsprechende Veränderung der Berechnungsweise, also

---

[268] Neuberger (Macht) S. 146.
[269] vgl. Ibelgaufts (Karrierefrauen).

2.2 Zweite Perspektive: Ebene der Individuen im Unternehmen

der Definition[270]. Es ist deshalb mikropolitisch oft geschickter, Zeit zu investieren, um eine entsprechende „günstige" Definition des ROI im Unternehmen zu erreichen, als im Markt an der „realen" Verbesserung des ROI zu arbeiten.

- *Sachzwänge schaffen* und die Situation kontrollieren. Der Kontrolle der Situation dienen zum Beispiel die beschriebenen „Widerstandsspiele" in der Produktion und andere Techniken von Sabotage oder Verschleierung von Fakten. Wie Sachzwänge geschaffen werden, ist wohl auch weitgehend bekannt. Wer Interesse an einem bestimmten Projekt hat, könnte beispielsweise zunächst einige kleine Investitionen unter Ausnutzung von Grauzonen in Genehmigungsverfahren in dieser Richtung tätigen. Irgendwann ist dann so viel investiert worden, dass Druck erzeugt werden kann, das Projekt zu genehmigen, mit dem Argument, nun habe man doch schon so viel investiert und sei schon so weit, dass das Projekt nun nicht mehr gestoppt werden sollte.
- *Handlungsdruck erzeugen* kann ein Mikropolitiker durch Emotionalisierung von Themen, was ähnlich wie Idealisierung oder Ideologisierung wirkt, durch Nachrichten wie „die Konkurrenz bringt X auf den Markt, daher müssen wir schnellstens …", durch enge terminliche Vorgaben und ähnlichem.
- *„Impression Management"*[271], also *Selbstdarstellung* gilt als weit verbreitete mikropolitische Taktik. Das umfasst eine Reihe von subtilen und offenen Aktionen: Imponier- und Einschüchterungsgehabe; „sicheres Auftreten"; beeindruckende Präsentationen mit Hilfe entsprechender Medien – die „Power-Point-Manager" sind mittlerweile sprichwörtlich -, oder die Darstellung seiner bisherigen Leistungen, wodurch er suggeriert, wozu er alles in der Lage wäre. Zum Impression Management kann auch das Ausgeben fremder Leistung als seine eigene gehören. So enthalten schriftliche Ausarbeitungen im Unternehmen meistens das Kurzzeichen des Bearbeiters. Wenn nun der Vorgesetzte eine Ausarbeitung eines Mitarbeiters vor der Weitergabe zur Kontrolle und Korrektur erhält, so kann er einige kleine Änderungen vornehmen – und dessen Kurzzeichen durch sein eigenes ersetzen, wodurch er selbst als der Autor der gesamten Arbeit gilt. Techniken der Selbstdarstellung finden sich massenhaft in der so genannten „Ratgeber"-Literatur, einige Beispiele werden im nächsten Kapitel noch genannt.
- Zu allen Aktionen gehört die richtige zeitliche Einschätzung, das richtige *timing* also. Es gehört die entsprechende Überlegung dazu und vielleicht das richtige Gespür dafür, zur richtigen Zeit verfügbar zu sein, Vorschläge und Verhaltensweisen zum richtigen Zeitpunkt an den Tag zu legen und so weiter.

Insgesamt geben die Beiträge zur Mikropolitik ein umfassendes und praxisorientiertes Bild von Verhaltensweisen in Unternehmen. *Kritiker* bezeichnen sie manchmal etwas spöttisch als „kleinkriegsähnliche Vorstellungen von innerorganisatorischen Prozessen"[272], wobei aber in dem Ausdruck „Kleinkrieg" eine Wertung liegt, die, wie ausgeführt, keineswegs

---

[270] vgl. z. B. Fischer/Rödl (Reporting).
[271] vgl. Sandner (Macht) S. 129 f.
[272] Sandner (Macht) S. 65.

beabsichtigt ist. Kritiker werfen der Mikropolitik bisweilen auch eine unzulässige Verkürzung der Problematik vor. Sie weisen darauf hin, „in welchem Ausmaß gesellschaftlich transformierte Rahmenbedingungen organisatorische Kommunikations-, Interessens- sowie Macht- und Herrschaftsaspekte penetrieren, Transformationen und Penetrationen, die außerhalb der diskursiven Einflussnahme kommunikativer Aushandlungsprozesse in Organisationen liegen"[273]. Mit anderen Worten, welche Wechselwirkungen und Interdependenzen zwischen den Prozessen im Unternehmen einerseits und den gesamtgesellschaftlichen Verhältnissen und Machtstrukturen andererseits bestehen. Die Betrachtung dieser Wechselwirkungen fehlt nach Ansicht der Kritiker. Inwieweit die Kritik zutrifft, braucht aber hier nicht weiter diskutiert zu werden, da diese Diskussion thematisch nicht in den Rahmen eines betriebswirtschaftlichen Lehrbuchs gehört.

2.2.5 Schlüsselkompetenzen und „Soft Skills"

2.2.5.1 Schlüsselkompetenzen, „Soft Skills" und Mikropolitik – Unterschiede und Gemeinsamkeiten

Wenn in der angewandten betriebswirtschaftlichen Ausbildung von der Ebene der individuellen Akteure gesprochen wird, dann fast immer im Zusammenhang mit den so genannten „Soft Skills".

„Soft skills" werden gängigerweise bezeichnet als „soziale oder emotionale Kompetenzen"[274], als ‚weiche Fähigkeiten' oder besser formuliert, das Wissen um den Umgang mit Menschen und Entscheidungen"[275]. Doch ist die „Definition dieser ‚weichen Faktoren', die den Weg zum Erfolg ebnen sollen, ebenso vielfältig wie diffus"[276].

In der Literatur wird dann auch eher von *Schlüsselkompetenzen* oder *Schlüsselqualifikationen* gesprochen.

Schlüsselkompetenzen können unterteilt werden in Methoden-, Fach-, Sozial- und Personale Kompetenz (vgl. Abb. 2.16).

Ziel einer betriebswirtschaftlichen oder auch anderen Ausbildung ist es, durch Vermittlung der Schlüsselkompetenzen Handlungsfähigkeit im Beruf, also *Handlungskompetenz* zu erwerben (vgl. Abb. 2.17).

Die „soft skills" bestehen im Grundsatz aus allen drei überfachlichen Kompetenzen. Eine saubere Abgrenzung ist dabei nicht immer möglich. Lernen, eine gute Präsentation zu halten, kann sowohl unter „präsentieren" (= Methodenkompetenz) fallen als auch unter „Kommunikationsfähigkeit" (= Sozialkompetenz). Organisieren und Delegieren sind sowohl fachliche (= Fachkompetenz) als auch methodische (= Methodenkompetenz) Themen. Die Abgrenzungsfragen sind indessen nicht von großer praktischer Relevanz.

---

[273] Steyrer (Rahmenbedingungen) S. 42.
[274] Garz (Skills).
[275] o. V. (Skills).
[276] Stegelmann (Faktor).

2.2 Zweite Perspektive: Ebene der Individuen im Unternehmen

Methodenkompetenz

- Organisieren, delegieren
- Moderieren und coachen
- Präsentieren
- Permanenter Abgleich der eigenen Arbeitsmethodik mit den Gegebenheiten der aktuellen Arbeits-Realität: Lernfähigkeit

Fachkompetenz

- Fachwissen / Expertise
- Kenntnisse
- Fertigkeiten
- Abstraktionsfähigkeit
- Strukturiertes + vernetztes Denken und Handeln

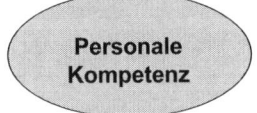

Personale Kompetenz

- Emotionale Intelligenz
- Ambiguitätstoleranz
- Aktivität + Selbstverantwortung
- Selbstreflexion

Sozialkompetenz

- Teamfähigkeit
- Konfliktfähigkeit
- Kommunikationsfähigkeit
- Kooperationsfähigkeit

Abb. 2.16 Schlüsselkompetenzen. (Quelle: Gairing (Schlüsselkompetenzen) S. 4)

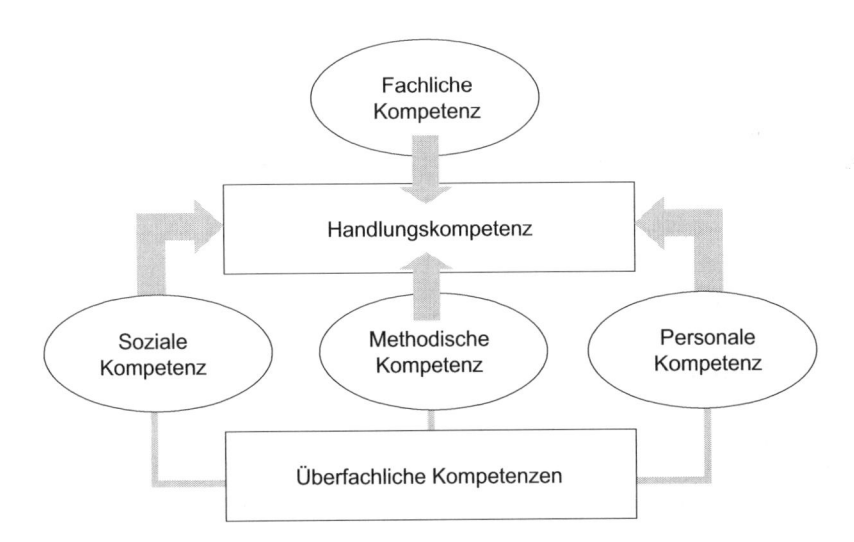

Abb. 2.17 Handlungskompetenz. (Quelle: Gairing (Schlüsselkompetenzen) S. 3)

Soft skills, so die herrschende Meinung, spielen beim Berufseinstieg und für die spätere Karriere „eine immer größere Rolle …Werte wie ‚Persönlichkeit' und ‚Kreativität' rangieren oben auf der Wunschliste der Unternehmen. Der zukünftige Kollege, zumal wenn der eine Führungsposition anstrebt, soll teamfähig sein und mit Konflikten umgehen können. Einfühlungs- aber auch Durchsetzungsvermögen, Eigeninitiative, der Wille, Verantwortung zu übernehmen, Entscheidungsfreudigkeit – ein Sammelsurium an Eigenschaften wird gewünscht."[277].

Deshalb darf die Behandlung überfachlicher Schlüsselkompetenzen im Rahmen der Einführung in die Betriebswirtschaftslehre nicht fehlen. Aus Platzgründen wird dabei nicht auf die ganze Bandbreite eingegangen, sondern es werden einige wichtige Teilbereiche hervorgehoben. Dabei werden insbesondere unmittelbar praktisch anwendbare Techniken vorgestellt.

Wenn wie hier der Anspruch auf einer Integration betriebswirtschaftlicher Teilaspekte erhoben wird, sollte an diesem Punkt aber nicht stehen geblieben werden. Vielmehr ist auch nach den *Zusammenhängen* zu fragen, nämlich nach den Zusammenhängen zwischen Soft Skills und Schlüsselkompetenzen einerseits und Macht- und Mikropolitik andererseits.

Es fällt auf, dass die Wünschbarkeit von nicht-fachbezogenen menschlichen Kompetenzen praktisch nie in Frage gestellt wird. Mehr „Soft skills" wird in den Curricula der Hochschulen gefordert, und, wie zitiert, stehen sie auf der Wunschliste der Unternehmen ganz oben.

Mikropolitik und Frage der Macht im Unternehmen hingegen werden eher tabuisiert, „wie Pornos unter der Theke"[278] gehandelt, von der orthodoxen Organisationslehre gemieden. Wenn keine Tabuisierung stattfindet, dann werden etwa mikropolitische Taktiken als negativ, als „kleinkriegsähnlich" dargestellt. Autoren, die sich damit befassen, wie Neuberger, rechtfertigen sich nicht ohne Grund dafür, das Thema überhaupt zu behandeln.

Dabei wird bei näherem Hinsehen deutlich, wie *schmal der Grat* zwischen „Soft skills" einerseits und Mikropolitik andererseits ist.

Beispielsweise ist es schwer, eine exakte Trennungslinie zu ziehen zwischen Kommunikationsfähigkeit einerseits und „Impression Management" andererseits. Der Ausdruck Kommunikationsfähigkeit ist allgemein positiv belegt – wer möchte nicht gut kommunizieren können? „Impression Management" hingegen klingt nach Angeberei und fiesen mikropolitischen Taktiken. Es zeigt sich an diesem Fall wieder einmal, wie voreilig es ist, Mikropolitik mit moralischen Begriffen wie „gut" oder „böse" zu belegen.

Denn wo hört bei einer beeindruckenden Power-Point-Präsentation die „gute" Kommunikationsfähigkeit auf und wo fängt das „schlechte" Impression Management an? Wo liegt diese Grenze bei einem gut vorbereiteten Gespräch, das zu einer im Sinne des Initiators positiven Einigung mit dem Gegenüber geführt hat?

---

[277] Stegelmann (Faktor), vgl. auch z. B. DIHK (Umfrage) S. 5 ff.
[278] Neuberger (Mikropolitik) S. 40.

2.2 Zweite Perspektive: Ebene der Individuen im Unternehmen

Und ist wirklich – ein anderes Beispiel – immer eine klare Trennung möglich zwischen „guter" Teamfähigkeit einerseits und „schlechtem" „Bündnisspiel" andererseits?

Zu den sozialen Kompetenzen gehört Empathie, also die Fähigkeit, sich in die Lage anderer zu versetzen. Klingt spontan nach einer positiv zu bewertenden Eigenschaft. Aber diese Fähigkeit kann auch dazu eingesetzt werden, einen Gegenspieler zu durchschauen, um die eigenen Pläne auf seine Kosten zu realisieren – was spontan weniger positiv klingt.

Zu den persönlichen Kompetenzen, so mag nun eingewandt werden, gehört aber auch Selbstreflexion. „Sich selbst auch mal in Frage stellen, aber ebenso die eigenen Stärken erkennen, wissen, was man erreichen will und warum – das sind die entscheidenden Aspekte, die von einer echten Persönlichkeit erwartet werden"[279]. Natürlich wird jedes Unternehmen „echte Persönlichkeiten" wollen.

Was aber, wenn der Betreffende reflektiert und zu dem Ergebnis kommt, er will nach oben – und zwar um jeden Preis, auch zum Schaden seiner Kollegen und des Unternehmens? Nach der obigen Definition ist er dann durchaus eine „echte Persönlichkeit".

Es wird wohl beim Thema Soft Skills implizit unterstellt, dass die erworbenen Schlüsselqualifikationen zum Wohl des Unternehmens, ökonomisch rational im Sinne des Gesamtunternehmens, eingesetzt werden. Aber es ist kein Grund ersichtlich, warum dies so sein sollte. Wenn davon auszugehen ist, dass Mitarbeiter ihre eigenen Interessen verfolgen, dann werden sie das auch beim Einsatz der erworbenen personalen und sozialen Kompetenzen tun. Wenn in Unternehmen im Sinne Mintzbergs Spiele gespielt werden, dann werden diese Kompetenzen auch hierfür instrumentalisiert.

Hier wird daher folgende These vertreten: Mikropolitische Taktiken und „Soft Skills" *überschneiden sich in weiten Bereichen* beziehungsweise sind relativ weitgehend identisch.

Beides sind Techniken, die dem Einzelnen helfen, seine Interessen und Präferenzen in einem Unternehmen durchzusetzen. Es ist damit noch nichts darüber ausgesagt, ob der Einsatz der Techniken im Interesse des Unternehmens liegt oder nicht. Es ist auch nichts darüber ausgesagt, ob er moralisch „gut oder „schlecht" ist.

Daher soll bei der nun folgenden Darstellung einiger „soft skill"-Techniken auch auf eine Wertung verzichtet werden. Fragen der Wertung, also der ethischen Betrachtung, werden jedoch nicht ausgeklammert, sondern an späterer Stelle im Rahmen der Beschreibung der dritten Perspektive ausführlich diskutiert.

2.2.5.2 Schlüsselkompetenzen und „Soft Skills": praktische Anwendungen

Aufgeführt sind im Folgenden praktische Beispiele, wie einige weit verbreitete Anwendungen mikropolitischer Taktiken, oder eben von Schlüsselkompetenzen bzw. „Soft skills", aussehen. Exemplarisch werden diese Themen behandelt:

- *Nutzenargumentation*
- *Beziehungspflege und Koalitionenbildung*

---

[279] Stegelmann (Faktor).

- *Arbeiten mit Informationen*
- *Kommunikationsfähigkeit*

Die Beispiele dienen zunächst einmal der Illustration. Hinsichtlich ihrer *Wirksamkeit* ist bisweilen *Skepsis* angebracht, aus zwei Gründen.

Erstens stammen diese Techniken, die „Tricks", teilweise aus populärwissenschaftlichen Büchern des Genres der so genannten „Ratgeber-Literatur". Die Wirksamkeit spezifischer „Tricks" ist dabei teilweise weder klar analytisch begründbar noch empirisch belegt.

Zweitens ergibt sich gerade aus der Analyse der (mikro-)politischen Prozesse in Unternehmen, dass diese nur begrenzt steuerbar sind. Durch die kochrezeptartigen Hinweise in der Ratgeberliteratur werden „Allmachtsphantasien" suggeriert, und zwar sowohl Führungskräften in der Praxis als auch zum Teil „StudentInnen, denen eingeredet wird, sie allesamt seien künftige Vorstände oder hätten zumindest den Marschallstab im Tornister"[280].

Autoren einiger dieser Bücher behaupten wenig bescheiden, man solle sie nur lesen, wenn man – unter anderem – schon bald erfolgreicher sein, mehr verdienen, glücklicher und zufriedener sein, sympathischer wirken, mehr Ausstrahlung haben, sicherer auftreten wolle[281].

Die Wirklichkeit sieht anders aus. Und seriöse betriebswirtschaftliche Ausbildung steht auch – ohne die Motivation zu nehmen – in der Pflicht, Studierende und junge Praktiker auf die vielen Unwägbarkeiten hinzuweisen, die im Laufe des Lebens die Karriere positiv wie negativ beeinflussen und die teilweise von den Betroffenen nicht beeinflussbar sind. Jedenfalls ist bisher kein Fall empirisch nachgewiesen, in dem die Lektüre eines dieser Bücher und die Befolgung der Ratschläge der entscheidende Karrierefaktor gewesen wäre.

Daraus folgt aber nicht, die Techniken seien völlig wertlos. In einigen Fällen kann und wird ihre Anwendung hilfreich sein. Der Leser mag daher durchaus den einen oder anderen Ratschlag in der Praxis auszuprobieren. Nun zu einigen *Anwendungen:*

1. *Nutzenargumentation*

Ein Grundsatz, der insbesondere im Marketing beziehungsweise im Vertrieb zu den Kerntechniken gehört, aber generell für alle Situationen zielgerichteter Kommunikation Anwendung finden kann, ist der der Nutzenargumentation[282]. Ausgangspunkt ist der Gedanke, sich bei wichtigen Gesprächen – Verkaufsgespräch, Bewerbungsgespräch, Bitte um Gehaltserhöhung – in *die Situation des Gegenüber zu versetzen* und zu fragen: welchen *Nutzen* kann der Gegenüber aus meinem Anliegen ziehen?

- Sehr einfach nachzuvollziehen ist die Nutzenargumentation in *Verkaufsgesprächen*. Dem potenziellen Kunden werden die Vorzüge des Produkts aus der Sicht des Kunden

---

[280] Neuberger (Macht) S. 113 f.
[281] vgl. Vogel (verkaufen) S. 11.
[282] vgl. z. B. hrTeam (Verkaufstraining) S. 61 ff.

erläutert. Ein Produkt ist preisgünstiger als andere, ein Softwareprogramm enthält genau die Funktionen, die der Kunde wünscht und so weiter.

- *Bewerber* werden stets darauf aufmerksam gemacht, bei Anschreiben, im Lebenslauf und später im Gespräch den *Nutzen des Unternehmens* in den Vordergrund zu stellen, also das, was der Bewerber für das Unternehmen tun kann. Es geht also nicht per se darum, Arbeitgeber von einer möglichst hohen Qualifikation zu überzeugen, sondern von Qualifikationen, die dem Unternehmen *konkret nutzen*. Ein guter Hochschulabschluss, Fremdsprachenkenntnisse, Berufserfahrungen und so weiter sind nur insoweit relevant, als daraus ein Nutzen für das Unternehmen entsteht. So sollte der Hinweis auf Fremdsprachenkenntnisse natürlich bei einer Bewerbung auf eine Stelle im internationalen Bereich, gegebenenfalls mit Kontakten zu dem entsprechenden Sprachraum, im Vordergrund stehen. Bei einer Bewerbung auf eine Stelle ohne Auslandskontakte ist es hingegen sinnlos, im Anschreiben explizit auf die Fremdsprachenkenntnisse hingewiesen wird, eine Erwähnung am Ende des Lebenslaufs ist eher angemessen. Bisweilen können Hinweise auf hohe Qualifikationen sogar schädlich wirken, wenn dadurch der Eindruck von Überqualifikation oder falscher Qualifikation entsteht. Wer beispielsweise an einer Hochschule an einem volkswirtschaftlichen Lehrstuhl gearbeitet und sich dort mit formalen mathematischen Modellen befasst hat, der sollte seine dort erworbenen mathematischen Kenntnisse in den Vordergrund stellen, wenn hohe analytische Fähigkeiten gefragt sind. Bewirbt er sich hingegen auf eine Arbeit im Vertrieb, bei der Kommunikation und Kreativität im Vordergrund stehen, ist Zurückhaltung angebracht.
- Nutzenargumentation kann auch bei Situationen *im Alltag* vorteilhaft sein; Frauen sollen dabei angeblich diese Technik eher beherrschen als Männer. Angenommen, an einem Samstagnachmittag möchte einer der von zwei Ehepartnern einen Kaffee trinken. Er oder sie könnte den Wunsch direkt kommunizieren: „Ich würde jetzt gerne einen Kaffee trinken". Er oder – nach dem Vorurteil (?) eher – sie könnte aber auch versuchen, den Partner zu motivieren, indem sein Nutzen an einem Kaffee hervorgehoben wird: „So ein richtig guter frischer Kaffee, wäre das jetzt nicht das Richtige?" oder: „Wollen wir es uns bei einer Tasse Kaffee so richtig gemütlich machen?"

Wie kann nun systematisch herausgefunden werden, worin der Nutzen für den Gegenüber liegt? Indem, allgemein gesprochen, auf dessen *Motive* abgestellt wird.

Menschliches Verhalten wird von *Motiven* getrieben. Diese Motive können in relativ wenige Gruppen eingeteilt werden. Auf die theoretische Fundierung des Themas[283] wird später noch eingegangen; hier sei zunächst auf eine in der Praxis gängige Einteilung in sieben Gruppen abgestellt[284]:

- (materieller) *Gewinn*, Einkommen, das ökonomische Motiv
- *Ansehen*, Prestige, Status
- *Sicherheit*

---

[283] s. u. Kap. 3.5.
[284] vgl. hrTeam (Verkaufstraining) S. 48.

- *Bequemlichkeit*
- *Wohlbefinden*, Gesundheit, auch Spaß und „zwecklose" Freude
- *Fürsorge*, anderen Menschen etwas Gutes tun wollen
- *Entdeckung*, Innovation, Neugier.

Hinzu kann noch

- (emotionale) *Zuneigung* kommen.

Aus Sicht der Argumentationstechnik kommt es darauf an, bei dem Adressaten stets ein oder mehrere dieser Motive anzusprechen, um ihn einen Nutzen nahe zu bringen.

Dabei liegen manche Motive offen und können auch offen angesprochen werden. Andere Motive sind unter- oder unbewusst vorhanden und sollten auch nur indirekt angesprochen werden.

Das Motiv „Gewinn", also ökonomische Vorteile, kann in der Regel im Geschäftsleben problemlos angesprochen werden und ist ein starkes Argument – nicht zuletzt, weil es nach der klassischen Betriebswirtschaftslehre dem ökonomischen Prinzip entspricht. Im Privatkonsumentenbereich spricht eine Werbung für Produkte mit niedrigen Preisen das ökonomische Motiv an.

Viele der anderen Motive spielen aber eine ebenso große Rolle, ohne dass dies so angesprochen wird.

Wenn ein Mitarbeiter einen neuen Laptop, ein Blackberry, ein Telefon mit vielen Funktionen beantragt, dann wird er das mit den Arbeitsanforderungen begründen, obwohl das Prestige das eigentliche Motiv sein mag.

Manager beschäftigen bisweilen Unternehmensberater, weil sie selbst unsicher bei einer Entscheidung sind (Sicherheitsmotiv). Das Argument „ich gebe dir Sicherheit bei deiner Entscheidung" wird aber in einem Akquisitionsgespräch von Unternehmensberatern so nicht unbedingt formuliert werden – denn welcher Manager wird sich schon gern sagen lassen, er sei unsicher? Eher wird dann das ökonomische Motiv angesprochen: „Wenn Sie unsere Expertise einsetzen, sparen Sie langwierige eigene Marktuntersuchungen".

Das Sicherheitsmotiv soll auch ein Grund sein, weshalb Manager in vielen Unternehmen sich oft für große und bekannte Namen entscheiden, wenn sie Leistungen erwerben; beispielsweise McKinsey oder Roland Berger bei Unternehmensberatungen oder SAP bei Software-Produkten.

Kleinere und weniger bekannte Anbieter mögen ein besseres Preis-/Leistungsverhältnis bieten. Der Gedankengang des Entscheiders ist aber: wenn es Probleme gibt, wird mir bei einem unbekannten Anbieter diese Wahl vorgeworfen werden, bei einem namhaften Unternehmen aber nicht.

Kleinere Unternehmensberater und IT-Anbieter könnten aus dieser Überlegung heraus eher Entscheider ansprechen, die stärker ausgeprägte Entdeckungs-(Innovations-/Neugier-)Motive haben und ihre Marketing-Kommunikations-Strategie danach ausrichten.

Auch bei Produkten, die eine Arbeitserleichterung versprechen, wird Bequemlichkeit als Motiv eher indirekt angesprochen. Bequemlichkeit am Arbeitsplatz, das könnte mit

2.2 Zweite Perspektive: Ebene der Individuen im Unternehmen

Faulheit assoziiert werden. Daher wird im Allgemeinen eher die höhere Schnelligkeit bei der Erledigung der Arbeit angesprochen (= höhere Effizienz = Gewinnmotiv), oder, insbesondere bei schwerer körperlicher Arbeit in der Produktion, den dadurch verursachten geringeren Krankenstand (= Gewinnmotiv).

Im Konsumgüterbereich ist wohl allgemein bekannt, dass die Nachfrage nach großen, PS-starken Fahrzeugen sehr auf dem Prestigemotiv beruht, auch wenn der eine oder andere Käufer argumentieren mag, der starke Motor gebe ihm „mehr aktive Sicherheit beim Überholen" (= Sicherheitsmotiv). Ein weiteres Beispiel ist die Werbung für Babywindeln. Das Produkt wird über die Motive Fürsorge der Mutter – das Beste für das Kind – und Bequemlichkeit – schnell und sauber – verkauft. Während aber das Fürsorgemotiv sehr offen kommuniziert wird, wird die Bequemlichkeit nur indirekt angedeutet. Denn Windeln aus Gründen der Bequemlichkeit zu kaufen, das könnte suggerieren, die Mutter sei zu faul, um das Beste für das Kind zu tun, sei eine „Rabenmutter", unabhängig davon, dass der Wunsch der Mutter legitim sein und dem Kind kein Schaden entstehen mag.

Im konkreten mikropolitischen Kontext kann die Nutzenargumentation beispielsweise so eingesetzt werden:

- Angenommen, Tom Schulz, ein begeisterter Computer-„Freak", möchte einen neuen Internet-Auftritt für einen Bereich des Unternehmens realisieren. Möglicherweise wird er versuchen, für das *Projekt* bei seinem Vorgesetzten und den anderen Entscheidern zu werben, in dem er von den technischen Möglichkeiten und Features schwärmt, die er in die Website einbauen könnte. Das ist wenig Erfolg versprechend, verspricht es den Adressaten doch keinen erkennbaren Nutzen. Den Nutzen muss Tom Schulz aber klar machen, um das Projekt und das Budget dafür genehmigt zu bekommen. Ideal ist es, wenn ein quantifizierbarer ökonomischer Nutzen belegt werden könnte, etwa Studien, wonach diese Art von Websites eine bestimmte Anzahl von Besuchen generiert, aus denen dann ein bestimmtes Umsatzvolumen erwächst. Wenn, wie in vielen Fällen, eine solche unmittelbare monetäre Quantifizierung des Nutzens nicht möglich ist, kann vielleicht, mehr oder weniger direkt, auf das Motiv Ansehen/Prestige bei den Vorgesetzten abgestellt werden. Motto: „das wäre doch etwas, wenn wir die professionellste und modernste Website im ganzen Konzern hätten". In selteneren Fällen kann auch das Motiv Entdeckung bei den Entscheidern angesprochen werden.
- Auch der Wunsch nach einer *Gehaltserhöhung* verspricht mehr Aussicht auf Erfolg, wenn er mit Nutzenargumenten für den oder die Vorgesetzten vorgetragen werden kann. Das ist zunächst schwierig. Denn das übliche Argument, man habe nun lange genug gut und fleißig in dieser Gehaltsgruppe gearbeitet und sich daher die Erhöhung verdient, entspricht keiner Nutzenkategorie – es sei denn, das Fürsorge-Motiv ist beim Vorgesetzten besonders ausgeprägt.

  Die dezente Andeutung, im Falle einer Verweigerung der Gehaltserhöhung zu kündigen, ist wirkungsvoller. Eine vermiedene Kündigung erspart dem Unternehmen Aufwand für die Neueinstellung (= Gewinnmotiv), dem Vorgesetzten Arbeit (= Bequemlichkeit), sorgt für höhere Stabilität in der Abteilung (= Sicherheit), und wenig Kündigungen sprechen auch für die Qualität des Vorgesetzten (= Ansehen). Nur ist diese Drohung je nach Lage auf dem Arbeitsmarkt oft nicht glaubwürdig.

Das Argument, bei einer Gehaltserhöhung besser zu arbeiten und damit mehr für das Unternehmen zu tun (= Gewinnmotiv), ist zunächst einmal ebenfalls nicht anwendbar – ist der Mitarbeiter doch ohnehin verpflichtet, seine ganze Arbeitskraft für das Unternehmen einzusetzen. In einzelnen Fällen kann ein Mitarbeiter als Gegenleistung mehr Flexibilität bei Überstunden anbieten, etwa mit dem Argument, bei mehr Gehalt können er sich auch eher eine Haushaltshilfe oder einen Babysitter leisten. Er könnte auch die Gehaltserhöhung mit dem Besuch einer Fortbildung verknüpfen, nach deren Absolvierung er mehr Aufgaben für das Unternehmen wahrnehmen kann.

Eine größere Rolle spielt vermutlich das – niemals explizit ausgesprochene – Angebot des Mitarbeiters, bei einer Gehaltserhöhung ein besseres, loyales Mitglied der Seilschaft des Vorgesetzten werden zu können. Stärkung der Seilschaft bedeutet für den Vorgesetzten bessere Karrierechancen, also Aussicht auf erhöhtes Einkommen und höheren Status.
- Die Bildung von *Koalitionen* kann nur gelingen, wenn möglichen Koalitionspartnern ein Nutzen vermittelt werden kann. Es wird also nur der erfolgreich eine Koalition bilden, der Bündnispartner gewinnt, indem er deren Motive anspricht. Der Nutzen einer Koalition kann in dem speziellen Zweck der Koalition liegen, der allen Beteiligten einen Nutzen bringt. Nach Mintzberg wäre das das „Strategisch-Kandidaten-Spiel". Dabei muss durchaus nicht jeder Teilnehmer die gleiche Motivation haben, wichtig ist nur, dass sie genügend stark ist.

Koalitionen und Netzwerke können auch nur den allgemeinen Zweck haben, sich gegenseitig bei der Karriere zu unterstützen, sind dann also bei allen vom Einkommens- und Status-Motiv gespeist.

2. Beziehungspflege und Koalitionenbildung

- Beziehungspflege beginnt, folgt man gängigen Ratgebern, beim *direkten Vorgesetzten*[285]. Er ist „die wichtigste Person in der ganzen Organisation"[286], denn die Beurteilung durch ihn entscheidet wesentlich über Gehaltsentwicklung, Beförderung, die Karriere insgesamt. Entsprechend schädlich ist es folglich, sich mit seiner Führungskraft zu streiten. In der Sache mag der Mitarbeiter sich im Recht fühlen – aber das ist aus mikropolitischer Sicht kein relevantes Kriterium. Letztlich definiert die Führungskraft, was richtig und was eine gute Leistung ist.

---

[285] vgl. zum Abschnitt Lürssen (Karriere) S. 60 ff., Drummond (Machtspiele).
[286] Lürssen (Karriere) S. 60.

2.2 Zweite Perspektive: Ebene der Individuen im Unternehmen

Ein gutes Verhältnis zum Vorgesetzten aufbauen, das bedeutet zunächst sich gedanklich in seine Situation zu versetzen, seine Sichtweise, seinen Arbeitsstil zu analysieren. Wie entscheidet er? Wie delegiert er? Wie informiert er und lässt sich informieren? Was ist seine Position im Unternehmen? Daraus können – auch im Sinne der Nutzenargumentation – seine Interessen abgeleitet werden.

Wenn ihm unangenehme Arbeiten abgenommen, die Probleme gelöst werden, dann entspricht das seinem Bequemlichkeitsbedürfnis (auch wenn er selbst viel und gern arbeitet, existieren wahrscheinlich Tätigkeiten, die er gern delegiert und Probleme, deren Lösung er gern anderen überlässt). Gute Arbeitsergebnisse des Mitarbeiters der Abteilung wirken sich auch positiv auf das Ansehen der Führungskraft aus.

Hinzu kommt der Grundsatz, den Vorgesetzten stets zu informieren und loyal zu sein. Insbesondere ist Vorsicht beim berühmten „Tratsch" in der Kantine und bei sozialen Anlässen geboten. Die Führungskräfte erfahren meistens früher oder später, wenn sie hinter ihren Rücken kritisiert werden.

Allerdings gelten die Ratschläge nicht absolut. Ein Mitarbeiter sollte zwar gute Arbeit leisten, um dem Vorgesetzten zu gefallen. Es kann aber mikropolitisch auch negativ sein, zu gute Arbeit zu leisten bzw. sich durch gute Arbeit einen zu guten Ruf zu erwerben. Das könnte eine Gefahr für die Position des Vorgesetzten bedeuten, wogegen dieser sich wehren wird.

Ebenso ist bei aller Beflissenheit, dem Chef zu dienen, darauf zu achten „nicht negativ durch offensichtliches Einschmeicheln aufzufallen"[287].

Der Mitarbeiter bewegt sich also auf einem schmalen Grat. Eine generelle Lösung der Zielkonflikte existiert nicht. Ein Beispiel, das die Grenzen der „Ratgeber"-Literatur aufzeigt.

- Analoge Aussagen gelten auch für den Umgang mit *höheren Vorgesetzten*. Grundsätzlich sind natürlich Mitarbeiter in einer umso besseren Position, je mehr sie den Eindruck erwecken können, im Top-Management Unterstützung zu haben. Ein spezifischer Fehler, den es im Umgang mit Topmanagern zu vermeiden gilt, ist die Kritik an deren persönlichem Lieblingsprojekt[288], einem so genannten „President's Pets Project (PPP)"[289]. Das sind Projekte, die nicht unbedingt mit der Strategie des Unternehmens übereinstimmen müssen, mit denen ein Topmanager aber aus emotionalen Gründen – Freizeitinteressen oder ähnlichem – verbunden ist. PPPs sind meistens daran zu erkennen, dass das betreffende Mitglied der Geschäftsleitung sie mit aller Kraft verfolgt, alle Experten auf den Ebenen darunter aber dagegen sind. Ein Beispiel könnte die jährliche Ausrichtung eines Reitturniers durch das Unternehmen sein, weil der entsprechende Vorstand Pferdeliebhaber ist, obwohl alle Marketingexperten im Unternehmen sich darüber einig sind, dass die Zielgruppe des Unternehmens ganz andere Personen sind als die, die sich typischerweise für Reitturniere interessieren.

---

[287] Lürssen (Karriere) S. 76.
[288] vgl. Lürssen (Karriere) S. 196 f.
[289] vgl. DuBrin (Politics) S. 85.

- Kommunikation ist wichtig. Aber nicht nur die fachspezifische Kommunikation, sondern auch die lockere, oberflächliche Unterhaltung über nicht-fachspezifische Themen – also der so genannte „*Smalltalk*". Viele Autoren betonen, dass Smalltalk keineswegs Zeitverschwendung ist, sondern „ein elegantes Mittel, um Türen zu anderen Menschen zu öffnen"[290]. Smalltalk ist „eine Technik der Kontaktaufnahme, die hervorragend geeignet ist, Gemeinsamkeiten mit anderen zu entdecken"[291]. Und auch, um Unterschiede zu entdecken, und Gespräche wieder problemlos zu beenden.

  Smalltalk ist also mikropolitisch die notwendige Vorarbeit, um Koalitionen und Netzwerke zu bilden, für Bündnis-, Reichsgründungs- und Strategische-Kandidaten Spiele.

  Auch für Smalltalk existieren einfache lernbare Techniken[292]. Zum Smalltalk gehört beispielsweise auch, zuhören zu können. Oder die richtigen Themen auszuwählen.

  Positiv sind Alltagserfahrungen – nicht unbedingt gerade das Wetter, aber Themen wie Verkehr (Radarfallen, Verspätungen der Bahn…), öffentliche Ereignisse, Interessen und Geschmacksfragen. Wenig geeignet sind die Themen Geld, Körper, (die eigene) Persönlichkeit, sowie Religion und parteipolitische Aussagen. Abbildung 2.18 enthält eine Zusammenfassung der – mitunter banalen – „Dos" und „Don'ts" des Smalltalks (vgl. Abb. 2.18).

- Meistens ergibt sich aus dem Smalltalk so etwas wie eine mehr oder weniger informelle Bildung von Koalitionen und Netzwerken. Einige Autoren empfehlen aber darüber hinaus, zielgerichtet und systematisch „*Networking*" zu betreiben[293].

  Networking bedeutet danach, die Kontakte zunächst einmal systematisch in einer Datenbank zu erfassen und zu pflegen.

  Das existierende Beziehungsnetz sollte danach graphisch dargestellt werden (vgl. Abb. 2.19).

  Der „Networker" sollte sich nun überlegen, welche Personen für ihn wichtig sind im Hinblick auf seine zu definierenden Interessen. Diese Personen sind die „Referenzkontakte", praktisch die „Zielpersonen". Der Betreffende muss die Referenzkontakte nicht persönlich kennen; der Kontakt kann nur indirekt über einen Kontakt bestehen. Er muss auch nicht am Anfang bereits im Beziehungsgeflecht vorhanden sein.

  Der letzte und entscheidende Schritt ist dann, auf Basis der Überlegungen und Aufzeichnungen eine gezielte Strategie zu entwickeln, um eine direkte Beziehung zu den Referenzkontakten aufzubauen.

---

[290] Bonneau (Smalltalk) S. 5.
[291] Lürssen (Karriere) S. 105.
[292] vgl. Bonneau (Smalltalk).
[293] vgl. zum Abschnitt Rudolph (Networking).

2.2 Zweite Perspektive: Ebene der Individuen im Unternehmen

Dos	Don'ts
Augenkontakt halten	Ist zu ernst
Lächeln	Gibt an
Gut zuhören können	Übertreibt
Nachfragen	Schaut den Gesprächspartner nicht an
Interessant erzählen können	Wirkt nicht interessiert an dem, was der Andere sagt
Klar und deutlich reden	Scheint wichtigere Leute zu suchen
	Erzählt Geschichten, die den Anderen nicht interessieren
	Reagiert nicht auf Fragen des Anderen
	Reagiert nicht auf Erzählungen des Anderen

Abb. 2.18 Verhaltensregeln beim Smalltalk. (Quelle: Rudolph (Networking) S. 75 f.)

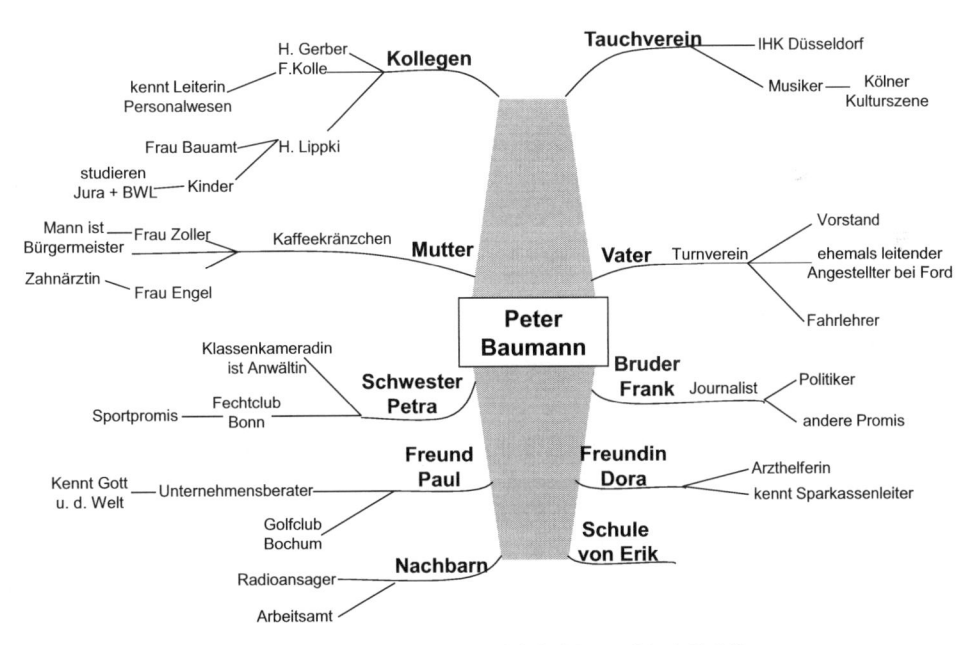

Abb. 2.19 Das Beziehungsnetzwerk. (Quelle: Rudolph (Networking) S. 35)

3. *Arbeiten mit Informationen*

Es ist schon erwähnt worden, welche wichtige Rolle der Umgang mit Informationen mikropolitisch spielt. Präziser: nicht die Information ist entscheidend, sondern der Informations*vorsprung* bei *vertraulichen* oder nicht ohne weiteres zu erhaltenden Informationen[294]. Was allgemein bekannt ist, ist wertlos für politics, ebenso wie an sich vertrauliche Informationen, die faktisch aber ebenso allgemein bekannt sind.

Die entscheidende Frage ist, wie vertrauliche Informationen vorab zu erhalten sind. Drei Grundsätze können genannt werden:

- Ruf der Verschwiegenheit
- Vertrauensverhältnis zum Informanten
- Gegenleistung.

Die erste Bedingung ist einfach, wenn auch nicht kurzfristig zu erfüllen. Einen Ruf der Verschwiegenheit haben im Allgemeinen schlichtweg die, die tatsächlich verschwiegen sind.

An der Erfüllung der zweiten Bedingung kann, gegebenenfalls unter Zuhilfenahme der Techniken der Beziehungspflege, gearbeitet werden. Die dritte Bedingung ist schwieriger zu erfüllen. Denn die übliche Gegenleistung, die der Informant erwarten wird, ist eine andere vertrauliche Information. Das kollidiert aber mit der ersten Bedingung. Es ergibt sich daher ein Dilemma der Verschwiegenheit. Am besten ist es, wenn der Informant mit anderen Gegenleistungen zufrieden gestellt werden kann.

Wenn, machttheoretisch gesprochen, der Betreffende eine Ressource zu Verfügung hat, die für den Informanten wertvoll ist. Ist der Informant dem Betreffenden unterstellt, so sind die Ressourcen offensichtlich: Gehaltssteigerungen, Genehmigung von Dienstreisen und Fortbildungen und so weiter. Üblicherweise ist das aber nicht der Fall, dann muss ein anderer Nutzen angeboten werden, zum Beispiel der Zugang zu einem Netzwerk, dessen Mitglied der Betreffende ist.

4. *Kommunikationsfähigkeit*

Kommunikationsfähigkeit, dazu kann im Einzelnen sehr viel gehören[295]. Wichtige *Teilgebiete* umfassen:

- Non-verbale Kommunikation, Gestik, Mimik, Körpersprache[296]
- Gesprächsführung
- Rhetorik, Einsatz der Sprache
- schriftliche Präsentation, also Abfassen von Reports
- Bewerbungstechniken

---

[294] vgl. zum Abschnitt Lürssen (Karriere) S. 118 ff.
[295] vgl. z. B. Chandler (Communication).
[296] vgl. hierzu z. B. Molcho (Körpersprache).

Eher zur Methodenkompetenz werden folgende Teilgebiete gezählt, die aber nahe bei der Kommunikationsfähigkeit liegen:

- Moderation[297]
- Präsentation
- Visualisierung

Neben allgemeinen Hinweisen wie „positiv Denken" oder eine „positive Persönlichkeit", die in kaum einem Beitrag fehlen[298], existieren auch viele detaillierte Hinweise, wie die Kommunikationsfähigkeit verbessert werden kann.

Beispielhaft seien einige Hinweise zu den Themen *Gesprächsführung, Präsentation* und der Nutzung *technischer Hilfsmittel (Visualisierung)* gegeben.

Das Thema *Gesprächsführung*[299] kann sich sowohl auf Gespräche unter vier Augen als auch solche in einer größeren Gruppe beziehen. Anlässe für erfolgskritische und/oder konfliktbeladene – um die geht es – Gespräche existieren bekanntlich viele: Bewerbungen, Einkaufsverhandlungen, Budgetplanung, persönliche Probleme, Führungsgespräche.

Checklistenartig gehören zu einer erfolgreichen Gesprächsführung folgende Punkte:

1. „Bereiten Sie das Gespräch vor.
2. Schaffen Sie ein gutes Gesprächsklima.
3. Finden Sie die Zielsetzungen Ihres Gesprächspartners heraus.
4. Argumentieren Sie mit Blick auf den Nutzen des Partners.
5. Überlegen Sie, wie Sie auf Einwände reagieren.
6. Wenn der andere zugestimmt hat, schweigen Sie!"[300]

Die Bedeutung einer guten Vorbereitung kann schwer überschätzt werden. Gute Vorbereitung bedeutet nicht nur das Sammeln der relevanten *Fakten*. Gute Vorbereitung bedeutet auch, sich ein konkretes *Ziel* für das Gespräch zu setzen. Gerade in emotional kritischen Situationen gehen Teilnehmer bisweilen nur mit dem Gefühl in das Gespräch, „Dampf ablassen" oder „es dem mal zeigen" zu wollen – etwa ein Mitarbeiter, der sich von seinem Vorgesetzten ungerecht behandelt fühlt und zu einem Beurteilungsgespräch gebeten wird. Zielführend kann das nicht sein.

In beinahe allen Beiträgen zum Thema Kommunikationstechnik wird auf *Watzlawicks* fundamentale Unterscheidung zwischen *Inhalts-* und *Beziehungsebene* bei *jeder* Kommunikation hingewiesen[301]. Ein Beispiel: „Wenn Frau A auf Frau B's Halskette deutet und fragt: ‚Sind das echte Perlen?', so ist der Inhalt ihrer Frage ein Ersuchen um Information

---

[297] vgl. hierzu z. B. Seifert (Visualisieren) S. 85 ff.
[298] vgl. z. B. Vogel (verkaufen) S. 39 ff, Rudolph (Networking) S. 45 ff.
[299] vgl. zum Abschnitt Lürssen (Karriere) S. 135 ff., hrTeam (Verkaufstraining) S. 12 ff.
[300] Lürssen (Karriere) S. 138.
[301] vgl. Watzlawick/Beavin/Jackson (Kommunikation) S. 53 ff.

über ein Objekt. Gleichzeitig definiert sie damit auch – und sie kann es nicht nicht tun – ihre Beziehung zu Frau B. Die Art, wie sie fragt (der Ton ihrer Stimme, ihre Gesichtsausdruck, der Kontext usw.), wird entweder wohlwollende Freundlichkeit, Neid, Bewunderung oder irgendeine andere Einstellung zu Frau B ausdrücken. B kann ihrerseits nun diese Beziehungsdefinition akzeptieren, ablehnen oder eine andere Definition geben, aber sie kann unter keinen Umständen – nicht einmal durch Schweigen – nicht auf A's Kommunikation antworten. Für unsere Überlegungen wichtig ist die Tatsache, dass dieser Aspekt der Interaktion nichts mit der Echtheit der Perlen zu tun hat (oder überhaupt mit Perlen!), sondern mit den gegenseitigen Definitionen ihrer Beziehung, mögen sie sich auch weiter über Perlen unterhalten."[302]

Für die Gesprächsvorbereitung bedeutet das, sich schon vorher zu überlegen, was nicht nur auf der Inhalts- sondern auch auf der Beziehungsebene ablaufen könnte. Wird der Vorgesetzte zum Beispiel in dem Führungsgespräch versuchen, den Mitarbeiter einzuschüchtern? Genereller ausgedrückt sollte versucht werden, die Punkte 3 und 4 – Zielsetzungen und Nutzen des Partners – bereits vorab zu überlegen. Dabei gelten alle Kriterien, die bereits im Zusammenhang mit Mikropolitik und Nutzenargumentation diskutiert wurden. Möchte der Vorgesetzte, in Mintzbergs Spiele-Terminologie voraussichtlich das „Dominanz-Spiel" spielen? Oder lieber das „Sponsor-Protegé-Spiel, möchte er also den Mitarbeiter in seine Seilschaft aufnehmen? Und immer wieder: was sind die Motive des Vorgesetzten? Was treibt ihn an? Je nachdem ergeben sich unterschiedliche Reaktionsweisen.

Zur Schaffung eines guten *Gesprächsklimas* gehören einmal die physische Umgebung – der Raum, die Sitzgelegenheiten, das bereitstellen – oder anbieten – von Getränken. Auch die Terminierung ist wichtig. Es versteht sich von selbst, dass für ein kritisches Mitarbeitergespräch genügend Zeit reserviert werden sollte, und dass der Freitagnachmittag ein schlechter Termin ist, wenn der Gesprächspartner pünktlich ins Wochenende möchte (es sei denn, die Taktik wird bewusst mikropolitisch eingesetzt). Weiterhin gehört zum Gesprächsklima ein Beginn, der eine positive Atmosphäre schafft. Ein kurzer Smalltalk über belanglose Themen hat daher ebenso seine Funktion wie das Angebot von Getränken. Im fachlichen Teil gehört zur Schaffung des Gesprächsklimas das Herausstellen von Gemeinsamkeiten bei Positionen und Zielen, bevor gegebenenfalls die Unterschiede zur Sprache kommen.

Zielsetzungen und *Nutzen* des Gesprächspartners sollten wie erwähnt zwar schon im Vorfeld evaluiert werden. Dennoch wird ein Teil davon erst im Gespräch festzustellen sein. Daher gehört zu einer guten Gesprächsführung auch, gut und aktiv *zuhören* zu können. Aktives Zuhören verschafft nicht nur Informationen, es schafft auch Sympathie. Es ist auch die Voraussetzung für *Fragen*. Und Fragen zu stellen ist ein weiterer Ratschlag der Literatur. Denn „wer fragt, der führt"[303].

Auch mögliche Reaktionen auf *Einwände* können – zum Teil – in der Vorbereitung überlegt werden. Generell gilt:

---

[302] Watzlawick/Beavin/Jackson (Kommunikation) S. 54.
[303] Lürssen (Karriere) S. 147.

- Nicht auf ein Streitgespräch einlassen. Verhaltensweisen, die aus politischen Diskussionen oder Talkshows im Fernsehen bekannt sind, bringen nicht weiter – in den Sendungen geht es auch nicht darum, das Gegenüber zu überzeugen.
- Der Versuchung widerstehen, den Gegner persönlich anzugreifen oder ihm seine Kompetenz abzusprechen, direkt oder indirekt. Das erschwert nur die Lösungssuche und der Gegner wird sich im Zweifel auf seinen Standpunkt versteifen. Im Gegenteil sollte er eher persönlich aufgewertet werden.
- Zeit gewinnen zum Überlegen, zum Beispiel durch Rückfragen („Können Sie das näher erläutern?") oder wiederholen der Aussage („Sie meinen also, dass …").
- Den Gesprächspartner ausreden lassen, um ihm zu signalisieren, dass er ernst genommen wird, und auch um Zeit zu gewinnen.
- Mögliche zu empfehlende Reaktionen sind die bedingte Zustimmung („Ich stimme Ihnen in diesem Punkt zu, aber …"); auf die Nachteile der Argumente des Gegners hinweisen; offensichtliche Nachteile in der eigenen Argumentation eingestehen, jedoch abschwächen; die Vorschläge der Gegenseite aufgreifen und als Ergänzung in die eigene Argumentation integrieren.

Zuletzt – zur guten Gesprächsführung gehört es auch, im richtigen Moment zu *schweigen*.

Formalisiertere Formen von Gesprächen sind *Präsentationen*.[304] Auch hier ist bei Hinweisen zu unterscheiden zwischen *Vorbereitung*, *Durchführung* und *Nachbereitung*.

Eine gute Vorbereitung dient dem Präsentierenden sowohl dazu, inhaltlich die notwendigen Kenntnisse zu erwerben als auch dazu, sich mental entsprechend vorzubereiten. Konkret besteht die Vorbereitung aus den Punkten:

- Festlegung von *Thema* und *Ziel*
- Analyse der *Zielgruppe*
- Vorbereitung des *Inhalts*
- *Organisatorische* Vorbereitung
- Das *Thema* ist zwar *formal* bei Präsentationen in Unternehmen (und auch an Hochschulen) meistens festgelegt. Das bedeutet aber noch nicht, dass auch *Ziel* und *Zweck* festgelegt sind. So kann generell eine Präsentation dazu dienen zu
- informieren
- überzeugen
- aufrütteln
- beruhigen
- motivieren.

Neben diesem generellen sollte auch das spezifische, auf das Thema bezogene Ziel festgelegt werden. Das ist keineswegs so offensichtlich, wie es bei der Vorgabe zunächst schei-

---

[304] vgl. zum Abschnitt Chandler (Communication) S. 503 ff, Seifert (Visualisieren) S. 48 ff.

nen mag: „Wenn das Thema ‚Projekt Alpha' lautet, dann ist damit noch nicht geklärt, ob über ... Schwierigkeiten bei der Bearbeitung, die Kostensituation oder die Erfolgsaussichten des Projektes berichtet werden soll, ob ... eine Entscheidung vorbereitet oder eine Entscheidung begründet oder um Verständnis geworben werden soll"[305].

- Die Analyse der *Zielgruppe* umfasst einmal die Information über Anzahl, deren Bildungsstand, durchschnittliches Alter, Homogenität und Vorwissen zum Thema. Offensichtlich hängt davon ab, welche Sprache gewählt werden sollte (Gebrauch von Fremdwörtern etc.), ob eine Diskussion zu erwarten ist und so weiter. Die Analyse der Zielgruppe umfasst aber auch die Frage nach der *Motivation* der Gruppe – welchen *Nutzen* erwarten die Zuhörer? Wieder einmal steht also die Frage der Nutzenargumentation im Vordergrund. Wenn beispielsweise über die Schwierigkeiten bei der Bearbeitung des Projekts Alpha referiert wird, dann sind die Zuhörer vielleicht im Vorfeld beunruhigt über den Fortgang des Projekts oder die Nichteinhaltung von Terminen. Es mag daher sinnvoll sein, das Sicherheitsbedürfnis der Zuhörer anzusprechen. Sie also anhand der Präsentation zu überzeugen, das Projektteam habe die Arbeit im Griff.
- Die *inhaltliche* Vorbereitung besteht zunächst einmal, soweit der Vortragende nicht ohnehin Experte auf dem Gebiet ist, aus dem *Sammeln von Informationen*, von „Research". Eine gründliche Vorbereitung in dieser Hinsicht stellt nicht nur die Qualität der Präsentation selbst sicher. Sie gibt dem Präsentierenden auch Selbstsicherheit und lässt ihn bei Zwischenfragen und anschließender Diskussion besser aussehen. Es existiert eine Faustregel, die besagt, Vortragende sollten mindestens dreimal so viel über das Thema wissen als das, was sie effektiv präsentieren. Bei Experten auf dem Gebiet liegt der Faktor meist ohnehin bei Zehn oder darüber. Aber gerade relative Anfänger glauben oft fälschlicherweise, alles, was sie gerade selbst zum Thema gelernt haben, auch dem Publikum mitteilen zu müssen. Dabei ist für den Zuhörer nicht die Menge an Information entscheidend, sondern die Qualität, der rote Faden, der – siehe oben – Nutzen.

Nach beziehungsweise schon während der Informationssammlungsphase empfiehlt es sich, *wesentliche Punkte* (auf Karten) zu *notieren*. Es kommt in dieser Phase noch nicht auf die Struktur an.

Die *Strukturierung* ist der nächste Schritt. Jede Präsentation besteht aus den drei klassischen Teilen *Einleitung, Hauptteil* und *Schluss*, wobei der Hauptteil noch detaillierter gegliedert wird.

Es ist bekannt, dass sich bestimmte Meinungen und Einstellungen zu Themen und Personen innerhalb kürzester Zeit bilden. Die *Einleitung* entscheidet daher wesentlich über die Einstellung des Publikums zur Sache und zum Vortragenden. Mit der Einleitung sollen die Zuhörer in eine positive Grundstimmung zu Thema und Person versetzt und über den Zweck informiert werden. Außerdem gilt es, die Neugierde zu wecken. Typische Einstiegstechniken sind:

---

[305] Seifert (Visualisieren) S. 51.

- Definition von *Ziel* bzw. *Zweck* („Wir sind heute hier, um …", „Nach dieser Präsentation sollten Sie …")
- *Zitat* eines Experten oder historisch bekannten Figur, wobei es wenig originell ist, Sokrates oder Goethe oder Schiller zu zitieren – es sei denn, das Zitat passt wirklich sehr gut zum Thema
- Eine *Anekdote* oder witzige Geschichte zum Thema
- Eine *überraschende* Aussage („80 % aller Menschen sind …")
- Sich auf die *spezielle Situation* beziehungsweise die Situation des *Publikums* beziehen – Beschreibung eines *Ereignisses*, eines konkreten Beispiels, eines Falls, der sich auf das Thema bezieht
- Eine *Frage* in den Raum stellen, die Spannung aufbaut und das Interesse weckt.

Vermieden werden sollten hingegen alle negativen Einstiegsformulierungen wie: „Ich hatte leider nicht viel Zeit, mich mit dem Vortrag zu beschäftigen", „Eigentlich wollte ich zum Einstieg einen Film zeigen, aber…". Welche der Techniken genutzt wird, hängt vom Thema und von der Zielgruppe ab. Mit einer witzigen Geschichte zu beginnen, kommt in den meisten Fällen gut an, kann aber kontraproduktiv sein, wenn das Thema ernst oder das Publikum eher skeptisch und/oder ablehnend gesinnt ist.

Wenn vor dem überaus skeptischen Vorstand über die Schwierigkeiten bei der Bearbeitung des „Projekts Alpha" referiert wird, mag eine Geschichte über ein größeres Problem, das aber vom Team souverän gelöst wurde, als Einstieg passend sein. Das stimmt adäquat auf das schwierige Thema ein, vermittelt aber gleichzeitig schon Problemlösungskompetenz.

Bei einer feindselig eingestellten Zuhörerschaft könnten – ähnlich wie bei kritischen Gesprächen – am Anfang gemeinsame Ziele und Punkte der Übereinstimmung stehen.

Ist das Publikum mutmaßlich eher desinteressiert, geht es am Anfang eher um die Weckung von Neugierde. Eine mögliche Einleitung, um einem Komitee zur Beurteilung von Investitionsanträgen eine neue Software nahe zu bringen, wäre etwa: „Wussten Sie, dass sich im Unternehmen A seit der Einführung der Produktionssteuerungssoftware X die Durchlaufzeiten in der Fertigung halbiert haben?"

Der *Hauptteil* sollte vor allem eine *logische Struktur* und einen *roten Faden* beinhalten. Die Begrenzung auf das Wesentliche ist wichtig, weniger ist oft mehr.

Einige Hinweise für den Hauptteil:

- *Fragen* stellen, wo möglich das Publikum einbeziehen
- Stoff in *kurzen Abschnitten* gliedern und Pausen einlegen
- *Beispiele*, Fakten bringen
- *Visualisieren*; hierzu mehr im nächsten Abschnitt.

Ist der Anlass der Präsentation primär die Information, dann wird sich der Aufbau in der Regel an der Sachlogik, manchmal auch an der Chronologie, orientieren. Schwieriger wird es, wenn Überzeugung oder Motivation das Ziel ist.

Im Fall der Schwierigkeiten bei „Alpha" mag eine Darstellung einiger Probleme mit anschließender Erläuterung von Lösung oder Lösungswegen nach der „Dreisatz"-Technik „These-Gegenthese-Synthese" sinnvoll sein. Auch Emotionalisierung, freilich in der richtigen Dosis, gehört in dem Fall dazu. Die Motivation des Projekt-Teams von Alpha, das sich auch von Rückschlägen nicht von der positiven Grundstimmung abbringen lässt, ist es sicherlich wert, in der Präsentation erwähnt zu werden. Aber das darf keinesfalls als Appell an das Mitleid verstanden werden („wir sind so ein tolles Team, bitte, lasst uns doch so weitermachen") – Appelle an das Fürsorgemotiv fruchten bei einem Vorstand erfahrungsgemäß wenig.

Der *Schluss* ist weniger einer einfachen Zusammenfassung gewidmet, sondern sollte eine klare *Botschaft* enthalten. Typisch ist der *Appell*, insbesondere wenn die Überzeugung von etwas im Vordergrund steht („und daher sollten wir mit dem Projekt Alpha fortfahren", „daher sollte das Budget mit dieser Änderung genehmigt werden"). Möglich ist auch die (zusammenfassende) Beantwortung einer eingangs gestellten Frage.

Schließlich gehört zur inhaltlichen Vorbereitung auf eine Präsentation auch die auf die *Diskussion* danach und auf *Zwischenfragen*. Der Vortragende sollte sich mögliche und gängige Fragen vorher überlegen und Antworten stichwortartig notieren. Er sollte dazu auch Beispiele parat haben und Antworten auch auf visuellen Hilfsmitteln (Power Point) vorbereiten. Auf Fragen nicht nur allgemein einzugehen, sondern auch mit Beispielen zu antworten und die Antwort mit Hilfe visueller Hilfsmittel zu belegen, zeugt von hoher Sachkompetenz im Sinne von Hintergrundwissen.

- Mehr noch als die inhaltliche besteht die *organisatorische* Vorbereitung zu einem großen Teil aus der Beachtung von Grundsätzen des „common sense", des gesunden Menschenverstandes. Der Vortragende sollte einige Zeit vorher eintreffen, um sich mit dem Raum vertraut zu machen, die technischen Hilfsmittel zu überprüfen (Flipchartstifte, Beamer etc.), technische Probleme noch lösen zu können – typische Beispiele: defekte Beamerlampen, Kommunikation zwischen Laptop und Beamer -, und auch noch etwas Zeit zur Entspannung zu finden.

  Falls Gelegenheit besteht, sollte sich der Betreffende den Vortragsort schon einen oder mehrere Tage vorher einmal angesehen haben.

  In der Praxis ist es erstaunlich, wie viel Präsentationen wegen der Missachtung solcher banaler Grundsätze nicht erfolgreich sind.

  Das beginnt mit der Planung der Anreise – wer mit dem Auto anreist, muss wissen, dass Staus, Unfälle, schlechtes Wetter vorkommen und dass dadurch nicht nur fünf Minuten, sondern auch schnell einmal eine Stunde Zeit verloren gehen kann. Eine Stunde kann auch schnell verlieren, wer sich in einer fremden Stadt verfährt, teilweise selbst bei modernen Navigationshilfen.

  Wer die Bahn benutzt, sollte nicht unbedingt einen auf das Erreichen eines Anschlusszugs mit sieben Minuten Umsteigezeit spekulieren.

  Wer Vortragsunterlagen zu kopieren hat, sollte nicht unbedingt erwarten, am Vortragsort sofort einen leistungsfähigen und funktionierenden Kopierer zur Verfügung zu haben. Vortragsunterlagen sind rechtzeitig, das bedeutet Tage und nicht Stunden vorher, fertig zu stellen.

Von ebenso schlechter Organisation zeugt es, wenn kurz vor dem Vortrag noch Änderungen in der Power-Point-Präsentation vorgenommen werden, und dadurch noch PC-Probleme auftauchen.
- Wer sich gut vorbereitet hat, für den ist die *Durchführung* der Präsentation wesentlich einfacher. Auf die bei der Präsentation wichtigen Punkte wie Rhetorik, Stimmschulung und Körpersprache[306] wird hier nicht eingegangen.

Weiterhin sind noch folgende Hinweise hilfreich:

- Lampenfieber ist normal, kann leistungssteigernd wirken, und ist daher kein Grund zur Beunruhigung. Wer es dennoch eindämmen möchte, kann das mit speziellen Atemtechniken tun.
- Pünktlich beginnen.
- Blickkontakt aufnehmen und halten.
- Bei Seitengesprächen zunächst versuchen, über Blickkontakt die Aufmerksamkeit zurück zu gewinnen. Reicht das nicht aus, eventuell die Störer ansprechen, zum Beispiel mit: „Haben Sie eine Frage zum Thema?"
- Zeit einhalten! Eventuell den Vortrag vorher vor dem Spiegel präsentieren, um die Zeit abzuschätzen. Die Zeit für einen Vortrag wird oft unterschätzt. Viele Vortragende, die zunächst Angst haben, zum Beispiel vorgesehene zwanzig Minuten ausfüllen zu können, überziehen dann bei der Präsentation deutlich.

Vielleicht am meisten diskutiert unter wenig erfahrenen Vortragenden ist die Frage: Ablesen oder auswendig lernen? Dabei ist sich die Literatur hier weit gehend einig. Beides ist abzulehnen.

Reines *Ablesen* eines vorgeschriebenen Textes wirkt unnatürlich, wenig überzeugt und kompetent und hat einen einschläfernden Effekt. Ausnahmen sind zulässig bei wörtlichen Zitaten.

Wer hingegen seinen Text Wort für Wort – oder auch nur in wesentlichen Zügen – *auswendig* lernt, der riskiert nicht nur einen rhetorisch ähnlich negativen Effekt wie beim Ablesen. Er läuft auch ein hohes Risiko, während des Vortrages nicht mehr weiter zu wissen. Auch wenn er vorher gut geübt hat – die tatsächliche Situation ist eine komplett andere.

Daher wird allgemein vorgeschlagen, alle wichtigen Punkte in Form von *Stichworten* aufzuschreiben. Das kann auf normalem Papier geschehen, in der Regel besser ist es aber, Karten oder „Spickzettel" im DIN A6 Format zu benutzen.

Routiniers werden bisweilen auf die Stichworte verzichten und völlig frei reden; jeder Einzelne wird mit der Zeit selbst merken, ob er sie noch braucht oder nicht.

- Nicht zu vergessen bei jeder Präsentation ist die *Nachbereitung*, ein *Feedback* mit dem Ziel, Hinweise zur Verbesserung zu geben.

---

[306] vgl. hierzu z. B. Chandler (Communication) S. 533 ff.

Das Feedback kann mehr oder weniger formalisiert sein. Im einfachsten Fall kann sich der Präsentierende danach selbst kritisch fragen, was gut gelaufen und was verbesserungsfähig ist. Effektiver ist es natürlich, einen objektiven, guten Bekannten aus dem Teilnehmerkreis zu fragen.

Feedbackrunden sind in manchen Veranstaltungen auch formalisiert oder formalisierbar. Seminaranbieter, und verstärkt auch Hochschulen, benutzen standardisierte Fragebögen für die Zuhörer, um Referenten beziehungsweise Dozenten zu beurteilen. Vielleicht bietet es sich auch an, am Ende von Vortrag und Diskussion um ein mündliches Feedback von den Teilnehmern zu bitten.

Der wichtigste Punkt beim Feedback ist die *Offenheit für (konstruktive) Kritik*. Beiträge sollten aufgenommen werden, was bedeutet: erstens ausreden lassen und zweitens die Kritik nicht sofort mit Erklärungen zu kontern.

Zu einer gelungenen Präsentation gehört es, die richtigen *technischen Hilfsmittel* und *Visualisierungstechniken* einzusetzen[307]. Didaktischer Grundgedanke aller technischen Hilfsmittel ist es, das Vorgetragene beim Publikum besser zu verankern, etwa durch Nutzung mehrerer Kommunikationskanäle, zum Beispiel durch Aktivierung weiterer Sinne neben dem Hörsinn.

Die wichtigsten technischen Hilfsmittel dienen der Visualisierung: Overheads bzw. Präsentationssoftware, Flipcharts, Tafeln und Whiteboards.

Gängig bei betriebswirtschaftlichen Präsentationen ist heute eine Präsentations-Software, also PowerPoint. Entscheidend ist das richtige Maß beim Einsatz dieser Software. Das richtige Maß bedeutet dabei nicht nur „zu wenig". Ebenso schädlich ist ein „zu viel". Zu viele, zu bunte, zu überladene Slides. Die heutigen technischen Möglichkeiten, Slides einfach, vielfarbig, dreidimensional zu erstellen, Bilder einzufügen und so weiter, verführen Anwender dazu, diese Möglichkeiten auch dort einzusetzen, wo sie inhaltlich nicht angebracht sind. In diesem Zusammenhang wird auch von der „PowerPoint-Falle"[308] gesprochen. Mancherorts ist aufgrund dieser Übertreibungen der Einsatz von PowerPoint mittlerweile verpönt.

Beim richtigen Einsatz von Visualisierungshilfen wird, wie bei der Argumentation auch, von der *Botschaft* ausgegangen, mit anderen Worten von der Frage: was, welche „Message", soll mit dieser Darstellung transportiert werden. Die Botschaft, die Message, soll dargestellt werden – und zwar möglichst deutlich und einfach unter Verzicht auf überflüssige optische Verzierungen. Drastisch illustriert wird das in Abb. 2.20.

Formale Punkte, die zu beachten sind, umfassen Namen, Adresse, Titel, Datum und Ort der Präsentation auf dem ersten Slide sowie bei Statistiken und Zitaten eine Quellenangabe, die freilich nicht in jedem Fall den Kriterien der Quellenangaben einer wissenschaftlichen Arbeit entsprechen muss.

Neben der Präsentationssoftware bieten sich weitere visuelle Hilfsmittel an:

---

[307] vgl. hierzu z. B. Zelazny (Bilder), Seifet (Visualisieren) S. 9 ff., Minto (Pyramid), Zelazny (Präsentationsbuch).
[308] vgl. Hichert (Botschaft) S. 17.

Abb. 2.20 Konzentration auf die wesentliche Botschaft. (Quelle: Hichert (Sagen) S. 100)

- Handouts zur Verteilung an die Teilnehmer, die in der Regel Kopien der Slides, mindestens aber eine Gliederung der Präsentation enthalten sollten.
- Flipcharts oder Tafel oder Whiteboard haben auch beim Einsatz von PowerPoint nicht ausgedient. Der Einsatz zum Beispiel eines Flipcharts kann nicht nur eine Präsentation auflockern. Mit einem Stift komplexe Sachverhalte aufzuzeichnen und damit eine Graphik während der Präsentation aufzubauen, ist oft verständlicher, als das fertige Slide zu präsentieren.

Weitere mögliche Hilfsmittel sind:

- Produktproben (Samples): ein konkretes Produkt oder einen anderen konkreten Gegenstand zu zeigen, hat offensichtlich deutlichere Wirkungen als nur das Bild davon. Noch besser ist es, Produktproben oder die entsprechenden Gegenstände zu verteilen oder herumzureichen, da mit dem Tastsinn ein weiteres Sinnesorgan angesprochen wird.
- Musik, Videos, Filme: können der Auflockerung und Verdeutlichung dienen. Der Einsatz ist aber nicht bei jeder Zielgruppe geeignet – eine mit Musik eingeleitete Vorstandspräsentation riefe Kopfschütteln hervor.
- Multimedia-Präsentationen unter aktiver Beteiligung der Teilnehmer: führt wahrscheinlich zum größten Lerneffekt, kostet aber viel Zeit, bedingt einen hohen technischen Aufwand und der Einsatz ist sowohl hinsichtlich des Themas als auch des Teilnehmerkreises nur bedingt möglich.

2.2.6 Steuerungsprozesse im Unternehmen

Angesichts der vielen mikropolitischen „Spielmöglichkeiten" aller Akteure – also auch der jeweiligen Gegner – und der zu Beginn des vorigen Kapitels betonten Skepsis gegenüber dem Sinn der „Ratgeberliteratur" mag sich der Leser nun die Frage stellen, ob ein Unternehmen von der Geschäftsleitung oder auch ein Bereich von einer Führungskraft überhaupt gesteuert werden kann. Tatsächlich sind Führungskräfte weniger allmächtig, wie es die orthodoxe Betriebswirtschaftslehre suggeriert. Unternehmenssteuerung bedeutet, offen oder verschleiert, Menschen für bestimmte Zwecke zu instrumentalisieren. Den Adressaten der Steuerungsmaßnahmen, den individuellen Akteuren, steht aber „ein analoges Repertoire von Taktiken und Techniken zur Verfügung, die eigenen Interessen wahrzunehmen und damit auch Steuerungsmaßnahem zu blockieren, verpuffen zu lassen, zu konterkarieren[309].

In diesem Buch wurde einleitend ein Unternehmen als „System" definiert. Jeder, der das System „Unternehmen" oder ein Subsystem steuern will, muss sich darüber klar sein, dass es sich dabei um ein *komplexes*, ein so genanntes *nichttriviales* System handelt. Das bedeutet systemtheoretisch gesprochen, es besteht aus vielen Elementen, die miteinander stark vernetzt sind. Die Akteure mit ihren mikropolitischen Taktiken und mit ihren „Spielen" sind ein Beispiel für die Komplexität.

Solche komplexen Systeme können nicht vollständig wie ein einfaches triviales System sein, wie, um ein Beispiel zu nennen, eine Modelleisenbahn. Der Steuerungsprozess der Modelleisenbahn ist banal: Der Bediener gibt ein Signal, das System „Modelleisenbahn" reagiert (normalerweise) exakt nach der Vorgabe. Signal auf Stopp – der Zug hält. Weiche auf rechts – der Zug fährt nach rechts und so weiter. Aufgrund der Komplexität ist diese einfache Steuerungstechnik aber im Unternehmen nur begrenzt anwendbar. Es gehört ein anderes Verständnis zur Steuerung, ein Verständnis, das der Nichttrivialität Rechnung trägt.

Es klingt banal, dass ein Unternehmen nicht wie eine Modelleisenbahn zu steuern ist. Umso erstaunlicher ist es, wie wenig manche Führungskräfte daraus die Konsequenzen ziehen. Viele Manager steuern das Unternehmen wie ein triviales System, sozusagen wie eine Modelleisenbahn: Sie entscheiden jedes Detail selbst – von der Raumausstattung über Bestellung von Büromaterial, schließen die Pforte abends ab und morgens auf etc. Diese Art der Steuerung funktioniert spätestens ab einer bestimmten Größe nicht mehr. Und selbst in Unternehmen mit zwei bis drei Mitarbeitern besitzen beispielsweise diese Mitarbeiter Möglichkeiten mikropolitischen Handelns, womit auch hier schon der „Modelleisenbahn-Ansatz" nicht mehr funktioniert.

Unternehmerisches „Handeln ist Intervention in ein komplexes System (sei es eine Person, eine Institution oder Organisation) und der Erfolgswahrscheinlichkeit der Intervention in nicht-triviale Systeme sind enge Grenzen gesetzt ... Damit wird die Euphorie

---

[309] vgl. Neuberger (Macht) S. 108 f.

der Ratgeber-Literatur gedämpft, die vor allem den Allmachts-Phantasien der Macher schmeichelt"[310].

Trotz dieser deutlichen Hinweise auf die Grenzen der Steuerbarkeit von Unternehmen kann und soll diese nicht generell verneint werden. Betriebswirtschaft bedeutet schließlich wesentlich auch Steuerung von Unternehmen. Diese Steuerungsmöglichkeit generell zu negieren, würde bedeuten, großen Teilen der Betriebswirtschaftslehre die Existenzberechtigung abzusprechen.

Auch wenn keine vollkommene Steuerung möglich ist, so doch existieren *Spielräume*[311] zur Gestaltung, die mehr oder weniger groß sind. Die Steuerungsprozesse, die dabei zum Tragen kommen, müssen der Komplexität bzw. Nicht-Trivialität des Systems aber Rechnung tragen. Generell ist bei Steuerungsprozessen in Unternehmen zu unterscheiden zwischen *direkter* und *indirekter Steuerung*.

Indirekte Steuerung wird dabei unterteilt in die vier Möglichkeiten der

- *technologischen*
- *bürokratischen*
- *psychologischen* und
- *kulturellen*

Steuerung.

Die *direkte* Steuerung wird dabei negativ definiert über die Abwesenheit indirekter Steuerungsmechanismen: „Unter direkter Steuerung werden Handlungen verstanden, bei denen sich A ohne Heranziehung technischer, bürokratischer, psychologischer oder kultureller Steuerungsformen an einen oder mehrere B wendet, um dessen/deren Unterordnung herbeizuführen"[312].

Der einfachste und am häufigsten anzutreffende Fall ist eine einfache direkte Arbeitsanweisung. A fordert seinen Mitarbeiter B auf, einen Brief zu schreiben oder eine Maschine zu reparieren. Aber auch durchaus subtile Handlungsmuster können Formen direkter Steuerung sein: „Immer dann, wenn der Vorgesetzte A misslaunig von seinem Vorgesetztem AA zurückkommt, ‚weiß' seine Sekretärin, dass es sich empfiehlt, in der nächsten Zeit den Anordnungen des A rasch und kommentarlos zu folgen – gleichgültig ob ihr seine Anordnungen mehr oder weniger sinnvoll erscheinen"[313].

Bei der *indirekten* Steuerung tritt der Steuernde dagegen in den Hintergrund. Zwischen A und B sind „technologische (z. B. Maschinen), bürokratische (z. B. Regeln), psychologische (z. B. Motive) oder kulturelle (z. B. Normen) Instanzen"[314] zwischengeschaltet.

---

[310] Neuberger (Macht) S. 108 f.
[311] vgl. zum Abschnitt Wimmer (Organisationen), Sandner (Unternehmenspolitik) S. 69 ff., Sandner (Macht) S. 172 ff.
[312] Sandner (Macht) S. 174.
[313] Sandner (Macht) S. 180.
[314] Sandner (Macht) S. 181.

Typische Beispiele *technologischer* Steuerung sind DV-Programme, insbesondere vorgegebene Eingabemasken, welche die Alternativen für die Mitarbeiter einschränken, aber auch Fließbänder mit bestimmten Taktzeiten.

Bürokratische Steuerung funktioniert über Handbücher, Stellenbeschreibungen, monatliche Berichte, Kommissionen und dergleichen. Bürokratische Steuerung führt einerseits zu effizienter und rationeller Erledigung insbesondere von Routinearbeiten, andererseits schränkt sie die Flexibilität ein[315]. Das daraus entstehende Spannungsfeld ist noch ein Thema im Kapitel „Organisation"[316].

Zentraler Punkt der *psychologischen* Steuerung ist die *Motivation*. Motivation bedeutet in diesem Zusammenhang, die Identifikation des Mitarbeiters mit den Zielen des Unternehmens herbeizuführen[317]. Die effiziente Steuerungswirkung ergibt sich daraus, dass der Mitarbeiter von sich aus eigeninitiativ Maßnahmen im Interesse des Unternehmens einleitet und weder auf Arbeitsanweisungen (direkte Steuerung) wartet noch lediglich Vorschriften aus Handbüchern und dergleichen (bürokratische Steuerung) umsetzt. Durch Motivation, also psychologische Steuerung, kann ein höherer Grad an *Selbststeuerung* erreicht werden. Selbststeuerung ist eine ökonomische Art der Steuerung, da damit Kontroll- und Überwachungskosten gespart werden. Das Thema kommt deshalb im Rahmen der Mitarbeiterführung ausführlicher zur Sprache.

Wie die psychologische Steuerung über Motivation funktioniert, so funktioniert die *kulturelle* Steuerung über *Normen*. Während die psychologische Steuerung sich auf die individuelle oder Gruppenebene bezieht, geht die kulturelle Steuerung weiter und umfasst den „Bereich des Gesamtunternehmens"[318]. Versuche kultureller Steuerung finden seit den 1980er Jahren ihren Ausdruck in dem *Unternehmenskultur*-Ansatz[319].

Unternehmenskultur umfasst das „aus der Vergangenheit heraus entwickelte Werte- und Normensystem"[320] der Mitarbeiter, zentrale Kategorien sind „Symbole und Symbolvermittlung, Mythen, Anekdoten, Riten und Rituale, Statussymbole"[321] und mehr. Normen bestimmen das Verhalten der Mitarbeiter, gerade auch unbewusst, es geht um Verhaltensweisen, die als selbstverständlich betrachtet und daher nicht mehr hinterfragt werden. Daraus ließen sich so genannte „Skripts", Drehbücher, schreiben, „die festhalten, wie normalerweise in typisierten Situationen zu handeln ist, so dass man im gegebenen Kontext nicht auffällt. Das Standardbeispiel in der Literatur ist das sog. Restaurant-Skript: Eine sozialisierte Mittelklasse-Mitteleuropäerin weiß genau, wie sie sich in einem Speiselokal zu verhalten hat (angefangen vom Eintreten, Grüßen, der Tischwahl, der Bestellung,

---

[315] vgl. Breton/Wintrobe (Conduct) S. 133 ff.
[316] s. u. Kap. 3.4.
[317] vgl. Wöhe (Betriebswirtschaftslehre) S. 225.
[318] Sandner (Macht) S. 209.
[319] vgl. Bögel (Unternehmenskultur) S. 712 ff.
[320] Bleicher (Konzept) S. 93.
[321] Bögel (Unternehmenskultur) S. 713.

dem Essen und Trinken, dem Trinkgeld, dem Gehen ...)"[322]. Der Unternehmenssteuerung dient es, wenn bestimmte Verhaltensweisen, Werte und Normen als selbstverständlich erachtet werden. Denn sie stabilisieren das System, sind noch ökonomischer im Hinblick auf Kontroll- und Überwachungskosten als die psychologische Steuerung, da hier auf der individuellen Ebene bestimmte Verhaltensweisen gar nicht erst durch Motivation herbeigeführt werden müssen. Die Mitarbeiter halten sich daran. In der Terminologie der „Spiele"-Ansätze bedeutet das, alle Akteure halten, im wörtlichen Sinn, bestimmte Spiel-Regeln ein, was die Organisation entsprechend überschau-, kontrollier- und steuerbar macht.

Zur Frage, *welcher* Steuerungsmechanismus nun in welcher Situation vorzuziehen ist, gilt allgemein, dass die *direkte* Steuerung in allen Situationen angebracht ist, in denen es um Veränderung, Innovation, Re-Organisation, Leistungsintensivierung, Korrektur von Fehlentwicklungen bzw. vorbeugende Eingriffe zur Vermeidung von Fehlentwicklungen geht[323]. In diesen Fällen existieren naturgemäß keine Standards, die zur indirekten Steuerung notwendig sind.

Die *indirekte* Steuerung ist dementsprechend besser für standardisierte Prozesse geeignet, die keine grundlegende Neuausrichtung bedingen. Bürokratische und technokratische Steuerung eignen sich dabei um so eher, je mehr die Tätigkeiten repetitiv und von Routine geprägt sind.

Welche Steuerungsinstrumente nun konkret in bestimmten Situationen und Teilbereichen zur Verfügung stehen, das ist Gegenstand des nächsten Teils des Buches.

Zuvor aber sei, wie angekündigt, noch auf die dritte Perspektive eingegangen.

2.3 Dritte Perspektive: Ethik- und Werteebene

2.3.1 Der Begriff der Ethik

Bei der Lektüre der bisher beschriebenen Techniken taucht sehr schnell die Frage auf: ist deren Anwendung denn *moralisch vertretbar*? Ist es *legitim* bzw. bis zu welchem Grad und in welcher Situation ist es legitim? Ob Principal-Agent Theorie, Machiavelli, Sun Tzu[324], oder Mikropolitik; die Fragen sind gleich.

Es gilt daher, die *ethische* Komponente in die Betrachtung einzubeziehen. Dabei wird kein „Kochrezept" angeboten werden im Sinne von „Tue X und tue Y nicht". Derartige pauschale Aussagen greifen aus mehreren Gründen zu kurz. Sie setzen ein festes vorgegebenes Wertesystem voraus, das gerade nicht existiert, und sie tendieren dazu, die Realität zu negieren.

Opportunistische Praktiken existieren nun einmal, daher muss mit ihnen umgegangen werden. Nur zu sagen „Du sollst nicht ..." reicht nicht aus.

---

[322] Neuberger (Macht) S. 85.

[323] vgl. Sandner (Macht) S. 179 f.

[324] vgl. auch Langer (Dolch).

Es werden also keine fertigen Rezepte angeboten. Ziel ist vielmehr die Schaffung von *Reflektionskompetenz*. Studierende und Praktiker der Betriebswirtschaftslehre müssen sich zum einen bewusst werden, dass ihr Verhalten stets auch eine ethische Komponente besitzt. Und sie sollten ein Instrumentarium in die Hand bekommen, das ihnen hilft, ihr Verhalten und ihre Entscheidungen unter ethischen Gesichtspunkten zu überprüfen.

Ob in wirtschaftswissenschaftlichen Lehrbüchern ethische Fragen an hervorgehobener Stelle behandelt werden sollten, ist durchaus umstritten. Traditionell wird die Frage eher verneint, entsprechend taucht das Thema nicht oder nur am Rande auf[325]. Ein Grund liegt in der postulierten „*Wertfreiheit*" der Wissenschaft. Die Betriebswirtschaftslehre beschäftigt sich demnach nur mit dem ökonomischen Prinzip, d. h. *wie* mit gegebenem Input der Output maximiert oder bei gefordertem Output der Input zu minimieren ist. Die Folge dieser Betrachtungsweise: „Die ethische Vernunftdimension hat darin keinen Platz mehr – die ‚reine' ökonomische Rationalität ist bloß noch die halbe ökonomische Vernunft, nämlich deren instrumenteller Rationalitätsaspekt, gleichbedeutend mit Effizienz. Diese besagt nur, wie wir angesichts der prinzipiell als grenzenlos gedachten Vielfalt materieller Bedürfnisse mit knappen Ressourcen ‚wirtschaftlich' umgehen sollten, nämlich nutzenmaximierend (bei gegebener Ressourcenmenge) bzw. kostenminimierend (bei vorgegebener Menge zu erstellender Güter). Der Nutzen- bzw. Kostenbegriff ist formal, kann also auf beliebige Wertordnungen bezogen werden. Wofür und für wen, d. h. für welche und wessen ‚Präferenzen' die verfügbaren Ressourcen in Situationen interpersoneller Konflikte effizient eingesetzt werden sollten, darüber besagt die so verstandene ökonomische Rationalitätskonzeption unmittelbar nichts, sie setzt diese Wertentscheidungen vielmehr als gegeben voraus."[326]

Genau diese Wertentscheidungen, also *wofür* und *für wen* Ressourcen eingesetzt werden, sollten Betriebswirte aber hinterfragen können – das ist die Aussage einer BWL, welche die ethische Perspektive integriert.

Ethik kann definiert werden als die „Lehre von den Normen menschlichen Handelns"[327]. Als Gegenstand gelten die menschlichen Handlungen und „die sie leitenden Handlungsregeln (selbstgesetzte Maxime oder gesellschaftlich vorgegebene Normen)"[328]. Dabei wird unterschieden zwischen der *deskriptiven* Ethik, die sich mit der empirischen Untersuchung, Beschreibung und Erklärung von Normensystemen beschäftigt, und der *normativen* Ethik – der Ethik im eigentlichen Sinn – die bewusst normative Aussagen macht[329].

Ethik wird umgangssprachlich oft mit *Moral* gleichgesetzt. Die Literatur unterscheidet aber zwischen den beiden Begriffen. Unter Moral wird der „Bestand an faktisch herrschenden Werten und Normen"[330] verstanden. Die Moral betrifft daher das „Ist", das

---

[325] vgl. z. B. Thommen/Achleitner (Betriebswirtschaftslehre) S. 962 ff.
[326] Ulrich (Unternehmensethik) S. 106.
[327] Bibliographisches Institut (Lexikon Bd. 8) S. 219.
[328] Brockhaus (Enzyklopädie Bd. 6) S. 600.
[329] vgl. Brockhaus (Enzyklopädie Bd. 6) S. 600.
[330] Noll (Unternehmensethik) S. 11.

"Sein", die Standards, die effektiv in einer Gruppe, einer Organisation, einer Gesellschaft existieren. Die Ethik hinterfragt hingegen diese Standards und beschäftigt sich damit, wie sie sein sollen.

Konkreter auf die hier relevante Thematik bezogen können drei wirtschaftsethische Ebenen unterschieden werden[331]:

- *Makroebene*
- *Mesoebene*
- *Mikroebene*

Zur *Makroebene* „zählen die Ethik der Eigentums- und Wirtschaftsordnung, der wirtschaftsrelevanten Gesetze, der Steuer- und Sozialpolitik (usw.), der nationalen und internationalen Arbeitsteilung und Wirtschaftsordnung – z. B. im Hinblick auf Tausch- und Verteilungsgerechtigkeit."[332] Einen Schwerpunkt bilden derzeit auch die ethischen Fragen, die sich aus der *Globalisierung* der Wirtschaft ergeben[333]. Wegen der zentralen Rolle der Analyse der Wirtschaftsordnung wird auch von *Ordnungsethik*[334] gesprochen.

Die *Mesoebene* „ist das Feld der Institution Unternehmen. Auch dem Unternehmen als ganzheitliche, zielorientiert agierende Institution kommt ein ‚moralischer Status' zu. Unternehmen sind eigenständige moralische Akteure, sie stellen mehr als die Summe individuell zurechenbarer Handlungszüge dar. Unternehmen tragen daher als Organisationen soziale Verantwortung"[335]. Darauf beziehen sich dementsprechend die Fragen der *Unternehmensethik*. Zur Mesoebene gehören daneben auch Organisationen wie Gewerkschaften, Arbeitgeberverbände oder Konsumentenorganisationen[336], worauf allerdings nicht weiter eingegangen werden soll.

Die *Mikroebene* ist unschwer als die Ebene der *Individualethik* erkennbar, „sie formuliert die Pflichten des Einzelnen gegenüber sich selbst sowie gegenüber den Mitmenschen und der natürlichen Umwelt. Individualethische Fragestellungen tauchen im Unternehmen auf (Führungsethos, Ethos eines Mitarbeiters), greifen indes darüber hinaus. Sie besitzen für den Einzelnen auch in seiner Eigenschaft als Käufer, als Arbeitnehmer oder Kapitalgeber Bedeutung"[337].

Die Trennung zwischen den Ebenen ist nicht in jedem Fall zur Gänze möglich. So ist die Individualethik in die Meso- und Makroebene eingebettet, beeinflusst diese und wird selbst von Faktoren dieser Ebenen beeinflusst. Gleichwohl dient sie als brauchbares Raster.

---

[331] vgl. Mairing (Verantwortung) S. 327 ff., Noll (Unternehmensethik) S. 35 f.
[332] Lenk/Mairing (rational) S. 34, vgl. z. B. Suchanek (Ethik).
[333] vgl. z. B. Stiglitz (Ethik), Sen (Menschen).
[334] vgl. Noll (Unternehmensethik) S. 36.
[335] Noll (Unternehmensethik) S. 36.
[336] vgl. Lenk/Mairing (rational) S. 34.
[337] Noll (Unternehmensethik) S. 36.

Die Makroebene ist in einem betriebswirtschaftlichen Beitrag weniger relevant, da eher ein Thema im Zusammenhang mit volkswirtschaftlichen Fragestellungen. Sie wird deshalb ausgeklammert[338]. Wichtiger sind dagegen die Meso- und Mikroebene, also Unternehmens- und Individualethik.

2.3.2 Unternehmensethik

2.3.2.1 Ansätze der Unternehmensethik

Die Unternehmensethik „beschreibt jenen Aspekt der Betriebswirtschaftslehre, der sich mit Zielen, Werten, Normen und Folgen des betrieblichen Wirtschaftens beschäftigt und Vorschläge für ein reflektiertes, sachgerechtes, menschenbezogenes und gesellschaftsverträgliches betriebliches Wirtschaften erarbeitet."[339]

Zunächst soll der Frage nachgegangen werden, *ob* bzw. *warum* eine Unternehmensethik überhaupt notwendig ist. Die Frage mag manchen überflüssig erscheinen, scheinen Vorgänge der letzten Jahre[340] wie Bilanzskandale, fragwürdiges Sozialverhalten oder die Entwicklung von Vorstandsgehältern eine Rückbesinnung auf moralische Grundprinzipien doch nahe zu legen. Schließlich ist „der Eindruck, dass da manches aus dem Ruder gelaufen ist und zwar nicht alle, aber doch auffallend viele Repräsentanten vor allem von ‚Big Business' die unternehmensethische Orientierung und das Augenmaß verloren zu haben scheinen, … nicht von der Hand zu weisen"[341]. Selbst wohlmeinende US-amerikanische Autoren kritisieren diese Vorgänge und sehen einen entsprechenden Handlungsbedarf[342].

Dennoch wird unternehmensethischen Ansätzen auch mit ernst zu nehmenden Argumenten widersprochen. Weniger umstritten ist zwar, dass Unternehmen sich in einem demokratischen Staat an Gesetze zu halten haben. Aber spätestens wenn verlangt wird, Unternehmen sollten darüber hinaus eine „soziale Verantwortung" gegenüber Mitarbeitern, Konsumenten und so weiter wahrnehmen, endet der Konsens.

Die beiden Ansätze „gegen" bzw. „für" Unternehmensethik werden als *Shareholder Value* bzw. *Stakeholder Value* bezeichnet. Dies ist zwar etwas ungenau, denn das Shareholder Value Konzept etwa geht weit über die Frage der Unternehmensethik hinaus; Shareholder Value ist auch – oder sogar in erster Linie – eine bestimmte Managementtechnik[343]. Aber die Frage der ethischen Verantwortung von Unternehmen ist ein zentraler Punkt der Auseinandersetzung.

---

[338] vgl. hierzu z. B. Ulrich (Wirtschaftsethik), Büscher (Market), Noll (Unternehmensethik) S. 39 ff.
[339] Neugebauer (Unternehmensethik) S. 16 f.
[340] vgl. z. B. Blomert (Habgierigen).
[341] Ulrich (Unternehmensethik) S. 60.
[342] vgl. z. B. Handy (Wofür), Useem (Shame).
[343] vgl. z. B. Rappaport (Value), Unzetig/Köthner (Analyse), Copeland/Koller/Murrin (Unternehmenswert), Ballwieser (Unternehmensführung).

2.3 Dritte Perspektive: Ethik- und Werteebene

Shareholder Value bedeutet übersetzt den Unternehmenswert, den Wert der „Shareholder" (dt. Aktionäre), also der Eigentümer. Deren Interessen stehen bei diesem Ansatz im Mittelpunkt.

Stakeholder Value als Gegenbegriff bezieht dagegen sich nicht nur die Aktionäre, sondern auf die Interessen aller Gruppen, die mit dem Unternehmen verbunden sind. Dazu gehören etwa Mitarbeiter, Kunden, Lieferanten, der Staat, die weitere Öffentlichkeit insgesamt. Ein anderer Begriff für das Verhalten nach der Stakeholder-Value Maxime ist der der *Corporate Social Responsibility (CSR[344])*. Unter CSR versteht man „a concept whereby companies decide voluntary to contribute to a better society and a cleaner environment."[345]

Nach dem *Shareholder Value*-Ansatz ist es die Aufgabe des Managements, die *Rendite der Aktionäre zu maximieren* – „to maximize shareholders' total return"[346]. Gemeint ist dabei nicht nur kurzfristige Gewinnmaximierung, sondern durchaus auch die langfristige Steigerung des Wertes des Unternehmens. Aus Sicht der Shareholder Value Anhänger ist diese Maximierung des Unternehmenswertes insgesamt *gleichbedeutend mit der Maximierung der Wohlfahrt der Gesamtgesellschaft*, weshalb keine spezielle Ethik des Unternehmens darüber hinaus notwendig sei. Der Grund liegt in der oben beschriebenen Funktionsweise der Marktwirtschaft. Erfolgreiche Unternehmen sind erfolgreich, weil sie den Bedürfnissen der Konsumenten nachkommen – der Bäcker wird reich, wenn seine Brötchen auf dem Markt gefragt sind und so weiter. Mit anderen Worten wird argumentiert „that in perfectly competitive free markets, the pursuit of profit will by itself ensure that the members of society are served in the most socially beneficial ways. In order to be profitable, each firm has to produce only what the members of society want and has to do this by the most efficient means available. The members of society will benefit most, then, if managers do not impose their own values on a business but instead devote themselves to the single-minded pursuit of profit, and thereby devote themselves to producing efficiently what the members of society themselves value"[347].

Einige Autoren sind eindeutig in ihrer Ansicht: „Maximizing shareholder wealth is the action that takes Adam Smith's invisible hand out of its pocket and puts it to work guiding resources to their most productive and highly valued uses. Business, after all, is the greatest engine of wealth in society, and the process of creating shareholder wealth is the same process that creates greater wealth for everyone in the economy. Indeed, creating wealth is the only real source of social security. If companies do not pursue the maximum shareholder wealth possible, resources are squandered and society is poorer. Paradoxically, it is only because we care about maximizing the wealth available for everyone that we should care about maximizing the wealth of shareholders at all. Improving the commonweal (sic!) is the real reason why maximizing shareholder wealth is so important"[348].

---

[344] vgl. z. B. Köppl/Neureiter (Responsibility), Fombrun (CSR), Volkert/Bhardwaj (Responsibility).
[345] EU Commission (Responsibility).
[346] Rappaport (Value) S. 1.
[347] Velasquez (Ethics) S. 35.
[348] Ehrbar (EVA) S. 16.

Der bekannte liberale Ökonom und Nobelpreisträger Milton Friedman geht noch weiter und argumentiert, Manager und Unternehmer, welche die soziale Verantwortung von Unternehmen propagieren, leisteten dem Sozialismus Vorschub und gefährdeten letztlich die freie Gesellschaft: „In fact they are – or would be if they or anyone else took them seriously – preaching pure and unadulterated socialism. Businessmen who talk this way are unwitting puppets of the intellectual forces that have been undermining the basis of a free society these past decades".[349] Es folgt daraus konsequent, die einzige soziale Verantwortung der Unternehmen sei die Gewinnsteigerung.

Aber was ist mit den Interessen der anderen im Stakeholder-Konzept erwähnten Gruppen, denen von Mitarbeitern, Kunden und Lieferanten? Auch ihnen ist, so Friedman und seine Anhänger, mit einem Shareholder Value maximierenden Unternehmen am besten gedient. Sehr deutlich wird das bei der Anspruchsgruppe Kunden. Kunden gehen – *freiwillig!* – einen *Vertrag mit dem Unternehmen* ein, wonach sie ein bestimmtes Produkt oder eine Leistung für einen Preis bekommen. Was passierte nun, wenn das Unternehmen die Interessen des Kunden nicht adäquat berücksichtigte? Die Antwort ist offensichtlich – der Kunde würde sich vom Unternehmen abwenden, der Gewinn würde sinken, und damit der Shareholder Value. Auch Lieferanten und Mitarbeiter gehen freiwillig in der Hoffnung, dass das Unternehmen Produkte herstellt, die im Markt ankommen und damit den Shareholder Value steigern – denn davon leben auch sie. „Labor, management, and suppliers come together voluntarily and use capital put up by investors to create a product that they hope customers will buy. If management deals shabbily with any constituency – if it violates the contract – the victim will simply stop volunteering. If a company tries to pay wages that are to low, it won't be able to hire the quality of workers it wants and needs. If it pays suppliers too slowly, they will raise prices or demand payment on delivery. If its products fall short of the quality it promises, customers will turn to the competition."[350]

Aber was ist mit einer Stakeholder-Gruppe, die gar keinen Vertrag mit dem Unternehmen eingeht? Die Einhaltung von hohen Standards im Umweltschutz etwa ist keine Frage, die unmittelbar in einem Vertragsverhältnis geregelt wird. Aber in Gesetzen, und Gesetze sollten durchaus eingehalten werden. Unternehmensethik ist demnach im Wesentlichen die *Einhaltung von Gesetzen*. „Business ethics is essentially obeying the law."[351]

Eine darüber hinaus gehende Ethik wird ein Anhänger von Shareholder Value ablehnen, abgesehen von den oben genannten Gründen auch, weil einem Unternehmen in einem demokratischen Staat die *Legitimation* dazu fehlt. Angenommen, ein Unternehmen steht vor der Frage, eine Abwasserreinigungsanlage zu bauen, die vom Gesetz nicht vorgeschrieben ist. Vom Gesetz nicht vorgeschrieben – das bedeutet mit anderen Worten nichts anderes als: die demokratisch gewählten Institutionen des Staates haben entschieden, dass die Anlage nicht notwendig ist. Was gibt dem Unternehmen also überhaupt das Recht, das

---

[349] Friedman (Responsibility) S. 41.
[350] Ehrbar (EVA) S. 16 f.
[351] Velasquez (Ethics) S. 37.

Geld, das ihm von den Kapitalgebern anvertraut worden ist, für etwas auszugeben, das nach Ansicht der dafür verantwortlichen Institutionen gar nicht notwendig ist?

Denn, so ein daraus folgendes weiteres Argument, das Management hat ein *loyaler Agent*[352] der Eigentümer zu sein. Ein loyaler Agent oder „loyal Agent", das bedeutet, das Geld ist nach bestem Wissen und Gewissen so einzusetzen, wie es dem Wunsch und den Interessen des Kapitalgebers entspricht.

Was setzen die Protagonisten des *Stakeholder Value* dem entgegen? Sie betrachten die Unternehmen zunächst einmal aus einem anderen Blickwinkel und fragen, wer ein sog. ‚stake' im Unternehmen hat. „‚To have a stake in something' meint im Englischen vieldeutig: ein Interesse oder einen Anteil an etwas zu haben; ‚to be at stake' bedeutet, dass etwas auf dem Spiel steht. Ein ‚stake' kann daher ein Wetteinsatz beim Pferderennen sein (‚to place one's stake'), ist aber ursprünglich ein Pflock zum Anbinden von Tieren oder zum Markieren eines Grundstücks und damit eines Besitzanspruchs, was in der Redeweise ‚to stake out a claim' (einen Anspruch oder Forderung umreißen) durchscheint."[353]

Die Stakeholder leisten einerseits einen Beitrag an das Unternehmen – Lieferanten eine bestimmte Ware, Arbeitnehmer ihre Arbeitskraft etc. – und erwarten dafür eine Gegenleistung. Aufgabe des Managements ist es, zwischen diesen unterschiedlichen Interessen einen gewissen Ausgleich oder ein Gleichgewicht zu schaffen: „Unternehmenspolitik wird demzufolge als die Kunst der Aufrechterhaltung eines (Verhandlungs-) Gleichgewichts zwischen der Unternehmensleitung und allen Gruppen, deren ‚Beiträge' die Unternehmung für ihre Leistungserstellung benötigt, interpretiert."[354]

Gerade größere Unternehmen werden dabei im Gegensatz zum Shareholder Value Gedanken nicht nur als eine auf rein privatwirtschaftlicher (Vertrags-)Basis funktionierende Gebilde angesehen, sondern als *quasi-öffentliche Institutionen*, da die Auswirkungen ihrer Tätigkeit für eine breitere Öffentlichkeit relevant sind[355].

Freilich heißt das nicht, dass Gewinnmaximierung und die Renditeinteressen der Eigentümer keine Rolle mehr spielen sollen. Die Eigentümer sind nach wie vor eine *wichtige* Interessensgruppe, ihre Interessen aber nicht mehr die *allein* maßgebenden.

Konkret werden fünf teilweise überlappende Argumente gegen eine reine Shareholder Value Betrachtung und *„pro" Unternehmensethik* vorgebracht[356].

Erstens basiert die Theorie von Adam Smiths' „unsichtbarer Hand" auf bestimmten Annahmen, die in der Praxis in vielen Fällen zu hinterfragen sind. So wird eine *vollständige Konkurrenz* unterstellt, also die Möglichkeit des Konsumenten, den Anbieter beliebig zu wechseln. Faktisch hat der Anbieter aber in vielen Fällen aus unterschiedlichen Gründen eine monopolartige Stellung. Weiterhin existieren in der Realität Informationsasymmetrien: der Konsument kennt nicht alle Inhalte eine Lebensmittels im Supermarktregal, er

---

[352] vgl. Michales (Ethics) S. 44 ff.
[353] Ulrich (Wirtschaftsethik) S. 441.
[354] Ulrich (Wirtschaftsethik) S. 441.
[355] vgl. Dyllick (Umweltbeziehungen) S. 15 ff.
[356] vgl. zum Abschnitt Noll (Unternehmensethik) S. 92 ff., Velasquez (Ethics) S. 35 ff.

hat nicht das technische Know-how, um die Sicherheitsstandards eines Autos zu beurteilen und so weiter. Werden die Annahmen der vollständigen Konkurrenz aber aufgehoben, so funktioniert das Marktmodell nicht mehr in jedem Fall. Dann fehlt der Grundstein der Shareholder Value Argumentation.

Zweitens funktioniert keine Gesellschaft, und damit auch keine Geschäftsbeziehung, ohne ein *Minimum an ethischen Standards*. „In a society without ethics, as the philosopher Hobbes once wrote, distrust and unrestrained self-interest would create ‚a war of every man against every man', and in such a situation life would become ‚nasty, brutish, and short'.[357]" In Gesellschaften, in denen gemeinsame Werte fehlen und Misstrauen, Korruption und Kriminalität herrschen, die in manchen Fällen zu Bürgerkriegen führen, ist auch kein geordnetes Geschäftsleben möglich, die Maximierung von Wohlfahrt wird nicht erfolgreich sein. Ohne Ethik funktionieren keine Verträge und auch keine Gesetze.

Aber auch funktionierende Gesetze bilden, *drittens*, nur einen *äußeren Rahmen*. Innerhalb dieses Rahmens können bestimmte Aktivitäten – etwa geschmacklose Werbung – durchaus moralisch fragwürdig sein. Legal ist nicht automatisch gleichbedeutend mit legitim.

Viertens ist darüber hinaus seit den oben beschriebenen[358] Arbeiten Olsons bekannt, dass auch in Demokratien Gesetze *keineswegs* immer Ergebnis eines *fairen Wettbewerbs* sind. Einige Gruppen können sich besser organisieren und besser ihre Interessen durchsetzen. So ist durchaus denkbar, dass es nicht vorgeschrieben ist, eine bestimmte Abwasserreinigungsanlage zu bauen, weil sich Lobbyisten der Industrie gegenüber den Umweltorganisationen durchgesetzt haben. Das ist nur bedingt Resultat eines idealen demokratischen Willensbildungsprozesses[359].

Aber auch wenn es zu diesen Gesetzen kommt, so besteht *fünftens* doch zumindest eine *zeitliche Diskrepanz* zwischen dem Auftauchen bestimmter Probleme und einer Problemlösung per Gesetz. Zumindest in der dazwischen liegenden Zeitspanne ist aus dieser Sicht also unternehmensethisches Handeln legitim und gegebenenfalls erforderlich.

Insgesamt verkennen die Befürworter der Unternehmensethik nicht die Zwänge, denen ein Unternehmen im Wettbewerb unterliegt: „Ethische Normen sind … nur dann verantwortbar, wenn das Unternehmen in seiner operativen Funktionalität und strategischen Effizienz nicht bis zur Schwächung der Wettbewerbsfähigkeit beeinträchtigt wird"[360]. Auf den Abbau von Arbeitsplätzen zu verzichten und dadurch das Unternehmen – mit allen Arbeitsplätzen – in seiner Existenz zu gefährden, ist ein bekannt falsches Verständnis von Unternehmensethik. Die Befürworter akzeptieren im Grundsatz auch den ökonomischen Sinn und die Notwendigkeit der Steigerung des Unternehmenswertes. Aber sie sehen *Spielräume* für moralisches Handeln. Diese Spielräume, so das Postulat, sind auszunutzen.

---

[357] Velasquez (Ethics) S. 39.
[358] s. o. Kap. 2.2.2.
[359] vgl. Paul (Durchsetzungsfähigkeit) S. 332 ff.
[360] Rusche (Dialog) S. 46.

2.3 Dritte Perspektive: Ethik- und Werteebene

Können die beiden Konzepte Stakeholder und Shareholder Value irgendwie integriert werden? Ja, sagen viele Autoren und verweisen auf das so genannte *Konvergenz* Argument[361]. Es lautet etwa: *Ethik zahlt sich langfristig aus* und steigert damit auch den Unternehmenswert, den Shareholder Value. „Die Beachtung moralischer Anliegen mag zwar kurzfristig vermehrt Kosten verursachen, sich aber langfristig vielfach als ökonomisch erfolgreiche Strategie herausstellen. Setzung, Einhaltung und konsequente Verfolgung moralischer Standards schafft Vertrauen; dies reduziert Transaktionskosten bei Vertragsabschlüssen mit Arbeitnehmern, Abnehmern, Lieferanten … und Kapitalgebern und erleichtert die Kommunikation im Unternehmen und mit den Marktpartnern, ist also auch ökonomisch vernünftig".[362] Beispielsweise belasten Kosten für Betriebskindergärten und Alterssicherung zunächst die Bilanz der Unternehmung, steigern jedoch die Loyalität der Mitarbeiter und schaffen damit eine Grundlage des langfristigen Erfolgs[363].

„Ethic pays", lautet das Schlagwort des Ansatzes, der vor allem in der amerikanischen Literatur weit verbreitet ist. „Business ethics, rightly conceived, is just good business"[364].

Das Argument reklamieren beide Seiten in der Debatte für sich. Die Befürworter natürlich, indem sie es als überzeugenden Grund für Unternehmensethik anführen[365].

Aber auch die Protagonisten von Shareholder Value führen das an. Nach ihrer Logik wird gerade umgekehrt ein Schuh daraus. Wenn schon Unternehmensethik zu höherem Unternehmenswert führt, so sagen sie, brauchen wir keine moralisch überhöhten Begründungen dafür. Dann lasst uns doch einfach gute Shareholder Value Politik betreiben, das genügt, um die aus ethischer Sicht gewünschten Resultate zu erhalten.

Die Ergebnisse *empirischer Studien*, die die Korrelation zwischen ethischem Verhalten und Gewinn untersuchten, sind gemischt. Einige fanden einen positiven Zusammenhang, andere kamen zu keinem statistisch nachweisbaren Zusammenhang. Immerhin führte keine Studie zu einer negativen Korrelation. Ethisches Verhalten führt also zumindest nicht systematisch zu geringeren Unternehmenswerten.[366]

Nach dem so genannten *Hansen-Schema* existieren grundsätzlich acht Möglichkeit des kurz- und langfristigen Zusammenhangs zwischen ethischer und ökonomischer Effizienz (vgl. Abb. 2.21).

Langfristig, so die Ergebnisse der Untersuchungen, befinden sich die Unternehmen eher im II. bzw. im III. Quadranten, sofern überhaupt ein Zusammenhang besteht. Hohe ökonomische geht also mit hoher ethischer Effizienz einher, geringe ökonomische mit geringer ethischer.

Dennoch wäre es zu einfach, damit den Konflikt als erledigt zu betrachten. Denn das bedeutet keineswegs, dass in *jedem Einzelfall* die positive Korrelation gegeben ist. Bis-

---

[361] vgl. dazu z. B. Rusche (Dialog) S. 44 ff.
[362] Noll ((Unternehmensethik) S. 97.
[363] vgl. Rusche (Dialog) S. 44.
[364] Solomon (Excellence) S. 21, vgl. auch Porter/Kramer (Philanthropy).
[365] vgl. Velasquez (Ethics) S. 39 f.
[366] vgl. Velasquez (Ethics) S. 40, Backes-Gellner/Pull (Sozialpolitik).

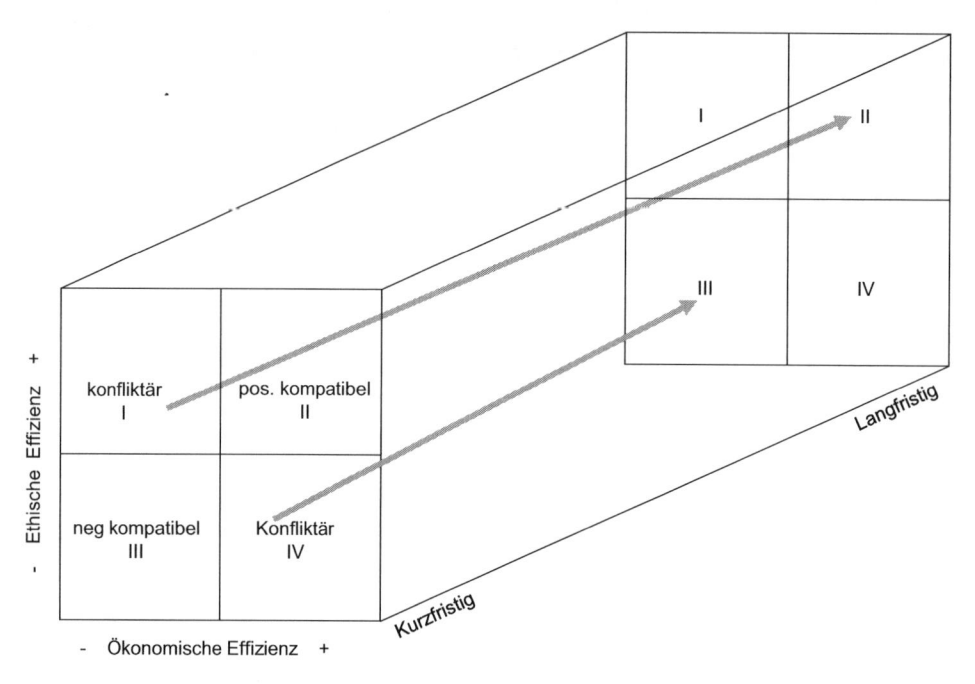

Abb. 2.21 Hansen-Schema. (Quelle: Hansen (Umweltmanagement) S. 742)

weilen kann sich das Unternehmen durchaus im konfliktären Bereich befinden, in dem sich Ethik eben nicht „rechnet". Das ist etwa der Fall, wenn das Unternehmen sich in einer Liquiditätskrise befindet und in jedem Fall kurzfristig das Ergebnis verbessern muss. Es kann aber auch langfristig gelten – betriebliche Altersvorsorge mag zu einer Erhöhung der Loyalität der Arbeitnehmer führen, diese zahlt sich aber nicht unbedingt immer aus.

Gerade dann ist aber Ethik gefragt. Ethik ist eben nicht ein weiteres Instrument zur Gewinnsteigerung, ethisches Verhalten sollte gerade nicht (nur) ökonomisch motiviert ein. Peter Ulrich kritisiert den Konvergenz-Ansatz entsprechend. Das Problem dabei sei, „dass dieser Ansatz das spezifisch ethische Kriterium, nämlich die Rücksichtnahme auf legitime Ansprüche um ihrer selbst willen (und nicht weil sich die ‚Rücksichtnahme' für den Akteur auszahlt), verfehlt und deshalb gerade in Situationen, in denen es darauf käme, da sich das ethisch Gebotene betriebswirtschaftlich auch längerfristig nicht rechnet, unternehmensethisch eine verkehrte Rangordnung der konfligierenden Wertgesichtspunkte suggeriert."[367] Für einige Autoren sind freiwillige Restriktionen bei der Verfolgung der Gewinninteressen sogar *Definitionsbestandteil* der Ethik[368]. Ethik wird erst dann zur Ethik, wenn damit *keine* – auch keine langfristigen – ökonomischen Vorteile verbunden sind.

Wenn also der radikale Ansatz des Shareholder Value abgelehnt und grundsätzlich die Unternehmensethik bejaht wird, dann geht es also darum, die bereits erwähnten *Spiel-*

---

[367] Ulrich (Unternehmensethik) S. 65.
[368] vgl. Steinmann/Löhr (Idee).

räume, die mehr oder weniger groß sein können, *auszunutzen*, was den Verzicht auf ökonomische Vorteile einschließen kann.

Was sind nun die wesentlichen *Ansätze* der Unternehmensethik, mit anderen Worten: was könnte Manager und Mitarbeiter zu ethischen Verhalten motivieren? Was sind die – der reinen Ökonomie übergeordneten – Quellen der Normen ethischen Verhaltens?

Eine traditionelle Quelle ethischer Normen ist die *Religion*. Religiöse Normen als Bezugspunkt spezifisch unternehmensethischen Handelns werden in der betriebswirtschaftlichen Literatur der Gegenwart selten diskutiert.

Vor allem *Kalveram* postulierte in Deutschland eine *christlich* geprägte Betriebswirtschaftslehre, doch entstanden seine Werke vor rund fünfzig Jahren[369]. Derzeit befassen sich nur vereinzelt Autoren mit speziellen Fragen in diesem Kontext[370].

Autoren, die sich mit dem *Islam* und wirtschaftswissenschaftlichen Fragen befassen, beleuchten insbesondere die Auswirkungen des Zinsverbots des Korans[371]. Die Auswirkungen des islamischen Glaubens auf die Volkswirtschaft werden gelegentlich thematisiert[372], ebenso der Zusammenhang zwischen Islam und Wirtschaftsethik auf der volkswirtschaftlichen, der Makroebene[373]. Auf die Meso-, die Unternehmensebene, wird aber auch hier nicht eingegangen. Auch eine *buddhistische* Unternehmensethik existiert in Ansätzen[374], hat aber ebenfalls keine weite Verbreitung gefunden.

Religiöse Begründungen unternehmensethischen Handelns haben in der Gegenwart also offenbar nur eine *untergeordnete* Bedeutung.

Es gilt daher, eine Quelle zu finden, die auch in unserer säkularen, nicht religiösen Welt nicht versiegt. Hierzu existieren mehrere Ansätze[375]. Als Beispiel sei der von *Peter Ulrich*[376] beschrieben. Er entwickelt eine „*Vernunftethik* des Wirtschaftens"[377], also eine in der Vernunft begründete Wirtschaftsethik. Ulrich sieht derzeit ein Spannungsfeld zwischen der humanistischen Ethik des Bürgers in der modernen Zivilgesellschaft einerseits, und dem ökonomischen Erfolgsstreben andererseits. Dieses Spannungsfeld gilt es zu überwinden durch eine *Integration* beider Prinzipien. Die humanistische Ethik soll im Selbstverständnis von Wirtschaftsbürgern stets vorhanden sein. „Wirtschaftsbürger sind Wirtschaftssubjekte, die ihren ‚Geschäftssinn' von ihrem ‚Bürgersinn' nicht abspalten, sondern jenen in diesen integrieren wollen, um sich selbst als integer, d. h. buchstäblich

---

[369] vgl. Kalveram (Gedanke), Kalveram (Ethos), Kalveram (Industriebetriebslehre), Neugebauer (Unternehmensethik) S. 59 ff.

[370] vgl. Röhr (Personalpolitik), Nutzinger (Wirtschaftsethik).

[371] vgl. z. B. Visser (Islamic), Karich (Systeme).

[372] vgl. Kuran (Islam).

[373] vgl. Ucum (Islam).

[374] vgl. Welford (Greed) S. 30 ff., Ims/Zsolnai (Failure) S. 15 ff, Zsolnai/Ims (Limits).

[375] vgl. z. B. Steinmann/Löhr (Grundlagen), Beschorner/Hollstein/König (Unternehmensethik), Enderle (Regel), Küng (Sinnfrage), Lay (Ethik).

[376] vgl. Ulrich (Wirtschaftsethik), Ulrich (Unternehmensethik).

[377] vgl. Neugebauer (Unternehmensethik) S. 107.

als ganze Person, wahrnehmen und verstehen zu können. Sie wollen das, weil sie sich … als mitverantwortliches Mitglied der ‚bürgerlichen' Gesellschaft verstehen und das für eine solche Gesellschaft wesentliche republikanische Ethos verinnerlicht haben. … Der republikanisch gesinnte Wirtschaftsbürger – und dies ist der springende Punkt – will auch im Wirtschaftsleben sehr wohl erfolgreich sein, aber er will gar keinen anderen Erfolg als jenen, den er vor sich selbst wie vor seinen Mitbürgern vertreten kann, da er mit den Grundsätzen einer wohl geordneten Bürgergesellschaft problemlos vereinbar ist. Was ihn dazu motiviert, ist schlicht seine Selbstachtung als Bürger, vielleicht sogar sein ‚Bürgerstolz', und der Wunsch, auch für andere ein achtenswerter Bürger zu sein."[378]

Ulrich versucht deutlich zu machen, dass dies durchaus kein idealistischer realitätsfremder Ansatz ist: „Mit dem selbstlosen Altruismus eines hehren Idealisten, der bereit ist, auf sein eigenes Vorteilsstreben ganz zu verzichten und im Wirtschaftsleben mit fliegenden Fahnen unterzugehen, d. h. sich vom Markt die ‚rote Karte' zeigen zu lassen, hat dieses Wirtschaftsbürgerethos ebenso wenig zu tun wie mit dem Gegenpol eines rücksichtslosen Egoismus. Eher ließe sich sagen, dass aufgeklärte Wirtschaftsbürger lebensklug genug sind, ihr ökonomisches Vorteils- und Erfolgsstreben in die Voraussetzungen ihrer Selbstachtung zu integrieren, statt es zulasten ihres im Ganzen gelingenden und erfüllten Lebens zu verabsolutieren."[379]

Überhaupt betonen diverse Autoren immer wieder, dass Unternehmensethik nicht mit blauäugigem Idealismus zu verwechseln ist. Im Fall von amoralischen Gegenspielern kann demnach sogar „der Einsatz von ebenso amoralischen Konterstrategien ethisch geboten sein"[380].

Kritiker bezweifeln dennoch, dass sich Ulrichs Verhaltensmaximen im durch Dynamik, Konkurrenz, Zeit- und Wettbewerbsdruck geprägten betrieblichen Alltag durchsetzen können. So fragt Neugebauer: „Sind die Anforderungen an den vernünftigen Menschen nicht in ähnlicher Weise zu idealistisch, wie sie beim homo oeconomicus zu praxisenthoben und irreal sind. Stellen beide Menschenbilder nicht eher nur wissenschaftliche Modellannahmen anstelle von Realtypen dar?"[381]

Beispiel: Unternehmensethik im Fall Ford Pinto

Viele Fallstudien in Sachen Unternehmensethik sind bekannt und publiziert worden[382].

Ein klassischer Fall, der das Dilemma zwischen Ethik und Gewinn aufzeigt, ist der des Ford Pinto.[383]

---

[378] Ulrich (Unternehmensethik) S. 71.
[379] Ulrich (Unternehmensethik) S. 71.
[380] Rusche (Dialog) S. 46.
[381] Neugebauer (Unternehmensethik) S. 133.
[382] vgl. z. B. Jennings (Ethics), Velasquez (Ethics), Huber/Scharioth/Pallas (Practice).
[383] vgl. zum Fall Velasquez (Ethics) S. 70 ff., Jennings (Ethics) S. 435 ff.

2.3 Dritte Perspektive: Ethik- und Werteebene

In den 1960er Jahren kam die Ford Motor Company erstmals auf dem US-amerikanischen Heimatmarkt unter Druck durch das Auftauchen preiswerter japanischer Kleinwagen. Ford reagierte mit dem relativ schnell entwickelten „Pinto", ein Wagen der unteren Kompaktklasse zum Preis von rund 2000 $. Bedingt vor allem durch den Zeitdruck in der Entwicklung – das Fahrzeug wurde in zwei statt der üblichen vier Jahre zur Marktreife gebracht – hatte der Pinto eine Schwäche. Der Benzintank befand sich hinter der Hinterachse. Bei Auffahrunfällen durch andere Verkehrsteilnehmer schon bei relativ geringem Tempo – 40 km/h – konnte der Tank beschädigt werden. Als Folge lief Benzin aus, was im schlimmsten Fall zu einer Explosion mit tödlichen Folgen für die Insassen führen konnte. Sollte der Benzintank daher modifiziert, d. h. durch eine Gummihülle sicherer gemacht werden?

Bei Ford wurde folgende interne Kosten-/Nutzen-Studie durchgeführt. Die (vereinfacht dargestellten) Ergebnisse lauteten:

Eine Modifikation des Tanks würde 11 $ pro Fahrzeug kosten, bei 12,5 Mio. vorgesehenen Einheiten folglich $11 \times 12{,}5$ Mio $= \mathit{137{,}5\ Mio\ \$}$.

Die Gegenrechnung war: was würde es kosten, den Tank nicht zu modifizieren? Statistiker errechneten, im Laufe der Lebenszeit käme es wahrscheinlich zu rund 2100 verbrannten Fahrzeugen mit 180 Toten und 180 Schwerverletzten.

Der durchschnittliche Zeitwert eines verbrannten Autos wurde auf 700 $ geschätzt. Schwere Brandverletzungen wurden zu der Zeit von den Versicherungen mit 67.000 $ pro Person angesetzt; für ein Menschenleben existierte eine offizielle „Wert"-Angabe der US-Regierung, die sich auf 200.000 $ belief. Der Gesamtbetrag war also: $2100 \times 700 + 180 \times 67.000 + 180 \times 200.000 = \mathit{49{,}53\ Mio\ \$}$.

Die Kosten durch Unfälle, Verletzungen und Tod waren also als deutlich geringer einzuschätzen als die einer zusätzlichen Sicherung des Tanks.

Das Management von Ford entschied daraufhin, den Ford Pinto ohne die zusätzliche Sicherung zu bauen. In den folgenden Jahren verloren nach Schätzungen mindestens 60 Personen durch den Konstruktionsfehler ihr Leben und mindestens 120 erlitten schwere bis schwerste Brandverletzungen. Schließlich nahm Ford den Pinto wieder vom Markt.

Wie ist das Verhalten des Managements ethisch zu werten? Viele werden es wohl spontan verurteilen. Immerhin wurden bewusst Menschenleben zugunsten eines höheren Gewinns geopfert. Der Fall zeigt aber, dass diese Wertung nicht ganz so eindeutig ist, wie sie zunächst scheint. Bei näherem Hinsehen ergeben sich einige Rechtfertigungsgründe.

- Erstens verstieß das Unternehmen *nicht gegen das Gesetz*. Die damaligen Bestimmungen verlangten nur, dass ein Tank bei Kollisionen von weniger als 20 Meilen pro Std. – also 36 km/h – halten musste. Diese Vorschrift war erfüllt.
- Zweitens war nach Ansicht der Entwicklungsabteilung der Ford Pinto trotz des Fehlers *statistisch immer noch so sicher* wie andere Fahrzeuge dieser Klasse.
- Das nahe liegende Argument, man könne ein Menschenleben doch nicht *gegen Geld aufrechnen*, hält einer näheren Betrachtung nicht stand. Tatsächlich werden täglich

Menschenleben gegen Geld aufgerechnet. Wenn beispielsweise für ältere Fahrzeuge nicht vorgeschrieben ist, diese nachträglich sofort mit Front- und Seitenairbags auszurüsten (und die Eigentümer das in der Regel auch nicht freiwillig tun), so gefährdet man damit wissend Menschenleben aus ökonomischen Gründen. Wenn in Flugzeugen aus ökonomischen Gründen immer mehr Sitzreihen installiert werden, dann riskiert man damit im – wenn auch heute sehr seltenen – Fall eines Absturzes mehr Menschenleben als zuvor. In letzter Konsequenz würde Wirtschaft und Verkehrs sofort zusammenbrechen, setzte man den Wert eines Menschenlebens absolut. Es geht letztlich immer um die Abwägung, um die Höhe des Preises eines Menschenlebens. Im Fall des Ford Pinto hat das Management immerhin die offizielle Zahl der Regierung als Bezugsgröße genommen.
- Die 11 $ pro Fahrzeug hören sich wenig an. Bei den damaligen Preisen sind das indessen 0,5 % vom Umsatz. Auch das klingt nach wenig, aber gerade in der Klasse der Kleinwagen sind die Margen oft sehr eng, und ein Gesamtgewinn von unter 1 % bezogen auf den Umsatz ist nicht ungewöhnlich. Die Modifikation des Tanks hätte also in dem Segment zu einer großen Belastung geführt.

Trotz dieser Argumente wird heute das Vorgehen des Managements von Ford als Negativbeispiel, als Fall fehlender Unternehmensethik, gesehen. Mit dazu beigetragen hat sicher der Imageschaden, der durch das Bekanntwerden der internen Berechnung entstand, und die Kosten von Gerichtsverfahren, die gegen das Unternehmen von Unfallopfern und ihren Angehörigen angestrengt wurden. Aus dieser Sicht ist der Fall Ford Pinto dann eher ein Beispiel, wie langfristig ethisches Verhalten und Geschäftsinteressen kompatibel sind.

2.3.2.2 Implementierung der Unternehmensethik

Was kann ein Unternehmen konkret tun, wenn die Geschäftsführung bewusst auf ethisches Verhalten setzen möchte?

Ethische Fragestellungen tauchen im Umgang mit den verschiedensten Gruppen auf, sowohl externen als auch internen[384].

Typische *externe* Adressaten sind:

- *Kunden*, die bei den Produkten ein faires Preis-Leistungsverhältnis erwarten, insbesondere was Produkteigenschaften betrifft, die der Käufer nicht auf Anhieb erkennen kann. Konsumenten verlangen auch Schutz vor irreführender Werbung. Im industriellen, also so genannten business-to-business Bereich erwarten Kunden auch den Verzicht auf korrupte Praktiken wie der Bestechung von Einkäufern
- die *Umwelt* – Stichwort: Umweltverträgliches Verhalten
- der *Staat* und die *örtliche Gemeinde*, die etwa Korrektheit bei der Steuerzahlung und positives soziales Engagement in der Standortgemeinde erwarten.

---

[384] vgl. Velasquez (Ethics) S. 249 ff.

2.3 Dritte Perspektive: Ethik- und Werteebene

Interne Adressaten sind die *Mitarbeiter*. Hier geht es um einen humanen Führungsstil, ehrliche Informationspolitik und insbesondere auch eine Politik der Nicht-Diskriminierung. Niemand darf also wegen seines Geschlechts, seiner Herkunft, seiner Hautfarbe, wegen einer Behinderung oder aufgrund seiner sexuellen Orientierung benachteiligt werden. Umstritten ist, ob darüber hinaus Gruppen, die traditionell benachteiligt wurden, zungunsten anderer Gruppen verstärkt gefördert werden sollten. Ob also zum Beispiel bei (annähernd) gleicher Qualifikation eine Mitarbeiterin aufgrund ihres Geschlechts Vorrang vor männlichen Kandidaten haben sollte. Diese Praxis ist in den USA unter der Bezeichnung *affirmative action*[385] bekannt.

Aufgrund der Vielzahl und Vielfältigkeit der Anspruchsgruppen ist Ethik kein separater oder separierbarer Funktions- oder Geschäftsbereich im Unternehmen. Ethik ist vielmehr eine *Querschnittsfunktion*. Ethik ist ein Thema etwa in folgenden Bereichen bzw. bei folgenden Aufgaben[386]:

- Formulierung eines *Unternehmensleitbildes*
- Schaffung einer ethik-freundlichen *Unternehmenskultur*
- Schaffung einer ethik-freundlichen *Organisationsform*
- Implementierung eines *Führungsstils*, der ethischen Anforderungen gegenüber Mitarbeitern gerecht wird.
- Im *Marketing* sind ethische Aspekte etwa bei der *Produktgestaltung* oder in der *Kommunikation* relevant.

Da alle diese Themenbereiche später noch behandelt werden und hier ja gerade der Anspruch erhoben wird, Fragen der Ethik nicht von anderen operativen Fragen zu trennen, sollen sie dort auch im Rahmen konkreter betriebswirtschaftlicher Problemstellungen behandelt werden. Einige Instrumente zur Implementation eines Ethik-Managements, die nicht bei anderen Themen zu lokalisieren sind und das Unternehmen insgesamt betreffen, werden aber an dieser Stelle skizziert.

Bei der Einführung eines Ethik-Management wird zwischen zwei grundsätzlich unterschiedlichen „Philosophien" unterschieden: dem *Compliance*-Ansatz und dem *Integrity*-Ansatz.

Ziel des *Compliance*-Ansatzes ist es, „Handlungsspielräume der Mitarbeiter zu begrenzen, um opportunistisches (Fehl-)Verhalten soweit wie möglich zu verhindern"[387].

Banal ausgedrückt, den Mitarbeitern soll wenig Gelegenheit gegeben werden, sich unethisch zu verhalten. Die Begrenzung des Handlungsspielraumes kann mittels Handbüchern, Anweisungen, Kontroll- und Überwachungsmaßnahmen und Sanktionsmechanismen erfolgen. Beispielsweise kann das korrekte Verhalten von Servicemitarbeitern durch unmittelbare Befragung von Kunden kontrolliert werden, oder im Arbeitsvertrag wird

---

[385] vgl. Velasquez (Ethics) S. 397 ff.
[386] vgl. zum Abschnitt Noll (Unternehmensethik) S. 114 ff., Gilbert (Unternehmensethik).
[387] Noll (Unternehmensethik) S. 119.

	Compliance-Ansatz	**Integrity-Ansatz**
Zielsetzung	Konformität mit externen Verhaltensstandards herstellen	„Selbststeuerung" des Mitarbeiters
Steuerungs-philosophie	Begrenzung diskretionärer Handlungsspielräume	Ermöglichung moralischen Verhaltens
Verhaltensannahme, Menschenbild	vom materiellen Eigen-interesse geprägtes Wesen (extrinsische Motivation): opportunistisches Verhalten	von eigenen und sozialen Interessen geprägtes Wesen (intrinsische Motivation), verantwortungsbewusstes, lernfähiges Verhalten
Maßnahmen	Misstrauenskultur: Über-wachung, Fremdkontrolle, Sanktionsmaßnahmen	Vertrauenskultur: Freiräume für Eigenverantwortung schaffen

Abb. 2.22 Merkmale des Compliance- und Integrity-Ansatzes. (Quelle: Noll (Unternehmensethik) S. 121)

festgelegt, dass die Bestechung von Einkäufern potenzieller Kunden zur fristlosen Entlassung führt, wobei straf- und zivilrechtliche Konsequenzen davon unbenommen bleiben.

Hingegen setzt der *Integrity*-Ansatz darauf, positiv „moralisch verantwortungsvolles Verhalten zu stützen."[388] Es soll eine entsprechende Vertrauenskultur im Unternehmen geschaffen werden, etwa durch Motivation und Entwicklung der Mitarbeiter.

Offensichtlich gehen beide Ansätze von unterschiedlichen Menschenbildern aus: während der Compliance-Ansatz eher vom Egoisten und Opportunisten ausgeht, ist das Menschenbild des Integrity-Ansatzes positiver und idealistischer. Abbildung 2.22 stellt beide Ansätze gegenüber.

Beide Ansätze schließen sich in der realen Unternehmenswelt nicht aus, im Gegenteil wird oft sowohl der eine als auch der andere Ansatz verfolgt werden. Als Grundsatz mag der Integrity-Ansatz erfolgsversprechender wirken, ist doch gerade moralisch ansprechendes Verhalten etwas, was stark auf dem guten Willen des Einzelnen aufbaut und schwer oder gar nicht zu verordnen ist. Andererseits ist der Compliance-Ansatz in manchen Feldern wirksamer. Wirtschaftskriminalität wird durch Kontrolle und Sanktionen wohl effektiver bekämpft als durch Schaffung einer Vertrauenskultur. Wenn darüber hinaus opportunistisches, von individuellen Interessen geleitetes Verhalten als Wesenszug unterstellt wird, wie das beim Thema Principal-Agent oder bei der Institutionen-Ökonomik der Fall ist, dann wird man konsequenterweise auch um Teile des Compliance-Ansatzes nicht herumkommen.

Hier nun eine Reihe möglicher *konkreter Maßnahmen* zur Einführung eines Ethik-Managements:

---

[388] Noll (Unternehmensethik) S. 120.

2.3 Dritte Perspektive: Ethik- und Werteebene

- *Ethik-Kodizes*
- *Ethik-Beauftragte, -Ombudsmänner*
- *Ethik-Hotlines*
- *Ethik-Kommissionen*
- *Ethik-Trainings*
- *Ethik-Audits*

Ethik-Kodizes, im Englischen meist Codes of Conduct, im Deutschen auch Unternehmensleitsätze genannt, legen schriftlich die ethischen Leitlinien des Unternehmens fest. „Sie betonen darin zumeist die gesellschaftliche Einbindung des Unternehmens sowie ihr Anliegen, den verschiedenen externen wie internen Stakeholder-Gruppen soweit wie möglich gerecht zu werden"[389]. Als Pionier der Erstellung von weltweit verbindlichen Codes of Conduct ist Hewlett Packard bekannt geworden. Mittlerweile ist aus deren Code of Conduct ein umfangreicher „Global Citizenship Report" geworden[390]. In den Vereinigten Staaten haben inzwischen über 90 % der Großunternehmen solche Kodizes erstellt[391]. In Europa ist der Codex des Herrenausstatters Soer bekannt geworden (Abb. 2.23).

Umfang, Qualität und Detaillierungsgrad solcher Kodizes unterscheiden sich erheblich. Sie können ein wertvolles Instrument sein, um das Bewusstsein aller Mitarbeiter in diesen Fragen zu stärken. Die Gefahr ist allerdings, dass sie sehr allgemein gehalten sind, nicht gelebt werden und zum Public-Relations-Instrument verkommen. Dann kann ihre Wirkung kontraproduktiv sein. Bei Mitarbeitern etwa, die in ihrer täglichen Arbeit erleben, wie ihre Führungskräfte weitgehend das Gegenteil von dem tun oder zu tun scheinen, was in den Kodizes postuliert wird, wird ein Unternehmenskodex schnell zur Zielscheibe von Spott und Zynismus.

Ethik-Beauftragte oder *-Ombudsmänner*[392] sind, wie der Name sagt, Mitarbeiter des Unternehmens, die voll oder teilweise dafür abgestellt wurden, für die Einhaltung ethischer Normen im Unternehmen zu sorgen. Auch diese Einrichtung ist in den USA weiter verbreitet als in Deutschland, die dortigen *Ethics Officers* sind teilweise auf Vorstandsebene angesiedelt. Im Vergleich zum Beauftragten, der von der Geschäftsführung eingesetzt wird oder ihr sogar angehört, ist der Ombudsmann eine neutrale Person, vergleichbar eher mit dem Betriebsrat. Vorteil dieser Einrichtung ist das Vorhandensein eines Adressaten, also einer zuständigen Person, an die sich insbesondere Opfer unethischen Verhaltens wenden können. Dem steht die Gefahr gegenüber, dass ethische Belange an die Beauftragten praktisch „delegiert" werden, was dem Grundsatz widerspricht, nach dem Ethik etwas ist, das jeden im Unternehmen angeht.

Eine *Ethics-Hotline* ist eine „innerbetriebliche, gebührenfreie Telefonnummer, bei welcher Mitarbeiter anonym vermutete moralische oder rechtliche Unregelmäßigkeiten zur

---

[389] Noll (Unternehmensethik) S. 116.
[390] vgl. Hewlett Packard (Citizenship).
[391] vgl. Palazzo (Interkulturelle) S. 212.
[392] vgl. Noll (Unternehmensethik) S. 127 ff.

Unternehmensethischer Codex
Präambel

Die Unternehmenskultur der SØR Herrenausstatter bedarf der unternehmensethischen Reflexion und normativen Begründung. SØR verpflichtet sich, für jede unternehmensethische Norm zu prüfen, ob ein Konsens aller Argumentierenden möglich ist, die als Diskurspartner unabhängig von ihrer gesellschaftlichen und unternehmenshierarchischen Stellung gleichberechtigt sind. SØR wählt nur solche unternehmensethischen Normen, die eine Annäherung der realen Kommunikationsverhältnisse unserer erfolgsverpflichteten Unternehmung an die Bedingungen der idealen Kommunikationsgemeinschaft ermöglichen.

1. Beteiligung: Vor Entscheidungen sind die Betroffenen zu hören und an der konsensualen Entscheidungsfindung möglichst zu beteiligen.
2. Einfühlen/Vertreten: Die Betroffenen sind von den Entscheidungsträgern advokatorisch zu vertreten, wenn ihre Argumente aufgrund von Zeit- und Handlungsdruck nicht gehört werden könnten.
3. Rollentausch: Konsensorientierte Unternehmensführung verpflichtet zum idealen Rollentausch, zur einfühlenden Parteinahme von Alter und Ego.
4. Wahrhaftigkeit: In der Kommunikation verpflichten wir uns zur Wahrhaftigkeit.
5. Offenheit: *Etwas sagen* und *Sich-etwas-sagen-Lassen* sind Ausdruck der aktiven und passiven Kritikfähigkeit und wechselseitige Voraussetzung für offene, konsensbezogene Klärung und Auseinandersetzung.
6. Personalität: SØR stellt den Menschen in den Mittelpunkt des unternehmerischen Handelns und verpflichtet sich zur Entwicklung der menschlichen Potenziale durch kreative Arbeit.
7. Sozialität: Durch kollegiale Zusammenarbeit wird allen Mitarbeitern das wechselseitige *Aufeinanderangewiesen-Sein* der Menschen in unserem Unternehmen bewusst.
8. Solidarität: Solidarität bedeutet gegenseitige Unterstützung und Hilfsbereitschaft von Alter und Ego, wenn dieser die Unterstützung bedarf und jener dazu in der Lage ist. Solidarität verpflichtet das Unternehmen zur Verantwortung für die Mitarbeiter und schließt die Verantwortung der Mitarbeiter für die Unternehmung zugesichert.
9. Subsidiarität: Zur Entfaltung der menschlichen und unternehmerischen Potenziale wird jedem Mitarbeiter ein größtmöglicher Verantwortungs- und Entscheidungsspielraum ermöglicht und die notwendige Unterstützung zugesichert.
10. Toleranz: Untereinander respektieren wir abweichende innere Überzeugungen und Wertvorstellungen.
11. Fairness: Unser Codex gilt für alle in gleicher Weise und verpflichtet durch seine Beachtung zur fairen Zusammenarbeit.
12. Zukunftsverantwortung: Die Macht der Zukunftsvernichtung verpflichtet uns zur Zukunftsverantwortung für unsere eine Welt und ihre zukünftige Bewohner in Nord und Süd, Ost und West.

Abb. 2.23 Unternehmensethischer Codex von Soer. (Quelle: Rusche (Dialog) S. 53)

Anzeige bringen und Beratung in moralischen Konfliktsituationen erhalten können"[393]. Die Gefahr besteht im Missbrauch der Hotline zur Denunziation von Kollegen, was in der Praxis aber bisher offenbar nicht in größerem Umfang vorgekommen ist.

Ethik-Kommissionen werden außerhalb der Unternehmenshierarchie etabliert, oft unter Einbezug externer Berater[394]. In vielen Fällen dienen die Kommissionen der – teilweise auch vorbeugenden – Lösung von Konflikten mit außenstehenden Gruppen. So hat der

---

[393] Noll (Unternehmensethik) S. 128.
[394] vgl. Steinmann/Löhr (Kommissionen), Noll (Unternehmensethik) S. 129 f.

Warenhauskonzern Hertie Ende der 1980er Jahre zusammen mit Mitarbeitern des BUND eine Kommission gegründet, um das Sortiment auf Umweltverträglichkeit hin zu überprüfen.

Ethik-Trainings erfüllen unterschiedliche Aufgaben[395]: sie sollen Mitarbeiter, insbesondere neue Mitarbeiter, für das Thema sensibilisieren, sie sollen informieren über Standards und Praktiken im Unternehmen, und Aufklären über die Grenze zwischen legitimen und illegitimen Verhalten, beispielsweise wann aus einem Geschenk an einen potenziellen Kunden eine mögliche Korruption wird.

Unternehmen, die bestimmte Standards einhalten, können sich das mittels eines *Ethik-Audits* zertifizieren lassen[396]. Wie das bekannte Zertifikat ISO 9000 bestimmte Standards im Qualitätsmanagement bescheinigt, bescheinigen Ethik-Zertifikate ein bestimmtes Niveau des Ethik-Managements. Führend ist dabei Organisation Social Accountability Standards (SAI), die das so genannte SA 8000 ausstellt[397].

Beispiel: Der Fall des Boeing-Chefs Harry Stonecipher[398]

Zu Beginn des Jahres 2003 geriet das Luftfahrtunternehmen Boeing in Schwierigkeiten wegen Bestechungsvorwürfen im Zusammenhang mit Rüstungsgeschäften mit dem US-Verteidigungsministerium. Boeing war deshalb von Bieterverfahren des Pentagons ausgeschlossen worden. Harry Stonecipher, der bereits zuvor Vorstandsmitglied von Boeing war, wurde daraufhin aus dem Ruhestand zurückgeholt und Vorstandschef des Unternehmens. Um Vorwürfe der Bestechung für die Zukunft zu verhindern, und um damit wieder an Ausschreibungen des Pentagons teilnehmen zu können, entwickelte er einen strengen Ethik-Kodex. Er forderte, auch kleinste Verstöße dagegen zu ahnden.

Dieser Kodex enthielt auch ein Verbot sexueller Beziehungen zwischen Vorgesetzten und Mitarbeitern, und zwar nicht nur mit dem unmittelbaren Vorgesetzten.

Im März 2005 wurde durch anonym über die Ethics-Hotline weitergeleitete Informationen bekannt, dass der verheiratete Stonecipher ein Verhältnis mit einer weiblichen Führungskraft hatte. Die Vorwürfe wurden durch ebenso anonym weitergereichte E-Mails zwischen dem Boeing-Chef und der Mitarbeiterin belegt.

Die Mitarbeiterin war Stonecipher nicht unmittelbar unterstellt, die Beziehung beruhte auf beidseitigem Einverständnis, und Anzeichen für einen Zusammenhang zwischen der Beziehung und der Beurteilung und Karriere der Mitarbeiterin waren nicht erkennbar. Dennoch lag ein Verstoß gegen den Ethik-Kodex des Unternehmens vor.

Stonecipher, der aus den genannten Gründen selbst immer für eine strenge Einhaltung des Kodexes und für null Toleranz bei Abweichungen plädiert hatte, zog die Konsequenzen und trat zurück.

---

[395] vgl. Noll (Unternehmensethik) S. 142 ff.
[396] vgl. Noll (Unternehmensethik) S. 149 ff.
[397] vgl. SAI (SAI).
[398] vgl. Buchter (Stonecipher), Oneal (Boeing), o. V. (Stonecipher).

Einige Fragen, die in diesem Zusammenhang diskutiert werden könnten:
- Inwiefern sollte überhaupt von „Ethik" gesprochen werden, wenn die Erstellung des Kodexes so offensichtlich auf handfesten Geschäftsinteressen beruhte?
- Inwieweit zeugt es nicht eher von fragwürdigen Moralvorstellungen, wenn private Beziehungen auch dann verboten werden, wenn es sich nicht um ein unmittelbares Vorgesetztenverhältnis handelt und kein Zusammenhang zwischen der Beziehung und der Beurteilung der Mitarbeiter besteht?
- Inwieweit kann schließlich der Informant für sich in Anspruch nehmen, hohen moralischen Ansprüchen zu genügen, der anonym den Fall meldete?

Unternehmen, die ein Ethik-Management implementiert haben und sozial verantwortungsbewusst handeln, werden dies auch aktiv *kommunizieren*. Die hohe Bedeutung der Kommunikation im Zusammenhang mit sozialer Verantwortung ist nachvollziehbar und zweifellos legitim. Die Kommunikation muss aber durch entsprechendes tatsächliches *Handeln* gestützt sein. Die Selbstdarstellung soll „über die herkömmlichen Public-Relations-Konzepte hinausgehen. Gefragt sind nicht billige Alibi-Übungen, welche die Realität eher verschleiern, sondern Maßnahmen, die sich an ihr orientieren und mit ihr auseinandersetzen"[399]. Wer diesem Grundsatz zuwider handelt, schadet seiner *Glaubwürdigkeit*, was weder moralisch vertretbar noch ökonomisch vorteilhaft ist.

In der Praxis ist die simpel klingende Aussage aber offenbar schwer umzusetzen. Viele Unternehmen sind insofern inkonsistent in ihrem Verhalten und damit auch unglaubwürdig, als sie einerseits eindeutig einen Shareholder Value Ansatz praktizieren und das auch gegenüber den Kapitalmärkten kommunizieren. Gegenüber der breiteren Öffentlichkeit präsentieren sie sich aber als Vertreter von Stakeholder Value und unterstreichen ihre „soziale Verantwortung" gegenüber Mitarbeitern und Gesellschaft. Die Gründe dieses Verhaltens sind nicht bekannt. Möglicherweise erscheint es den Unternehmen aber einfacher, zumindest verbal auf das in der Öffentlichkeit populäre Konzept der „sozialen Verantwortung" zu setzen, als das wesentlich unpopulärere Konzept des Shareholder Value offen zu vertreten.

Beispielsweise setzt sich die Deutsche Bank das Ziel einer hohen Eigenkapitalrendite von 25%[400]. Sie verfolgt damit unbestritten das Ziel der Maximierung des Shareholder Value, auch unter Inkaufnahme harter Einschnitte wie dem Personalabbau von insgesamt über 20.000 Mitarbeitern. Ob das dem Ziel der Maximierung des Unternehmenswertes tatsächlich dient, soll hier nicht diskutiert werden.

Gleichzeitig bezeichnet das Unternehmen im Geschäftsbericht neben den Aktionären die Kunden, Mitarbeiter und die Gesellschaft als Zielgruppen, explizit ohne eine von den vier Gruppen hervorzuheben. Sie bekennt sich auch eindeutig zur gesellschaftlichen Verantwortung: „Gesellschaftliche Verantwortung zu übernehmen ist Teil unserer Unterneh-

---

[399] Thommen/Achleitner (Betriebswirtschaftslehre) S. 969.
[400] vgl. zum Abschnitt z. B. o. V. (Bank).

menskultur"[401]. Deutlicher kann der Stakeholder Value Ansatz verbal kaum dargestellt werden.

Warum dieser Widerspruch? Die Bank ist in der Öffentlichkeit heftig kritisiert worden, weil trotz hoher Gewinne Arbeitsplätze abgebaut worden sind. Die Kritik muss nicht unbedingt gerechtfertigt sein, da nach dem Shareholder Value Ansatz Gewinnmaximierung auch bei damit verbundenem Personalabbau gesellschaftlich durchaus sinnvoll ist. Offenbar hält es die Unternehmensleitung aber für das größere Übel, das auch offensiv zu vertreten. Stattdessen werden die Diskrepanzen zwischen Handeln einerseits und Selbstdarstellung andererseits in Kauf genommen.

Besteht in diesem Verhalten selbst wieder ein Konflikt zu ethischem Verhalten? Eine der vielen Fragen, auf die keine eindeutige Antwort gegeben werden kann.

2.3.3 Individualethik

In der wirtschaftsethischen Diskussion herrscht weitgehend Einigkeit darüber, „dass individualethische Überlegungen für Entscheiden und Handeln im Wirtschaftsgeschehen nicht mehr das gleiche Gewicht zuerkannt werden kann wie früher"[402].

Gleichwohl ist sie keineswegs irrelevant. Einmal, weil auch Institutionen nur funktionieren, wenn Individuen bestimmte moralische Standards einhalten. Zum anderen, weil im vorliegenden Buch ein Schwerpunkt auf das Agieren der *Individuen* im Unternehmen gelegt wird. Der Betriebswirt, der beispielsweise nach einer Hochschulausbildung im Unternehmen beginnt, wird in vielen Fällen nicht mit Problemen konfrontiert werden, die das Verhalten des Unternehmens insgesamt betreffen, wohl aber mit individualethischen Fragestellungen.

Der Schwerpunkt wird hier auf zwei Fragen gelegt, die bisher noch nicht behandelt wurden und in der Praxis relevant sind:

- Wie reagiere ich als Mitarbeiter, wenn ich auf unethisches Verhalten stoße?

und

- Inwieweit ist politisches Taktieren legitim?

Unethisches Verhalten, oder aus Sicht des daneben stehenden Mitarbeiters unethische Zumutungen, können auf vielerlei Arten geschehen[403]:

---

[401] Deutsche Bank (Jahresbericht 2004) S. 15.
[402] Noll (Unternehmensethik) S. 153.
[403] vgl. zum Abschnitt Noll (Unternehmensethik) S. 160 ff., vgl. auch Hooghiemstra/Manen (Dilemmas).

- Viele werden Zeugen *„kreativer" Spesenabrechnungen*. Kollegen sammeln Quittungen von Dritten und rechnen sie als eigene Ausgaben ab. Auf Restaurantquittungen wird fälschlicherweise ein Kunde als Teilnehmer beim Abendessen aufgeführt, um das Essen als Bewirtungskosten abzurechnen. Ein bizarres, aber dennoch realistisches Beispiel ist das Mitnehmen schmutziger Wäsche von zu Hause auf die Dienstreise und deren Abgabe in der Hotelreinigung, weil das Unternehmen Reinigungskosten während Dienstreisen ab einer bestimmten Länge übernimmt.
- Oder ein Sachbearbeiter in der *Einkaufsabteilung* wird von seiner Führungskraft mit deutlichen Worten dazu angehalten, beim Lieferanten X zu bestellen. Der Sachbearbeiter weiß aufgrund seiner Erfahrung, dass X mit Sicherheit nicht der günstigste Lieferant ist. Er weiß aber auch, dass die Führungskraft den Vertreter von X sehr gut kennt.
- Oft werden Mitarbeiter auch Zeugen von Praktiken illegaler Gewinnverschiebung zum Zweck der *Steuerhinterziehung*, wenn etwa ein international tätiges Unternehmen gegenüber den Finanzbehörden andere als die tatsächlichen konzerninternen Transferpreise angibt. In einem multinationalen schweizerischen Unternehmen wurde die Praxis gegenüber den betroffenen Mitarbeitern in einem internen Memo dokumentiert: „Externally (for tax reasons) we credit only 60%. That means that we have an internal credit note and a different external credit note. That means also that only 60% will flow"[404].
- Seltener, aber gravierender, ist es, wenn ein Mitarbeiter von *Sicherheitsmängeln* in einem Produkt erfährt, aber erkennt, dass die zuständigen Manager versuchen, diese Tatsache zu verbergen. Ein Beispiel ist das der Firma Goodrich, einem Hersteller von Flugzeugbremsen. Ein Entwicklungsingenieur stellte dort fest, dass die Bremsen eines Kampfjets nicht die geforderte und vertraglich garantierte Leistung erbrachten. Seine Vorgesetzten forderten ihn aber auf, das Gegenteil in einem Bericht festzuhalten[405].

Ähnlich gelagert ist der Fall der US-Raumfähre Challenger und dem Zulieferer Morton Thiokol Inc[406]. Thiokol war verantwortlich für die Hilfsraketen (Booster Rockets) der NASA-Raumfähre inklusive der Dichtungsringe an den Triebwerken. Ausgelegt waren die Raketen (und die Ringe) für Temperaturen von mindestens 40°Fahrenheit (F), also rund 4,5°C. Am 28. Januar 1986 war, nach mehreren Verschiebungen, ein Start der Challenger vorgesehen. Die Temperatur an dem Tag betrug jedoch nur 30°F, d. h. sie lag knapp unter dem Gefrierpunkt. Ingenieure von Thiokol wiesen ihr Management auf die Gefahr hin, dass die Dichtungsringe bei der niedrigen Temperatur erodieren könnten, mit möglicherweise fatalen Folgen. Offenbar aus Sorge, den guten Kunden NASA zu verärgern, blockten die Manager von Thiokol aber ab und rieten der NASA, den Start durchzuführen. 74 s nach dem Start wurden die Ringe undicht. Treibstoff trat aus, die Challenger explodierte, alle sechs Astronauten und eine Lehrerin an Bord kamen ums Leben.

---

[404] o. V. (Steuermanöver).

[405] vgl. Velasquez (Ethics) S. 8.

[406] vgl. Jennings (Ethics) S. 190 ff.

2.3 Dritte Perspektive: Ethik- und Werteebene

Auf derartige ethische Dilemmas gibt es für die Betroffenen nach Nielsen[407] grundsätzlich *zehn Möglichkeiten*, zu reagieren:

1. kündigen/das Unternehmen verlassen (leave)
2. nicht daran denken/verdrängen (not think about it)
3. sich dem unmoralischen Verhalten (opportunistisch) anschließen und mitmachen (go along and get along)
4. die Aktion durch Sabotage vereiteln (sabotage)
5. anonym auf den Missstand aufmerksam machen (secretly blow the whistle)
6. anonym damit drohen, Vorgänge publik zu machen (secretly threaten to blow the whistle)
7. öffentlich auf den Missstand aufmerksam machen (publicly blow the whistle)
8. protestieren (protest)
9. gewissenhafte Einwände vorbringen (conscientiously object)
10. mit den betroffenen Akteuren einen Konsens für moralisches Handeln suchen (negotiate and build consensus for a change in the unethical behaviour).

Eine eindeutig analytisch richtige Lösung existiert nicht; es hängt weitgehend vom Einzelfall ab, welches Vorgehen angebracht erscheint.

Einige allgemeine Kriterien können aber hilfreich sein. Der Betroffene kann sich bei seiner Entscheidung von folgenden *Fragestellungen und Kriterien* leiten lassen[408]:

- Ist die Maßnahme *wirksam*? Wegsehen (2) ändert nichts, aber auch Kündigung und selbst Protest dienen vielleicht der Verbesserung des eigenen Empfindens, sind aber in der Regel nutzlos.
- Ist die Maßnahme *verhältnismäßig*? An die Öffentlichkeit gehen – whistleblowing – kann beispielsweise nicht nur für die Betroffenen, sondern auch für Unbeteiligte negative Folgen haben, indem dem Unternehmen insgesamt und damit auch unbeteiligten Mitarbeitern Schaden entsteht.
- Sind vor dem Ergreifen härterer Maßnahmen wie whistleblowing oder Sabotage alle *Möglichkeiten ausgeschöpft* worden, den Konflikt auf einer niederen Ebene zu lösen? Grundsätzlich sollte bei Konflikten – nicht nur bei Konflikten dieser Art – zunächst versucht werden, sie im Einvernehmen mit den Betroffenen zu lösen. Danach sollte grundsätzlich zunächst versucht werden, bei der Kommunikation über das unmoralische Verhalten den Dienstweg einzuhalten. Nur wenn diese Möglichkeiten ausgeschöpft oder offensichtlich wirkungslos sind, sollte über alternative Möglichkeiten nachgedacht werden.
- Falls das unmoralische Verhalten *anonym* angeprangert werden sollte, ist speziell zu fragen, ob das gerechtfertigt ist. Es gibt gute Gründe für anonymes Vorgehen, da sonst

---

[407] vgl. Nielsen (Managers) S. 309 ff., zit. nach Noll (Unternehmensethik) S. 161 f.
[408] vgl. Noll (Unternehmensethik) S. 162 f.

mit Repressionen oder Vergeltungsmaßnahmen zu rechnen ist. Andererseits erzeugen anonyme Anzeigen oder Drohungen eine Atmosphäre des Misstrauens, kann Unbeteiligte unter falschen Verdacht bringen, und zwingt zum Lügen und damit selbst zu moralisch fragwürdigem Verhalten.

- Generell ist bei allen Möglichkeiten die Frage zu stellen: ist die Reaktion *legitim*? Illegitim – wenn auch in der Praxis weit verbreitet – ist in der Regel die Alternative 3, das „go along and get along". Aber auch andere Maßnahmen können illegitim sein; deutlich wird das bei der Sabotage-Alternative, die nur in gravierenden Fällen bei unmittelbar drohender Gefahr für Gesundheit und Leben von Menschen gerechtfertigt ist.
- Welche *Konsequenzen* hat das Handeln für die finanzielle und persönliche *Situation des Betroffenen* und kann er die Konsequenzen tragen? „Jeder weiß, dass Engagement gegen unmoralisches Verhalten seinen Preis hat, da auch mit berechtigter und uneigennütziger Kritik nicht immer solide umgegangen wird. Kritische Mitarbeiter werden schnell zum Outsider und Nestbeschmutzer. Sie ernten verächtliche oder neidische Blicke, erhalten anonyme Anrufe oder werden mit finanziellen Nachteilen und Kündigungsdrohungen unter Druck gesetzt. Nicht von jedem kann daher Heldentum erwartet werden"[409]. Es kann daher durchaus legitim sein, nicht gegen unmoralisches Verhalten vorzugehen, wenn der Preis, den man dafür zahlen müsste, unzumutbar hoch wäre. Diese Aussage darf andererseits aber nicht zum Vorwand für fehlendes ethisches Engagement genommen werden. Es gilt also, den schmalen Grad zu finden zwischen illegitimer opportunistischer Anpassung einerseits und einem unzumutbaren – im übertragenen Sinn – „Heldentod" andererseits.
- *Besteht überhaupt eine Chance*, das unmoralische Verhalten im Unternehmen abzustellen? Ein Mitarbeiter kann zu dem Schluss kommen, dass Betrügereien bei Spesenabrechnungen und Korruption im Einkauf ständige Praxis sind und von weiten Teilen des Managements zumindest stillschweigend geduldet werden. Dann bleibt, sofern man das selbst für moralisch inakzeptabel hält, nur die Kündigung, bei fehlenden alternativen Möglichkeiten auf dem Arbeitsmarkt noch das „nicht daran denken".

Was bedeuten die Aussagen nun auf die oben dargestellten Beispiele bezogen? Tendenziell sollte aber bei den ersten beiden Fällen – Spesenbetrug und Korruption im Einkauf – zunächst das Gespräch mit den Beteiligten gesucht und dann unter Einhaltung des Dienstweges die nächsten Vorgesetzten eingeschaltet werden. Ob eine weitere Eskalation angebracht – und realistisch – wäre, hängt von vielen Faktoren ab und wäre im Einzelfall zu prüfen. Der „Challenger"-Fall hingegen rechtfertigte und verlangte drastischere Maßnahmen, da hier Menschenleben gefährdet wurden. Ein typischer Fall möglichen „whistleblowings". Dazu besteht in einem solchen Fall eine moralische Verpflichtung, zumal alle innerbetrieblichen Aktionsmöglichkeiten ausgeschöpft sind. Als Gedankenexperiment wäre selbst die Frage nicht abwegig, ob die Techniker von Thiokol nicht den Start der Challenger durch Sabotage hätten verhindern können und sollen (unter der Voraussetzung,

---

[409] Noll (Unternehmensethik) S. 164.

2.3 Dritte Perspektive: Ethik- und Werteebene

bei der Sabotage selbst kein Menschenleben zu gefährden). Immerhin wären damit sieben Menschenleben gerettet worden – was vor dem Start freilich nicht eindeutig vorherzusagen war und im Falle einer erfolgreichen Sabotage auch niemals jemand definitiv hätte sagen können.

Bei der Beantwortung von Ethik-Fragen existiert also kaum je ein „richtig" oder „falsch", aber eine große Grauzone.

Noch größer ist die Grauzone bei dem zweiten Thema, der Frage, inwieweit *politisches Taktieren im Unternehmen legitim* ist.

Ist es beispielsweise schon moralisch fragwürdig, wenn der Mitarbeiter ein wenig zu freundlich oder die Mitarbeiterin ein wenig zu charmant zum eigentlich unsympathischen Chef sind? Ist es schon moralisch fragwürdig, wenn ein Manager seinem Kollegen und „Konkurrenten" nicht aktiv alle Informationen weitergibt, die möglicherweise relevant sein könnten? Oder ist es erst moralisch fragwürdig, solche Informationen gezielt zurück zu halten? Oder gar erst die gezielte Falschinformation? Ist es legitim, bestimmte sensible Themen bewusst erst am Ende einer Sitzung auf die Agenda zu bringen und damit die Gegenseite unter Zeitdruck zu bringen? Wo hört bei aufwändiger Selbstdarstellung das legitime Wahrnehmen eigener Interessen auf und wo fängt das illegitime Taktieren an?

Grundsätzlich kann politisches Taktieren legitim sein[410]. Die Legitimität ist aber an bestimmte Bedingungen geknüpft. *Velasquez* entwickelt vier Kriterien, anhand derer jeder die Legitimität politischen Taktierens überprüfen kann[411]:

- Sind die Ziele, die mit dem Taktieren verfolgt werden, *sozial erwünscht*?
- Werden bei Verfolgung der Ziele die *moralischen Rechte* anderer respektiert?
- Führt das politische Taktieren zu einer *gerechten* Verteilung des Nutzen und der Lasten?
- Wie wirkt sich das Taktieren langfristig auf das *soziale Beziehungsnetz* im Unternehmen aus?
- Die *erste* Frage nennt Velasquez „*the utilitarian question*". Der Ausdruck bezieht sich auf den ethischen Ansatz des Utilitarismus, der besagt, man solle nach der Maxime „das größte Wohl für die größte Anzahl Menschen" handeln. Auf die Situation im Unternehmen bezogen bedeutet das: handelt der Betreffende im Sinne der Ziele des Gesamtunternehmens? Das Ziel des Gesamtunternehmens ist der (langfristige) ökonomische Erfolg, gegebenenfalls modifiziert durch nicht-monetäre soziale oder gesellschaftliche Ziele, wie das im oberen Kapitel Unternehmensethik diskutiert wurde. Politisches Taktieren ist also unter diesem Aspekt zunächst legitim, wenn es den Zielen des Unternehmens dient. Die Zurückhaltung von Informationen, um die eigenen Karrierechancen zuungunsten eines Kollegen zu verbessern, ist demnach unethisch, da das Vorgehen zu geringerer Effizienz im Unternehmen führt. Schwierig ist indessen in vielen Fällen die Beantwortung der Frage, welches Verhalten denn dem Unternehmen nützt.

---
[410] vgl. Mohr (Moral) S. 175.
[411] vgl. zum Abschnitt Velasquez (Ethics) S. 470 ff.

Unterschiedliche Gruppen im Unternehmen werden hier unterschiedliche Ansichten haben. Wenn der Leiter einer Werbeabteilung versucht, durch politisches Taktieren ein möglichst großes Werbebudget zu bekommen, um sein persönliches Prestige und seinen Status zu steigern, dann kostet dies das Unternehmen Geld, ist also von daher unethisches Verhalten. Was aber, wenn der Abteilungsleiter gleichzeitig der Überzeugung ist, die Werbekampagne sei eine sinnvolle Investition für das Unternehmen? In diesen Fällen bleibt nichts anderes übrig, als kritisch – und selbstkritisch! – im Einzelfall zu evaluieren, was im Interesse des Gesamtunternehmens liegt.

- Ein erstrebenswertes Ziel alleine genügt indessen nicht zur Rechtfertigung politischen Taktierens. Es müssen dabei auch *zweitens* die moralischen Rechte anderer respektiert werden („*the (moral) rights question*"). Der Zweck heiligt eben nicht immer die Mittel[412]. Velasquez lehnt unter diesem Gesichtspunkt etwa das bewusst freundliche Verhalten gegenüber anderen nur zur Erlangung eines Vorteils als manipulativ ab. „It is manipulative, for example, to feign love in order to extract favors from a person"[413]. Neben bewusster Irreführung (deception) hält er Manipulation für den Versuch „to get a person to do (or to believe) something that that person would not do (or believe) if he or she knew what was going on. These sorts of political tactics are unethical to the extent that they fail to respect a person's right to be treated not merely as a means but also as an end; that is, they fail to respect a person's right to be treated only as he or she has freely and knowingly consented to be treated."[414] In diese Kategorie moralisch fragwürdigen Verhaltens gehört das Ausnutzen einer ganzen Reihe von persönlichen Eigenschaften (oder Schwächen) wie Eitelkeit, Anfälligkeit für Schmeicheleien, Großzügigkeit und so weiter. Die Verhaltensmuster existieren dabei in alle Richtungen – also gegenüber gleichgestellten Kollegen ebenso wie gegenüber Vorgesetzten und Untergebenen.

Was aber, wenn gegenüber einem selbst solche Taktiken angewandt werden. Und wenn diese Taktiken offenbar in dieser speziellen Organisation weit verbreitet sind. Ist es dann moralisch gerechtfertigt, mit den gleichen Taktiken zu antworten? Möglicherweise ja. Es ist dann gerechtfertigt, so Velasquez, wenn die Taktiken in der Organisation üblicherweise angewandt werden, dies bekannt ist und stillschweigend gebilligt wird. Wer in einem solchen Unternehmen – freiwillig! – arbeitet, der akzeptiert implizit – juristisch ausgedrückt: durch konkludentes Handeln – die Anwendung dieser Taktiken und damit auch deren Anwendung gegen sich selbst. „If the members of an organization know that certain kinds of covert political tactics are in common use within an organization, and if, nonetheless, they freely choose to remain within the organization and become skilful in using and defending themselves against these tactics, then one can presume that these organizational members have tacitly consented to having those kinds of covert political tactics used against them-

---

[412] vgl. auch Mohr (Moral) S. 166.
[413] Velasquez (Ethics) S. 472.
[414] Velasquez (Ethics) S. 472.

selves. They have freely agreed to play an organizational game, as it were, in which everyone knows that fooling the other player and maneuvering them out of winning positions is all part of the game"[415]. „To play a game", ein Spiel spielen, ist eine im Zusammenhang mit politischem Taktieren weit verbreitete Metapher. Das Verhalten wird als ein Spiel um Macht, Einfluss, Status und Geld gesehen. Für einen neu eintretenden Mitarbeiter ist es dabei nicht immer einfach, zu erkennen, ob die Taktiken im Unternehmen allgemein stillschweigend hingenommen werden, da in den meisten Fällen darüber nicht offen geredet wird. Es ist daher auch schwer zu entscheiden, ob die Anwendung der Taktiken durch ihn gerechtfertigt sein mag. Er muss folglich bewusst versuchen, die teilweise verborgenen üblichen Verhaltensweisen zu erkennen. Er muss also mit anderen Worten im Wortsinn erkennen, „welches Spiel gespielt wird".

Es existiert allerdings eine Grenze, die bei diesem „Spiel" nicht überschritten werden sollte. Bestimmte Taktiken sollten nicht gegen Schwächere angewendet werden. Schwächere sind hier definiert als Personen, die diese Taktiken nicht kennen, nicht in der Lage sind, sie anzuwenden, und/oder aus persönlichen Gründen keine Chance (mehr) haben, das Unternehmen zu verlassen.

- Politisches Taktieren kann auch zu einer Verteilung von Vor- und Nachteilen führen, die als *ungerecht* empfunden werden. Das führt zu dem *dritten* Kriterium („*the justice question*"). Es ist dann illegitim, politische Taktiken einzusetzen, wenn dies zu ungerechter Verteilung von Vor- und Nachteilen bzw. zu Diskriminierung führt. Wird beispielsweise ein weniger qualifizierter Mitarbeiter befördert, weil dieser sich durch Zurückhaltung von Informationen, übertriebene Selbstdarstellung, Schmeicheleien und so weiter in die bessere Position gebracht hat, so hat dieser Mitarbeiter einen ungerechtfertigten Vorteil erlangt, während der nicht beförderte Kollege einen ungerechtfertigten Nachteil erleidet.
- *Viertens* sind die langfristigen Konsequenzen auf den sozialen Zusammenhalt in der Organisation zu bedenken („*the caring question*"). Wer übermäßig taktiert, trägt dazu bei, ein Klima des Misstrauens zu schaffen, sowie ein Klima der Korruption im weitesten Sinn, der Leistungsfeindlichkeit, und der Frustration insbesondere bei denjenigen, die selbst eher die „Opfer" als die „Täter" politischer Taktiken sind. Persönliche Beziehungen zu Freunden und Kollegen bleiben nicht unbeeinflusst von diesem Verhalten. Die im zweiten Kriterium beschriebene Organisation, in der ein Klima des politischen Taktierens allgemein vorherrscht, entsteht nicht von selbst oder über Nacht, sondern gerade erst durch Personen, die entsprechend handeln. Es ist daher zu fragen, ob es wert ist, diese langfristigen Konsequenzen in Kauf zu nehmen.

Politisches Taktieren ist aber nicht nur aus moralischen Gründen kritisch zu sehen. Es kann langfristig auch zu negativen Konsequenzen für das Verhalten des *Betreffenden selbst* führen.

---

[415] Velasquez (Ethics) S. 472.

Das Verhalten gegenüber Mitmenschen zuerst unter dem Blickwinkel des professionellen Nutzens zu sehen, wie das im „Beziehungsmanagement" und im Networking zu Ausdruck kommen kann, führt zur *Deformation der Persönlichkeit*. Wer hingegen „die Frage nach der Bedeutung von Beziehungsmanagement und Netzwerkaufbau unter dem Aspekt (s)eines Persönlichkeitsgewinns sieht, wird dem Grundanliegen dieses Gedankens, die Notwendigkeit einer bewussten Gestaltung unseres Umgehens miteinander (in allen, und damit auch ökonomischen Bezügen) durch und durch positiv gegenüberstehen. Und mit Grausen sich abwenden, wenn er wahrnimmt, wie diese Idee in ihrer Durchführung zumeist hemmungslos, wirkungslos und nicht zuletzt würdelos funktionalisiert wird."[416]

Die Gefahr besteht auch, dass politisches Taktieren beim Kommunizieren als solches durchschaut wird, mit entsprechend kontraproduktiven Konsequenzen. „Jeder merkt es sofort: Spricht da einer, der nur mehr Absatz erzeugen will, oder ist das einer, der von seinem Produkt überzeugt ist, sein Herzblut mit ihm verbunden hat? Noch so viele Rhetoriktricks und Präsentationsgags ersetzen nicht die Hingabe an die Sache, geschweige denn die eigene Persönlichkeit. Wer von einer Sache eingenommen ist, der ist von ihr her (sic!) vereinnahmt."[417]

Am schwersten hat es, wer einmal den Ruf hat, ein „Taktiker", ein „Politiker", oder gar ein Intrigant zu sein. Er wird kaum mehr seine Interessen im Unternehmen durchsetzen. Jenseits aller ethischen Überlegungen sind also auch die langfristigen eigenen Interessen ein Kriterium, das zu berücksichtigen nicht vergessen werden sollte.

Generell ist politisches Taktieren also unter bestimmten Voraussetzungen moralisch nicht negativ zu beurteilen, es sollte aber als letztes Mittel, als *ultima ratio*, eingesetzt werden, wenn andere Möglichkeiten nicht mehr zur Verfügung stehen[418].

Mohr teilt in diesem Zusammenhang die Akteure in Unternehmen in drei idealtypische Figuren ein[419]:

- *Der Machiavellist*
- *Die reine Moralistin*
- *Die pragmatische Moralistin*

„Als Machiavellist soll ein idealtypischer Akteur bezeichnet werden, der zur Verwirklichung seiner Interessen, egal worin sie bestehen mögen, grundsätzlich alle Mittel einzusetzen bereit ist, die ihm dazu geeignet erscheinen"[420]. Dazu gehören alle beschriebenen politischen Taktiken, die Instrumentalisierung anderer Menschen, und potenziell grundsätzlich auch physische und psychische Gewalt. Der Machiavellist fragt nur, was er tun muss, um pragmatisch richtig zu handeln.

---

[416] Rohrhirsch (zurück) S. 5.
[417] Rohrhirsch (zurück) S. 6.
[418] vgl. Mohr (Moral) S. 169 ff.
[419] vgl. Mohr (Moral) S. 55 ff.
[420] Mohr (Moral) S. 57.

2.3 Dritte Perspektive: Ethik- und Werteebene

Demgegenüber verfolgt die reine Moralistin einen moralischen Absolutheitsanspruch, der keinerlei moralische Kompromisse zulässt.

Dazwischen steht die pragmatische Moralistin, deren Verhalten sich nicht am moralischen Absolutheitsanspruch orientiert, die aber „die Energien des Lasters in eine moralische Lebensweise zu integrieren"[421] vermag.

Wie aus dem Begriff „idealtypisch" hervorgeht, sind diese drei Figuren in der Realität nicht in reiner Form anzutreffen. Je nach Situation mag dieselbe Person auch einmal als Machiavellist, ein anderes Mal als Moralist auftreten. Sie sind vielmehr Konstrukte zur besseren Darstellung des Sachverhalts.

Aus normativer Sicht besteht wohl Einigkeit, dass der Machiavellist nicht den gewünschten moralischen Ansprüchen genügt. Aber auch das Gegenteil, die reine Moralistin, taugt nicht und nur sehr begrenzt als Vorbild. Denn sie orientiert sich am Ideal des „Heiligen", was aber unerreichbar ist. Wie oben deutlich wurde, ist ein absoluter Moralanspruch – umgesetzt etwa durch völligen Verzicht auf jegliche politische Taktik – nicht zielführend. Mohr demonstriert das plastisch am Beispiel des Moralisten Fabian, einer Figur von Erich Kästner.

> **Beispiel: Erich Kästner: Fabian. Die Geschichte eines Moralisten**[422]
>
> Fabian ging über die Brücke. Plötzlich sah er, dass ein kleiner Junge auf dem steinernen Brückengeländer balancierte.
>
> Fabian beschleunigte seine Schritte. Er rannte. Da schwankte der Junge, stieß einen gellenden Schrei aus, sank in die Knie, warf die Arme in die Luft stürzte vom Geländer in den Fluss. Ein paar Passanten, die den Schrei gehört hatten, drehten sich um. Fabian beugte sich über das breite Geländer. Er sah den Kopf des Kindes und die Hände, die das Wasser schlugen. Da zog er die Jacke aus und sprang, um das Kind zu retten, hinterher. Zwei Straßenbahnwagen blieben stehen. Die Fahrgäste kletterten aus dem Wagen und beobachteten, was geschah. Am Ufer rannten aufgeregte Leute hin und her.
>
> Der kleine Junge schwamm heulend ans Ufer. Fabian ertrank. Er konnte leider nicht schwimmen.

Es bleibt somit nur die Figur der pragmatischen Moralistin. *Seel* illustriert den – in seiner Terminologie – „unreinen Moralisten" am Beispiel von *Humphrey Bogart* bzw. den von ihm gespielten Rollen. Obwohl er in seinen Rollen keineswegs den perfekten Menschen verkörpert und sich auch bisweilen moralisch fragwürdiger Mittel bedient, ist er doch in der Rolle des „Guten". Seel leitet daraus die als *„Humphrey-Bogart Theorem"* bezeichnete Einsicht ab, dass „die Guten und die Bösen so verschieden nicht sind"[423]. Er folgert, dass

---

[421] Seel (Moral) S. 779.
[422] zit. nach Mohr (Moral) S. 5.
[423] Seel (Moral) S. 772.

„der gute menschliche Charakter, der deutliche Züge eines bösen menschlichen Charakters enthält, besser ist als derjenige gute menschliche Charakter, der diese Züge nicht enthält. Kurz: Der gute Mensch ist nicht ganz so gut wie der nicht ganz so gute Mensch. (Und dass, J.P.) es in jeder denkbaren Welt besser ist, wenn die gleichwohl Guten einige der Charakterzüge und Verhaltensweisen der eigentlich Bösen aufzuweisen haben"[424].

Individualethik ist offenbar nichts für Perfektionisten.

2.3.4 Whistleblowing

Der Begriff „Whistleblowing" ist schon erwähnt worden. Er hat im Zusammenhang mit Individual- wie auch Unternehmensethik eine wichtige Bedeutung, weshalb hier separat auf ihn eingegangen wird.

Für den Begriff existieren verschiedenste deutsche Begriffe und Beschreibungen wie Alarm pfeifen, Nebelhorn-Blasen, Alarmglocken läuten[425], Alarm schlagen, Missstände publik machen. Exakt trifft keine der Bezeichnungen den Sachverhalt, weshalb sich auch im deutschen der Begriff Whistleblowing eingebürgert hat.

Allgemein wird es definiert als „an attempt by a member or former member of an organization to disclose wrongdoing in or by the organization"[426].

Durch Whistleblowing versucht also jemand, auf einen Missstand, eine Gefahr, oder problematisches Verhalten aufmerksam zu machen. Auf den Missstand aufmerksam machen, indem die Vorgesetzten auf den üblichen Kommunikationskanälen informiert werden, ist indessen noch kein Whistleblowing. Hierzu wird es erst, wenn die übliche Kommunikation nicht zu den nach Ansicht des Whistleblowers unbedingt erforderlichen Maßnahmen führt und er daher den Dienstweg verlässt, um Dritte – in- oder außerhalb des Unternehmens – aufmerksam zu machen.

Whistleblowing gehört mit anderen Worten zu den *möglichen Reaktionsformen* auf *unethische Zumutungen*, konkret wird bei den oben behandelten Alternativen 5, 6 und 7 davon gesprochen.

Leisinger führt anhand einer Fallstudie in das Thema ein:

„Die Tierärztin Margit Herbst war mit der Aufgabe betraut, als Stallveterinärin im Schlachthof nach dem Rechten zu sehen und die öffentlichen Gesundheitsinteressen zu wahren. Sie tat dies mit größerer Genauigkeit als den stattlichen Stellen und den fleischverarbeitenden Betrieben recht war. Als sie – frustriert vom jahrelangen internen vergeblichen Kampf – mehrfach mit dem durch Fakten belegten Vorwurf an die Öffentlichkeit ging, man ginge bei der differentialdiagnostischen Klärung von BSE-Verdachtsfällen nicht mit der dem sensiblen Sachverhalt angebrachten Sorgfalt ans Werk, wurde sie entlassen und vom Schlachthofbetreiber auf Schadensersatz verklagt. Obwohl sie in der Sache Recht hatte, bedurfte es jahrelanger juristischer Auseinandersetzungen, damit sie ihr

---

[424] Seel (Moral) S. 772 f.
[425] vgl. Leisinger (Whsitleblowing) S. 20.
[426] Velasquez (Ethics) S. 454.

2.3 Dritte Perspektive: Ethik- und Werteebene

Recht dann auch bekam. Das Schleswig-Holsteinische Oberlandesgericht sah sich im Mai 1997 zur Feststellung legitimiert, dass den staatlichen Stellen im Einklang mit den fleischerzeugenden und -verarbeitenden Betrieben daran gelegen war, einen amtlichen BSE-Nachweis wenn irgend möglich zu verhindern. In dieser Konstellation störte der Eifer der Tierärztin – also entließ man sie."[427]

Whistleblowing kann anhand von fünf Merkmalen erklärt werden[428]:

- *Kenntnis eines Problems ohne die Macht, es zu lösen.* Der potenzielle Whistleblower wird in seiner Position mit den problematischen Sachverhalten konfrontiert, hat aber nicht die Befugnis bzw. die Möglichkeit, das Problem zu lösen. Ein Beispiel ist ein Ingenieur in einer Entwicklungsabteilung, der den gefährlichen Defekt eines Produktes erkennt. Ändern könnte das Produkt aber nur der verantwortliche Produkt-Manager.
- *Berichterstattung außerhalb des normalen Dienstweges.* In jeder Organisation hat ein Mitarbeiter problematische Sachverhalte zunächst seiner Führungskraft vorzutragen, und danach gegebenenfalls dessen Führungskraft. Erst wenn diese Möglichkeiten erschöpft sind, es aber offenbar nicht zur Behebung des Missstandes kommt, kommt Whistleblowing als Information von Personen oder Institutionen außerhalb der Hierarchie in Frage. Dabei wird unterschieden zwischen internem und externem Whistleblowing. Bei *internem* Whistleblowing ist der Adressat eine Stelle im Unternehmen. Beispiele sind die Information des Aufsichtsrats über fragwürdiges Verhalten des Vorstands; oder im Fall eines Problems in einer Tochtergesellschaft eines Konzerns die direkte Information der Konzernzentrale am lokalen Management und Geschäftsführer der Tochtergesellschaft vorbei. Adressaten *externen* Whistleblowings sind meistens die Medien, Presse oder Fernsehen, oft auch Behörden wie das Finanzamt oder die Kartellbehörden. Einige Autoren sehen nur diese letztere Form als eigentliches Whistleblowing.
- *Gemeinnützigkeit als Handlungsmotiv.* Der Whistleblower möchte Schaden von der Öffentlichkeit abwenden. Solche Schäden sind insbesondere bei Gefahren für Leib und Leben – etwa bei fehlerhaften Produkten. Es kann aber auch um Vermögensschäden gehen. Beispiele sind hier die Information der Kartellbehörden über Preisabsprachen oder die Aufdeckung von Bilanzmanipulationen. Problematisch ist bisweilen die Abgrenzung zu anderen, persönlichen, Motiven, die dem Betreffenden auch nicht immer bewusst sein müssen. So kann Rache für eine übergangene Beförderung ebenso ein Motiv sein wie die Sorge um das Gemeinwohl. Die Beurteilung des tatsächlichen Motivs ist aber gerade für Außenstehende in manchen Fällen unmöglich.
- *Professioneller Dissens um nicht-triviale Dinge.* Damit wird zum einen ausgedrückt, dass es nicht um eine schlichte Meinungsunterschied geht, sondern dass ein Experte einen Missstand aufgrund fundierter Kenntnisse festgestellt hat (*Professional Dissent*). Zum anderen darf das Problem nicht trivial sein. Auch hier ist die Abgrenzung schwie-

---

[427] Leisinger (Whsitleblowing) S. 2 f.
[428] vgl. Leisinger (Whsitleblowing) S. 27 ff., vgl. auch Ledergerber (Whistleblowing).

rig. Sofern gesetzeswidriges Verhalten vorliegt, ist das eindeutig nicht trivial (auch wenn in der Praxis mancher Steuerhinterziehung für trivial halten mag). Fraglich ist der Fall aber bei legalem, aber aus Sicht des Whistleblowers illegitimen Verhalten. Hier kommen zwangsläufig persönliche Wertvorstellungen über Legitimität und Illegitimität ins Spiel, die sich von allgemein gesellschaftlich akzeptierten Wertvorstellungen deutlich unterscheiden mögen.
- *Prozesscharakter des Whistleblowing.* Wie aus dem Fall der Veterinärärztin und dem Punkt 2 – nicht-Einhaltung des Dienstwegs – erkennbar, ist Whistleblowing das Ergebnis eines oft monate- oder gar jahrelangen Prozesses. Zunächst wird der Sachverhalt festgestellt, danach in der Regel überprüft, dann der direkte Vorgesetzte informiert, danach mehrmals nach den eingeleiteten Gegenmaßnahmen gefragt. Erst danach wird Whistleblowing als Alternative auftauchen.

Wie ist Whistleblowing nun zu *bewerten*? Besondere Brisanz erhält es zunächst durch den unvermeidlichen *Loyalitätskonflikt*, in den ein potenzieller Whistleblower kommt[429].

Jedes Mitglied einer Organisation hat eine vertragliche – und auch moralische! – Verpflichtung zur Loyalität gegenüber dieser Organisation. Dem steht indessen eine Loyalität gegenüber übergeordneten Werten – Gemeinwohl, Gesetze, Sicherheit von Leib und Leben – gegenüber. Der Whistleblower hat sich also zu entscheiden, wozu er loyal ist, welche Interessen er höher bewertet. Im Extremfall kann das sogar die Entscheidung zwischen der Befolgung sich widersprechender Gesetze sein – etwa zwischen schweizerischen und EU-Recht im später dargestellten Fall Stanley Adams.

Da Whistleblowing praktisch immer mit einer gravierenden Verletzung der Loyalität gegenüber dem betroffenen Unternehmen einhergeht, verwundert es nicht, dass es entsprechende Gegenreaktionen auslöst. Es wird als „Verrat" aufgefasst, als Verstoß gegen den „Korpsgeist", als „Nestbeschmutzung" und so weiter. Sofortige Wirkungen sind das Vermeiden sozialer Kontakte – der Betreffende wird zum Außenseiter – ebenso wie der Verlust jeglicher Karrierechancen. Jedoch bleibt es in der Regel nicht dabei. Im Rahmen einer US-amerikanischen Studie wurden (ausschließlich externe) Whistleblower nach den Konsequenzen ihrer Aktionen gefragt. Die Ergebnisse[430]:

- 100 % were fired by their employers
- 20 % could still not find work at the time of the survey
- 25 % suffered increased financial burdens on their family
- 17 % lost their homes
- 54 % had been harassed by their peers at work
- 15 % viewed their subsequent divorce as a result of the whistleblowing
- 80 % suffered physical deterioration

---

[429] vgl. zum Abschnitt Leisinger (Whsitleblowing) S. 10 ff.
[430] vgl. Farnsworth (Whistleblowers).

- 86% reported emotional stress including feelings of depression, powerlessness, isolation, and anxiety
- 10% reported having attempted suicide.

Während Unternehmen also mit aller Macht gegen Whistleblower vorgehen, ist die Beurteilung in der breiten Öffentlichkeit mehrheitlich sehr positiv. Ein Whistleblower riskiert schlimmste persönliche Nachteile zugunsten des Gemeinwohls – er ist also aus dieser Perspektive durchaus ein „Held". Das TIME Magazine wählte im Dezember 2002 drei Whistleblower – stellvertretend für alle anderen – zu „Persons of the Year".

Diese Beurteilung ist nachvollziehbar. Dennoch ist eine unkritische absolute Verehrung ebenso wenig angebracht wie die Verdammung.

Whistleblower sind etwa dann potenziell kritisch zu sehen, wenn es sich um ehemalige oder pensionierte Mitarbeiter handelt. „Solche Menschen haben eine Besonderheit, die sie von anderen unterscheidet. Zum einen verfügen sie über internes Wissen, was sie u. U. in besonderem Maße urteilsfähig und glaubwürdig macht, zum anderen sahen sie die Situation, solange sie im Unternehmen angestellt waren, offensichtlich weniger dramatisch – zumindest dann, wenn sie keine dokumentierten Versuche zur Veränderung des nun als Missstand angeklagten Sachverhalts unternahmen. In solchen Fällen stellt sich immer auch die Frage, in welchem Maße Rollenkonflikte – z. B. zwischen Herrn X als Manager und ihm als Privatier in Rente – Bedeutung für die Beurteilung des Missstandes haben. Tatsächliche oder vorgegebene Saulus-Paulus-Transformationen, besonders wenn das auslösende Moment die (womöglich frühzeitige) Pensionierung das Damaskus-Erlebnis war, sind mit besonderer Vorsicht zu bewerten."[431]

Kritisch zu hinterfragen ist bisweilen auch, ob es sich bei dem angeprangerten angeblichen Missstand tatsächlich um einen Professional Dissent handelt oder ob der Sachverhalt nicht doch weit weniger gravierend ist, als er sich aus der subjektiven Sicht eines Einzelnen darstellt. „Bei kontroversen Themen werden von engagierten Menschen manchmal Positionen vertreten, die privateste handlungsleitende Überzeugungen – Wertpräferenzen, Glaubenseinstellungen, Ideologien – öffentlich allgemeinverbindlich machen wollen. Es kommt zu privatistischen Legitimationsabgrenzungen, bei denen sich das subjektive Werteverständnis oder das persönliche Betroffensein so stark verselbständigen kann, dass der ethisch vernünftigen Sachlichkeit nicht mehr genügend Platz eingeräumt wird. Aus der gesinnungsethischen Position nähren sich dann häufig der plakative Protest oder die verallgemeinernde Abqualifizierung Andersdenkender"[432].

Was also tun, wenn jemand in eine Situation gerät, in der sich die Frage des Whistleblowing stellt? Es ist wahrscheinlich überflüssig zu erwähnen, dass eine allgemeingültige Antwort nicht existiert. Da aber Whistleblowing eine mögliche Reaktion auf die schon besprochenen ethischen Zumutungen ist, liegt es nahe, die Überlegungen nicht auf die Frage „Whistleblowing Ja oder Nein?" zu reduzieren. Vielmehr sollten im Umgang mit

---

[431] Leisinger (Whsitleblowing) S. 30.
[432] Leisinger (Whsitleblowing) S. 31.

dem festgestellten Missstand alle möglichen Reaktionen in Betracht gezogen und die Entscheidung anhand der vorgestellten Kriterien getroffen werden.

Zahlreiche *Fälle* von Whistleblowing sind weltweit mittlerweile gut dokumentiert[433]. Verbreitete Lehrbuchfälle sind unter anderem die schon erwähnten *Ford Pinto* und *Raumfähre Challenger*, wobei es hier um die Problematik des *unterlassenen* Whistleblowings geht. Beide Male waren die Gefahren intern rechtzeitig bekannt, aber es fand sich niemand, der rechtzeitig in der Öffentlichkeit Alarm geschlagen hätte.

Ein Vorfall, der sowohl aufgrund seiner politischen Implikationen interessant ist als auch durch menschliche Tragik bewegt, ist der Fall *Stanley Adams*[434].

Beispiel: Whistleblowing und der Fall Stanley Adams

Der britische Staatsangehörige Stanley Adams arbeitete seit 1964 erfolgreich für das Schweizer Chemie-Unternehmen Hoffmann-La Roche.

Im Jahr 1972 schloss die Schweiz mit der EU – damals noch die europäische Gemeinschaft (EG) – ein Freihandelsabkommen, das unter anderem beinhaltete, dass sich jede Schweizer Firma, die mit der EG in Handelsbeziehungen stand, auch deren Wettbewerbsvorschriften unterwarf. Hoffmann-La Roche schloss zu dieser Zeit mit Kunden, die mindestens 90 bis 95 % ihres Bedarfs bei dem Unternehmen deckten, so genannte Treue-Verträge ab, wodurch die Kunden einen Rabatt von fünf bis zehn Prozent erhielten. Gemäß den Wettbewerbsvorschriften der EG war dies eine missbräuchliche Ausnutzung einer marktbeherrschenden Stellung und damit illegal. Das Unternehmen änderte seine nun illegal gewordene Praxis aber nicht.

Adams, der die Illegalität erkannte, entschloss sich, Hoffmann-La Roche zu verlassen und nach Italien zu ziehen. Zugleich übergab er der EG-Kommission interne Unterlagen, welche das Vorgehen des Unternehmens bewiesen. Im Oktober 1973 verließ Adams die Firma. Zur gleichen Zeit erstattete die EG Anklage.

Dramatisch waren die persönlichen Konsequenzen für Stanley Adams. Er wurde bei einer Einreise in die Schweiz verhaftet und wegen „fortgesetzten wirtschaftlichen Nachrichtendienst" angeklagt. Er verbrachte drei Monate in Untersuchungshaft und wurde danach zu einem Jahr Gefängnis auf Bewährung verurteilt. Besonders tragisch: während der Untersuchungshaft nahm sich seine Frau das Leben. Er wurde nicht beurlaubt, um an der Beerdigung seiner Frau teilzunehmen.

Das Engagement der EG für ihn hielt sich „in engen Grenzen. Der Informant hatte seine persönliche Pflicht erfüllt, und nun wollte die EG das Freihandelsabkommen und die guten Beziehungen zur Schweiz nicht gefährden"[435]. Verbalen Zusagen zur Unterstützung folgten keine Taten, versprochene finanzielle Hilfe ließ auf sich warten. Durch seine Verhaftung in finanzielle Schwierigkeiten geraten, geriet er erneut mit dem

---

[433] vgl. De Maria (Whistleblowing), Jennings (Ethics) S. 183 ff.
[434] vgl. Leisinger (Whistleblowing) S. 252 ff.
[435] Leisinger (Whistleblowing) S. 256.

Gesetz in Konflikt und war zeitweise auch in Italien im Gefängnis. Er floh 1981 nach Großbritannien, wo er erst nach erheblichen Schwierigkeiten eine Aufenthaltsbewilligung bekam.

Als Stanley Adams gefragt wurde, ob er auch so gehandelt hätte, hätte er gewusst, wie sich das Ganze entwickeln würde, antwortete er: „Wie kann man eine solche Frage beantworten? Aber wenn ich den Tod meiner Frau beiseite lasse, dann würde ich ohne Zögern ja sagen. Wenn du eine Geschichte zu erzählen hast, dann rate ich: Erzähl sie! Es ist besser, aufrecht zu sterben, als auf Knien zu leben!"[436]

Damit fasst er wohl das Selbstverständnis nicht nur der Whistleblower, sondern vieler Menschen zusammen, die hohe moralische Ansprüche an sich stellen und bereit sind, dafür Opfer zu bringen.

2.4 Fazit

Der Leser kennt nun die wesentlichen Bausteine, die Fundamente, auf denen die Betriebswirtschaftslehre beruht.

Er kennt das ökonomische Prinzip, Grundlegendes zu Machtstrukturen in Unternehmen, er kennt die gängigen Ratschläge zum Thema Kommunikation ebenso wie einige Prinzipien von Unternehmens- und Individualethik.

Aber er mag sich fühlen wie jemand, der die losen Enden einiger Fäden in der Hand hält, sich aber noch nicht im Klaren darüber ist, wie diese zu verknüpfen sind. Oder er mag sich fragen, welche Rolle die beschriebenen Sachverhalte spielen, wenn es um die konkreten Bereiche des Unternehmens und der Betriebswirtschaftslehre geht – um Organisation, um Führung, um Finanz- und Rechnungswesen oder Marketing.

Diese Anwendungen, diese Verknüpfung der „losen Enden" der Fäden, sind das Thema des folgenden Teils.

---

[436] zit. nach Leisinger (Whistleblowing) S. 258 f.

Unternehmenspraxis 3

3.1 Grundfragen der Unternehmenspraxis

Der Leser stelle sich vor, er solle auf der grünen Wiese ein Unternehmen aufbauen. Wie sollte er vorgehen?

Idealtypisch – wie die Praxis freilich selten in der reinen Form ist – könnte er vorgehen, wie das in Abb. 3.1 dargestellt ist und wie demzufolge auch dieser Teil des Buches aufgebaut ist.

Zunächst müsste er die übergeordnete *Strategie* des Unternehmens bestimmen (Kap. 3.2).

Er hätte dann einige Grundsatzentscheidungen hinsichtlich der Struktur zu treffen; er müsste die *Rechtsform* des Unternehmens bestimmen (Kap. 3.3) und es *organisatorisch* gestalten (Kap. 3.4).

Danach müsste er sich um die einzelnen *Funktionsbereiche* des Unternehmens kümmern.

Die Funktionsbereiche können dabei einmal unterteilt werden in solche, die primär der Führung und Koordination der Unternehmung dienen. Diese können als *„sekundäre Prozesse"* bezeichnet werden[1].

Hierunter fallen namentlich das Personalwesen oder Human Resources Management (Kap. 3.5) und das Finanz- und Rechnungswesen bzw. Controlling (Kap. 3.6)

Dem gegenüber steht die *primäre Prozesskette*[2], die *Wertschöpfungskette (value chain)*, welche die Beschaffung, die Leistungserstellung, und die Leistungsverwertung umfasst.

Mit anderen Worten die Funktionsbereiche Beschaffung und Logistik (Kap. 3.7), Produktion (Kap. 3.8) und Marketing/Absatz (Kap. 3.9).

---

[1] vgl. Haugrund (Prozesse).

[2] vgl. Haugrund (Prozesse).

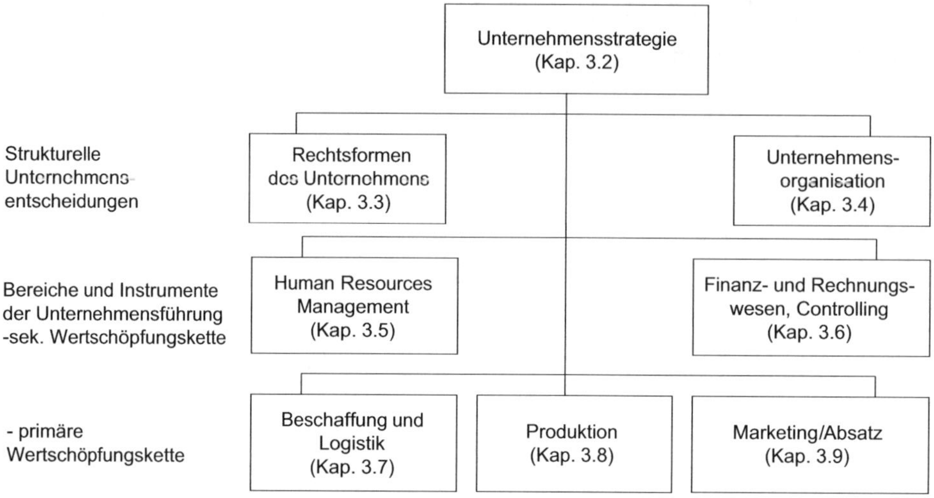
Unternehmensstrategie (Kap. 3.2)
Strukturelle Unternehmens-entscheidungen
Rechtsformen des Unternehmens (Kap. 3.3)
Unternehmens-organisation (Kap. 3.4)
Bereiche und Instrumente der Unternehmensführung -sek. Wertschöpfungskette
Human Resources Management (Kap. 3.5)
Finanz- und Rechnungs-wesen, Controlling (Kap. 3.6)
- primäre Wertschöpfungskette
Beschaffung und Logistik (Kap. 3.7)
Produktion (Kap. 3.8)
Marketing/Absatz (Kap. 3.9)

Abb. 3.1 Unternehmenspraxis – Aufbau des Kapitels

Lernziel dieses Teils des Buches ist es, dem Leser einen *Überblick* über die wesentlichen Theorien und praktischen Anwendungen der jeweiligen Bereiche zu geben.

Der Schwerpunkt wird dabei eher auf die sekundären denn auf die primären Prozesse gelegt. Das mag zunächst verwunderlich erscheinen, ist aber vor dem Hintergrund der Zielsetzung einer Einführung in die Allgemeine Betriebswirtschaftslehre leicht zu erklären. Denn während meistens nur diejenigen mit den Teilaspekten der primären Prozesse konfrontiert werden, die in den entsprechenden Abteilungen arbeiten, haben die sekundären Prozesse oft *übergeordnete* Bedeutung. So hat sich *jede* Führungskraft, auch wenn sie nicht im Personalwesen arbeitet, mit Fragen der Mitarbeiterführung und -motivation auseinanderzusetzen. Und Controlling ist nicht nur ein Thema für Controller, sondern für jeden, der etwa mit Fragen des Budgets konfrontiert wird. Und das sind praktisch alle Mitarbeiter, die in qualifizierten Positionen tätig sind und beispielsweise Projekt- oder Führungsverantwortung haben. Somit haben die sekundären Prozesse eine *generelle* Bedeutung für jeden Betriebswirt und gehören entsprechend beleuchtet.

3.2 Unternehmensstrategie

3.2.1 Strategien und strategische Erfolgspositionen

Als „Geburtsstunde des strategischen Managements“[3] kann eine im Jahr 1976 erschienene Veröffentlichung von *Ansoff* und anderen bezeichnet werden; sie trug den Titel „From

[3] Bea/Haas (Management) S. 5.

3.2 Unternehmensstrategie

Strategic Planning to Strategic Management"[4]. Literatur und Praxis beschäftigten sich zwar vorher schon mit langfristiger Planung, aber diese unterschied sich gerade von strategischem Management dadurch, dass im Wesentlichen die kurzfristige Planung über mehrere Jahre extrapoliert wurde. Das, so war die Erkenntnis, reichte in einer sich im stärker verändernden Welt, die sich insbesondere nicht mehr so kontinuierlich entwickelte wie in den zwei Jahrzehnten davor, nicht mehr aus.

Das strategische Management entwickelte sich als Forschungsgebiet und Führungsinstrument dann vor allem in den 1980er Jahren sehr stark und wurde danach bis heute laufend ergänzt und modifiziert[5].

Strategien werden allgemein definiert als „Maßnahmen zur Sicherung des langfristigen Erfolgs eines Unternehmens"[6].

Ein Schlüsselwort ist dabei der Ausdruck *„langfristig"*. Es geht also nicht um das tägliche, operative Geschäft. Langfristig bezieht sich natürlich zunächst einmal auf den Zeithorizont. Als Faustregel wird von langfristig gesprochen, wenn der Zeithorizont fünf Jahre oder länger umfasst. Die Periode kann aber von Branche zu Branche sehr unterschiedlich sein. In der schnelllebigen Software-Branche können drei Jahre schon sehr langfristig sein. Umgekehrt wird in der Energiewirtschaft bisweilen von Zeiträumen von mehreren Jahrzehnten gesprochen.

„Strategisch" bzw. „langfristig" definiert sich also nicht nur an der Zeit. Entscheidend für den strategischen im Gegensatz zum operativen Charakter ist auch die Frage, ob grundsätzlich *Strukturen* berührt sind. Operative Maßnahmen und Entscheidungen bewegen sich *innerhalb gegebener* Strukturen, Strategien stellen diese in Frage.

Gegebene Strukturen sind etwa bestehende Produktionskapazitäten, eine weitgehend gegebene Produktpalette, bestehende Arbeits- oder Mietverträge.

Konkret: die Entscheidung, mit welchen Fertigungsaufträgen Maschinen belegt werden, ist operativer Natur. Die Entscheidung, eine neue Fabrik zu bauen, ist eine strategische. Die Entscheidung eines Automobilunternehmens, den Fahrzeugabsatz eines bestehenden Typs durch Rabatte zu fördern ist operativ, die Frage, ob eine komplett neue Fahrzeugreihe entwickelt werden sollte, eine strategische.

Unterschiedliche Zeithorizonte ergeben sich also namentlich aus der unterschiedlich langen Zeit, die es braucht, um Strukturen zu ändern. Aus diesem Grund wird auch in der Energiewirtschaft mit sehr langen Horizonten gearbeitet. Beim Bau eines neuen Kraftwerks, speziell – aber nicht nur – eines Kernkraftwerks, können von der ersten Entscheidung über die Genehmigung, den Bau selbst, die Testphase, bis hin zur Aufnahme der Einspeisung von Strom in das Netz leicht zehn bis fünfzehn Jahre vergehen. Die Laufzeit

---

[4] vgl. Ansoff/Declerck/Hayes (Planning).
[5] vgl. z. B. Hax/Majluf (Management), Johnson/Scholes (Strategy), Hinterhuber (Unternehmungsführung I), Hinterhuber (Unternehmungsführung II), Müller-Stewens/Lechner (Management), Porter (Strategy), Kreikebaum (Unternehmensplanung), Schreyögg (Unternehmensstrategie), Bamberger/Wrona (Unternehmensführung).
[6] Bea/Haas (Management) S. 50.

selbst beträgt dann rund vierzig Jahre oder länger. Manager, die heute über den Bau eines Kraftwerks entscheiden, müssen sich also Gedanken über den mutmaßlichen Energieverbrauch in fünfzig Jahren machen.

Vergleichbar lange Zeiträume sind bei der Förderung von Erdöl oder Erdgas relevant; von der Entdeckung eines Feldes über die Erschließung bis zur Erschöpfung vergehen Jahrzehnte.

Aber nicht allein die Langfristigkeit ist das Definitionsmerkmal strategischen Managements. Zentral ist in dem Zusammenhang vielmehr der Begriff der *Erfolgspotenziale* beziehungsweise *Erfolgspositionen*:

„Strategisches Management ist auf den Aufbau, die Pflege und die Ausbeutung von Erfolgspotenzialen gerichtet, für die Ressourcen eingesetzt werden müssen"[7].

Erfolgspotenziale werden auch als *strategische Erfolgspositionen (SEPs)* bezeichnet. „Bei einer SEP handelt es sich um eine in einer Unternehmung durch den Aufbau von wichtigen dominierenden Fähigkeiten bewusst geschaffenen Voraussetzung, die es dieser Unternehmung erlaubt, im Vergleich zur Konkurrenz langfristig überdurchschnittliche Ergebnisse zu erzielen"[8].

Tatsächlich ist der Aufbau von SEPs *die* Kernaufgabe strategischer Führung.

Strategische Erfolgspositionen zu besitzen, ist nicht weniger als die *Existenzberechtigung* jedes Unternehmens. Es geht dabei um die Beantwortung der Frage: Wozu existieren wir als Unternehmen? Oder auch: Um was wäre die Welt ärmer, wenn es das Unternehmen nicht mehr gäbe? Oder auch: Was ist der Grund, warum der Kunde gerade bei uns kauft? Oder auch in der Terminologie der klassischen deutschen Betriebswirtschaftslehre ausgedrückt: Was ist das *akquisitorische Potenzial*[9], mit dem sich das Unternehmen positiv vom Wettbewerb abhebt?

Aus den Grundlagen der Volkswirtschaftslehre wissen wir, dass Marktwirtschaft auf Basis des Wettbewerbs funktioniert[10]. Jedes erfolgreiche Unternehmen erfüllt ein Bedürfnis im Markt, und zwar besser als der Wettbewerb. Der Bäcker, der mit seinen Brötchen Geld verdient – um auf das klassische Beispiel von Adam Smith zurück zu kommen – muss irgendetwas bieten, was es für den Kunden lohnend macht, zum Bäcker und zwar gerade zu diesem Bäcker zu gehen. Das kann ein regionales Monopol sein – der Bäcker ist der einzige im Ort. Es können aber auch andere Faktoren sein: günstigere Preise, größere Auswahl, freundlichere Bedienung, frischere oder ökologisch einwandfreie Ware.

Was für den Bäcker gilt, gilt für andere Unternehmen. Egal, ob ein Metzger, ein Konsumgüterhersteller, ein Automobilproduzent, ein Software-Unternehmen, oder ein Anlagenbauer, der ganze Stahlwerke schlüsselfertig errichtet. Alle müssen dem Kunden – pri-

---

[7] Bleicher (Konzept) S. 75.
[8] Pümpin (Erfolgspositionen) S. 34, vgl. auch Gälweiler (Unternehmensführung) S. 6, Gälweiler (Führung) S. 6.
[9] vgl. Wöhe (Betriebswirtschaftslehre) S. 498.
[10] s. o. Kap. 1.1.

vaten Konsumenten, anderen Unternehmen, staatlichen Organisationen – etwas „spezielles" bieten, und dazu SEPs aufbauen.

Dieses „spezielle", das einzigartige, was das Unternehmen bietet, kann sich auf viele unterschiedliche Faktoren beziehen[11]. Solche Faktoren können sein:

- *Preis.* Der Grundgedanke ist es, der Billigste im Markt zu sein, als Produzent oder Handelskette (Stichwort „Geiz ist geil")
- *Qualität.* „Qualität" hat dabei mehrere Dimensionen. Es kann für Zuverlässigkeit stehen, oder auch für die fortschrittlichste Technik. So steht beispielsweise nach der in der Branche bekannten jährlichen Studie von J.D. Powers Toyota in Deutschland von allen Automarken an erster Stelle, wenn von der Zufriedenheit der Kunden als Maßstab ausgegangen wird[12]. „Qualität" im Sinne von zuverlässig die Erwartungen des Kunden erfüllend ist demnach eine strategische Stärke von Toyota. Ein Toyota wird deshalb landläufig nicht unbedingt als das qualitativ „beste" Auto bezeichnet werden. Das „beste" Auto, das kann sich auch auf das leistungsstärkste, luxuriöseste, technisch fortgeschrittenste Fahrzeug beziehen.
- *Image*: Erfolgspotenziale beziehen sich nicht unbedingt auf die landläufig so genannten „harten" Fakten, sie können auch (scheinbar) subjektive Faktoren wie der Name einer Marke, das Gefühl, das mit der Marke verbunden wird, umfassen
- *Service*: Neben dem Kernprodukt kann auch der damit verbundene Service zur herausragenden Position beitragen. Service kann auch wieder viele verschiedene Komponenten umfassen, wie freundliche und kompetente Beratung, kostenlose 24-Stunden Telefon Hotline, kurze Lieferzeiten und so weiter.
- *Innovationskraft* („wir sind das Unternehmen mit den stets neuesten Produkten")
- *Persönliche Kontakte.* Viele Unternehmen bauen ihren Erfolg auf die Fähigkeit des Außendienstes, die besten Kontakte zu den Kunden knüpfen zu können. Bisweilen basiert der Erfolg auch auf einer einzigen Person, oft der Gründer und Eigentümer. So gilt die Unternehmensberatung Roland Berger in Deutschland – trotz einiger nicht unumstrittener Gutachten – als Marktführer bei Beratungsaufträgen für die öffentliche Hand. Wesentlicher Grund hierfür ist das Engagement und die Persönlichkeit des Firmengründers Roland Berger, der auf diesem Gebiet lange akquisitorisch tätig war, und die Fortsetzung dieser Politik durch seine Nachfolger[13].

Auf Basis solcher Erfolgspotenziale sind die Unternehmen dann auch operativ, etwa durch Einsatz der Instrumente des *Marketing-Mix* im Markt tätig[14].

---

[11] vgl. z. B. IMP (Advantage).
[12] vgl. J.D. Power/mot (Kundenzufriedenheit).
[13] vgl. Schwenker (Debatte).
[14] s. u. Kap. 3.9.

Zu den strategischen Erfolgspositionen ist weiterhin zu bemerken[15]:

- SEPs basieren in der Praxis bisweilen auf der konsequenten Anwendung *eines* dieser Faktoren. So setzen manche Unternehmen, etwa Discounter oder Billigfluglinien, nur auf einen niedrigen Preis. Dafür werden dann auch konsequent bei anderen Faktoren, etwa dem Service, deutliche Abstriche gemacht; bei einigen Fluglinien bedeutet das dann geringe Beinfreiheit, begrenzte Gepäckmitnahme, Speisen und Getränke an Bord nur gegen Bezahlung, Abflug und Ankunft auf entlegenen Flughäfen und so weiter. In der Mehrzahl der Fälle versuchen sich Unternehmen aber durch intelligente *Kombination* der Faktoren zu Positionieren – etwa durch ordentliche Qualität bei leicht unterdurchschnittlichen Preisen.
- Diese Kombinationen müssen *zueinander passen*. Wer beispielsweise auf guten Service, gute Qualität und/oder gute Auswahl setzt, der kann nicht gleichzeitig eine Niedrigst-Preisstrategie fahren. Er muss die Preise verlangen, mit denen er die zusätzlichen Leistungen bezahlen kann. Und – er muss den entsprechenden Zusatznutzen bieten, damit die Preise auch bezahlt werden. Was in der Theorie sowohl einfach als auch einleuchtend klingt, wird in der Praxis gleichwohl in vielen Fällen missachtet.

Beispiel: Boutiquen und strategische Erfolgspositionen

Beinahe jeder kann in seiner Stadt irgendwann einmal folgendes Szenario beobachten. Eine Boutique wird eröffnet. Die Preise sind hoch, zumindest deutlich höher als im benachbarten Kaufhaus. Der Eigentümer, bzw. in der Regel die Eigentümerin, setzt auf gute Auswahl an moderner Kleidung und auf freundliche Beratung. Aber die Umsätze bleiben hinter den Erwartungen zurück. Der gängige Kommentar von Kundinnen, die die Boutique ohne einen Kauf verlassen, ist: „das sind ja sehr schöne Sachen, aber das ist mir alles zu teuer!" Daraufhin reagieren die Boutiquenbesitzer in einem leichten Anfall von Panik: Preise werden gesenkt, einige Produkte werden ausgestellt neben bunten, handbemalten Plakaten: „NUR X Euro!".

Die Probleme werden so sicher nicht zu lösen sein. Denn das Unternehmen hat sich so strategisch „zwischen allen Stühlen" positioniert. Einerseits wird nun der Preiskampf mit Kaufhäusern und Discountern aufgenommen – ein Kampf, den eine Boutique angesichts der Kostenstrukturen nur verlieren kann. Andererseits können mit den nun niedrigen Preisen die relativ hohen Kosten nicht mehr gedeckt werden. Und – die plakativ herausgestellten Niedrigpreise passen nicht zu dem Image, das sich das Unternehmen andererseits gibt.

Das Unternehmen muss deshalb ein bestimmtes höheres Preisniveau halten. Es muss den Kundinnen eine Leistung – Service, Auswahl – bieten, aufgrund derer sie

---

[15] vgl. zum Abschnitt Pümpin (Erfolgspositionen) S. 42 ff, vgl. auch z. B. Peters/Wateman (Excellence) S. 292 ff.

3.2 Unternehmensstrategie

auch bereit sind, einen höheren Preis zu zahlen. Gelingt das nicht, hat die Boutique mit keinen strategischen Erfolgspositionen mehr aufzuwarten – und damit im Markt gegebenenfalls auch keine Existenzberechtigung.

- Der Aufbau strategischer Erfolgspositionen kostet Ressourcen. Die Kosten sind in der Regel so hoch, dass selbst große multinationale Unternehmen nur eine sehr begrenzte Anzahl von SEPs haben. Überleben im Wettbewerb erfordert eine *Konzentration der Kräfte*, eine Konzentration von Geld, Know-how, und gerade auch von Management-Kapazität. Einer der führenden Wissenschaftler auf dem Gebiet des Managements, Peter Drucker, stellt fest: „Jeder der Schöpfer großer Unternehmen, die wir kennen – von den Medici und den Gründern der Bank von England bis zu Thomas Watson von IBM in unserer Zeit-, hatte eine fest umrissene Idee ... über das Unternehmen"[16]. Er spricht von *einer* Idee, also sogar nur von einer möglichen SEP. Diese Erkenntnis ist mittlerweile vielfach bestätigt worden. Daher existieren heute nur noch wenige echte Konglomerate, Konzerne, die in verschiedensten Branchen tätig sind. Seit Jahren stoßen Unternehmen Bereiche ab, die, wie die gängige Ausdrucksweise ist, nicht zum *Kerngeschäft* gehören. Traditionelle Chemie- und Pharmaunternehmen konzentrieren sich auf einen der beiden Bereiche, Automobilhersteller trennen sich von Unternehmensteilen, die mit dem Fahrzeugbau nicht zumindest eng verwandt sind und so weiter.

  Auf globalen Märkten führt der Konkurrenzkampf bisweilen dazu, dass in einer Branche nur noch zwei, maximal drei Unternehmen Platz haben. Alle weiteren Anbieter sind Mitläufer – und haben damit nichts wirklich zu bieten, was den Abnehmer bewegen könnte, bei ihnen zu kaufen. Einer der bekanntesten Manager weltweit ist *Jack Welch*. Er war lange Vorstandsvorsitzender des nach Börsenwert zeitweise größten Konzerns der Welt, General Electric. Er führte das Unternehmen unter anderem nach genau dem oben genannten Grundsatz: er verlangte von jeder Geschäftseinheit, in deren Segment zu den ersten Anbietern weltweit zu gehören. Andernfalls wurde die Geschäftseinheit geschlossen oder verkauft[17].

- Aus der Aussage darf nicht geschlossen werden, dass nur noch Großunternehmen eine Chance haben. Im Gegenteil, es existieren auch zahlreiche Beispiele erfolgreicher kleiner Unternehmen. Alle diese haben aber eine Spitzenstellung – in ihrem *speziellen Marktsegment*. Dieses Marktsegment kann ein ganz bestimmtes Produkt sein, mit dem ein kleines Unternehmen Weltmarktführer ist[18]. Gerade in Deutschland sind viele kleine und mittelständische Unternehmen weltweit erfolgreich, beispielsweise mit Präzisionsinstrumenten für eine spezifische Anwendung.

  Je nach dem Markt kann das relevante Marktsegment auch ein regional oder lokal begrenztes sein. Es ist durchaus möglich, mit einem kleinen Restaurant oder einer

---

[16] Drucker (Praxis) S. 126.
[17] vgl. Welch (Growing), vgl. auch z. B. Hax/Majluf (Management) S. 137 ff.
[18] vgl. Porter (Strategy), Simon (Gewinner).

Kneipe Erfolg zu haben – sofern nur irgendetwas geboten wird, was andere Restaurants oder Kneipen in der Region nicht bieten; eine besondere Speisekarte vielleicht oder ein spezielles Flair.
- Der Aufbau strategischer Erfolgspositionen ist eine *langfristige* Angelegenheit. Der Grundsatz besagt, „dass eine SEP nur durch eine konsequente, über das Kurzfristige weit hinausreichende Anstrengung aufgebaut werden kann. Nur in seltenen Fällen wird es möglich sein, eine SEP in zwei bis drei Jahren zu entwickeln. Viel eher ist zu erwarten, dass Zeiträume von fünf, zehn und noch mehr Jahren erforderlich sind, um die Voraussetzungen für eine erfolgreiche Geschäftstätigkeit zu schaffen"[19]. Der Hintergrund ist, dass nur SEPs Erfolg bringen, die von der Konkurrenz *schwer zu kopieren* sind. Grundsätze wie „wir bieten den besten Service" oder „die beste Qualität" sind nur dann gewinnbringend umzusetzen, wenn die entsprechenden Fähigkeiten auch größer sind als die der Mitbewerber. Um aber das Know-how aufzubauen, welches das Unternehmen deutlich von Mitbewerbern unterscheidet, bedarf es neben entsprechenden Ressourcen in der Regel eines längeren Zeitraums.

In der Öffentlichkeit wird gemeinhin immer wieder das Verschwinden kleiner Unternehmen beklagt – des Ladens an der Ecke, des Handwerkers, der keinen Nachfolger für sein Unternehmen findet, des mittelständischen Bauunternehmens. Tatsächlich sind diese Klagen aber etwas differenzierter zu sehen.

Vielfältig sind die Gründe, die angeführt werden: zu hohe Mieten, zu hohe Personalkosten, zu viel staatliche Reglementierung. Sicher kann in jedem Einzelfall darüber diskutiert werden, welche Komponente welchen Einfluss hat. Sehr wenig wird aber über den entscheidenden Punkt gesprochen: den Unternehmen *fehlen einfach die strategischen Erfolgspotenziale*. Umgangssprachlich ausgedrückt, die entsprechenden Unternehmen haben dem Kunden nichts Spezielles zu bieten. Oder wieder anders ausgedrückt: die Welt wird durch ihre Existenz nicht wirklich besser, durch ihr Verschwinden geht der Welt nicht wirklich etwas verloren.

Offensichtlich braucht der Konsument keinen Laden an der Ecke, wenn andere Läden und der nur wenig weiter entfernte Supermarkt das gleiche oder ein besseres beziehungsweise billigeres Angebot besitzt. Ebenso wenig geht der Welt verloren, wenn in einer Stadt die Zahl der Handwerker in einem Sektor von, zum Beispiel, sieben auf vier schrumpft. Oder die Zahl der Bauunternehmer von fünfzehn auf neun. Das Verschwinden mancher kleiner und mittlerer Unternehmen vom Markt ist deshalb nur logisch – und damit auch nur begrenzt bedauernswert.

---

[19] Pümpin (Erfolgspositionen) S. 89.

3.2 Unternehmensstrategie

Beispiel: Hilti AG, Schaan/Lichtenstein

Das Unternehmen Hilti AG gilt als führender Hersteller im Markt der Befestigungstechnik. Hilti gilt aber auch als ein Musterbeispiel, wie aus einem Kleinunternehmen durch konsequenten Aufbau strategischer Erfolgspositionen ein Weltmarktführer werden kann.

„Wie konnte dieser Erfolg sichergestellt werden? Neben einer gesunden und betriebswirtschaftlich richtigen Unternehmungsführung ist vor allem der Aufbau einer SEP zu erwähnen: Noch in den fünfziger Jahren erfolgte der Absatz von Befestigungstechnik, insbesondere kartuschengetriebener Schussgeräte zum Setzen von Bolzen in Beton und Eisen, weitgehend über den Handel. Hilti erkannte richtig, dass neben der Entwicklung von Bolzsetzgeräten, welche die absolute Sicherheit in der Anwendung gewährleisten, über den Direktvertrieb dem Kunden ein wesentlich größerer Nutzen erbracht werden kann, indem eine bedürfnisgerechte Beratungsleistung ermöglicht wurde. Zudem erlaubte der Direktvertrieb, Systemlösungen zu offerieren.

In der Folge baute Hilti die stärkste Direktvertriebsorganisation zum Bauhaupt- und Nebengewerbe auf. Dies im Gegensatz zur Konkurrenz, die nach wie vor über den Fachhandel arbeitete. Die Direktvertriebsorganisation ermöglichte Hilti, regelmäßig neue Produkte in das Sortiment aufzunehmen und damit das Leistungsspektrum auszuweiten. Neben dieser primären SEP wurde jedoch noch eine weitere aufgebaut. Zu erwähnen ist etwa die Spitzenqualität und der Einsatz moderner Managementinstrumente.

Die mit der SEP erlangten Konkurrenzvorteile bewirkten einen stetigen Marktanteilsgewinn. Die starke Position von Hilti ermöglichte es dieser Firma, auch in Rezessionsjahren überdurchschnittliche Ergebnisse zu erzielen."[20]

3.2.2 Die Einbettung des strategischen Managements in eine „Management-Philosophie" und eine Unternehmenskultur

Strategisches Management im weiteren Sinn besteht nicht nur aus der Entwicklung strategischer Erfolgspositionen, sondern besteht aus, beziehungsweise ist eingebettet in eine Reihe von Komponenten: Unternehmensphilosophie, Unternehmens-Vision, Mission, Leitbild, Unternehmenspolitik, Unternehmenskultur, Unternehmensverfassung, Unternehmensziele.

Die Begriffe und ihr Verhältnis zueinander sind im Detail nicht einheitlich definiert[21]. Die hier benutzte Systematik und die Definitionen beruhen auf *Bleicher*, insbesondere weil Bleicher auch großen Wert auf die Integration einer normativen Komponente legt.

---

[20] Pümpin (Erfolgspositionen) S. 56.
[21] vgl. z. B. Ulrich (Unternehmenspolitik) S. 99 ff, Hinterhuber (Unternehmungsführung I) S. 39 ff, Bea/Haas (Management) S. 66 ff.

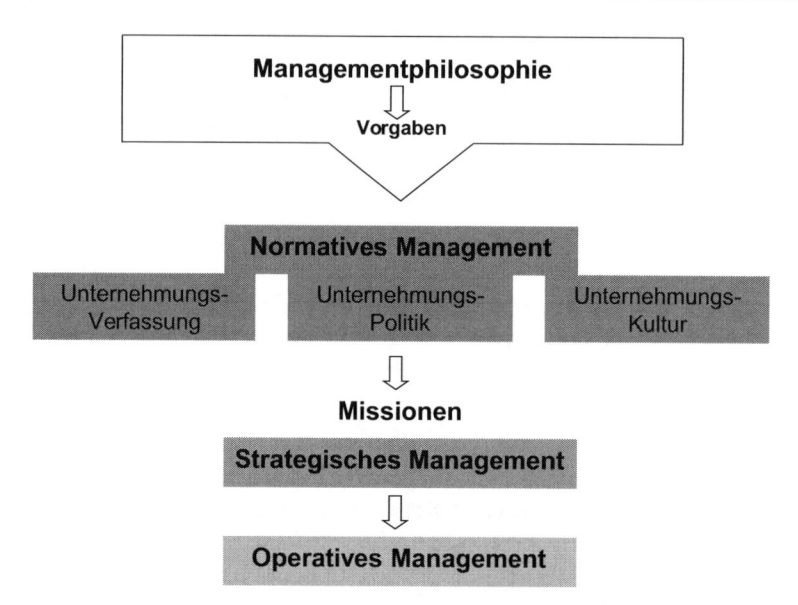

```
        Managementphilosophie
              ⇩
            Vorgaben

         Normatives Management
  Unternehmungs-  Unternehmungs-  Unternehmungs-
   Verfassung      Politik         Kultur
              ⇩
           Missionen
      Strategisches Management
              ⇩
       Operatives Management
```

Abb. 3.2 Einbettung des strategischen Managements. (Quelle: in Anlehnung an Bleicher (Konzept) S. 77)

Die Einbettung des strategischen Managements ist in Abb. 3.2 optisch dargestellt.
Übergeordneter Ausgangspunkt ist dabei die *Management-Philosophie*[22].

„Unter Management-Philosophie werden … die grundlegenden Einstellungen, Überzeugungen, Werthaltungen verstanden, welche das Denken und Handeln der maßgeblichen Führungskräfte in einem Unternehmen beeinflussen. Bei diesen Grundhaltungen handelt es sich stets um Normen, um Werturteile, die aus den verschiedensten Quellen stammen und ebenso geprägt sein können durch ethische und religiöse Überzeugungen wie auch durch Erfahrungen in der bisherigen Laufbahn einer Führungskraft"[23].

Hier werden also – implizit oder explizit – Grundfragen nach der Unternehmensethik gestellt: Was ist der gesellschaftliche Sinn der Aktivitäten der Unternehmung und der Tätigkeit des Managers? Deckt sich die Arbeit des Unternehmens grundsätzlich mit den ethischen Normen der Manager? Wie nimmt das Unternehmen seine Verantwortung gegenüber der Gesellschaft war?

Die Management-Philosophie ist also eine konkrete Anwendung dessen, was im ersten Kapitel im Rahmen der Ethik- und Wertedimension und der Unternehmensethik diskutiert wurde.

---

[22] vgl. Probst (Management-Philosophie).
[23] Ulrich/Fluri (Management) S. 312.

3.2 Unternehmensstrategie

Grundsätze einer Management-Philosophie könnten zum Beispiel wie folgt aussehen: „Unsere Philosophie wird von Grundsätzen getragen, die unser Verhalten in allen Bereichen und Stufen unseres Unternehmensgefüges prägen:

- Wir streben nach einer Sinnhaftigkeit in allem, was wir erreichen und tun wollen.
- Sinn erkennen wir in Leistungen, die einen Nutzen für andere außerhalb und innerhalb unserer Unternehmung stiften.
- Das, was wir erstreben, definieren wir durch eine breite Berücksichtigung unterschiedlicher Interessen.
- Menschlichkeit im Urteil und Handeln ist für uns ein übergeordnetes Ziel und niemals Mittel zur Erreichung von Zielen.
- Sie verlangt eine Hinwendung zum Nächsten; was man selbst nicht erdulden möchte, sollte man auch anderen nicht zufügen.
- Wir verlassen uns auf die Unabhängigkeit des Urteils auch bei entgegengesetzten Sachzwängen.
- Unser Handeln wird von einem hohen Verantwortungsbewusstsein gegenüber unserer Umwelt und unseren Mitarbeitern getragen.
- Wir lassen uns in unserem Verhalten an der Vertretbarkeit unseres Handelns messen"[24].

Jeder Unternehmer und jede Führungskraft, argumentiert Hinterhuber, „ist auf seine Weise ‚Philosoph'; wenn der Unternehmer und/oder die obersten Führungskräfte nicht wissen, warum sie auf der Welt sind und warum die Unternehmung überhaupt existiert, und sich bemühen, es zu erfahren, so umschreibt das ungefähr die Aufgabe der Unternehmensphilosophie"[25].

In diesem Zusammenhang lohnt sich ein Blick auf die Shareholder Value – Stakeholder Value Debatte. An dem zitierten Beispiel ist deutlich erkennbar, dass Protagonisten einer Management-Philosophie sich deutlich auf die Seite des Stakeholder Value schlagen[26]: Berücksichtigung unterschiedlicher Interessen, Verantwortungsbewusstsein gegenüber Mitarbeitern und Umwelt sind typische Stichworte für diese Sichtweise.

Auch hier könnten freilich Anhänger des Shareholder Value die Argumente umdrehen. Das zeigt sich gerade an der Frage der Sinnhaftigkeit. Das Streben nach Sinnhaftigkeit wird hier als etwas dargestellt, das sich aus grundlegenden Normen, aus grundlegenden ethischen Überzeugungen speist. So weit muss aber niemand gehen. Denn aus der Diskussion um die SEP ist bekannt, dass ein Unternehmen etwas „Besonderes" bieten muss, um im Markt zu bestehen. Es muss also das „Besondere" nicht aus philosophischen oder ethischen, sondern schlichtweg aus ökonomischen Gründen bieten, um Gewinn machen zu können. Das bedeutet aber anders formuliert: das Unternehmen muss einen Nutzen bieten, den Abnehmern und damit auch der Gesellschaft. Oder, wieder anders definiert:

---

[24] Bleicher (Konzept) S. 96.
[25] Hinterhuber (Unternehmungsführung I) S. 101.
[26] vgl. auch Hinterhuber (Unternehmungsführung I) S. 1 ff.

die Tätigkeit des Unternehmens muss Sinn machen. Ob es für den Einzelnen zufriedenstellend ist, den professionellen „Sinn" letztlich in Produktion und Absatz eines beliebigen Konsumgutes oder einer beliebigen Dienstleistung zu sehen, mag fraglich sein, zum Funktionieren des Unternehmens reicht dieser „Sinn" aus.

Wer nicht die reine Shareholder-Value-Philosophie vertritt, der muss sich an dieser Stelle fragen, ob die Tätigkeit des Unternehmens mit seinen persönlichen Wertvorstellungen kompatibel beziehungsweise gesellschaftlich sinnvoll ist.

Das gilt insbesondere für Unternehmen, die in gesellschaftlich sensitiven Bereichen tätig sind. Die Branchen sind bekannt: Kernkraftwerksbau; andere ökologisch sensitive Branchen wie – zumindest in einigen Segmenten – die Automobilindustrie; Zigarettenindustrie; Branchen, in denen mit Tierversuchen gearbeitet wird.

Sensitiv ist natürlich auch die Rüstungsindustrie. Nicht nur, weil Waffen zum Töten von Menschen konstruiert sind. Sondern auch, weil die Rüstungsindustrie in vielen Ländern sehr stark durch Ausfuhrkontrollgesetze reglementiert ist und die Hauptabnehmer die öffentlichen Haushalte sind. Hierdurch ist der wirtschaftliche Druck stark bzw. die Versuchung groß, Gesetze zu umgehen oder sich korrupter Praktiken zu bedienen.

Es ist nicht notwendig, das Thema hier weiter zu vertiefen, da sich viele Argumente aus dem Bereich der Unternehmensethik wiederholen. Entscheidend ist, dass die Management-Philosophie der Bereich ist, wo diese Diskussion wesentlich geführt werden sollte.

Ein Kernpunkt der Management-Philosophie ist die Entwicklung einer *Vision*. „Die Vision ist ein konkretes Zukunftsbild, nahe genug, dass wir die Realisierbarkeit noch sehen können, aber schon fern genug, um die Begeisterung der Organisation für eine neue Wirklichkeit zu erwecken"[27], sie ist „das Bewusstsein eines Wunschtraums einer Änderung der Umwelt"[28].

Eine Vision ist explizit kurz gehalten und wenig konkret. Sie wird bisweilen mit dem verglichen, was für die Navigation der Seefahrer früher der Polarstern war[29]. Ein Fixpunkt, der sich zuverlässig auch inmitten von Stürmen und einer sich veränderten Position nicht ändert. Er ist kein konkretes Ziel, da er nicht physisch erreicht werden wird, aber er ist ein Orientierungspunkt.

Zur Erklärung des Charakters einer Vision wird in der Literatur regelmäßig auf einen bekannten Ausspruch von A. de Saint-Exupéry zurückgegriffen:

„Wenn du ein Schiff bauen willst, so trommle nicht die Männer zusammen, um Holz zu beschaffen, Werkzeuge vorzubereiten und Aufgaben zu vergeben, sondern lehre die Männer die Sehnsucht nach dem endlosen Meer"[30].

Visionen hatte, um einige Beispiele anzuführen, Gottlieb Duttweiler, der Gründer der großen schweizerischen Handelskette Migros, der 1925 den Detailhandel revolutionierte, als er begann, mit fünf Verkaufswagen Güter des täglichen Bedarfs billig auch in ent-

---

[27] Boston Consulting Group (Vision) S. 7.
[28] Hinterhuber (Unternehmungsführung I) S. 43.
[29] vgl. Goerke (Organisationsentwicklung) S. 159.
[30] vgl. Bleicher (Konzept) S. 33, Hinterhuber (Unternehmungsführung I) S. 84 f.

3.2 Unternehmensstrategie

fernte Bergdörfer zu bringen[31]. Duttweiler „schwebte die Vision einer Verbesserung der Situation der Konsumenten vor; am Anfang seiner unternehmerischen Tätigkeit stand die Vision, die überkommenen Handelsstrukturen im Interesse der ärmeren Bevölkerungsschichten aufzubrechen.

Steve Jobs und Stephen Wozniak hatten die Vision der ‚Demokratisierung des Computers'; ihre Gründung – Apple Computers – hat zu einem neuen Industriezweig – dem Personal Computer – geführt.

Gottlieb Daimler hatte als Vision die Konstruktion eines Fahrzeugmotors, der die Pferde zu ersetzen imstande war. Die Vision führte zur Gründung der Daimler-Motoren-Gesellschaft"[32].

Die *Ebene unterhalb der Management-Philosophie* besteht, wie in Abb. 3.2 erkennbar, aus drei Komponenten:

- Unternehmungspolitik
- Unternehmungsverfassung
- Unternehmungskultur

Unternehmenspolitik wird allgemein uneinheitlich[33] definiert. Hier wird sie dadurch charakterisiert, dass ihr „die prinzipielle Aufgabe zufällt, eine Harmonisierung externer, zweckbestimmender Interessen an der Unternehmung und intern verfolgter Ziele vorzunehmen, um einen ‚fit' – ein im Zeitablauf sich veränderndes ‚Fließgleichgewicht' – zwischen Um- und Inwelt einer Unternehmung zu erreichen, das langfristig die Autonomie des Systems gewährt".[34]

Etwas untechnisch formuliert, umfasst die Unternehmungspolitik Maßnahmen und Entscheidungen, die eine Konkretisierung der Philosophie und der Vision darstellen, aber dennoch relativ abstrakt sind und beispielsweise keine konkreten Entscheidungen über Produkte oder Fertigungsstätten umfassen.

Unternehmungspolitik ist der Oberbegriff der beiden Komponenten Unternehmungsverfassung und -kultur, wobei die Verfassung den „harten", die Kultur den „weichen" Aspekt umfasst.

Die *Unternehmungsverfassung* „lässt sich als Grundsatzentscheidung über die gestaltete Ordnung der Unternehmung verstehen. Sie steht dabei in enger Bindung zur gesamtgesellschaftlichen Ordnung. Abhängig von der Rechtsform der Unternehmung ist die Unternehmungsverfassung selbst als Summe von Rechtsnormen zu sehen, die in der für die Unternehmung relevanten Gesetzgebung schriftlich verankert sind. Im verbleibenden Autonomieraum konkretisiert sie diese durch ihre eigene Unternehmungsverfassung. Quasi als ‚Grundgesetz' der Unternehmung definiert sie mit ihren konstitutiven Rahmen-

---

[31] vgl. Migros (Migros-Idee).
[32] Hinterhuber (Unternehmungsführung I) S. 85.
[33] vgl. z. B. Ulrich (Unternehmungspolitik) S. 18 ff.
[34] Bleicher (Konzept) S. 147, vgl. auch Bertalanffy (Systemlehre) S. 38.

regelungen Gestaltungsräume und -grenzen und legt damit einen generell zu respektierenden Verhaltensrahmen nach innen wie nach außen fest"[35].

Ein Beispiel der Ausgestaltung einer Unternehmensverfassung sind Fragen der Corporate Governance[36], also der Frage der Kontrolle des Unternehmens und seines Top-Management durch die zuständigen Organe, namentlich den Aufsichtsrat. Bis zu welchem Detaillierungsgrad – über die gesetzlichen Vorgaben hinaus – werden etwa Zahlen zum Geschäftsverlauf veröffentlicht? Und bis zu welchem Detaillierungsgrad werden individuelle Bezüge von Vorständen und deren Bestandteile veröffentlicht?

Eine Unternehmungsverfassung ist in der Praxis derzeit als Ausdruck oder als ein Papier, das diese Bezeichnung trägt, nur in sehr begrenztem Umfang verbreitet. Aber auch ohne ein Dokument mit explizit dieser Bezeichnung existieren Regeln, welche die Anforderungen an eine Unternehmensverfassung erfüllen. Daher kann argumentiert werden, viele Unternehmungen haben implizit eine Verfassung, ohne dies so zu nennen.

Weiteste Verbreitung hat hingegen die Bezeichnung *Unternehmungskultur* gefunden[37]. Die Unternehmungskultur ist „die Gesamtheit der in der Unternehmung vorherrschenden Wertvorstellungen, Traditionen, Überlieferungen, Mythen, Normen und Denkhaltungen, die den Mitarbeitern auf allen Verantwortungsebenen Sinn und Richtlinien für ihr Verhalten vermitteln. Sie ist die Summe aller gelebten und anerkannten Werte, Normen und Zielvorstellungen in der Unternehmung. Die Unternehmenskultur ist etwas in der Zeit gewachsenes, das in einem langen Zeitraum aufgebaut, in kurzer Zeit jedoch völlig zerstört werden kann …

Eine Geschichte aus dem Mittelalter vermag den Sinn und Wert der Unternehmungskultur zu veranschaulichen. Drei Handwerker arbeiten an einer Mauer. Auf die Frage, was sie tun, antwortet der erste: ‚Ich verbinde gehauene Steine mit Mörtel'. Der zweite sagt: ‚Ich baue eine Mauer, indem ich gehauene Steine mit Mörtel verbinde.' Der dritte antwortet: ‚Ich baue eine Kathedrale. Dazu muss ich eine Mauer errichten, indem ich Steine mit Mörtel verbinde'"[38].

Unternehmenskultur ist etwas Allgegenwärtiges und gleichzeitig kaum Fassbares und schwer Messbares[39]. Sichtbar gemacht wird die Unternehmenskultur durch *Indikatoren, durch Artefakte, durch Symbole*. Eine Kultur wird beispielsweise erkennbar durch:

- Riten und Rituale. Dazu können Betriebsfeiern gehören – wie oft finden sie statt, in welchem Rahmen, während der Arbeitszeit oder außerhalb, die Art der Gestaltung von Jubiläen und Verabschiedungen

---

[35] Bleicher (Konzept) S. 182.

[36] s. u. Kap. 4.3.

[37] vgl. z. B. Deal/Kennedy (Cultures), Bleicher (Organisationskulturen), Schein (Awareness).

[38] Hinterhuber (Unternehmungsführung II) S. 236.

[39] vgl. Hinterhuber (Unternehmungsführung II) S. 238 ff. , Bea/Haas (Management) S. 457 ff, Hofstede (Kultur).

3.2 Unternehmensstrategie

- Umgang miteinander – wie oft wird im Team gearbeitet, haben Mitarbeiter auch in der Freizeit Kontakte miteinander, wer duzt bzw. siezt sich
- die übliche Kleidung – formal, modisch oder konservativ etc.
- Pünktlichkeit beim Erscheinen zur Arbeit, beim Beginn von Sitzungen
- Offenheit – auch die physisch wahrnehmbare Offenheit, etwa durch offene oder geschlossene Bürotüren
- Kundenorientierung – denken Mitarbeiter bewusst in Kategorien von Service und Kundennutzen, oder sind Kunden Arbeit verursachende „Störfaktoren"
- Formalisierung der Organisation und der Tätigkeiten – inwieweit und wie oft berufen sich Mitarbeiter auf formale Vorgaben und handeln entsprechend
- Kostenorientierung – wie stark werden gerade operative Ausgaben – Reisekosten, Büromaterial – kontrolliert, und inwieweit achten Mitarbeiter selbst von sich aus auf sparsames Verhalten
- Mythen, Anekdoten, Geschichten, beispielsweise aus der Pionier- und Gründungszeit des Unternehmens, die immer wieder erzählt werden.

Verschiedene Autoren haben versucht, die Unternehmen nach bestimmten Merkmalen in *Kulturtypen* einzuteilen. Bekannt ist der Ansatz von Deal/Kennedy, der auf zwei von ihnen als entscheidend erkannten Dimensionen basiert[40]:

- *Risiko*bereitschaft, also ob die Mitarbeiter individuell bereit sind, hohe Risiken für das Unternehmen einzugehen, und
- Geschwindigkeit des Feedbacks aus dem Markt, also wie schnell sich das Verhalten des Unternehmens in Erfolg oder Misserfolg im Markt niederschlägt.

Durch Unterteilung der beiden Dimensionen in hoch/niedrig kommen Deal/Kennedy zu vier Typen.

Abb. 3.3 Kulturtypen nach Deal/Kennedy. (Quelle: Bea/Haas (Management) S. 463)

Risikobereitschaft	langsam	schnell
hoch	bet-your-company	tough-guy, macho
niedrig	process	work hard/ play hard

Geschwindigkeit des Feedbacks aus dem Markt

---

[40] vgl. Deal/Kennedy (Cultures) S. 107 ff.

Diese vier vorherrschenden Typen sind wie folgt charakterisiert:

1. „The tough-guy, macho culture. Die Mitarbeiter sind Individualisten mit hoher Risikobereitschaft. Sie erwarten ein schnelles Feedback zu ihren Aktionen. Beispiele: Unternehmensberatungen, Finanzdienstleister, Broker, Marketing- und Werbeagenturen.
2. The work hard/play hard culture. Die Mitarbeiter leisten harte, aber attraktive Arbeit. Das Risiko ist relativ gering und es wird ein rasches Feedback erwartet. Beispiele: Telekommunikationsunternehmen, Computer- und Softwarehersteller, (Automobil-) Handel.
3. The bet-your-company culture. Die Unternehmungen und ihre Mitarbeiter gehen mit sehr großen Investitionen sehr hohe Risiken ein. Ein Feedback erfolgt erst nach Jahren. Beispiele: Anlagenbau, Forschungs- und Entwicklungsabteilungen und -institute.
4. The process culture. Die Mitarbeiter erfüllen ihre Aufgaben mit geringem Risiko. Ein schnelles Feedback wird nicht erwartet. Beispiele: Versicherungen, Banken, Bilanzabteilungen."[41]

Die Riten, Sitten, Gebräuche, Anekdoten bilden dabei nur die Oberflächenstruktur der Unternehmenskultur. Dahinter stehen *Werte*, „die weitgehend unbewusst und damit nur schwer analysierbar sind"[42], hinter diesen stehen wiederum „grundlegende, von den Systemmitgliedern nicht mehr hinterfragte Annahmen über den Sinn und die Realität der Unternehmung"[43]. Der *un- und unterbewusste* Anteil, der hinter der Oberfläche liegt, ist kennzeichnend für eine Unternehmenskultur.

Mitarbeiter des Unternehmens verhalten sich nach bestimmten Regeln, ohne hierüber groß nachzudenken, zu reflektieren. Darin liegt – auch wenn es in der betriebswirtschaftlichen Literatur selten so formuliert wird – der Sinn, der „Charme" der Unternehmenskultur. Denn die Steuerung des Verhaltens über eine bestimmte Kultur ist die *ökonomischste Form* der Steuerung[44].

Mitarbeiter, für die bestimmte Verhaltensweisen selbstverständlich sind, werden sich entsprechend Verhalten, ohne von außen spezifisch dazu angehalten oder kontrolliert zu werden. Konkret: es ist wesentlich ökonomischer, wenn Mitarbeiter aufgrund ihrer unternehmenskulturellen Prägung sparsames Verhalten beim Büromaterialverbrauch als selbstverständlich, als „normal", erachten, als den Materialverbrauch zu kontrollieren. Ein Mitarbeiter, der sich von sich aus serviceorientiert gegenüber den Kunden verhält und gar nicht auf den Gedanken kommt, ihn abzuweisen, ist offensichtlich wertvoller für ein Unternehmen als ein Mitarbeiter, der dazu ständig angehalten werden muss. Die Form der *indirekten* Steuerung[45] des Unternehmens durch eine entsprechende Organisationskultur

---

[41] Bea/Haas (Management) S. 463 f.
[42] Bleicher (Konzept) S. 229
[43] Bleicher (Konzept) S. 229, vgl. Schein (Awareness) S. 3 f.
[44] vgl. Neuberger (Macht) S. 58, Sandner (Macht) S. 209 f.
[45] vgl. Sandner (Macht) S. 181 ff.

ermöglicht es also, den Mitarbeitern große Freiräume zu lassen – er wird aus eigener Initiative das Unternehmen voran bringen[46].

Bestimmte un- und unterbewusst gesteuerte Verhaltensweisen können übrigens nicht nur für die Kultur im Unternehmen, sondern auch für den wirtschaftlichen Erfolg ganzer Gesellschaften entscheidend sein. Wenn Disziplin, Pünktlichkeit, Fleiß und Ehrlichkeit Werte sind, die allgemein akzeptiert sind und nicht hinterfragt werden – „man" kommt nicht unpünktlich, „man" klaut nicht etc. – dann führt das in einer Volkswirtschaft zu entsprechend geringeren Kontrollkosten.

So hat nach der Theorie von Max Weber die *protestantische Ethik*[47] Einfluss auf die Entwicklung moderner Volkswirtschaften. Im Gegensatz zum Katholizismus sieht die protestantische Religion – und namentlich der Calvinismus – Gelderwerb als Ausdruck der Tüchtigkeit im Beruf und damit als „Beweis eines gottgefälligen und gottbegnadeten Lebens"[48] an. Berufstätige Personen müssen demnach nicht motiviert und kontrolliert werden, sie sind vielmehr allein aufgrund ihrer in der Regel nicht hinterfragten religiösen Überzeugung tüchtig und fleißig[49].

Wie *entsteht* eine bestimmte Unternehmenskultur? Die Literatur ist sich einig, dass Entwicklung und Änderung der Kultur „an der Spitze beginnen"[50] muss.

„Der Führung kommt bei der Entstehung einer Unternehmungskultur eine außergewöhnlich prägende Rolle zu. Dies beginnt beim Gründer, der seine Visionen, Werte und Normen in einem Stadium des noch nicht Vorhandenseins einer Unternehmungskultur einer Unternehmung ‚einhaucht'. In der weiteren Entwicklung werden Kulturen durch Vorbild und Vorleben der Führung für alle sichtbar asymmetrisch stark beeinflusst. Jedem Verhaltensakt kommt eine symbolische Bedeutung zu, die von den Mitarbeitern auf ihre Übereinstimmung mit in Leitlinien schriftlich deklarierten Grundsätzen hin überprüft werden."[51] *Aktives Vorleben, die Vorbildwirkung des Handelns* der Führung ist es also, was die Implementierung einer bestimmten Kultur ausmacht. Die *Signale*, welche die Unternehmensführung *bewusst und unbewusst* durch ihr Verhalten aussendet, macht die Unternehmenskultur aus. Beispielsweise machen die Themen, die im Unternehmen in Sitzungen und Diskussionen im Vordergrund stehen, einen Unterschied. Eine kunden- und serviceorientierte Kultur wird kaum entstehen, wenn, vom Vorstand angefangen, im Unternehmen ständig nur technische oder bilanzielle Fragen besprochen werden, auf die Marktsituation aber kaum eingegangen wird[52].

---

[46] vgl. auch Stock (Normen).
[47] vgl. Weber (Ethik).
[48] Steyrer (Rahmenbedingungen) S. 17.
[49] zur Kritik vgl. z. B. Steyrer (Rahmenbedingungen) S. 22 f.
[50] Hinterhuber (Unternehmungsführung II) S. 244.
[51] Bleicher (Konzept) S. 229.
[52] vgl. auch Pümpin (Erfolgspositionen) S. 116 f.

Bekannt und verbreitet sind die Fälle, in denen in Unternehmensbroschüren davon gesprochen wird, die Mitarbeiter stünden im Mittelpunkt, faktisch aber die Mitarbeiter nur als Kostenfaktor angesehen werden. In diesem Fall wird keine Kultur entstehen, die sich durch besonders hohes Engagement und besonders hohe Loyalität der Mitarbeiter gegenüber dem Unternehmen auszeichnet, auch wenn es propagiert wird.

Zusammenfassend geht es also bei der Unternehmensstrategie darum, ausgehend von einer Vision strategische Erfolgspositionen aufzubauen, strategisch eingebettet in eine entsprechende Philosophie, realisiert durch die Unternehmenspolitik, insbesondere deren „weiche" Faktoren, also die Unternehmenskultur.

3.2.3 Kritik am strategischen Management in der Praxis

Das hier gezeichnete Bild des strategischen Managements entspricht einer Idealvorstellung. Die Realität hat damit bisweilen wenig gemein. Typisch die Aussage eines Vorstandsvorsitzenden eines mittleren Unternehmens vor seinen Abteilungsleitern während einer Planungskonferenz: „Eine Unternehmung muss eine Vorstellung haben, was sie in Zukunft sein will; ich habe den Eindruck, dass Sie wohl wissen, wie wir eine Position der Einzigartigkeit auf unseren Märkten aufbauen können, dieses Ziel jedoch in keinem Markt erreichen. Ihre Pläne lesen sich plausibel, sie sind hinreichend dokumentiert und erscheinen erfolgversprechend; die Wirtschaftsergebnisse, die wir bisher mit der strategischen Planung erreicht haben, sind jedoch unbefriedigend im Vergleich zu den Ergebnissen unserer Hauptkonkurrenten. Ich glaube, wir sollten uns fragen, warum: wir formulieren Strategien, die von den Mitarbeitern nicht verstanden werden und für die sie sich auch nicht intuitiv einsetzen; unsere Strategien nehmen keine Rücksicht auf die Erfahrungen, auf das Know-how und auch auf die Gefühle unserer Mitarbeiter; mir scheint, dass wir – ich schließe mich selbst nicht aus – viel zu wenig die Werte verkörpern und vorleben, an denen sich die Mitarbeiter bei der Umsetzung der Strategien orientieren können; wir planen eine Offensivstrategie in den USA, die aktives, unternehmerisches Mitdenken und Handeln unserer Leute in Forschung und Entwicklung, in der Produktion, im Vertrieb, im Design und in der Logistik voraussetzt; wir selbst sind jedoch langsam, schwankend, unsicher in den Entscheidungen und bürokratisch in den Kontrollen, mit einem Wort, das Gegenteil dessen, was wir von unseren Mitarbeitern verlangen ..."[53].

Diese Aussage ist kein Einzelfall. Guter professioneller Arbeit von Führungskräften und Mitarbeitern auf der operativen Ebene steht oft eine Orientierungslosigkeit in grundsätzlichen Fragen gegenüber. Die Implementation der Unternehmenskultur setzt nicht wirklich bei den Verhaltensweisen und dahinter stehenden Werten an, stattdessen „verteilt man neue Kaffeetassen und T-Shirts"[54]. Dabei ist das mittlere Unternehmen im zitierten Fall noch weiter als viele andere; es existiert zumindest eine explizit entwickelte Strategie mit darauf

---

[53] Hinterhuber (Unternehmungsführung II) S. 235.
[54] Mountfield (Visionen).

3.2 Unternehmensstrategie

aufbauenden Teilplänen. Aus Literatur und Praxis sind aber viele Fälle bekannt, in denen auch das *nicht der Fall* ist – in erfolglosen wie auch in erfolgreichen Unternehmen:

- Jeder Praktiker, der sich mit der Frage befasst hat, kann von Fällen berichten, in denen die scheinbar harmlose Frage nach der strategischen Erfolgsposition des Unternehmens im obersten Führungskreis zu völlig unterschiedlichen Aussagen führt
- Eine typische Antwort auf die Frage nach der Strategie in eigentümergeführten Unternehmen ist die, sie existiere „im Hinterkopf des Eigentümers"
- Auch bei den oben erwähnten Beispielen einer hochgradig erfolgreich umgesetzten Vision – den Fällen Migros, Daimler und Apple Computer – dürfte die Unternehmensstrategie lange Zeit nur „im Hinterkopf" der Gründer Duttweiler, Daimler, Steve Jobs und Stephen Wozniak existiert haben; in Fall von Migros und Daimler schon allein deshalb, weil von betriebswirtschaftlicher Strategieentwicklung zu dieser Zeit noch gar nichts bekannt war.

Aber auch Unternehmen, von denen aufgrund ihres Alters, ihrer Größe und Professionalität in der Führung eine explizite Strategie erwartet würde, scheinen sich damit schwer zu tun.

Bei der Beurteilung der Strategie von Großunternehmen durch Außenstehende ist zwar Zurückhaltung geboten. Die folgenden der Fachpresse entnommenen Beispiele sind aber im Kern bestätigt beziehungsweise nicht dementiert worden und zeigen doch zumindest die Probleme auf, die mit einer Strategieentwicklung in der Praxis einhergehen:

- So hat der Halbleiter-Hersteller *Infineon* über fünf Jahre hinweg – von 2001 bis 2005 – hohe Verluste aufgrund falscher bzw. fehlender strategischer Positionierung eingefahren. Das Geschäft mit Standard-Halbleitern ist ein Massengeschäft – mit entsprechenden Kostenvorteilen für die größten Unternehmen. Infineon war aber nicht groß genug, um mit den ganz großen wettbewerbsfähig zu sein. „'This really is a scale business, where only the big can thrive. And at present Infineon just hasn't enough scale to guarantee profitability across the cycle' says Uche Ori, a London-base analyst".[55]

Erst im November 2005, also nach Jahren, hat das Unternehmen reagiert und sich mit der Aufspaltung in zwei unabhängige Unternehmen, die sich jeweils auf ihr Marktsegment konzentrieren, strategisch neu ausgerichtet[56]. Für eine Beurteilung des Erfolgs ist es derzeit noch zu früh.

- Eine Strategie ist auch für die *Jenoptik AG* für die vergangenen Jahre schwer erkennbar. Dies wird insbesondere der Politik des früheren Vorstandvorsitzenden und Ex-Politikers Lothar Späth zwischen 1999 und 2003 angelastet, der diverse andere Unternehmen

---

[55] Wassener (Chips).
[56] vgl. Infineon Technologies AG (Realignment).

aufkaufte, aber dabei nicht auf den Aufbau einer strategischen Erfolgsposition achtete: „Späth griff sich, was er bekommen konnte. Gewiss in bester Absicht, doch ohne erkennbaren strategischen Plan, langte er in Düsseldorf, Stuttgart, Berlin (West), oder Nürnberg zu. Insgesamt sammelte Späth in elf Jahren mehrere Dutzend Firmen aus den unterschiedlichsten Branchen ein. Mal war es ein Telekom-Unternehmen, mal ein Medizintechnikspezialist."[57] Erst nach Jahren weiterer Zu- und Verkäufe hat das Unternehmen heute wohl seine passende Struktur gefunden.[58]
- Wie schwierig es ist, eine im Nachhinein als falsch erkannte Strategie zu korrigieren, zeigt sich am Beispiel der Brauerei *Warsteiner*[59]. Warsteiner versucht, sich als Premiumanbieter mit entsprechender Hochpreispolitik zu positionieren. Aber „der Verbraucher ist verunsichert. Vor Jahren bekam er die Dose Warsteiner für nur 99 Pfennig an jeder Döner-Bude. Und jetzt soll er für dasselbe Bier einen Premiumpreis bezahlen? Die verfehlte Schleuderpreispolitik der späten 90er Jahre … fordert nun ihren Preis."[60]

Dabei ist auch die derzeitige Strategie nicht frei von Kritik. Kritisiert wird die fehlende Abgrenzung gegenüber dem Wettbewerber Becks und damit die fehlende SEP. „Marketingexperte Rellecke urteilt: ‚Warsteiner hat sich damit in die völlige Vergleichbarkeit mit Beck's begeben.'"[61]

Selbst Unternehmen wie Daimler, Deutsche Bank, Volkswagen AG, um nur einige zu nennen, wurden im Laufe der Jahre wegen fehlender klarer Strategien kritisiert.[62]

Besonders hart, schon zynisch, wird von Kritikern die Aufforderung bewertet, *Visionen* zu entwickeln. Dem früheren deutschen Bundeskanzler Helmut Schmidt wird der Ausspruch zugeschrieben: „Wer Visionen hat, soll zum Arzt gehen!". Ein Manager mit Erfahrung in der Entwicklung von neuen Strategien erklärte im Zusammenhang mit einem Unternehmenszusammenschluss: „Das letzte, was wir jetzt brauchen, ist eine Vision!"[63].

Das Zitat von de Saint-Exupéry hat seinen Wert, um die grundsätzliche Idee dahinter zu erklären, klingt aber allzu idealistisch. Die schiere Notwendigkeit, Geld zum Überleben zu verdienen, dürfte in vergangenen Jahrhunderten mehr Matrosen zur Seefahrt animiert haben als „die Sehnsucht nach dem endlosen Meer". Auch reicht die Sehnsucht nach dem endlosen Meer allein nicht aus – es bedarf auch fachlichen Know-hows und entsprechender Ressourcen, um Holz zu beschaffen, Werkzeuge vorzubereiten und ein Schiff zu bauen.

Aus Sicht einer praxisorientierten Betriebswirtschaftslehre gilt es daher, das theoretische Idealbild durch eine weitergehende Analyse der Praxis zu *ergänzen*.

---

[57] Werres (Späthfolgen) S. 78 f.
[58] vgl. Jenoptik AG (Annual).
[59] vgl. Hirn (Vergeigt), Möller-Hergt (Gegendarstellung), Cramer (Gegendarstellung).
[60] Hirn (Vergeigt) S. 109.
[61] Hirn (Vergeigt) S. 109 f.
[62] vgl. z. B. Papendick/Student (kleben), Reiche (Bank).
[63] Mountfield (Visionen).

3.2 Unternehmensstrategie

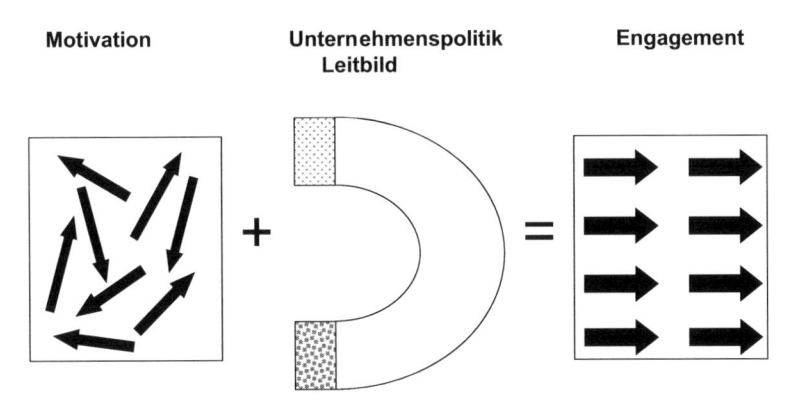

Abb. 3.4 Vereinheitlichung unterschiedlicher Interessen durch die Unternehmenspolitik. (Quelle: Hinterhuber (Unternehmenspolitik) S. 109)

Sicher kann es in der Praxis bei der Strategieentwicklung zunächst einmal einfach zu *fachlichen* Fehleinschätzungen kommen; eine bestimmte Vorgehensweise erweist sich im Rückblick als falsch.

Mindestens ebenso bedeutend ist aber auch bei diesem Thema der Einfluss von *Politics* im Unternehmen, von den *unterschiedlichen Positionen und Interessen* der einzelnen Individuen.

Dieser Punkt wird in der Strategie-Literatur durchaus nicht ausgeblendet. Im Gegenteil wird Unternehmenspolitik teilweise gerade als „Ausgleich von Umwelt- und Inwelt-Interessen"[64] im Sinne von Politics gesehen. Im Rahmen der Unternehmenspolitik sollen unterschiedliche Interessen berücksichtigt und Ziele harmonisiert werden[65].

Die Unternehmensverfassung dient wesentlich auch dazu, Regeln aufzustellen, wie Konflikte zwischen Mitgliedern der Organisation aufgrund unterschiedlicher Interessen gelöst werden[66].

Es wird der Aufbau einer verpflichtenden Unternehmenspolitik und -kultur gefordert, also einer Politik und Kultur, die sich „gegenüber den unterschiedlichen und differenzierten Interessen als offen und änderungsbereit"[67] erweist, die Konflikte also ausgleicht, zum größtmöglichen Wohl des Gesamtsystems „Unternehmen".

„Die Unternehmenspolitik erfüllt erst dann ihre Aufgabe, wenn sie von allen Mitarbeitern getragen (internalisiert) ist, so dass alle ‚am gleichen Strang in die gleiche Richtung ziehen'"[68], graphisch dargestellt in Abb. 3.4.

---

[64] Bleicher (Konzept) S. 149.
[65] vgl. Bleicher (Konzept) S. 150 ff.
[66] vgl. Bleicher (Konzept) S. 182 ff.
[67] Bleicher (Konzept) S. 249.
[68] Hinterhuber (Unternehmungsführung I) S. 108.

Der Umsetzung dieser Gedanken *in die Praxis* stehen aber einige Punkte *entgegen*:

1. Grundsätzlich *unterschätzen* offenbar viele Autoren *die Bedeutung* von Politics im Unternehmen. Wie aus allen im ersten Teil diskutierten Theorien hervorgeht – Theorie der Spiele im Unternehmen, Mülleimer-Modell, Mikropolitik – sind die Individualinteressen ein wesentliches Charakteristikum des Funktionierens von Organisationen. Mitarbeiter, Menschen, sind eben keine Eisenspäne, die einfach durch bestimmte Maßnahmen in einer Richtung ausgerichtet werden können, wie Abb. 3.4 suggeriert. Die Strategie-Theorie sieht Unternehmen noch zu sehr als technokratisch-funktionalistische Gebilde mit überschaubaren Input-Output-Relationen, die entsprechend steuerbar sind.

   Einstellungen und Werte von Mitarbeitern lassen sich indessen nicht dermaßen steuern. Dazu ist die Organisation, systemtheoretisch gesprochen, zu komplex. Aus praktischer Sicht existieren auch zu viel objektiv vorhandene Interessensgegensätze, um zu dem Ideal zu kommen, dass „alle am gleichen Strick in die gleiche Richtung ziehen".

   Das sind Interessengegensätze auf persönlicher Ebene – zwei Mitarbeiter machen sich Hoffnung auf Beförderung, aber nur einer kann befördert werden, und so weiter.

   Das sind aber auch Interessensgegensätze, die mehr oder minder direkt im Zusammenhang mit der Strategie stehen. Beispielsweise kann eine Strategie – ganz im Sinne der Konzentration der Kräfte – den Rückzug aus einem Markt oder die Schließung eines Werks bedeuten. Die davon betroffenen Mitarbeiter werden kaum zu bewegen sein, in „dieser Richtung an diesem Strick zu ziehen".

   Die Metapher von den Eisenspänen, die mit Hilfe eines Magneten ausgerichtet werden, impliziert eine Manipulierbarkeit, die so nicht existiert.
2. In kleinen und mittleren Unternehmen kann die fehlende Strategieentwicklung und -implementierung auch durch *fehlendes betriebswirtschaftliches Know-how begründet sein*. Unternehmensstrategien werden an Hochschulen thematisiert und erfordern einige theoretische Grundkenntnisse, sind aber selten Gegenstand praktischer Berufsausbildung.
3. Eigentümer und Leiter von kleinen und mittleren Unternehmen sind in manchen Fällen erfahrungsgemäß Diskussionen über strategische Fragen gegenüber ausgesprochen abwehrend. Über die Gründe der ablehnenden Haltung kann mangels entsprechender Untersuchungen nur spekuliert werden, sie dürften aber *nicht-ökonomischer* Natur sein.

   Möglicherweise liegt der Grund in einer emotionalen, intuitiven Abwehrhaltung der in der Regel aus der Praxis kommenden Personen gegenüber einem etwas theoriebelasteten Thema.

   Möglich ist auch ein anderer Grund. Einerseits beinhalten Diskussionen über Strategien die grundsätzliche Hinterfragung der Existenzberechtigung des Unternehmens, nichts anderes bedeutet die Frage nach SEPs und akquisitorischen Potenzialen. In einer Reihe von KMUs, erwähnt wurden bereits als Beispiel die kleinen Läden an der Ecke oder Handwerker, kann aber eine Existenzberechtigung im Sinne eines echten Wettbewerbsvorteils kaum noch zugesprochen werden.

3.2 Unternehmensstrategie

Andererseits haben Eigentümer und Leiter von KMUs in der Regel eine extrem hohe emotionale Affinität zum Unternehmen. Es ist ihr berufliches Lebenswerk, wenn nicht gar der Mittelpunkt ihres Lebens.

Es ist aus dieser Sicht verständlich, wenn einer Diskussion, welche das gesamte Lebenswerk in Frage stellt, eher ausgewichen wird – ein simpler psychologischer Verdrängungsmechanismus.

4. Aber nicht nur in erfolglosen, sondern durchaus auch in sehr erfolgreichen eigentümergeführten Unternehmen existiert die Strategie nur „im Hinterkopf des Eigentümers", angefangen bei Daimler und Duttweiler.

Warum verfolgen diese erfolgreichen Unternehmer nicht die Entwicklung einer expliziten Strategie mit einer höheren Priorität? Offenbar bringt es Vorteile, die grundsätzliche strategische Ausrichtung zu einem gewissen Grad im ungefähren zu lassen. Ein wesentlicher Vorteil ist es, die Flexibilität des Unternehmens und die Motivation von Mitarbeitern nicht einzuschränken. Denn je deutlicher eine bestimmte Richtung formuliert, vorgegeben und verfolgt wird, umso deutlicher werden damit alternative Vorgehensweisen ausgeschlossen – und damit auch Mitarbeiter gebremst. Zwar wird von der Literatur betont, die Befolgung einer Strategie dürfe „nie die Initiative, Kreativität und Professionalität der einzelnen Führungskräfte unterdrücken".[69] Aber diese Forderung zu erfüllen und gleichzeitig die Kräfte konsequent auf wenige strategische Bereiche zu konzentrieren, führt zu Zielkonflikten und gleicht der Quadratur des Kreises.

Es mag daher durchaus *vorteilhaft* sein, sich *nicht zu stark festzulegen*, sondern eher ein Gleichgewicht anzustreben zwischen der Entwicklung strategischer Erfolgspositionen einerseits und dem Belassen von Freiräumen andererseits – zum Beispiel dadurch, die Strategie „im Hinterkopf des Eigentümers" statt auf Papier festzulegen.

Zu Beginn der 1980er Jahre untersuchten Peters und Waterman in ihrem berühmt gewordenen Buch „In Search of Excellence" Merkmale erfolgreicher Unternehmen. Ihre Befunde bestätigen, dass es gerade nicht die perfektionierten Systeme sind, die den Erfolg ausmachen. Im Gegenteil praktizieren exzellente Unternehmen zu einem gewissen Grad gar das genaue Gegenteil: „They were creating… messiness…, lack of coordination, … and somewhat chaotic conditions"[70]. Genau die Bedingungen, die Freiräume, die Kreativität, bisweilen das richtige Maß an Chaos, könnten durch explizit definierte und implementierte Strategien gefährdet oder gar abgetötet werden.

Die Theorien wie das Mülleimer-Modell, die Unternehmen als politische Koalition sehen, als – innerhalb gewisser Grenzen – anarchische Gebilde, beschreiben offenbar nicht nur die Realität, sondern erklären bisweilen auch deren strategischen Erfolg.

5. In großen Unternehmen, die nicht von den Eigentümern, sondern von angestellten Managern geleitet werden, kann die fehlende Entwicklung einer kohärenten Strategie mit

---

[69] Hinterhuber (Unternehmungsführung I) S. 17.
[70] Peters/Waterman (Excellence) S. 201.

der *Machtposition bestimmter Gruppen* im Unternehmen erklärt werden – auch das in völliger Übereinstimmung mit dem Mülleimer-Modell und vergleichbaren Theorien.

In großen Konzernen findet sich selten *eine* Person, ein Topmanager, der formell und informell eine einem Eigentümer-Unternehmer vergleichbare Macht besitzt, die Unternehmung auch gegen Widerstände in eine bestimmte strategische Richtung zu lenken. Die Entscheidungsprozesse sind vielmehr mit denen einer politischen Institution vergleichbar, in denen verschiedene Gruppen ihren Einfluss ausüben, aber keine die alleinige Entscheidungsgewalt hat. Wie den Kritikern zufolge im Fall der Deutschen Bank die Investment-Banker und die Vertreter des Filialbank-Geschäfts[71].

Warum das Management nicht entscheidet, kann sehr plausibel mit der Betrachtungsweise von Unternehmen als politische Koalition erklärt werden. Hinter beiden Konzepten stehen große Gruppen von Mitarbeitern beziehungsweise einflussreichen Managern. Und niemand kann oder möchte in einem großen Unternehmen eine derart einschneidende Entscheidung zugunsten der einen oder anderen Richtung treffen. Es ist nachvollziehbar – und vielleicht sogar besser für das Unternehmen – wenn die Frage zumindest vorübergehend offen gehalten wird.

6. Aber selbst wenn eine Person oder eine homogene Gruppe an der Spitze steht und die Richtung vorgibt, so ist durchaus nicht gesagt, dass die Maximierung betriebswirtschaftlicher Effizienz das einzige und entscheidende Kriterium der Strategie ist. *Macht*, Prestige, Status beeinflussen die Entscheidungen ebenso. Auf dieses im engeren Sinn nicht-betriebswirtschaftliche (aber individuell durchaus nutzenmaximierendes!) Motiv wird noch an anderer Stelle eingegangen.

7. Die Implementierung einer Strategie, insbesondere was den Teil der Unternehmenskultur betrifft, kann nur gelingen durch aktives Vorleben durch die Führung – soweit die Aussage der gängigen Literatur. Aus der *Principal-Agent Theorie* ist nun aber bekannt, dass die persönlichen Interessen der Führung keineswegs identisch mit denen des Unternehmens sein müssen. Bei der gerade erwähnten Deutsche Bank war lange Zeit umstritten, ob der zukünftige Schwerpunkt eher im Investment- oder im klassischen Filialbanking zu sehen sei. In diesem Fall wird etwa ein Investmentbanker wenig Interesse daran haben, eine Strategieentscheidung zugunsten des traditionellen Filialbankengeschäfts mit zu tragen, aktiv vorzuleben und umzusetzen. Beispiele solcher Interessenskonflikte bestehen viele. Das postulierte aktive Vorleben durch die Führung funktioniert per se also höchstens in eigentümergeführten Unternehmungen. In allen anderen ist zumindest damit zu rechnen, dass Mitglieder der Führungsmannschaft kein oder kein großes Interesse an der Implementierung der strategischen Vorgaben haben – womit eine der wichtigsten Voraussetzungen für deren Erfolg entfällt.

Es bleibt also das *Fazit*: die Grundgedanken der strategischen Unternehmensführung sind sinnvoll, nachvollziehbar, und aus der heutigen Betriebswirtschaftslehre nicht mehr weg

---

[71] vgl. Reiche (Bank).

3.2 Unternehmensstrategie

zu denken. Die Umsetzung in der Praxis erfolgt indessen in der Mehrzahl der Fälle nicht eins zu eins – und einiges spricht dafür, dass das für die Unternehmen durchaus auch von Vorteil sein kann.

Welche Konsequenzen ergeben sich daraus für einen *einzelnen Mitarbeiter*, der, beispielsweise, von der Hochschule kommt und einige Jahre in einem bestimmten Unternehmen arbeitet?

- In der Mehrzahl der Fälle wird dieser Mitarbeiter nicht unmittelbar in die Strategieentwicklung und -implementierung eingebunden sein und wird sie auch nicht oder nur sehr wenig beeinflussen können, da die Weichen auf der oberen Führungsebene gestellt werden. Nur in Ausnahmefällen hat der durchschnittliche Mitarbeiter hier Einfluss, etwa wenn er als Vorstandsassistent oder in einer strategischen Planungsabteilung arbeitet oder als Mitarbeiter einer Unternehmensberatung Strategien für Klienten mitentwickelt.
- Mitarbeiter sind gleichwohl gehalten, an der Realisierung strategischer Entscheidungen mitzuwirken und können dies – jedenfalls dort, wo eine Strategie in der Praxis existiert – auch tun. Die erfolgreiche Implementierung einer Strategie hängt nur zu einem kleineren Teil an der Qualität der Strategiepapiere. Entscheidend ist, wie sie im *tagtäglichen, operativen Geschäft* umgesetzt wird[72]. Dies ist der Grund, weshalb im Rahmen der Unternehmenskultur Wert darauf gelegt wird, dass diese „von allen Mitarbeitern getragen"[73] wird.

Das gilt zunächst einmal für alle Führungskräfte, auch die auf unterer Ebene. Strategie und Führung auf der operativen Ebene, bei Entscheidungen über tägliche Fragen, sind untrennbar. „Strategische Führungskompetenz ist nicht nur eine Angelegenheit der Spitze des Unternehmens, sondern betrifft jede Führungskraft, die das Verhalten anderer im positiven Sinn beeinflusst."[74] Die These, „dass strategische Führungskompetenz jeden Mitarbeiter im Unternehmen angeht"[75], ist allgemein akzeptiert.

„Dies gilt insbesondere im Hinblick auf die unzähligen Detailentscheidungen, die laufend zu treffen sind. Dazu ein Beispiel: Nehmen wir an, eine Firma will die strategische Erfolgsposition ‚Qualität' (bezogen auf die Qualität von Hardware, Software und Dienstleistung) aufbauen. Im Rahmen der laufenden Geschäftsabwicklung wünscht ein Kunde eine besondere Serviceleistung. Unter dem reinen Rentabilitätswinkel wäre dieser Kundenwunsch abzulehnen. Fließt jedoch die aufzubauende SEP ‚Dienstleistungsqualität' in die Überlegungen ein, so ist grundsätzlich dem Kundenwunsch nachzukommen. Die Frage der Rentabilitätssicherung wird in zweiter Hinsicht geprüft, indem beispielswei-

---

[72] vgl. Pümpin (Erfolgspositionen) S. 110 ff.
[73] Hinterhuber (Unternehmungsführung I) S. 108.
[74] Hinterhuber/Rothenberger (Führung).
[75] Hinterhuber/Rothenberger (Führung).

se überlegt wird, ob die zusätzliche Dienstleistung separat fakturiert werden kann."[76] Ist „Dienstleistungsqualität" als Merkmal in der Strategie verankert, so führt das also im konkreten Fall zu einer anderen Entscheidung durch den zuständigen Mitarbeiter, als wenn die strategische Maxime „wir wollen der billigste Anbieter von Standardprodukten sein" gelautet hätte.

Das Kriterium: „Was bringt uns der Realisierung der strategischen Ziele näher?" kann somit durchaus ein sinnvolles Kriterium auch für Entscheidungen auf einer unteren Ebene sein.

- Auf der Ebene der *individuellen Ethik* schließlich sollte sich der Mitarbeiter fragen, ob die grundsätzliche Management-Philosophie mit den persönlichen Wertvorstellungen des betreffenden vereinbar ist. Ein Pazifist passt nicht in ein Unternehmen mit einer Rüstungssparte, die Vereinbarkeit der Philosophie eines Sportwagenherstellers mit dem Gedankengut eines Umweltschützers ist fraglich, ein militanter Nichtraucher wird kaum in der Tabakindustrie arbeiten, um ein paar plakative Beispiele zu nennen. Da es sich dabei um grundsätzliche Ausrichtungen des Unternehmens handelt, die vom Einzelnen praktisch nicht zu beeinflussen sind, gibt es hier im ethischen Konfliktfall von den oben genannten 10 Möglichkeiten[77] der Reaktion nur eine: kündigen, das Unternehmen verlassen. Denn persönliches Ethos und Zielsetzung des Unternehmens stehen dann in einem „zentralen Konflikt zueinander"[78].

Die Arbeitsmarktsituation mag den Einzelnen zwar in der Praxis in vielen Fällen davon abhalten, derart konsequent zu handeln. Aber im Sinne einer integrativen betriebswirtschaftlichen Ausbildung sei hier darauf hingewiesen, dass sich jeder Einzelnen zumindest bewusst überlegen sollte, ob seine persönlichen Wertmaßstäbe, sein persönliches Ethos, kongruent mit der Unternehmensstrategie seines Arbeitgebers sind.

3.2.4 Fallstudien zur Strategieentwicklung

3.2.4.1 Fitness GmbH

Heike Pfiffig wunderte sich seit Beginn ihrer Arbeit bei der Fitness GmbH, dass sich niemand jemals über so etwas wie eine Strategie oder eine Management-Philosophie Gedanken zu machen schien. Einerseits war sie als ehemalige Unternehmensberaterin irgendwie fasziniert von der hemdsärmeligen und informellen, aber sehr erfolgreichen Art im Unternehmen, die Dinge anzugehen. Andererseits störte sie, die schließlich zwei Jahre auf diesem Gebiet gearbeitet hatte, die aus ihrer Sicht fehlende Professionalität.

---

[76] Pümpin (Erfolgspositionen) S. 112.
[77] s. o. Kap. 2.3, vgl. Nielsen (Managers) S. 309 ff.
[78] Noll (Unternehmensethik) S. 163.

3.2 Unternehmensstrategie

Der erste Versuch, das Thema voran zu bringen, war vollkommen schief gegangen. Sie hatte während einer Sitzung der Geschäftsführung (GF) unter dem letzten Punkt „Verschiedenes" vorgeschlagen, ein Projekt „Strategieentwicklung" zu initiieren. Die Teilnehmer waren zunächst einfach überrascht von dem Vorstoß, den sie vorher nicht mit den Teilnehmern besprochen hatte. Die Gruppe hatte in einer dreieinhalbstündigen Sitzung vorher sehr operative Detailprobleme besprochen; die Unzufriedenheit eines wichtigen Kunden aufgrund von Lieferproblemen, mangelnde Verträglichkeit eines eingekauften Kosmetik-Produkts, ein Personalproblem in der Produktion. Niemand war in der Stimmung, auf strategische Fragen einzugehen. Außerdem war es spät, später als geplant, und die Teilnehmer wollten entweder nach Hause oder zurück zu ihren Schreibtischen. Nach einigen Sekunden Schweigen, die auf ihren Vorschlag folgten, antwortete Willi Kantig, der meistens aussprach, was alle dachten. „Liebe Frau Pfiffig, bei den Problemen, die wir im Moment haben, ist das Philosophieren über irgendwelche abgehobenen Strategien nun wirklich völlig überflüssig!" Heike Pfiffig verteidigte sich, aber wenig überzeugend und auch selbst wenig überzeugt. Sie spürte, sie würde heute damit nicht weiterkommen. Fritz Ness sagte schließlich: „Ich denke, wir stellen das derzeit erst einmal zurück" – eine höfliche Formulierung, in der Sache hieß das eher „vergiss' es!"

Aber Heike Pfiffig gab nicht auf. Einige Wochen später begann sie, das Thema wieder anzusprechen. Aber nicht auf der GF-Sitzung, sondern in informellen Gesprächen mit einigen Mitgliedern des Führungskreises. Harry Netzer und Simon Ordnung hatte sie ziemlich schnell überzeugt. Die hatten eine ähnliche Ausbildung, eine ähnliche analytische Denkweise – sie konnten den Sinn nachvollziehen.

Andere waren deutlich skeptisch, so der EDV-Leiter, Pit Baith. „Wozu brauchen wir so etwas – wir wissen doch, was wir zu tun haben, oder?"

Pfiffig versuchte es mit einem konkreten Beispiel: „Sie haben sich doch selbst oft genug beschwert, wie komplex unsere EDV-Abwicklung ist. Wir haben vier verschiedene Gesellschaften, interne Lieferungen, Produktion, Handel, E-Commerce – das ist kaum noch zu handeln. Sollten wir uns nicht einmal grundsätzlich Gedanken machen, ob wir das so haben wollen?" Überzeugt war Pit Baith nicht. Später dachte sich Heike Pfiffig auch, vielleicht war ihr Argument so gut auch wieder nicht. Denn Baith beschwerte sich zwar stets über die hohe Komplexität, lebte aber ganz gut davon – konnte er dadurch doch sehr gut argumentieren, weshalb er so viele Mitarbeiter in seiner Abteilung brauchte.

Entscheidend, das wusste Pfiffig, würde es nun sein, den Chef Fritz Ness zu überzeugen. Der war anfangs ebenfalls skeptisch. „Strategie – haben wir schon. Hier drin!" meinte er und tippte an seinen Kopf. – Das kommt mir doch irgendwie bekannt vor – dachte Pfiffig und antwortete: „Ja, aber sollten wir das nicht auch einmal schriftlich formulieren und kommunizieren?" Am Ende überwog bei Fritz Ness dann die Neugierde und seine Art, ständig etwas Neues testen zu wollen.

Die Führungsmannschaft entschied, an einem Freitagnachmittag in einem Hotel in Klausur zu gehen und dort über Nacht zu bleiben, um sich in einem Workshop über die Vision des Unternehmens und seine strategischen Erfolgspositionen klar zu werden. Heike Pfiffig wurde die Moderation übertragen. Sie erteilte nach der Eröffnung Fritz Ness das

Wort und erklärte, er sei als Eigentümer zunächst gefordert, wenn es um die Formulierung einer Strategie ging. Ness antwortete, „dass die Vision zwar jetzt von ihm formuliert werde. Er wisse aber genau, dass diese Vision die entscheidende Vorgabe für die Ausrichtung des Unternehmens sei. Um die anderen Geschäftsführer und die Mitarbeiter zu motivieren, müsse sie aber von allen mitgetragen und unterstützt bzw. vorgelebt werden.

„Dann sagen Sie uns doch Ihre Vision, d. h. Ihre konkrete bildhafte Vorstellung über Sinn und Zweck Ihres Firmenverbundes. Schließlich haben Sie Ihr Unternehmen über viele Jahre erfolgreich aufgebaut', bat Susi Pay-Roll. Tom Frisch ermunterte Fritz Ness ebenfalls und meinte: ‚Schließlich wollen wir ja alle wissen, warum wir jeden Tag zur Arbeit kommen!"

„Mir fällt es nicht leicht, Ihnen das zu sagen. Schließlich sind hier so viele Analytiker und scharfe Denker um mich versammelt. Die meisten Entscheidungen habe ich aus dem Bauch gefällt; deshalb habe ich Sie ja alle eingestellt, damit wir miteinander einen klaren analytischen Entwicklungspfad erkennen."

„Vielleicht sagen Sie uns einmal, was Sie ganz bestimmt nicht wollen!' schlug Susi Pay-Roll vor. Fritz Ness kam schnell aus der Reserve: ‚Auf keinen Fall wollte ich zu den Billiganbietern gehören, weil ich dann nur noch über die Preise existieren kann. Aber ich wollte auch nicht einen zu kleinen Markt bedienen, beispielsweise nur die Luxusschiene als Nischenanbieter. Ich wollte mich von den anderen Wettbewerbern abheben mit immer neuen und für die Kunden besseren Innovationen, für die diese auch bezahlen werden!"

Da strahlte Heike Pfiffig, denn diese Aussagen waren für die strategische Ausrichtung ganz wichtig und sie sagte: ‚Das ist wissenschaftlich gesehen die strategische Ausrichtung der Differenzierung durch Innovationsführerschaft.'

‚Das mag durchaus so sein', erwiderte etwas ruppig Fritz Ness, ‚ich möchte meinen Kunden Produkte anbieten, die beispielsweise im Bereich der Fitness-Geräte folgende Eigenschaften aufweisen:

- schöneres Design
- bessere Funktionalität
- höhere Zuverlässigkeit
- besseren Service und
- schnellere Lieferfähigkeit.

Wegen mir mag das Differenzierung heißen; es trifft sogar den Kern dessen, was ich will! Es war noch nie mein Fall, den anderen hinterherzulaufen und Dinge nachzuahmen.'

Da meldete sich Harry Netzer zu Wort: ‚Also, jetzt schlage ich eine Vision vor. Sie könnte folgendermaßen lauten[79]:

- Die Fitness GmbH ist der führende Spezialist auf dem Gebiet von besonders hochwertigen Fitness- und Wellness-Produkten. Durch ständige Innovation und guten Service erhält unser Kunde die aktuellsten und für ihn am besten geeigneten Produkte! -

---

[79] Hering/Frick (Fallbeispielen) S. 28 f.

"Das trifft meine Unternehmensvision ziemlich gut, Herr Netzer!"[80] freute sich Fritz Ness.

Die Formulierung wurde nach kurzer Debatte einstimmig gebilligt. Nach einer Kaffeepause debattierten die Teilnehmer des Workshops, ob „Differenzierung durch Innovationsführerschaft" tatsächlich eine tragfähige Basis zum Aufbau einer SEP sein könnte.

Vor allem musste die Frage geklärt werden, ob die Fitness GmbH tatsächlich die Fähigkeit besitzt, sich durch mehr Innovation vom Wettbewerb abzuheben. Nach einer Konkurrenzanalyse auf der Basis von vorher gesammelten und aufbereiteten Informationen wurde die Frage bejaht.

Die drei wichtigsten Wettbewerber Fitti AG, Wellon KG und Blendid GmbH unterschieden sich alle in ihrem Profil von der Fitness GmbH[81].

Die Fitti AG war ein großer Konzern, der neben der Fitness-Branche auch Waren für Sanitäts- und Reformhäuser und Pharmaka herstellte und vertrieb. Die Fitti AG war bekannt für ein gutes Preis/Leistungsverhältnis, konnte aber aufgrund der Größe in Sachen Flexibilität nicht mit der Fitness GmbH mithalten.

Die Wellon KG war ein traditionsreiches Unternehmen etwa in der Größe der Fitness GmbH. Sie hatte aber ein Image als altmodisches, verstaubtes Unternehmen. Tatsächlich waren in den letzten Jahren wenig Innovationen von der Wellon AG ausgegangen, und auch der Umsatz war eher rückläufig.

Und die Blendid GmbH war ein Nischenanbieter, der sich nur auf das sehr hochpreisige Segment konzentrierte und von daher keine unmittelbare Konkurrenz darstellte.

Ergebnis: es passte. Die Fitness GmbH konnte sich gegenüber den Wettbewerbern differenzieren, hatte also eine strategische Erfolgsposition.

Es wurde nun noch über Maßnahmen und Aktionen gesprochen, die sich aus der Entscheidung ergaben. So war zu prüfen, ob die gegenwärtige Organisationsstruktur der Fitness GmbH zu der Vision passte. Darüber würde später zu entscheiden sein.

Die Stimmung war gut, als man sich danach zum Abendessen traf. Jeder fand sich aus persönlicher Sicht in der strategischen Ausrichtung wieder. Danach wurde an der Hotelbar noch lange über Fitness und Wellness im Bewusstsein der Deutschen debattiert.

3.2.4.2 Supercar AG

Durch die vergleichsweise geringe Rendite sorgte die Supercar AG schon seit einiger Zeit für negative Schlagzeilen in der Wirtschaftspresse. Verschiedene Kostensparprogramme hatten nicht zu dem gewünschten Erfolg geführt.

Der Vorstandssprecher Dr. Gerhard Eisele traf während dieser Zeit am Rande der Tagung des Wirtschaftsverbands der Automobilindustrie auf Dr. Hartmut Rolls. Die beiden kannten sich flüchtig schon länger. Rolls war der Leiter der Automobilsparte der führen-

---

[80] Hering/Frick (Fallbeispielen) S. 29.
[81] vgl. Hering/Frick (Fallbeispielen) S. 16 ff.

den Unternehmensberatungsgesellschaft McArthur[82]. Nach einem längeren Gespräch erläuterte Rolls, weitere Kostensenkungsprogramme brächten die Supercar AG nicht wirklich weiter. Wichtiger sei eine klarere strategische Ausrichtung, wie das von Wettbewerbern teilweise auch vorgemacht würde.

Beeindruckt von der klaren Analyse von Rolls, beauftragte Eisele mit Zustimmung von Vorstand und Aufsichtsrat die Beratungsgesellschaft McArthur mit der Ausarbeitung eines Strategiepapiers.

Drei Monate später präsentierte deren Team das vorläufige Ergebnis in einer Vorstandssitzung, nachdem Rolls es zuvor schon mit Eisele und Acton besprochen hatte.

Dr. Rolls legte dabei ausführlich die absehbaren Entwicklungen auf den weltweit wichtigsten Automobilmärkten dar. Er führte aus, wie sich sämtliche erfolgreichen Autohersteller mit einem klaren Image in einem klar erkennbaren Marktsegment positionierten. Alle anderen Hersteller, die strategisch weniger nicht eindeutig handelten, hatten teils gravierende Ertragsprobleme.

Das Team von McArthur präsentierte eine Image-Untersuchung in Deutschland, den USA und Japan, wonach Supercar einen sehr guten Ruf als Hersteller von Automobilen für junge, erfolgreiche, gutverdienende Männer und zunehmend auch Frauen habe. Die Sportwagenreihe (SC 1xx) sowie die SUV-Reihe (SC 444) passten ausgezeichnet zu diesem Image.

Bei den Limousinen hingegen war zu differenzieren. Während der größere Typ SC 244 (und auch die Variante SC 246, die nebenbei mitlief) ebenfalls zu diesem Image passten, wurde der kleinere SC 242 anders bewertet. Er galt als vergleichsweise biederer Mittelklassewagen.

Hinzu kam, dass, jedenfalls nach den Berechnungen von McArthur, der SC 242 ein Verlustbringer war. In dem hart umkämpften Mittelklassesegment mussten Käufer mit Rabatten gelockt werden, mit entsprechendem Druck auf die Margen.

Daraus war eindeutig eine Strategieempfehlung abzuleiten, die auch konkrete Auswirkungen auf die Produktpolitik hatte. Supercar AG sollte sich auf das gehobene Marktsegment konzentrieren. Hier hatte Supercar strategische Vorteile gegenüber den Wettbewerbern, sowohl vom Image, als auch von den technischen Fähigkeiten her, den Bedürfnissen dieser Käuferschicht entgegen zu kommen.

Der Mittelklassebereich, also die SC 242-Reihe, wäre folglich aufzugeben. Das Licht ging wieder an nach der eineinhalbstündigen PowerPoint-Präsentation, die Jalousien wurden hochgelassen.

Die Diskussion in der Runde konzentrierte sich sehr schnell auf den Knackpunkt: die mögliche Einstellung einer Baureihe.

Der Vertriebsvorstand James Acton, der vorher eingeweiht worden war, ergriff sofort das Wort. „Gratuliere! Das war das Beste, was ich bisher in diesem Haus gesehen habe! Endlich werden die Dinge einmal auf den Punkt gebracht. Wir können es uns nicht länger

---

[82] die Bezeichnung wurde übernommen aus dem Roman: Zach (Monrepos).

3.2 Unternehmensstrategie

leisten, alle möglichen Produkte mitzuschleppen, die uns nichts bringen. Wir müssen uns konzentrieren, genau wie Sie, Herr Rolls, ausgeführt haben."

Wie öfters war es der Entwicklungsvorstand Dr. Graef, von dem Widerspruch kam.

„Also, zunächst wundert mich ihre Berechnung, wonach der SC 242 so viel Verluste bringt. Unser Rechnungswesen kam doch immer zu anderen Ergebnissen?"

Alle Augen richteten sich auf den Finanzvorstand Dr. Weber. Der hatte sich noch nicht festgelegt, und wollte sich auch noch nicht festlegen. So ging er ausweichend sofort auf einige Details ein, wie sich die kostenrechnerische Betrachtungsweise von McArthur von der seiner Abteilung unterschied. Er sprach von „unterschiedlichen Kostentreibern in den Bereichen Logistik und Entwicklung", belegte das mit einer Reihe von Zahlen, erwähnte, man könne „das so oder so sehen". Er redete knapp zehn Minuten. Am Ende waren alle Teilnehmer wieder einmal beeindruckt von Webers Detailkenntnissen, aber sie waren nicht wirklich klüger.

Graef nahm seine Argumentation wieder auf: „Sie wissen, der SC 242 ist ein Kernprodukt von Supercar. Von den 600.000 Fahrzeugen, die wir im letzten Jahr verkauft haben, gehören fast 200.000 zu der Reihe. Wir können doch das Volumen nicht einfach aufgeben!"

„Warum denn nicht?" antwortete Acton. „Was nützt uns denn das Volumen, wenn wir nur drauflegen? Wir müssen endlich lernen, in Kategorien der Rentabilität zu denken."

„Ein Supercar ohne die Mittelklasse, das wäre ein anderes Unternehmen, ein radikaler Bruch mit einer mittlerweile drei Jahrzehnte alten Kultur". Graef schielte bei diesen Worten zu dem Vorstandssprecher, der bekanntlich radikalen Kulturbrüchen gegenüber skeptisch war. Eisele dachte aber auch an die Gewinnentwicklung – und war daher in diesem Punkt auf Actons Seite. „Und außerdem – die Einstellung der Baureihe würde den Verlust von 8.000 Arbeitsplätzen in Köln bedeuten!"

Damit hatte er freilich Actons Reizthema angesprochen, den Verzicht auf Rendite zugunsten von Arbeitsplätzen – etwas, was mit seinem angelsächsisch geprägten Weltbild schwer vereinbar war.

„Was zum Teufel nützt denn dieses scheinbar so soziale Verhalten, wenn wir damit langfristig die Existenz des Unternehmens gefährden? Wir müssen wettbewerbsfähiger werden, damit und nur damit können wir Arbeitsplätze erhalten. Wann versteht Ihr Deutschen das endlich?"

Die Diskussion ging noch eine Weile weiter, ohne dass wesentliche neue Argumente hinzugekommen wären. Entschieden wurde am Ende, die Kostenrechnung noch einmal zu überprüfen und auf der Basis weiter zu reden. Wiedervorlage in sechs Wochen.

Am nächsten Morgen, Dr. Eisele war gerade im Gespräch mit dem Geschäftsführer der spanischen Tochtergesellschaft, steckte seine Büroleiterin den Kopf zur Tür herein. „Entschuldigen Sie die Störung – Herr Hösch ist am Telefon, er sagt es sei dringend".

Eisele nickte, entschuldigte sich bei dem Geschäftsführer, und ging in sein Büro, um den Anruf des Vertreters der Landesregierung im Aufsichtsrat entgegen zu nehmen.

Hösch kam sofort zur Sache: „Stimmt es, was ich höre – Sie wollen 8.000 Arbeitsplätze abbauen?"

Eisele schäumte innerlich vor Wut. Woher hatte das Aufsichtsratsmitglied diese Information? Im Vorstand war man übereingekommen, Stillschweigen über die Studie zu bewahren, bis Eisele den AR informiert hätte. Zwar waren die wichtigsten Aussagen des McArthur-Gutachtens trotz Vertraulichkeit mittlerweile einer Reihe von Führungskräften bekannt, und so war nicht auszuschließen, dass die Information aus Nachlässigkeit „durchgesickert" war. Er vermutete aber, dass ein Gegner der Einstellung die Information bewusst dem AR zugespielt hatte, um Druck auszuüben.

„Wer sagt das?" antwortete er, um Zeit zu gewinnen.

„Spielt doch keine Rolle. Also, stimmt es tatsächlich?"

Eisele antwortete wahrheitsgemäß, dass in einer McArthur-Studie die Einstellung des SC 242 vorgeschlagen wurde, dass aber überhaupt noch nichts entschieden sei und der AR nächste Woche wie geplant ausführlich darüber informiert würde. Hösch schien halbwegs zufrieden.

Eisele hatte sich kaum erholt, da kam der nächste Schlag. Am nächsten Morgen, aber dieses Mal noch früher. Er war noch zu Hause, hatte sich geduscht und rasiert und wollte wie üblich kurz frühstücken, da klingelte das Telefon. Nur wenige enge Mitarbeiter kannten seine private Telefonnummer, und sie waren gehalten, diese auch nur in dringenden Fällen zu benutzen.

Am Apparat war der Kommunikationschef der Supercar AG.

„Schon den ‚Kurier' gelesen?" – der „Kurier" war die lokale Boulevard-Zeitung. „Nein." „Dann darf ich mal vorlesen: ‚Das ist gar nicht super! – Supercar will zehntausend Arbeitsplätze abbauen!' – große Balkenüberschrift, Seite 1!

Und im Regionalradio ist das Thema mittlerweile auch die Meldung Nummer eins in den Nachrichten."

Eisele war wieder geschockt. Die Information war also anscheinend nicht nur dem Aufsichtsrat, sondern auch der Öffentlichkeit zugespielt worden, um Druck zu machen. Auch diese Taktik war Eisele nicht neu. Aber bei einem so sensiblen Thema – unverantwortlich!

„Also, was soll ich nun sagen? Die Journalisten rennen mir schon die Bude ein!"

„Sagen Sie ... " – Eisele war sichtlich überrumpelt am frühen Morgen – „sagen Sie, nein, sagen Sie nichts."

„Was bedeutet ‚nichts'? Bedeutet das, ich soll sagen, Supercar AG gibt keinen Kommentar ab?"

„Hm ... ja, sagen Sie das."

Geklärt war damit aber nichts. Den ganzen Vormittag über riefen Journalisten in der Konzernzentrale an.

Der Arbeitnehmervertreter und stellvertretende Aufsichtsratsvorsitzende von Supercar, Hans Bauer, gab im Radio ein Interview, indem er sich empörte, dass die „Wildwest-

3.2 Unternehmensstrategie

Kapitalismus-Methoden nun auch bei Supercar Einzug gehalten haben". Und dass er als AR-Mitglied „das aus der Zeitung erfahren musste!"

Nachdem Eisele noch einmal mit dem Kommunikationschef gesprochen hatte, einigte man sich auf eine neue Sprachregelung. Es existiere eine interne Studie, in der unter anderem diese Variante als eine Alternative erwähnt werde. Die Diskussion sei aber in einem frühen Stadium, entschieden sei gar nichts.

Diese Sprachregelung wurde dann auch durchgehalten und sorgte für eine gewisse Beruhigung der Diskussion, auch wenn nicht verhindert werden konnte, dass die Medien mittags eine „unglückliche", weil widersprüchliche Kommunikationspolitik der Supercar AG anprangerten.

In der Zwischenzeit war der Hauptaktionär, Hans-Martin Superle, ebenfalls unruhig geworden und hatte sich bei Eisele gemeldet. Die beiden verabredeten, sich noch an diesem Nachmittag in Superles Haus am Tegernsee zu einem ausführlichen Gespräch zu treffen. Anwesend sollte auch der Vorsitzende des Aufsichtsrats, Dr. Wimme, sein.

Eisele flog also von Köln, Wimme von Düsseldorf nach München, wo sie Superle abholen ließ.

Dort erläuterte Eisele noch einmal ausführlich das Konzept wie von McArthur vorgestellt. Er ging insbesondere auf die Vorteile des Ausstiegs aus der Mittelklasse ein.

„Wenn wir überleben und nicht geschluckt werden wollen, dann müssen wir unsere Profitabilität steigern. Dazu müssen wir aber, so schwer es mir selbst auch fällt, auch einmal eine ‚heilige Kuh' schlachten" schloss er.

Dr. Wimme stimmte dem zu, Superle blieb skeptisch. Er war bekannt dafür, Dinge differenziert zu betrachten. Dadurch konnte er einerseits die verschiedenen Strömungen im Unternehmen integrieren. Andererseits warfen ihm Kritiker auch vor, entscheidungsschwach zu sein.

„Achttausend Arbeitsplätze – das ist natürlich nicht ohne …" sagte er nachdenklich, scheinbar mehr zu sich selbst als zu seinen Gesprächspartnern.

Eisele warf Wimme einen versteckten resignierten Blick zu. Er wiederholte – zum wievielten Mal – die Überlegungen, wonach „falsche Rücksichtnahme auf soziale Anliegen" letztlich die Existenz des Unternehmens gefährden könnten.

Superle überzeugte das nicht. „Mir geht es nicht nur um Rücksicht auf soziale Anliegen. Wir sind in der Vergangenheit gut damit gefahren, auf eine faire Partnerschaft mit den Mitarbeitern Wert zu legen. Unsere Mitarbeiter sind motivierter als die mancher Konkurrenten, unser Krankenstand ist niedriger. Und bei Tarifkonflikten sind wir bisher immer als letzte bestreikt worden. Hat schon einmal jemand ausgerechnet, was es kostet, wenn wir das alles aufgeben?"

Eisele gab zu, dass diese Effekte kaum zu quantifizieren seien. So endete auch dieses Gespräch ohne konkrete Ergebnisse. Superle war am Ende zwar etwas wohlwollender – „ich sehe schon Ihren Punkt" – sagte aber keine feste Unterstützung zu.

Auf der Rückfahrt zum Flughafen sprachen Wimme und Eisele nur über Fußball und die üblichen Staus, auch weil Superles Fahrer zuhören konnte.

In der Senator-Lounge des Münchner Flughafens steuerten dann beide auf eine stille Sitzecke zu, um sich ungestört unterhalten zu können.

„Für Sie auch ein Bier?" fragte Wimme, der einen kurzen Schlenker zum Buffet machte.

„Gern – ich denke, ich kann eines gebrauchen!"

„Also, ich denke, im Vorstand kann „ich das durchbringen" begann Eisele schließlich, nachdem sie sich gesetzt und zugeprostet hatten. Acton und Frey sind ohnehin dafür. Weber wird auch zustimmen. Er braucht zwar etwas länger, aber als ‚Finanzer' werden ihn die Zahlen überzeugen. Gantenbrink wird nicht gegen uns vier argumentieren. Also ist Graef praktisch isoliert, er wird sich dann auch nicht versteifen."

„Im Vorstand ja, aber ..." Wimme sprach nicht weiter, beide wussten, was er meinte: im Aufsichtsrat, der die Strategie ebenfalls absegnen musste, waren die Mehrheitsverhältnisse andere.

„Ja im AR ..." bestätigte Eisele. „Die Arbeitnehmer sind dagegen. Hösch als Politiker auch. Und selbst Superle haben wir offenbar nicht sicher auf unserer Seite. Sieht nicht so gut aus ..."

„Also zurückstellen – zumindest bis zum nächsten Jahr" meinte Wimme dann, als auch schon sein Flug zum zweiten Mal aufgerufen wurde und er sich auf den Weg machen musste.

Beide wussten, was im nächsten Jahr anstand. Die Kommunalwahlen, in die die Regierung nicht mit der Ankündigung eines großen Arbeitsplatzabbaus gehen würde. Und – die Verlängerung von Eiseles Vertrag, der der AR zustimmen musste.

So wurde die Entscheidung erst einmal auf Eis gelegt – ein nicht so ganz ungewöhnliches Vorgehen. Bemerkenswert und ebenfalls nicht ungewöhnlich: der eine Aspekt – der Ausstieg aus einer Modellreihe – überschattete sehr schnell alle anderen, grundsätzlichen Überlegungen zur Strategie. Niemand hatte im Strudel der Ereignisse mehr Zeit, sich zurück zu lehnen und Gedanken zu machen, welche grundsätzlichen Alternativen vielleicht noch bestehen würden.

3.3 Rechtsformen des Unternehmens

3.3.1 Überblick über die verschiedenen Rechtsformen

Die Wahl der Rechtsform wird als Thema in nahezu allen Lehrbüchern der Allgemeinen Betriebswirtschaft in Deutschland zentral behandelt[83]. Die ausführliche Behandlung erscheint bisweilen insofern etwas übertrieben, als erstens die Mehrzahl der Betriebswirte im Lauf ihres Berufslebens selten oder nie vor dem Entscheidungsproblem der Wahl der

---

[83] vgl. Korndörfer (Betriebswirtschaftslehre) S. 77 ff., Luger (Betriebswirtschaftslehre) S. 126 ff, Olfert/Rahn (Einführung) S. 112 ff., Thommen/Achleitner (Betriebswirtschaftslehre) S. 66 ff., Wöhe (Betriebswirtschaftslehre) S. 265 ff.

3.3 Rechtsformen des Unternehmens

Privatrechtliche Form	Öffentliche Form
1. Einzelunternehmung (EU)	15. Regiebetrieb
2. Offene Handelsgesellschaft (OHG)	16. Eigenbetrieb
3. Kommanditgesellschaft (KG)	17. (öffentlich-rechtliche) Anstalt
4. Gesellschaft mit beschränkter Haftung (GmbH)	18. (öffentlich-rechtliche) Körperschaft
5. Aktiengesellschaft (AG)	19. (öffentlich-rechtliche) Stiftung
6. Stille Gesellschaft	
7. (eingetragene) Genossenschaft (eG)	
8. (privatrechtliche) Stiftung	
9. Gesellschaft bürgerlichen Rechts (GbR)	
10. Verein	
11. Versicherungsverein auf Gegenseitigkeit (VVaG)	
12. Reederei (Partenreederei)	
13. Unternehmergesellschaft (UG)	
14. Societas Europaea (SE)	

Abb. 3.5 Rechtsformen. (Quelle: in Anlehnung an Wöhe (Betriebswirtschaftslehre) S. 266, Luger (Betriebswirtschaftslehre) S. 128)

Rechtsform steht und zweitens, sollte das doch der Fall sein, ohnehin Juristen und Steuerexperten zu Rate gezogen werden. Gleichwohl ist ein Basiswissen über die *Ausprägungen* und *Vor- und Nachteile* der diversen Formen für alle Betriebswirte unabdingbar.

Unter Rechtsform wird der gesetzliche Rahmen verstanden, mit dem das Unternehmen nach außen tritt und die grundsätzlichen inneren Beziehungen geregelt werden.[84]

Jedes Unternehmen in Deutschland muss in Form einer der gesetzlich zugelassenen Rechtformen geführt werden. Innerhalb dieser Rechtsformen sind die Firmengründer in deren Wahl – mit gewissen Einschränkungen – frei.

Die Ausgestaltung der Rechtsform ist entsprechend gesetzlich geregelt, namentlich in diesen Gesetzen:

- Handelsgesetzbuch (HGB)
- Bürgerliches Gesetzbuch (BGB)
- Aktiengesetz (AktG)
- GmbH-Gesetz (GmbHG)
- Genossenschaftsgesetz (GenG)

Grundsätzlich kann zwischen *privatrechtlichen* und *öffentlichen* Rechtsformen unterschieden werden. Abbildung 3.5 gibt einen Überblick über grundsätzlich mögliche Rechtsformen.

---

[84] vgl. Luger (Betriebswirtschaftslehre) S. 126.

Die wirtschaftliche Bedeutung der diversen Formen ist sehr unterschiedlich. *Standard* in privatwirtschaftlich geführten Unternehmen sind die Formen 1–5, also:

1. Einzelunternehmung (EU)
2. Offene Handelsgesellschaft (OHG)
3. Kommanditgesellschaft (KG)
4. Gesellschaft mit beschränkter Haftung (GmbH)
5. Aktiengesellschaft (AG)

In *bestimmten Situationen* sind die Stille Gesellschaft, die Genossenschaft und die Stiftung relevant.

Die Gesellschaft bürgerlichen Rechts, auch „BGB-Gesellschaft" genannt, und der Verein haben für Wirtschaftsunternehmen im Allgemeinen nur eine *untergeordnete* Bedeutung; die Reederei und der VVaG sind, wie aus der Bezeichnung hervorgeht, auf bestimmte *Branchen* begrenzt.

Zu diesen traditionellen Rechtsformen hinzu gekommen sind in den letzten Jahren die Unternehmergesellschaft (UG), eine Sonderform der GmbH, und die europäischen Rechtsformen, insbesondere die Sociatas Europaea (SE).

Naturgemäß ist es privaten Firmengründern nicht möglich, eine *öffentliche* Rechtsform (15. – 19.) zu wählen, diese sind vielmehr auf die öffentliche Hand begrenzt.

Umgekehrt können jedoch auch Bund, Länder und Gemeinden als Eigentümer von Unternehmen für diese eine privatrechtliche Form wählen.

In den letzten Jahren sind eine Reihe von Unternehmen von öffentlichen zu privatrechtlichen *umgewandelt* worden, wodurch die Bedeutung letzterer Rechtsformen gesunken ist.

Beispiele sind die ehemalige Deutsche Bundesbahn, heute als Bahn AG eine Aktiengesellschaft; oder kommunale Energieversorger, die heute als GmbH, eventuell auch als AG, geführt werden.

Zwei Gründe sind hierfür ausschlaggebend. Erstens ermöglicht eine privatrechtliche Form einen späteren Verkauf eines Unternehmens an nicht-staatliche Eigentümer, also eine Privatisierung. Das ist etwa für die Bahn AG geplant. Zweitens sind privatrechtliche Formen weniger stringenten Vorschriften unterworfen, ermöglichen also mehr Flexibilität bei der Führung des Unternehmens.

Entsprechend ihrer Bedeutung konzentrieren sich die folgenden Ausführungen auf die fünf *wichtigsten Rechtformen*; danach wird verkürzt auf Stille Gesellschaft, eG und Stiftung eingegangen.

Diese Rechtsformen können zunächst eingeteilt werden in drei Gruppen:

- *Einzelunternehmungen*: nur die EU selbst
- *Personengesellschaften*: OHG und KG
- *Kapitalgesellschaften*: GmbH und AG.

3.3 Rechtsformen des Unternehmens

Der wesentliche Unterschied ist, dass Einzelunternehmen und Personengesellschaften keine eigene *Rechtspersönlichkeit* besitzen, Kapitalgesellschaft besitzen diese jedoch. Kapitalgesellschaften sind also, juristisch betrachtet, eigene Personen, eben *juristische Personen*. Als solche kann das Unternehmen Rechtsgeschäfte tätigen, Verträge abschließen und dergleichen.

Folglich steht bei EU und Personengesellschaften das persönliche Engagement für das Unternehmen im Mittelpunkt, es ist konstitutiv für dessen Bestehen. Hingegen ist bei Kapitalgesellschaften die Individualität der Gesellschafter „mehr oder weniger bedeutungslos; es interessiert die Gesellschaft nicht so sehr, wer Kapital beiträgt, sondern dass Vermögenswerte zur Verfügung gestellt werden. Dadurch wird die Gesellschaft weitgehend entpersönlicht. Der Kapitalbeitrag, nicht der persönliche Einsatz des Mitglieds ist ... von entscheidender Bedeutung"[85].

Mit anderen Worten findet bei Kapitalgesellschaften eine *Trennung* von *Kapitalrisiko* und *Willensträger* statt.

Bei einer GmbH und einer AG ist es also möglich und auch nicht unüblich, dass die Eigentümer Kapital zur Verfügung stellen, sich aber ansonsten nicht weiter im Geschäftsverlauf involviert sind.

Wie *definieren* sich nun die einzelnen Rechtsformen?

3.3.2 Die wichtigsten traditionellen Rechtsformen

3.3.2.1 Einzelunternehmen
„Das Einzelunternehmen ist ein Gewerbebetrieb, dessen Vermögen einer Person zusteht. Der Inhaber eines Einzelunternehmens ist Eigentümer bzw. Unternehmer. Er führt das Unternehmen selbständig und eigenverantwortlich"[86]. Entsprechend der nicht vorhandenen eigenen Rechtspersönlichkeit sind Person des Unternehmers und Unternehmen untrennbar miteinander verbunden; sie ist „durch den Inhaber gekennzeichnet, der das Unternehmen verkörpert."[87] Die EU ist die einfachste und unbürokratischste Form für Kleinunternehmer, eine Firma zu gründen.

3.3.2.2 Offene Handelsgesellschaft (OHG)
Die OHG unterscheidet sich durch die EU durch das Vorhandensein von zwei (oder mehr) Gesellschaftern. Als Grundsatz gilt, dass jeder der Gesellschafter die Rechte und Pflichten hat, die mit dem eines Unternehmers in einer EU vergleichbar sind.

Die Form der OHG eignet sich also, wenn zwei (oder mehr) Personen ein Unternehmen gemeinsam betreiben wollen. Die Gesellschafter einer OHG arbeiten also eng zusammen. In vielen Fällen handelt es sich daher bei ihnen auch um Ehepartner oder um nahe Verwandte.

---

[85] Meier-Hayoz/Forstmoser (Gesellschaftsrechts) S. 83.
[86] Olfert/Rahn (Einführung) S. 112.
[87] Luger (Betriebswirtschaftslehre) S. 131.

Abb. 3.6 Grundstruktur der KG

```
          Kommanditgesellschaft (KG)
              /            \
       Komplementär      Kommanditisten
```

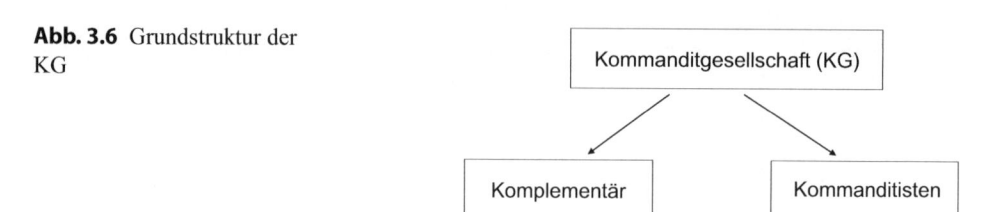

3.3.2.3 Kommanditgesellschaft (KG)

Kennzeichen einer Kommanditgesellschaft ist die Existenz von zwei Arten von Gesellschaftern: den persönlich haftenden Gesellschaftern oder *Komplementären* und den *Kommanditisten* (Abb. 3.6).

Die Position des Komplementärs oder der Komplementäre ist mit denen der Unternehmer bei EU und OHG zu vergleichen. Sie führen die Geschäfte und haften dafür auch mit ihrem Privatvermögen.

Kommanditisten sind dagegen nur begrenzt – mit ihrer Einlage – haftende Gesellschafter ohne Geschäftsführungsbefugnis.

Hintergrund ist der Bedarf bzw. die Notwendigkeit, durch zusätzliche Gesellschafter die Kapitalbasis des Unternehmens im Vergleich zu EU und OHG verbreitern zu wollen. Diese zusätzlichen Gesellschafter mögen gewillt sein, Geld in das Unternehmen zu investieren, sind aber weder bereit, unbegrenzt zu haften, noch wollen sie aktiv an der Geschäftsführung mitwirken. Sie können sich dann in einer KG als Kommanditisten beteiligen: „Aus der Notwendigkeit heraus, mit Hilfe begrenzt haftender zusätzlicher Gesellschafter ohne Geschäftsführungsbefugnis eine Kapitalaufstockung vorzunehmen, entstand die Kommanditgesellschaft. Mit dieser Rechtsform war es nun auch möglich, Erben eines verstorbenen OHG-Gesellschafters mit ihrem Kapitaleinsatz in der Gesellschaft zu halten, ohne dass diese in die Pflichten eines voll haftenden und an der Führung teilnehmenden Gesellschafters eintreten müssen."[88]

3.3.2.4 Gesellschaft mit beschränkter Haftung (GmbH)

„Die Gesellschaft mit beschränkter Haftung (GmbH) ist eine Handelsgesellschaft mit eigener Rechtspersönlichkeit, deren Gesellschafter mit Einlagen auf das in Geschäftsanteile zerlegte Stammkapital (gezeichnetes Kapital) von mindestens 25.000 € beteiligt sind"[89]. Als Kapitalgesellschaft mit eigener Rechtspersönlichkeit unterscheidet sich die GmbH also grundsätzlich von EU und Personengesellschaften. Eine mögliche Struktur einer GmbH ist in Abb. 3.7 dargestellt.

Den Gesellschafter A, B, C und D gehört die GmbH anteilig. Sie sind aber per se nicht an der Geschäftsführung beteiligt, sondern delegieren diese an einen oder mehrere Geschäftsführer, die aus dem Geschäftsführerkreis kommen können, aber nicht müssen.

---

[88] Luger (Betriebswirtschaftslehre) S. 136 f.
[89] Olfert/Rahn (Einführung) S. 122.

3.3 Rechtsformen des Unternehmens

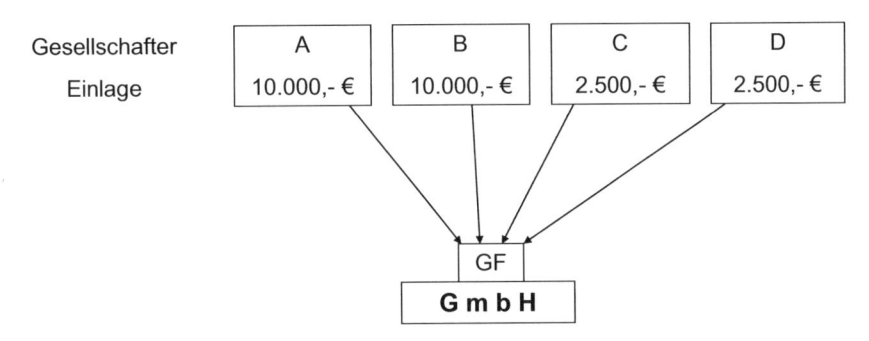

```
Gesellschafter      A              B              C              D
Einlage          10.000,- €    10.000,- €     2.500,- €     2.500,- €
                       ↘            ↓             ↓            ↙
                                    GF
                                  G m b H
```

Abb. 3.7 Mögliche Struktur einer GmbH

Diese komplette Trennung von Inhaberschaft und Geschäftsführung ist die entscheidende Weiterentwicklung gegenüber den Personengesellschaften. Sie erlaubt eine wesentlich größere Flexibilität, die Gesellschafter können Anteile als Kapitalanlage erwerben oder erben, ohne sich operativ um die Geschäftsführung zu kümmern. Sie können, soweit dies durch den Gesellschaftsvertrag nicht eingeschränkt ist, die Anteile auch veräußern. Die GmbH als Kapitalgesellschaft hat durch die fehlende Abhängigkeit von Personen eine höhere *Stabilität* als EU und Personengesellschaft.

Da die GmbH als juristische Person nicht selbst handeln kann, benötigt sie hierzu *Organe*.

Diese Organe sind die *Gesellschafterversammlung* und der oder die *Geschäftsführer*. Die *Gesellschafterversammlung* hat nach § 46 GmbHG die Aufgabe, Geschäftsführer zu bestellen, abzuberufen, und zu entlasten; den Jahresabschluss und die Gewinnverwendung festzustellen und einige andere grundsätzliche Beschlüsse zu fassen.

Das Stimmrecht der Gesellschafter richtet sich dabei nach dem Kapitalanteil, jedoch kann im Gesellschaftsvertrag eine abweichende Regelung getroffen werden.

Die operative Leitung obliegt hingegen dem *Geschäftsführer*, der die Gesellschaft auch vertritt (§ 35 GmbHG).

Gesellschaften mit beschränkter Haftung können, müssen aber nicht mehrere Gesellschafter haben. Möglich und nicht selten ist auch die *Ein-Personen-GmbH*.

Gerade bei kleineren GmbHs kommt es auch in vielen Fällen vor, dass der Eigentümer ähnlich wie bei einem EU auch die Geschäftsführung übernimmt. Aber auch dann ist *gedanklich und juristisch klar zu trennen* zwischen dem Handeln der Person als Eigentümer, also Gesellschafter, einerseits und der Vertretung der GmbH andererseits.

Ein Beispiel. Frau A gründet ein Unternehmen zur Software-Beratung und entscheidet sich für die Rechtsform der GmbH. Sie ist alleinige Eigentümerin und führt die Geschäfte. Gleichwohl ist zu trennen zwischen ihrem Handeln als Privatperson und Eigentümerin einerseits und als Geschäftsführerin der „A-GmbH" andererseits, wie in Abb. 3.8 graphisch ausgedrückt.

Diese Trennung hat Konsequenzen in der täglichen Praxis. So sind Kasse und Bankkonto der Privatperson A zu trennen von dem der GmbH; Übertragungen von Mitteln zwischen der einen und der anderen Seite sind klar zu dokumentieren. Im Auftreten nach außen muss deutlich sein, ob Frau A als Privatperson bzw. Eigentümerin oder Geschäftsführerin auftritt.

Abb. 3.8 Mögliche Struktur einer kleinen GmbH

Eigentümer/In (Gesellschafter) — Frau A

100 %

GF: Frau A

Unternehmen — A-GmbH

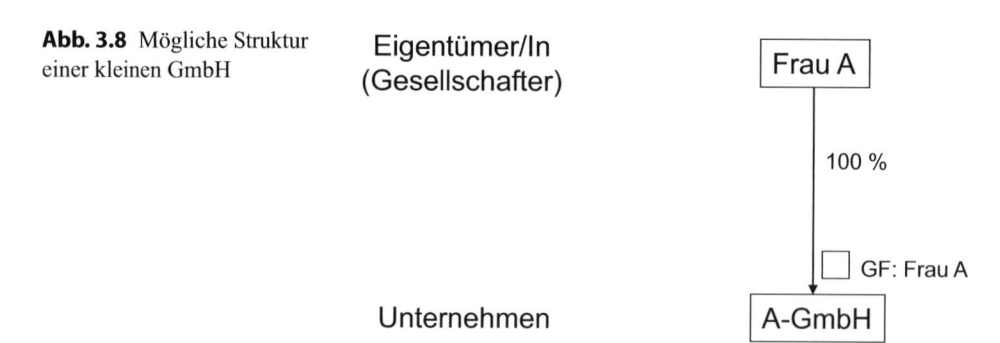

Die Trennung bedeutet auch, dass Frau A als Gesellschafterin einen formalen Anstellungsvertrag mit der Geschäftsführerin Frau A schließt, und dass die Gesellschafterin A der Geschäftsführerin A in einer jährlichen Gesellschafterversammlung Entlastung erteilt.

3.3.2.5 Aktiengesellschaft (AG)

„Die AG ist eine Handelsgesellschaft mit eigener Rechtspersönlichkeit, deren Gesellschafter mit Einlagen auf das in Aktien zerlegte Grundkapital beteiligt sind."[90]

Die AG entspricht also in ihrer grundsätzlichen Ausrichtung der GmbH: eine Kapitalgesellschaft mit eigener Rechtspersönlichkeit und grundsätzlicher Trennung zwischen Eigentum und unternehmerischer Führung.

Sie ist aber eine Weiterentwicklung der GmbH insofern, als die Anteile – die Aktien – leichter als bei einer GmbH übertragen werden können. Es ist daher möglich, die Kapitalbasis der AG stark zu vergrößern, und einen großen Kreis an Eigentümern an einer AG, also Aktionären, zu gewinnen: „Die Rechtsform der Aktiengesellschaft beruht auf der Idee, die Sammlung großer Beteiligungen problemlos zu ermöglichen. Hierfür ist einerseits die Begrenzung der Haftung wichtig und andererseits die Lockerung der Bindung an die Gesellschaft. Die Gesellschafter der AG (Aktionäre) wollen reine Kapitalgeber sein. So ist die AG die Rechtsform der Großunternehmen."[91]

Am deutlichsten wird das bei Aktiengesellschaften, die *an der Börse notiert* sind. Deren Aktien werden öffentlich gehandelt, womit breite Schichten der Bevölkerung Anteile erwerben können.

Die Organe der AG werden im nächsten Kapitel separat beschrieben. Nach der *Anzahl der Unternehmen* zu urteilen haben die *Einzelunternehmen* die größte *wirtschaftliche Bedeutung* (vgl. Abb. 3.9). Von insgesamt rund 2,9 Mio. Unternehmen in Deutschland haben 2 Mio. die Rechtsform eines Einzelunternehmens.

Wie aufgrund der Charakterisierung nicht anders zu erwarten, sind die EUs nur bei kleinen Unternehmen, insbesondere solchen mit weniger als 1 Mio. € Umsatz, dominierend. Bei den größeren Unternehmen mit mehr als 250 Mio. € Umsatz sind die *Kapitalgesellschaften*, namentlich GmbH und AG, vorherrschend.

---

[90] Olfert/Rahn (Einführung) S. 125.
[91] Luger (Betriebswirtschaftslehre) S. 152.

3.3.3 Kriterien bei der Wahl der Rechtsform

Die konkrete Fragestellung für jeden Firmengründer, sei es eine Privatperson, sei es ein bereits existierendes Unternehmen, das eine Tochtergesellschaft gründen will, lautet nun: Welche Rechtsform ist für den jeweiligen Zweck die am *besten geeignete*?

Um das zu beantworten, ist ein genauerer Blick auf die *Ausprägungen* der einzelnen Rechtsformen nötig, die auch Basis der *Entscheidungs-Kriterien* sind, nach denen die Rechtformen beurteilt werden. Abbildung 3.10 beschreibt die wichtigsten Ausprägungen.

Alle Rechtsformen			Einzelunternehmen		
Anzahl	Umsatz (T€)	Durchschnittlicher Umsatz pro Unternehmen (T€)	Anzahl	Umsatz (T€)	Durchschnittlicher Umsatz pro Unternehmen (T€)
3.250.319	5.752.249.357	1.770	2.217.155	560.587.766	253

Offene Handelsgesellschaften			Kommanditgesellschaften einschließlich GmbH & Co. KG		
Anzahl	Umsatz (T€)	Durchschnittlicher Umsatz pro Unternehmen (T€)	Anzahl	Umsatz (T€)	Durchschnittlicher Umsatz pro Unternehmen (T€)
15.644	46.281.614	2.958	149.289	1.213.223.027	8.127

Aktiengesellschaften, KG auf Aktien			Gesellschaften mit beschränkter Haftung		
Anzahl	Umsatz (T€)	Durchschnittlicher Umsatz pro Unternehmen (T€)	Anzahl	Umsatz (T€)	Durchschnittlicher Umsatz pro Unternehmen (T€)
7.923	884.713.689	111.664	514.087	2.201.508.570	4.282

Erwerbs- und Wirtschaftsgenossenschaften			Betriebe gewerblicher Art von Körperschaften des öffentlichen Rechts		
Anzahl	Umsatz (T€)	Durchschnittlicher Umsatz pro Unternehmen (T€)	Anzahl	Umsatz (T€)	Durchschnittlicher Umsatz pro Unternehmen (T€)
5.512	64.951.696	11.784	6.397	45.390.141	7.096

Sonstige Rechtsformen		
Anzahl	Umsatz (T€)	Durchschnittlicher Umsatz pro Unternehmen (T€)
334.312	735.592.854	2.200

Abb. 3.9 Unternehmen nach Rechtsform und Größenklassen (2012). (Quelle: Statistisches Bundesamt (Rechtsformen))

	PERSONENGESELLSCHAFTEN			
	Einzelunternehmung	OHG	KG	GmbH & Co. KG
Rechtsgrundlagen	Keine besondere Regelung	§§ 105-160 HGB Ergänzend §§ 705-740 BGB	§§ 161-177 a HGB ergänzend Vorschriften über OHG und damit auch über BGB-Gesellschaft	Grundsätzlich keine besondere Regelung. Es handelt sich um eine KG, daher Anwendung der Vorschriften über KG. Für die Komplementär-GmbH gilt das GmbH-Gesetz. Einige bes. Vorschriften des HGB und des GmbHG sind zu beachten (§19 Abs. 5 HGB, 130 a HGB).
Ökonomische Merkmale	Ein Kapitalrisiko- und Willensträger	Mehrere Kapitalrisiko- und Willensträger	Teilweise Trennung von Kapitalrisiko- und Willensträger	Wie bei GmbH
Haftung	Unbeschränkte Haftung (auch auf eigenes Vermögen)	Gesamtschuldnerische Haftung. Jeder Gesellschafter haftet unmittelbar, unbeschränkt (mit Geschäfts- und Privatvermögen) und solidarisch für die Schulden der Gesellschaft (§ 128 HGB). Der Ausschluss der Haftung ist gegenüber Dritten unwirksam. Bes. Haftungsvorschriften für eintretende/ ausscheidende Gesellschafter und bei Auflösung der Gesellschaft.	Komplementäre haften unbeschränkt mit ihrem gesamten Vermögen (wie die OHG-Gesellschafter), die Kommanditisten nur bis zur Höhe ihrer Einlage (§§ 171, 176 HGB). BesondereH aftungsvorschriften vor der Eintragung in das Handelsregister.	Haftung wie bei der KG. Die Komplementär-GmbH haftet unbeschränkt mit dem Ge-sellschaftsvermögen. Wenn die GmbH alleiniger Komplementär ist, wird die persönliche unbeschränkte Haftung aller beteiligten natürlichenP ersonen vermieden. Eine beschränkte oder unbeschränkte (Abandon-recht § 27 GmbH-G) Nachschusspflicht der Gesell-schafter gegenüber der Gesellschaft kann festgelegt werden.
Geschäftsführung und Vertretungsmacht	Beides obliegt dem Inhaber der Einzelunternehmung	Alle Gesellschafter sind zu Geschäftsführung/Vertretung der Gesellschaft grundsätzlich berechtigt und verpflichtet (Einzelgeschäftsführung/ Einzelver-tretungsmacht). Im Gesellschaftsvertrag können abweichende Regelungen vorgenommen werden (§ 109 HGB/ § 125 HGB).	Geschäftsführung (§ 164 HGB) und Vertretung liegen bei den Komplementären. Kommanditisten sind von der Geschäftsführung grundsätzlich ausgeschlossen (§ 164 HGB) und der Vertretung nicht berechtigt (170 HGB). Hinsichtlich der Geschäftsführung liegt ein Kontrollrecht § 166 HGB und ein Wider-spruchsrecht vor (§164 HGB). Bei der Vertretung können Prokura oder Handlungs-vollmacht erteilt werden	Wie KG. Die Geschäftsführung liegt grundsätzlich bei der Komplementär-GmbH, die ihrerseits durch ihre Organe (in der Regel Geschäftsführer) handelt. Die Gesellschaft wird in der Regel durch die Komplementär-GmbH vertreten. Diese wird ihrerseits durch ihre Geschäftsführer vertreten.
Kapitalbeschaffung	Eigenfinanzierung beschränkt durch Vermögen des Eigners; Selbstfinanzierung beschränkt durch Höhe der erzielten Überschüsse; Fremdfinanzierung beschränkt durch Gläubiger (insbes. Banken)	Größere Möglichkeit der Eigenkapitalbeschaffung durch Aufnahme neuer Gesellschafter und mehrerer Vollhafter; höhere Kreditwürdigkeit; Eigenfinanzierung weniger beschränkt als bei Einzelunternehmen; Selbst- und Fremdfinanzierung wie bei Einzelunternehmen	Bessere Möglichkeiten als bei der OHG, da neben Vollhaftern auch viele Kommanditisten mit relativ kleinen Einlagen beteiligt werden können	Wie bei GmbH

	KAPITALGESELLSCHAFTEN	
	GmbH	AG
Rechtsgrundlagen	GmbH-Gesetz vom 20.04.1892 mit verschiedenen Änderungen	Aktiengesetz in der Fassung vom 06.09.1965 mit verschiedenen Änderungen , u.a. durch Gesetz zur Schaffung der kleinen Aktiengesell-schaften und zur Deregulierung des Aktienrechts vom 2.8.1994
Ökonomische Merkmale	In der Regel vollständige Trennung von Kapitalrisiko und Willensträger	In der Regel vollständige Trennung von Kapitalrisiko und Willensträger
Haftung	Das Gesellschaftsvermögen haftet in voller Höhe. Die Gesellschafter haften nur mit ihrer Einlage.	Das Gesellschaftsvermögen der AG haftet in voller Höhe. Die Aktionäre haften nur mit ihrer Einlage (Haftungs-beschränkung § 1 AktG). Keine Nachschusspflicht der Aktionäre.
Geschäftsführung und Vertretungsmacht	Geschäftsführungsorgane sind der oder die von der Gesellschafterversammlung eingesetzten Geschäftsführer. Dies können auch Ge-sellschafter sein. Kontrolle durch Gesellschafterversammlung. Soweit vertraglich nichts anderes geregelt ist, besteht Gesamtgeschäftsführungsbefugnis. Die Gesellschaft wird durch den Geschäftsführer vertreten (335 GmbHG). Soweit im gesellschaftsvertrag nichts anderes bestimmt ist, gilt Gesamtvertretungsmacht.	Der vom Aufsichtsrat bestellte Vorstand führt die Geschäfte der AG und vertritt die Gesellschaft nach außen; grundsätzlich besteht Gesamtgeschäftsführungsbefugnis und Gesamtvertretungsmacht, soweit die Satzung nichts anderes bestimmt.
Kapitalbeschaffung	Beschränkte Kreditwürdigkeit, deshalb erschwerte Fremdkapitalbeschaffung; Selbstfinanzierung abhängig von Überschüssen; Fremdfinanzierung abhängig von Ertragslage	Leicht Beschaffung von Eigenkapital; hohe Kreditwürdigkeit wegen Gläubigerschutzvorschriften

Abb. 3.10 Ausprägungen und Wesensmerkmale der wichtigsten Rechtsformen (inkl. der GmbH & Co.KG, die später behandelt wird). (Quelle: Stehle (Gesellschaftsformen), Thommen/Achleitner (Betriebswirtschaftslehre) S. 71 f., Korndörfer (Betriebswirt- schaftslehre) S. 78 ff., Luger (Betriebswirtschaftslehre) S. 128 ff., Heinrichs (Rechtsformen), Peemöller (Konzernabschluss))

3.3 Rechtsformen des Unternehmens

	Einzelunternehmung	PERSONENGESELLSCHAFTEN		
		OHG	KG	GmbH & Co. KG
Publizität	Grundsätzlich besteht keine Publizitätspflicht, es sei denn §11 PublG greift: 1. Bilanzsumme > 65 Mio. € 2. Umsatz > 130 Mio. € 3. Arbeitnehmer > 5.000 Zwei Kriterien an 2 auf-einander folgenden Stichtagen müssen erfüllt sein	Rechnungslegung nach Publizitätsgesetz (analog EU)	Rechnungslegung nach Publizitätsgesetz (analog EU)	Gemäß Beschluss der EG publizitätspflichtig wie Kapitalgesellschaften
Kosten	Im Vergleich zu den Kapitalgesellschaften sind die Errichtungs- und Verwaltungskosten weitaus niedriger	Im Vergleich zu den Kapitalgesellschaften sind die Errichtungs- und Verwaltungskosten weitaus niedriger	Im Vergleich zu den Kapitalgesellschaften sind die Errichtungs- und Verwaltungskosten weitaus niedriger	Gemäß Beschluss der EG publizitätspflichtig wie Kapitalgesellschaft und damit mit denselben Kosten verbunden.
Anpassungs-fähigkeit	Bewegungsfreiheit und rasche Entscheidung als Vorteil	Kollektive Disposition und dadurch langsamere Entscheidung	Bewegungsfreiheit ähnlich der Einzelunternehmung; aber Mitsprache des Kommanditisten	Bei sog. Eigentümerunter-nehmung dann ähnlich Einzelunternehmung. Bei sog. Geschäftsführer-unternehmung flexible Anpassungsfähigkeit wegen Ernennung fremder Geschäftsführer
Dauer-haftigkeit	Meist eng an die Person des Unternehmers geknüpft; nicht über mehrere Generationen; „Kündigung" ist gleichbedeutend mit Liquidation des Unter-nehmens oder Verkauf	Oft anhängig von den Erben	Vorteil: Im Vergleich zur OHG anpassungsfähiger an die Bedürfnisse der Gesellschafter (Kommanditisten)	
Steuerliche Belastung des Gewinns	Der Gewinn unterliegt der Einkommensteuer. Diese liegt seit dem Jahr 2005 bei maximal 42%.	Wie Einzelunternehmen	Wie Einzelunternehmen	Wie Einzelunternehmen

	KAPITALGESELLSCHAFTEN	
	GmbH	AG
Publizität	Kleine Kapitalgesellschaften gem. § 267 HGB: Einreichung zum Handelsregister, zusammengefasste Bilanz, verkürzter Anhang. Hinweis im Bundesanzeiger auf Handelsregistereinreichung. Einreichungsfrist 12 Monate. Mittelgroße Kapitalgesell-schaften: s. §§ 267 HGB, 266 i.V.m. 327 HGB, 276 HGB, 288 HGB, 325 und 327 HGB Große Kapitalgesell-schaften: siehe §§ 325 HGB, 287 HGB	Siehe § 267 HGB
Kosten	Je nach Betriebsgröße Prüfungs- und Publizitätskosten; im Vergleich zur AG geringere Gründungs- und Verwaltungskosten (u.a. meist kein Aufsichtsrat)	Je nach Betriebsgröße Prüfungs- und Publizitätskosten; Gründungskosten, Kosten des Aufsichtsrats und der Hauptversammlung höher als bei der GmbH.
Anpassungs-fähigkeit	Anpassungsfähigkeit abhängig vom jeweiligen Mitspracherecht der Gesellschafter, das meist sehr groß ist (bei sog. Geschäftsführer-unternehmung)	Wie bei GmbH
Dauer-haftigkeit	Anpassungsfähigkeit größer als bei Personengesell-schaften (wegen der Ernennung fremder Geschäftsführer)	Auf unendliche Dauer zugeschnittene Rechtsform (unabhängig von dem einzelnen Aktionär)
Steuerliche Belastung des Gewinns	Der Gewinn unterliegt der Körperschaftsteuer von derzeit (2006) 25% (zuzüglich Kapitalertragsteuer und Solidaritätszuschlag). Zur Minderung der Mehrfachbesteuerung werden ausgeschüttete Gewinne bei den Gesellschaftern zur Hälfte versteuert (Halbeinkünfteverfahren).	Wie GmbH

Abb. 3.10 (Fortsetzung)

Wichtige Kriterien sind:

- *Haftung*
- *Geschäftsführung*
- *Kapitalbeschaffung/ Finanzierung*
- *Mindesteinlagekapital (MEK) bei Gründung*

- *Publizität*
- *Kosten*
- *Anpassungsfähigkeit*
- *Dauerhaftigkeit*
- *Steuerliche Belastung*

In einzelnen Fällen können darüber hinaus weitere Kriterien eine Rolle spielen, wie[92]:

- *Gründungsformalitäten*
- *Gewinnverteilung*
- *Gewinnentnahmeregelung*
- *Wettbewerbsverbot (der Gesellschafter)*
- *Auflösung, Verteilung des Liquidationserlöses*
- *Insolvenz der Gesellschaft*

Die große Anzahl der Kriterien und der Ausprägungen mag verwirrend erscheinen. Der *Kerngedanke* jedes Kriteriums kann aber in der Regel durch logische Überlegung abgeleitet werden:

Haftung Der Einzelunternehmer haftet *unbeschränkt*, „d. h. nicht nur mit dem in seinen Betrieb eingelegten Teil seines Vermögens, sondern auch mit seinem sonstigen Vermögen."[93] Ebenso haften Gesellschafter der OHG und Komplementäre der KG unbeschränkt. Die unbeschränkte Haftung ist *wesentliches Merkmal* von EU und Personengesellschaften. Sie ist auch deren wesentlicher Nachteil dieser Gesellschaftsformen. Bei einer OHG und im Fall einer KG mit mehreren Gesellschaftern kommt erschwerend hinzu, dass jeder Gesellschafter als *Gesamtschuldner* für alle Schulden des Unternehmens haftet. OHG-Gesellschafter A haftet also beispielsweise auch unbeschränkt für eventuelle Fehler des Mitgesellschafters B.

Die gesamtschuldnerische Haftung hat eine nachvollziehbare Schutzfunktion für Außenstehende. Wer mit einer Personengesellschaft Geschäfte tätigt, weiß und muss wissen, dass er im Zweifelsfall auf das Vermögen aller Gesellschafter zurückgreifen kann, um Forderungen zu realisieren – unabhängig davon, welcher Gesellschafter im konkreten Fall einen Fehler gemacht haben mag. Mit der gesamtschuldnerischen Haftung erklärt sich auch die relativ geringe Verbreitung der OHG als Rechtsform.

Gesellschafter von Kapitalgesellschaften (und Kommanditisten der KG) haften hingegen nur *mit ihrer Einlage*. Die Regelung ist logische Konsequenz der eigenen Rechtspersönlichkeit der Kapitalgesellschaften. Die juristisch deutliche Trennung von Gesellschaft einerseits und Gesellschafter andererseits legt die Haftungsbegrenzung nahe.

Die begrenzte Haftung als Vorteil ist ein Hauptgrund, weshalb oft auch Einzelpersonen trotz anderer Nachteile wie höherer Gründungsaufwand die Rechtsform einer GmbH anstelle der EU wählen. So könnte Frau A die „A-GmbH" anstelle einer EU gegründet

---

[92] vgl. Luger (Betriebswirtschaftslehre) S. 129.
[93] Wöhe (Betriebswirtschaftslehre) S. 271.

haben, um bei Schadensersatzansprüchen von Kunden aufgrund falscher Beratung nicht mit dem Privatvermögen haften zu müssen.

Allerdings kann gerade im Fall von Ein-Personen-GmbHs der Gesellschafter und Geschäftsführer in bestimmten Fällen auch persönlich zur Haftung herangezogen werden, wenn beispielsweise Frau A gegenüber Gläubigern kommuniziert, sie stehe für Schulden der Gesellschaft persönlich gerade. Solche Fälle sind allerdings sehr selten; in der Regel greift die Haftungsbegrenzung.[94]

Geschäftsführung Als Faustregel gilt: *wer* (mit seinem Privatvermögen) *haftet, der bestimmt* auch. Der Zusammenhang ist wohl einsichtig – wer ein hohes persönliches Risiko eingeht, dem sollte als Kompensation auch die Möglichkeit der Unternehmensleitung gegeben werden.

Folglich sind Einzelunternehmer, alle Gesellschafter der OHG, und Komplementäre allein geschäftsführungsberechtigt, ohne dass dies explizit festgelegt werden müsste.

Bei Kapitalgesellschaften sind hingegen die zur Führung berechtigten Personen *zu bestellen* (Geschäftsführer bei der GmbH; Vorstand bei der AG), das ergibt sich aus dem Grundsatz der Trennung zwischen Kapitalgeber und Willensträger.

Kapitalbeschaffung/Finanzierung Die unbegrenzte Haftung und die Geschäftsführungspflicht der Gesellschafter begrenzen die Möglichkeiten von EU und Personengesellschaften, zusätzliches *Eigenkapital* zu beschaffen und damit zu wachsen. Denn Eigenkapital kann nur aus Gewinnen des Unternehmens selbst bzw. aus dem Vermögen der wenigen Gesellschafter gebildet werden.

Bei Kapitalgesellschaften kann hingegen der Kreis der Eigenkapitalgeber im Grundsatz beliebig erweitert werden. Große börsennotierte Aktiengesellschaften haben nicht selten mehrere zehntausend oder gar hunderttausend Eigentümer; die Anzahl der Aktionäre von DaimlerChrysler zu der Zeit, als Daimler und Chrysler noch ein gemeinsames Unternehmen bildeten, belief sich auf bis zu 1,7 Mio.[95]. Die Möglichkeit der Kapitalbeschaffung durch Ausweitung des Kreises der Eigentümer ist ein wesentlicher Grund, weshalb die Mehrheit der ganz großen Unternehmen die Rechtsform einer AG inne haben.

Eine Besonderheit bei der Aktiengesellschaft ist dabei die Unterscheidung zwischen *Stamm-* und *Vorzugsaktien*.

Nur Inhaber der Stammaktien können ein Stimmrecht gemäß ihres Anteils am Kapital ausüben.

Im Gegenzug werden Vorzugsaktionäre bei der Gewinnausschüttung, der Dividende, bevorzugt behandelt, sie haben einen *Vorzugsdividendenanspruch*.

Das Instrument der *Vorzugsaktien* bietet Gesellschaftern die Möglichkeit, Eigenkapital auf dem Kapitalmarkt zu beschaffen, ohne die Entscheidungsmacht aufzugeben.

---

[94] vgl. Braun (Haftung).
[95] vgl. DaimlerChrysler (Aktionäre).

Typischerweise können die Aktien im Besitz der Gründer oder der Familie des Gründers sein. Zur Finanzierung des Wachstums wird das Unternehmen an die Börse gebracht. Um aber den Gründern bzw. deren Familie den Einfluss weiterhin zu sichern, beschränkt sich der Börsengang auf die Ausgabe von Vorzugsaktien. So werden Vorzugsaktien des Unternehmens Porsche an der Börse gehandelt, aber die „Stammaktien werden von Mitgliedern der Familien Porsche und Piech gehalten".[96]

Die Möglichkeit der Ausgabe von Vorzugsaktien ist aber begrenzt. Nach § 139 (2) AktG dürfen sie nur bis zur Hälfte des Grundkapitals ausgegeben werden, „damit die stimmberechtigten Gesellschafter nicht mit einem unverhältnismäßig niedrigen Anteil am Kapital die AG beherrschen können."[97]

Auch liegt der Kurs von Vorzugsaktien in der Regel unter dem der Stammaktien, da Anleger nicht bereit sind, für Papiere, mit denen kein Stimmrecht verbunden ist, den gleichen Betrag zu zahlen.

Um die Inhaber der Vorzugsaktien zu schützen, hat der Gesetzgeber vorgesehen, dass deren Stimmrecht nach drei Jahren *auflebt*, sie also ein Stimmrecht bekommen, wenn die Vorzugsdividende zwei Jahre lang nicht (vollständig) bezahlt wurde.

Hinsichtlich der *Fremdfinanzierung* haben hingegen unter sonst gleichen Rahmenbedingungen eine EU beziehungsweise Personengesellschaften *bessere* Möglichkeiten als eine GmbH (oder AG). Das liegt an der unbegrenzten Haftung – die wesentlichen Fremdkapitalgeber, die Banken, können auf das Privatvermögen der Gesellschafter als Sicherheit zählen.

Diese Sicherheit ist bei einer GmbH nicht gegeben. Bei kleinen GmbHs, deren Gesellschafter eng mit dem Unternehmen verbunden sind, wird die Sicherheit von den Banken bisweilen mittels einer *Privatbürgschaft* der Gesellschafter beschafft.

Wenn A einen Bankkredit für ihre A-GmbH braucht, ist die Wahrscheinlichkeit groß, dass die Bank hierfür von A verlangt, mit ihrem Privatvermögen zu bürgen.

Mindesteinlagekapital (MEK) bei Gründung, Publizitätspflicht, Kosten Während eine EU oder eine Personengesellschaft kein *MEK* braucht, also (theoretisch) mit einem Kapital von 1.- € gegründet werden kann, verlangt der Gesetzgeber bei der GmbH eine Mindesteinlage von 25.000.- €, bei der AG eine von 50.000.- €. Damit soll auch bei der Kapitalgesellschaft ein Minimum an Vermögen als Haftungsbasis zum Schutz außenstehender Gläubiger gewährleistet werden.

Der Grundgedanke des Gesetzgebers, Außenstehende auch bei einer Kapitalgesellschaft innerhalb bestimmter Grenzen *vor Vermögensverlusten zu schützen*, ist auch der Leitgedanke bei der *Publizitätspflicht*. EU und Personengesellschaften müssen ihren Jahresabschluss erst ab einer bestimmten Größe, die sie nur sehr selten erreichen, veröffentlichen. Hingegen muss auch eine kleine GmbH zumindest die zusammengefasst Bilanz beim Handelsregister einreichen, wo sie für jeden, der ein Interesse darlegen kann, einsehbar ist.

---

[96] Dr. Ing. h.c. F. Porsche AG (Aktionärsstruktur).
[97] Luger (Betriebswirtschaftslehre) S. 158.

Strengere Kriterien bei Prüfung und Publikation des Jahresabschlusses sind auch ein Grund, weshalb die *Kosten* zum Betrieb einer Kapitalgesellschaft höher sind. Die Unterschiede bei Prüfungs- und Publikationskosten fallen bei größeren Unternehmen kaum ins Gewicht, können aber bei Kleingewerbetreibenden durchaus ein Hauptgrund sein, die Rechtsform der EU und nicht die der GmbH zu wählen.

Anpassungsfähigkeit und Dauerhaftigkeit Auch dass die *Anpassungsfähigkeit* beziehungsweise die *Flexibilität* beim Einzelunternehmen am größten ist, überrascht nach obigen Ausführungen nicht. Der Einzelunternehmer kann weitgehend allein entscheiden und ist auch gesetzlich durch nur wenige Restriktionen eingeschränkt. Die Flexibilität sinkt bei der Aufnahme von zusätzlichen (mitentscheidungsberechtigten) Gesellschaftern.

Kapitalgesellschaften sind stärker an bestimmte vorgeschriebene Prozeduren gebunden und damit per se weniger anpassungsfähig. Allerdings unterscheidet sich eine Ein-Personen-GmbH wie die A-GmbH nur wenig vom Einzelunternehmen.

Dauerhafter als EU und Personengesellschaften sind naturgemäß die Kapitalgesellschaften, da sie definitionsgemäß nicht an der persönlichen Existenz bestimmter Gesellschafter hängen.

Steuerliche Belastung Die so genannte Steueroptimierung, also die Frage der möglichst geringen steuerlichen Belastung des Gewinns, ist in der Praxis bei Unternehmensgründungen neben der Haftung oft das wichtigste Kriterium.

Generell können Unternehmensgewinne in Deutschland der

- Einkommensteuer
- Körperschaftsteuer
- Gewerbesteuer
- Abgeltungsteuer und dem
- Solidaritätszuschlag unterliegen[98].

Das Steuerrecht unterliegt starken Veränderungen. Es geht daher an dieser Stelle nur um die Darstellung der *grundsätzlichen Problematik*, wobei beispielhaft auf die wichtigsten Steuerarten eingegangen wird.

Bei Einzelunternehmen und Personengesellschaften wird das aus unternehmerischer Tätigkeit erzielte Einkommen zu den persönlichen Einkünften gezählt und mit dem für den Gesellschafter relevanten *persönlichen Einkommensteuersatz* versteuert. Er liegt derzeit bei maximal 42 %. Bezieher eines Einkommens von mehr als 250.000.- € (Ledige) bzw. 500.000.- € (Verheiratete) zahlen indessen 45 % – der Zuschlag von 3 % wird als die sogenannte „Reichensteuer" bezeichnet.

Komplizierter ist die Behandlung der Gewinne von Unternehmen mit eigener Rechtspersönlichkeit, also Kapitalgesellschaften. Als eigene juristische Person sind sie auch

---

[98] vgl. zum Abschnitt z. B. IHK München (Unternehmensteuerreform), DATEV (Berater).

eigenständiges Steuersubjekt. Gewinne werden daher zunächst bei der Gesellschaft besteuert, völlig unabhängig vom Einkommen der Gesellschafter. Die Gewinnsteuer der juristischen Personen ist die *Körperschaftsteuer*, deren derzeitiger Satz beträgt 15%.

Wird nun der Gewinn an die Eigentümer ausgeschüttet, so entsteht daraus persönliches Einkommen, was der Logik nach der persönlichen Einkommensteuer unterliegen müsste. Im Vergleich zur Personengesellschaft unterliegt der Gewinn der Kapitalgesellschaft damit zunächst einer *doppelten Steuerbelastung*: einmal bei der Kapitalgesellschaft (juristische Person), dann noch einmal bei den Gesellschaftern selbst (natürliche Personen).

Zum Ausgleich der Doppelbelastung hat der Gesetzgeber daher festgelegt, dass auf der Ebene der Gesellschafter nicht die persönliche Einkommensteuer, sondern die *Abgeltungsteuer* greift. Sie beträgt 25%. Personen, deren Einkommensteuersatz darunter liegt, zahlen in der Regel den niedrigeren Einkommensteuersatz.

Weiterhin fällt die *Gewerbesteuer* an. Diese ist die Steuer auf einen Gewerbeertrag, der den Kommunen zufließt, und die wichtigste Steuerquelle der Gemeinden. Der Satz wird von den Gemeinden festgelegt, d. h. er unterscheidet sich auch von Kommune zu Kommune.

Die Gewerbesteuer ist nicht als Betriebsausgabe absetzbar, was bedeutet, dass Körperschaft- und Einkommensteuer auf Basis des Gewinns *vor* Gewerbesteuer berechnet werden. Im Gegenzug kann diese Steuer aber bei Einzelunternehmen und Personengesellschaften mit der Einkommensteuer verrechnet werden, in vielen Fällen komplett.[99]

Beispiel: der vorläufige Gewinn vor Steuern eines Unternehmens beträgt 100.000.- €.

Der persönliche Satz der Einkommensteuer (EkSt) der Unternehmers bzw. Gesellschafters betrage in jedem Fall 35%, der Körperschaftsteuersatz 15%.

Die Gewerbesteuer betrage 10%, komplett anrechenbar auf die Einkommensteuer des Einzelunternehmers. Vom Solidaritätszuschlag wird abstrahiert.

Eine einzelne Person hat die Alternative, als Einzelunternehmer zu agieren, oder aber eine GmbH zu gründen, deren alleinige Gesellschafterin und Geschäftsführerin sie ist.

Fall 1: Steuerbelastung des *Einzelunternehmers*: Körperschaftsteuer fällt nicht an, Gewinn wird mit 35% EkSt versteuert.

Also:		
	vorläufiger Gewinn	100.000.- €
	./. Gewerbesteuer 10%,	10.000.- €
	./. EkSt: 35% auf 100.000.- €	35.000.- €
	Zwischensumme	55.000.- €
	+ Verrechnung Gewerbesteuer	10.000.- €
	Nettoeinkommen	65.000.- €

Schlussendlich hat in diesem Fall die Gewerbesteuer also keinen Einfluss auf das Ergebnis.

Fall 2: Steuerbelastung bei der *GmbH*: Es fallen zunächst 15% Körperschaftssteuer und 10% Gewerbesteuer an, also 25.000.- €.

---

[99] vgl. IHK München (Unternehmensteuerreform) S. 8.

3.3 Rechtsformen des Unternehmens

Auf die restlichen 75.000.- € fallen auf der Gesellschafterebene 25 % Abgeltungsteuer an, also 18.750.- €.
Als Nettoeinkommen verbleiben

also:	vorläufiger Gewinn	100.000.- €
	./. Gewerbesteuer 10%,	10.000.- €
	./. Körperschaftsteuer 15%	15.000.- €
	Ausgeschütteter Gewinn	75.000.- €
	./. Abgeltungsteuer 25% =	18.750.- €
	Nettoeinkommen:	56.250.- €

Unter steuerlichen Aspekten ist zunächst also die EU die zu bevorzugende Lösung.

Nun ist freilich noch zu berücksichtigen, dass bei der GmbH im Beispiel die Gesellschafterin als Geschäftsführerin agiert. In dieser Eigenschaft bekommt sie auch ein *entsprechendes Gehalt*. Da formal Eigentum und Geschäftsführung bei einer GmbH getrennt sind, wird eine Gesellschafterin wie eine außenstehende Dritte behandelt, falls sie die Geschäftsführung übernimmt.

Das Geschäftsführer-Gehalt vermindert also zunächst den Gewinn der GmbH. Andererseits erhöht es das persönliche Einkommen der Gesellschafterin – abzüglich der Einkommensteuer, die darauf anfällt.

Also:
Fall 3: wie Fall 2, aber es wird ein Geschäftsführergehalt (GF-Gehalt) von 60.000.- € gezahlt.

vorläufiger Gewinn vor GF-Gehalt	100.000.- €
./. GF-Gehalt	60.000.- €
vorläufiger Gewinn	40.000.- €
./. Gewerbesteuer 10%,	4.000.- €
./. Körperschaftsteuer 15%	6.000.- €
Ausgeschütteter Gewinn	30.000.- €
./. Abgeltungsteuer 25%=	7.500.- €
Nettoeinkommen:	22.500.- € (A)

Hinzu kommt das Nettoeinkommen aus GF-Gehalt:

Also:	GF-Gehalt	60.000.- €
	./. EkSt: 35%, also	21.000.- €
	Nettoeinkommen	39.000.- € (B)

Gesamtes Nettoeinkommen (A + B) = 22.500.- € + 39.000.- € = 61.500.- €

Der steuerliche Nachteil durch die GmbH, der bei den angenommenen Steuersätzen entsteht, kann also durch die Konstruktion des GF-Gehalts gemindert werden. Um steuerlich anerkannt zu werden, muss sich die Höhe des GF-Gehalts dabei aber im Rahmen dessen bewegen, was marktüblich ist, also einem fremden Dritten gezahlt würde.

Fazit: Die Einzelunternehmung ist einfach zu gründen, flexibel, an vergleichsweise wenig Vorschriften gebunden, und damit geeignet für Klein- und Kleinstunternehmer. Hauptnachteile sind die unbeschränkte Haftung und begrenzten Wachstumsmöglichkeiten.

Am anderen Ende des Spektrums findet sich die Aktiengesellschaft, die gesetzlich durch Vorschriften über Publizität, Gründungsformalitäten und Ausgestaltung der Organe stärker reglementiert, andererseits aber in ihrem Wachstum von der Rechtsform her praktisch unbegrenzt und damit die ideale Form für Großunternehmen ist.

Dazwischen liegen die anderen Rechtsformen.

3.3.4 Die Führung von Großunternehmen

Fragestellungen im Zusammenhang mit der Führung von Großunternehmen, namentlichen von großen AGs, haben in der Praxis eine besondere Bedeutung. Sie werden daher nun näher beleuchtet. Dazu werden zunächst die Organe der AG genauer beschrieben. Anschließend wird auf eine spezifische deutsche Gesetzgebung eingegangen, die Mitbestimmung der Arbeitnehmer auf Unternehmensebene, um danach die derzeitigen Regeln kritisch zu würdigen.

3.3.4.1 Führungsorgane der Aktiengesellschaft

Die *Organe* der *AG* sind nach dem Aktienrecht:

- *Hauptversammlung (§§ 118 ff. AktG)*
- *Aufsichtsrat (§§ 95 ff. AktG)*
- *Vorstand (§§ 76 ff. AktG)*
- *Hauptversammlung (HV)*

Die Hauptversammlung ist die Versammlung der Aktionäre oder ihrer bevollmächtigten Vertreter. Sie ist zwar das oberste Organ der AG, jedoch im Gegensatz zur Gesellschafterversammlung der GmbH mit begrenzten Befugnissen. Die Aufgabe der HV ist, dem Willen der Aktionäre durch Fällen einiger wesentlicher Entscheidungen Ausdruck zu geben."[100] Aufgabe der HV ist die *Bestellung des Aufsichtsrats*, daneben unter anderem die Beschlussfassung über die Verwendung des Bilanzgewinns, die Entlastung von Vorstand und Aufsichtsrat, Bestellung des Wirtschaftsprüfers, Entscheidungen über Änderungen

---

[100] Luger (Betriebswirtschaftslehre) S. 161.

der Satzung der AG und über Kapitalerhöhungen. Nicht im Gesetz vorgesehene Aufgaben darf die Hauptversammlung nicht wahrnehmen.

Umgangssprachlich ausgedrückt, ist die HV also die Vollversammlung der Aktionäre. Das Stimmrecht bemisst sich nach der Anzahl der (Stamm-)Aktien.

Aufsichtsrat (AR) Das Organ des von der Hauptversammlung zu wählenden Aufsichtsrats ist per se nur für die Aktiengesellschaft gesetzlich vorgeschrieben.

Der Aufsichtsrat ist die *Vertretung* der Aktionäre, die nicht in die Geschäftsführung eingreift, den zur Geschäftsführung beauftragten Vorstand aber *kontrolliert und überwacht*.

Er *bestellt* den Vorstand und kann, soweit in der Satzung festgelegt, wesentliche Entscheidungen von besonderer Bedeutung treffen.

Der Aufsichtsrat besteht nach § 95 AktG aus mindestens *drei* Mitgliedern. Je nach Größe des Unternehmens kann die Satzung auch bis zu 21 Mitglieder vorsehen; die Anzahl muss aber *durch drei teilbar* sein.

Vorstand (VS) Der vom AR gewählt Vorstand *leitet* die Aktiengesellschaft operativ *eigenverantwortlich*, was unter anderem bedeutet, dass der Aufsichtsrat dem Vorstand außer in den in Satzung oder Gesetz vorgesehenen Fällen keine Weisungen erteilen kann. Aufgabe des Vorstands ist es auch, die Hauptversammlungen einzuberufen.

Dem Vorstand muss mindestens eine (natürliche) Person angehören. In der Praxis liegt die Anzahl der Vorstandsmitglieder bei vielen Unternehmen zwischen drei und sieben, in großen Konzernen bei bis zu zwölf Mitgliedern.

Bei mehreren Mitgliedern entscheidet die *Mehrheit* der Mitglieder. Dabei schreibt das Gesetz ausdrücklich vor, dass ein Vorstandsvorsitzender keine Entscheidungen gegen die Mehrheit der Mitglieder treffen kann. Nach der Satzung kann er lediglich mit einem Vetorecht ausgestattet werden.

In der Praxis werden Leiter des Vorstands in der Regel nur dann als *Vorstandsvorsitzende* bezeichnet, wenn sie dieses Vetorecht besitzen; andernfalls bezeichnet man sie als *Sprecher des Vorstands*.

Der Vorstandvorsitzende hat also nach dem Gesetz keinesfalls die Befugnisse, die gemeinhin einem „Chef" zugeschrieben werden. Das *Kollegialprinzip* genannte Entscheidungsprinzip des Vorstandes gibt vielmehr jedem Vorstandsmitglied eine verhältnismäßig große Unabhängigkeit.

Da der Vorstand nach dem Gesetz vom Aufsichtsrat kontrolliert wird, kann niemand gleichzeitig Mitglied des VS und des AR sein.

Abbildung 3.11 zeigt die Grundstruktur der Organe der AG. Dass der Gesetzgeber bei der AG im Gegensatz zur GmbH zwischen Gesellschafterversammlung – der HV – und Geschäftsführung – dem VS – mit dem Aufsichtsrat ein drittes Organ zwischengeschaltet hat, ergibt sich aus dem Charakter der Aktiengesellschaft als Großunternehmen mit vielen Eigentümern. Bei mehreren hunderttausend Aktionären wäre eine unmittelbare Kontrolle der Geschäftsführung durch deren „Vollversammlung" nicht praktikabel. Es ist daher nachvollziehbar, wenn der Gesetzgeber vorsieht, die Kontrolle der Geschäftsführung einem kleineren, handlungsfähigeren Organ zu übertragen.

Abb. 3.11 Grundstruktur der Organe der AG

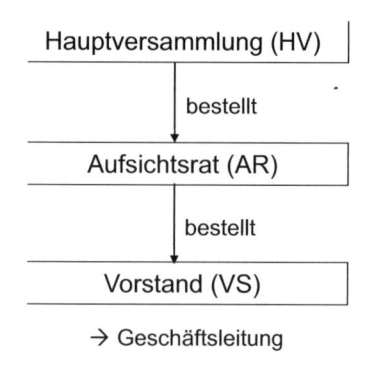

```
        Hauptversammlung (HV)
                 |
              bestellt
                 ↓
          Aufsichtsrat (AR)
                 |
              bestellt
                 ↓
           Vorstand (VS)
         → Geschäftsleitung
```

Das deutsche System von Geschäftsführung und Kontrolle auf zwei Ebenen, das auch „*two-tier system*" genannt wird, ist indessen nicht in allen Ländern üblich.

Während etwa die Niederlande eine ähnliche Regelung haben[101], gilt unter anderem in der Schweiz, in Großbritannien, den USA und anderen Ländern gilt das „*one-tier system*".

Es ist umstritten, welches System zu bevorzugen ist. Einerseits steht das deutsche System unter teils massiver Kritik.[102] Andererseits finden sich auch genügend Beispiele des Versagens des US-amerikanischen oder britischen Führungssystems. Bemerkenswert ist auch, dass sowohl in den USA als auch in Großbritannien innerhalb des einen Führungsorgans eine Zweiteilung der Mitglieder zwischen solchen mit operativen und solchen mit überwachenden Aufgaben festzustellen ist.

In dem *amerikanischen „Board of Directors"* übernehmen so genannte inside oder executive directors die Geschäftsführung, während den outside oder non-executive directors die Überwachung und Kontrolle obliegt.[103]

Ebenso wird beim *britischen „Board of Directors"* zwischen executive und non-executive directors unterschieden.[104]

Beide Länder haben also trotz des „one-tier systems" faktisch eine ähnliche Arbeitsteilung, wie das in Deutschland der Fall ist.

In einem anderen Punkt unterscheiden sich die angelsächsischen Länder jedoch deutlich von der deutschen Gesetzgebung: bei der Mitbestimmung der Arbeitnehmer.

3.3.4.2 Die Mitbestimmung der Arbeitnehmer

Arbeitnehmer haben in Deutschland in diversen Gesetzen geregelte mehr oder weniger weitgehende Mitbestimmungsrechte[105].

---

[101] vgl. Hooghiemstra/Manen (Dilemmas).

[102] s. u. Kap. 3.3.4.3.

[103] vgl. Ruppen (Governance) S. 36 ff., Wentges (Governance) S. 128 ff., Nippa (Governance) S. 62 ff.

[104] vgl. Mann (Governance) S. 220 ff.

[105] vgl. zum Abschnitt z. B. Brox/Rüthers/Henssler (Arbeitsrecht), Niedenhoff (Mitbestimmung)

3.3 Rechtsformen des Unternehmens

Dazu gehören einmal Rechte des *individuellen Arbeitnehmers*, zum Beispiel sein Recht auf Einsicht in die Personalakte.[106]

Zweitens gehört hierzu die *betriebliche Mitbestimmung*, die vor allem im *Betriebsverfassungsgesetz* (BetrVG) geregelt ist. Zentrales Instrument der betrieblichen Mitbestimmung ist der *Betriebsrat*, der in allen Unternehmen mit mindestens fünf Arbeitnehmern von diesen zu wählen ist. Der Betriebsrat hat bei einigen Entscheidungen ein effektives Mitwirkungs- oder sogar Vetorecht. So werden Maßnahmen zur Arbeitszeiterfassung oder zum Unfall- und Gesundheitsschutz erst durch Zustimmung des Betriebsrats wirksam; die Entlassung von Mitarbeitern bedarf der Abstimmung mit dem Betriebsrat[107]. Bei anderen Themen, zum Beispiel Fragen der betrieblichen Weiterbildung, ist der Betriebsrat anzuhören bzw. zu informieren.

Im Mittelpunkt steht hier aber eine dritte Form, die Mitbestimmung auf *Unternehmensebene*. In Unternehmen, die von einer dieser Regelungen betroffen sind, wird ein Teil des Kontrollorgans, also des *Aufsichtsrats*, von *gewählten Vertretern der Arbeitnehmer* besetzt.

Unterschieden wird zwischen den Formen der so genannten

- *Montanmitbestimmung*
- *Drittelparität*
- *Paritätische Mitbestimmung*
- Die im Montanmitbestimmungsgesetz (MontanMitbestG) von 1951 geregelte *Montanmitbestimmung* ist die älteste Form. Sie gewährt den Arbeitnehmern ein sehr weitgehendes Vertretungsrecht. Da aber nur Unternehmen der Montan-Industrie, also Eisen- und Stahlindustrie und der Bergbau, betroffen sind, ist ihre Bedeutung heute eher gering.
- Die *Drittelparität* – Rechtsgrundlage ist das *Drittelbeteiligungsgesetz* (DrittelbG) von 2004 – betrifft *Kapitalgesellschaften mit mehr als 500 und bis zu 2.000 Mitarbeitern*, unter bestimmten Bedingungen auch für kleinere Aktiengesellschaften und Kommanditgesellschaften auf Aktien.

Wie der Name sagt, werden in diesen Unternehmen ein Drittel der Mitglieder des Aufsichtsrats von den Arbeitnehmern gestellt, also von ihnen gewählt.

Kapitalgesellschaften, in denen an sich kein Aufsichtsrat vorgeschrieben ist, zum Beispiel die Gesellschaften mit beschränkter Haftung, müssen einen AR bestellen, wenn sie unter das DrittelG fallen.

Was die Größe des AR und seine Rechte und Pflichten betrifft, so gilt das Aktiengesetz analog.

- Die so genannte *paritätische Mitbestimmung* findet im Wesentlichen Anwendung bei Unternehmen mit eigener Rechtspersönlichkeit – unter bestimmten Voraussetzungen

---

[106] vgl. Thommen/Achleitner (Betriebswirtschaftslehre) S. 74.
[107] vgl. Thommen/Achleitner (Betriebswirtschaftslehre) S. 75.

Unternehmensgröße (Anzahl Arbeitnehmer)	Besetzung Aufsichtsrat (Verhältnis Anteilseigner : Arbeitnehmervertreter)
<= 10.000	6:6
>10.000 - 20.000	8:8
> 20.000	10:10

Abb. 3.12 Größe und Zusammensetzung des AR gem. § 7(1) MitbestG

auch KGs beziehungsweise GmbH & Co. KGs – und mehr als 2.000 Arbeitnehmern (sofern sie nicht unter die Montanmitbestimmung fallen). Sie basiert auf dem *Mitbestimmungsgesetz* (MitbestG) von 1976.

Danach setzt sich der AR dieser Unternehmen aus der gleichen Anzahl von Vertretern der Anteilseigner und der Arbeitnehmer zusammen. Konkret sind Größe und Zusammensetzung des AR in § 7(1) MitbestG wie in Abb. 3.12 geregelt:

Innerhalb des Arbeitnehmerblocks legt das Gesetz fest, dass die Mehrheit der Vertreter aus dem Unternehmen stammen müssen, ein Teil der Sitze im AR ist indessen für Vertreter der Gewerkschaften reserviert (§ 7(2) MitbestG).

Um Mehrheitsentscheidungen trotz der geraden Zahl der Mitgliederanzahl zu ermöglichen, hat bei Pattsituationen der *AR-Vorsitzende zwei Stimmen* (§ 27MitbestG).

Der Person des Vorsitzenden kommt also eine entscheidende Bedeutung zu, womit die Frage relevant wird, wie dieser innerhalb der AR-Mitglieder bestimmt wird.

Der Vorsitz wird mit 2/3 der Mitglieder des AR gewählt. Kommt aber eine solche Mehrheit nicht zustande, so wählen im zweiten Wahlgang die Vertreter der Anteilseigner den Vorsitzenden; den Vertretern der Arbeitnehmer bleibt nur die Wahl seines Stellvertreters.

Damit haben die Anteileigner, wenn es zur Konfrontation kommt, letztlich doch eine Mehrheit. Die Arbeitnehmer können im Zweifel Entscheidungen gegen sie verzögern, aber nicht verhindern. Deshalb wird im Zusammenhang mit dieser Form der Mitbestimmung auch von einer „Quasiparität" oder „Unterparität" gesprochen.

Die in Abb. 3.11 dargestellte Grundstruktur der Organe einer AG muss deshalb für Unternehmen, die der Mitbestimmung unterliegen, modifiziert werden (Abb. 3.13).

In der *Praxis* sind die Fälle der totalen Konfrontation zwischen beiden Parteien aber eher die Ausnahme als die Regel. Vielmehr führt das System zu einer Suche nach möglichst weitgehenden *konsensfähigen* Entscheidungen.

Das System der deutschen Mitbestimmung, insbesondere die (quasi-) paritätische Mitbestimmung, ist in der letzten Zeit zunehmend unter *Kritik* geraten[108].

---

[108] vgl. Bontrup (Arbeitswelt).

3.3 Rechtsformen des Unternehmens

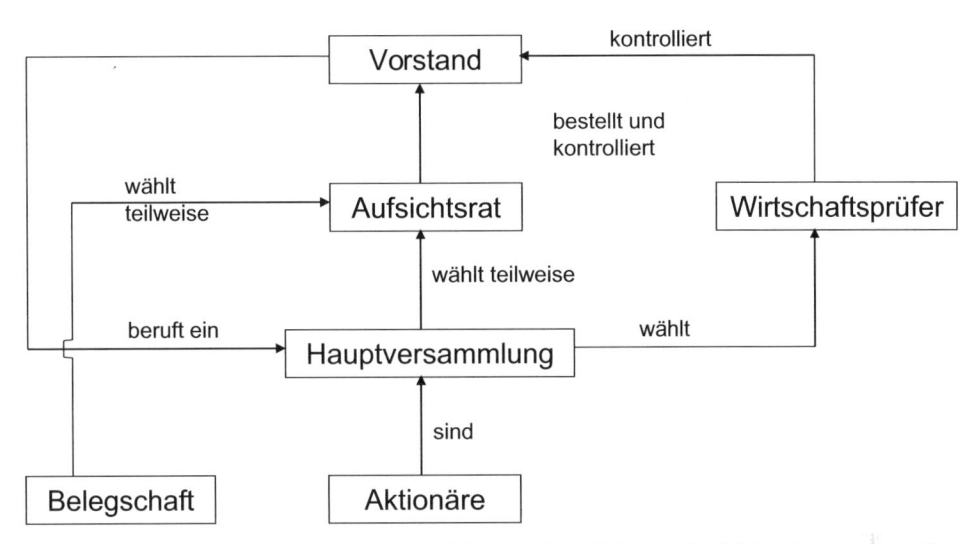

Abb. 3.13 Grundstruktur der Organe der Aktiengesellschaft in den der Mitbestimmung unterliegenden Unternehmen. (Quelle: Luger (Betriebswirtschaftslehre) S. 161)

Kritiker verweisen darauf, dass deutsche Unternehmen einen Wettbewerbsnachteil aufgrund der Mitbestimmung hätten. Denn die deutsche Form der Mitwirkung durch Arbeitnehmer ist im Ausland unbekannt: „Kein einziges Land der Welt hat die 1976 eingeführte deutsche Mitbestimmungspraxis übernommen. In 12 der 25 Staaten der Europäischen Union gibt es zudem überhaupt keine Unternehmensmitbestimmung."[109]

Der Wettbewerbsnachteil kann durch die erschwerte Entscheidungsfindung entstehen. Das Konsensprinzip führt dazu, wirtschaftlich sinnvolle aber für die Arbeitnehmer schmerzhafte Entscheidungen aufgrund der zu erwartenden Widerstände aufzuschieben, oft in der Form, dass die Vorlagen bereits vor Einbringung in den AR modifiziert werden.[110]

Die Mitbestimmung kann auch ein Hinderungsgrund für ausländische Investoren sein, in Deutschland zu investieren, da in ihren Augen diese Art der Entscheidungsfindung ein Nachteil, bisweilen auch unverständlich, ist[111].

Wenig überraschend stößt die (quasi-)paritätische Mitbestimmung auch bei den Arbeitgebern auf Kritik[112]. Berühmt geworden ist der Ausspruch des damaligen Präsidenten des Bundesverbandes der deutschen Industrie (BDI), Rogowski, der im Jahr 2004 die paritätische Mitbestimmung als „Irrtum der Geschichte" bezeichnete[113].

Befürworter der Mitbestimmung halten dem entgegen, dass die Mitbestimmung den sozialpartnerschaftlichen Konsens fördert, damit Anpassungsprozesse ohne hohe soziale

---

[109] Finthammer (Geschichte), vgl. auch Niedenhoff (EG-Staaten).
[110] vgl. Werder (Mitbestimmung) S. 233.
[111] vgl. Ulmer (Arbeitnehmermitbestimmung) S. 274.
[112] vgl. z. B. Finthammer (Geschichte).
[113] vgl. Rogowski (Irrtum).

Kosten ermöglicht, die Anzahl der Arbeitskämpfe (Streiks) minimiert und die Motivation und damit Produktivität der Mitarbeiter erhöht. Somit ist sie aus Sicht der Befürworter sogar ein Standortvorteil[114].

Empirische Untersuchungen der Auswirkungen der Mitbestimmung kommen zu keinem eindeutigen Ergebnis. Nach der Studie von Schmid und Seger führt die Mitbestimmung zu einer um 21 % bis 24 % geringeren Marktkapitalisierung, also einem geringeren Unternehmenswert.[115] Die Ergebnisse sind aber umstritten und wurden durch andere Untersuchungen nicht bestätigt. Generell wird eher die Meinung vertreten, der Zusammenhang zwischen Mitbestimmung im AR und Effizienz sei bislang empirisch nicht zu klären.[116]

Welche Berechtigung hat also die Kritik? Welche Position jemand in dieser Debatte einnimmt, ist letztlich wieder Ausfluss einer bestimmten Grundhaltung.

Die Mitbestimmung reflektiert klar den *Stakeholder Value* Ansatz. Sie stärkt die Rechte einer bestimmten Stakeholder-Gruppe, der der Arbeitnehmer. Sie ist aus dieser Sicht deshalb gut argumentierbar, wenn nicht gar eine logische Konsequenz.

Der *Shareholder Value*-Ansatz steht dem, wieder einmal, diametral entgegen. Wenn, wie es dieser Ansatz propagiert, die Eigentümer der Unternehmen im wohlverstandenen Eigeninteresse an der Maximierung des Gesamtwohls arbeiten, dann ist die Mitbestimmung überflüssig oder schädlich.

In Deutschland ist eine radikale Ablehnung der Mitbestimmung politisch aber nicht mehrheitsfähig. Zumindest die Drittelparität auch für Großunternehmen findet auch bei Führungskräften[117] und den deutschen Arbeitgebern größere Akzeptanz[118], auch Rogowski bezeichnet diese als „denkbare Lösung".[119]

3.3.4.3 Kritische Betrachtung der Führung von Großunternehmen

Die Führung von großen, nicht Eigentümer-geführten Unternehmen weist in Theorie und Praxis grundlegende Defizite beziehungsweise Ineffizienzen auf.

Zwar haben die Eigentümer nach dem Aktiengesetz formal via Aufsichtsrat das Recht, die ordnungsgemäße Geschäftsführung in ihrem Sinne zu überwachen.

Das Grundproblem liegt aber in den *faktisch mangelnden* Kontrollmöglichkeiten. Deutlich wird das bei den großen börsennotierten Gesellschaften. Eine Gruppe von einigen hunderttausend Mitgliedern ist, im typischen Sinne von *Olson*, eine große Gruppe, die sich daher *schlecht organisieren* kann[120]. Sie gehören zu den, die laut Olson im Nachteil sind – „those who suffer in silence".

---

[114] vgl. Schmoldt (Standortvorteil), Freyberg (Standortvorteil), Höpner (Unternehmen) S. 159 ff.
[115] vgl. Schmid/Seger (Arbeitnehmermitbestimmung).
[116] vgl. Sadowski/Junkes/Lindenthal (Mitbestimmung), Höpner (Unternehmen) S. 159 ff.
[117] Höpner (Unternehmen) S. 156 ff.
[118] vgl. Bundesvereinigung der Deutschen Arbeitgeberverbände (Drittelbeteiligungsgesetz).
[119] Rogowski (Irrtum).
[120] s. o. Kap. 1.2.2.3.

3.3 Rechtsformen des Unternehmens

Plastisch wird das am *Ablauf von Hauptversammlungen* deutlich. Regelmäßig nehmen daran mehrere tausend Personen teil; bei der letzten HV der Siemens AG waren es gut 10.000.[121] Natürlich ist das eine zu große Gruppe, um eine effektive Diskussion zu führen. Gleichwohl ist durch die Mehrzahl der anwesenden Aktionäre doch nur ein kleiner Prozentsatz der Stimmrechte vertreten. Die Debatten an Hauptversammlungen sind daher bekannt für ihre Wirkungslosigkeit. Nur folgerichtig bezeichnete daher der Bankier Rolf-E. Breuer diese HVs als „Show-Veranstaltungen für Selbstdarsteller".[122]

Als Konsequenz bestehen Vorstände und Aufsichtsräte, jedenfalls was die Vertreter der Anteilseigner betrifft, aus einer weitgehend geschlossenen Gruppe von Personen (fast ausschließlich männlichen Geschlechts), die sich wesentlich *selbst kontrollieren*.

Da eine gemeinsame Mitgliedschaft in VS und AR im selben Unternehmen nicht möglich ist, kommt es zu Verflechtungen – ein Manager ist, beispielsweise, im Vorstand von Unternehmen A, im AR der Unternehmen B und C[123].

Es entsteht das bereits 1965 erstmals in der Literatur beschriebene[124] typisch deutsche Beziehungsgeflecht, das auch gerne – wenn auch juristisch inkorrekt – als *„Deutschland AG"*[125] bezeichnet wird.

Abbildung 3.14 gibt einen Überblick über wichtige Mandatsträger in deutschen Großunternehmen; in Abb. 3.15 sind einige Verflechtungen graphisch dargestellt.

Darin sind folgende typischen Eigenschaften der „Deutschland AG" erkennbar:

- Die große Anzahl der AR-Mandate einiger Manager
- Die engen gegenseitigen Verflechtungen, die der Motivation eines AR-Mitglieds, einen Vorstand wirklich zu kontrollieren, naturgemäß Grenzen setzen
- Die Praxis, dass Vorstandvorsitzende eines Unternehmens nach Ablauf von deren Amtszeit in den AR wechseln, oft als Aufsichtsratsvorsitzender. Auch diese Praxis wird oft kritisiert, verhindert sie doch eine unabhängige Aufarbeitung eventueller Fehlentwicklungen aus der Vergangenheit. Umgangssprachlich ausgedrückt: sie verhindert die Entdeckung der „Leichen im Keller".

Wird nun noch bedacht,

- dass die Anzahl der AR-Sitzungen in der Regel begrenzt ist – das Gremium tagt in der Regel nicht öfter als einmal monatlich, in der Vergangenheit waren sogar quartalsweise Tagungen üblich – und
- dass die Anzahl der Mitglieder in einem AR, unter anderem aufgrund der Mitbestimmung, mit bis zu 20 zu groß für ein effektives Arbeiten ist,

---

[121] vgl. Balser (Siemens).
[122] Papendick (Abseits) S. 126.
[123] vgl. z. B. Pfannenschmidt (Verflechtungen) S. 64 ff.
[124] vgl. Shonfield (Capitalism) S. 239 ff.
[125] vgl. z. B. Hirn/Schwarzer (Mächtigsten).

Name	AR-Mandate (V) = Vorsitz	AR-Mandate*	AR-Vorsitz	Ehemaliger Vorstandvorsitzender
Ulrich Lehner	Deutsche Telekom AG (V), E.ON SE, ThyssenKrupp AG (V), Henkel Management AG, Henkel AG & Co.KGaA, Porsche Automobil Holding SE, Dr. August Oetker KG, Novartis AG	8	2	Henkel AG & Co. KGaA
Werner Wenning	Bayer AG (V), E.ON SE (V), Siemens AG, Henkel AG & Co KGaA	4	2	Bayer AG
Wolfgang Mayrhuber	BMW AG, Deutsche Lufthansa AG (V), Infineon Technologies AG (V), Münchener Rück AG, ÖLH GmbH (V), Lufthansa Technik AG, Austrian Airlines AG, Heico Corp., UBS AG	9	3	Deutsche Lufthansa AG
Paul Achleitner	Bayer AG, Daimler AG, Deutsche Bank AG (V), Henkel AG & Co KGaA	4	1	Goldman Sachs & Co. oHG
Manfred SchneiderL	inde AG (V), RWE AG (V)2	2	2	Bayer AG
Helmut Perlet	Allianz SE (V), Commerzbank AG, Gea Group AG	3	1	
Henning Kagermann	BMW AG, Deutsche Bank AG, Deutsche Post AG, Münchener Rück AG, Franz Haniel & CieG mbH, Nokia Corp., Wipro Technologies	7	-	SAP AG
Klaus-Peter Müller	Commerzbank AG (V), Fresenius SE & Co. KGaA, Linde AG, Fresenius Management SE, Parker Hannifin Corp., Landwirtschaftliche Rentenbank	6	1	Commerzbank AG
Karl-Ludwig Kley	BMW AG, Deutsche Lufthansa AG, Bertelsmann SE & Co. KGaA, Bertelsmann Management SE, 1.FC Köln GmbH & Co. KGaA (V)	5	1	
Gerd Krick	Fresenius Medical Care AG & Co. KGaA (V), Fresenius SE & Co. KGaA (V), Fresenius Management SE (V), Fresenius Medical Care Management AG, VamedA G (V)	5	4	Fresenius SE
Igor Landau	Adidas AG (V), Allianz SE, Sanofi SA	3	1	Aventis SA

* = in im Wertpapierindex DAX notierten Unternehmen

Abb. 3.14 AR-Mandate in deutschen Unternehmen. (Quelle: DSW (Aufsichtsratsstudie))

so verwundert nicht, dass das Organ Aufsichtsrat seiner gesetzlich vorgesehenen Überwachungs- und Kontrollpflicht schwerlich nachkommt.

Entsprechend kritisch wird die Institution gesehen. Legendär ist der Ausspruch des langjährigen Sprechers des Vorstands der Deutschen Bank AG (1957–1967), Herrmann J. Abs: „Die Hundehütte ist für den Hund, der Aufsichtsrat ist für die Katz". Abs selbst war unter anderem für die große Zahl seiner Mandate bekannt.

3.3 Rechtsformen des Unternehmens

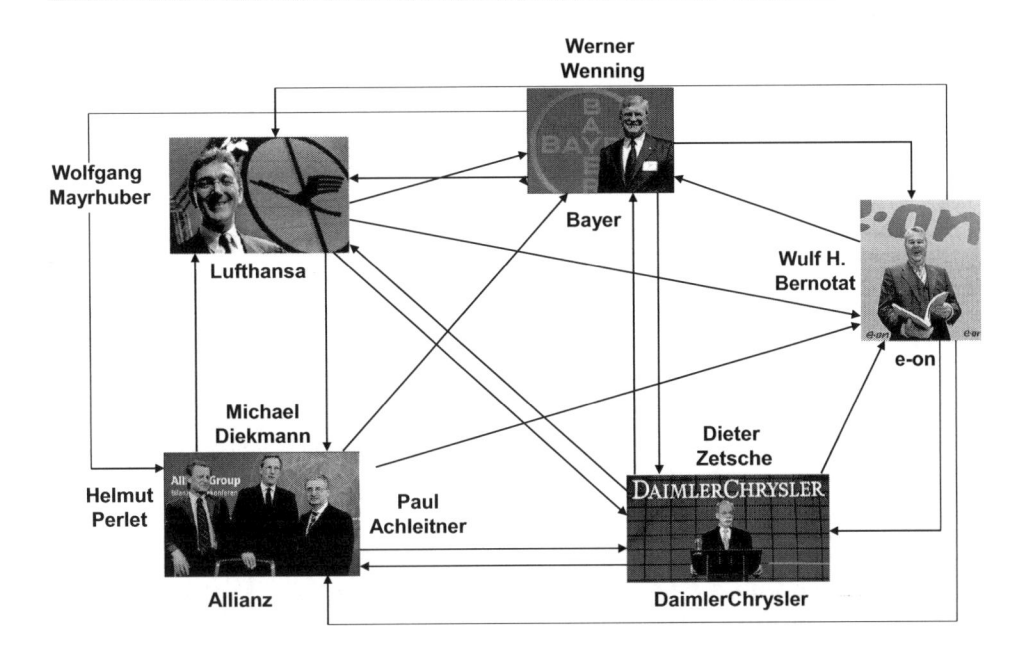

Abb. 3.15 Personelle Verflechtungen in deutschen Aufsichtsräten und Vorständen. (Quelle: Papendick/Student 8Macht) S. 108 f.). (Legende: Die Personen im jeweiligen Bild sind im Vorstand des Unternehmens im Bild bzw. im AR des Unternehmens, auf das der Pfeil zeigt)

Der Ruf hat sich bis heute nicht wesentlich verbessert – für viele Fehlleistungen deutscher Unternehmen wird die Kontrollinstanz (mit-)verantwortlich gemacht[126].

Zwar wurde mittlerweile die Anzahl der AR-Mandate gesetzlich auf zehn begrenzt und sog. Überkreuzverflechtungen sind verboten (§ 100(2) AktG), doch entscheidende Wirkungen der Regelungen sind nicht erkennbar.

Analytisch handelt es sich um typische *Principal-Agent Probleme*[127]. Faktisch sind die Beziehungen zwischen Eigentümern und angestellten Managern bei großen Kapitalgesellschaften dessen Hauptanwendungsgebiet[128].

Die Voraussetzungen zum Entstehen des Principal-Agent Problems sind gerade hier in extremen Maß gegeben. Die *Informationsasymmetrie* zwischen Eigentümern und Managern ist gravierend, die Überwachungs- und Kontrollkosten aus Sicht des Eigentümers sind prohibitiv hoch. Wird nun noch davon ausgegangen, dass Manager ihren individuellen Nutzen maximieren und dabei auch andere Interessen als die Eigentümer haben, so stimmen auch die restlichen Voraussetzungen zum Entstehen des Problems.

---

[126] vgl. z. B. Papendick/Student (Macht), Papendick/Student (kleben), Hetzer/Papendick (Freunden), vgl. auch z. B. Breuer (Debatte).

[127] s. o. Kap. 1.2.

[128] vgl. Kiener (Sicht) S. 20, vgl. auch z. B. Jensen/Meckling (Theory).

Viele Modelle in der Literatur beschreiben die Auswirkungen. Je nach Basisannahme sind die Auswirkungen unterschiedlich – es können, müssen aber nicht, deutliche Ineffizienzen bzw. Wohlfahrtsverluste entstehen.[129]

Wie kann mit dem Problem umgegangen werden? Vor allem zwei Lösungsansätze sind bekannt: einmal bestimmte Mechanismen auf dem Kapitalmarkt[130], zum anderen eine verbesserte Unternehmenskontrolle und -überwachung, *Corporate Governance* genannt. Hierüber noch mehr im vierten Teil[131].

3.3.5 Weitere Rechtsformen

Weniger verbreitet als die bisher behandelten, aber auch gebräuchlich sind die Rechtsformen

- *Stille Gesellschaft*
- *Genossenschaft*
- *Stiftung*

3.3.5.1 Stille Gesellschaft

Die in §§ 230–236 HGB geregelte stille Gesellschaft ist keine Alternative zu den oben angeführten Rechtsformen insofern, als sie selbst kein Handelsgewerbe betreibt. Vielmehr *beteiligt* sich ein stiller Gesellschafter an einem Handelsgeschäft, das seinerseits eine beliebige Rechtsform haben kann: „Bei der grundsätzlich formlos zu gründenden stillen Gesellschaft beteiligt sich ein stiller Gesellschafter am Handelsgewerbe in der Weise, dass seine Einlage in das Vermögen des Unternehmensinhabers übergeht."[132]

Die stille Gesellschaft ist eine reine Innengesellschaft, d. h. sie tritt nach außen nicht in Erscheinung.

Der stille Gesellschafter ist also *typischerweise* ein *Kapitalgeber*, der aus irgendwelchen Gründen anonym bleiben möchte. „Die Idee der stillen Gesellschaft liegt darin, Anleger für eine Beteiligung zu gewinnen, die

- nur eine befristete Beteiligung wünschen (fünf bis zehn Jahre sind üblich). Dazu muss die Auseinandersetzung einfach sein;
- keine enge Bindung an das Unternehmen wollen, also keine Beteiligung an der Führung und gleichzeitig Risikobeschränkung;

---

[129] vgl. z. B. Graßhoff/Schwalbach (Managervergütung), Kräkel (Benefits), Göx/Budde/Schöndube (Modell), Kopel (Performancemessung).

[130] vgl. z. B. Nicolai/Thomas (Kapitalmarktkonforme).

[131] s. u. Kap. 4.3.

[132] Wöhe (Betriebswirtschaftslehre) S. 273.

- aus beliebigen Gründen ihre Beteiligung nicht offen legen wollen. Dazu dienen der Einzelvertrag und der Verzicht auf Eintragung ins Handelsregister. Allerdings kann die Beteiligung gegenüber der Finanzverwaltung nicht anonym bleiben."[133]

Bei der stillen Gesellschaft besteht ein relativ großer Gestaltungsspielraum. Der stille Gesellschafter hat ein *Einsichtsrecht* in die Buchhaltung (§ 233 HGB). Das Gesetz sieht eine „angemessene" (§ 231 HGB) Gewinnbeteiligung vor, die im Gesellschaftsvertrag individuell geregelt wird. Die Rechte des stillen Gesellschafters ähneln damit denen des Kommanditisten der KG.

Beispiel: A möchte mit ihrer A-GmbH expandieren und sucht einen Finanzier. Gleichzeitig sucht ein Verwandter V von A nach einer Geldanlage. V tritt nach außen hin traditionell bescheiden auf, er möchte nicht als reich gelten und hält sein Vermögen eher verborgen.

V beteiligt sich nun für fünf bis zehn Jahre als stiller Gesellschafter bei A bzw. der A-GmbH einsteigen. Er verfolgt die geschäftlichen Aktivitäten von A mit Wohlwollen, möchte sie fördern und freut sich, dass so das Vermögen „in der Familie" bleibt. Dafür und für die Chance auf eine ordentliche Gewinnbeteiligung ist er auch bereit, das höhere Risiko im Vergleich zu einer Anlage in Wertpapieren einzugehen.

Für A bietet die Beteiligung von V Vorteile gegenüber einem Bankkredit, was die Alternative wäre. V vertraut A und verlangt daher weniger Sicherheiten als die Bank. Vor allem aber wird V prozentual am Gewinn beteiligt, während für einen Bankkredit ein fester Prozentsatz an Zinsen fällig wäre.

Durch die Konstruktion der Gewinnbeteiligung wird die A-GmbH im Vergleich zu Zinszahlungen in wirtschaftlich schlechten Zeiten entlastet. In guten Zeiten mit hohen Gewinnen erhält V dafür mehr.

Die bisher beschriebene Rolle des stillen Gesellschafters wird als die des *typischen stillen Gesellschafters* bezeichnet.

Daneben existiert noch eine zweite Form, der so genannte *atypische* stille Gesellschafter. Der atypische stille Gesellschafter beschränkt sich nicht auf die Funktion des Kapitalgebers, sondern nimmt eine *aktivere Rolle* im Unternehmen ein, beispielsweise durch genauere Kontrolle oder durch Mitwirkung bei der Geschäftsführung. Ansonsten entspricht die atypische Stille Gesellschaft der typischen.

3.3.5.2 Genossenschaft

Genossenschaften sind nach § 1 Genossenschaftsgesetz (GenG) „Gesellschaften von nicht geschlossener Mitgliederzahl, welche die Förderung des Erwerbs oder der Wirtschaft ihrer Mitglieder mittels gemeinschaftlichen Geschäftsbetriebs bezwecken".

Im Mittelpunkt steht also im Gegensatz zu anderen Rechtsformen nicht die Gewinnerzielung, sondern die *Selbsthilfe* der Mitglieder – Genossen – im Wettbewerb[134]. Ge-

---

[133] Luger (Betriebswirtschaftslehre) S. 143.
[134] vgl. Olfert/Rahn (Einführung) S. 132, Luger (Betriebswirtschaftslehre) S. 167 ff.

nossenschaften sind historisch aus dem Zusammenschluss meistens kleinerer Bauern und Handwerker entstanden, um sich gegen übermächtige Konkurrenten zu behaupten.

Die Genossenschaft gilt mit dem Eintrag ins Genossenschaftsregister als gegründet, sie tragen die Bezeichnung „eingetragene Genossenschaft" bzw. *eG*.

Typische *Beispiele* von Genossenschaften sind[135]:

- *Warenbezugsgenossenschaften*, etwa Einkaufsgenossenschaften von Einzelhändlern
- *Baugenossenschaften*
- Genossenschafts*banken*, Kreditgenossenschaften
- *Verwertungsgenossenschaften*, beispielsweise landwirtschaftliche Absatzgenossenschaften
- *Nutzungsgenossenschaften* (z. B. landwirtschaftliche Maschinengenossenschaften)

Bekannt sind in Deutschland vor allem die mehr als 1300 Genossenschaftsbanken (z. B. Genossenschaftsbank eG München, Raiffeisen-Volksbank eG), die im Bundesverband der deutschen Volksbanken und Raiffeisenbanken (BVR) zusammengeschlossen sind[136]. Weitere Unternehmen in der Rechtsform sind Winzereigenossenschaften (z. B. Winzerkeller Leiningerland eG) oder die Datev eG[137].

Kennzeichen dieser Rechtsform sind unter anderem:

- Die Genossenschaft ist eine *juristische Person*, jedoch keine Kapitalgesellschaft, sondern ein „wirtschaftlicher Verein"[138]
- Die Genossen *haften* mit ihrer Einlage, also begrenzt
- Eine Genossenschaft besteht aus mindestens *sieben Mitgliedern*. „Alle Mitglieder sind gleichberechtigt, jedes Mitglied hat in der Generalversammlung unabhängig von der Höhe des Kapitalanteils nur eine Stimme"[139].

In der Mindestanzahl von sieben Mitgliedern und vor allem dem gleichen Stimmrecht unabhängig vom Kapitalanteil spiegelt sich der spezielle Charakter der Genossenschaft als Institution der Selbsthilfe wirtschaftlich Schwacher im Markt. Aufgrund der Rechtslage ist es nicht möglich, sich durch Erwerb der Kapitalmehrheit einen entscheidenden Einfluss zu verschaffen. Kleinere Landwirte oder Handwerker werden so in ihren Rechten geschützt.

Die wirtschaftliche *Bedeutung* der Genossenschaft als Rechtsform ist *abnehmend*. Denn einmal nimmt die Bedeutung von Landwirtschaft, Handwerkern und kleinen Einzelhändlern ab – Branchen, die das Genossenschaftswesen stark geprägt haben. Zum anderen

---

[135] vgl. Wöhe (Betriebswirtschaftslehre) S. 277.
[136] vgl. BVR (Bundesverband), BVR (Genossenschaftsbanken).
[137] vgl. Olfert/Rahn (Einführung) S. 131.
[138] Olfert/Rahn (Einführung) S. 132.
[139] Wöhe (Betriebswirtschaftslehre) S. 276.

ist die Führung der Genossenschaft relativ schwerfällig, etwa durch das Prinzip „eine Stimme pro Mitglied" oder auch die Vorschrift, wonach Mitglieder der Führungsorgane Vorstand und Aufsichtsrat auch Mitglieder der Genossenschaft sein müssen (§ 9 GenG).

3.3.5.3 Stiftung

Unter einer Stiftung – genauer: einer *Stiftung des privaten Rechts* gem. §§ 80 ff. BGB im Gegensatz zur öffentlich-rechtlichen Stiftung – versteht man „ein Vermögen, das von einer Person zu einem von ihr festgesetzten dauernden Zweck in der Weise verselbständigt wird, dass das Vermögen aus dem Rechtskreis des Stifters ausgeschieden und mit eigener Rechtspersönlichkeit ausgestattet wird."[140] Die Stiftung ist also ein *verselbständigtes Zweckvermögen*.

Sie ist mit anderen Worten „eine juristische Person, die vom Stifter mit Vermögenswerten ausgestattet wird. Eine Stiftung ist auf Dauer einem vom Stifter festgesetzten Zweck gewidmet. Bei der Abfassung der Stiftungsverfassung hat der Stifter volle Entscheidungsfreiheit."[141] Die Führung der Stiftung obliegt einem Vorstand.

Typischerweise werden Stiftungen von wohlhabenden Personen gegründet, die ihr Vermögen oder einen Teil davon in die Stiftung einbringen. Die Vermögenserträge der Stiftung dienen in der Regel einem wohltätigen Zweck, der in der Satzung definiert wurde.

Ein bekanntes Beispiel ist die Bertelsmann-Stiftung, die 1977 von Reinhard Mohn gegründet wurde[142]. Die Stiftung verfolgt gemeinnützige Zwecke, die in der Satzung definiert werden. Dazu gehört nach § 2 unter anderem die Förderung der Medien-Wissenschaft, die Förderung der Bildung und die Erforschung und Entwicklung von innovativen Führungskonzepten in Wirtschaft und Staat[143].

Aufgrund des Charakters als verselbständigte Zweckvermögen ist die Stiftung mit ihrer Gründung eine eigene juristische Person, die *nur noch dem Satzungszweck* verpflichtet ist. Niemand ist berechtigt, das Stiftungsvermögen entgegen dem Satzungszweck zu verwenden. Das gilt insbesondere auch für den Stifter selbst. Das Stiftungsvermögen gehört nicht mehr zum Rechtskreis des Stifters, er hat damit keine freie Verfügungsgewalt mehr darüber.

Unternehmer können das Instrument der Stiftung benutzen, um schon zu Lebzeiten auch für die Zeit nach ihrem Tod Vorsorge zu tragen für die Sicherung von „Unternehmenskontinuität und Kapitalerhaltung … Es wird beispielsweise eine Erbzersplitterung vermieden."[144]

Da die Stiftung nicht als Gesellschaftsform für erwerbswirtschaftliche Unternehmen gedacht und daher hierfür nicht geeignet ist, werden in der Regel die Unternehmen selbst

---

[140] Meier-Hayoz/Forstmoser (Gesellschaftsrechts) S. 58.
[141] Olfert/Rahn (Einführung) S. 131.
[142] vgl. Bertelsmann Stiftung (Daten).
[143] vgl. Bertelsmann Stiftung (Satzung).
[144] Olfert/Rahn (Einführung) S. 131.

Abb. 3.16 Gesellschaftsstruktur der Bertelsmann AG (vereinfacht). (Quelle: in Anlehnung an Bertelsmann Stiftung (Stifter))

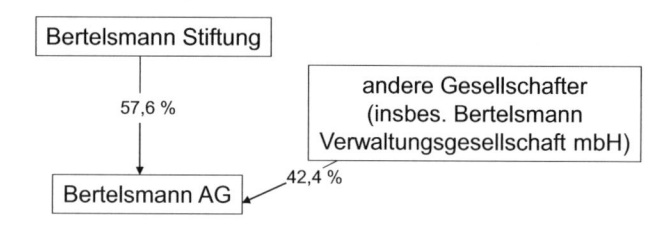

```
        Bertelsmann Stiftung
                 |                    andere Gesellschafter
         57,6 %  |                    (insbes. Bertelsmann
                 |                    Verwaltungsgesellschaft mbH)
                 ↓         42,4 %
          Bertelsmann AG  ←
```

nicht in Stiftungen umgewandelt. Vielmehr werden Anteile des Unternehmens an die Stiftung übertragen, die Stiftung wird also (Mit-)Eigentümer des Unternehmens. So gehört der Medien-Konzern Bertelsmann AG mehrheitlich der Bertelsmann Stiftung (Abb. 3.16)

Auch die Eigentümerstruktur der Robert Bosch GmbH ist ähnlich, sie gehört mehrheitlich der Robert Bosch Stiftung[145].

Beispiel: der „Fall" Dietmar Hopp

Ein illustratives Beispiel für das Konstrukt einer Stiftung ist der „Fall" Dietmar Hopp. Es zeigt zugleich auch einige der Gefahren, die mit dem Wesen der Stiftung als verselbständigtes Zweckvermögen einhergehen.[146]

Dietmar Hopp ist einer der fünf Gründer des Walldorfer Software-Unternehmens SAP AG. Vor etwas mehr als zehn Jahren gründete er eine Stiftung, die Dietmar-Hopp-Stiftung, die der Krebsbekämpfung und anderen gemeinnützigen Zwecken gewidmet ist. Er übertrug der Stiftung 28 Mio. SAP-Aktien, das sind 15 % der Anteile der SAP AG, aus deren Dividenden die Förderprojekte finanziert werden.

Im Jahr 2002 benötigte der Finanzvorstand des Finanzdienstleisters MLP, Bernhard Termühlen, Sicherheiten für einen Kredit. Diesen Kredit wollte er seinerseits Mitarbeitern von MLP gewähren, denn diese „hatten Firmenaktien auf Kredit gekauft und waren nach dem Kursverfall der Papiere in Schwierigkeiten geraten"[147].

Hopp gab Termühlen die Sicherheit in Form einer Bürgschaft. Allerdings bürgte er nicht mit seinem Privatvermögen, sondern mit dem der Stiftung. Daraufhin ermittelte die Staatsanwaltschaft Mannaheim wegen Verdachts auf Untreue und durchsuchte unter anderem Ende Februar 2003 die Privaträume von Hopp sowie sein Büro bei SAP und die Kanzlei seines Steuerberaters.

Hopp reagierte gereizt auf die Hausdurchsuchung, sprach von einem „Willkürakt, der mich grenzenlos wütend macht"[148], drohte damit, die Staatsanwaltschaft zu verklagen, erläuterte seinen Standpunkt in Zeitungsanzeigen, und forderte Bürger der Region

---

[145] vgl. Robert Bosch GmbH (Gesellschafterstruktur).
[146] vgl. zum Fall Kaufmann (Wut), Weber/Kaufmann (Hopp), Papendick (Hopp), Dietmar-Hopp-Stiftung (Alles).
[147] Papendick (Hopp).
[148] Kaufmann (Wut).

Walldorf auf, sich bei seinen Anwälten zu melden, wenn sie ähnlich schlechte Erfahrungen mit der Staatsanwaltschaft gemacht hätten.

Das Verfahren wurde später eingestellt, da Hopp für die Bürgschaft seinerseits das Patronat übernommen hatte, also im Ernstfall mit seinem Privatvermögen gehaftet hätte. Außerdem erhielt die Stiftung ein marktübliches Entgelt für die Bürgschaft. Es bestand daher keine Gefahr, das Stiftungsvermögen zu schädigen.

Gleichwohl ist das Verhalten der Staatsanwaltschaft nachvollziehbar. Das Vermögen der Dietmar-Hopp-Stiftung ist nicht mehr das Vermögen von Dietmar Hopp. Es darf nach dem Gesetz nur noch für den Satzungszweck und keinesfalls mehr für persönliche Interessen von Dietmar Hopp verwendet werden; die Tatsache, dass das Stiftungsvermögen von ihm stammt, spielt dabei keine Rolle. Aus Sicht der Staatsanwaltschaft war durch die Bürgschaft durchaus ein Anfangsverdacht auf Zweckentfremdung des Stiftungsvermögens gegeben, auch wenn der Verdacht sich später als unbegründet herausgestellt hat.

3.3.6 Mischformen

Keine Rechtsform besitzt nur Vorteile, immer sind die Vorteile einer Rechtsform mit Nachteilen bei anderen Kriterien zu erkaufen – dem Vorteil der einfachen Gründung des Einzelunternehmens steht der Nachteil der unbegrenzten Haftung entgegen und so weiter.

Betriebswirte, Steuerberater und Juristen versuchen daher seit langem, Rechtsformen zu *kombinieren*, um ein *Optimum* zu erreichen.

3.3.6.1 Kommanditgesellschaft auf Aktien (KGaA)

Die Kommanditgesellschaft auf Aktien (KGaA) ist eine dieser möglichen Kombinationen.

Einer der Nachteile der Personengesellschaft sind die Grenzen im Wachstum aufgrund fehlender Möglichkeiten, neue Kapitalgeber zu finden beziehungsweise auf den Kapitalmarkt zu gehen. Die KG ist hier ein erster Lösungsansatz in der Form, einen Kapitalgeber in Form eines Kommanditisten aufzunehmen. Die Lösungsmöglichkeit ist aber schnell ausgeschöpft, da sich in der Praxis nur wenige Personen, vielleicht im Einzelfall maximal drei oder vier, bereit finden, als Kommanditist zu fungieren.

Eine wirklich große Eigenkapitalbasis lässt sich nur schaffen, wenn das Unternehmen auf den Kapitalmarkt geht, der breiten Öffentlichkeit also die Möglichkeit gibt, Anteile am Unternehmen in Form von Aktien zu erwerben. Dazu böte sich zunächst die Möglichkeit der Umwandlung der Personengesellschaft in eine AG an.

Für als Unternehmer oder Unternehmerfamilie aktiv tätige Eigentümer hat die AG aber einen entscheidenden Nachteil. Das Stimmrecht bemisst sich nach den Kapitalanteilen an den Stammaktien. Der Unternehmer kommt also schnell in eine Position als Minderheitseigentümer, wenn das Eigenkapital erhöht wird. Dieses Problem wird auch im Fall „Supercar AG" am Ende des Kapitels illustriert.

Die Alternative der Ausgabe von Vorzugsaktien wäre eine Möglichkeit, jedoch führt diese in Zeiten wirtschaftlicher Schwierigkeiten schnell zu einer unerwünschten finanziellen Belastung.

Gesucht ist also eine Rechtsform, die den *Zugang zum Kapitalmarkt* ermöglicht, gleichzeitig aber das Recht der *Geschäftsführung beim ursprünglichen Eigentümer* belässt.

Diese Rechtsform ist die KGaA. Sie ist im Grundsatz eine KG mit (mindestens) einem Komplementär, der unbeschränkt haftet und dem die Geschäftsführung obliegt, bei der aber die Rolle des Kommanditisten von Aktionären übernommen wird: Die KGaA „ist eine juristische Person mit mindestens einem persönlich haftenden Gesellschafter, der das Unternehmen leitet. Die übrigen Gesellschafter sind mit Einlagen auf das in Aktien zerlegte Grundkapital beteiligt, ohne dass die Kommanditaktionäre mit ihrem Privatvermögen haften.

Die KGaA ist eine Kombination zwischen der AG und KG, wobei der Charakter als Kapitalgesellschaft im Vordergrund steht."[149]

Der Charakter der Kapitalgesellschaft wird aus dem notwendigen Mindestkapital von 50.000.- € ersichtlich. Er wird auch ersichtlich dadurch, dass für die KGaA die Organe Hauptversammlung und Aufsichtsrat vorgeschrieben sind, wobei deren Aufgaben und Befugnisse aber „nur eingeschränkt mit den entsprechenden Organen der AG vergleichbar sind."[150] Ein Vorstand im Sinne des Aktiengesetzes existiert hingegen nicht, vielmehr ist der Komplementär „geborener Vorstand"[151].

Rechtsgrundlage sind §§ 161–177 HGB und §§ 278–290 AktG. Die Bedeutung der KGaA ist in der Praxis *eher gering*. Denn der Hauptnachteil der Personengesellschaft, die unbeschränkte Haftung, bleibt für den Komplementär bestehen. Nachteilig für die Kommanditaktionäre ist, dass sie zwar das Kapitalrisiko tragen, aber keinen Einfluss auf die Qualität der Geschäftsführung nehmen können.

Kommanditgesellschaften auf Aktien sind sehr stark von der Person des Komplementärs, oft der Firmengründer oder sein Nachfolger, abhängig. Mit dem Ausscheiden dieser Person hat dann auch die Rechtsform ausgedient. So hatte die Hotelgruppe Steigenberger die Rechtsform einer KGaA, solange Egon Steigenberger, der Sohn des Gründers, das Unternehmen führte. Nach seinem Tod 1985 wurde das Unternehmen in eine Aktiengesellschaft umgewandelt[152].

Bekannte Beispiele heute noch bestehender Kommanditgesellschaften auf Aktien sind das Unternehmen Henkel KGaA und das Bankhaus HSBC Trinkaus & Burkhardt KGaA[153].

3.3.6.2 GmbH & Co. KG

Der Versuch, die Haftung des Gesellschafters oder der Gesellschafter zu begrenzen, führte zur Entwicklung der Rechtsform der *GmbH & Co. KG*.

---

[149] Olfert/Rahn (Einführung) S. 128.
[150] Wöhe (Betriebswirtschaftslehre) S. 281.
[151] Olfert/Rahn (Einführung) S. 129.
[152] Steigenberger AG (Geschichte).
[153] vgl. Henkel KGaA (Governance) S. 3f, HSBC Trinkaus & Burkhardt (Zukunft).

Abb. 3.17 Struktur einer GmbH & Co. KG

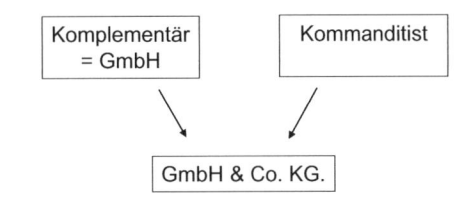

```
[Komplementär = GmbH]     [Kommanditist]
              \           /
             [GmbH & Co. KG.]
```

Ein solches Unternehmen ist eine KG, deren *Komplementär eine GmbH* ist. Graphisch dargestellt ist die Konstruktion in Abb. 3.17.

Der voll haftende Gesellschafter, der Komplementär, ist also keine natürliche Person, sondern seinerseits eine GmbH – womit die Haftung begrenzt ist.

In der Praxis sind die Gesellschafter meist Gesellschafter der mit dem Mindesteinlagekapital gegründeten GmbH, die als Vollhafter fungiert. „Sie bestellen sich als Geschäftsführer der GmbH, die wiederum geschäftsführender Gesellschafter der KG ist. Das erforderliche Kapital wird in Form von Kommanditeinlagen geleistet."[154]

Gegenüber der reinen Form der GmbH ist die GmbH & Co. KG dadurch attraktiv, dass die KG, bei welcher der Gewinn anfällt, als *Personengesellschaft besteuert* wird.

Diese Mischform *kombiniert* also den Vorteil der *begrenzten Haftung* der GmbH mit dem Vorteil einer *steuerlich besseren Behandlung* der Personengesellschaft.

Daher haben relativ *viele* gerade *mittelständische* Unternehmen diese Rechtsform gewählt. Viele Unternehmen wurden beispielsweise in den 1960er Jahren in der Form gegründet oder in diese Form umgewandelt. Denn damals existierte das Halbeinkünfteverfahren noch nicht, und die steuerlichen Vorteile einer Personengesellschaft waren größer.

Die Vorteile dieser Konstruktion sind heute kleiner. Denn erstens ist die steuerliche Belastung von Kapital- und Personengesellschaft heute ähnlich, auch wenn letztere zum Beispiel bei der Gewerbesteuer noch Vorteile haben können.

Zweitens behandelt der Gesetzgeber heute die GmbH & Co. KG in Teilbereichen, namentlich den Publizitätspflichten, wie eine reine Kapitalgesellschaft (s. o. Abb. 3.10). Diese Vorgaben sind nachvollziehbar. Wenn keine natürliche Person vorhanden ist, die mit ihrem Privatvermögen haftet, müssen die Außenstehenden auch analog einer Kapitalgesellschaft zum Beispiel mit entsprechenden Publizitätsvorschriften geschützt werden.

Entsprechend den geringeren Vorteilen ist heute auch der Anreiz kleiner, eine GmbH & Co. KG zu gründen. Oft kann dann gleich die weniger komplizierte Form der reinen GmbH gewählt. In Einzelfällen ist die Mischform aber nach wie vor zu bevorzugen.

Der Vollständigkeit halber soll an dieser Stelle noch die Rechtsform der *AG & Co. KG* erwähnt werden. Sie entspricht exakt der GmbH & Co. KG, nur tritt an Stelle einer GmbH als Komplementär eine AG.

Da die AG hinsichtlich Gründungsvoraussetzungen, Mindesteinlagekapital und dergleichen aufwändiger ist als die GmbH, wird diese Rechtsform in der Praxis jedoch selten gewählt.

---

[154] Olfert/Rahn (Einführung) S. 130.

Abb. 3.18 Struktur einer GmbH & Co. KGaA

```
┌─────────────────┐      ┌─────────────────────┐
│  Komplementär   │      │   Kommanditisten    │
│     = GmbH      │      │  = Kommanditaktionär│
└─────────────────┘      └─────────────────────┘
           \                    /
            \                  /
              ┌─────────────────┐
              │ GmbH & Co. KGaA │
              └─────────────────┘
```

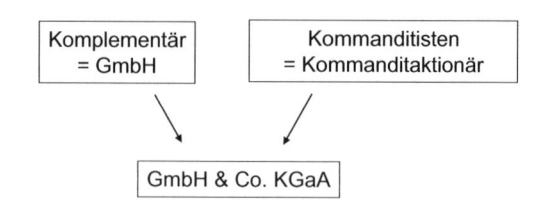

3.3.6.3 Kapitalgesellschaft & Co. KG a.A.

Existiert auch die Möglichkeit, ein Unternehmen zu gründen, das gleichzeitig

- Geschäftsführungsbefugnisse bei einem Eigentümer ungeachtet der Kapitalmehrheit belässt (wie bei der KG),
- die Haftung für alle Beteiligten begrenzt (wie bei der GmbH) und
- den Zugang zum Kapitalmarkt eröffnet (wie bei AG oder KGaA)?

Ja; diese Vorteile können kombiniert werden bei der *Kapitalgesellschaft & Co. KGaA*, also eine *GmbH & Co. KGaA* oder auch eine *AG & Co. KGaA*.

Bei dieser Rechtsform ist der Komplementär eine GmbH (analog der GmbH & Co. KG), die Kommanditisten sind Kommanditaktionäre analog der KGaA (Abb. 3.18).

Die Haftung ist damit begrenzt, die Geschäftsführungsbefugnis verbleibt beim Komplementär, es können sich aber beliebig viele Kapitalgeber als Aktionäre resp. Kommanditaktionäre beteiligen.

Diese Konstruktion wurde beim Börsengang des Fussballbundesligaclubs Borussia Dortmund gewählt.

Beispiel: Die Rechtsform von Borussia Dortmund

Wie andere Vereine in Deutschland und anderen Ländern steht Borussia Dortmund seit einigen Jahren vor der Frage, wie genug Kapital aufzubringen ist, um bei den gestiegenen finanziellen Anforderungen im Profifußball an der Spitze mithalten zu können.

Als klassische Möglichkeit der Verbreiterung der Eigenkapitalbasis bot sich die Umwandlung in eine Aktiengesellschaft mit anschließendem Börsengang an.

Die reine Form einer Aktiengesellschaft war indessen aus rechtlichen Gründen nicht möglich. Der Deutsche Fußballbund (DFB) verlangte, dass der Verein in jedem Fall die Mehrheit des Stimmrechts behalten müsse. „Der DFB hat in seinem Eckwertepapier festgelegt, dass die Bundesligavereine nach der Ausgliederung ihrer Lizenzspielerabteilung in eine GmbH oder AG mindestens 50 % + 1 Stimme der Stimmanteile an dieser halten müssen."[155]

So wurde die Rechtsform einer KGaA gewählt. Damit konnten Aktien ausgegeben werden, die Geschäftsführung und damit weitgehende Entscheidungsbefugnis blieb

---

[155] Schädler (Profifußball) S. 33.

3.3 Rechtsformen des Unternehmens

bei dem Komplementär. Die Frage war nun, wer als Komplementär eingesetzt würde. Nach der Vorgabe des DFB bot sich zunächst der Verein Borussia Dortmund, konkret: der „Ballspielverein Borussia 09 e. V. Dortmund", an.

Da der Komplementär aber unbeschränkt haftet, hätte dies ein hohes, gegebenenfalls existenzgefährdendes Risiko für den Verein mit allen seinen Amateurabteilungen dargestellt. Daher wurde eine Kapitalgesellschaft, die Borussia Dortmund Geschäftsführungs-GmbH, zwischengeschaltet, die zu 100 % dem Verein gehört. Mit anderen Worten obliegt die Geschäftsführung der Borussia Dortmund GmbH & Co. KGaA „der persönlich haftenden Gesellschafterin, der Borussia Dortmund Geschäftsführungs-GmbH. Diese GmbH wird wiederum durch einen oder mehrere Geschäftsführer vertreten; ihr Alleingesellschafter ist der Ballspielverein Borussia 09 e. V. Dortmund."[156] Die Konstruktion ist auch in Abb. 3.19 erkennbar.

Das Unternehmen ging am 31. Oktober 2000 an die Börse, wodurch das Grundkapital auf 19,5 Mio. € gebracht werden konnte.[157]

Angesichts der offensichtlichen Vorteile stellt sich die Frage, warum diese Unternehmensform in der Praxis kaum zu finden ist, abgesehen von Ausnahmefällen in ehr „exotischen" Branchen wie dem Profi-Fußball.

Der Hauptgrund dürfte in der *mangelnden Akzeptanz des Kapitalmarktes* liegen. Potenziellen Anliegern kann es naturgemäß nicht gefallen, wenn sie sich am Unternehmen beteiligen und damit das Kapitalrisiko übernehmen, aber nicht über die Geschäftsführung bestimmen können. Daher findet auch die KGaA eine geringe Verbreitung.

Wo dennoch Kommanditgesellschaften auf Aktien existieren, besteht ein wichtiger Unterschied zur Situation bei Borussia Dortmund.

Abb. 3.19 Gesellschaftsstruktur Borussia Dortmund GmbH & Co. KG

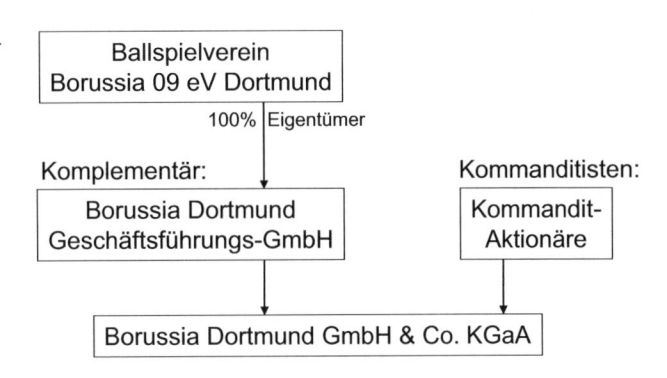

---

[156] Borussia Dortmund GmbH & Co. KGaA (Kodex).
[157] Borussia Dortmund GmbH & Co. KGaA (Basisinformationen), vgl. auch Borussia Dortmund GmbH & Co. KGaA (Geschäftsbericht).

Bei einer KGaA mit einer natürlichen Person oder natürlichen Personen als Komplementäre haften diese nicht nur mit ihrem Privatvermögen, wodurch eine gewisse Sicherheit besteht. Die Komplementäre sind bei einer großen, über längere Zeit erfolgreichen KGaA auch Persönlichkeiten, die in der Finanzwelt bekannt sind und eine gute Reputation besitzen und denen daher auch Vertrauen entgegengebracht wird. Das galt für Egon Steigenberger, das gilt auch für die vier persönlich haftenden Gesellschafter der Bank HSBC Trinkaus & Burkhardt KGaA[158].

Solche Sicherheiten und das Vertrauen sind bei einer Kapitalgesellschaft nicht vorhanden. Was Borussia Dortmund betrifft, so steht an der Stelle letztlich ein Fußballverein – der wohl kaum in der Öffentlichkeit und vor allem in der Finanzwelt den Ruf hat, in wirtschaftlichen Dingen besonders seriös, vertrauenserweckend und effizient zu sein. Dass der Börsengang von Borussia Dortmund ursprünglich dennoch erfolgreich war, die Aktien also platziert werden konnten, lag wohl in erster Linie an nicht-monetär begründeten Verhaltensweisen, die so in anderen Unternehmen nicht existieren. Viele Anhänger von Borussia wollten damit ihren Verein wohl unterstützen und „Teil davon" werden. Die Entwicklung des Aktienkurses spricht denn auch nicht dafür, dass die Aktie rein monetär bewertet eine gute Anlage war. Der Preis lag bei der Ausgabe bei 11.- €[159], um danach dramatisch zu sinken. Im Anschluss an sportliche Erfolge in der Bundesliga und Champions League erholte sich der Kurs wieder etwas, liegt aber heute – Anfang Oktober 2014– mit 4,50 €[160] immer noch deutlich unter dem Ausgabekurs.

3.3.7 Neuere Rechtsformen: UG, SE

Seit den 1990er Jahren verstärkte sich in Deutschland eine Entwicklung, die dem Gesetzgeber Sorgen bereitete. Hintergrund war zunächst das europäische Recht. Ein ökonomischer Grundgedanke der EU ist bekanntlich der gemeinsame Markt. Barrieren zwischen den einzelnen EU-Staaten sollen, was die wirtschaftlichen Aktivitäten betrifft, weitgehend entfallen. Das bedeutet in der Konsequenz unter anderem, dass jeder in einem beliebigen EU-Land ein Unternehmen gründen und damit in einem beliebigen anderen EU-Land aktiv werden kann. Auch wenn der Betreffende nur in Deutschland tätig ist, so kann der Firmensitz doch beispielsweise in den Niederlanden, Frankreich, oder auch in Großbritannien liegen. Gerade das britische Gesellschaftsrecht hat sich für deutsche Unternehmensgründer als attraktiv erwiesen. Eine dortige Rechtsform ist die der *Private Limited Company* (Limited, Ltd.). Diese entspricht in etwa der deutschen GmbH, mit einem entscheidenden Unterschied: das Mindesteinlagekapital beläuft sich auf 1 britisches Pfund (GBP), also auf wenig mehr als einen Euro[161]. Ideal also für alle, welche die Haftung beschränken,

---

[158] vgl. HSBC Trinkaus & Burkhardt (Geschäftsleitung).
[159] vgl. Borussia Dortmund GmbH & Co. KGaA (Basisinformationen).
[160] vgl. Reuters (Quote).
[161] vgl. z. B. ems (Limited).

3.3 Rechtsformen des Unternehmens

aber keine 25.000,- € für das Stammkapital aufbringen können oder wollen. Im Jahr 2001 kam eine noch attraktivere Möglichkeit hinzu. In Großbritannien wurde die Rechtsform der *Limited Liability Partnership* (LLP) eingeführt[162]. Die LLP ist eine Mischung aus Ltd. bzw. GmbH einerseits und Personengesellschaft beziehungsweise dem englischen Äquivalent Partnership andererseits. Sie hat einerseits wie alle Kapitalgesellschaften ihre eigene Rechtspersönlichkeit. Andererseits sind die Gesellschafter wie bei allen Personengesellschaften automatisch selbst berechtigt und verpflichtet, die Geschäfte zu führen. Die LLP ist „eine juristische Person und damit Trägerin von eigenen Rechten und Pflichten. Sie hat jedoch keinen angestellten Geschäftsführer... Vielmehr sind die Gesellschafter selbst für die Leitung der LLP verantwortlich"[163]. Wie bei allen Personengesellschaften ist kein Gründungskapital erforderlich, wie bei allen Kapitalgesellschaften ist die Haftung beschränkt – eine im Vergleich zum deutschen Gesellschaftsrecht geniale Kombination.

Kein Wunder also, dass aufgrund dessen in Deutschland immer mehr Unternehmen in Form der Limited oder LLP gegründet wurden. Aus Sicht des deutschen Gesetzgebers war damit aber ein gewisser Kontrollverlust verbunden. Nicht zuletzt tauchten dadurch komplexe juristische Fragen auf, wenn etwa im Fall der Insolvenz deutsches Insolvenzrecht, aber britisches Gesellschaftsrecht gilt.

Es entstand somit die Notwendigkeit, eine deutsche Rechtsform zu schaffen, welche vergleichbar attraktiv ist und damit den Anreiz verminderte, sich ausländischer Rechtsformen zu bedienen. Dem wurde 2008 mit dem „Gesetz zur Modernisierung des GmbH-Rechts und zur Bekämpfung von Missbräuchen (MoMiG)" Rechnung getragen[164]. Mit dem MoMiG wurde keine eigenständige neue Rechtsform geschaffen, jedoch das GmbH-Gesetz angepasst. Es wurde eine *Sonderform der GmbH* eingeführt: die *Unternehmergesellschaft (UG)*. Sie „benötigt kein bestimmtes Mindeststammkapital und führt den Rechtsformzusatz ‚Unternehmergesellschaft (haftungsbeschränkt)' oder UG (haftungsbeschränkt)'"[165]. Sie kombiniert also im Wesentlichen den Vorteil der Haftungsbeschränkung – als GmbH – mit dem des Verzichts auf ein Stammkapital von 25.000.- €. Allerdings ist der Gedanke des Gesetzgebers, dass das Kapital im Laufe der Zeit angespart wird. Dazu ist eine Begrenzung der Gewinnentnahme verankert worden. „Ein Viertel des Jahresüberschusses... muss als Rücklage gebildet werden" [166]. Wird dann ein Stammkapital von 25.000,- € erreicht, darf die UG als „normale" GmbH firmieren.

Der Einfluss Europas auf die Rechtsform lässt sich aber nicht nur bei kleinen Unternehmen, sondern auch am anderen Ende der Skala erkennen. Ausgangspunkt der Überlegungen war hier der Gedanke, dass große, internationale tätige Unternehmen, die Möglichkeit haben sollten, mit einer europaweit einheitlichen Rechtsform zu operieren. Die EU schuf

---

[162] vgl. zum Abschnitt AHK (LLP).
[163] AHK (LLP) S. 1.
[164] vgl. zum Abschnitt Kiesel (GmbH), Oehlrich (MoMiG).
[165] Kiesel (GmbH) S. 14.
[166] Kiesel (GmbH) S. 14.

infolge dessen solche europaweiten Rechtsformen, die wichtigste davon ist die Societas Europaea (SE). [167]

Wichtige Kennzeichen der SE sind:

- Ein Unternehmen kann nicht als SE gegründet werden. Vielmehr wird die SE geschaffen durch Umwandlung von einem oder mehreren Unternehmen, die bereits in mindestens zwei EU-Staaten vertreten sind
- Bei der Leitung kann gewählt werden zwischen dem deutschen „two-tier" System (dualistisches System) mit Aufsichtsrat und Vorstand oder dem angloamerikanischen „one-tier" System (monistisches System)
- Das Mindesteinlagekapital beträgt 120.000,- €, woran erkennbar ist, das die SE als Rechtsform nur für große Unternehmen vorgesehen ist
- Als eine der größten Stolpersteine bei der Einführung der SE erwiesen sich die in Deutschland festgelegten Mitspracherechte der Arbeitnehmer, insbesondere die paritätische Mitbestimmung in den deutschen Aufsichtsräten. Während Deutschland befürchtete, durch die SE könnten die hohen deutschen Mitsprachestandards unterlaufen werden, kam für andere Länder eine Übernahme der deutschen Regeln nicht in Frage. Daher einigte man sich darauf, dass bei der Umwandlung von Unternehmen in eine SE im nationalen Recht Mitbestimmungsregeln vorgesehen sein können. Die Umsetzung in Deutschland erfolgte dergestalt, dass Arbeitgeber und -nehmer eine Vereinbarung über die Mitbestimmungsregeln herbeiführen müssen[168]. In der Praxis werden damit in Deutschland bei der Umwandlung in eine SE in der Regel die deutschen Mitsprachestandards weitgehend übernommen. Bekannte Beispiele deutscher Unternehmen in dieser Rechtsform sind die Allianz SE[169] und die BASF SE[170].

3.3.8 Fallstudien zur Rechtsform

3.3.8.1 Sicherung der Nachfolge bei der Fitness GmbH

Fritz Ness hatte sich nie sonderlich für die Rechtsform seines Unternehmens interessiert. Die Rechtsform, das war für ihn weder eine spannende technische Frage noch brachte eine Diskussion darüber einen unmittelbaren Kundennutzen. Und alles andere hatte für ihn schwerlich Priorität. Als er seinerzeit sein Unternehmen gründete, ging er zum Gewerbeamt, meldete sein Gewerbe an und holte sich einen Gewerbeschein, trug seine Firma in das Handelsregister ein, und los ging's. Anfangs war sich Ness nicht einmal der

---

[167] vgl. zum Abschnitt Berwanger (SE).
[168] vgl. SEBG § 21.
[169] vgl. Allianz (Geschäftsbericht).
[170] vgl. BASF (Jahresabschluss).

3.3 Rechtsformen des Unternehmens

Tatsache wirklich bewusst, dass sein Unternehmen nun die Rechtsform einer „Einzelunternehmung" hatte.

Erst später, im Zuge des Unternehmenswachstums, wurde er auch mit diesen rechtlichen Fragen konfrontiert.

Schon recht frühzeitig hatte ihn sein Anwalt auf das Risiko der unbeschränkten Haftung aufmerksam gemacht, das er mit seiner Rechtsform einging. „Sie haften mit allem, was Sie haben – einschließlich Ihres Hauses, Ihres Wochenendhauses, bis zur letzten Schreibtischlampe". Ness war nur anfangs etwas abwehrend – „ich habe nicht die Absicht, Pleite zu gehen" – aber akzeptierte schnell die Argumentation seines Anwalts: „Denken Sie beispielsweise nur einmal an die Ernährungszusatzprodukte, die Sie vertreiben. Die werden noch nicht einmal von Ihrem Unternehmen hergestellt. Stellen Sie sich einen Fehler bei ihrem Lieferanten vor, und einige Kunden werden krank. Die Schadensersatzforderungen werden Sie ruinieren, auch wenn Sie sich unschuldig fühlen. Sie kennen ja den Spruch, wonach man auf hoher See und vor Gericht in Gottes Hand ist".

Aber als darauf hin Ness seinem Steuerberater berichtete, sein Anwalt habe ihm die Umwandlung in eine Gesellschaft mit beschränkter Haftung empfohlen, protestierte der: „Nein, Sie fahren steuerlich immer noch schlechter mit einer Kapitalgesellschaft. Wenn schon, sollten wir über eine GmbH & Co. KG nachdenken."

Später begann Ness dann, sich Gedanken um den Fortbestand seines Unternehmens zu machen, wenn er, der Junggeselle, einmal nicht mehr im Unternehmen arbeiten würde. Sein Anwalt schlug ihm daraufhin die AG vor, um das Unternehmen später einmal an die Börse zu bringen.

Und schließlich dachte er noch darüber nach, die Gewinne aus dem Unternehmen einmal wohltätigen Zwecken zukommen zu lassen. Er hatte gelesen, wie andere Unternehmer ihr Vermögen zu diesem Zweck in eine Stiftung eingebracht hatten.

Um Struktur in diese Gedanken zu bringen und zu einer langfristig tragbaren Lösung zu kommen, bat Ness vor drei Jahren seinen Anwalt und seinen Steuerberater zu sich. Mit dabei war auch Harry Netzer, der einmal seine Nachfolge in der Geschäftsleitung antreten sollte. Zu diesem Zeitpunkt war er nach wie vor Einzelunternehmer.

„Also, versuchen wir das mal zu systematisieren", sagte Harry Netzer, nachdem alle Beteiligten eine Weile etwas unstrukturiert alle Kriterien noch einmal aufgezählt hatten. „Wo liegen die Prioritäten? Was ist wirklich wichtig?"

„Also, zunächst einmal – Begrenzung der Haftung. Das Unternehmen ist mittlerweile so groß, dass die persönliche Haftung mit einem viel zu großen Risiko verbunden ist", sagte Fritz Ness.

„Gut, sind wir uns in diesem Punkt einig. Das ist also ein knock-out Kriterium. Es kommt keine Struktur in Frage, die eine unbeschränkte Haftung für Sie, Herr Ness, bedeutete." Damit schied etwa die reine KG oder die KGaA aus.

Zweitens", fuhr Harry Netzer fort, „mein Verständnis ist, dass wir eine Unternehmensstruktur brauchen, welche den Fortbestand des Unternehmens unabhängig von der Person der Gesellschafter sichert.

„Eine Struktur, die den Fortbestand des Unternehmens sichert, wenn ich einmal die Löffel abgebe – wir brauchen nicht um den heißen Brei herum zu reden", warf Fritz Ness lächelnd ein.

„Und drittens, wir brauchen ein Gestaltungsmodell zur steuerlichen Optimierung", schaltete sich der Steuerberater ein.

„Ja, das dritte Kriterium lautet: Steuern sparen, oder eben, wie Ihr Steuerberater das formuliert, ein entsprechendes ‚Gestaltungsmodell'. Und viertens, es muss eine Möglichkeit geben, einen Teil der Unternehmenserträge wohltätigen Zwecken zugutekommen zu lassen."

„Stellen wir den letzten Punkt einen Augenblick zurück", meinte der Anwalt. „Wir suchen ein Modell, das den Kriterien zwei und drei am besten entspricht, unter Rahmenbedingung der Haftungsbegrenzung. Was haben wir da für Alternativen?"

„Ich schlage die GmbH & Co. KG vor, gerade auch unter steuerlichen Gesichtspunkten", sagte der Steuerberater. „Eine KG mit der ‚Ness Verwaltungs-GmbH' als persönlich haftenden Gesellschafter."

„Aber unter dem Gesichtspunkt des Fortbestands des Unternehmens eher das Falsche", entgegnete der Anwalt. „Natürlich können sowohl die Anteile der Ness Verwaltungs-GmbH als auch die Kommanditanteile übertragen werden. Das ist aber relativ umständlich, da wird es schwer sein, entsprechende Käufer zu finden. Wenn Sie, Herr Ness, was ja angedacht ist, Ihr Unternehmen später auf den Kapitalmarkt, ich meine an die Börse, bringen möchten, dann ist das eine schlechte Lösung."

„Dann brauchen wir eine AG", schaltete sich Ness wieder ein. „Aber gegen die AG spricht auch einiges?"

- „Gegen die AG sprechen nur die gesetzlichen Vorschriften. Der Sprung von der Einzelunternehmung zur AG ist ziemlich groß. Wir müssten zum Beispiel einen Vorstand etablieren und einen Aufsichtsrat. Und Sie, Herr Ness, können laut Gesetz nicht gleichzeitig in Vorstand und AR sein. Sie müssen also entweder in den AR gehen, und damit aber die operativen Geschäfte an den Vorstand abgeben; oder sie gehen in den Vorstand, müssen dann aber einen AR berufen, der Sie in Ihrem eigenen Unternehmen kontrolliert.","Naja, faktisch wird sich wohl kaum jemand gegen Herrn Ness stellen" -„Das mag stimmen, Herr Netzer, aber als Jurist muss ich darauf aufmerksam machen, dass Herr Ness damit formal einiges an Entscheidungsbefugnis abgibt".
- „Und was wäre die Alternative?"
- „Die Alternative wäre, zunächst einmal eine GmbH als Rechtsform zu wählen. Das ist einfacher als die AG. Herr Ness könnte sich auch als Geschäftsführer einsetzen, und gegebenenfalls noch andere Mitarbeiter aus dem Führungskreis. Und einen Umwandlung von einer GmbH in eine AG ist relativ wenig aufwändig".

3.3 Rechtsformen des Unternehmens

Alternativen	Vorteile	Nachteile
GmbH & Co. KG	Steuer	Fortbestand schwer zu sichern
GmbH	einfach, flexibel, leicht in AG umzuwandeln	nicht kapitalmarktfähig
AG	Fortbestand: Kapitalmarktfähig	fehlende Flexibilität/ Kontrolle durch H. Ness

Abb. 3.20 Mögliche Rechtsformen für das Unternehmen von Fritz Ness

„Okay, fassen wir zusammen" – Harry Netzer ging an das Flipchart und erstellte eine Tabelle, in der er in Stichworten die wesentlichen Punkte aufführte (Abb. 3.20):

Fritz Ness schaute sich nachdenklich die Tabelle an.

„Nun, ich kann nicht behaupten, dass ich gerne mehr Steuern zahle als nötig. Wie groß wären denn die steuerlichen Vorteile der GmbH & Co. KG gegenüber der GmbH oder AG?"

„Das kann man so allgemein nicht sagen ...", antwortete der Steuerberater ausweichend."

„Ja, ich weiß, Ihr Steuermenschen legt Euch nicht gerne fest. Ich will es auch nicht auf die letzte Kommastelle genau wissen. Aber von welcher Größenordnung reden wir?"

Der Steuerberater führte einige Zahlenbeispiele an – „aber wirklich, das sind nur ungefähre Zahlen ..."

Es zeigte sich, dass die Unterschiede nicht sehr groß waren. Damit waren die Alternativen faktisch auf GmbH und AG reduziert.

Fritz Ness plädierte schließlich für die *GmbH*, mit dem Gedanken, möglicherweise in einigen Jahren eine weitere Umwandlung in eine AG vorzunehmen. Alle stimmten der Entscheidung zu.

Offen war nun noch die Frage der Stiftung. „Sie können nun einen Teil der Anteile der GmbH einer ‚Fitness-Stiftung' übertragen", erläuterte wieder der Anwalt. „Sie können auch – gegebenenfalls nach Ihrem Tod – alle Anteile der Stiftung übertragen. Dann gehört die ‚Fitness GmbH' dann vollständig und sozusagen für immer der Stiftung. Das ist durchaus auch eine Möglichkeit, den Fortbestand des Unternehmens zu sichern, ohne an den Kapitalmarkt zu gehen".

Ness wollte sich aber zu diesem Zeitpunkt noch nicht festlegen, ob er später sein Unternehmen an den Kapitalmarkt bringen wollte oder nicht. Er würde zunächst *25%* der Anteile an die neue „Fitness-Stiftung" übertragen.

Später einigte man sich dann noch darauf, die einzelnen Sparten des Unternehmens als selbständige Tochterunternehmen in Form von GmbHs zu führen. So entstand die derzeitige Unternehmensstruktur.[171]

Zum Abschluss lobte der Anwalt dann noch einmal die Weitsicht von Ness, sich frühzeitig genug mit dem für ihn heiklen Thema zu befassen. „Sie können mir glauben", meinte er, „ich kenne aus eigener Erfahrung eine ganze Reihe von Unternehmern, die das Thema lange Zeit verdrängen. Irgendwie glauben viele, sie würden ewig leben, und kommen buchstäblich erst auf dem Sterbebett dazu, sich Gedanken über den Fortbestand zu machen."

Zwei Monate später war die neue Rechtsform in das Handelsregister eingetragen.

3.3.8.2 Der Einstieg des Landes NRW bei der Supercar AG

Rückblende. 1978. Die Supercar AG hatte zu dieser Zeit seit etwas mehr als zwanzig Jahren die Rechtsform einer AG und war an der Börse notiert. Die Eigentümerstruktur war noch eine andere. Der Sohn des Firmengründers und Vater des heutigen Familienoberhaupts, Franz Superle, besaß noch 37,1 % der Aktienanteile. Zusammen mit einem Aktienpaket von 14 % einer deutschen Bank hatte er damit die Mehrheit. Die restlichen knapp 49 % waren im Streubesitz. Sprecher des Vorstandes war zu dieser Zeit Herbert Grubb.

Die 1970er Jahre waren für die Supercar AG keine gute Zeit. Allgemeine schlechte Wirtschaftslage und steigende Benzinpreise führten zu Absatzeinbrüchen gerade bei hochwertigen sportlichen Fahrzeugen, wie sie Supercar herstellte. Gerade die wichtigsten Märkte, die USA und Deutschland, waren stark betroffen. Zu der allgemein schlechten Wirtschaftslage kamen noch selbst verschuldete Probleme. Die Produktpalette der Supercar AG war veraltet, die Produktionstechnologie nicht auf dem neuesten Stand, das Erscheinen von Wettbewerbern aus Japan war lange Zeit unterschätzt worden.

Die in Jahrzehnten angesammelten finanziellen Reserven verschwanden innerhalb weniger Jahre. Ende 1977 zeichnete sich ein weiterer, gravierender Verlust ab, der die Existenz des Unternehmens akut gefährden würde.

Eine renommierte Wirtschaftsprüfungsgesellschaft wurde mit einer Analyse beauftragt. Verschiedene Szenarien wurden durchgerechnet. Das Ergebnis war ziemlich niederschmetternd. Es würde noch mindestens drei Jahre dauern, bis Supercar wieder auf der Erfolgsspur sein könnte, also der „turnaround" endgültig geschafft wäre. Erst dann würden alle Maßnahmen zu Kostensenkung greifen, und vor allem wäre erst dann die neuen Modelle auf dem Markt.

In der Zwischenzeit würden die Verluste aus dem normalen, dem operativen Geschäft das gesamte Eigenkapital aufzehren, womit das Unternehmen Konkurs anmelden müsste. Zusätzlich würden die Sanierungsmaßnahmen und insbesondere die Entwicklungskosten der neuen Modelle das Unternehmen mit mehreren hundert Millionen DM belasten. Supercar benötigte dringend Geld, eine „Kapitalspritze".

---

[171] s. o. Abb. 1.1.

3.3 Rechtsformen des Unternehmens

Grubb und der damalige Finanzvorstand führten daraufhin mehrere Gespräche mit den Banken, um den Kreditrahmen zu erhöhen. Auch deren Ergebnisse waren wenig ermutigend. Zwar signalisierten sowohl die beteiligte Bank als auch andere führende Kreditinstitute die Bereitschaft, dem Unternehmen neue Kredite zu geben. Aber die daraus resultierende Zinsbelastung würde Supercar auf Jahre hinaus so schwer belasten, dass an einen Gewinn nicht zu denken war.

Der Wunsch nach günstigeren Kreditkonditionen stieß bei den Banken erwartungsgemäß auf wenig Wohlwollen. „Schauen Sie", erklärte ein Bankier den beiden Vorständen ungewöhnlich deutlich in einem Gespräch. „Sie müssen sich darüber klar sein, dass Sie mittlerweile ein ziemlich schlechtes Risiko sind. Ihre Eigenkapitalquote beträgt derzeit noch 12%" – mit anderen Worten, 88% des Kapitals waren Verbindlichkeiten – „und selbst wenn Ihr Sanierungsplan funktioniert – eine optimistische Annahme – dann wird sie zunächst noch auf jeden Fall auf 5% bis 6% sinken. Jeder weiß, dass Ihr Unternehmen in der Existenz gefährdet ist. Wenn wir tatsächlich neue Kredite vergeben, dann können und werden wir dabei nicht so tun, als hätten Sie eine gute Bonität."

„Ihre Forderung ist vollkommen unrealistisch", fuhr er fort, „wir könnten vielleicht über 0,5% oder 0,75% niedrigere Zinsen reden, was ich nicht entscheiden kann, sondern der Kreditausschuss gemeinsam entscheiden müsste, und ich bezweifle, dass er da zustimmt; aber wenn überhaupt, das wäre das Maximum."

Der Finanzvorstand seufzte. Typisch, dachte er, der Erfahrung in vielen Bankengesprächen hatte, die Gesprächspartner bei den Banken treffen nie irgendwelche Entscheidungen. Immer verweisen sie auf irgendwelche Vorgesetzten, Vorstände, oder Kreditausschüsse. Andererseits musste er dem Bankier in der Sache weitgehend Recht geben. Die Bonität der Supercar AG war nicht gerade die beste. Und selbst wenn sie die 0,75% niedrigeren Zinsen erreichten – die Zinsbelastung wäre immer noch enorm hoch.

In der Zwischenzeit war die Situation von Supercar AG Diskussionsthema in der regionalen Presse. Und es dauerte nicht lange, da schaltete sich die nordrhein-westfälische Landesregierung ein.

Herbert Grubb traf sich mit Hans-Friedrich Hösch. Hösch, der später Minister und Mitglied des Aufsichtsrats der Supercar AG werden sollte, war zu dieser Zeit der jüngste Staatssekretär der Landesregierung.

Hösch signalisierte die Bereitschaft der Regierung, Supercar zu unterstützen. Die Regierung war sehr besorgt um die Auswirkungen eines eventuellen Konkurses von Supercar auf den Arbeitsmarkt. Sie wollte eine Insolvenz daher unbedingt vermeiden, ungeachtet der kritischen Kommentare von Wirtschaftsjournalisten und Ökonomen, die auf die volkswirtschaftliche Fragwürdigkeit solcher Aktionen hinwiesen und von einem „ordnungspolitischen Sündenfall wider den Geist der Marktwirtschaft" sprachen.

Zwei Modelle stellte Hösch in Aussicht. Eine, wie er sagte, „kleine Lösung", bei der das Land NRW mit einer Bürgschaft die Kreditwürdigkeit des Unternehmens unterstützen könnte. Und eine so genannte „große Lösung", ein Einstieg des Landes als Aktionär bei der Supercar AG.

Das war die Ausgangslage, als Grupp und der Finanzvorstand den Hauptaktionär Superle in seinem Büro im fünfzehnten, dem obersten, Stockwerk der Konzernzentrale besuchten, um über die Alternativen zu diskutierten. Formal hatten diese drei zwar keine Entscheidungsbefugnis. Diese war den Organen, dem Vorstand, dem Aufsichtsrat, und im möglichen Fall einer Kapitalerhöhung der Hauptversammlung aller Aktionäre, vorbehalten. Aber alle wussten – eine solche Entscheidung würde nicht gegen den Willen des Hauptaktionärs, Franz Superle, durchzusetzen sein.

Der Finanzvorstand erläuterte zunächst die finanziellen Konsequenzen der verschiedenen Alternativen, zusätzliche Bankkredite mit höherem oder niedrigerem Zinssatz, mit oder ohne Bürgschaft des Landes, möglicher Einstieg von NRW als Aktionär.

„Jedenfalls", schloss er seinen Vortrag, „um die Hilfe des Landes kommen wir faktisch nicht herum. Eine Refinanzierung auf dem Kapitalmarkt zu marktüblichen Zinsen würde uns strangulieren. Wir würden – selbst wenn wir überlebten – sozusagen auf Jahre hinaus nur für die Banken arbeiten."

Und von den beiden Formen der Hilfe favorisiert Hösch die Form der Beteiligung als Aktionär. Er sagt es zwar nicht so deutlich, aber die Meinung der Landesregierung scheint klar zu sein – sei wollen auch etwas zu sagen haben.

„Was versteht denn ein Politiker vom Automobilgeschäft?" – die Frage von Superle war rhetorisch.

„Nichts" – die kurze Antwort von Grubb ebenso. Alle drei waren sich schon immer einig gewesen, dass nach ihrer Meinung Politiker nichts von Wirtschaft und schon gar nichts von der Automobilwirtschaft verstünden.

„Also, Sie wissen, was ich von einer Beteiligung der Landesregierung halten würde" stellte Superle seine Meinung noch einmal klar. „Uns als Familie ist es seinerzeit schwer genug gefallen, die Aktienmehrheit zu verlieren, als wir die Bank einsteigen ließen, um unser Wachstum zu finanzieren. Und Sie wissen, dass wir noch genug Probleme mit der paritätischen Mitbestimmung bekommen werden, ich habe mich immer noch nicht daran gewöhnt. Und nun sollen wir uns auch noch mit Politikern abstimmen müssen – nein danke. Bürgschaft ja, aber keine Beteiligung".

„Andererseits" – der Finanzvorstand meldete vorsichtig Widerspruch an – „auch mit einer Bürgschaft wäre die Zinsbelastung noch ziemlich hoch. Der Verschuldungsgrad würde auch so in jedem Fall auf deutlich über 90 % steigen. Und auch die Rückzahlung der Darlehen würde uns belasten. Rein finanzwirtschaftlich betrachtet, hätte ein neuer Teilhaber schon seine Vorteile. Keine Zinsbelastung, keine Rückzahlung des Darlehens, sofortige Verringerung des Verschuldungsgrads."

„Wir hatten doch auch schon von der Möglichkeit von Vorzugsaktien gesprochen – das Land könnte doch als Vorzugsaktionär einsteigen", brachte Superle das Thema auf den eventuellen Kompromiss, der seit zwei Wochen ebenfalls im Raum stand.

„Sicher, das wäre vielleicht eine Möglichkeit", meinte der Finanzvorstand. „Bedeutete auch ein höheres Eigenkapital und damit einen geringeren Verschuldungsgrad. Keine Notwendigkeit der Rückzahlung von zusätzlichen Krediten. Anstelle der Zinsbelastung müssten wir an den Vorzugsaktionär Dividende zahlen – sonst hätten wir am Ende doch denn Einfluss der Politiker."

„Wenn das Land darauf eingeht – Beteiligung ohne Einfluss, das wird Hösch auch nicht schmecken. Und er ist in einer guten Position, er hat das Geld", meinte Grubb.

„Ja, er hat das Geld. Das Geld der Steuerzahler", meinte Superle resigniert.

Die Gruppe einigte sich, mit der Landesregierung in Verhandlung zu treten. Ziel sollte es sein, Vorzugsaktien auszugeben, die das Land Nordrhein-Westfalen erwerben könnte.

Der Finanzvorstand sollte mit seinem Stab die Details ausarbeiten, wie die Ausgabe der Vorzugsaktien gegebenenfalls durchgeführt werden könnte.

Grubb, der Finanzvorstand und zwei Bankenvertreter verhandelten unter strenger Geheimhaltung mit Hösch und seinen Referenten in drei langen Verhandlungsrunden. Wie erwartet akzeptierte die Landesregierung nicht die Alternative der Vorzugsaktien. Am Ende der dritten Verhandlungsrunde, in der Nacht um 1.15 Uhr, und nach einem längeren Telefongespräch zwischen Grubb und Superle, stand das Ergebnis fest. Die Landesregierung hatte sich durchgesetzt. NRW stieg mit 15 % Beteiligung als Stammaktionär bei Supercar ein. Als Zugeständnis übernahm das Land noch eine Bürgschaft für einen Teil der bestehenden Kredite, wodurch die Zinsbelastung von Supercar gesenkt wurde.

Das Sanierungsprogramm zeigte, wenn auch mit einiger Verzögerung, die gewünschte Wirkung. Supercar AG wurde wieder zu einem erfolgreichen Unternehmen. Im Rückblick wurde auch der Einstieg des Landes überwiegend als Erfolg beurteilt.

3.4 Unternehmensorganisation

3.4.1 Begriff und Grundlagen der Organisation

„Organisation" kann als Begriff in einem *instrumentalen* und *institutionalen* Sinn definiert werden[172].

„Unter ‚Organisation' im instrumentalen Sinn wird die Gesamtheit der relativ dauerhaften Beziehungs- und Prozessstrukturen verstanden, die zur Erreichung der Systemziele geschaffen werden."[173]

Institutional steht Organisation „als Sammelbegriff für sämtliche zielgerichteten sozialen Systeme."[174] Nach dieser Definition ist jedes Unternehmen im hier gebrauchten Sinn eine Organisation[175]; wobei der Begriff noch weiter gefasst ist und zum Beispiel auch Haushalte umfasst.

Mit anderen Worten *hat* die Unternehmung eine Organisation, wenn der Begriff instrumental gesehen wird. Bei einer institutionalen Sichtweise hingegen *ist* die Unternehmung eine Organisation.

---

[172] Vgl. Stärkle (Organisation) S. 1.
[173] Stärkle (Organisation) S. 1.
[174] Bühner (Organisationslehre) S. 4.
[175] vgl. Heinen (Grundlagen) S. 26, s. o. Kap. 1.1.

Der institutionale Standpunkt überzeichnet allerdings „den Stellenwert der Organisation. Ein Unternehmen hat neben der Organisation auch andere, nicht minder bedeutende … Planungs-, Finanzierungs- oder Kontrollfunktionen, ohne dass das Unternehmen gleich mit diesen Funktionen (Strukturen) identifiziert wird."[176] In diesem Kapitel wird daher aus pragmatischen Gründen auf den instrumentalen bzw. funktionalen Organisationsbegriff abgestellt, das Unternehmen hat also eine Organisation, die das Ergebnis des Organisierens ist.[177]

Organisatorische Probleme entstehen, wenn Menschen im Rahmen von Unternehmen *kooperieren*. Die Kooperation ermöglicht insbesondere die Vorteile von *Bündelung* und *Zerlegung* von Arbeiten[178]. „Jede Aufgabe, die nicht von einem einzelnen erfüllt werden kann, erfordert eine Arbeitsbündelung. Diese kann zum einen in der Weise erfolgen, dass die kooperierenden Personen gleichartige Beiträge leisten. (Mehrere Arbeiter transportieren oder heben z. B. in gemeinsamer Anstrengung einen schweren Gegenstand und erbringen damit eine Leistung, zu der ein einzelner allein nicht fähig wäre.) Zum anderen können bei der Arbeitsbündelung die Beteiligten auch Beiträge leisten, die unterschiedliches Spezialwissen und/oder unterschiedliche Fähigkeiten erfordern. Im Grunde erfolgt bei jeder Produktion von Gütern und Dienstleistungen durch Kooperation mehrerer Personen eine Arbeitsbündelung. Da gilt für die Fließbandfertigung von elektronischen Geräten ebenso wie für die Vorbereitung und Durchführung von Zirkusveranstaltungen.

Jede Kooperation, bei der die Beteiligten unterschiedliche Beiträge leisten, beruht auf Arbeitsteilung und damit auf Spezialisierung. Wenn in einem Betrieb die Aktivitäten im Produktionsprozess so aufgeteilt werden, dass kein Arbeiter das Produkt vollständig bearbeitet, erfolgt die Arbeitsteilung in Form einer so genannten ‚Arbeitszerlegung'."[179]

Die Arbeitsteilung und Spezialisierung ermöglicht große *Produktivitätsgewinne*. Die Vorteile der Arbeitsteilung hat erstmals *Adam Smith* 1776 anhand des berühmt gewordenen Beispiels der Produktion von Stecknadeln beschrieben. „A workman … could scarce, perhaps, with his utmost industry, make one pin in a day, and certainly could not make twenty. But in the way in which this business is now carried on, … it is divided into a number of branches, of which the greater part are likewise peculiar trades. One man draws out the wire, another straights it, a third cuts it, a fourth points it, a fifth grinds it at the top for receiving the head; to make the head requires two or three distinct operations; to put it on, is a peculiar business, to whiten the pins is another; it is even a trade to put them into the paper".[180] Diese Arbeitsteilung ermöglicht es zehn Arbeitern, pro Tag 48.000 Stecknadeln herzustellen, also rechnerisch 4.800 pro Person und Tag. Die Produktivität steigt also durch die Arbeitsteilung um mehr als das 240-fache. Ein hoher Grad an Spezialisierung und Arbeitsteilung – der freilich auch nicht zu hoch sein darf – ist die Basis der modernen

---

[176] Bühner (Organisationslehre) S. 4.
[177] vgl. Bühner (Organisationslehre) S. 5.
[178] vgl. Grass/Stützel (Volkswirtschaftslehre) S. 164.
[179] Laux/Liermann (Organisation) S. 5.
[180] Smith (Wealth) S. 8.

3.4 Unternehmensorganisation

Wirtschaft. Den Grad der Arbeitsteilung zu optimieren und die resultierenden unterschiedlichen Arbeiten zu *koordinieren*, ist das Kernelement der Organisation.

Die Organisationslehre ist innerhalb der Wirtschaftswissenschaften seit längerem etabliert, sowohl was die theoretische Fundierung[181] als auch die betriebswirtschaftlichen praktischen Gestaltungshinweise betrifft; die entsprechende Literatur gehört zu den Standardlehrbüchern[182].

Organisation ist in der hier gebrauchten Terminologie eine Form der *indirekten Steuerung* des Unternehmens, genauer: der *bürokratischen Steuerung*[183].

Organisation beziehungsweise die bürokratische Steuerung ist unabdingbar zu *Reduktion der Komplexität* in Unternehmen[184]. Das ergibt sich aus der Natur des Unternehmens als nicht-triviales System. In einem solchen System mit vielen Elementen und Beziehungen und vielen Systemzuständen muss die Anzahl der Alternativen durch fixe Regeln begrenzt werden.

Konkret: man stelle sich im Extremfall ein Automobilunternehmen vor, indem anstelle des durchorganisierten Produktionsprozesses am Fließband oder an einer Fertigungsinsel jeden Tag und bei jedem Fahrzeug neu ad hoc entschieden oder jeweils dem einzelnen Mitarbeiter überlassen würde, wer was nun tut.

Organisatorische Regelungen, auch im Sinne von Bürokratie, sind also unabdingbar, um eine hohe Effizienz zu erreichen.[185] Andererseits ist auch bekannt, dass den Vorteilen einer hohen Regelungsdichte – Rationalisierung, Entlastung der Führungskräfte, Vermeidung von Konflikten durch weniger Unklarheiten – auch Nachteilen gegenüberstehen: geringere Flexibilität, geringere Entscheidungsspielräume, geringe Motivation und dergleichen[186].

Ein Zuviel an organisatorischen Regelungen ist also ebenso nachteilig wie ein Zuwenig. *Kernaufgabe* ist es daher, den Organisationsgrad – also: die „Stufe der Organisiertheit"[187] – zwischen den Extremen so zu bestimmen, dass der größtmögliche Erfolg erreicht wird. Der Zusammenhang zwischen Erfolg und Organisationsgrad und der *optimale Organisationsgrad* ist in Abb. 3.21 dargestellt.

Die Theorie liefert nur bedingt Kriterien dafür, wann nun im Einzelfall das Optimum erreicht oder überschritten ist, ob also noch ein Handbuch, noch eine Organisationsanweisung, noch eine generelle Regelung sinnvoll ist oder nicht. Wichtig ist aber, dass sich

---

[181] vgl. z. B. Picot/Dietl/Franck (Organisation) S. 9 ff, Neus (Betriebswirtschaftslehre) S. 57 ff., Jost (Prinzipal) S. 183 ff., Laux/Liermann (Organisation) S. 5ff.

[182] vgl. z. B. Kosiol (Organisation), Frese (Organisation), Bühner (Organisationslehre), Weidner/Freitag (Organisation), Laux/Liermann (Organisation), Hill/Fehlbaum/Ulrich (Organisationslehre), Bleicher (Organisation), Bea (Organisation), Schreyögg (Organisation).

[183] s. o. Kap. 2.2.6.

[184] vgl. Laux/Liermann (Organisation) S. 57 ff.

[185] vgl. Lenk (Soziologie) S. 40f, s. o. Kap. 1.2.3.3.

[186] vgl. Thommen/Achleitner (Betriebswirtschaftslehre) S. 754 ff.

[187] Bühner (Organisationslehre) S. 9.

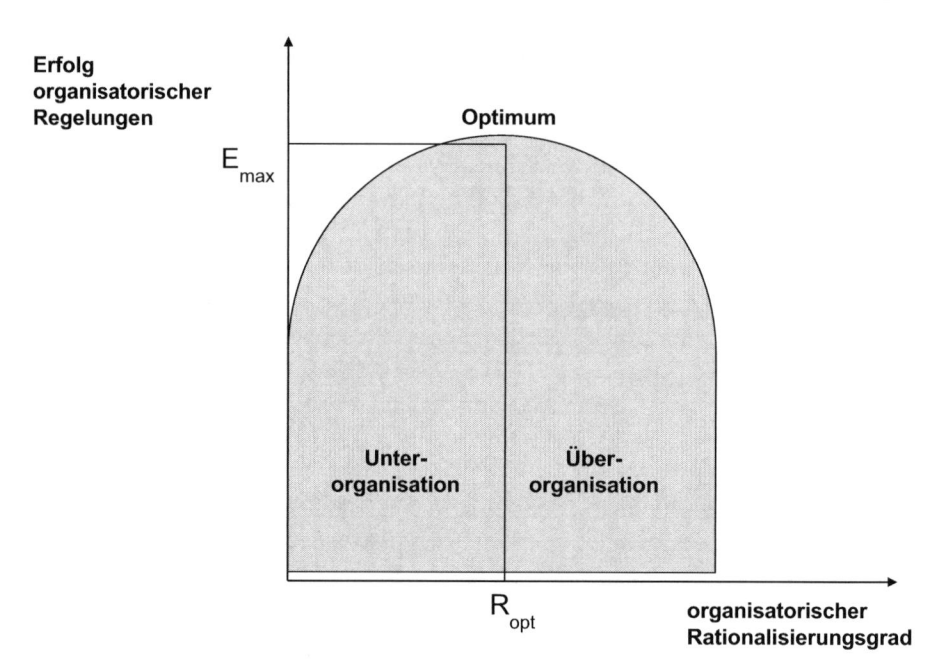

Abb. 3.21 Optimaler Organisationsgrad. (Quelle: Kieser (Ansätze) S. 72)

der mit Organisationsthemen Befasste der Problematik stets bewusst ist und darüber entsprechend reflektiert.

Ist aus der ökonomischen Perspektive die Frage nach dem Optimum zentral, so kommt auf der ethischen Ebene noch ein zweites Kriterium hinzu. Organisationsformen können ethisches Verhalten fördern oder behindern. Die Forderung lautet daher, möglichst *ethikfreundliche Organisationsstrukturen*[188] zu schaffen.

Dazu dient zunächst einmal – *negativ* – die Vermeidung strukturell „ethik-hinderlicher" Organisationsformen[189]. Ethischem Verhalten hinderlich sind:

- Zu starre *Befehlshierarchien*. Diese können einmal zu Informationsdefiziten führen; aufgrund der vielen Hierarchiestufen gehen Informationen verloren, werden auch beschönigt oder unterdrückt, so dass die Beteiligten die ethische Tragweite von Entscheidungen nicht mehr einschätzen können.

  Zweitens führen sie zum systematischen Ausblenden von ethischen Überlegungen – der Mitarbeiter zieht sich etwa auf den berühmt-berüchtigten Standpunkt „Ich befolge nur meine Anweisungen" zurück.

  Selbst wenn aber der Mitarbeiter reflektiert und eine ethisch fragwürdige Situation ausmacht, so kann er das Problem meist nicht lösen, da er damit möglicherweise gegen Arbeitsanweisungen verstößt. Er gerät also in die typische Konfliktsituation *unethischer Zumutungen*, aus der heraus zu kommen nicht einfach ist[190].

---

[188] vgl. Waters (Catch) S. 283 ff.
[189] vgl. Zum Abschnitt Waters (Catch) S. 284 ff., Noll Unternehmensethik) S. 123 ff.
[190] s. o. Kap. 2.3.3.

3.4 Unternehmensorganisation

- Zu weit getriebene *Arbeitsteilung*. Diese verstellt nicht nur den Blick auf das Ganze und seine ethischen Folgen. Es führt auch zur *„organisierten Unverantwortlichkeit"*.[191] Wenn ein Dutzend Abteilungen mit einem Problem befasst sind, wenn sechs Unterschriften auf einem Brief stehen, dann fühlt sich naturgemäß niemand mehr wirklich verantwortlich. Extreme Arbeitsteilung erleichtert es auch, kritische, ethisch reflektierende Mitarbeiter durch entsprechende Re-Organisation zu isolieren und zu neutralisieren. „Diese Erfahrung schildert der medizinische Direktor des US-amerikanischen Pharmakonzerns E.R. Squibb eindrucksvoll. Er weigerte sich, einen zu positiv geratenen Bericht des Versuchslabors über ein gesundheitsgefährdendes Medikament zu unterschreiben. Das Produkt sollte über ein Tochterunternehmen in einem südamerikanischen Land vertrieben werden. Die Kollegen mieden die offene Auseinandersetzung mit ihm, ernannten aber stattdessen für die Konzerntochter einen weiteren medizinischen Direktor, der eigenständige Entscheidungen treffen durfte."[192]
- *Expertenmacht*, insbesondere Expertenmacht ohne damit verbundene Verantwortung. Oft bereiten Experten in so genannten Stabsstellen Entscheidungen vor, die sie dann aber nicht selbst umsetzen. Damit kommt es zu einer Diffusion der Verantwortlichkeiten – ein generelles Problem von Stabsstellen, auf das weiter unten in diesem Kapitel noch eingegangen wird.

Umgekehrt – *positiv* – zeichnet sich „ethikfreundliche" Organisation durch Strukturen aus, welche Entscheidungsspielräume lassen, Kommunikation, Entscheidungsqualität, Vertrauen fördern.

Daneben können auch Organisationseinheiten geschaffen werden, die speziell die Aufgabe haben, ethische Standards im Unternehmen zu implementieren, wie die schon erwähnten Ethik-Beauftragten, Ombudsmänner, Ethik-Kommissionen.[193] Diese Praxis ist in den USA mittlerweile verbreitet; wenig hingegen im deutschsprachigen Raum.[194] Auch die Beurteilung dieser Maßnahmen ist im Zusammenhang mit der weiter unten geführten Diskussion um Stabsstellen zu sehen.

Wie die Kernaufgaben der Organisation gelöst werden können wird im Folgenden detaillierter ausgeführt. Dazu werden zunächst die zwei großen Felder der Organisationslehre beschrieben,

- die Aufbauorganisation und
- die Ablauforganisation.

---

[191] vgl. Noll Unternehmensethik) S. 124.
[192] Noll Unternehmensethik) S. 124 ff.
[193] s. o. Kap. 2.3.2.2.
[194] vgl. Ulirch/Lunau (Ethikmaßnahmen)S. 59 ff.

Anschließend wird auf spezifische Fragen im Zusammenhang mit der

- Veränderung in Organisationen eingegangen, und am Ende ein
- kritisches Fazit gezogen.

3.4.2 Aufbauorganisation

3.4.2.1 Grundfragen der Aufbauorganisation

Die *Aufbauorganisation* legt die relativ dauerhaften *Beziehungsstrukturen* fest[195]. Sie „zeigt die betriebliche Ordnung der Zuständigkeiten und Bestandsphänomene. Sie kann auch als Strukturierung des Gebildes bezeichnet werden."[196]

Konkret wird als Aufbauorganisation die „Gliederung der Unternehmung in Stellen und Abteilungen, sowie die Regelung der Leitungs-, Stabs-, Kommunikationsbeziehungen und der Kollegien betrachtet."[197] Mittels der Aufbauorganisation wird das Unternehmen in *Organisationseinheiten* gegliedert; wobei der Begriff Organisationseinheit „als Sammelbezeichnung für sämtliche durch Zusammenfassung und Zuordnung von (Teil-)Aufgaben zu personalen Aufgabenträgern entstehenden organisatorischen Einheiten" steht.[198]

Kleinste Organisationseinheit ist die *Stelle*. Eine Stelle entsteht „durch Zuordnung von (Teil-)Aufgaben und gegebenenfalls von Sachmitteln auf einen einzelnen menschlichen Aufgabenträger."[199]

Eine Stelle wird umgangssprachlich etwas ungenau oft als „Arbeitsplatz" bezeichnet. Jedoch ist die Stelle von der Definition her zunächst physisch, d. h. räumlich, nicht festgelegt. Auch ist eine Stelle in der Regel *unabhängig* von einer *bestimmten* Person.

Bei den Aufgaben, die zur Bildung der Stelle zusammengefasst werden, kann es sich um sehr einfache handeln, beispielsweise eine bestimmte Bewegung, etwa zum Einsetzen einer Scheibe eines Autos am Fließband; oder um Aufgabenkomplexe, die zum Beispiel bei einer Sekretärin die Vorbereitung von Konferenzen, Führung von Terminplänen, Organisation von Reisen und mehr umfassen; bis hin zu sehr komplexen Aufgabengebieten, die etwa ein Werksleiter zu erledigen hat.

Die größere Organisationseinheit, die durch Zusammenfassung mehrerer Stellen entsteht, ist die *Abteilung*. Von einer Abteilung wird dann gesprochen, wenn „mehrere Stellen, welche gemeinsame oder direkt zusammenhängende Aufgaben erfüllen, zu einer Stellengruppe zusammengefasst und einer Instanz (Leitungsstelle) unterstellt"[200] werden.

Die Leitungsstelle hat gegenüber den anderen Stelleninhabern die *Vorgesetzten*funktion.

---

[195] vgl. Stärkle (Organisation) S. 6.
[196] Olfert/Rahn (Einführung) S. 136.
[197] Weidner/Freitag (Organisation) S. 31
[198] Bühner (Organisationslehre) S. 63.
[199] Bühner (Organisationslehre) S. 63.
[200] Thommen/Achleitner (Betriebswirtschaftslehre) S. 739.

3.4 Unternehmensorganisation

Dabei wird unterschieden zwischen einem

- *Fach*vorgesetzten, der das Recht hat, fachliche Anweisungen zu erteilen, und einem
- *Disziplinar*vorgesetzten, der, wie der Name sagt, über disziplinarische Maßnahmen gegenüber dem Mitarbeiter entscheiden darf.

In der Mehrzahl der Fälle sind Fach- und Disziplinarvorgesetzter allerdings ein und dieselbe Person.

In der Praxis werden je nach Größe des Unternehmens Abteilungen in Unterabteilungen aufgegliedert oder zu größeren Abteilungen zusammengefasst.

Die verschiedenen Hierarchiestufen können dann beispielsweise Team oder Gruppe, Unterabteilung, Abteilung, Hauptabteilung, Bereich, (Gesamt-)Unternehmen heißen[201] (Abb. 3.22).

Damit steht die Grundstruktur des Unternehmens.

3.4.2.2 Hilfsmittel der Aufbauorganisation

Die wichtigsten Hilfsmittel, mit denen die Aufbauorganisation dargestellt wird, sind

- *Organigramm*
- *Stellenbeschreibung*
- *Funktionendiagramm*
- Das *Organigramm*, auch genannt Organisationsplan oder Organisationsschaubild, ist eine „graphische Darstellung der Organisationsstruktur, in der die Verbindungslinien die dauerhaften disziplinarischen Unterstellungsbeziehungen der Stellen aufzeigen"[202]. Es ist aus dem Unternehmensalltag nicht wegzudenken, auch wenn in der Praxis (erstaunlicherweise) einige Unternehmen ihre Struktur nicht in dieser Form visualisiert haben.

Im Einzelnen besteht ein Organigramm aus[203]:

1. Der *Stelle* – jede Stelle wird mit ihrer Bezeichnung aufgeführt. Sie werden in der Regel in Form eines Rechtecks (umgangssprachlich oft als „Kästchen" bezeichnet) aufgeführt; Stabsstellen jedoch meistens in Form eines Dreiecks, manchmal auch in Form eines Ovals.
2. Stelleninhaber – sein Name steht entweder im oder unter dem Rechteck (bei nicht besetzten Stellen „NN").

---

[201] vgl. auch Arbeitskreis Krähe (Unternehmungsorganisation) S. 21.
[202] Stärkle (Organisation) S. 93.
[203] vgl. Stärkle (Organisation) S. 93 ff., Bühner (Organisationslehre) S. 41 ff., Thommen/Achleitner (Betriebswirtschaftslehre) S. 749 ff.

Abb. 3.22 a Mögliche organisatorische Grundstruktur eines Unternehmens. **b** Komponenten des Organigramms

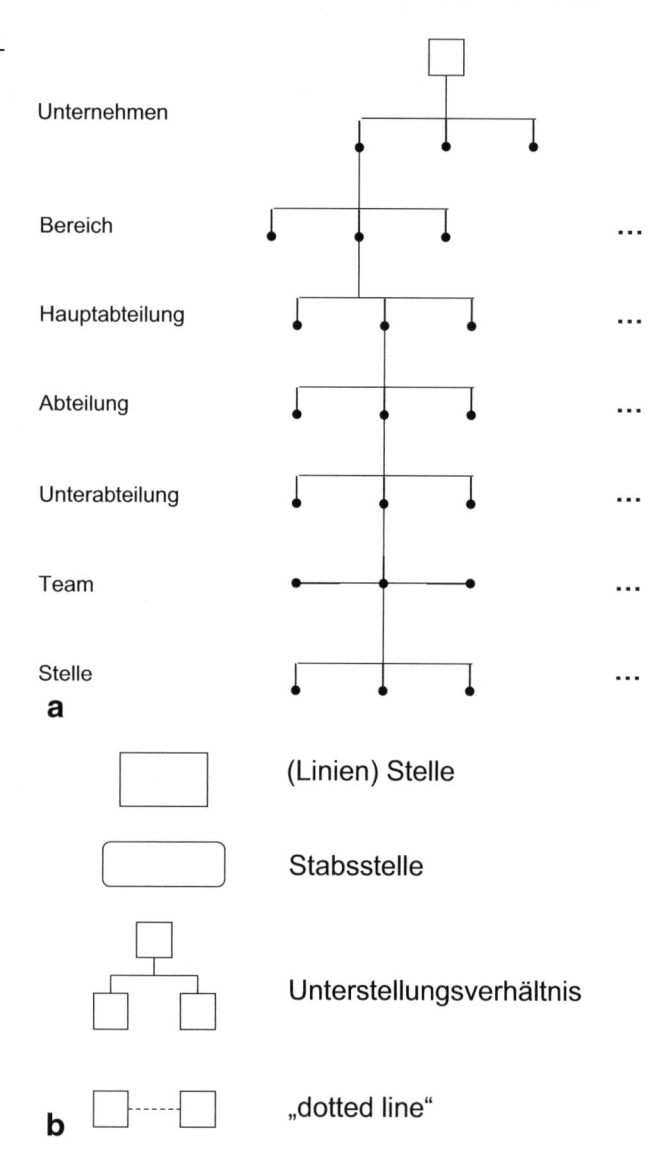

3. Das *Unterstellungsverhältnis* (der *Dienstweg*), dargestellt durch eine durchgezogene Linie zwischen den Elementen. Andere *Verbindungen* zwischen Stellen wie Zweitunterstellungen oder Berichts- bzw. Informationspflichten werdendargestellt durch unterbrochene oder gepunktete Linien, meist als „dotted line" bezeichnet.
4. Aus der Summe der Stellen und ihren Beziehungen ergibt sich die *Gesamtstruktur* des Unternehmens.

3.4 Unternehmensorganisation

Abbildung 3.22 ist ein idealtypisches Beispiel eines einfachen Organigramms (ohne Namen von Stelleninhabern), Abb. 1.6 einen Teil des Organigramms der Supercar AG, Abb. 3.31 enthält ein Beispiel mit „dotted lines" und so weiter.

- Die einzelnen Stellen werden beschrieben in so genannten *Stellenbeschreibungen* (*job descriptions*)[204]. Abbildung 3.23 zeigt die Bestandteile einer Stellenbeschreibung.

  Wie erkennbar, wird im *Instanzenbild* neben formalen Festlegungen wie Stellenbezeichnung und Stellennummer vor allem die hierarchische Einordnung bestimmt, oft auch mit Hilfe eines Teil-Organigramms des Unternehmens. Im zweiten und dritten Teil werden *Aufgaben* und geforderte *Leistungen* beschrieben. Wie die Leistungsanforderungen definiert werden, wird im Kapitel „Personalwesen" näher erläutert.[205]
- Das im Vergleich zu Organigramm und Stellenbeschreibung etwas weniger gebräuchliche *Funktionendiagramm* zeigt „in matrixförmiger Darstellung das funktionelle Zusammenwirken mehrerer Stellen zur Bewältigung einer Aufgabe[206].

  Das Funktionendiagramm ist so angelegt, dass die eine Dimension der Matrix die an einer Aufgabe beteiligten Stellen, die andere die zu bewältigenden (Teil-)Aufgaben beinhaltet. Somit werden in knapper und übersichtlicher Form die wesentlichen Aufgaben und Kompetenzen einer Stelle sowie das Zusammenwirken verschiedener Stellen bei der Erfüllung einer Aufgabe ersichtlich. Allerdings ist es kaum möglich, komplexe Beziehungen darzustellen. Zur genaueren Umschreibung und Abgrenzung von Aufgaben, Kompetenzen und Verantwortung bedarf es deshalb oft ergänzender organisatorischer Hilfsmittel."[207]

  Abbildung 3.24 zeigt anhand der Tätigkeit „Unternehmensplanung" ein Funktionendiagramm mit den Stellen und den entsprechenden Aufgaben.

In der Matrix werden die verschiedenen Arten der Tätigkeiten, also planen, entscheiden, ausführen und mitsprechen genannt. In der Praxis finden sich teilweise noch die Vorbereitung (V), bisweilen auch ein Vetorecht bzw. eine Zustimmungspflicht (Z), etwa von einem Sicherheits- oder Umweltbeauftragten, wenn es um die Einrichtung neuer Fertigungsanlagen geht.

---

[204] vgl. Hentze (Personalwirtschaftslehre) S. 206 ff., Kolb (Personalmanagement) S. 401 ff.
[205] s. u. Kap. 3.5.
[206] vgl. z. B. Stärkle (Organisation) S. 95 ff.
[207] Thommen/Achleitner (Betriebswirtschaftslehre) S. 751 ff.

Unternehmen:
Beschäftigungsart:
1. Instanzenbild
a) *Stellenkennzeichnung*
1. Stellenbezeichnung:
2. Stellennummer:
3. Abteilung:
4. Stelleninhaber:
5. Dienststufe:
6. Gehaltsbereich:
b) *Hierarchische Einordnung*
7. Der Stelleninhaber erhält fachliche Weisungen von:
8. Der Stelleninhaber gibt fachliche Weisungen an:
9. Stellvertretung:
☐ Stellvertretung des Stelleninhabers:
☐ Stellvertretung für andere Stellen:
10. Anzahl der disziplinarisch unterstellten Mitarbeiter (z.B. Abteilungsleiter, Gruppenleiter, Sachbearbeiter, Meister, Vorarbeiter):
11. Kompetenzen (z.B. Prokura, Handlungsvollmacht):
c) *Kommunikationsbeziehungen*
12. Der Stelleninhaber liefert folgende Berichte ab:
13. Der Stelleninhaber erhält folgende Berichte:
14. Teilnahme an Konferenzen:
15. Die Zusammenarbeit mit folgenden Stellen (intern/extern) ist erforderlich:
2. Aufgabenbild
16. Beschreibung der Tätigkeit:
☐ Sich wiederholende Sachaufgaben:
☐ Unregelmäßig anfallende Sachaufgaben:
17. Arbeitsmittel:
18. Richtlinien, Vorschriften:
3. Leistungsbild
a) *Leistungsanforderungen*
19. Kenntnisse, Fertigkeiten, Erfahrungen:
20. Arbeitscharakterliche Züge (z.B. Genauigkeit und Sorgfalt, Kontaktfähigkeit):
21. Verhalten (z.B. Führungsqualitäten, Durchsetzungsvermögen):
b) *Leistungsstandards*
22. Quantitative Leistungsstandards (z.B. Umsatz):
23. Qualitative Leistungsstandards (z.B. Betriebsklima):
Unterschriften mit Datum:
Personalleiter   Stelleninhaber   Vorgesetzter

Abb. 3.23 Bestandteile einer Stellenbeschreibung. (Quelle: Hentze (Personalwirtschaftslehre) S. 206 ff., zit. nach Thommen/Achleitner (Betriebswirtschaftslehre) S. 658)

3.4 Unternehmensorganisation

Aufgaben \ Stellen	Verwaltungsrat	Geschäftsleitung	F&E	Produktion	Marketing	Administration	Bemerkungen
Festlegung der Unternehmenspolitik	E	P	M	M	M	M	
Erstellen der 5-Jahrespläne • Umsatzentwicklung • Kosten-Ertragsentwicklung • Investitionen	E E E	P	P	P	P P P	P	
• Jahresbudget erstellen • Umsätze • betriebliche Kosten Investitionen	E E E	P	P	P P	P P P	P	bis 10.11
Aufstellen und Überwachen der Jahresaktionspläne	A						
Erarbeiten von Führungskennziffern						A	

P = Planen, E = Entscheiden, M = Mitspracherecht, A = Ausführen, K = Kontrollieren

Abb. 3.24 Beispiel Funktionendiagramm. (Quelle: Nauer (Organisation) S. 171)

3.4.2.3 Kriterien zur Bestimmung der Aufbauorganisation

In der Praxis hat praktisch jedes Unternehmen seine individuelle Aufbauorganisation. Analytisch eindeutige Lösungen, die zu einer „richtigen" Struktur führt, existieren nicht. Es existieren aber *Kriterien*, die bei der Entwicklung beachtet werden können:

- *Kongruenz* von *Aufgaben*, *Kompetenzen* und *Verantwortung* jeder Stelle
- Optimaler Grad an Zentralisierung
- Optimierung der Leitungs- oder *Kontrollspanne*
- *Schnittstellenminimierung*
- Kundenorientierung („one face to the customer")
- *Flexibilität*
- *Verfügbarkeit von Kompetenz*
- Rationalisierung durch Größenvorteile („economies of scale")
- Der Grundsatz von *Kongruenz* von *Aufgaben*, *Kompetenzen* und *Verantwortung* jeder Stelle[208] ist intuitiv einsichtig. Wer eine Aufgabe hat, benötigt zur Sachgerechten Erfüllung auch die Kompetenzen im Sinne von Rechten und Befugnissen, um alle erforderlichen Maßnahmen vornehmen oder veranlassen zu können. Er steht dann aber auch

---
[208] vgl. Stärkle (Organisation) S. 61, Thommen/Achleitner (Betriebswirtschaftslehre) S. 740.

in der Pflicht, für die „zielentsprechende Erfüllung einer Aufgabe persönlich Rechenschaft abzulegen"[209]
- Jede Organisation steht im Spannungsfelde zwischen *Zentralisierung* im Sinne von Bündelung von Aufgaben in einer Stelle und *Dezentralisierung*[210].

Zentral geführte Unternehmen sind daran zu erkennen, dass viele Funktionen in der Konzernzentrale angesiedelt sind. Sie macht sich in der Praxis aber auch in kleinen, konkreten Dingen fest. So erläuterte ein Manager eines stark zentralisierten multinationalen amerikanischen Konsumgüterunternehmens, wie sich durch die Zentralisierung die Arbeitsplätze des Unternehmen in den Tochtergesellschaften von, beispielsweise, Deutschland und Brasilien ähneln. Nicht nur, dass die Organisationsstruktur innerhalb aller Tochtergesellschaften mitsamt Stellenbeschreibungen weltweit gleich ist. Auch die IT-Systeme sind soweit standardisiert, dass sich die Bildschirmoberfläche und Portale an jedem PC in Optik und Sprache weltweit gleichen; bis hin zu weltweit identischen Bildschirmschonern.

Die *Vorteile der Zentralisierung* liegen auf der Hand:

- Es entstehen bedeutende Rationalisierungsgewinne, da Doppelarbeiten vermieden werden und das „Rad nicht zweimal erfunden" werden muss. In multinationalen Unternehmen entstehen diese Vorteile auch durch weniger Kosten bei der Versetzung von Mitarbeitern. Ein Manager kann im beschriebenen Fall problemlos von Deutschland nach Brasilien und nach drei Jahren wieder nach, zum Beispiel, Genf versetzt werden, ohne immer lange neu eingearbeitet zu werden.
- Strategische Neuausrichtungen sind leichter durchzusetzen. Gerade die mittlere Managementebene – die „Bereichsfürsten" – hat weniger Möglichkeiten, Entscheidungen durch mikropolitisches Taktieren und „Spiele" zu verzögern oder zu sabotieren.
- Dem stehen die *Vorteile der Dezentralisierung* gegenüber:
- größere Gestaltungsfreiheit, Flexibilität und Marktnähe der dezentralen Einheiten
- in der Regel größere Motivation, da der Einzelne „mehr bewegen" kann
- die dezentrale Organisation ist „ethikfreundlicher", da die Verantwortung für ethisch problematische Praktiken weniger auf eine entfernte Zentrale geschoben werden kann.

In der Praxis liegt das individuell zu bestimmende Optimum auch hier zwischen den Extremen. Es ist dabei auch nicht ungewöhnlich, dass der Zentralisierungsgrad innerhalb eines Unternehmens je nach Funktion unterschiedlich ist. So wird eine multinationaler Konzern Teile des Rechnungswesen, etwa das Liquiditäts- bzw. Cash-Management, in der Regel zentralisieren; Vertriebsaktivitäten aber aufgrund der notwendigen Marktnähe eher dezentralisieren.[211]

---

[209] Thommen/Achleitner (Betriebswirtschaftslehre) S. 740.
[210] vgl. Weidner/Freitag (Organisation) S. 45 ff.
[211] vgl. z. B. Berekhoven (Marketing) S. 141 ff.

3.4 Unternehmensorganisation

- Unter der *Leitungs-* oder *Kontrollspanne* „wird die Anzahl der einem Vorgesetzten unterstellten Mitarbeiter verstanden"[212]. Auch hier gilt es, ein Optimum zu finden.

Eine große Kontrollspanne – relativ viel Mitarbeiter pro Vorgesetzteninstanz – bedeutet eine *flache Hierarchie*, also wenig Hierarchiestufen. Entsprechend führt ist eine kleine Leitungsspanne zu vielen Hierarchiestufen.

Bei der Festlegung der optimalen Leitungsspanne können verschiedene Kriterien Berücksichtigung finden[213]:

- Flache Hierarchien bedeuten kurze Dienstwege, was unter sonst gleichen Bedingungen für eine große Kontrollspanne spricht.
- Andererseits verringert statistisch betrachtet eine flache Hierarchie die Beförderungsmöglichkeiten – auf einen Mitarbeiter kommen rechnerisch weniger Vorgesetzte.
- Das Optimum hängt wesentlich von der Art bzw. Komplexität der Aufgaben ab. Einfache, repetitive, und relativ ähnlich Aufgaben sprechen für eine große Kontrollspanne. In der Produktion kommt es durchaus vor, dass ein Meister eine Kontrollspanne von bis zu 50 Arbeitern hat.
- Andererseits verringert eine große Leitungsspanne die Kommunikations- und Kontrollmöglichkeiten. Sobald der Vorgesetzte, aus in der Person liegenden oder fachlichen Gründen, die Abteilung nicht mehr steuern kann, ist die Leitungspanne zu groß.
- Tendenziell sprechen eine hohe Selbständigkeit, hohe Qualifikation und hohe Motivation der Mitarbeiter für eine größere Leitungspanne.

Die Vielzahl der Kriterien verbietet eine feste und allgemeingültige Vorgabe, was das Optimum betrifft. Nach einer traditionellen Faustregel aus der Praxis liegt das Optimum bei *ca. 7 Personen* pro Führungskraft.[214] Andere Empfehlungen schwanken zwischen 5 und 30 Mitarbeitern.[215]

Vor einigen Jahren kam die Tendenz auf, die Leitungsspannen zu vergrößern, als Folge der generellen Philosophie, Hierarchien abzubauen und den Mitarbeitern mehr Freiräume zu gewähren. Das ist aber nicht unumstritten – manche Autoren sehen das Gegenteil als Erfolg versprechender an.[216]

- Der Terminus *Schnittstellenminimierung* gehört weniger zu den klassischen Grundsätzen der Aufbauorganisation. Er ist vielmehr in den 1990er Jahren im Rahmen der Diskussion um neue Formen der Organisation aufgekommen.[217] Gleichwohl hat er auch hier seine Berechtigung. Der Grundgedanke ist, dass jede Schnittstelle – das Herunter-

---

[212] Thommen/Achleitner (Betriebswirtschaftslehre) S. 743.
[213] vgl. Wöhe (Betriebswirtschaftslehre) S. 150, Hill/Fehlbaum/Ulrich (Organisationslehre) S. 221 ff.
[214] vgl. Stärkle (Organisation) S. 114.
[215] vgl. Thommen/Achleitner (Betriebswirtschaftslehre) S. 743.
[216] vgl. Gendo/Konschak (Mythos) S. 40 ff.
[217] vgl. Braun (Dimensionen), Rump (Organisation) S. 25.

brechen eines Vorgangs auf verschiedene Stellen oder Abteilungen – Koordinationsbedarf erzeugt, Abläufe verlangsamt und eine Fehlerquelle darstellt. Daher sollten *zusammengehörende Tätigkeiten* auch in einer Stelle beziehungsweise Abteilung *gebündelt* werden.

Nun kann das natürlich nicht bedeuten, die Arbeitsteilung aufzuheben und damit quasi in die Zeit vor Adam Smith zurück zu kehren. Es geht nur darum, die Arbeitsteilung, insbesondere die zwischen unterschiedlichen Abteilungen, kritisch im Hinblick auf effizienzhemmende Schnittstellen zu hinterfragen. Es geht also nicht um die Abschaffung der Arbeitsteilung, sondern gegebenenfalls um eine *andere* Arbeitsteilung.[218]

- Auch der Ausdruck „*one face to the customer*" entstammt nicht der klassischen Organisationslehre, sondern vornehmlich in der Vertriebspraxis gebraucht.[219]

  Es ist aber auch ein Grundsatz, der bei der Aufbauorganisation Beachtung finden sollte. Das Unternehmen sollte so strukturiert werden, dass Kunden mit wenigen, im besten Fall einem, kompetenten Ansprechpartner auskommen und nicht wegen jeder Frage an eine andere Abteilung verwiesen werden.

- Keiner großen Erläuterungen bedürfen die letzten drei Kriterien *Flexibilität*, *Verfügbarkeit von Kompetenz* und Rationalisierung durch Größenvorteile (sog. „*economies of scale*").

Natürlich sollte die Organisation eines Unternehmens so geschaffen sein, dass auf Veränderungen im Umfeld, insbesondere im Markt, flexibel und schnell reagiert werden kann. Sie sollte auch so geschaffen sein, dass die entsprechend kompetenten Mitarbeiter schnell und günstig verfügbar sind. Und, der Grundgedanke von Adam Smith, Aufgaben sollten effizienter erledigt werden durch Bündelung.

Die verschiedenen Anforderungen sind teilweise erkennbar *widersprüchlich*. So kann sich aus dem Kriterium Schnittstellenminimierung eine gegenteilige Empfehlung ergeben gegenüber dem Kriterium „Rationalisierung durch Größenvorteile".

Die optimale Aufbauorganisation ist daher in der Praxis regelmäßig so etwas wie die Wahl des „*kleinsten Übels*".

3.4.2.4 Konkrete Formen der Aufbauorganisation

Die konkreten Ausbildungen der Strukturen in der Praxis in verschieden Gruppen eingeteilt[220]. Die erste Gruppe bildet die der *Einliniensysteme*. Danach darf eine Stelle nur von *einer* einzigen übergeordneten Stelle Anordnungen erhalten.[221] Das entspricht dem klassischen Modell der Hierarchie, wie sie z. B. auch in Abb. 3.22 dargestellt ist. Es entspringt dem alten Grundsatz der *Einheit der Auftragserteilung*[222] („unity of command").

---

[218] vgl. Rump (Organisation) S. 25.

[219] vgl. z. B. Mertens/Stößlein (Prozesse) S. 58.

[220] vgl. zum Abschnitt z. B. Laux/Liermann (Organisation) S. 198 ff., Wöhe (Betriebswirtschaftslehre) S. 152 ff., Stärkle (Organisation) S. 34 ff., Vettiger (Managementlehre) S. 115 ff.

[221] vgl. Weidner/Freitag (Organisation) S. 74 ff.

[222] vgl. Fayol (Verwaltung).

3.4 Unternehmensorganisation

Abb. 3.25 Funktionale Organisation

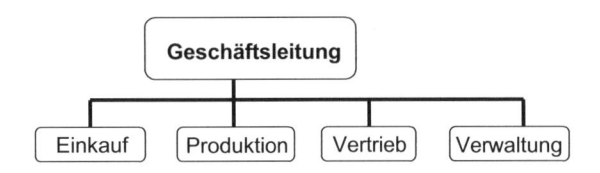

```
                  Geschäftsleitung
          ┌──────────┬──────────┬──────────┐
       Einkauf   Produktion   Vertrieb   Verwaltung
```

Die Vorteile sind offensichtlich: klar, einfach, genaue Abgrenzung der Kompetenzen. Nachteilig kann eine gewisse starre, eine fehlende Dynamik, ein langer Instanzenweg wirken.

Typische Vertreter dieser Gruppe sind die funktionale Organisation, die divisionale Organisation und andere objektbezogene Organisationen und, mit Einschränkungen, die „International Division".

Funktionale Organisation

Bei der funktionalen Organisation sind die einzelnen Stellen und Bereiche nach Verrichtungen untergliedert, also nach Einkauf, Produktion, Vertrieb, Finanz- und Rechnungswesen etc. (vgl. Abb. 3.25)[223]

Diese Form ist typisch für kleinere und mittlere Unternehmen, meist auch für ein-Produkt-Unternehmen bzw. Unternehmungen mit relativ einheitlichem Sortiment.

Vorteile liegen in der Verfügbarkeit der Kompetenz. Die Struktur entspricht der logischen Arbeitsteilung und Spezialisierung, Doppelarbeiten werden vermieden, wodurch Rationalisierungseffekte entstehen.

Nachteile machen sich besonders dann bemerkbar, wenn das Unternehmen eine bestimmte Größenordnung erreicht und überschreitet und die Produktpalette breiter wird.

Bei unterschiedlichen Produktlinien – banales Beispiel: ein Unternehmen stellt sowohl Kühlschränke als auch Stereoanlagen her – mag es nicht mehr sinnvoll sein, etwa die Vertriebsabteilung einer Leitung zu unterstellen, da die geforderten Fachkenntnisse sehr unterschiedlich sind.

Schwerer noch wiegt der überproportional steigende Koordinationsaufwand, wenn etwa eine grundsätzlich Entscheidung zum Thema „Kühlschränke" jeweils über das gesamte Unternehmen mit allen Abteilungen abgestimmt werden muss.

Dies führt dann auch zu einer Diffusion der Ergebnisverantwortung, wie am folgenden Beispiel klar wird.

> **Beispiel: Streit um die Ergebnisverantwortung in einem Unternehmen mit funktionaler Organisationsform**
>
> Dieses Beispiel ist fiktiv. Jeder erfahrene Praktiker wird aber bestätigen, dass sich Diskussionen in der oder in ähnlicher Form in der Wirtschaftswelt beinahe täglich abspielen.
>
> Man stelle sich ein größeres Unternehmen vor, das, um beim Fall zu bleiben, Kühlschränke produziert. Die Umsatzzahlen bleiben hinter der Planung zurück.

---

[223] vgl. z. B. Stärkle (Organisation) S. 26.

Bei der wöchentlich am Montag stattfindenden Geschäftsführerbesprechung, an der neben dem Geschäftsführer auch die Leiter der funktionalen Bereiche Vertrieb, Produktion, Einkauf, Entwicklung, und Rechnungswesen teilnehmen, gerät der Vertriebsleiter wegen des unbefriedigenden Umsatzes unter Druck. Er verteidigt sich: „Wir haben eine hervorragend motivierte und ausgebildete Vertriebsmannschaft. Aber wir produzieren einfach zu teuer. Und die Lieferzeiten sind einfach zu lang – die Kunden akzeptieren nicht, zehn Wochen zu warten, bis wir die Ware vielleicht mal produzieren und ausliefern."

Damit ist es am Produktionsleiter, sich gegen die angeblich zu langen Produktionsdurchlaufzeiten zu verteidigen: „Wir produzieren das, was wir aus der Entwicklung bekommen. Was manchmal sehr ineffizient ist. Ich könnte Ihnen mindestens fünf Beispiele nennen, wie wir günstiger und schneller produzieren könnten, wenn die Entwicklung nur bestimmte Dinge ein wenig anders machen würde. Und was die Lieferzeiten betrifft – bisweilen können wir Aufträge nicht einphasen, weil wir die benötigten Komponenten von den Zulieferern noch nicht haben."

Die so angegriffenen Führungskräfte aus Entwicklung und Einkauf geben die Vorwürfe nun wieder zurück an den Vertrieb.

Der Einkauf, so führt deren Chef aus, bestelle die Komponenten gemäß dem voraussichtlichen Absatz, wie er vom Vertrieb geschätzt wird. Wenn nun die Prognosen über den Absatz der verschiedenen Typen nicht mit den tatsächlichen Aufträgen übereinstimmten, könnten auch nicht die richtigen Komponenten bestellt werden.

Aus der Entwicklung kommen ebenfalls Vorwürfe an den Vertrieb. Die Kühlschränke würden exakt so konstruiert, wie der Markt es wünsche – jedenfalls nach Aussagen des Vertriebs.

Auch der Vertriebsleiter findet indessen wieder Gegenargumente. Wer Recht hat, sofern überhaupt von Recht haben oder nicht Recht haben gesprochen werden kann, lässt sich nicht mehr feststellen.

Das Problem ist innerhalb der gegebenen Organisationsstruktur nicht lösbar, sondern nur mit einer strukturellen Veränderung.

Divisionale Organisation
Die divisionale Organisation, auch Spartenorganisation genannt, ist eine *objektbezogene* Organisationsform[224]. Kennzeichnend ist die Aufteilung nach Produkten bzw. Produktgruppen auf der oberen Ebene. Unterhalb dieser Ebene findet sich in vielen Fällen eine funktionale Gliederung (vgl. Abb. 3.26).

Die Struktur nach Sparten oder „Divisions" ist ein Ergebnis der oben geschilderten Probleme der funktionalen Organisation. Viele Unternehmen haben sich nach einer Phase des Wachstums und einer Verbreiterung der Produktpalette reorganisiert und sind von der funktionalen zur divisionalen Struktur übergegangen.

---

[224] vgl. z. B. Stärkle (Organisation) S. 27, Wöhe (Betriebswirtschaftslehre) S. 156 ff., Thommen/Achleitner (Betriebswirtschaftslehre) S. 783 ff.

3.4 Unternehmensorganisation

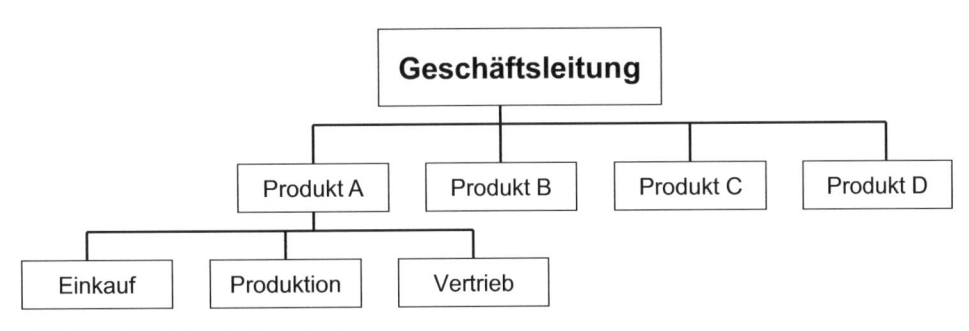

Abb. 3.26 Divisionale Organisation

Vor- und *Nachteile* verhalten sich weitgehend *spiegelbildlich* zur funktionalen Form. Größter Vorteil ist die klare Zuweisung der *Ergebnisverantwortung über die gesamte Prozesskette* an eine Person.

Wird das oben genannte Unternehmen aufgeteilt in Divisions für Kühlschränke, Stereoanlagen und so weiter, so entstehen dadurch kleine, weitgehend autonome Teileinheiten mit einer ergebnisverantwortlichen Person an der Spitze. Kostenrechnerisch können diese Sparten auch als *Profit Centres* dargestellt werden, also als Teileinheiten mit eigenem Betriebsergebnis und eigener Umsatz- und Kapitalrendite. Die Diskussionen und Schuldzuweisungen auf Geschäftsführersitzungen gehören damit insofern der Vergangenheit an, als an dem Betriebsergebnis festzumachen ist, ob der Spartenleiter nun erfolgreich gewirtschaftet hat.

Zwar muss der Spartenleiter gegebenenfalls innerhalb seiner Division die obige Debatte führen. Es ist aber in einer kleinen, überschaubaren Einheit leichter, Transparenz zu schaffen und damit zu konstruktiven Ergebnissen zu kommen.

Neben der eindeutigen Ergebnisverantwortung spricht auch die *Flexibilität* und *Marktnähe* für die Divisionalisierung. Die Leiter der Sparten können auf veränderte Marktverhältnisse schnell reagieren und brauchen sich nicht in allen Einzelheiten mit Abteilungen außerhalb des eigenen Verantwortungsbereichs abzustimmen.

Bildlich wird bei der Reorganisation eines Unternehmens von der funktions- zur divisionsorientierten Gliederung auch von der „Umwandlung eines Tankers in mehrere Schnellboote" gesprochen.

Die Nachteile liegen in der Gefahr von *Doppelarbeiten*, da jede Sparte einen eigenen Einkauf, eine eigene Produktion etc. aufbaut. Auch muss jede Sparte ihre eigene *Kompetenz* aufbauen und kann nicht oder nur schwer auf bereits vorhandenes Know-how in anderen Bereichen zurückgreifen.

Bedienen die verschiedenen Sparten die gleichen Kundengruppen, so kommt die Organisationsform auch in Konflikt mit dem „one-face-to-the-customer"-Prinzip.

So könnten Kühlschränke und Stereoanlagen von einem Unternehmen etwa an die gleiche Kaufhauskette verkauft werden. Von einem großen IT-Hersteller wird berichtet, dass eine Reorganisation bei den Kunden auf großen Unmut gestoßen sei. Der Hersteller hatte drei Divisions gebildet – Hardware Großrechner, Hardware Personal Computer, und Soft-

Abb. 3.27 Regionale Organisation

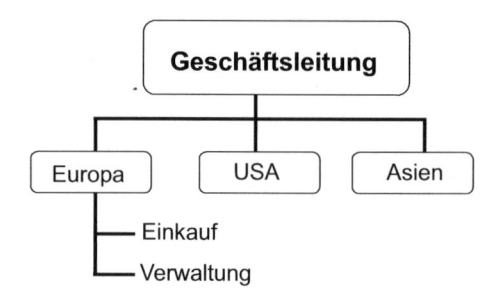

```
                    Geschäftsleitung
              ┌───────────┼───────────┐
           Europa        USA        Asien
            ├── Einkauf
            └── Verwaltung
```

Abb. 3.28 Organisation nach Kundengruppen (am Beispiel eines Verlags)

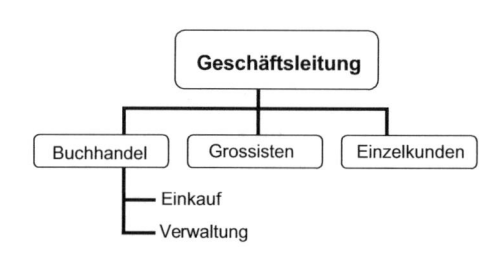

```
                    Geschäftsleitung
              ┌───────────┼───────────┐
          Buchhandel  Grossisten  Einzelkunden
            ├── Einkauf
            └── Verwaltung
```

ware. Die Kunden empfanden es als schlechten Service, nun jeweils von drei unterschiedlichen Vertriebsmitarbeitern betreut zu werden.

Insgesamt ist die Spartenorganisation also vor allem geeignet für Großunternehmen mit heterogener Produktpalette, relativ geringen Interdependenzen zwischen den Produktgruppen, und nach Möglichkeit unterschiedlichen Kundengruppen bei den verschiedenen Produkten.

Weitere objektbezogene Organisationsformen
Die Objekte, nach denen die Unternehmung strukturiert wird, müssen nicht unbedingt Produkte sein. Möglich ist auch die Gliederung nach *Regionen* (Märkten) oder auch nach *Kundengruppen* oder Branchen (vgl. Abb. 3.27 und 3.28).

Vor- und *Nachteile* entsprechen denen der divisionalen Struktur. Vorteile sind jeweils eigene Ergebnisverantwortung, Flexibilität, und Marktnähe. Nachteilig ist insbesondere die mögliche Doppelarbeit.

Die regionale Struktur eignet sich folglich für große Unternehmen, die (annähernd) weltweit tätig sind, und deren regionale Aktivität relativ autonom erfolgen kann.

Analoges gilt für die Organisation nach Kundengruppen.

International Division (ID)
Eine spezielle Organisationsform ist die der International Division. Hier wird auf der obersten Gliederungsebene grundsätzlich unterschieden zwischen den Aktivitäten im Inland, dem Heimatmarkt, und dem Auslandsengagement.

Die Aktivitäten im Heimatmarkt werden in einer bestimmten Struktur gegliedert, oft, aber nicht zwangsläufig, funktional. Die Aktivitäten im Ausland werden dagegen in einem *speziellen Bereich* gebündelt, der International Division.

3.4 Unternehmensorganisation

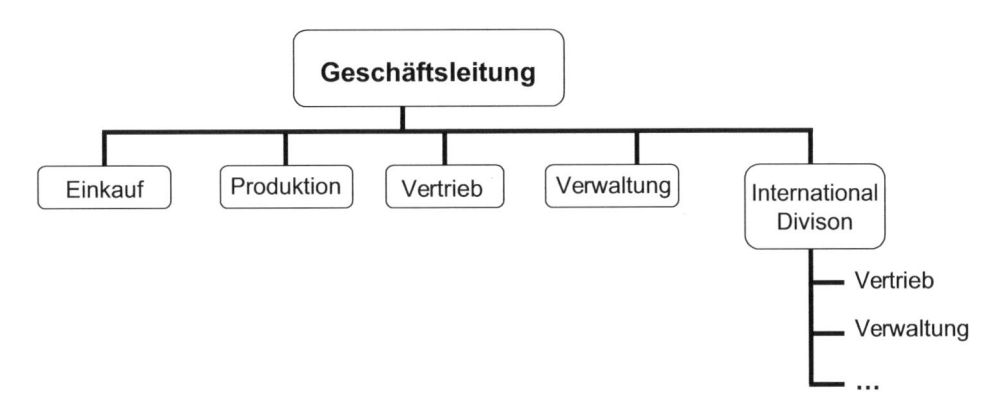

```
                    Geschäftsleitung
    ┌──────┬──────────┬──────┬──────────┬──────────────┐
  Einkauf Produktion Vertrieb Verwaltung  International
                                            Divison
                                               ├── Vertrieb
                                               ├── Verwaltung
                                               └── ...
```

Abb. 3.29 International Division

Der Grundgedanke ist dabei, dass international Geschäfte spezielle Anforderungen mit sich bringen – Umgang mit fremden Währungen, fremden Sprachen, fremden Kulturen und so weiter, so dass es sinnvoll ist, das Know-how separat zu organisieren (vgl. Abb. 3.29).

Eine International Division haben oft Unternehmen eingeführt, die bereits erfolgreich auf einem großen Heimatmarkt tätig sind und nun die Grundsatzentscheidung getroffen haben, im Ausland zu expandieren. Diese Organisationsform ist also typisch für einen dominierenden Inlandsmarkt und einem relativ kleinen Auslandsbereich.

Sie stößt daher auch schnell an Grenzen, wenn sich das Unternehmen wirklich international – europäisch oder global – ausrichten will. Denn die Organisationsform bringt es mit sich, dass im Zweifel die Politik *an den Anforderungen des Heimatmarktes ausgerichtet* wird; die ID ist dann nur ein „Anhängsel". So wird ein deutsches Unternehmen die Produktentwicklung im Zweifel an den Anforderungen des deutschen Marktes ausrichten, ein US-amerikanisches an denen der USA.

Wird aber ein hoher Exportanteil angestrebt oder das Unternehmen wirklich global ausgerichtet, dann darf es keine Bevorzugung des Heimatmarktes mehr geben. Entscheidungen wie die über neue Produkte müssen im Hinblick auf den Weltmarkt (oder den gesamteuropäischen Markt) getroffen werden.

Die ID war aus diesem Grund auch vor allem bei amerikanischen multinationalen Unternehmen eine Zeit lang weit verbreitet, solange diese schon international tätig waren, aber der Schwerpunkt noch in den USA lag. Bei europäischen internationalen Unternehmen, insbesondere bei solchen mit einem wenig bedeutenden Heimatmarkt wie der Schweiz oder den Niederlanden, war die Form hingegen nie sonderlich gebräuchlich.[225]

Im Gegensatz zum Einliniensystem besagt das *Mehrliniensystem*, „dass eine Organisationseinheit mehreren (mindestens zwei) übergeordneten Einheiten zu unterstellen ist".[226]

---
[225] vgl. Franko: European S. 201 ff.
[226] Bühner (Organisationslehre) S. 109.

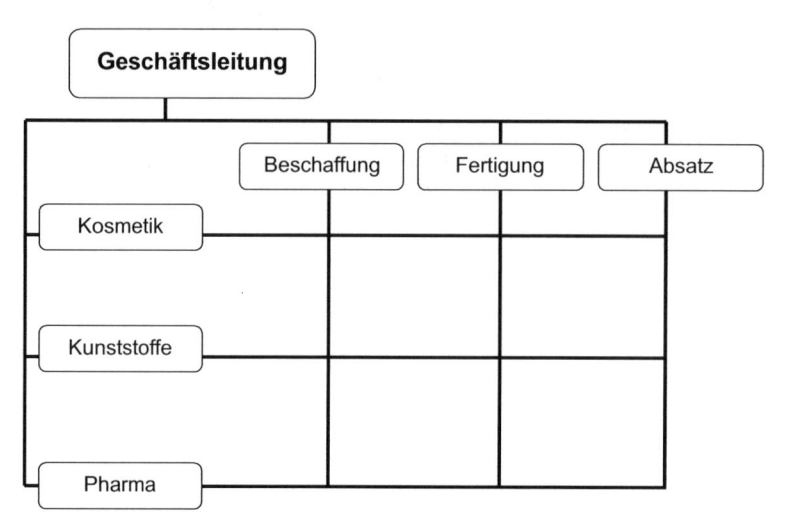

```
                    Geschäftsleitung
                           |
        ┌──────────┬───────────┬──────────┐
        │      Beschaffung   Fertigung   Absatz
   Kosmetik

   Kunststoffe

   Pharma
```

Abb. 3.30 Beispiel einer Matrix-Organisation

In der reinen Form findet sich das Mehrliniensystem in der Form der *Matrix-Organisation*.[227]

Matrix-Organisation
Bei der Matrix-Organisation berichten die Abteilungen an zwei vorgesetzte Instanzen: die funktionale und die produktbezogene.

Möglich sind auch andere Kombinationen, zum Beispiel die Doppelunterstellung unter einen funktionalen und einen regionalen Vorgesetzten.

Möglich, wenn auch wenig gebräuchlich, ist die Form einer *drei-dimensionalen Matrix*, etwa mit den Dimensionen Funktion/ Produkt/ Region[228].

Die Matrix-Organisation bietet den *Vorteil* der Berücksichtigung der diversen Kompetenzen bei Entscheidungen; im Beispiel in Abb. 3.30 etwa im Fall des Vertriebs der Pharma-Sparte können sowohl Vertriebsleiter als auch der Produktverantwortliche Pharma ihre Sicht einbringen. Eine Matrix-Organisation führt auch zu kurzen Dienstwegen.

Der *Nachteil* aller Mehrliniensysteme ist dagegen offensichtlich das Problem der Abgrenzung von Zuständigkeiten, Kompetenzen und Verantwortung. Bei Meinungsverschiedenheiten zwischen den beiden Vorgesetzten können darüber hinaus Entscheidungen lange verzögert werden.

Befürworter der Matrix weisen allerdings darauf hin, dass die Konflikte auch produktiv sein und zu neuen Lösungsansätzen führen können.

---

[227] vgl. z. B. Grochla/Thom (Matrix-Organisation), Bühner (Organisationslehre) S. 109 ff., Laux/Liermann (Organisation) S. 201 ff., Stärkle (Organisation) S. 42f, Wöhe (Betriebswirtschaftslehre) S. 157 ff., Thommen/Achleitner (Betriebswirtschaftslehre) S. 789 ff.

[228] vgl. auch Olfert/Rahn (Einführung) S. 141.

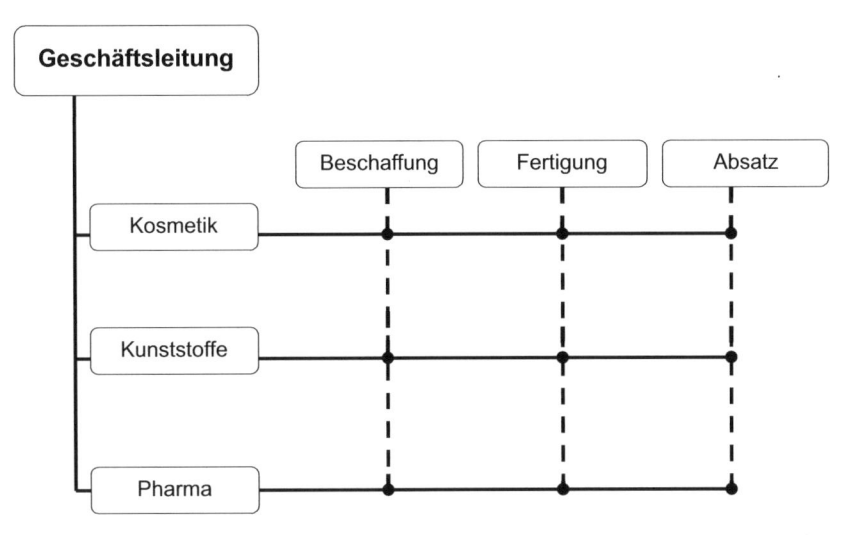

Abb. 3.31 Beispiel einer Matrix-Organisation mit Kompetenzübergewicht der divisionalen Dimension

Die Matrix-Organisation eignet sich daher nur für größere Unternehmen, die in einem komplexen Umfeld agieren, deren Entscheidungen regelmäßig die Berücksichtigung der verschiedenen Sichtweisen erfordern; deren Umfeld aber andererseits genug Zeit für die notwendigen Abstimmungsprozesse lässt.

In der Praxis hat sich herausgestellt, dass zwischen den beiden Leitungsinstanzen in der Regel keine völlige Gleichberechtigung herrscht, dass also „einer Matrix-Stelle in Bezug auf einzelne Entscheidungsgegenstände oder Problemlösungsschritte ein *Kompetenzübergewicht* eingeräumt wird."[229] Zwischen der anderen Leitungsinstanz und der Matrix-Stelle herrscht meistens eine „dotted line" Verbindung (Abb. 3.31).

Die Nachteile dieser Organisationsform werden damit gemildert.

3.4.2.5 Weitere Organisationsformen

Neben den obigen grundsätzlichen Organisationsstrukturen existieren noch einige weitere, die normalerweise mit den bisher behandelten kombiniert werden. Es sind diese:

- *Organisation mit zentralen Stellen*
- *Strategic Business Units (SBU)*
- *Stabsstellen und Stab-/Linienorganisationen*
- *Holding und Management-Holding*

---

[229] Bühner (Organisationslehre) S. 147.

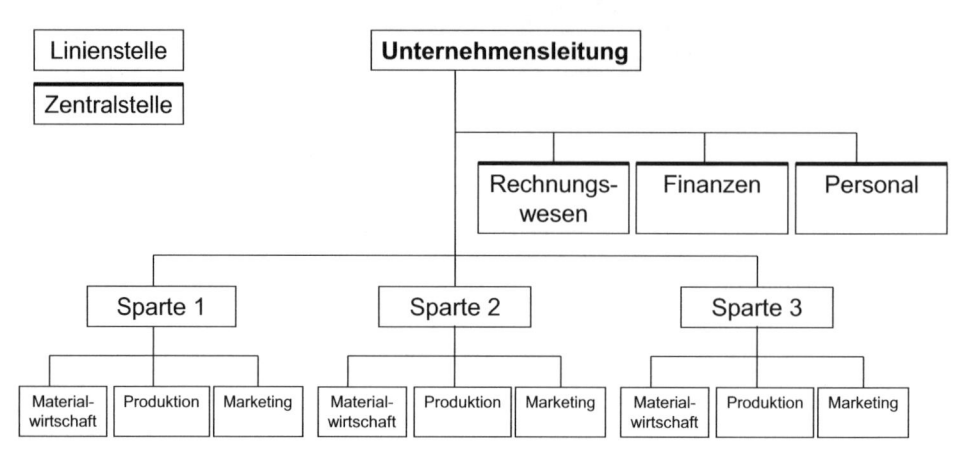

Abb. 3.32 Spartenorganisation mit zentralen Stellen. (Quelle: Thommen/Achleitner (Betriebswirtschaftslehre) S. 784)

Organisation mit zentralen Stellen
Die gegensätzlichen Anforderungen an eine optimale Organisationsform führen immer wieder zu Kompromissen, mit denen versucht wird, die jeweiligen Nachteile zu minimieren.

Die Übergänge zwischen ein- und mehrdimensionalen Leitungssystemen sind dabei fließend.[230]

Ein solcher Kompromiss ist die Organisation mit zentralen Stellen.[231] Dabei werden etwa bei einer Spartenorganisation bestimmte Funktionsbereiche aus den Divisions herausgenommen und zentral organisiert.[232] Typisch ist es etwa, Materialwirtschaft, Produktion und Vertrieb in den Sparten zu belassen, da hier das produktspezifische Know-how im Vordergrund steht. Finanz- und Rechnungswesen und Personal sind dagegen Zentralabteilungen (Abb. 3.32).

Vorteile: eine Organisation mit zentralen Stellen ist zunächst einmal ideal, um die Vorteile von funktionaler und objektbezogener Organisation jeweils zum Tragen zu bringen. Bereiche, in denen etwa Rationalisierungseffekte aufgrund der Zentralisierung überwiegen, werden auch zentralisiert; andere bleiben bei den Sparten.

Der entscheidende *Nachteil* liegt in der *Kompetenzverteilung* zwischen Sparten und zentralen Stellen. Der Spartenleiter von Sparte 1 in Abb. 3.32 hat keinen Zugriff auf das Rechnungs- und Personalwesen. Er kann deren Leistungen daher auch nicht unmittelbar steuern, was insbesondere dann problematisch ist und zu Streitereien führt, wenn er mit den Leistungen von Personal- oder Rechnungswesen für seine Sparte unzufrieden ist.

Er wird im Zweifel argumentieren, dass er für das Ergebnis seiner Division nicht verantwortlich gemacht werden kann, da er zwar Aufgaben und Verantwortung hat, aber nicht die entsprechenden Kompetenzen.

---

[230] vgl. Stärkle (Organisation) S. 33.
[231] vgl. z. B. Stärkle (Organisation) S. 39 ff.
[232] vgl. Thommen/Achleitner (Betriebswirtschaftslehre) S. 783 ff.

3.4 Unternehmensorganisation

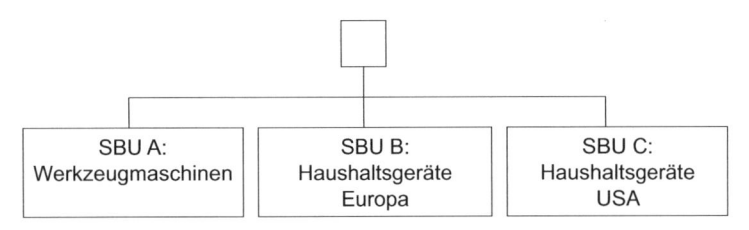

```
        ┌──────┐
        │      │
   ┌────┴───┬──┴─────┐
┌──┴───┐ ┌──┴───┐ ┌──┴───┐
│SBU A:│ │SBU B:│ │SBU C:│
│Werk- │ │Haus- │ │Haus- │
│zeug- │ │halts-│ │halts-│
│maschi│ │geräte│ │geräte│
│nen   │ │Europa│ │USA   │
└──────┘ └──────┘ └──────┘
```

Abb. 3.33 Beispiel einer Organisation nach SBU

Strategic Business Units (SBU)

Die Organisation nach Strategic Business Units (SBU), auf Deutsch Strategische Geschäftsfelder (SGF), bisweilen auch Strategische Geschäftseinheiten (SGE) genannt, ist in der Praxis meistens eine Variante der *divisionalen* Struktur.

Der Ausdruck SBU stammt ursprünglich aus dem strategischen Management[233]; SBU sind definiert als „ausgewählte Produkt/Markt-Kombinationen, die sich von anderen klar unterscheiden. Als Trennungskriterien werden die unterschiedlichen Produkt- und Marktmerkmale verwendet, von technischen über ökonomischen bis hin zu sozio-demographischen".[234]

Strategische Geschäftsfelder können also auch innerhalb eines Unternehmens abgegrenzt sein nach Produkten, Märkten im Sinne von Kundengruppen, Märkten im Sinne von Regionen und dergleichen.[235]

Wenn ein Unternehmen zum Beispiel Werkzeugmaschinen und Haushaltsgeräte herstellt, ist es möglich, dass eine SBU die Werkzeugmaschinen umfasst, die Haushaltsgeräte aber in zwei SBU aufgegliedert sind, weil sie in unterschiedlichen Regionen unterschiedliche Märkte bedienen (Abb. 3.33).

Vor- und Nachteile dieser Organisationsform sind mit denen einer objektbezogenen Organisation vergleichbar. Sie eignet sich daher nur für sehr große Unternehmen mit breiter und heterogener Produktpalette.

Stabsstellen und Stab-/Linienorganisationen

Bereits mehrfach wurde in diesem Kapitel der Begriff *Stab* bzw. *Stabsstelle* benutzt. Sie sind durch die Aufgabe gekennzeichnet, „Teilaufgaben einer Leitungsinstanz zu übernehmen im Sinne von Vorbereitung und Unterstützung dieser Instanz bei der Wahrnehmung ihrer Leitungs- und Ausführungsaufgaben. So kann eine Instanz für bestimmte Funktionen Spezialisten einsetzen, die bestimmte Fragen untersuchen und bearbeiten und der übergeordneten Instanz, der sie beigegeben sind, Vorschläge unterbreiten bzw. für sie bestimmte Aufgaben erledigen. Stabsstellen haben nur beratende Funktion."[236]

---

[233] vgl. z. B. Dunst (Portfolio), Abell/Hammond (Planning), Boston Consulting Group (Product), Hinterhuber (Unternehmungsführung I) S. 13 ff.

[234] Ihde (Portfolio) S. 131.

[235] vgl. Pümpin (Erfolgspositionen) S. 42 ff.

[236] Wöhe (Betriebswirtschaftslehre) S. 155.

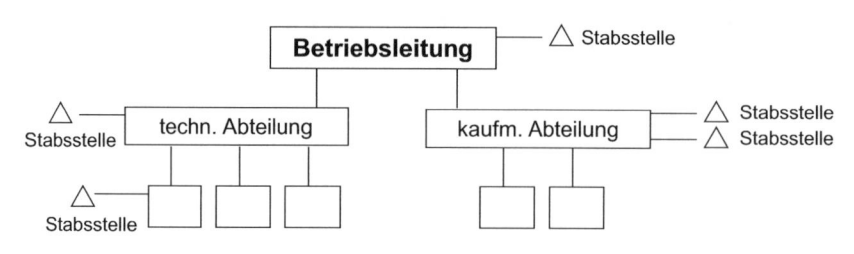

Abb. 3.34 Stablinienorganisation. (Quelle: Wöhe (Betriebswirtschaftslehre) S. 155)

Ursprungsgedanke der Stäbe war und ist die Entlastung der Linienstellen: „Wissenschaftlich fundierte, in der Praxis vertretbare Erkenntnisse auf allen Gebieten (Technik, Wirtschaft, Soziologie, Psychologie usw.) ergeben heute ein Informationsvolumen, das von den einzelnen Menschen nicht mehr beherrscht werden kann. Der geistigen und physischen Leistungsfähigkeit sind von der Natur aus absolute Grenzen gesetzt, wobei sich diese beim Einzelnen unterschiedliche auswirken. Wenn diese Grenzen erreicht sind oder überschritten werden, ist eine optimale Aufgabenerfüllung nicht mehr möglich. Diese Gefahr ist vor allem bei den Instanzen der oberen Leitungsebenen ab einer entsprechenden Betriebsgröße gegeben. Aus Gründen der Koordination und Wirtschaftlichkeit kommt oft eine Teilung der betroffenen Instanzenstelle nicht in Betracht. Andererseits muss aber eine Entlastung der Leitungsstelle erfolgen; es muss Hilfestellung geleistet werden. Zur Unterstützung kann eine zusätzliche Stelle, die Stabsstelle, gebildet werden."[237]

Entscheidendes Merkmal einer Stabsstelle, aus der auch eine Stabsabteilung erwachsen kann, ist die *unterstützende* und *beratende* Funktion, woraus sich auch ergibt, dass die Stabsstelle *keine Entscheidungs- und Weisungsbefugnis*[238] hat. Die bleibt bei der entsprechenden Linieninstanz.

Stabsstellen werden im Unternehmen in Kombination mit Liniensystemen gebildet, wodurch eine *Stablinienorganisation* entsteht. Abbildung 3.34 veranschaulicht die Stab-/Linienorganisation. Die Organisation des Liniensystems selbst kann nach allen gängigen Formen erfolgen, also funktional, divisional, als Matrix und so weiter.

Typische *Beispiele* für Stabsstellen sind Assistenten von Vorständen, Abteilungen für Unternehmensplanung, Strategieentwicklung und dergleichen.

Stabsstellen und -abteilungen haben gerade in größeren Unternehmen ihre Berechtigung und werden diese auch in Zukunft haben.

Stabsstellen können aber zu *Problemen* und *Konflikten* führen, insbesondere in der Zusammenarbeit mit der Linie[239].

Aufgrund des Charakters von Stabsstellen haben deren Mitarbeiter *keine Verantwortung* für die Realisierung ihrer Vorschläge bzw. von deren Auswirkungen – diese verbleibt bei der Linie. Zwar haben die Stäbe formal auch keine Weisungskompetenz, insofern

---

[237] Weidner/Freitag (Organisation) S. 81.
[238] vgl. Weidner/Freitag (Organisation) S. 82.
[239] vgl. Weidner/Freitag (Organisation) S. 85 ff.

3.4 Unternehmensorganisation

bleibt der Grundsatz der Kongruenz von Aufgaben und Kompetenzen erhalten. Faktisch üben die Stabsstellen aber durch ihre Vorschläge und ihr Fachwissen aber *Einfluss* aus. Der *Einfluss ohne Verantwortung* ist der Kern des Problems.

Die faktische Expertenmacht kann nicht nur zu ökonomisch ineffizienten Entscheidungen führen. Sie ist auch ein Beispiel für eine weinig „ethikfreundliche" Organisationsform, da die Verantwortung zwischen Stab und Linie hin- und hergeschoben werden kann.[240]

Hinzu kommt, dass Mitarbeiter von Stabsstellen theoretisch gut ausgebildet sind; oft handelt es sich um Hochschulabsolventen, die entsprechend ihrer Ausbildung und auch ihrer Aufgabe dann oft auch theoretisch anspruchsvolle Lösungen für anstehende Probleme entwickeln.

Diese Lösungsvorschläge finden in der Linie aber oft *keine Akzeptanz*. Die mangelnde Akzeptanz ist in der Regel eine Mischung aus fachlichen Problemen – die theoretisch exakten Lösungen „berücksichtigen zu wenig die wirklich Situation"[241] – und unterschiedlichen Persönlichkeitsstrukturen. Denn die Führungskräfte der Linie sind oft älter und in der Praxis erfahrener, bisweilen aber theoretisch weniger gut ausgebildet.

Durch die Trennung der Lösungsvorschläge einerseits und ihrer Umsetzung andererseits sind die Arbeitsergebnisse von Stäben auch *schwer messbar*. Wenn Leiter von Stabsabteilungen nun, wie andere Führungskräfte auch, neue Stellen beantragen, dann fehlt ein griffiges Kriterium, ob diese auch gerechtfertigt sind in dem Sinn, dass der Nutzen für das Unternehmen die Kosten übersteigt. Stabsabteilungen stehen bisweilen im Ruf, überdimensioniert zu sein, da Leiter die Notwendigkeit von mehr Mitarbeitern oft geschickt begründen, der Output dieser Mitarbeiter aber nicht unmittelbar sichtbar ist[242].

Um mit den Konflikten umgehen zu können, sind einige Grundsätze entwickelt worden, wie Informationspflicht aller Stabsstellen auf Anforderung durch die Linienstellen und exakte Definition von Rechten und Pflichten von Stäben und Linie.[243] Diese schriftliche Fixierung von Rechten und Pflichten wird in der Praxis indessen das Problem nicht lösen. Die im zweiten Teil[244] beschriebenen Verhaltensweisen von Individuen im Unternehmen lassen vielmehr den Schluss zu, dass es naiv wäre, solche in unterschiedlichen persönlichen Interessen begründeten und in der Regel „unter der Oberfläche" schwelenden Konflikte mit schriftlichen Anweisungen lösen zu wollen.

Analytisch eindeutige Lösungen für die Arbeit von und mit Stäben existieren nicht; hier ein paar Faustregeln aus der Praxis:

- Anzahl der Stabstellen und Größen der Stabsabteilungen *klein* halten. Je weniger Stabsstellen existieren, umso geringer die potenzielle Reibungsfläche. Dem organisatorischen Grundsatz der Kongruenz von Aufgabe, Kompetenz und Verantwortung ist

---

[240] vgl. Noll Unternehmensethik) S. 124.
[241] Weidner/Freitag (Organisation) S. 86.
[242] s. u. Kap. 2.6.
[243] vgl. Höhn (Stäben).
[244] s. o. Kap. 2.2.

so weit wie möglich Rechnung zu tragen. So banal es sich anhört, so schwierig ist es bisweilen in der Praxis, den Grundsatz durchzuhalten. Gefördert durch die Interessen der Mitarbeiter und Führungskräfte in den Stäben und den Linieninstanzen, denen sie berichten, können Stabsabteilungen eine ansehnliche Dynamik entwickeln.
- Manche Unternehmen besetzen Stabsabteilungen vorwiegend oder ausschließlich mit älteren Mitarbeitern, die schon *in der Linie Erfahrungen gesammelt* haben und erfolgreich waren. Das erhöht die Akzeptanz der Stabsstellen. Nachteilig kann sich dabei auswirken, dass dadurch weniger neue Ideen aus der Wissenschaft in die Arbeit der Stabsabteilungen einfließen, wie dies etwa durch junge Hochschulabsolventen möglich wäre.
- Was kann konkret ein junger Hochschulabsolvent tun, der beginnt, in einer Stabsstelle zu arbeiten und mit dem Problem mangelnder Akzeptanz konfrontiert wird? Auch hier können einige scheinbar *banale Verhaltensregeln* weiterhelfen: den älteren Linienmitarbeitern mit Respekt begegnen, ihre Erfahrung nutzen und nicht ihre Kompetenz in Frage stellen, natürlich auf keinen Fall als „Besserwisser" auftreten, den Linienmitarbeiter Hilfe anbieten – Stichwort: Nutzenargumentation – statt zu versuchen, sie zu bevormunden.

Die angefragte Hilfe wird in vielen Fällen keine fachliche sein – hier wird der Linienmanager, zu Recht oder zu Unrecht, eher der Ansicht sein, auf den Rat der Stäbe verzichten zu können. Der Stabsmitarbeiter kann aber umgekehrt versuchen, auch bei seinen Vorgesetzten Verständnis für die Belange der Linie zu wecken. In dieser *Vermittlerrolle*, die er wohlwollend, aber auch kritisch wahrnimmt, kann er sich wohl den meisten Respekt verschaffen.

Holding und Management-Holding
Eine *Holding* ist ein Unternehmen, „dessen betrieblicher Hauptzweck in einer auf Dauer angelegten Beteiligung an rechtlich selbständigen Unternehmen liegt."[245]

Ein Beispiel in diesem Buch ist die Holding der Fitness GmbH (s. o. Abb. 1.1).

Kennzeichnend ist eine klare Trennung zwischen strategischen, bereichsübergreifenden, gesamtunternehmerischen Aufgaben einerseits und operativen, bereichsspezifischen Aufgaben andererseits[246].

Erstere werden von der *Holding* wahrgenommen, letztere von den an der Holding angehängten *operativen Einheiten*. Im Beispiel der Fallstudie werden also etwa alle Tätigkeiten, welche die Fitness Produktions GmbH betreffen, dort ausgeführt, während sich die Tätigkeiten der Fitness Holding GmbH auf die Aufgaben der gesamten Gruppe konzentrieren.

Die Holding ist also per se eine *dezentrale* Form der Organisation, stark am Subsidiaritätsprinzip orientiert. Was sinnvollerweise in den Einheiten ausgeführt werden kann, wird an diese delegiert, in der Holding bleibt nur noch ein Kern.

In der strengsten Form ist die Holding eine reine *Finanzholding*, in der neben der Strategie (und dem Jahresabschluss der Gesamtgruppe) nur noch über die *Verteilung der*

---
[245] Thommen/Achleitner (Betriebswirtschaftslehre) S. 785 ff.
[246] vgl. zum Abschnitt SchreyöggKliesch/Lührmann (Bestimmungsgründe), Keller (Holdingkonzepten), Weidner/Freitag (Organisation) S. 114 ff.

3.4 Unternehmensorganisation

```
                    ┌──────────────────┐
                    │  Geschäftsführer │
                    └────────┬─────────┘
         ┌───────────┬───────┴───────┬──────────────┐
    ┌────┴────┐ ┌────┴────┐    ┌─────┴────┐  ┌──────┴──────┐
    │Beschaffung│ │Produktion│  │ Vertrieb │  │  Finanzen/  │
    │         │ │         │    │          │  │ Verwaltung  │
    └─────────┘ └─────────┘    └──────────┘  └─────────────┘
```

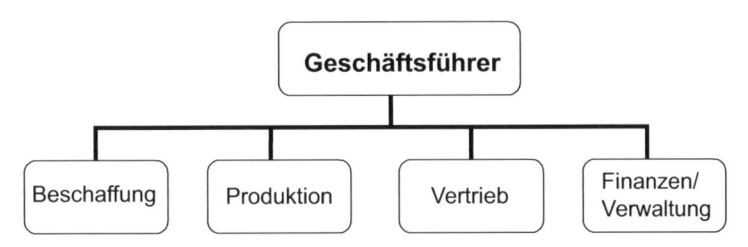

Abb. 3.35 Unternehmen U – ursprüngliche Organisation

Finanzmittel entschieden wird. In der Praxis sind in der Holding oft aber auch zentrale Einheiten angesiedelt, im Beispiel der Fitness GmbH sind das Controlling/Finanz, Personal, IT. Eine derartige Konstruktion, die auch operative Tätigkeiten enthält, wird als *Management-Holding* bezeichnet[247].

Die operativen Einheiten können funktional aufgeteilt sein (wie bei der Fitness GmbH), aber auch regional, oder, in der Praxis wahrscheinlich am häufigsten, divisional.

In einigen atypischen Holdings sind die operativen Einheiten rechtlich nicht selbständig sind[248]. Sie werden aber *intern*, vor allem kostenrechnerisch, *so abgebildet*, als seien sie es. Das bedeutet insbesondere eine *Ergebnisverantwortung* für die Einheiten, wie es bei einem rechtlich selbständigen Unternehmen.

Die Übergänge zwischen einer (Management-)Holding Organisation und anderen Formen wie der der SBU oder der von Divisions mit zentralen Diensten sind teilweise unscharf.

Am besten verstehen kann das Holding-Konzept anhand der Entstehungsgeschichte verstanden werden.

Man stelle sich etwa ein traditionsreiches, erfolgreiches deutsches Unternehmen U vor, als Produktreihen seien noch einmal Kühlschränke (K) und Stereoanlagen (S) genommen.

Die ursprüngliche Struktur war wie üblich funktional (Abb. 3.35).

Im Zuge der internationalen Expansion wurden mehr und mehr Tochtergesellschaften (TGs) zum Zweck des Vertriebs im Ausland gegründet. Das in Deutschland verbliebene *Stammhaus* war weiterhin funktional organisiert (Abb. 3.36).

Das Unternehmen erreichte die Größe, in der die Nachteile der funktionalen Organisation eklatant werden. Der Koordinationsaufwand stieg, die Ergebnisse der einzelnen Produktreihen waren intransparent, die Ergebnisverantwortung diffus.

Hinzu kam, dass sich die Geschäftsführer der Tochtergesellschaften ständig beschwerten, im Stammhaus werde kaum Rücksicht auf die Bedürfnisse ihres Marktes genommen, obwohl mittlerweile mehr als 50 % des Umsatzes im Ausland gemacht wurde.

Produkte wurden nur im Hinblick auf deutsche Kunden entwickelt, Broschüren und Produktbeschreibungen lagen oft nur auf Deutsch vor und so weiter.

Denn die Manager von Produktions- und Vertriebsbereich fühlten sich als Mitarbeiter des Stammhauses dem Unternehmen in Deutschland zugehörig; das Auslandsgeschäft war mental ein Anhängsel geblieben.

---
[247] vgl. Schreyögg/Kliesch/Lührmann (Bestimmungsgründe) S. 721.
[248] vgl. Thommen/Achleitner (Betriebswirtschaftslehre) S. 787 ff.

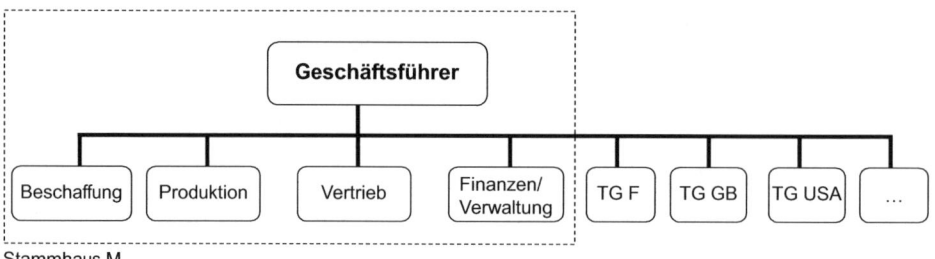

```
┌─────────────────────────────────────────────────────────────┐
│                      Geschäftsführer                        │
│    ┌────────┬────────┬────────┬────────┐  ┬────┬────┬────┐ │
│ Beschaffung Produktion Vertrieb Finanzen/ TG F TG GB TG USA ...│
│                                Verwaltung                    │
└─────────────────────────────────────────────────────────────┘
Stammhaus M
```

Abb. 3.36 Unternehmen U – Stammhausorganisation und Tochtergesellschaften

Um Ergebnistransparenz und -verantwortung zu erreichen und U wirklich international auszurichten, entschloss sich die Geschäftsleitung zu einer grundlegenden Reorganisation.

Eine Management-Holding U AG wurde geschaffen, welcher die Geschäftsführung und der Bereich Finanzen/Verwaltung angehörten.

Die Ergebnisverantwortung wurde auf die K GmbH und die S GmbH übertragen. Die Tochtergesellschaften wurden ebenfalls zwischen K und S aufgeteilt.

Um die internationale Ausrichtung zu betonen und dem Vertrieb außerhalb Deutschlands die gleiche Stimme zu geben, wurden innerhalb der Divisions für die Bereiche Beschaffung/Produktion einerseits und Vertrieb andererseits ebenfalls rechtlich selbständige Gesellschaften geschaffen (vgl. Abb. 3.37).

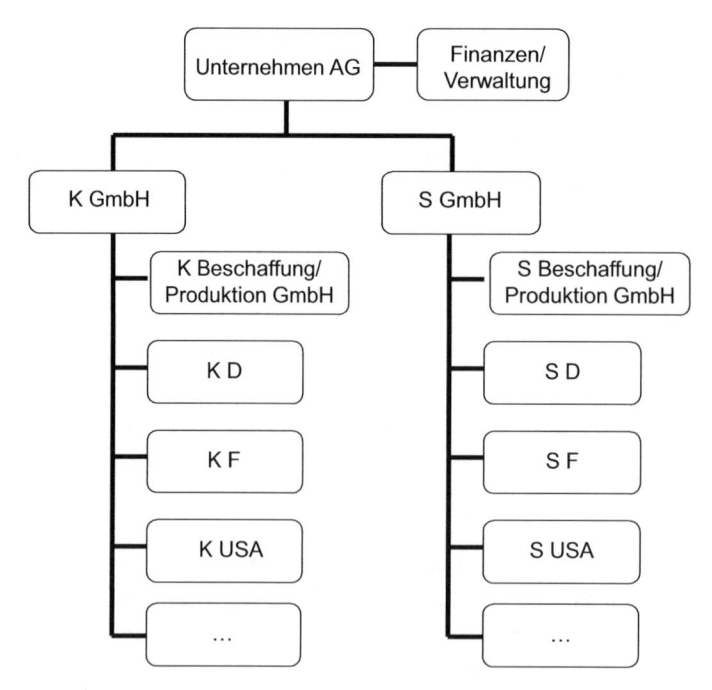

Abb. 3.37 Unternehmen U nach der Reorganisation

3.4 Unternehmensorganisation

Das große, unbewegliche und unübersichtliche Stammhaus existiert nicht mehr. Das Unternehmen ist aufgeteilt in kleinere und weitgehend autonome Einheiten. Nur noch einige Finanz- und Verwaltungsfunktionen werden zentral wahrgenommen.

Die ausländischen Tochtergesellschaften sind formal dem deutschen Vertrieb gleichgestellt. Faktisch hat der deutsche Vertrieb freilich immer noch einen besseren Zugang zur Produktion. Denn die Produktionsgesellschaften sind weiterhin in Deutschland, und die Manager sind vorwiegend Deutsche. Im Vergleich zur Situation davor ist dennoch eine deutliche Verbesserung eingetreten.

Beispiel: Voith AG

Das 1825 gegründete Unternehmen Voith mit Sitz in Heidenheim ist ein führender Hersteller auf den Gebieten Papiertechnik, Antriebstechnik, Energietechnik und industriellen Dienstleistungen.

Die Voith AG beschäftigt weltweit 24.000 Mitarbeiter bei einem Umsatz von 3,3 Mrd. €. Mit 68% Auslandsanteil ist das Unternehmen weltweit aktiv[249].

Voith ist ein typisches Beispiel für ein erfolgreiches deutsches Unternehmen, das sich in den 1990er Jahre aufgrund des Wachstums organisatorisch neu ausrichtete.

Die Politik der bewussten Dezentralisierung begann 1994, als Voith „nach 130 Jahren Firmengeschichte vom Stammhausprinzip zu einer operativen Management-Holding"[250] überging.

Sukzessive wurden die einzelnen Geschäftsbereiche rechtlich verselbständigt und mit eigener Ergebnisverantwortung ausgestattet.

Zuerst wurde der Bereich Papiertechnik rechtlich verselbständigt, ein Jahr später folgten Antriebs- und Kraftwerktechnik. 1997 war die Reorganisation abgeschlossen. Seitdem wird Voith von der Voith AG als Holding geführt. Dort sind Konzernzentralfunktionen angesiedelt, außerdem wird dort die „grundlegende Geschäftspolitik"[251] bestimmt.

Die vier wesentlichen Geschäftsbereiche Voith Paper, Voith Turbo (Antriebstechnik), Voith Siemens Hydro (Kraftwerksbau) und Industrial Services werden von rechtlich selbständigen Gesellschaften geführt und sind ihrerseits wieder in Geschäftsbereiche, in Divisions, gegliedert, beispielsweise die Voith Turbo in Straße, Schiene, Marine und so weiter.

Somit sind die Geschäftsbereiche und Divisions flexibel und können schnell auf Marktveränderungen reagieren, während grundsätzliche, bereichsübergreifende Entscheidungen nach wie vor zentral – in der Holding – getroffen werden (Abb. 3.38).

---

[249] vgl. Voith (Geschäftsjahr), Voith (Geschichte) S. 5.
[250] Voith (Geschichte) S. 82.
[251] Voith (Geschichte) S. 83.

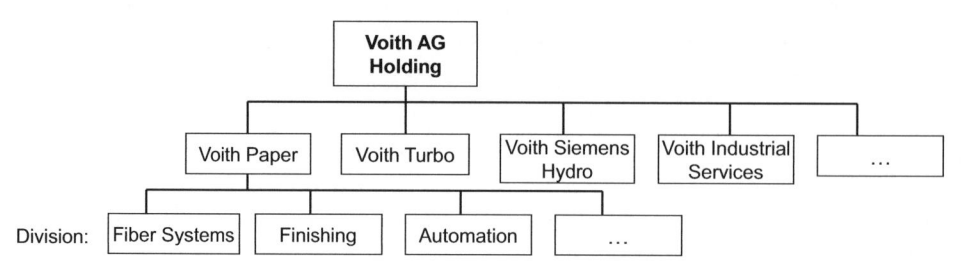

```
                    ┌──────────────┐
                    │  Voith AG    │
                    │  Holding     │
                    └──────┬───────┘
         ┌────────────┬────┴─────┬──────────────┬──────┐
   ┌─────┴─────┐ ┌────┴────┐ ┌───┴──────┐ ┌─────┴──────┐
   │Voith Paper│ │Voith    │ │Voith     │ │Voith       │  ...
   │           │ │Turbo    │ │Siemens   │ │Industrial  │
   │           │ │         │ │Hydro     │ │Services    │
   └─────┬─────┘ └─────────┘ └──────────┘ └────────────┘
  ┌──────┼──────┬──────────┐
Division: │Fiber Systems│ │Finishing│ │Automation│  ...
```

Abb. 3.38 Organigramm der Voith AG. (Quelle: Voith AG (Struktur), Voith AG (Geschäftsjahr) S. 2f.)

Zum Credo der Organisationstheorie und -praxis gehört die Aussage, die Holding selbst „*klein*" zu halten.[252] „Klein", auch gern „schlank" oder „lean" bezeichnet, bezieht sich auf die Anzahl der Mitarbeiter.

Denn eine Holding-Struktur soll sich durch durchgängige, messbare Ergebnisverantwortung auszeichnen. Dies ist auch gegeben – außer innerhalb der Holding selbst! Mitarbeiter der Holding sind in ihrer Funktion mit Mitarbeitern in Stabsabteilungen vergleichbar, oft gehören sie auch formal Stabsstellen an. Daraus ergeben sich die Vorteile von Stabsstellen – aber auch deren Probleme.

Mitarbeiter von Holdings haben oft eine große Fachkompetenz, sind aber oft relativ weit entfernt vom Tagesgeschäft der operativen Einheiten. Vorgaben der Holding stoßen daher dort in der Regel auf wenig Verständnis, die Folge können entsprechende Reibungsverluste sein.

Die schwere quantitative Messbarkeit der Arbeitsergebnisse von Abteilungen in der Holding kann auch, analog Stabsabteilungen, zu unkontrolliertem Wachstum dieser Abteilungen führen. Die Folge sind dann Ineffizienzen und Arbeiten, deren Nutzen nicht erkennbar ist – umgangssprachlich: es entstehen „Wasserköpfe".

Daher der Grundsatz, eine Holding klein zu halten. Eine konkrete optimale Anzahl von Mitarbeitern kann zwar nicht generell genannt werden, denn diese ist nicht nur abhängig von der Unternehmensgröße, sondern auch von den Funktionen, welche die Holding wahrnimmt.

Untersuchungen zeigen aber, dass Unternehmen mit erstaunlich wenig Personal auskommen können. In einem europäischen multinationalen Konzern mit insgesamt 20.000 Mitarbeitern werden etwa 20–25 Personen benötigt; bei einer Konzerngröße von 100.000 liegt diese Zahl bei rund 65[253]. Es arbeitet also nur eine kleine Minderheit in der Holding – rechnerisch von tausend Mitarbeitern im Konzern nur 0,6 (Abb. 3.39).

Insgesamt bietet die Holding-Struktur *viele Vorteile*. Daher zeichnet sich nach wie vor „bei der organisatorischen Ausgestaltung großer Konzerne … als genereller Trend ab, den jahrelang dominierenden Stammhauskonzern durch eine Holding-Struktur abzulösen".[254]

---

[252] vgl. Bühner (Headquarters), Collis/Montgomery (Konzerne), Goold/Pettier/Young (Centre).
[253] vgl. Goold/Pettier/Young (Centre) S. 86.
[254] Schreyögg Kliesch/Lührmann (Bestimmungsgründe) S. 721.

3.4 Unternehmensorganisation

Unternehmensgröße (Anzahl Mitarbeiter)	Mindestanzahl Mitarbeiter in der Holding	Mitarbeiter Holding pro 1.000 Mitarbeiter Unternehmen
2.0005		2.5
5.0009		1.8
10.000	15	1.5
20.000	23	1.1
50.000	43	0.9
100.000	65	06

Abb. 3.39 Mindestanzahl von Mitarbeitern in Holdings europäischer Unternehmen. (Quelle: Goold/Pettier/Young (Centre) S. 86)

3.4.2.6 Neuere und temporäre Organisationsformen

Die bisher vorgestellten Organisationsformen zeichnen sich durch hierarchische Strukturen aus. Daneben existieren Strukturen, die parallel zur üblichen Hierarchie verlaufen oder diese, zumindest teilweise, ersetzen sollen:

- *Projektorganisation*
- *Teamorganisation*
- *Prozessorganisation*.[255]

Ein *Projekt* wird definiert durch die Merkmale:

- abteilungsübergreifende Aufgabenstellung
- begrenzte Dauer
- Einmaligkeit.

Typische Beispiele für Projekte sind etwa die Einführung eines neuen IT-Systems oder der Bau einer neuen Fertigungsstätte.

Die Projektorganisation dient dazu, die betroffenen Abteilungen direkt zusammenzubringen, die nach der regulären Hierarchie getrennt sind, im Beispiel der Einführung einer neuen Software zur Produktionssteuerung etwa die IT-Abteilung; die Anwender, also in erster Linie die Produktion, möglicherweise aber auch den Einkauf und die Logistik; sowie eventuell ein Vertreter von Finanzen/Controlling.

---

[255] vgl. zum Abschnitt Picot/Dietl/Franck (Organisation) S. 297 ff., Stärkle (Organisation) S. 44 ff, Zillig (Organisationsformen) S. 37 ff.

Verantwortlich für den Fortgang ist der *Projektleiter*, der das aus den Vertretern der betroffenen Abteilungen bestehende *Projektteam* leitet. Je nach Struktur, Komplexität und Bedeutung des Projekts können drei Arten der Projektorganisation unterschieden werden:

- *Projektkoordination*: Bei dieser Form bleiben die Mitglieder des Projektteams ihren Vorgesetzten der Linie unterstellt. Der Projektleiter hat Koordinationsaufgaben, aber keine Weisungsbefugnis gegenüber den Teammitgliedern. Diese Form ist einfach und hat sich für kleinere und mittlere Projekte bewährt. Die fehlende Durchgriffsmöglichkeit des Projektleiters kann aber zu Verzögerungen im Ablauf führen, da die Priorität bei der Arbeit für die Teammitglieder bei der Tagesarbeit in der Linie bleibt.
- *Matrix-Projektorganisation*: Definitionsmerkmal ist hier die Doppelunterstellung der Teammitglieder, sie berichten sowohl an ihren Linienvorgesetzten als auch den Projektleiter. Im Vergleich zur reinen Projektkoordination hat der Projektleiter damit mehr Kompetenzen, das Projekt zu forcieren. Nachteilig sind aber wie bei jedem Mehrliniensystem die Kompetenzkonflikte: wer entscheidet im Zweifelsfall, ob die Tages- oder die Projektarbeit im Zweifel Vorrang hat?
- *Reine Projektorganisation*: Hier werden die Mitglieder der Projektmannschaft für die Zeit des Projekts komplett aus der bisherigen Struktur herausgenommen und dem Projektleiter unterstellt. Dies ist die ideale Form für große, komplexe, innovative Projekte, da hier der Leiter eindeutige Kompetenzen hat. Nachteile kann diese Form für die anderen Abteilungen bringen, denen zeitweise Spezialisten entzogen werden. Sofern diese in der Linie ersetzt werden, kann sich daraus ein Problem für die Teammitglieder ergeben – ihre Stelle ist ggf. besetzt, wenn sie nach Ende des Projekts zurückkehren möchten.
- *Teamorganisation*[256]. Auch Teams werden in der Regel zur Ergänzung der bestehenden Organisationsstruktur aus Mitgliedern von mehreren Abteilungen gebildet, um bereichsübergreifende Aufgaben zu bearbeiten.

Ein Beispiel können Qualitätssicherungsteams sein, in denen Vertreter aus Forschung und Entwicklung, Beschaffung, Produktion, und möglicherweise auch Vertrieb und Rechnungswesen zusammen arbeiten, um die Fehlerhaftigkeit von Produkten zu reduzieren.

Soweit es sich nicht um Projekt-Teams handelt, besteht der Unterschied zwischen Projekt- und Teamorganisation in der Dauerhaftigkeit, d. h. ihre Aufgabe ist *zeitlich unbegrenzt*.

Der Teamleiter hat üblicherweise, aber nicht immer, eine reine Koordinationskompetenz, d. h. die Mitglieder des Teams bleiben ihren Linienvorgesetzten unterstellt.

Teams erfüllen eine wichtige Funktion zur Koordination von Abläufen und zur Verbesserung der Kommunikation im Unternehmen. Implizit oder explizit ist mit der Bildung

---

[256] vgl. z. B. Thommen/Achleitner (Betriebswirtschaftslehre) S. 794 ff.

3.4 Unternehmensorganisation

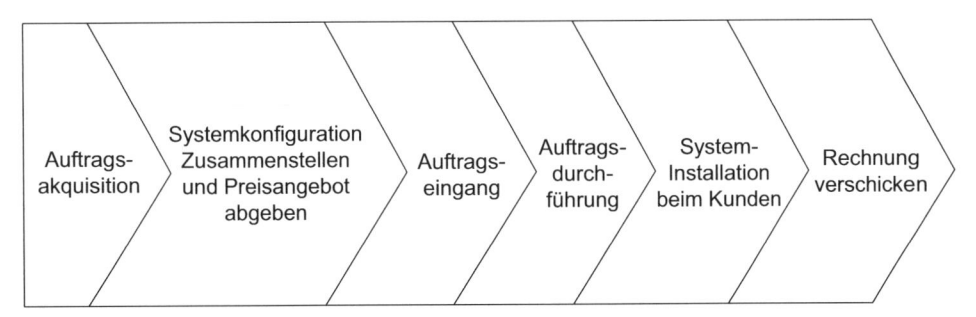

[Figure 3.40: Process chain with six stages: Auftragsakquisition → Systemkonfiguration Zusammenstellen und Preisangebot abgeben → Auftragseingang → Auftragsdurchführung → System-Installation beim Kunden → Rechnung verschicken]

Abb. 3.40 Teilprozesse bei der Kundenauftragsabwicklung. (Quelle: Kaplan/Murdock (Process))

von Teams meist auch die Absicht verbunden, die Hierarchie und die Bürokratie zumindest teilweise durch *flexiblere Formen* zu ersetzen.

Aufgrund der fehlenden formalen Kompetenz bzw. Durchgriffsrechten ist aber ihre Verantwortung für bestimmte Ergebnisse schwer zu definieren. Teamsitzungen laufen daher Gefahr, ineffizient zu sein bzw. zu reinen „Laberveranstaltungen" zu verkommen, da die dort besprochenen Lösungsvorschläge möglicherweise an den Linienvorgesetzten (aus guten oder schlechten Gründen) scheitern.

Prozessorganisation[257]
Wird eine Organisation nach Prozessen ausgerichtet, dann bedeutet das die *Reintegration vor- und nachgelagerter Arbeitsschritte zu einer Vorgangskette.*[258] Es bedeutet eine Rückbesinnung auf die Arbeitsprozesse, eine Abkehr von der übertriebenen Arbeitsteilung und damit wohl auch eine Abkehr von einer zu extensiven Auslegung von Adam Smith.

Ein bekanntes Beispiel ist der Prozess „Kundenauftragsabwicklung", der sich zum Beispiel bei einem Computerhersteller in sechs Teilprozesse zergliedern lässt[259] (Abb. 3.40).

Gemäß der traditionellen Arbeitsteilung werden diese Prozessschritte auch von verschiedenen Abteilungen durchgeführt. Der Vertrieb akquiriert den Auftrag, die Fertigung führt den Auftrag durch, montiert also den Computer, die Service-Abteilung installiert und konfiguriert beim Kunden, die Buchhaltung verschickt die Rechnung. Im Extremfall sind so sechs Abteilungen beteiligt. Die Nachteile, die dadurch entstehen, sind aus der funktionalen Organisationsstruktur bekannt: hoher Koordinationsaufwand, kein Gesamtüberblick durch die Beteiligten, kein Verantwortlicher für das Ergebnis des Gesamtprozesses.

Der Ansatz der Prozessorganisation ist es nun, diese Lücke zu schließen, indem ein *Prozessmanager* eingesetzt wird, der sich um den Vorgang von Anfang bis Ende kümmert.

---

[257] vgl. zum Abschnitt Picot/Dietl/Franck (Organisation) S. 285 ff., Braun (Dimensionen), Rump (Organisation) S. 21 ff., Zillig (Organisationsformen) S. 44 ff.
[258] vgl. Picot/Dietl/Franck (Organisation) S. 285, vgl. auch Gaitanides (Prozessorganisation).
[259] vgl. Kaplan/Murdock (Process).

Wie bei der Projekt- und Teamorganisation können auch hier drei Stufen (ggf. mit Zwischenlösungen) unterschieden werden:

- *Prozesskoordination*: der Prozessmanager hat nur Koordinations- und Informations-, aber keine Weisungskompetenz. Die verbleibt bei den funktionalen Bereichen.
- *Matrix-Prozessorganisation*: Doppelunterstellung der Beteiligten, funktional und gegenüber dem Prozessmanager.
- *Reine Prozessorganisation*: Die gesamte Aufbauorganisation des Unternehmens wird in Prozesse gegliedert.

Vor- und Nachteile der einzelnen Formen können analog hergeleitet werden.

Wer sich die Prozessorganisation näher ansieht, dem werden sowohl von der Fragestellung als auch von den Lösungsansätzen her die Ähnlichkeiten mit den bereits diskutierten Organisationsformen auffallen.

Vor- und Nachteile der Prozessorganisation ähneln stark den Vor- und Nachteilen der divisionalen gegenüber der funktionalen Organisationsform. Die reine Prozessorganisation erinnert an die divisionale Struktur, die Matrix-Prozessorganisation an die reine Matrix.

Tatsächlich sind die Ähnlichkeiten sehr groß und die Grenzen fließend. Zwar ist nicht jeder Prozess mit einer Division identisch, aber die Trennlinie etwa zwischen einer Prozessorganisation einerseits und einer divisionalen Struktur mit Zentralstellen andererseits ist nicht immer gegeben.

So ist dieses Konzept insofern auch kritisch zu hinterfragen, als der Neuigkeitswert zwar gegeben, aber nicht so hoch ist, wie teilweise suggeriert wird.

Neben der genannten Projekt-, Team- und Prozessorganisation haben sich in den letzten Jahren noch eine Vielzahl[260] anderer *neuer Begriffe* etabliert, etwa den der fraktalen Organisation[261] oder der Netzwerkorganisation[262]. Gemeinsam ist ihnen, dass sie *nicht-hierarchisch* ausgelegt sind, sie ergänzen die hierarchischen Strukturen mit den klassischen bürokratischen Dienstwegen oder versuchen, sie zu ersetzen.

Bei genauerem Hinsehen zeigt sich freilich auch in den Fällen bisweilen, dass diese Organisationsformen nicht grundsätzlich neu sind. In vielen Fällen lassen sie sich unter einer der vorher genannten Formen subsumieren.

3.4.2.7 Hybride Organisationsformen

In der Praxis kommen alle beschriebenen Strukturen selten in reiner Form vor. Vorherrschend ist vielmehr eine Mischung verschiedener Elemente.

So mag ein Unternehmen größtenteils funktional gegliedert sein, aber in einem Fall auch eine „Division" haben. Regionale und Spartenelemente sind vielleicht gemischt, oder die Organisationsform mag irgendwo zwischen Holding und funktionaler Struktur liegen.

---

[260] vgl. z. B. Zillig (Organisationsformen) S. 29 ff.
[261] vgl. Weidner/Freitag (Organisation) S. 138 ff.
[262] vgl. Thommen/Achleitner (Betriebswirtschaftslehre) S. 791 ff.

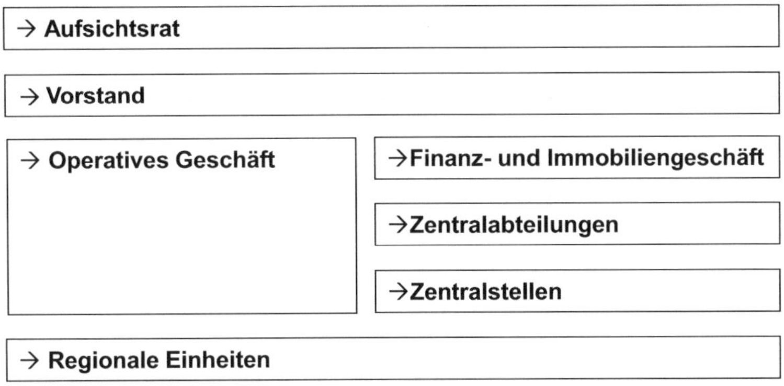

3.4 Unternehmensorganisation

```
→ Aufsichtsrat
→ Vorstand
→ Operatives Geschäft      →Finanz- und Immobiliengeschäft
                           →Zentralabteilungen
                           →Zentralstellen
→ Regionale Einheiten
```

Abb. 3.41 Organisation Siemens AG – Grobstruktur. (Quelle: Siemens AG (Unternehmensstruktur), Siemens AG (Arbeitsgebiete))

Solche hybriden Organisationsformen, also Formen, in denen zwei oder mehr Strukturen parallel vorkommen, kommen schon bei kleinen und mittelständischen Unternehmen vor.

In großen multinationalen Unternehmen wie bei der Siemens AG sind diverse Formen parallel zu finden (vgl. Abb. 3.41).

Beispiel: Siemens AG

Die Siemens AG erzielte im am 30. September 2005 abgelaufenen Geschäftsjahr einen Umsatz von 75,4 Mrd. €. Weltweit arbeiten rund 460.000 Menschen für Siemens[263].

Abbildung 3.41 zeigt die Organisationseinheiten, wie sie von Siemens selbst grafisch dargestellt werden.

Mit den operativen Einheiten ist Siemens zunächst einmal *produktorientiert*, also divisional, organisiert, wobei der Übergang zu strategischen Geschäftsfeldern fließend ist. Das operative Geschäft ist dabei teilweise, aber nicht in jedem Fall, in rechtlich selbständigen Gesellschaften ausgegliedert.

Gleichzeitig hat Siemens auch einen Mittelweg zwischen *Management-Holding* und *funktionaler* Gliederung eingeschlagen, wie die Zentralabteilungen zeigen[264].

Die Zentralstellen besitzen die Funktion von *Stabsabteilungen*. Schließlich fehlt in Form der Regionalgesellschaften, Repräsentanzen und Vertretungen auch die *geographische* Dimension nicht.

Die operativen Einheiten selbst sind wiederum in unterschiedlichen Formen strukturiert. So präsentiert sich die Einheit Medical Solutions seit Mitte der 1990er Jahre als *Prozessorganisation*.[265]

---

[263] Siemens AG (Geschäftsbericht).
[264] vgl. Bühner (Organisationslehre) S. 172, Ludsteck (Korsett).
[265] vgl. Frank/Pudwitz (Siemens).

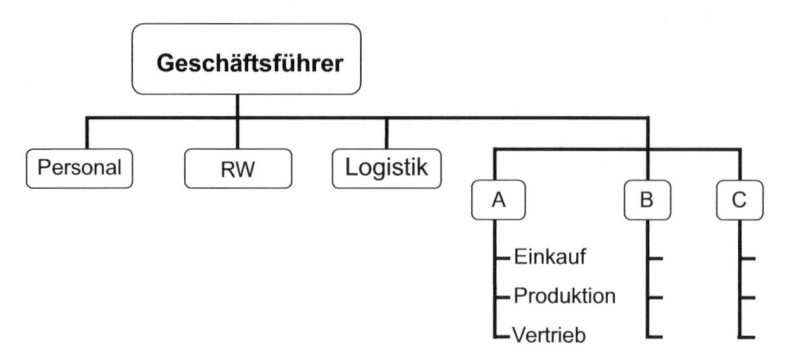

Abb. 3.42 Ursprüngliche Organisation der Schulz GmbH

Die Vielfalt der Ausprägungen mag verwirrend erscheinen, ist aber in jedem Einzelfall begründbar.

Dass im Grundsatz ein Riesenunternehmen wie Siemens in kleinere, ergebnisverantwortliche Geschäfte aufgeteilt werden sollte, erscheint wohl einsichtig – eine knappe halbe Million Mitarbeiter zu steuern, wäre sonst unmöglich.

Gleichwohl macht es auch in einem so großen Konzern Sinn, Expertenwissen zentral zu nutzen. Und es macht Sinn, zum Beispiel in kleinen Ländern, die Aktivitäten in einer Gesellschaft regional zu bündeln und nicht etwa für jedes operative Geschäft eine eigene unabhängige Gesellschaft mit allen Funktionen aufzubauen.

Wie effizient die Organisation in der Praxis ist, kann indessen aus dem Organigramm allein nicht beurteilt werden. Hierzu wäre eine detaillierte Betrachtung notwendig, in der unter anderem die genaue Verteilung der Kompetenzen zu analysieren wäre.

Die Organisationsstruktur von Unternehmen, kleinen wie großen, ist indessen nicht nur aufgrund konkreter aktueller ökonomischer Anforderungen selten in einer reinen Form zu finden. Wer die Gründe einer Struktur in Unternehmen hinterfragt, wird in vielen Fällen die Antwort erhalten, diese sei „historisch gewachsen".

Ein Beispiel dafür ist die folgende wieder fiktive, aber realitätsnahe Geschichte (vgl. Abb. 3.42, 3.43, 3.44 und 3.45).

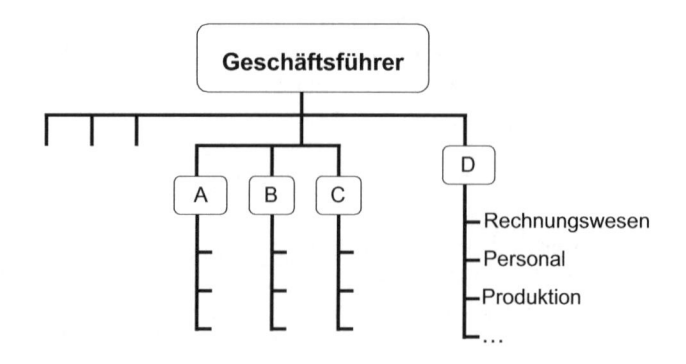

Abb. 3.43 Organigramm der Schulz GmbH nach dem Erwerb von D

3.4 Unternehmensorganisation

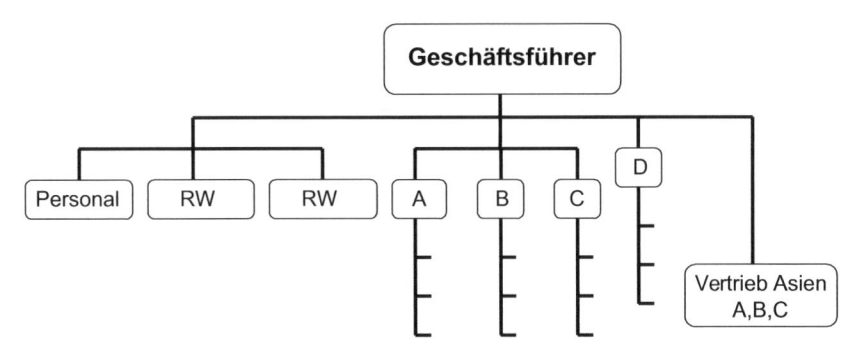

Abb. 3.44 Organigramm der Schulz GmbH mit Asien-Vertrieb

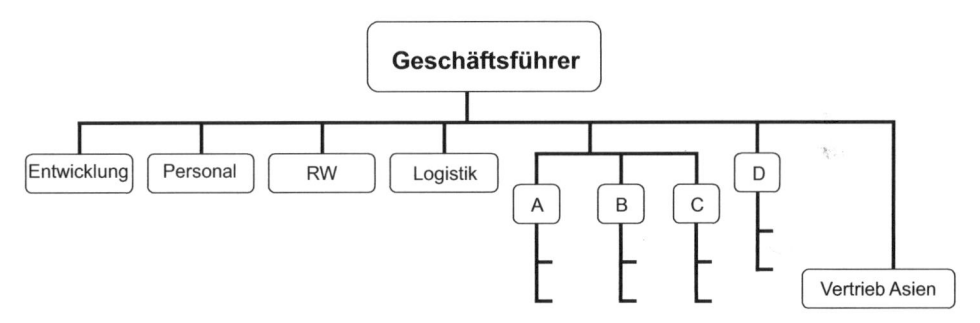

Abb. 3.45 Endgültige Struktur der Schulz GmbH

Beispiel: „Historisch gewachsene" Unternehmensstruktur

Die eigentümergeleitete Schulz GmbH beschäftigt 2.500 Mitarbeiter und ist in der Konsumgüterbranche tätig. Der Geschäftsführer, Frank Schulz, hat das Unternehmen in drei relativ unabhängige Produktsparten A, B, und C gegliedert, mit den Zentralen Stellen Finanz- und Rechnungswesen, Personal (Human Resources), und Logistik (Abb. 3.42)

Vor einigen Jahren erfuhr Schulz, dass das Unternehmen D zum Verkauf anstand. Dessen Gründer war gestorben, und die Erben wollten die Leitung der Unternehmung nicht übernehmen. Da die Produktpalette von D eine gute Ergänzung darstellte, entschloss sich Schulz zum Kauf. D wurde aber nie vollständig organisatorisch integriert. Insbesondere verblieben alle Zentralbereiche von D erhalten, wenn es auch im Lauf der Zeit zu einer mehr oder minder intensiven Zusammenarbeit zwischen diesen und denen der ursprünglichen Schulz GmbH kam. Das funktionierte leidlich, und so gab es keine wirkliche Veranlassung, an der Situation etwas zu ändern. Damit sah das Organigramm wie folgt aus (Abb. 3.43).

In Asien war die Schulz GmbH bisher nicht vertreten. Als Schulz eines Tages China besuchte, um sich dort nach Bezugsquellen für Vorprodukte umzusehen, saß er auf dem Rückflug nach Frankfurt in der Business Class neben einem Manager eines großen deutschen Unternehmens, der für dessen gesamtes Asiengeschäft zuständig war. Der Manager, Johann Altnickel, lebte seit zwölf Jahren in China und Singapore und galt als einer der angesehensten deutschen Experten für das Asiengeschäft. Schulz erfuhr zwischen den Zeilen, dass Altnickel an einer beruflichen Veränderung interessiert war und nach einer Arbeit suchte, die ihm mehr individuelle Entfaltungsmöglichkeiten bieten würde. Da Schulz sich schon seit einiger Zeit mit dem Gedanken trug, nach Asien zu expandieren, blieb er mit Altnickel im Kontakt. Nach drei weiteren Treffen einigte man sich daher. Altnickel trat als Asien-Manager in die Schulz GmbH ein. Er war – das war eine seiner Bedingungen gewesen – für den Vertrieb aller Produktgruppen A, B und C zuständig. Über D war nicht gesprochen worden. Diese Zuständigkeit blieb ungeklärt, was allerdings in der Praxis unproblematisch war, da diese Produkte ohnehin nicht für den asiatischen Markt vorgesehen sind. Damit wurde die Struktur der Schulz GmbH mit ergänzt um die regionale Dimension (Abb. 3.44).

Die Tochter von Frank Schulz war mit Dr.-Ing. Schulz-Maier verheiratet. Schulz-Maier besaß sowohl technische Fähigkeiten als auch ein gutes Gespür für betriebswirtschaftliche Fragen, wie er in mehreren Unternehmen unter Beweis gestellt hatte. Schulz wollte nun seinen Schwiegersohn in sein Unternehmen holen, auch weil er daran dachte, dass der eines Tages ein geeigneter Nachfolger sein würde.

Eine geeignete Position war aber bei der Schulz GmbH nicht frei. Daher entschloss sich der Eigentümer zu einer kleinen Reorganisation. Die Entwicklungsabteilungen waren bisher bei den Produktbereichen angesiedelt. Das war im Unternehmen immer umstritten; viele argumentierten, in der Entwicklung könnten durch Zentralisierung viel mehr Synergien genutzt werden. Schulz legte daher die Entwicklungsabteilungen zusammen und machte seinen Schwiegersohn zum Leiter. Der Protest der Leiter der Produktgruppen hielt sich in Grenzen – jeder wusste, dass er gegen diese personelle Konstellation schwer argumentieren könnte. So entstand dann die endgültige, „hybride" Organisationsstruktur des Unternehmens (Abb. 3.45)

Organisationsformen sind also in der Praxis das Ergebnis zahlreicher Faktoren, ökonomischer Analysen, personeller Konstellationen, wie auch historischer „Zufälle".

3.4.3 Ablauforganisation

Unter der Ablauforganisation wird „die zielgerichtete Strukturierung von Arbeitsprozessen verstanden".[266] Im Gegensatz zur eher statischen Aufbauorganisation stehen hier also die *Prozesse* im Vordergrund. Aufbau- und Ablauforganisation sind dabei eng verknüpft. Die Aufbauorganisation wird allgemein als die *Basis* der Ablauforganisation bezeichnet[267]. „Die mit der Aufbauorganisation festgelegte Struktur lässt ... noch einen weiten Gestaltungsspielraum im Hinblick auf die Steuerung der Verrichtungs- und Ent-

---

[266] Laux/Liermann (Organisation) S. 197.
[267] vgl. Weidner/Freitag (Organisation) S. 31.

scheidungsabläufe. Eine detaillierte Strukturierung dieser Prozesse erfolgt im Rahmen der Ablauforganisation"[268].

Dies ist aber nicht in einem rein chronologischen Sinn zu verstehen, wonach die Ablauf- der Aufbauorganisation zeitlich nachfolgen würde. In der Praxis wird es sich viel eher um einen parallelen Prozess handeln.

Analytisch werden dabei zunächst aus der Analyse der zu erledigenden Aufgaben die einzelnen Arbeiten bzw. Arbeitsteile definiert (Arbeitsanalyse). Auf dieser Basis wird der Arbeitsablauf in eine bestimmte Ordnung gebracht[269]. Es ist zu unterscheiden zwischen:

- Ordnung des *Arbeitsinhalts*
- Ordnung der *Arbeitszeit*
- Ordnung des *Arbeitsraums*
- *Arbeitszuordnung*.

Hinsichtlich des *Arbeitsinhalts* sind wieder zwei Merkmale festzulegen: die *Arbeitsobjekte* und die *Verrichtungen*.

Was die *Arbeitszeit* betrifft, so ist hier zunächst die *logische Abfolge* der einzelnen Arbeitsschritte zu bestimmen. Anschließend ist jedem Arbeitsschritt eine bestimmte *Zeitdauer* zuzuordnen. Gegebenenfalls wird dann noch ein *Anfangs- und Endzeitpunkt* bestimmt.

Die Bedeutung der *räumlichen Zuordnung* der Arbeiten ist selbsterklärend – die Antwort auf die Frage, wo die Arbeit erbracht wird. Die Frage erscheint bei administrativen Prozessen im Zeitalter von Netzwerken und Intranet als wenig wichtig. In der industriellen Fertigung ist die Optimierung des Durchlaufs der zu fertigenden Produkte aber von nicht zu vernachlässigender Bedeutung für die Wirtschaftlichkeit.

Die Arbeiten werden dann noch einer *Stelle zugeordnet*. Die Stellen wiederum sind in der Aufbauorganisation definiert worden – ein weiteres Beispiel für den engen Zusammenhang beider Teilbereiche der Organisationslehre.

Nach welchen *Kriterien* soll der Arbeitsablauf organisiert werden? Anders ausgedrückt: welche *Ziele* sollen mit der optimalen Ablauforganisation erreicht werden? Generell werden hier drei *Prinzipien* genannt:

1. „Prinzip der *Termineinhaltung*: Dieser Grundsatz beinhaltet die optimale Abstimmung der Fertigungstermine mit den Auftragsterminen.
2. Prinzip der *Zeitminimierung*: Dieses Prinzip verlangt, die Durchlaufzeiten des zu bearbeitenden Materials so zu gestalten, dass möglichst keine Wartezeiten entstehen, in denen das Material nicht bearbeitet wird.
3. Prinzip der *Kapazitätsauslastung*: Dieser Grundsatz erfordert eine möglichst hohe Kapazitätsauslastung und damit eine Minimierung der Leerzeiten, in denen Betriebsmittel und Arbeitskräfte nicht genutzt werden."[270]

---

[268] Laux/Liermann (Organisation) S. 197.
[269] vgl. zum Abschnitt Wöhe (Betriebswirtschaftslehre) S. 159 ff.
[270] Thommen/Achleitner (Betriebswirtschaftslehre) S. 747.

Wenn hier von zu bearbeitendem Material und von Betriebsmittel die Rede ist, dann scheint das zu suggerieren, dass es hier in erster Linie um Industrieproduktion geht, um physische Produkte wie Maschinen, Fahrzeuge, Möbel oder dergleichen.

Es ist daher darauf hinzuweisen, dass die genannten Prinzipien gleichermaßen für Dienstleistungen und innerbetriebliche administrative Prozesse gelten. Als Beispiel sei der Jahresabschluss, also die Bilanzerstellung, in einem Konzern mit mehreren, auch ausländischen, Tochtergesellschaften genannt. Hierbei sind eine Reihe von Stellen und Institutionen beteiligt. Vereinfacht ausgedrückt hat die Buchhaltung der jeweiligen Gesellschaften zunächst einen (vorläufigen) Jahresabschluss zu erstellen, der dann von den Wirtschaftsprüfern vor Ort zu testieren und in der Konzernzentrale einzureichen ist. Auf dieser Basis kann dann die für Konsolidierung und Jahresabschluss zuständige Abteilung in der Konzernzentrale eine erste Fassung des Konzernjahresabschlusses erstellen. Zusammen mit den Wirtschaftsprüfern und der Konzernleitung ist dann noch über die so genannten bilanzpolitischen Maßnahmen zu entscheiden, bevor der Gesamtabschluss endgültig fertig gestellt und testiert wird.

An diesem Beispiel sind die Grundsätze der Ablauforganisation zu erkennen. Die Eigentümer von Konzernen, die Aktionäre, erwarten mehr und mehr eine schnelle Vorlage der Jahresergebnisse nach Ende des Geschäftsjahres. Um das sicherzustellen, müssen insbesondere die Beteiligten in den Tochtergesellschaften einen engen *Terminplan* einhalten. Eine frühe Fertigstellung bedingt auch Zeitminimierung durch die *Vermeidung von Leerzeiten*. Solche Leerzeiten entstünden etwa, wenn die Gesellschaften ihre Abschlüsse in der Konzernzentrale ablieferten, aber die dort zuständige Abteilung diese Berichte liegen ließe, weil sie zunächst vorrangig mit anderen Aufgaben beschäftigt wäre. Andererseits ist – Prinzip der *Kapazitätsauslastung* – auch zu vermeiden, dass die Konsolidierungsabteilung vor Eintreffen der Berichte unterausgelastet ist, die Mitarbeiter im sprichwörtlichen Sinn also „Däumchen drehen", während sie auf die Arbeitsergebnisse der Tochtergesellschaften warten.

Anhand dieses Beispiels wird auch das bereits von Gutenberg so erkannte grundsätzliche *Dilemma der Ablauforganisation*[271] klar: die Prinzipien Zeitminimierung und Kapazitätsauslastung stehen *im Widerspruch* zueinander. Wer Zeiten minimieren möchte, muss entsprechend große Kapazitäten aufbauen – was aber dem dritten Grundsatz entgegen läuft.

Im Beispiel: eine personell umfangreich ausgestattete Konsolidierungsabteilung in der Konzernzentrale könnte den Jahresabschluss sehr schnell fertig stellen, wäre aber den Rest des Jahres wahrscheinlich nicht ausgelastet.

Die Ablauforganisation verläuft in der Praxis keineswegs immer geplant. Insbesondere in jungen und kleineren Unternehmen entwickelt sich die Zusammenarbeit oft, ohne dass explizit Regeln getroffen werden. In vielen Fällen wird der Arbeitsablauf auch situativ

---

[271] vgl. Gutenberg (Grundlagen I), vgl. auch Weidner/Freitag (Organisation) S. 234, Thommen/Achleitner (Betriebswirtschaftslehre) S. 747.

3.4 Unternehmensorganisation

täglich neu bestimmt. Diese Art der Aufgabenerfüllung wird als *freier Arbeitsablauf*[272] bezeichnet.

Mit zunehmender Unternehmensgröße werden Abläufe indessen in der Regel stärker *formalisiert*. Im Rahmen dieser Formalisierung werden dann auch mehr und mehr *Hilfsmittel* eingesetzt. Wichtige Hilfsmittel der Ablauforganisation seien hier beschrieben:

- *Handbuch*
- *Ablaufplan*
- *Balkendiagramm*
- *Netzplan*[273]

Beim Handbuch handelt es sich definitionsgemäß um „einen systematisch aufgebauten Ordner, in dem sämtliche Regelungen in schriftlicher Form erfasst sind."[274] Es kann Anweisungen enthalten über Arbeitsabläufe, Termine, Art der Bearbeitung, Entscheidungsregeln und -spielräume, Zeichnungsberechtigungen[275]. Handbücher werden in großen Unternehmen weit über die Festlegung der Ablauforganisation im engeren Sinn hinaus genutzt. Neben der Darstellung in der traditionellen Form im Ordner finden sich heute Handbücher vermehrt auf elektronischen Datenträgern, etwa im unternehmensinternen Intranet. Typische Anwendungsgebiete sind:

- *Corporate Design* (CD) Handbücher: Corporate Design umfasst „die visuelle Darstellung eines Unternehmens nach innen und nach außen"[276]. Dadurch soll das Profil eines Unternehmens auch optisch unterlegt und der Wiedererkennungswert bei Kunden und anderen Geschäftspartnern gesteigert werden. CD kann im Einzelnen die Festlegung vieler Komponenten enthalten. So etwa das Firmenlogo; den Briefkopf; die Typographie, also die Schriftart; Grundsätze der Gestaltung von Power-Point Präsentationen und Websites; zu benutzende Farben; das Erscheinungsbild von Filialen und so weiter. Entsprechend umfangreich können CD-Handbücher ausfallen.
- *Qualitätssicherung*: Handbücher zur Qualitätssicherung entstanden vor allem, aber nicht nur, im Zusammenhang mit der so genannten „ISO 9000" Zertifizierung.[277] „ISO 9000" bzw. „ISO 9000ff" steht für eine *Gruppe* von Normen (ISO 9001 etc.). Sie setzen einen internationalen Qualitätsstandard bei der Einhaltung von Qualitätssicherungs*prozessen*, also Standards hinsichtlich des *Qualitätsmanagements*. Unternehmen, welche

---

[272] vgl. Wittlage (Unternehmensorganisation) S. 201.
[273] vgl. z. B. Thommen/Achleitner (Betriebswirtschaftslehre) S. 752 ff., Stärkle (Organisation) S. 103 ff.
[274] Luger (Betriebswirtschaftslehre) S. 253.
[275] vgl. Luger (Betriebswirtschaftslehre) S. 253 ff.
[276] Beinert (Design).
[277] vgl. hierzu z. B. Zollondz (Qualitätsmanagement), Daum/Lawa (Quality), Masing (Handbuch).

die Standards erfüllen, werden entsprechend zertifiziert. Diese Zertifizierung ist in den letzten Jahren sehr wichtig geworden, insbesondere in manchen Branchen wie etwa Zulieferern. Die Abnehmer machen die ISO-Zertifizierung oft zu einer Bedingung. „Unternehmen mancher Branchen, die nicht zertifiziert sind, haben heutzutage kaum noch Überlebenschancen, da die Zertifizierung Voraussetzung für die Aufnahme in den Lieferantenkreis ist"[278]. Die ISO-Normen sind letztmalig im Jahr 2005 angepasst worden (so. ISO 9000:2005).[279] Die *Dokumentation* des Qualitätsmanagements spielt dabei eine zentrale Rolle – daher die Bedeutung der Qualitätshandbücher. Konkrete Inhalte der Handbücher sind beispielsweise die Beschreibung des Qualitätsmanagementsystems, der Prüfung von Qualität nicht nur nach, sondern auch während des Leistungserstellungsprozesses, die verwendeten Prüfmittel und Verfahren und so weiter.

- *Konzernkonsolidierung:* Im Rechnungswesen großer Konzerne existieren regelmäßig Konsolidierungshandbücher. Adressat derselben ist das Rechnungswesen der Tochtergesellschaften. Die Handbücher sollen einheitliche Grundsätze etwa in der Buchhaltung oder bei der Bewertung von Vermögensgegenständen sicherstellen. Darüber hinaus enthalten sie organisatorische Regelungen wie etwa die Abgabetermine für die oben erwähnten Jahresabschlüsse.
- Die eigentlichen *Organisationshandbücher* beschreiben organisatorische Regelungen im engeren Sinn. Die können etwa Organigramme des Unternehmens enthalten; oder auch einige der nachfolgend zu beschreibenden Hilfsmittel der Ablauforganisation.
- *Ablaufplan:* Der Ablaufplan „zeigt, welche Stellen in welcher Reihenfolge bei der Erfüllung einer bestimmten Aufgabe beteiligt sind."[280] Er ist einfach zu erstellen und zu verstehen, weshalb er ein weit verbreitetes Hilfsmittel darstellt. Abbildung 3.46 zeigt ein Beispiel.
- *Balkendiagramm*: Dies ist eine der ältesten Techniken zur Darstellung von einfachen Arbeitsabläufen. Es ist wie der Ablaufplan einfach und leicht verständlich und wird sowohl zur Beschreibung von immer wiederkehrenden Prozessen als auch in der *Projektplanung* eingesetzt. „Der Aufbau folgt einem rechteckigen Koordinatensystem, in dem die Abszisse (x-Achse) als Zeitmaßstab und die Ordinate (y-Achse) für die Aufzeichnung der Vorgänge oder Stellen in abgestimmter Reihenfolge dienen."[281] Konkret stehen also auf der x-Achse die Tage (oder Stunden, Wochen, Monate..), auf der y-Achse die Tätigkeiten. Erkennbar ist das am Beispiel in Abb. 3.47.

Als Nachteil erweist sich, dass keine Aussagen über *Abhängigkeiten* und *Zeitreserven* gemacht werden können.

---

[278] Daum/Lawa (Quality) S. 936.
[279] vgl. z. B. Graebig (Normung).
[280] Thommen/Achleitner (Betriebswirtschaftslehre) S. 752.
[281] Weidner/Freitag (Organisation) S. 301.

3.4 Unternehmensorganisation

Stellen						Arbeitsablauf: Betriebsmaterial IST	
Dir	Pr	Ei	V	A	Nr.	Aufgaben, Tätigkeiten	Bemerkungen
					1	• Wöchentliche Bestandskontrolle • Festlegung der zu bestellenden Artikel und Mengen • Ausstellung einer Bedarfsanforderung	Lieferantenkartei beim Einkauf
					2	• Ergänzt Bedarfsanforderung mit Preisen, Lieferbedingungen • Eintrag der Kostenstellen-Nummer • Schreiben der Bestellung	Produktion
					3	• Kontrolle der Bestellung, Unterschrift • Eintrag der bestellten Menge in Lagerkartei • Weiterleitung an Administration	Lagerkartei könnte vom Einkauf geführt werden
					4	• Kenntnisnahme und Kontrolle • Versand, Verteilung der Bestellkopien	Weshalb nicht Einkauf?
Dir	Pr	Ei	V	A	Nr.	Aufgaben, Tätigkeiten	Bemerkungen
					5	• Eingang der Auftragsbestätigung • Kenntnisnahme, Weiterleitung	
					6	• Kontrolle der Daten • Eintragung der Liefertermine • Meldung an Produktion	
					7	• Kontrolle der Daten • Eintragung der Liefertermine	Doppelspurigkeit!
					8	• Eingang der Ware • Überprüfung der gelieferten Ware mit Auftragsbestätigung • Ausstellen Wareneingangsschein • Eintragung in Lagerkartei • Weiterleitung der Kopien	

Abb. 3.46 Beispiel Ablaufplan. (Quelle: Nauer (Organisation) S. 211)

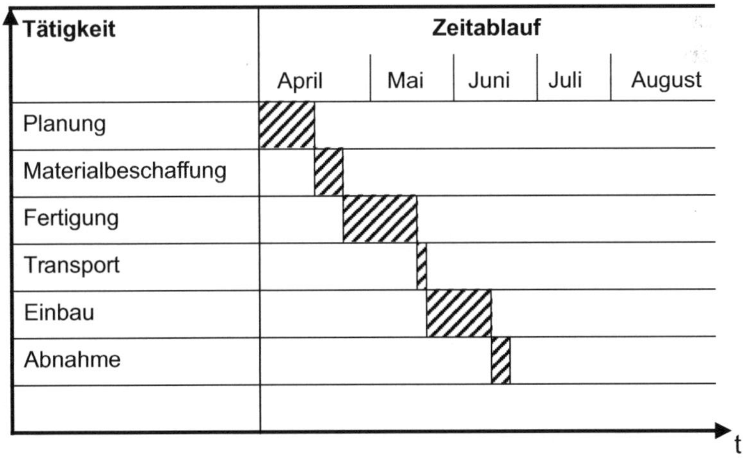

Abb. 3.47 Beispiel Balkendiagramm. (Quelle: Weidner/Freitag (Organisation) S. 301

- *Netzplan*[282]: Der Netzplan bzw. die Netzplantechnik (NPT) kann als eine Weiterentwicklung des Balkendiagramms betrachtet werden, bei dem die beiden oben genannten Nachteile eliminiert werden. Beim Netzplan werden die Aktivitäten nach einer bestimmten Systematik verknüpft.

Die NPT wird vor allem zur *Planung und Steuerung hochkomplexer Projekte* genutzt. Eine der ersten Anwendungen war die Entwicklung von Atom-U-Booten für die Streitkräfte der USA; seitdem sind auch viele weitere Rüstungsprojekte danach geplant und gesteuert worden. Andere Anwendungen sind große Bauvorhaben, Wartung und Reparaturen von Großanlagen, die Planung von Großereignissen.

Ein Netzplan besteht aus drei Elementen:

- *Vorgang*
- *Ereignis*
- *Scheinvorgang*[283].

Ein *Vorgang* ist eine erfassbare, zeitbeanspruchende Funktion, Beschäftigung, Aktivität oder Aufgabe im Projekt.

Der zeitbeanspruchende Vorgang *beginnt* und *endet* mit einem *Ereignis*. Ein Ereignis ist also ein *Zustand* am Beginn bzw. Ende eines Projekts, der an einem Zeitpunkt stattfindet, selbst aber keine Zeit beansprucht.

Der *Scheinvorgang* dient schließlich der *logischen Verknüpfung* von Vorgängen; er beansprucht keine Zeit.

Die *Erstellung* eines Netzplans besteht aus zwei Teilen[284]:

- der *Strukturanalyse*, d. h. der Bestimmung der „Folgerichtigkeit", und
- der *Zeitanalyse* und -planung.

Die *Strukturanalyse* besteht wieder aus drei Schritten:

Erstens wird eine *Vorgangsliste* erstellt, es werden also alle Aktivitäten des Projekts aufgelistet. Dabei werden sie mit ihrer jeweiligen Vorgangsdauer versehen.

Zweitens werden die *Abhängigkeiten* ermittelt; es wird also ermittelt, welcher Vorgang von der Fertigstellung eines anderen abhängt.

In Abb. 3.48 sind diese beiden Schritte anhand eines Beispiels dargestellt.

Darauf basierend wird, drittens, der *Plan gezeichnet*. Es entsteht das „Netz", die für die NPT typische Darstellung. Abbildung 3.49 zeigt das erwähnte Beispiel als Netzplan.

Anhand des Netzplans ist nun eine *Zeitanalyse* möglich.

---

[282] vgl. Dinkelbach (Operations) S. 215 ff., Wöhe (Betriebswirtschaftslehre) S. 139 ff., Thommen/Achleitner (Betriebswirtschaftslehre) S. 355 ff.
[283] vgl. o.V. (Netzplantechnik) S. 4 ff.
[284] vgl. o.V. (Netzplantechnik) S. 6 ff.

3.4 Unternehmensorganisation

Vorgangsdauer (Tage)	Bezeichnung des Vorgangs	Abhängigkeit von Vorgang Nr.
4	Zielsetzung	Startereignis
6	Technische Realisation abklären	1
5	Grob-Prognose	1
4	Finanzielle Realisation abklären	1
5	Entscheid über Weiterführung	2, 3, 4
25	Marktforschung 1. Teil	5
1	Maschinellen Standort abklären	5
3	Maschinelle Art abklären	7
20	Offerten einholen und abwarten	8
30	Stud. und Aufbau der Verkaufsorganisation	6
5	Definitiver Entscheid	9, 6
45	Marktforschung 2. Teil	6
10	Bestellung der Maschine	11
20	Grafische Gestaltung, Werbung	10, 11
5	Abbruch der alten Maschine	11
10	Beschaffung Material I	11
60	Lieferzeit Maschine	13
10	Beschaffung Material II	12, 16
60	Lieferzeit Material II	20
10	Probelauf Maschine	18, 19
5	Fertigung Lager I	22
15	Inseratenkampagne	14
45	Schaufensterdekoration anfertigen	14
20	Schaufensterdekoration verteilen	25
25	Lager Fertigung II	21, 23
Schlussereignis		

Abb. 3.48 Beispiel einer Vorgangsliste mit Abhängigkeiten. (Quelle: o. V. (Netzplantechnik) S. 16)

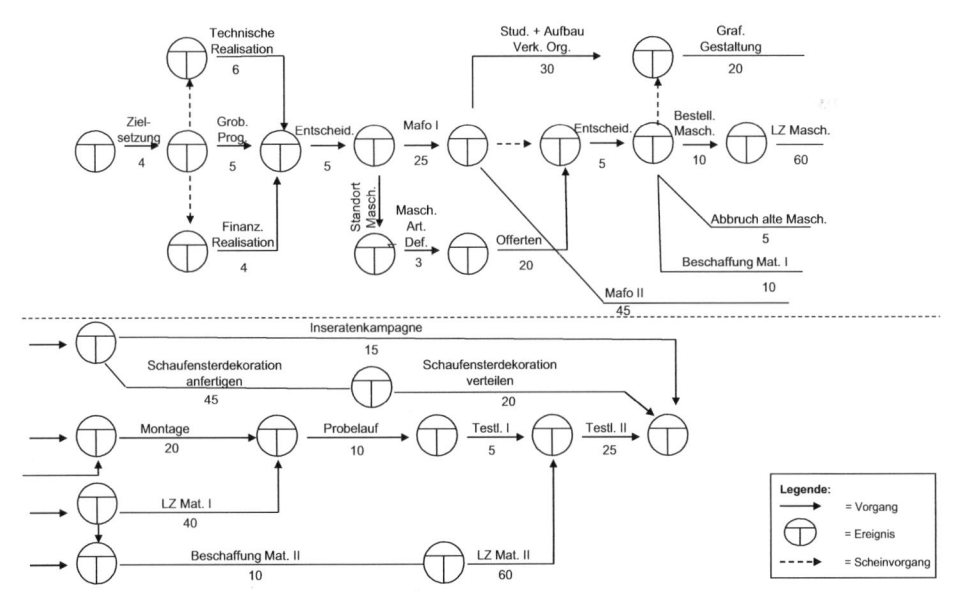

Abb. 3.49 Netzplan. (Quelle: o. V. (Netzplantechnik) S. 27 f.)

Zeitanalyse, das bedeutet, es kann festgestellt werden

- wann der früheste Zeitpunkt ist, mit einem Vorgang zu beginnen
- wann der früheste Endzeitpunkt für ein Vorgang ist
- wie lange das Projekt insgesamt (mindestens) dauern wird
- welche *Zeitpuffer* vorhanden sind
- wo die *kritischen* Punkte sind, d. h. welche Vorgänge nicht länger als geplant dauern dürfen, damit es nicht zu einer Verzögerung beim gesamten Projekt kommt.

Gerade der letzte Punkt stellt einen der entscheidenden Stärken des Netzplans dar. Da erkannt wird, welche Vorgänge zeitlich *kritisch* sind, können sich die Projektverantwortlichen darauf einstellen, indem sie etwa diese Vorgänge besonders genau beobachten oder hier mehr Ressourcen bereitstellen.

Hierzu existieren diverse Techniken, am bekanntesten sind die *CPM (Critical Path Method)* und *PERT (Program Evaluation Review Technique)*; sie sollen an dieser Stelle nicht näher beschrieben werden.

3.4.4 Formale und informale Organisation

Die bisher beschriebenen Organisationsformen und -techniken sind weitgehend Teil der „klassischen" Betriebswirtschaftslehre. „Klassisch" in dem Sinn, dass implizit unterstellt wird, die Unternehmensleitung könne und würde in der Praxis Organisationsentscheidungen nur nach rein fachlichen, aus Sicht der Unternehmung ökonomisch „rationalen" Kriterien treffen.

Tatsächlich sind aber in kaum einem Gebiet wie dem der Organisationslehre fachliche und personenbezogene Aspekte, Unternehmensinteressen und individuelle Präferenzen untrennbar miteinander verbunden.

Bei Studierenden gilt die Organisationslehre allgemein eher als ein „trockener" Stoff. Die verschiedenen Formen der Aufbauorganisation mit ihren Vor- und Nachteilen gegenüberzustellen, erscheint wenig aufregend. In der Praxis sind aber gerade organisatorische Fragen, von der Struktur des Gesamtunternehmens bis zur Verteilung einzelner Aufgaben, Gegenstand emotionsgeladener Diskussionen in Büros und Kantinen.

Es ist auch weitgehend bekannt und wird in den Lehrbüchern beschrieben, dass in jedem Unternehmen *zwei Organisationsformen parallel* existieren. Die eine, die *formale Organisation* ist die „bewusst geschaffene, rational gestaltete Struktur zur Erfüllung der unternehmerischen Zielsetzung."[285] Was bisher besprochen wurde, ist im wesentlichen Gegenstand der formalen Organisation.

Daneben besteht aber noch die *informale Organisation*, worunter die „durch die persönlichen Ziele, Wünsche, Sympathien und Verhaltensweisen der Mitarbeiter bestimmten

---

[285] Bühner (Organisationslehre) S. 6.

3.4 Unternehmensorganisation

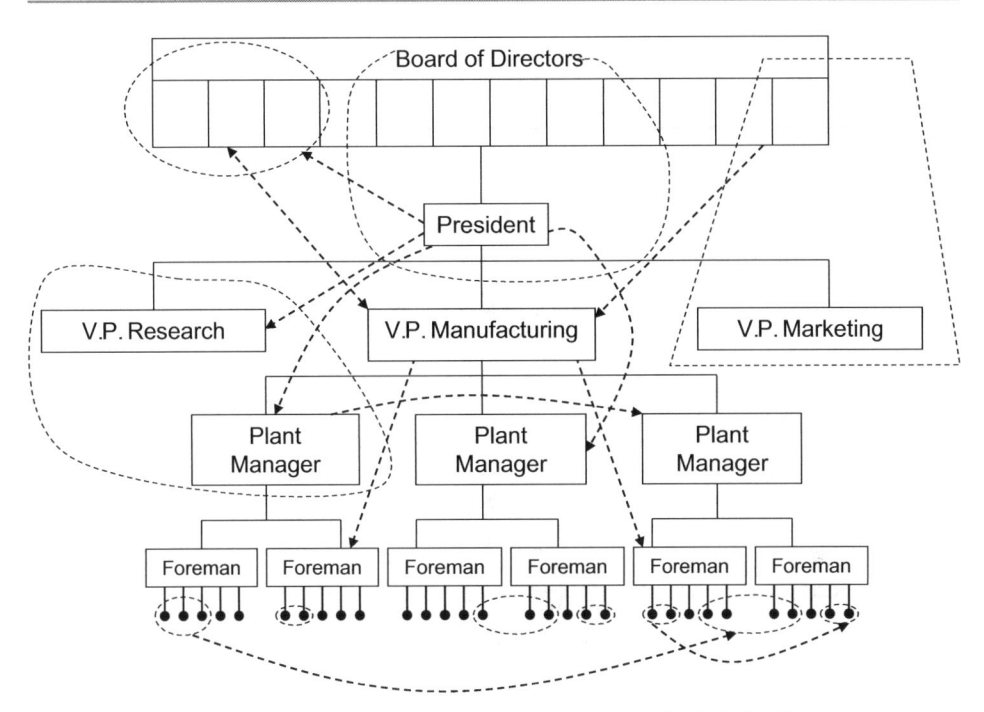

Abb. 3.50 Formale und informale Strukturen. (Quelle: Velasquez (Ethics) S. 446)

sozialen Strukturen"[286] verstanden werden. Die informale Organisation hängt eng mit der *Kultur* des Unternehmens zusammen.

Velasquez zeigt grafisch auf, wie sich formale und informale Organisationsformen überlagern, wie Koalitionen, Freundschaften, Sympathien oder auch Antipathien Bestandteil der Strukturen sind (vgl. Abb. 3.50).

Während die Existenz in der Literatur weitgehend akzeptiert und beschrieben wird[287], so wird ihre Bedeutung doch oftmals unterschätzt. Das Beschreiben beschränkt sich auf wenige Seiten oder gar wenige Sätze, um sich danach wieder ausführlich den Funktionsmechanismen der formalen Organisation zu widmen. Dabei ist durchaus klar: „Es kommt nicht darauf an, welche Regelungen formell bestehen, also auf dem Papier stehen, sondern welche Regelungen wirklich beachtet werden und daher betriebsgestaltend sind"[288].

French/Bell[289] verwenden in diesem Zusammenhang den Vergleich mit einem Eisberg. Was an der Oberfläche sichtbar ist, entspricht den formalen Strukturen. Die informale Struktur, die kulturelle Komponente, befindet sich unter der Oberfläche.

---

[286] Bühner (Organisationslehre) S. 6.
[287] vgl. z. B. Weidner/Freitag (Organisation) S. 23 ff., Bühner (Organisationslehre) S. 6 ff., Wöhe (Betriebswirtschaftslehre) S. 145 ff.
[288] Henning (Organisationslehre) S. 24.
[289] vgl. French/Bell (Organisationsentwicklung) S. 33.

- organisatorische Festlegungen
- Reglemente, Vorschriften, Handbücher
- örtliche und räumliche Festlegungen
- informationstechnische Festlegungen

- Identität, kollektive Erwartungen, Deutungsmuster und Hintergrundüberzeugungen („lokale Theorien")
- Werte und Normen
- Einstellungen und Haltungen in der Führung und Zusammenarbeit im Inneren und gegenüber Anspruchsgruppen
- Mythen, „Stories", typische Argumentationsmuster und Sprachregelungen

Abb. 3.51 Der „organisationale Eisberg". (Quelle: Dubs (Managementlehre) Bd. 1, S. 104, in Anlehnung an French/Bell (Organisationsentwicklung) S. 33)

Der Vergleich mit dem Eisberg ist in zweierlei Hinsicht zutreffend. Zum einen symbolisiert er die *erhebliche Bedeutung* des informalen Beziehungs- und Verhaltensgeflechts – bekanntlich sind etwa 6/7 eines Eisberges unter der Wasseroberfläche. Zum anderen wird dadurch ausgedrückt, dass die informale Struktur wesentliche schwerer erkennbar ist als die formale, die durch Anweisungen, Organigramme, Handbücher und so weiter sichtbar definiert ist (vgl. Abb. 3.51).

Was aber ist der Grund für diese enorme Bedeutung? Auch wenn es empirisch kaum zu beweisen ist, so ist die Antwort doch logisch nahe liegend. Aktivitäten, die im Rahmen der Behandlung der Perspektive des *Individuums* genannt wurden, sowie alle Interessen, Machtbedürfnisse und so weiter haben *Auswirkungen auf die Organisation* – auf die formale, aber gerade auch auf die informale.

Einige Beispiele verdeutlichen das:

- *Zuständigkeiten*: natürlich hängen Prestige, Status, Karrierechancen, aber auch Dinge wie der Spaß an der Arbeit stark davon ab, welche Aufgaben jemand übertragen bekommt, wofür er zuständig ist, und welche Ressourcen er dafür bekommt. Das gilt zunächst für die formal-organisatorisch begründeten Zuständigkeiten. Es gilt aber auch für die faktischen, eben nicht formal festgelegten Zuständigkeiten. Oben[290] wurde das Beispiel eines Mitarbeiters genannt, der aus eigener Initiative den türkischen Markt bearbeitete – typisch für die informale Organisation. Oder der Mitarbeiter im Controlling,

---

[290] s. o. Kap. 2.2.4.

3.4 Unternehmensorganisation

der sehr gut und sehr gerne mit Excel arbeitet und daher ein breit angelegtes auf Excel basierendes Reporting-System erstellt, ohne dass dies laut Stellenbeschreibung oder auch nur aufgrund der Anweisung seines Vorgesetzten verlangt worden wäre.

- *Networking*: im Rahmen der so genannten „Soft skills" wird – und wurde auch schon in diesem Buch[291] – immer wieder auf die Bedeutung der Bildung von Netzwerken hingewiesen. Netzwerke sind aber, jedenfalls in der Mehrzahl der Fälle, gerade die Koalitionen und Verbindungen im Rahmen der *informalen* Organisation. Es ist daher nicht verwunderlich, wenn auf allen Ebenen des Unternehmens fleißig and der informalen Organisation gearbeitet wird. Auch die „Spiele"[292], die im Unternehmen „gespielt" werden, werden in den Organisationsstrukturen reflektiert. Das „Dominanz-Spiel" – dominantes Verhalten, Tyrannei, einen Untergebenen anbrüllen etc. – basiert meistens auf der formalen Aufbauorganisation, „spielt" es doch der Vorgesetzte mit seinen Mitarbeitern. Andere Formen hingegen, etwa das Bündnis oder das Reichsgründungs-Spiel, sind Ausdrucksweisen informaler Strukturen.
- *Emotionen*: Gefühle und Emotionszustände haben zweifellos „einen großen Einfluss auf das Leistungs- und Kooperationsverhalten der Organisationsmitglieder."[293] Ihre Bedeutung positiver und negativer Art ist durch eine Reihe von Studien bestätigt worden[294]. Emotionen drücken sich aber auch durch organisatorische Strukturen aus, formale, aber noch mehr informale. Denn wer wollte bestreiten, dass die Bildung einer Koalition wesentlich davon abhängt, ob die Beteiligten auf der emotionalen Ebene eine positive Beziehung zueinander haben?

Wenn nun klar ist, wie wichtig die informalen Organisationsstrukturen sind, so ergibt sich daraus die nächste Frage – wie entstehen diese Strukturen? Anders ausgedrückt: wie „funktioniert" informale Organisation? Die Antwort fällt an dieser Stelle leicht. Informale Organisation „funktioniert" genau so, *wie „Politics" im Unternehmen eben funktioniert* und wie dies im zweiten Kapitel ausführlich beschrieben worden ist.

Aus diesen Erkenntnissen ergeben sich wichtige *Konsequenzen* für das Verhalten des Einzelnen und für die Unternehmenssteuerung als Ganzes:

- Erstens: die Existenz einer informalen Organisationsstruktur ist eine *Tatsache*. Diese Tatsache ist weder zu leugnen noch kann die informale Organisation, etwa durch die Geschäftsführung, durch „bekämpfen" „vernichtet" werden. Informale Strukturen bestehen und entstehen permanent, selbst (und vielleicht gerade) in diktatorisch geleiteten Organisationen. Es ist also sinnlos, sie ausmerzen zu wollen; besser ist es, sie bewusst als solche anzuerkennen und damit umzugehen.

---

[291] s. o. Kap. 2.2.5
[292] s. o. Kap. 2.2.4.
[293] Küpers/Weibler (Emotionen) S. 21.
[294] vgl. Küpers/Weibler (Emotionen) S. 18 ff.

- Zweitens: die informale Organisation ist *keineswegs* grundsätzlich *schädlich* für die Unternehmung. Im Gegenteil. Ohne ein Mindestmaß davon kann kein Unternehmen überleben. *Neuberger* bemerkt, dass das Funktionieren in einer Organisation zwar gesichert wird durch eine Vielzahl von Entscheidungs- und Handlungsprämissen, also formaler organisatorischer Regelungen. Jedoch sind diese „nicht immer aufeinander abgestimmt und nicht alle gleichzeitig erfüllbar. ... Weil dem so ist, sind Phänomene wie ‚Dienst nach Vorschrift' möglich, die dazu führen können, dass das Getriebe der Organisation lahm gelegt wird. Normalerweise müsste es der Traum jedes Bürokraten sein, dass es ihm endlich gelungen ist, das Geschehen in Organisationen in klare Vorschriften zu fassen. Wenn er dann zusätzlich mit Hilfe von Belohnung und Strafe die Leute dazu brächte, sich an die Vorschriften zu halten, dann wäre für ihn das goldene Zeitalter der Rationalität angebrochen"[295]. Auch wenn Neuberger hier nicht explizit von formaler und informaler Organisation spricht, so ist die Analyse doch darauf unmittelbar anwendbar. Eine Organisation, in der nur die formale Organisation existiert, erscheint zwar zunächst wie der besagte „Traum jedes Bürokraten". Tatsächlich lähmte dieser vollkommene „Dienst nach Vorschrift" aber jedes Unternehmen. Vielfältige Beispiele aus der Praxis sind bekannt, wie gerade die informale Organisation zu Problemlösungen führt. Am deutlichsten wird das wohl im Fall der Kommunikation. Die formale Organisation verlangt in der Regel die Einhaltung des Dienstweges. Möchte ein Sachbearbeiter A nun von einem Kollegen B aus einem anderen Bereich eine Information, liefe der Dienstweg über die Vorgesetzten. Also von A über dessen Abteilungsleiter zum Bereichsleiter, von dort zum Bereichsleiter von B, über dessen Abteilungsleiter dann zu B. Den gleichen Weg hätte die Antwort zu nehmen. Wesentlich schneller und kostengünstiger wird die Information beschafft, indem A den B direkt kontaktiert, persönlich oder per Telefon oder per Mail. Das ist es, was in der Praxis dann auch geschieht. Sind A und B darüber hinaus noch informal durch eine „Koalition" oder dergleichen verbunden, ist das dem Informationsaustausch noch förderlicher.

Thomas Peters geht noch weiter und erhebt die informale Organisation, ja bis zu einem gewissen Grad gar die Desorganisation, zu einem Grundmerkmal eines erfolgreichen Unternehmens: „Eine effektive Firma hat sehr viel mehr Ähnlichkeit mit dem Karneval in Rio als mit einer Pyramide am Nil"[296] – wobei ihm wohl bewusst ist, dass Pyramiden aufgrund ihrer Form für die klassische hierarchische formale Organisationsstruktur stehen.

Selbstverständlich – wie so oft in der Betriebswirtschaftslehre ist auch diese Aussage nicht zu verabsolutieren. Ein Zuviel an, um in Peters' Bild zu bleiben, „Karneval in Rio", kann ebenfalls desaströs sein. Wieder einmal geht es um das richtige Maß, den richtigen Weg zwischen Chaos und bürokratischer Steuerung.

---

[295] Neuberger (Macht) S. 82.
[296] Peters (Seminar), zit. nach Zillig (Organisationsformen) S. 105.

- Drittens. Auch auf der *Ebene des einzelnen Mitarbeiters*, seiner persönlichen Ebene, ist es zunächst einmal nötig, das Bewusstsein zu haben, dass eine informale Organisation existiert und bedeutend ist. Viele in der Praxis erfahrene Mitarbeiter wissen das intuitiv. Aber für andere, etwa jüngere Hochschulabsolventen, kann es sinnvoll sein, sich das im eigentlichen Sinn bewusst zu machen. Daraus können sich konkrete Verhaltensweisen ergeben. So könnte – sollte – ein Berufseinsteiger aktiv versuchen, informale Organisationsstrukturen zu erkennen. Nicht durch ein naives Fragen danach. Die Antwort darauf wird oft wenig hilfreich sein, reden wir doch von dem großen Bereich „unter der Oberfläche". Vielleicht wird die Frage sogar als störend empfunden, schließlich geht es dabei um politische Praktiken, und die sind nach wie vor oft tabuisiert. Der neue Mitarbeiter kann aber aufmerksam registrieren, wer etwa zu welchen Themen gefragt wird und Kommentare abgibt, wer mit wem in der Kantine an einem Tisch sitzt. Wer besonders akribisch dabei vorgeht, mag für sich privat auch ein Organigramm der informalen Organisation zeichnen. Der Neuling sollte auch, wenn er selbst aktiv wird, zum Beispiel eine bestimmte Information benötigt, auf die informalen Strukturen zu achten versuchen. Er sollte sich also fragen, auf wen er – ungeachtet der formalen Zuständigkeit – zugehen sollte. Und er sollte sich auch fragen, auf wen er besser *nicht* zugeht, weil dies zu Konflikten mit anderen führen könnte. Freilich: ein gutes Gespür hierfür ist erst durch einige Zeit an praktischer Erfahrung zu gewinnen. Aber der bewusste Umgang mit dem Phänomen kann doch die Lernphase um einiges verkürzen.

3.4.5 Organisatorische Veränderungen

3.4.5.1 Grundprobleme organisatorischer Veränderungen

Zu keiner Zeit wird die Bedeutung des richtigen Umgangs mit Organisationsstrukturen so deutlich, als wenn es um deren Veränderungen geht. Reorganisationen gehören zu den kritischsten Aufgaben eines Top-Managements.

Durch die richtige Organisationsform lässt sich die Effizienz eines Unternehmens deutlich erhöhen durch bessere Kommunikation, reibungslose Abläufe, Rationalisierungen. Andererseits kostet jede Änderung der Organisationsstruktur, also jede Reorganisation, auch viele Ressourcen.

Der Ressourcenverbrauch einer Reorganisation kommt einmal dadurch zustande, dass viel Managementzeit und bisweilen auch viel Geld für Unternehmensberater zu investieren ist, um die richtige Struktur auszuarbeiten. Er kommt auch dadurch zustande, dass bei jeder Umstrukturierung eingespielte Abläufe beeinträchtigt werden, unter Umständen funktionierende Teams aufgelöst und neu zusammengesetzt werden. Schließlich sind organisatorische in der Regel auch mit räumlichen Veränderungen und damit mit Umzugskosten verbunden.

Organisatorische Veränderungen sind also entsprechend gut vorzubereiten und zu durchdenken. Erschwert wird die Entscheidung dadurch, dass im konkreten Fall selten im Voraus quantitativ nachzuweisen ist, welche Organisationsform die Beste ist. In diesem Kapitel sind zwar die Kriterien aufgelistet worden, die zu beachten sind. Aber diesen Kriterien kann in der Praxis nur selten ein konkreter Wert im Sinne von Kostenersparnis oder Ertragssteigerung zugeordnet werden. Neben analytischem Denkvermögen ist daher auch viel Erfahrung und praktisches Gespür bei Organisationsentscheidungen vonnöten.

Reorganisationen sind aber auch deshalb so schwierig, weil die in diesem Buch immer wieder hervorgehobene *Perspektive der Individuen* eine *sehr große Rolle* spielt[297].

Für einen Außenstehenden mag es eine relativ nüchtern klingende Frage sein, ob ein Unternehmen beispielsweise regional, divisional oder funktional gegliedert werden sollte. Für die Betroffenen ist es bisweilen von geradezu *existenzieller* Bedeutung.

Angenommen, das in Abb. 3.26 im Organigramm dargestellte Unternehmen soll reorganisiert und von einem divisionalen in ein funktional strukturiertes Unternehmen umgewandelt werden.

Eine Konsequenz wäre, dass in Zukunft nicht mehr eine Einkaufsabteilung für jede der vier Produktgruppen A bis D bestehen wird, sondern nur noch eine zentrale Abteilung, die für das gesamte Unternehmen zuständig ist.

Man versetze sich nun in die Situation des Abteilungsleiters der Einkaufsabteilung Produkt A. Ihm wird klar sein – wenn es in Zukunft nur noch eine Einkaufsabteilung im Unternehmen gibt statt vier, dann ist wohl auch nur noch Platz für einen Abteilungsleiter. Wenn es sehr gut läuft – rein statistisch stehen bei bisher vier Abteilungen seine Chancen bei 25 % – wird er Leiter des gesamten Einkaufs, was einer Beförderung gleichkommt. Möglicherweise ist es aber auch die Absicht, ihn – mit oder ohne Gehaltsabstriche – zu degradieren. Oder, im heute durchaus nicht mehr seltenen Fall, ihn abzubauen, gegebenenfalls also zu entlassen.[298] Wenn aufgrund seines Alters, seines bisherigen Berufsweges und/oder seiner eingeschränkten Mobilität (Familie etc.) die Chancen für einen anderen halbwegs gleichwertigen Arbeitsplatz kaum gegeben sind, dann wird klar, warum die Reorganisation für ihn besagte existenzielle Bedeutung hat.

Ähnlich wird es auch den Mitarbeitern der Abteilung gehen. Sie werden sich fragen: wo ist mein Platz in der neuen Abteilung? Ist der neue Platz besser oder schlechter, oder ist vielleicht gar kein Platz mehr für mich da?

Das Beispiel lässt sich verallgemeinern. *Jede* Änderung der Organisationsstruktur bringt *Gewinner* und *Verlierer* hervor. Und in den meisten Fällen ist den Betroffenen vorher nicht klar bzw. nicht bekannt, auf welcher Seite sie stehen werden. Reorganisation führt also zunächst zu großer *Unsicherheit*. Und sie führt dazu, dass die Beteiligten versuchen, ihre Positionen darzulegen, ihren Einfluss geltend zu machen, um die neue Organisationsform in ihrem Sinn zu beeinflussen. Dabei kann das ganze Spektrum mikropolitischer Taktiken, können alle Formen der „Spiele" zum Einsatz kommen.

Mit anderen Worten kommt es zu im Sinne der Gesamtunternehmung effizienzmindernden *Verteilungswettkämpfen*. Das Verhalten von Individuen, sich an diesen Vertei-

---

[297] vgl. z. B. Freudenberg (Reorganisationen), Schmelzer/Sesselmann (Geschäftsprozess) S. 250.
[298] s. u. Kap. 3.5.9.

lungswettkämpfen zu beteiligen, wird in der Literatur als *Rent Seeking* bezeichnet[299]. Die dadurch motivierten Handlungen werden von *Milgrom* und *Roberts* als *Beeinflussungsaktivitäten (influence activities)* bezeichnet[300]. „Das Spektrum möglicher Beeinflussungsaktivitäten umfasst neben Überzeugungsversuchen, Lob und Schmeicheleien auch auf Erpressung, Verführung, Drohung, Sabotage oder bewusster Fehlinformation basierende Manipulationsversuche."[301]

Institutionenökonomisch ausgedrückt entstehen dadurch *Transaktionskosten*. Bei *Picot* et al werden entsprechend grundsätzlich zwei Arten von Reorganisationskosten unterschieden. „Die erste Kostenart umfasst die von der Reorganisation verursachten Planungs- und Durchführungskosten (Analyse-, Beratungs- und Schulungsaufwand, Anpassung von Informationssystemen usw.), ... Die zweite Kostenart entsteht ... infolge von Reibungsverlusten (Koordinations- und Motivationskosten). Diese koordinations- und motivationsbedingten Reorganisationskosten sind auf menschliche Unvollkommenheiten zurückzuführen. Diese Unvollkommenheiten lassen sich ... auf die Kombination von individueller Nutzenmaximierung und Informationskosten zurückführen."[302]

Wie also sollten Reorganisationen vor diesem Hintergrund angegangen werden? Um diese Frage zu beantworten, werden zunächst zwei bekannte Methoden der Reorganisation vorgestellt:

- die *Organisationsentwicklung (OE) und*
- *Business Reengineering*,

bevor anschließend noch eine *kritische Würdigung* vorgenommen wird.

3.4.5.2 Organisationsentwicklung (OE)

Organisationsentwicklung, bekannt ist auch der englische Ausdruck Organizational Development (OD), bedeutet zunächst geplanter, evolutionärer organisatorischer Wandel[303].

Eine konkretere Definition lautet: „OE ist ein längerfristig angelegter, organisationsumfassender Entwicklungs- und Veränderungsprozess von Organisationen und den in ihnen tätigen Menschen. Der Prozess beruht auf Lernen aller Betroffenen durch direkte Mitwirkung und praktische Erfahrung. Sein Ziel besteht in einer gleichzeitigen Verbesserung der Leistungsfähigkeit der Organisation (Effektivität) und der Qualität des Arbeitslebens (Humanität)."[304]

---

[299] Tollison (Rent) S. 577.
[300] vgl. Milgrom/Roberts (Influence), Milgrom/Roberts (Bargaining).
[301] Picot/Dietl/Franck (Organisation) S. 395.
[302] Picot/Dietl/Franck (Organisation) S. 393.
[303] vgl. zum Abschnitt Gairing (Organisationsentwicklung), Thommen/Achleitner (Betriebswirtschaftslehre) S. 812 ff., Weidner/Freitag (Organisation) S. 223 ff.
[304] Trebesch (Organisationsentwicklung) S. 85.

Diese Definition mag sich abstrakt anhören, sie enthält aber die Punkte, die OE ausmachen:

- Zunächst ist OE ein *längerfristiges* Vorhaben, worunter ein Zeitraum von etwa 2–3 Jahren verstanden wird.
- OE ist *organisationsumfassend*. Darunter wird verstanden, dass OE nicht nur zur Lösung eines spezifischen Sachproblems – zum Beispiel der schnelleren Fertigstellung eines Berichts – dient. OE beschränkt sich auch nicht nur auf eine reine Änderung der Organisationsstruktur im Sinne von, zum Beispiel, Übergang von einer funktionalen zur regionalen Organisation. Es ist vielmehr verbunden mit grundsätzlichen Veränderungen im Kommunikations- und Führungsverhalten.
- Letzteres führt zum dritten Punkt, der als eigentliches Wesensmerkmal von OD bezeichnet werden kann: die starke Betonung des *Einbezugs der Mitarbeiters*, des *Humanitätsaspekts*.

Ausgegangen wird dabei von der oben beschriebenen Skepsis gegenüber oder gar Angst vor neuen Entwicklungen, die bei den Mitarbeitern oft in Widerstand dagegen münden.

OE versucht, diese Ängste abzubauen. Mehr noch, OE versucht, die Mitarbeiter zur aktiven Teilnahme an Verbesserungsprozessen zu gewinnen. So soll das genannte doppelte Ziel erreicht werden: aus Sicht der Unternehmung steigt die *Effektivität*. Denn nicht nur werden die Kosten durch Reibungsverluste minimiert. Es wird auch das gesamte Knowhow der Mitarbeiter eingebracht. Und dies ist deshalb wertvoll, weil niemand so genau wie der Sachbearbeiter, der Mitarbeiter an der Basis, die Probleme vor Ort kennt und daher auch zur Lösung beitragen kann.

Der Vorteil aus Sicht des Mitarbeiters ist die *Humanität* des Ansatzes. Seine Angst, seine Unsicherheit wird genommen. Darüber hinaus steigert es sein Selbstwertgefühl, wenn er seine Kenntnisse einbringen kann. Es entsteht also eine „win-win" Situation – sowohl Unternehmen als auch Mitarbeiter profitieren.

Die Ziele von OE sollen erreicht werden durch *drei fundamentale Grundsätze*:

- „*Betroffene zu Beteiligten machen*: Darunter soll verstanden werden, dass diejenigen, die später bestimmte Verhaltensregeln zu beachten haben, an der Ausarbeitung dieser Regeln zu beteiligen sind.
- *Hilfe zur Selbsthilfe*: Die Betroffenen selbst bestimmen mit der Hilfe von Prozessberatern den Inhalt der Veränderungsprozesse.
- *Machtausgleich*: Mit den zwei obigen Grundwerten ist der generelle Wert der Demokratisierung und Enthierarchisierung des Lebens in Unternehmen eng verbunden."[305]

Der erste Grundsatz – *Betroffene zu Beteiligten* machen – gilt bisweilen als *der* Grundsatz nicht nur der Organisationsentwicklung, sondern als einer der Grundsätze der Or-

---

[305] Thommen/Achleitner (Betriebswirtschaftslehre) S. 812.

ganisations- und Führungslehre[306] überhaupt. Es geht darum, nicht über die Köpfe der Mitarbeiter hinweg zu entscheiden, sondern darum, sie einzubeziehen. Sie müssen angehört werden und darüber hinaus auch aktiv an den Entscheidungen *partizipieren*. Mit dem Grundsatz der *Hilfe zur Selbsthilfe* kommt wieder der Gedanke zum Ausdruck, dass letztlich die Mitarbeiter „vor Ort", „an der Front", die Probleme am besten kennen. Es ist daher auch sinnvoll, sie selbst Lösungsvorschläge entwickeln zu lassen.

Das dritte Prinzip des *Machtausgleichs* soll sicherstellen, dass die Mitarbeiter sich auch einbringen können und die Beiträge nicht in der Hierarchie „versickern" oder durch die Hierarchie „abgeblockt" werden. Beiträge sollen nur nach sachlichen Gesichtspunkten beurteilt werden und nicht nach der Position des Redners in der Hierarchie[307].

Eine Schlüsselrolle spielt dabei der genannte *Prozessberater*, in der OE *Change Agent* genannt. Der Change Agent gehört nicht zur betroffenen Abteilung, er ist vielmehr ein Externer, in der Regel ein entsprechend spezialisierter Unternehmensberater. Seine Aufgabe besteht *nicht* in fachlicher Unterstützung – die Lösung der Probleme auf der fachlichen Ebene ist nach OE ja gerade Sache der Betroffenen selbst. Die Aufgabe besteht vielmehr in der neutralen *Moderation*, in der Leitung und Koordination des Prozesses. Es soll sicherstellen, dass die oben genannten Grundsätze auch beachtet werden.

Der *Ablauf* eines OE-Prozesses besteht in drei Phasen, die auf den Psychologen *Kurt Lewin*[308] zurückgehen:

- „*Auftauen* (,*unfreezing*'): Am Anfang jedes Wandels soll die Bereitschaft zur Veränderung bei den betroffenen Individuen gefördert werden. Sie sollen von der Notwendigkeit der Umgestaltung überzeugt werden.
- *Ändern* (,*moving*'): In der zweiten Phase beginnt die eigentliche Veränderung des alten Zustands. Daten werden gesammelt und aufgearbeitet, Handlungen geplant und durchgeführt. Je nach Problem empfehlen sich organisatorische oder personelle Entwicklungsmaßnahmen. Bevor organisatorische Lösungen generiert werden, sollte beispielsweise die Teamfähigkeit der in einer Gruppe zusammenarbeitenden Personen verbessert werden.
- *Wiedereinfrieren* (,*refreezing*'): ,Wiedereinfrieren' im Sinne der Organisationsentwicklung ist kein starres Festschreiben von einzuführenden Neuerungen. Vielmehr soll die Grundlage für weitere Veränderungen gelegt werden, wodurch eine Vorstufe zum erneuten ,Auftauen' und ,Ändern' gebildet wird. In dieser Phase wird die implementierte Lösung stabilisiert, um zu vermeiden, dass das Unternehmen nach einer Weile in den alten Zustand zurückfällt."[309]

---

[306] s. u. Kap. 3.5.
[307] vgl. auch Gairing (Organisationsentwicklung) S. 229 ff.
[308] vgl. Lewin (Frontiers).
[309] Thommen/Achleitner (Betriebswirtschaftslehre) S. 813.

Auch an der Phasenbeschreibung fällt die starke Berücksichtigung der psychologischen Komponente auf: Mitarbeiter nicht vor vollendete Tatsachen stellen, sondern vorher entsprechend „auftauen", um danach wesentlich produktiver den eigentlichen Teil des Prozesses gestalten zu können.

Insgesamt liegt dem Gedanken der Organisationsentwicklung ein recht *positives Menschenbild* zugrunde. Es wird davon ausgegangen, dass fast jeder Mensch ein persönliches Entwicklungspotenzial besitzt und grundsätzlich auch bereit ist, sich in Veränderungsprozesse einzubringen.[310]

OE ist heute, obwohl das Konzept bereits in den 1950er Jahren aufkam, ein Standardwerkzeug in der Praxis. Die dort vertretenen Grundsätze, allen voran der, Betroffene zu Beteiligten zu machen, sind weitgehend akzeptiert.

Freilich zeigt eine kritische Betrachtung des Ansatzes auch seine *Grenzen* auf. Aufgrund des positiven Menschenbilds wird bei der Lektüre von OE oft genug der Eindruck erweckt, alle möglichen (Organisations-)Probleme seien zur Zufriedenheit aller Beteiligten lösbar, wenn die Betroffenen nur entsprechend eingebunden würden. Für manche Fragestellungen trifft das zweifellos zu.

Aber, und das wird gerade auch aus dem Aspekt der individuellen Interessen deutlich, Widerstände gegen Veränderungen sind durchaus nicht immer „nur" „subjektiv" und „emotional" bedingt.[311] Vielmehr führen Veränderungen bisweilen unvermeidlicherweise bei Individuen auch zum Verlust von Arbeitsplätzen, von Einkommen, von Existenzen. Es spielen also auch so genannte „harte" Faktoren eine Rolle. In vielen Fällen wird es zu Verlierern kommen, deren Motivation an einer Mitarbeit an diesem Prozess sich nicht erschließt. Konkret: wie sollen die oben genannten Mitarbeiter der Einkaufsabteilung Produkt A zu einer aktiven Mitarbeit an einer Reorganisation gewonnen werden, wenn klar ist, dass am Ende für einen Teil davon die Arbeitslosigkeit stehen wird? Ein anderes Beispiel. Oben im zweiten Teil wurde von opportunistischen Praktiken gesprochen. Darunter kann, neben vielem anderen, auch ein selektiver Umgang mit Informationen fallen. Gemäß dem Motto des Volksmunds „Wissen ist Macht" können Führungskräfte gezielt Informationsvorsprünge ausnutzen, um ihre Position zu festigen.

Welches Interesse sollten sie daher haben, im Rahmen des „Machtausgleichs" die Informationspolitik zu ändern und etwa Mitarbeiter in Entscheidungsprozesse einzubeziehen? Wer sich mit den Ausführungen zum Thema Macht und Interessen in Organisationen beschäftigt hat, für den erscheint doch die Annahme naiv, ein „Change Agent" könnte durch „unfreezing" Menschen dazu bewegen, entgegen ihren Kerninteressen zu handeln.

Aus dieser Sicht erscheint OE nur in Situationen Erfolg versprechend, in denen Veränderungen organisatorischer Art nicht allzu sehr mit persönlichen Interessen kollidieren. Wenn also etwa die Veränderungen in Wachstumsphasen stattfinden und daher der großen Mehrheit der Mitarbeiter auch nach einer Reorganisation Perspektiven angeboten werden können. Wenn sich also mit anderen Worten die Anzahl der „Verlierer" in Grenzen hält.

---

[310] vgl. Weidner/Freitag (Organisation) S. 226.
[311] vgl. z. B. Küpers/Weibler (Emotionen) S. 77 ff.

3.4.5.3 Business Reengineering

Ein ganz anderer, radikaler Ansatz des Umgangs mit Veränderungen in Unternehmen ist das in den frühen 1990er Jahren von *Hammer* und *Champy* entwickelte Konzept des *Business Reengineering*.[312]

Reengineering ist „fundamentales Überdenken und radikales Redesign von Unternehmen oder wesentlichen Unternehmensprozessen. Das Resultat sind Verbesserungen um Größenordnungen in entscheidenden, heute wichtigen und messbaren Leistungsgrößen in den Bereichen Kosten, Qualität, Service und Zeit."[313]

Ausgangspunkt ist dabei der Gedanke, die von Adam Smith erstmals beschriebene Arbeitsteilung, eine Grundlage der Organisationslehre, teilweise wieder rückgängig zu machen. Denn Hammer und Champy argumentieren, dass die Arbeitsteilung, so Effizienz steigernd sie grundsätzlich auch sein mag, in den letzten Jahren und Jahrzehnten zu weit getrieben worden ist. Das gilt insbesondere für die *administrativen Bereiche*, auf die die Arbeitsteilung von der Produktion mittlerweile übertragen wurde. Übertriebene Arbeitsteilung führt dazu, dass relativ einfache Vorgänge in viele verschieden Schritte aufgespalten werden und, obwohl für die eigentliche Bearbeitung nur wenige Minuten gebraucht werden, sie erste nach Wochen abgeschlossen werden.

Business Reengineering I: Auftragsabwicklung

Ein typisches Beispiel für einen stark zersplitterten Prozess ist die Auftragsabwicklung, wie sie in vielen Unternehmen organisiert ist.

„Die Auftragsabwicklung beginnt mit der Auftragserteilung durch den Kunden, endet mit der Auslieferung der Waren und umfasst alle dazwischen liegenden Schritte. In der Regel umfasst dieser Prozess etwa ein Dutzend Arbeitsschritte, die von verschiedenen Mitarbeitern in unterschiedlichen Abteilungen durchgeführt werden. Ein Angestellter der Kundenserviceabteilung nimmt den Auftrag entgegen, zeichnet ihn auf und überprüft, ob er richtig und vollständig ist. Dann wird der Auftrag an die Finanzabteilung weitergeleitet, wo ein anderer Mitarbeiter die Bonität des Kunden überprüft. Als nächstes bestimmt jemand im Verkauf, welcher Preis in Rechnung gestellt werden soll. Dann erhält die Lagerverwaltung den Auftrag, wo ein Mitarbeiter überprüft, ob die Waren vorrätig sind. Falls nicht, wird der Auftrag der Produktionsplanung übergeben, die daraus einen internen Auftrag macht. Schließlich legt die Lagerverwaltung den Zeitplan für die Auslieferung fest. Die Versandabteilung bestimmt die Versandart – per Bahn, LKW, Luftfracht oder Schiff – und wählt die Strecke und den Spediteur aus. Die Packabteilung sucht die Waren heraus, überprüft, ob sie mit dem Auftrag übereinstimmen, verpackt und verlädt sie. Der Versand übergibt die Waren dem Spediteur, der die Verantwortung für deren Anlieferung beim Kunden trägt."[314]

---

[312] vgl. zum Abschnitt Hammer/Champy (Reengineering).
[313] Hammer/Champy (Reengineering) S. 48.
[314] Hammer/Champy (Reengineering) S. 41.

Aus Sicht der klassischen Organisationslehre hat dieser Ablauf durchaus seine Vorteile. Die Mitarbeiter können dank ihrer Spezialisierung die einzelnen Prozessschritte durchaus effizient abarbeiten. Die Fraktierung des Prozesses führt aber auch zu einer Reihe von Nachteilen.

Erstens ist kein *einzelner* Mitarbeiter für die *gesamte* Prozesskette verantwortlich. Die im Kapitel über die Aufbauorganisation beschriebenen Probleme einer funktionalen Organisation treten stets auf, wenn Prozesse wie beschrieben organisiert sind. Niemand hat den Überblick, was an welcher Stelle gegebenenfalls falsch läuft, niemand ist verantwortlich für Fehler, die nicht in einer einzelnen Abteilung, aber im *Zusammenwirken* der Abteilungen liegen. Daraus folgt, zweitens, dass der Prozess fehleranfällig ist. Und zwar unabhängig davon, ob die individuellen Mitarbeiter sorgfältig arbeiten oder nicht. Die große Anzahl von Schnittstellen macht den Prozess *strukturell* fehleranfällig. Und drittens kommt der Punkte „Kundenservice" bei diesem Ablauf praktisch nicht vor. Mit der Konsequenz, dass etwa Sonderwünsche nur schwer berücksichtigt werden können.

Solcherart Probleme treten hundertfach auf. Egal ob Produktentwicklung, Produktion, Logistik, Marketing – überall sind die Prozesse durch Spezialisierung beziehungsweise Arbeitsteilung fragmentiert und zersplittert. Es fehlt die Gesamtverantwortung für das Ergebnis, Qualität und Flexibilität leiden.

Die Lösung der Probleme liegt nun nicht in einer punktuellen *Verbesserung* des Prozessablaufs, sondern darin, den Prozess *grundsätzlich in Frage* zu stellen. Genau darum geht es beim Business Reengineering.

Gemäß der obigen Definition wird Reengineering durch vier *Schlüsselbegriffe* charakterisiert:

- *Fundamental*
- *Radikal*
- *Verbesserungen um Größenordnungen*
- *Unternehmensprozesse*[315].

Fundamental bedeutet, dass das Unternehmen alle Abläufe und Tätigkeiten grundsätzlich in Frage stellt. Die Formulierung lautet dabei nicht: *Wie* machen wir etwas? Sondern: *Warum* machen wir die Dinge, die wir tun? Oder auch: *Was* sollen wir tun? Ein Beispiel. Im Rahmen des Reengineering wird nicht gefragt, wie das Unternehmen die Kreditwürdigkeit der Kunden besser überprüfen könnte. Vielmehr wird gefragt, ob sich die Bonitätsprüfung bei jedem Einzelkunden überhaupt lohnt. Denn „häufig übersteigen die Kosten der Überprüfung ... die Verluste, die durch die so vermiedenen uneinbringlichen Forderungen entstehen würden."[316] Diese Betrachtungsweise ist typisch für Reengineering. Nicht der Einzelfall wird betrachtet, sondern das Gesamtbild.

---

[315] vgl. Hammer/Champy (Reengineering) S. 48 ff.
[316] Hammer/Champy (Reengineering) S. 49.

3.4 Unternehmensorganisation

- Die *radikale* Umgestaltung bedeutet eine *völlige Neugestaltung*. Grundsätzlich kann *alles* in Frage gestellt werden; hingegen geht es nicht um Verbesserungen, Modifikation oder Erweiterung von Geschäftsabläufen.
- Wenn Unternehmen Programme zur Effizienzsteigerung auflegen, so legen sie bisweilen eine Steigerung um 10 % als Zielgröße fest. Nicht so beim Reengineering. 10 %, so argumentieren Hammer und Champy, können typischerweise durch Verbesserung eines Prozesses erreicht werden. Beispielsweise durch eine verbesserte IT, die es dem Mitarbeiter erlaubt, die Bonität eines Kunden schneller zu überprüfen. Reengineering beinhaltet aber eine *Verbesserung um Größenordnungen*, d. h. *Quantensprünge*. Ein solcher Quantensprung könnte im Beispiel die Abschaffung der individuellen Bonitätsprüfung sein, die, abzüglich höherer Verluste durch uneinbringliche Forderungen, etwa zu Einsparungen von 40 %, 50 %, oder mehr führen könnte.
- Das vierte Schlüsselwort, Unternehmens*prozesse*, lässt sich gut mit dem Beispiel der Auftragsabwicklung illustrieren. Es wird nicht eine einzelne Funktion betrachtet, sondern der ganze Prozess respektive sein Ergebnis. In diesem Fall geht es um die Übergabe der Waren an den Kunden. Diese Aktivität ist zu optimieren – alle Zwischenschritte können hingegen hinterfragt werden.

Business Reengineering ist also nicht gleichzusetzen mit „Reorganisation". Es bedeutet weit mehr als eine Reorganisation im Sinne der Veränderung der Aufbauorganisation, auch wenn Reengineering praktisch immer damit verbunden ist.

Business Reengineering II – Fallbeispiel IBM Credit

IBM Credit, eine Tochtergesellschaft von IBM, finanziert den Kauf von Hard- und Software und Serviceleistungen von IBM[317].

Die Kreditvergabe erfolgte früher über fünf Schritte:
- Schritt 1: Der Außendienstmitarbeiter von IBM informiert die Zentrale von IBM Credit über den Kreditwunsch
- Schritt 2: Der Antrag wird an die Kreditabteilung übergeben, die die Bonität des Kunden überprüft
- Schritt 3: die Vertragsabteilung („Business Practices") überträgt den Kreditwunsch auf das jeweilige Standardformular
- Schritt 4: ein weiterer Sachbearbeiter errechnet den im jeweiligen Fall zu berechnenden Zinssatz und trägt ihn ein
- Schritt 5: Ein Abteilungsleiter erstellt bzw. unterschreibt das Angebotsschreiben und verschickt es an den Außendienstmitarbeiter.

Der gesamte Prozess dauerte im Durchschnitt sechs Tage, bisweilen auch zwei Wochen. Das war eine Quelle ständigen Ärgernisses für die Außendienstmitarbeiter – denn

---

[317] vgl. Hammer/Champy (Reengineering) S. 53 ff.

in diesen sechs oder auch vierzehn Tagen bestand laufend die Gefahr, dass der Kunde zu einem anderen Anbieter wechseln würde.

Eine Untersuchung ergab, dass die eigentliche Bearbeitung der Anträge gerade einmal *neunzig Minuten* in Anspruch nahm. Die restliche Zeit waren die Formulare unterwegs von einer zu einer anderen Abteilung. Im Rahmen einer konventionellen Prozessoptimierung könnte diese Zeit zwar durch technische Maßnahmen – Email statt Papierdokumente – verkürzt werden. Die eigentliche Quelle der Verzögerungen aber, die Übergabe von einer Abteilung an eine andere und die dadurch entstehenden Wartezeiten, wäre aber nicht beseitigt. IBM Credit entschloss sich daher zu einem drastischeren Schritt, welcher der Philosophie von Reengineering entspricht. Der gesamte Prozess wurde nicht mehr von diversen Spezialisten bearbeitet, sondern von *einem* Mitarbeiter, dem „Deal Structurer". Damit wurde die Durchlaufzeit von sechs oder mehr Tagen auf *vier Stunden* reduziert – wahrlich eine Verbesserung um Größenordnungen.

Aber, so werden nun Skeptiker einwenden, führt diese Konzentration des Prozesses auf einen Mitarbeiter, der überdies weniger stark spezialisiert ist, nicht zu vermehrten Fehlern? Kann die Abkehr von Vier-Augen-Prinzip der Kontrolle durch eine Führungskraft nicht gar zum bewussten Missbrauch bzw. zu leichtfertiger Kreditvergabe führen? Hier setzt die Argumentation von Hammer und Champy an: es ist gar nicht gesagt, dass die Fehlerrate steigt. Immerhin entfällt das Fehlerrisiko durch die diversen Schnittstellen. Auch zeigt die Praxis, dass es mit dem so genannten „Spezialistenwissen" in der Praxis nicht immer sehr weit her ist. Vielmehr wird das angebliche Spezialistenwissen oft zur Sicherung der eigenen Position instrumentalisiert – ein typischer Fall der Wahrnehmung eigener Interessen.

Aber selbst wenn die Fehlerrate ansteigen sollte, so spräche das noch nicht gegen das Reengineering. Denn vieles spricht dafür, dass die dadurch entstehenden Kosten immer noch weitaus geringer sind als die durch das alte Verfahren verursachten Kosten beziehungsweise Ertragsausfälle.

Ein typisches Beispiel der Umsetzung der Business Reengineering Philosophie.

In der Praxis wird es bei erfolgreichen Reengineering-Projekten im Allgemeinen nicht bei der Betrachtung eines Prozesses bleiben. Vielmehr werden alle Prozesse durchleuchtet. In einigen Fällen konnte so der Erfolg der betroffenen Unternehmen deutlich und nachhaltig gesteigert werden.[318]

Trotz dieser nachgewiesenen Erfolge sind auch zu diesem Thema einige Punkte *kritisch* anzumerken:

Erstens werden im Business Reengineering keine eindeutigen Kriterien genannt, wie weit nun die Arbeitsteilung und Fragmentierung gehen soll bzw. wie Prozesse nun im Einzelfall konkret zu gestalten sind. Sicher ist, dass durch Aufhebung der herkömmlichen Arbeitsteilung oft erstaunliche Erfolge erzielt worden sind. Sicher ist aber auch, dass die Aussage von Adam Smith hinsichtlich der Vorteile von Arbeitsteilung und Spezialisierung

---

[318] vgl. Hammer/Champy (Reengineering) S. 205 ff

weiterhin grundsätzlich richtig ist. Wo das Optimum zwischen beiden Polen liegt, muss im Einzelfall entschieden werden – es ist aber auch durch die Reengineering-Literatur analytisch nicht eindeutig ableitbar.

In der Praxis ist nach einem gewissen Reengineering-„Hype" nach Aufkommen des Konzepts heute auch nicht mehr eindeutig erkennbar, dass sich der Ansatz in der Mehrzahl der Unternehmen durchgesetzt hätte. Neben den Beispielen erfolgreichen Reengineerings lassen sich auch Gegenbeispiele finden, wie Unternehmen gerade durch noch stärkere Spezialisierung und Fragmentierung mancher Prozesse ihren Ertrag steigern konnten.

Zweitens bedarf es gewaltiger Kraftanstrengungen, um Reengineering erfolgreich zu implementieren. Das ist aus den vorherigen Überlegungen zum Thema Ängste und Widerstände bei Reorganisationen leicht ableitbar. Ist es doch gerade ein Kennzeichen davon, dass im Unternehmen kaum „ein Stein auf dem anderen" bleibt. Wenn im Unternehmen aber praktisch *alles* in Frage gestellt wird, dann bedeutet das auch, dass *sämtliche* Stellen, *sämtliche* Karrieren, *sämtliche* Machtpositionen in Frage gestellt werden. Kein Wunder, dass gegenüber Reengineering sofort mittels sämtlicher Formen von Mikropolitik, von „Spielen", von Lobbying und so weiter Widerstand geleistet wird und damit die Gefahr des Scheiterns droht. Eine Reihe von Unternehmen, die mit dem Anspruch des Reengineering gestartet sind, musste sich am Ende mit relativ bescheidenen Veränderungen zufrieden geben, welche diese Bezeichnung sicher nicht verdient hätten.

Hammer und Champy betonen daher, dass Reengineering nur mit einem so genannten Top-Down Ansatz funktioniert, dass es also vom Top-Management, von „oben", mit aller Macht initiiert werden muss[319]. Auch müssen relativ schnell, innerhalb weniger Monate, Ergebnisse vorzuweisen sein, bevor ein möglicher Widerstand zu stark wird. In der Regel ist dabei die Hilfe externer Unternehmensberatungen notwendig. Manche Protagonisten sind auch dafür, die Mitarbeiter ganz im Gegensatz zum Vorgehen bei der OE nicht zu stark einzubeziehen, gerade um die beinahe zwangsläufig auftretenden Widerstände aufgrund von Partikularinteressen nicht zu stark werden zu lassen. Getreu dem Motto „wer den Sumpf trocken legen will, darf nicht die Frösche fragen".

3.4.5.4 Kritik und Fazit

OE einerseits und Business Reengineering andererseits stehen exemplarisch für zwei *grundsätzliche* Ansätze, zwei grundsätzliche Philosophien und Herangehensweisen bei organisatorischen Veränderungen.

OE steht für eine „sanfte", kontinuierliche, bisweilen langsame, stark von sozialen Gesichtspunkten geprägte Philosophie. Reengineering verkörpert eher die radikale, schnelle, bisweilen auch brachiale Vorgehensweise. Diese Art der Implementierung von Veränderungen wird auch als die *„Bombenwurf"*[320]-Strategie bezeichnet.

---

[319] vgl. Hammer/Champy (Reengineering) S. 218.
[320] vgl. Kirsch/Esser/Gabele (Wandels).

Kriterium	Business Reengineering	Organisationsentwicklung
Herkunft der Ansätze	- Ingenieurwissenschaften - Beratungspraxis (managementorientiert)	- Sozialpsychologie/ Beratungspraxis (sozialorientiert)
Grundidee	- Fundamentales Überdenken und radikales Redesign von Unternehmen und Unternehmensprozessen (revolutionärer Wandel)	- Längerfristig angelegter, organisations-umfassener Veränderungsprozess von Organisationen und der darin tätigen Menschen (evolutionärer Wandel)
Normative Grundposition (Auswahl)	- Diskontinuierliches Denken - Frage nach dem Warum - Überzeugte zu Beteiligten machen	- Hilfe zur Selbsthilfe - Betroffene zu Beteiligten machen - Demokratisierung und Enthierarchisierung
Charakterisierung der Veränderung	- Tief greifender und umfassender Wandel - Diskontinuität - Veränderung in größeren Schüben	- Dauerhafter Lern- und Entwicklungsprozess - Kontinuität - Veränderung in kleinen Schritten
Zeithorizont	- Mehrjährig mit Druck auf raschen Erfolg (in quantifizierbaren Größen)	- Langfristig mit Geduld und Offenheit
Veränderungsobjekt	- Gesamtunternehmen bzw. Kernprozesse	- Gesamtunternehmen bzw. Teilbereiche
Ziele	- Erhöhung der Wirtschaftlichkeit	- Erhöhung der Wirtschaftlichkeit (ökonomische Effizienz) *und* der Humanität (soziale Effizienz)

Abb. 3.52 OE und Business Reengineering. (Quelle: in Anlehnung an Thom (Change) S. 875, Thommen/Achleitner (Betriebswirt-schaftslehre) S. 815)

In Abb. 3.52 werden die wesentlichen Unterschiede stichwortartig zusammengefasst[321]. Plakativ werden sie bisweilen in den Schlagworten „Betroffene zu Beteiligten machen" vs. „nicht die Frösche fragen, wenn man den Sumpf trockenlegen will" ausgedrückt.

Damit sind die beiden Pole dargestellt. Bei *allen* Reorganisationsmaßnahmen, also auch solchen, die nicht explizit als OE oder Reengineering Projekt initiiert werden, stellt sich diese prinzipielle Frage: Sollen Mitarbeiter möglichst weitgehend einbezogen, oder, um mögliche Widerstände auszuschalten, eher bewusst übergangen werden?

Eine eindeutig richtige Antwort besteht nicht. Es besteht vielmehr immer ein *Zielkonflikt*, ein *Trade-off*. „Je mehr Betroffene an einem Reorganisationsprozess beteiligt werden, desto größer ist die Wahrscheinlichkeit, dass alle relevanten Informationen in die Reorganisationsentscheidungen einfließen. Gerade bei Reorganisationsentscheidungen, die ein hohes Maß an orts- oder zeitspezifischem Wissen erfordern, wäre es gefährlich, die Reorganisationsentscheidung zentral zu planen und Betroffene von der Entscheidung auszuschließen. Allerdings steigen mit zunehmender Partizipation von Betroffenen auch die Beeinflussungskosten. Vor allem dann, wenn die Reorganisationsentscheidungen umfangreiche Verteilungswirkungen nach sich ziehen, werden die Betroffenen ihre Partizipationsmöglichkeiten nicht allein nach bestem Wissen und Gewissen wahrnehmen, sondern auch zu Manipulationszwecken nutzen. Folglich sollten Betroffene an Reorganisationsentscheidungen nur beteiligt werden, wenn die hierdurch erzielten Informationsvorteile die in Kauf zu nehmenden Beeinflussungskosten übersteigen."[322]

---

[321] vgl. auch Reiß (Reengineering), Kotter (Transformation).

[322] Picot/Dietl/Franck (Organisation) S. 398 ff.

3.4 Unternehmensorganisation

Die Vorteile des einen Vorgehens sind also immer auch mit Nachteilen zu erkaufen. In der Praxis wird daher auch oft versucht werden, einen Mittelweg zu gehen. Möglicherweise ergibt sich die Vorgehensweise auch erst aus den Lerneffekten *während* der Reorganisation – was analytisch-theoretisch sicher nicht zu befürworten, aber manchmal wohl unvermeidlich ist.

Der Leser wird sich nun möglicherweise erinnern, dass in diesem Buch stets auch eine dritte Perspektive einbezogen wird, die *ethische*. Das Thema taucht in der traditionellen Organisationsliteratur selten auf.

Ethische Probleme entstehen selten oder gar nicht bei der OE oder bei Reorganisationen, die unter Beachtung der OE-Prinzipien angegangen werden; ist doch gerade die Steigerung der Humanität am Arbeitsplatz ein wesentliches Ziel.

Beim Vorgehen nach der Methode des Business Reengineering mag sich sehr wohl die Frage der Ethik oder die der Fairness gegenüber den Mitarbeitern stellen. Reengineering steht offensichtlich nicht gerade für rücksichtsvolles Verhalten gegenüber deren Interessen. Auch die Terminologie des „Bombenwurfs" und der Vergleich mit Fröschen lässt nicht unbedingt auf Hochachtung vor den betroffenen Menschen schließen. Aus der ethischen Perspektive ist daher der OE Ansatz vorzuziehen. Indessen gilt auch hier, dass bestimmte ethische Werte selten absolut gesetzt werden können. Es dürfte klar geworden sein, dass sich Strategien wie die des „Bombenwurfs" nicht immer vermeiden lassen, soll die Reorganisation, die für das Unternehmen vielleicht lebenswichtig ist, zum Erfolg führen. Auch ist nicht zu vergessen, dass Mitarbeiter, die Widerstand gegen neue Organisationsstrukturen leisten, selbst nicht unbedingt aus gerade hohen ethischen Motiven handeln. Es ist also auch hier im Einzelfall eine Abwägung der unterschiedlichen Interessen vorzunehmen.

Ein letzter Hinweis. Reorganisations-Aktivitäten sind bei Top-Managern nicht unbeliebt. Gerade neue Top-Manager scheinen bisweilen zu glauben, unbedingt durch eine neue Organisationsstruktur schnell einem Unternehmen ihren Stempel aufzudrücken, eine „Duftmarke setzen" zu müssen. Über die bewussten oder unbewussten Motive kann nur spekuliert werden. Möglicherweise möchten sie sich durch eine neue Organisation profilieren. Möglicherweise vermitteln Reorganisationsaktivitäten auch eher das Gefühl, im Unternehmen, etwas „zu bewegen", als mühsame und im Ergebnis nicht immer sofort sichtbare operative Maßnahmen, um Kunden zu gewinnen oder die Produktqualität zu verbessern.

Jedenfalls führen in manchen Unternehmen die periodisch alle paar Jahre wiederkehrenden Umstrukturierungen bei älteren Mitarbeitern bisweilen nur noch zu einer Mischung aus resigniertem Kopfschütteln und bissigen Bemerkungen.

Da wird abschätzig vom „Kästchen verschieben" gesprochen, wenn die Aufbauorganisation verändert wird. Oder es fehlt nicht der apathische Hinweis, man habe bisher noch jede Reorganisation überstanden, ohne dass sich wirklich etwas geändert habe. Kolportiert wird in dem Zusammenhang auch der Vergleich mit einer auf einem Baum sitzenden Schar Vögeln. Ein Schuss oder ein anderer lauter Knall, und alle Vögel fliegen aufgeregt hoch und durcheinander. Nach einer Weile sitzen aber alle wieder auf dem Baum, auf anderen Ästen zwar, aber ansonsten hat sich nichts verändert.

Am pointiertesten hat das aber wohl der römische Satiriker Petronius vor rund zweitausend Jahren ausgedrückt. „We trained hard – but it seemed that every time we were beginning to form into teams, we would be reorganized. I was to learn later in life that we tried to meet any new situation by reorganizing; and what a wonderful method it can be for creating the illusion of progress while producing confusion, inefficiency, and demoralization."[323]

Aus Sicht des Unternehmens ist also vor größeren Reorganisationsvorhaben zunächst einmal kritisch zu fragen, ob die zu erwartenden Vorteile wirklich die Kosten in Form von Geld, Zeitaufwand, Frustration, Motivationsverlust und so weiter aufwegen. In manchen Fällen dürfte es besser sein, mit einer bestehenden Organisation mit allen erkannten Mängeln zu leben, als, um mit Petronius zu sprechen, nur eine Illusion des Fortschritts zu kreieren und dabei Konfusion, Ineffizienz und Demoralisierung zu erzeugen.

3.4.6 Fallstudien zur Organisation

3.4.6.1 Die (Re-)Integration der e-Fitness GmbH in die Fitness GmbH

Bei der Geschäftsführungssitzung (GF) der Fitness GmbH herrschte dicke Luft. Grund war, wieder einmal, das jüngste „Baby" der Gruppe, die e-Fitness (eF) GmbH. Die Tochtergesellschaft war seinerzeit gegen Ende des „Internet-Hypes" gegründet worden, um die Entwicklungen rund um das Internet nutzen zu können. Die 7 Mitarbeiter – inklusive dem Geschäftsführer, Tom Frisch, verursachten lange Zeit beinahe nur Kosten, generierten aber kaum Umsatz. Entsprechend kritisch waren die anderen Geschäftsführer, die nie ganz das Gefühl los wurden, mit dem Geld, das ihre Gesellschaften verdienten, ein „Spielzeug" zu finanzieren. Hinzu kam, dass sie mit Tom Frisch teilweise schwer zusammenarbeiten konnten. Der 30jährige, den alle als „Internet-Freak" bezeichneten, war zwar allen sympathisch. Aber betriebswirtschaftliche Entscheidungen waren weniger seine Sache. Zwar hatte er mittlerweile, seit er vor mehr als fünf Jahren bei der Fitness Gruppe angefangen hatte, einiges gelernt. Aber man merkte deutlich – seine Augen leuchteten, wenn er von „Flash Overlays" und anderen technischen Möglichkeiten des Internets sprach, aber sicher nicht, wenn er sein Betriebsergebnis erläuterte. Nun, die Umsatzsituation der e-Fitness hatte sich mittlerweile etwas gebessert. Zumindest 1 Million € schien dieses Jahr machbar. Aber auch damit hatte die Gesellschaft die Gewinnschwelle noch nicht ganz erreicht. Was aber noch schlimmer war: selbst steigende Umsätze sorgten nicht für einen Stimmungsumschwung zugunsten der e-Fitness. Im Gegenteil. Denn nun argumentierten die anderen Geschäftsführer, diese Umsätze würden ihren Gesellschaften weggenommen. Das bekannte Wort der „Kannibalisierung" machte die Runde, wie es genannt wird, wenn innerhalb eines Konzerns ein Teilbereich den Umsatz eines anderen „auffrisst". Zwar bezweifelte niemand, dass es für die Fitness Gruppe sinnvoll und notwendig war, auch online präsent zu sein und das Internet als Verkaufskanal zu nutzen. Die Kritik fasste aber der

---

[323] zit. nach: Augustine (Reorganization).

Geschäftsführer der FVS-GmbH, Harry Netzer, zusammen: „Wir akquirieren die Kunden, wir machen die Werbung, wir sind auf den Messen präsent, kurz, wir haben die Kosten, aber die Gewinnmarge bleibt bei der e-Fitness. Machen wir uns doch nichts vor – niemand kommt nur über das Internet mit unseren Produkten erstmals in Kontakt. Für die Bekanntheit sorgen wir. Erst dann klicken die Kunden auf die Website und bestellen."

Hinzu kam ein anderer Punkt. Die Kooperation zwischen den selbständigen Tochtergesellschaften, also der e-Fitness GmbH, der FVS GmbH, und auch der Handels GmbH (FH GmbH) war nicht so eng wie zwischen Abteilungen der gleichen Gesellschaft. Dadurch waren Mails von Kunden, welche das Unternehmen über die Adresse der Internet-Plattform von eF, info@fitandwellpoint.com, kontaktiert hatten, oft erst nach langer Zeit und in einigen Fällen gar nicht beantwortet worden.

„Dem Kunden", so Harry Netzer, „ist doch es völlig egal, welche Konzerngesellschaft sich hinter unserer Website verbirgt. Er will einfach gut bedient werden. Es macht doch gar keinen Sinn, die Betreuung der Kunden auseinander zu reißen, nur weil wir technisch einen anderen Kontakt- oder Verkaufskanal haben. Die Kunden sind die gleichen, die Produkte sind die gleichen."

Jeder wusste, worauf der Kommentar hinauslaufen würde. Die e-Fitness gehörte demnach aufgelöst und in eine andere Gesellschaft, vorzugsweise die FVS, integriert. Ein separates Internet-Unternehmen erschien vielleicht zu Beginn des Internet-Zeitalters sinnvoll, als man das neue Medium noch für etwas komplett exotisches hielt, mit der „alten" Welt gar nicht zu vereinbaren war. Mittlerweile war das Internet aber in das alltägliche Leben und in die Unternehmensstrukturen integriert.

Fritz Ness konnte die Argumente von Harry Netzer von der Sache her nachvollziehen. Was ihm aber Sorge machte, war ein anderer Punkt. Tom Frisch und seine Mitarbeiter waren exzellent auf ihrem Gebiet und hoch motiviert. Diese Motivation kam aber vor allem davon, dass sie als selbständiges Tochterunternehmen weit gehende Freiheiten hatten. Eine Integration in einen anderen Bereich wäre Gift dafür. Wie sollte er also die Organisationsstruktur effizienter gestalten, ohne die Motivation der Gruppe vielleicht auf Dauer zu zerschlagen?

Der IT-Leiter Pit Baith meldete sich zu Wort. „Es ist doch völlig ineffektiv, zwei Abteilungen beziehungsweise Gesellschaften im Unternehmen zu haben, die sich mit IT befassen. Wir sollten das zusammenfassen"

- Das war psychologisch auch nicht gerade hilfreich – dachte Fritz Ness. Es war allgemein bekannt, dass Baith die gesamte IT bei sich zentralisieren wollte. Aber Tom Frisch und Pit Baith, das war Feuer und Wasser. Frisch und seine Mitarbeiter bei Baith organisatorisch anzusiedeln, das bedeutete den permanenten Kleinkrieg.

Ness sah, dass Tom Frisch antworten wollte, kam ihm aber zuvor. „Nun gut, wir haben das Thema schon drei- oder viermal in dieser Runde behandelt, ohne einen Schritt weiter zu kommen. Wir drehen uns im Kreis. Klar ist, wir müssen etwas tun. Aber wir finden sicher hier und heute keine Lösung. Also, wie gehen wir vor? Wer hat Vorschläge?"

„Hm, hört sich an wie ein OE-Projekt", meinte Susi Pay-Roll. Die Personalleiterin hatte den Konflikt die ganze Zeit aufmerksam beobachtet, sich aber bisher bewusst noch nicht eingemischt.

„OE, Organisationsentwicklung, auf neudeutsch ‚OD', ‚Organizational Development'" fuhr sie fort. Dann erklärte sie kurz und präzise die wesentlichen Punkte von OE. Sie hatte an ihrem früheren Arbeitsplatz mehrere OE Projekte begleitet, und konnte daher ihre Ausführungen auch mit Beispielen aus ihrer Erfahrung illustrieren.

Die Runde einigte sich schnell, ein entsprechendes Projekt aufzusetzen.

„Wer moderiert es? Also, wer ist der ‚Change Agent'?" fragte Yvonne Diehl, die sich an OE aus ihrem Studium wieder erinnerte.

„Normalerweise ist das ein externer Berater...", sagte Pay-Roll und stockte etwas. „Aber das brauchen wir nicht, ich denke, das können Sie sehr gut leisten, Frau Pay-Roll", sagte Ness. Die Angesprochene nickte erleichtert. Sie wollte natürlich das Projekt leiten, hatte aber Hemmungen gehabt, sich selbst offen vorzuschlagen.

Susi Pay-Roll hatte auch die Hoffnung, nach einem erfolgreichen Abschluss dieses Projekts OE auch auf das ganze Unternehmen ausdehnen zu können. Schließlich war OE im Sinne der Erfinder ein unternehmensübergreifendes Projekt, eine bestimmte Philosophie, und nicht nur ein Lösungsansatz für ein spezifisches Problem. Aber davon sagte sie nichts. Später würde ein geeigneter Zeitpunkt kommen, darüber zu reden.

Sie war zufrieden, als ihr Vorschlag akzeptiert worden war.

„Nun gut, Tom, dann lass' dich mal von Susi ‚unfreezen' – dachte Yvonne Diehl noch. Sie behielt aber den Gedanken für sich."

Unter der Moderation von Pay-Roll wurde ein Team zusammengestellt. Es bestand aus allen, die bei der eF arbeiteten, also Tom Frisch und seinen sechs Mitarbeitern. Pay-Roll wollte bewusst niemand von der Gruppe auslassen, auch wenn das Team dadurch etwas zu groß wurde. Weiterhin

waren die FVS und die FH GmbH durch einen Mitarbeiter vertreten. Für IT nahm bestand Pit Baith darauf, selbst teilzunehmen.

Das sah Susi Pay-Roll mit gemischten Gefühlen, befürchtete sie doch, dass sich Frisch und Baith permanent aus machtpolitischen Gründen behaken würden und die sachbezogene konstruktive Atmosphäre, die für OE so wichtig ist, nicht aufkommen könnte. Sie löste aber das Problem, als sie Baith und Frisch bei zwei Gelegenheiten, als sie anfingen, zu „politisch" zu werden, deutlich zurechtwies. Die beiden hielten sich daraufhin zurück.

Die anderen Mitarbeiter tauten daraufhin merklich auf. Sie spürten, dass die Grundsätze von Machtausgleich und Enthierarchisierung für Susi Pay-Roll keine leeren Worte waren, sondern dass sie das auch lebte und durchsetzte.

Es kamen dadurch sehr viele gute und konstruktive Vorschläge, gerade auch von Mitarbeitern, von denen es aufgrund der formalen Ausbildung und der Gehaltsstufe nicht unbedingt zu erwarten gewesen wäre.

3.4 Unternehmensorganisation

Zum Thema der Mails wurde eine Liste erstellt, an wen welche Nachrichten weiterzuleiten wären. Mit Unterstützung der Controlling-Abteilung wurde über ein Konzept diskutiert, die FVS und FH mit einer Kommission an den Umsätzen der eF zu beteiligen, um zu einer fairen Gewinnverteilung zu kommen.

Als aber nach vier Monaten die Zwischenergebnisse bei der GF-Sitzung vorgestellt wurden, war die Reaktion weitgehend negativ. Zwar wurden der gute Wille und die konstruktive Einstellung der Beteiligten von allen gelobt.

Aber das vorherrschende Gefühl war, wie Yvonne Diehl es formulierte, die Lösungen seien „nichts Halbes und nichts Ganzes". „Nehmen wir doch die Geschichte mit der Mail-Verteilung. Es ist sehr schön, dass nun – hoffentlich – keine Nachrichten mehr liegen bleiben. Aber irgendjemand muss nach wie vor die Mails sortieren – welche geht an FH, welche wird bei eF bearbeitet? Und was die Gewinnverteilung betrifft: wie soll der Prozentsatz im konkreten Fall festgelegt werden? Also, wir schaffen hier komplizierte und damit teure und bürokratische Regelungen, statt die Prozesse effizienter zu gestalten. Wir kommen an einer klaren organisatorischen Lösung nicht vorbei". Diehl hatte damit die Meinung der Mehrheit ausgedrückt.

Susi Pay-Roll war natürlich etwas deprimiert, wenn auch nicht allzu sehr überrascht. Enttäuschung war auch zunächst das vorherrschende Gefühl beim Projektteam, als Pay-Roll über die Ergebnisse berichtete. Nach einiger Zeit des Nachdenkens meldete sich zögernd einer der Programmierer von eF. „Nun ja … vielleicht hat die Geschäftsführung ja gar nicht so Unrecht. Wenn wir ehrlich sind – so ein bisschen haben wir doch auch alle das Gefühl, dass unsere Vorschläge ziemlich kompliziert sind. Also, wenn zum Beispiel die eF zur FVS gehören würde, wäre vieles einfacher…"

Pay-Roll sah aus den Augenwinkeln, wie Tom Frisch seinem Mitarbeiter einen giftigen Blick zuwarf. Aber das Eis war gebrochen. Das Thema der Auflösung der eF und Integration in die FVS war auf der Agenda, und würde nicht mehr verschwinden.

Das Projektteam arbeitete auf nun auf der Basis weiter. Wie konnte eine eF-Abteilung – eine eF GmbH würde es ja nicht mehr geben - innerhalb der FVS funktionieren, sowohl aus Sicht des Unternehmens als auch aus der Interessenslage der Mitarbeiter heraus?

Es wurden Vorschläge erarbeitet, die dann von der Geschäftsführung mit Beifall aufgenommen wurden. Für die Mitarbeiter von eF ergaben sich keine Nachteile; durch die engere Kommunikation mit FVS ergaben sich sogar neue Perspektiven und teilweise interessantere Arbeiten.

Einziger Verlierer war Tom Frisch. Sein Traum vom Geschäftsführer einer eigenständigen aufstrebenden Gesellschaft war geplatzt. Sowohl Fritz Ness als auch Harry Netzer, sein künftiger Vorgesetzter, unterhielten sich lange mit ihm unter vier Augen. Beide versicherten, ihm auch in der neuen Konstellation möglichst große Freiheiten zu lassen. Tom Frisch kannte beide als integere Personen, so dass er den Zusagen vertraute, was den Schaden halbwegs begrenzte. Außerdem behielt Tom Frisch seinen Sitz als Teilnehmer der Geschäftsführungsrunde, obwohl ihm das von der Hierarchie her nicht mehr zustand (vgl. Abb. 3.53).

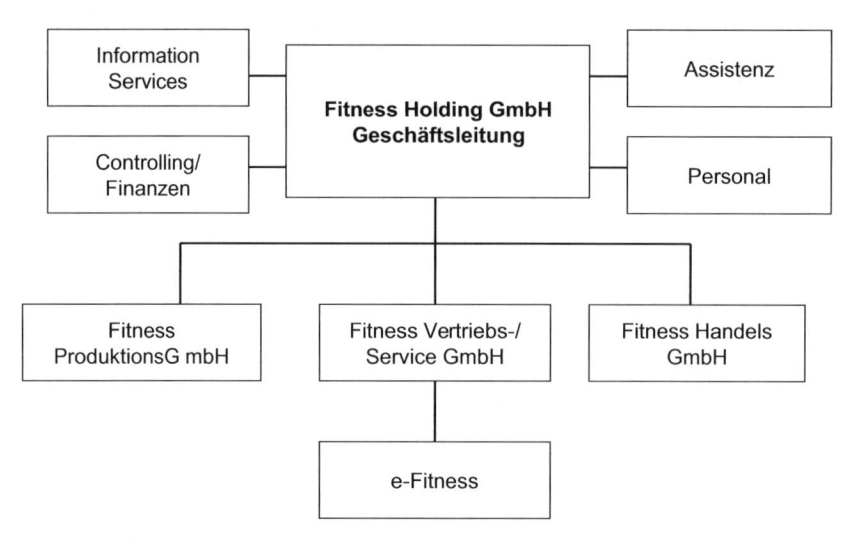

Abb. 3.53 Organigramm der Fitness GmbH nach der Integration der e-Fitness

Als die Reorganisation einschließlich der Auflösung der eF GmbH als selbständige Gesellschaft über die Bühne war, fand eine kleine Feier mit allen Beteiligten statt. Fritz Ness lobt alle, die mitgearbeitet hatten, insbesondere Susi Pay-Roll, und betonte die Chancen, die sich dadurch für die Fitness GmbH und die Mitarbeiter eröffneten.

Nach der Feier ging Pay-Roll langsam zurück in ihr Büro. Sie setzte sich an ihren Schreibtisch, schob den Sessel etwas zurück, legte die Beine auf den Tisch, nahm einen Schluck aus der Wasserflasche, die immer an der Seite stand, und schaute nachdenklich auf den Miró-Druck an der Wand. Sie war sehr glücklich über den Erfolg. Monate schwieriger Arbeit waren zu Ende. Aber andererseits, dachte sie, war doch nichts anderes das Resultat als das, was im Grunde jeder (mit Ausnahme von Tom Frisch) der GF-Runde von Anfang an erwartete. Hatte sich der Aufwand also gelohnt? Und: war es überhaupt ehrlich den Mitarbeitern gegenüber, ein angeblich „ergebnisoffenes" OE-Projekt aufzusetzen, wenn die Geschäftsführung ohnehin mehr oder minder ein bestimmtes Ergebnis einforderte? Ja, dachte sie, es hatte sich gelohnt. Das Ergebnis war das Beste, was unter den Rahmenbedingungen möglich war, und es war auch ethisch gegenüber den Mitarbeitern vertretbar. Denn die Mitarbeiter waren eingebunden, sie konnten nachvollziehen, warum so gehandelt wurde, und unterstützten den Prozess. Das war sehr wertvoll für das Unternehmen und angenehm für die Mitarbeiter. Und außerdem – wäre das Team tatsächlich auf eine ganz andere, bessere Lösung gekommen, dann hätte sicher auch die Geschäftsführung das akzeptiert.

3.4.6.2 Reorganisation im zweiten Anlauf – Supercar AG

Wie noch vor einigen Jahren bei den meisten Unternehmen der Automobilindustrie üblich, war die Supercar AG typisch funktional organisiert: nach den klassischen Bereichen Produktion und Logistik, Forschung und Entwicklung, Finanz- und Rechnungswesen, Perso-

3.4 Unternehmensorganisation

nalwesen und Vertrieb.[324] Die Organisationsstruktur hatte ihre Vorteile. Die Produktpalette von Supercar war zwar technisch anspruchsvoll, aber auf Personenwagen beschränkt. Von daher machte es Sinn, die Spezialisierung in den Funktionen in den Mittelpunkt zu stellen. Wer, beispielsweise, an der Motorenentwicklung des SC 242 arbeitete, konnte dieses Wissen später auch für die Entwicklung des neuen Motors des SC 246 einsetzen. Analoges galt in vielen anderen Bereichen – „eine PKW-Hinterachse ist eine PKW-Hinterachse", wie es ein Mitarbeiter einmal ausdrückte – sowohl im Bereich F+E als auch im Bereich Produktion. Die funktionale Organisation ermöglichte es den Spezialisten, ihr Know-how in allen Bereichen einzubringen. Doppelspurigkeiten wurden so vermieden.

Diese Aussage galt allerdings nicht mehr uneingeschränkt, seit das Unternehmen die Palette auf die drei Produktlinien Sportwagen, Limousinen/Kombi und SUV erweitert hatte. Die Weiterentwicklungen wurden, wenn auch in einem Vorstandsbereich, doch in unterschiedlichen Abteilungen betrieben. Auch die Fertigung lief auf unterschiedlichen Bändern oder sogar in unterschiedlichen Fabriken, die SUVs wurden gar in den Vereinigten Staaten produziert.

Was Eisele aber in der Organisationsform gewaltig störte, war das typische Problem aller großer Unternehmen, die funktional organisiert sind: es konnten für die entscheidenden Probleme keine Verantwortlichen festgemacht werden. Regelmäßig kamen neue Modelle später als geplant auf den Markt, regelmäßig waren sie in den Herstellkosten teurer als ursprünglich budgetiert. Und regelmäßig wurde die Verantwortung zwischen den einzelnen Bereichen hin- und her geschoben. Der Vertrieb beschwerte sich, die Kunden würden ungeduldig und wanderten zum Wettbewerb ab, weil die neuen Modelle nicht kämen; die Produktion machte die Entwicklung verantwortlich für die hohen Herstellkosten; diese verwies auf die unpräzisen und im Nachhinein geänderten Wünsche des Vertriebs. Gelegentlich machten alle gemeinsam den Finanzvorstand für eine angeblich falsche Vorkalkulation verantwortlich; der aber konterte, seine Abteilungen hätten nur die Daten benutzt, die von den anderen Abteilungen eingereicht worden seien.

Ein spezifisches Problem entstand noch durch die Produktionsstätte in St. Louis/USA. Deren Mitarbeiter waren des Öfteren hin- und her gerissen zwischen sich widersprechenden Vorgaben, die einmal von Produktionsvorstand und zum anderen vom Geschäftsführer der amerikanischen Tochtergesellschaft kamen. Es war nie genau festgelegt worden, ob nun die regionale oder die funktionale Dimension die entscheidende sein sollte.

Eisele erinnerte sich mit Grausen an eine Reihe von frustrierenden Diskussionen im Vorstand, die nie zu einem wegweisenden Ergebnis geführt hatten. Er beschäftigte sich schon lange mit der Frage wie er, wie er sich ausdrückte, „den Tanker wieder flott machen könnte". Wie könnte Supercar neue Modelle vor den Mitbewerbern auf den Markt bringen und daher seinem Ruf als führendes Unternehmen in Sachen Innovation gerecht werden? Und wie könnten die Modelle zu wettbewerbsfähigen

Preisen verkauft werden und dennoch Gewinn bringen?

---

[324] s. o. Abb. 1.3.

Nach seinen Erfahrungen war ihm klar, dass nur eine neue Aufbauorganisation entscheidende Veränderungen bringen konnte. Appelle, die Kommunikation und Kooperation zwischen den Abteilungen zu verbessern, waren schon unzählige Male ungehört verhallt. Das Problem war *struktureller* Natur.

Ihm war auch klar, dass eine durchgreifende Reorganisation nur mit Hilfe einer renommierten Unternehmensberatung machbar war. Intern waren die Fronten zu verhärtet, jeder verteidigte zu sehr seine Positionen. Eisele kontaktierte also wieder die Unternehmensberatung McArthur und sprach mit deren für die Automobilindustrie zuständigen Partner Dr. Rolls.

Schnell war man sich einig, eine Reorganisationsstudie zu erstellen. Eine Gruppe von sieben Beratern machte sich an die Arbeit. Neben den Vorstandsmitgliedern waren nur wenige Mitarbeiter über die Anwesenheit der Berater die Hintergründe eingeweiht. Was aber nicht verhinderte, dass sich die Anwesenheit im Unternehmen herumsprach und diverse Gerüchte über deren Arbeit kursierten.

Der erste Entwurf der neuen Struktur der Supercar AG von McArthur war radikal. Wie es die Beratung auch in anderen Unternehmen vorgeschlagen hatte, wurde eine beinahe komplette Umstellung von funktionaler auf eine *divisionale* Struktur propagiert. Die drei Divisions, das waren die Fahrzeugreihen Sportwagen, Limousine/Kombi, und SUV. An ihrer Spitze sollte jeweils ein Manager stehen, der die gesamte Ergebnisverantwortung trug, von der Entwicklung bis zum Vertrieb. Unternehmensweit zentral betrieben sollte nur noch ein Teil des Personalwesens und der Finanzbereich zwecks zentraler finanzieller Steuerung und Kontrolle sein (vgl. Abb. 3.54).

Rolls besprach den Entwurf zuerst mit Eisele. Der nahm den Vorschlag positiv auf. Als erfahrener Manager kam er auch sehr schnell auf die Frage zu sprechen, wie eine solche strukturelle Veränderung im Vorstand durchzusetzen sei. Formal brauchte er eine Mehrheit. Faktisch war aber bei einem so zentralen Thema Einstimmigkeit bei maximal ein oder zwei Enthaltungen nötig. Anderenfalls wäre die Zustimmung des Aufsichtsrats fraglich. Vor allem aber wäre die Implementierung der Reorganisation nur sehr schwer im Unternehmen umzusetzen, wenn selbst der Vorstand schon tief gespalten wäre.

Die beiden sprachen also über die fünf Kollegen Eiseles im Vorstand und überlegten, wie sie zu überzeugen wären. Für die Leiter Produktion/Logistik und Vertrieb/Marketing, Frey und Acton, hatte Rolls schon eine Lösung parat:

„Die beiden sollten jeweils Leiter einer Division werden. Sie wären sogar die Idealbesetzung. Beide sind relativ jung – unter 50. Beide sind Betriebswirte und haben den Überblick und Horizont, eine Division zu führen. Für Acton als Amerikaner bietet sich die SUV-Sparte an, die USA sind ohnehin der größte Markt der Reihe". Eisele nickte. Er hatte selbst schon daran gedacht. Die Lösung passte, der AR, der letztlich zu entscheiden hatte, würde dem mit Sicherheit zustimmen.

Über Weber, den Finanzvorstand, brauchten beide nicht zu reden. Sein Ressort blieb praktisch unverändert. Personalleiter Gantenbrink war eher ein – in der Sprache von Rolls – „Problemfall", verlor er doch einen guten Teil seiner Mitarbeiter. Möglicherweise war er aber zu überzeugen, zumindest von einer aktiven Opposition abzusehen. Im Zweifel könn-

3.4 Unternehmensorganisation

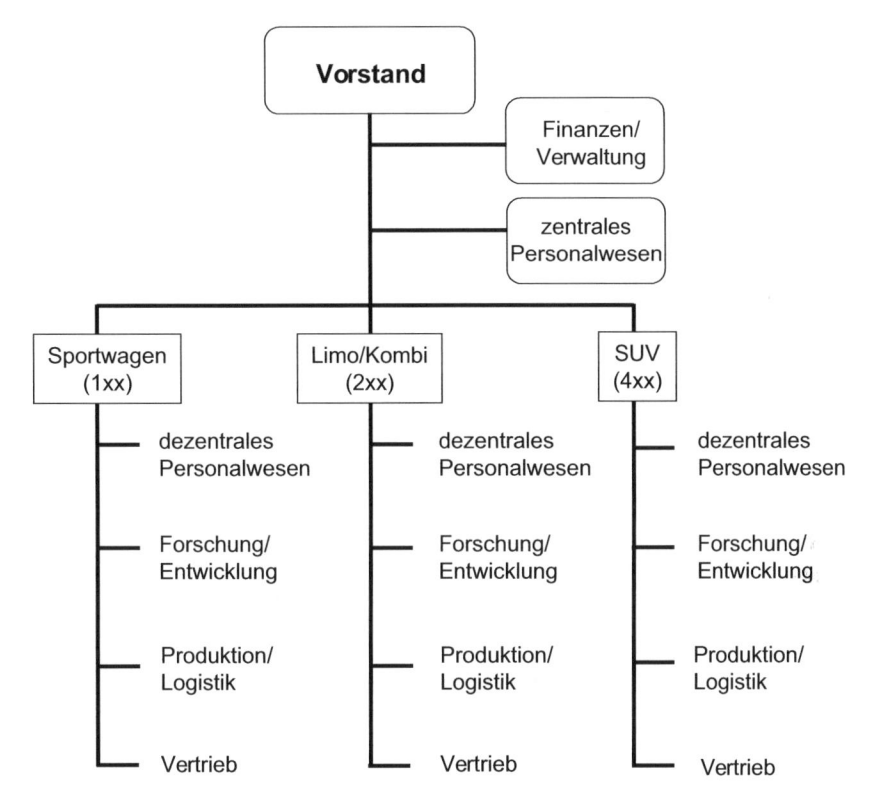

Abb. 3.54 Organigramm: Reorganisation der Supercar AG – erster Entwurf

te man ihm noch einen etwas größeren Teil des Personalressorts überlassen und sein Gehalt, trotz formal geringerer Kompetenzen, erhöhen. Wie Eisele Gantenbrinck einschätzte, hatte der als Vorstand ohnehin sein Karriereziel erreicht und würde nicht auf zu vielen Kompetenzen bestehen.

Blieb der Leiter von F+E, Hans-Peter Graef. Von diesem war definitiv Widerstand zu erwarten. Mit seinem Temperament und seiner kantigen Art würde er nicht hinnehmen wollen, dass „sein" Entwicklungsbereich zerschlagen würde.

Rolls blickte Eisele fragend an: „Wir haben noch keinen Leiter der dritten Division ..." Er ließ den Satz unvollendet. Eisele verstand dennoch – und schüttelte den Kopf. Graef war ein exzellenter Ingenieur und ein ihm seit vielen Jahren loyaler Mitarbeiter. Aber, und so sahen es beide, ohne dass sie es aussprechen mussten, er war nicht geeignet für die Führung einer Division. Dem Vollbluttechniker fehlten dazu betriebswirtschaftliche Kenntnisse ebenso wie einige persönliche Qualifikationen. Rolls und Eisele sprachen noch eine Weile darüber, fanden aber keine Lösung.

Im nächsten Schritt diskutierte Eisele die Reorganisation mit seinen Vorstandskollegen, mit jedem einzeln, unter vier Augen.

Wie zu erwarten war, konnte weitgehender Konsens erreicht werden – mit Ausnahme von Graef.

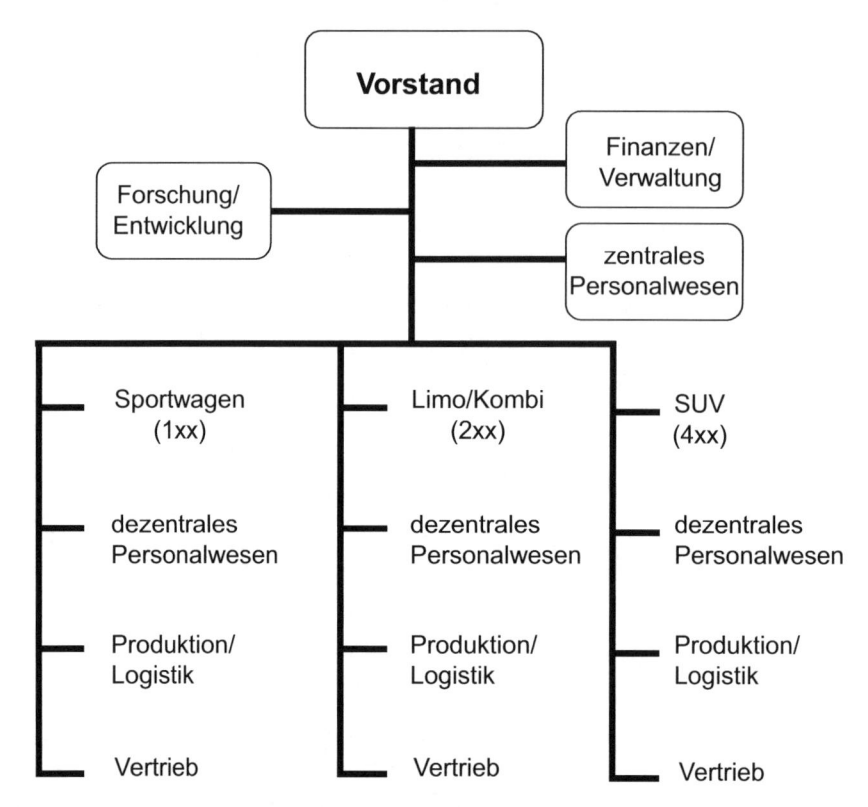

```
                        ┌──────────────┐
                        │   Vorstand   │
                        └──────┬───────┘
                               │              ┌──────────────┐
                               ├──────────────┤  Finanzen/   │
                               │              │  Verwaltung  │
     ┌──────────────┐          │              └──────────────┘
     │  Forschung/  ├──────────┤              ┌──────────────┐
     │  Entwicklung │          ├──────────────┤  zentrales   │
     └──────────────┘          │              │Personalwesen │
                               │              └──────────────┘
           ┌───────────────────┼───────────────────┐
           │                   │                   │
       Sportwagen          Limo/Kombi             SUV
         (1xx)               (2xx)               (4xx)

       dezentrales         dezentrales         dezentrales
      Personalwesen       Personalwesen       Personalwesen

       Produktion/         Produktion/         Produktion/
        Logistik            Logistik            Logistik

        Vertrieb            Vertrieb            Vertrieb
```

Abb. 3.55 Organigramm: Reorganisation der Supercar AG – zweiter Entwurf

Nach weiteren Gesprächsrunden wurde aber auch das Problem gelöst. Allerdings eher im Sinne von Graef. Der Entwurf wurde überarbeitet – und entgegen der Ursprungsplanung blieb nun der F+E Bereich ebenfalls zentral. Der zweite Entwurf sah aus wie in Abb. 3.55).

Graef setzte sich freilich nicht nur aufgrund seiner Hartnäckigkeit durch, sondern durch seine Sachargumente. Er konnte seine Kollegen überzeugen, dass gerade in der F+E Spezialistenwissen wertvoll und teuer war und es daher wenig Ziel führend sein würde, den Bereich zu zerschlagen. Frey und Acton waren zwar nicht glücklich darüber, in ihren Divisions nun ohne dieses wichtige Ressort auskommen zu müssen. Sie stimmten aber zu, als ihnen versichert wurde, Entwicklungsleistungen künftig notfalls von *externen Unternehmen* beziehen zu dürfen. Damit wurde die Handlungsfreiheit der Divisions gewahrt und auch auf den internen F+E-Bereich ein gewisser Druck ausgeübt, entsprechende Leistungen zu erbringen.

Der Vorstand billigte das so modifizierte Konzept einstimmig, und auch der Aufsichtsrat beurteilte es positiv und stimmte zu.

Es wurde beschlossen, demnächst das Mittelmanagement und die Mitarbeiter zu informieren und das Konzept danach schnell umzusetzen. Alle waren für das „Bombenwurf"-Vorgehen, da ein längerer Diskussionsprozess das Vorhaben gefährdet hätte, ohne dass dadurch im gegebenen Fall wirklich bessere Ergebnisse zu erwarten gewesen wären.

3.4 Unternehmensorganisation

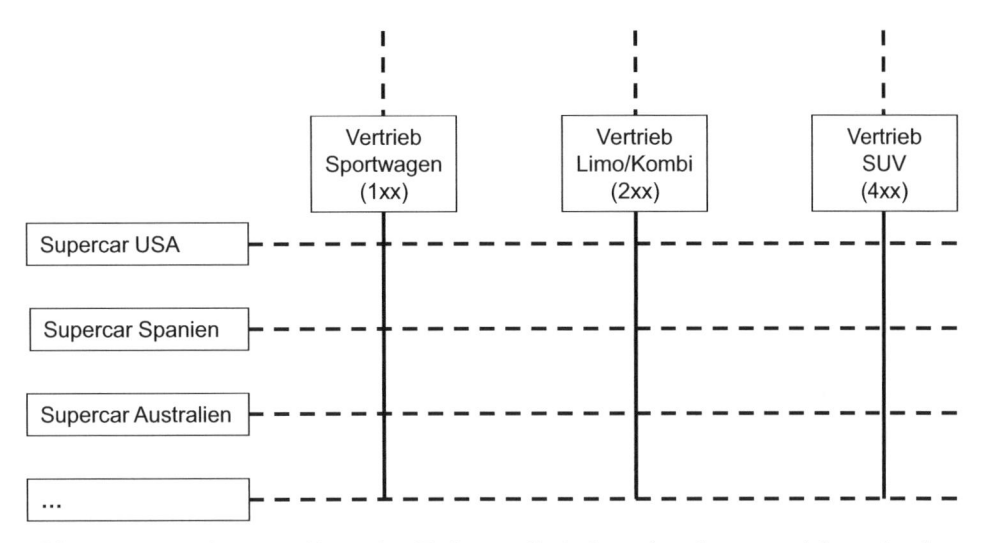

	Vertrieb Sportwagen (1xx)	Vertrieb Limo/Kombi (2xx)	Vertrieb SUV (4xx)
Supercar USA			
Supercar Spanien			
Supercar Australien			
...			

Abb. 3.56 Organigramm (Auszug): Tochtergesellschaften der Supercar AG nach dem Reorganisationskonzept

Dazwischen lag für Eisele aber noch eine sensitive Aufgabe. Er musste die Geschäftsführer der Tochtergesellschaften über die Reorganisation informieren. Sensitiv deshalb, weil ihre Rolle dadurch deutlich beschnitten würde. Denn die Einbindung der Tochtergesellschaften in den Konzern sollte so aussehen (Abb. 3.56):

Die jeweiligen Vertriebsverantwortlichen für die Produktreihen sollten in Form einer Matrixorganisation eine Doppelunterstellung haben. Einmal würden sie an den Leiter der Division, zum anderen an den lokalen Geschäftsführer der Tochtergesellschaft berichten. Aber die Matrix wäre klar asymmetrisch – die primäre Unterstellung würde die gegenüber dem Leiter der Division sein – nur so würden diese den direkten Zugriff auf den Vertrieb haben und eine durchgängige Ergebnisverantwortung gewährleistet sein.

Die Position der Geschäftsführer würde dadurch natürlich dramatisch geschwächt sein. Sie wären im Wesentlichen nur noch für die Bereitstellung der lokalen Infrastruktur zuständig. In den USA kam noch hinzu, dass konsequenterweise die Produktionsstätte St. Louis in eine separate Gesellschaft ausgelagert und diese dem Leiter der SUV-Division unterstellt werden sollte.

Die Umstrukturierung sollte auf der jährlichen Konferenz der Geschäftsführer verkündet werden, die eineinhalb Wochen nach der Genehmigung durch den AR begann. Ort war das Hotel Intercontinental in Stockholm. Traditionell fanden die Tagungen in einem Land statt, in dem Supercar keine Tochtergesellschaft hatte, auf neutralem Gelände sozusagen.

Die Entscheidungen wurden von Eisele am Nachmittag des ersten Konferenztages vorgetragen. Eisele war ein Profi, wenn es um sensible Vorträge ging. Egal, ob auf Hauptversammlungen, Betriebsversammlungen, oder Pressekonferenzen – seine Rhetorik beeindruckte. Aber als die Konferenz begann, war er dennoch etwas nervös. Wie würden die Geschäftsführer reagieren?

Der Vorstandsvorsitzende hatte die Rede gründlich vorbereitet. Er begann mit einer ausführlichen Schilderung der Probleme aufgrund der alten Organisation, rief die allen Anwesenden bekannten Verspätungen bei der Markteinführung der neuen Fahrzeuge in Erinnerung, die gerade bei den Tochtergesellschaften zu großer Verstimmung geführt hatten. „Uns allen ist klar – das kann so nicht weitergehen!" schloss er den ersten Teil ab. Er beschrieb dann zunächst theoretisch und allgemein die Vorteile divisionaler Organisationen. Erst als er so den Boden bereitet hatte, erläuterte er die konkrete Umsetzung. Er schloss mit einem Appell, der optimistisch klingen sollte. „Ich bin überzeugt, wir setzen mit der neuen Organisation ungeheure Energien frei. Unsere Wettbewerber müssen sich warm anziehen. Lasst es uns anpacken!"

Ein wenig Beifall am Ende, der Rest war Stille. Eisele war zufrieden mit der ersten Reaktion. Begeisterte Zustimmung war nicht zu erwarten gewesen, aber zumindest kamen auch keine Proteststürme.

Der Vorstandsvorsitzende ging vom Rednerpult zurück an seinen Platz. „Sind dazu Fragen?"

Der Personalvorstand Gantenbrink meldete sich. Er begrüßte die Reorganisation ausdrücklich. Er sei überzeugt, dass auch die Motivation der Mitarbeiter dadurch deutlich gesteigert würde. Schließlich würden so Berichtswege kürzer und die Bürokratie abgebaut, innerhalb der Divisions könnten die Mitarbeiter viel mehr bewegen. Die Wortmeldung war vorher abgesprochen gewesen. Denn Gantenbrink zählte ja nach allgemeiner Lesart ebenfalls zu den „Verlierern" bei der Reorganisation. Dass auch er sie lobte, sollte eventuellen Gegnern den Wind aus den Segeln nehmen.

Danach war es wieder für einen Moment still. Eisele und seine Vorstandskollegen wollten das Thema schon beenden und zum nächsten Punkt gehen, da meldete sich der Geschäftsführer der französischen Tochtergesellschaft, Gérard Foucault, zu Wort.

Die Vorstandsmitglieder hielten den Atem an. Das konnte doch noch kritisch werden. Denn Foucault war außerordentlich eloquent. Er konnte die Stimmung aufheizen. Oft fungierte er als so etwas wie der informale Sprecher der Gruppe der Geschäftsführer.

Und er erfüllte die Erwartungen und Befürchtungen. Foucault begann zu reden. Er sprach ausgezeichnet Deutsch, auch ein Grund für sein hohes Ansehen bei seinen Kollegen. Sein leichter französischer Akzent verstärkte eher den Eindruck noch, den seine Beiträge machten. Foucault bedankte sich zunächst bei den Mitarbeitern, die die Konferenz organisiert hatten, und bei den Dolmetscherinnen – die Beiträge wurden auf Deutsch, Englisch und Französisch simultan übersetzt – für die „wie immer ausgezeichnete Arbeit". Dabei machte er eine angedeutete Verbeugung in Richtung der Sprecherkabinen. Er verstand es, charmant, aber nicht einschmeichelnd zu wirken. Dann bedankte er sich ausdrücklich bei dem Vorstand von Supercar, das sensible Thema Reorganisation angepackt zu haben. „Ich gebe Ihnen völlig Recht, Herr Eisele, so konnte es nicht weiter gehen".

„Freilich gebe ich auch zu bedenken, dass die enge Verflechtung zwischen den Produktgruppen oft auch gerade der Grund für unsere Erfolge war. Das gilt insbesondere bei uns in den Landesgesellschaften" schlug er anschließend die Kurve, um zu seiner eigentlichen Aussage zu kommen. Und er begann, das Konzept auseinander zu nehmen. Er wählte eine ähnliche Technik wie Eisele. Er nannte konkrete Fälle aus den Gesellschaften. Fälle freilich, die belegten, wie gerade die derzeitige Organisation der engen Verflechtung aller Produktgruppen zu Erfolgen geführt hatte. Wie in Großbritannien Kundengruppen für den SUV gewonnen worden waren, die sich ursprünglich nur für die billigeren SC 242 interessiert hatten; wie in den USA Spitzenhändler von Wettbewerb abgeworben wurden, gerade weil der Vertrieb bei Supercar *nicht* nach Produktgruppen getrennt war; wie in Spanien in einigen Regionen ein Mitarbeiter alle drei Modellreihen kompetent betreut und damit dem Unternehmen viel Geld spart. Foucault kam seine zwanzigjährige Erfahrung zugute. Er wandte sich an jeden Geschäftsführer persönlich, als er die Beispiele brachte, und erntete jedes Mal zustimmendes Kopfnicken und Beifall. Er endete mit der eindeutigen Stellungnahme: „Die Divisionalisierung mag für Sie in der großen Konzernzentrale in Deutschland richtig sein. Aber wir an der Front, wir leben gerade von der Kooperation. Und wir Geschäftsführer sind nicht nur Hausmeister – wir können mehr für Supercar tun!"

Donnernder Beifall. Die Stimmung war gekippt. Der Widerstand hatte sich spontan organisiert. Was der Vorstand vermeiden wollte, war geschehen. Ein Geschäftsführer nach dem anderen meldete sich nun zu Wort und pflichtete Foucault bei. Vorstandsmitglieder und andere Manager aus der Zentrale widersprachen, konnten aber nicht überzeugen. Inmitten der hitzigen Debatte meldete sich James Acton: „Ok, ich sehe Ihre Argumente. Aber wir kennen sie und haben sie auch berücksichtigt. Nur – wir können nicht ewig diskutieren. Irgendwann muss man, verdammt noch mal, eine Entscheidung treffen und einen Punkt setzen. Und wir haben uns entschieden und werden dabei bleiben. Das haben Sie zu akzeptieren!"

Was als ein kraftvoller Versuch gemeint war, die Debatte zu beenden, führte zur gegenteiligen Wirkung. Acton hatte die Geschäftsführer nicht nur in der Sache gegen sich. Das amerikanische Englisch, in dem er sprach, sein Tonfall – das kam bei ihnen auch emotional wesentlich schlechter an als Foucaults Beitrag. Drei oder vier aus dem Plenum protestierten lautstark, beinahe tumultartig.

„Wie im UN-Sicherheitsrat vor dem Irak-Krieg – die ‚guten' Franzosen gegen die ‚bösen' Amerikaner" schoss es Eisele einen Moment lang durch den Kopf. Er hatte Mühe, die Ordnung wieder herzustellen. Am Ende hatte er die Versammlung wieder halbwegs im Griff. „Gut, ich denke, die Positionen sind nun klar. Wir kommen im Augenblick nicht weiter. Wir machen nun Kaffeepause. Bitte seien Sie um 16.30Uhr zurück, als nächstes Thema stehen die Fortschritte bei der Einführung des neuen SAP-Release auf der Tagesordnung".

Die dicke Luft bei der Kaffeepause war beinahe physisch spürbar. Die Manager standen an den Stehtischen bei Kaffee und Tee und dem üblichen Gebäck, aber Gespräche wollten kaum aufkommen.

Eine kleine Gruppe hatte sich zum Rauchen in eine Ecke zurückgezogen. Sie fanden sich meistens in dieser Gruppe zu einer Zigarette zusammen, weshalb sie im Unternehmen gelegentlich auch die „Rauchermafia" genannt wurden. „Chaotisch – wie auf dem Parteitag der Grünen" kommentierte einer den Ablauf des Treffens. „Ja" pflichtete ihm der zweite bei „fehlen nur noch ein paar Frauen in Latzhosen, die ihren Babys die Brust geben". „Sie irren sich" sage der dritte, „bei den Grünen geht es weitaus weniger chaotisch zu!" – das Lachen wirkte etwas gequält.

Der Vortrag nach der Pause über die Fortschritte bei der IT wäre normalerweise wohl sehr positiv aufgenommen worden. In dieser Situation interessierte ihn aber niemand wirklich.

Nach der Tagung und dem Abendessen trafen sich viele Teilnehmer wie immer an der Hotelbar, traditionell *dem* informalen Diskussionsforum. Natürlich waren die Debatten hitzig. Mit der Zeit bildete sich eine Gruppe von fünf Geschäftsführern um Gérard Foucault. Gegen Mitternacht, nachdem alle noch einmal kräftig die Reorganisation kritisiert und sich gegenseitig in ihrer Meinung bestärkt hatten, kam die Frage auf, was den nun konkret getan werden sollte. Die Gruppe zog sich schließlich in einen der leeren Seminarräume zurück und beschloss, eine Erklärung auszuarbeiten, in der die Position und die Forderungen noch einmal konkret formuliert wurden. Trotz oder auch wegen des Bierkonsums, der auch während der Besprechung fortgesetzt wurde, kam man gut voran (auch Foucault, als Franzose Rotweinkenner, trank gerne Bier – wohl ein weiterer Grund für seine Popularität). Heraus kam das, was später im Unternehmen „Stockholmer Manifest" genannt werden würde. Wesentliche Forderung war, die doch gut funktionierenden Tochtergesellschaften nicht durch die Reorganisation praktisch zu zerschlagen.

Auf der nächsten Vorstandssitzung am Montag nach der Geschäftsführertagung wurde das „Stockholmer Manifest" ausführlich diskutiert. Wie sollte vorgegangen werden? Sollte man auf die Forderungen eingehen bzw. die Neuorganisation noch einmal auf den Prüfstand stellen? Das wäre eine völlige Abkehr von der „Bombenwurf"-Taktik, brächte den Zeitplan durcheinander und könnte noch mehr Widerstand provozieren. Andererseits waren die Geschäftsführer sehr wertvolle Mitarbeiter für das Unternehmen, die man nicht komplett demotivieren wollte. Abgesehen davon, dass im „Stockholmer Manifest" genannten Sachargumente nicht von der Hand zu weisen waren.

Der Vorstand entschied sich, nachzugeben. Es wurde eine Arbeitsgruppe eingerichtet mit zwei Vorstandsmitgliedern, Foucault und einem weiteren Geschäftsführer, und Dr. Rolls.

Das Ergebnis war in Kompromissvorschlag, der dann auch von allen Gremien abgesegnet und umgesetzt wurde.

Es sollte in den Tochtergesellschaften eine Matrixorganisation geben. Aber primäre und sekundäre Unterstellung wurden praktisch umgedreht (vgl. Abb. 3.57).

Um den Leitern der Divisions, nachdem ihnen nun auch im Vertrieb direkte Zugriffe beschnitten worden waren, dennoch Eingriffsmöglichkeiten zu geben, wurde eine Regelung analog zur F+E beschlossen. Die Divisions erhielten das Recht, notfalls den Vertrieb über eine eigene Tochtergesellschaft zu organisieren, sollten die bestehenden die Erwartungen nicht erfüllen.

Die Fertigung in St. Louis wurde, wie ursprünglich geplant, abgetrennt und der Produktgruppe SUV zugeordnet.

Analytisch gesehen war damit eine recht eigenartige Mischung aus funktionaler und divisionaler Organisationsform entstanden. Von dem ursprünglichen klaren und eindeutigen Konzept war wenig geblieben.

3.5 Human Resources Management (HRM)

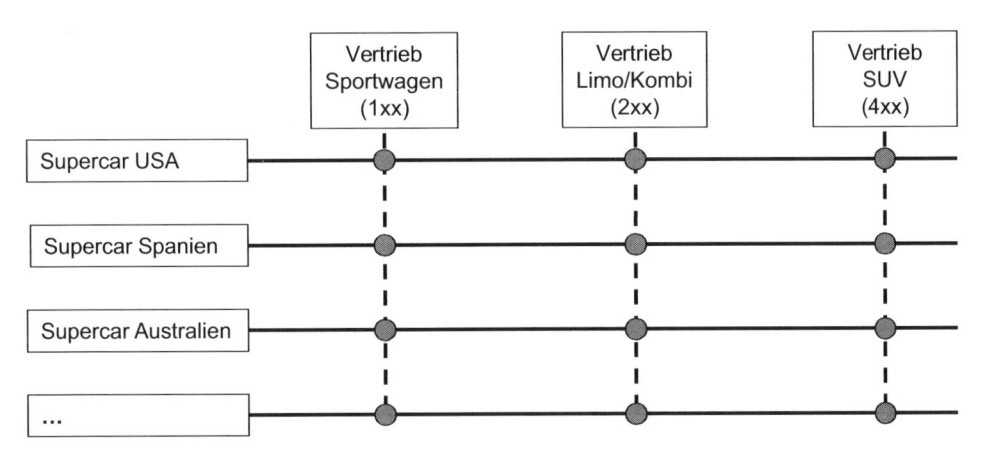

```
                    ┌─────────────┐  ┌─────────────┐  ┌─────────────┐
                    │  Vertrieb   │  │  Vertrieb   │  │  Vertrieb   │
                    │ Sportwagen  │  │ Limo/Kombi  │  │     SUV     │
                    │    (1xx)    │  │    (2xx)    │  │    (4xx)    │
                    └──────┬──────┘  └──────┬──────┘  └──────┬──────┘
┌─────────────────┐        │                │                │
│  Supercar USA   ├────────●────────────────●────────────────●
└─────────────────┘        │                │                │
┌─────────────────┐        │                │                │
│ Supercar Spanien├────────●────────────────●────────────────●
└─────────────────┘        │                │                │
┌─────────────────┐        │                │                │
│Supercar Australien├──────●────────────────●────────────────●
└─────────────────┘        │                │                │
┌─────────────────┐        │                │                │
│       ...       ├────────●────────────────●────────────────●
└─────────────────┘
```

Abb. 3.57 Organigramm (Auszug): Tochtergesellschaften der Supercar AG nach dem Reorganisationskonzept – revidierte Fassung

Es zeigte sich in der Praxis, dass die Form dennoch recht gut funktionierte. Denn es wurden, obgleich ursprünglich mehr aus politischen denn aus sachlichen Gründen, einige Vorteile der beiden Strukturformen gut kombiniert. Die Bündelung von Spezialistenwissen in F+E und bei den Gesellschaften bewährte sich.

Und auch wenn deren Kompetenzen eingeschränkt waren, so sorgten die für die spezifischen Produktreihen verantwortlichen Vorstände doch für effizientere Abläufe und konnten nicht mehr wie früher versuchen, die Verantwortung an den jeweils anderen zu schieben. Die grundsätzliche Möglichkeit alternativer Lösungen bei F+E und den Tochtergesellschaften übte auf diesen auch einen gewissen Druck aus, sich im Sinne der Divisions zu verhalten, was sich als hilfreich erwies.

3.5 Human Resources Management (HRM)

3.5.1 Einleitung

Das *Personalmanagement*, hier wird der heute verbreitete Anglizismus *Human Resources Management (HRM)* gebraucht, „befasst sich mit dem arbeitenden Menschen beziehungsweise mit der menschlichen Arbeit."[325] Schlüsselbegriffe sind also *der Mensch* und *seine Arbeit*.

Es bestehen verschiedene Möglichkeiten, das Personalmanagement innerhalb der Betriebswirtschaftslehre zu positionieren.

Die *traditionelle deutsche Betriebswirtschaftslehre* von Gutenberg und Wöhe sieht die menschliche Arbeitsleistung als einen von drei *Produktionsfaktoren*.[326] Diese Produk-

---

[325] Kolb (Personalmanagement) S. 3.
[326] vgl. Wöhe (Betriebswirtschaftslehre) S. 80 ff.

Abb. 3.58 Betriebliche Produktionsfaktoren. (Quelle: in Anlehnung an Wöhe (Betriebswirtschaftslehre) S. 81)

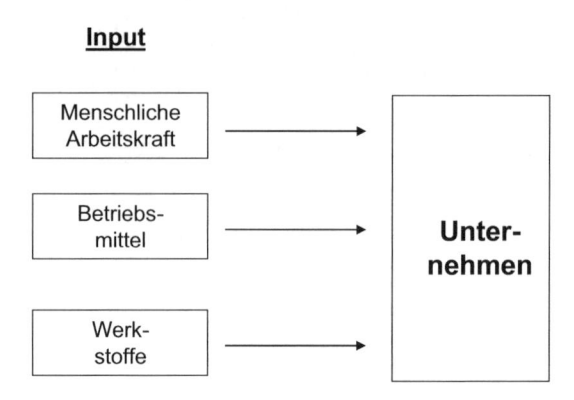

tionsfaktoren bilden den Input; Aufgabe der Betriebsführung ist die optimale Kombination des Einsatzes dieser Produktionsfaktoren.

Wie aus Abb. 3.58 ersichtlich, existieren neben der Arbeitskraft noch die Faktoren *Betriebsmittel* und *Werkstoffe*. Zu den *Betriebsmitteln* gehört „die gesamte technische Apparatur, deren sich der Betrieb zur Durchführung des Betriebsprozesses bedient. Das sind in erster Linie Maschinen und maschinelle Anlagen sowie Werkzeuge jeder Art. Aber auch Grundstücke und Gebäude, Verkehrsmittel, Transport- und Büroeinrichtungen"[327] sowie die IT gehören dazu. *Werkstoffe* sind hingegen Güter, „aus denen durch Umformung, Substanzänderung oder Einbau neue Fertigprodukte hergestellt werden."[328] Werkstoffe gehen also im Gegensatz zu den Betriebsmitteln in die herzustellenden Produkte ein.

Gutenberg und Wöhe sehen in diesem Schema allerdings nur die *ausführende* Arbeit als den Produktionsfaktor und unterscheiden dazu die *dispositive Arbeit* bzw. den dispositiven Produktionsfaktor, also die Führungstätigkeiten, wozu Leitung, Planung, Organisation und Überwachung gezählt werden[329].

HRM im hier gebrauchten Sinn bezieht sich indessen sowohl auf die ausführende als auch die dispositive Arbeit. Seine Bedeutung wird dadurch noch größer.

Naturgemäß ist das Personalmanagement ein breit gefächertes Gebiet, das von vielen Lehrbüchern gut abgedeckt wird[330].

Strukturiert wird es in diesem Kapitel nach einer idealtypischen chronologischen Reihenfolge.

- Danach ist es zunächst einmal notwendig, den Personalbedarf zu planen (*Personalbedarfsplanung*)
- Der Bedarf ist dann mittels Einstellungen zu decken (*Personalbeschaffung*)

---

[327] Wöhe (Betriebswirtschaftslehre) S. 256.
[328] Wöhe (Betriebswirtschaftslehre) S. 262.
[329] vgl. Wöhe (Betriebswirtschaftslehre) S. 80 ff.
[330] vgl. z. B. Scherm/Süß (Personalmanagement), Bröckermann (Personalwirtschaft), Kolb (Personalmanagement), Holtbrügge (Personalmanagement), Ridder (Personalwirtschaftslehre), Berthel/Becker (Personal-Management), Vettinger (Managementlehre) S. 55 ff.

- Der gewonnene Mitarbeiter ist an seinem Arbeitsplatz einzusetzen (*Personaleinsatz*)
- Einmal eingestellt, sind die Mitarbeiter auch zu führen *(Personalführung)* und zu motivieren (*Motivation*)
- Ein wesentlicher Bereich von Führung und Motivation ist das *Entgelt* für die Arbeit
- Mitarbeiterführung ist ein dynamischer Prozess, was namentlich in der *Personalentwicklung* zum Ausdruck kommt
- Am Ende steht idealtypisch die *Personalfreisetzung*.

Entsprechend dem hier verfolgten Ansatz geht es im vorliegenden Kapitel weniger darum, zukünftigen Personalmanagern eine alle Punkte ausführlich umfassende Einführung zu geben. Vielmehr werden Schwerpunkte gesetzt auf den Gebieten, die für Betriebswirte von *allgemeinem* Interesse sind, wozu insbesondere auch die *Perspektive des Individuums* zählt.

3.5.2 Personalbedarfsplanung

Die Personalplanung umfasst die Feststellung des *quantitativen* und *qualitativen* Bedarfs an Mitarbeitern[331].

Die *quantitative* Planung ist zunächst weitgehend selbsterklärend. Dem Bedarf aufgrund des künftig anfallenden Arbeitsvolumens wird der gegenwärtige Personalbestand, korrigiert um voraussichtliche Veränderungen (aufgrund von Kündigungen, Mutterschutz, Wehr-/Zivildienst, und auch Rationalisierungen) gegenübergestellt. Die Differenz ergibt den Bedarf.

Relativ einfach ist das Arbeitsvolumen zu ermitteln, wenn die Tätigkeiten weitgehend quantitativ bestimmbar sind. Typisches Beispiel ist die Produktion. Wie viele Einheiten produziert werden, ergibt sich aus der Produktions- und Absatzplanung. Wie die zu veranschlagende Arbeitszeit pro Produkt ist, kann mit Hilfe seit langem bekannter arbeitswissenschaftlicher Verfahren gemessen werden. In Deutschland ist das REFA-Zeitstudium[332], international das Methods-Time-Measurement (MTM)[333] weit verbreitet.

Schwieriger wird die Festlegung in anderen Teilbereichen, deren Aktivitäten sich nicht direkt der Erstellung eines spezifischen Produkts zuordnen lassen, den *Gemeinkosten*bereichen. Als Beispiel sei eine Marketing-Support Abteilung genannt, die den Vertrieb durch die Koordination und Durchführung von Werbe- und Verkaufsförderungsaktionen unterstützt. Wie groß wird der Bedarf sein, wenn beispielsweise geplant ist, den Umsatz durch Einführung einer neuen Produktreihe zu steigern? Zu erwarten ist ein höherer Bedarf, der aber nicht unmittelbar quantifizierbar ist. Hier bietet es sich an, hilfsweise mit *Kennzahlen* zu arbeiten, bei denen ein gewisser Zusammenhang zum Personalbedarf zu

---

[331] vgl. Kolb (Personalmanagement) S. 578, Korndörfer (Betriebswirtschaftslehre) S. 160 ff.
[332] vgl. Verband für Arbeitsstudien REFA (REFA).
[333] vgl. Kolb (Personalmanagement) S. 587.

erwarten ist.[334] Im vorliegenden Fall könnte das der Umsatz sein. Angenommen, der soll von 500 Mio. € um 20% auf 600 Mio. € gesteigert werden. Weiter angenommen, bisher arbeiteten 10 Mitarbeiter in der Abteilung. Eine gängige Größe wäre dann, den Umsatz pro Mitarbeiter auszurechnen, hier also gegenwärtig 50 Mio. € pro Person. Eine Umsatzsteigerung um 100 Mio. € ergäbe dann rechnerisch den Bedarf von 2 neuen Mitarbeitern (keine Veränderung durch Abgänge vorausgesetzt).

Aber, und hier beginnen die eigentlichen Probleme, es kann nicht davon ausgegangen werden, dass die Bedarfssteigerung sich *proportional* zur Umsatzsteigerung verhält. Vielmehr dürfte sie, bedingt durch Skalenerträge, so genannte *Economies of Scale*, unterproportional sein. Denn die neue Produktgruppe und der höhere Umsatz führen zwar zu mehr Arbeit, aber durch Rationalisierungsvorteile gilt das nicht für alle Vorhaben. Die Erstellung eines Produktkatalogs, zum Beispiel, wird durch eine neue Produktreihe zwar aufwändiger, aber Grundlagen des Layouts bleiben gleich. Daher wird man sich in der Praxis vielleicht auf einen zusätzlichen Mitarbeiter einigen.

Dieses Problem der mangelnden zuverlässigen Quantifizierung eines Bedarfs ist weit verbreitet. Umso mehr, als in manchen Abteilungen selbst Hilfskenngrößen wie der eben genannte Umsatz pro Mitarbeiter keinen Anhaltspunkt ergeben. Man denke etwa an SekretariatsmitarbeiterInnen oder Sachbearbeiter in einer Planungsabteilung – ihr Arbeitsvolumen ist schwer mit Umsatz, Produktion oder dergleichen in Relation zu setzen.

Erschwert wird die Bedarfsberechnung dadurch, dass von den prospektiven Vorgesetzten *nicht* unbedingt eine *objektive Aussage* zu erwarten ist. Hier kommen die *individuellen Interessen* wieder ins Spiel. Führungskräfte haben per se Interesse daran, die Anzahl der Mitarbeiter ihrer Abteilungen möglichst zu vergrößern. Drei wesentliche Gründe geben hierfür den Ausschlag.

Erstens steigt mit der Anzahl der unterstellten Mitarbeiter die Bedeutung der Führungskraft, der Status, das Prestige, und damit auch das Einkommen und die Karriereaussichten. Es wird dabei unterstellt, dass Quantität mehr zählt als Qualität[335].

Zweitens erlaubt es eine großzügig bemessene Anzahl von Mitarbeitern, sich neben der Tagesarbeit mit Projekten zu beschäftigen, die die Aufmerksamkeit der Geschäftsführung erringen könnten, was wieder zu besseren Karriereaussichten führt.

Drittens fordern Führungskräfte mehr Mitarbeiter als notwendig, um *Reserven* für den Fall von Kosteneinsparungsaktionen zu haben. Wer etwa 20% mehr Mitarbeiter als notwendig hat, der wird eine ihm auferlegte Einsparung von 10% verkraften, ohne dass seine Leistung wirklich leidet. Dieses Verhalten wird auch als *budgetary slack* bezeichnet und ist ein wichtiges Thema im nächsten Kapitel „Controlling"[336].

Dieses Verhalten ist typischer Ausfluss der *Principal-Agent-Problematik*. Die Führungskraft ist der Agent, der seine eigenen Interessen maximiert. Die Kosten übermäßigen Personaleinsatzes trägt aber der Principal.

---

[334] vgl. Kolb (Personalmanagement) S. 585.
[335] vgl. Iaconetti/O'Hara (Karriere) 108 ff.
[336] s. u. Kap. 3.6.

Was kann gegen den systematischen Aufbau von mehr Mitarbeitern als nötig getan werden? Grundsätzlich bestehen zwei Lösungsansätze.

Erstens ist eine *genaue Kontrolle und Bedarfsanalyse* möglich. Eine bekannte Technik ist hierbei die *Gemeinkostenwertanalyse (GWA)*. Die GWA verfolgt das Ziel, „in einem systematischen ... Ablauf Kosten und Nutzen von Leistungen der untersuchten Gemeinkostenbereiche zu beurteilen und ‚unnötige' Leistungen bzw. die Kosten hierfür zu reduzieren."[337] Dazu werden möglichst exakt die Tätigkeiten einer Abteilung und der damit verbundene Ressourcenverbrauch ermittelt und dem Nutzen für das Unternehmen gegenübergestellt. Es fällt also auf, dass nicht nur gefragt wird, wie viel eine Leistung kostet, sondern auch, *was* geleistet wird und ob diese Leistung überhaupt notwendig ist. Es wird also von der wohl realistischen Annahme ausgegangen, dass bestimmte Arbeiten nicht nur „gestreckt" werden, um einen entsprechenden Mitarbeiterbedarf zu konstruieren, sondern dass auch in diesem Umfang gar nicht notwendige Leistungen erbracht werden.

Genauere Kontrolle und Analyse stoßen aber systemimmanent an Grenzen. Denn die Person, die am besten weiß, ob und wie der Personalbedarf überhöht ist, ist die betroffene Führungskraft selbst. Diese Führungskraft hat aber keinen Anreiz, keinen *Incentive*, selbst an konstruktiven Lösungen im Sinne der Kostenersparnis mitzuarbeiten. Denn er hat ja genau das oben genannte Interesse an der Ausweitung des Mitarbeiterstandes. Er kann also versuchen, so viel Mitarbeiter wie möglich zu bekommen, und riskiert dadurch zunächst einmal nichts. Schlimmstenfalls wird sein Antrag abgelehnt. Ihm geht es ähnlich wie einem Kind, das einen riesigen Wunschzettel an den Weihnachtsmann schreibt. Passieren kann ihm nichts – im schlimmsten Fall wird „der Weihnachtsmann" die Wünsche eben nicht oder nicht alle erfüllen. Die Aufgabe, die Ineffizienzen zu erkennen, wird einem Außenstehenden aufgebürdet. Also etwa demjenigen, oft einem Unternehmensberater oder auch Controller, der die GWA leitet.

Die bessere Alternative wäre ein *zweiter* Lösungsansatz. Dieser Lösungsansatz geht von einer *Veränderung der Anreizstrukturen* aus. Grundgedanke ist es, den Führungskräften selbst Incentives zu bieten, wenn sie keinen überhöhten Personalbedarf geltend machen. Ein Ansatz hierbei ist die *Änderung der Aufbauorganisation*, in Richtung einer objektbezogenen, meistens divisionaler Struktur. Wie im letzten Kapitel[338] ausgeführt, können die Teileinheiten dadurch kostenrechnerisch als *Profit Center* dargestellt werden mit eigener *Ergebnisverantwortung*. Die Folge: da zusätzliche, „unnötige" Mitarbeiter das Ergebnis der Einheit belasten, hat das Management von daher kaum mehr einen Anreiz, einen möglichst großen Personalbedarf darzulegen. Zwar wird in der Regel nicht jeder Abteilungsleiter einen eigenen Profit Center bilden. Aber die Teilbereiche sind doch meistens klein genug, so dass die ergebnisverantwortlichen Führungskräfte nahe genug bei den Abteilungen sind, um zumindest grob übertriebene Personalbedarfsanforderungen zu erkennen.

Neben der quantitativen Planung ist der Personalbedarf auch *qualitativ* festzulegen.

---

[337] Horváth (Controlling) S. 276.
[338] s. o. Kap. 3.4.

Das kann in drei Schritten geschehen[339]:

- Festlegung des Qualifikations-Solls, des *Anforderungsprofils*
- Feststellung der Qualifikation der Mitarbeiter (*Eignungsprofil*)
- Gegenüberstellung von Anforderungs- und Eignungsprofil.

Das *Anforderungsprofil* wird für jede *Stelle* festgelegt und ist (wichtiger) Bestandteil einer *Stellenbeschreibung*.[340] Bei den Anforderungen wird unterschieden zwischen folgenden Kriterien[341]:

1. *Fachliche* Kriterien, also Kriterien, die durch Ausbildung oder Erfahrung gewonnen werden; beispielsweise kaufmännische Lehre, Hochschulabschluss in bestimmter Richtung, 2–4 Jahre Berufserfahrung, verhandlungssichere englische Sprachkenntnisse.
2. *Physische* Kriterien, die objektivierbar in der körperlichen Natur der (gesuchten) Mitarbeiter liegen. Mit abnehmender Mechanisierung und zunehmendem Anteil von Bürotätigkeiten („white-collar"-Tätigkeiten) wird die Bedeutung dieses Kriteriums geringer. Allerdings kann auch bei qualifizierten Fach- und Führungstätigkeiten körperliche Belastbarkeit gefragt sein, etwa wenn die Tätigkeit mit häufigen Fernreisen und entsprechendem „Jetlag" verbunden ist.
3. *Psychische* Kriterien, alle Kriterien, „die ausschließlich in der Persönlichkeitsstruktur … liegen und die die nicht-körperlichen Anforderungen einer Arbeit kennzeichnen."[342] Beispiele sind Zuverlässigkeit, analytische Fähigkeiten, Konzentrationsfähigkeit.
4. *Sozialpsychologische* Kriterien, die sich auf das zwischenmenschliche Verhalten beziehen; typische Beispiele sind Kommunikations- und Teamfähigkeit.

Entsprechend der Anforderungen wird in dem Zusammenhang auch die Bandbreite der *Vergütung* festgelegt.

Die Kriterien sollen *abstrakt objektiv* festgelegt werden, d. h. ohne Bezug auf eine konkrete Person. Nur in Ausnahmefällen, wenn ein Spezialist über seltene und wertvolle Qualifikationen verfügt, bietet es sich an, auf die Person „maßgeschneiderte" Anforderungen festzulegen. In der Literatur wird aber auch in den Fällen zur Zurückhaltung geraten, da auf bestimmte Personen zugeschnittene Stellen zu großer Abhängigkeit von der Person führen.[343]

Dem Anforderungsprofil wird in einem zweiten Schritt das *Eignungsprofil* der Mitarbeiter gegenübergestellt, um dann im dritten Schritt einen Abgleich zwischen beiden vorzunehmen. Je nach vorhandener oder fehlender Übereinstimmung ist dann über Maß-

---

[339] vgl. Holtbrügge (Personalmanagement) S. 81 ff.
[340] vgl. Hentze (Personalwirtschaftslehre) S. 206 ff., s. o. Kap. 3.4.
[341] vgl. Wöhe (Betriebswirtschaftslehre) S. 251.
[342] Wöhe (Betriebswirtschaftslehre) S. 251.
[343] vgl. Wöhe (Betriebswirtschaftslehre) S. 148.

nahmen zu entscheiden, wie Anforderung und Eignung in Deckung gebracht werden. Das kann durch Maßnahmen zur *Personalentwicklung* geschehen. Ist die Stelle derzeit nicht besetzt, so sind die Mitarbeiter durch entsprechende *Personalbeschaffung*smaßnahmen zu gewinnen. Das ist der Gegenstand des nächsten Abschnitts.

In der Praxis kann es allerdings durchaus vorkommen, dass die drei Schritte nicht in der Reihenfolge stattfinden, sondern *umgekehrt* das Anforderungsprofil an die Eignung eines bestimmten derzeitigen oder potenziellen Mitarbeiters angepasst wird. Das resultiert daraus, dass eine Führungskraft einen bestimmten Mitarbeiter auf einer Stelle sehen möchte – weil er mit ihm persönlich gut auskommt, oder um eine Koalition oder „Seilschaft" zu bilden – und daher bewusst daraufhin arbeitet, die Anforderungen mit den Kenntnissen des Mitarbeiters in Einklang zu bringen. Also beispielsweise die Notwendigkeit von Fremdsprachenkenntnissen in den Vordergrund zu stellen, wenn der Betreffende hervorragend Englisch spricht.

Ein schönes Beispiel für das *Mülleimer*-Modell des Unternehmens – die Lösung, der Mitarbeiter, ist zuerst da, das „Problem", das Anforderungsprofil, wird so definiert, dass es auf die Lösung passt.

Der umgekehrte Fall ist auch denkbar – eine Führungskraft möchte einen bestimmten Mitarbeiter *nicht* auf einer Stelle sehen. Er kann dann versuchen, die Anforderungen bewusst so zu definieren, dass sie nicht zu den Qualifikationen des Mitarbeiters passen.

3.5.3 Personalbeschaffung

3.5.3.1 Bedeutung und Teilgebiete der Personalbeschaffung

Die Personalbedarfsplanung bildet die Basis der *Personalbeschaffung*, die „alle diejenigen Aktivitäten umfasst, die der Bedarfsgerechten Gewinnung von Mitarbeitern dienen."[344] Der Ausdruck „Beschaffung" mag dem Leser unsympathisch wirken, suggeriert er doch, dass Mitarbeiter auf einer Stufe stehen mit Betriebsmittel und Rohmaterial, also lediglich fremdbestimmte Objekte von Einkaufsmaßnahmen sind. Ökonomisch ist die Ausdrucksweise korrekt. Wie oben erwähnt sind Mitarbeiter ein Produktionsfaktor. Oder, wie dies im englischen Ausdruck für Personalmanagement zum Ausdruck kommt, sie sind „Ressourcen". Als solche sind sie auch zu „beschaffen". Über die Wertschätzung der dahinter stehenden Menschen ist damit per se noch nichts gesagt. Freilich sollte sich (eine normative Aussage) jeder, der sich mit dem Thema befasst, sehr wohl bewusst sein, dass es um Menschen geht und eben nicht um andere „Ressourcen".

Die Personalbeschaffung ist in der Vergangenheit oft weit gehend intuitiv vorgenommen worden. Dabei ist jede Einstellung eines Mitarbeiters eine größere *Investition*. Das wird deutlich, wenn in einer qualifizierten Position ein Mitarbeiter eingestellt wird, der nach einem Jahr das Unternehmen verlässt, weil er, aus welchen Gründen auch immer, nicht die richtige Person in dieser Funktion war. Wenn davon ausgegangen wird, dass der

---

[344] Holtbrügge (Personalmanagement) S. 85.

Position	Betrag (€)	Bemerkungen
Gehalt	120.000.-	inkl. Nebenkosten
Kosten für andere, die liegen gebliebene Arbeit mitmachen	40.000.-	Annahme: ein Drittel der Arbeitsleistung
Rekrutierungskosten Nachfolger	40.000.-	Annoncen, Assessment Center, Headhunter …
Einarbeitung Nachfolger	60.000.-	Annahme: halbe Produktivität im ersten Jahr
Kosten für andere, die bei Einarbeitung unterstützen bzw. korrigieren	30.000.-	Annahme: ein Viertel der Arbeitsleistung
Summe	**290.000.-**	

Abb. 3.59 Kosten einer Fehlentscheidung bei einer Einstellung. (Quelle: in Anlehnung an: Leitl/Rust/Schmalholz (Image) S. 280)

Mitarbeiter ein Jahr lang unmotiviert und daher kaum produktiv war, ergeben sich aus der Fehlentscheidung, den Mitarbeiter einzustellen, Kosten wie in Abb. 3.59 dargestellt.

Sicherlich können die einzelnen Beträge und Basisannahmen des Beispiels hinterfragt werden. Die Grundaussage, dass Fehler bei der Personalbeschaffung sehr teuer werden können, bleibt aber. Eine Einstellung entspricht daher einer Investition in Höhe von möglicherweise mehr als 250.000.- €. Es ist daher erstaunlich, wie wenig systematisch diese „Investitionsentscheidungen" bisweilen getroffen werden. Insbesondere wenn man sie mit dem stark formalisierten Entscheidungsprozessen vergleicht, die in manchen Organisationen zu durchlaufen sind, um einen Bürostuhl oder einen PC im Wert von wenigen hundert oder wenigen tausend Euro zu beschaffen.

Tatsächlich kommt der professionellen Personalbeschaffung eine große Bedeutung zu. Idealtypisch kann die Personalbeschaffung in folgende Teilaufgaben bzw. Phasen zerlegt werden[345]:

- *Personalmarketing*
- *Bewerberauswahl*
- *Einstellung*

---

[345] vgl. zum Abschnitt Holtbrügge (Personalmanagement) S. 85 ff., Kolb (Personalmanagement) S. 74 ff. Wunderer/Dick (Personalmanagement) S. 113 ff., Bröckermann/Pepels (Personalmarketing).

3.5 Human Resources Management (HRM)

Grundsätzlich ist dabei zwischen *interner* und *externer* Personalbeschaffung zu unterscheiden, wobei in der Praxis in oft beide Möglichkeiten parallel verfolgt werden. Die Vor- und Nachteile beider Ansätze sind intuitiv erkennbar. Vorteile interner Stellenbesetzung sind Kenntnisse der Stärken und Schwächen des Kandidaten, Kenntnisse des Unternehmens und daher geringere Einarbeitungskosten und positive Motivationswirkung auf die Mitarbeiter. Dem steht bei der externen Beschaffung die größere Auswahl an qualifizierten Kräften und die fehlende Betriebsblindheit der Bewerber gegenüber sowie die Möglichkeit, Informationen über andere Unternehmen zu gewinnen (einige Unternehmen laden sogar bewusst bestimmte externe Bewerber ein, um im Bewerbungsgespräch Informationen über dessen Unternehmen zu gewinnen).

3.5.3.2 Personalmarketing

Das *Personalmarketing*, die erste Teilaufgabe, wird auch Personal*werbung* genannt. Der Ausdruck *Marketing*, der bewusst aus dem Produktmarketing übernommen wurde, ist aber umfassender. Er impliziert, dass bewusst vom Arbeitsmarkt, vom Bewerber her gedacht und aktiv versucht wird, durch Setzung geeigneter Rahmenbedingungen gute Kandidaten zu rekrutieren[346]. Folgende Instrumente und Methoden stehen zur Verfügung[347]:

- *Innerbetriebliche Stellenausschreibung*, ein Standardinstrument. Abgesehen davon, dass das Unternehmen auf diese Möglichkeit der innerbetriebliche Stellenbesetzung selten verzichten wird, kann die innerbetriebliche Ausschreibung auch vom Betriebsrat verlangt werden (§ 93 Betriebsverfassungsgesetz – BetrVG).
- *Stellenanzeigen in Zeitungen*. Die klassische Methode der externen Rekrutierung. In Frage kommen einmal regionale Zeitungen, für qualifiziertere Positionen (z. B. Hochschulabsolventen) und Führungskräfte die überregionalen Zeitungen, wobei traditionell die Samstagsausgabe der Frankfurter Allgemeinen Zeitung (FAZ) die führende Plattform darstellt. Der Nachteil dieses Instruments sind die hohen Streuverluste bzw. die hohen Kosten; 20.000.- € für eine Anzeige in adäquater Größe sind nicht ungewöhnlich.[348]
- *Internet (E-Recruiting)*. Vor allem die Nachteile der Zeitungsannoncen haben schon seit Mitte der 1990er Jahre zum verstärkten Gebrauch des Internets geführt. Mittlerweile ist das Internet das wohl führende Rekrutierungs-Medium. Bereits im Jahr 2010 schrieben 95 % aller Unternehmen freie Stellen online aus[349]; mittlerweile dürfte der Wert auf annähernd 100 % angestiegen sein. Personalmarketing über das Internet kann sowohl über die eigene Website des Unternehmens laufen (interne Personalwerbung)

---

[346] zur Erläuterung des Begriffs Marketing s. u. Kap. 3.9.
[347] vgl. Holtbrügge (Personalmanagement) S. 86 ff.
[348] vgl. Frankfurter Allgemeine Zeitung (Preisliste) S. 8.
[349] vgl. FBITKOM (Stellenanzeigen).

Abb. 3.60 Internet Jobbörsen in Deutschland. (Quelle: Holtbrügge (Personalmanagement) S. 90)

www.arbeitsagentur.de
www.job.de
www.jobonline.de
www.jobscout24.de
www.jobticket.de
www.jobware.de
www.monster.de
www.stellenanzeigen.de
www.stellenmarkt.de
www.stepstone.de

als auch über *Jobbörsen* (externe Personalwerbung). Bekannte Jobbörsen in Deutschland sind in Abb. 3.60 dargestellt.

Daneben sind auch Zeitungen wie beispielsweise die FAZ[350] mit ihren Stellenangeboten im Netz präsent.

Neben den Jobbörsen spielen *Soziale Netzwerke* heute eine zentrale Rolle im Recruitment. Egal, ob Blogs, eher privat oder beruflich genutzte Netzwerke – überall treffen Bewerber und Unternehmen zusammen. Dabei geht es nicht nur darum, Stellenanzeigen zu platzieren. Vielmehr wird auch eine positive (Selbst)darstellung der Unternehmen angestrebt, um Interesse bei potenziellen Bewerbern zu wecken[351].

- *Bundesagentur für Arbeit (BA)*
- *Personalvermittler (Headhunter)* werden insbesondere bei der Besetzung von Spitzenpositionen eingesetzt. Bei einigen Headhuntern liegt die Untergrenze bei den zu besetztenden Stellen bei einem Jahresgehalt von rund 300.000 €[352]. Die Kosten sind relativ hoch, sie liegen in der Größenordnung von drei bis vier Monatsgehältern der zu besetztenden Stelle. Dem stehen die Vorteile eines ausgedehnten Netzwerks der Headhunter und der auf dieser Ebene sehr geschätzten Diskretion gegenüber[353]. Außerdem rekrutieren Headhunter gezielt Mitarbeiter in ungekündigter Position bei anderen Unternehmen. Bekannt sind die Anrufe bei potenziellen Kandidaten am Arbeitsplatz, bei denen sich der Headhunter nur unter seinem privaten Namen meldet und den Kandidaten ganz „unschuldig" fragt, ob er für die Stelle XY denn „einen Interessenten kenne". Ein Vorgehen, mit dem sie wettbewerbs- und arbeitsrechtlich bisweilen in einer Grauzo-

---

[350] vgl. Frankfurter Allgemeine Zeitung (Stellenmarkt).
[351] vgl. Bieber, P. (Recruiting) S. 88 ff.
[352] vgl. Bröll/Nöcker (Makler).
[353] vgl. Thom/Kraft (Personalberatern).

ne geraten[354], weswegen der Ruf von Headhuntern auch nicht immer uneingeschränkt positiv ist[355].
- *Hochschulmarketing (Campus-Recruiting)* mittels Vorträgen in Seminaren und Vorlesungen, Vergabe von Diplomarbeiten und Praktika und Teilnahme an Jobmessen ist eine aus den USA kommende Form der Personalwerbung, die mittlerweile aber auch im deutschen Sprachraum verbreitet ist.
- Beantwortung von *Initiativbewerbungen*.

3.5.3.3 Bewerberauswahl

Sind aufgrund der Maßnahmen des Personalmarketings Bewerbungen eingegangen, beginnt die Phase der eigentlichen *Bewerberauswahl* bzw. *Personalauswahl*.[356]

Grundsätzlich gilt es dabei, die Anforderungen aufgrund der Bedarfsplanung mit dem Profil der Bewerber zu vergleichen. Dabei spielen alle Kriterien eine Rolle, das bedeutet, nicht nur die fachlichen, sondern gerade auch die sozialpsychologischen, was oft mit der Frage formuliert wird: „Passt der Bewerber in unser Team?". Der ideale Bewerber hat die *richtigen* Qualifikationen, die dem Anforderungsprofil entsprechen. Die „richtige" Qualifikation, das bedeutet natürlich, dass er nicht unterqualifiziert sein darf, aber, und das wird seltener erwähnt, auch nicht überqualifiziert. Denn überqualifizierte Bewerber laufen Gefahr, schnell gelangweilt und unzufrieden zu werden und bei nächster Gelegenheit wieder zu kündigen; abgesehen davon, dass sie höhere Gehaltsforderungen stellen.

Jede Personalauswahl beginnt mit der Analyse der *schriftlichen Bewerbungsunterlagen*, welche aus dem Anschreiben, dem Lebenslauf, und den Schul- und Arbeitszeugnissen besteht. „Schriftlich" bedeutet heute in vielen Fällen eine Online-Bewerbung über die Website des Unternehmens. Online-Bewerbungen haben den Vorteil aus Sicht des Unternehmens, sofort in der gewünschten Form vorzuliegen und ohne manuelle Bearbeitung IT-mäßig verarbeitet werden zu können.

Schriftliche Unterlagen werden einer *ABC-Analyse* unterzogen. „Das bedeutet, dass die vorliegenden Bewerbungen in drei Gruppen eingeteilt werden, in die

- A-Kandidaten – die guten Bewerber, die man unbedingt näher betrachten und umgehend einladen sollte
- B-Kandidaten – die eventuell brauchbaren Bewerbungen, die man zunächst nicht weiter berücksichtigt, unter Umständen aber zu einem späteren Zeitpunkt näher betrachtet; diese Bewerber erhalten sofort einen Zwischenbescheid

---

[354] vgl. Bettin (Abwerbung).
[355] vgl. Bröll/Nöcker (Makler).
[356] vgl. zum Abschnitt Holtbrügge (Personalmanagement) S. 93 ff., Kolb (Personalmanagement) S. 101 ff.

- C-Kandidaten – die unbrauchbaren Bewerbungen; diesen Bewerbern kann abgesagt werden, es sei denn, sie kommen an anderer Stelle oder wegen besonderer Fähigkeiten für die Vormerkung in Frage."[357]

Überflüssig zu sagen, dass es wünschenswert ist, Bewerbungen in jedem Fall schnell zu bearbeiten, und A-Kandidaten innerhalb von nicht mehr als zwei Wochen einzuladen. Ebenso entspricht es dem Gebot der Fairness und des Anstands, C-Kandidaten innerhalb einer überschaubaren Frist abzusagen. Leider ist dies nicht immer der Fall.

Tendenziell ist aber aus Sicht des Bewerbers davon auszugehen, dass er, wenn er lange Zeit außer einem Zwischenbescheid nichts von seiner Bewerbung hört, ein B-Kandidat ist.

Kandidaten, die in die engere Auswahl kommen, kommen nach der Analyse der schriftlichen Unterlagen in die zweite Runde.

Diese zweite Runde besteht vermehrt aus *Telefongespräche* zwischen Unternehmen und Bewerber. Telefongespräche sind eine billige – im Sinne geringen Zeitaufwandes – Möglichkeit, mit dem Bewerber in persönlichen Kontakt zu kommen. Das Unternehmen kann einen ersten Eindruck bekommen und Unklarheiten, z. B. über Gründe des vorigen Arbeitsplatzwechsels, über die Mobilität des Kandidaten etc., beseitigen, ohne zu dem aufwändigeren Mittel der persönlichen Vorstellung greifen zu müssen.

Diese *persönliche Vorstellung* ist die nächste Stufe. Die wichtigsten Verfahren, die hierbei Anwendung finden, sind:

- *Vorstellungsgespräche*. Das Vorstellungsgespräch „ist zweifellos das wichtigste Verfahren der Personalauswahl. Als flexibel und universell einsetzbares ... Instrument vertraut die Praxis dieser Auswahlmethode am meisten, obwohl Vorstellungsgespräche hinsichtlich der Güte ihrer Resultate am deutlichsten überschätzt werden."[358] Denn in kaum einem anderen Verfahren fließen subjektive Wahrnehmungen, persönliche Präferenzen, Vorurteile und dergleichen stärker in die Beurteilung mit ein. „Forschungsergebnisse besagen, dass Interviewer sich sehr schnell ein (abschließendes) Urteil über den Bewerber bilden. Dabei spielen auch die Erwartungen, die aufgrund der Bewerbungsunterlagen entstehen, eine wichtige Rolle. Die Reaktionen der Bewerber werden darüber hinaus stark durch das Verhalten des Interviewers beeinflusst."[359] Erfahrene Personalmanager bestätigen, dass innerhalb von Minuten, vielleicht sogar innerhalb von Sekunden, sich zumindest im Unterbewusstsein der Eindruck verfestigt, ob eine Führungskraft mit einem Kandidaten zusammenarbeiten möchte oder nicht. Und entsprechend des Eindrucks wird sich die Führungskraft als Interviewer dann auch verhalten. Bei einem positiven Eindruck wird er mit wohlwollenden Fragen die Sicherheit im Auftreten des Bewerbers fördern, wodurch sich sein positiver Eindruck weiter verfestigt – und umgekehrt. Scheinbar irrationale Informationen können zu dem Eindruck

---

[357] Kolb (Personalmanagement) S. 101.
[358] Kolb (Personalmanagement) S. 108.
[359] Kolb (Personalmanagement) S. 114.

1. Tag
10.00 Uhr Begrüßung, Informationen über das Unternehmen und den Ablauf des AC
11.00 Uhr Vorstellung der Teilnehmer
11.30 Uhr Postkorb
13.00 Uhr Mittagspause
14.30 Uhr Gruppendiskussion
16.00 Uhr Leistungstests
17.00 Uhr Präsentationen

2. Tag
09.00 Uhr Rollenspiel
11.00 Uhr Interviews
13.00 Uhr Mittagspause
14.00 Uhr Beobachterkonferenz
16.00 Uhr Feedbackgespräche

Abb. 3.61 Ablauf eines Assessment Centers. (Quelle: Kolb (Personalmanagement) S. 121)

ebenso betragen – wer selbst an der TU Darmstadt Wirtschaftsingenieurwesen studiert hat, bei dem haben Kandidaten aus dem gleichen Studiengang in Darmstadt möglicherweise bessere Chancen. Gleiches gilt für Studentenverbindungen. Derartige Effekte sind indessen nicht immer so dysfunktional, wie sie scheinen mögen.

Denn eine gute Zusammenarbeit, ein gutes gegenseitiges Verständnis auf der persönlichen Ebene ist durchaus wichtig für den Erfolg der Arbeit. Dabei ist es gleichgültig, ob das aufgrund eines Studiums an der gleichen Alma Mater, der Zugehörigkeit zur gleichen Verbindung, einer kaum objektivierbaren persönlichen Sympathie oder sonst wie zustande kommt. Anders ausgedrückt: wer über diese Eigenschaften verfügt, entspricht den Anforderungen besser, obgleich sich das nie so in schriftlich formulierten Kriterien finden lassen wird.

- *Assessment Center (AC)* sind „Gruppenauswahlverfahren, die sich meist über mehrere Tage erstrecken und die Teilnehmer mit Aufgaben und Problemen konfrontieren."[360] Wesentliche Kennzeichen sind also die Dauer, die Teilnahme einer Gruppe von Bewerbern, und die Kombination mehrerer Verfahren anhand diverser möglichst realistischer Aufgabenstellungen. Ein typischer Ablauf ist in der folgenden Abb. 3.61 dargestellt.

AC weisen nach Untersuchungen im Gegensatz zum Vorstellungsgespräch eine relativ hohe Erfolgsquote, also Treffsicherheit bei der Auswahl der Bewerber, auf. Sie werden daher trotz der relativ hohen Kosten verstärkt eingesetzt. Allerdings stoßen die Untersuchungen in der Praxis regelmäßig an Grenzen, da sie (zwangläufig) mit

---

[360] Olfert/Rahn (Einführung) S. 335.

einer Reihe von Annahmen arbeiten müssen, die mehr oder weniger unrealistisch sein können.[361]
- Weitere Verfahren sind standardisierte *psychologische Tests* (oft kombiniert mit AC), seltener *graphologische Gutachten* oder *biographische Fragebögen*.

3.5.3.4 Einstellung und Einführung

Ist ein geeigneter Kandidat gefunden und sagt dieser zu, so kommt es zur *Einstellung*. Die Personalbeschaffung ist damit aber noch nicht abgeschlossen. Dies ist der Fall, wenn die *Einführung* des neuen Mitarbeiters vorbei ist und die *Probezeit* erfolgreich beendet wurde[362].

3.5.3.5 Personalbeschaffung aus der Perspektive des Individuums

Institutionenökonomisch betrachtet ist der gesamte Auswahlprozess von Bewerbern ein Anwendungsbeispiel der *Principal-Agent-Theorie* par excellence. Ein Unternehmen – hier: der Principal -, sucht einen Mitarbeiter – hier: der Agent -, um bestimmte Aufgaben zu erledigen. Zwischen beiden besteht eine *Informationsasymmetrie*: „die Qualifikation von Arbeitsanbietern und somit deren Eignung zur Erledigung bestimmter Aufgaben ist unsicher."[363]

Spezifischer: es geht um *hidden charcteristics* und *hidden intentions*[364]. Das Unternehmen als Principal kennt die Eigenschaften, also Qualifikationen, der Kandidaten nicht vollständig, ebenso sind seine wahren Motive und Absichten nur unvollständig bekannt. Der gesamte mit der Bewerberauswahl verbundene Aufwand und teilweise auch schon Aufwendungen im Zusammenhang mit dem Personalmarketing, etwa der Einsatz von „Headhuntern", dienen dazu, mehr über die Bewerber zu erfahren, mit anderen Worten, sie dienen der *Verringerung der Informationsasymmetrie* und sind damit *Transaktionskosten*. Bei der Personalbeschaffung muss „von erheblichen Transaktionskosten ausgegangen"[365] werden, man denke nur beispielsweise an den mit einem AC verbundenen Aufwand: Übernahme der Reisekosten für die Bewerber, Arbeitszeit für die Organisation und Beurteilung der Bewerber, zur Verfügung stellen der Räume und so weiter. Damit können auch die Vorteile *interner* Personalbeschaffung ökonomisch erklärt werden. Bei internen Kandidaten besteht eine weitaus geringere Informationsasymmetrie mit der der Folge erheblich geringerer Transaktionskosten.

Was bedeutet die Informationsasymmetrie nun aus Sicht des Agents, aus *Sicht des Bewerbers*? Er ist sich der unvollkommenen Information des Unternehmens bewusst und versucht nun, dies „opportunistisch" auszunutzen, indem er dem Principal Informationen zukommen lässt, die seine Qualifikation in möglichst positivem Licht erscheinen lassen.

---

[361] vgl. Kolb (Personalmanagement) S. 125 ff.
[362] vgl. Holtbrügge (Personalmanagement) S. 102, Kolb (Personalmanagement) S. 127 ff.
[363] Neus (Betriebswirtschaftslehre) S. 210.
[364] s. o. Kap. 2.2.
[365] Neus (Betriebswirtschaftslehre) S. 210.

In der ökonomischen Theorie wird in diesem Zusammenhang vom „*job market signaling*" gesprochen[366]. Der Bewerber sendet „Signale" aus an die Unternehmen. Der Erwerb eines Hochschulabschlusses, die Teilnahme an einem Seminar mit Teilnahmebescheinigung, das (bescheinigte) Engagement beim Roten Kreuz, das alles wird als „Signal" verwandt, um dem potenziellen Arbeitgeber Qualifikation zu signalisieren. Fachliche und, im Fall des Engagements beim Roten Kreuz, soziale und kommunikative Qualifikation. Auf dem Arbeitsmarkt der Wissenschaftler und Hochschullehrer dienen Publikationen diesem „signaling". Eine lange Liste von Veröffentlichungen von Büchern und Artikeln in Fachzeitschriften signalisiert dem Arbeitsmarkt die Kompetenz des Betreffenden.

Dass daneben – hoffentlich! – ein Student auch studiert und Seminare besucht, weil ihn die Themen interessieren, dass Männer und Frauen auch aus dem Wunsch nach sozialem Engagement heraus beim Roten Kreuz arbeiten, dass Hochschullehrer auch den wissenschaftlichen Fortschritt wollen, widerspricht dem nicht.

3.5.3.6 Praktische Konsequenzen

Was sind nun die konkreten Konsequenzen dieser Theorie für einen Bewerber, zum Beispiel einen Hochschulabsolventen, der eine Stelle sucht? Generell gesprochen, muss er die *richtigen Signale* senden, die den potenziellen Arbeitgeber von seiner Qualifikation überzeugen.

Wie sendet er aber die richtigen Signale? Die richtigen Signale senden, das bedeutet zunächst das richtige Verhalten als Bewerber. Über das richtige Verhalten als Bewerber sind sehr viele Ratgeber auf dem Buchmarkt, sowohl generelle so genannte „Bewerber-Knigge"[367], als auch Ratgeber zu spezielleren Themen wie der schriftlichen Bewerbung[368], Assessment Centern[369], oder Einstellungstests.[370] Deren Aussagen brauchen an dieser Stelle nicht wiederholt zu werden.

Die Lektüre solcher Ratgeber ist durchaus zu empfehlen, um sich auf Bewerbungen vorzubereiten. Jedoch, und das betonen auch die besseren unter den Ratgebern, müssen die dort enthaltenen Ratschläge kritisch reflektiert und *selektiv* angewandt werden, wo es für die eigene spezifische Situation angemessen ist.

Die Wirkung, wie die der „Ratgeber" generell, sollte nicht überschätzt werden. Ein wesentlicher Grund dafür liegt in der Tatsache, dass die dort gegebenen Ratschläge genereller Natur sind und daher bisweilen nur begrenzt auf eine spezielle Position zugeschnitten. Das ergibt sich schon aus Untertiteln wie „50 Beispieltexte und Gestaltungsvorschläge."[371]

In der Realität existiert aber für jede Stelle ein *spezifisches Anforderungsprofil*, und jeder Bewerber hat *spezifische Qualifikationen*.

---

[366] vgl. Spence (Signaling), Spence (Market), Gruber (Signalling).

[367] vgl. Müller-Thurau (Bewerber).

[368] vgl. z. B. Reichel (Musterbewerbungen), Coelius (Bewerbungsbrief).

[369] vgl. z. B. Hesse/Schrader (Assessment).

[370] vgl. z. B. Lötzerich (Einstellungstest).

[371] Reichel (Musterbewerbungen).

Und entscheidend für jede Personalauswahl ist es, den *spezifisch passenden* Bewerber mit der *spezifisch passenden* Stelle zu „matchen". Aus Sicht des Bewerbers geht es also darum, dem Unternehmen klar zu machen, dass die eigene Qualifikation gut mit dem Anforderungsprofil übereinstimmt; genauer: *besser* übereinstimmt als die Qualifikationen *anderer* Bewerber.

In Anlehnung an die Grundsätze des strategischen Managements[372] bedeutet das: der Bewerber muss sich fragen, was seine *strategische Erfolgsposition* ist, um im Wettbewerb mit anderen Bewerbern eine Stelle zu bekommen. Was hebt ihn hervor, was ist sein Alleinstellungsmerkmal?

Ein Alleinstellungsmerkmal wird aber nicht kommuniziert werden, in dem einer von 50 Beispieltexten unreflektiert übernommen wird. Denn die Formulierungen, wenn auch nicht die Qualifikationen selbst, können von allen anderen Bewerbern analog übernommen werden, die sich ebenfalls die entsprechenden Ratgeber besorgen.

Zum gleichen Ergebnis kommt man, wenn man den Bewerbungsprozess vom Standpunkt der *Nutzenargumentation*[373] betrachtet, eine Technik, die übrigens regelmäßig auch in den „Ratgebern" zu finden ist. Der Bewerber sollte sich demnach fragen: was ist der *Nutzen*, den *ich* – der Bewerber – speziell dem Unternehmen aufgrund meiner Qualifikation bieten kann? Dabei geht es nicht immer nur darum, unreflektiert auf die in der Stellenanzeige schriftlich formulierten Anforderungen einzugehen. Vielmehr ist zu fragen, was die *eigentlich* gefragte Qualifikation ist.

Ein Beispiel: ein Unternehmen sucht Hochschulabgänger „mit Schwerpunkt Marketing/Vertrieb". Bedeutet das, dass nun auf jeden Fall der Studienschwerpunkt, wie er im Bachelor- oder Diplom-Zeugnis formuliert ist, gefordert ist? Nein. Das Unternehmen sucht Mitarbeiter die auf diesem Gebiet eine *Qualifikation* auf und eine *Affinität* zu diesem Gebiet haben. Diese Qualifikation, diese Affinität ist nachzuweisen. Für Absolventen, mit dem entsprechenden formalen Schwerpunkt ist das einfach. Aber auch, wer beispielsweise Volkswirtschaft oder Internationales Management studiert, kann dies tun. Etwa über entsprechende Praktika und Fächerwahl bei Seminar- und Projektarbeiten und Bachelor-Thesis.

Jede Bewerbung, und das gilt auch für den Lebenslauf, ist deshalb individuell auf die Stelle auszurichten, um die verlangten Qualifikationen in den Vordergrund zu stellen.

Umgekehrt kann es auch sein, dass Qualifikationen, die für sich betrachtet durchaus hochwertig sein können, bei bestimmten Bewerbungen bewusst wenn nicht verschwiegen so doch in den Hintergrund gestellt werden. So sollte ein Volkswirt, der in einem Seminar an hochkomplexen mathematischen Modellen gearbeitet hat, das nicht unbedingt dann erwähnen, wenn er sich auf eine Stelle bewirbt, deren Schwerpunkt erkennbar eher auf kommunikativen denn auf theoretisch-analytischen Fähigkeiten liegt.

Die Nutzenargumentation kann sich auch auf den *individuellen* Nutzen des potenziellen zukünftigen Vorgesetzten beziehen. So mag eine Führungskraft, die in einem inter-

---

[372] s. o. Kap. 3.2.
[373] s. o. Kap. 2.2.5.

nationalen Konzern arbeitet und selbst schwach in Fremdsprachen ist, einen Mitarbeiter mit sehr guten Englischkenntnissen suchen, um in der schriftlichen Kommunikation der Abteilung besser zu sein. Oder eine Führungskraft sucht einen Akademiker, um den Status seiner Abteilung und damit seinen eigenen Status zu erhöhen.

Zum Schluss sei noch auf die Ergebnisse einer Untersuchung über Bewerberverhalten hingewiesen, die in den Medien plakativ mit „Schleimer schlagen Selbstdarsteller" beschrieben wurden.[374] Zwar ist der daraus resultierende „Ratschlag" nicht zu wörtlich zu nehmen – wer erkennbar „schleimt", erzeugt mit Sicherheit Abwehrreaktionen beim Gegenüber. Plausibel und nachvollziehbar ist aber das Ergebnis, dass die eigenen Fähigkeiten nicht in jedem Fall zu stark herausgestellt werden sollten.

Das ist plausibel und sowohl aus Unternehmens- als auch aus Individualinteressen erklärbar. Aus Unternehmensinteressen, weil, wer seine Qualifikation zu sehr herausstellt, als überqualifiziert beurteilt werden könnte. Und Überqualifikation, siehe oben, kann genau so unpassend sein das Gegenteil. Unternehmen werden befürchten, dass der Mitarbeiter mit den zu erledigenden Aufgaben schnell gelangweilt und unzufrieden wird. Möglicherweise wird der so hoch Qualifizierte auch nicht in das Team der bereits vorhandenen Mitarbeiter passen.

Und mit Individualinteressen der Führungskraft ist das Ergebnis aus einem einfachen Grund erklärbar. Wer nicht nur qualifiziert ist, sondern dies auch (zu) deutlich herausstellt, könnte schnell zu einer Konkurrenz werden.

Auch die Bewerberauswahl ist also das Ergebnis zahlreicher fachlicher und persönlicher, rationaler und scheinbar irrationaler Prozesse und Beweggründe. Viele der Beweggründe werden dabei nicht offen kommuniziert; möglicherweise sind sie den Betroffenen auch selbst nicht immer bewusst.

Es ist daher für den Bewerber in der Praxis schwierig und teilweise unmöglich, alle Mechanismen zu erkennen und sich darauf einzustellen. Ob eine Bewerbung erfolgreich verläuft, bleibt daher auch bei bester Vorbereitung teilweise schlicht Glückssache.

3.5.4 Personaleinsatz

3.5.4.1 Zum Begriff Personaleinsatz

„Der Begriff Personaleinsatz ist in der Umgangssprache und in Fachkreisen durchaus geläufig, jedoch verbindet jeder andere inhaltliche Vorstellungen damit"[375]. Hier wird darunter die Gestaltung von

- *Arbeitsinhalt*
- *Arbeitsplatz und*
- *Arbeitszeit*

---

[374] vgl. Reinhardt (Schleimer).
[375] Kolb (Personalmanagement) S. 125.

verstanden.[376]

Zur Einführung in das Thema ist es hilfreich, einen kurzen Blick zurück auf die *Geschichte der Betriebsführung* zu werfen.

Der Ingenieur *Frederick Taylor* gilt als der erste, der sich systematisch mit Fragen der Betriebsführung und des Personaleinsatzes beschäftigte. Seine Theorie des *scientific management*, der wissenschaftlichen Betriebsführung von 1911, ist ein Meilenstein der Betriebswirtschaftslehre[377].

Taylor konzentrierte sich auf die *Optimierung* des *Produktionsablaufs*. Ausgangspunkt waren *Zeit- und Bewegungsstudien*, mit denen Arbeitsabläufe exakt, nach dem Vorbild naturwissenschaftlicher Methoden – daher der Name scientific management – beschrieben und analysiert wurden. Das Resultat war eine *radikale* Arbeitsteilung, mit kurzen, genau beschriebenen Arbeitsschritten und genau dem Bedarf entsprechend gestalteten Arbeitsplätzen und Werkzeugen.

> **Beispiel: Optimierung der Arbeitsgestaltung nach Taylor**
>
> „Für einen erstklassigen Schaufler gibt es eine bestimmte Gewichtslast, die er jedes Mal mit der Schaufel heben muss, um die größte Arbeitsleistung zu erbringen. Welches ist nun diese Schaufellast? Wird ein Arbeiter pro Tag mehr leisten können, wenn er jedes Mal zwei, drei, fünf, zehn, fünfzehn oder zwanzig kg auf die Schaufel nimmt? Das ist eine Frage, die sich nur durch sorgfältig angestellt Versuche beantworten lässt. Deshalb suchten wir erst 2 oder 3 erstklassige Schaufler aus, denen wir einen Extralohn zahlten, damit sie zuverlässig und ehrlich arbeiteten. Nach und nach wurden die Schaufellasten verändert und alle Nebenumstände, die mit der Arbeit irgendwie zusammenhingen, sorgfältig mehrere Wochen lang von Leuten, die ans experimentieren gewöhnt waren, beobachtet. So fanden wir, dass ein erstklassiger Arbeiter seine größte Tagesleistung mit einer Schaufellast von ungefähr 9 ½ kg vollbrachte, d. h. er leistete mit einer Schaufellast von 9 ½ kg mehr als mit einer solchen von 11 kg oder 8 ½ kg."[378]

Taylors Theorie war deshalb eine Revolution, weil sie seinerzeit den Weg ebnete von der einer wenig strukturierten Werkstattfertigung hin zur wesentlich produktiveren industriellen Massenproduktion, speziell unter Nutzung des Fließbandes.

Noch heute wird, wenn von Fließbandarbeit mit kurzen, genau definierten Arbeitsschritten die Rede ist, oft von *Taylorismus* gesprochen. Heute allerdings meistens in negativer Konnotation im Sinne von wenig human[379]. Ob Taylor selbst zu seiner Zeit die Bedenken gekommen wären, ist fraglich, führte sein Ansatz doch vor dem Hintergrund

---

[376] vgl. Holtbrügge (Personalmanagement) S. 119 ff.

[377] vgl. Taylor (Management), vgl. zum Abschnitt auch z. B. Holtbrügge (Personalmanagement) S. 7 ff., Thommen/Achleitner (Betriebswirtschaftslehre) S. 638 ff., Olfert/Rahn (Einführung) S. 163.

[378] Taylor (Betriebsführung) S. 68.

[379] vgl. Kolb (Personalmanagement) S. 302 ff.

der damaligen Arbeitsbedingungen eher zu einer Verbesserung der Situation der Beschäftigten.

Da der Arbeiter in der Produktion nur genau vorgegebene Arbeitsanweisungen zu befolgen hatte, hatte die Frage der Motivation im modernen Sinn kaum Bedeutung.

Das änderte sich erst in den 1930er Jahren. Auslöser waren die *Hawthorne* Experimente. Sie wurden von den Psychologen Mayo und Roethlisberger zwischen 1924 und 1934 in den Hawthorne Werken der Western Electric Company in Chicago durchgeführt.[380]

Ziel war es ursprünglich, den Einfluss von Faktoren der Arbeitsgestaltung wie Beleuchtung und Pausenregelungen auf die Produktivität zu untersuchen.

„Die Forscher nahmen dazu zielgerichtete Veränderungen der Arbeitsbedingungen wie z. B. der Beleuchtung und der Arbeitsplatzgestaltung vor. Wie von der Theorie der wissenschaftlichen Betriebsführung postuliert, nahmen daraufhin die Leistungen der Mitarbeiter zu. Unerwartet stiegen jedoch auch die Leistungen von Kontrollgruppen, die unter unveränderten Arbeitsbedingungen arbeiteten und jeweils gleichzeitig neben den Testgruppen beobachtet wurden, an. Noch überraschender war es, dass darüber hinaus auch die Leistungen aller Mitarbeiter nach Rücknahme aller positiven Veränderungen und damit nach Rückkehr zu den ursprünglichen Arbeitsbedingungen vor Beginn der Experimente nochmals zunahmen, und zwar auf ihren absoluten Höchststand, auf dem sie mehrere Wochen lang verblieben. …

Die Forscher interpretierten diese unerwarteten Ergebnisse so, dass die Arbeitsleistung – entgegen der Annahme von Taylor – nicht nur von den objektiven Arbeitsbedingungen, sondern in einem stärkeren Maße auch von den sozialen Bedingungen am Arbeitsplatz abhängt. Allein die Anwesenheit der Forscher, deren Bemühungen um eine Verbesserung der Arbeitsbedingungen und deren Gespräche mit den Mitarbeitern haben bereits zu einer Verbesserung des Arbeitsklimas geführt."[381] Dieser Effekt ging als der *Hawthorne-Effekt* in die Geschichte ein. Es mag aus heutiger Sicht banal klingen, dass so genannte „soft facts" wie Aufmerksamkeit und Anerkennung die Produktivität steigern, damals war die Erkenntnis ein Quantensprung. Aus ihr ging der *Human Relations Ansatz* der Betriebswirtschaftslehre hervor, der genau die Verbesserungen der sozialen Beziehungen und Bedingungen am Arbeitsplatz in den Mittelpunkt stellte. Der Human Relations Ansatz bildete dann auch die Basis für spätere, heute noch gültige Motivationstheorien und Ansätze zur Humanisierung der Arbeitswelt.

---

[380] vgl. Roethlisberger/Dickson (Worker), vgl. zum Abschnitt auch z. B. Holtbrügge (Personalmanagement) S. 8 ff., Thommen/Achleitner (Betriebswirtschaftslehre) S. 639 ff., Olfert/Rahn (Einführung) S. 163.

[381] Holtbrügge (Personalmanagement) S. 10 ff.

Vorteile	Nachteile
geringe Übung und Gewöhnung (Lern- und Kostenerfahrungseffekte)	einseitige körperliche und geistige Belastungen
leichte Zuordnung von Mitarbeitern zu Arbeitsaufgaben	Abnahme der Anpassungs- und Umstellungsfähigkeiten
Verkürzung der Einarbeitungszeiten	Einschränkungen der sozialen Interaktion und Kommunikation
Erhöhung der Arbeitsproduktivität	Monotonie und Entfremdung

Abb. 3.62 Vor- und Nachteile der Stellenspezialisierung. (Quelle: Holtbrügge (Personalmanagement) S. 120)

3.5.4.2 Arbeitsinhalt

Bei der Bestimmung des *Arbeitsinhalts* geht es um die *Gliederung der Teilaufgaben* im Unternehmen, und zwar in *quantitativer* Hinsicht (Aufteilung der Arbeitsmenge) und *qualitativer* Hinsicht (Artenteilung, funktionale Spezialisierung)[382].

Im Kern geht es darum, wie stark bei den einzelnen Arbeitsplätzen die *Spezialisierung* vorangetrieben werden sollte. Die Frage ist dem Leser bereits aus der Organisation bekannt, man denke nur an das Stecknadelbeispiel von Adam Smith oder, als Gegenposition, den Reengineering-Ansatz.

Zusammenfassend werden die Vor- und Nachteile der Stellenspezialisierung in Abb. 3.62 beschrieben.

Welcher Grad der Spezialisierung optimal ist, hängt vom Einzelfall ab. Weder aus der Literatur noch aus der Praxis sind Entscheidungsregeln bekannt, die so konkret wären, dass sie unmittelbar umgesetzt werden könnten.

Ob die Spezialisierung stärker oder schwächer wird, hängt auch von Trends ab, die einmal in die eine, einmal in die andere Richtung gehen. Diese Trends hängen auch von gesamtgesellschaftlichen Entwicklungen ab, sowie von, flapsig ausgedrückt, betriebswirtschaftlichen „Moden". Schon daraus ist erkennbar, dass es kaum möglich ist, objektiv ein Optimum zu finden.

Vom Beginn der industriellen Massenfertigung an war generell eine Entwicklung hin zu stärkerer Spezialisierung zu beobachten. Exemplarisch dafür war der Taylorismus und die Verbreitung des Fließbands mit immer kürzeren Taktzeiten.

Die Gegenbewegung kam in den späten 1960er und frühen 1970er Jahren aus Skandinavien. Bekannt wurde vor allem das Beispiel *Volvo* oder auch Norsk Hydro[383], wo *neue Formen der Arbeitsorganisation* eingeführt wurden.

---

[382] vgl. zum Abschnitt Holtbrügge (Personalmanagement) S. 119 ff.
[383] vgl. Emery/Thorsrud (Democracy).

3.5 Human Resources Management (HRM)

Die zentrale Zielsetzung bestand nicht in der Steigerung der Effizienz, sondern, wohl auch beeinflusst von den politischen Entwicklungen dieser Zeit, darin, „durch die Erweiterung des individuellen Handlungsspielraums der zunehmenden Monotonie und Entfremdung der Mitarbeiter entgegen zu wirken und dadurch zur Humanisierung der Arbeit beizutragen."[384] Hier ist die Handschrift der historischen „Gegenbewegung" zum Taylorismus erkennbar, der Human Relations Ansatz.

Die neuen Formen der Arbeitsorganisation werden charakterisiert durch vier Maßnahmen, deren Bezeichnungen heute noch aus der Arbeitsorganisation nicht mehr wegzudenken sind:

- *job enlargement*
- *job enrichment*
- *job rotation*
- *teilautonome Arbeitsgruppen*[385]

Job enlargement, auf Deutsch Aufgabenerweiterung, bedeutet, dass zu den bereits vorhandene Tätigkeiten an einer Stelle neue hinzukommen, die sich nicht wesentlich von den bisherigen unterscheiden. Das Verhältnis von Entscheidungs- und Ausführungsaufgaben bleibt dabei in etwa konstant.[386] Ein Beispiel ist die Ausweitung der Taktzeit an einem Fließband von 30 auf 60 oder 90 s, indem etwa in der Automobilproduktion an einer Stelle der Einsatz der Frontscheibe nicht nur vorbereitet, sondern auch ausgeführt wird.

Beim *Job enrichment*, der Aufgabenbereicherung, werden „die bisherigen Aufgaben … mit Selbständigkeit und Verantwortung in Planung, Durchführung und Kontrolle der eigenen Arbeit angereichert. Die Relation von Entscheidungs- und Ausführungsaufgaben verändert sich zugunsten der dispositiven Elemente."[387] Im Gegensatz zum job enlargement kommt hier also eine qualitative Komponente hinzu, indem beispielsweise die Qualitätskontrolle auch auf die ausführende Stelle übertragen wird.

Job rotation bedeutet einen systematischen Arbeitsplatzwechsel, also einen Tausch der Arbeitsplätze nach einem bestimmten Rhythmus.

Am weitesten geht die Veränderung durch die Einführung *teilautonomer Arbeitsgruppen*. Es bedeutet, „eine bestimmte Arbeitsaufgabe wird mehreren Mitarbeitern zur gemeinsamen Erledigung übertragen; gleichzeitig erhält die Arbeitsgruppe kollektiv gewisse Entscheidungsspielräume, z. B. hinsichtlich des Einsatzes der Gruppenmitglieder, der Gestaltung der Arbeitsabläufe, des Arbeitstempos, der Qualitätskontrolle, der Pausenregelung, der Urlaubsplanung u. a. m."[388]

---

[384] Holtbrügge (Personalmanagement) S. 123 ff.
[385] vgl. Kolb (Personalmanagement) S. 304 ff., Thommen/Achleitner (Betriebswirtschaftslehre) S. 676 ff.
[386] vgl. Kolb (Personalmanagement) S. 304.
[387] Kolb (Personalmanagement) S. 304.
[388] Kolb (Personalmanagement) S. 304.

Volvo und die anderen Beispiele fanden, obwohl in der Literatur ausführlich dargestellt und diskutiert, in der Praxis keine größere Verbreitung. Denn „nach einem kurzfristigen Anstieg der Arbeitsproduktivität und -zufriedenheit gingen die positiven und sozialen Auswirkungen jedoch bald wieder zurück. Insbesondere zeigte sich, dass nur dann nachhaltig positive Effekte erzielt werden können, wenn die Gruppen effizient in die Organisationsstruktur der Unternehmung eingebunden werden. Gelingt dies nicht, werden deren Vorteile häufig durch die Widerstände und Lernbarrieren übergeordneter hierarchischer Ebenen kompensiert."[389] Wird, wie das hier geschieht, die individuelle Perspektive innerhalb des Unternehmens berücksichtigt, dann überrascht das Ergebnis nicht. Denn die übergeordneten Ebenen, insbesondere Meister und Spezialisten zum Beispiel für Qualitätssicherung, verlieren zunächst deutlich an Einfluss, Macht und Status, wenn Tätigkeiten, die ihnen bisher vorbehalten waren, nun auf der Arbeitsebene selbst vorgenommen werden.

Nachdem Bedeutung der Gruppenarbeit zwischenzeitlich daher wieder zurückging, erlebte sie in den neunziger Jahren eine Renaissance. Ursächlich war vor allem eine Studie des Massachusetts Institute of Technology (MIT)[390]. In einer Untersuchung der Arbeitsorganisation der Automobilindustrie kamen die Autoren zum Ergebnis, „dass sich japanische Automobilproduzenten (z. B. Toyota und Honda) gegenüber ihren amerikanischen und europäischen Konkurrenten (z. B. General Motors, Ford, Volkswagen, Daimler-Benz oder Renault) durch eine weitaus höhere Produktivität auszeichnen. Zurückgeführt wurde dies vor allem auf die in japanischen Unternehmen deutlich höhere Verbreitung der Teamarbeit"[391], was auch für Werke japanische Hersteller außerhalb Japans zutraf.

Als Konsequenz wurden bei vielen Automobilproduzenten und auch in anderen Branchen *Gruppenarbeit* eingeführt[392]. Im Vordergrund standen also die ökonomischen Ziele im Sinne von Produktivitätssteigerung, nicht wie in den 1960er Jahren die Humanisierung der Arbeit[393].

Die Teams organisieren sich dabei recht weit gehend selbst. Dazu wird in der Regel ein Mitglied der Gruppe als Sprecher eingesetzt, der keine Vorgesetztenfunktion hat, aber die Koordination der Gruppenarbeit übernimmt. Gängig ist in diesem Zusammenhang auch, den leistungsabhängigen Teil des Lohns oder Gehalts nicht auf Basis der individuellen Leistung, sondern der der Gruppe festzulegen – mit der Konsequenz entsprechendem Druck auf leistungsschwächere und/oder „faule" Gruppenmitglieder.

Die Resultate sind zwar in vielen Fällen positiv. Es bestätigte sich aber auch in diesem Fall wieder, dass der Erfolg wesentlich von den Rahmenbedingungen abhängt, insbesondere auch die mikropolitische Konstellation im Unternehmen.

---

[389] Holtbrügge (Personalmanagement) S. 124.
[390] Womack/Jones/Roos (Revolution).
[391] Holtbrügge (Personalmanagement) S. 124.
[392] vgl. Binkelmann/Braczyk/Seltz (Gruppenarbeit).
[393] vgl. Katzenbach/Smith (Teams).

3.5 Human Resources Management (HRM)

> **Beispiel: Einführung der Teamarbeit bei der Adam Opel AG**
>
> Ein Beispiel für die Möglichkeiten, aber auch Probleme, die bei der Einführung von Gruppenarbeit entstehen, sind die Werke der Adam Opel AG in Eisenach und Rüsselsheim.
>
> „In dem 1993 eröffneten Werk in Eisenach konnte Opel die 1.850 Mitarbeiter aus 10.000 durch den Konkurs der Eisenacher Automobilwerke arbeitslos gewordenen Fachkräften auswählen. Dabei wurde vor allem der Teamfähigkeit eine große Bedeutung zugemessen. Als Folge davon verfügte die Unternehmung über eine sehr homogene und junge Belegschaft mit einem Altersdurchschnitt von nur 33 Jahren. Lediglich sechs Mitarbeiter waren Ausländer. Als Folge dieser systematisch ausgewählten und vorbereiteten Belegschaft wurde die in allen Bereichen praktizierte Gruppenarbeit von der Unternehmungsleitung und den Mitarbeitern überwiegend sehr positiv beurteilt.
>
> Aufgrund der positiven Erfahrungen wurde 1994 auch im Stammwerk in Rüsselsheim in vielen Bereichen Gruppenarbeit eingeführt. Die Arbeitsteilung zwischen einfachen, zumeist von ausländischen Mitarbeitern durchgeführten Tätigkeiten am Fließband und Gewährleistungstätigkeiten durch überwiegend deutsche Facharbeiter wurde aufgehoben, was zu erheblichen Reibungen führte und das über viele Jahre lang etablierte Hierarchiegefälle erschütterte."[394]
>
> Beispiel eines betroffenen Mitarbeiters ist Willi Schneider. „Bis vor drei Jahren war er Instandhalter, mit eigenem Büro. Wenn das Band eine Störung hatte, wurde Willi gerufen, der sich auf das Fahrrad setzte und den Fehler behob. Diese Instandhalter müssen einen dramatischen Statusverlust hinnehmen: Im selben Maße, in dem die Arbeit der Gruppe aufgewertet (und) von jedermann verlangt wird, dass er kleine Reparaturen selbst beheben kann, gelten die Instandhalter als mehr oder weniger überflüssig. Die Eisenacher haben eine solche Sondertruppe gleich gar nicht eingeführt. ... Die Eisenacher hatten die Chance des Neubeginns, die Rüsselsheimer müssen sich selbst umkrempeln: sozusagen bei laufenden Motoren. In Eisenach sind aus Pionieren unterdessen Routiniers geworden, in Rüsselsheim sollen Routiniers zu Pionieren werden"[395].

Doch auch diese Entwicklung bedeutet keineswegs „das Ende der Geschichte". Vielmehr schlug das Pendel, zumindest in einigen Branchen, in den letzten Jahren wieder zurück. In Richtung wieder kürzerer Takt-Zeiten, strikt vorgegebener Handgriffe am Fließband. Also wieder in Richtung verstärktem Taylorismus. Oder, wie es in einem Zeitschriftenartikel formuliert wurde: „vorwärts in die Vergangenheit stupider Handgriffe wie zu Zeiten Henry Fords".[396] Freilich mit einem Unterschied: die Arbeitsbedingungen sind heute deutlich humaner als früher. Lärm und Schmutz in den Fabriken gehören in vielen Fällen der Vergangenheit an. Bei der Automobilmontage wird „die Karosserie gehoben, gesenkt und gedreht, damit die Arbeit leichter zu erledigen ist. Das Material liegt stets in Griffhöhe"[397].

Es bleibt abzuwarten, welche Methode(n) sich langfristig durchsetzen werden. Zu vermuten ist, dass eine stärkere Differenzierung stattfinden wird. Je nach Unternehmen,

---

[394] Holtbrügge (Personalmanagement) S. 129.
[395] Hank (Eisenacher), zit. nach Holtbrügge (Personalmanagement) S. 129.
[396] Hawranek (Takt) S. 76.
[397] Hawranek (Takt) S. 77.

Branche und arbeitskulturellen Rahmenbedingungen werden wohl weltweit die unterschiedlichsten Produktionsformen zu beobachten sein.

3.5.4.3 Arbeitsplatz

Ziel der Gestaltung des Arbeitsplatzes ist es nachvollziehbarerweise, „übermäßige und einseitige körperliche und psychische Belastungen sowie negative Umwelteinflüsse durch Klima, Schall, mechanische Schwingungen, Schadstoffe, Beleuchtung, Farben u. a. zu reduzieren, um eine möglichst hohe Leistungsbereitschaft und Leistungsfähigkeit der Mitarbeiter sicherzustellen. Instrumente dazu sind die ergonomische Gestaltung und Anordnung der Arbeitsmittel (Arbeitsplatzeinrichtungen, Werkzeuge, Behälter, u. a.) sowie der Arbeitsumgebung (z. B. Büro- und Fabrikgestaltung)."[398]

Traditionell stehen bei diesen Fragen Arbeitsplätze mit harten körperlichen Belastungen, etwa in der Produktion oder am Bau („blue-collar work"), im Vordergrund. Durch die Zunahme von Bürotätigkeiten („white-collar work") ist heute aber auch hier die Arbeitsplatzgestaltung von Bedeutung, Stichwort etwa: Computerarbeitsplätze.

Ein konkretes Beispiel für diese Fragestellungen ist die *Psychologie der Farbwahl* (Abb. 3.63).

Ein besonders aktuelles Thema ist die *Telearbeit*, ihre Vor- und Nachteile und ihre Auswirkungen.[399]

Position	Betrag (€)	Bemerkungen
Gehalt	120.000.-	inkl. Nebenkosten
Kosten für andere, die liegen gebliebene Arbeit mitmachen	40.000.-	Annahme: ein Drittel der Arbeitsleistung
Rekrutierungskosten Nachfolger	40.000.-	Annoncen, Assessment Center, Headhunter…
Einarbeitung Nachfolger	60.000.-	Annahme: halbe Produktivität im ersten Jahr
Kosten für andere, die bei Einarbeitung unterstützen bzw. korrigieren	30.000.-	Annahme: ein Viertel der Arbeitsleistung
Summe	**290.000.-**	

Abb. 3.63 Psychologische Wirkungen von Farben. (Quelle: Grandjean (Arbeitsgestaltung) S. 332, zit. nach Holtbrügge (Personalmanagement) S. 132)

---

[398] Holtbrügge (Personalmanagement) S. 132.

[399] vgl. Picot/Reichwald/Wigand (Unternehmung) S. 405 ff.

Die Arbeitsplatzgestaltung wird vor allem von den Arbeitswissenschaften thematisiert, für genauere Darstellungen wird daher auf die entsprechende Literatur verwiesen[400].

3.5.4.4 Arbeitszeit

Kriterien der Arbeitszeit[401] sind zunächst die *Länge* derselben. Die gesetzlichen Rahmenbedingungen sind im Arbeitszeitgesetz (ArbZG) geregelt. § 3 sieht eine regelmäßige werktägliche Arbeitszeit von maximal 8 h vor, befristet kann sie auf *10 h* erhöht werden. Über diese 10 h hinaus ist die Arbeit an einem Tag gesetzlich nur in wenigen Ausnahmefällen erlaubt (z. B. bei Bereitschaftsdiensten).

In der Regel wird die Arbeitszeit für tarifgebundene Mitarbeiter in Tarifverträgen und Betriebsvereinbarungen geregelt. Darin wird meistens eine Arbeitszeit zwischen 37,5 und 40 h pro Woche festgelegt – nach Jahren einer ständig sinkenden Regelarbeitszeit heute wieder mit steigender Tendenz.

Obwohl gesetzlich nicht zulässig, kommt es in der Praxis auch häufig zu Arbeitszeiten von *mehr* als 10 h am Tag. Das betrifft meistens, aber nicht nur, übertariflich bezahlte Führungs- und Fachkräfte, insbesondere in Zeiten, wenn spezifische Termine eingehalten werden müssen (z. B. vor und bei Messen, Budgeterstellung). Die Lebenswirklichkeit ist hier über die Rechtsvorschriften hinweg gegangen. Allerdings haben Untersuchungen ergeben, dass die Arbeitsleistung zwar bis zu einer Arbeitszeit von 10 bis 11 h täglich degressiv ansteigt, danach aber wieder abnimmt. Ein Überschreiten dieser Grenze über längere Zeit kann die bio-physischen Belastungsgrenzen der Betroffenen überschreiten und hat damit nicht nur für die Gesundheit, sondern auch für die Produktivität negative Auswirkungen.

Außer der Länge der Arbeitszeit ist auch die *Verteilung* auf den Arbeitstag ein Kriterium. Neben der Regelung von (Früh-, Spät-, und Nacht-)Schichten und Arbeitspausen ist die Findung des optimalen Arbeitsrhythmus hier das Ziel.

„Arbeitsphysiologische Untersuchungen haben ergeben, dass der Mensch im Laufe eines Arbeitstages einem bestimmten Arbeitsrhythmus unterliegt. Jeder Mensch braucht am Morgen eine gewisse Anlaufzeit, während der die Arbeitsleistung ansteigt und ein Vormittagsmaximum erreicht. Vor der Mittagspause tritt ein Abfall der Leistung ein, nach der Mittagspause erfolgt ein erneuter Anstieg bis zum Nachmittagsmaximum, das aber unter dem Höchststand des Vormittags liegt. Gegen Ende der Arbeitszeit erfolgt gewöhnlich ein schneller Leistungsabfall. Wird in einem Betrieb 24 h täglich gearbeitet, so sind nach diesen Untersuchungen die höchsten Leistungen zwischen 8 und 11 Uhr am Vormittag und zwischen 18 Uhr und 21 Uhr am Abend möglich. Die schlechteste Leistung liegt zwischen 1 und 4 Uhr nachts. Die Arbeitsorganisation muss auf die ‚physiologische Arbeitskurve' bei der Einteilung der Arbeit Rücksicht nehmen, sollte also von der Arbeitskraft nicht gera-

---

[400] vgl. z. B. Bokranz/Landau (Arbeitswissenschaft), Luczak (Arbeitswissenschaft), Luczak/Volpert (Arbeitswissenschaft).

[401] vgl. zum Abschnitt Wöhe (Betriebswirtschaftslehre) S. 241 ff., Kolb (Personalmanagement) S. 310 ff, Holtbrügge (Personalmanagement) S. 135 ff., Olfert/Rahn (Einführung) S. 338 ff.

de zu Beginn oder am Ende der Arbeitszeit die größten Leistungen verlangen und sollte die schwierigsten Verrichtungen – soweit möglich – auf den Vormittag legen. Der Leistungskurve entgegengesetzt verläuft die ‚Fehlerkurve' für Ausschuss, falsche Ablesungen, Unfälle usw."[402] Solche Fehler treten mit Abstand am häufigsten während Nachtschichten auf.

Leistungssteigernd wirkt sich auch eine richtige *Pausengestaltung* aus. Kurze Pausen, je nach Arbeitsbelastung etwa 5 bis 10 min im Abstand von zwei Stunden, können „*lohnende Pausen*" sein, also Pausen, die den Zeitverlust nicht nur kompensieren, sondern die Arbeitsleistung sogar steigern. Die Mittagspause sollte länger sein, als das heute üblich ist: „Unter Berücksichtigung der physiologischen Arbeitskurve wird deutlich, das eine möglichst lange Mittagspause den gesundheitlichen und körperlichen Bedürfnissen des arbeitenden Menschen am besten entspricht. Die Mittagspause soll nach arbeitsphysiologischen Erkenntnissen nicht unter 45 min liegen und noch etwa 20 min Ruhe nach Abschluss der Mahlzeiten gewähren, damit der zur Verdauung erforderliche hohe Blutbedarf nicht bereits durch die Arbeitstätigkeit wieder beeinträchtigt wird."[403] Arbeitsphysiologisch ist also durchaus positiv, was im angelsächsischen mit „power-nap" bezeichnet wird, also ein kurzer (Mittags-)schlaf zur Steigerung der Leistungsfähigkeit. In der Praxis wird sich das hingegen kaum durchsetzen. Nicht nur, weil es schwer vorstellbar erscheint, dass Mitarbeiter im Büro sichtbar schlafen. Sondern auch, weil viele Mitarbeiter von sich aus eine kürzere Mittagspause vorziehen, um früher zu Hause zu sein. Realistisch ist es aber, unmittelbar nach der Mittagspause zumindest mit wenig beanspruchenden Tätigkeiten zu starten, etwa mit Ablage oder der Lektüre von Emails, Fachzeitschriften und betrieblichen Mitteilungen.

Auch wenn die optimale Verteilung der Arbeit auf den Arbeitstag für jedes Individuum unterschiedlich ist, so können aus den zitierten Erkenntnissen auch Rückschlüsse für das Verhalten zum Beispiel im *Selbststudium* gezogen werden. Wer sich etwa auf Prüfungen vorbereitet, sollte demnach möglichst auf die bei manchen Studierenden nicht unbeliebten, aber ineffizienten „Nachtschichten" verzichten und den Schwerpunkt lieber auf den Vor- und Nachmittag legen. Die Lösung schwieriger Übungsaufgaben sollten nicht sofort nach dem Mittagessen angegangen und gelegentlich durch kurze Pausen unterbrochen werden.

Drittes Kriterium ist die *Flexibilität* der Arbeitszeit. Eine für alle festgelegte Arbeitszeit zum Beispiel von 7.30 Uhr bis 16.00 Uhr ist zwar gerade im gewerblichen Bereich auch heute noch nicht ungewöhnlich. Viel weiter verbreitet ist aber die *gleitende Arbeitszeit*. Das heißt, „Beginn und Ende der täglichen Arbeitszeit können von den Mitarbeitern innerhalb eines bestimmten Rahmens frei bestimmt werden (z. B. zwischen 7.00 und 9.00 Uhr Arbeitsbeginn, zwischen 15.00 und 18.00 Uhr Arbeitsende)"[404]. Dazwischen, also zwischen 9.00 Uhr und 15.00 Uhr, liegt die *Kernarbeitszeit* mit Anwesenheitspflicht für alle. Die Vorteile der flexiblen Arbeitszeit gerade für den Mitarbeiter sind offensichtlich.

---

[402] Wöhe (Betriebswirtschaftslehre) S. 243.
[403] Wöhe (Betriebswirtschaftslehre) S. 245.
[404] Kolb (Personalmanagement) S. 312.

3.5 Human Resources Management (HRM)

Voraussetzung des Funktionierens derselben ist aber, dass durch die Führungskraft oder die Mitarbeiter selbst die Anwesenheitszeiten so abgestimmt werden, dass für externe und interne Ansprechpartner innerhalb der üblichen Geschäftszeiten stets ein auskunftsfähiges Mitglied der Abteilung erreichbar ist. Manche Unternehmen, etwa die Hewlett-Packard GmbH[405] in Böblingen, haben extrem flexible Arbeitszeitmodelle entwickelt.

Weitere Formen der Flexibilisierung der Arbeitszeit sind neben *Teilzeitarbeit* das *Jobsharing* – „im Rahmen einer vorgegebenen Gesamtarbeitszeit teilen sich zwei oder drei Mitarbeiter einen Arbeitsplatz. Lage und Dauer der jeweiligen Arbeitszeit teilen die Job-Sharing Partner selbständig ein"[406] – und der *Sabbatical* genannte Langzeiturlaub, ein Sonderurlaub, für mehrere Monate oder auch Jahre zur Weiterbildung, Wahrnehmung sozialen oder politischen Engagements und dergleichen.

Die generelle Frage stellt sich freilich, und wird auch in vielen Unternehmen gestellt, ob Arbeitszeiten *überhaupt formal festgelegt* und *erfasst* bzw. *kontrolliert* werden sollten.

Moderne Personalführungsmethoden suggerieren in vielen Fällen das Gegenteil. Als Beispiel sei *Management by Objecitves* (MbO) erwähnt. Kern dieses im nächsten Kapitel näher beschriebenen Management-Modells ist es, Mitarbeiter auf Basis bestimmter vereinbarter *Ziele* (Objectives), also *Arbeitsergebnisse*, zu führen. Denn das ist es schließlich, was das Unternehmen interessiert. Ob er dazu lange braucht, oder aufgrund seines hocheffizienten Arbeitsstils die Ziele auch mit kurzen Arbeitszeiten erreicht, erscheint zunächst irrelevant.

Einige Unternehmen haben aufgrund dieser Überlegungen auch geregelte Arbeitszeiten weitgehend abgeschafft. Dies ist aber eine kleine Minderheit. Die große Mehrheit arbeitet aber weiterhin auf Basis bestimmter Arbeitszeiten, wenn auch teilweise, wie erwähnt, mit extrem flexiblen Modellen.

Obwohl analytisch unlogisch, spricht dafür in der Praxis einiges:

- Führungsstile wie MbO mit klaren Zielvereinbarungen haben sich noch nicht in allen Unternehmen durchgesetzt.
- Ziele enthalten oft *quantitative* Vorgaben. Die Qualität der Arbeit ist damit aber schwer zu erfassen. Daher verbinden viele Unternehmen Zielvorgaben mit geregelten Arbeitszeiten. Das soll verhindern, dass die Stückzahlen sehr schnell auf Kosten der Qualität erreicht werden. Typisch für diese Vorgehensweisen sind Formen der Akkordarbeit in der Produktion. Hier sind oft bestimmte Anwesenheitspflichten festgelegt, unabhängig davon, ob die Produktionsleistungen im Akkord bereits vorher erbracht wurden. Was dazu führen kann, dass sich unmittelbar vor Ende der Anwesenheitspflicht lange Schlangen vor der Stechuhr bilden, von Mitarbeitern, die nur darauf warten, dass Zeiger der Uhr umspringt.
- Oft sind auch Mitarbeiter selbst daran interessiert, dass Arbeitszeiten geregelt und auch registriert werden. Sie sehen das als eine Form des Selbstschutzes gegenüber Vorwürfen – von Vorgesetzten oder Kollegen – der Faulheit.

---

[405] vgl. Hoff/Weidinger/Hermann (Gestaltung).
[406] Kolb (Personalmanagement) S. 312.

Aus Sicht der ökonomischen Theorie sind diese Verhaltensweisen Resultat von *unvollständigen Informationen*. Die Qualität der Leistung beziehungsweise die zur Leistungserbringung notwendige Arbeit kann von Außenstehenden – inklusive Vorgesetzten – nicht vollständig beurteilt werden. Die registrierte Arbeit ist daher ein *Indikator* für die geleistete Arbeit – wenn auch bekanntlich kein allzu guter, denn lange Anwesenheiten sagen nichts darüber aus, wie effizient die Zeit genutzt wurde. Mitarbeiter *signalisieren* über Arbeitszeiten in einer Umgebung unvollkommener Information ihre Arbeitsleistungen.

Bisweilen kann dieses „*signalling*" zu obskurem Verhalten führen. So können Führungskräfte beobachtet werden, wie sie sich um, beispielsweise, 20.30 Uhr noch im Büro aufhalten und den Wirtschaftsteil von Zeitungen lesen. Eine Tätigkeit, die zu Hause sicherlich bequemer durchzuführen wäre, sofern sie den Betreffenden überhaupt interessiert. Nur – wenn zu später Stunde im Büro noch Licht brennt, dann signalisiert es der ebenfalls noch spät anwesenden Geschäftsleitung, wie fleißig die betreffende Führungskraft ist, und dass möglicherweise doch ein weiterer Mitarbeiter für die Abteilung genehmigt werden sollte.

3.5.5 Personalführung

3.5.5.1 Führung und Führungsstile

Führung ist „zielbezogene Einflussnahme. ... Die Geführten sollen dazu bewegt werden, bestimmte Ziele, die sich meist aus den Zielen des Unternehmens ableiten, zu erreichen. ... Konkret kann ein derartiges Ziel beispielsweise in der Erhöhung des Umsatzes, der Verbesserung des Betriebsklimas oder in der Unterstreichung bestimmter Qualitätsstandards bestehen."[407] Führung kann rein *struktureller* Natur sein. Wenn Methoden der indirekten Unternehmenssteuerung existieren, die etwa bürokratischer, technologischer, oder kultureller Natur sind,[408] so lässt sich das auf die Führung übertragen. Organigramme, Stellenbeschreibungen, Verfahrensvorschriften sind verhaltenssteuernde Strukturen, mithin zielbezogene Einflussnahme[409]. Technische Einrichtungen gehören ebenso dazu. „Ein Fließband etwa bestimmt in sehr strenger Weise, was ein Arbeiter zu tun hat. Durch die Struktur dieser Technik wird minutiös festgelegt, wie jeder Handgriff ausgeführt werden soll."[410]

Auch durch *kulturelle* Rahmenbedingungen kann geführt werden. Diese Methode der Steuerung, der zielbezogenen Einflussnahme, kann sogar sehr wirksam und effizient sein. Wenn „man etwas tut" oder „man etwas nicht tut" und diese Verhaltensweise internalisiert ist, dann braucht es weder ein Organisationshandbuch noch eine menügeführte Eingabemaske eines PCs[411].

---

[407] Rosenstiel (Grundlagen) S. 4.

[408] s. o. Kap. 2.2.6.

[409] vgl. Rosenstiel (Grundlagen) S. 4.

[410] Rosenstiel (Grundlagen) S. 4.

[411] s. o. Kap. 2.2.6.

3.5 Human Resources Management (HRM)

An dieser Stelle geht es jedoch um die *personale* Führung, die Führung durch Menschen.[412] Im Zentrum der personalen Führung stehen dabei zwei Fragen.

Erstens, welche Arten der Führung, genauer, welche *Führungsstile* im Sinne eine *dauerhaften, immer wieder zu beobachtenden Verhaltensmusters*[413], gibt es? Und daraus abgeleitet, zweitens, die für die Praxis relevante Frage, was macht Führung *erfolgreich*?

Zur ersten Frage. Führungsstile können in einem ersten Ansatz pauschal wie folgt unterteilt werden[414]:

1. *autoritär/despotisch*
2. *patriarchalisch*. Der Patriarch führt mit einem ähnlichen Absolutheitsanspruch wie der autoritär/despotisch Führende. Aufgrund seines Leitbildes – die Autorität des Vaters in der Familie – ist sein Anspruch aber an eine „Treue- und Versorgungspflicht gegenüber den Geführten gekoppelt"[415]
3. *charismatisch*. Charisma im Sinne von Ausstrahlungskraft auf andere Menschen wurde schon von Max Weber als eine Quelle von Macht und Herrschaft gesehen.[416] In Organisationen der Neuzeit basiert Führung freilich nie ausschließlich auf Charisma, doch kann es als eine prägende Komponente gesehen werden.
4. *konsultativ*
5. *partizipativ/kooperativ*
6. *demokratisch*.

Die drei letztgenannten Führungsstile zeichnen sich alle durch Einbezug der Geführten aus, jedoch in unterschiedlichem Grad. Wer konsultativ führt, fragt die Mitarbeiter zwar um Rat, entscheidet aber allein. Partizipative Führung bedeutet hingegen Mitentscheiden der Geführten, wobei sich im Zweifel der Führende die Entscheidungsgewalt aber vorbehält. Der eigentliche demokratische Führungsstil ist selten, bedeutet er doch, dass die Geführten auch entgegen dem expliziten Willen der Führungskraft eine Entscheidung treffen können.

Beispiel: TRISA AG

Das schweizerische Unternehmen TRISA ist eines der wenigen Beispiele, bei denen ein – jedenfalls annähernd – demokratischer Führungsstil an der Unternehmensspitze nicht nur praktiziert wird, sondern auch institutionell verankert ist.

---

[412] vgl. Rosenstiel/Comelli (Wandel) S. 75 ff, Rosenstiel (Grundlagen) S. 5.

[413] vgl. Kolb (Personalmanagement) S. 384 ff.

[414] vgl. Lattmann (Führungsstil) S. 9 ff., Wöhe (Betriebswirtschaftslehre) S. 253 ff., Lewin (Authoritarian), Holtbrügge (Personalmanagement) S. 172 ff., vgl. auch z. B. Rosenstiel (Grundlagen) S. 6 ff., Kolb (Personalmanagement) S. 384 ff.

[415] Wöhe (Betriebswirtschaftslehre) S. 254.

[416] s. o. Kap. 2.2.3.

Die Unternehmung erzielte mit 1150 Mitarbeitern zuletzt 229 Mio. CHF (rd. 190 Mio. €) Umsatz. Sie produziert und vertreibt Artikel der Mund-, Haar- und Körperpflege, namentlich Bürsten (Zahnbürsten, Haarbürsten und dgl.)[417].

Bemerkenswert ist das Managementmodell. Der Verwaltungsrat (VR), das oberste Geschäftsführungsorgan, das nach schweizerischem Recht sowohl dem deutschen Vorstand als auch dem Aufsichtsrat entspricht, ist paritätisch besetzt[418]. Dies bedeutet, die Hälfte der Mitglieder des Verwaltungsrats werden von den Mitarbeitern gewählt, obwohl es in der Schweiz dazu keinerlei gesetzliche Verpflichtung gibt. Hinzu kommt, dass 30 % des Aktienkapitals von den Mitarbeitern gehalten werden.

Obwohl Trisa selbst das Modell als „partizipativ" bezeichnet, ist es doch insofern demokratisch, als formal die Mitarbeiter Entscheidungen des Managements blockieren bzw. konterkarieren können.

Das Modell hat sich bewährt, jedenfalls ist das Unternehmen im Markt durchaus erfolgreich.

Allerdings entspricht ein formal demokratischer Führungsprozess nicht unbedingt de facto einer rein demokratischen Willensbildung. Denn auch ein Mitarbeiter, der um seine Teilnahme an dem Prozess gebeten wird, wird aus offensichtlichen Gründen nicht unbedingt der Führungskraft oder der Unternehmensleitung widersprechende Meinungen allzu deutlich kommunizieren.

Immerhin kann, wenn ein stabiles Vertrauensverhältnis zwischen Führungskräften und Geführten besteht, von echter und weit reichender Partizipation gesprochen werden. Im schlimmsten Fall allerdings, wenn Mitarbeiter die Erfahrung machen, dass abweichende Meinungen zu Druck und Sanktionen führen, kann ein formal partizipativer oder demokratischer Führungsstil zur Farce werden.

7. *laissez-faire*. Partizipative und demokratische Führung darf nicht mit laissez-faire verwechselt werden. Wer partizipativ führt, versucht durchaus aktiv, in eine bestimmte Richtung zu gehen, bestimmte Arbeitsergebnisse zu erbringen. Der im laissez-faire Stil Führende lässt hingegen, wie der Ausdruck besagt, die Dinge weitgehend passiv laufen.
8. *bürokratisch*, ein Führungsstil, der sich durch starke Orientierung an Verfahrensanweisungen, Handbüchern und dergleichen orientiert.

Schon früh gelangten indessen Autoren und Praktiker zu der Erkenntnis, dass die oben genannte Einteilung zu eindimensional ist. Führungsstile sind danach nicht durch ein Kontinuum gekennzeichnet, sondern unterscheiden sich durch *Dimensionen*.

---

[417] vgl. Trisa AG (Gruppe).
[418] vgl. Trisa AG (Mitsprache).

3.5 Human Resources Management (HRM)

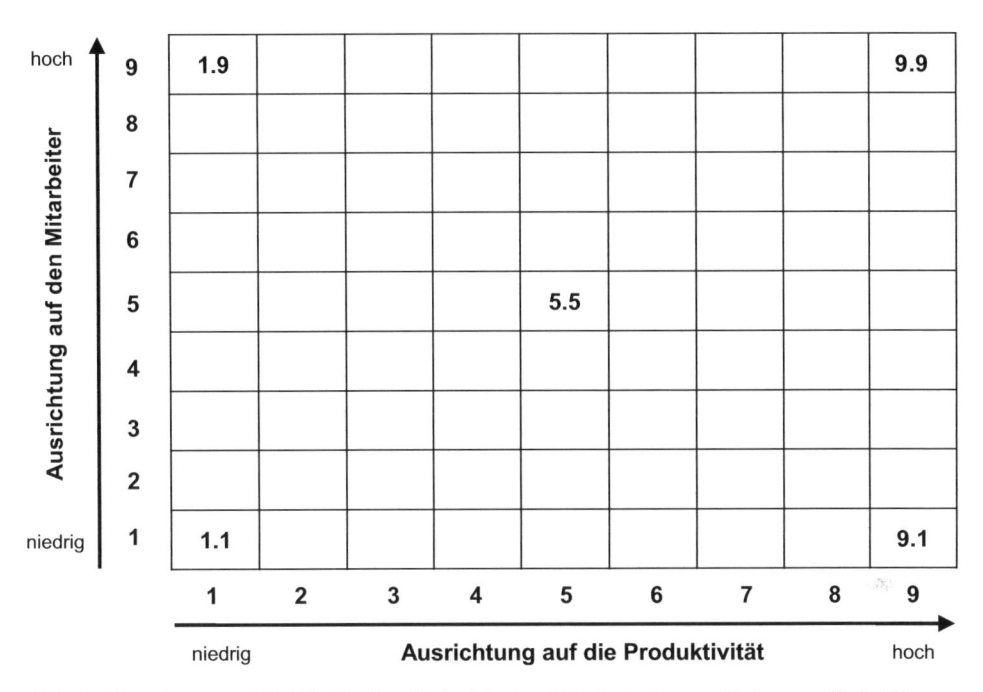

Abb. 3.64 „Managerial Grid". (Quelle: Blake/Mouton (Grid), Lattmann (Führungsstil) S. 13)

- Die bekanntesten dieser Dimensionen sind die der Leistungsorientierung („*concern for production*") und der Mitarbeiterorientierung („*concern for people*")[419].

Blake und Mouton haben aus der „Ohio-Schule" haben diesen Ansatz systematisiert und daraus das bekannte *Verhaltensgitter* (*managerial grid*) entwickelt[420] (Abb. 3.64).

Darin werden beide Dimensionen in 9 Ausprägungsgrade unterteilt, so dass insgesamt theoretisch 9*9=81 Führungsstile beschrieben werden können. Näher beschrieben und untersucht wurden aber nur fünf davon, die vier Eckpunkte und den der Mitte:

- Führungsstil 1.1 entspricht weit gehend dem laissez-faire Stil, weder auf die Bedürfnisse der Mitarbeiter noch auf die des Unternehmens wird speziell eingegangen.
- Führungsstil 9.1. ist nur leistungsorientiert und entspricht am ehesten den autoritären Verhaltensweisen
- das Gegenteil findet sich im Führungsstil 1.9. mit extremer ausschließlicher Mitarbeiterorientierung
- der Führungsstil 5.5. wird, leicht nachvollziehbar, als der „Stil der Mitte" bezeichnet.
- Auch diese Darstellung stellt sich aber als die Realität (zu) stark vereinfachend dar.

---

[419] vgl. Rosenstiel/Comelli (Wandel) S. 84 ff., Bleicher (Konzept) S. 442 ff, Lattmann (Führungsstil) S. 12 ff., Rosenstiel (Grundlagen) S. 12 ff, Neuberger (lassen) S. 510 ff.

[420] vgl. Blake/Mouton (Grid).

Der Führungsstil hängt auch, wenig überraschend, von der jeweiligen *Situation* ab, woraus die so genannten *Situationstheorien* entstanden sind[421]. Bekannt ist etwa die *Kontingenztheorie* von *Fiedler*[422].

„Die Situation wird dabei durch drei Parameter bestimmt, von denen Fiedler annimmt, dass sie statistisch voneinander unabhängig sind. Es sind dies

- die Beziehungen zwischen Führer und Geführten
- die Aufgabenstruktur
- die Positionsmacht des Vorgesetzten."[423]

Fiedler versuchte nun empirisch, anhand von Korrelationsanalysen festzustellen, was einen erfolgreichen Führungsstil ausmacht. Die Ergebnisse sind dabei aber, insbesondere auch aus methodischen Gründen, auf starke Kritik gestoßen[424].

- Spezifischer wurde Douglas *McGregor*[425]. Er sah die entscheidende Variable im *Menschenbild*, das sich die Führungskraft von den Mitarbeitern macht. Dabei unterscheidet er zwischen zwei Menschenbildern, die unter den Bezeichnungen „*Theorie X*" (theory x) und „*Theorie Y*" (theory y) bekannt geworden sind.

Theorie X geht von folgendem Bild mit entsprechenden Konsequenzen für die Führung aus: „Mitarbeiter sind träge, arbeitsscheu, wenig ehrgeizig, scheuen Verantwortung, sind straff zu führen und häufig zu kontrollieren, streben nach Sicherheit, erfordern Druck und Sanktionen."[426]

Dagegen die Theorie Y: „Mitarbeiter sind nicht von Natur aus arbeitsscheu, sie akzeptieren Zielvorgaben, haben Selbstdisziplin und Selbstkontrolle, suchen unter geeigneten Bedingungen Verantwortung, wollen sich entfalten."[427] Entsprechend sind sie mit wenig Kontrolle, aber mehr Freiraum zu führen.

McGregor persönlich geht dabei erkennbar eher vom Menschenbild nach der Theorie Y aus.

Die Darstellung der Führungsstile führt zur zweiten Frage. *Welche sind nun erfolgreich?*

Wie wohl zu erwarten ist – es gibt *nicht* „eine ‚Supertheorie'"[428], die den Zusammenhang zwischen der Art der Führung und Erfolg nachweisen und daraus Empfehlungen ableiten können.

---

[421] vgl. z. B. Rosenstiel (Grundlagen) S. 15 ff., Holtbrügge (Personalmanagement) S. 182 ff.

[422] vgl. Fiedler (Leadership), Neuberger (lassen) S. 497 ff.

[423] Rosenstiel (Grundlagen) S. 16.

[424] vgl. Rosenstiel (Grundlagen) S. 17.

[425] vgl. McGregor (Human), vgl. auch z. B. Neuberger (lassen) S. 406 ff, Olfert/Rahn (Einführung) S. 164.

[426] Olfert/Rahn (Einführung) S. 164.

[427] Olfert/Rahn (Einführung) S. 164.

[428] Kolb (Personalmanagement) S. 387.

Dementsprechend ist auch, wieder einmal, etwas vor den „Ratgebern" und „Kochbüchern" zu warnen, die genau das suggerieren. „Dort wird nämlich...der Eindruck erweckt, dass das Thema ganz leicht in den Griff zu bekommen sei und dass jeder ohne große Anstrengung ein erfolgreicher Vorgesetzter werden kann."[429] Die verschiedenen Führungstheorien und damit verbundenen Forschungsmethoden zeigen aber, dass dies nicht möglich ist.

Gleichwohl, bei aller Relativierung und der Gefahr unzulässiger Verallgemeinerungen, kann der Leser bei einer praxisorientierten Einführung in die Betriebswirtschaftslehre doch einige *Hinweise* erwarten, wie *erfolgreiche Führung* praktiziert werden kann[430]:

- Unstrittig ist, dass ein reiner laissez-faire oder ein nur an der Zufriedenheit der Mitarbeiter orientierter Führungsstil (nach Blake/Mouton Stile 1.1 oder 1.9) *nicht* produktiv ist.
- Führungskräfte müssen also *leistungsorientiert* sein. Interessant ist die Frage, ob erfolgreiche Führer *nur* leistungsorientiert sein sollten (Führungsstil 9.1), auch die Mitarbeiterorientierung berücksichtigen (9.9), oder den Stil der Mitte (5.5) bevorzugen sollten.

Blake und Moutons Ergebnisse legen nahe, dass erfolgreiche Führungskräfte überwiegend den 9.9 Stil bevorzugen. Allerdings nimmt auch, je erfolgreicher die Führungskraft, der Stil 9.1 zu, während der an sich verbreitete Stil 5.5 immer weniger auftritt[431].

Daraus ist zu schließen, dass Führungssituationen in jedem Fall „aktiv ... zu gestalten"[432] sind, um zu überdurchschnittlichen Erfolgen zu führen. Mitarbeiterorientierung hilft darüber hinaus, die Erfolge zu erhöhen, wenn das nicht zu Lasten der Leistungsorientierung geht.

- Zu kompatiblen Ergebnissen kommen auch die Untersuchungen von *Kurt Lewin* und seinen Mitarbeitern[433], die darüber hinaus konkretere Hinweise geben, inwieweit autoritäres Verhalten nützlich oder schädlich sein kann:
  1. „Die höchste zeitliche Zuwendung zur Aufgabe fand sich bei autokratisch geführten Gruppen, die geringste bei jenen, deren Vorgesetzte den Stil des laissez-faire anwandten.
  2. Bei den demokratisch geführten Gruppen war der auf die Aufgabenerfüllung verwendete Teil der Zeit geringer als bei autokratisch geführten Gruppen; dafür ließ ihr Einsatz – im Gegensatz zu den autokratisch geführten Gruppen – auch bei Abwesenheit des Vorgesetzten nicht wesentlich nach.

---

[429] Kolb (Personalmanagement) S. 393.
[430] vgl. z. B. Neuberger (lassen) S. 390 ff.
[431] vgl. Lattmann (Führungsstil) S. 35 ff.
[432] Rosenstiel/Comelli (Wandel) S. 95.
[433] vgl. Lewin/Lippitt/White (Patterns), White/Lippitt (Leader).

3. Das Interesse an der Aufgabe war bei den demokratisch geführten Gruppen wesentlich höher als bei den anderen.
4. In den autoritär geführten Gruppen entstanden mehr aggressive Gefühle, die sich in den zwischenmenschlichen Beziehungen in verschiedener Weise entluden (z. B. durch Zuweisung der Sündenbockrolle an ein Mitglied). In einigen Gruppen äußerten sie sich in späteren Phasen in Form von Widerständen und zerstörerischen Handlungen. Demgegenüber waren die zwischenmenschlichen Beziehungen in den demokratisch geführten Gruppen besser und das Gefühl des Zusammenhalts stärker"[434]

Wenn also Mitarbeiter bei einem demokratischen – in der Praxis bedeutet das: partizipativen – Führungsstil auch nicht *unmittelbar* fleißiger oder leistungsfähiger sind, so sind doch die *langfristigen positiven Auswirkungen* unverkennbar. Einmal bleibt die Gruppe leistungsfähig, wenn der Vorgesetzte abwesend ist. Ein guter Vorgesetzter sollte aber unter anderem genau hierfür sorgen. Denn er kann krank werden oder ist urlaubsbedingt abwesend. Außerdem es ist ineffektiv, wenn die Führungskraft permanent zur Überwachung anwesend sein muss – sie kann sich während dieser Zeit nicht um Fortbildung oder andere Themen kümmern, die eine Abwesenheit vom Büro erfordern. Auch das größere Interesse der Arbeit kann zu mehr Effizienz führen. Wer sich für ein Thema interessiert, „denkt mit", und kann dadurch besser handeln, wenn unvorhergesehene Dinge eintreten.

- Die Erkenntnisse decken sich mit denen aus Untersuchungen von Katz und Kahn[435], wonach erfolgreiche Führungskräfte zwar ihrer Führungstätigkeit zwar viel Zeit widmen, ihren Mitarbeitern gegenüber aber „eine weniger einengende Überwachung"[436] ausüben.
- Der Führungserfolg ist *auch situativ* bedingt, d. h. das gleiche Verhalten, das in der Situation A erfolgreich ist, kann in der Situation B falsch sein. Das ist insofern analytisch unbefriedigend, als es bestätigt, dass leider das „Kochrezept" zur erfolgreichen Führung nicht existiert – es kommt eben immer darauf an. Gleichwohl können auch aus dieser Aussage Handlungsempfehlungen gewonnen werden. So sollte sich eine Führungskraft „von der verführerischen Haltung lösen, dass seine Verhaltensweisen, die in der Vergangenheit – unter ganz spezifischen Bedingungen – zum Erfolg führten, auch künftig – unter nunmehr veränderten Bedingungen – wieder zum Erfolg führen werden. Weniges ist für künftige Misserfolge so häufig mitverantwortlich wie vergangener Erfolg."[437] Erfolgreiche Chefs „verlassen sich nicht auf einen Führungsstil allein"[438].

---

[434] Lattmann (Führungsstil) S. 33 ff.
[435] Kahn/Katz (Leadership).
[436] Lattmann (Führungsstil) S. 35.
[437] Rosenstiel/Comelli (Wandel) S. 95.
[438] Goleman (Führen) S. 9.

Sie wechseln den Stil entsprechend dem Bedarf – bisweilen mehrmals im Laufe einer Arbeitswoche.

Der Führende sollte also „situationsdiagnostische Fähigkeiten haben, also in der Lage sein, Veränderungen in der Situation sensibel zu erkennen und sein Verhalten darauf abzustimmen."[439]

- Eine entscheidende Rolle bei der Führungssituation spielt der *Reifegrad* der Geführten. Auch wenn die entsprechenden Theorien auch in hier im konkreten Fall inhaltlich und methodisch umstritten sind[440], so gilt doch als Faustregel:

Reife Gruppen mit hochqualifizierten Mitarbeitern, viel Erfahrung und gutem Zusammenhalt sind indirekt, stark partizipativ bis demokratisch zu führen; bei unerfahrenen, wenig qualifizierten Mitarbeitern kann ein etwas autoritärer Stil leistungssteigernd wirken.

Beispiel: Führungsstile in Abhängigkeit vom Reifegrad der geführten Gruppe

In einem Ratgeber findet sich ein (fiktives) Extrembeispiel der Führung einer Gruppe mit sehr geringem Reifegrad: „Sylvia war eine Gruppe von Teenagern unterstellt worden, die in einer Filiale einer Fast-Food-Kette arbeiteten. Der Stress war dem bisherigen Leiter über den Kopf gewachsen, so dass er buchstäblich jegliche Führung aufgegeben hatte. Die Folge war, dass die Angestellten das Restaurant so leiteten, wie es ihnen gefiel. Wenn sie keine Lust hatten, wurde kein Frühstück serviert und sie gingen gleich zur Produktion von Hamburgern über. Kleidungsvorschriften existierten nicht mehr: Einige trugen Uniformen, einige Jeans. Die meisten waren eher unhöflich zum Kunden, die sich oft über Verzögerungen und schlechten Service beschwerten.

Sylvia wusste ganz genau, was sie zu tun hatte. Piekfein gekleidet erschien sie jeden Tag um genau 6 Uhr 30 (eine halbe Stunde vor ihren Angestellten); ihre täglichen Personalversammlungen begannen pünktlich um 7 Uhr. Wer zu spät kam, wurde nicht nur streng darauf hingewiesen, dass er zu spät dran war, sondern auch davor gewarnt, noch einmal eine solche Versammlung zu stören. Wer in allzu schlampiger halber Uniform erschien, wurde aufgefordert, sie vor versammelter Mannschaft in Ordnung zu bringen; wer ohne Uniform kam, durfte noch einmal nach Hause, um sich umzuziehen.

Sylvia gab die Anordnungen Tag für Tag heraus und kontrollierte laufend, ob sie auch befolgt wurden. Wer sich weigerte oder die Anordnungen nur zum Teil erfüllte, wurde sofort zur Rechenschaft gezogen: beim ersten Verstoß verwarnt oder nach Hause geschickt und (wie angekündigt) beim zweiten Versuch entlassen."[441]

---

[439] Rosenstiel/Comelli (Wandel) S. 95.
[440] vgl. Hersey/Blanchard (Behavior), Rosenstiel (Grundlagen) S. 17 ff., Neuberger (lassen) S. 518 ff.
[441] Iaconetti/O'Hara (Karriere) S. 153.

Ein Gegenbeispiel findet sich bei Mintzberg[442]. Mintzberg besuchte das Winnipeg Symphony Orchestra während eines Probetages. Die siebzig Musiker waren ausnahmslos hoch professionell und beherrschten ihre Instrumente virtuos. Entsprechend brauchten sie keine detaillierten Arbeitsanweisungen, wohl aber (künstlerische) Impulse. Entsprechend leitete der Dirigent Bramwell Tovey das Orchester verdeckt, wie er es nannte. „Den Tag über, den ich mit ihm verbrachte, erteilte er so gut wie keine Anordnung"[443]. Seine Führungsaktivitäten waren andere: „anstelle von Führungsaktionen an sich und für sich – Motivieren, Coachen und so weiter – unaufdringliche Führungshandlungen, die bei allen Dingen, die ein Manager unternimmt, inspirierend wirken"[444]. *Inspirieren* lautet ein Schlüsselwort, *Unterstützen* und *Schützen* lauten andere: „Profis, wie hier Orchestermusiker, müssen kaum unterwiesen oder beaufsichtigt, dafür aber beschützt und unterstützt werden",[445] zum Beispiel bei der Interessensvertretung der Gruppe nach außen, gegenüber Dritten.

Das Orchesterbeispiel ist in vieler Hinsicht übertragbar. Hochqualifizierte Teams, etwa Unternehmensberater, Wissenschaftler, Ärzte, sind ebenso Profis wie die Musiker, und erwarten ebensolche Führung.

- Die obigen Hinweise dürfen nicht darüber hinweg täuschen, dass Führungsverhalten Ausfluss von Persönlichkeitsstrukturen des Führenden ist, von Strukturen also, die nicht so leicht verändert werden können. Jede Führungskraft muss also einen Führungsstil finden, der mit seinen Strukturen kompatibel ist. Das Führungsverhalten „wurzelt in den das Individuum kennzeichnenden Grundeinstellungen und Grundhaltungen. Ihn (sic!) vorzuschreiben bedeutet daher, an die Stelle einer inneren eine äußere Bestimmtheit zu setzen. Da es dabei zu einer Unterdrückung tief verankerter Antriebe kommt, wird ein solcher auferlegter Führungsstil leicht unecht. Dies wird durch einen Befund anlässlich einer Untersuchung der Auswirkungen eines Leistungsbeurteilungsverfahrens in der General Electric Co. Veranschaulicht. Meyer, Karl und French ... stellten fest, dass partizipativ geführte Beurteilungsgespräche dort keine motivierende Wirkung hatten, wo der Vorgesetzte nur in diesem Gespräch so vorging, sonst aber einen autoritären Führungsstil verwendete"[446]. Alle genannten Hinweise können also nur insoweit sinnvoll umgesetzt werden, als sie mit den grundlegenden Persönlichkeitseigenschaften der Führungskraft zumindest nicht inkompatibel sind.
- Neuere Ansätze betonen auch sehr stark das *Vertrauen* zwischen Führungskraft und Mitarbeiter als Basis einer erfolgreichen Führung.[447] „Vertrauen ist ein sozialer Kleb-

---

[442] vgl. Mintzberg (Profis).
[443] Mintzberg (Profis) S. 10.
[444] Mintzberg (Profis) S. 12.
[445] Mintzberg (Profis) S. 15.
[446] Lattmann (Führungsstil) S. 46.
[447] vgl. Seifert (Vertrauensmanagement), Neubauer/Rosemann (Führung) S. 125 ff, Lattmann (Führungsstil) S. 43.

stoff, der nicht nur den Anschluss von Handlungen an andere Handlungen ermöglicht, sondern auch dafür sorgt, dass ein integriertes Ganzes entsteht. In Unternehmen, in denen sich die Beschäftigten hierarchieübergreifend vertrauen, herrscht ein humorvolles Klima und gehen die Angestellten morgens ohne Ängste in den Betrieb. Sie arbeiten gerne für ‚ihren' Betrieb."[448]

Fehlendes Vertrauen kann gravierende *ökonomische Auswirkungen* haben. *J. M. Schneider* hat versucht, diese Auswirkungen zu quantifizieren. Dazu wurde zunächst versucht, empirisch festzustellen, ob in bestimmten Unternehmen eine „Misstrauenskultur" oder eine „Vertrauenskultur" herrschte. Daraufhin wurden die Unternehmen nach bestimmten Messgrößen auf ihre Effizienz untersucht. Schneider kommt zu dem Schluss, dass in einer Unternehmung mit „Misstrauenskultur" durch schlechtere Qualität und höhere Qualitätskontrollkosten, mehr Fehlzeiten und Reibungsverluste (bei Angestellten verlorene Arbeitszeit) Mehrkosten in Höhe von rund 13% bis 20% des Umsatzes entstehen[449].

Um ein *Vertrauensverhältnis zu schaffen*[450], bedarf es erstens einer hohen *Fachkompetenz* der Führungskraft, „weil sie in engem Zusammenhang mit der Erreichung gesteckter Aufgabenziele steht. Gemeinsam erreichte Erfolge erhöhen die Vertrauenswürdigkeit der Führungskraft."[451]

Zweitens wirkt *offene Kommunikation* vertrauensfördernd. „Diese Offenheit der Kommunikation kann insbesondere gefördert werden durch die Realisierung eines kooperativen bzw. partizipativen Führungsstils, der einen intensiven Informationsaustausch zwischen Führungskraft und Mitarbeitern ermöglicht."[452]

Drittens spielt die Integrität der Führungskraft eine bedeutsame Rolle. Gemeint ist dabei die „Einheit zwischen Wort und Tat, die Beachtung von geltenden Normen sowie der Fairness anderen gegenüber."[453]

- Das Stichwort Integrität führt zu einer Erkenntnis, die banal, aber in der Praxis vielleicht von allen bedeutendsten ist. Eine erfolgreiche Führungskraft muss *nach den Grundsätzen handeln, die sie verbal kommuniziert.* Sie muss *Vorbild* sein[454]. Umgangssprachlich bestehen verschiedene Redewendungen, welche das ausdrücken. „Nicht Wasser predigen und Wein trinken" lautet eine, „*Walk your talk*" – übersetzt etwa: „Tu was du erzählst" – eine andere. Von den Israeli Defence Forces (IDF), der israelischen Armee, wird bisweilen erzählt, dort existiere auf dem Schlachtfeld der Befehl „zum Angriff" nicht – sondern nur der Befehl der Offiziere: „mir nach!". Auch wenn der

---

[448] Seifert (Vertrauensmanagement) S. 303.
[449] vgl. Schneider (Unternehmensbewertung).
[450] vgl. Weibler (Vertrauen), Neubauer/Rosemann (Führung) S. 131ff.
[451] Neubauer/Rosemann (Führung) S. 132.
[452] Neubauer/Rosemann (Führung) S. 132.
[453] Weibler (Vertrauen) S. 203, vgl. auch Lattmann (Führungsstil) S. 43.
[454] vgl. Rosenstiel/Comelli (Wandel) S. 101ff.

Wahrheitsgehalt dieses Beispiels nicht verbürgt ist, so kann doch der Grundgedanke kaum drastischer dargestellt werden.

> **Beispiel: Führungsstil und Erfolg von Tochtergesellschaften**

Ein Unternehmen mit etwas mehr als 1 Mrd. € Umsatz war erfolgreich in der Investitionsgüterindustrie tätig. Der Vertrieb im Ausland erfolgte vor allem über mehr als dreißig Tochtergesellschaften.

Interessant ist der Vergleich des Führungsverhaltens der Geschäftsführer (GF) von zwei Gesellschaften, genannt seien sie B und A, demonstriert am Beispiel der Behandlung eines Besuchers aus der Konzernzentrale.

In beiden Fällen war der Empfang freundlich, höflich, offen und korrekt.

Unterschiede machten sich bemerkbar, als es zum gemeinsamen Mittagessen ging. Der Besucher war jeweils vom Geschäftsführer um 13.00 Uhr zum Mittagessen in einem Restaurant eingeladen.

Der erste Unterschied war der Dienstwagen des GFs. Der von B fuhr einen Passat Diesel. Der Grund: die Außendienstmitarbeiter fuhren nach den Unternehmensrichtlinien ebenfalls einen Passat Diesel, und es passte nicht zum Führungsstil des Managers, selbst ein besseres Fahrzeug zu fahren, als er anderen zumutete. Das Top-Management von A nutzte hingegen das Fehlen entsprechender Richtlinien für das obere Management und fuhr, im Gegensatz zu den Außendienstmitarbeitern, jeweils einen größeren Mercedes der C-Klasse.

Der zweite Unterschied machte sich im Ablauf des Lunchs bemerkbar. Während die Qualität in beiden Fällen vorzüglich war, drängte der Geschäftsführer von B kurz vor 14.00 Uhr zum Aufbruch und zur Rückkehr in das Büro. „Wir können ja am Arbeitsplatz noch einen Kaffee trinken." Der Grund für die Eile: die Mittagspause der Gesellschaft B war nur eine Stunde. Der GF erwartete von den Mitarbeitern, pünktlich nach einer Stunde zurück zu sein – und sah es als seine Pflicht an, ebenso zu handeln. Solche Gedanken waren dem Chef der Gesellschaft A eher fremd. Das Essen zog sich, mit drei Gängen und Espresso danach, über knapp zweieinhalb Stunden hin.

Im einem Fall also eine klare, glaubwürdige Politik des „walk your talk", im anderen ein völliges Fehlen desselben.

Das mag nach Kleinigkeiten als Ausdruck der Unternehmenskultur aussehen. Tatsache ist aber – während B eine hoch erfolgreiche Tochtergesellschaft war und jedes Jahr mit mehreren Millionen € zum Gesamtgewinn des Konzerns beitrug, war die Gewinnsituation von A stets kritisch.

Freilich, und dass ist eines der Grundprobleme der Führungsforschung, war es kaum möglich, einen Kausalzusammenhang zwischen dem Führungsstil und dem Ergebnis nachzuweisen. Die Situation in den verschiedenen Ländern war schwer vergleichbar, worauf auch das Management von A stets hinwies. Dennoch – vieles spricht dafür, dass ein deutlicher Kausalzusammenhang in der Tat besteht.

3.5.5.2 Führungsmodelle: Management by Objectives (MbO)

Führungsmodelle, bisweilen auch als Führungsprinzipien bezeichnet[455], kamen bereits in den 1960er und 1970er Jahren auf. „Darunter wurden praxisorientierte Systeme verstanden, die in umfassender Weise Empfehlungen zu den Führungsaufgaben, zum Führungsstil und zu den Führungsinstrumenten abgaben..."[456]

Die diversen Führungsmodelle sind unter den Bezeichnungen „Management by ...", zu deutsch „Führung durch ..." bekannt geworden. Beispiele sind „Management by Decision Rules" (Führung anhand von Entscheidungsregeln) und „Management by Delegation" (MbD) (Führung durch Aufgabendelegation), oder „Management by Results" (Führung durch Ergebnisorientierung)[457].

Das mit Abstand bekannteste und auch heute in der Praxis weit verbreitete ist Management by Objectives (MbO), weshalb das Modell hier beschrieben wird[458].

Management by Objectives bedeutet auf Deutsch „Führung durch Ziele" oder auch „Führen durch Zielvereinbarung".

Der Grundgedanke ist einfach. Mitarbeiter werden geführt durch Festlegung der *Ergebnisse*, nicht der einzelnen Tätigkeiten. Der Mitarbeiter hat ein Ziel, ein Arbeitsergebnis zu erreichen. Der Weg, die Art, wie er zu dem Ergebnis kommt, bleibt weitgehend ihm überlassen.

Damit einher geht der Grundsatz der *Delegation* im Sinne einer dauerhaften „Übertragung von Aufgaben, Kompetenzen und Verantwortung auf die Stellen in der Hierarchie eines Unternehmens, die sie am besten Wahrnehmen können. Entscheidungskompetenzen sind also nicht beim Vorgesetzten bzw. an der Spitze des Unternehmens konzentriert"[459].

Diese Art der Führung bietet einige Vorteile:

- Die Führungskraft wird entlastet, insbesondere von Routineaufgaben, da mit einer geringeren Kontrolle gearbeitet werden kann.
- Die Flexibilität und die Anpassungsfähigkeit an veränderte Anforderungen durch die Umwelt wird gesteigert, da Mitarbeiter ein höheres Maß an Selbständigkeit besitzen und entsprechend reagieren können.
- Der höhere Grad an Selbständigkeit wirkt sich positiv auf die Motivation der Mitarbeiter aus.

---

[455] vgl. Wöhe (Betriebswirtschaftslehre) S. 161ff.
[456] Kolb (Personalmanagement) S. 394f.
[457] vgl. Kolb (Personalmanagement) S. 395, Wöhe (Betriebswirtschaftslehre) S. 163.
[458] vgl. zum Abschnitt Kolb (Personalmanagement) S. 395 ff, Wöhe (Betriebswirtschaftslehre) S. 164f, Hartwich (Zielentfaltung), Schwaab et al (Zielen), Koreimann (Zielvereinbarung).
[459] Kolb (Personalmanagement) S. 395.

Erarbeiten von Zielen und Messgrößen

Ziel allgemein	Beispiel: Kundenzufriedenheit verbessern	
Ziel konkret	Termintreue für Auslieferung verbessern	Fehlerrate reduzieren
Messgröße	Anzahl der Terminüberschreitungen	Anzahl der Feldausfälle
Prüfen: Korrelation mit Ziel Rückwirkungen		
Zielwert	Reduzierung um 50 % / 95% der Auslieferungen termingerecht	5 ppm

Abb. 3.65 Beispiel von Ziel- und Messgrößen. (Quelle: Hartwich (Zielentfaltung) S. 167)

Um erfolgreich zu sein, sind beim MbO aber eine ganze Reihe von *Grundsätzen* zu beachten:

1. Die Ziele haben sich an den *Unternehmenszielen* zu orientieren. Es existiert also eine Zielhierarchie: ausgehend von den Gesamtzielen des Unternehmens werden diese heruntergebrochen bis auf die Ebene der einzelnen Mitarbeiter.
   Ein einfaches Beispiel: der Umsatz im nächsten Jahr soll für ein Unternehmen im nächsten Jahr deutschlandweit 500 Mio. € betragen. Er wird nun aufgeteilt nach Regionen (Nord, Südwest, Ost …), dann nach Bezirken, bis schließlich jeder Vertriebsmitarbeiter ein individuelles Umsatzziel hat.
   Abbildung 3.65 zeigt ein anderes Beispiel, wie aus einem allgemeinen Unternehmensziel ein konkreter Zielwert für eine Abteilung oder ein Mitarbeiter wird.
2. Die Ziele werden nicht vorgegeben, sondern in einem Gespräch zwischen Vorgesetztem und Mitarbeiter *vereinbart*, wie sich auch aus der Übersetzung „Führung durch *Zielvereinbarung*" ergibt.
   Die Abstimmung der individuellen mit den Unternehmenszielen erfolgt im so genannten *Gegenstromverfahren*, was bedeutet: gleichzeitig *„Top-Down"* und *„Bottom-Up"*.
   Top-Down, von oben nach unten, werden die Ziele, im genannten Beispiel, von der Unternehmensführung für Deutschland festgelegt und heruntergebrochen auf die Regionen, danach auf Bezirke und einzelnen Mitarbeiter.
   Gleichzeitig formulieren die Mitarbeiter ihre Ziele, die dann Bottom-up jeweils auf der nächst höheren Stufe aggregiert werden. Die Summe ergibt dann der gesamte (Ziel-) Umsatz der Unternehmung.
   Zwischen den Top-Down und Bottom-Up ermittelten Werten wird in der Regel eine Lücke bestehen. Das Zielvereinbarungs-Gespräch dient nun genau dazu, die Lücke zu schließen, indem Mitarbeiter und Vorgesetzter sich auf einen gemeinsamen Wert

einigen. Es gehört zu den Grundsätzen von MbO, dass der Mitarbeiter die Ziele nicht befohlen bekommt, sondern *akzeptiert*, da er sich nur dann damit identifiziert und verpflichtet – „committed" – fühlt, sie auch zu erreichen. Nur in seltenen Extremfällen, wenn eine Einigung gar nicht möglich ist, wird der Vorgesetzte das Ziel festlegen. In der Praxis ist die Zielvereinbarung freilich in vielen Fällen eine *Mischung* zwischen eigentlicher Vereinbarung und Vorgabe. Zwar erklärt der Mitarbeiter formal sein Einverständnis zu den Zielen. Aber je nach faktischer Autorität des Vorgesetzten kann dieser „Vorschläge" auch so formulieren, dass für den Mitarbeiter ein gewisser Druck entsteht, die auch anzunehmen.

3. Die Beschreibung eines Zieles muss bestimmte *Anforderungen* erfüllen. Es muss
   - „messbar (operationalisiert), d. h. quantifiziert
   - zeitlich bestimmt, d. h. der Endtermin liegt fest
   - realisierbar, d. h. notwendige Mittel sind verfügbar
   - herausfordernd, d. h. ein deutlicher Fortschritt wird angestrebt
   - durch eigenes Handeln erreichbar
   - verständlich, klar und transparent

   … sein."[460]

   Nur wenn diese Bedingungen erfüllt sind, sind auch entsprechend positive Arbeitsergebnisse zu erwarten. Nachlässig bzw. falsch formulierte Ziele sind ein wesentlicher Grund, weshalb MbO die Erwartungen nicht erfüllt. Derartig unprofessionelle „Ziel"-vereinbarungen führen zu Missverständnissen und zu Konflikten, wenn etwa der Mitarbeiter aus seiner Sicht das Ziel erreicht hat, aus Sicht der Führungskraft aber nicht. Wenn also etwa ein Geschäftsführer zu seinem Vertriebsleiter sagt: „Organisieren Sie eine Werbekampagne für unser neues Produkt im Fernsehen. Melden Sie sich wieder, wenn der Auftrag erledigt ist. Wie Sie das machen, ist mir egal!", dann mag das für einen Laien aufgrund der Formulierung „Wie Sie das machen, ist mir egal!" nach MbO klingen.

   Tatsächlich fehlt bei einem solchen Vorgehen alles, was MbO ausmacht. Angefangen damit, dass die Organisation einer Werbekampagne auf der Ebene eines Vertriebsleiters gar kein Ziel ist, sondern ein Mittel, um ein Ziel – zum Beispiel ein bestimmter Umsatz – zu erreichen. Der Leser mag übungshalber selbst einmal überlegen, wo in diesem Beispiel sonst noch überall die Anforderungen an eine Zielvereinbarung nicht erfüllt werden.

   Ein positives Beispiel eines operationalisierten, quantifizierten, verständlichen, klaren und transparenten Ziels wird in Abb. 3.65 gezeigt.

4. Die Zielerreichung wird laufend mit Hilfe von *Indikatoren verfolgt*. Ziele werden in der Regel für einen Zeitraum von einem Jahr festgelegt. Korrekt ausgedrückt: der Endtermin liegt in der Regel am Ende des auf das Gespräch folgenden Jahres. Die Zielverfolgung erfolgt aber laufend, das bedeutet in der Regel monatlich oder zumindest quartalsweise. Es geht darum, *frühzeitig* zu erkennen, ob die Ziele erreicht werden, und im negativen Fall noch genügend Zeit zum Gegensteuern zu haben.

---

[460] Hartwich (Zielentfaltung) S. 166.

Bewährt hat sich dabei das „Ampel-Prinzip", was bedeutet:
„Grün: Zielverfolgung läuft planmäßig, Zielerreichung ist gesichert.
Gelb: Zielverfolgung verläuft unter Plan, Zielerreichung ist gefährdet, aber noch nicht ausgeschlossen. Zusätzliche Maßnahmen aus eigener Kompetenz (des Mitarbeiters, J.P.) und mit Hilfe von ‚Bordmitteln' sind eingeleitet.
Rot: Zielverfolgung verläuft stark unter Plan, Jahresziel nicht mehr erreichbar, eigene Gegenmaßnahmen sind ausgeschöpft, weitere Gegenmaßnahmen überschreiten eigene Kompetenzen und Ressourcen, fremde Hilfe oder ggf. Zielanpassung notwendig."[461]
Die Anzeige der Ampel ist primär die Aufgabe des Mitarbeiters selbst (*Selbstanzeige*), was allerdings eine Fremdkontrolle durch den Vorgesetzten nicht ausschließt.
Der Schwerpunkt der Arbeit der Führungskraft liegt aber nicht in der Kontrolle, sondern in der Konzentration auf die Fälle, in denen die Ampel auf Rot steht. Dann, und in der Regel nur dann, ist das Eingreifen auf höherer Ebene erforderlich. Ansonsten sollte der Mitarbeiter weitgehend selbständig arbeiten können. Das Prinzip der *Konzentration* der Führungskräfte auf die *Ausnahmefälle*, die wirklich kritisch sind, wird auch als *Management by Exception (MbE)* bezeichnet. MbE wird folgerichtig in der Regel mit MbO kombiniert eingesetzt.
5. Management by Objectives wird in der Regel mit einem System variabler Gehaltsbestandteile verknüpft, bei dem die Höhe des variablen Gehalts von der Erreichung der vereinbarten Ziele abhängig gemacht wird[462].
Management by Objectives ist heute, gegebenenfalls um einige Komponenten erweitert und angepasst an unternehmensindividuelle Gegebenheiten[463], weitgehend „state of the art" in Sachen Führung.

3.5.5.3 Führung als Umgang mit Ambiguität

Einige grundlegende Techniken und Verhaltensweisen in Sachen Führung sind in Literatur und Praxis akzeptiert und unbestritten, etwa die Grundsätze von MbO oder die Feststellung, dass aktive Führung erfolgreicher als laissez-faire ist.

Andererseits sind auch viele Erkenntnisse nicht nur sehr allgemeiner Natur, sondern teilweise auch *widersprüchlich*. Führung hängt ab von der Person der Führungskraft, aber auch von seinem Verhalten, der Situation, den Geführten. Viele Faktoren spielen also mit, die es schwierig machen, analytisch eindeutige Verhaltensempfehlungen zu geben. Kommt es doch zu Empfehlungen, so sind manche im direkten Widerspruch zueinander. So wurde erwähnt, dass die Führung durch bestimmte Personen mit deren grundlegenden Persönlichkeitseigenschaften kompatibel sein muss, um erfolgreich zu sein. Umgekehrt führen zu unterschiedliche, weil zu stark auf die Führungspersönlichkeit zugeschnittene Führungsstile ebenfalls zu Problemen. Stark voneinander abweichende Vorgehensweisen

---

[461] Hartwich (Zielentfaltung) S. 172.
[462] vgl. Bergmann/Kolb (Geldes).
[463] vgl. z. B. Hartwich (Zielentfaltung).

in der Führung können „eine Störung von Systemabläufen zur Folge haben ... Die in der Unternehmung vorgenommenen Vollzüge sind miteinander in hohem Maße verzahnt. Die Art, wie sie in einem Bereich gestaltet werden, hat Rückwirkungen auf andere Bereiche. Die freizügigere Behandlung der Mitarbeiter durch einen Vorgesetzten schafft bei straffer geführten Mitarbeitern Neid und Unzufriedenheit. ... Dies ruft nach einer gegenseitigen Abstimmung des Führungsverhaltens der Vorgesetzten und damit nach einer Vereinheitlichung des Führungsstils."[464] Auch die Vorteile der aktiven Führung gelten nicht uneingeschränkt – gilt es doch auch, den Mitarbeitern Freiräume zur Entfaltung zu lassen.

Die Konflikte lassen sich fortsetzen. *Neuberger* führt eine ganze Liste an. Ein Dilemma besteht etwa aus Gleichbehandlung vs. Eingehen auf den Einzelfall: „Vorgesetzte haben es mit Menschen zu tun, von denen keiner dem anderen gleicht; diese Individualität ist zu respektieren, zu fördern und evtl. sogar zu nutzen. Mit Einfühlungsvermögen ist auf die Besonderheiten des Einzelfalls einzugehen und die Würde des ‚ganzen' Menschen zu achten. Andererseits ... Übertreiben die Vorgesetzten das Eingehen auf den einzelnen, so kann ihnen leicht der Vorwurf der Parteilichkeit und Günstlingswirtschaft gemacht werden."[465] Ein anderes Dilemma aus dem Konflikt zwischen bewahren und Veränderung. Einerseits soll der Vorgesetzte das Unternehmen voran bringen. Andererseits soll er für Konstanz, Stabilität, und die Erhaltung von Traditionen sorgen, denn diese „schaffen Vertrauenssicherheit und Transparenz."[466]

Abbildung 3.66 zeigt noch mehr dieser Dilemmata aus Sicht von Praktikern.

- Eine Linie erkennen lassen, aber so flexibel sein, sie jederzeit wieder verlassen zu können.
- Sich aktiv anbieten, ohne sich aufzudrängen oder gar anzubiedern.
- Anpassungsfähig sein, aber nicht angepasst.
- Dinge „durchboxen", aber mit „Liebe".
- Kompromissbereit sein, aber sich nicht überfahren lassen.
- Rechtzeitig den Mund aufmachen, aber im richtigen Augenblick auch halten.
- Nicht detailverhaftet sein, aber Arbeit leisten, die auch im Detail möglichst fehlerfrei ist.
- Sachlichkeit ausstrahlen, ohne gleich als emotionaler Krüppel zu wirken.
- Gewissenhaft sein, aber nicht penibel.
- Gründlich sein, aber dennoch schnell „zu Pottekommen".
- Widerstand leisten, aber nicht zu viel.
- Nachgeben können, aber sich nicht weich klopfen/überfahren lassen.
- Wichtige Ziele mit Geduld und Ausdauer verfolgen, aber im Tagesgeschäft jederzeit seinen Mann stehen
- Mit System arbeiten, aber nicht mit Systemen kommen

Abb. 3.66 Rollendilemmata von Führungskräften. (Quelle: Neuberger (geführt) S. 96)

---

[464] Lattmann (Führungsstil) S. 46.

[465] Neuberger (geführt) S. 92.

[466] Neuberger (geführt) S. 93.

Wer sich an die Ausführungen zum Mülleimer-Modell des Unternehmens erinnert, den verwundert dies nicht. Unternehmen sind unter anderem durch Ambiguitäten gekennzeichnet. Daher müssen gerade Führungskräfte „in Widersprüchen leben..., aus denen es keinen eindeutigen und gesicherten Ausweg gibt."[467] Gefordert werden „Kompromisse zwischen Alternativen, die jeweils beide unverzichtbar sind."[468]

Mit anderen Worten folgt daraus: „Kontingenz und Komplexität sozialer Systeme lassen trivialisierende Lenkungsvorstellungen als naives Wunschdenken erscheinen ... Alle Modellvoraussetzungen der Konstruktion rationalen Entscheidens (vollständige, aktuelle und kostenlose Information über Handlungsmöglichkeiten, Umweltzustände, Präferenzen; Widerspruchsfreiheit, Eindeutigkeit der Entscheidungsregeln) sind unter empirischen Bedingungen unhaltbar (vgl. Abb. 3.66).

Es charakterisiert vielmehr die Situation des Entscheidenden, dass nahezu nichts exakt, eindeutig, objektiv, unstrittig und völlig bekannt ist. ... ‚Deine Rede sei ja, ja oder nein, nein – alles andere ist von Übel' ist eine biblische Forderung, die in einer technischen bit-Welt eingelöst wird, aber heute wie damals in sozialen Situationen meist unerfüllbar ist. Gerade Führungs-Situationen enttäuschen regelmäßig die Computer-Logik (‚Daten eingeben, Lösungen erhalten'), weil Daten anders als das Wort suggeriert, nichts ‚Gegebenes' sind, sondern etwas Beobachtetes und Erzeugtes ... Ambiguität ist unaufhebbar und nutzbar, denn ihre Kehrseite ist Deutungs-, Entscheidungs- und Handlungsspielraum – und Politik ist ... die Praxis der Freiheit."[469]

Fazit: Betriebswirte, angehende und praktizierende Führungskräfte sollten die Management-Modelle wie MbO und die Ergebnisse der Führungsforschung unbedingt kennen. Zu versuchen, diese Erkenntnisse in jeder Situation eins zu eins umzusetzen, wäre aber naiv. Erfolgreiches Führen heißt vielmehr, sie manchmal einzusetzen, manchmal nicht einzusetzen, manchmal teilweise einzusetzen, oder auch sie gleichzeitig einzusetzen und nicht einzusetzen.

3.5.5.4 Führungsethik

Existiert eine spezielle Führungsethik?[470] Diese Frage kann verneint werden, wenn damit so etwas wie eine „Sondermoral" gemeint ist. Eine Führungsethik existiert „sicher nicht in dem Sinn, dass Sondermoralen einzelne Personen oder Kollektive von allgemeinen Geltungsansprüchen ausnähmen (etwa im Sinne einer 2-Klassen-, Standes-, oder Herren-Moral, die Privilegien rechtfertigt)."[471] Für eine Führungskraft gelten also zunächst im Zusammenhang mit ethischen Fragen genau die Aussagen, die im Zusammenhang mit Unternehmens- und Individualethik gemacht wurden.[472]

---

[467] Neuberger (geführt) S. 90.
[468] Neuberger (geführt) S. 90.
[469] Neuberger (lassen) S. 704f.
[470] vgl. zum Abschnitt Neuberger (lassen) S. 731 ff, Lattmann (Führungsstil) S. 45f.
[471] Neuberger (lassen) S. 736.
[472] s. o. Kap. 2.3.

Allerdings: „Wenn aber Gefährdungen und Versuchungen in Führungspositionen größer sind, kann es durchaus sinnvoll sein, nicht etwa strengere Maßstäbe anzulegen, sondern den Begründungs- oder Rechtfertigungszwang zu erhöhen. Berühren Entscheidungen von Führungskräften mehr Lebensbereiche (und/oder diese intensiver und nachhaltiger), so ist es billig zu fordern, dass diese Folgen gründlicher bedacht und auf allgemeingültige Wertvorstellungen bezogen werden."[473] Auch wenn die Aussagen inhaltlich nichts Neues bringen, so ist doch gerade von einer Führungskraft die kritische Reflektion des Handelns zu fordern.

Auf die Führungsstilforschung praktisch angewandt, ist dabei zunächst positiv festzustellen, dass Kennzeichen erfolgreichen Führungsstils in vielen Fällen mit Kennzeichen ethischen Führungsstils einhergehen. Mitarbeiterorientierung – auch bei gleichzeitiger Leistungsorientierung –, partizipativer Stil, offene Kommunikation, Vertrauen, Integrität, „walk your talk" und gerade auch Fairness[474] sind sowohl ökonomisch als auch ethisch positiv belegt.

Freilich lässt sich daraus nicht ableiten, dass in *jedem Einzelfall* produktivitätsförderndes Führungsverhalten identisch mit ethischem Verhalten wäre. Dass es durchaus zu Konflikten kommen kann, zeigt allein der Hinweis auf die vielen Ambiguitäten, mit denen Führungskräfte konfrontiert werden. Wenn etwa die Zwänge des Marktes keine andere Wahl lassen, als Mitarbeiter abzubauen, wird sich nicht nur die Mitarbeiterorientierung in engen Grenzen halten, sondern es kann in diesem Rahmen auch zu Verhaltensweisen kommen, die unter ethischen Kriterien schwer akzeptabel sind.

So führt auch hier die Vorstellung von der Führungskraft als – um im oben diskutierten Bild zu bleiben – „reiner Moralist" nicht weiter, sondern höchstens die des „pragmatischen Moralisten". Nur sollte der pragmatische Moralist in einer Vorgesetztenrolle in ethisch sensitiven Situationen vielleicht noch stärker darauf achten, nicht *zu* pragmatisch zu werden.

3.5.6 Motivation

3.5.6.1 Bedeutung der Motivation

Nach *Wöhe* ist Führung optimal, „wenn eine Identifikation der Zielsetzung des Unternehmens mit den persönlichen Wünschen der Mitarbeiter herbeigeführt wird"[475].

Der Mitarbeiter soll demnach durch entsprechenden Einsatz von Führungsinstrumenten *Anreize* erhalten, sich im Sinne des Unternehmens zu verhalten. Solche Anreize können vielfältiger Art sein, von einer Gehaltserhöhung über Weiterbildung, Lob und Tadel, Arbeitsplatzgestaltung und mehr. Grundsätzlich werden Anreize in zwei Gruppen unterteilt: *materiell/monetäre* und *nicht-materielle* beziehungsweise *nicht-monetäre*. Abbildung 3.67 enthält einen Überblick über verschiedene Anreizarten.

---

[473] Neuberger (lassen) S. 736.

[474] vgl. Kiehling (Fairness).

[475] Wöhe (Betriebswirtschaftslehre) S. 225.

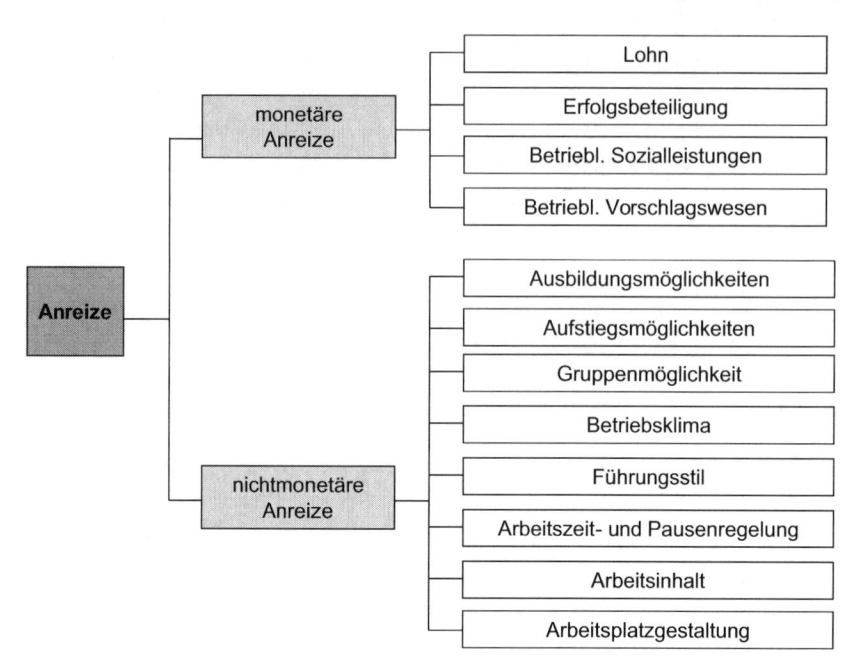

```
                              ┌─── Lohn
                ┌─monetäre────┼─── Erfolgsbeteiligung
                │  Anreize    ├─── Betriebl. Sozialleistungen
                │             └─── Betriebl. Vorschlagswesen
    Anreize ────┤
                │             ┌─── Ausbildungsmöglichkeiten
                │             ├─── Aufstiegsmöglichkeiten
                │             ├─── Gruppenmöglichkeit
                │             ├─── Betriebsklima
                └─nichtmonetäre┼── Führungsstil
                   Anreize    ├─── Arbeitszeit- und Pausenregelung
                              ├─── Arbeitsinhalt
                              └─── Arbeitsplatzgestaltung
```

Abb. 3.67 Anreizarten. (Quelle: in Anlehnung an Thommen/Achleitner (Betriebswirtschaftslehre) S. 682, Wöhe (Betriebswirtschaftslehre) S. 226)

Wenn es bei der Führung darum geht, Anreize richtig zu setzen, dann wird klar, dass *Motivation* eine *zentrale Rolle* dabei spielt – der Mitarbeiter soll *motiviert* werden, auf bestimmte (Unternehmens-)ziele hinzuarbeiten.

Was genau ist *Motivation*? Man versteht darunter „die Aktivierung oder Erhöhung der Verhaltensbereitschaft eines Menschen, bestimmte Ziele, welche auf eine Bedürfnisbefriedigung gerichtet sind, zu erreichen."[476]

Ausgangspunkt ist also die Existenz eines *Bedürfnisses*. Das Bedürfnis ist nicht befriedigt, es wird deshalb ein *Mangel* empfunden. Motiviertes Verhalten bedeutet, sich zielgerichtet so zu verhalten, dass der Mangel beseitigt, das Bedürfnis befriedigt wird.

Einfache Motivationsmodelle laufen also wie folgt ab:

1. „Erfahrung eines Mangels
2. Erwartung, dass durch ein spezifisches Verhalten der Mangel beseitigt wird
3. Verhalten, von dem angenommen wird, dass es im Sinne der Erwartung zur Befriedigung führt
4. Endhandlung, d. h. Akt der Befriedigung
5. Zustand der Befriedigung oder der Sättigung.

---

[476] Thommen/Achleitner (Betriebswirtschaftslehre) S. 684.

Beispiel:

1. Jemand erlebt seine trockene Zunge, einen trockenen Gaumen: Er hat Durst.".
2. Er erwartet, dass durch einen Gang zum Eisschrank, die Herausnahme einer Flasche Bier und durch Trinken des Inhalts das Mangelerlebnis beseitigt wird.
3. Er geht zum Eisschrank und nimmt die Bierflasche – falls wirklich eine dort ist – heraus.
4. Er trinkt das Bier.
5. Der Durst ist beseitigt. Er ist befriedigt."[477]

An dieser Stelle geht es um Verhalten, das den Unternehmenszielen entspricht.

Beispiel: das Unternehmen möchte den Umsatz steigern. Ein Außendienstmitarbeiter erlebt einen Mangel an Bedürfnissen, von denen er erwartet, dass sie materiell befriedigt werden können. Er mag etwa einen Mangel an Wohlbefinden haben und erwartet, diesen Mangel durch Buchung und Antritt einer Pauschalreise zu den Seychellen zum Preis von 2.800.- € beseitigen zu können. Da er vom Unternehmen 1 % des von ihm generierten Umsatzes als variables Gehalt erhält, besteht weiterhin die berechtigte Erwartung, bei einem Umsatz von 280.000.- € das erforderliche Geld zu bekommen (Steuern und Sozialabgaben nicht berücksichtigt). Er geht also zu den Kunden und versucht, die entsprechenden Umsätze zu generieren. Er hat Erfolg und schließt die entsprechenden Verträge ab. Der Weg zur Befriedigung seines Bedürfnisses ist frei. Und: das Unternehmen hat das Ziel erreicht, Umsatz zu generieren.

Motivation ist eine Methode der *indirekten* Steuerung von Unternehmen; genauer: eine Methode der *psychologischen* Steuerung[478]. Diese Art der Steuerung ist im Vergleich zu anderen Methoden wie der bürokratischen oder direkten Steuerung *ökonomisch effizient*. Denn motivierte Mitarbeiter besitzen die Fähigkeit der *Selbststeuerung*, was Lenkungs-, Überwachungs- und Kontrollkosten spart. Im konkreten Fall besucht der Außendienstmitarbeiter selbständig die potenziellen Kunden, ohne dass ihn ein Vorgesetzter in jedem Einzelfall dazu anhalten müsste. Die dadurch erzielbaren Effizienzsteigerungen sind beachtlich, ein Grund, weshalb der Motivationslehre große Bedeutung in der Betriebswirtschaftslehre zukommt.

Um nun die Frage zu beantworten, *wie eine Führungskraft motivieren* kann, werden im Folgenden die wichtigsten „klassischen" Motivationstheorien vorgestellt:

- die Theorie von *Maslow*
- die Theorie von *Herzberg*
- die Prozesstheorien am Beispiel von der *VIE-Theorie* von Vroom.

---

[477] Rosenstiel (Mitarbeitern) S. 197.
[478] s. o. Kap. 2.2.6.

```
        /\
       /  \
      / Selbst- \
     /verwirklichung\
    /----------------\
   / Wertschätzungs- \
  /   bedürfnisse     \
 /----------------------\
/      Soziale           \
/     Bedürfnisse         \
/--------------------------\
/      Sicherheits-         \
/     bedürfnisse            \
/------------------------------\
/      Physiologische           \
/      Bedürfnisse               \
----------------------------------
```

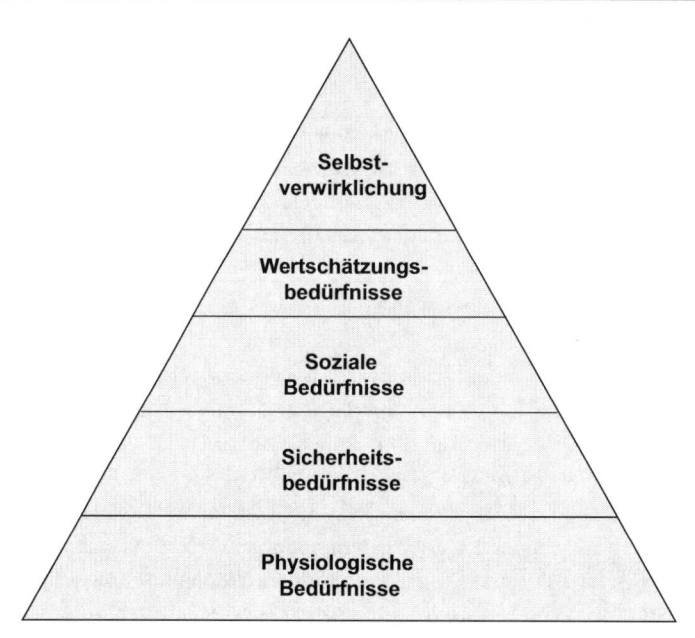

Abb. 3.68 Bedürfnispyramide nach Maslow. (Quelle: Thommen/Achleitner (Betriebswirtschaftslehre) S. 686, Kolb (Personalmanagement) S. 366, Holtbrügge (Personalmanagement) S. 13)

Anschließend werden einige praktische Konsequenzen gezogen und dann die Frage des Zusammenhangs der Perspektive des Individuums und der Motivation und Führung diskutiert.

3.5.6.2 Motivationstheorien

Eine der vermutlich aufgrund der Eingängigkeit und Anschaulichkeit am weitesten verbreitete Motivationstheorie ist die von *Maslow*[479]. Nach Maslow lassen sich die Bedürfnisse des Menschen in fünf Gruppen einteilen und hierarchisch anordnen (Abb. 3.68).

- Die Basis der Bedürfnishierarchie bilden die physiologischen Bedürfnisse bzw. Grundbedürfnisse, deren Deckung das Überleben des Menschen sichert. Dazu zählen die Bedürfnisse nach Essen und Trinken, Schlaf, körperlicher Unversehrtheit, Sexualität u. a. Übertragen auf die Arbeitswelt bedeutet dies, eine Arbeit zu verrichten, die die Möglichkeit bietet, ein Einkommen zu erzielen, mit dem die elementaren Lebensbedürfnisse gedeckt werden können.
- Die nächst höhere Ebene der Bedürfnishierarchie bilden die Sicherheitsbedürfnisse. Hierzu zählen die Bedürfnisse nach Schutz, Vorsorge und Angstfreiheit, die sich z. B. in einem sicheren Arbeitsplatz niederschlagen.

---

[479] vgl. Maslow (Motivation), Maslow (Personality), vgl. zum Abschnitt auch Thommen/Achleitner (Betriebswirtschaftslehre) S. 685 ff, Kolb (Personalmanagement) S. 366f, Holtbrügge (Personalmanagement) S. 12ff.

- Die sozialen Bedürfnisse kennzeichnen den Wunsch nach zwischenmenschlichen Kontakten, Zuwendung, Liebe, Intimität und Gemeinschaft. Diese äußern sich z. B. in der formellen und informellen Kommunikation und Interaktion mit anderen Mitarbeitern und dem Bedürfnis nach einem akzeptierten Platz innerhalb von Arbeitsgruppen.
- Die Wertschätzungsbedürfnisse beinhalten das Bedürfnis nach Anerkennung durch andere Personen (z. B. Führungskräfte oder Gruppenmitglieder) und durch sich selbst. Ausdruck dafür sind etwa die mit einer Tätigkeit verbundenen Kompetenzen, Titel, die Höhe des Entgelts oder Statussymbole wie Dienstwagen oder die Büroausstattung.
- Der Gipfel der Bedürfnispyramide bildet das Bedürfnis nach Selbstverwirklichung."[480] Das wurde von Maslow selbst einmal als die Tendenz bezeichnet, alles zu aktualisieren, was jemand an Möglichkeiten besitzt.

In einer Hierarchie werden die Bedürfnisse daher dargestellt, weil Maslow annimmt, dass der Mensch höherwertige Bedürfnisse erst dann zu befriedigen versucht, wenn die geringerwertigen Bedürfnisse als zumindest weitgehend befriedigt empfunden werden.

Also: der Mensch befriedigt zuerst seine Grundbedürfnisse nach Schlaf, Essen und Trinken und so weiter, um sich danach den Sicherheitsbedürfnissen zuzuwenden. Sind diese befriedigt, so versucht er, soziale Bedürfnisse zu befriedigen und so weiter.

Die Bedürfnisse der Stufen 1 bis 4 bezeichnet er als *Mangelbedürfnisse*. Damit drückt er aus, dass sie *verschwinden*, wenn sie befriedigt sind, und wieder auftauchen, wenn wieder ein Mangel empfunden wird.

Im Gegensatz dazu gilt die Selbstverwirklichung als ein *Wachstumsbedürfnis*, das stetig bei der Befriedigung zunimmt. Selbstverwirklichung als Vehikel zum persönlichen Wachstum ist nach Maslow ein Selbstzweck.

Da die vier Grundbedürfnisse in den entwickelten Industrieländern weitgehend erfüllt sind, folgert Maslow, dass Motivation nur gelingen kann, wenn auf die fünfte Gruppe, die Selbstverwirklichung, abgestellt wird. Konsequenterweise ist danach Mitarbeitern viel Freiraum und Entscheidungsspielraum zu geben, zum Beispiel durch job enrichment und dergleichen.

Maslows Theorie ist derartig häufig kritisiert worden, dass es im Grunde verwundert, wie populär sie nach wie vor ist. Die Kritik ist einmal analytischer Natur, so wird die unzureichende Definition und Trennschärfe zentrale Begriffe bemängelt[481]. Zum andern ist die Theorie nie empirisch verifiziert worden. Im Gegenteil lässt sich etwa aus den bekannten Studien von *Hofstede*[482] ableiten, dass das Gewicht der Bedürfnisse kulturabhängig ist. In Deutschland ist etwa das Sicherheitsbedürfnis (bzw. das Bedürfnis nach Unsicherheitsvermeidung) vergleichsweise hoch, in Japan und China sind hingegen soziale Bedürfnisse ausgeprägter.

---

[480] Holtbrügge (Personalmanagement) S. 13f.

[481] vgl. z. B. Staehle (Management) S. 170f, Berthel/Becker (Personal-Management) S. 22.

[482] vgl. Hofstede (Consequences).

So ist es wohl zu pauschal, für die Praxis die Empfehlung zu geben, schwerpunktmäßig oder ausschließlich auf die Selbstverwirklichung zu setzen, um die Motivation zu steigern. Zumindest aber dürfte Maslow mit den fünf Bedürfniskategorien eine passable Klassifizierung aller menschlichen Grundbedürfnisse gelungen sein. Eine Führungskraft mag sich daher durchaus in der Praxis fragen, welche Bedürfnisse bei welchem Mitarbeiter im Vordergrund stehen mögen. Entsprechend kann er die Mitarbeiter ansprechen und behandeln.

Mitarbeiter, bei denen beispielsweise die sozialen Bedürfnisse im Vordergrund stehen, sollte danach Gelegenheit für ausreichende soziale Kontakte während der Arbeit gegeben werden, was auch gelegentliche Zigarettenpausen mit damit verbundenen „Schwätzchen" mit Kollegen einschließt. Wer vor allem auf Anerkennung reagiert, der sollte nicht nur gelobt werden – ohnehin ein bekannter Motivator – sondern er sollte auch entsprechend behandelt werden, wenn es um Statussymbole wie den besten Arbeitsplatz im Büro oder die erwähnten Titel oder Dienstwagen geht und so weiter.

Die Theorie von *Frederick Herzberg*,[483] eine zweite grundlegende Motivationstheorie, beruht auf einer Befragung von 200 Ingenieuren und Buchhaltern in Pittsburgh auf mittels halbstrukturierter Interviews.

Herzberg kam zu dem Schluss, dass *zwei unterschiedliche Arten* von Faktoren existieren.

Solche, die zu *Arbeitszufriedenheit* führen und solche, die zu *Arbeitsunzufriedenheit* führen. Erstere nennt er Motivatoren, letztere *Hygienefaktoren*:

- „Motivatoren (Satisfaktoren), Kontenfaktoren, intrinsische Faktoren) sind Faktoren, mit denen die Arbeitszufriedenheit erreicht werden kann. Hierzu zählen etwa die Arbeitsleistung, der Arbeitsinhalt oder die empfundene Verantwortung.
- Hygienefaktoren (Frustratoren, Kontextfaktoren, extrinsische Faktoren) stellen dagegen Faktoren dar, die lediglich Arbeitsunzufriedenheit verhindern können. Analog zur Medizin können diese Faktoren zwar nicht heilen, sie können jedoch vor einer Ausweitung der Krankheit schützen. Durch Hygienefaktoren wie z. B. die Unternehmungspolitik, die Arbeitsüberwachung oder den Arbeitslohn wird also allenfalls Nicht-Arbeits-Unzufriedenheit erreicht, jedoch keine positive Wirkung auf die Arbeitszufriedenheit (Motivation) erzielt."[484]

Welche Faktoren wie beurteilt werden, hat Herzberg grafisch dargestellt (Abb. 3.69), eine Darstellung, die wohl zu den am meisten zitierten in den betriebswirtschaftlichen Lehrbüchern gehört.

Wer sich bei seiner praktischen Arbeit nach Herzberg richten möchte, für den ergeben sich markante Konsequenzen bei der Führungstätigkeit.

---

[483] vgl. Herzberg (Work), vgl. zum Abschnitt auch Thommen/Achleitner (Betriebswirtschaftslehre) S. 688f, Kolb (Personalmanagement) S. 367f, Holtbrügge (Personalmanagement) S. 15f.
[484] Holtbrügge (Personalmanagement) S. 16.

3.5 Human Resources Management (HRM)

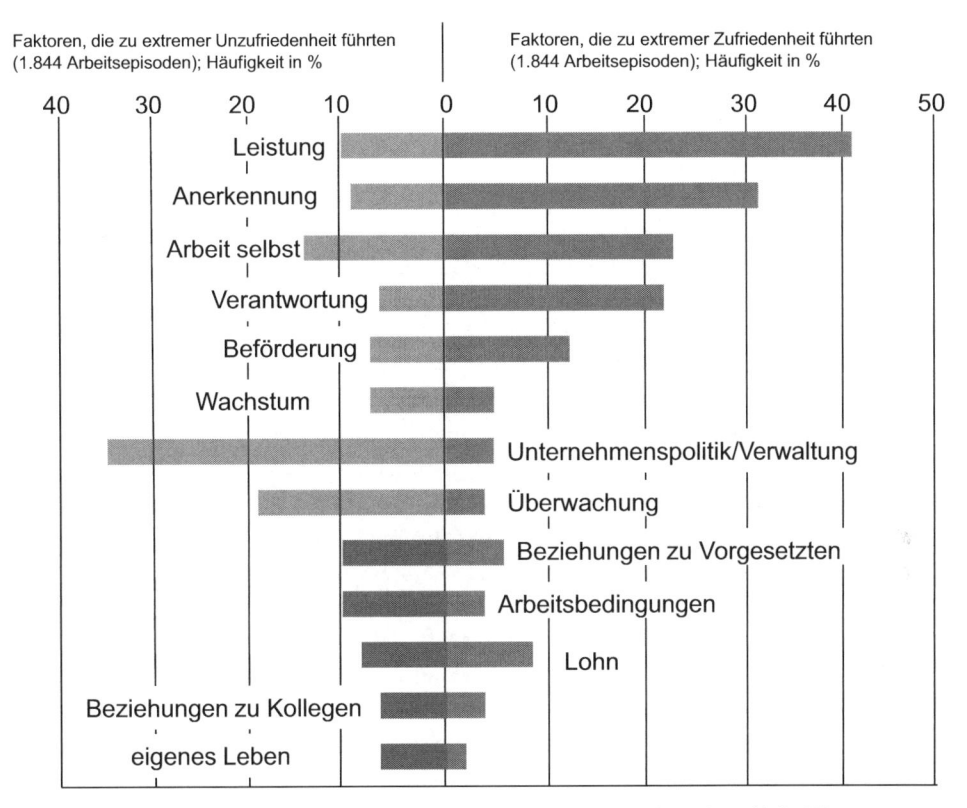

Faktor	Unzufriedenheit (%)	Zufriedenheit (%)
Leistung		~41
Anerkennung		~33
Arbeit selbst		~26
Verantwortung		~23
Beförderung		~20
Wachstum		~16
Unternehmenspolitik/Verwaltung	~31	
Überwachung	~20	
Beziehungen zu Vorgesetzten	~15	
Arbeitsbedingungen	~12	
Lohn	~13	
Beziehungen zu Kollegen	~8	
eigenes Leben	~6	

Abb. 3.69 Einflussfaktoren der Arbeitszufriedenheit. (Quelle: Herzberg (Work) S. 57)

Die Hygienefaktoren, etwa die Arbeitsbedingungen, müssen zwar einen bestimmten Standard erreichen, um nicht zu Unzufriedenheit führen. Wirklich motivierend, wirklich anspornend, wirken aber andere Maßnahmen: herausfordernde Arbeiten, die dem Mitarbeiter das Gefühl geben, etwas zu leisten, die Übertragung von Verantwortung, und die Anerkennung für erbrachte Leistungen.

Doch ist auch Herzbergs Theorie nicht frei von Kritik. Ähnlich wie Maslow, wird Herzberg insbesondere vorgeworfen, zu pauschal zu sein. Seine Theorie berücksichtigt zu wenig *individuelle und situationsabhängig Besonderheiten*.[485] Je nach individuellem Erfahrungshintergrund und je nach Situation können bestimmte Motivationsfaktoren sehr stark wirken oder auch nicht. Auch hier gilt es daher in der Praxis wohl zu überlegen, ob Maßnahmen wie von Herzberg propagiert wirken werden, oder ob bestimmte in den Personen oder der Situation liegende Bedingungen dagegen stehen.

Die Theorien von Maslow und Herzberg gehören zu der Gruppe der *Inhaltstheorien* der Motivation. „Inhaltstheorien der Motivation bieten Kataloge von inhaltlich bestimmten Bedürfnissen, Trieben, Motiven etc. an, die meist als Mangelzustände konzipiert werden

---

[485] vgl. Holtbrügge (Personalmanagement) S. 16.

(Hunger, Schlaf, Durst, Sexualität, Sicherheit etc.) ... Meist wird von einem Satz von Grundbedürfnissen ausgegangen, die sich vielfältig differenzieren lassen."[486]

Dem steht eine zweite Gruppe gegenüber: die Formal- oder *Prozesstheorien*. „Formal- oder Prozesstheorien legen sich ... nicht auf Inhalte fest (bestimmte Triebe, Motive, Bedürfnisse, Strebungen etc.), sondern beschreiben lediglich formal den Prozess der Auswahl zwischen verschiedenen Möglichkeiten des Handelns."[487]

Exemplarisch sei die wohl bedeutendste der Prozesstheorie dargestellt, die *VIE-Theorie* von *Vroom*[488].

Die Buchstaben VIE stehen für *Valenz, Instrumentalität* und *Erwartung*. Diese drei Faktoren werden als zentral für die Motivation angesehen.

- „Die Valenz (Wertigkeit) ist die subjektiv empfundene Bedeutung persönlicher Bedürfnisse für ein Individuum. Im Unterschied zu den Inhaltstheorien der Motivation geht Vroom davon aus, dass diese nicht konstant und personenunabhängig ist, sondern von Person zu Person und im Zeitablauf schwankt. So hängt die Valenz persönlicher Bedürfnisse z. B. von der Karrierephase und den jeweiligen Umweltbedingungen (z. B. Arbeitsmarkt) ab.
- Die Instrumentalität bezeichnet die Erwartung, dass die Belohnung durch die Unternehmung dazu beiträgt, als bedeutsam erachtete Bedürfnisse zu befriedigen (Zweck-Mittel-Denken)
- Hinsichtlich der Erwartung können zwei Formen unterschieden werden:
- Die Handlungs-Ergebnis-Erwartung ist die subjektive Wahrscheinlichkeit, dass mit einer bestimmten Handlung (Anstrengung) ein bestimmtes Ergebnis (Aufgabenziel) erreicht wird. Ihre Höhe hängt u. a. von der Qualifikation des Mitarbeiters zur Ausübung seiner Tätigkeit sowie von der präzisen Formulierung von Leistungszielen und deren Realisierbarkeit ab.
- Als Ergebnis-Folge-Erwartung wird die subjektive Wahrscheinlichkeit bezeichnet, dass die mit dem Erreichen des Aufgabenziels verknüpfte (versprochene) Belohnung von der Unternehmung auch tatsächlich gewährt wird. Sie wird insbesondere durch das zeitliche Auseinanderfallen zwischen Leistung und Belohnung beeinflusst. ...

Die zentrale Aussage der VIE-Theorie besteht darin, dass sich die Arbeitsmotivation eines Mitarbeiters als Produkt aus Valenz, Instrumentalität und Erwartungen ergibt. Ist einer dieser Faktoren nicht gegeben, kann folglich keine Arbeitsmotivation bewirkt werden."[489] (Abb. 3.70)

Auch die VIE-Theorie hat konkrete Konsequenzen für das Personalmanagement.

---

[486] Neuberger (lassen) S. 533f.
[487] Neuberger (lassen) S. 534.
[488] vgl. Vroom (Motivation), vgl. zum Abschnitt auch Neuberger (lassen) S. 533 ff, Holtbrügge (Personalmanagement) S. 18ff.
[489] Holtbrügge (Personalmanagement) S. 18f.

3.5 Human Resources Management (HRM)

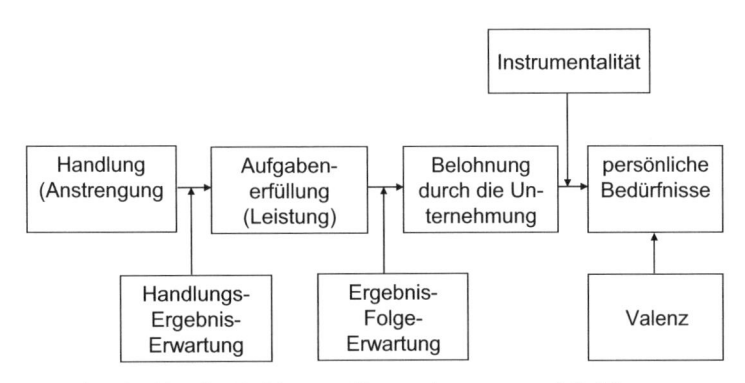

Abb. 3.70 VIE-Theorie. (Quelle: Holtbrügge (Personalmanagement) S. 19

Um einen Mitarbeiter zu motivieren, muss also zunächst danach gefragt werden, welche *Wertigkeit* (Valenz) die Ziele für einen Mitarbeiter haben. Konkret: Ein ehrgeiziger Mitarbeiter mag das ausgeprägte Bedürfnis haben, an gesellschaftlichem Status zu gewinnen, Status hat also für ihn eine hohe Valenz.

Um ihn zu motivieren, muss das Unternehmen seine Leistung mit etwas belohnen, das einen Zusammenhang mit der Erlangung von Status hat – etwa eine Beförderung. Es besteht also eine Instrumentalität, ein zumindest vom Mitarbeiter subjektiv wahrgenommener Zusammenhang zwischen Beförderung und Status.

Eine Beförderung kann der Mitarbeiter nach seiner Wahrnehmung erreichen durch exzellente Arbeitsergebnisse (Handlungs-Ergebnis-Erwartung). Der Mitarbeiter wird also motiviert werden durch die Übertragung von Aufgaben und die Vereinbarung von Zielen, die eine entsprechende Qualität bzw. ein entsprechendes Anspruchsniveau haben. Beispielsweise könnte der erwähnte Mitarbeiter die Aufgabe bekommen, eine neue Software im Unternehmen einzuführen und das Projekt bis zum Ende des kommenden Jahres erfolgreich abzuschließen.

Generell entscheidend bei der Handlungs-Ergebnis-Erwartung ist vor allem die richtige *Höhe des Zielniveaus*. Dieses darf nicht zu hoch und nicht zu niedrig sein (Abb. 3.71).

Denn bei zu niedriger Zielvorgabe wird sich der Mitarbeiter kaum anstrengen – er geht davon aus, das Ziel ja sowieso zu erreichen. Aber auch ein zu hoch gestecktes Ziel ist negativ für die Motivation – wer den Eindruck hat, ein Ziel ohnehin nicht erreichen zu könne, wird sich ebenfalls kaum bemühen. Diese Erkenntnis ist etwa bei Zielvereinbarungen im Rahmen von MbO von essentieller Bedeutung. Ziele, etwa Verkaufsziele im Außendienst, müssen so hoch sein, dass sie der Mitarbeiter erreichen kann – aber gerade so, bei großer Anstrengung. Es gehört zu den Herausforderungen der Führungskraft, die Ziele so zu vereinbaren, dass sie nahe bei dem Punkt X liegen.

Dass versprochene Belohnungen auch gewährt werden müssen (*Ergebnis-Folge-Erwartung*) hört sich selbstverständlich an. In der Praxis ist es dies aber keineswegs. Konkrete Leistungsprämien, die etwa bei Zielvereinbarungen festgelegt wurden oder Akkordlöhne werden zwar selten vorenthalten. Durchaus nicht unüblich ist es aber, Mitarbeiter mit vagen Formulierungen über in Aussicht stehende Gehaltserhöhungen oder Beförderungen zu motivieren, diese aber dann Jahr für Jahr hinaus zu zögern.

Abb. 3.71 Zusammenhang zwischen Zielhöhe und Motivation

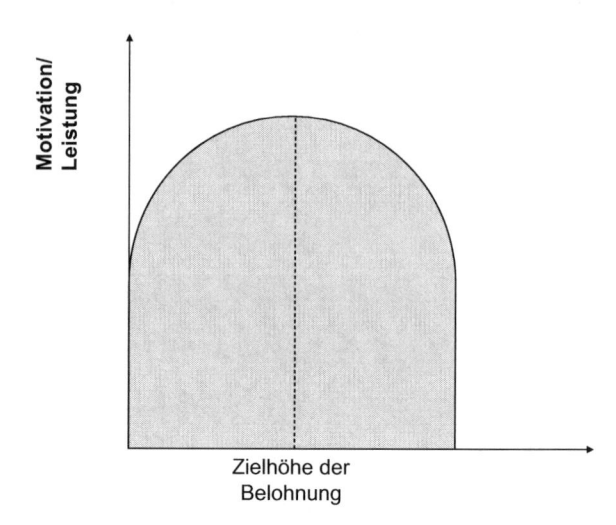

Abbildung 3.72 stellt die VIE-Theorie noch einmal im Bezug auf das beschriebene Beispiel dar.

Das Beispiel mag banal klingen, und der Leser mag sich denken, dass die aufgeführten Führungsentscheidungen auch ohne Kenntnis der VIE-Theorie getroffen worden wären. Das muss aber durchaus nicht immer der Fall sein.

Nehmen wir im Beispiel an, der Mitarbeiter sei weniger ehrgeizig und mit seiner Stellung in der Hierarchie und seinem Einkommen zufrieden. Alle anderen Rahmenbedingungen, etwa die Qualifikation des Mitarbeiters, seien identisch mit dem obigen Beispiel. Gewinn an Status hätte für diesen Mitarbeiter keine Valenz. Dann wäre es für das Unternehmen genau *nicht* empfehlenswert, ihn mit der Aussicht auf eine Beförderung für sein Engagement im Projekt motivieren zu wollen. Denn die Beförderung interessiert ihn einfach nicht; vielleicht hat er wegen der damit verbundenen Mehrarbeit und größeren Verantwortung sogar eine Abneigung davor. Möglicherweise, wenn persönliche Freiräume in seiner Bedürfnishierarchie wichtiger sind, könnte man ihn aber damit motivieren, dass die

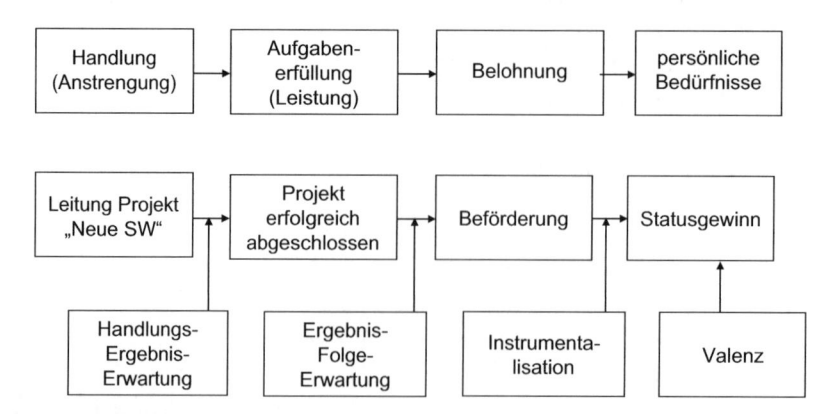

Abb. 3.72 VIE-Theorie – Beispiel

Arbeit im Projekt ihm genau diese Freiräume bringt und er bei erfolgreichem Abschluss andere Projekte mit ebenfalls entsprechendem Freiraum betreuen könnte.

> **Beispiel: Motivation von Studierenden**
>
> Wie können Studierende motiviert werden? Aus der VIE-Theorie kann einiges dazu abgeleitet werden.
> - So ist zuerst einmal zu fragen, was einem Studierenden beim Studium überhaupt wichtig ist (Valenz). Angenommen, Studierende sind rein am Erreichen des Abschlusses (z. B. Bachelor in BWL) orientiert, um als Akademiker auf dem Arbeitsmarkt bessere Chancen und ein höheres Einkommen und gesellschaftliches Prestige zu haben. Hohe Valenz besitzen dann Einkommen und Prestige, der Bachelor ist die Belohnung der Handlungen, das Mittel zum Zweck „Einkommen und Prestige" (Instrumentalität).
>
> Für die Gestaltung des Curriculums ergeben sich damit konkrete Anforderungen. Lehrveranstaltungen sind rein prüfungsorientiert und praxisorientiert im Sinne von möglichst konkreten Handlungsanweisungen („Kochrezepten") zu gestalten.
>
> Die Behandlung eher abstrakter Themen, nicht prüfungsrelevante Vorträge, Kolloquien über gesellschaftliche Rahmenbedingungen der Betriebswirtschaftslehre oder Studium Generale – das wird diese Studierenden nicht interessieren. Sie sind nicht motiviert, daran teilzunehmen. Die Hochschule kann in diesem Fall auch darauf verzichten.
>
> Anders, wenn für Studierende auch die Aneignung von Wissen über ein bestimmtes Sachgebiet ein Bedürfnis *an sich* ist, der Wissenserwerb also auch dann eine hohe Valenz hat, wenn er nicht unmittelbar zur Erlangung des Abschlusses relevant ist. Dann werden die genannten Veranstaltungsformen sehr wohl auf großes Interesse stoßen.
> - Auch der Zusammenhang zwischen Zielhöhe und Motivation (Handlungs-Ergebnis-Erwartung) lässt sich anhand von Prüfungsniveaus demonstrieren. Das Niveau sollte nicht zu niedrig sein. Studierende werden mehr lernen, wenn sie wissen, dass die Prüfungen ein ansprechendes Niveau haben und nicht ohne weiteres bestanden werden. Andererseits kennen manche Studierende auch aus leidvoller eigener Erfahrung, was passiert, wenn die Anforderungen *zu* hoch sind. Die Frustration, der Gedanke „ich schaffe es ja doch nicht" wird zum Nachlassen von Motivation und Leistung führen.
> - Ein typisches Problem des Hochschulstudiums ist schließlich auch das weite zeitliche Auseinanderfallen von Leistung und Belohnung (Ergebnis-Folge-Erwartung). Ein Dozent mag Studierenden im zweiten Semester erklären, wie nützlich Kenntnisse aus dem Fach Kostenrechnung im Berufsleben sind, wie wichtig also eine gute Leistung ist. Die Ergebnis-Folge-Erwartung ist zwar da – wenn ich gut bin in Kostenrechnung, bin ich im Beruf erfolgreicher. Aber zwischen Leistung und Belohnung liegen mindestens drei Jahre, in vielen Fällen noch mehr. Wenig verwunderlich, dass die Aussagen des Dozenten daher nur einen begrenzten Effekt auf die Motivation der Studierenden besitzen.

Wie nicht anders zu erwarten, ist auch Vroom nicht frei von Kritik, die sich etwa daran entzündet, dass eine Theorie wie V-I-E doch eine sehr starke Vereinfachung von menschlicher Verhaltensweisen darstellt. Oder daran, dass die drei Variablen in der Realität nicht wie postuliert unabhängig voneinander sind, sondern dass zum Beispiel die wahrgenommene Wahrscheinlichkeit doch die Valenz beeinträchtigen dürfte und umgekehrt. „Trotz dieser Mängel hat die VIE-Theorie wesentlich zum besseren Verständnis der Arbeitsmotivation beigetragen. Eine große Relevanz besitzt vor allem das in den Inhaltstheorien völlig vernachlässigte Konzept der Erwartung."[490]

3.5.6.3 Einige Konsequenzen für die Praxis

Wie schon bei den Führungsstilen so existiert aus bei den Motivationstheorien nicht „die Supertheorie", aus der sich kochrezeptartig ableiten ließe, wie Mitarbeiter zu motivieren sind. Entsprechende Behauptungen führen leicht in die Irre. Dennoch sei der Versuch gewagt, bei aller gebotenen Vorsicht zumindest einige Hinweise zu geben:

- Generell zieht es sich fast wie ein roter Faden durch die Beschreibung der Motivationstheorien, dass nur derjenige erfolgreich motiviert, der auf die richtigen *Bedürfnisse* der Mitarbeiter *eingeht*. Identifikation der Bedürfnisse und entsprechen Handeln ist also eine Regel.
- Umstritten und wohl *weniger* bedeutsam bei der Motivation als allgemein unterstellt sind *monetäre* Anreize. Dazu noch mehr im folgenden Kapitel „Entgelt".
- Wichtiger als allgemein und insbesondere von den Führungskräften vermutet sind hingegen die eher „weichen" Faktoren *Anerkennung* und das Gefühl, Bescheid zu wissen, also richtige *Information und Kommunikation*. Ein Beispiel sind die Ergebnisse einer Umfrage zu den wichtigsten Motivationsfaktoren in Abb. 3.73.

	Einschätzung der Angestellten	Einschätzung der Angestellten nach Meinung der Manager
Anerkennung für geleistete Arbeit	1	8
Das Gefühl, „Bescheid zu wissen"	2	10
Hilfe bei privaten Problemen	3	9
sichere Arbeitsplätze	4	2
hohe Gehälter/Löhne	5	1
Interessante Arbeit	6	5
Beförderung in der Firma	7	3
Loyalität seitens der Vorgesetzten	8	6
Gute Arbeitsbedingungen	9	4
Disziplin	10	7

Abb. 3.73 Wichtige Motivatoren aus Sicht von Mitarbeitern und Managern. (Quelle: Iaconetti/O'Hara (Karriere) S. 192)

---

[490] Holtbrügge (Personalmanagement) S. 20.

Das deckt sich auch mit den Erkenntnissen zu erfolgreichen Führungsstilen. Anerkennung, Information, Kommunikation sind entscheidende Stellgrößen.

- Es klingt nach einer Binsenweisheit, wird aber von der Literatur und Experten aus der Praxis bestätigt: Lob wirkt sehr motivierend, „Lob ist unersetzlich."[491]
Wobei auch die Begleitumstände wichtig sind: „Die Regel: ‚Öffentlich loben, unter vier Augen tadeln' gehört zu den wenigen wirklich ewigen Wahrheiten des Managements."[492]
- Und es gilt auch hier: wer motivieren will, muss *Vorbild* sein[493]. „Walk your Talk", trinke keinen Wein, wenn Du Wasser predigst. Wer nicht selbst integer und echt in seinem Führungsverhalten ist, der kann das – bei aller Kenntnis von Motivationstheorien – auch nicht von anderen erwarten. Ein Beispiel hierzu soll dieses Kapitel abschließen.

Beispiel: die Tankfüllung zum Wochenende

In der Automobilindustrie ist es üblich, Führungskräften Dienstwagen der eigenen Marken zur Verfügung zu stellen. Für diese Fahrzeuge übernimmt das Unternehmen neben anderen Kosten auch die für das Benzin, sofern an der unternehmenseigenen Tankstelle auf dem Werksgelände getankt wird. Um für das Wochenende für eventuell längere Fahrten gerüstet zu sein, ohne dass dabei das Benzin zur Neige geht und die Führungskraft auf eigene Kosten nachfüllen muss, führt dies an Freitagen zu großem Andrang an der Werkstankstelle.

In einem Unternehmen, so wird gesagt, führte das teilweise zu langen Warteschlangen und chaotischen Szenen, wenn Führungskräfte, teilweise mit Reservekanistern „bewaffnet", ihre Fahrzeuge auftankten. Die Vorgesetzten verschwanden, teilweise für längere Zeit, um ihren Wagen aufzutanken. Oder sie schickten einen Mitarbeiter zum auftanken. Ob dabei wichtige Arbeiten vor dem Wochenende liegen blieben, interessierte manche Führungskraft dabei wenig – die Tankfüllung für das eigene Fahrzeug stand auf der Prioritätenliste weiter oben.

Unschwer nachzuvollziehen – diesen Führungskräften wird es sehr schwer fallen, Mitarbeiter, die in der Regel das Privileg der Dienstwagen nicht haben, zu motivieren, mit viel Einsatz und Engagement Arbeiten termingerecht fertig zu stellen.

3.5.6.4 Führung und Motivation – warum funktionieren sie nicht?

Wer sich aktuelle empirische Untersuchungen anschaut, der stellt fest: Motivation der Mitarbeiter und die Führungsleistungen der Vorgesetzten bewegen sich in Deutschland nicht gerade auf hohem Niveau – ganz im Gegenteil. Die Unternehmensberatung Gal-

---

[491] Loll (Lob).
[492] Iaconetti/O'Hara (Karriere) S. 207.
[493] vgl. z. B. Lattmann (Führungsstil) S. 43.

lup hat das Engagement von Mitarbeitern am Arbeitsplatz anhand einer Umfrage unter 1.822 repräsentativ ausgewählten Arbeitnehmern ermittelt[494]. Dabei sollten die Probanten zwölf Aussagen zum Arbeitsplatz bzw. -umfeld anhand einer Fünfpunkteskala von „stimme vollständig zu" bis „stimme gar nicht zu" bewerten. Die Resultate sind ernüchternd. Im Jahr 2004 hatten danach 18% gar keine, 69% eine nur geringe emotionale Bindung an das Unternehmen, insgesamt also 87%. Eine hohe Bindung haben nur die restlichen 13%.

Die geringe Bindung und Motivation hat unmittelbar und mittelbar ökonomische Auswirkungen. So weisen Mitarbeiter ohne Bindung mehr Fehltage aus – im Durchschnitt 13 zu nur 9 Fehltagen bei engagierten Mitarbeitern. Weitere Auswirkungen sind geringere Produktivität am Arbeitsplatz sowie die Abwanderung von Kunden – Mitarbeiter ohne oder mit geringer Bindung bedienen Kunden schlechter und empfehlen Produkte ihres Unternehmens nicht im Bekanntenkreis.

Gallup hat die Auswirkungen auf die Bundesrepublik Deutschland hochgerechnet und kommt zu einem gesamtwirtschaftlichen Schaden durch fehlende Motivation in Höhe der gigantischen Summe von 234 bis 245 Mrd. €. Die Studie hat in der Öffentlichkeit ein großes Echo ausgelöst[495].

Gallup schlussfolgert daraus: „Das Problem ist weitestgehend ‚hausgemacht' und geht auf schlechte Führung in den Unternehmen ... zurück."[496] Es mangelt an wichtigen Motivatoren wie ernst gemeintes Lob und Anerkennung für gute Arbeit oder Partizipation bei Entscheidungen.

Was ist der *Grund* dieser Defizite bei der Führung? Eine Frage, von der es sich lohnt, sie näher zu beleuchten.

Eine mögliche Erklärung wären schlicht *fehlende Fähigkeiten* der Vorgesetzten aufgrund von *Defiziten in der Ausbildung* und dergleichen. Bei oberflächlicher Betrachtung mag sie plausibel erscheinen, schließlich haben auch die Ausführungen in diesem Kapitel gezeigt, wie schwierig und voller Ambiguitäten Führung sein kann. Bei näherer Betrachtung sind aber Zweifel angebracht. Die Erkenntnisse der Motivationsforschung sind seit Jahrzehnten Bestandteil der Lehre an den Hochschulen, der Markt wird geradezu überschwemmt von Seminaren zum Thema „Führung" und „praxisorientierter" „Ratgeber"-Literatur. Auch hat praktisch jede Führungskraft Erfahrung damit, nicht nur zu führen, sondern auch geführt zu werden; kennt also sowohl die Perspektive des Vorgesetzten als auch die des Geführten selbst. Von daher wären also bessere Führungsleistungen zu erwarten.

Es kann auch eingewandt werden, dass Führung gerade in *wirtschaftlich schlechten Zeiten* bisweilen zwangsläufig aus Sicht des Mitarbeiters mit unangenehmen Entscheidungen und damit mit Demotivation verbunden ist. Karrierehoffnungen müssen enttäuscht werden, im worst case kommt es zu Entlassungen. In den USA und Großbritannien, Ländern also mit höheren Wirtschaftswachstumsraten, ist die emotionale Bindung nach der

---

[494] vgl. Gallup GmbH (Engagement).
[495] vgl. z. B. o.V. (Job), Henrich (Demotivation), Kiehling (Fairness).
[496] Gallup GmbH (Arbeitsplatz).

3.5 Human Resources Management (HRM)

gleichen Untersuchung höher als in Deutschland.[497] Das spricht für die These, wonach Motivationsanreize eher in wirtschaftlich besserem Umfeld wirken.

Jedoch erklärt auch das bestenfalls einen Teil des Sachverhalts. Denn wenn wie dargestellt viele Motivationsanreize gerade nicht-materieller Natur sind, dann können sie unabhängig von der wirtschaftlichen Lage zumindest angewandt werden, wenn auch wohl nicht mit der gleichen Wirkung. Aber es darf auch der Kausalzusammenhang zwischen Motivation und wirtschaftlicher Lage auf Ebene des einzelnen Unternehmens nicht zu einseitig gesehen werden. Fehlende Motivation ist nicht (nur) eine Folge schlechter Wirtschaftslage. Vielmehr gilt (auch) die umgekehrte Aussage: hohe Motivation führt via geringeren Fehlzeiten, höherer Produktivität und so weiter zu einer besseren wirtschaftlichen Lage.

Entscheidend ist also offenbar ein anderer Grund. Wieder kommt nur weiter, wer die *individuelle Perspektive* betrachtet, also die Person der Führungskraft mit ihren *eigenen persönlichen Interessen* und Motiven beleuchtet. Dabei wird schnell klar, wo die Schwächen vieler oben beschriebener Motivationstechniken liegen. Sie gehen davon aus, dass die Führungskraft, die motivieren soll, das auch tut, weil sie im Sinne des Unternehmens handelt. Tatsächlich wird sie aber, wie andere Menschen auch, von *Eigeninteressen* geleitet[498]. Und die Principal-Agent-Theorie lehrt uns, dass die eigenen Interessen keineswegs zwangsläufig mit denen des Unternehmens übereinstimmen müssen.

Zunächst spricht nichts dafür, dass Führungskräfte per se im moralischen Sinn *gute* Menschen sind. Die Geschichte gerade des 20. Jahrhunderts ist voll von „Führungskräften", die für das Gegenteil stehen, angefangen von Stalin, Hitler, Pol Pot, Idi Amin, Mao Tse-tung oder Slobodan Milosevic[499]. Führungskunst geht keineswegs zwangsläufig und ausschließlich einher mit moralisch positivem Verhalten: „Selbst Monster können uns etwas darüber lehren, wie man Menschen führt. Hitler beispielsweise war ein Meister der manipulierenden Kommunikation"[500]. Der verstorbene Professor für politische Philosophie an der University of Chicago, Leo Strauss, erkannte, „was unsere Führungsexperten vergessen zu haben scheinen: Willkürliche, mörderische, anmaßende, korrupte und böse Führer sind effektiv und allgegenwärtig – nur in der Literatur über Unternehmensführung kommen sie nicht vor."[501]

Natürlich sind Führungskräfte nicht grundsätzlich willkürlich oder mörderisch oder korrupt. Offenbar besitzen viele Führungskräfte aber Persönlichkeitsstrukturen, die Eigenschaften wie Integrität oder einem mitarbeiterorientierten und ethischen Kriterien entsprechenden Führungsstil zumindest nicht förderlich sind.

Warum aber finden sich so viele Personen mit diesen Persönlichkeitsstrukturen in Führungspositionen?

---

[497] vgl. Gallup GmbH (Engagement).
[498] vgl. z. B. Gairing (Eigeninteressen), Neuberger (lassen) S. 680ff.
[499] vgl. Kellerman (Macht).
[500] Kellerman (Macht) S. 96.
[501] Kellerman (Macht) S. 94.

Weil, unter bestimmten Rahmenbedingungen, *gerade Verhaltensweisen dazu angetan sind, Führungspositionen zu erreichen und auszufüllen, die im genauen Gegensatz zu denen stehen, die in den Motivationstheorien propagiert werden*!

Zwar wurde oben festgestellt, dass erfolgreiches Führen im *Sinne des Unternehmens* meistens, wenn auch nicht immer, mit hoher Motivation einhergeht. Daher wäre zunächst zu erwarten, dass gut motivierende Vorgesetzte auch erfolgreich sind, und sich dieses Verhalten auch *persönlich* auszahlt.

Das ist auch der Fall, wenn die Leistungen von *Außenstehenden* – der Führungskraft der Führungskraft selbst – objektiv messbar sind. Diese Bedingungen treffen in manchen Fällen zu. Beispielsweise kann die Leistung des Geschäftsführers eines Supermarktes relativ gut am Gewinn gemessen und mit anderen Supermärkten des Unternehmens verglichen werden. Die Leistung eines Abteilungsleiters eines mittleren Unternehmens wird auch gut messbar sein, wenn sein Vorgesetzter der Inhaber des Unternehmens ist, der seit zwanzig Jahren in seinem Betrieb tätig ist und jedes Detail kennt.

In anderen Fällen ist diese Messung aber nicht oder nur ungenau anhand von Indikatoren möglich. Man denke etwa an den Abteilungsleiter A einer Public Relations- oder Planungsabteilung eines Großunternehmens. In diesen Fällen ist kaum transparent zu machen, wie erfolgreich die Führungskraft ist. Es existieren also klassische *Principal-Agent* Bedingungen.[502] Der Agent, in diesem Fall der Abteilungsleiter A, mag um seine Leistung wissen. Sein Vorgesetzter AA aber, in dem Fall der Principal, kann dies nur unvollständig beurteilen. Es herrscht die typische Situation der *Informationsasymmetrie*. Der Abteilungsleiter kann sich daher *opportunistisch* verhalten, also seine Leistung unter Ausnutzung seines Informationsvorsprungs besser darstellen, als sie ist, gegebenenfalls auch unter Anwendung fragwürdiger Praktiken wie unwahrer Angaben.

Die Prinicpal-Agent-Situation wird noch verstärkt dadurch, dass auch der Vorgesetzte AA des Abteilungsleiters wiederum *seine individuellen* Interessen wahrnimmt. Auch er hat eine Führungskraft AAA, gegenüber der er einen Informationsvorsprung hat, den er opportunistisch ausnutzen mag.

So geht es weiter: AAA hat eine Führungskraft AAAA etc. – in Großunternehmen sind sieben oder mehr Hierarchiestufen keine Seltenheit. Daraus ergeben sich mannigfaltige Möglichkeiten opportunistischen Verhaltens. In großen Publikumsgesellschaften mag selbst das Top-Management, Vorstand und Aufsichtsrat, sich so verhalten.[503]

Opportunistisches Verhalten, das schließt auch alle Varianten *mikropolitischen Taktierens* ein. So mag ein *Sponsor-Protégé-Spiel* oder ein *Bündnis-Spiel* gespielt werden. Konkret: AA und AAA, zum Beispiel, bilden eine Koalition. AAA wird daher AA fördern und ihn auch, unabhängig von seiner Leistung, fördern und positiv beurteilen, wohl wissend, dass Außenstehende die Möglichkeiten fehlen, die Angemessenheit einer Beurteilung zu überprüfen.

---

[502] s. o. Kap. 2.2.2.

[503] s. o. Kap. 3.3.4.

Die Konsequenz lautet: *individuell* erfolgreich ist in dieser Umgebung, wer *opportunistische Praktiken* am besten einsetzt.

Auch wenn opportunistische Praktiken nicht per se amoralisch sind, so stehen sie doch tendenziell eher im *Gegensatz* zu Eigenschaften wie Authentizität und Integrität. Wer vom „Mind-Set", seiner ganzen Denkweise her opportunistisch geprägt ist, der wird seinen Mitarbeitern nur schwer authentisch vorleben können, wie er sich für die Interessen des Unternehmens einsetzt, und sie damit zu ähnlichem Verhalten motivieren.

Potenzielle *Konflikte* zwischen individuell erfolgreichen Führungsverhalten einerseits und motivierenden und aus Unternehmenssicht erfolgreichen Führungsverhalten andererseits bestehen noch mehr:

- *Vertrauen* ist ein wesentlicher Faktor für eine motivierende Führungssituation. Eine tragende Rolle spielt dabei das Verhalten der Führungskraft. Als die „Mächtigere" sollte sie bei der Vertrauensbildung vorausgehen, „d.h. die Führungskraft sollte als erste den Mitarbeitern gegenüber Vertrauenshandlungen realisieren."[504] Was für die Unternehmenskultur positiv sein dürfte, die Schaffung eines Vertrauensklimas, ist für die Führungskraft mit einem Risiko verbunden. Wer jemandem vertraut, kann enttäuscht werden. Und enttäuschtes Vertrauen ist offenbar weit verbreitet: „Acht von zehn Führungskräften berichten, mindestens einmal in ihrer Karriere einen großen Fehler gemacht zu haben, indem sie der falschen Person vertrauten."[505] Daher schlagen manche Autoren explizit „eine Portion Misstrauen am Arbeitsplatz"[506] vor, eine, wie es heißt, Portion gesunde Paranoia. „Der frühere Intel-Vorstandsvorsitzende Andrew Grove etwa pflegte seine Mitarbeiter häufig mit dem Satz ‚Nur die Paranoiden überleben' zu ermahnen."[507] Besonders angebracht ist etwas „kluge Paranoia" in einer Umgebung, die mehr oder minder durch opportunistisches Verhalten geprägt ist.

Beispiel: Vertrauen und Paranoia

Wie nützlich Misstrauen im Sinne aufmerksamer Wahrnehmung versteckter und scheinbar unbedeutender Signale sein kann, zeigt der folgende von *Kramer* beschriebene Fall: „Nehmen wir das Beispiel eines Mannes, den ich Charles Zebrowski nennen möchte. Er arbeitet als Angestellter im mittleren Management eines großen Bekleidungsgeschäfts in Chicago. Zebrowski bemühte sich um eine Beförderung. Sein Chef spielte die internen Kandidaten absichtlich gegeneinander aus. Unbewusst begann Zebrowski, seine Umgebung genau zu beobachten. Als Erstes registrierte er, welche Kollegen spät abends noch arbeiteten, wenn der Chef da war.

---

[504] Neubauer/Rosemann (Führung) S. 132f.
[505] Kramer (Paranoia) S. 51.
[506] Kramer (Paranoia) S. 49.
[507] Kramer (Paranoia) S. 50.

Dann fiel ihm auf, dass eine Konkurrentin plötzlich ständig Chefetagenkleidung trug. Er begann, sehr genau auf die Sitzordnung bei Meetings zu achten – wer saß direkt neben dem Chef? Vielleicht maß Zebrowski diesen Vorgängen zu viel Bedeutung bei, wenn er glaubte, jeder einzelne beeinflusse seine Beförderung. Andererseits erwiesen sich viele seiner Beobachtungen als nützlich und lieferten ihm unschätzbare Informationen über die internen Ränke in seinem Büro. So stellte er beispielsweise fest, dass sein Chef ein echter Nachtmensch war. Die nahe liegende Vermutung, er lade ausgesuchte Mitarbeiter nach seiner Arbeit noch zu einem Drink ein, erwies sich als richtig. Zebrowski machte diese Insidergruppe ausfindig und verschaffte sich so schnell wie möglich Zutritt. Auf diese Weise erfuhr er sehr viel über seinen Chef und schaffte es, eine gute Beziehung zu ihm aufzubauen. Am Ende wurde Zebrowski dank dieser Informationen und seiner Beziehungen tatsächlich befördert."[508]

Auch wenn es hier um Misstrauen gegenüber Kollegen und Vorgesetzten und nicht gegenüber Mitarbeitern geht, so ist doch klar: Vertrauen ist eine positive Führungseigenschaft, den individuellen Interessen des Managers dient aber gerade auch das Misstrauen.

- Nicht weit entfernt vom Thema Vertrauen ist auch das Thema *Informationspolitik*. Auch hier gilt: Mitarbeiter schätzen gute Informationspolitik, sie empfinden offene Kommunikation als motivierend. Information ist aber nicht nur motivierend, es ist auch unabdingbare Voraussetzung, wenn Mitarbeiter zum Beispiel im Rahmen von MbO selbständig effektiv arbeiten sollen.

Theorien und Ratgeber[509] betonen indessen die Bedeutung von Wissensvorsprüngen zum Aufbau und zur Festigung von Macht[510]. Schon French und Raven nennen „expert power" und „informational power" als starke Machtbasen[511]. Viele Führungskräfte bestehen daher auch darauf, alle Informationsflüsse in der Hand zu behalten, auch wenn es die Arbeit behindert. Typisch die Mail einer Praktikantin an den Autor, die ihren Chef beschreibt: „Es soll alles über ihn laufen. Und bei ihm läuft alles über. Er kommt nicht einmal mehr dazu, seine Mails abzuarbeiten, denn *alles* läuft direkt über ihn."

Aus individueller Sicht besteht also ein Interessenskonflikt: Mitarbeiter durch offene Informationspolitik motivieren oder Wissensvorsprünge politisch einsetzen?

- Schließlich sei noch ein konkreter Fall betrachtet. Ein Vorgesetzter V, 50 Jahre, leitet den Finanzbereich eines Unternehmens. Er ist ein Praktiker, bringt viel Erfahrung mit, hat eine Ausbildung als Finanzbuchhalter, aber kein Hochschulstudium. Gesundheitlich ist er leicht angeschlagen.

---

[508] Kramer (Paranoia) S. 51.
[509] s. o. Kap. 2.2.5.
[510] vgl. auch z. B. Schnaitmann (Unternehmensführung) S. 360.
[511] s. o. Kap. 2.2.3.

Nun beginnt in seinem Bereich ein junger Hochschulabsolvent H mit drei Jahren Berufserfahrung. Gut ausgebildet, umgänglich, initiativ, zuverlässig. V erkennt sehr schnell: hier wächst eine Konkurrenz heran. Der Leser mag versuchen, sich selbst in die Situation von V zu versetzen und zu fragen: würde er in der Situation H tatsächlich, wie es die Lehrbücher fordern, loben, motivieren, fördern, ihm Freiräume und Informationen geben? Oder würde er nicht eher versuchen, H zu bremsen, zu isolieren, vielleicht in Fallen zu locken und zu Fehlern verleiten? Oder ihn sogar mobben?

Alle diese Beispiele verdeutlichen den Gegensatz zwischen erfolgreicher Führung aus Sicht der individuellen Interessen des Führenden und erfolgreicher Führung aus Sicht des Unternehmens und der Motivationstheorien.

Um nicht missverstanden zu werden – mit den Ausführungen wird keineswegs behauptet, Führungssituationen seien immer oder fast immer so problembehaftet. Und es wird dem Leser als Führungskraft oder potenzieller zukünftiger Führungskraft schon gar nicht nahe gelegt, sich so individuell nutzenmaximierend zu verhalten. Aber die Mechanismen und Widersprüche sind *ein Teil* des betrieblichen Alltags. Auch gutwillige Vorgesetzte müssen sich dessen bewusst sein.

Und Mitarbeiter müssen, wenn sie ihr Verhältnis zum Vorgesetzten positiv gestalten möchten, wissen, in welchen Zwängen, in welchem System er sich möglicherweise bewegt. Nur so können sie ihren Teil dazu beitragen, eine erfolgreiche Kommunikation „von unten nach oben"[512] aufzubauen.

3.5.7 Entgelt und andere materielle Leistungen

3.5.7.1 Formen von Entgelt und weiteren materiellen Leistungen

Die Gesamtheit der materiellen Leistungen lässt sich auf wie in Abb. 3.74) klassifizieren[513].

Wie aus der Abbildung erkennbar, steht der Begriff „Entgelt" nach allgemein üblicher Terminologie nur für einen Teil der materiellen Leistungen eines Unternehmens für seine Mitarbeiter. Eine Reihe anderer Leistungen wird nicht als Entgelt bezeichnet, ein weiterer Teil der Leistungen ist, obgleich materiell, nicht-monetärer Natur.

Zwei weitere Hinweise zur Abbildung. Erstens zu den Begriffen „Lohn" und „Gehalt". Im allgemeinen Sprachgebrauch steht der „Lohn" für Entgeltzahlungen an Arbeiter im gewerblichen Bereiche; „Gehalt" steht für Zahlungen an Angestellte bzw. Zahlungen im nicht-gewerblichen Bereich. Da die Trennung zwischen Arbeitern und Angestellten heute immer weniger gebraucht wird, geht auch der Gebrauch des Begriffs „Lohn" immer weiter zurück; statt dessen wird nur noch von Gehalt gesprochen. Hier lehne ich mich an diese

---

[512] vgl. z. B. Stöger (Chef).
[513] vgl. zum Abschnitt Kolb (Personalmanagement), S. 321 ff, Olfert/Rahn (Einführung) S. 343 ff, Thommen/Achleitner (Betriebswirtschaftslehre) S. 695 ff, Wöhe (Betriebswirtschaftslehre) S. 226 ff, Neus (Betriebswirtschaftslehre) S. 217 ff.

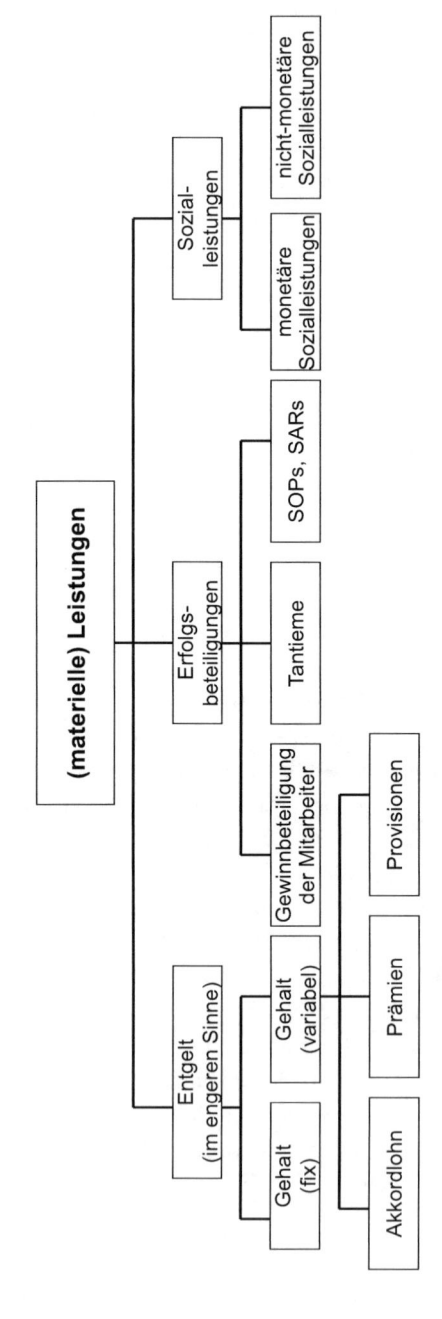

Abb. 3.74 Einteilung materieller Leistungen. (Quelle: in Anlehnung an: Wöhe (Betriebswirtschaftslehre) S. 230, Kolb (Personalmanagement) S. 321, Thommen/Achleitner (Betriebswirtschaftslehre) S. 695

Ausdrucksweise an und spreche generell nur von Gehalt. Eine Ausnahme bildet lediglich der Akkord*lohn*, denn diese Entgeltform existiert per Definition nur im gewerblichen Bereich bei Arbeitern.

Es sei aber darauf hingewiesen, dass in anderen Lehrbüchern entgegen der gängigen Praxis auch heute noch mit dem Begriff „Lohn" operiert wird.

Zweitens ist darauf hinzuweisen, dass grundsätzlich alle materiellen Leistungen entweder aus Sicht des Unternehmens *unfreiwillig*, da auf Arbeits- oder Tarifverträgen basierend, oder *freiwillig* sein können.

In der Praxis steigt allerdings der Grad der Freiwilligkeit, je weiter man beiden Leistungen auf der Grafik von links nach rechts wandert.

Das Fixgehalt ist praktisch immer vertraglich festgelegt. Bei Tarifangestellten und -arbeitern ergibt es sich aus den tariflichen Vereinbarungen zwischen Gewerkschaften und Arbeitgeberverbänden; liegt keine tarifliche Bindung vor – was insbesondere bei höherbezahlten Angestellten und Führungskräften gilt – so wird es individuell arbeitsvertraglich zwischen dem Mitarbeiter und dem Unternehmen geregelt.

Zu den einzelnen Formen der Leistung:

1. *fixes Gehalt*, in der Literatur auch Zeitlohn genannt. Der Ausdruck ist selbsterklärend, es ist das Entgelt, das für eine bestimmte Periode, faktisch ein Monat, gezahlt wird. Bei Tarifangestellten ist dabei eine bestimmte wöchentliche Arbeitszeit festgelegt, die im Durchschnitt erreicht werden muss. Bei übertariflich bezahlten Mitarbeitern bzw. Führungskräften gilt die vertraglich festgelegte Arbeitszeit in der Regel als Untergrenze. Ist mehr zu arbeiten, um die anliegenden Arbeiten zu bewältigen, was häufig der Fall ist, dann verfallen darüber hinaus geleistete Stunden.
2. *Akkordlohn*. „Bei diesem Lohnsystem wird ein Arbeitnehmer... nicht nach Maßgabe der bereitgestellten Arbeitszeit, sondern nach Maßgabe der erbrachten Leistung entlohnt."[514] Die Leistung muss dabei leicht definierbar und messbar sein. Typische Beispiele aus der Produktion sind etwa das Einsetzen eines Gehäuses bei der Produktion von Fernsehern, Küchengeräten und dergleichen; die Befestigung eines kleinen Elektromotors oder eines anderen Teils auf einem Gerät und so weiter.

Bei der Berechnung des Akkordlohns wird zunächst vom Tariflohn ausgegangen. „Ist ein Tariflohn von 10 €/Std. vereinbart und sieht der Tarifvertrag einen Akkordzuschlag von 20% vor, beziffert sich der Akkordrichtsatz/Std. (=Grundlohn) auf 12 € und der Minutenfaktor auf 0,20 €/Minute. Der tarifliche Mindestlohn wird garantiert, auch wenn der Akkordarbeiter nicht die Normalleistung erbringt. Der Akkordzuschlag wird gewährt, weil man jedem Akkordarbeiter a priori eine höhere Leistungsbereitschaft unterstellt.

Das wichtigste Element der Akkordlohnberechnung ist die *Vorgabezeit* (VZ). Die Vorgabezeit entspricht der Sollarbeitszeit bei Normalleistung."[515] Sie wird mittels Zeit-

---

[514] Wöhe (Betriebswirtschaftslehre) S. 231.
[515] Wöhe (Betriebswirtschaftslehre) S. 232.

messungen (Zeitstudien) durchgeführt, meistens aufgrund der REFA[516] Standards. Der effektive Stundenverdienst hängt von der individuellen Leistung des Arbeitnehmers ab. Entspricht die Istleistung genau der Normalleistung, liegt der Leistungsgrad bei 100 % und der effektive Stundenverdienst entspricht genau dem Akkordrichtsatz. Bei höherer Leistung steigt der Stundenverdienst entsprechend, bei geringerer Leistung sinkt er bis zur Grenze des tariflich garantierten Lohns.

3. *Prämien.* Wie der Akkordlohn handelt es sich bei Prämien ebenfalls um *leistungsabhängiges* und damit *variables* Gehalt. Im Unterschied zum Akkordlohn ist die gemessene Leistung hier aber eher *qualitativer* Natur. Prämien werden auch in sehr vielen Bereichen außerhalb der unmittelbaren Fertigung, in der Administration, aber auch zum Beispiel in Forschung und Entwicklung, in der Logistik, in der Qualitätssicherung oder im Marketing eingesetzt.

Die Bedeutung von Prämien bzw. variabler Gehaltsbestandteile auch im nicht-gewerblichen Bereich hat in den vergangenen Jahren stark an Bedeutung gewonnen. In früheren Zeiten ging man davon aus, dass die Leistung von Mitarbeitern außerhalb des gewerblichen, des Akkordlohns zugänglichen, Bereichs mit wenigen Ausnahmen sehr schwer zu messen sei. Deshalb wurde weitgehend darauf verzichtet; Angestellte etwa in der Administration wurden dann ausschließlich mit dem fixen Gehalt entlohnt. Mit neuer Produktionstechnologie – Stichwort: Automatisierung – und dem Strukturwandel – Stichwort: Dienstleistungs- statt Industriegesellschaft – ging aber der Anteil der direkten Fertigungslöhne an den gesamten Personalkosten immer stärker zurück. Anstelle dessen stiegen die Gehälter in anderen Bereichen wie der Administration. Diese Bereiche haben mittlerweile eine so herausragende Bedeutung, dass es als unverzichtbar angesehen wird, auch hier eine Leistungsmessung einzuführen.

Anfangs wurden variable Gehaltsbestandteile meistens vom direkten Vorgesetzten aufgrund einer subjektiven Beurteilung festgelegt. Diese Methode erwies sich aber aus offensichtlichen Gründen schnell als unbefriedigend. Die betroffenen Mitarbeiter schätzten sie als willkürlich ein. Ihnen fehlte eine objektive Messgröße. Sie wollten bereits *vor* dem Zeitpunkt der Beurteilung anhand eines bestimmten Maßstabs beurteilen können, ob und inwieweit sie sich für die Prämie qualifiziert hatten.

Es galt also, *objektivere* Bewertungssysteme zu entwickeln.

Dazu wird die Höhe einer Prämie an die Erreichung bestimmter Ziele, d. h. genauer: an einen so genannten *Zielerreichungsgrad (ZEG)* geknüpft[517]. Wird ein ZEG von 100 % erreicht, dann werden entsprechend 100 % der vereinbarten Prämie ausgezahlt. Bei einem höheren ZEG wächst die Prämie entsprechend, bei einem geringeren sinkt sie.

Der Zusammenhang zwischen ZEG und Prämienhöhe ist dabei teilweise linear, also werden zum Beispiel bei einem ZEG von 102 % auch 102 % der Prämie gezahlt. Diese Linearität ist aber nicht immer gegeben. So wird in der Regel eine Mindesthöhe festgelegt, beispielsweise von 90 % des ZEGs, unterhalb derer gar keine Prämie gezahlt wird.

---

[516] s. o. Kap. 3.5.2.

[517] vgl. z. B. Paul/Kleppich (Berichtswesen) S. 97ff.

Abb. 3.75 Zielerreichung und Prämie (Beispiel). (Quelle: in Anlehnung an Paul/Kleppich (Berichtswesen) S. 98)

Anteil termingerechte Auslieferung	93%	94%	95%	96%	97%
ZEG	98%	99%	100%	101%	102%
Prämie (€)	8.000	9.000	10.000	11.000	12.000

Der Gedanke ist dabei, dass ein Mitarbeiter eine bestimmte Mindestleistung erbringen sollte, um sich überhaupt für eine über dem Fixgehalt liegende Zahlung zu qualifizieren. Auf der anderen Seite wird auch meistens mit so genannten „Caps" gearbeitet, also einer Höchstgrenze, die zum Beispiel bei einem ZEG von 120 % festgelegt wird.
Wie wird nun der Zielerreichungsgrad *definiert*?
Er sollte sich aus den, etwa im Rahmen des Management by Objectives festgelegten, *Zielvereinbarungen* ableiten. Zur Veranschaulichung kann das im Kapitel über MbO erwähnte Beispiel dienen (s. o. Abb. 3.54).
Der Zielwert einer Abteilung (oder des Abteilungsleiters oder der Mitarbeiter) liegt bei 95 % termingerechter Auslieferung. Das entspricht einem Zielerreichungsgrad von 100 % und wird verknüpft mit einer bestimmten Prämie, zum Beispiel 10.000.- €. Jedes Prozent mehr an termingerechter Auslieferung kann nun beispielsweise mit zu einem um 1 % höheren ZEG und 1.000.- € zusätzlicher Prämie führen, wie in Abb. 3.75 dargestellt.
Von der betriebswirtschaftlichen Theorie her sind Prämiensysteme ein Versuch, der *Principal-Agent-Problematik* Herr zu werden. In diesem Fall sind die Agents der für die termingerechte Auslieferung verantwortliche Abteilungsleiter und seine Mitarbeiter. Ohne entsprechendes Berichtswesen und ohne Messung an objektivierbaren Größen könnten die Agents versucht sein, sich opportunistisch zu verhalten, indem sie etwa wenig Engagement für die termingerechten Auslieferungen zeigen, aber umso mehr Engagement darin, ihre Probleme und ihre Leistung unternehmensintern zu kommunizieren. MbO, verbunden mit dem Prämiensystem, soll dem ein Ende bereiten. Einmal festgelegt, soll nicht mehr viel Raum bleiben für opportunistisches Verhalten – die Leistung wird an klaren Standards gemessen.
An dem Beispiel sind die Möglichkeiten, aber auch die *Grenzen* des Einsatzes von Prämiensystemen zur Leistungssteigerung und zur Vermeidung von opportunistischem Verhalten erkennbar.
Je anspruchsvoller die Arbeiten sind, umso schwieriger wird es nämlich, *eindeutige Indikatoren zu finden, welche die Leistung vollständig abbilden*. Mitarbeiter, die mehrere Aufgaben zu erledigen haben (*multitasking*) oder bei denen die *Qualität* stärker ins Gewicht fällt als Quantität, sind bisweilen nur begrenzt mit Hilfe der Kenngrößen zu beurteilen. An anderer Stelle ist bereits das Beispiel des Mitarbeiters einer Autowerkstatt genannt worden, der nach der Anzahl der Reparaturen bezahlt wird – was zu Schwierigkeiten führen wird, wenn es nicht gelingt, auch für die Qualität der Repa-

raturen geeignete Messgrößen zu finden.[518] Im gezeigten Beispiel mag eine Tendenz bestehen, Sendungen auch dann auszuliefern, wenn Teile davon noch fehlen oder fehlerhaft sind, nur um die 100% Zielerreichung und damit die Prämie zu sichern.

Das Prämiensystem kann dazu führen, Aufgaben zu vernachlässigen, die für das Unternehmen langfristig sehr nützlich sind, sich aber nicht in der Kennzahl abbilden. So kann eine kleine Auslieferung überproportional viel Engagement erfordern, weil es um einen guten Kunden geht, der spezielle Teile dringend braucht. „Ich kenne Fälle aus einem erfolgreichen Unternehmen, im dem Mitarbeiter unter Umgehung aller Dienstwege Ersatzteile aus dem Lager holen, um eine für den Kunden lebensnotwendige Maschine zu reparieren. In einem anderen Fall nahm ein Manager dringend benötigte Ersatzteile kurzerhand in seinem Handgepäck mit nach Lateinamerika, da der normale Transportweg zeitlich zu unsicher war."[519] Aktivitäten, die sich schwer adäquat im MbO und den entsprechenden Prämien abbilden lassen.

4. *Provisionen.* Unter Provisionen wird im allgemeinen Sprachgebrauch meistens eine Unterart der Prämien verstanden, die im *Vertrieb* zum Einsatz kommt[520]. Klassischerweise erhalten *Außendienstmitarbeiter* Provisionen, die sich am erzielten Umsatz orientierten. Je nach Rahmenbedingungen und Ausgestaltung der Verträge machen sie in der Regel zwischen 1% und 10% des Umsatzes aus. Auch hier ist nicht in jedem Fall ein linearer Zusammenhang gegeben, und es kann mit Mindestgrößen und „Caps" gearbeitet werden.

5. *Gewinnbeteiligung* der Arbeitnehmer. Auch Gewinnbeteiligungen sind wie andere Arten der Erfolgsbeteiligung auch *variable* Zahlungen an Arbeitnehmer. Im Unterschied zu allen oben genannten variablen Entgeltbestandteilen sind sie aber *nicht* abhängig von der *individuellen* Leistung des Mitarbeiters, sondern vom Erfolg, also meistens dem (Handelsbilanz-)Gewinn, *des Unternehmens*[521]. Ziel solcher Modelle ist es also offensichtlich, die Identifikation der Mitarbeiter mit dem Unternehmen zu steigern und sie anzuhalten, auch über den eigenen Bereich hinaus zu versuchen, sich für die Belange der Unternehmung einzusetzen. Die Gewinnbeteiligung der Arbeitnehmer ist mittlerweile recht weit verbreitet, bisweilen allerdings in wenig formalisierter Form und auf freiwilliger Basis. Bekannte Beispiele eines formalisierten Systems der Erfolgsbeteiligung sind die Bertelsmann Gruppe und die Bayer AG.[522]

6. *Tantieme* orientieren sich ebenfalls am Erfolg des Unternehmens. Im Unterschied zu den Gewinnbeteiligungsprogrammen für Arbeitnehmer wird der Ausdruck Tantieme jedoch für unternehmenserfolgsabhängige Zahlungen an *Führungskräfte, leitende*

---

[518] s. o. Kap. 2.2.2, vgl. Dietl/van der Velden (Leistungsmessung), Neus (Betriebswirtschaftslehre) S. 206 ff, Paul (Kennzahlen), Paul (Planwirtschaft).
[519] Paul (Kennzahlen) S. 111.
[520] vgl. z. B. o.V. (Einkommensberechnung).
[521] vgl. Wöhe (Betriebswirtschaftslehre) 235ff.
[522] vgl. Wöhe (Betriebswirtschaftslehre) 237ff.

Angestellte, Geschäftsführer oder Vorstände benutzt. Die Höhe ist bisweilen vertraglich geregelt, bisweilen erfolgt die Zahlung auch auf freiwilliger Basis.[523]

7. *Stock Option Programs* (SOP, plural: SOPs), *Stock Appreciation Rights* (SAR, plural: SARs). Seit Beginn der 1990er Jahre erlangten Aktienoptionsprogramme, Stock Option Programs, eine zunehmende Verbreitung. SOPs sind eine Form der Erfolgsbeteiligung für Fach- und Führungskräfte, vor allem für das Top-Management und den Vorstand. SOPs können nur bei *börsennotierten Aktiengesellschaften* zum eingesetzt werden.

Eine *Option* ist generell das Recht, aber nicht die Pflicht, ein Wertpapier bzw. eine bestimmte Anzahl davon zu einem festgelegten Preis innerhalb eines Zeitraums oder zu einem Zeitpunkt zu kaufen oder zu verkaufen: „Options give the owner the right, but not the obligation, to buy or sell an underlying security at a set price for a given period of time"[524].

Bei Aktienoptionsprogrammen erhalten die beteiligten Mitarbeiter eine bestimmte Anzahl von Optionen auf *Aktien des eigenen Unternehmens*, also das *Recht*, eine Anzahl dieser Aktien zu einem *bestimmten Preis (Kurs)* an einem *bestimmten Datum* zu erwerben.

Beispielsweise erhält ein Mitarbeiter das Recht, per 31.12. des Jahres 1.000 Aktien des Unternehmens Y für 100.- € zu erwerben. Steht der Aktienkurs nun bei 120.- €, so kann er die Option ausüben und tausend Aktien für je 100.-€ erwerben und diese für 120.-€ weiterverkaufen; mithin einen Gewinn von 20.- € pro Aktie oder 20.000.- € realisieren. Je höher der Aktienkurs ist, umso höher der Wert der SOPs. Umgekehrt kann das Programm auch wertlos sein, wenn nämlich der Aktienkurs auf weniger als 100.- € sinkt. Denn das Recht, Aktien für 100.- € zu erwerben, wird niemand ausüben, wenn der Preis der Aktie auf dem freien Markt darunter liegt.

Offensichtlich ist es also das Ziel eines Aktienoptionsprogramms, Mitarbeiter dazu anzuhalten, darauf hin zu arbeiten, den Aktienkurs des Unternehmens zu steigern.

Was ist der Hintergrund?

Der Aktienkurs ist vom Erfolg des Unternehmens abhängig, ein hoher Kurs ist also gleichbedeutend mit einem erfolgreichen Unternehmen. Es wird also ein Anreiz gesetzt, auf den Erfolg des gesamten Unternehmens hinzuarbeiten.

Ähnlich wirken ja auch die diversen Programme der Gewinnbeteiligung. SOPs haben indessen einen entscheidenden Vorteil gegenüber herkömmlichen Gewinnbeteiligungssystemen. Der Gewinn, wie er in Bilanz und Gewinn- und Verlustrechnung steht, spiegelt nur den Erfolg *einer* Periode, nämlich des abgelaufenen Geschäftsjahres. Der Aktienkurs hingegen spiegelt den *erwarteten Erfolg zukünftiger Perioden*, lässt also erkennen, ob das Unternehmen mutmaßlich seine Position im Markt und damit seine Gewinne *in Zukunft* behaupten und steigern kann.

Wer an einem traditionellen Gewinnbeteiligungsprogramm teilnimmt, der hat also einen Anreiz, den Gewinn im *laufenden Jahr* zu steigern, eventuell auch auf Kosten

---
[523] vgl. dazu z. B. Deich (Tantiemen).
[524] Block/Hirt (Financial) S. 553.

zukünftiger Gewinne. Wer hingegen auf eine Steigerung des Aktienkurses hinarbeitet, der arbeitet auf den mittel- und langfristigen Erfolg in der Zukunft hin – was ungleich wertvoller für das Unternehmen ist.

Das sei an einem Beispiel konkretisiert. Angenommen, ein Unternehmen stehe vor der Frage, einen größeren Betrag, beispielsweise 500 Mio. €, in die Entwicklung neuer Produkte und die Erschließung neuer Märkte zu stecken. Die 500 Mio. € belasten nun die Bilanz des laufenden Jahres, schmälern also den derzeitigen Gewinn. In den Folgejahren aber wird, unter der Voraussetzung, dass das Geld vernünftig angelegt ist, der Gewinn durch die neuen Produkte und die Präsenz in den neuen Märkten um so stärker steigen. Was bedeutet das für die Anreizstruktur der in Erfolgsbeteiligungsprogrammen eingebundenen Mitarbeiter?

Wer an einem herkömmlichen Gewinnbeteiligungsprogramm teilnimmt, der hat per se zunächst *kein* Interesse daran, sich für die Investitionen in neue Produkte und Märkte zu entscheiden. Denn durch den kurzfristig sinkenden Gewinn sinkt auch sein persönliches daran gebundenes Einkommen. Das gilt insbesondere dann, wenn der Betreffende etwa kurz vor der Pensionierung steht oder aus einem anderen Grund in den nächsten Jahren vielleicht nicht mehr im Unternehmen arbeitet. Dann interessiert ihn die langfristige Gewinnsteigerung wenig.

Anders der Teilnehmer an einem SOP. Da die Aktienkurse *heute* schon auf *erwartete* Erfolge *der Zukunft* reagieren, hat der Betreffende durchaus ein Interesse an den Investitionen. Denn höhere Aktienkurse bedeuten einen höheren Gewinn auch für ihn persönlich.

Stock Appreciation Rights[525] funktionieren sehr ähnlich den Optionen. Der Unterschied ist nur, dass Teilnehmer an einem SAR keine Aktienoptionen erwerben oder Aktien kaufen und verkaufen müssen, sondern den Betrag direkt in bar ausgezahlt bekommen, im hier zitierten Beispiel also 20.000.- €. Für das Unternehmen hat das den Vorteil einer administrativen Vereinfachung, da es nun nicht mehr die eigenen Aktien zunächst ererben muss, um sie anschließend an die Teilnehmer des Optionsprogramms weiter zu veräußern.

Bisweilen werden SARs auch in Mischformen aufgelegt, d. h. ein Teil der Vergünstigung wird in bar, der Rest in Optionen ausgezahlt.

8. *Monetäre Sozialleistungen.* Betriebliche Sozialleistungen kommen in vielen Formen vor[526], etwa als Weihnachts- und Urlaubsgeld, betriebliche Altersversorgung, Sonderzahlungen wie Gratifikationen, Wohnungs- und Essenszuschüssen
9. *Nicht-monetäre Sozialleistungen*[527] bestehen vor allem in der Möglichkeit, betriebseigene oder betrieblich bezuschusste Einrichtungen wie Kantinen, Kindertagesstätten oder Sportanlagen zu benutzen, oder auch eigene Produkte verbilligt zu erwerben.

---

[525] vgl. z. B. FMR Corp. ((SARS), Witherton (SARs).
[526] vgl. Kolb (Personalmanagement), S. 321 ff, Olfert/Rahn (Einführung) S. 343 ff, Thommen/Achleitner (Betriebswirtschaftslehre) S. 710f, Wöhe (Betriebswirtschaftslehre) S. 234f.
[527] vgl. auch Holtbrügge (Personalmanagement) S. 162.

Sozialleistungen sind, mit Ausnahme von Weihnachts- und Urlaubsgeld, in der Regel freiwilliger Natur. Ziel ist neben der allgemeinen Steigerung der Motivation insbesondere die Steigerung der *Bindung* an das Unternehmen und die Verbesserung des *Betriebsklimas* und Zusammengehörigkeitsgefühls, etwa durch gemeinsame Mitgliedschaft in Betriebssport- oder Fitnessclubs.

3.5.7.2 Motivationswirkungen materieller Anreize

Jedes Unternehmen steht nun vor der Frage, *mit welchen* der zahlreichen materiellen Anreize schwerpunktmäßig gearbeitet werden soll. Was in Tarifverträgen zwischen den Verbänden, also Gewerkschaften und Arbeitgeberverband, festgeschrieben ist, kann vom Unternehmen nicht weiter beeinflusst werden, es sei denn, das Unternehmen tritt aus dem Verband aus. Alle anderen Leistungen sind in der Einflusssphäre der Unternehmung, zumindest *vor* Abschluss des Arbeitsvertrags.

Einige Kriterien zum Einsatz der Instrumente gehen aus den obigen Beschreibungen schon hervor.

Noch nicht beantwortet wurde aber die Frage, inwieweit generell die Motivation durch materielle Anreize überhaupt wirksam und nachhaltig gesteigert werden kann. Anders ausgedrückt: *wie stark kann ein Mitarbeiter mit Geld motiviert werden*? Die Frage ist weiterhin, wie stark das Argument hoher Entgeltperspektiven beim Personalmarketing betont werden sollte.

Das Thema wird im Personalwesen heftig diskutiert, die Antwort ist keineswegs eindeutig.

Für eine starke Motivationswirkung durch Prämien und dergleichen spricht zunächst die *Augenscheinvalidität*, also die Intuition, der „gesunde Menschenverstand". Jeder, oder fast jeder, wird wohl zunächst einmal davon ausgehen, dass Menschen sich mehr anstrengen, wenn sich das auch unmittelbar materiell für sie persönlich auswirkt. Entsprechend finden in der Praxis auch Prämiensysteme wie die oben beschriebenen immer weitere Verbreitung.

Aber es existieren auch beachtenswerte Argumente, die *gegen* eine starke Motivationswirkung sprechen:

- Da sind zunächst einmal „klassische" Motivationstheorien wie die von Maslow oder die Untersuchungen von Herzberg. Gerade letztere legen nahe, dass Geld als Anreiz eine geringere Bedeutung hat als allgemein angenommen. Geld ist danach auch eher ein Hygienefaktor, also ein Demotivator, als ein Motivator. Mit anderen Worten führt ein als zu gering empfundenes Gehalt zwar zu Unzufriedenheit. Umgekehrt führen aber immer höhere materielle Anreize nicht zu immer mehr Motivation. Daraus wäre zu folgern, dass ein Unternehmen zwar ein als fair empfundene Entgelt bieten sollte, um Unzufriedenheit zu verhindern. Darüber hinaus bringt der Einsatz materieller Anreize aber wenig.
- Einige praktische Beispiele, die freilich methodisch betrachtet nicht repräsentativ sein müssen, stärken diese Argumentation. So der Fall des US-Handelsunternehmens Mar-

shall Industries, dessen Chef alle variablen Gehaltsbestandteile selbst für die Außendienstmitarbeiter abgeschafft hat – was beinahe zu einer Verdreifachung der Produktivität führte[528].
- Ein Autor, der im deutschen Sprachraum in den letzten Jahren zu diesem Thema viel beachtete Beiträge geleistet hat, ist *Sprenger*[529]. „Er bezeichnet und sieht die materiellen Anreize als ‚Motivierung', die Fremdsteuerung durch den Vorgesetzten oder die Personalabteilung bedeutet. Die von außen aufgesetzte Motivierung bzw. Ver-Führung kommt in dem Begriff ‚Motipulation' gut zum Ausdruck. Sprenger weist schlüssig nach, dass ‚Motivierung nach dem Verständnis der klassischen Theorie ein Fass ohne Boden ist (‚Mehr vom Gleichen!'), zu Demotivation führt und die Mitarbeiter unmündig werden lässt. Im Gegensatz dazu steht die ‚Motivation', die aus dem Mitarbeiter selbst kommt und Eigensteuerung bedeutet. ‚Fördern statt verführen' lautet Sprengers Empfehlung und Vision, die ein gänzlich anderes Bild vom Mitarbeiter als Mensch… zeichnet, als das bisher der Fall war. Führung durch das Gespräch, Freiräume schaffen und geben sowie Eigenverantwortung des Mitarbeiters für sein Motiviertsein sind die zentralen Forderungen."[530] Sprengers Darlegungen sind zwar bisweilen als revolutionär bewertet worden. Bei genauerem Hinsehen wird aber schnell klar, dass sie so neu keineswegs sind. Herzberg, aber auch Maslow und McGregor, ja selbst die Human Relations Bewegung – sie alle gingen von ähnlichem Gedankengut aus.
- Ein letztes Argument, das in vielen Unternehmen bisher scheinbar wenig bedacht wurde, ist der Einfluss von Prämiensystemen *auf die Unternehmenskultur*. Wer stark über variable Gehaltsbestandteile steuert, der sendet eindeutige Signale aus. Und die Signale lauten – „tue das, was Dir eine Prämie bringt – denn das will die Unternehmensleitung offensichtlich". Was auf der Strecke bleiben könnte, ist alles, was nicht im Prämiensystem abgebildet wird. Aber gerade das kann essentiell für das Unternehmen sein – sowohl aus ökonomischer als auch aus humaner und ethischer Sicht[531]. „Freiräume, die Kreativität, bisweilen das richtige Maß an Chaos, all das wird durch die Steuerung durch Kennzahlen systematisch abgetötet. Der Mitarbeiter wird im Zweifel seine Kollegen nicht mehr unterstützen, wenn sich das nicht in Kennzahlen ausdrückt."[532] Es war vielleicht kein Zufall, dass die genannten Mitarbeiter, die Ersatzteile am Wochenende organisierten oder im Handgepäck mitnahmen, gerade nicht nach einem Prämiensystem bezahlt wurden.

Aus der Literatur lassen sich also genug Argumente sowohl Pro als auch Contra materieller Anreize finden. Auch die Ergebnisse *empirischer Untersuchungen* lassen Interpretationen in *beiden Richtungen* zu. Nach einer Untersuchung des Personaldienstleistungsunter-

---

[528] vgl. Colvin (Money).
[529] vgl. Sprenger (Mythos).
[530] Kolb (Personalmanagement) S. 370.
[531] vgl. Noll (Unternehmensethik) S. 125f.
[532] Paul (Planwirtschaft) S. 38.

nehmens Randstad wünschen praktisch genau die Hälfte der Arbeitnehmer, genau 49%, keine so genannte leistungsbezogene Vergütung. Aus Unternehmenssicht wichtiger als die Beliebtheit solcher Systeme ist indessen der Effekt auf das *Verhalten*.

Gefragt, ob die Arbeitnehmer durch variable leistungsbezogene Vergütungen ihr Verhalten ändern würden, antwortet eine relative Mehrheit (42%) mit „Nein". Umgekehrt sagt aber auch eine große Minderheit der Arbeitnehmer, sie würden mehr arbeiten (29%), die Aufgaben besser planen (30%), Kollegen zu strikter Termineinhaltung drängen (18%), oder auch – ganz im Einklang mit mikropolitischen Theorien – sich nachdrücklicher profilieren (19%)[533].

Was folgt aus den konträren Aussagen? Wie so oft im Personalmanagement oder auch in der Betriebswirtschaftslehre insgesamt, ist eine eindeutige Antwort nach dem Einfluss materieller Anreize auf die Motivation bisher nicht möglich. Die Diskussion ist noch offen.

So bleibt dem Leser nur die vielleicht wenig befriedigende Aussage, dass die Wahrheit wohl wieder irgendwo in der Mitte liegt und abhängig von der jeweiligen spezifischen Situation ist.

3.5.7.3 Entgeltgerechtigkeit

Welche Entgelthöhe ist *gerecht*? Ob ein Entgelt als gerecht angesehen wird, hängt zuerst davon ab, nach welchen *Kriterien* die Beurteilung stattfindet. Die wichtigsten in der Literatur genannten Kriterien sind[534]:

1. *Anforderungsgerechtigkeit*. „Die Anforderungsgerechtigkeit basiert auf der Berücksichtigung des Schwierigkeitsgrads der Arbeit."[535] Ein allein nach diesem Kriterium festgelegtes Gehalt ist also personenunabhängig, nur die Anforderungen der Stelle finden Berücksichtigung. „Gerecht" bedeutet dann auch „Gleicher Lohn für gleiche Arbeit"[536].
2. *Leistungsgerechtigkeit*. Im Gegensatz zur Anforderungsgerechtigkeit steht hier die individuelle Leistung derjenigen im Mittelpunkt, die die Stelle innehaben. Als Grundsatz gilt hier „unterschiedliche Vergütung bei unterschiedlichen Leistungsergebnissen".
3. *Sozialgerechtigkeit*. Nach diesem Kriterium bekommt ein Mitarbeiter auch bei gleichen Anforderungen und gleichen Leistungen mehr oder weniger Geld als ein Kollege, der sich in einem anderen sozialen Umfeld befindet. Das Entgelt orientiert sich also an der *Bedürftigkeit*[537] des Arbeitnehmers. Typischer Ausfluss dieses Gedankens sind Familien- oder Kinderzulagen oder Dienstalterstufen, also Höhergruppierungen

---

[533] vgl. o.V. (Variable), Richter (Vormarsch).

[534] Kolb (Personalmanagement), S. 323 ff, Thommen/Achleitner (Betriebswirtschaftslehre) S. 695 ff, Wöhe (Betriebswirtschaftslehre) S. 226f.

[535] Thommen/Achleitner (Betriebswirtschaftslehre) S. 696.

[536] Kolb (Personalmanagement), S. 323.

[537] vgl. Wöhe (Betriebswirtschaftslehre) S. 227.

allein aufgrund des (Dienst-)alters. Während dieser Aspekt zumindest bis in die jüngere Vergangenheit im öffentlichen Dienst relativ stark betont wurde, spielt er in privaten Unternehmen, die sich im Markt behaupten müssen, eine eher untergeordnete Rolle. Allgemein wird auch davon ausgegangen, dass es in der Marktwirtschaft primär Aufgabe des Staates und nicht des Unternehmens ist, über Kindergeld, entsprechende Ausgestaltung des Steuersystems und so weiter für Sozialgerechtigkeit zu sorgen.
4. *Arbeitsmarktgerechtigkeit.* Da auch der Arbeitsmarkt, in bestimmten Grenzen, nach dem Gesetz von Angebot und Nachfrage funktioniert, weist etwa *Kolb*[538] zu Recht darauf hin, dass ein Unternehmen auch (Arbeits-) marktgerecht zahlen muss, um gefragte Spezialisten überhaupt rekrutieren zu können.

Bei diesen Kriterien fällt auf, dass das fehlt, was man als „*Anstrengungsgerechtigkeit*" bezeichnen könnte. Nehmen wir an, zwei Mitarbeiter A und B leisten die gleiche Arbeit, erbringen die gleiche Leistung, leben in vergleichbarem familiärem Umfeld. Nur muss sich A wesentlich mehr anstrengen, während B einfach großes Talent dazu besitzt. Sollte A mehr verdienen, also allein für seinen Einsatz belohnt werden? Die Antwort der Literatur lautet „nein", was sich daraus ergibt, dass kein entsprechendes Kriterium genannt ist.

Durch die Auflistung der vier Kriterien ist freilich die Frage noch nicht beantwortet, wie sie nun gewichtet werden sollten, um zu Gerechtigkeit zu kommen.

Viele Lehrbücher machen die Antwort einfach am ökonomischen Prinzip fest. Danach ist ein Entgeltsystem optimal, wenn es möglichst motivationsfördernd ist, um das Ziel langfristiger Gewinnmaximierung zu erreichen. Und motivationsfördernd ist es, wenn es von den Arbeitnehmern als gerecht empfunden wird. *Wöhe* drückt dies so aus:

„Das unternehmerische Subziel ...gerechter Entlohnung lässt sich aus dem betrieblichen Oberziel ableiten:

- Langfristige Gewinnmaximierung setzte uneingeschränkte Leistungsbereitschaft der Mitarbeiter voraus.
- Uneingeschränkte Leistungsbereitschaft setzt eine als gerecht empfundene Entlohnung der Arbeit voraus."[539]

Gerecht ist danach also, was der Mitarbeiter als gerecht empfindet. Hier mag man einwenden, dass dies für eine betriebswirtschaftliche Ausbildung, bei welcher *gesellschaftlich verantwortungsbewusstes Handeln* integraler Bestandteil sein sollte, zu kurz greift.

Betriebswirte sollten folglich auch darauf achten, dass das Entgelt auch auf der Basis *ethisch akzeptabler gesellschaftlicher und individueller Wertvorstellungen* gerecht ist. Was diese Vorstellungen sind, kann natürlich nicht ökonomisch-analytisch hergeleitet werden.

---

[538] vgl. Kolb (Personalmanagement), S. 323.
[539] Wöhe (Betriebswirtschaftslehre) S. 226.

Eine *Objektivierung* wird aber generell schon dadurch erreicht, dass

- „man versucht, verschiedene Kriterien bei der Ermittlung des ... (Entgelts, J.P.) zu berücksichtigen,
- alle Mitarbeiter an diesen Kriterien gemessen und somit gleich behandelt werden,
- schließlich die Kriterien bzw. die Bewertungsgrundlagen offen gelegt werden, damit sie für die Mitarbeiter einsichtig sind."[540]

Beispiel: Gehälter von Spitzenmanagern

In der Literatur wird im Zusammenhang mit Entgeltgerechtigkeit wie auch im Zusammenhang mit Entgeltsystemen generell meistens auf Mitarbeiter ohne Führungsverantwortung, oft auf Arbeiter in der Fertigung oder Tarifangestellte, abgestellt. Dagegen soll hier die Entgeltgerechtigkeit anhand einer anderen Personengruppe analysiert werden – der Spitzenmanager, also insbesondere der Vorstandsmitglieder der großen deutschen Unternehmen. Damit wird nicht nur ein in der Öffentlichkeit kontrovers diskutiertes Thema aufgegriffen, sondern es soll auch eine Sensibilisierung von Betriebswirten für die gesellschaftliche Bedeutung „gerechter" Entgelte stattfinden.

Die Gehälter der Vorstände deutscher Großunternehmen sind in den letzten Jahren heftig in der Öffentlichkeit kritisiert worden. Angestoßen wurde die Debatte wohl von *Ogger* mit seinem Bestseller „Nieten in Nadelstreifen"[541]. Bemerkenswert ist, dass mittlerweile nicht nur traditionell wirtschaftsfeindliche Autoren ihre Bedenken äußerten[542]. Vielmehr reicht das Spektrum der Kritiker weit darüber hinaus. Nicht nur der frühere Bundeskanzler Helmut Schmidt gehört dazu, dessen Aussage über den „Raubtierkapitalismus" für Furore sorgte[543]. Auch eine Wirtschaftszeitung wie das Manager-Magazin stellt fest, dass „etliche Konzernchefs zu viel"[544] verdienen. Dem Urteil schließen sich 85 % der Aktionäre[545], immerhin die Eigentümer der Unternehmen, welche die Manager leiten, an. Von den zahlreichen Artikeln auch in seriösen Zeitungen sei stellvertretend nur einer aus der „Süddeutschen Zeitung" erwähnt mit dem Titel „Manager sahnen ab."[546]

Die Debatte ist keineswegs nur auf Deutschland oder den deutschen Sprachraum begrenzt. Auch in angelsächsischen Ländern werden die aus Sicht der Autoren fragwürdigen Gehaltsstrukturen angeprangert. Genannt sei hier nur ein Beitrag aus der großen

---

[540] Thommen/Achleitner (Betriebswirtschaftslehre) S. 696.
[541] vgl. Ogger (Nieten) S. 99ff.
[542] vgl. z. B. Deckstein (verdient).
[543] vgl. Schmidt (Dschungels).
[544] Hetzer/Papendick (Katzen) S. 100.
[545] vgl. Hetzer/Papendick (Katzen) S. 110.
[546] o.V. (sahnen).

Wirtschaftszeitung Fortune, die angesichts der Gehälter in außergewöhnlich provokanter Form über die Vorstände fragte: „Have they no shame?"[547]

Jenseits der bisweilen polemisch gefärbten Äußerungen soll hier versucht werden, die Gehälter den genannten Kriterien gegenüber zu stellen, um daraus die Rechtfertigung zu beurteilen.

Zunächst die Fakten. Abbildung 3.76 zeigt die Gesamtvergütung der Vorstände der 30 Unternehmen, die als bedeutendste börsennotierte Konzerne im deutschen Aktienindex (Dax) aufgeführt sind.

Durchschnittliche Vergütung pro Vorstand inkl. Vorsitzende [T€]			
		davon	
Unternehmen	Vergütung	Fix-vergütung	sonstige
ADIDAS	4.861	855	4.006
ALLIANZ	3.723	775	2.948
BASF	3.889	1.050	2.839
BAYER	4.083	885	3.198
BEIERSDORF	3.637	696	2.941
BMW	4.660	1.077	3.583
COMMERZBANK	1.865	891	974
CONTINENTAL	2.332	773	1.559
DAIMLER	4.271	926	3.345
DEUTSCHE BANK	6.960	1.574	5.386
DEUTSCHE BÖRSE	2.619	766	1.853
DEUTSCHE LUFTHANSA	2.128	1.082	1.046
DEUTSCHE POST	3.590	1.092	2.498
DEUTSCHE TELEKOM	2.956	929	2.027
E.ON	4.372	916	3.456
FRESENIUS	2.913	630	2.283
FRESENIUS MEDICAL CARE	3.893	769	3.124
HEIDELBERG CEMENT	2.985	1.046	1.939
HENKEL	5.195	774	4.421
INFINEON	1.975	828	1.147
K+S	2.471	481	1.990
LANXESS	2.911	670	2.241
LINDE	3.741	801	2.940
MERCK	5.327	1.004	4.323
MUNICH RE	3.246	738	2.508
RWE	3.756	1.110	2.646
SAP	4.989	1.010	3.979
SIEMENS	4.526	1.058	3.468
THYSSENKRUPP	2.737	815	1.922
VOLKSWAGEN	7.727	1.141	6.586

Abb. 3.76 Vergütungen der Vorstände der „Dax"- Unternehmen im Jahr 2012. (Quelle: Friedl, G. und Pfeiffer, I. (Anreizwirkungen) S. 151)

---

[547] Useem (Shame) S. 22.

3.5 Human Resources Management (HRM)

> **Beispiel**
>
> In den USA liegen die Bezüge oft noch höher, deutlich zweistellige Millionen-Beträge sind seit Jahren keine Seltenheit.[548] Allein der frühere Exxon-Chef Lee R. Raymond hat nach Zeitungsberichten in den dreizehn Jahren seiner Amtszeit insgesamt mehr als 686 Mio. $ (ca. 572 Mio. €) verdient – im statistischen Durchschnitt mehr als 144.000 $ pro Tag[549].
>
> Ist das „gerecht"?
> - Die Anforderungen – um zunächst auf die *Anforderungsgerechtigkeit* einzugehen – sind zweifellos hoch. Spitzenmanager haben verantwortungsvolle Entscheidungen zu treffen und haben lange und stressreiche Arbeitstage, auch wenn fraglich ist, ob die bisweilen genannten 70-Stunden-Arbeitswochen[550] wirklich immer den Fakten entsprechen. Allerdings ist eine klassische Bewertung des Arbeitsplatzes, wie sie bei „normalen" Tätigkeiten üblich ist[551], hier schwierig. Auch sprechen Indizien dafür, dass die Anforderungen so extrem hoch gar nicht sind. Dafür spricht die Annahme, dass Spitzenmanager nicht bzw. nicht nur aus Gründen der fachlichen Brillanz an die Spitze kommen, sondern ihre Karriere Zufällen und vor allem auch „politics" verdanken. Untersuchungsergebnisse zeigen, dass der Einfluss von Topmanagern auf den Unternehmenserfolg geringer ist als gemeinhin angenommen[552]. So wurde festgestellt, dass Unternehmen, die ihren Vorstandsvorsitzenden auswechselten, um zu besseren Ergebnissen zu kommen, sich in der Folgezeit keineswegs besser entwickelten als solche, die das nicht taten.[553] Es bleibt also festzuhalten, dass die Anforderungen *mutmaßlich* hoch sind, dass das aber nicht analytisch belegbar ist.
> - Sind die Gehälter *leistungsgerecht*? Befürworter der Gehaltsstrukturen können darauf verweisen, dass mittlerweile ein großer Teil des Entgelts nicht mehr als Fixum gezahlt wird, sondern variabel ist und beispielsweise die Form von SOPs hat[554]. Das spricht für Leistungsgerechtigkeit – wer für das Unternehmen gute Erfolge erzielt, der partizipiert davon im Gegensatz zu dem, der das nicht tut.
>
> Auch diese postulierte Leistungsgerechtigkeit bedarf einer differenzierteren Betrachtung.
>
> Zunächst weisen Kritiker darauf hin, dass es eine moralisch fragwürdige Art von „Leistung" ist, wenn der Erfolg beispielsweise auf Kosten des Abbaus von Arbeitsplätzen erzielt wurde[555]. Dieses Argument mag freilich vom betriebswirtschaftlichen

---

[548] vgl. z. B. Useem (Shame) S. 24.
[549] vgl. o.V. (Raymond).
[550] vgl. Risch (Geistern) S. 168.
[551] vgl. z. B. Wöhe (Betriebswirtschaftslehre) S. 227ff.
[552] vgl. Stern/Peck (Signale).
[553] vgl. Wiersema (Firings) S. 73.
[554] vgl. z. B. Kramarsch (Managementvergütung), Friedl, G./ Pfeiffer, I. (Anreizwirkungen), Paul (Bezüge).
[555] vgl. z. B. Pohl (Messlatte).

Standpunkt aus fragwürdig sein. Wer der Shareholder Value Philosophie anhängt, wird es ohnehin ablehnen; aber auch Protagonisten des Stakeholder Value werden im ökonomischen Erfolg eines Unternehmens in der Marktwirtschaft in der Regel eine Leistung sehen.

Zweitens kann hinterfragt werden, ob der Unternehmenserfolg auch dann eine „Leistung" des Top-Managements ist, wenn er wesentlich durch ein günstiges Umfeld im Markt zu Stande gekommen ist. Unter Lee Raymond war Exxon zweifellos ein erfolgreiches Unternehmen. Der Gewinn hatte sich während seiner Amtszeit auf 36,1 Mrd. $ mehr als verzehnfacht, der Aktienkurs stieg im Durchschnitt um 13 % pro Jahr. Einige Experten argumentieren „allerdings, dass ein großer Teil der Erfolge Raymonds auf leichten Gewinnen beruhe, die durch die kräftig steigenden Ölpreise verbucht worden seien."[556]

Noch schwerwiegender ist der dritte Einwand. Es wird darauf hingewiesen, dass in vielen Fällen trotz schlechter Unternehmensdaten hohe Gehälter gezahlt werden. „Der Chef der deutschen Telekom bekam 2005 um neun Prozent höhere Bezüge als im Jahr davor, sein Aktienkurs ist aber um 15 % gefallen"[557]. Aktionärsschützer verweisen auf den Infenion-Konzern, dessen Vorstandsvorsitzender trotz Verluste über mehrere Jahre immerhin noch 2,5 Mio. € verdiente.[558] Derartige Beispiele finden sich noch viele.[559] Möglich ist das, in dem der für die Bezüge verantwortliche Aufsichtsrat die Anforderungen an das variable Gehalt entsprechend nach unten anpasst, also die Messlatte senkt.[560]

- Mit *Sozialgerechtigkeit*, also der Bedürftigkeit, wird sicher niemand argumentieren.
- Anders die *Arbeitsmarktgerechtigkeit*. Auf die im angelsächsischen Raum noch höheren Bezüge verweisend, wird argumentiert, die Gehälter seien notwendig, um die besten Manager in deutschen Unternehmen zu behalten[561]. Das träfe dann zu, wenn die *Mobilität* von Spitzenkräften zwischen Deutschland und den angelsächsischen Ländern tatsächlich gegeben wäre. Gerade das wird aber bezweifelt. Denn der durchschnittliche Vorstand deutscher Großunternehmen ist nach entsprechenden Untersuchungen eher risikoscheu, um die fünfzig Jahre alt, seit 19 Jahren im Beruf, und oft nur in dem Unternehmen tätig gewesen, indem er zum Vorstand aufgestiegen ist.[562] Es ist schwer nachzuvollziehen, warum diese Personengruppe sich tastsächlich aktiv auf dem britischen oder US-amerikanischen Arbeitsmarkt bewegen sollte. Die Vorstände müssten sich in einem völlig neuen Umfeld bewegen, die Sprachbarriere überwinden, und sich gegenüber angelsächsischen Mitbewerbern durchsetzen,

---

[556] o.V. (Raymond).
[557] o.V. (sahnen).
[558] vgl. Schwarz (Gehälter).
[559] vgl. z. B. Paul (Bezüge), o.V. (Propheten),Useem (Shame) S. 24f.
[560] Adams (Messlatte).
[561] vgl. z. B. Ogger (Nieten) S. 100.
[562] vgl. Scheuch/Scheuch (Bürokraten).

die den Markt, die Region, die Gepflogenheiten wesentlich besser kennen. Das ist unwahrscheinlich. So ist denn auch eine größere Anzahl von Wechslern zwischen Vorständen deutscher und angelsächsischer Unternehmen in der Praxis nicht zu beobachten.

So bleibt also als Zwischenfazit, dass die Bezüge in Fällen, in denen die Unternehmensentwicklung positiv war, *mit der Leistungsgerechtigkeit begründet werden kann, bisweilen vielleicht auch mit Arbeitsmarktgerechtigkeit.*

In anderen Fällen greift aber *keines* dieser Kriterien. Dann ist davon auszugehen, dass die hohen Entgelte eher in der Principal-Agent Beziehung zwischen Aktionären (Principals) und Managern (Agents) begründet liegen. Die Entgelte der Vorstände werden nicht direkt von den Eigentümern (Aktionären, Principals) festgelegt, sondern von deren Vertretern im Aufsichtsrat. Mitglieder des AR sind aber Manager, also ebenfalls Agents. Innerhalb dieser *mehrstufigen* Principal-Agent Konstellation entscheiden also Agents über die Bezüge anderer Agents. Typischerweise kommt es dann zu so genannten *Kollusionen*[563], also zur Koalitionenbildung der Agents auf Kosten der Principals. Umgangssprachlich ausgedrückt, es kommt zur „*Selbstbedienung*". Diese Selbstbedienung beziehungsweise diese fehlende Kontrolle ist eine der wesentlichen Schwachpunkte des Führungssystems großer deutscher Aktiengesellschaften[564].

Die so festgelegte Entgelthöhe ist aber durch keines der bekannten Gerechtigkeitskriterien gedeckt. Daher bleibt als Ergebnis festzuhalten, dass die öffentliche Kritik, ungeachtet der bisweilen emotionalen Wortwahl („Absahner"), in der Sache in vielen Fällen gerechtfertigt ist.

3.5.8 Personalentwicklung

3.5.8.1 Formen der Personalentwicklung

Die Personalentwicklung „hat die Aufgabe, die Fähigkeiten der Mitarbeiter in der Weise zu fördern, dass sie ihre gegenwärtigen und zukünftigen Aufgaben bewältigen können und ihre Qualifikation den gestellten Anforderungen entspricht"[565].

Die Personalentwicklung kann diverse Formen annehmen[566]:

- *Ausbildung*: zur Ausbildung zählt die berufliche Erstausbildung am Arbeitsplatz, also als *Training-on-the-Job*. Dazu gehören insbesondere die Schulung der *Auszubildenden*

---

[563] vgl. Kräkel (Beförderungsentscheidungen).

[564] s. o. Kap. 3.3.4.

[565] Thommen/Achleitner (Betriebswirtschaftslehre) S. 717.

[566] vgl. zum Abschnitt Olfert (Personalentwicklung), Kolb (Personalmanagement), S. 429 ff, Olfert/Rahn (Einführung) S. 347 ff, Thommen/Achleitner (Betriebswirtschaftslehre) S. 717 ff, Holtbrügge (Personalmanagement) S. 102 ff, Domsch (Personalentwicklung).

innerhalb des dualen Systems, und die Schulung von Hochschulabsolventen mittels Trainee-Programmen.
- *Weiterbildung*, auch Fortbildung genannt. Sie dient aus betrieblicher Sicht der „Anpassung der Mitarbeiterqualifikationen an geänderte Bedingungen am Arbeitsplatz"[567], zum Beispiel Erlernen der Bedienung einer neuen Software. Weiterbildung kann sowohl am Arbeitsplatz (*on-the-job*) als auch *off-the-job* durch Teilnahme an unternehmensinternen und -externen Seminaren und dergleichen wahrgenommen werden.
- Die *Umschulung* „ist eine zweite Ausbildung in einem anderen als dem bisher ausgeübten Beruf. Sie dient der beruflichen Neuorientierung von Arbeitnehmern, die arbeitslos sind oder werden bzw. sich unfall- oder krankheitsbedingt neu orientieren müssen"[568] Anders als die Weiterbildung findet eine Umschulung meistens nicht innerhalb des Unternehmens statt, sondern wird beispielsweise durch die Bundesagentur für Arbeit organisiert oder bei Krankheit oder Unfall an einem Rehabilitationszentrum durchgeführt.
- Im Gegensatz zur früheren Praxis wird die Personalentwicklung heute breiter gesehen und umfasst auch die *Karriere- und Laufbahnplanung*, „zum Beispiel im Rahmen einer persönlichen Laufbahnplanung"[569].

Auf die Möglichkeiten und Grenzen der Laufbahnentwicklung beispielsweise von Hochschulabsolventen wird im Folgenden näher eingegangen.

3.5.8.2 Karriere- und Laufbahnentwicklung

„Neben der traditionellen Laufbahnentwicklung (z. B. Aufstieg über Gruppenleiter, Abteilungsleiter, Hauptabteilungsleiter etc.) werden in der Praxis zunehmend weitere Modelle konzipiert und eingeführt. Hierzu gehören insbesondere die Fachlaufbahn und die Projektlaufbahn. ... Ein Fachlaufbahn ... ist ein neben der traditionellen Leitungshierarchie (Führungslaufbahn) existierendes hierarchisches Positionsgefüge für hoch qualifizierte Spezialisten."[570]

Diese Laufbahnformen stehen nicht isoliert nebeneinander, grundsätzlich ist, innerhalb eines bestimmten Rahmens, auch ein ein- oder mehrmaliger Wechsel möglich.

Hochschulabsolventen sollten sich also bewusst sein, dass neben der traditionellen *Führungslaufbahn* auch diese *Fach- und Projektlaufbahnen* möglich sind[571]. Sie können interessante Alternativen sein, die es dem Betreffenden ermöglichen, sein Spezialwissen gut zur Geltung zu bringen und, in der Terminologie Maslows, das Bedürfnis nach Selbstverwirklichung mehr als in anderen Bereichen zu befriedigen.

---

[567] Kolb (Personalmanagement), S. 175.
[568] Olfert/Rahn (Einführung) S. 350.
[569] vgl. Kolb (Personalmanagement), S. 475f.
[570] Domsch (Personalentwicklung) S. 481.
[571] vgl. Domsch (Personalentwicklung) S. 41ff.

Meistens stehen allerdings nach wie vor die klassischen Laufbahnmodelle im Vordergrund. Das Thema der Karriere- und Laufbahnplanung wird hier von der Frage angegangen: *Wovon hängt es ab, ob jemand befördert wird?* Und: *Wovon hängt es ab, ob jemand „an die Spitze", also ins Top-Management, in den Vorstand eines großen Unternehmens kommt?*

So interessant die Frage auch sein mag, so wenig findet sich darüber in den Lehrbüchern. In vielen Standardwerken findet der Punkt gar keine Erwähnung.

Ein Hinweis vorweg. Studierende haben oft ehrgeizige Zielvorstellungen, woraus dann, wie *Neuberger* es nennt, „Allmachtsphantasien" entstehen können und der Glaube, „sie allesamt seien künftige Vorstände oder hätten zumindest den Marschallstab im Tornister"[572]. Tatsächlich ist der Weg in den Vorstand nur für eine winzig kleine Minderheit offen und abhängig von Bedingungen, die auch nur begrenzt beeinflussbar sind. Es ist daher nur zu raten, möglichst früh „Fantasien in realistische Berufsvorstellungen"[573] zu verwandeln, ohne dabei die Motivation zu verlieren. Wer ehrgeizige Ziele mit Illusionen verwechselt, für den wird die Realität im späteren Lebensabschnitt umso frustrierender.

Nun zu Kriterien des Aufstiegs.

1. *Leistung.* Intuition und klassische Lehrbücher der Betriebswirtschaft suggerieren, dass die Leistung der entscheidende Faktor für den Aufstieg ist. Der Begriff ist schwer zu definieren und zu messen. Klar ist aber, dass er nicht nur *Fachwissen* umfasst, sondern auch *Methodenkompetenz* im Sinne der Fähigkeit, Lösungen für neue Probleme eigenständig finden zu können, sowie auch *Führungs-* und *Sozialkompetenz*.

   Leistung allein ist indessen nicht entscheidend. Schätzungen besagen, diese Komponente könne überhaupt nur zu etwa 20 % objektiv erfasst werden[574]; andere Autoren kommen zu dem Schluss, dass die Qualität der Arbeit nur rund zehn Prozent bei einer Beförderungsentscheidung ausmacht.[575]

   Auch wenn diese Angaben mit Vorsicht zu interpretieren sind, da kein Verfahren zur Messung solcher Daten existiert, das methodisch unangreifbar wäre, so ist doch klar, dass neben der Leistung auch andere Komponenten relevant sind.

2. Aus der hier betonten Sichtweise des Individuums im Unternehmen, der Betonung des Principal-Agent-Problems und der Machttheorien wird schnell klar, um welche Komponente es sich in erster Linie handelt: um die *Fähigkeit, die eigenen Interessen wahrzunehmen*, was umschrieben werden kann mit Begriffen wie *Politics, Mikropolitik, Selbstmarketing, Selbstdarstellung* und so weiter.

   Eine prozentuale Angabe, wie viel diese Faktoren nun ausmachen, ist seriöser Weise nicht möglich, auch weil die Übergänge zum Leistungsfaktor Sozialkompetenz flie-

---

[572] Neuberger (Macht) S. 113f.
[573] Holtbrügge (Personalmanagement) S. 103.
[574] vgl. Neuberger (Mikropolitik) S. 41.
[575] vgl. Krcal (Bescheidenheit), Managerseminare online (Schritte).

ßend sind[576]. Aber aus den Ausführungen im zweiten Kapitel ist zu schließen, dass der Einfluss beachtlich ist.

Das wird eindrücklich und eindeutig bestätigt durch Untersuchungen und Aussagen von Praktikern, die sich mit dem Ausleseprozess von Managern und Top-Managern beschäftigen[577].

„Nur die Leistung zählt – das Mantra der Manager ist eine fromme Lüge. Ohne Können geht zwar auf die Dauer nichts. Doch auf dem Weg nach oben müssen ehrgeizige Kandidaten mit etlichen unsichtbaren Hindernissen rechnen; gläserne Wände, an denen sich die meisten vergeblich abarbeiten."[578]

Je höher ein Manager in der Hierarchie steigt, umso höher wird offenbar die Bedeutung der Wahrnehmung der eigenen Interessen im Vergleich zur Erledigung der Sachaufgaben. „80% seiner Zeit, schätzt Adrian von Dörnberg, der als Vertriebs- und Marketingvorstand bei der Lufthansa unter Vertrag war, verbringt ein Topmanager mit Aufgaben, die nichts mit dem operativen Geschäft zu tun haben. Was das bedeutet? ‚Angriff und Verteidigung, Taktieren, Tricksen, Hausmacht sichern, falsche Fährten legen und Verbündete suchen für all die Projekte, die einem wirklich wichtig sind.'"[579] Und ein langjähriger Vorstand einer Versicherung ergänzt: „‚Mit der einen Hand hält man den Stuhl fest, mit der anderen die Tür zu. Die Hände, die frei bleiben, nutzt man für seinen Job.'"[580]

Die Harvard Business School hat die geforderten Qualifikationen von Top-Managern in zahlreichen Fallstudien untersucht[581]. Während auf der unteren und mittleren Führungsebene die „konventionellen" Anforderungen wie gute Leistung, die Motivationskünste und dergleichen ausreichen, müssen sich Anwärter auf Vorstandpositionen zusätzlich noch „das feine Gespür für Beziehungen und unausgesprochen Spielregeln angeeignet haben, das nötig ist, um auf der obersten Führungsebene erfolgreich operieren zu können."[582] Und sie brauchen politisches Geschick.

Von besonderer Bedeutung ist es dabei, die „Beziehung zu ihrem Vorgesetzten"[583] zu pflegen. Der unmittelbare Vorgesetzte ist der, der am meisten für den Mitarbeiter tun kann. Er kann als *Mentor* dienen oder, anders ausgedrückt, das Sponsor-Protegé Spiel spielen.

---

[576] s. o. Kap. 2.2.5.

[577] vgl. z. B. Ciampa (Spitze), Risch (Geistern), Pieroth, G. (Irrationalität) S. 342, o.V. (Manager), Pfeffer/Sutton (Trap), Buchhorn/Palass (raus), vgl. auch Kotter (Managers), Kotter (Career), Kotter (Leaders).

[578] Buchhorn/Palass (raus) S. 209.

[579] Risch (Geistern) S. 175.

[580] Risch (Geistern) S. 180.

[581] vgl. Ciampa/Watkins (Start), Ciampa (Spitze).

[582] Ciampa (Spitze) S. 96.

[583] Ciampa (Spitze) S. 92.

Allerdings muss an dieser Stelle mit einem weit verbreiteten Missverständnis aufgeräumt werden. Erfolgreich ist nicht der, der brutal intrigiert, taktiert, „schleimt" und „Ellenbogen gebraucht". Der wirklichen Spitzenkraft „gelingt das auf viel dezentere Weise – ohne dass die anderen ihn für einen ‚gewieften Taktierer' halten."[584] Der wirklich Erfolgreiche in der Hierarchie versuchen auch nicht (oder nur in Ausnahmesituationen), andere schlecht zu reden. Sie besitzen vielmehr die Fähigkeit, die Stärken von Mitarbeitern und auch Kollegen zu propagieren und können „Mitarbeitern, die an ihren Erfolgen beteiligt waren, Anerkennung zollen, ohne ihr eigenes Verdienst zu schmälern."[585] Eine Führungskraft eines großen Konzerns antwortete einmal auf die Frage, ob man denn über Leichen gehen müsste, um nach oben zu kommen: „Man muss sehr vorsichtig mit Leichen sein. Denn wenn zu viele Leichen am Wegesrand liegen, haben Sie keine Verbündeten mehr, die sie brauchen!"

Der Erfolgreiche macht nie den Eindruck eines „Strebers", er macht nie den Eindruck, dass er unter Druck und ihm „der Schweiß der Anstrengung auf der Stirn" steht. Seine Erfolge scheinen ihm vielmehr mühelos, spielerisch zu gelingen.[586] Er hat eine selbstgewisse Lässigkeit.

Taktieren, ohne als Taktierer zu gelten; sich einschmeicheln, ohne als Schmeichler zu gelten; sich anstrengen, ohne dass die Anstrengung auffällt – das ist also offenbar der Kern Erfolg versprechenden politischen Verhaltens. Es ist die hohe Schule der Beherrschung von Ambiguitäten.

Die Kunst, sich richtig zu verhalten und die Kenntnis und Beherrschung auch der versteckten Spielregeln scheint übrigens auch der wichtigste Faktor zu sein, weshalb *Kinder* aus gut- und großbürgerlichen Verhältnissen nach wie vor *deutlich bessere Aufstiegschancen* haben. Das liegt im Allgemeinen nicht daran, dass deren Väter über Beziehungen verfügen, um die Söhne und Töchter in gute Positionen zu bringen, obgleich auch das natürlich vorkommt.

Sondern es liegt daran, dass Fachkompetenz, wenn auch mit größeren Hindernissen, dank eines ordentlichen Bildungssystems auch Kinder mit weniger privilegierter Herkunft erwerben können. Gleiches gilt für Berufserfahrung.

Nicht so, wenn es um Politics, um Selbstdarstellung und dergleichen geht. Hier werden die Weichen früher gestellt. Menschen, die aus einer weniger hohen Schicht kommen, „fehlt einfach die selbstgewisse Lässigkeit all jener, die Umgangsformen, Dresscodes, Bildung und vielleicht sogar eine optimistischere Lebenseinstellung von Kindheit an inhaliert und geübt haben. ‚Habitus', behauptet Michael Hartmann, ‚ist vor allem eine Frage der Herkunft.' Über die Attribute, die in der Welt der Wirtschaft wirklich zählen, verfügen vor allem die Sprösslinge aus gut- und großbürgerlichen Elternhäusern. Nur

---

[584] Ciampa (Spitze) S. 96.
[585] Ciampa (Spitze) S. 97.
[586] vgl. Buchhorn/Palass (raus) S. 215, Ciampa (Spitze) S. 95.

so sei es zu erklären, sagt Soziologe Hartmann, dass über 80 % der Vorstände in deutschen Konzernen aus gehobenen Verhältnissen stammten."[587]
3. *Persönlichkeitsstruktur*. Verhaltensweisen, wie sie im Top-Management gepflegt werden, gehen offenbar einher mit *spezifischen Persönlichkeitsstrukturen*. Jedenfalls weisen einige Psychoanalytiker, die Erfahrung im Umgang mit der Personengruppe haben, auf das Vorherrschen bestimmter Strukturen hin.

Wie *Kets de Vries*[588], der sehr viele Studien auf dem Gebiet betrieben hat, postuliert, besitzen gerade Top-Management im Allgemeinen eine Persönlichkeit, die zumindest nicht ganz unproblematisch ist: „Ich habe festgestellt, dass Unternehmensführer eine viel komplexere Psyche besitzen als psychiatrische Patienten. ... Die Psyche eines Topmanagers ist sehr verschlungen. Allzu verrückt können solche Leute nicht sein, sonst erreichen sie keine führende Position, aber es sind ungeheuer ehrgeizige, getriebene Menschen. Wenn ich sie dann näher studiere, stelle ich meistens Folgendes fest: Antriebe, die sie heute noch prägen, gehen oft auf Beziehungsmuster und Erlebnisse aus ihrer Kindheit zurück. So etwas hören Führungskräfte gar nicht gern; sie geben sich lieber der Illusion hin, sie hätten alles unter Kontrolle. Wenn ich ihnen dann sage, dass in ihrem Gehirn auch unbewusste Prozesse ablaufen, empfinden sie das als Kränkung."[589] Die Erziehung von Führungskräften zeichnet sich offenbar dadurch aus, dass die Eltern einerseits zu nachgiebig, andererseits aber zu abweisend waren, jedenfalls das Selbstwertgefühl ihrer Kinder wenig förderten. Beispielsweise hatten einige erfolgreiche männliche Führungskräfte wie Jack Welsh, der erfolgreiche ehemalige Chef von General Electric oder auch Bill Clinton oft starke Mütter, die alles für sie taten, und eher distanzierte, schwache bzw. häufig abwesende Väter. Der Antrieb von Top-Managern ist es dann, „Verletzungen ihres Selbstbewusstseins zu kompensieren, die ihre Eltern ihnen in ihrer Kindheit zugefügt haben, indem sie zu abweisend oder zu nachgiebig waren. Wer seinem Kind keine Grenzen setzt, nimmt ihm die Möglichkeit, ein ausgewogenes Gefühl für seine eigene Persönlichkeit zu entwickeln. Menschen mit solchen Verletzungen haben ein starkes Bedürfnis nach Anerkennung und Bestätigung. ... Topmanager haben in der Regel keine Ahnung, dass ihrem Verhalten solche Persönlichkeitsverletzungen zugrunde liegen."[590]

Andere Autoren sehen in Vorstandsvorsitzenden oft „Narzissten"[591] oder stellen fest, dass Macht nicht nur zu Paranoia führt, sondern auch zu „Liebesunfähigkeit". Nach *Erdheim* ist ein Preis der Macht zum Beispiel „Die Unfähigkeit zu lieben. ... Sehen sie sich an, welche Probleme die Herrschenden mit der Liebe haben ... Es gibt ein bitteres Gespür der Mächtigen für die eigene Liebesunfähigkeit. Sie reagieren darauf, indem sie ständig die Geliebte wechseln oder aber ihrer Partnerin enorme Geschenke machen,

---

[587] Buchhorn/Palass (raus) S. 215f, vgl. Hartmann (Mythos).
[588] vgl. Kets de Vries/Miller (Personality).
[589] Kets de Vries (Chefs) S. 67.
[590] Kets de Vries (Chefs) S. 68.
[591] vgl. Maccoby (Narcissistic).

um sich ihrer Liebe zu versichern. Sie verteilen Schlösser wie ein Sonnenkönig."[592]
Zu dieser Liebesunfähigkeit kommt es durch die Einsamkeit in der Position. „Ich traue niemandem mehr, nicht einmal der Frau, die ich liebe. Die Macht lässt den Mächtigen vereisen. … Entweder erkaltet alles zu einer formalen Beziehung. Denken Sie an Prinz Philip oder Königin Elisabeth in England. Oder man flüchtet sich in Affären. Denken Sie an John F. Kennedy oder Bill Clinton. Herrscher sind keine großen Liebhaber. Die einzige Frau, zu der sie halten sollten, müssen sie ständig hintergehen."[593]

Diese Charakterisierungen treffen bemerkenswerter Weise durchaus nicht nur auf erfolglose Führer zu, sondern auch und gerade auf erfolgreiche.

Es darf nun nicht gefolgert werden, dass die Persönlichkeit eines jeden, der Karriere macht, nun geradezu krankhaft sei oder sich so entwickeln müsste. Denn abgesehen davon, dass von allgemeinen Aussagen nicht unbedingt auf den Einzelfall geschlossen werden kann, so beziehen sich die Beispiele doch auf Personen, die in der Hierarchie extrem weit oben stehen. Sicher muss nicht jeder Abteilungsleiter oder Geschäftsführer eines mittleren Unternehmens in der Persönlichkeitsstruktur mit John F. Kennedy oder Jack Welsh vergleichbar sein.

Gleichwohl muss jeder, der *extrem* ehrgeizig und karrierebewusst ist, auch wissen: es besteht ein Zusammenhang zwischen Karriere und Persönlichkeit. Karriere kann auch zu Veränderungen der Persönlichkeit führen und damit Opfer fordern, zu denen nicht jeder bereit sein mag.

4. Auch wer die Leistung erbringt, sich politisch karrierefördernd verhält und die entsprechende Persönlichkeitsstruktur mitbringt, dem ist deshalb noch nicht automatisch der Aufstieg an die Spitze garantiert. Dazu muss noch eine Komponente kommen, die überhaupt nicht zu kontrollieren ist: *Zufall* oder Glück bei den Rahmenbedingungen. Dass der Zufall eine nicht zu vernachlässigende Rolle spielt, kann schon aus allen Aussagen zur Betrachtung des Unternehmens als komplexes System oder dem Mülleimer-Modell abgeleitet werden. So wenig wie ein Unternehmen vollkommen steuerbar ist, so wenig sind es die Akteure und deren Beziehungen zueinander. Niemand sollte sich der Illusion hingeben, als Akteur innerhalb der hochkomplexen dynamischen Systeme „Unternehmen" und „Arbeitsmarkt" mit zahlreichen „Mit-" und „Gegenspielern" seine eigene Karriereentwicklung weitgehend steuern zu können.

Ein Hochschulabsolvent beginnt und bekommt einen guten Vorgesetzten, der sich als nützlicher Mentor herausstellt – oder auch nicht. Ein prestigeträchtiges Projekt erweist sich als Erfolg aus Gründen, die der ehrgeizige Projektleiter gar nicht erkennen, geschweige denn beeinflussen kann – oder auch nicht. Zufällig wird eine Stelle frei und eine Beförderungschance bietet sich – oder auch nicht.

Hochschulabsolventen sollten daher ihre Karriere auch mit einem Schuss Gelassenheit angehen, und ihr persönliches Lebensglück nicht zu stark von der Erreichung ehrgeiziger beruflicher Ziele abhängig machen.

---

[592] Erdheim (Macht).
[593] Erdheim (Macht).

3.5.9 Personalfreisetzung

Personalfreisetzung wird bisweilen als Euphemismus für „Entlassungen" gebraucht. Tatsächlich ist der Begriff der Personalfreisetzung oder -freistellung viel weiter, er „umfasst alle Maßnahmen, mit denen eine personelle Überdeckung in quantitativer, qualitativer, und zeitlicher Hinsicht abgebaut wird"[594] Gründe hierfür kann es viele geben – rückläufiger Absatz, Automatisierung, saisonale Schwankungen, Prozessoptimierungsmaßnahmen oder Reorganisation, Schließung von Unternehmen oder Unternehmensteilen.[595]

Grundsätzlich wird unterschieden zwischen *interner* und *externer* Freisetzung. Typische Maßnahmen der *internen* Freisetzung, bei der es *nicht* zu einem Personalabbau kommt, sind der Abbau von Mehrarbeit, Flexibilisierung der Arbeitszeit, Einführung von Kurzarbeit sowie die Versetzung von Arbeitnehmern mit oder ohne Änderungskündigungen.

Problematischer ist die *externe* Freisetzung. Diese kann bewirkt werden durch:

- *Ausnutzung der Fluktuation*, indem also frei werdende Stellen nicht (extern) wieder besetzt werden
- *Nichtverlängerung von befristeten Arbeitsverträgen*
- *Vereinbarung von Aufhebungsverträgen*.
- Aufhebungsverträge gehen bisweilen einher mit *Outplacement*. „Dabei beauftragt und bezahlt das Unternehmen meistens *einen extern*en Berater, der den Mitarbeiter in noch ungekündigter Position bei der Suche nach einer neuen, außerhalb des Unternehmens liegenden Existenz gezielt unterstützt"[596].
- *Kündigung* als härteste und in der Regel unangenehmste Form der Freisetzung.

Wie kann nun ein Unternehmen entscheiden, ob es zur Personalfreisetzung kommt oder kommen sollte?

Ähnlich wie bei der Personalbedarfsplanung ist das relativ einfach, wenn das Arbeitsvolumen klar quantifiziert werden kann. Sehr viel schwieriger wird es, wenn das nicht zutrifft, wie im Fall von vielen administrativen Tätigkeiten oder der Grundlagenforschung. Hier bedarf es ausgefeilte Instrumente, um Sinn oder Unsinn von Personalfreisetzungen als betriebliches Steuerungsinstrument zu beurteilen.

Die Bereitstellung dieser Instrumente ist eine der Aufgaben des betrieblichen Rechnungswesens bzw. des *Controlling* und damit ein Thema des folgenden Kapitels.

---

[594] Olfert/Rahn (Einführung) S. 350.
[595] vgl. zum Abschnitt Olfert/Rahn (Einführung) S. 350 ff, Thommen/Achleitner (Betriebswirtschaftslehre) S. 717 ff, Holtbrügge (Personalmanagement) S. 111ff.
[596] Olfert/Rahn (Einführung) S. 351.

3.5.10 Fallstudien zum Personalmanagement

3.5.10.1 MbO in der Personalabteilung der Fitness GmbH

„Wie eingangs schon erwähnt, war Susi Pay-Roll erst seit kurzem neue Personalleiterin. ... Ihr Vorgänger war Walter Ausgleich. Dieser hatte die Funktion über 20 Jahren innegehabt. Er war zunächst kaufmännischer Auszubildender und arbeitete sich innerhalb des Unternehmens hoch. Er verstand es schon immer vorzüglich, Konflikte im Unternehmen auszugleichen und das Unternehmen auch nach außen als harmonisches Ganzes zu repräsentieren. Er war zu einem großen Teil Beichtvater für die Mitarbeiter und Prellbock zwischen den Interessen der Unternehmensleitung und den Bedürfnissen der Belegschaft. In der komplexen Welt der Personen und Beziehungsnetzwerke hatte er sich zurechtgefunden."[597] Er war erfolgreich und beliebt, da es ihm meistens gelang, einerseits den individuellen Bedürfnissen der Mitarbeiter, andererseits aber auch den unternehmerischen Belangen Rechnung zu tragen.

„Susi Pay-Roll erinnerte sich an seinen Abschied: Alle Mitarbeiter, deren Familien, die Chefs sowie die wichtigsten Kunden des Unternehmens, aber auch die Bevölkerung nahmen Abschied von einer ‚Ära', wie es hieß."[598] Susi Pay-Roll war klar, dass sie ein schweres Erbe antrat. Zum einen konnte sie Walter Ausgleich nicht imitieren. Sie gehörte zu einer anderen Generation, hatte studiert, ging wesentlich analytischer vor. Zum anderen hatte sie festgestellt, dass auch die „Ära" Walter Ausgleich nicht nur positiv zu sehen war. So gut er Konflikte intuitiv lösen konnte, so wenig hatte er sich um die Einführung moderner Führungsmethoden und -instrumente gekümmert. Entsprechend war bei der Fitness GmbH kaum etwas vorhanden. In Gesprächen mit anderen Führungskräften merkte sie, dass dies mittlerweile von der Mehrheit als gravierendes Manko gesehen wurde – auch wenn es niemand so offen aussprach. Schließlich gehörte es zu den ungeschriebenen Gesetzen, am „Denkmal" Walter Ausgleich nicht zu kratzen.

Es würde zu ihren ersten Prioritäten gehören, das zu ändern. Vor allem fiel ihr auf, dass im Unternehmen kaum nach klaren, abgestimmten Zielen geführt wurde. Das wollte sie ändern, durch Einführung einer für die Fitness GmbH passenden Variante von Management by Objectives.

In ihrem vorherigen Unternehmen hatte sie gute Erfahrungen damit gemacht, mit Veränderungen bei sich selbst im eigenen Bereich zu beginnen, um so glaubwürdig die Ideen später nach außen zu vertreten. Sie würde also MbO zuerst im Personalwesen implementieren und ging davon aus, zumindest dort leichtes Spiel zu haben.

„Doch zunächst stieß sie mit ihren Ideen und Konzepten bereits in der eigenen Abteilung auf Widerstand, der allem Neuen entgegengebracht wurde. Die Konzepte wurden verächtlich als ‚akademische Spielereien' abgehandelt. Manche Mitarbeiter erklärten, dass sie den Bürokratismus vergrößerten und das Ganze doch ‚viel Aufwand um nichts'

---

[597] Frick (Personalmanagement) S. 296.
[598] Frick (Personalmanagement) S. 296.

sei. Ihr Vorgänger Walter Ausgleich hätte auch ohne diesen Firlefanz alles im Griff gehabt und diese abstrakten Spiele nicht nötig gehabt.

Doch Susi Pay-Roll ließ sich nicht beirren."[599] Freundlich aber bestimmt begann sie den Prozess und forderte von ihren Mitarbeitern die Teilnahme ein.

Bereits der erste Schritt, der Versuch, die Ziele der Personalabteilung aus den Unternehmenszielen abzuleiten, gestaltete sich nicht ganz einfach. Die einzigen bekannten Aussagen in der Hinsicht waren erstens „Effizienz in den Prozessen und ständige Kostenoptimierung"[600] und zweitens Orientierung der Arbeit der Personalabteilung an den Wünschen der „internen Kunden", also der anderen Abteilungen.

Aber was das konkret bedeutete und was die Wünsche der anderen Abteilungen waren, war unklar. Susi Pay-Roll redete also zunächst einmal lange mit Führungskräften und Mitarbeitern aus anderen Bereichen. Zunächst erhielt sie eine lange Wunschliste von zahlreichen, teilweise gegensätzlichen Anforderungen. Erst nach einer zweiten und dritten Gesprächsrunde gelang es ihr, eine Struktur in die Wunschliste zu bringen und die Prioritäten herauszufinden.

Als eine der Prioritäten stellte sich die Verbesserung der beruflichen Bildung heraus, die Politik im Hinblick auf Auszubildende. Die Fitness GmbH stellte relativ wenig Auszubildende ein. Wenn, dann geschah das meistens auf Initiative einer einzelnen Fachabteilung hin, die einen spezifischen Bedarf hatte. Auch war weder die Qualität der Auszubildenden besonders hoch, noch waren die Abschlusszeugnisse besonders beeindruckend.

Das Manko war nicht zuletzt Fritz Ness selbst ein Dorn im Auge. Ihn, der immer viel Wert sowohl auf Bildung als auch auf gesellschaftlich verantwortliches Handeln der Unternehmung legte, störte es, dass ausgerechnet dieser Bereich so schlecht funktionierte. Es bestand also Handlungsbedarf.

In der Personalabteilung befasste sich ein Mitarbeiter, Johannes Lehrle, mit der beruflichen Bildung. Seine Stellenbezeichnung war PA-BA (Personalabteilung-Berufsausbildung). Er galt als durchaus kompetent, freundlich und hilfsbereit. Aber er hatte nach Susi Pay-Rolls Ansicht und auch der anderer Mitarbeiter im Unternehmen zu sehr den Arbeitsstil von Walter Ausgleich übernommen. Mehr noch – jegliche Art von strukturiertem Vorgehen schien ihm suspekt zu sein.

Es war folglich klar, dass Susi Pay-Roll mit ihm gemeinsam einen Zielkatalog zu entwickeln hatte, um das Ziel „Verbesserung der beruflichen Bildung" zu operationalisieren.

Erwartungsgemäß lief das Gespräch mit Lehrle zu Beginn nicht allzu erfreulich. „Was soll das? Wenn Ihnen meine Arbeit nicht passt oder Sie mich raus mobben wollen, dann reden Sie nicht um den heißen Brei, sondern sagen Sie mir das bitte sehr offen ins Gesicht!" – Lehre konnte auch schnell einmal emotional werden.

Pay-Roll war auf eine solche Reaktion vorbereitet. „Lassen Sie es mich ganz klar sagen, Herr Lehrle. Ich schätze Ihre Arbeit, ich schätze Ihre Ideen, Ihre Kreativität, Ihr Verhalten gegenüber den Kolleginnen und Kollegen. Das wird auch allgemein anerkannt.

---

[599] Frick (Personalmanagement) S. 304.

[600] Frick (Personalmanagement) S. 306.

Aber lassen Sie mich auch sagen – es gibt auch einiges zu verbessern, was die berufliche Bildung betrifft. Und wenn Sie ehrlich sind, wissen Sie das selbst.

Natürlich will ich Sie nicht ‚raus mobben', auch das wissen Sie selbst. Im Gegenteil, ich brauche und erwarte Ihre Hilfe. Also lassen Sie uns diese Diskussion beenden und stattdessen versuchen, gemeinsam Lösungen zu finden." Sie wusste aus Erfahrung, dass ein – ehrlich gemeinter! – Appell an die Hilfsbereitschaft bei den meisten Mitarbeitern, so auch bei Lehrle, positiv wirkte. Ihr Gesprächspartner wurde dann auch nach kurzer Zeit sichtlich entspannter.

So konnten sich beide den Zielen zuwenden. Erstens sollte die Ausbildungsquote, der Anteil der Auszubildenden an der Gesamtzahl der Mitarbeiter, erhöht werden. Fritz Ness sprach von einem Ziel von 7 %, was gesellschaftlich als gute Quote gilt.[601] Das waren rechnerisch 21 Auszubildende.

Das Ziel Nr. 1 lautete also konkret:

Zu Beginn des nächsten Ausbildungsjahres am 15. September sind 21 Ausbildungsverträge abgeschlossen.

Schwieriger war das zweite Ziel auszudrücken: die Auszubildenden sollten eine *gute Qualifikation* besitzen. Was aber war eine „gute Qualifikation"? Diskutiert und wieder verworfen wurde der Gedanke, eine bestimmte Schulabschlussnote als Kriterium zu nehmen – es war bekannt, dass gerade im gewerblichen Bereich die Schulnoten nur begrenzt aussagefähig waren. So einigte man sich auf einen Indikator, der üblicherweise immer genommen wird, wenn keine besser objektivierbare Messgröße zur Verfügung steht. Qualifiziert ist ein Auszubildender, wenn er von dem Ausbilder als qualifiziert angesehen wird.

Daher wurde Ziel Nr. 2 definiert:

Von den 21 Auszubildenden werden mindestens 19 (90 %) von ihren Ausbildern – also den Vorgesetzten in den jeweiligen Fachabteilungen Produktion, Vertrieb und Administration – *bei der Einstellung mit „gut" oder „sehr gut" qualifiziert beurteilt.*

Das dritte Ziel, das freilich erst am Ende der Ausbildungszeit nach zwei oder drei Jahren zu verifizieren war, bezog sich auf den Ausbildungserfolg:

Von den 21 Auszubildenden schließen mindestens 19 (90 %) ihre Prüfung mit der Note 2,5 oder besser ab.

„Aber wie soll ich das beeinflussen?" hakte hier Johannes Lehrle ein. „Sie wissen doch, dass nicht ich die Azubis ausbilde, sondern die Fachabteilungen! Was soll ich denn tun, wenn die schlecht arbeiten? Abgesehen davon, dass das ja wohl auch an den Azubis selbst liegt."

„Nun, was die Azubis selbst betrifft, da sollten sie qualifiziert und motiviert genug sein. Daher ja auch Ziel Nr. 2 – wir wollen gute Auszubildende einstellen.

Und die Ausbildung der Fachabteilungen – Sie sollten sich als der für die berufliche Bildung Zuständige schon für die Ausbildungsergebnisse verantwortlich fühlen. Das heißt, Sie sollten auf die Fachabteilungen einwirken, damit diese ihre Ausbildungspflicht ernst nehmen."

---

[601] vgl. z. B. IWD (Nachwuchsschmiede) S. 1.

„Und wenn die das aber nicht tun?"

„Wenn Sie nicht weiter kommen, müssen sie mir das rechtzeitig signalisieren. Dann liegt die Aufgabe bei mir. Wichtig ist aber, Sie müssen das *rechtzeitig* tun – nicht erst, wenn das Kind in den Brunnen gefallen ist und die Abschlussprüfungen unmittelbar bevorstehen."

Das ist das Standardvorgehen bei den in der Unternehmenspraxis zahlreichen Fällen, in denen der Betroffene auf die Mitarbeit anderer Abteilungen angewiesen ist. Zunächst selbst versuchen, auf die Kollegen entsprechend einzuwirken. Wenn das aber nicht gelingt – d. h. die „Ampel auf Rot steht", die Zielerreichung also stark gefährdet ist, dann ist die Einschaltung des Vorgesetzten notwendig.

Es wurde auch noch über ein viertes Ziel gesprochen, die Erstellung eines *Handbuchs*, in dem der Ablauf des Ausbildungsprozesses dokumentiert würde. Das wurde aber auf das dritte Jahr verschoben, erstens aus Gründen der zeitlichen Priorität, zweitens weil man zunächst mit dem Vorgehen mehr Erfahrung sammeln wollte.

Es war klar, dass die Akquisition von 21 qualifizierten Auszubildenden ein *aktives Personalmarketing* erfordern würde. Den trotz der generellen Arbeitsmarktlage – gute Auszubildende sind am Standort der Fitness GmbH in Südwestdeutschland durchaus gesucht.

„Klar", sagte Lehrle, „ich kann an Schulen und bei der Arbeitsagentur informieren. Und ich habe auch schon Ideen, wie unsere Website in diesem Bereich verbessert werden kann. Aber wer setzt das um? Ich selbst habe die Zeit nicht, die Websites zu gestalten, und ich kann es auch nicht."

Susi Pay-Roll stimmte zu, dass Lehrle dafür Ressourcen brauchen würde. Sie gab ihm ein Budget in Höhe von 8.000.- € frei, um Gestaltungs- und Programmier-Leistungen zur Neugestaltung der Website extern einkaufen zu können und eine Informationsbroschüre zu erstellen.

Lehrle war nicht zufrieden mit der Höhe des Betrags. Aber Pay-Roll machte ihm klar, dass sie derzeit nicht mehr Geld zur Verfügung hatte. Er hatte zunächst zu versuchen, mit dem Betrag auszukommen. Später könnte man gegebenenfalls noch über einen Mehrbedarf reden.

Ähnlich wie dieses liefen auch Susi Pay-Rolls Gespräche mit den anderen Mitarbeitern. Am Ende des Prozesses hatte jeder eine persönliche Zielvereinbarung unterschrieben.

Die Verfolgung der Ziele verlief im Allgemeinen gut, die Vorzüge der Vorgehensweise wurden in- und außerhalb des Personalbereichs gewürdigt.

Probleme entstanden allerdings, wenn Ziele in Zusammenarbeit mit anderen Abteilungen erreicht werden sollten. So bis sich Johannes Lehrle bei manchen Ausbildern die Zähne aus, die ihm sehr eindeutig klar machten, dass sie von einer Einmischung der Personalabteilung in, wie sie es sahen, ihre Kompetenzen, nichts hielten. Auch Susi Pay-Roll ging es teilweise nicht besser. In einem Fall wurde sie von einem Meister aus der Produktion nach einem mittleren Tobsuchtsanfall regelrecht aus dem Büro geworfen.

So musste sie mit Lehrle übereinkommen, dass Ziel Nr. 2 nicht zu erreichen sein würde. Insgesamt verbesserte sich aber die Qualität der Ausbildung bei der Fitness GmbH merklich.

3.5.10.2 Personalentwicklung bei der Supercar AG – S-Int

Es gehörte zu den personalpolitischen Grundsätzen der Supercar AG, dass eine Führungskraft stets einen namentlich genannten Stellvertreter haben sollte.

Heribert Meyer, der Leiter von S-Int, hatte sich bisher jedoch trotz mehrerer Anfragen aus dem Personalbereich erfolgreich vor der Ernennung eines Stellvertreters gedrückt.

Angesichts seines höheren Alters war klar, dass der Stellvertreter auch der designierte Nachfolger auf seinem Posten sein würde. Und bei dem Gedanken war Meyer nicht wohl. Denn alle drei Abteilungsleiter unter ihm[602] hatten fachlich einen guten Ruf, hatten im Gegensatz zu ihm studiert und waren, so die allgemeine Einschätzung, noch nicht am Ende ihrer Karriereleiter angelangt. Jemanden nun zum designierten Nachfolger zu machen, lag nicht in Meyers Interesse. Denn schnell könnte jemand auf die Idee kommen, die Verrentung von Heribert Meyer etwas zu beschleunigen und den Stellvertreter nun auch zum Leiter zu machen.

Besonders den Leitern der Abteilungen „USA" Dr. Schulze-Vorbach und „Rest der Welt" (RdW) Hans Wiedemann wurde die Übernahme des Postens allgemein zugetraut. Im entsprechenden Alter, erfahren und bekannt im Haus, sprach wenig gegen sie. Die dritte der Gruppe hingegen, Vera Libowski, galt mit 37 Jahren noch als etwas zu jung. Außerdem hatte sie bisher nur in Stabstellen der Supercar AG gearbeitet, ihr fehlte also die Linienerfahrung, die als Voraussetzung für den Posten galt.

Eine Zeitlang hatte Meyer versucht, sie gleichwohl oder gerade deshalb zu fördern und als Stellvertreterin aufzubauen. Das, so sein Kalkül, würde seine Position festigen. Sie war kaum eine Gefahr für ihn – und die beiden anderen würden so in die Schranken verwiesen.

Meyer lobte deshalb öffentlich bei sich bietender Gelegenheit mehrfach Libowskis tatsächlich gute Arbeit. Nicht, dass ihm die Förderung wirklich etwas bedeutet hätte. Im Gegenteil hatte er ein reichlich archaisches Frauenbild und konnte mit selbstbewussten beruflich erfolgreichen Frauen schwer umgehen. Aber die Taktik gebot es.

Der Plan war nicht aufgegangen. Es wäre einfach nicht argumentierbar gewesen, Schulze-Vorbach und Wiedemann zu umgehen. Auch hatte nach einer Weile ein Kollege einmal eine der wohl unvermeidlichen zweideutigen Bemerkung gemacht, welche Qualifikationen die Dame denn wohl auszeichneten, von ihm so gelobt zu werden, und damit prompt wieder ein Gerücht in die Welt gesetzt. Natürlich war an dem Gerücht nichts wahr. Meyer würde sich nie mit einer hoch qualifizierten Akademikerin einlassen, auch nicht auf rein physischer Ebene – ganz abgesehen davon, dass Vera Libowski auch keinerlei Interesse daran hatte. Aber die Gerüchte könnten ausreichen, um Meyer zu schaden, und so gab er den Plan auf.

Der Personalvorstand Michael Gantenbrink verstärkte nun den Druck, endlich einen Stellvertreter zu bestimmen. Meyer war mittlerweile dem Gedanken gegenüber offener. Er hatte gerade seinen sechzigsten Geburtstag gefeiert. In drei Jahren würde er in der Position nach den Regeln des Hauses ohnehin in Rente gehen. Und selbst wenn er vorzeitig ausscheiden sollte, bekäme er eine hohe Abfindung, mit der er die Zeit bis zur Rente bequem überbrücken konnte.

Gantenbrink und Meyer trafen sich also zu einem Gespräch, um die Stellvertretung zu regeln. Die Entscheidung würde zwischen Schulze-Vorbach und Wiedemann fallen.

---

[602] s. o. Abb. 1.6.

Da beide zweifelsohne qualifiziert waren, war die Entscheidung knapp. Den Ausschlag gab wohl, dass Wiedemann, der sich schwer damit tat, sich nach sieben Jahren als Geschäftsführer in Brasilien wieder im Stammhaus zur Recht zu finden, nach seiner Rückkehr zwei- oder dreimal angeeckt war. Einmal hatte er Gantenbrinks Sekretärin ziemlich unwirsch angefahren, als sie ihm nicht rechtzeitig einen Termin beim Vorstand geben konnte oder wollte. Und die hatte das kurze Zeit später ihrem Chef berichtet. Unfreundlich gegen die Sekretärin eines Vorstands zu sein, das gehörte zu den Fehlern, die niemand begehen sollte, der an seine Karriere dachte.

So waren sich beide dann doch schnell einig, Schulze-Vorbach zum stellvertretenden Leiter von S-Int zu machen.

Als schwieriger erwies sich die Anschlussfrage. Was konnte getan werden, um Wiedemann, der ohnehin unzufrieden war, nicht vollends zu frustrieren und damit auch gegen Meyer und seinen neuen Stellvertreter aufzubringen? Beiden war klar, dass etwas getan werden musste.

Eine Überlegung war, die Abteilung „Europa" bei Hans Wiedemann anzusiedeln und damit dessen Position zu verstärken. Nur wäre das ein Affront gegen Vera Libowski gewesen, die damit faktisch degradiert worden wäre. Deren Demotivation wollte man aber ebenfalls vermeiden, unter anderem auch, weil der Vorstandsvorsitzende Dr. Eisele nach wie vor interessiert die Karriere seiner ehemaligen Assistentin verfolgte.

So kamen die beiden zunächst zu keiner Lösung. Drei Wochen später kam Bewegung in die Situation. Einmal, weil sich der Teamleiter der Gruppe „Australien/Südafrika", Andreas Pflug, unternehmensintern auf eine interessante Stelle beim Vertrieb Deutschland beworben hatte und der Vertriebsleiter Deutschland sich gut vorstellen konnte, mit Pflug zusammen zu arbeiten. Zum anderen verfolgte Vera Libowski seit einiger Zeit ein Lieblingsprojekt, den Aufbau eines Controlling- und Berichtssystems der Tochtergesellschaften. Für das Projekt mit dem Arbeitstitel „W-BIS" (Worldwide Business Intelligence System) war bisher kein Budget freigegeben worden. Nun verbesserte sich durch die günstige Geschäftsentwicklung insgesamt die Chance, Budgetmittel zu erhalten, also auch für W-BIS und eine damit verbundene neue Stelle.

Gantenbrink und Meyer planten nun folgende Rochaden:

- Andreas Pflug würde S-Int verlassen und auf die neue Stelle wechseln. Gantenbrink würde im Zweifel etwas nachhelfen und dem Vertriebsleiter Deutschland empfehlen, Pflug zu akzeptieren.
- Die Abteilung „Europa" käme zu Hans Wiedemann und wäre damit in der Hierarchie eine Stufe niedriger angesiedelt.
- Im Gegenzug würde die Gruppe „Australien/ Südafrika" aufgewertet zu einer Abteilung und direkt Heribert Meyer unterstellt.
- Vera Libowski sollte von „Europa" wechseln und „Australien/Südafrika" übernehmen. Zusätzlich bekäme sie die Leitung des neuen Projekts W-BIS.
- Schließlich würde Ulf Meinart, bisheriger Betreuer von Südafrika, der schon lange auf eine Beförderung wartete, die Leitung von „Europa" übernehmen.

Das neue Organigramm von S-Int würde also so aussehen (Abb. 3.77):

3.5 Human Resources Management (HRM)

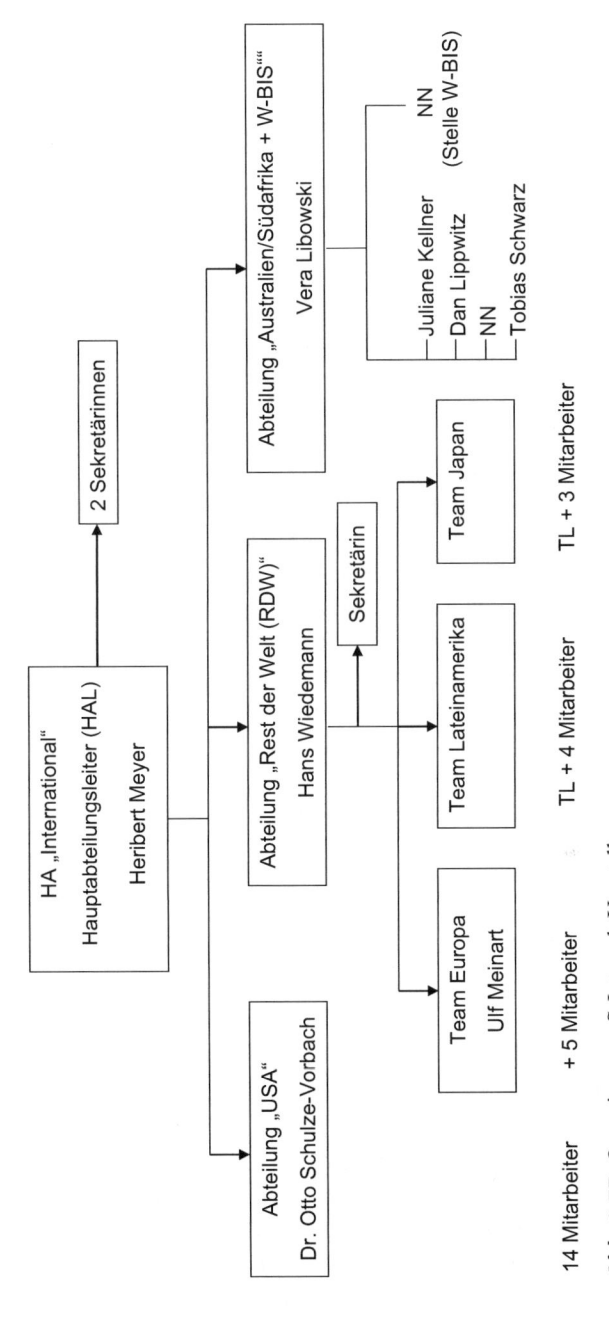

```
                    HA „International"
                    Hauptabteilungsleiter (HAL) ──── 2 Sekretärinnen
                    Heribert Meyer
                           │
        ┌──────────────────┼──────────────────────────────┐
        │                  │                              │
   Abteilung „USA"    Abteilung „Rest der Welt (RDW)"   Abteilung „Australien/Südafrika + W-BIS""
   Dr. Otto Schulze-  Hans Wiedemann                    Vera Libowski
   Vorbach                │                              │
                     Sekretärin                    ├── Juliane Kellner
                          │                        ├── Dan Lippwitz
        ┌─────────────────┼─────────────────┐      ├── NN          NN
        │                 │                 │      └── Tobias Schwarz (Stelle W-BIS)
   Team Europa      Team Lateinamerika   Team Japan
   Ulf Meinart

14 Mitarbeiter    + 5 Mitarbeiter     TL + 4 Mitarbeiter     TL + 3 Mitarbeiter
```

Abb. 3.77 Organigramm S-Int nach Umstellungen

Somit war Hans Wiedemann für die entgangenen Karriereaussichten zumindest etwas entschädigt, denn „Europa" war bedeutender als „Australien/Südafrika".

Und Vera Libowskis Position war durch W-BIS und die zugehörige neue Stelle aufgewertet.

Allerdings – W-BIS musste noch vom Vorstand genehmigt werden, damit die Konstruktion auch tragen sollte.

Bisher war es noch nicht in den Vorstand eingebracht worden. Das lag nicht zuletzt daran, dass Meyer selbst kein sehr großes Interesse daran gehabt hatte. Er verstand nicht viel von IT, solche Systeme waren ihm daher etwas suspekt.

Die Motivation änderte sich natürlich durch die neue Konstellation. Und im Vorstand hatte das Projekt nun zwei starke Befürworter. Das war Gantenbrink, dem das Thema vorher völlig egal gewesen war. Und es war der Vorstandsvorsitzende Eisele. Erstens wegen Vera Libowski, und zweitens, weil er daran interessiert war, über S-Int, das ihm direkt unterstellt war, unmittelbar Informationen aus den Tochtergesellschaften zu bekommen und nicht auf andere Vorstandsbereiche oder die Gesellschaften selbst angewiesen zu sein. Das Projekt wurde dann auch genehmigt. Zwar meldete der Finanzvorstand Weber Bedenken an – er hätte ein solches System lieber bei sich angesiedelt gesehen – aber auch er akzeptierte nach kurzer Debatte.

So war es den „alten Hasen" Gantenbrink und Meyer gelungen, eine für alle Beteiligten annehmbare Lösung zu finden, die auch aus Unternehmenssicht so schlecht nicht war.

3.6 Finanz- und Rechnungswesen, Controlling

3.6.1 Einleitung

Dass der *systematische Umgang mit Wertgrößen* ein zentraler Aspekt unternehmerischen Handelns ist, bedarf wohl keiner weiteren Erläuterung. Ist die langfristige Gewinnerzielung bzw. -maximierung, die als Wertzuwachs ausgedrückt wird, doch das Ziel ökonomischen Verhaltens im Unternehmen.

Der Funktionsbereich Finanz- und Rechnungswesen, der sich damit befasst, wird in drei Teilgebiete untergliedert[603]:

- das *Rechnungswesen (RW)*, in dem durch die *mengen- und wertmäßige Erfassung und Kontrolle der Unternehmensvorgänge*[604] die Grundlagen gelegt werden
- *Investition und Finanzierung (I + F)*, also der *finanzwirtschaftliche Prozess*, „in dessen Verlauf Kapital beschafft, verwendet, wieder freigesetzt und verwaltet wird"[605], sowie das
- *Controlling*.

---

[603] Vgl. z. B. Haberstock (Kostenrechnung I) S. 7.
[604] Vgl. Meyer (Bilanzierung) S. 36.
[605] Olfert/Rahn (Einführung) S. 283.

3.6 Finanz- und Rechnungswesen, Controlling

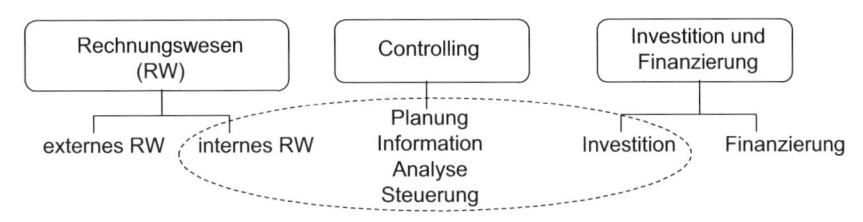

```
    Rechnungswesen           Controlling         Investition und
         (RW)                                     Finanzierung
    ┌────┴────┐          ┌─────┴─────┐          ┌─────┴─────┐
externes RW  internes RW    Planung          Investition   Finanzierung
                          Information
                            Analyse
                           Steuerung
```

Abb. 3.78 Finanz- und Rechnungswesen und Controlling – Überblick

Während die ersten beiden Teilgebiete relativ eindeutig voneinander abgegrenzt sind, gibt im dritten Überschneidungen. So gehören Teile des Rechnungswesens auch zum Controlling und umgekehrt, gleiches gilt für die Investitionsrechnung. Andere Funktionen sind hingegen ausschließlich dem Controlling zuzurechnen.

Abbildung 3.78 zeigt die Teilbereiche und die Zusammenhänge im Überblick. Das vorliegende Kapitel ist daher auch in drei Teile gegliedert. Dabei liegt der Schwerpunkt auf dem Controlling; das Rechnungswesen und Investition und Finanzierung werden dagegen vergleichsweise kurz dargestellt.

Diese Schwerpunktsetzung widerspricht der Praxis anderer Lehrbücher, in denen die ersten Teilgebiete meistens ausführlich behandelt werden, das Controlling hingegen nur kurz gestreift oder gar nicht erwähnt wird.[606]

Sie wurde aber bewusst vorgenommen. Denn erstens werden in der heutigen Praxis *alle* Fach- und Führungskräfte insbesondere mit dem Controlling konfrontiert. Und zweitens sind in der betriebswirtschaftlichen Ausbildung die Behandlung Rechnungswesen und I+F praktisch stets speziellen Vorlesungen vorbehalten, weshalb sich eine vertiefte Behandlung in einer Einführung erübrigt.

Methodisch wird von jedem, der sich mit dem Finanz- und Rechnungswesen sowie dem Controlling befasst, ein Gespür für den *Umgang mit Zahlen* und *mathematische Kenntnisse* verlangt. In diesem Buch wird die Mathematisierung auf ein Minimum reduziert. Leser, die sich mit dem Gedanken tragen, Betriebswirtschaft zu studieren, seien an dieser Stelle jedoch ausdrücklich darauf hingewiesen: Betriebswirtschaftslehre bedeutet nicht nur, aber auch, *Umgang mit Zahlen, Mathematik, Statistik*. Sicherlich sind die verlangten mathematischen Kenntnisse nicht mit denen in einem natur- oder ingenieurwissenschaftlichen Studium zu vergleichen. Aber: ohne Mathematik geht es nicht! Das sollte jeder bei der Studien- und Berufswahl berücksichtigen.

3.6.2 Rechnungswesen

„Das Rechnungswesen ist die Gesamtheit der Einrichtungen und Verrichtungen, die bezwecken, alle wirtschaftlich wesentlichen Gegebenheiten und Vorgänge im Einzelnen und

---

[606] vgl. z. B. Wöhe (Betriebswirtschaftslehre), Korndörfer (Betriebswirtschaftslehre), Thommen/Achleitner (Betriebswirtschaftslehre) S. 456ff.

im Gesamten zahlenmäßig nach Geld und – so weit möglich – nach Mengeneinheiten zu erfassen"[607].

Aus Abb. 3.76 ist erkennbar, dass das RW unterteilt werden kann in *externes* und *internes* Rechnungswesen.[608]

Die Unterscheidung extern und intern bezieht sich dabei auf die *Adressaten*.

Adressaten der externen Rechnungslegung sind Personen und Institutionen *außerhalb* des Unternehmens, also Gläubiger, Banken, Staat, Lieferanten, Kunden, die Öffentlichkeit insgesamt.

Das interne Rechnungswesen richtet sich demzufolge an Adressaten im Unternehmen, also an Vorstand, das Management insgesamt, die Mitarbeiter, sowie Gremien, Betriebsrat, Gesellschafter[609].

Die Gesellschafter, die Eigentümer, haben allerdings eine Zwitterstellung. Während der Inhaber einer Personengesellschaft und auch der typische Gesellschafter einer kleinen oder mittleren GmbH als interner Adressat bezeichnet werden kann, gilt das weniger für den Aktionär einer großen AG, der typischerweise als Außenstehender auf das Unternehmen blickt, an dem er ein (in der Regel kleines) Aktienpaket hält.

Die Differenzierung zwischen intern und extern ergibt sich aus unterschiedlichen *Anforderungen*. Interne Adressaten brauchen Informationen aus dem Rechnungswesen, um *Entscheidungen* zu treffen und das Unternehmen zu *steuern*.

Das externe Rechnungswesen dient hingegen der *Information* der Außenstehenden über die Vermögens-, Finanz- und Ertragslage des Unternehmens[610]. Diese Information kann diversen Zwecken dienen. Im Vordergrund steht meistens einmal die Information von Banken bzw. Gläubigern allgemein. Sie interessiert natürlich in erster Linie, ob bzw. inwieweit das Unternehmen in der Lage ist, die Verbindlichkeiten an sie zurück zu zahlen. Dazu soll das Rechnungswesen die entsprechenden Erkenntnisse liefern. Den Staat interessiert das Zahlenwerk des Unternehmens vor allem, weil es auch als *Basis der Besteuerung* dient.

Aus den unterschiedlichen Anforderungen erfolgt ein grundsätzlicher Unterschied in der Ausgestaltung. Das Unternehmen ist in der Ausgestaltung des internen Rechnungswesens frei, d. h. an *keine gesetzlichen* Restriktionen gebunden. Jedes Unternehmen kann und wird sein internes RW also so einrichten, wie es den spezifischen Bedürfnissen entgegen kommt.

Dagegen muss das externe RW *gesetzlichen Bestimmungen* genügen, die vor allem im Handelsrecht (Handelsgesetzbuch, HGB) und im Steuerrecht (Einkommensteuergesetz, EStG; Körperschaftsteuergesetz, KStG) niedergelegt sind. Der Grund ist nachvollziehbar.

---

[607] Olfert (Kostenrechnung) S. 22, vgl. zum Abschnitt z. B. Eisele (Rechnungswesens), Coenenberg (Jahresabschluss), Meyer (Bilanzierung), Hilke (Bilanzpolitik), Bacher (BWL) S. 3ff.
[608] vgl. z. B. Lück (Rechnungslegung) S. 2, Thommen/Achleitner (Betriebswirtschaftslehre) S. 383f.
[609] vgl. Bacher (BWL) S. 4.
[610] vgl. Thommen/Achleitner (Betriebswirtschaftslehre) S. 383.

3.6 Finanz- und Rechnungswesen, Controlling

Wer als Externer, als Bank oder Finanzamt, auf Basis von Informationen aus dem Unternehmen Entscheidungen über Kreditvergabe oder Steuerfestsetzung trifft, der muss davon ausgehen können, dass die Informationen nach bestimmten fix definierten Standards erstellt werden.

3.6.2.1 Externes Rechnungswegen

Das externe Rechnungswesen besteht im Kern aus der *Finanzbuchhaltung*[611]. Die Finanzbuchhaltung oder -buchführung umfasst zunächst Aufzeichnungen über

- „die Werte des gesamten Vermögens und aller Schulden eines Betriebs,
- die vollständige, richtige, zeitgerechte (zeitnahe) und geordnete Erfassung der Veränderung der Vermögens- und Schuldbestände durch Geschäftsvorfälle."[612]

Als *Geschäftsvorfall* wird jede „Veränderung eines Vermögens- oder Schuldbestands ... bezeichnet. Ein Geschäftsvorfall liegt daher zum Beispiel vor, wenn

- Material eingekauft und sofort bezahlt wird
- Bargeld vom Bankkonto abgehoben und in die Kasse gelegt wird
- eine Lieferantenverbindlichkeit durch Banküberweisung beglichen wird oder
- Material zu Fertigungszwecken verarbeitet wird."[613] Gerade das letzte Beispiel macht deutlich, dass für die Buchhaltung relevante Vorgänge durchaus nicht in jedem Fall mit Geldbewegung verbunden sein müssen.

„Jeder Geschäftsvorfall ist mit den wesentlichen Merkmalen seines Inhalts schriftlich festzuhalten. Diese schriftliche Dokumentation ist der Beleg, er ist im juristischen Sinn eine Urkunde. Im Rahmen der Buchhaltung ist der Beleg die Grundlage für die Vornahme der Eintragung – Buchung – des Geschäftsvorfalls."[614]

Daraus ergibt sich die *oberste Regel* der Buchhaltung: *keine Buchung ohne Beleg*.

Solche Belege können die unterschiedlichsten Formen annehmen, Rechnungen, Quittungen, Kontoauszüge und dergleichen. Als Beleg gilt auch ein so genannter *Eigenbeleg*. Mittels dessen erklärt der Betreffende selbst schriftlich, beispielsweise wenn er keine Quittung erhalten oder diese verloren hat, etwa Geld in Ausübung einer Tätigkeit für das Unternehmen ausgegeben zu haben. Jeder sollte sich aber bewusst sein, dass auch dieser Beleg juristisch eine Urkunde und daher mit einem falschen Beleg der Tatbestand der Urkundenfälschung erfüllt ist.

Buchungen erfolgen nach dem System der *doppelten kaufmännischen Buchhaltung (Doppik)*. Nur für Kleinstunternehmen reicht eine simple Ein- und Ausgabenrechnung aus.

---

[611] vgl. Lück (Rechnungslegung) S. 2.
[612] Koller/Legner (Bilanz) S. 9.
[613] Koller/Legner (Bilanz) S. 11.
[614] Koller/Legner (Bilanz) S. 23.

Abb. 3.79 T-Konto

Rohmaterial		Bank	
10.000			10.000

Abb. 3.80 Verbuchung Materialeinkauf

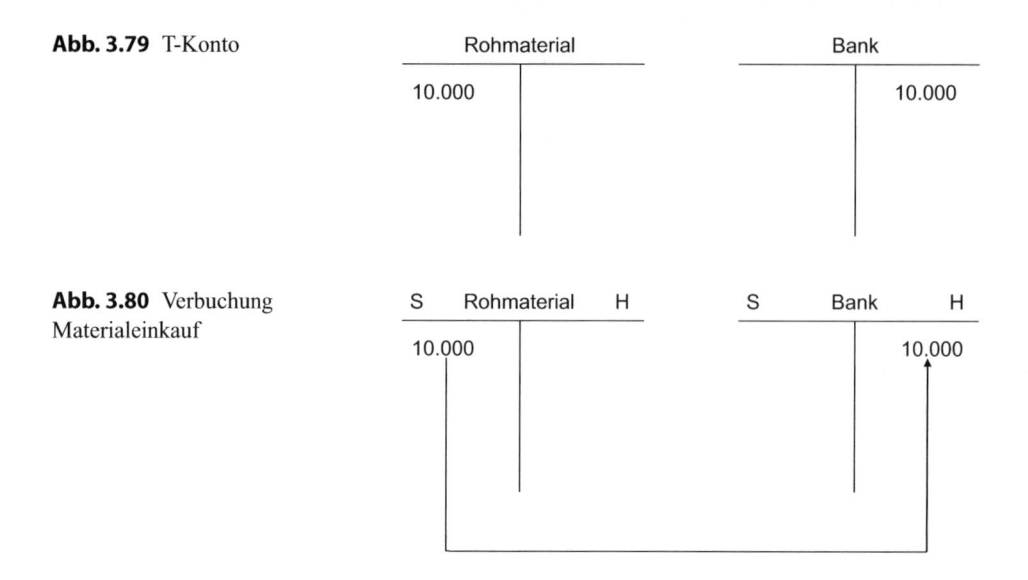

S	Rohmaterial	H	S	Bank	H
10.000					10.000

Kennzeichen der Doppik ist die systematische Darstellung der Buchungen in *Konten*. Charakteristisch für Konten sind die linke und die rechte Seite, wobei

- die linke Seite als *Aktiv-* oder *Soll*-Seite und
- die rechte Seite als *Passiv-* oder *Haben*-Seite

bezeichnet wird. Jeder Geschäftsvorfall wird mit einem gleichen Betrag auf einem Konto auf der Soll- und einem Konto auf der Haben-Seite verbucht. In Lehrbüchern werden die Konten in T-Form (T-Konten) dargestellt (vgl. Abb. 3.79).

Grundsätzlich existieren zwei Arten von Konten: *Bestandskonten* und *Erfolgskonten*.

- „Bestandskonten: Diese erfassen sämtliche Anfangsbestände an Vermögensgegenständen und Kapitalbeträgen des Unternehmens sowie die in einer Periode anfallenden Zu- und Abgänge der jeweiligen Vermögens- und Kapitalpositionen. ...
- Erfolgskonten: Im Gegensatz zu den Bestandskonten erfassen die Erfolgskonten sämtliche in einer Periode anfallenden Aufwendungen und Erträge."[615]

Beispielsweise wird bei einem (Roh-)Materialeinkauf in Höhe von 10.000.- €, der sofort durch Banküberweisung gezahlt wird, so gebucht (Abb. 3.80):

Das Materialkonto wird also auf der Aktivseite, das Konto „Bank" auf der Passivseite bebucht.

Hinsichtlich des weiteren Vorgehens wird auf die ausreichend vorhandene Literatur zum Thema Buchführung verwiesen[616].

---

[615] Thommen/Achleitner (Betriebswirtschaftslehre) S. 385.
[616] vgl. z. B. Engelhardt/Raffée/Wischermann (Buchhaltung), Wöhe/Kussmaul (Buchführung), Bornhofen (Buchführung I), Bornhofen (Buchführung II).

3.6 Finanz- und Rechnungswesen, Controlling

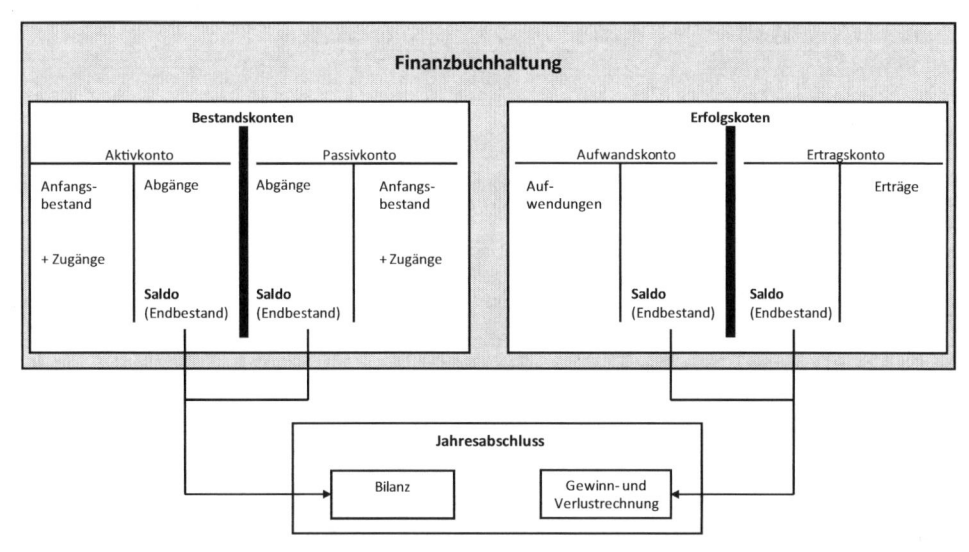

Abb. 3.81 Schematische Darstellung der Erstellung des Jahresabschlusses. (Quelle: in Anlehnung an: Thommen/Achleitner (Betriebswirtschaftslehre) S. 386)

Am Ende des Geschäftsjahres wird auf der Basis der Buchungen der *Jahresabschluss* erstellt, neben der laufenden Finanzbuchhaltung die wesentliche Aktivität des externen Rechnungswesens.

Der Jahresabschluss besteht aus

- *Bilanz und*
- *Gewinn- und Verlustrechnung (GuV)*,

bei Kapitalgesellschaften darüber hinaus noch aus Lagebericht und Anhang[617], in dem einzelne Positionen erläutert werden.

Dazu werden aus der Finanzbuchhaltung die jeweiligen *Salden* der Bestandskonten auf die Bilanz, die aus den Erfolgskonten auf die GuV übertragen. In Abb. 3.81 wird der Prozess graphisch dargestellt.

Während aus der Gewinn- und Verlustrechnung Umsatz, Erfolg der Periode und auch grob die Kostenstruktur herausgelesen werden können, ist die Bilanz eine „eine Gegenüberstellung von Vermögen und Kapital an einem bestimmten Stichtag."[618]

Die Grundstruktur sieht wie in Abb. 3.82 aus. Einige Erläuterungen zu den Begriffen.

Unter *Vermögen* werden alle materiellen und immateriellen Güter verstanden, über die ein Unternehmen verfügt.[619] In der Bilanz wird allerdings nur das *ausweispflichtige* Vermögen gezeigt, was nicht notwendigerweise dem Gesamtvermögen entspricht[620]. So mag

---

[617] vgl. z. B. Bacher (BWL) S. 6.
[618] Meyer (Bilanzierung) S. 37.
[619] vgl. Perridon/Steiner (Finanzwirtschaft) S. 3.
[620] vgl. Perridon/Steiner (Finanzwirtschaft) S. 4.

Abb. 3.82 Grundstruktur der Bilanz. (Quelle: Meyer (Bilanzierung) S. 37)

Aktiva	Bilanz zum...	Passiva
Vermögen		Kapital
Anlagevermögen Umlaufvermögen _____		Eigenkapital Fremdkapital _____
Summe Aktiva _____		Summe Passiva _____
Kapital-Verwendung (Investition)		Herkunft (Finanzierung)

ein Unternehmen nicht ausweispflichtiges Vermögen in Form von sog. *stillen Reserven* besitzen, etwa weil ein Grundstück einen wesentlich höheren Wert besitzt als den, der in der Bilanz ausgewiesen ist.

Das Vermögen besteht einmal aus dem *Anlagevermögen*. Darunter „versteht man die Gesamtheit der Vermögenselemente, die dazu bestimmt sind, dauernd dem Geschäftsbetrieb zur Verfügung zu dienen. ... Sie stehen in der Regel für mehrere Produktionszyklen zur Verfügung."[621] Typische Beispiele sind Grundstücke und Gebäude, Maschinen, Fahrzeuge, Computer, Büroeinrichtungen.

Hingegen werden im Umlaufvermögen „Vermögensgegenstände ausgewiesen, die nicht dauernd dem Geschäftsbetrieb dienen sollen (Vorräte, Forderungen, Zahlungsmittel). Die Zusammensetzung der einzelnen Vermögenspositionen ändert sich mit dem Umsatzprozess."[622]

Rechts auf der Bilanzseite steht das *Kapital*, unterteilt in

- *Eigenkapital (EK)*, das von den Eigentümern zur Verfügung gestellt wird und
- *Fremdkapital (FK)*, also die Kredite, oder die „Gesamtheit der Schulden"[623], was zur Verfügung gestellt wird von Gläubigern (Banken, Lieferanten ...)

Ein vereinfachtes Beispiel einer Bilanz steht in Abb. 3.83.

Vermögen und Kapital stehen „in einem spiegelbildlichen Verhältnis. Sie sind zwei Bezeichnungen für ein und dieselbe Sache, nämlich für die Gesamtheit aller Werte, die ein Produktionshaushalt (=Unternehmen, J.P.) zur Erreichung seiner Ziele einsetzt. ... In der Bilanz kommt der Spiegelbildcharakter von Vermögen und Kapital dadurch zum

---

[621] Perridon/Steiner (Finanzwirtschaft) S. 4.
[622] Perridon/Steiner (Finanzwirtschaft) S. 4.
[623] Olfert/Reichel (Finanzierung) S. 27.

3.6 Finanz- und Rechnungswesen, Controlling

Bilanz des Unternehmens X zum 31.12.2013 (in Tsd. €)

Anlagevermögen		Eigenkapital	6.800
Grundstücke und Gebäude	7.500		
Maschinen	2.400	**Fremdkapital**	
Betriebs- und Geschäftsausstattung	1.000	Bankverbindlichkeiten	7.500
Umlaufvermögen		Lieferantenverbindlichkeiten	1.670
Warenbestand	1.500		
Forderungen	2.750		
Liquide Mittel (Bank, Bargeld)	820		
Summe Aktiva	**15.970**	**Summe Passiva**	**15.970**

Abb. 3.83 Bilanz vereinfachtes Beispiel

Ausdruck, dass sich die Summen der Aktiva und Passiva entsprechen."[624] Die Summe der Aktiva und Passiva ist also zwangsläufig immer identisch.

Anders ausgedrückt, zeigt die Passivseite die Mittel*herkunft* an, die Aktivseite die *Verwendung* der Mittel.

Oder, wieder anders formuliert, die Aktivseite zeigt, wie die Mittel investiert wurden, entspricht also den *Investitionen*; die Passivseite zeigt die *Finanzierung* an.

Rechnungswesen einerseits und Investitionen und Finanzierung andererseits sind also, obgleich unterschiedliche Teilgebiete, logisch miteinander zu einem Ganzen verknüpft.

3.6.2.2 Die Internationalisierung des Rechnungswesens

Wie erwähnt sind Bilanzen nach bestimmten gesetzlich vorgegebenen Standards zu erstellen, so in Deutschland die *Steuerbilanz* nach den Vorschriften des Steuerrechts, die *Handelsbilanz* traditionell nach denen des *Handelsgesetzbuchs (HGB)*.

In anderen Ländern existieren analoge Vorschriften, so in den Vereinigten Staaten die *US-GAAP* (für *G*enerally *A*ccepted *A*ccounting *P*rinciples) Rechnungslegung, in Großbritannien *UK-GAAP*.

Je nachdem, welcher Standard verwendet wird, können für das gleiche Unternehmen unterschiedliche Ergebnisse ausgewiesen werden. Für den Außenstehenden, der mit dem Rechnungswesen wenig in Berührung kommt, mag es erstaunlich sein, wie groß diese Unterschiede sein können. Während die Differenzen noch mäßig sind, wenn Bilanzen nach deutschem Handels- und Steuerrecht verglichen werden, können sie substantiell

---

[624] Perridon/Steiner (Finanzwirtschaft) S. 4.

werden, wenn Regeln des Rechnungswesens aus zwei unterschiedlichen Ländern zur Anwendung kommen.

Hill nennt einige drastische Beispiele.

> **Beispiel: Auswirkungen unterschiedlicher Rechnungslegungs-Standards auf das Ergebnis**
>
> „In 1999, two major drug firms, Zeneca and Astra merged to form AstraZeneca. Based in the United Kingdom, Astra Zeneca in 2000 reported a profit of $ 865 million under U.S. accounting rules, but $ 3.318 million under British accounting rules. ...
>
> U.S.-based SmithKline Beckman (SKB) merged with the British company Beecham Group in 1989. ... SKB's post merger earnings, properly prepared in accordance with British accounting standards, were 130 million GBP[625] – quite a bit more than the 87 million GBP reported in SKB's statement prepared in accordance with U.S. accounting standards. ... Even more confusing, the differences resulted in a shareholders' equity of 3.5 billion GBP in the United States, but a negative 3000 million GBP in Great Britain! ...
>
> In 2000, British Airways reported a loss under British accounting rules of 21 million GBP, but under U.S. rules, its loss was 412 million GBP.
>
> A final example is of more hypothetical nature, but just a revealing. Two college professors set up a computer model to evaluate the reported net profits of an imaginary company with gross operating profits of $ 1.5 million. This imaginary company operated in three different countries – the United States, Great Britain, and Australia. The professors found that holding all else equal (such as national differences in interest rates on the firm's debt), when different accounting standards were applied, the firm made a net profit if $ 34,600 million in the United States, $ 260,600 in Britain, and $ 240,600 in Australia."[626]

Die Unterschiede machten es beinahe unmöglich, die Ergebnisse von nach unterschiedlichen Standards berichtenden Unternehmen zu vergleichen. Sie führten zu mehr und mehr Problemen, je stärker die Globalisierung der Wirtschaft und der Kapitalmärkte voranschritt. So verglichen Analysten, wenn es darum ging, Kaufempfehlungen für bestimmte Aktien auszusprechen, die Leistungen der Unternehmen nicht mehr auf nationaler, sondern auf internationaler Ebene. Investoren legten ihr Geld nicht mehr in einem bestimmten Land oder einer Region an, sondern suchen weltweit nach Investitionsmöglichkeiten. Somit entstand ein Bedarf für *international einheitliche Standards* im Rechnungswesen.

Diese Standards werden *IFRS (International Financial Reporting Standards)*, früher *IAS (International Accounting Standards)*, genannt.

---

[625] GBP=Great Britain Pound=britische Pfund.
[626] Hill (International) S. 641.

3.6 Finanz- und Rechnungswesen, Controlling

	Kapitalmarktorientierte Unternehmen	Nicht kapitalmarktorientierte Unternehmen
Konzernabschluss	Befreiender IFRS-Abschluss (Pflicht seit 01.01.2005)* Übergangsregelung für US-GAAP-Anwender und Emittenten, die lediglich Schuldtitel emittiert haben: 2007	Befreiender IFRS-Abschluss (Unternehmenswahlrecht)
Einzelabschluss	Ergänzender IFRS-Abschluss (nur für große Kapitalgesellschaften: Publizität, Unternehmenswahlrecht) daneben in jedem Fall HGB-Einzelabschluss (Gesellschaftsrecht/ Besteuerung)	

*gilt auch für lediglich nach PublG publizitätspflichtige Unternehmen

Abb. 3.84 IFRS-Abschlüsse in Deutschland. (Quelle: Kropp (Mittelstand) S. 8)

IFRS, damals noch IAS, Standards existieren seit 1973, als eine Gruppe angelsächsischer Wirtschaftsprüfer das International Accounting Standards Committee (IASC) gründete, mit genau der Absicht, einen gemeinsamen internationalen Rahmen für die Rechnungslegung zu schaffen.[627] Bedeutung erlangte IFRS aber erst seit dem Jahr 2000 durch die Entscheidung der EU, es zum gemeinsamen europäischen Standard zu machen.

Daher ist IFRS seit 2005 auch in Deutschland obligatorisch. Jedoch sind damit die HGB-Vorschriften nicht komplett abgelöst.

Vielmehr existieren präzise Regelungen, für wen ein IFRS-Abschluss verlangt wird und für wen nicht:

- Obligatorisch ist IFRS für *Konzerne*, also Unternehmensgruppen, die *kapitalmarktorientiert* sind. Also alle Unternehmensgruppen, die auf dem Kapitalmarkt präsent sind. Das gilt vor allem für börsennotierte Aktiengesellschaften, aber auch für Konzerne, die zum Beispiel Schuldverschreibungen an den Kapitalmärkten platziert, also Kredite auf den Kapitalmärkten aufgenommen haben.
- Nicht kapitalmarktorientierte Konzerne haben die Wahl zwischen einem IFRS und einem „traditionellen" HGB-Abschluss.
- Ungeachtet des Konzernabschlusses haben *alle einzelnen Unternehmen* weiterhin einen HGB-Abschluss zu erstellen (Einzelabschluss).

Abbildung 3.84 zeigt die Vorschriften im Überblick.

---

[627] vgl. zum Abschnitt Busse von Colbe (Paradigmenwechsel), Kremlin-Buch (Rechnungslegung), Ballwieser et al (IFRS), Epstein/Walton/Mirza (IFRS).

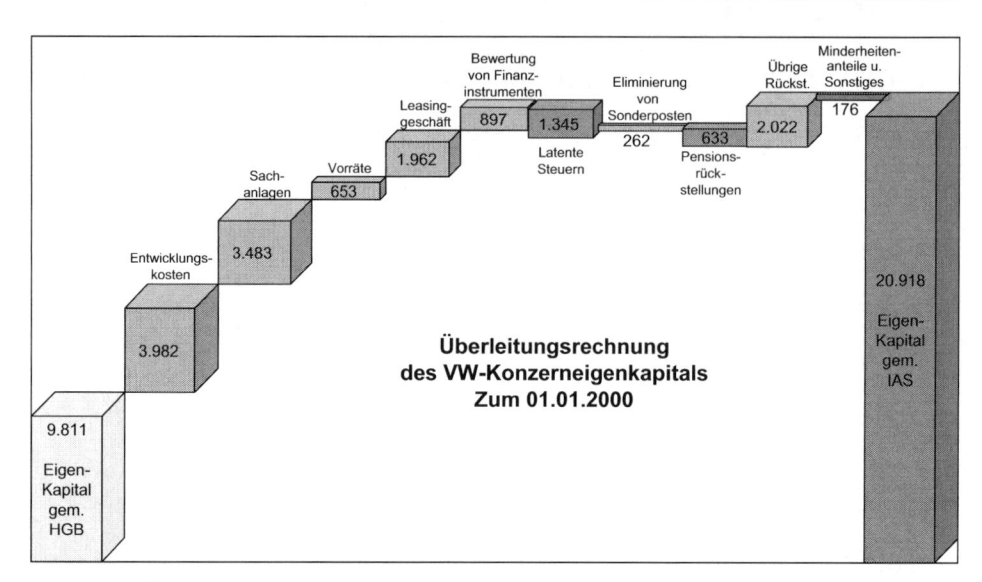

Abb. 3.85 Überleitung HGB-IFRS Abschluss der Volkswagen-Gruppe im Jahr 2000. (Quelle: Kropp (Mittelstand) S. 14)

Für die hier behandelten Fallstudien bedeutet das also etwa:

- Der Supercar-*Konzern* mit seinen 11 Gesellschaften, der Konzernmutter in Deutschland und zehn Tochtergesellschaften, muss einen IFRS – Abschluss erstellen, da das Unternehmen börsennotiert ist
- Die Fitness-Gruppe, bestehend aus der Fitness Holding GmbH, der Fitness Produktions-GmbH und so weiter, hat die Wahl (unter der Annahmen, dass keine Wertpapiere auf dem Kapitalmarkt gehandelt werden)
- Die einzelnen Unternehmen in Deutschland, also die Supercar AG in Köln, Fitness Holding GmbH und so weiter, haben in jedem Fall einen HGB-Abschluss zu erstellen.

Deutschland hat damit die Mindestanforderungen der EU umgesetzt, hat aber darauf verzichtet, weiter zu gehen und etwa alle mittelständischen Unternehmen zu zwingen, ebenfalls umzustellen.

IFRS und HGB Standards gehen teilweise von unterschiedlichen Grundsätzen aus. Es ist daher nicht verwunderlich, dass es auch bei der Umstellung von einem auf den anderen Standard zu teilweise gravierenden Ergebnisabweichungen kommt. So hat sich das Eigenkapital der Volkswagen-Gruppe im Jahr 2000 durch die Umstellung der Rechnungslegung rein rechnerisch mehr als verdoppelt – von 9,8 Mrd. € auf 20,9 Mrd. € (vgl. Abb. 3.85).

3.6 Finanz- und Rechnungswesen, Controlling

Beispiel: Wirkung der Umstellung von HGB auf IFRS im Konzernabschluss

Volkswagen wies im Jahr 2000 den Konzernabschluss erstmals unter Maßgabe der IFRS-Standards aus. Dadurch ergaben sich teilweise deutliche Differenzen. Die einzelnen Unterschiede sind hier aufgezeigt und beispielhaft beschrieben[628].

Der Leser ohne Vorkenntnisse im Rechnungswesen mag Probleme haben, den Erklärungen zu folgen. Aber die zentrale Botschaft des Beispiels sollte dennoch verständlich sein.

- Wie erkennbar, liegt die größte Differenz von knapp 4 Mrd. € in der unterschiedlichen Behandlung von *Entwicklungskosten*. Im Gegensatz zum HGB werden unter IFRS Entwicklungskosten aktiviert und erst mit Produktionsbeginn der entwickelten Produkte abgeschrieben
- *Sachanlagen* können nach HGB teilweise degressiv abgeschrieben werden, nach IFRS nur linear, wodurch sich zum Zeitpunkt der Umstellung ein höherer Buchwert ergibt
- Im Rahmen von *Leasing* verträgen „vermietete Fahrzeuge werden im HGB-Abschluss als vermietete Gegenstände aktiviert und degressiv abgeschrieben. Dagegen werden im IAS-Abschluss nicht die vermieteten Fahrzeuge, sondern die aus der Vermietung der Fahrzeuge erwarteten zukünftigen Leasingeinnahmen als Forderungen aktiviert."[629]
- „Die im HGB-Abschluss ... gebildeten Pensionsrückstellungen werden im IAS-Abschluss nach dem Anwartschaftsbarwertverfahren ermittelt, d. h. zukünftige Lohn- und Rentensteigerungen erhöhen den Betrage der Rückstellung."[630]

Aufgrund einer Umstellung auf IAS/IFRS wird also das Ergebnis in den meisten Fällen *besser*, das Eigenkapital *erhöht* sich.

Das ist nicht nur bei Volkswagen der Fall, sondern gilt generell. Durch die hinter IFRS stehende Philosophie werden die Ergebnisse *zum Zeitpunkt der Umstellung* in der Regel besser.

Daraus darf aber nicht – wie es teilweise geschieht – der Schluss gezogen werden, IFRS führe auch *langfristig* stets zu höheren Ergebnissen. Langfristig *gleichen sich die Differenzen vielmehr zwangsläufig aus*. Durch die Umstellung wird der Gewinnausweis in einigen Fällen lediglich *zeitlich vorgezogen*.

Die derzeitige parallele Existenz von IFRS und HGB Normen in Deutschland ist Gegenstand intensiver Diskussionen in Fachkreisen. Diskussionspunkt ist einmal, ob die IFRS der deutschen Rechnungslegung überhaupt überlegen, oder ob sie nicht sogar von geringerer Aussagekraft sind. Diskussionspunkt ist aber auch, ob die traditionellen deutschen Vorschriften der Rechnungslegung in Deutschland ungeachtet der Vor- und Nach-

---

[628] vgl. Volkswagen AG (Geschäftsbericht 2000) insbes. S. 14f, Kropp (Mittelstand) S. 14.
[629] Volkswagen AG (Geschäftsbericht 2000) S. 14.
[630] Volkswagen AG (Geschäftsbericht 2000) S. 15.

teile in der Sache überhaupt noch eine Zukunft haben, oder ob in langfristig alle, also auch kleine und mittlere Unternehmen, auf IFRS umstellen sollten oder gar müssten[631].

Die Debatte, derzeit wohl die wichtigste auf dem Gebiet des (externen) Rechnungswesens, ist derzeit noch nicht abgeschlossen. Das Ergebnis wird aber Konsequenzen für viele Unternehmen in Deutschland haben. Angehenden Betriebswirten sei daher geraten, sie weiter zu verfolgen.

3.6.2.3 Internes Rechnungswesen

Das interne Rechnungswesen kann unterteilt werden in die drei Teilgebiete. Im Zentrum steht die *Kosten- und Leistungsrechnung (KLR)*. Weitere Gebiete sind:

- *Planungsrechnung*
- *Betriebswirtschaftliche Statistik und Vergleichsrechnung.*[632]

Die Übergänge zum *Controlling* sind fließend. Während etwa die Kostenrechnung eindeutig dem internen Rechnungswesen zugeordnet wird, gilt die Planung auch als eines der Kerngebiete des Controlling.

Zur Vermeidung der Abgrenzungsprobleme wird daher hier das interne Rechnungswesen als integraler Bestandteil des Controlling angesehen und auch dort behandelt.

3.6.3 Investition und Investitionsrechnung

Der Grundgedanke von *Investitionen* ist es, „dass Geld ausgegeben wird, um Voraussetzungen zu schaffen, die es ermöglichen, zu einem späteren Zeitpunkt wieder Geld einzunehmen (oder weniger Geld auszugeben), wobei man im allgemeinen erwartet, die später eingehenden geldwerten Vorteile seien größer als die heute ausgegebenen Geldsummen ...

Unter Investitionen sind demnach alle Maßnahmen zu verstehen, die zunächst Geldausgaben zur Schaffung von Leistungspotenzialen bewirken, mit denen zu einem späteren Zeitpunkt größere geldwerte Vorteile erzielt werden sollen."[633]

Investitionen sind also mit Ein- und Ausgaben verbunden, wobei zunächst Ausgaben in Erwartung zukünftiger Nettoeinnahmen erfolgen, sie haben längerfristige Folgewirkungen[634].

---

[631] vgl. z. B. Busse von Colbe (Paradigmenwechsel), Jebens (Mittelstand), Küting (Rechnungslegung), Küting (Fair), Kropp (Mittelstand).

[632] vgl. Lück (Rechnungslegung) S. 2, vgl. auch Haberstock (Kostenrechnung I) S. 3f, Olfert (Kostenrechnung) S. 23.

[633] Trechsel (Investitionsplanung) S. 13; vgl. zum Abschnitt Blohm/Lüder/Schaefer (Investition), Kruschitz (Investitionsrechnung), Olfert/Reichel (Investition).

[634] vgl. Blohm/Lüder/Schaefer (Investition) S. 1, Kruschitz (Investitionsrechnung) S. 1.

3.6 Finanz- und Rechnungswesen, Controlling

Investitionsrechnungen sind demzufolge die Evaluierung der Wirtschaftlichkeit einer Investition, wobei eine (begrenzte) Anzahl von Alternativen untersucht wird: „Unter ‚Investitionsrechnung' versteht man im Allgemeinen Wirtschaftlichkeitsrechnungen unter Einbeziehung einer begrenzten Zahl von Möglichkeiten"[635].

Investitionen können vielfältiger Natur sein.

- Die typische, in Lehrbüchern am häufigsten vorkommende Fragestellung ist die der Anschaffung von *Maschinen* oder dem Bau von *Fabriken*. Dadurch können Produkte billiger hergestellt – im Fall von *Rationalisierungsinvestitionen* – oder zusätzliche Güter produziert werden – der Fall von *Erweiterungsinvestitionen*. Die Frage ist, ob sich die Ausgaben für die Maschine lohnen, d. h. ob sie später zu höheren Einnahmen führen.

Investitionen werden aber nicht nur im Fertigungsbereich getätigt. Weitere Beispiele sind:

- Entwicklung *neuer Produkte* (*Forschungs- und Entwicklungsausgaben*)
- ein *Personal Computer* wird angeschafft
- eine *neue Software* wird eingekauft und implementiert
- eine *Werbekampagne* wird lanciert
- das *Lager* wird aufgestockt, um die Lieferfähigkeit und damit den Umsatz zu steigern.

Neben diesen *Sachinvestitionen* existieren auch *Finanzinvestitionen*, also die Investition in *Wertpapieren* aller Art.

In allen Fällen geht es darum, heute Geld auszugeben in der Erwartung, später höhere Einnahmen resp. geringere Ausgaben zu haben.

Bilanztechnisch ausgedrückt handelt es sich bei Investitionen um Kapitalverwendung, weshalb sich das Investitionsgeschehen, grob gesprochen, auf der Aktivseite der Bilanz ausdrückt. Meistens ist das *Anlage*vermögen betroffen, bisweilen betreffen die Entscheidungen aber auch das Umlaufvermögen, so im Fall einer möglichen Lageraufstockung.

Zur Berechnung der Wirtschaftlichkeit der Investitionsentscheidungen, also zur Investitionsrechnung, existieren diverse *Verfahren*[636]. Die Verfahren lassen sich unterscheiden in

- *statische* Investitionsrechnungen
- *dynamische* Investitionsrechnungen;

die wichtigsten sind im Überblick dargestellt in Abb. 3.86.

---

[635] Trechsel (Investitionsplanung) S. 11.
[636] vgl. zum Abschnitt Blohm/Lüder/Schaefer (Investition) S. 41 ff, Olfert/Reichel (Investition), Olfert/Rahn (Einführung) S. 290ff.

```
┌─────────────────────────────────────────┐
│      Verfahren der Investitionsrechnung │
└─────────────────────────────────────────┘
                    │
        ┌───────────┴───────────┐
        │                       │
┌───────────────────┐   ┌───────────────────┐
│ Statische         │   │ Dynamische        │
│ Investitionsrech. │   │ Investitionsrech. │
│ ➢ Kostenvergl.    │   │ ➢ Kapitalwert-    │
│   rechnung        │   │   methode         │
│ ➢ Rentabilitäts-  │   │ ➢ Interne Zins-   │
│   rechnung        │   │   fussmethode     │
│ ➢ Amortisations-  │   │ ➢ Annuitäten-     │
│   rechnung        │   │   methode         │
└───────────────────┘   └───────────────────┘
```

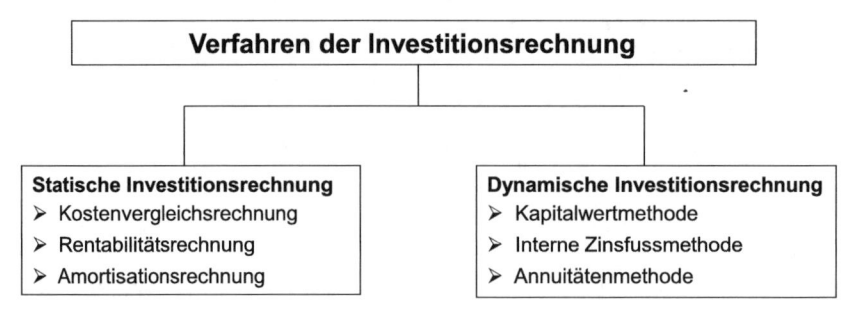

Abb. 3.86 Verfahren der Investitionsrechnung

„Der wesentliche Unterschied zwischen beiden Arten von Verfahren besteht darin, dass die dynamischen Verfahren zeitliche Unterschiede im Anfall der Zahlungen einer Investition wertmäßig berücksichtigen, während das bei den statischen Verfahren nicht der Fall ist. Mit anderen Worten: bei den dynamischen Verfahren werden alle mit einem Investitionsprojekt verbundenen Zahlungen auf einen bestimmten Zeitpunkt aufgezinst (wenn sie vor diesen Zeitpunkt anfallen) bzw. abgezinst (wenn sie nach diesem Zeitpunkt anfallen). Das bedeutet, Einzahlungen und Auszahlungen werden umso höher bewertet, je früher sie entstehen. Dieses Vorgehen wird durch folgende Überlegung gerechtfertigt: je früher man Einzahlungen aus einer Investition erhält und je länger man Auszahlungen hinausschieben kann, desto höher ist der Zinsertrag, der sich durch die Reinvestition von Einzahlungsüberschüssen erzielen lässt bzw. desto geringer ist der Zinsaufwand, der sich als Folge der Abdeckung von Auszahlungsüberschüssen ergibt.

Unter dem Gesichtspunkt der theoretischen Exaktheit sind die dynamischen Verfahren den statischen zweifellos vorzuziehen. Die statischen Verfahren liefern in der Regel Näherungen für die Ergebnisse der dynamischen Verfahren. Sie können daher in Bezug auf die dynamischen Verfahren auch als Näherungsverfahren interpretiert werden."[637]

Die Überlegenheit der dynamischen Verfahren wird jedem schnell klar, der nur ein wenig über Zinseszinsrechnung nachdenkt. Oder noch banaler: sie wird jedem klar, der schon einmal ein Haus finanziert hat und sich mit den Zahlungsterminen für die einzelnen Raten auseinandersetzen musste. Es ist ein Unterschied, ob Geld zu einem früheren oder späteren Zeitpunkt zur Verfügung steht. Der Unterschied macht die Zinsbelastung aus. Da es bei Investitionsentscheidungen in der Regel um größere Beträge geht und die Auswirkungen längerfristiger Natur sind, können dynamische und statische Verfahren zu unterschiedlichen Ergebnissen führen, die nicht vernachlässigbar sind. Dynamische Verfahren sind daher auch in der Praxis *eindeutig vorzuziehen*. Zumal der Vorteil statischer Verfahren – die einfachere Berechnung – in der heutigen Zeit, in der jeder mittels Excel Zinsergebnisse berechnen kann, nicht mehr von Bedeutung ist.

Der Vollständigkeit halber und zum besseren Verständnis der nachfolgenden dynamischen Verfahren seien gleichwohl die *statischen Verfahren* kurz vorgestellt:

---

[637] Blohm/Lüder/Schaefer (Investition) S. 42.

3.6 Finanz- und Rechnungswesen, Controlling

Abb. 3.87 Rentabilitätsrechnung. (Quelle: Olfert/Rahn (Einführung) S. 292)

$$\text{Rentabilität} = \frac{\text{Erlöse} - \text{Kosten}}{\text{Durchschnittlicher Kapitaleinsatz}} \times 100$$

Abb. 3.88 Amortisationsrechnung. (Quelle: Olfert/Rahn (Einführung) S. 293)

$$\text{Amortisationszeit} = \frac{\text{Anschaffungskosten}}{\text{jährl. Gewinn + jährl. Abschreibungen}}$$

- Bei der *Kostenvergleichsrechnung* werden einfach „die für die Investitionsentscheidungen anfallenden Kosten ermittelt …, um die kostengünstigste Alternative festzustellen."[638] Im Ergebnis verursacht also zum Beispiel das Investitionsobjekt A, bei gleicher Ausbringungsmenge, X € weniger Kosten als Investitionsobjekt B.
- Die *Rentabilitätsrechnung* dient dazu, „die durchschnittliche jährliche Verzinsung der Investitionsalternativen zu ermitteln."[639] Dazu werden die Einnahmenüberschüsse in Relation gesetzt zum durchschnittlich investierten Kapital (vgl. Abb. 3.87).

Werden mehrere Investitionsobjekte verglichen, so wird für jedes Objekt die Rentabilität gemessen (Rentabilitätsvergleichsrechnung); dem mit der höchsten Verzinsung ist der Vorzug zu geben.

- *Amortisationsrechnung*, auch Pay-off Rechnung genannt. Sie dient der Ermittlung des *Zeitraums*, der erforderlich ist, um die Ausgaben für ein Investitionsobjekt durch die jährlich daraus erzielten Überschüsse auszugleichen. Mit anderen Worten wird damit die Frage beantwortet, wie lange es dauert, wenn ein Unternehmen den Betrag von X € investiert, bis dieser Betrag durch Kostenersparnis und/oder Mehreinnahmen wieder erwirtschaftet ist (vgl. Abb. 3.88).

Zu den *dynamischen Verfahren*:

- Die wohl wichtigste ist die *Kapitalwertmethode*[640]. Sie dient dazu, festzustellen, ob beziehungsweise um welchen Betrag die erwarteten Mehreinnahmen/Minderausgaben die zur Investition notwendigen Anfangsausgaben übersteigen. Und zwar – daher *dynamisches* Verfahren – unter Berücksichtigung des zeitlichen Anfalls der Zahlungen. Die Methode sei anhand der *einfachsten* Variante demonstriert.

Angenommen, ein Unternehmen möchte in ein neues Produkt investieren. Dazu muss in der Gegenwart eine Investitionsausgabe getätigt werden. In den Folgejahren wird aus dem neuen Produkt ein Einnahmeüberschuss erzielt. Das Unternehmen möchte den *Kapital-*

---

[638] Olfert/Rahn (Einführung) S. 290.
[639] Olfert/Rahn (Einführung) S. 290.
[640] vgl. zum Abschnitt Blohm/Lüder/Schaefer (Investition) S. 51ff.

Abb. 3.89 Kapitalwert einer Investition

$$\text{Kapitalwert } C_0 = -I_0 + \frac{(E-A)_1}{(1+c)^1} + \frac{(E-A)_2}{(1+c)^2} + \ldots + \frac{(E-A)_n}{(1+c)^n}$$

Abb. 3.90 Jährlicher Einnahmeüberschuss einer Investition (Beispiel)

Jahr	Einnahmeüberschuss (in €)
1	300.000
2	400.000
3	400.000
4	300.000

$$C = -100.000 + \frac{300.000}{(1+0{,}06)^1} + \frac{400.000}{(1+0{,}06)^2} + \frac{400.000}{(1+0{,}06)^3} + \frac{300.000}{(1+0{,}06)^4}$$
$$= 212.493 \; €$$

Abb. 3.91 Barwert der Investitionsrechnung (Beispiel)

wert der Investition errechnen, also hier den Gegenwartswert (engl. Net Present Value, NPV) oder *Barwert* aller Ein- und Ausgaben (vgl. Abb. 3.89).

- I ist dabei die Anfangsinvestition, also die Ausgabe, etwa zur Entwicklung eines Produkts, die in der Gegenwart anfällt (daher der Index 0)
- E-A bedeutet jeweils Einnahme minus Ausgabe, also der Einnahmeüberschuss. Er wird in den Jahren 1 bis n erzielt, wenn etwa das Produkt auf dem Markt ist. Da der Einnahmeüberschuss später anfällt, ist er nach den Regeln der Zinsrechnung abzuzinsen auf den Gegenwarts- oder Barwert
- c ist folglich der Zinssatz, den das Unternehmen ansetzt. Hier können beispielsweise die Kosten der Finanzierung als Richtwert genommen werden.

Beispiel:

- Die in der Gegenwart anfallenden Entwicklungskosten I für ein neues Produkt betragen 1.000.000.- €
- Die Finanzierungskosten betragen 6%, dies wird als Zinssatz c genommen
- Das Produkt soll vier Jahre lang im Markt bleiben. Es wird jeweils folgender Einnahmeüberschuss erwartet (vgl. Abb. 3.90).

Der Überschuss steigt also im ersten Jahr an, erreicht in Jahr 2 und 3 seinen Höhepunkt, geht danach wieder zurück, bis das Produkt voraussichtlich aus dem Markt genommen wird, um etwa wieder durch ein neues ersetzt zu werden. Das Ergebnis ist in Abb. 3.91 ersichtlich.

Der Kapitalwert beträgt also gerundet 212,5 Tsd. €, ist mithin eindeutig positiv. Kostenrechnerisch betrachtet, lohnt sich die Investition also.

3.6 Finanz- und Rechnungswesen, Controlling

- *Interne Zinsfußmethode*, auch Interne Zinssatzmethode (engl. Internal Rate of Return) genannt. Hierbei wird derjenige Diskontierungszinssatz errechnet, "bei dem sich ein Kapitalwert von Null ergibt."[641] In Abb. 3.90 bedeutete das, der Barwert wird=0 gesetzt, gesucht wird der Zinssatz c.

  Sinngemäß entspricht das auch der Rentabilität der Investition, nur dass im Gegensatz zur statischen Rentabilitätsrechnung auch hier der zeitliche Anfall der Zahlungen Berücksichtigung findet.

  Eine Investition gilt dann als lohnend, wenn „der interne Zinsfuß nicht kleiner ist als der von dem Unternehmen festgelegte Kalkulationszinsfuß."[642] Beträgt also beispielsweise der Zinsfuß entsprechend den im obigen Beispiel genannten Finanzierungskosten 6%, so muss der interne Zinssatz mindestens bei 6% liegen, wenn die Investition vorteilhaft sein soll.

  Auf die rechnerische Anleitung zur Berechnung des Zinssatzes soll hier verzichtet und stattdessen auf die entsprechende Literatur verwiesen werden[643].

- Die *Annuitätenmethode* „stellt – wie die Methode des internen Zinssatzes – eine Modifikation der Kapitalwertmethode dar. Während bei der Kapitalwertmethode der Kapitalwert die Einzahlungen und Auszahlungen über sämtliche Perioden der Investitionsdauer wiedergibt, wandelt die Annuitätenmethode diesen Kapitalwert in gleich große jährliche Einzahlungsüberschüsse um. Diese bezeichnet man als Annuität. Damit wird eine Periodisierung des Kapitalwerts auf die gesamte Investitionsdauer ... erreicht."[644] Das Ergebnis ist also ein Betrag von x € *pro Periode*, und nicht ein einmaliger Kapitalwert.

  Auf die Erläuterung mathematischen Formel zur Berechnung soll auch in diesem Fall zugunsten des Hinweises auf die entsprechende Literatur verzichtet werden[645].

  In der Unternehmensrealität sind die Rahmenbedingungen freilich in der Regel komplizierter, als es aus den Ausführungen hervorgeht.

Komplexitätssteigernd können sich folgende Punkte auswirken:

- Es ist nicht die Entscheidung über *eine* isolierte Investition zu treffen, sondern über mehrere Investitionen, die nicht voneinander unabhängig sind und deren Einnahmen und Ausgaben nicht immer *einem* Investitionsobjekt eindeutig zuzurechnen sind; mithin ist die Entscheidung über eine *Kombination* von Investitionsprojekten, ein optimales *Investitionsprogramm* zu treffen.[646]
- Die *Berücksichtigung von Ertragssteuern* kann die Ergebnisse der Investitionsrechnungen beeinträchtigen.[647]

---

[641] Blohm/Lüder/Schaefer (Investition) S. 84.
[642] Olfert/Rahn (Einführung) S. 296.
[643] vgl. z. B. Blohm/Lüder/Schaefer (Investition) S. 84 ff, Kruschitz (Investitionsrechnung) S. 97 ff, Olfert/Rahn (Einführung) S. 296ff.
[644] Thommen/Achleitner (Betriebswirtschaftslehre) S. 605.
[645] vgl. z. B. Olfert/Rahn (Einführung) S. 297f, Thommen/Achleitner (Betriebswirtschaftslehre) S. 605.
[646] vgl. z. B. Kruschitz (Investitionsrechnung) S. 185ff.
[647] vgl. z. B. Blohm/Lüder/Schaefer (Investition) S. 105 ff, Trechsel (Investitionsplanung) S. 51ff.

Diese Probleme sind durch die Erweiterung der mathematischen Modelle mehr oder weniger sauber lösbar.

Schwieriger ist in der Praxis ein anderes Problem. Da Investitionsentscheidungen *die Zukunft* betreffen, sind die Daten, auf denen sie basieren, stets *unsicher*. Die Unsicherheit noch ist relativ gering, wenn es um klassische Investitionen zur Rationalisierung in der Produktion geht. In diesen Fällen müssen lediglich Daten über Kosten erhoben werden, die noch relativ einfach hinreichend ermittelt werden können.

Mehr Schwierigkeiten bereitet die Rechnung, wenn die Ergebnisse von den *Reaktionen des Marktes* abhängig sind. Ob ein neues Produkt rentabel oder eine Investition in die Werbung erfolgreich ist, hängt entscheidend von der Nachfrage bzw. Änderungen der Nachfrage ab, die aber trotz aller Marktforschung schwer zu prognostizieren sind. Zwar existieren auch mathematische Modelle der Investitionsentscheidungen unter Unsicherheit.[648] Diese weisen aber eine Schwäche auf. Zu einer eindeutigen Lösung kommt man nur, wenn den einzelnen Lösungen bestimmte *Wahrscheinlichkeiten* zuzuordnen sind. Wer aber weiß schon, ob die Wahrscheinlichkeit, dass der Umsatz eines neuen Produktes zum Beispiel 10 Mio. € beträgt, nun 10%, 20%, oder vielleicht 60% ist? Die Zuordnung von Wahrscheinlichkeiten bringt nicht viel weiter, wenn auch sie nur eine „wilde" Schätzung sind.

Zielführender sind Sensitivitätsanalysen[649] bzw. *Szenariotechniken*. Dazu werden zum Beispiel die Investitionen in ein neues Produkt unter verschiedenen Annahmen, also verschieden Szenarien, berechnet. Also etwa:

a. Szenario 1 = Jahresumsatz des neuen Produkts = 10 Mio. €
b. Szenario 2 = Jahresumsatz des neuen Produkts = 12 Mio. €
c. Szenario 3 = Jahresumsatz des neuen Produkts = 15 Mio. €

Die Ergebnisse der Berechnungen werden dann der Unternehmensleitung präsentiert. Die muss dann letztlich auf der Basis von *Erfahrungen* und *Plausibilitätsüberlegungen* die Entscheidung treffen, welches Szenario zugrunde gelegt werden soll, und wie die Investition dann aussieht.

Bisweilen ist es praktisch nicht möglich, den Ertrag einer Investition zu quantifizieren. Das gilt beispielsweise bei der Entscheidung über eine Controlling-Software, durch die sich das Unternehmen bessere Daten und damit bessere Entscheidungsgrundlagen erhofft. Aber was sind bessere Entscheidungsgrundlagen wert? Kaum jemand wird sich zutrauen, das zu quantifizieren. Daher können hier mittels der Investitionsrechnung nur die Kosten ermittelt werden. Es ist dann eine *unternehmerische Entscheidung* des Top-Managements, zu sagen, „ja, die bessere Datengrundlage ist uns diese Investition wert", oder eben auch nicht.

Auch Investitionsentscheidungen, die scheinbar so stark von mathematischen Überlegungen geleitet sind, entpuppen sich also bei näherem Hinsehen in der Praxis als eine

---

[648] vgl. z. B. Kruschitz (Investitionsrechnung) S. 255 ff, Blohm/Lüder/Schaefer (Investition) S. 227ff.

[649] vgl. z. B. Kruschitz (Investitionsrechnung) S. 280 ff, Blohm/Lüder/Schaefer (Investition) S. 308ff.

Mischung von genauer Berechnung mit Hilfe professioneller Instrumente einerseits und Intuition, „Bauchgefühl" und Erfahrung andererseits.

3.6.4 Finanzierung

3.6.4.1 Alternativen der Finanzierung

Finanzierung ist „die Beschaffung von Kapital."[650] Der bilanztechnische Zusammenhang zwischen Finanzierung und Investition ist bereits aus Abb. 3.72 erkennbar. In einer groben Näherung und salopp formuliert könnte man also sagen: bei der Finanzierung geht es darum, wo das Geld herkommt, bei der Investition darum, wie es ausgegeben wird.

Welche *grundsätzlichen Möglichkeiten* der Finanzierung bestehen? Hinsichtlich der *Art des Kapitals* kann bei der Finanzierung unterschieden werden zwischen

Eigenfinanzierung und

Fremdfinanzierung,

d. h. der Zuführung von *Eigen*kapital bzw. *Fremd*kapital. Zu unterscheiden davon ist die Klassifikation nach der *Herkunft* des Kapitals, das führt zur die Trennung zwischen

Innenfinanzierung und

Außenfinanzierung.

Die Innenfinanzierung „ist eine Finanzierung, die das Unternehmen aus eigener Kraft vornimmt."[651] Hingegen erhält das Unternehmen bei der Außenfinanzierung „das Kapital direkt von Einzelpersonen resp. von den Banken oder über den Geld- oder Kapitalmarkt."[652]

	Eigenfinanzierung	Fremdfinanzierung
Innenfinanzierung	1	3
Außenfinanzierung	2	4

Abb. 3.92 Arten der Finanzierung. (Quelle: in Anlehnung an Perridon/Steiner (Finanzwirtschaft) S. 360, Groß/Florentz (Finanzierung) S. 7)

---

[650] Olfert/Rahn (Einführung) S. 302.
[651] Olfert/Reichel (Finanzierung) S. 363.
[652] Thommen/Achleitner (Betriebswirtschaftslehre) S. 470.

Grob können demnach vier Arten der Finanzierung unterschieden werden (Abb. 3.92). Beim *ersten* Quadranten handelt es sich um die so genannte *Selbstfinanzierung*. Das ist die Finanzierung aus *Gewinnen* vergangener Perioden, die nicht an die Eigentümer ausgeschüttet werden, sondern im Unternehmen verbleiben.

Die Zuführung von neuem Eigenkapital von außen, Quadrant *zwei*, wird als *Beteiligungsfinanzierung*[653] bezeichnet. Die bisherigen oder neue Gesellschafter führen dem Unternehmen Kapital zu (in der Regel in Form von Geld, in selteneren Fällen auch in Form von Maschinen, Waren oder dergleichen, was als *Sacheinlage* bezeichnet wird).

Diese Form der Finanzierung ist typisch bei der Gründung, aber auch bei der Expansion. Unternehmen ohne Zugang zur Börse, vor allem Personengesellschaften, tun sich schwer mit dieser Form der Finanzierung. Denn der Kreis der Finanziers ist notwendigerweise auf eine kleine Anzahl von Personen begrenzt[654]. Unternehmen mit Zugang zur Börse haben es dagegen wesentlich einfacher. Sie können Kapitalerhöhungen vornehmen, indem sie Aktien *emittieren*, die von einem großen Kreis von Anlegern erworben werden können[655]. Dieses Instrument der Kapitalerhöhung wird von großen Unternehmen denn auch regelmäßig genutzt.

Quadrant *drei* als Finanzierungsart scheint zunächst ein Widerspruch in sich zu sein. Eine *Fremd*finanzierung von *Innen*? Tatsächlich existiert das, es ist die Finanzierung durch *Rückstellungen* bzw. Rückstellungsgegenwerten. Wer sich schon mit Buchführung befasst hat, kennt das Wesen von Rückstellungen. Sie sind „Fremdkapital, das dem Grunde und/oder der Höhe und der Fälligkeit nach ungewiss ist und dessen wirtschaftliche Verursachung in der abgelaufenen Rechnungsperiode liegt."[656] Typische Beispiele sind Rückstellungen für unterlassene Instandhaltung, für Risiken aus (z. B. Schadensersatz-) Prozessen, oder Pensionsrückstellungen für Mitarbeiter[657]. In allen diesen Fällen werden Mittel buchhalterisch – untechnisch gesprochen – „zur Seite gestellt" – um damit für die zu erwartenden Verpflichtungen in der Zukunft aufzukommen. Es handelt sich folglich um Mittel, die vom Unternehmen selbst erwirtschaftet wurden, also um Innenfinanzierung. Es handelt sich aber auch um Verbindlichkeiten, also Schulden, also um Fremdkapital.

Der *vierte* Quadrant repräsentiert die klassische *Kreditfinanzierung*[658]:

- Kurzfristige Formen der Kreditfinanzierung sind unter anderem *Bankkredite*, etwa in Form von Überziehungs- resp. Kontokorrentkrediten.

---

[653] vgl. z. B. Däumler (Finanzwirtschaft) S. 334ff.

[654] s. o. Kap. 3.3.

[655] vgl. z. B. Olfert/Reichel (Finanzierung) S. 184, 209 ff, Perridon/Steiner (Finanzwirtschaft) S. 363ff.

[656] Olfert/Reichel (Finanzierung) S. 385.

[657] vgl. z. B. Olfert/Reichel (Finanzierung) S. 386 ff, Perridon/Steiner (Finanzwirtschaft) S. 488ff.

[658] vgl. z. B. Olfert/Reichel (Finanzierung) S. 286 ff, Perridon/Steiner (Finanzwirtschaft) S.390ff.

3.6 Finanz- und Rechnungswesen, Controlling

- Daneben sind das *Handelskredite*, vorwiegend als Lieferantenkredite. Bei dieser Finanzierungsform verkauft der Lieferant auf Ziel, d. h. er liefert Ware, die erst nach einem bestimmten Zeitraum – etwa 60 oder 90 Tage – zu zahlen ist. Eine andere Form von Handelskrediten sind *Kundenkredite*, als *erhaltene Anzahlungen*, bevor die Ware geliefert ist. Diese Finanzierungsform ist vor allem im Projektgeschäft, in der Baubranche und dergleichen, üblich.
- Die klassische Form der mittel- und langfristigen Kreditfinanzierung sind die *Bankdarlehen*.
- Größere Unternehmen können sich auch kreditfinanzieren, indem sie *Anleihen* an der Börse ausgeben. Das sind langfristige Darlehen, die einem breiten Publikum gewährt werden. Eine häufige Form der Anleihen sind Industrieobligationen. Das sind „Anleihen, die von der gewerblichen Wirtschaft – nicht nur von der Industrie, sondern auch von Handels- und sonstigen Dienstleistungsunternehmen – ausgegeben werden.

Mit Industrieobligationen ist es möglich, einen hohen Kapitalbedarf bei einem Unternehmen langfristig – meist über 10 bis 25 Jahre – zu decken, weil eine Vielzahl von Kapitalgebern die Geldmittel in kleinen Beträgen zur Verfügung stellt.

Diese Bereitschaft der Kapitalgeber ist darin begründet, dass Industrieobligationen an der Börse gehandelt werden, was einen jederzeitigen Kauf, aber auch Verkauf … erlaubt."[659]

Neben den genannten existiert noch eine Vielzahl von Spezialformen sowohl kurz- als auch langfristiger Kreditfinanzierung, die hier nicht näher beschrieben werden (Diskont- und Lombardkredite, Factoring, Forfaiting, Euromarktkredite, Wandelschuldverschreibungen, Optionsanleihen …).[660]

Für den Entscheider im Unternehmen ist nun natürlich wichtig zu wissen, *welche* dieser Finanzierungsinstrumente in *welchem Fall* vorzuziehen sind.

Jedes Unternehmen wird zunächst einmal dazu tendieren, Instrumente der *Innenfinanzierung* einzusetzen, namentlich das laufende operative Geschäft und soweit möglich auch das Wachstum aus sich heraus selbst zu finanzieren. Das ist nicht nur administrativ einfacher zu handhaben, sondern es entstehen dadurch auch keine neuen Rechtsbeziehungen mit Banken oder neuen Teileigentümern.

Die Innenfinanzierung stößt aber an Grenzen, spätestens wenn eine größere Expansion beabsichtigt ist. Dann wird der Kapitalbedarf meistens die vorhandenen Mittel aus der Innenfinanzierung, also insbesondere den nicht ausgeschütteten Gewinn, übersteigen.

Dann wird eine *Außenfinanzierung* notwendig. Entscheidend ist die Frage, ob diese mit *Eigen-* oder *Fremd*kapital erfolgen soll. Vom rechtlichen Standpunkt unterscheiden sich

---

[659] Olfert/Reichel (Finanzierung) S. 323.
[660] vgl. z. B. Perridon/Steiner (Finanzwirtschaft) 449 ff, Däumler (Finanzwirtschaft) S. 310 ff, Olfert/Reichel (Finanzierung) S. 295ff.

beide Arten der Finanzierung grundlegend. Während aus der EK-Finanzierung ein neues *Beteiligungsverhältnis* erwächst, führt die Fremdfinanzierung zu einem *Schuldverhältnis*. Beide Finanzquellen haben sowohl Vor- als auch Nachteile. Die vier wichtigen *Kriterien*, nach denen entschieden werden kann, sind:[661]

- *Entscheidungsbefugnis bei der Unternehmensleitung*: wird neues EK aufgenommen, dann erweitert sich meistens der Kreis der Gesellschafter, sofern die bisherigen Gesellschafter nicht in der Lage sind, aus ihrem (Privat-)Vermögen die Kapitalzufuhr zu leisten. Das ist aus Sicht der bisherigen Eigentümer von Nachteil, da die neuen Gesellschafter entsprechend ihrem Kapitalanteil auch Entscheidungsbefugnisse bekommen. Die bisherigen Eigentümer sind, untechnisch gesprochen, nicht mehr die alleinigen „Herren im Haus". In der Fallstudie Supercar war dies der Grund, weshalb der Haupteigentümer Franz Superle sich seinerzeit gegen den Einstieg des Bundeslandes Nordrhein-Westfalen sträubte.[662] Ein Fremdkapitalgeber, also etwa eine Bank, erhält demgegenüber durch die Kapitalzufuhr keine Mitentscheidungsbefugnis. Die Fremdfinanzierung ist aus dem Grund gerade bei mittelständischen Unternehmen beliebt, die von aktiven Eigentümern geführt werden, die fremde Miteigentümer vermeiden möchten.
- *Entgelt*. Kapital wird nicht kostenfrei zur Verfügung gestellt. Der Preis, den ein Unternehmen zu zahlen hat, um Kapital zur Verfügung gestellt zu bekommen, sind beim Fremdkapital die *Zinsen*. Im Fall des Eigenkapitals ist der Mechanismus ein anderer. Es sind an die (neuen) Eigentümer keine Zinsen zu zahlen, sondern diese sind *am Gewinn zu beteiligen*.

  Die Zinszahlungen sind ein wichtiger Nachteil der Fremdfinanzierung. Denn der zu zahlende Zinsbetrag ist in der Regel fixiert, insbesondere unabhängig von der Gewinnsituation. In Zeiten ungünstiger Ertragsentwicklung können die Zinszahlungen daher zu einer *schweren Belastung* für das Unternehmen werden. Diese Belastung entfällt bei der EK-Finanzierung – entsteht ein niedriger Gewinn, ist auch der Gewinnanteil der EK-Geber entsprechend niedrig.
- *Verfügbarkeit*: Eigenkapital steht in der Regel dem Unternehmen für einen *unbegrenzten* Zeitraum zur Verfügung. Fremdkapital, Bankdarlehen etwa, sind dagegen in der Regel *terminiert*, zum Beispiel auf zehn Jahre. Dieser Gesichtspunkt spricht also tendenziell für die Eigenkapitalvariante, da auch die Rückzahlung von Fremdkapital insbesondere in ertragsschwachen Zeiten zu einer erheblichen Liquiditätsbelastung für ein Unternehmen führen kann.
- *Steuerliche Belastung*: Zinsen sind als Aufwand des Unternehmens *steuerlich absetzbar*. Gewinne werden dagegen mit dem entsprechenden (Einkommen- oder Körperschafts-)Steuersatz besteuert. Der steuerliche Aspekt kann daher ein klarer Vorteil für die Fremdfinanzierung sein.

---

[661] vgl. Perridon/Steiner (Finanzwirtschaft) S. 359 ff, Olfert/Rahn (Einführung) S. 303 ff, Wöhe (Betriebswirtschaftslehre) S. 695ff.
[662] s. o. Kap. 3.3.7.

Die Entscheidung über Eigen- oder Fremdfinanzierung ist somit eine Abwägung zwischen den genannten Vor- und Nachteilen.

3.6.4.2 Finanzplanung

Neben der Art der Finanzierung gilt es in der Unternehmenspraxis auch die *Höhe* der zu beschaffenden Finanzmittel festzulegen[663].

Bei Gründungen und größeren Erweiterungsinvestitionen geschieht das durch Erstellung einer *Kapitalbedarfsrechnung*. Das ist im Wesentlichen die Ermittlung des Kapitalbedarfs aufgrund der durch Beschaffung von Anlagegütern und Umlaufvermögen notwendigen Zahlungen. Eine in der Praxis oft zeitraubende, analytisch aber nicht speziell anspruchsvolle Tätigkeit.

Von der Kapitalbedarfsplanung zu unterscheiden ist die *Finanzplanung* zur Ermittlung des *kontinuierlichen Finanzbedarfs*.

Die Finanzplanung wird unterteilt in *lang-* und *kurzfristige* Finanzplanung. In der Praxis spielt die kurzfristige Finanzplanung insofern eine größere Rolle, als dadurch der *akute* Finanzbedarf festgestellt und die Liquidität sichergestellt wird.

Die kurzfristige Finanzplanung und die daraus abgeleiteten Finanzierungsmaßnahmen ist Aufgabe des *Cash Managements*.

Für alle Leser mit betriebswirtschaftlichen Vorkenntnissen ist es klar, für Anfänger sei an dieser Stelle darauf hingewiesen: ein Finanzplan *unterscheidet sich deutlich* von einem *Ergebnisplan*. Denn Gegenstand der Finanzplanung sind die *Zahlungsströme*, die *zeitlich erheblich* von den Ergebniswirkungen auseinander fallen können.

Im folgenden Praxisbeispiel wird der kurzfristige Finanzplan eines mittelständischen Unternehmens skizziert. Darin werden sowohl der Finanzbedarf als auch die Unterschiede zwischen Finanz- und Ergebnisplanung deutlich (vgl. Abb. 3.93).

> **Beispiel: Photolabor GmbH**
>
> Das mittelständische Unternehmen in Norddeutschland bietet Dienstleistungen rund um die Fotografie an: Entwicklung von analogen Filmen, Ausdruck digitaler Fotos, Verkauf von Fotoapparaten und Zubehör und so weiter. Der Fall ist real, zur Wahrung der Anonymität wurden aber der Unternehmensname und einige andere Daten verändert.
>
> Der Finanzplan für ein jahr ist in Abb. 3.93 dargestellt: Anhand des Finanzplans sind zunächst deutlich die Unterschiede zu einer *Ergebnis*planung zu erkennen. Im Fokus stehen die *Zahlungsströme*, nicht die Ergebnisbetrachtung. Die Differenzen werden anhand folgender Positionen deutlich:

---

[663] vgl. zum Abschnitt Perridon/Steiner (Finanzwirtschaft) S. 623 ff, Däumler (Finanzwirtschaft) S. 34 ff, Olfert/Rahn (Einführung) S. 304 ff, Thommen/Achleitner (Betriebswirtschaftslehre) S. 475ff.

- In den Zeilen 1–2 wird der ergebniswirksame *Umsatz* aufgezeigt. Der ist im jeweiligen Monat aber nicht identisch mit dem *Zahlungseingang* (Zeilen 8–10). Der Grund: einige Stamm- und Großkunden haben Zahlungsziele von 30 bis 60 Tagen, je nach dem jeweiligen Anteil dieser Kunden ist der Zahlungseingang entsprechend später.
- Analoges gilt für den Wareneinkauf (Zeilen 18–20). Ausgewiesen ist hier nur das Datum der *Zahlung*. Diese erfolgt je nach Konditionen 30–90 Tage nach Wareneingang und Rechnungsstellung. Die hier ausgewiesene Belastung hat auch zeitlich nicht mit dem ergebniswirksamen Verbrauch der Waren zu tun, der kann ggf. viele Monate später stattfinden.
- die Umsatz- bzw. Mehrwertsteuer (Zeile 9) ist ein durchlaufender Posten. Sie wird nur erhoben (bzw. bei Einkäufen gezahlt), dann aber weitergereicht an das Finanzamt (Zeile 41). Sie ist also nicht ergebniswirksam, aber im Finanzplan gleichwohl zu berücksichtigen.
- Erlöse aus dem Verkauf von Anlagegütern und Zuführung von Eigenkapital (Zeilen 12–13) wirken sich nur teilweise bzw. gar nicht auf das Ergebnis aus.
- Umgekehrt führen Investitionen, Gewinnausschüttungen und Darlehenstilgungen (Zeilen 37–39) zu einem Mittelabfluss, ohne einen Einfluss auf das Ergebnis zu haben.

Zur *inhaltlichen* Analyse. Den für das Cash-Management verantwortlichen Mitarbeiter interessiert natürlich vor allem die unterste Zeile 46. Darin wird der Finanzsaldo angezeigt, der zu finanzieren ist. Das Unternehmen geht mit – 209 Tsd. € (Zelle B8) ins Jahr, ein Negativsaldo, der zum Beispiel auf dem Kontokorrentkonto steht. Nachdem laut Plan in den ersten Monaten ein Einnahmeüberschuss erzielt wird, sind das zweite und das dritte Quartal kritisch. Durch die Osterfeiertage im April und die Ferienzeit sind die Zahlungseingänge aus Umsatzerlösen relativ schwach. Dagegen stehen erhöhte Zahlungsausgänge. In diesem Fall sind das vor allem Steuernachzahlungen (Zeile 44 sonstige Steuerzahlungen), die das Unternehmen zu leisten hat.

Daraus ergibt sich ein erheblicher Finanzierungsbedarf, der zum Beispiel durch Aufnahme eines neuen Darlehens zu decken wäre.

Insgesamt ist die Situation des dargestellten Unternehmens *unbefriedigend*. Obwohl praktisch keine Investitionen getätigt werden (Zeile 37), ergibt sich im Vergleich zum Jahresanfang keine nennenswerte Verbesserung der Zahlungsmittelsituation.

Mittels Cash Management allein sind die finanziellen Probleme des Unternehmens nicht zu lösen. Finanzplan und Cash Management können helfen, die Probleme zu mildern, zu entschärfen, kritische Zeiten zu überbrücken.

Mittel- und langfristig entscheidend sind aber *ergebnisverbessernde Maßnahmen*. Das ist aber kein Thema der Finanzierung mehr, sondern typische Aufgabe des *Controlling*.

3.6 Finanz- und Rechnungswesen, Controlling

	Januar 06	Februar 06	März 06	April 06	Mai 06	Juni 06	Juli 06	August 06	September 06	Oktober 06	November 06	Dezember 06
Umsatz	407.856	571.552	355.041	285.000	400.000	324.655	330.914	468.775	485.483	426.845	442.069	457.621
Umsatzsteuer	65.257	91.448	56.807	45.600	64.000	51.945	52.946	75.004	77.677	68.295	70.731	73.219
Bruttoumsatz	**473.113**	**663.000**	**411.848**	**330.600**	**464.000**	**376.600**	**383.860**	**543.780**	**563.160**	**495.141**	**512.800**	**530.840**
Kontostand am Monatsanfang	**-209.917**	**-167.402**	**-158.406**	**-84.544**	**-198.889**	**-410.325**	**-480.413**	**-599.383**	**-692.133**	**-593.689**	**-494.134**	**-463.343**
Zahlungseingänge:												
Zahlungseingang netto	426.305	408.926	574.409	342.375	305.752	382.948	329.361	351.280	464.389	475.852	432.061	443.640
Umsatzsteuer	68.209	65.428	91.905	54.780	48.920	61.272	52.698	56.205	74.302	76.136	69.130	70.982
Umsatzeingänge brutto	**494.514**	**474.354**	**666.314**	**397.155**	**354.672**	**444.220**	**382.059**	**407.485**	**538.691**	**551.988**	**501.190**	**514.623**
Erlöse Verkauf Anlagegüter	0	0	0	0	0	0	0	0	0	0	0	0
EK-Einzahlungen	0	0	0	0	0	0	0	0	0	0	0	0
Zinserträge	0	0	0	0	0	0	0	0	0	0	0	0
Summe Zahlungseingänge	**494.514**	**474.354**	**666.314**	**397.155**	**354.672**	**444.220**	**382.059**	**407.485**	**538.691**	**551.988**	**501.190**	**514.623**
Zahlungsausgänge:												
Material / Wareneinkauf Handelsware	27.042	43.708	57.800	28.545	52.830	39.447	46.324	41.134	18.630	66.509	47.048	35.000
Material/Wareneinkauf Labor + Sonst.	62.671	69.051	87.995	55.188	66.500	37.956	37.858	56.953	62.235	47.916	52.588	56.297
Summe Material Wareneinkauf	**89.713**	**112.759**	**145.795**	**83.733**	**119.330**	**77.403**	**84.182**	**98.087**	**80.865**	**114.425**	**99.636**	**91.297**
Personalkosten	212.512	211.918	227.750	221.770	217.362	212.732	229.084	208.521	175.975	188.109	216.389	219.104
Raumkosten	21.191	19.571	20.071	21.691	20.071	20.071	21.691	20.071	20.071	21.691	20.071	20.071
Strom/Wasser	9.663	7.943	7.797	7.370	7.570	7.330	7.510	6.990	7.280	7.680	7.030	7.430
Versicherung	0	3.299	363	9.901	0	3.774	0	1.111	0	0	700	6.639
Beiträge und Gebühren	7.050	3.115	3.115	5.756	3.115	3.115	5.756	3.115	3.115	5.756	3.115	3.115
Leasing	26.767	22.057	22.057	26.767	19.911	19.911	24.621	19.911	19.911	24.621	19.911	19.911
Entsorgungskosten	4.148	1.734	5.698	2.232	1.028	4.425	1.141	3.863	2.503	4.568	2.628	1.571
Telekommunikation	2.000	2.000	2.000	2.000	2.000	2.000	2.000	2.000	2.000	2.000	2.000	2.000
sonstige Kosten	18.010	11.859	17.289	50.919	34.386	17.662	21.247	24.646	20.513	22.356	12.902	21.378
Fremdleistungen	756	5.005	5.185	2.207	1.611	1.756	1.948	3.603	3.924	764	6.369	1.564
Reparaturen/Instandhaltung	1.092	5.013	5.719	5.178	695	3.018	6.107	2.201	2.258	624	1.713	3.102
Summe operative Kosten	**303.189**	**293.514**	**317.044**	**355.791**	**307.749**	**295.794**	**321.105**	**296.032**	**257.550**	**278.169**	**292.828**	**305.885**
Zinsen	2.304	2.220	18.855	2.246	2.230	21.112	2.219	2.213	23.095	2.202	2.196	20.766
Investitionen (Anlagevermögen)	0	0	1.000	0	0	0	0	1.000	0	0	0	0
Gewinnausschüttung	0	0	0	0	0	0	0	0	0	0	0	0
Tilgung Darlehen	16.793	16.865	41.549	4.302	1.404	18.077	1.415	1.421	26.039	1.432	1.438	18.111
Umsatzsteuerzahlung an FI-Amt	40.000	40.000	68.209	65.428	91.905	54.780	48.920	61.272	52.698	56.205	74.302	76.136
sonstige Steuerzahlung Finanzamt	0	0	0	0	43.490	47.142	43.188	40.210	0	0	0	0
Summe Zahlungsausgänge	**451.999**	**465.358**	**592.452**	**511.500**	**566.109**	**514.308**	**501.030**	**500.235**	**440.247**	**452.433**	**470.400**	**512.195**
Einzahlungs-/Auszahlungsüberschuss	42.515	8.996	73.862	-114.345	-211.436	-70.088	-118.971	-92.749	98.444	99.556	30.791	2.428
Zahlungsmittel Monatsende	**-167.402**	**-158.406**	**-84.544**	**-198.889**	**-410.325**	**-480.413**	**-599.383**	**-692.133**	**-593.689**	**-494.134**	**-463.343**	**-460.916**

Abb. 3.93 Finanzplan Fall „Photolabor GmbH"

3.6.5 Controlling

3.6.5.1 Begriff und Wesen des Controlling

Das Controlling hat sich als eigenständiges Teilgebiet der Betriebswirtschaftslehre seit den 1970er Jahren etabliert und ist seitdem in einer Reihe von Lehrbüchern gut beschrieben worden[664].

Controlling wird definiert als ein „modernes Konzept der Unternehmenssteuerung, das die Funktionen

- Planung
- Information
- Analyse/Kontrolle und
- Steuerung

einschließt"[665].

Controlling bedeutet *nicht* Kontrolle und auch *nicht* Revision. Vielmehr ist der Begriff abgeleitet „vom englischen ‚to control', was soviel heißt, wie regeln, beherrschen, steuern, nicht also kontrollieren."[666]

Diese vier Prozesse verlaufen in der Praxis simultan, weshalb der Controlling-Prozess auch gern in dieser Form graphisch dargestellt wird (vgl. Abb. 3.94).

Controlling ist also von der Definition her sehr weit gefasst. Daher kommt bisweilen die Frage auf, was nun Controlling eigentlich von der Leitung eines Unternehmens insgesamt unterscheide, bzw. was nun eigentlich der Unterschied zwischen dem Controller und einem Top-Manager sei. In der Tat werden die Funktionen Planen, Analysieren, Kon-

Abb. 3.94 Controlling-Prozess und Controlling-Funktionen. (Quelle: Schröder (Unternehmenscontrolling) S. 27)

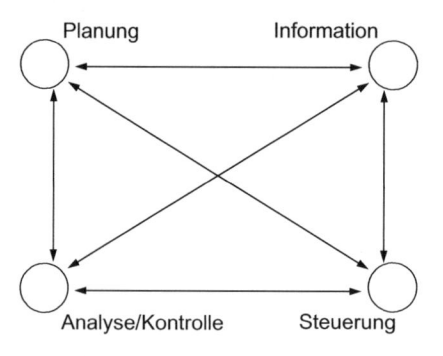

---

[664] vgl. z. B. Horváth (Controlling), Schröder (Unternehmenscontrolling), Steinle/Bruch (Controlling), Deyle (Controller-Praxis I), Deyle (Controller-Praxis II), Joos-Sachse (Controlling), Preissler (Controlling), CA Controller Akademie AG (Controller), Witt (Controlling 1), Witt (Controlling 2), Brühl (Controlling).

[665] Schröder (Unternehmenscontrolling) S. 23.

[666] Schröder (Unternehmenscontrolling) S. 23.

3.6 Finanz- und Rechnungswesen, Controlling

Abb. 3.95 Einteilung des Controlling in vier Stufen

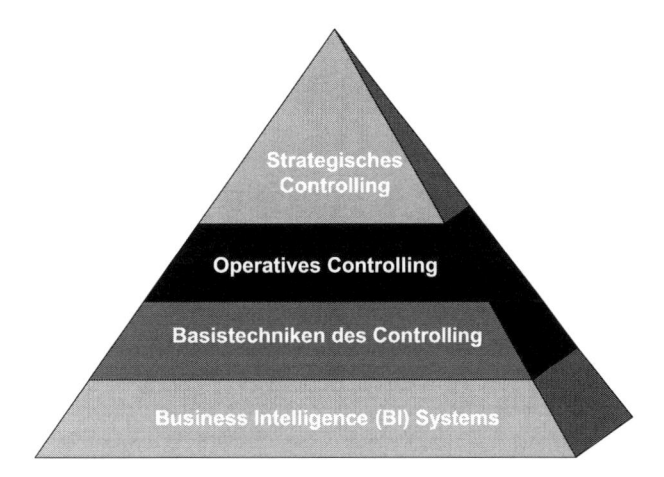

Strategisches Controlling
Operatives Controlling
Basistechniken des Controlling
Business Intelligence (BI) Systems

trollieren, Informieren/Kommunizieren und Steuern auch als Kernaufgabe der Unternehmensführung generell angesehen.[667]

Es existiert aber ein grundlegender definitorischer Unterschied zwischen dem Controller einerseits und dem Linienmanager andererseits.

Der Controller besitzt hinsichtlich der Unternehmenssteuerung *keine* Entscheidungsbefugnis und *keine* Ergebnisverantwortung. Diese verbleibt beim Management.

Der Controller wird daher oft auch, in Analogie zur See- und Luftfahrt, bezeichnet als

- *Navigator*
- *Lotse*
- *Co-Pilot*, oder auch als
- *interner Berater*.

Diese Schlagworte treffen die Stellung des Controllers recht gut. Wie beim Schiff beziehungsweise Flugzeug die Entscheidungen vom Kapitän resp. Piloten getroffen werden und damit bei diesen auch die Verantwortung bleibt, so steht der Controller auch im Unternehmen dem Linienmanagement unterstützend zur Seite, aber ohne weitere Befugnisse.

Entscheidungsbefugnis und Ergebnisverantwortung hat der Controller nur, soweit es seinen eigenen Arbeitsbereich betrifft.

Um das Thema „Controlling" zu strukturieren, bestehen fast ebenso viele Möglichkeiten wie Bücher dazu existieren. Eine eingängige, weil einfache Einteilung ist die in vier Stufen (vgl. Abb. 3.95).

Die Basis bilden die EDV-gestützten Controlling-Systeme, Business Intelligence Systems (BI bzw. BIS) genannt. Ohne sie ist kein Controlling möglich.

Darauf aufbauend die zweite Stufe, die grundlegenden Techniken bzw. Werkzeuge des Controlling.

---

[667] vgl. Schubert (Management-Kreis), Wöhe (Betriebswirtschaftslehre) S. 85f.

Abb. 3.96 Struktur der IT eines Unternehmens

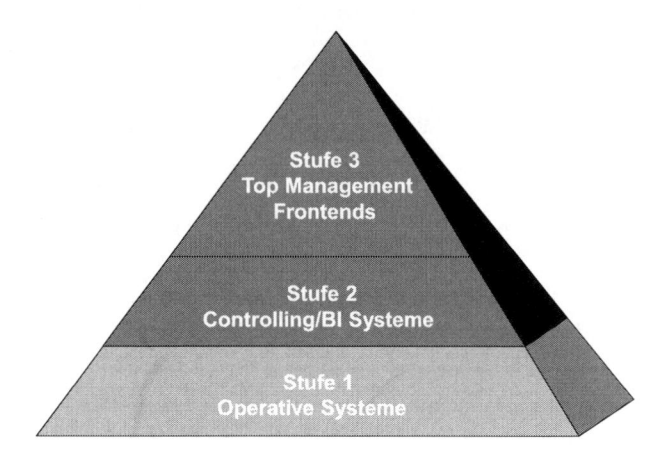

Die dritte Stufe umfasst das, was landläufig bisweilen unter Controlling überhaupt verstanden wird: die Budgetplanung, Kostenkontrolle und so weiter.

Stufe vier schließlich ist so etwas wie die „Königsdisziplin" des Controlling. Das strategische Controlling umfasst bekannte Instrumente wie Balanced Scorecard und ist der Schnittpunkt zu unternehmensstrategischen Fragen insgesamt.

Das Vierstufenkonzept liegt der Einteilung in diesem Beitrag zugrunde[668]. Zu beachten ist freilich, dass die Realisierung der vier Stufen in der Praxis keineswegs chronologisch, sondern mehr oder minder parallel erfolgt. So ist der Aufbau eines BIS in starkem Maß davon abhängig, wie das operative und strategische Controlling gestaltet werden soll. Stufe drei und vier sind damit auch ein Input für die Stufe eins.

3.6.5.2 Business Intelligence Systems

Wenn es hier um ein IT-System geht, dann bedeutet das nicht, dass technische Fragen im Mittelpunkt stehen. Das Augenmerk richtet sich vielmehr auf die Anforderungen aus der Sicht des Users, also hier in erster Linie des Controllers[669].

Die IT-Landschaft eines Unternehmens kann in diesem Zusammenhang in drei Stufen eingeteilt (nicht zu verwechseln mit den vier Stufen des Controlling) werden[670], wie in Abb. 3.96 ersichtlich.

1. *Operative Systeme*

Zunächst sei die Stufe eins näher betrachtet. Hier ist das operative System bzw. sind die *operativen Systeme* angesiedelt. Es sind diejenigen Softwaresysteme, mit denen fast jeder Mitarbeiter in Berührung kommt.

---

[668] vgl. zum Abschnitt insbes. Paul (Controlling).

[669] vgl. zum Abschnitt Oehler (Intelligence), Hanning (Intelligence), Alpar (Wirtschaftsinformatik), Schinzer (Monitor), Keusch (Information), Keyes (Knowledge).

[670] vgl. z. B. Kook (Multidimensionale) S. 8.

3.6 Finanz- und Rechnungswesen, Controlling

Typische Beispiele sind:

- Finanzbuchhaltung
- Auftragsabwicklung
- PPS (Produktionsplanung und -steuerung)
- Materialwirtschaft
- Lohn- und Gehaltsabrechnung
- Kostenrechnung.

Die betriebswirtschaftliche Software, deren Ziel es letztlich ist, die Ressourcen des Unternehmens optimal zu steuern, wird *Enterprise Resource Planning (ERP)* Software genannt[671].

Typischerweise ist die Software-Landschaft in einem Unternehmen *heterogen*. Im Zuge der Rationalisierung wird heute meistens versucht, die Software zu standardisieren. Das bedeutet einmal, alle Systeme von einem Anbieter zu beziehen, zum Beispiel von SAP. Jedoch – auch wenn alle Teileinheiten des Konzerns sich eines Anbieters bedienen, SAP etwa, dann bedeutet das noch lange keine homogene IT-Landschaft. So können Unternehmen mit *unterschiedlichen Mandanten* und unterschiedlichen *Strukturen* arbeiten. Beispielsweise mag der Vertrieb die Kunden auf einer anderen Datenbank in einer anderen Struktur gespeichert haben als die Finanzbuchhaltung. Oder eine Abteilung arbeitet mit einer neueren *Version*, also einem neueren Release von SAP, als eine andere.

In der Praxis herrscht deshalb in vielen Unternehmen nach wie vor eine ziemliche Vielfalt von Applikationen.

Welche Bedeutung haben die operativen Systeme für den Controller? Für ihn ist zunächst die Kostenrechnung relevant. Software-Programme dienen dazu, die Daten aus der Buchhaltung entsprechend den Anforderungen der Kostenrechnung aufzubereiten.

Praktisch alle großen Softwareanbieter bieten neben den anderen Programmen Kostenrechnungsmodule an, SAP zum Beispiel das weit verbreitete SAP/R3 CO Modul.

Der *Schwerpunkt* der Arbeit des Controllers liegt aber in der Regel weniger bei den operativen Systemen, sondern bei denen der Stufe 2.

2. *Controlling/BI Systeme*

Auf der zweiten Stufe findet sich eine eigene Software mit eigener Datenhaltung. Die Daten aus den Vorsystemen der Stufe 1, vor allem aus Finanzbuchhaltung und Kostenrechnung, aber auch aus anderen Dateien, werden *in komprimierter Form über Schnittstellen übertragen* und in der Controlling Software „abgelegt". Dort finden dann die Auswertungen durch das Controlling statt. Für das 2-stufige Vorgehen – also die Übertragung von Daten auf eine eigene Datenbasis – gibt es mehrere Gründe:

---

[671] vgl. z. B. Gronau (Enterprise), Gottwald (ERP II).

- Der erste Grund ist rein quantitativer Art. Auf den vielen operativen Vorsystemen liegen eine Unmenge von detaillierten Angaben. In der Buchhaltung die Kontokorrentkonten jedes einzelnen Kunden und Lieferanten, in der Lagerhaltungssoftware Zu- und Abgänge und Bestand eines jeden einzelnen Produkts und so weiter. Diese Datenmenge ist aber für einen Controller ziemlich unbrauchbar. Die notwendige Übersichtlichkeit ist nicht gegeben. Also sind die Daten, um brauchbar zu sein, zunächst zu *aggregieren*, zusammenzufassen.
- Für die Zusammenfassung gibt es auch einen technischen Grund: die *Antwortzeiten*. Eine Abfrage der Umsätze der letzten Monate beispielsweise, die zuerst sämtliche Rechnungen aufaddieren müsste, nähme Minuten, in manchen Fällen Stunden, in Anspruch.
- Noch wichtiger als das quantitative Argument ist aber ein *qualitatives*. Oben wurde ausgeführt, wie heterogen in der Regel die EDV-Landschaften in Unternehmen sind. Die Heterogenität bezieht sich nicht nur auf unterschiedliche Software-Programme, sondern auch auf das, was man als betriebswirtschaftliche oder organisatorische *Strukturen* bezeichnen könnte. Genannt wurde das Beispiel des unterschiedlich strukturierten Kundenstamms. Auch muss der Controller oft in einem Bericht mit Daten arbeiten, die in den operativen Systemen an unterschiedlichen Stellen liegen. Die Informationen aus den verschiedenen Quellen müssen in eine *einheitliche Struktur* gebracht werden. Diese *Vereinheitlichung* ist der Kern der Übertragung der Daten auf eine zweite Ebene.

In der Praxis liegt ein großer Teil der Arbeit im Aufbau eines Controlling-Systems – manche sprechen von 80 % der Arbeit[672] – in dieser Vereinheitlichung.

Wie hat man sich Controlling-Systeme konkret vorzustellen? Begonnen sei zunächst mit der *einfachsten* Variante, einem Controlling basierend auf *Excel*. Wenn inhaltlich definiert ist, welche Daten erfasst werden sollten, dann erfolgt von der IT die Übertragung auf eine Access-Datenbank oder direkt in Excel mittels eines ASCII Files. Die Schaffung der Schnittstellen ist, wenn auch bisweilen etwas umständlich, technisch kein großes Problem.

Die Daten liegen dann in einer von den Microsoft-Programmen bearbeitbaren Form vor. Damit sind alle Auswertungen möglich, wie jeder Anwender von Excel sie kennt:

- Einfache Summierungen: die Personalkosten aus jedem Bereich werden summiert zu den Personalkosten des Gesamtunternehmens
- Hitlisten: die Umsätze pro Produkt werden geordnet vom umsatzstärksten zum umsatzschwächsten
- Verknüpfungen: sie sind das bekannteste, sehr mächtige Instrument in Excel. Wenn die Daten jedes Bereichs einer Unternehmung in einem Worksheet liegen, so kann eine Statistik für den Gesamtkonzern erstellt werden, indem die Daten in einem weiteren Worksheet addiert werden. Verknüpfungen eignen sich besonders gut bei Planungen

---

[672] vgl. Bange/Schinzer (Szenarios).

3.6 Finanz- und Rechnungswesen, Controlling

Abb. 3.97 Beispiel eines „OLAP"-Datenwürfels. (Quelle: in Anlehnung an: Kook (Multidimensionale) S. 24)

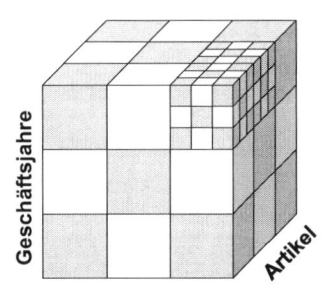

bzw. Simulationen. Der Einfluss des Umsatzwachstums auf den Forderungsbestand in der Bilanz, der Einfluss der Verschiebung einer saisonalen Verteilung des Umsatzes auf die Liquidität, der Einfluss einer Tariferhöhung, all dies kann typischerweise damit errechnet werden.

Controlling mit Excel ist einfach, flexibel, schnell zu implementieren, billig, und entsprechend weit verbreitet. Praktisch alle Unternehmen und alle Controller setzen Excel in dieser Form ein.

Die große Stärke von Excel, Einfachheit und Flexibilität, führt aber auch relativ schnell zu *Grenzen*. Bereits in mittelständischen Unternehmen ist im Controlling eine Datenmenge zu verarbeiten, die zu sehr großen und vor allem sehr *komplexen* Excel Files führt. Der Nachteil ist die *Fehleranfälligkeit*. Bei jeder Veränderung, eine neue Berichtszeile, eine andere Gliederung der Berichte, ein neuer Bereich und so weiter sind alle Verknüpfungen zu überprüfen und anzupassen. Besonders brisant wird das Thema, wenn ein Mitarbeiter ausscheidet, der den File aufgebaut hat, oder wenn mehrere Mitarbeiter an einem File Veränderungen vornehmen. Es ist leicht auszumalen, wie schnell sich dann Fehler einschleichen.

Untersuchungen haben ergeben, dass 40 % aller im Controlling eingesetzten Excel Files fehlerhaft sind. Manche sprechen sogar von 95 % fehlerhaften Excel Files[673]!

Modernes Controlling basiert daher auf professionelleren Business Intelligence Systemen.

Ein BIS zeichnet insbesondere eine Technik aus, genannt *OLAP*. OLAP steht für *On-Line Analytical Processing*[674]. Unter OLAP wird zunächst die Lagerung der Daten in Form eines „Würfels" verstanden (vgl. Abb. 3.97)

Daraus ist erkennbar, wie die Daten in drei *Dimensionen* gelagert werden. Hier handelt es sich um die Dimension *„Zeit"* (Geschäftsjahr), *Artikel*, und *Unternehmen* (Tochtergesellschaften). Je nach Fragestellung ist es nun möglich, die entsprechende Information durch Abfrage der entsprechenden „Seiten" des Würfels zu generieren.

---

[673] vgl. o. V. (Planungsmacher) S. 14.

[674] vgl. Codd/Codd/Salley, (OLAP), Oehler (Intelligence) S. 24 ff, Pendse (OLAP), Keyes (Knowledge) S. 97ff.

Abb. 3.98 Praktisches Beispiel eines Datenwürfels

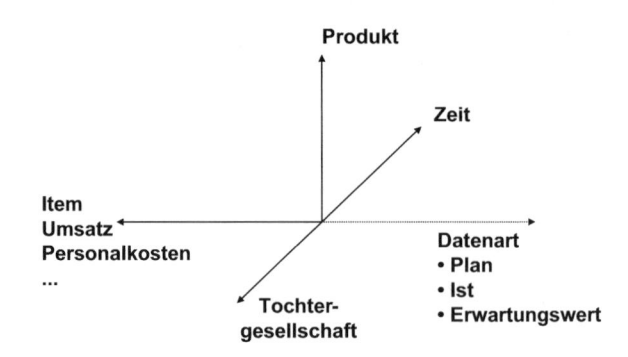

Beispielsweise kann die Information über alle Geschäftsjahre und alle Tochtergesellschaften für einen Artikel abgefragt werden. Oder die Information wird über alle Artikel, aber nur über ein Geschäftsjahr und eine Tochtergesellschaft verlangt. Oder aber die Abfrage läuft über zehn bestimmte Artikel, zwei Geschäftsjahre, und eine Tochtergesellschaft.

Angenommen, in diesem Datenwürfel seien die Umsätze gespeichert. Eine konkrete Ausprägung der oben genannten Fragestellung lautete dann etwa:

- Wie hoch war der Umsatz des Artikels X über die letzten Jahre insgesamt?
- Wie hoch war der Gesamtumsatz der Tochtergesellschaft X im Jahr 2010?
- Wie hoch war der Umsatz der Artikel A – J der Gesellschaft Y in den Jahren 2011 bis 2013?

Nun wären diese Abfragen über drei Dimensionen auch noch in Excel möglich. Die OLAP Technologie erlaubt aber, *mehr* als drei Dimensionen zu definieren, also mehr als Excel und auch mehr als optisch vorstellbar.

Theoretisch bieten manche Produkte die Möglichkeit, 32 Dimensionen abzubilden; bei anderen ist die Anzahl praktisch unbegrenzt.

In der Praxis hat sich freilich herauskristallisiert, dass etwa sechs bis sieben Dimensionen die richtige Anzahl sind, um ein Unternehmen abzubilden. Ein Datenmodell könnte in der Praxis beispielsweise wie in Abb. 3.98 demonstriert aussehen.

Zusätzlich zum ersten Beispiel enthält hier die so genannte *Variable* – also der „Würfel" – nicht nur den Umsatz als Kennzahl, sondern auch andere „*Items*" wie Personalkosten und zusätzlich vielleicht Reisekosten, Gesamtkosten, Bilanzsumme, und vieles mehr. Eine weitere Dimension wird hier „*Datenart*" genannt und ist unabdingbar für das Controlling: neben den Ist-Werten sind auch Planwerte und modifizierte Pläne, also „Erwartungswerte", enthalten.

Andere hier nicht aufgeführte Dimensionen könnten die „*Kunden*" sein, für Fragestellungen wie: „Welchen Umsatz hat der Kunde A mit der Tochtergesellschaft Y und Z im Jahr 2011 über alle Artikel gemacht?".

3.6 Finanz- und Rechnungswesen, Controlling

Eine weitere oft genutzte Dimension ist die geographische *Region*, also Außendienstbezirke, Nord- oder Süddeutschland, Länder oder Kontinente im Fall eines multinationalen Unternehmens.

Diesen Umfang an Analysemöglichkeiten bietet Excel nicht mehr. Ein weiterer Vorteil im Vergleich zu Excel wird sehr schnell deutlich, wenn Dimensionen erweitert werden sollten, um neue Produkte, Gesellschaften, oder Regionen. Hier kann relativ einfach ein neuer Wert eingefügt werden, *ohne* – und das ist der entscheidende Vorteil – *dass die Verknüpfungen deswegen überarbeitet werden müssten*. Bei *neuen Produkten*, bei einer *Expansion*, bei *Reorganisationen* eines Unternehmens haben moderne BIS entscheidende Stärken.

Die *Einführung* eines Business Intelligence Systems ist ein typisches Beispiel für eine *Projektorganisation*. Die „Einführung eines BIS" mag sich einfach anhören, tatsächlich sind aber viele Unternehmen daran gescheitert.

Aus der ersten Hälfte der neunziger Jahre stammt die Aussage, wonach 60% bis 80% aller Projekte im ersten Anlauf scheitern[675]. Zwar dürfte diese Zahl mittlerweile aufgrund der größeren Erfahrung aller Beteiligten geringer geworden sein. Dennoch hat sich am grundsätzlichen Risiko eines Scheiterns nichts geändert.

Die *kritischen Faktoren* sind nicht technologischer Natur. Vielmehr scheitern die Projekte, weil sich die Beteiligten zu früh auf das Programmieren und „Customizing" konzentrieren, statt auf die *betriebswirtschaftlichen* Inhalte. Die betriebswirtschaftlichen Inhalte, das ist die Struktur der Daten, die Entscheidung, welche Daten aus den operativen Systemen übernommen werden, die Entscheidung über das Datenmodell, also das Aussehen der Variablen.

Ein weiterer kritischer Faktor ist die Auswahl der Software. Viele Software-Unternehmen bieten OLAP Lösungen an. Insgesamt sollen bis zu achtzig Produkte auf dem Markt angeboten werden. Welches davon ist das „beste"?

Es gibt im Markt kaum ein „bestes" oder „schlechtestes" Produkt. Je nach aktueller Version sind die meisten Produkte technologisch auf einem in etwa vergleichbaren Standard.

Deutliche Unterschiede ergeben sich hingegen hinsichtlich der *Schwerpunktsetzung*. So kommen einige Anbieter ursprünglich aus dem Bereich der *Konzernkonsolidierung* und bieten demzufolge Produkte an, mit denen viele Vorgaben des Bilanzrechts – sei es das deutsche HGB, IFRS oder das amerikanische US-GAAP – leicht abbildbar sind. Das wird bisweilen aber mit einer geringeren Flexibilität erkauft, was sich nachteilig bemerkbar machen kann, wenn der Schwerpunkt etwa im Vertriebscontrolling liegt.

Ein weiterer Unterschied ist *Planungsfunktionalität*. Manche Produkte bieten einen hohen Komfort, wenn es darum geht, Budgets zu erstellen. So können Werte aus einem Vorjahr pauschal mit einem bestimmten Prozentsatz verändert und/oder entsprechend einem bestimmten saisonalen Schlüssel auf einzelne Monate verteilt werden. Andere sind weniger geeignet, im System selbst Daten einzugeben oder zu verändern. Bei diesen Produkten

---

[675] vgl. Keusch, C. (Information) S. 104ff.

werden die Werte aus Vorsystemen übernommen und analysiert, aber nicht im System selbst verändert.

Weiterhin sind einige der Software-Werkzeuge eher für Großunternehmen geeignet, andere haben den Mittelstand als Zielgruppe. Das spiegelt sich in unterschiedlicher Komplexität, Mehrplatzfähigkeit, Umgang mit großen Datenmengen, und natürlich auch den Preisen wieder.

Es geht also weniger darum, das „beste", sondern das „passende" Produkt zu finden. Es ist zunächst sehr präzise zu überlegen, was eigentlich der Schwerpunkt des Informationssystems sein soll. Ein gängiger Fehler beim Kauf von Software ist es, zunächst einmal nach einem recht nebulös definierten „besten" Produkt Ausschau zu halten. Erst nach dem Kauf, bei der Implementierung, werden sich die Unternehmen dann wirklich klar, wo eigentlich der Schwerpunkt ihres Bedarfs liegt. Dann aber kann es zu spät sein.

Der Vergleich mit einem bekannten Konsumprodukt soll das verdeutlichen. Angenommen, jemand möchte privat ein Auto kaufen. Niemand würde dann lapidar fragen, welches das „beste" Auto sei. Natürlich kommt das auf das Nutzer-Profil an. Brauche ich den Wagen eher als Fahrzeug zum Einkauf in der Stadt oder für Langstreckenfahrten? Brauche ich ein großes Fahrzeug für die Familie oder bin ich meistens als Single unterwegs? Wie viel Wert lege ich auf Motorstärke, auf Luxus, auf Prestige, auf Zuverlässigkeit? Ganz offensichtlich hängt der Kaufentscheid von der Beantwortung dieser Fragen ab.

Analoge Fragen hat sich ein Unternehmen zu stellen.

- Liegt, beispielsweise, der Schwerpunkt eher auf einer betriebswirtschaftlichen Analyse der Bilanzdaten, der Kosten? Oder spielt vielleicht das Vertriebscontrolling eine starke Rolle, also die Analyse von Umsätzen und Deckungsbeiträgen nach Produkten, Regionen, Kunden und Tochtergesellschaften?
- Wie detailliert soll das BIS werden? Die Spanne reicht hier von einer monatlichen Bilanz und Gewinn- und Verlustrechnung der vier Tochtergesellschaften bis hin zu sehr spezifischen Kosten- und Umsatzinformationen auf Konten- und Produktebene.
- Welches ist der User-Kreis? Wie viele User werden voraussichtlich damit arbeiten, und wie gut sind deren EDV-Kenntnisse?

Auf Basis dieser und anderer Informationen wird die Projektgruppe einen *Anforderungskatalog* bzw. ein *Lastenheft* erstellen.

Typische Entscheidungskriterien, wie sie in einem Anforderungskatalog zu finden sind, sind nachfolgend aufgeführt (Abb. 3.99).

Mit der *Software Performance* ist dabei nicht nur die rein technische Leistungsfähigkeit gemeint, sondern auch und in erster Linie die Fähigkeit, die Anforderungen gemäß dem oben genannten Bedarf zu erfüllen.

Immer wieder wird nach den *Kosten* eines BIS gefragt. Sie können zwischen wenigen tausend Euro und einem siebenstelligen Betrag schwanken. Je nachdem, welche Anforderungen an das BIS gestellt werden – und wie die Kosten abgegrenzt sind. Der Punkt Kosten enthält entsprechend eine Reihe von Unterpunkten. Da sind zunächst die reinen

Abb. 3.99 Anforderungskatalog für ein MIS-Projekt. (Quelle: in Anlehnung an: Seliger (Jahre))

1. Software-Performance
2. Kosten
3. Implementierung/Wartung
4. Benutzerfreundlichkeit
5. Anbieterunternehmen
6. Technologie

Anschaffungs- und Wartungskosten für die Softwarelizenz selbst. Je nach Anbieter existieren hier verschiedene Modelle. Teilweise wird ein Basispreis berechnet, teilweise richtet sich der Preis nach Anzahl der User oder nach Anzahl der Berechtigung des jeweiligen zeitgleichen Zugriffs. Die Software-Lizenz macht in der Regel aber nur einen Bruchteil der Gesamtkosten aus. Ein oft weitaus größerer Teil entfällt auf die Betreuungskosten, also die Schulung und die Anpassung der Standard-Software an die kundenspezifischen Wünsche, das „Customizing".

Neben diesen Kosten, die durch das Softwarehaus entstehen, ist noch an die unternehmensinternen Kosten zu denken, also namentlich der nicht zu vernachlässigende Zeitaufwand durch die mit dem Projekt beschäftigten Mitarbeiter.

Ist der Anforderungskatalog nach den genannten und anderen Kriterien erstellt, erfolgt die eigentliche Auswahl klassischerweise in zwei Stufen.

Stufe eins ist die Grobauswahl. Hier werden in der Größenordnung sechs bis acht Produkte näher angesehen. In der Regel kommen die Anbieter dazu zu einer ein- bis dreistündigen Präsentation zum Kunden.

Die zwei bis drei Programme der engeren Wahl werden danach in der zweiten Stufe in mehrtägigen Workshops getestet. Dabei ist ein *reales* Problem des Kunden zu lösen.

Auf dieser Basis, wenn also die Fähigkeiten des Produkts zumindest im Ansatz bereits unter Beweis gestellt wurden, fällt die endgültige Entscheidung.

Danach geht das Team an die Realisierung. Auch in dieser Phase sollte viel Zeit und Überlegung in die Konzeption, in die inhaltlichen Fragen, investiert werden. Es ist durchaus nicht unbedingt ein schlechtes Zeichen, wenn ein Projektteam einige Wochen lang arbeitet, ohne dass dabei der Rechner eingeschaltet wird. Wenn das Team die Zeit nutzt, um das endgültige Datenmodell sauber zu definieren, dann ist diese Zeit gut investiert.

3. *Top Management Frontends*

Bei der Betrachtung fehlt nun noch die dritte Stufe in der EDV-Landschaft. Eine Software, die auch – ein älterer Begriff, der den Sachverhalt aber gut beschreibt – *Executive Information Systems* oder kurz *EIS* genannt wird[676]. Was verbirgt sich dahinter?

---

[676] vgl. z. B. Rainer/Watson (Executive), Keyes (Knowledge) S. 162ff.

Die Definition von EIS als Abgrenzung vom BIS ist zwar nicht ganz durchgängig, wie auch die hier dargestellte Dreiteilung überhaupt nicht von allen Autoren in genau dieser Form beschrieben wird. Mehrheitlich kristallisiert sich indessen folgende Abgrenzung heraus.

Die Benutzer eines Controlling-Systems dürfen, ein wichtiger Grundsatz des Controlling, nicht nur die Controller selbst sein. Zielgruppe ist vielmehr auch in starkem Maß das Management, insbesondere auch das Top-Management.

Die Information der Top-Manager geschieht traditionell in Papierform, also durch ausgedruckte Tabellen und Graphiken. Mehr und mehr wird jedoch gewünscht, dass die Manager ihre Information online, direkt am Bildschirm, beziehen. Dies ist aktueller, umfangreicher, zielgenauer und spart Zeit und Kosten.

Nun ist aber nicht unbedingt zu erwarten, dass Mitglieder der Führungsmannschaft eine Schulung besuchen, um sich mit der Bedienung eines BIS vertraut zu machen. Auch wenn die computerlose Zeit auch im Top-Management mehr und mehr der Vergangenheit angehört, so erfordert ein BIS doch meistens bestimmte Spezialkenntnisse, die sich, schon allein aus Zeitgründen, Eigentümer und Geschäftsführer meistens nicht aneignen.

Hier setzt die dritte Stufe an. EIS sind *sehr einfach zu bedienende Systeme*, welche die wesentlichen Kennzahlen optisch – graphisch oder tabellarisch – gut aufbereitet am Bildschirm präsentieren. Heute wird in diesem Zusammenhang oft der Ausdruck *Management-Cockpit* gebraucht. Wie der Pilot, so ist der Manager in der Lage, mit Hilfe seines Frontends die wesentlichen Zahlen schnell zu erkennen. Unterstützt wird das oft von Ampelfunktionen, welche die Planabweichung von Grün über Gelb (leicht kritisch) bis Rot (sehr kritisch) visualisieren.

Ein Management Frontend basiert auf den gleichen Zahlen wie das System des Controllers. Es ist nur einfacher zu bedienen. Dem Vorteil steht freilich auch ein Nachteil gegenüber. Einmal eingerichtet, ist es relativ starr. Für Sonderauswertungen wird der Manager daher nach wie vor auf den Controller zukommen, der ihm die Auswertung dann im BIS oder auf Excel erstellt und ausdruckt.

Das EIS ist aufgrund der optischen Aufbereitung zumindest nach außen hin so etwas wie die *Krönung* des EDV-gestützten Controlling. Doch der Eindruck täuscht. Denn nicht in der optischen Aufbereitung liegt die Herausforderung für das Controlling. Die Herausforderung beginnt wesentlich früher, in der Festlegung der Strukturen. Auf die sauber erarbeiteten Strukturen dann noch ein optisch ansprechendes Frontend zu setzen, mag großen Eindruck im Unternehmen machen, ist aber tatsächlich die weniger große Herausforderung.

3.6.5.3 Basistechniken des Controlling

Während auf der ersten Stufe die (IT-)technischen Voraussetzungen für das Controlling geschaffen werden, geht es in der zweiten Stufe um die *betriebswirtschaftlichen* Voraussetzungen.

3.6 Finanz- und Rechnungswesen, Controlling

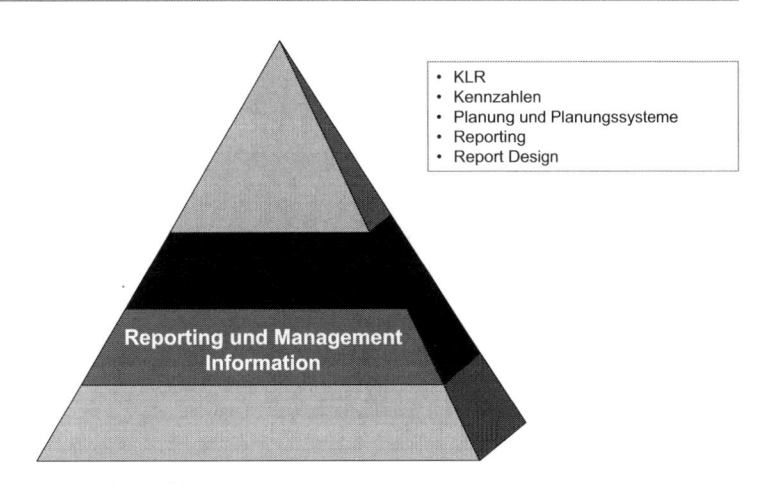

Abb. 3.100 Zweite Stufe des Controlling

Es existieren eine Reihe von betriebswirtschaftlichen Techniken und Teilgebieten, mit denen der Controller arbeitet. Die wichtigsten werden hier vorgestellt (Abb. 3.100):

- *die Kostenrechnung bzw. die Kosten- und Leistungsrechnung (KLR)*
- *Kennzahlen bzw. Kennzahlensysteme*
- *Planung und Planungssysteme*
- *Reporting*
- *Report Design*

1. *Kosten- und Leistungsrechnung (KLR)*[677]
Das Ziel der Kosten- und Leistungsrechnung ist „die Ermittlung des (Perioden-)Erfolgs; darüber hinaus wird aber auch der Stückerfolg der erstellten Güter und Dienstleistungen errechnet."[678] Umgangssprachlich ausgedrückt, stehen also Fragestellungen im Vordergrund wie: welchen Gewinn/Verlust hat das Unternehmen operativ im letzten Monat gemacht? Wo fallen die Kosten an? Mit welchen Produkten und auch Kunden machen wir Gewinn bzw. Verlust?

Systematisiert umfasst die Kostenrechnung:

- *Kostenartenrechnung*
- *Kostenstellenrechnung*
- *Kostenträgerrechnung, unterteilt in Kalkulation und Betriebsergebnisrechnung*

---

[677] vgl. dazu z. B. Joos-Sachse (Controlling), Olfert (Kostenrechnung), Jost (Leistungsrechnung), Horngren/Foster/Datar (Accounting), Haberstock (Kostenrechnung I), Haberstock (Kostenrechnung II), Däumler/Grabe (Kostenrechnung I), Däumler/Grabe (Kostenrechnung II), Däumler/Grabe (Kostenrechnung III), Eisele (Rechnungswesens) S. 635ff.

[678] Haberstock (Kostenrechnung I) S. 8.

```
                    Zahlenmaterial vor allem aus der
                    Geschäfts- und Betriebsbuchhaltung,
                    aus der Materialabrechnung (Lager-
                    buchhaltung), Lohn- und Gehalts-
                    sowie der Anlagenabrechnung
                              │
                              ▼
                    ┌─────────────────────────┐
                    │    Kostenartenrechnung  │
                    │ (Welche Kosten sind insgesamt in │
                    │   welcher Höhe angefallen?)     │
                    └─────────────────────────┘
                              │
                              ▼
                    ┌─────────────────────────┐
                    │   Kostenstellenrechnung │
                    │ (Wo sind welche Kosten in │
                    │   welcher Höhe angefallen?)  │
                    └─────────────────────────┘
                              │
                              ▼
                    ┌─────────────────────────┐
                    │   Kostenträgerrechnung  │
                    └─────────────────────────┘
                         ┌────┴────┐
     ┌───────────────────┐         ┌──────────────────────────┐
     │    Kalkulation    │         │ Betriebsergebnisrechnung │
     │ (Kostenträgerstückrechnung)│ │ (Kostenträgerzeitrechnung)│
     │                   │         │                          │
     │ (Wofür sind welche Kosten in welcher │ (Welche Kosten sind in der zu │
     │     Höhe angefallen?)      │ │ betrachtenden Periode für welche │
     │                   │         │   Kostenträger angefallen?)      │
     └───────────────────┘         └──────────────────────────┘
```

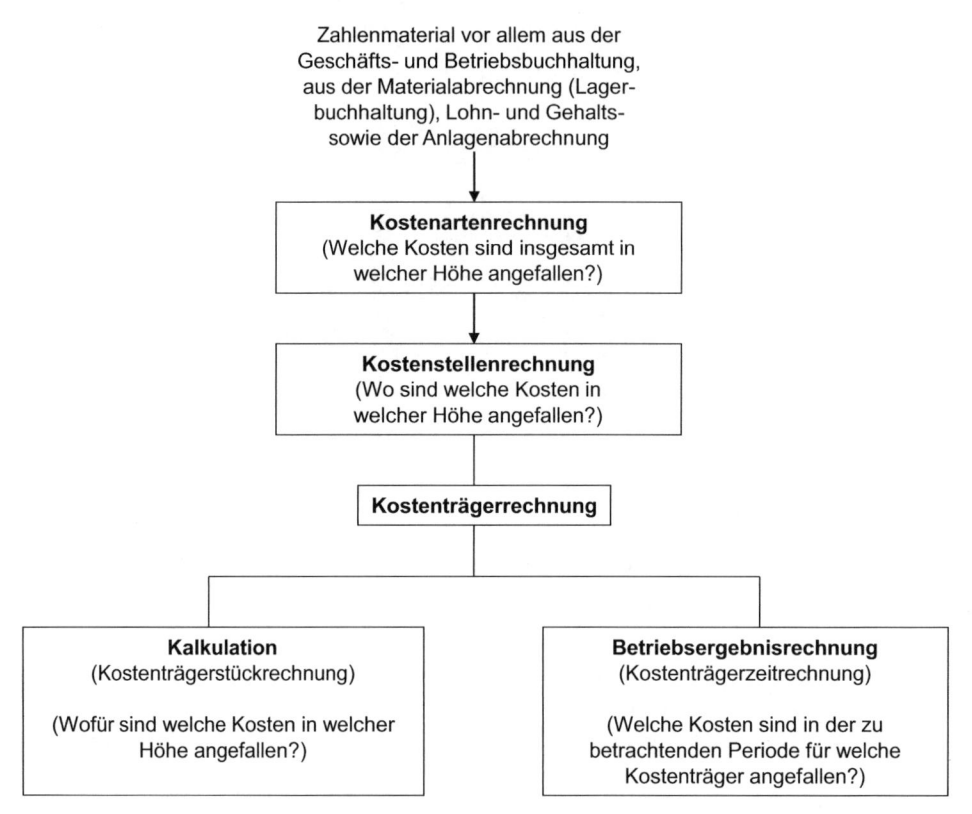

Abb. 3.101 Teilgebiete der KLR. (Quelle: Haberstock (Kostenrechnung I) S. 10)

Die Reihenfolge und die grundsätzlichen Fragen der Teilgebiete sind in Abb. 3.101 dargestellt.

Kosten*arten* sind beispielsweise Personalkosten, Abschreibungen, Reisekosten, Werbung, Weiterbildung und so weiter.

Die Kostenarten werden dann im Rahmen der *Kostenstellenrechnung* auf die Kostenstellen zugeordnet. Typische Kostenstellen sind etwa Abteilung, Bereich, Maschinengruppe. Grundsätzlich werden alle Kostenarten einer Kostenstelle zugeordnet. Im Unterschied zur Finanzbuchhaltung sind dabei auch *Verteilungen* und *Umlagen* enthalten. Beispielsweise werden Mieten und auch Gebäudekosten (Heizung etc.) in der Regel entsprechend den benutzten Quadratmetern umgelegt oder verteilt. Durch die Kostenstellenrechnung wird sehr schnell transparent, welche Unternehmensbereiche – zum Beispiel Verwaltung, Geschäftsführung, Entwicklung etc. – besonders kostenintensiv sind.

Kalkulation und *Betriebsergebnisrechnung* dienen der Ermittlung des Ergebnisses für das Unternehmen insgesamt und pro Kostenträger, also pro Produkt. Sie sind wichtige Grundlagen für Entscheidungen über Preise oder die Programmpolitik, d. h. welche Artikel forciert werden und welche eventuell aus dem Angebot genommen werden.

Abb. 3.102 Generelle Formel Kapitalrendite

$$\frac{\text{Gewinn} * 100}{\text{Eingesetztes Kapital}}$$

Die Kostenrechnung war und ist ein Kernpunkt der Arbeit jedes Controllers. Nur aufgrund der durch die Kostenrechnung ermittelten Zahlen kann ein Controller überhaupt auswerten, analysieren, und die Planung mit der tatsächlichen Entwicklung vergleichen.

Allerdings ist Controlling heute weitaus mehr als Kostenrechnung. Die eigentliche Herausforderung liegt nicht mehr nur und nicht mehr so sehr in der Erstellung der Zahlen. Ein großer Teil der Herausforderung liegt vor allen auch darin, die so gewonnenen Erkenntnisse in die unternehmerischen Entscheidungen einfließen zu lassen. Dazu sind unter anderem die Daten so *aufzubereiten*, dass das Management auch in der Lage ist, entsprechende Schlussfolgerungen zu ziehen.

Hierzu werden zunächst *Kennzahlen* gebildet.

2. *Kennzahlen*
- Die wichtigste Kenngröße zur Steuerung des *Gesamtunternehmens* ist die *Rendite bzw. Verzinsung auf das eingesetzte Kapital*, definiert in der Regel als „Return on Investment" (ROI), „Return on Capital Employed" (ROCE) oder ähnlich[679].

Die generelle Formel für die Kapitalrendite, ausgedrückt in %, ist in Abb. 3.102 dargestellt. Hiermit kann festgestellt werden, wie hoch die Verzinsung des im Unternehmen eingesetzten Kapitals ist. Nur wenn sie eine bestimmte Höhe erreicht, lohnt es sich, Geld zu investieren, mithin also das Unternehmen überhaupt am Leben zu erhalten.

Die Bedeutung dieser Formel kann daher kaum überschätzt werden. Aus ökonomischer Sicht ist die langfristige Maximierung dieser Kennzahl das *Oberziel unternehmerischen Handelns überhaupt*.

- Eine Kennzahl wie ROI oder ROCE sagt dem Manager zwar, wie es um das Unternehmen steht. Sie ist aber wenig hilfreich, um *konkrete* Entscheidungen treffen zu können. Denn dazu ist sie zu hoch aggregiert. Der Manager benötigt deshalb auch *detailliertere* Kenngrößen, um das Unternehmen zu steuern. Solche Kenngrößen sind vor allem bestimmte *Kostenpositionen* ausgedrückt als *% vom Umsatz*. Die Positionen können sowohl Kostenarten als auch Bereiche bzw. Kostenstellen sein.

Typische Beispiele sind:

- Personalkosten in % vom Umsatz
- Materialkosten in % vom Umsatz
- Vertriebskosten in % vom Umsatz
- Logistikkosten in % vom Umsatz.

---

[679] vgl. dazu z. B. Hahn/Hungenberg (PuK), Copeland,/Koller/Murrin (Unternehmenswert), Perridon/Steiner (Finanzwirtschaft) S. 551 ff, Ballwieser, (Unternehmensführung), Stewart (Quest).

Hieraus können sich Ansätze ergeben, wo Schwachstellen in der Kostenstruktur vorliegen.

- Viel an Bedeutung gewonnen haben in den letzten Jahren die so genannten *nicht-monetären* Kennzahlen. Wie der Name sagt, lassen sich diese Kennzahlen nicht aus der Buchhaltung oder Kostenrechnung ableiten. Typische Beispiele sind Logistik-Kennzahlen wie etwa „On-time-delivery (OTD)", d. h. der Anteil der termingerecht ausgelieferten Aufträge im Verhältnis zur gesamten Anzahl der Aufträge.

Die zur Steuerung der Unternehmung relevanten Kenngrößen werden, jedenfalls im Idealfall, *aus der Strategie* abgeleitet. Das gängige Instrument hierzu ist die Balanced Scorecard. Hierauf wird im Rahmen das strategischen Controllings eingegangen.

3. *Planung und Planungssysteme*
Ein gutes Unternehmen zeichnet sich unter anderem durch ein effizientes Planungswesen aus. Planung ist eine zentrale Funktion des Controlling und des Managements überhaupt[680].

Wozu braucht man überhaupt eine Planung? Offensichtlich dient jede Planung zunächst dazu, die voraussichtliche zukünftige Entwicklung des Unternehmens darzustellen. Daran haben sowohl die Manager und Eigentümer, aber auch Externe wie zum Beispiel Banken ein Interesse. Eine Planung ist dabei freilich weit mehr als eine reine Vorhersage. Mit ihr sind immer auch *Maßnahmen* zu verknüpfen, um die beschriebenen Ergebnisse auch zu erreichen. Aufgabe der Planung ist also weniger die Beschreibung der Zukunft, sondern vor allem deren *Gestaltung*.

Das hat Konsequenzen für den Ablauf: es ist *nicht* das Controlling, das „die Planung macht". Die Planung selbst, d. h. die Zahlen, kommen *von den jeweils verantwortlichen Linienmanagern*. Der Umsatz zum Beispiel, wird von den jeweiligen Vertriebsverantwortlichen geplant. Denn nur sie kennen die möglichen Maßnahmen, die zur Umsatzerreichung ergriffen werden können. Und sie werden hinter der Planung – mit ihren Maßnahmen – nur stehen, wenn sie auch mit ihnen abgestimmt ist. Der Controller kann vielleicht versuchen, eine Vorhersage zu machen, zu einer Planung im Sinne eines Instruments zu Gestaltung braucht er die Linienmanager.

Wenn die Manager nun die Planung „machen", welche Aufgabe hat dann der Controller? Er hat bei der Planung die so genannte „*Methodenkompetenz*". Er hat also die Methoden festzulegen, den organisatorischen Rahmen, die Koordination zu übernehmen, sowie Unterstützung zu leisten.

Unternehmensplanung wird im Allgemeinen in drei Stufen unterteilt:

- Strategische Planung
- Mittelfristplanung
- operative Planung oder Budgetierung

---

[680] vgl. zum Abschnitt z. B. Dickey (Budgetierung), Schröder (Unternehmenscontrolling) S. 107 ff, Horngren/Foster/Datar (Accounting) S. 177 ff, Horváth (Controlling) S. 157 ff, Deyle (Controller-Praxis II) S. 22ff.

3.6 Finanz- und Rechnungswesen, Controlling

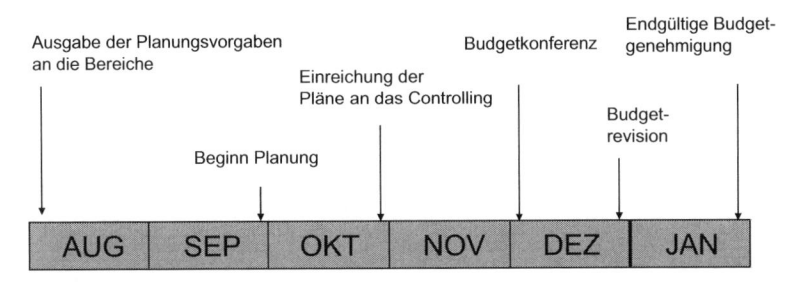

Abb. 3.103 Zeitplan Budgetrunde

Die *strategische Planung*, die Entwicklung der Unternehmensstrategie, legt die Grundsätzlichen unternehmerischen Entscheidungen über einen längeren Zeitraum, die Rede ist meistens von 10 Jahren, fest. Die strategische Planung überlappt sich mit der Entwicklung der Unternehmensstrategie[681].

Die *Mittelfristplanung* ist eine im Gegensatz zur Strategie stärker *quantitative* Planung über einen Zeithorizont von meistens *drei bis fünf Jahren*, im Idealfall aus der Strategie abgeleitet.

Am meisten verbreitet ist jedoch die Budgetplanung oder *Budgetierung*, also die *kurzfristige Planung für das nächste Geschäftsjahr*. Generell wird ein Budget definiert als „the quantitative expression of a proposed plan of action by management for a future time period"[682].

Das Budget enthält in der Regel folgende Komponenten[683]:

- Ergebnisrechnung, also eine interne Gewinn- und Verlustrechnung pro Sparte
- Planbilanz für das Unternehmen
- Investitionsplanung
- Planung der Anzahl Mitarbeiter (Personalplanung)
- Umsatzplanung pro Produkt oder Produktgruppe, bisweilen auch pro Kunde oder Kundensegment
- Kostenplanung pro Kostenart und Kostenstelle

Der *Ablauf des Budgetprozesses*[684] ist typischerweise wie in Abb. 3.103 ersichtlich. Dabei wird davon ausgegangen, dass das Geschäfts- und Budgetjahr gleich dem Kalenderjahr ist, was meistens zutrifft.

Budgets werden im Idealfall nach dem Gegenstromverfahren erstellt, also sowohl „top down" – von oben nach unten – als auch „bottom up" – von unten nach oben.

---

[681] s. o. Kap. 3.2.
[682] Horngren/Foster/Datar (Accounting) S. 178.
[683] vgl. z. B. Horngren/Foster/Datar (Accounting) S. 183.
[684] vgl. z. B. Deyle (Controller-Praxis I) S. 127ff Schröder (Unternehmenscontrolling) S. 118ff.

Die Unternehmensleitung legt zunächst die Gesamtziele des Unternehmens hinsichtlich Umsatz, Kosten, Ergebnis und so weiter fest. Diese Gesamtziele werden als Vorgaben an die einzelnen Bereiche weitergeleitet. Je nach Größe werden die einzelnen Bereiche die Vorgaben wieder herunterbrechen und an die einzelnen Abteilungen weitergeben. Dieser Prozess, also die Ausgabe der Planungsvorgaben an die Bereiche, sollte etwa im August stattfinden. Ausgabe der Planungsvorgaben bedeutet aber nicht nur die Inhalte, sondern auch für den Controller auch die Ausgabe der Formblätter. Das Controlling hat hier insbesondere die Aufgabe, für einheitliche Standards zu sorgen, um die Planungen der Bereiche später unternehmensweit aggregieren zu können. Es ist also festzulegen, wie die Formblätter auszusehen haben, welche Zeilen sie enthalten, und vor allem auch, wie die Zeileninhalte definiert sind.

Die Formblätter werden heute natürlich physisch in der Regel nicht mehr auf Papier bereitgestellt, sondern in Form eines elektronischen Datenträgers. In den allermeisten Unternehmen ist dies ein Excel-File.

Die einzelnen Bereiche beginnen nun ihrerseits mit der Planung. Dieser Prozess wird, wie ersichtlich, im Oktober ablaufen. Erfahrungsgemäß ist es nicht sinnvoll, früher zu beginnen. Denn ein Grundsatz der flexiblen Planung lautet: nicht so früh wie möglich planen, sondern so spät wie möglich, solange die Deadlines noch eingehalten werden können. Denn je später die Planung, umso mehr Informationen besitzt man über den Planungszeitraum. Im konkreten Fall bedeutet das: im Oktober liegen die Ergebnisse der ersten neun Monate von Januar bis September des laufenden Jahres vor, und damit eine relativ gute Basis für die Entwicklung im nächsten Jahr. Manche Unternehmen beginnen früher mit dem Argument, im Oktober allein sei die Planung aufgrund des Arbeitsaufwandes nicht zu bewältigen. Aber abgesehen von der dann mangelhaften Planungsqualität aus dem oben genannten Grund spricht noch ein anderes Argument gegen dieses Vorgehen. Wenn für die Planung tatsächlich mehr als ein Monat in einem Bereich benötigt wird, dann ist der dafür betriebene Aufwand zu hoch. Die Konsequenz wäre also nicht, früher mit der Planung zu beginnen, sondern den Budgetierungsaufwand soweit zu reduzieren beziehungsweise die Effizienz des Prozesses soweit zu steigern, dass ein Monat ausreicht.

Ende Oktober ist also, gemäß unserem Zeitplan, die Deadline für die einzelnen Bereiche zur Einreichung der Budgets an das Controlling. Das ist der „bottom up" Prozess: das Controlling addiert praktisch die einzelnen Budgets auf zum einem Gesamtbudget des Unternehmens.

In aller Regel wird es nun so sein, dass sich die Summe der einzelnen Budgets – bottom up – nicht deckt mit den Vorgaben von „oben" – top down. Es liegt in der Natur der Sache, dass seitens der Unternehmensleitung meistens höhere Erwartungen hinsichtlich der Leistung und geringere Erwartungen hinsichtlich der Kosten bestehen, als sich zunächst die einzelnen Bereiche selbst zugestehen wollen.

Diese beiden Standpunkte in Übereinstimmung zu bringen, ist die Aufgabe des nun folgenden „*Knetprozesses*"[685], eines der Kernelemente der Planung.

---

[685] vgl.Deyle (Controller-Praxis I) S. 119 ff, Schröder (Unternehmenscontrolling) S. 122f.

3.6 Finanz- und Rechnungswesen, Controlling

Es ist die Zeit der „Hausbesuche" des Controllers beim Linienverantwortlichen. Die oft am Anfang eingebauten „Reserven" in den einzelnen Plänen – höhere als nötige Kosten, geringere als erreichbare Erlöse – sollen aufgegeben werden.

Dies ist eines der schwierigsten Unterfangen für den Controller überhaupt. Denn Manager werden oft an der Erreichung ihrer Pläne gemessen. Werden die im Plan angegebenen Ziele nicht erreicht, führt das zu Kritik des Vorgesetzten, in vielen Fällen auch zu geringeren Bonuszahlungen.

Manager haben also ein massives persönliches Interesse, nichts von diesen „Reserven" aufzugeben, um später keine negative Planabweichung auszuweisen. Dieser Effekt wird *„budgetary slack"* genannt. „Budgetary slack describes the practise of underestimating budgeted revenues (or overestimating budgeted costs) in order to make budgeted targets more easily available. It frequently occurs when budget variances (the differences between actual results and budgeted amounts) are used to evaluate performance. Budgetary slack provides managers with a hedge against unexpected adverse circumstances"[686].

Das Budget wird Ende November oder Anfang Dezember der Geschäftsführung/ dem Vorstand präsentiert und dort verabschiedet. Die Pläne von einzelnen Unternehmenseinheiten, im ungünstigsten Fall auch das Gesamtbudget, mögen bisweilen nicht den Anforderungen des Vorstands genügen. Dann wird das Budget revidiert und, in der Regel im Januar, nochmals zur Verabschiedung vorgelegt. Schließlich muss in Aktiengesellschaften auch noch der Aufsichtsrat als letzte Instanz zustimmen.

Allerspätestens Ende Januar sollten alle Budgets verabschiedet sein. In der Praxis kommt es jedoch bisweilen durchaus vor, dass sich die Budgetverabschiedung bis ins Frühjahr hinzieht.

Wer sich bei der Beschreibung des Planungsprozesses an die Zielvereinbarung bei *Management by Objectives* erinnert, dem kann nur zugestimmt werden. Planung und MbO sind so etwas wie zwei Seiten einer Medaille. Der gleiche Ansatz, nur einmal aus Sicht des Controlling und einmal aus Sicht der Mitarbeiterführung betrachtet. Im Idealfall sind beide Prozesse denn auch integriert – was in der Praxis aber daran scheitern kann, dass Controlling- und Personalabteilung nicht hinreichend kooperieren.

Aufgrund des „budgetary slack" sind Budgetgespräche in der Praxis *zeit- und ressourcenaufwendig* und insofern *unproduktiv*, als oft der taktische Vorteil für einen Bereich mehr im Vordergrund steht als die Leistung des Unternehmens im Markt. Unter anderem aus diesem Grund wird seit Beginn der 2000er Jahre daher auch der gesamte Budgetprozess kritisch diskutiert. Der radikalste Gegenentwurf läuft dabei unter der Bezeichnung „*Beyond Budgeting*"[687]. Grundgedanke ist es, das Budget im herkömmlichen Sinn komplett abzuschaffen. Anstelle dessen werden den Managern nur Ertragsziele vorgegeben, die nach einer bestimmten, einmal definierten objektiven Methode festgelegt werden. Vereinfacht ausgedrückt, geht es für die Manager dann nur noch darum, die Ertragsziele zu erreichen. Wie sie das tun, bleibt weitgehend ihnen überlassen, insbesondere werden sie dabei nicht von spezifischen Budgetvorgaben eingeschränkt.

---

[686] Horngren/Foster/Datar (Accounting) S. 185, vgl. z. B. Brunsson (Hypocrisy) S. 104ff.

[687] vgl. Hope/Fraser (Beyond), Weber (Advanced) S. 217 ff, Weber/Linder (Beyond), Rieg (Budgeting).

Diese radikale Alternative hat sich indessen aus verschiedenen Gründen nur in wenigen Fällen durchgesetzt. Die meisten Unternehmen möchten nach wie vor mit einem Budget arbeiten, aber den damit verbundenen Aufwand und den „budgetary slack" wenn nicht vermeiden, so doch minimieren. Daher stehen derzeit zwei Konzepte im Mittelpunkt der Diskussion, die einen Mittelweg zwischen dem traditionellen Budgetprozess und dem Beyond Budgeting beschreiten[688].

Das ist einmal eine Vorgehensweise, die mit *Better Budgeting* umschrieben wird. Better Budgeting bedeutet Evolution statt Revolution: das Budget wird beibehalten, aber „entfeinert", enthält also anstelle vieler Details nur noch die wichtigsten Kosten- und Ertragszahlen. Und der Knetprozess wird verschlankt.

Noch einen Schritt weiter geht *Advanced Budgeting*. Auch hier wird das Budget zwar nicht abgeschafft, aber radikal verschlankt. Und viele Ansätze aus Beyond Budgeting werden übernommen[689].

Welches dieser Konzepte ist nun das Beste? Literatur und Praxis sind sich einig: es gibt nicht das eine, für alle Unternehmen passende Modell. „Es gibt in der Planung kein ‚one size fits all'"[690]. Jedes Unternehmen muss daher selbst versuchen, den für sich idealen Weg zwischen den unterschiedlichen Konzepten zu finden.

Was passiert nun, wenn im Verlauf des Jahres, etwa im April oder im Juni, abzusehen ist, dass das Budget nicht eingehalten wird? Macht es dann noch Sinn, am alten Budget festzuhalten, oder sollte es nicht revidiert werden?

Die Antwort lautet „sowohl als auch". Bei erkennbaren Abweichungen ist zwar ein revidierter Plan zu entwickeln, der die voraussichtliche Entwicklung unter Berücksichtigung der neuesten Erkenntnisse reflektiert. Dieser revidierte Plan heißt „Forecast" oder „Erwartungswert"[691].

Das ursprünglich verabschiedete Budget wird jedoch grundsätzlich *nicht* verändert. Denn es muss auch am Ende des Jahres erkennbar sein, was man sich am Anfang vorgenommen hat, wie hoch also die Messlatte ursprünglich war, und was man davon erreichte. Diese Information ginge verloren, wenn das Budget selbst ständig angepasst würde. Die „Messlatte" würde ständig verschoben, in den kritischen Fällen in der Regel nach unten. Die Transparenz über Ziel einerseits und Ist andererseits wäre nicht gegeben.

4. *Reporting*

Neben der Planung ist die *Information* eine weitere Funktion des Controlling. Das Management über die Situation des Unternehmens, die Planeinhaltung und andere relevante Daten zu informieren, ist die Aufgabe des *Reporting* oder des *Berichtswesens*[692].

---

[688] vgl. Paul (Beteiligungscontrolling) S. 27f.
[689] vgl. Paul (Beteiligungscontrolling) S. 28 ff, Leyk/Kappes (Advanced).
[690] Paul (Beteiligungscontrolling) S. 33.
[691] vgl. Deyle (Controller-Praxis I) S. 140ff.
[692] vgl. zum Abschnitt z. B. Deyle (Controller-Praxis II) S. 78 ff, Steinle/Bruch (Controlling) S. 485 ff, Schröder (Unternehmenscontrolling) S. 129 ff, Horváth (Controlling) S. 346 ff.

3.6 Finanz- und Rechnungswesen, Controlling

Um ein aussagekräftiges Reporting aufzubauen, sind zunächst die einzelnen Positionen in Reports eindeutig zu definieren. Die Festlegung einheitlicher Begriffe, von der Theorie her relativ einfach, ist eines der gravierendsten Probleme der Unternehmenspraxis in diesem Zusammenhang.

Um das an einem simplen Beispiel zu demonstrieren: jeder glaubt zu wissen, was unter dem „Umsatz" zu verstehen ist. Tatsächlich sind in vielen Betrieben aber „Umsatz"-Statistiken im Umlauf, die genau diesen Begriff unterschiedlich definieren. Klar ist, dass sich der Umsatz ohne Mehrwertsteuer versteht. Aber danach beginnen bereits die Differenzen. So sind in vielen Statistiken Erlösminderungen wie Boni und Skonti im Umsatz enthalten, in anderen nicht. Andere typische Differenzen bestehen bei Verpackungs- und Frachterlösen und bei sonstigen betrieblichen Erlösen: Wo genau wird hier die Abgrenzung zum Umsatz gezogen?

Ähnliche Probleme tauchen bei vielen Kostenpositionen auf:

- Was gehört beispielsweise alles zu den Personalkosten? Eindeutig ist noch die Zugehörigkeit der Lohnnebenkosten, also Sozialversicherungsabgaben, hierzu. Grenzfälle sind aber andere personalbezogene Kosten wie Essens- oder Kleidungszuschüsse des Arbeitgebers, Schulungsaufwendungen, Aufwendungen im Zusammenhang mit Mitarbeitergewinnung (Annoncen etc.).
- Was fällt unter Kfz-Kosten? Auch hier existieren eindeutige Größen wie Benzinkosten, aber auch Grenzfälle. Gehören Kfz-Versicherungen und Kfz-Reparaturen hierher oder zur Kostenart „Versicherung" bzw. „Reparatur und Instandhaltung"? Und sind die Fahrtkosten mit dem PKW zu einer Schulung nun Kfz- oder Weiterbildungskosten?
- Ein großes Thema im Reporting ist die Festlegung der Verteilungsschlüssel von bestimmten Kostenpositionen auf Kostenstellen. Wie werden Gebäudekosten, Kantinenkosten und andere „Overheads" wie allgemeine Verwaltungskosten auf die einzelnen Bereiche verteilt, d. h. „umgelegt"? Die Umlagenrechnung ist stets ein potenzieller Streitpunkt bei Kostendiskussionen.

Differenzen bei Definitionen bestehen dabei einmal zwischen funktionalen Unternehmensbereichen wie Vertrieb und Rechnungswesen, die verschiedene Dinge unter dem Umsatz verstehen.

Differenzen tauchen in Konzernen auch zwischen den einzelnen Tochtergesellschaften auf.

Hier zeigt sich, wie wichtig ein Controlling ist. Nur diese zentrale Stelle kann, und muss, die eindeutigen Festlegungen treffen. Es ist, in der Regel in einem Handbuch, festzuhalten, was der „Umsatz" ist, was „Personalkosten" sind, wie Gebäudekosten verteilt werden.

Bisweilen können die Definitionen aus den handels- und steuerrechtlichen Vorgaben des Jahresabschlusses hergeleitet werden. Diese sind aber nicht immer eindeutig genug und decken sich nicht mit den internen Anforderungen an eine sinnvolle Festlegung. Eine andere Hilfe ist, soweit vorhanden, ein konzerneinheitlicher Kontenrahmen. Auf dieser Basis kann das Controlling eindeutig festlegen, welche Konten zu welchem Begriff und Oberbegriff gehören.

Welche Definition ist nun aber im Einzelnen sinnvoll und welche nicht? Hierzu gibt es keine allgemein gültige Antwort. Es kommt auf die unternehmensspezifische Fragestellung an. Oft existiert auch keine eindeutig „bessere" oder „schlechtere" Lösung – wichtig ist nur, dass überhaupt eine eindeutige Festlegung getroffen wird.

Und selbst die eindeutige Festlegung ist nicht in jedem Fall durchsetzbar. Es kann vorkommen, dass jeder, aus seiner Sicht auch mit guten Gründen, auf „seiner" Definition beharrt. Auch dann kann das Controlling noch eine, wenn auch wohl nur zweitbeste, Lösung anbieten: es wird mit den verschiedenen Definitionen gearbeitet, wobei jede mit einem eindeutigen Begriff belegt wird. So hat ein mittelständisches Unternehmen die verschiedenen Umsatzbegriffe mit den Bezeichnungen „U1", „U2" und „U3" belegt.

Sind die Definitionen erst einmal so oder so festgelegt, bedeutet das einen großen Fortschritt für das Unternehmen. Denn es besitzt nicht nur eine Basis für alle Analysen, wenn etwa die Höhe der Personalkosten hinterfragt wird. Es kommt auch zu einer Steigerung der Produktivität von Meetings von Vorständen und anderen Gremien. Denn nun muss es nicht mehr zu Diskussionen um Zahlen an sich kommen („Welcher Umsatz stimmt denn nun?"), sondern das Gremium kann sich auf seine eigentliche Aufgabe konzentrieren – die Ableitung von Maßnahmen aus den Zahlen.

5. *Report Design*
Die wie beschrieben definierten Daten werden zunächst gesammelt und auf einer Datenbank abgelegt. In ihrer „Rohform" sehen sie zunächst aus wie beispielsweise anhand einer Eingabemaske in Abb. 3.104 demonstriert.

Klar gegliedert und logisch eindeutig. Aber – für den Empfänger ist diese Art der Liste wenig aussagekräftig. Der Empfänger will die Daten so aufbereitet sehen, dass er seine Schlüsse daraus ziehen kann.

Diese Anforderungen können von Benutzer zu Benutzer sehr unterschiedlich sein:

- So braucht ein Controller oder Vertriebsleiter oft recht detaillierte Zahlen für die Analyse. Das bedeutet beispielsweise die Kosten einer Kostenstelle pro Kostenart oder Konto, oder den Umsatz pro Produkt und/ oder pro Vertriebsmitarbeiter. Top Manager hingegen legen in der Regel mehr Wert auf aggregierte Zahlen
- Manche Leser – oft wird gesagt, vor allem solche mit naturwissenschaftlich-technischer Ausbildung – bevorzugen eine graphische Darstellung, andere – angeblich vor allem Betriebswirte – bevorzugen Tabellen
- Teilweise werden Interpretationshilfen gewünscht etwa in Form von roten Markierungen bei wichtigen Werten oder verbalen Kommentaren, andere lehnen dies ab
- Bestimmte Lesergruppen haben keine „Angst" vor einer Flut von Spalten und Zeilen auf einer Seite, andere möchten nur wenige Kernzahlen sehen.

3.6 Finanz- und Rechnungswesen, Controlling

```
BERICHT

|********************************************************************************|
|                                                    |     XX       |     YY      |
|********************************************************************************|
| 010 | BRUTTOUMSATZ                                  |              |             |
| 015 | - Rabatte                                     |              |             |
| 021 | - Sonstige Erlösschmälerungen                 |              |             |
| 030 | = NETTOUMSATZ                                 |              |             |
|--------------------------------------------------------------------------------|
| 040 | - Wareneinsatz                                |              |             |
| 046 | = ROHERTRAG                                   |              |             |
| 058 | - sonstige variable  Kosten                   |              |             |
| 059 |   * Provisionen                               |              |             |
| 060 |   * Frachtkosten                              |              |             |
| 061 |   * Sonstiges                                 |              |             |
| 065 | = DECKUNGSBEITRAG I                           |              |             |
|================================================================================|
| 070 | - Fixe Kosten pro Produktgruppe               |              |             |
| 071 |   * Personal                                  |              |             |
| 072 |   * Werbung                                   |              |             |
| 073 |   * Reisen                                    |              |             |
| ... |   ...                                         |              |             |
| 090 | = DECKUNGSBEITRAG II                          |              |             |
|================================================================================|
| 100 | - Fixe Kosten der Verwaltung                  |              |             |
| 101 |   * Personal                                  |              |             |
| 102 |   * Werbung                                   |              |             |
| 103 |   * Reisen                                    |              |             |
| ... |   ...                                         |              |             |
| 115 | = DECKUNGSBEITRAG III/BETRIEBSERGEBNIS        |              |             |
|================================================================================|
```

Abb. 3.104 Eingabemaske für einen Bericht

Zahlen so aufzubereiten, dass sie diesen Anforderungen entsprechen oder zumindest nahekommen, ist die Aufgabe des „*Report Design*"[693].

Welche Reports „gut" im Sinne von nützlich sind und welche nicht, ist sehr subjektiv – 50 Leser wünschen sich in der Regel 50 unterschiedliche Arten von Berichten. Ein gutes IT-gestütztes Information System kann dem Wunsch teilweise nachkommen, in dem unterschiedliche Reports kreiert werden. Gleichwohl sind irgendwo immer Kompromisse zu schließen.

Auch wenn die Wünsche an die optische Gestaltung der Reports sehr subjektiv sind, so existieren doch allgemeingültige Grundsätze, von denen einige hier genannt seien.

Oberster Grundsatz ist die *Empfängerorientierung*. Ein Bericht, der im Unternehmen verteilt wird, muss nicht dem Controller gefallen, der ihn erstellt, sondern den Empfängern. „Der Köder muss dem Fisch schmecken, nicht dem Angler" – dieser Spruch aus der Werbung gilt auch hier. Gerade auch gute Controller tun sich hier zunächst oft schwer. Gewohnt, in bestimmten analytischen Kategorien zu denken, halten sie es vielleicht für falsch oder unseriös, Berichte zu erstellen, die ihnen zu bunt, zu oberflächlich, zu wenig detailliert vorkommen. Dennoch – der Empfänger muss damit arbeiten. Der aus Sicht des

---

[693] vgl. zum Abschnitt Zelazny (Bilder), Hichert (Botschaft), Hichert (Sagen), Deyle (Controller-Praxis II) S. 78ff.

Berichtszeitraum (kumuliert)				Gesamtjahr			
Vorjahr TDM	Plan TDM	Ist TDM	Abw. Plan in %	Vorjahr TDM	Plan TDM	Hochrechn. TDM	Abw. Plan in %

Das Wesentliche in Zahlen

Wo stehen wir heute?
Kumuliert zum
Berichtszeitpunkt

Wie geht es weiter?
Vorschau zum
Jahresende

Kommentar

Maßnahmen — Verantwortl. | Termin

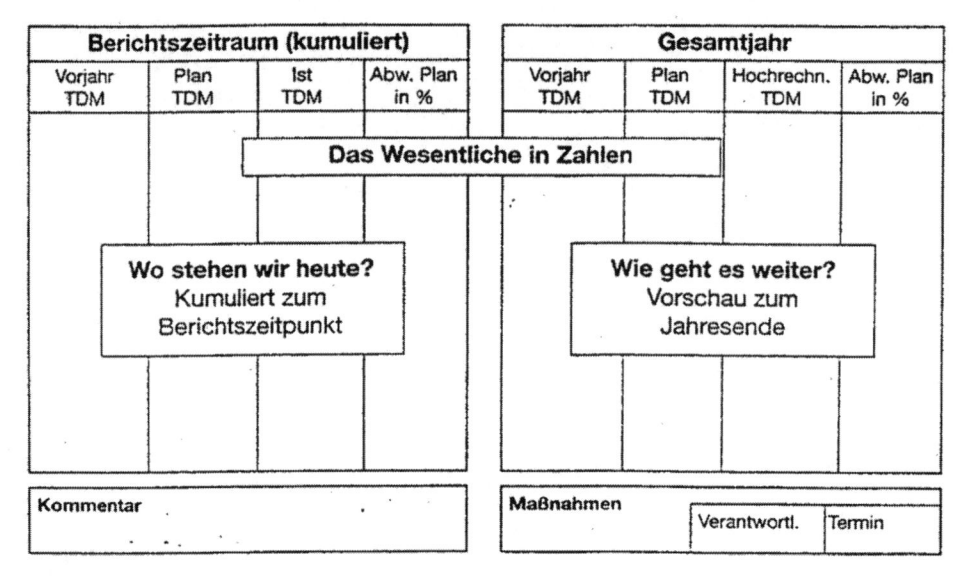

Abb. 3.105 4-Fenster-Berichtswesen – Grundstruktur. (Quelle: Deyle (Controller-Praxis II))

Controllers beste Report nützt nichts, wenn er von anderen als Zahlenfriedhof angesehen wird und im Papierkorb landet.

Ausgehend von dieser Erkenntnis gilt: ein Report verwandelt Rohdaten in Aussagen! Es kommt also beim Design immer darauf an, welche Aussage ich treffen will: einen Überblick verschaffen? Trends und Entwicklungen aufzeigen? Vergleichen – zwischen Tochterunternehmen, zwischen Produkten, zwischen Abteilungen? Wachrütteln? Beruhigen?

Nach diesen Aussagen sind die Berichte zu kreieren. Dazu gibt es eine Reihe von Grundsätzen. So eignen sich – bei graphischer Gestaltung – Liniendiagramme besonders gut zum Aufzeigen von Entwicklungen. Sollen hingegen Produkte, Regionen, oder einzelne Sparten verglichen werden, so sollte der Controller auf Balken- oder Kuchendiagramme zurückgreifen.

Eine bewährte Grundstruktur bei all der Vielfalt ist das von Deyhle entwickelte „4-Fenster-Berichtswesen". Viele Reports können danach aufgebaut werden.

Die vier Quadranten in einem solchen Bericht sind wie folgt aufgebaut. Horizontal findet eine links/rechts Unterteilung in ein „Was ist" und ein „Was wird sein" statt.

„Was ist" stellt die derzeitige Situation dar: wo stehen wir heute, zum Beispiel Mitte des Jahres, im Vergleich zum Vorjahr und insbesondere im Vergleich zum Plan (vgl. Abb. 3.105)?

Wichtiger noch als das Ist, wenn auch oft vernachlässigt, ist aber die Frage: „Was wird sein"? Diese Frage beantwortet die rechte Hälfte im 4-Fenster Report. Hier wird eine Projektion, eine Hochrechnung, im Hinblick auf das Jahresende erstellt.

3.6 Finanz- und Rechnungswesen, Controlling

Unternehmen X
Sparte: Y

	Jan. - Mai					Gesamtjahr			
	(1) Vorjahr	(2) Budget	(3) Ist	(4) Abw. Bud./Ist		(5) Vorjahr	(6) Budget	(7) Forecast	(8) Abw. Budget/Forecast
Umsatz	955	1188	968	-18,5%		2400	2850	2450	-14,0%
Deckungsbeitrag	229	313	252	-19,5%		550	750	637	-15,1%
	24%	26%	26%			23%	26%	26%	
Fixkosten	164	221	237	7,3%		390	530	540	1,9%
	17%	19%	24%			16%	19%	22%	
Operating Result	65	92	15	-84,0%		160	220	97	-55,9%
	6,8%	7,7%	1,5%			6,7%	7,7%	4,0%	

Kommentar

- Umsatz: Budgetunterschreitung vor allem durch geringeren Absatz bei Bio-Computer (-21%) und bei Laufband (-22%)

- Fixkosten: Budgetüberschreitung durch vorgezogene Werbemaßnahmen

Maßnahmen

?

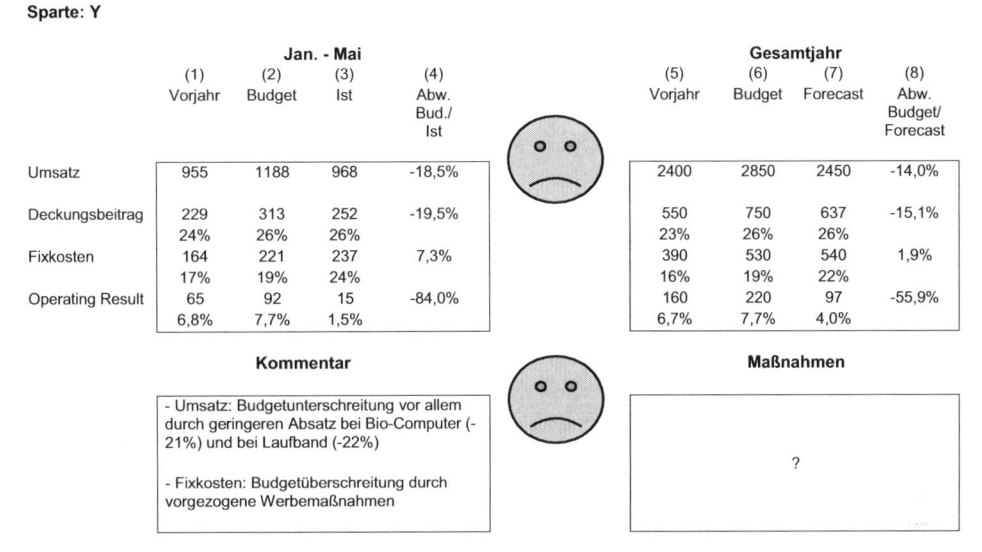

Abb. 3.106 Ergebnisbericht (Beispiel). (Quelle: in Anlehnung an Seliger (Jahre))

Vertikal wird der 4-Fenster Bericht unterteilt in einen quantitativen, einen Zahlenteil oben und einen verbalen Teil unten.

Während die obere Hälfte, die Zahlen, für den Controller in aller Regel Routine ist, tun sich einige etwas schwerer mit der verbalen Darstellung. Hier fließen Beurteilungen ein, die bei allem Bemühen um Neutralität auch subjektiv sind und bisweilen auch schlichtweg falsch sein können. Die Scheu der an „objektive" Zahlen gewöhnten Controller ist daher nachvollziehbar.

Dennoch ist der verbale Teil für Manager, die ja beurteilen und Schlüsse ziehen müssen, recht bedeutend. Insbesondere der vierte Quadrant – unten rechts – ist wichtig. Hier werden die möglichen *Maßnahmen* zur Verbesserung der Situation dargelegt. Das ist die Folge der modernen Controlling Philosophie: im Mittelpunkt steht nicht die reine Darstellung der Situation. Im Mittelpunkt steht das aktive Eingreifen in den Unternehmensprozess, das Aufzeigen der Verbesserungspotenziale. Anhand der Maßnahmenliste kann deren Realisierung verfolgt werden.

Nach den Regeln des 4-Fenster-Berichtswesens sind oben links die Zahlen für den aktuellen Zeitraum abgebildet, also hier für Januar bis Mai. Neben dem kumulierten Zahlen für Vorjahr, Plan und Ist steht in der vierten Spalte die Plan/Ist-Abweichung.

Oben rechts stehen die Werte auf Basis des Gesamtjahres, anstelle des noch nicht bekannten Ist wird der Forecast, also die aktuellste Erwartung, genommen (vgl. Abb. 3.106).

Zwischen den Reihen der absoluten Zahlen in tausend Euro steht die gleiche Angabe als prozentualer Wert, in Prozent des Umsatzes.

Unten schließlich eine kurze Begründung der Budgetabweichungen. Der vierte Kasten ist noch leer – es gehört zu den Aufgaben des Controllers, hier gemeinsam mit dem verantwortlichen Manager Maßnahmen zu entwickeln. Wie, dazu noch mehr im nächsten Kapitel.

Für einige Verwirrung mag das „Smilie" Symbol sorgen. Die Form der Mundwinkel symbolisiert die Situation – nach untern gezogene Mundwinkel bedeuten also: „kritisch" (unter Plan liegend). Haben solche Symbole Platz in einem Report, der doch seriös sein und auch wirken sollte? Das ist auch in der Praxis umstritten. Tatsache ist aber: Manager werden täglich mit einer Vielzahl von Informationen überhäuft. Sie haben daher ein großes Interesse daran, entscheidende Fakten auf einen Blick, innerhalb einer Sekunde, erkennen zu können. Dazu dient das Symbol, wobei anstelle der Smilies auch andere Symbole, etwa ein Ampel, denkbar wären.

Alle Reports können sowohl auf Papier als auch am Bildschirm publiziert und verteilt werden. Natürlich geht die Entwicklung immer mehr in Richtung Verteilung durch elektronische Datenträger. Im einfachsten Fall bedeutet das eine Versendung von Excel-Files per E-Mail an alle Empfänger. Die fortschrittlichere Methode ist es freilich, die Informationen im BIS zur Verfügung zu stellen, so dass sie der Benutzer je nach Zeit und Bedarf abrufen kann. Jeder Berechtigte kann somit individuell entscheiden, welchen Bericht er lesen und ausdrucken möchte und welchen nicht.

Aus diesem Gedanken heraus wird auch oft von einem neuen Berufsbild des Controllers gesprochen: der Controller als *„On-line Redakteur"*.

Er „redigiert" das BIS jeweils wie eine aktuelle Zeitung oder Zeitschrift. Der Leser, oder User, wird also stets mit den neuesten Informationen versorgt. Tabellarisch und in Form von Graphiken, quantitativ und verbal. Empfängerfreundlich aufbereitet nach den Grundsätzen, wie sie beschrieben wurden.

Vom introvertierten Buchhaltertyp, der nur über seinen Zahlen brütet, zum on-line Redakteur – die Aufgaben des Controllers haben sich in den vergangenen Jahren gewaltig verändert.

3.6.5.4 Operatives Controlling

Das Sammeln von Zahlen allein ist wenig Ziel führend. Im Mittelpunkt steht im Unternehmen vielmehr die Frage: was können wir aus den Zahlen schließen? Mithin sind auch und gerade für den Controller nicht nur die Zahlen an sich und deren formale Korrektheit relevant, sondern auch die Inhalte.

Sind die Ergebnisse zufrieden stellend? Und wenn nicht, wie können wir sie verbessern? Diese Fragen sind im Rahmen der dritten Stufe des Controlling zu beantworten (vgl. Abb. 3.107).

Nun ist und bleibt das Treffen von Entscheidungen und das Durchsetzen von Maßnahmen zunächst einmal eine originäre Aufgabe des Managers und nicht das Controllers. Der Manager und nicht der Controller hat die Verantwortung für die Entwicklung des Unternehmens.

Dem Controller kommt aber nach dem hier zugrundeliegenden Verständnis die Aufgabe des Begleitens, des Unterstützens, des Beratens zu.

3.6 Finanz- und Rechnungswesen, Controlling

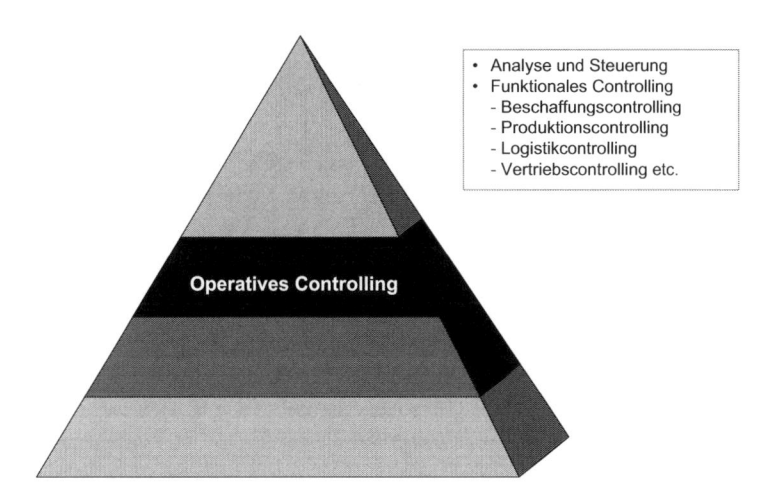

Abb. 3.107 Dritte Stufe des Controlling

- Analyse und Steuerung
- Funktionales Controlling
  - Beschaffungscontrolling
  - Produktionscontrolling
  - Logistikcontrolling
  - Vertriebscontrolling etc.

Operatives Controlling

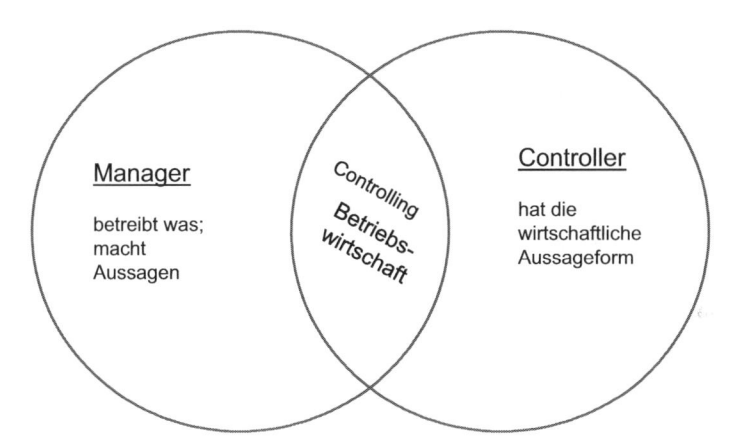

Abb. 3.108 Controller und Manager. (Quelle: Deyle (Controller-Praxis II) S. 177)

Manager: betreibt was; macht Aussagen

Controlling Betriebswirtschaft

Controller: hat die wirtschaftliche Aussageform

Deyhle stellt diese Rolle in Form von zwei sich überschneidenden Kreisen optisch dar (vgl. Abb. 3.108).

Sowohl Manager als auch Controller haben ihre ureigenen Arbeitsgebiete. Daneben existiert aber auch eine gemeinsame Schnittmenge. Während die bereits behandelten Themengebiete – BIS, Reporting, Management-Information – den „reinen" Bereich des Controlling betreffen, bewegt man sich bei dem nun beschriebenen operativen wie auch dem strategischen Controlling im Bereich der Schnittmenge.

1. *Analyse und Steuerung*

Wesentlicher Baustein des operativen Controlling ist die Analyse und Steuerung. Sie wird zum Thema, wenn die (Budget-)Planung abgeschlossen ist und die ersten Berichte Auskunft über den tatsächlichen Verlauf des Geschäftsjahres geben. Liegt das Unternehmen im Plan, mit anderen Worten auf dem verabschiedeten richtigen „Kurs", besteht kein großer Handlungsbedarf.

Handlungsbedarf besteht hingegen bei, insbesondere negativen, Planabweichungen. In diesem Fall muss das Unternehmen durch geeignete Maßnahmen wieder auf Kurs gebracht werden.

Dazu wird zunächst vom Controller analysiert, welche Kursabweichungen überhaupt relevant sind. In der Regel wird dazu nach dem Ampel-Prinzip vorgegangen. Bestimmte Abweichungen, zum Beispiel bis zu 3 % vom Umsatz oder 10 % vom Gewinn, werden als im Rahmen des Normalen liegend akzeptiert. Die Ampel steht immer noch auf Grün.

Bei Abweichungen zwischen 3 % bis 10 % vom Umsatz oder 11 % bis 40 % Prozent vom Gewinn springt die Ampel auf Gelb. Das signalisiert die Notwendigkeit von Maßnahmen, in der Regel freilich noch nicht auf der Ebene der Geschäftsleitung.

Die Geschäftsleitung ist erst gefragt, wenn die Ampel auf Rot steht, die Abweichungen also 10 % bzw. 40 % überschreiten.

Dann ist auch die Steuerung durch den Controller gefragt. Sie „garantiert die Kurseinhaltung der Unternehmung. Sie stellt sicher, dass über den Vergleich von Plan und Ist als Feed-back und Einstieg und die Analyse im Sinne des Feed-forward Maßnahmen eingeleitet werden, um trotz des Auftretens von Abweichungen die vorgegebenen Objectives zu erreichen."[694]

Was hat man sich unter dieser Art von Steuerung vorzustellen? Es sind, im Sinne der oben genannten Schnittstellen, gemeinsame Aktionen von Controller und Manager, wobei die Rollen wie erwähnt klar verteilt sind: einerseits der Berater, der „Navigator", andererseits der ergebnisverantwortliche Entscheidungsträger. Rein physisch wird es dabei zuerst zu einem „Hausbesuch" des Controllers bei dem Manager kommen.

Der wohl schwierigste Teil bei diesen Gesprächen ist psychologischer Natur. Ein Besuch des Controllers aufgrund von Planabweichungen beinhaltet für den Ergebnisverantwortlichen zunächst die unterschwellige Botschaft: Du hast nicht gut gearbeitet, Du hast nicht die Leistung erbracht, die erwartet wurde. Instinktiv wird der Manager daher zunächst einmal eine Abwehrhaltung einnehmen: Du, Controller, willst mir etwas vorwerfen, also muss ich mich verteidigen. Diese Einstellung wird häufig noch verstärkt durch unterschiedliche Persönlichkeiten. Auf der einen Seite der Controller, oft jung, gut ausgebildet und mit guten analytischen Fähigkeiten, aber relativ wenig „Fronterfahrung". Auf der anderen Seite der „Praktiker", mit viel Erfahrung im Betrieb und ausgeprägtem Gespür für richtige Entscheidungen, aber eher wenig Neigung, sich in Zahlenwerke einzuarbeiten. Was sind daher die typischen Reaktionen der Manager?

Einmal werden das sehr oft Schuldzuweisungen an externe Stellen oder Gegebenheiten sein. Die Kosten sind zu hoch, weil Preise auf den Rohstoffmärkten gestiegen sind, weil die schlechte Planung des Vertriebs als Abnehmer eine vernünftige Produktionsplanung unmöglich machte und so weiter. Bisweilen kann sich das Gespräch auch direkt auf die persönliche Ebene verlagern, wenn dem Controller vorgehalten wird, er habe ja „noch nie

---

[694] Schröder (Unternehmenscontrolling) S. 182.

einen Kunden gesehen" oder er habe ja „keine Ahnung, wie man überhaupt eine Maschine in der Werkshalle bedient".

Um diesen unangenehmen Gesprächsverlauf zu vermeiden, ist zuerst einmal klar zu stellen, dass es keineswegs um Schuld oder Unschuld geht: „Abweichungen sind keine Schuldbeweise, sondern signalisieren, dass sich die Umwelt, in der die Unternehmung agiert, anders entwickelt, als dies in der Planung vorhergesehen wurde"[695].

Verbal ist das recht einfach auszudrücken, gar nicht so einfach ist es aber, das im Bewusstsein des Managers – und auch des Controllers – zu verankern. Es existiert hierzu kein Patentrezept, wohl aber einige hilfreiche Grundsätze. Wichtig ist vor allem die *Einstellung* des Controllers, die Unterstützung und nicht Kontrolle signalisieren muss.

2. *Funktionales Controlling*
Ergebnisverbessernde Maßnahmen erfordern meistens umfangreiche Detailarbeit.

Der Controller besitzt ein reichhaltiges Instrumentarium, um diese Arbeiten zu begleiten. Oft, wenn auch nicht immer, bezieht sich das Instrumentarium auf die *einzelnen Funktionsbereiche* der Unternehmung, also auf Beschaffung, Produktion, Vertrieb, Logistik und so weiter. In diesem Zusammenhang wird vom Controlling der Funktionsbereiche, also vom *funktionalen Controlling*, gesprochen. Dem Controller steht eine breite Palette von Instrumenten zur Verfügung, mit denen er den Manager aus dem Fachbereich unterstützen kann. Nachfolgend einige typische Beispiele.[696]

Beschaffungscontrolling. Der Controller kann den Prozess der Beschaffung, also des Einkaufs, in vielfältiger Weise betriebswirtschaftlich Unterstützen.

- Controlling ist Management-Information. Daher hat der Controller der Einkaufsabteilung *Kennzahlen* zur Verfügung zu stellen: Wie haben sich die Preise auf wichtigen Rohstoffmärkten entwickelt? Wie haben sich die Einkaufspreise für die einzelnen Komponenten entwickelt? Wichtig sind vor allem auch Informationen über einzelne Lieferanten: Wie hoch ist der Anteil verspätet gelieferter Teile pro Lieferant? Wie hoch ist der Anteil fehlerhaft gelieferter Teile pro Lieferant? Dies sind typische Kennzahlen, die auch in einem BIS enthalten sein sollten
- Die Beurteilung der Lieferanten geht noch weiter. Nicht nur im nachhinein, ex post, sondern auch ex ante ist eine *Lieferantenbewertung* vorzunehmen
- Der Einkauf benötigt vom Controller auch kostenrechnerische Informationen über die *Preisobergrenze*, d. h. den höchsten Betrag, bei dem es sich noch lohnt, eine Komponente einzukaufen.
- Eine klassische Aufgabe des Controlling bei der Beschaffung ist die Berechnung der *optimalen Bestellmenge*
- Schließlich gehört die so genannte *ABC- und XYZ-Analyse* zum Beschaffungscontrolling.

---

[695] Schröder (Unternehmenscontrolling) S. 182.

[696] vgl. zum Abschnitt Steinle/Bruch (Controlling) S. 657ff.

Logistikcontrolling. Die Logistik erfasst alle Aktivitäten von Lagerung, Umgang und Transport von Gütern und Materialien.

- Bildung von *Kennzahlen* in der Logistik. Die Kennzahlen dienen einmal der Überwachung der Kosten im Lager und in der Logistik. Typische Beispiele dieser Kennzahlen sind die Logistikkosten in Prozent vom Umsatz oder die Umschlagshäufigkeit des Lagers pro Jahr, um die Kosten des im Lager gebundenen Kapitals zu „controllen". Daneben werden aber die so genannten *nicht-monetären* Kennzahlen ständig bedeutender, also Kennzahlen, die nicht unmittelbar im Zusammenhang mit den Kosten stehen. Bekanntestes Beispiel hier ist die Liefertreue, d. h. die Anzahl der pünktlich ausgelieferten Teile im Verhältnis zu allen Auslieferungen. Sie wird oft auch mit dem englischen Ausdruck *OTD, on time delivery*, bezeichnet. Ebenfalls in diese Kategorie fällt der Lieferbereitschaftsgrad, auch *CSL (customer service level)*, genannt. Hiermit wird die Anzahl der lieferbereiten – also auf Lager liegenden – Produkten an der Gesamtpalette gemessen. Beispielsweise wird in Supermärkten erwartet, dass 98 % bis 99 % der Ware ständig für den Käufer verfügbar ist, der CSL als bei 98 % bzw. 99 % liegt.

Produktionscontrolling.

- Unter dem Controlling der Produktion wird zunächst einmal die Produktionsplanung mit Hilfe von *PPS-Programmen* (Produktionsplanung und -steuerung) verstanden.
- Um die in der Produktion anfallenden Kosten zu analysieren, verwendet der Produktionscontroller den jedem Kostenrechner geläufigen „klassischen" *Soll-Ist-Vergleich* (SIV). Der SIV ist zunächst eine Gegenüberstellung der geplanten mit den tatsächlich angefallenen Kosten in der Produktion. Entscheidend ist aber weniger diese Gegenüberstellung an sich. Der Soll-Ist-Vergleich erlaubt vielmehr, die Gründe der Abweichung präzise zu bestimmen. Zu hohe (oder „zu niedrige") Kosten können entstehen durch höhere Bezugspreise, größerer Verbrauch an Zeit und Material pro hergestelltem Produkt, oder durch höhere Fixkostenanteile pro Produkt in Folge einer geringeren als der geplanten Produktionsmenge und dadurch Unterauslastung der Maschinen. Je nach Ursache legen die verschiedenen Abweichungen unterschiedliche Maßnahmen nahe[697].
- Analog zur optimalen Bestellmenge im Beschaffungscontrolling existiert in der Produktion das Thema der *optimalen Losgröße*
- Ein immer wichtiger werdendes Thema in der Produktion sind die *Kosten der Nicht-Qualität*, abgekürzt NQK oder NQC (Non Quality Costs). Hierbei werden, quer über alle Bereiche hinweg, alle im Zusammenhang mit der Sicherstellung der Qualität in Zusammenhang stehenden Kosten erfasst. Das umfasst nicht nur so offensichtliche Positionen wie Ausschuss, Nacharbeit, Reparatur. Darin eingeschlossen sind auch alle Kosten der Qualitätssicherungsabteilung, Reklamationsabteilung, Prüfkosten, Gewährleistungskosten, Produkthaftpflichtversicherungen, eventuelle Gerichtskosten und dergleichen.

---

[697] vgl. z. B. Joos-Sachse (Controlling) S. 171 ff, Olfert (Kostenrechnung) S. 241ff.

Vertriebscontrolling.

- Eine zentrale Aufgabe des Vertriebscontrollings ist die Messung des Erfolgs einzelner Produkte oder Produktgruppen. Der Erfolg leitet sich einmal aus dem Umsatz ab. Ein Controlling, das diesen Namen verdient, wird sich indessen nicht auf Umsatzstatistiken beschränken, sondern auch das Ergebnis pro Produkt messen. Ergebnis pro Produkt bedeutet hier zumindest den Deckungsbeitrag, also den Umsatz minus den Einstands- oder Herstellungskosten der verkauften Produkte und abzüglich anderer dem Produkt zurechenbarer Kosten.
- Ebenso wie pro Produkt kann auch *pro Außendienstmitarbeiter* oder *Vertriebsregion* eine Deckungsbeitragsrechnung aufgebaut werden. Das bedeutet auch hier, Umsatz des Mitarbeiters bzw. der Region minus den Einstands- oder Herstellungskosten der Produkte und abzüglich anderer dem Außendienstmitarbeiter/ der Vertriebsregion zurechenbarer Kosten. In der Praxis wird die Leistung insbesondere von Außendienstmitarbeitern auch heute noch oft anhand des Umsatzes gemessen. Betriebswirtschaftlich kann das aber zu eindeutig falschen Ergebnissen führen. Ein Euro Umsatz kann dem Unternehmen viel oder wenig bringen – je nachdem, wie hoch der Deckungsbeitrag ist, und das hängt ab vom Preis, von den Herstellungskosten und anderen Kosten wie Reisen oder Bewirtung, mit denen der Mitarbeiter den Umsatz „erkauft". Dies darzustellen und im Bewusstsein der Vertriebsmitarbeiter zu verankern gilt als eine der großen, auch kommunikativen, Aufgaben im Vertriebscontrolling.
- *Kundendeckungsbeitragsrechnung* – hier gilt exakt das gleiche Prinzip. Die Profitabilität des Kunden misst sich nicht nach dem Umsatz, sondern nach der Differenz aus Umsatz und den Kosten, die durch Anschaffung und Herstellung der verkauften Produkte entstehen, sowie den sonstigen dem Kunden direkt zurechenbaren Kosten.
- Ein ausgesprochen heikles Thema ist die Messung des Erfolgs der Kommunikationspolitik, also der *Werbeerfolgskontrolle*. Bisher existiert kein Instrument, mit dem zuverlässig festgestellt werden könnte, ob ein in die Werbung investierter Euro tatsächlich mehr oder weniger als ein Euro Ergebnisbeitrag bringt. Indessen existieren Hilfsgrößen wie die Kosten pro Kontakt. So können bei einer Anzeige in einer Zeitschrift die Kosten durch die Anzahl der Leser dividiert werden, bei einer Messe die gesamten Messekosten durch die in Berichten festgehaltene Anzahl der Besucher am Stand. Damit ergeben sich immerhin Anhaltspunkte, wie ein bestimmtes Werbebudget von beispielsweise 200.000.- € effizient eingesetzt werden kann: Ist eine Mailing-Aktion sinnvoller als die Schaltung einer Anzeige? Sollen wir an einer bestimmten Messe teilnehmen oder erreichen wir mit dem gleichen Betrag auf andere Art und Weise mehr potenzielle Kunden? Freilich haben diese Kennzahlen den Mangel, dass die Qualität und damit die Wirksamkeit eines Kontakts nicht erkennbar ist. Hier stößt der Controller an seine Grenzen. Er sollte diese Frage denn auch den Vertriebsmitarbeitern überlassen.
- Zumindest als Stichwort muss in diesem Zusammenhang auch das *E-Commerce Controlling* Erwähnung finden, die Analyse von Kosten und Nutzen des Internets mit allen seinen Anwendungen. Betriebswirtschaftlich verbirgt sich freilich hinter E-Commerce,

so groß die Bedeutung auch ist und sein wird, nicht allzu viel Neues. Denn auch wenn das Internet dabei sein mag, inhaltlich viele Abläufe zu revolutionieren, die dabei angewandten Controlling-Techniken wie Investitionsrechnungen, Abweichungsanalysen, Werbeerfolgskontrollen und so weiter sind dieselben wie bisher.

Einige der Stichworte mögen dem Leser wenig sagen, etwa die Ausdrücke „optimale Bestellmenge" oder „ABC-Analyse". Die Ausdrücke werden im entsprechenden Kapitel, also hier bei Beschaffung und Logistik[698], näher erläutert. Die Themen des funktionalen Controlling überschneiden sich also mit der Beschreibung der einzelnen Funktionen selbst. Was aber nicht weiter überrascht, schließlich ist das funktionale Controlling nichts anderes als die betriebswirtschaftliche Begleitung der jeweiligen Funktionen.

3.6.5.5 Strategisches Controlling: Balanced Scorecard

Das strategische Controlling gewinnt zunehmend an Bedeutung[699]. Der Hauptgrund ist der große Einfluss, den strategische Entscheidungen auf den langfristigen Unternehmenserfolg haben. Die Handlungsalternativen im operativen Controlling beziehen sich oft auf gesamthaft gesehen *relativ kleine Kostenpositionen* wie Reisekosten, Hilfsstoffe und so weiter.

Strategische Entscheidungen über zukünftige Produkte und Märkte berühren hingegen jedes Unternehmen *in seiner Existenz*. Entsprechend wichtig ist die qualifizierte Unterstützung durch das Controlling.

Methoden und Techniken, die im strategischen Controlling zur Anwendung kommen, existieren seit langem in großer Zahl[700].

Derzeit am weitesten verbreitet ist eine Methode, die im Folgenden im Mittelpunkt steht: die *Balanced Scorecard (BSC)*[701].

Die vor mittlerweile knapp fünfzehn Jahren entwickelte Balanced Scorecard ist zunächst ein System von *Kennzahlen* zur Bewertung der Situation des Unternehmens.

Solche Kennzahlen beschreiben einmal die finanzielle Situation des Unternehmens. Beispiele sind die Kapitalrendite oder „Return on Investment" (ROI) oder die Aussagen über die Kostenstruktur, beispielsweise die Personalkosten – absolut oder in % vom Umsatz – oder die Vertriebs- und Verwaltungskosten.

Bekannt ist die BSC aber vor allem für die so genannten *nicht-monetären* Kennzahlen. Es ist ein Grundgedanke der Scorecard, dass ein Unternehmen nicht nur nach Finanzkennzahlen gesteuert werden sollte. Finanzkennzahlen haben den Nachteil, dass sie eher die

---

[698] s. u. Kap. 3.7.

[699] vgl. zum Abschnitt z. B. Paul (Strategisches), Steinle (Strategisches), Schröder (Unternehmenscontrolling) S. 231 ff, Witt (Controlling 1) S. 87ff.

[700] vgl. z. B. Bea/Haas (Management) S. 106 ff, Steinle (Strategisches) S. 346 ff, Schröder (Unternehmenscontrolling) S. 238ff.

[701] vgl. dazu insbes. Kaplan/Norton (Scorecard), Horváth & Partner (Scorecard), Friedag/Schmidt (Scorecard), Brabänder/Hilcher (Umsetzung), Paul (Scorecard).

3.6 Finanz- und Rechnungswesen, Controlling

	Finanzen	
●○○	ROI (Operating)	14%
○●○	ROI (Financial)	8,5%
○●○	EVA (Operating)	7,5%
○○●	EVA (Financial)	3,5%

Mitarbeiter		
●○○	Anzahl der Mitarbeiter	8600
○○○	Fluktuation	13,5%
○○○	Social Climate Index	3,8
●○○	Ausbildungsinvestition	1,2

Prozesse		
●○○	Lieferfähigkeit	92%
○●○	Liefertreue	98,6%
○○●	Komplexität	12
○○●	Reklamationsquote	3,5%

Kunden		
●○○	Angebote	85
○○●	AE	123,5
●○○	Marktanteil	14,2%
○●○	Kundenzufriedenheit	4,5
○●○	Preispositionierung	115

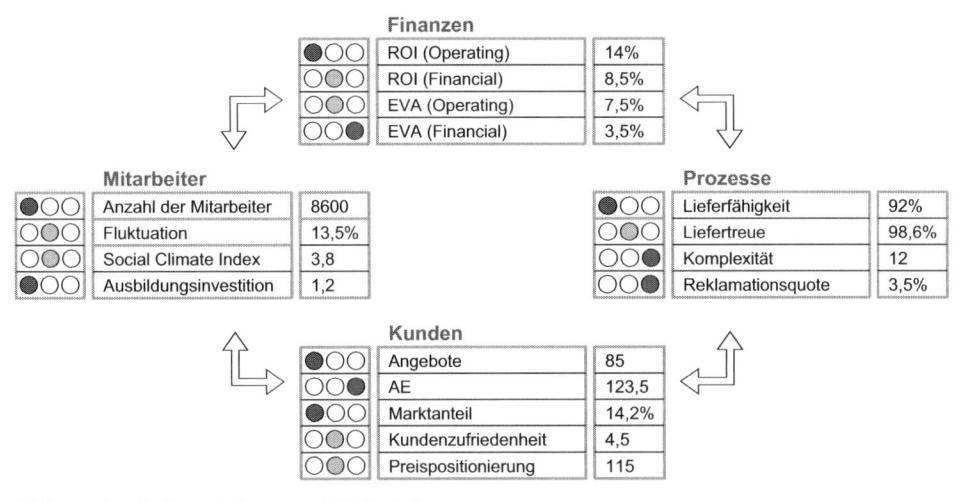

Abb. 3.109 Balanced Scorecard (Beispiel)

Entwicklung der Vergangenheit beschreiben. Was den Manager aber vor allem interessiert, sind Indikatoren für den *zukünftigen* Erfolg.

Der aber hängt ab davon, wie das Unternehmen im Markt positioniert ist, wie seine internen Prozesse strukturiert sind, und wie qualifiziert und motiviert seine Mitarbeiter sind. Zur Unternehmensbeurteilung sind also verschiedene *Perspektiven* zu analysieren, neben der Finanzperspektive insbesondere die Kundenperspektive, die Prozessperspektive, auch interne Perspektive genannt, und die Mitarbeiter-Perspektive, auch Lern- oder Wissensperspektive genannt.

Jede der Bereiche enthält nun eine Reihe von Kennzahlen. Das kann die Kundenzufriedenheit sein, in der Prozessperspektive die eine oder andere Logistik-Kennzahl, und als Indikator im Bereich Mitarbeiter der so genannte Social Climate Index (SCI). Insgesamt wird in der Regel von bis zu vier oder fünf Kennzahlen pro Bereich ausgegangen.

Dargestellt werden die vier Perspektiven bisweilen in einer Art Kleeblatt. Zusammen mit anderen Kennzahlen, ergänzt um die jeweiligen Werte und eventuell die „Ampel"-Funktion. Ein Beispiel findet sich in Abb. 3.109.

Kaplan und Norton, die Erfinder des Konzepts, beschreiben die Notwendigkeit einer Vielzahl von Kennzahlen zur Steuerung des Unternehmens anhand eines anschaulichen und mittlerweile sehr bekannten Vergleichs[702]. Angenommen, ein Passagier besteigt ein Flugzeug und wirft einen Blick in das Cockpit. Zu seinem Erstaunen sieht er in dem Cockpit nur ein Instrument. Auf Anfrage antwortet der Pilot, mit dem einen Instrument würde die Geschwindigkeit über Grund gemessen. Darauf würde er sich bei diesem Flug konzentrieren. Aber was, so der Passagier, ist mit einem Höhenmesser? Einem Kompass? Der Treibstoffanzeige? Ja, meint der Pilot, das sei sicher wichtig. Aber er würde sich bei diesem Flug nicht auf zu viele Dinge konzentrieren wollen.

---

[702] vgl. Kaplan/Norton (Scorecard) S. 1f.

Sicherlich würde kein Passagier Vertrauen in einen derartigen Piloten haben. Unternehmen, so Kaplan und Norton, würden aber oft genau nach diesem Prinzip gesteuert. Man konzentriert sich auf eine Kennzahl, den Gewinn, vergisst aber dabei andere wichtige Indikatoren. Notwendig ist jedoch ein ganzer Set von diversen Kenngrößen, eben eine „Scorecard".

Eine Balanced Scorecard ist *wesentlich mehr* als eine Ansammlung von Kennzahlen. Die BSC ist vielmehr ein *Management-System*, das Strategien mit operativen Kennzahlen verbindet. „Balanced Scorecard is Management, not Measurement"[703] schreiben Kaplan und Norton. Es ist ein Prinzip, eine Philosophie der Unternehmensführung.

Entscheidend ist dabei die *Art der Entwicklung* der BSC, nämlich die *Ableitung der Kennzahlen aus der Strategie der Unternehmung*.

Verständlich wird der Gedanke, wenn man sich das Grundproblem vor Augen führt, aus der die Scorecard entstanden ist. Viele Unternehmen haben in den letzten Jahren und Jahrzehnten zwar Strategien entwickelt. In den meisten Fällen stand diese Strategie aber mehr oder minder in einem „luftleeren Raum". Es fehlte mit anderen Worten der *Hebel*, mit dem eine Strategie *operativ umgesetzt* werden konnte.

Die Balanced Scorecard hat die Funktion dieses Hebels. Abgeleitet aus der Strategie sind die *Kennzahlen* diejenigen *Indikatoren, die erkennen lassen, ob die Unternehmung auf dem richtigen Kurs ist*.

Kennzahlen und Perspektiven stehen also nicht zufällig nebeneinander, sondern in einer ganz *klaren Beziehung*. Abb. 3.110 drückt diese Beziehung wesentlich besser aus als die „Kleeblatt"-Darstellung. Abgeleitet aus der Vision setzt sich das Unternehmen finanzielle Ziele im Sinne von Gewinn und Wertsteigerung.

Gewinn und Wertsteigerung können nur erzielt werden, wenn die Position im *Markt* stimmt, mithin also die Beziehungen zu den Kunden. Darüber sagt die Kundenperspektive etwas aus.

Basis für den Erfolg im Markt sind die *internen Prozesse*, die innerhalb der dritten Perspektive gemessen werden.

Dessen Grundlage, und damit die Basis von allem, sind die *Menschen* im Unternehmen, die Mitarbeiter.

Die Balanced Scorecard als strategisches Tool bleibt also nicht auf der für Strategien typischen abstrakten Ebene. Sie steht vielmehr in unmittelbarer Beziehung zum Tagesgeschäft, *sie durchdringt sozusagen alle Sphären des Unternehmens (vgl. Abb. 3.110)*.

Damit beeinflusst sie auch alle Ebenen des Controlling, ein Effekt, der mit der Darstellung 3.111 illustriert werden soll (Abb. 3.111).

Wie wird eine BSC im Unternehmen *konkret entwickelt*? Entwicklung und Implementierung erfolgen in mehreren Stufen, beispielsweise wie in der Übersicht in Abb. 3.112 dargestellt.

---

[703] Kaplan/Norton (Scorecard) S. 7f.

3.6 Finanz- und Rechnungswesen, Controlling

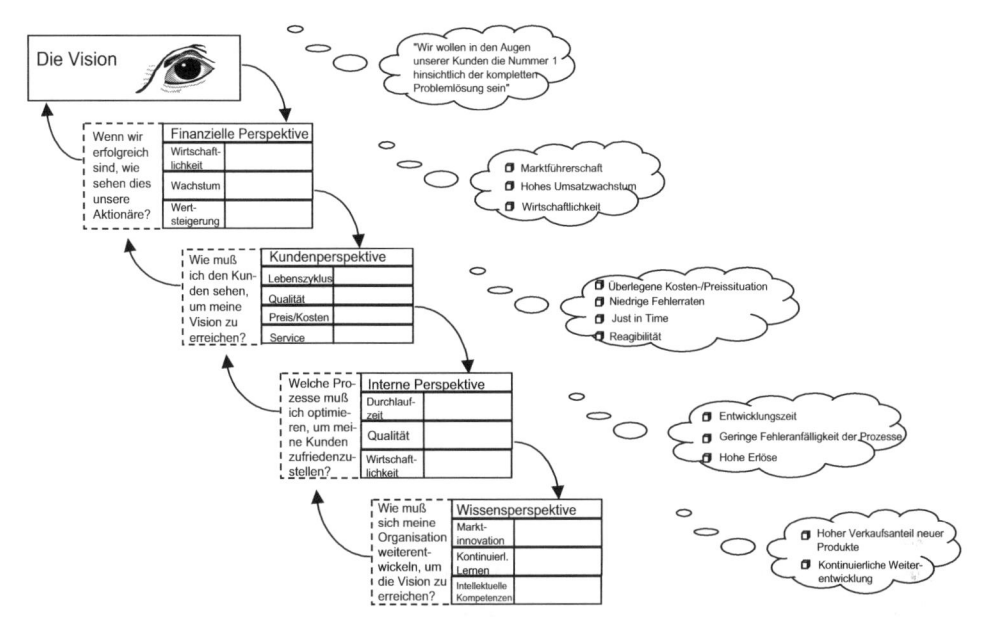

Abb. 3.110 Balanced Scorecard: die 4 Perspektiven. (Quelle: in Anlehnung an Fink/Grundler (Strategieimplementierung) S. 228)

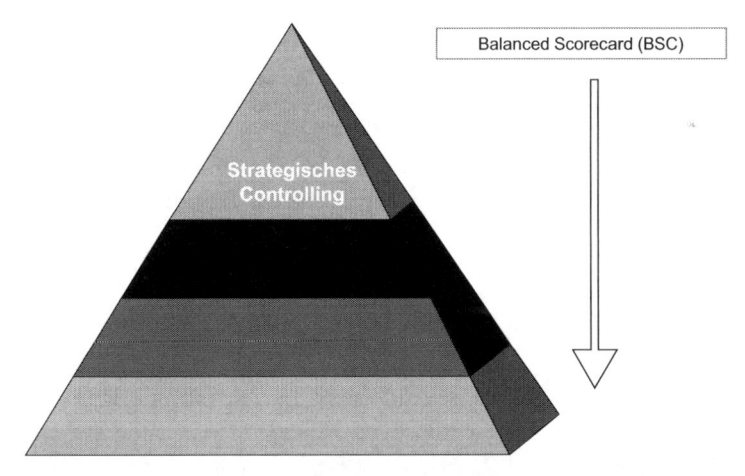

Abb. 3.111 Balanced Scorecard: Zusammenhang zwischen Strategie und Tagesgeschäft

Unabdingbar steht am Beginn die Entwicklung der *Strategie*[704]. In der Praxis ist es ein gängiger Fehler von Unternehmen, eine BSC implementieren zu wollen, bevor die Strategie steht. Das ist unmöglich. Zwar ist es machbar, eine Reihe von monetären und nicht-monetären Kennzahlen zu entwickeln und zu verfolgen, aber das macht allein macht

---
[704] *s. o.* Kap. 3.2.

1. Entwicklung der Strategie.
2. Entwicklung strategischer Ziele basierend auf der Strategie.
3. Entwicklung der Key Performance Indicators (KPIs), d.h. vorauseilender („leading"-) Indikatoren basierend auf den strategischen Zielen.
4. KPIs in Beziehung setzen und Prioritäten festlegen.
5. Quantitative Ziele für die KPIs bestimmen.
6. Entwicklung von Aktionsplänen zur Erreichung der Ziele.
7. Implementierung des Systems.
8. Entwicklung eines Systems variabler Vergütung basierend auf den Zielen.
9. Kontrolle und Feedback.

Abb. 3.112 Balanced Scorecard: Entwicklung einer Balanced Scorecard. (Quelle: in Anlehnung an: St. Gallen Consulting Group (Scorecard), Kaplan/Norton (Scorecard) 191 ff.)

noch keine Scorecard. Denn Kennzahlen der BSC sollen gerade *Indikatoren* für die *Realisierung der Strategie* sein. Mit ihrer Hilfe muss ein Unternehmen erkennen können, ob es auf dem richtigen Weg ist, die strategischen Ziele zu erreichen.

Um die abstrakten und damit relativ unverbindlichen Grundsätze einer Strategie zu operationalisieren, werden sie in strategische *Ziele* übersetzt – Schritt 2 der Entwicklung der BSC. Diese Ziele sind schon etwas konkreter und quantifiziert. Beispiele sind etwa:

- Erzielung einer Kapitalrendite von mehr als 15 %
- Die Eigenkapitalquote soll im Jahr 2015 bei > 50 % liegen
- Ein Marktanteil von 15 % bei einer Produktgruppe in einer Region.

Die Erreichung der Ziele sagt etwas darüber aus, ob ein Unternehmen in der *Vergangenheit* im Ergebnis etwas besser oder schlechter als der Wettbewerb gemacht hat. Nötig sind aber Messgrößen, die es erlauben, bereits *vorher* festzustellen, ob das Unternehmen auf dem richtigen Weg ist und, noch wichtiger, was zu tun ist, um das Ziel zu erreichen. Aber woran kann das Management heute sehen, was das Unternehmen auf diesem Weg richtig oder falsch macht?

Die Antwort liegt in Schritt 3, der Entwicklung von so genannten „*Key Performance Indicators" (KPI)*. Hierin liegt die eigentliche Arbeit. Schritt 3 bedeutet: *Messbare Größen* zu definieren, mit denen sich erkennen lässt, *ob diese Ziele erreicht* werden. Diese messbaren Größen sind die *Key Performance Indicators* (KPIs).

Die Entwicklung der KPIs als Kernstück kann nur von der gesamten Mannschaft des Top-Managements vorgenommen werden. Die Führungskräfte müssen die Indikatoren als sinnvollen Richtwert für ihre tägliche Arbeit akzeptieren. Das wird nur der Fall sein, wenn sie in deren Entwicklung eingebunden sind.

3.6 Finanz- und Rechnungswesen, Controlling

Ein konkretes Beispiel der Entwicklung von KPIs. Das Oberziel, eine finanzielle Kenngröße, ist die *Kapitalrentabilität (ROI)*.

Eine hoher ROI ist das Ergebnis einer *guten Position im Markt*, die sich im *Marktanteil* ausdrückt. Der Marktanteil ist ein zwar wichtiger, aber nur bedingt *vorauseilender* Indikator. Denn auch der Marktanteil hängt wieder ab von bestimmten Maßnahmen.

Wovon hängt er ab? Davon, dass die Kunden zufrieden sind und entsprechend die Produkte abnehmen. *Kundenzufriedenheit*, gemessen zum Beispiel anhand einer jährlichen Umfrage, ist demzufolge auch eine typische Kennzahl. Die Erfahrung zeigt aber, dass zufriedene Kunden nicht unbedingt treue Kunden sind. Viele Kunden wechseln den Anbieter trotz Zufriedenheit sehr schnell, wenn ein Konkurrenzprodukt einige Cent billiger oder optisch etwas ansprechender ist.

Nicht Kundenzufriedenheit, sondern *Kundenloyalität* ist also gefragt. Wie aber ist Loyalität zu messen? Hier sind wir bereits mitten in der „hohen Kunst" der Entwicklung einer BSC – der Suche von Messgrößen für das kaum Messbare. Eine mögliche Hilfsgröße könnte die Zufriedenheit mit der Bearbeitung von Reklamationen sein. Untersuchungen lassen nämlich darauf schließen, dass Kunden, die mit der Bearbeitung einer Reklamation sehr zufrieden sind, treue Kunden werden. *Reklamationsabwicklung* aus der Sicht der Kunden, gemessen ebenfalls mittels jährlicher Umfragen, wäre die entsprechende Kennzahl.

Der Erfolg bei den Kunden hängt nun wieder ab von bestimmten *internen Prozessen*, der nächsten Perspektive der Balanced Scorecard. KPIs der Perspektive werden entwickelt unter der Fragestellung: woran können wir *intern* sehen, ob wir auf dem Weg sind, die angestrebte Stellung im Markt und die finanziellen Ziele zu erreichen?

Generell wird als maßgeblicher strategischer Erfolgsfaktor oft die Produktqualität und der Service genannt. Gute Produkte und guter Service, so die zugrunde liegende Hypothese, führen zu Erfolg auf dem Markt.

Die Qualität der Produkte könnte gemessen werden am *Ausschuss* oder der *Reklamationsquote*, d. h. Anzahl der Reklamationen pro 1.000 gelieferter Produkte. Aus Sicht des Controlling könnten auch die bereits erwähnten Kosten der Nicht-Qualität (*NQC*) ein Indikator sein.

Die Qualität des Service wird oft gemessen anhand zweier ebenfalls schon genannten Kennzahlen aus dem Bereich der Logistik: *Lieferbereitschaft* und *Liefertreue*. Je schneller geliefert wird und je besser die Einhaltung von Lieferversprechen, um so besser wird der Service eingeschätzt.

Die Herstellung guter, fehlerfreier, und innovativer Produkte, die professionelle Bearbeitung von Reklamationen, die pünktliche und schnelle Lieferung, dies alles ist nur möglich mit entsprechend motivierten und qualifizierten Mitarbeitern. Also gilt es, auch deren Motivation und Qualifikation zu messen. Das geschieht in der vierten Perspektive, der Mitarbeiter-, Wissens-, oder „Lern- und Wachstumsperspektive". Als Motivationsmessung empfiehlt sich generell auch hier eine Umfrage, in diesem Fall unter den Mitarbeitern. Damit kann ein sogenannter *Social Climate Index (SCI)*, also eine Messgröße der Zufriedenheit und Motivation der Betriebsangehörigen, ermittelt werden.

Abb. 3.113 Ableitung von
Kennzahlen (Beispiel)

Finanzperspektive:
- ROI

Kundenperspektive:
- Marktanteil
- Kundenzufriedenheitsindex
- Zufriedenheitsindex Reklamationen

Interne bzw. Prozessperspektive:
- Reklamationsquote
- Lieferbereitschaft
- Liefertreue

Mitarbeiter- bzw. Lern- und Wissensperspektive:
- „Social Climate Index" (SCI)
- "Strategic Job Coverage Ratio" (SJCR)

Schwierig ist die Messung der Qualifikation. Die theoretisch beste, in der Praxis freilich aufwendige und fehleranfällige Zahl ist das so genannte *Strategic Job Coverage Ratio (SJCR)*[705]. Hier werden systematisch die für jeden Angestellten zur Ausübung seiner Tätigkeit notwendigen Qualifikationen erfasst und den vorhandenen gegenübergestellt. Ein job coverage ratio von 100 % für einen bestimmten Angestellten bedeutet also, dass er alle Anforderungen erfüllt.

Damit wird die BSC in diesem Fall aus den Kennzahlen in Abb. 3.113 bestehen. Die KPIs stehen aber nicht allein und isoliert voneinander im Raum, sondern in einer bestimmten Beziehung zueinander. Die Untersuchung der Beziehungen ist der Inhalt von Schritt 4 der Entwicklung der BSC. In vielen Fällen wird die Korrelation der KPIs eine positive sein. Gute Liefertreue hat mutmaßlich einen positiven Einfluss auf den Marktanteil, der wiederum auf die Finanzkennzahlen.

In einigen Fällen bestehen aber Zielkonflikte. Das sind die Fälle, in denen eine negative Korrelation besteht, die Verbesserung einer Kennzahl also zu einer Verschlechterung einer anderen Kennzahl führt. Dies trifft insbesondere für Kennzahlen der Finanzperspektive im unmittelbaren Vergleich zu nicht-monetären Kennzahlen zu. So verbessern Maßnahmen zur Senkung des Ausschusses oder zur Steigerung der Mitarbeitermotivation zwar die entsprechenden Kennzahlen. Sie sind aber in aller Regel mit Kosten verbunden, was zunächst zu einer Verschlechterung des Gewinns, also der Kapitalrendite führt. Jedes Unternehmen hat sich daher die Frage zu stellen, *welche Kennzahl die höhere Bedeutung* hat. Die Kennzahlen sind also entsprechend ihrer *Priorität* zu gewichten. Dazu werden sie zunächst graphisch dargestellt.

Abbildung 3.114 zeigt einen typischen Fall. Schulungen erhöhen zwar die Mitarbeiterzufriedenheit und damit indirekt den Umsatz und die Kapitalrendite (ROI), in diesem Fall die zentrale Finanzkennzahl. Aber sie verursachen auch Kosten, die negativ auf den ROI wirken. Gleiches gilt für eine Lageraufstockung.

Das Management hat nun zu entscheiden, was wichtiger ist – die Kostensenkung oder die Umsatzsteigerung, bzw. die Intensität des noch „profitablen" Mitarbeiter-Trainings

---

[705] vgl. Kaplan/Norton (Scorecard) S. 133ff.

3.6 Finanz- und Rechnungswesen, Controlling

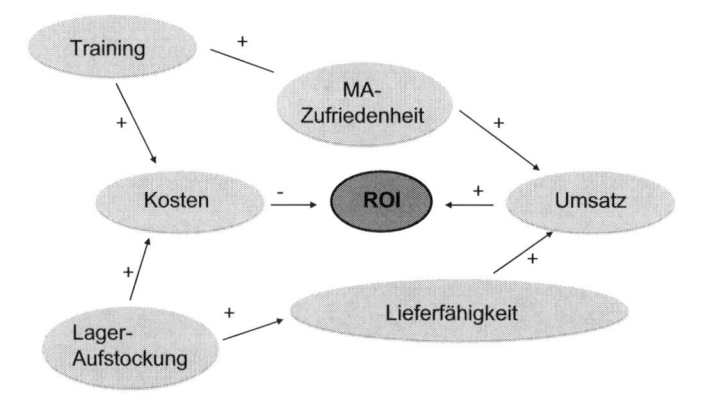

Abb. 3.114 Balanced Scorecard: die Verknüpfungen. (Quelle: in Anlehnung an: St. Gallen Consulting Group (Scorecard))

und die Höhe der sinnvollen Lageraufstockung. Die Setzung der Prioritäten ist eine der schwierigsten Management-Aufgaben überhaupt. Sie zeigt auch deutlich die Grenze der Balanced Scorecard. Denn niemand kann mit Bestimmtheit sagen, wie viel ein in Mitarbeiterschulung investierter Euro tatsächlich an Umsatz und Gewinn bringt. Oder um wie viel % beispielsweise die Reklamationsquote sinken muss, um damit die Kundenzufriedenheit um X %, den Umsatz in der Folge um Y %, und die Eigenkapitalquote um Z % zu steigern.

Es bleibt hier nur die Erfahrung und das Gespür des Managements. Mit allen Fehlern, die eine solche Entscheidung beinhalten kann.

Die Quantifizierung der Soll-Größen der KPIs, Schritt 5 also, kommt nach der Festlegung der Verknüpfungen. Zu beachten ist, wie spät im Prozess der BSC-Entwicklung erstmals mit Zahlen gearbeitet wird. Einige Unternehmen machen den Fehler, sehr früh in die Diskussion um Zielwerte einzusteigen. Doch dabei gehen der weitaus wichtigeren Aspekte wie die Festlegung der Strategie, die Definition der richtigen KPIs, die Abwägung der Beziehungen der KPIs, verloren. Die Quantifizierung kommt erst ganz am Ende der analytischen Arbeit.

Mit der Genehmigung der Indikatoren und der Soll-Größen durch die Geschäftsleitung ist die Balanced Scorecard des Unternehmens verabschiedet, die Unternehmung kann also „loslegen".

„Loslegen", das bedeutet Schritt sechs und sieben, die Entwicklung der Aktionsplänen und Implementierung des Systems. Darüber ist in der Literatur meistens wenig zu finden. Überflüssig zu sagen, dass dies in der Praxis oft die schwierigsten Phasen sind. Viele in langwierigen, teuren und zeitraubenden Workshops erarbeiteten Balanced Scorecards scheitern während der Implementierung.

Es bedarf daher eines professionellen *Projekt-Managements*, um die BSC erfolgreich zu implementieren. Dazu gehört die eindeutige Unterstützung durch die Unternehmensleitung. Nur das garantiert den nötigen Nachdruck, wenn die Arbeit durch bürokratische Trägheit oder konservative Mitarbeiter („das haben wir noch nie gemacht") erschwert wird. Eine Balanced Scorecard ist etwas grundsätzlich Neues. Und wie bei jeder grundsätzlichen Neuerung wird bei der Einführung zunächst große Skepsis von den überall vorhandenen „Bedenkenträgern" verbreitet[706]. Wieder ein typisches Beispiel der Wahrnehmung individueller Interessen im Unternehmen. Die Skepsis kann letztlich nur das eindeutige Votum einer Person ausräumen – das Votum des Chefs. BSC funktioniert daher nur, wenn die Unternehmensleitung selbst ein hinreichendes Interesse an ihrer Realisierung hat.

Wenn alle diese Voraussetzungen erfüllt sind und die Scorecard erfolgreich eingeführt ist, wird man sich auch um eine Verknüpfung der Erreichung der Kennzahlen mit Leistungsprämien Gedanken machen (Schritt 8). Hierin liegt ein weiterer potenzieller Vorteil der BSC. Der eigene Beitrag einer Abteilung zum Unternehmensgewinn wird mit Hilfe der Kennzahlen messbar, und damit kann er auch entsprechend belohnt werden.

Die Verknüpfung von Zielerreichung bei Kennzahlen der BSC und variablen Gehaltsbestandteilen ist weit verbreitet, aber nicht ganz unumstritten. Es sei dazu auf die generelle Problematik leistungsorientierter Vergütung hingewiesen[707].

In einem Punkt sind sich aber alle einig: die leistungsabhängige Entlohnung soll nicht schon im ersten Jahr der Einführung der Scorecard praktiziert werden. Das erste Jahr ist so etwas wie ein Probelauf. Erst wenn die BSC akzeptiert ist und die „Kinderkrankheiten" beseitigt sind, sollte sich die Unternehmensleitung an das sensible Thema der Gehälter wagen.

Mittlerweile haben viele Unternehmen die Balanced Scorecard mit Erfolg eingeführt. Allerdings – in nur höchstens 50% der Fälle ist die BSC auch so eingeführt worden wie es hier dargestellt worden ist. Der Rest der Unternehmen nutzt die Balanced Scorecard als reine Ansammlung von Kennzahlen, weitgehend losgelöst sowohl von Strategie als auch von Tagesgeschäft[708]. Also genau so, wie es Kaplan und Norton *nicht* beabsichtigt haben.

Eine richtig implementierte BSC ist hingegen so etwa wie die Krönung des Controlling. Denn hier fließen *integrativ* praktisch alle Aspekte, alle Techniken des Controlling ein: die Erarbeitung von Kennzahlen, die Setzung von Zielen im Rahmen des Budgetierungsprozesses, und schließlich die Darstellung der Scorecard mittels eines entsprechend entwickelten Business Intelligence Systems.

3.6.5.6 Ethik im Controlling

Rechnungswesen und Controlling – das klingt nach Objektivität und Unbestechlichkeit. Tatsächlich ist aber eine – wie immer definiert – objektive Darstellung von Unternehmensergebnissen keineswegs selbstverständlich. Im Gegenteil stehen gerade Controlling und Rechnungswesen wie kaum ein anderer Bereich im Fokus von vielen Formen von *opportunistischem* Verhalten von Managern.

---

[706] vgl. z. B. Stauss/Friege (Lektionen) S. 23.

[707] s. o. Kap. 3.5.7.

[708] vgl. Paul (Kennzahlen) S. 109, Brabänder/Hilcher (Umsetzung) S. 256, Ittner/Larcker (Zahlen).

3.6 Finanz- und Rechnungswesen, Controlling

Bekannt geworden sind in der Öffentlichkeit in diesem Zusammenhang die diversen Bilanzskandale, allen voran der Fall Enron.[709] Aber hier sollen nicht die großen Skandale im Mittelpunkt stehen, die glücklicherweise nicht typisch für das Geschehen in Unternehmen sind. Beleuchtet werden vielmehr alltägliche Verhaltensweisen und Prozesse, von denen viele Betriebswirte im Laufe ihres Berufslebens berührt werden. Verhaltensweisen und Prozesse, die in der Regel nicht illegal im juristischen Sinn sind, sich aber ethisch in einer Grauzone bewegen und sehr viel mit Politics und Manipulation zu tun haben[710].

Können Zahlen des Rechnungswesens überhaupt manipuliert werden? Jeder, der auf diesem Gebiet Erfahrung hat, weiß, wie viele *Spielräume* bei der Bewertung von Erfolgspositionen bestehen. Einige Beispiele:

- Positionen in der Bilanz, etwa Vorräte oder Rückstellungen, müssen nach bestimmten Grundsätzen *bewertet* werden[711]. Diese Grundsätze sind indessen notwendigerweise abstrakt. Im konkreten Fall – wie viel ein spezieller Vorratsgegenstand nun wert ist, wie hoch die Rückstellung ist, die für ein Prozessrisiko zu bilden ist – ist eine subjektive Einschätzung unumgänglich.
- Besonders anfällig für subjektive Beurteilungen ist die traditionelle deutsche Kostenrechnung. Hier wird unterschieden zwischen *Kosten* und *Neutralem Aufwand*.[712] In das *betriebliche Ergebnis*, nach dem das Management im Allgemeinen gemessen wird und das als primäre Steuerungsgrundlage dient, gehen nur die Kosten ein. Neutrale Aufwendungen hingegen „dienen grundsätzlich nicht der Realisierung des Betriebszweckes. Sie werden deshalb in der Kostenrechnung nicht angesetzt."[713] Als Beispiele werden Aufwendungen für Sanierungen und aus der Insolvenz von Kunden bedingte Forderungsverluste.[714] Analytisch spricht einiges für diese Vorgehensweise. Das Betriebsergebnis soll die Leistung des Unternehmens aus dem kontinuierlichen, dem Kerngeschäft widerspiegeln. Einmalaufwendungen wie die zur Sanierung oder ein plötzlicher Forderungsausfall verzerren das Bild. Aber es ist diese Differenzierung, die auch die Möglichkeit von Manipulationen eröffnet. Denn wer kann, zum Beispiel, schon in jedem Fall objektiv eindeutig entscheiden, welche Aufwandsposition nun zur Sanierung zählt und welche dem „normalen" betrieblichen Zweck dient?
- Anfällig für subjektive Beurteilungen sind auch *Verrechnungen von Gemeinkosten* und *interne Leistungsverrechnungen* in der Kostenrechnung[715]. Beispielsweise erbringen

---

[709] vgl. z. B. McLean/Elkind (Guys), Blomert (Habgierigen) S. 128 ff.

[710] vgl. zum Abschnitt insbes. Meyer (Wahrheit), Karlshaus (Kostenrechnungsinformation), Homann (Vorteile), Wagenhofer (Distorting), Paul (Kennzahlen).

[711] vgl. z. B. Meyer (Bilanzierung) S.105 ff, Küting (Fair).

[712] vgl. z. B. Joos-Sachse (Controlling) S. 35 ff, Olfert (Kostenrechnung).

[713] Olfert (Kostenrechnung) S. 36.

[714] vgl. Olfert (Kostenrechnung) S. 36f.

[715] vgl. z. B. Haberstock (Kostenrechnung I) S. 121 ff, Joos-Sachse (Controlling) S. 81 ff, Olfert (Kostenrechnung) S. 153ff.

Hausmeister oder Rezeptionistinnen Leistungen für andere Bereiche. Nach den Grundsätzen der KLR sind ihre Kosten daher an diese Bereiche zu verrechnen, also diese Bereiche zu belasten. Es ist aber schwierig bis unmöglich, einen *objektiven* und nicht in Frage zu stellenden *Schlüssel* zu finden, um festzulegen, welcher Bereich nun welchen Teil der Kosten zu tragen hat.
- Gerade für *nicht-monetäre Kennzahlen* ist es bisweilen schwierig, Definitionen zu finden, die nicht manipulierbar sind. So enthält die Beurteilung der Qualifikation eines Mitarbeiters zur Erstellung der Kennzahl *Strategic Job Coverage Ratio* eine subjektive Komponente. Ein zweites Beispiel. „Angenommen, ein Unternehmen hat sich für den Indikator ‚Kundenzufriedenheit' entschieden. Der Wert soll durch Umfragen ermittelt werden. Als Ziel wird auf einer Notenskala von Eins bis Fünf als Mindestwert die Note Zwei, also ‚gut' definiert. Nun hängen die Antworten in solchen Umfragen sehr von der exakten Formulierung der Fragen ab. Die gleiche Person kann einen Sachverhalt je nach Formulierung ohne weiteres als ‚gut' oder nur als ‚ausreichend' bewerten."[716]

Darüber hinaus bleiben, zumindest was die strafrechtlichen Folgen betrifft, im internen Rechnungswesen sogar eindeutige *Falschangaben* ohne Konsequenzen. Das resultiert aus der Tatsache, dass das interne Rechnungswesen im Gegensatz zum externen nicht an gesetzliche Rahmenbedingungen gebunden ist.

Die Möglichkeiten der Manipulation bestehen also. Aber sind die Praktiken auch verbreitet? Auch wenn viele Manager aus verständlichen Gründen darüber nicht sprechen werden, so kann die Frage sowohl aus analytischen Überlegungen heraus als auch aufgrund von empirischen Untersuchungen mit Ja beantwortet werden.

Wenn hier wie stets davon ausgegangen wird, dass Mitarbeiter und Manager ihre individuellen Interessen wahrnehmen und sich auch mehr oder weniger opportunistischer Praktiken bedienen, dann folgt daraus, dass sie auch versuchen, Kennzahlen in ihrem Sinn zu gestalten. Denn von den Kennzahlen hängen wesentlich ihre Beurteilung und damit ihre Reputation, ihre Karriereaussichten und oft auch ihr Bonus ab. Die Versuchung ist groß, sich mehr auf die Gestaltung der Zahlen zu konzentrieren als auf die eigentlichen Aufgaben im Markt. „Um beispielsweise die Kundenzufriedenheit von ‚ausreichend' auf ‚gut' zu verbessern, sind gewaltige Anstrengungen und hohe Investitionen notwendig. Das Resultat mithilfe ‚freundlich' formulierter Fragen zu verbessern, ist hingegen ein weniger aufwändiges und langwierigeres Verfahren."[717] Diese Überlegung wurde von *Wagenhofer* modelltheoretisch bestätigt. Er weist nach, dass die Weitergabe verzerrter (Kosten-)Informationen lohnend ist[718]. Auch die Ergebnisse empirischer Untersuchungen sprechen dafür[719].

---

[716] Paul (Kennzahlen) S. 110.
[717] Paul (Kennzahlen) S. 110.
[718] vgl. Wagenhofer (Distorting).
[719] vgl. Karlshaus (Kostenrechnungsinformation).

3.6 Finanz- und Rechnungswesen, Controlling

Davon, dass die Manager versuchen, entsprechend Druck auszuüben, ist also auszugehen. Die Frage ist, wie Controller darauf reagieren. Einerseits schaden Fehler behaftete Zahlen dem Controller, sie könnten „zu einem schweren Glaubwürdigkeits- und damit Reputationsverlust des Controlling im Allgemeinen aber auch der jeweiligen Controller im Besonderen führen."[720] Andererseits ist auch der Controller Mitarbeiter im Unternehmen. Er ist eingebunden in die Netzwerke, muss, wenn er Kariere machen will, Koalitionen bilden bzw. ihnen angehören, muss die „Spiele" „mitspielen". Er mag also nicht in jedem Fall, aber doch, abhängig von der politischen Gesamtkonstellation, dem Druck nachgeben.

Beispiel: Zum Umgang mit Zahlen im Controlling von Tochtergesellschaften

Der folgende Fall ist real, die entsprechenden Unterlagen liegen dem Autor vor. Auf Wunsch des Unternehmens wurden die Daten anonymisiert.

Die Unternehmensgruppe Automatico, ist ein Anbieter auf dem Gebiet der Investitionsgüterindustrie. Die Produktpalette ist breit gestreut. Insgesamt enthält das Sortiment 16.400 Katalogprodukte.

Der Umsatz der Gruppe beträgt 1,3 Mrd. €, die Anzahl der Mitarbeiter etwas mehr als 10.000. Damit ist Automatico neben einem japanischen Mitbewerber Marktführer in seinem Gebiet.

Automatico ist mit knapp 50 Tochtergesellschaften in vielen Ländern der Erde präsent. Produziert wird in zwei Fabriken in Deutschland und in acht meist kleineren Produktionsstätten außerhalb Deutschlands. Das Stammhaus befindet sich im Südwesten Deutschlands, Muttergesellschaft ist die Automatico AG.

Vom Stammhaus werden auch eine Reihe von zentralen Aufgaben für die gesamte Gruppe wahrgenommen, so etwa das Konzerncontrolling.

Automatico ist zum Zeitpunkt der Fallstudie vollständig in Privatbesitz, Haupteigentümer sind die Brüder Dr. Walter Stahl und Dr. h.c. K. Stahl.

Die operative Leitung der Gruppe liegt beim Vorstand der AG. Dessen Vorsitzender ist Dr. Walter Stahl. Weitere Vorstandsmitglieder sind unter anderen Dr. Dimple (Finanzen) und Dr. Czeblinski (IT).

Der Vorstandsbereich Finanzen umfasst wie üblich unter anderem das Controlling der Tochtergesellschaften (Beteiligungscontrolling), das von der Abteilung BC unter der Leitung von J. Peter wahrgenommen wird.

Die Kontrolle des Unternehmens übt der dreiköpfige Aufsichtsrat der Automatico AG aus. Aufsichtsratsvorsitzender ist Dr. h.c. K. Stahl.

Zum Beteiligungscontrolling der Abteilung BC gehört das Reporting der Tochtergesellschaften. Die monatlichen, quartalsweisen und jährlichen Berichte der Tochtergesellschaften laufen dort zusammen. Wie im internationalen Controlling üblich handelt es sich dabei im wesentlichen um Umsatzmeldungen, Berichte über das Betriebsergebnis, Berichte über Investitionen und Anzahl der Mitarbeiter, sowie interne Bilanzen.

---

[720] Meyer (Wahrheit) S. 293.

Das gesamte Planungs- und Controlling-System wird „PuK" (Planung und Kontrolle) genannt. Die konzerninternen Standards wurden vor einigen Jahren in einem Handbuch, dem „PuK Manual", definiert. Das Handbuch ist verbindlich für alle Gesellschaften, das wurde vom Vorstand beschlossen.

Wichtig ist in diesem Zusammenhang der Ergebnisbericht. Wie in der Kostenrechnung üblich wird zunächst das Betriebsergebnis errechnet, um danach durch diverse Positionen im neutralen Ergebnisses zum Gewinn vor und nach Steuern zu kommen.

Das Betriebsergebnis ist im entsprechenden PuK Formular die Zeile 200, „Operating Result" genannt.

Alle Positionen im neutralen Ergebnis stehen also unterhalb der Zeile 200 und haben dementsprechend höhere Zeilennummern (215, 216 etc.).

Das Betriebsergebnis, also hier das Operating Result, ist die zentrale Steuerungsgröße, also die Basis der Entscheidungsfindung und der Beurteilung der Leistung einer Tochtergesellschaft.

Das impliziert unter anderem auch eine laufende Überwachung der in den Überleitungszeilen berichteten Aufwendungen durch das Konzerncontrolling. Denn werden betriebliche Aufwendungen fälschlicherweise in der Überleitung gemeldet, führte das zu einer zu positiven Darstellung des Operating Result und damit der Leistung.

Der hier dargelegte Fall bezieht sich auf die japanische Tochtergesellschaft der Automatico AG.

Die Tochtergesellschaft in Japan, Automatico KK (A-KK), wird zum hier relevanten Zeitraum in Personalunion mit dem Vorstand IT, also von Dr. Czeblinski geleitet.

Der Umsatz von Automatico Japan (F-J) bewegte sich bei etwa 12 Mio. €. Bedenkt man, dass Japan einer der größten für Automatico relevanten Märkte der Welt ist, erkennt man sehr schnell die schwierige Lage der dortigen Tochtergesellschaft. Nur rund ein Prozent des Umsatzes der Gruppe wird in diesem Markt erzielt – zu wenig für ein Unternehmen, das zu den Weltmarktführern gehört. Es bedeutet auch: es ist in dieser wichtigen Region nicht gelungen, gegenüber den dortigen Wettbewerbern Fuß zu fassen.

Hinzu kommt ein spezifisches Kostenproblem. Automatico Japan besitzt ein Gebäude, das inklusive Grundstück mit etwa 1,4 Mrd. Yen in der Bilanz stand, mit allen daraus resultierenden Konsequenzen hinsichtlich Abschreibung, Kapitalbindung, und laufenden Kosten.

Der Erfolgsdruck, der auf dem Geschäftsführer lastet, ist folglich entsprechend groß. Im Rahmen der üblichen Arbeit entdeckte BC einige Inkonsistenzen im Reporting von A-KK auf. Es ging dabei vor allem um größere Aufwendungen, die als nicht betrieblicher Aufwand klassifiziert wurden. Routinemäßig wurde die Finanzleiterin gefragt. Die Reaktion war in zweierlei Hinsicht ungewöhnlich. Die Antwort kam nicht von der zuständigen Finanzleiterin, sondern es kam eine Mitteilung vom Vorstand, von Dr. Czeblinski. Dass sich ein Vorstand mit Detailfragen der Berichterstattung auseinandersetzt, ist selten. Ungewöhnlich auch der Inhalt der Antwort. Nach einigen kurzen

3.6 Finanz- und Rechnungswesen, Controlling

Bemerkungen, welche die Fragen nicht beantworteten, folgte der Schluss: „Ich betrachte damit ihre Einwände als erledigt, und halte keine weiteren Diskussionen für notwendig".

Auf eine weitere Rückfrage schrieb er Geschäftsführer dann im Juni: „Bereits mit Schreiben vom 2.5. habe ich Ihnen mitgeteilt, dass ich weitere Diskussionen bezgl. des PUK mit Ihnen einstelle. Die Finanzleiterin hat Anweisung alle Fragen an mich zur Beantwortung weiterzuleiten". Der Geschäftsführer der Tochtergesellschaft entschied also einseitig, dem Zentralcontrolling des Konzerns keine Auskunft mehr zu erteilen, und gab der Finanzleiterin die dienstliche Anweisung, ebenso dem Controlling keine Informationen mehr zu erteilen.

Bevor auf die Gründe für dieses Verhaltens eingegangen wird, ist zunächst einmal zu klären, worin inhaltlich das Problem lag.

Einmal wurden beispielsweise bestimmte Ausgaben im Zusammenhang mit „Auditing" fälschlich als neutraler Aufwand eingestuft, obwohl im Handbuch diese Ausgaben explizit als operativ definiert sind. Außerdem wurden Gebäudekosten entgegen den Regeln des Handbuchs in größerem Umfang als neutraler Aufwand ausgewiesen.

Insgesamt waren Aufwendungen von rund 3 Mio. € fraglich oder eindeutig falsch, also Aufwendungen in Höhe von mehr als 25 % des Umsatzes.

Entsprechend besser sah das von Automatico Japan kommunizierte Operating Result aus.

Um Vorstand und Aufsichtsrat korrekte Informationen zu liefern, wurden nach der Korrespondenz von BC die Daten manuell angepasst und die so korrigierten Ergebnisse an Vorstand und Aufsichtsrat weitergemeldet. Dabei wurde auf die manuelle Anpassung hingewiesen.

Sofort beschwerte sich Dr. Czeblinski beim Finanzvorstand Dr. Dimple über dieses Vorgehen. Auch hier wurde nicht auf inhaltliche Gründe der Korrekturen eingegangen. Stattdessen wurde unter anderem argumentiert, die Zahlen seien „nach Gutdünken" verändert worden. Es wurde auch behauptet, dass ein Mitarbeiter des Controlling an den Zahlen „herumspielt". Weiter hieß es: „Würde ein Mitarbeiter meines Vorstandsbereichs Programme nachträglich verändern, um ein gewünschtes Ergebnis zu ‚gestalten', würde das zu schwersten Konsequenzen arbeitsrechtlicher Art führen. Ich bitte Sie, den Sachverhalt zu prüfen, und mir mitzuteilen, ob sichergestellt wird, dass Eingriffe in die Datenbank unterbleiben. Weitere Schritte behalte ich mir vor".

Der Geschäftsführer, der falsche Zahlen meldet, beschwert sich also beim Vorgesetzten des Konzern-Controlling darüber, dass die falschen Zahlen korrigiert wurden. Darüber hinaus fordert er den Finanzvorstand indirekt auf, den entsprechenden Mitarbeiter im Controlling arbeitsrechtlich dafür zu belangen, dass korrekte Zahlen weitergemeldet wurden.

Nun mag das Verhalten von Dr. Czeblinski angesichts des oben genannten hohen Erwartungsdrucks subjektiv nachvollziehbar sein. Vor allem interessant in diesem Zusammenhang ist aber das Verhalten des Finanzvorstands.

Nach der betriebswirtschaftlichen Theorie und den Grundsätzen professioneller Ethik mag zu erwarten sein, dass es ein Finanzvorstand als seine Aufgabe begreift, für korrekte Zahlen im internen Rechnungswesen zu sorgen. Tatsächlich ist aber im geschilderten Fall keinerlei derartige Unterstützung erkennbar. Im Gegenteil ist die Kommunikation in dieser Angelegenheit sogar dem zuständigen Controller – also dem Autor dieses Beitrages – gegenüber sehr kritisch.

So bleibt aufgrund der fehlenden Unterstützung bzw. des Widerstandes des Finanzvorstands bei den falschen Zahlen. J. Peter hat das Unternehmen kurze Zeit später verlassen.

Ein Geschäftsführer und Vorstandsmitglied – Dr. Czeblinski – berichtet also Zahlen an das Zentralcontrolling, die wissentlich mit den als verbindlich festgelegten Standards nicht übereinstimmen. Es sind also in diesem Sinne „Fälschungen". Nicht im Sinne von strafrechtlich relevanten Verstößen gegen Gesetze, aber im Sinne von Verstößen gegen unternehmensinterne Regelungen.

Anders ausgedrückt, es wird bewusst die Unwahrheit gegenüber Vorstandskollegen und dem Aufsichtsgremium berichtet, in diesem Sinn also „gelogen".

Der Controller, der aus professionellen wie auch berufsethischen Gründen korrektes Reporting sicherstellen soll, kann dies nicht. Nicht fachliche oder technische Gründe stehen dem dagegen, sondern die Einstellung des vorgesetzten Finanzvorstands, der die – in diesem Sinn – Fälschungen und Lügen deckt.

Im Zusammenhang mit dem Thema dieses Beitrags ist vor allem die Frage wichtig, weshalb ein Finanzvorstand offenbar gegen alle Regeln beruflicher Ethik verstößt.

Die Hypothese, der Finanzvorstand sei sich der Tragweite seines Verhaltens gar nicht bewusst gewesen, habe also schlicht einen Fehler gemacht, kann wohl schnell verworfen werden, würde das doch eine wohl kaum plausible fachliche Inkompetenz auf Vorstandsebene unterstellen.

So bleibt als Erklärung nur wieder die individuelle Interessenslage der Beteiligten. Der vorliegende Fall kann geradezu als Schulbeispiel des Principal-Agent-Problems gelten. Die Ertragsprobleme in Teilbereichen des Unternehmens sollten von den beiden Agents Dr. Czeblinski und Dr. Dimple den Eigentümern und Principals vorenthalten werden.

Auch war der betroffene Geschäftsführer ein Vorstandskollege des Finanzchefs. Hier auf die Durchsetzung der richtigen Standards zu pochen, hätte einen Konflikt im Vorstand auslösen können. Dies entspricht jedoch nicht den Interessen des Finanzvorstands. Einmal wird er nicht einem potentiellen Verbündeten verlieren wollen, wenn er später einmal in einem anderen Fall seine Interessen durchsetzen möchte. Zum anderen gibt ein zerstrittener Vorstand gegenüber dem Aufsichtsrat ein schlechtes Bild ab.

Die Fälschungen sind also im vorliegenden Fall mit den Interessen des Finanzvorstandes – und denen des Geschäftsführers ohnehin – gut zu erklären.

Ist das nun ein isolierter Einzelfall oder durchaus typisch? Einiges spricht dafür. Denn erstens gilt die Unternehmensgruppe Automatico keineswegs als schlecht geführt. Im Gegenteil wird traditionell Wert auf offene Kommunikation gelegt. Zweitens sind bei Automatico die Eigentümer zum genannten Zeitpunkt selbst im Vorstand und im Aufsichtsrat vertreten und damit im Vergleich zu Publikumsgesellschaften noch relativ stark operativ eingebunden. Die aus dem Principal-Agent Problem resultierenden Effekte sind damit aufgrund der durch die Eigentümer möglichen Kontrolle eher weniger ausgeprägt als in anderen Unternehmen dieser Größe.

Fazit: Wer im Controlling arbeitet, muss also mit hoher Wahrscheinlichkeit damit rechnen, mit ethisch zweifelhaftem Verhalten konfrontiert zu werden. Wie er sich verhält, wird von seiner Interessenslage, seinem Handlungsspielraum, aber auch von seinem Verständnis von professioneller Berufsethik abhängen.

3.6.6 Fallstudien zum Controlling

3.6.6.1 Einführung des Controlling bei der Fitness GmbH

Simon Ordnung war mal mittlerweile ziemlich verzweifelt. Der 35-jährige Leiter von „Finanzen und Controlling" versuchte seit dem Beginn seiner Tätigkeit vor drei Jahren ein vernünftiges Controlling aufzubauen[721]. Als Junior Consultant bei einer amerikanischen Unternehmensberatung, bei der er vorher tätig war, kannte er, worauf ankam. Brauchbare Zahlen, auf der Basis eines guten Controlling-Systems ermittelt, waren für ihn als analytischer Denker die Basis jeder Management-Entscheidung.

Brauchbare Zahlen lagen aus seiner Sicht aber nicht vor. Alles, was vorhanden war, war das absolut notwendige aus der Finanzbuchhaltung, damit die Jahresabschlüsse gemacht werden und Wirtschaftsprüfer und Steuerberater arbeiten konnten. Das war aber nicht das, was sich Simon Ordnung vorstellte.

Indessen – nicht viele Mitglieder der Führungsmannschaft teilten seine Ansicht. Ordnung würde sich noch sehr lang an ein Gespräch erinnern, das er vor zwei Jahren mit dem „alten Haudegen" Willi Kantig, dem Geschäftsführer der FP GmbH, führte.

„Controlling wollen Sie einführen? Naja, ist nicht schlecht, wenn sich einer mal die Spesenabrechnungen genauer ansieht..."-

„Aber nein, darum geht es im Controlling überhaupt nicht. Controlling bedeutet Unternehmenssteuerung, Unternehmenssteuerung mittels Budgets und anderer Tools!"

„Junger Mann – können Sie mir das mal auf deutsch erklären?"

„Also" – Simon Ordnung sah sich um – „nehmen wir mal diesen Stapel Papier". Er zeigte auf einen etwa fünfzehn Zentimeter dicken Stapel an EDV-Ausdrucken über die letzten Produktionszahlen. „Können Sie damit viel anfangen? Sicher nicht. Die Informa-

---

[721] Der Abschnitt wurde teilweise übernommen aus Paul (Controlling).

tion ist viel zu unübersichtlich aufbereitet. Controlling hilft nun, die Zahlen in einer Form zu präsentieren, damit Sie damit arbeiten können."

„Also aus einer Statistik eine andere machen…"

„Naja, sicher geht es auch um Statistiken. Aber um entscheidungsorientierte Statistiken. Damit Sie sehen können, wo wir Geld verdienen, wo wir Geld verlieren, welche Maßnahmen wir ergreifen müssen…"

„Dann sagt ihre Statistik auch, wo der Kunde sitzt, der mir als nächstes einen Auftrag geben wird?" Willi Kantig konnte manchmal sehr spöttisch sein. Wer ihn näher kannte, wusste freilich, dass er damit niemand verletzen wollte."

„Natürlich nicht direkt, aber…"

„Das ist aber die einzige Information, die ich brauche. Der Rest ist bürokratischer Kleinkram. So, und jetzt entschuldigen Sie mich, junger Mann. Ich muss mich nämlich darum kümmern, das Geld zu verdienen, das Ihr von den Stabsabteilungen ausgebt!" – und weg war er.

Simon Ordnung war zwar sicher, Kantig und die anderen Skeptiker überzeugen zu können, wenn er erst einmal ein Controlling-System vorweisen konnte. Nur: solange die Mehrheit der Führungskräfte Kantigs Ansicht teilte, bekam er kein Budget dafür. Und solange er kein Budget hatte, konnte er kein Controlling aufbauen. Und solange er nichts vorweisen konnte.

Der Umschwung kam erst, als die Fitness AG in eine Krise kam. Nicht Existenz bedrohend, aber doch schwer genug, um die Alarmglocken läuten zu lassen. Der Umsatz sank, die Kosten stiegen weiter, und mit ihnen der Negativ-Saldo der Girokonten.

Fritz Ness berief für den nächsten Montag eine erweiterte Vorstandssitzung ein, an der auch alle Geschäftsführer und Leiter der Stabsabteilungen teilnehmen sollten.

Krisensitzung! Was konnte man tun, um das Ergebnis zu verbessern? Alle waren sich einig, dass die Kosten gesenkt werden mussten. „Kosten senken um 10%" – 10%, weil niemand ein besserer Wert einfiel – lautete also die Devise.

Damit war freilich das Ende des Konsenses erreicht. Denn natürlich hatte jeder Gründe, warum gerade sein Bereich ausgenommen sein musste: ein wichtiger Auftrag musste gerade jetzt abgewickelt werden, die Marktchancen in einem anderen Bereich waren gerade jetzt so gut, dass unbedingt Geld für eine Werbekampagne benötigt wurde und so weiter.

Fritz Ness zog die Jahresabschlüsse der verschiedenen Gesellschaften hervor und versuchte, auf diesem Weg zu einem vernünftigen Ansatz zu kommen.

„Herr Netzer", begann er, „die FVS" – gemeint war die Fitness Vertriebs- und Service GmbH, deren Geschäftsführer er war – „die FVS hat im letzten Jahr ja mit einem Verlust abgeschlossen. Das heißt doch, dass wir hier dringend an den Kosten drehen müssen."

Harry Netzer sah das natürlich ganz anders: „Der Verlust kommt nur dadurch zustande, dass wir auf anraten des Steuerberaters hohe Rückstellungen für Forderungsausfälle gebildet haben. Die werden nie eintreten, das ist eine rein steuerliche Sache.

Außerdem stehen bei uns Mitarbeiter auf der Gehaltsliste, die eigentlich schon längst bei der Handels GmbH tätig sind! Und schließlich hatten gerade wir ja in den letzten drei Monaten eine Verbesserung des Umsatzes!"

Ähnlich argumentierten andere, wenn sie auf ein schlechtes Ergebnis angesprochen wurden. Vor allem wusste jeder von Tätigkeiten zu berichten, die für andere Gesellschaften ausgeübt wurden, aber „seine" Gesellschaft belasteten (vom umgekehrten Fall war natürlich nie die Rede).

Das ohnehin chaotische Meeting schien völlig aus dem Ruder zu laufen, als Fritz Ness die Umsatzzahlen der eFitness ansprach, und deren Leiter, Tom Frisch, mit ganz anderen Zahlen aufwartete, die seine Assistentin „absolut zuverlässig" ermittelt hatte.

Genervt wandte sich Ness schließlich an Simon Ordnung: „Was sagen Sie denn zu dem Ganzen? Sie müssten das doch wissen."

„Ich fürchte, ich kann es auch nicht wissen. Das ist genau der Punkt, auf den ich schon seit Jahren hinweise. Wir brauchen endlich ein vernünftiges Controlling, dann müssen wir die Diskussionen nicht mehr so führen!"

„Also gut, wie lange brauchen Sie, um Ihr Controlling aufzubauen?"

„Etwa ein Jahr. Außerdem einen Mitarbeiter zusätzlich und rund 100.000 € für die Software und deren Implementierung."

Einen Augenblick herrschte Schweigen. Dann sprach Willi Kantig aus, was alle dachten: „Das mag ja sein, dass mit dem Controlling einiges besser würde. Aber Sie können ja wohl nicht im Ernst verlangen, einen neuen Mitarbeiter und hunderttausend Euro bewilligt zu bekommen, während alle anderen sparen müssen und Weihnachtsgelder und sämtliche Fortbildungen gestrichen werden! Außerdem: was nützt uns ein Jahr? Bis dahin wären wir im Zweifel Pleite!"

„Aber das sind realistische Werte", verteidigte sich Ordnung, „alles andere wären unseriöse Versprechungen."

Die Diskussion ging noch einige Minuten hin und her, bis Ness einen Kompromiss vorschlug: „Also, wir brauchen das Controlling, das sehen wohl alle. Ich schlage vor, Sie bekommen ihre 100.000 € und sechs Monate. Ein zusätzlicher Mitarbeiter liegt derzeit nicht drin. Sie müssen irgendwo anders Abstriche machen."

Zuerst etwas zögernd, nickte Simon Ordnung schließlich. Auch die anderen Teilnehmer stimmten zu. Damit war der Beschluss gefasst.

Das Zeitalter des Controlling bei der Fitness AG hatte begonnen. Am nächsten Samstag – während der Woche hatte er ohnehin keine Zeit dafür – packte Simon Ordnung alle Unterlagen zusammen, die er zum Thema Controlling besaß, und fuhr ins Büro. Der Protest seiner Partnerin wegen des halb verlorenen Wochenendes fiel schwächer aus als erwartet, und so konnte er sich auf seine Aufgabe konzentrieren.

Aus seiner Beratungspraxis wusste er, dass die Fitness GmbH groß genug war, um gleich ein BI-System einzuführen und sich von Anfang an nicht (nur) auf Excel zu verlassen.

Er machte sich sogleich daran, ein Projektteam zusammenzustellen und kontaktierte unter anderen den IT-Leiter Pit Baith.

Kaum hatte Simon Ordnung eine Mail an Pit Baith geschrieben und ihn um die Mitarbeit bei dem Aufbau des BIS gebeten, da klingelte auch schon das Telefon. Pit Baith war am Apparat. Er hielt sich nicht lange mit einer Vorrede auf. „Ein BIS sollen wir einführen – na schön. Aber das ist ja wohl klar, dass dies ein Projekt unserer Abteilung ist. Wäre ja noch schöner, wenn Ihr Erbsenzähler im Controlling mir nun auch noch etwas von Software erzählen wolltet!"

Für Simon Ordnung war das allerdings gar nicht klar. Im Gegenteil. Er wusste aus seiner Erfahrung, dass die Federführung von derartigen Projekten unbedingt bei der Fachabteilung liegen musste; denn Controlling war mehr als eine Anwendung von IT-Tools. Ein Kernpunkt der Arbeit eines Controllers war vielmehr die Mitarbeit am Aufbau von computergestützten Systemen. Dies machte Simon Ordnung Herrn Pit Baith unmissverständlich klar und die Einbindung der IT-Systeme wollte zusammen mit Tom Frisch erledigen. Aber Pit Baith ließ nicht locker: „Hören Sie mal, Simon Ordnung, Sie haben vor kurzem selbst gesagt, dass Ihnen selbst der Unterschied zwischen einer seriellen und parallelen Schnittstelle nicht so ganz klar ist. Wie wollen Sie, bitte sehr, ein IT-Projekt leiten?"

Simon Ordnung konterte: „Ich behaupte beim besten Willen nicht, mehr von IT zu verstehen als Sie. Deshalb ist es auch wichtig, dass Sie im Projektteam dabei sind. Nur Sie sollten sich nach der Anforderung das Benutzers richten und nicht umgekehrt. Wenn ich ein Auto kaufen will, werde ich mich sicher auch gern von einem Automechaniker beraten lassen. Aber die Entscheidung, ob ich einen Van oder Sportwagen kaufe, ob mir PS oder Sparsamkeit wichtiger ist, welche Farbe das Auto haben soll, das muss doch von mir kommen." „Ein ziemlich abstruser Vergleich", meinte erbost Pit Baith. Die beiden wurden sich nicht einig, und so musste wieder einmal Fritz Ness schlichten. Simon Ordnung bekam die Federführung übertragen. Es wurde zwar vereinbart, dass Pit Baith mit seiner Abteilung später die Führung bei der laufenden Betreuung haben sollte. Allerdings sollte auch Tom Frisch als Dritter in das Führungsteam aufgenommen werden. Das war ein Kompromiss, der von der Sache her wohl wenig Sinn machte und der auch genügend Sprengstoff enthielt – Pit Baith und Tom Frisch waren völlig verschiedene Persönlichkeiten und kamen aus völlig unterschiedlichen IT-Welten. Aber man wollte die Zusammenarbeit probieren.

Es wurde also ein Projektteam gebildet, mit Simon Ordnung an der Spitze und Pit Baith bzw. Tom Frisch als seinem Stellvertreter. Dabei waren auch jeweils ein Sachbearbeiter von Controlling/Finanzen und Information Services sowie Yvonne Diehl von der Fitness Handels GmbH und ein Mitarbeiter der Produktions GmbH. Simon Ordnung legte auch besonderen Wert auf die Teilnahme der beiden letzteren. Denn das Controlling war nicht, jedenfalls nicht allein, der Endanwender eines MIS. Endanwender waren meist die Fachabteilungen, die aus den Zahlen in der täglichen Praxis Entscheidungen fällen mussten. Daher war es zwingend notwendig, sie frühzeitig und intensiv einzubinden.

Aufgrund der unterschiedlichen Akteure und Interessenslagen kriselte es einige Male im Projektteam. Insgesamt waren sie aber erfolgreich. Nach einem halben Jahr stand ein BI-System, das von vielen Managern auch außerhalb des Controlling fleißig genutzt wurde. Auch Fritz Ness persönlich ließ es sich nicht nehmen, persönlich am Bildschirm zu arbeiten, obwohl ihn Simon Ordnung sanft klar machen wollte, dass die Sekretärin ihm die Reports ja auch ausdrucken könne.

Der nächste kritische Zeitpunkt kam im folgenden Herbst. Für Simon Ordnung war klar, dass zu einem vernünftigen Controlling auch eine Budgetplanung gehören sollte. So ging er den Planungsprozess denn auch an. Im August verschickte er die „Planungsmail" mit den angehängten Excel-Formblättern, in dem er um Budgetvorschläge für die einzelnen Bereiche bat.

Für einige Manager bei der Fitness GmbH war das aber Neuland. Entsprechend unterschiedlich waren die Reaktionen. Harry Netzer von der FVS GmbH hatte keinerlei Probleme. Er kannte Budgetierungsprozesse aus dem internationalen Unternehmen, in dem er vorher gearbeitet hatte, zur Genüge. Er begrüßte auch, dass, wie er sagte, nun endlich „etwas Struktur in die Sache" kam. Willi Kantig mokierte sich, wie Ordnung auch erwartet hatte, über die „neue Bürokratie". Er beauftragte den Leiter der Arbeitsvorbereitung mit der Erstellung des Budgets. Tom Frisch von der E-Fitness GmbH hingegen fand das Ganze zwar „schon okay", legte aber die Unterlagen zunächst einmal in seinen riesigen Stapel und dachte nicht mehr daran.

Der 1. November kam, und etwa die Hälfte der Manager hatte die Budgets noch nicht eingereicht. Die meisten Antworten kamen dann aber nach wenigen Tagen, entweder unaufgefordert oder nach einem Anruf von Simon Ordnung. Die Planung der E-Fitness GmbH lies auf sich warten. Es bedurfte dreier Anrufe und zweier Besuche von Simon Ordnung, bis auch das Budget schließlich eingereicht wurde.

Für Simon Ordnung wenig überraschend war es, dass die von den Bereichen budgetierten Kosten astronomisch hoch, die Ergebnisse aber mager waren. Er hatte also einige schwierige Aufgaben zu erledigen, Hausbesuche zu machen, um die Budgetvorschläge zu „kneten".

Natürlich stieß er auf Widerstand. Als besonders clever erwies sich in diesem Zusammenhang Yvonne Diehl. Obwohl die Fitness Handels GmbH in den vergangenen Jahren ein ständiges Wachstum und positive Ergebnisse vorweisen konnte, enthielt ihr Budgetentwurf einen Umsatzrückgang und einen geplanten Verlust. Simon Ordnungs „Hausbesuch" bei Yvonne Diehl dauerte mehr als drei Stunden. Er brauchte alle Argumente, um die Geschäftsführerin zu anspruchsvolleren Zielen zu bewegen. Er appellierte an ihre Solidarität, einen Beitrag zu der Gesamtentwicklung der Fitness AG zu leisten. Er verwies auf die allgemeine Fitness- und Wellness-Mode, die sich doch auch in ihren Umsätzen bemerkbar machen musste. Er appellierte an ihren Ehrgeiz – „das kann doch nicht sein, dass ausgerechnet Sie das schlechteste Ergebnis abliefern". Mit begrenztem Erfolg. Yvonne Diehl erklärte wortreich, warum der Wellness-Markt mit den „Tausenden von Konkurrenten und gnadenlosem Preiskampf" ein sehr schwieriger Markt sei und warum sie selbst mit diesem Budget einen hervorragenden Beitrag für das Gesamtunternehmen leiste. Dazwischen wich sie einige Mal vom Thema ab. Einmal sprach sie mit Simon Ordnung eine gute halbe Stunde über den Stand des BIS und wie „toll" er es mache, das Projekt voran zu bringen. Am Ende einigte man sich auf ein Budget mit einem marginalen Umsatzwachstum und einem kleinen Gewinn. Ordnung hatte danach das Gefühl, schlecht verhandelt zu haben. Aber andererseits dachte er: „Was hätte er mehr tun können?"

Insgesamt waren die Gespräche erfolgreich. Das Budget wurde Ende November den Verantwortlichen präsentiert und dort auch verabschiedet.

Simon Ordnung war dennoch nicht wohl bei dem Gedanken, wie viel unproduktive Zeit in den taktischen Diskussionen verloren ging. Er wollte so bald wie möglich ein neues, „schlankeres" System einführen und sich dabei an „Beyond Budgeting" Gedanken orientieren.

Aber seine Kollegen und Fritz Ness bremsten ihn. „Nicht schon wieder etwas Neues" war der Tenor. „Es hat doch ganz gut geklappt. Lasst uns erst einmal einige Jahre damit arbeiten". Dabei blieb es auch zunächst einmal.

3.6.6.2 Ein neues Informationssystem bei der Supercar AG

Vera Libowski ging sehr motiviert an ihre Aufgabe heran, das neue IT-gestützte Informationssystem W-BIS zu entwickeln.[722]

Sie stellte ihr Projektteam zusammen und begann mit der Auswahl der Software. Die angesprochenen Personen und Abteilungen zeigten sich recht kooperativ. Alle Vorstandbereiche, mit Ausnahme des nicht betroffenen F+E, entsandten einen Vertreter. Von S-Int waren Tobias Schwarz und Dan Lippwitz dabei. Zu ihrer eigenen Überraschung war auch die IT-Abteilung sehr kooperativ. Deren Mitarbeiter im Projektteam, selbst eine erfahrene Führungskraft, beteiligte sich mit konstruktiven Beiträgen an den Diskussionen. Die üblichen Versuche, alles, was mit IT zu tun hatte, zu monopolisieren, fanden nicht statt. Libowski fragte sich, inwieweit das wohl daran lag, dass das Projekt als vom Vorstandsvorsitzenden persönlich unterstützt galt. Einerlei, das Ergebnis zählte. Nach etlichen Präsentationen und zwei Workshops mit Softwareanbietern hatte man sich auf ein Produkt geeinigt.

Parallel dazu begann das Team, bei den diversen Bereichen und Vorstandmitgliedern nach dem Informationsbedarf zu fragen. Das Ergebnis war nicht so sonderlich aufschlussreich. Jeder hatte einen anderen Blickwinkel, jeder hatte spezielle Wünsche, wie dieses und jenes darzustellen sei. Vera Libowski versammelte ihr Team und den Projektverantwortlichen zu einem weiteren Workshop, um die Informationen festzulegen, die im W-BIS enthalten sein sollten. Konkretes Ziel des Workshops war: das *Datenmodell* zu definieren.

---

[722] s. o. Kap. 3.5.10.

Oder anders ausgedrückt: zu definieren, wie die OLAP-Variablen, die „Würfel", aussehen sollten. Über einige Dimensionen war man sich schnell einig.

- *Zeit*, wobei das Zeitintervall, indem die Daten geliefert werden sollten, einen Monat betragen würde.
- *Gesellschaften*: Eine Dimension würde alle Gesellschaften von Supercar erfassen. Poltisch umstritten einmal, ob auch das Stammhaus in Deutschland in das W-BIS eingebunden werden sollte. Zum anderen, ob die Produktionsstätte in St. Louis, die seit der letzten Reorganisation eine eigene Gesellschaft war, ebenfalls berichten sollte.[723] Einige Manager des Stammhauses bzw. des Produktionsbereichs sperrten sich dagegen – sie wollten diese Transparenz für den Gesamtvorstand nicht haben. Mit dem Argument, die Struktur im Stammhaus und in der Produktion sei „mit denen von Vertriebsgesellschaften nicht zu vergleichen".

Hier sprach – einige Wochen nach dem Workshop – Dr. Eisele ein Machtwort. „Wenn schon ein *weltweites* Informationssystem, dann soll das auch das gesamte Unternehmen abbilden und nicht nur Teile davon. Wenn mich meine Geographie-Kenntnisse nicht täuschen, dann gehört Deutschland zur Welt. Und auch St. Louis liegt nicht auf dem Mond." Damit war klar – beide Gesellschaften würden dabei sein.

- *Werteart*: Klar war von Anfang an, dass die Daten-„Würfel" die tatsächlichen Zahlen, die Ist-Werte, und die Budgetplanung enthalten sollten. Man einigte sich auch relativ schnell darauf, einen revidierten Plan, den „Forecast", aufzunehmen. Umstritten war aber, ob in der Dimension Werteart neben diesen drei Ausprägungen noch weitere hinzukommen sollten. So argumentierten einige, verschiedene Varianten der „Forecasts" vorzuhalten, also etwa den ersten, zweiten, und dritten Forecast, der beispielsweise im März, Juni und September erstellt worden war. Denn, so das Argument, daraus und nur daraus könne man die Qualität der revidierten Pläne nachverfolgen. So fiele zum Beispiel auf, wer sich immer rechtzeitig auf veränderte Rahmenbedingungen einstellte und die Planung revidierte und wer nicht.

Andere widersprachen. „Wie wollen Sie das denn den Usern verkaufen?" meinte etwa Dan Lippwitz. „Wir müssten dann sagen, hier beziehen wir uns auf Forecast 1– F1– hier auf F2 und so weiter. Damit kann doch keiner außer uns etwas anfangen!" Schließlich wurde ein Kompromiss gefunden. Es sollten drei Forecasts abgebildet werden. Kommuniziert an andere Abteilungen und User sollte aber jeweils nur einer – der neueste. Die älteren Varianten wurden nur aufgehoben, um gegebenenfalls eine Analyse der Forecast-Qualität machen zu können.

- *Region*: Die Dimension „Region" würde die unterschiedlichen Länder der Welt enthalten, in denen Supercar Fahrzeuge verkaufte und Umsätze tätigte. Dazu gehören auch

---

[723] s. o. Kap. 3.4.6.

Länder, in denen das Unternehmen nicht durch eigene Tochtergesellschaften vertreten ist, sondern die Ziel des Exports sind.

Am heftigsten war die Diskussion, als es um die eigentliche *Inhalts*dimension ging. *Was* sollte denn konkret berichtet werden? Umsatz – soviel war klar. Absatz – Stückzahl der produzierten und abgesetzten Fahrzeuge. Auch das war unstrittig. Was den Rest betraf, so schälten sich aber zwei Fraktionen heraus.

Die „Finanzer", wie sie nach kurzer Zeit genannt wurden, wollten möglichst viel und genaue kostenrechnerische Daten. Nicht nur eine monatliche Ergebnisrechnung, nicht nur die Erträge, sondern auch Kosten für jede Fahrzeugreihe, sowie die Kosten aus Vertrieb, Produktion und Verwaltung, aufgeteilt auf alle Kostenarten.

Diese detaillierte Darstellung der Kostenstruktur interessierte die andere Fraktion, die „Vertriebler", wenig.

Sie wollten hingegen einen größeren Genauigkeitsgrad bei allen für den Vertrieb relevanten Informationen. Den Fahrzeugabsatz nicht nur gegliedert nach Fahrzeugreihen, sondern auch nach allen einzelnen Fahrzeugvarianten. Und sie wollten Markt- und Konkurrenzinformationen, etwa über die Zulassungen auf dem jeweiligen Gesamtmarkt, unterteilt nach den jeweiligen Marken.

Jede Gruppe berief sich auf das jeweilige Vorstandsmitglied, das angeblich gerade diese Daten dringend brauchte.

Dann schaltete sich der Projektverantwortliche des Softwareunternehmens ein: „Ich schlage vor, wir fangen erst einmal klein an und beschränken uns auf die Daten, die wir in jedem Fall brauchen. Wir konstruieren das System aber von vorne herein so, dass es erweiterungsfähig ist. Wir werden dann schon im Lauf der Zeit sehen, welche Information wirklich verlangt wird". Der Vorschlag wurde angenommen.

Es entstand eine Datenvariable mit den fünf Dimensionen Zeit, Gesellschaften, Werteart, Region und den inhaltlichen Positionen, einfach „Inhalt" genannt.

Das Modell wurde realisiert, die „Würfel" mit Daten gefüllt. Dabei stießen Libowskis Mitarbeiter schnell auf ein weiteres Problem. Einige Gesellschaften lieferten etwas unregelmäßig und später als andere. Auch war die Datenqualität nicht immer so, dass sie wirklich Vorstandmitgliedern präsentiert werden konnte. Teil des Projektes war aber, dass Vorstandsmitglieder über ein EIS-Modul online die Daten ansehen können sollten. Auf keinen Fall sollten Reports auf Papier verteilt werden. Unvollständige und eventuell falsche Informationen dem Vorstand liefern, das ging aber selbstverständlich ebenso wenig. Das Problem wurde gelöst, indem eine zweite Daten-Variable, eine so genannte „Stage"-Variable, entwickelt wurde. Diese Datenvariable entsprach in der Struktur exakt der ersten. Die Vorgehensweise war dann, die Daten, sobald sie vollständig und überprüft waren, auf die zweite Variable zu kopieren. Der Vorstand und andere User außerhalb der Abteilung hatten nur Zugriff auf diese Variablen, also auf die vollständigen und geprüften Zahlen. Damit sah das Datemodell aus wie in Abb. 3.115 skizziert.

Mehr Kopfzerbrechen als alle Detailfragen und technischen Probleme machte dem Projektteam aber überraschenderweise die Gestaltung der Reports.

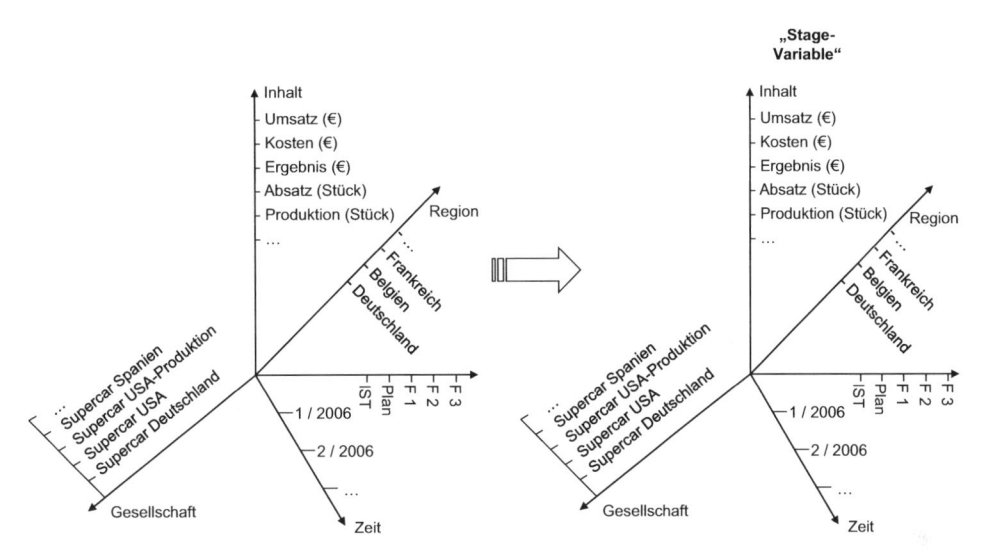

Abb. 3.115 Struktur der OLAP-Variablen bei Supercar

Die Vorschläge, die präsentiert wurden, wurden von vielen Seiten kritisiert. Nicht, was den Inhalt der Zahlen betraf. Aber die optische Aufbereitung und Struktur waren das Problem. Einige wollten die Spalte mit den Budgetzahlen vor denen mit den Ist-Zahlen, andere wollten es umgekehrt; einige wollten die Vorjahreszahlen der letzten zwei Jahre, andere wesentlich weniger Information auf einem Blatt resp. Bildschirm.

Kaum hatte man sich auf einige Grundsätze geeinigt, wurden andere Forderungen hinsichtlich des Aussehens laut. Die Hintergrundfarbe war zu hell (oder, nach Meinung anderer, zu dunkel); das Logo von Supercar in der Ecke wahlweise zu groß, zu klein, oder völlig überflüssig. Vera Libowski konnte die Frage am Ende nur lösen, in dem sie die für die Entwicklung des Corporate Design (CD)[724] von Supercar zuständige Agentur beauftragte, ein einheitliches Layout festzulegen. Das gefiel dann zwar überhaupt niemand von den Usern. Aber es entsprach dem CD von Supercar und war, nach Aussage der Agentur, hochmodern. Dem wagte niemand zu widersprechen.

3.7 Beschaffung und Logistik

3.7.1 Begriffsbestimmung

„Die Versorgung der Unternehmen mit den benötigten Erzeugnis- und Betriebsstoffen, Anlagen und Dienstleistungen wird in Literatur und Praxis mit unterschiedlichen Begriffen bezeichnet: Einkauf, moderner Einkauf, Materialwirtschaft, integrierte Materialwirtschaft, Beschaffungsmarketing, Supply Management und Logistik seien beispielhaft ge-

---

[724] s. o. Kap. 3.4.2.

| beschaffungsorientiertes Teilsystem | fertigungsorientiertes Teilsystem | absatzorientiertes Teilsystem |

```
Lieferant          Unternehmen                                    Kunde

Fertig-      Eingangs-   Fertigung      Fertig-               Verbrauch
waren-       waren-      Stufen         waren-                Lagerung
lager        lager                      lager
                         1 2 3 ... n

                         Zwischen-
                         lager
```

◄──────────── Integrierte Materialwirtschaft ────────────►
Beschaffung   Bewegung   Lagerung   Bewegung   Lagerung   Verteilung
Schwerpunkt Beschaffungsbereich
Einkauf, Disposition, Lagerung

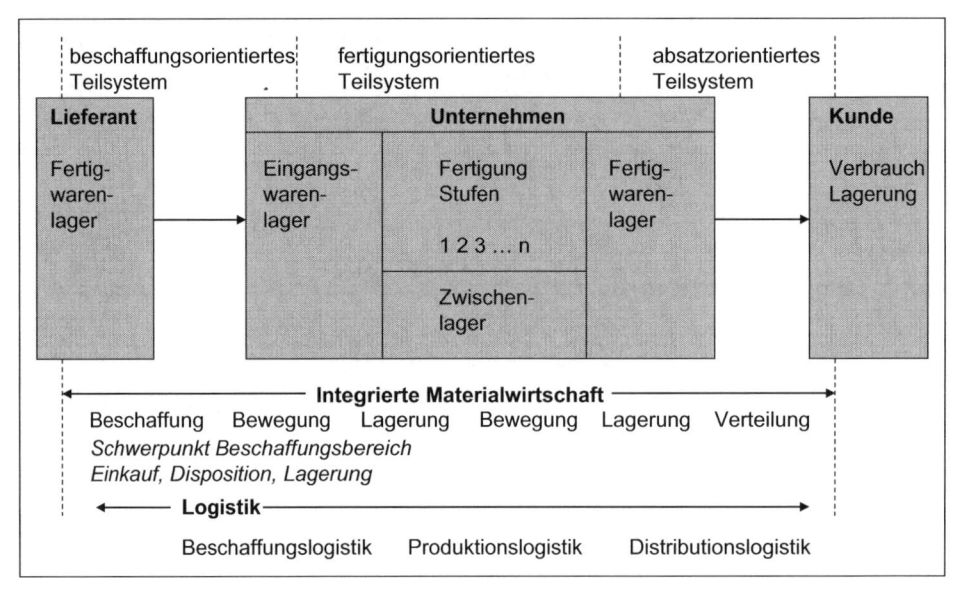

◄──── Logistik ────►

Beschaffungslogistik   Produktionslogistik   Distributionslogistik

Abb. 3.116 Materialwirtschaft und Logistik. (Quelle: in Anlehnung an Hartmann (Materialwirtschaft) S. 24, Kluck (Logistik) S. 4)

nannt. Diese Begriffsvielfalt macht die verschiedenen Standpunkte deutlich, unter denen die Versorgungs- und auch die Entsorgungsfunktion betrachtet werden können."[725]

Der Begriff der *Materialwirtschaft* kann „als Oberbegriff für sämtliche Aktivitäten bezüglich der Materialversorgung verwendet werden. Materialwirtschaft ist der ‚wirtschaftliche Umgang mit Material'"[726].

Demgegenüber strebt die *Beschaffung* „eine sichere und kostengünstige Versorgung an"[727]. Systemisch betrachtet, beleuchtet die Beschaffungsfunktion also die *Input*-Seite des Systems Unternehmen.

Der Begriff *Logistik* schließlich wird im „Zusammenhang mit der physischen Versorgung benutzt"[728]

In Abb. 3.116 sind diese und andere zentrale Begriffe in ihrem Zusammenhang im Überblick dargestellt.

Ziel der Materialwirtschaft ist es, alle benötigten Güter

- in der richtigen *Menge*
- zur richtigen *Zeit*
- in der richtigen *Qualität*
- zum optimalen *Preis*

---

[725] Arnolds/Heege/Tussing (Einkauf) S. 21.
[726] Kluck (Logistik) S. 1.
[727] Arnolds/Heege/Tussing (Einkauf) S. 23.
[728] Arnolds/Heege/Tussing (Einkauf) S. 23.

am richtigen *Ort* bereit zu stellen. Der klassische *Zielkonflikt* der Materialwirtschaft besteht dabei in zwei sich widersprechenden Anforderungen: die Versorgung soll einerseits *kostengünstig*, andererseits *sicher* sein. Die für die Materialwirtschaft Zuständigen bewegen sich stets in diesem Spannungsfeld, auch wenn je nach Rahmenbedingungen der Schwerpunkt einmal mehr auf der einen oder der anderen Seite liegt[729].

Schwerpunkt dieses Kapitels ist zunächst die Beschreibung zentraler Instrumente aus dem Bereich der Beschaffung[730].

3.7.2 Beschaffung

3.7.2.1 Grundsätzliche Fragen der Beschaffung

Im Rahmen der grundsätzlichen, strategisch und langfristig orientierten Beschaffung geht es darum, das richtige Beschaffungssystem, die richtigen Strukturen, aufzubauen.

Beschaffungssysteme können unterschieden werden nach der *Art* der *Materialbedarfsplanung* bzw. der *Disposition*. Zwei grundsätzliche Vorgehensweisen bestehen:

- *Programmorientierte* Bedarfsermittlung[731]
- *Verbrauchsorientierte* Bedarfsermittlung[732].

Daneben existieren weitere, neuere Methoden, *Kanban* und *Just-in-time (JIT)* genannt.

- Die *programmorientierte* Materialdisposition „leitet ihren Namen vom Produktionsprogramm ab, das seinerseits auf dem Absatzprogramm basiert. Die zukünftigen Absatzzahlen werden mit Hilfe geeigneter Prognosemethoden für einen bestimmten Planungszeitraum, z. B. ein Jahr, geschätzt. … Der voraussichtliche Bedarf des Marktes an Enderzeugnissen und evtl. verkaufsfähigen Ersatzteilen wird als Primärbedarf bezeichnet. … Vom Primärbedarf ist der Sekundärbedarf zu unterscheiden, der Rohstoffe, Einzelteile und Baugruppen umfasst, die zur Erzeugung der Endprodukte und Ersatzteile dienen."[733] Aus dem Sekundärbedarf leitet sich dann die konkrete Beschaffungs- bzw. Einkaufsplanung ab.
- Während also die programmorientierte Disposition von zukunftsbezogenen Plandaten ausgeht, ist *verbrauchsorientierte* Bedarfsermittlung *vergangenheitsorientiert*. Aus-

---

[729] vgl. Arnolds/Heege/Tussing (Einkauf) S. 26ff.

[730] vgl. zum Kapitel Arnolds/Heege/Tussing (Einkauf), Kluck (Logistik), Gudehus (Logistik), Hartmann (Materialwirtschaft), Arnold (Beschaffungsmanagement).

[731] vgl. Arnolds/Heege/Tussing (Einkauf) S. 81 ff, Kluck (Logistik) S. 73ff.

[732] vgl. Arnolds/Heege/Tussing (Einkauf) S. 95 ff, Kluck (Logistik) S. 78ff.

[733] Arnolds/Heege/Tussing (Einkauf) S. 81f.

Informationsfluss

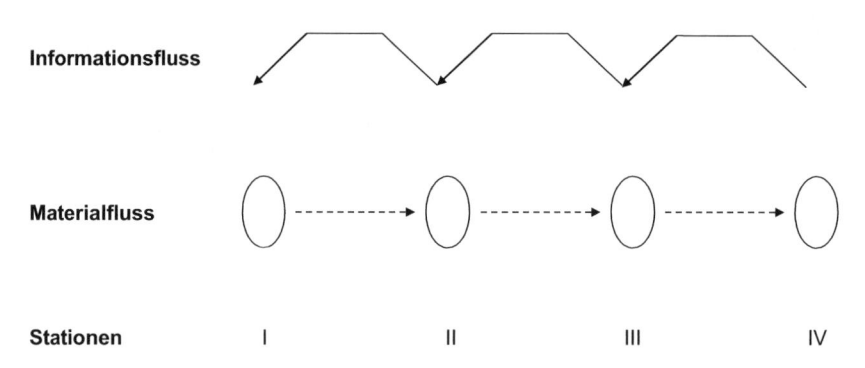

Materialfluss

Stationen　　I　　II　　III　　IV

Abb. 3.117 Pull-System der Kanban-Steuerung. (Quelle: Schneeweiß (Produktionswirtschaft) S. 230)

gegangen wird also von Lagerabgangsvorgängen der Vergangenheit, woraus – in der Regel mit IT-gestützten Prognoseroutinen – die notwendigen Beschaffungsmengen abgeleitet werden. In der Praxis ist für 70–80 % aller Lagerpositionen eine programmorientierte Disposition zu aufwändig, weshalb auf die ungenauere, aber einfachere verbrauchsorientierte Bedarfsermittlung zurückgegriffen wird.

- Seit etwa zwanzig Jahren hat sich, aus Japan kommend, in einigen Industrien ein neues Materialbedarfsplanungskonzept durchgesetzt: *Kanban*[734].

  Wörtlich ist Kanban der japanische Ausdruck für „*Laufzettel*". Im Gegensatz zu anderen Verfahren handelt es sich bei Kanban um ein *Pull*-Verfahren, also das *Hol*-Prinzip anstelle des Bring-Prinzips. Man stelle sich dazu einen *mehrstufigen Produktionsprozess* vor, bestehend zum Beispiel aus Bearbeitung des Rohmaterials, Vormontage, Endmontage und so weiter. Bei der Kanban-Steuerung wird „der jeweilige Teilbedarf durch die konkrete Fertigung eines Loses auf einer höheren Stufe angestoßen, also heraus ‚gezogen'. Man bedient sich dabei der sehr einfachen Kommunikation durch ‚Laufzettel', die dafür sorgt, dass die untere Stufe das produziert, was auf der oberen benötigt wird (vgl. Abb. 3.117)."[735]

  Konkret erfolgt die Steuerung „bei Kanban über Behälter oder Karten oder beides. Prinzipiell entnimmt der Kunde (Arbeitsgang n) die Vorprodukte aus dem Behälter. Ist ein bestimmtes Behälterniveau erreicht, gibt er den Kanban (Zettel) an eine Steuertafel. Hier wird für den Lieferanten (Arbeitsgang n-1) sichtbar, dass der nachgelagerte Arbeitsgang mit einem vollen Behälter beliefert werden soll. Der Lieferant beginnt, Teile zu fertigen, um einen Behälter zu füllen. Dazu entnimmt er Vorprodukte aus dem Behälter seines Lieferanten (Arbeitsgang n-2). Auf diese Weise setzt sich die Fertigungssteuerung entgegen dem Material- und Produktionsfluss fort."[736] Zu beachten ist,

---

[734] vgl. z. B. Wildemann (KANBAN), Schneeweiß (Produktionswirtschaft) S. 230f, Kluck (Logistik) S. 161ff.

[735] Schneeweiß (Produktionswirtschaft) S. 230.

[736] Kluck (Logistik) S. 162.

3.7 Beschaffung und Logistik

dass mit den Ausdrücken „Kunde" und „Lieferant" hier die einzelnen Produktionsstufen gemeint sind und nicht Unternehmen.
- Gleichzeitig mit Kanban kam das *Just-in-time (JIT)* Konzept auf. Grundgedanke ist die Anlieferung der Waren direkt an die Produktion erst zu dem Zeitpunkt, an dem sie für die Fertigung gebraucht wird. Das JIT Konzept verfolgt also das Ziel, „bei niedrigen Lagerbeständen eine hohe Flexibilität zu erreichen."[737]

JIT und Kanban hängen zusammen, sind aber nicht identisch. Auch durch Kanban wird das Ziel verfolgt, die Flexibilität durch rasche Reaktion auf Bedarfsveränderungen zu steigern. „So gesehen dient die Kanban-Steuerung der Realisation des JIT-Prinzips.

Es sollte aber deutlich werden, dass die sehr einfache Kanban-Steuerung zunächst nichts mit dem JIT-Prinzip zu tun hat. Dies liegt daran, dass die Kanban-Steuerung durchaus Lagerbestände zwischen den Stationen zulässt. Entspricht z. B. ein Kanban einem Transportcontainer, so gibt die Anzahl der Kanbans gerade die Höhe des Zwischenlagerbestandes an. Erst wenn man mit wenigen Kanbans auszukommen versucht, nähert man sich JIT-Bedingungen."[738]

Programmorientierte oder Verbrauchsorientierte Planung, Kanban und/oder JIT – was ist in welchem Fall vorzuziehen?

Zur Beantwortung der Frage bietet es sich an, das Material zunächst zu *klassifizieren*, um daraus die richtige Beschaffungsstrategie abzuleiten.

Die Klassifikation kann mit Hilfe verschiedener *Instrumente*[739] erfolgen. Am bekanntesten und in der Praxis bewährt ist die *ABC-* und *XYZ-Analyse*[740].

Bei der ABC-Analyse werden aller Güter in drei Gruppen eingeteilt, eben in die Gruppen A, B und C. A-Güter sind dabei diejenigen mit einem *hohen Anteil am Gesamtwert* der beschafften Güter, aber einem relativ *geringen Mengenanteil* bezogen auf die Materialarten. C-Güter haben umgekehrt einen geringen Wert-, aber einen hohen Mengenanteil; B-Güter liegen dazwischen. Verbreitet ist, dass

- „A-Güter etwa 70–80% des Gesamtverbrauchswertes, aber nur etwa 10%–20% der gesamten Verbrauchsmenge aller Materialarten darstellen,
- B-Güter etwa 10–20% des Gesamtverbrauchswertes und etwa 20–30% der gesamten Verbrauchsmenge aller Materialarten beinhalten, und
- C-Güter nur etwa 5–10% des Gesamtverbrauchswertes, dafür aber etwa 60–70% der gesamten Verbrauchsmenge aller Materialarten ausmachen."[741]

---

[737] Schneeweiß (Produktionswirtschaft) S. 228.
[738] Schneeweiß (Produktionswirtschaft) S. 230f.
[739] vgl. z. B. Kluck (Logistik) S. 45ff.
[740] vgl. z. B. Arnolds/Heege/Tussing (Einkauf) S. 38 ff, Kluck (Logistik) S. 37ff.
[741] Thommen/Achleitner (Betriebswirtschaftslehre) S. 299.

Verbrauchswert Prognosegenauigkeit	A	B	C
X	hoher Verbrauchswert hoher Vorhersagewert	mittlerer Verbrauchswert hoher Vorhersagewert	tiefer Verbrauchswert hoher Vorhersagewert
Y	hoher Verbrauchswert mittlerer Vorhersagewert	mittlerer Verbrauchswert mittlerer Vorhersagewert	tiefer Verbrauchswert mittlerer Vorhersagewert
Z	hoher Verbrauchswert niedriger Vorhersagewert	mittlerer Verbrauchswert niedriger Vorhersagewert	tiefer Verbrauchswert niedriger Vorhersagewert

Abb. 3.118 Kombination von ABC- und XYZ-Analyse. (Quelle: Arnolds/Heege/Tussing (Einkauf) S. 44, Kluck (Logistik) S. 44, Thom-men/Achleitner (Betriebswirtschaftslehre) S. 303)

Die *XYZ-Analyse* klassifiziert die Güter ebenfalls in drei Gruppen, jedoch bedient sie sich des Ausprägungsmerkmals *Bedarfsvorhersagegenauigkeit*; mit anderen Worten unterscheidet sie nach *konstantem* bzw. stark *schwankendem* Verbrauch.

„Die Klassifizierung erfolgt in der Weise, dass

- X-Artikel sich durch einen konstanten Verbrauch bzw. eine hohe Vorhersagegenauigkeit,
- Y-Artikel sich durch einen schwankenden Verbrauch bzw. eine mittlere Vorhersagegenauigkeit,
- Z-Artikel sich durch einen unregelmäßigen Verbrauch bzw. eine niedrige Vorhersagegenauigkeit

auszeichnen"[742] In der Praxis machen die X-Artikel rund 50–60 % aller Artikel aus, Y-Artikel rund 10–20 %, und Z-Artikel rund 20–30 %.[743]

ABC- und XYZ-Analyse können nun *kombiniert* werden (vgl. Abb. 3.118). In Abhängigkeit von dem Feld in der Matrix kann nun für jeden Artikel die Beschaffungspolitik festgelegt werden[744].

- *AX-Material*: Dieses Material mit hohem Wert und relativ konstantem Verbrauch wird man nicht auf Lager legen, sondern bei Bedarf bestellen oder liefern lassen. In dieser Form verfährt die Automobilindustrie z. B. beim Beschaffen der Autositze. Teures, sperriges Material wird kurz vor Einbau bei den Herstellern der Sitze abgerufen, so dass

---

[742] Arnolds/Heege/Tussing (Einkauf) S. 43.
[743] vgl. Arnolds/Heege/Tussing (Einkauf) S. 43.
[744] vgl. z. B. Arnolds/Heege/Tussing (Einkauf) S. 44f, Kluck (Logistik) S. 44f.

die Polster kurz vor dem Einbauzeitpunkt ans Band geliefert werden."[745] AX-Produkte sind typische Beispiele produktionssynchroner Beschaffung, also weit gehend lagerhaltungsloser Beschaffung wie JIT oder auch Kanban.

Es klingt vielleicht verwunderlich, warum eine *geringe Lagerhaltung* und JIT bei diesen Teilen eine so große Rolle spielt. Immerhin bedeutet die Implementation einer funktionierenden JIT-Belieferung sowohl für den Zulieferer als auch den Abnehmer einen erheblichen Aufwand. Es bedarf eines guten Managements, die verschiedensten Varianten von Autositzen und anderen Gütern exakt zum gewünschten Zeitpunkt anzuliefern.

Außerdem steigt mit geringerem Lager das *Risiko* im Fall von Lieferunterbrechungen. In der Öffentlichkeit sind die Fälle bekannt, in denen große Automobilfabriken die Produktion sehr schnell einschränken mussten, weil irgendwo aufgrund eines Streiks bei Zulieferern oder im Transportgewerbe die Anlieferung nicht mehr funktionierte.

Lohnt sich das denn oder wäre es nicht einfacher, umgangssprachlich ausgedrückt, „ein paar Sitze" aufs Lager zu legen? Offensichtlich lohnt es sich in einigen Industrien, insbesondere in der Automobilindustrie, der Branche par excellence solcher Konzepte. Denn durch JIT werden nicht nur die Handlingkosten für ein großes Warenlager gesenkt.

Es sinken auch die *Kapitalbindungskosten*, die Kosten der Finanzierung des Lagerbestandes.

> **Beispiel: Volkswagen Gruppe – Kapitalbindung aufgrund des Lagerbestandes**
>
> Die Volkswagen-Gruppe hat im Jahr 2005– alle Zahlen sind gerundet – Material in Höhe von etwa 80 Mrd. € verbraucht[746]. Angenommen, das Unternehmen hätte eine Lagerreichweite von 4 Monaten. Das ist in Wirtschaftssektoren, in denen die Senkung des Lagerbestandes weniger im Fokus ist, ein durchaus üblicher Wert. Daraus ergäbe sich ein durchschnittlicher *Lagerbestand* von über 25 Mrd. € (ein Drittel eines Jahres mal 80 Mrd. €=26,66 Mrd. €). Wird weiter angenommen, die Finanzierungskosten für das gebundene Kapital betrügen 4% – keine unrealistische Größe zum Beispiel für ein Bankdarlehen – dann resultieren daraus Kapitalbindungskosten in Höhe von 25 * 4%=1 Mrd. € pro Jahr. Tatsächlich ist es Volkswagen aber gelungen, den Stand der Vorräte auf 12,6 Mrd. € zu drücken, mithin rund auf die Hälfte. Unter den hier gemachten Annahmen spart das Unternehmen dadurch im Jahr 500 Mio. € dank lagerreduzierender produktionssynchroner Beschaffungssysteme wie JIT. Auch für einen Konzern wie Volkswagen eine bemerkenswerte Summe.

Auch wenn JIT nicht eingesetzt wird, so ist doch eine *programmorientierte* Bedarfsplanung angebracht. Aufgrund des hohen Materialwertes und der guten Prognosefähigkeit lohnt sich der Aufwand.

---

[745] Kluck (Logistik) S. 44.
[746] vgl. Volkswagen AG (Geschäftsbericht 2005) S. 114f.

Aus der essentiellen Bedeutung der Teile folgt auch die Notwendigkeit eines *aktiven Lieferantenmanagements*. Zulieferer von AX-Teilen haben mehr und mehr die Rolle von wichtigen Partnern des Unternehmens. Mehr hierzu im nächsten Abschnitt.

- *AY- und BX-Teile*: sind tendenziell ähnlich den AX-Teilen zu behandeln.
- *CZ-Teile* bilden das andere Extrem. Aufgrund des geringen Wertes und schwer kalkulierbaren Bedarfs werden sie auf das Lager gelegt werden. CZ-Teile wie auch C-Teile insgesamt sind typisch für *verbrauchsorientierte* Bedarfsermittlung[747]. Die Beziehungen zu den Lieferanten sind weniger eng als bei den AX-Teilen, häufigerer Wechsel aufgrund von Preisunterschieden ist üblich.
- *CY- und BZ-Teile*: sind tendenziell ähnlich den CZ-Teilen zu behandeln.

Die Handlungsalternativen zwischen den Polen sind im Einzelfall zu klären.

Ein weiterer Schwerpunkt der Beschaffung ist die *Lieferantenpolitik*[748]. „Die Einstellung des Abnehmers gegenüber seinen Lieferanten hat sich in den letzten zehn Jahren z. T. grundlegend gewandelt. Heute wird im Allgemeinen der Lieferant als Partner angesehen, der durch seine Beiträge zur Kostensenkung und zur Innovation, zur Optimierung der Logistik und zu einer erhöhten Flexibilität die internationale Wettbewerbsfähigkeit des Abnehmers entscheidend beeinflussen kann. ... Dementsprechend rückt die vom Abnehmer betriebene Lieferantenpolitik den Anbieter als einen kritischen Erfolgsfaktor in den Mittelpunkt strategischer Überlegungen. ... Die lieferantenpolitischen Maßnahmen reichen von der Optimierung der Lieferantenstruktur über die aktive Beeinflussung und Motivierung der Lieferanten bis hin zur Kooperation mit dem Geschäftspartner."[749] Lieferantenpolitik ist also weit mehr als das, was auch heute noch oft damit assoziiert wird, nämlich Preisverhandlungen im Einkauf. Eine der Aufgaben, die in dem Zusammenhang im Mittelpunkt steht, ist die *Lieferantenbewertung* und *-beurteilung*. Diese geschieht üblicherweise über *Checklisten*. Die wichtigsten Kriterien der Lieferantenbeurteilung sind (vgl. Abb. 3.119).

3.7.2.2 Operative Beschaffungsplanung

Im Gegensatz zur Lieferantenauswahl oder der Entscheidung über die Klassifizierung von Artikeln geht es nun um die konkrete operative Frage, *wie viel* von einem Artikel jeweils *bestellt* werden soll. Betriebswirtschaftlich ausgedrückt, ist das die *Bestimmung der optimalen Bestellmenge*[750].

Die Bezugskosten für einen Artikel bestehen aus vier Komponenten:

---

[747] vgl. Kluck (Logistik) S. 84.
[748] vgl. Arnolds/Heege/Tussing (Einkauf) S. 263 ff, Hartmann (Lieferantenmanagement), Kluck (Logistik) S. 63ff.
[749] Arnolds/Heege/Tussing (Einkauf) S. 263.
[750] vgl. zum Abschnitt Arnolds/Heege/Tussing (Einkauf) S. 63 ff, Kluck (Logistik) S. 98ff.

3.7 Beschaffung und Logistik

1. Zuverlässigkeit	In Bezug auf: – Gleich bleibende Qualität – Fristgerechte Lieferung der Güter (Termintreue) – Einhaltung der Serviceversprechens
2. Fertigungsmöglichkeiten	– Produktkapazität des Lieferanten – Qualitätsniveau – Flexibilität bei Sonderanfertigungen oder schwankenden Bestell- bzw. Beschaffungsmengen
3. Konditionen	– Güterpreis – Liefer- und Zahlungsbedingungen – Lieferfristen – Garantieleistungen
4. Produkt	– Qualität – Sortiment – Kundendienst – Produktentwicklung (Forschung und Entwicklung)
5. Geografische Lage	– Transportbedingungen – Politische Sicherheit im Beschaffungsland – Wechselkursstabilität
6. Allgemeine Situation und Merkmale des Lieferanten	– Marktstellung (Marktanteil) – Belieferung der Konkurrenz – Zugehörigkeit zu einem Unternehmenszusammenschluss (z.B. Konzern) – Finanzielle Verhältnisse – Qualität des Managements (insbesondere bezüglich Innovationen)

Abb. 3.119 Lieferantenkriterien. (Quelle: Thommen/Achleitner (Betriebswirtschaftslehre) S. 287)

- dem *(Jahres-)Bedarf* des Artikels
- dem *Einstandspreis* pro Einheit des Artikels, wozu nicht nur der Preis ex Lieferant gehört, sondern ggf. auch zusätzliche Kosten wie Transportkosten oder Einfuhrzölle
- den *Bestellabwicklungskosten*, die dadurch entstehen, dass die Einkaufsabteilung die Bestellung auslösen muss, in der Hauptsache die Arbeitszeit der damit beschäftigten Personen. Die Kosten sind nicht zu unterschätzen. Wenn auf Vollkostenbasis gerechnet wird – d. h. zum Beispiel auch die Kosten des Vorgesetzten des Bestellers, die Kosten der Bestellabwicklungssoftware, die Kontrollkosten oder die Kostender Verbuchung der Rechnung anteilig verrechnet werden – kommt man nach Schätzungen auf einen Wert von bis zu 50.- € pro Bestellvorgang.[751]
- den *Lagerhaltungskosten*, bestehend einmal aus den Kosten des Handlings (Gehälter Lagermitarbeiter, Lagergebäude etc.) und der Kapitalbindung.
- Die Aufgabe ist es, die *Gesamtkosten zu minimieren*. Wer dies tun will, steht vor einem *Optimierungsproblem*. Er könnte, in einem Extrem, möglichst viel des Artikels auf einmal bestellen, im Extremfall den gesamten Jahresbedarf. Dann würden die geringsten Bestellabwicklungskosten anfallen, dem aber hohe Lagerhaltungskosten gegenüberstehen. Das andere Extrem wäre eine separate Bestellung jedes einzelnen Teils, mit dem Resultat geringer Lagerhaltungskosten, aber exorbitanter Bestellabwicklungskosten. Das Optimum liegt irgendwo dazwischen, graphisch wie folgt ausgedrückt (vgl. Abb. 3.120).

---

[751] vgl. Paul (Controlling) S. 98.

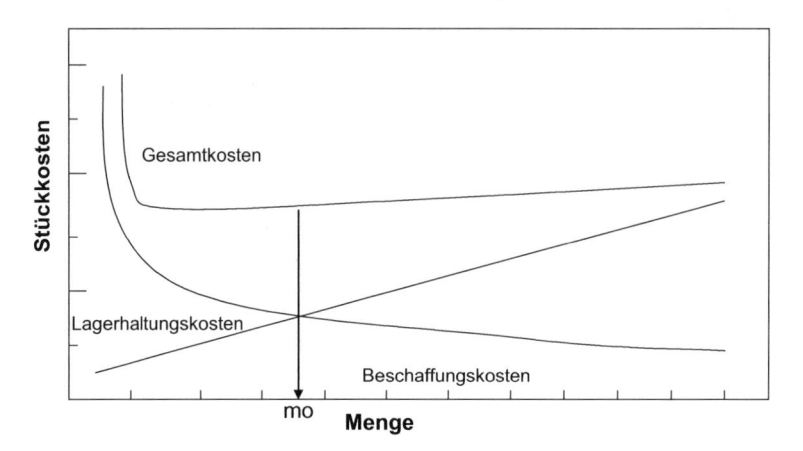

Abb. 3.120 Optimale Bestellmenge. (Quelle: Kluck (Logistik) S. 102)

Gesucht ist die Bestellmenge M_0.
Mathematisch lässt sich dies so ausdrücken:

$$G = B \times P + K \times \frac{B}{M} + Q \times \frac{M \times P}{2}$$

Dabei ist:

G = Gesamtkosten der Beschaffung in €
B = (Jahres-) Bedarf in Stck.
P = Einstandspreis pro Artikel in €
Q = Lagerhaltungskosten, ausgedrückt als Prozentwert des Lagerwerts
K = Bestellkosten pro Bestellvorgang in €
M = Bestellmenge in Stck.
$B \times P$ steht dabei für die gesamten Einstandskosten,
$K \times \frac{B}{M}$ für die Gesamtkosten der Bestellung (Kosten K pro Vorgang × Anzahl Bestellungen)
$Q \times \frac{M \times P}{2}$ für die Kosten der Lagerhaltung. Der Wert des Lagers ist dabei die *Hälfte* des Wertes jeder Bestellung.

Der Grund hierfür ist die Annahme, dass das Lager nach der Bestellung gefüllt ist mit der gesamten bestellten Menge und danach kontinuierlich auf Null abnimmt, im Durchschnitt also zur Hälfte gefüllt ist. Es wird also die bekannte Sägezahnfunktion unterstellt (Abb. 3.121).

3.7 Beschaffung und Logistik

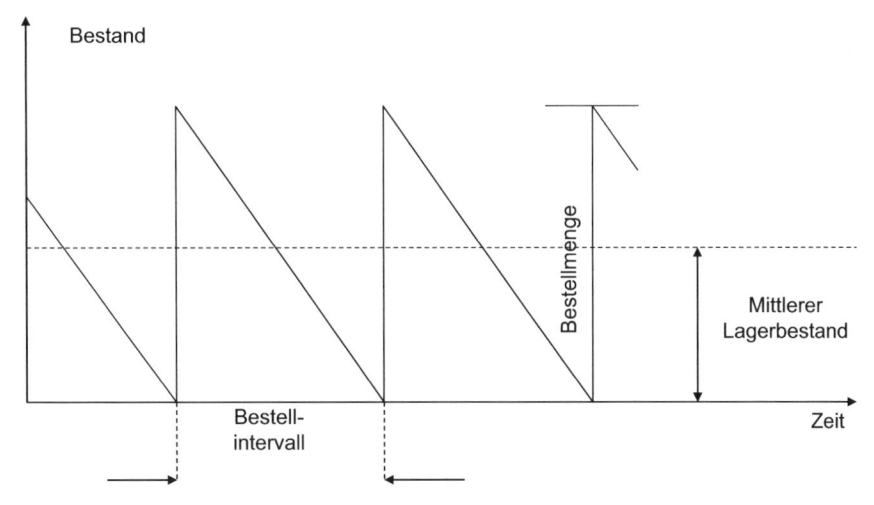

Abb. 3.121 „Sägezahnkurve". (Quelle: Arnolds/Heege/Tussing (Einkauf) S. 64)

Um G zu minimieren, wird die 1. Ableitung nach M (dG/dM) = Null gesetzt (und die 2. Ableitung nach M > Null), also:

$$dG/dM = 0 - \frac{K \times B}{M^2} + \frac{P \times Q}{2}$$

$$-\frac{K \times B}{M^2} + \frac{P \times Q}{2} = 0$$

$$K \times B = \frac{P \times Q}{2} \times M_0^2$$

$$M_0^2 = \frac{K \times B}{\frac{P \times Q}{2}}$$

$$M_0 = \sqrt{\frac{K \times B}{\frac{P \times Q}{2}}}$$

$$= \sqrt{\frac{2 \times K \times B}{P \times Q}} = M_0$$

Beispiel: Die optimale Bestellmenge

Der Jahresbedarf B an Aluminium in einer Fabrik betrage 10.000 Tonnen

Einstandspreis P sei 100, – € pro Tonne

Bestellkosten K = 500, – € pro Vorgang

Lagerhaltungskosten Q = 10 % des Lagerwertes.

Ergebnis: $M_0 = \sqrt{\frac{2 \times 500 \times 10000}{100 \times 0,1}}$

Die optimale Bestellmenge M_0 lautet also *1.000 Tonnen*.

Diese Formel der *optimalen Losgröße*[752] spielt in der Betriebswirtschaftslehre eine große Rolle, sie wird nach dem, der sie entwickelte bzw. im deutschen Sprachraum bekannt machte, die *Andler*-Formel[753] genannt.

Die Andler-Formel basiert auf einer ganzen Reihe von Prämissen: bekannte Bedarfsmenge, bekannter Einstandspreis (der nicht z. B. bei größerer Abnahmemenge aufgrund von Mengenrabatt sinkt), kontinuierliche Produktion bzw. Abnahme des Lagerbestandes, Lagerhaltungskosten steigen proportional zum Bestand, keine Zeitverzögerung zwischen Bestellung und Lieferung bzw. keine Notwendigkeit eines Sicherheitspolsters[754].

Da die Prämissen in dieser Form in der Realität kaum je zutreffen, gibt es „kritische Stimmen unter ‚Theoretikern' und ‚Praktikern', die die Betonung der Andler-Formel für übertrieben halten."[755] Tatsächlich dürfte sie sich in den Lehrbüchern weitaus häufiger finden als in der Praxis. Dennoch, die Annahme wäre verfehlt, sie sei in der Praxis unbrauchbar. Denn einmal kann das mathematische Modell erweitert und einige der Prämissen aufgehoben werden, was zu einer Annäherung an die Realität und damit besseren Ergebnissen führt. Zum anderen kann sie in jedem Fall zur Überprüfung der Plausibilität der Bestellpolitik genutzt werden. Wenn etwa im Zahlenbeispiel die tatsächlichen Bestellmengen sich bei zum Beispiel 1.200 oder 750 Stück bewegen, so mag das noch im Rahmen liegen. Sind hingegen etwa Bestellmengen von 200 Stück die Regel, so ist die Differenz zum Optimum nach der Andler-Formel durchaus ein Grund, die Einkaufspolitik kritisch zu hinterfragen.

3.7.3 Logistik

Logistik[756] ist ein umfassender Begriff, dessen Teilbereiche sich mit anderen Funktionen der primären Prozesskette überschneiden. Wie schon aus Abb. 3.116 ersichtlich, lässt sie sich wie folgt gliedern:

- *Beschaffungslogistik*, die sich „mit allen Tätigkeiten im Zusammenhang mit dem Materialfluss vom Beschaffungsmarkt bis zum Eingangslager oder direkt in die Produktion"[757] befasst.
- Die *Produktionslogistik* „befasst sich mit allen Tätigkeiten im Zusammenhang mit dem Material- und Informationsfluss von Roh-, Hilfs- und Betriebsstoffen vom Rohmate-

---

[752] *s. u.* Kap. 3.8.
[753] vgl. Andler (Losgröße).
[754] vgl. Kluck (Logistik) S. 104.
[755] Arnolds/Heege/Tussing (Einkauf) S. 63.
[756] vgl. zum Thema z. B. Gudehus (Logistik), Günther/Tempelmeier (Produktion) S. 238 ff, Kluck (Logistik) S. 125ff.
[757] Kluck (Logistik) S. 13.

riallager zur Produktion, durch die einzelnen Stufen der Produktion hindurch bis zum Fertigwarenlager"[758].
- Schließlich die *Distributionslogistik*, deren Gebiet alle „Tätigkeiten im Zusammenhang mit dem Warenfluss vom Hersteller zum Kunden, z. B. über ein Netz von Auslieferungslagern von Fertigprodukten"[759] umfasst.
- Zu den drei Teilgebieten kommt noch
- die *Entsorgungslogistik* als jüngstes Teilgebiet, sowie
- die *Lagerlogistik*, deren Thema „sämtliche technischen und organisatorischen Fragestellungen, die im Hinblick auf die Lagerung aufgeworfen werden"[760] sind.

Im Rahmen dieser Einführung wird auf die Logistik als eigenes Teilgebiet nicht näher eingegangen, da die wichtigsten Konzepte – Beispiel: JIT – in anderen Abschnitten wie Beschaffung, Produktion und Marketing/Absatz ebenfalls erwähnt werden. Das darf aber nicht darüber hinweg täuschen, dass die Bedeutung der Logistik in den letzten Jahren *dramatisch gestiegen* ist. Der Grund liegt einmal darin, dass die eigentliche Fertigung durch Rationalisierungen und technischen Fortschritt immer billiger wird. Parallel dazu steigt durch die *Globalisierung und durch neue Geschäftsmodelle* die Bedeutung der Logistik.

Ein Schulbeispiel dafür ist das Geschäftsmodell des Computerherstellers Dell[761], das vor einigen Jahren den Vertrieb von PCs revolutionierte. Der Kern des Modells, das mittlerweile von anderen kopiert wurde, dürfte vielen bekannt sein. Dell vertreibt die Produkte direkt an den Kunden und nicht über den Zwischenhandel. Aber nicht nur das. Typisch ist auch, dass Dell-Computer „customized" sind, d. h., der Kunde bestellt den Rechner in seiner persönlichen Konfiguration – und wird in wenigen Tagen beliefert. Das funktioniert nur mit einer entsprechenden Logistik. Das ausgefeilte Logistik-System des Unternehmens sorgt nicht nur für schnelle Lieferung. Es führt auch zu einem Wettbewerbsvorsprung durch günstigere Kostenstrukturen. Die Dell-Logistik „ist einzigartig. Durchschnittlich nur fünf Tage werden PC-Teile in den Lagern des Unternehmens vorgehalten, während der entsprechende Wert der Konkurrenz bei 30 bis 90 Tagen liegt. … Materialkosten, etwa für Chips, Speicherplatten und Monitore, machen allein 74 % des Dell-Umsatzes aus. Da bringt ein Lagerbestand von nur fünf Tagen fast drei Prozent Ergebnisvorsprung."[762]

Einige andere Beispiele, welche Bedeutung der Logistik verdeutlichen. Wenn ein Kilo Bananen in einem deutschen Supermarkt (ohne Mehrwertsteuer) 1,02 € kostet, dann machen 46 % davon Logistikkosten aus (vgl. Abb. 3.122).

Für andere Artikel ergibt sich der Anteil wie in Abb. 3.123 dargestellt. Es ist zu erwarten, dass der Trend steigender Logistik-Anteile an den Gesamtkosten sich auch in Zukunft fortsetzen wird.

---

[758] Kluck (Logistik) S. 14.
[759] Kluck (Logistik) S. 14.
[760] Kluck (Logistik) S. 14.
[761] vgl. Dell Inc. (Effect).
[762] Müller (Patronen).

(Angaben in €)	1 Kilo Bananen
Verkaufspreis (ohne MwSt.)	**1,02**
Transport inklusive Zölle	0,30
Lagerung	0,05
Bestandskosten	0,02
EDV und Verwaltung	0,03
Summe direkte Logistikkosten	**0,40**
Lagerabwertung und Schwund	0,04
Margenverlust für entgangene Umsätze	0,03
Summe indirekte Logistikkosten	**0,07**
Summe Logistikkosten insgesamt	**0,47**
Logistikkosten in Prozent	**46,1%**

Abb. 3.122 Anteil Logistikkosten am Einzelhandels-Verkaufspreis von Bananen. (Quelle: o.V. (Scheibchenweise) S. 86)

(Angaben in €)	Jeans	Bluse	Auto	elektr. Zahnbürste	Mobil-telefon
Verkaufspreis (ohne MwSt.)	**12,92**	**129,30**	**12931,03**	**112,07**	**120,69**
Transport inklusive Zölle	1,38	0,81	483,00	5,73	3,48
Lagerung	0,30	0,50	292,00	1,00	1,00
Bestandskosten	0,11	0,43	256,00	0,56	0,50
EDV und Verwaltung	0,10	1,03	144,00	0,90	0,97
Summe direkte Logistikkosten	**1,89**	**2,77**	**1175,00**	**8,19**	**5,95**
Lagerabwertung und Schwund	0,65	11,64	106,00	2,60	3,00
Margenverlust für entgangene Umsätze	0,65	5,17		4,48	6,03
Summe indirekte Logistikkosten	**1,30**	**16,81**	**106,00**	**7,08**	**9,03**
Summe Logistikkosten insgesamt	**3,19**	**19,58**	**1281,00**	**15,27**	**14,98**
Logistikkosten in Prozent	**24,7%**	**15,1%**	**9,9%**	**13,6%**	**12,4%**

Abb. 3.123 Anteil Logistikkosten am Einzelhandels-Verkaufspreis ausgewählter Produkte. (Quelle: o.V. (Scheibchenweise) S. 87)

3.7.4 Supply Chain Management (SCM)

Steigende Bedeutung der Logistik, Konzepte wie JIT, die Betrachtung von Lieferanten als Partner führen zu einer *engeren Vernetzung der Unternehmen*. Aus dieser engeren Vernetzung hat sich als logische Konsequenz das *Supply Chain Management (SCM)* entwickelt[763].

Die *Supply Chain (Versorgungskette)* weist zwar eine enge Beziehung zur Logistikkette – die Kette von Beschaffung über Produktion und Distribution bis hin zur Entsorgung – aus. Die klassische Logistikkette konzentriert sich aber auf die Betrachtung der *einzelnen* Unternehmung. Hingegen wird „in einer integrativen Sichtweise … die Logistik nicht nur auf eine einzelne Unternehmung bezogen, sondern unternehmensübergreifend gesehen, wobei auch von zwischenbetrieblicher Logistik gesprochen wird. In dieser unternehmungsübergreifenden (integrativen) Betrachtung werden dann die Lieferanten und die Abnehmer zu einer so genannten logistischen Kette zusammengefasst"[764].

Diese unternehmensübergreifende Betrachtung ist das Kennzeichen von SCM: „Einen entscheidenden Unterschied zwischen der ‚klassischen' Logistikkette und der Supply Chain sehen Autoren … darin, dass bei ersterer die einzelnen Teilnehmer nach einzelwirtschaftlichen Entscheidungskalkülen aus ihrer isolierten Sicht entscheiden, während der Supply Chain eine ganzheitliche Betrachtung der Logistikkette zugrunde liegt, d. h., die Wahrnehmung der einzelnen Teilnehmer zielt auf eine Abstimmung der Güter und Informationsflüsse aller Beteiligten ab. Es geht damit um eine Zusammenarbeit aller Unternehmungen der unternehmungsübergreifenden Wertschöpfungskette."[765] (Abb. 3.124)

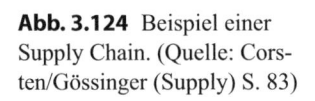

Abb. 3.124 Beispiel einer Supply Chain. (Quelle: Corsten/Gössinger (Supply) S. 83)

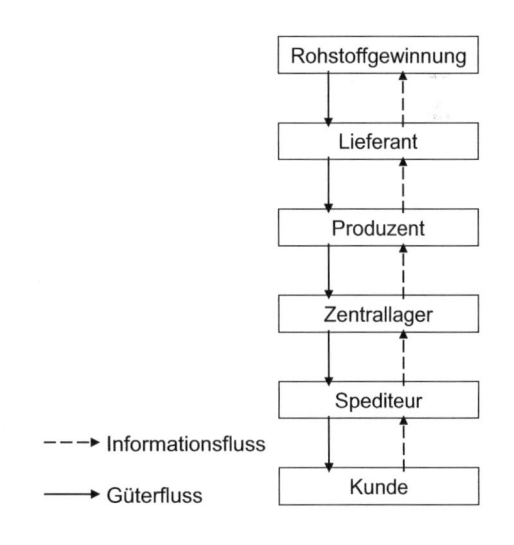

[763] vgl. dazu z. B. Corsten/Gössinger (Supply), Cohen/Roussel (Supply).
[764] Corsten/Gössinger (Supply) S. 81.
[765] Corsten/Gössinger (Supply) S. 83.

Ausgangspunkt des SCM ist eine *konsequente Ausrichtung* am *Endkunden*. Entscheidender Vorteil der integrativen Betrachtung ist die Vermeidung dessen, was in der Literatur als *Peitschenschlageffekt* (bullwhip bzw. whiplash oder whipsaw effect) bezeichnet wird.[766]

„Mit dem Effekt wird der Sachverhalt erfasst, dass bei lokal begrenzten Informationen und lokalen Entscheidungen kleinere Schwankungen der Kundenbedarfe auf jeder weiteren Stufe der Supply Chain zu immer größeren Streuungen der Bedarfsmengen führen, d. h. kleinere Veränderungen der Endnachfrage verstärken sich in rückwärtiger Richtung.[767] Eine kleine Steigerung der Kundennachfrage führt zu einem verzögerten und überproportionalem Anstieg bei der Bestellmenge des Einzelhändlers; der Anstieg der Bestellmenge des Großhändlers ist dann wiederum überproportional und zeitverzögert und so weiter bis zum Lieferanten der Rohmaterialien[768]. „Eine wesentliche Ursache für diesen Effekt ist in der mangelnden Koordination der Teilnehmer zu sehen, wie dies auch durch Fallstudien gezeigt wird. In diesem Zusammenhang findet sich in der Literatur häufig das Beispiel von Procter & Gamble: die Logistikmanager dieser Unternehmung stellten fest, dass der Absatz des Produktes ‚Babywindeln' auf der Stufe des Einzelhandels im Zeitablauf zwar schwankte, diese Schwankungen aber relativ gering waren. Die Schwankungen bei den Bestellungen der Einzelhändler fielen ebenfalls noch relativ gering aus. Demgegenüber wiesen die Bestellungen des Großhändlers beim Produzenten Procter & Gamble bereits große Schwankungen in demselben Zeitraum auf, und die vom Produzenten bei seinen Zulieferern bestellten Materialien, die für das Produkt ‚Babywindeln' disponiert wurden, wiesen noch größere Schwankungen auf."[769]

Eine Koordination der Beschaffungsaktivitäten, also eine Ausrichtung auch der Disposition der Lieferanten an der Nachfrage des Endkunden, ist der Schlüssel zur Vermeidung des Peitschenschlageffekts und damit zur Vermeidung von Kosten durch überhöhte Lagerbestände oder falschen Produktionsmengen.

Operatives Kernstück des SCM ist eine entsprechende *Software*. Die Software zur betriebswirtschaftlichen Steuerung sind generell die ERP-Systeme[770]. Traditionelle ERP-Systeme zeichnen sich indessen dadurch aus, dass sie „nur auf die Abbildung bestimmter interner Unternehmensprozesse ausgerichtet sind. ... Dies steht heute im Gegensatz zu den unternehmensübergreifenden Wertschöpfungsketten, die sich in vielen Branchen etabliert haben."[771] Die Software-Anbieter standen also vor der Aufgabe, sich den veränderten Bedürfnissen des Marktes anzupassen. Sie reagierten auch. Eines der Kernstücke der neuen Generation von ERP-Programmen, ERP II, sind die integrierten *Supply-Chain-Ma-*

---

[766] vgl. Forrester (Dynamics).
[767] Corsten/Gössinger (Supply) S. 86.
[768] vgl. Zäpfel/Wasner (Peitschenschlageffekt) S. 301f.
[769] Corsten/Gössinger (Supply) S. 86, vgl. Zäpfel/Wasner (Peitschenschlageffekt) S. 298.
[770] s. o. Kap. 3.6.5.
[771] Gottwald (ERP II) S. 17.

nagement (SCM) Softwaresysteme[772]. Mit Hilfe dieser Programme können Unternehmen durch eine entsprechend *offene Architektur* miteinander kommunizieren. Sie können etwa auf Plandaten von Abnehmern zurückgreifen oder deren Lagerbestand online abrufen. Dadurch können sie ihre eigene Planung dem voraussichtlichen Bedarf der Abnehmer zeitnah anpassen und auf Kundenwünsche wesentlich schneller reagieren. So dauerte „die Bestätigung von Kundenaufträgen ... früher etwa eine Woche, heute nur noch einen Tag."[773]

Die SCM-Software befindet sich derzeit in einem intensiven Weiterentwicklungsprozess. Die Bedeutung der Supply Chain als Schlüsselfunktion für eine starke Wettbewerbsposition des Unternehmens wird auch eher noch zunehmen. „Und deshalb wird auch weiterhin in die Supply Chain investiert."[774]

3.8 Produktion

3.8.1 Begriff der Produktion

Der Begriff der *Produktion*[775] wird in der Betriebswirtschaftslehre bisweilen extrem weit gefasst. So definieren einige Autoren: „Unter Produktion soll hier der gelenkte Einsatz von Gütern und Dienstleistungen, den so genannten Produktionsfaktoren, zum Abbau von Rohstoffen oder zur Herstellung bzw. Fertigung von Gütern und zur Erzeugung von Dienstleistungen verstanden werden. Die Lenkung des Einsatzes erfolgt durch Planung, Organisation, Steuerung und Überwachung der Produktion sowie durch die Auswahl der Mittel zur Erreichung der Produktionsziele"[776]. Bisweilen wird darunter gar „jede Kombination von Produktionsfaktoren"[777] verstanden. Nach dieser weiten Definition wäre „Produktion" annähernd identisch mit der Betriebswirtschaftslehre insgesamt, wie *Wöhe* bemerkt: „Wer dieser Definition folgt, muss alles, was in einem Unternehmen geschieht, als Produktion bezeichnen. Auch der Absatz, die Investition, die Finanzierung, die Unternehmensführung (Planung, Organisation und Kontrolle) würde dazugehören."[778] *Wöhe* bezeichnet die Produktion daher als *betriebliche Leistungserstellung*, wobei auch er dabei die Funktionen Beschaffung, Transport, Lagerhaltung und Fertigung einschließt[779].

---

[772] vgl. Gronau (Enterprise), Gottwald (ERP II), Corsten/Gössinger (Supply) S. 152ff.

[773] Cohen/Roussel (Supply) S. 274.

[774] Cohen/Roussel (Supply) S. 280.

[775] Vgl. zum Kapitel Günther/Tempelmeier (Produktion), Schneeweiß (Produktionswirtschaft), Bloech (Produktion), Korndörfer (Betriebswirtschaftslehre) S. 214 ff, Thommen/Achleitner (Betriebswirtschaftslehre) S. 317 ff, Wöhe (Betriebswirtschaftslehre) S. 329 ff, Krajewski/Ritzman (Operations).

[776] Bloech (Produktion) S. 3f.

[777] Wöhe (Betriebswirtschaftslehre) S. 329.

[778] Wöhe (Betriebswirtschaftslehre) S. 329.

[779] vgl. Wöhe (Betriebswirtschaftslehre) S. 330.

Um aber – soweit das in der Praxis überhaupt möglich ist – die in den angrenzenden Kapitel behandelten Funktionen Beschaffung und Absatz von der Produktion abzugrenzen, steht hier nur das *fertigungsorientierte Teilsystem*, und hier insbesondere die *Fertigungsstufen*, gemäß Abb. 3.116 im Zentrum der Betrachtung[780].

Produktion wird insbesondere mit der Herstellung von *Sachgütern* assoziiert[781], was die Dienstleistungen per Definition ausschließt.

Tatsächlich beziehen sich die vorgestellten Konzepte auf die Produktion von Sachgütern. Betriebswirte sollten sich aber der Tatsache bewusst sein, dass viele „Überlegungen ... gleichermaßen auch für den immer wichtiger werdenden Bereich der Dienstleistungen"[782] gelten. So kann, analytisch gesehen, ebenso wie ein paar Schuhe oder ein Auto auch ein Weiterbildungsseminar „hergestellt" werden.

Die große Beachtung, welche die Fertigung von Sachgütern in der betriebswirtschaftlichen Literatur findet, erscheint heute nicht mehr ganz zeitgemäß. Denn die klassische Form der Produktion, die gemeinhin verbunden wird mit rauchenden Fabrikschornsteinen, schweren Maschinen, Lärm und Schmutz, Arbeitern in Blaumännern, ist heute nicht mehr vorherrschend. Ein weitaus größerer Teil der Wirtschaftsleistung ist heute den Dienstleistungen zuzurechnen.[783] Nur ein relativ kleiner Teil der Betriebswirte dürfte in seinem Berufsleben im klassischen Fertigungsbereich arbeiten oder intensiv damit konfrontiert werden, zumal auch viele Arbeitsplätze für Betriebswirte in Industrieunternehmen in Funktionen angeboten werden, die wenig damit zu tun haben.

Es gehört gleichwohl zum Grundwissen jedes Betriebswirtes, die wesentlichen Konzepte im Überblick zu kennen.

Wie auch das vorangegangene Kapitel über Beschaffung, wird auch dieses eingeteilt in die grundsätzlichen, strategischen Entscheidungen einerseits, und die operativen Entscheidungen über die Planung der Produktion andererseits.

3.8.2 Grundsätzliche Produktionsentscheidungen

Wer idealtypisch vor der Entscheidung steht, eine Fabrikation aufzuziehen, für den stehen folgende Punkte im Vordergrund[784]:

- das *Produktionsprogramm*
- die *Kapazität* bzw. Produktions(höchst)menge

---

[780] vgl. auch Bloech (Produktion) S. 5.
[781] vgl. z.B.Korndörfer (Betriebswirtschaftslehre) S. 214f, s. o. Abb. 2.3.
[782] Schneeweiß (Produktionswirtschaft) S. 2.
[783] s. o. Kap. 2.1.2.
[784] vgl. zum Abschnitt Korndörfer (Betriebswirtschaftslehre) S. 215 ff, Thommen/Achleitner (Betriebswirtschaftslehre) S. 319 ff, Wöhe (Betriebswirtschaftslehre) S. 401ff.

- der *Fertigungstyp*
- das *Fertigungsverfahren*

1. *Produktionsprogramm*

Die Festlegung, *welche Produkte* hergestellt werden, ist eine Aufgabe des Marketing. Der Gedanke des Primats des Marketing[785] impliziert, dass die Produktion sich nach den Anforderungen des Marktes, definiert durch das Marketing, richtet. Im Produktionsbereich selbst fallen aber die Entscheidungen, wie die aus dem Absatzprogramm stammenden Anforderungen umgesetzt werden.

Bei der reinen *Auftragsfertigung*, wie sie etwa im Großmaschinenbau mit Spezialkonstruktionen vorliegt, ist die Programmplanung aufgrund konkreter Bestellungen möglich[786].

In der Mehrzahl der Fälle wird aber für einen anonymen Markt produziert, wobei der Absatz mehr oder weniger unregelmäßigen Schwankungen unterworfen ist.

„Die Unternehmung hat in diesem Fall zunächst einmal drei Aktionsmöglichkeiten: Sie kann entweder das mengenmäßige Produktionsprogramm den Schwankungen des Absatzes anpassen (vollständige Synchronisation von Absatz- und Produktionsplan), oder sie kann unabhängig von den Absatzschwankungen das Produktionsprogramm konstant halten (vollständige Emanzipation von Absatz- und Produktionsprogramm). Schließlich ist eine ‚treppenförmige' Anpassung denkbar (Eskalation von Absatz- und Produktionsprogramm).

Passt die Unternehmung ihr Produktionsprogramm unmittelbar der Absatzkurve an, so hat sie zwar den Vorteil eines geringen Fertigwarenlagerbestandes und damit geringer Lager- und Zinskosten; auf der anderen Seite muss sie jedoch – da sie ihre Kapazität den jeweiligen Saisonspitzen anpasst – mit erheblichen Beschäftigungsschwankungen und als Folge davon mit relativ hohen Fertigungsstückkosten rechnen.

Löst die Unternehmung dagegen ihr Produktionsprogramm völlig vom Absatzplan und zielt auf eine gleichmäßige Beschäftigung und Auslastung ihrer Betriebsmittel hin, so sind zwar die Fertigungsstückkosten geringer, die durch die dann notwendig werdende Einschaltung von Fertigwarenlager induzierten Lager- und Zinskosen dagegen werden steigen.

Bei einer ‚treppenförmigen' Anpassung schließlich werden die Vor- und Nachteile der beiden bisher erwähnten Methoden nivelliert: die Vorteile einer zeitweilig gleichmäßigen Produktion müssen mit den Nachteilen relativ kleiner Fertigwarenläger verglichen und gegeneinander abgewogen werden (vgl. Abb. 3.125)."[787]

In der Praxis wird man freilich selten eine der drei Möglichkeiten in der reinen Form vorfinden; vielmehr wird man versuchen, durch intelligente Kombination die Kosten unter Berücksichtigung der Erfordernisse des Absatzes zu minimieren.

---

[785] s. u. Kap. 3.9.

[786] vgl. Korndörfer (Betriebswirtschaftslehre) S. 216f.

[787] Korndörfer (Betriebswirtschaftslehre) S. 217.

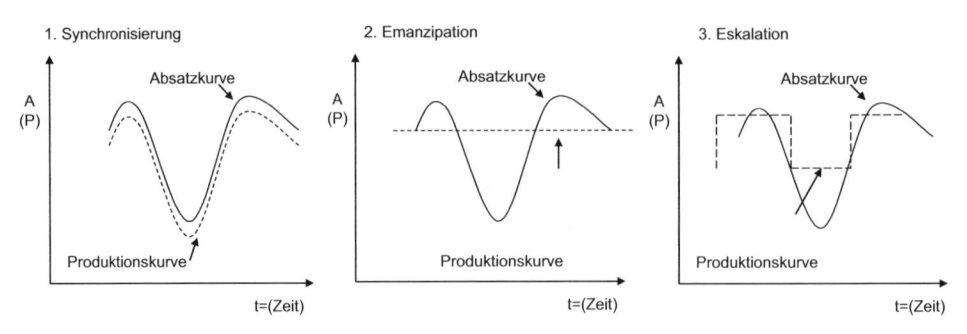

Abb. 3.125 Anpassung von Absatz- und Produktionsprogramm. (Quelle: Korndörfer (Betriebswirtschaftslehre) S. 217)

Wesentlicher Teil der Entscheidung über das Produktionsprogramm ist auch die *Make-or-buy-Entscheidung*, also der Beschluss, welche Produkte das Unternehmen selbst fertigt und welche von Zulieferern bezogen werden („*Outsourcing*", also Vergabe an Dritte).

2. *Kapazität*

Kapazitätsplanung bedeutet die *Bereitstellungsplanung* von *Betriebsmitteln*, also typischerweise etwa die Erstellung einer Fabrik[788]. Sie ist folglich in aller Regel eine längerfristig zu lösende Aufgabe.

Im Optimum entspricht die *Betriebsgröße* den Produktionsanforderungen. Da aber die geforderte Produktionsmenge in der Regel nicht nur nicht konstant, sondern zum Zeitpunkt der Errichtung des Betriebs nicht bekannt sind, muss die Produktion mit Über- und Unterbeschäftigung umgehen können.

Ein klassisches Dilemma ist die Frage, in welche Fertigungskapazität investiert werden soll. Wird eine *große* Kapazität bereitgestellt, so ist das mit geringen Stückkosten verbunden, wenn später auch die tatsächliche Fertigungsmenge eine entsprechende Quantität erreicht. Wird die Quantität hingegen nicht erreicht, entstehen durch die Unterauslastung hohe *Leerkosten*.

Bei einer geringen Kapazität hingegen werden die Stückkosten in der Regel überproportional steigen, wenn die tatsächliche Menge später größer als erwartet ist und es zu einer *Überbeschäftigung* kommt[789].

Einer sorgfältigen Abschätzung der *realistischen Absatzaussichten* in Zusammenarbeit mit dem Vertrieb kommt daher entscheidende Bedeutung zu.

3. *Fertigungstyp*

„Bei der Festlegung des Fertigungstyps geht es um die Bestimmung der Fertigungseinheiten, d. h. die Aufteilung der gesamten Produktionsmenge in einzelne Mengeneinheiten,

---

[788] vgl. zum Abschnitt Wöhe (Betriebswirtschaftslehre) S. 430 ff, Korndörfer (Betriebswirtschaftslehre) S. 228 ff, Krajewski/Ritzman (Operations) S. 232ff.

[789] vgl. Korndörfer (Betriebswirtschaftslehre) S. 232f.

3.8 Produktion

Fertigungstyp	Charakteristikum	Beispiel
Einzelfertigung	Einzelne Stücke oder Aufträge	Maßanzug, Einfamilienhaus
(reine) Serienfertigung	Mehrere Einheiten verschiedener Produkte auf *unterschiedlichen* Anlagen	Klassischerweise PKW, LKW
Sortenfertigung	Mehrere Einheiten verschiedener Produkte auf *gleichen* Anlagen	Kollektion Wintermäntel, Buchdruck
Massenfertigung	Unbegrenzt viele Einheiten eines (mehrerer) Produkte auf gleichen Anlagen	Bier, Koks
Chargenfertigung (Partialfertigung)	Ähnlich Massenfertigung, aber Produktunterschiede	Chemische Prozesse

Abb. 3.126 Charakteristika der Fertigungstypen. (Quelle: in Anlehnung an Wöhe (Betriebswirtschaftslehre) S. 422 (dort als Fertigungsverfahren bezeichnet))

die in einem nicht unterbrochenen Produktionsprozess gefertigt werden."[790] Fertigungstypen sind

- die *Einzelfertigung* und
- die *Serienfertigung*, die sich wieder in die reine Serienfertigung, sowie die Sorten-, Massen- und Chargenfertigung unterteilen lässt

Abbildung 3.126 gibt einen Überblick über die Charakteristika.

Der definitorische Unterschied zwischen einer *reinen* und anderen Arten der Serienfertigung ist also, dass bei der reinen Serienfertigung auf *einer* Anlage nur *ein* Produkt gefertigt wird.

Erklärungsbedürftig ist die *Chargenfertigung*. Eine Charge oder Partie ist die Menge, die in einem einzelnen Produktionsvorgang hergestellt wird. Chargenfertigungen sind nun „dadurch charakterisiert, dass die Ausgangsbedingungen und der Produktionsprozess selber nicht konstant gehalten werden können und somit das Ergebnis unterschiedlicher Chargen unterschiedlich ausfällt. Ursache sind Unterschiede in den verwendeten Rohmaterialien oder nur teilweise beeinflussbare Produktionsprozesse. ... Innerhalb einer Charge sind keine oder nur geringe Produktunterschiede feststellbar, hingegen können zwischen den einzelnen Chargen größere Abweichungen auftreten. Eine einzelne Charge wird in ihrer Menge begrenzt durch die vorhandene Rohstoffe (z. B. Wein) oder durch die

---

[790] Thommen/Achleitner (Betriebswirtschaftslehre) S. 330.

```
                    Fertigungsverfahren
              (Organisationstypen der Fertigung)
                            │
        ┌───────────────────┼───────────────────┐
  Werkstattprinzip      Gruppenfertigung      Fließprinzip
   ├─ Handwerkliche Fertigung
   ├─ Werkstattfertigung
   └─ Baustellenfertigung
```

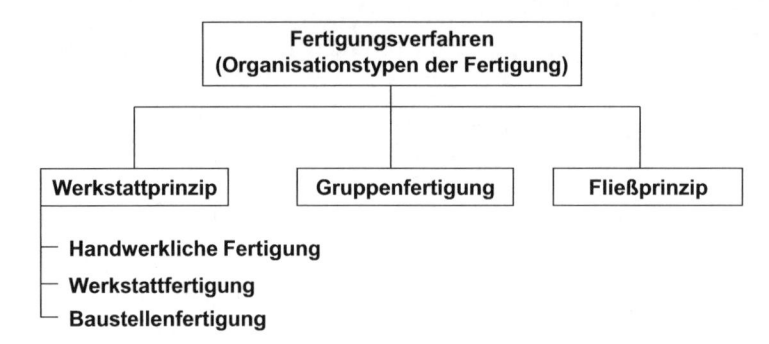

Abb. 3.127 Fertigungsverfahren. (Quelle: Thommen/Achleitner (Betriebswirtschaftslehre) S. 335)

Kapazitäten der Produktionsmittel (z. B. Weinfass)."[791] Neben der Weinherstellung ist das Färben von Textilien ein typisches Beispiel.

In Zeiten mehr und mehr differenzierter Kundenwünsche ist die reine Serienfertigung heute mehr und mehr unüblich. Auch für die genannten Beispiele – die Automobilindustrie – trifft es meistens nicht mehr zu; die Sortenfertigung überwiegt auch hier. Mittlerweile wird sogar versucht, über die Sortenfertigung hinaus zu gehen und die Serienfertigung mit der Einzelfertigung faktisch zu kombinieren, indem auf einer Anlage Produkte hergestellt werden, die gemäß den Wünschen der Kunden *individuell konfiguriert* („customized") werden. Damit sollen die Vorteile hoher Produktivität der Serienfertigung kombiniert werden mit dem flexiblen Eingehen auf individuelle Kundenwünsche. Man spricht dabei von *Hybrider Fertigung*.[792]

4. *Fertigungsverfahren*

„Bei der Festlegung des *Fertigungsverfahrens* – den *Organisationstypen der Fertigung* – geht es um die innerbetriebliche Standortwahl. Es handelt sich um die organisatorische Gestaltung der Bearbeitungsreihenfolge der Erzeugnisse und die Zuordnung der Aufgaben zu den Arbeitsplätzen."[793] Zu unterscheiden sind (vgl. Abb. 3.127).

Bei der rein *handwerklichen* Fertigung wir ein Produkt vollständig von einer Person an einem Arbeitsplatz hergestellt. Es findet sich heute nur noch in Kleinbetrieben.

Die *Werkstattfertigung* „ist dadurch charakterisiert, dass Maschinen und Arbeitsplätze mit gleichartigen Arbeitsverrichtungen zu einer fertigungstechnischen Einheit, einer Werkstatt, zusammengefasst werden (z. B. Dreh-, Fräs-, Bohr-, Schleif-, Spritz-, Montagewerkstatt)."[794] Vorteil ist eine relativ hohe Flexibilität. Dem stehen lange Transportwege der Produkte; schwierige Produktionsplanung, um eine gleichmäßige Auslastung

---

[791] Thommen/Achleitner (Betriebswirtschaftslehre) S. 332.

[792] vgl. z. B. Vanberg (Wertschöpfungskette).

[793] Thommen/Achleitner (Betriebswirtschaftslehre) S. 335, vgl. zum Abschnitt Thommen/Achleitner (Betriebswirtschaftslehre) S. 335ff.

[794] Thommen/Achleitner (Betriebswirtschaftslehre) S. 336.

sicherzustellen; eventuell lange Wartezeiten und die Notwendigkeit größerer Zwischenlager gegenüber. Auch die Werkstattfertigung eignet sich daher vorwiegend für die Einzelfertigung und Kleinserien, produziert in Klein- und Mittelbetrieben.

Der Ausdruck *Baustellenfertigung* ist selbst erklärend. Die Produktionsmittel werden zum Produktionsstandort gebracht. Typische Anwendung ist natürlich der Hoch- und Tiefbau, aber zum Teil auch der Großmaschinenbau.

Im Gegensatz zur Werkstattfertigung ist die *Fließfertigung* typisch für größere Serien- und Massenproduktion. Per Definition ist sie „dadurch gekennzeichnet, dass die Anordnung der Arbeitsplätze und Anlagen der am Produkt durchzuführenden Arbeiten entspricht."[795] Um die Vorteile des Fließprinzips vollständig auszunutzen, wird der Fertigungsprozess in zeitlich gleiche Arbeitstakte (= *Taktzeit*) eingeteilt (*Taktfertigung*). Ein Arbeitsgang entspricht genau der Taktzeit, bisweilen auch einem Vielfachen davon. Typisches Beispiel ist die *Fließbandfertigung*. Die Produktivität dieses Verfahrens ist hoch, außerdem werden Zwischenlager weitgehend ausgeschaltet. Nachteile sind meistens hohe Fixkosten für die Errichtung der Anlagen, Störungsanfälligkeit, und die Monotonie der Arbeitsplätze, die zu sozialen und Qualitätsproblemen führen kann.

- Der letztere Punkt hat zur Entwicklung der *Gruppenarbeit*, namentlich in Form von teilautonomen Arbeitsgruppen, geführt. Das Fließprinzip wird darin teilweise rückgängig gemacht und mit dem Werkstattprinzip kombiniert. Der Punkt wurde bereits ausführlicher im Rahmen des Personalmanagements diskutiert.[796]

3.8.3 Operative Fertigungsplanung

Angenommen, die Fertigungsanlagen stehen, die Strukturen, Fertigungsverfahren und -typen stehen entsprechend fest. Die Fertigung bekommt aus dem Absatzbereich den Auftrag, einen oder mehrere Einheiten des Produkt A oder B (oder anderer) zu produzieren. Wie läuft die Planung dann konkret ab, und was sind die relevanten Hilfsmittel? Hier stehen im Mittelpunkt:

1. die Stückliste
2. die optimale Losgröße
3. Das Gantt-Diagramm
4. Produkltionsplanungs- und Steuerungssysteme (PPS-Systeme)

1. Stückliste
Der Auftrag, X Stück von A und/oder B zu produzieren, sagt noch nicht unmittelbar etwas darüber aus, was nun konkret zu produzieren ist. Denn A und B bestehen aus diversen

---

[795] Thommen/Achleitner (Betriebswirtschaftslehre) S. 337.
[796] s. o. Kap. 3.5.4.2.

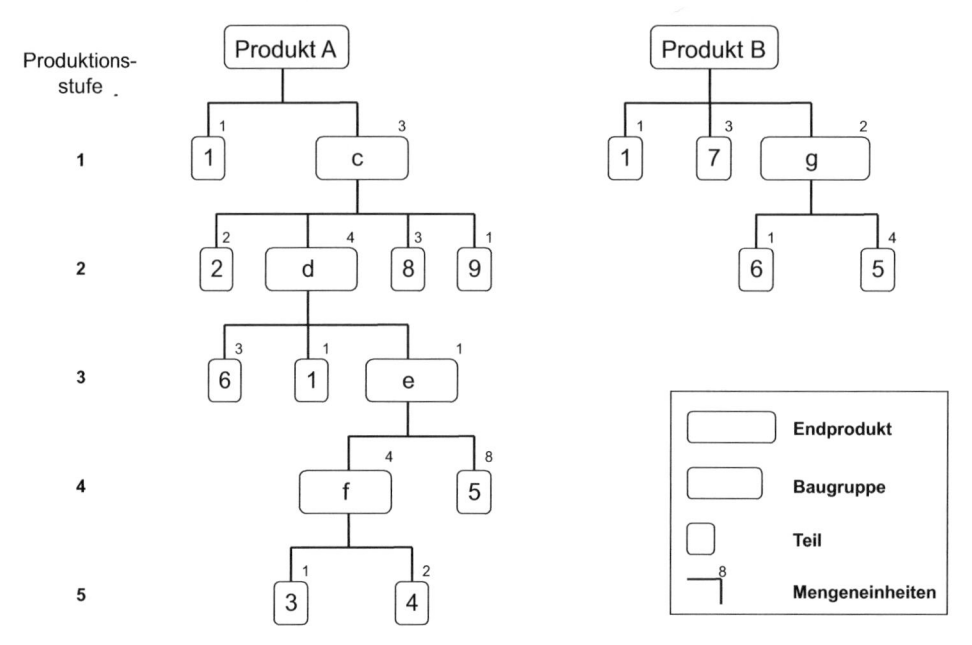

Abb. 3.128 Struktur zweier Erzeugnisse (Beispiel). (Quelle: Thommen/Achleitner (Betriebswirtschaftslehre) S. 348)

Teilen, Materialien oder Baugruppen. Diese müssen zunächst gefertigt oder zugekauft werden. Essentiell ist also die Information, welche und wie viele einzelne Teile benötigt werden. Diese Information ist in der *Stückliste („Stüli"[797])* enthalten.

Einer „Stückliste kann entnommen werden, aus welchen Materialien (Rohstoffen), Teilen oder Baugruppen sich das Endprodukt zusammensetzt. Sie gibt in tabellarischer Form Auskunft über die art- und mengenmäßige Zusammensetzung eines Erzeugnisses."[798] Stücklisten sind *zentral* zur Steuerung er Fertigung.

Im Beispiel in Abb. 3.128 besteht Produkt B aus einem Stück des Teils 2 und 3 Stücken des Teils 7. B besteht aber auch aus 2 Baugruppen g, die wieder aus 1 Teil 6 und 4 Teilen 5 bestehen. Zur Fertigung eines Stücks von B werden daher benötigt:

Abbildung 3.129 zeigt die Stückliste von Erzeugnis B, die einen „schnellen, umfassenden Überblick über den gesamten Verbrauchsfaktorbedarf"[799] bietet. Interessierte Leser sind eingeladen, übungshalber auch die Stückliste des Erzeugnisses A zu erstellen.

Aus der „Stüli" ergibt sich nun konkret für die Produktionsplaner der Bedarf an Teilen, an Verbrauchsfaktoren, die gefertigt oder (vom Lager oder Lieferanten) beschafft werden müssen.

---

[797] vgl. z. B. Günther/Tempelmeier (Produktion) S. 170 ff, Schneeweiß (Produktionswirtschaft) S. 201 ff.
[798] Thommen/Achleitner (Betriebswirtschaftslehre) S. 347.
[799] Günther/Tempelmeier (Produktion) S. 173.

3.8 Produktion

Teil Nr.	Anzahl
1	1
5	8
6	2
7	3

Abb. 3.129 Beispiel Stückliste

2. *Optimale Losgröße*

Die Anzahl der herzustellenden Teile und Erzeugnisse ist nun bekannt. In einer Serienfertigung geht es nun darum, diese auch möglichst *kostengünstig* zu produzieren. Im Rahmen der operativen Fertigungsplanung bedeutet das vor allem, die richtige, die *optimale Losgröße* zu wählen.

Ein *Fertigungslos* wird definiert als „jene Menge einer Sorte oder einer Serie, die hintereinander und ohne Umstellung oder Unterbrechung des Produktionsprozesses hergestellt wird."[800]

Wie groß sollte ein Fertigungslos sein, um möglichst kostengünstig zu produzieren? Zwei extreme Möglichkeiten bieten sich an. Erstens könnte das Fertigungslos extrem klein gehalten, d. h. auf einer Anlage nur das produziert werden, was unmittelbar gebraucht wird. Das würde aber zu der Notwendigkeit häufigen *Umrüstens* führen, also zu Umstellungsarbeiten, „z.B. Werkzeug- und Vorrichtungswechsel oder die Reinigung, das Aufheizen oder das Programmieren von Maschinen"[801]. Die dadurch entstehenden Kosten werden *Rüstkosten* genannt. Im anderen Extrem könnte der gesamte Bedarf einer Periode in einem einzigen Los produziert werden. Das minimierte die Rüstkosten, führte aber zu hohen Lagerhaltungskosten.

Das Optimum liegt also dazwischen. Wie das Optimum *mathematisch* zu finden ist, ist bereits aus der Beschaffung bekannt.[802] Es handelt sich um die Andler-Formel. Nur stehen anstelle der fixen Kosten pro Bestellvorgang die fixen Kosten einer Umrüstung, also die Rüstkosten; und anstelle des Einstandspreises der Stückwert des hergestellten Produkte.

Also[803]:

G = Gesamtkosten der Fertigung in €
B = (Jahres-) Bedarf in Stk.
P = Stückwert pro Artikel in €

---

[800] Thommen/Achleitner (Betriebswirtschaftslehre) S. 333.
[801] Bloech (Produktion) S. 245.
[802] s. o. Kap. 3.7.2.
[803] vgl. z. B. Bloech (Produktion) S. 246 ff.

Q = Lagerhaltungskosten, ausgedrückt als Prozentwert des Lagerwerts
K = fixe Rüstkosten pro Umrüstung in €
M = Fertigungsmenge pro Los in Stk.

Herleitung und Formel sind dann mit der im vorigen Kapitel beschriebenen identisch. Die optimale Losgröße, die Anzahl Artikel, die pro Los produziert werden sollen, ist M0.

Auch die Anwendung dieser Formel in der Praxis ist begrenzt, da sie auf einer Reihe von *nicht immer realistischen Bedingungen* beruht: alle Daten sind bekannt und sicher, es entstehen keine Fehlmengen, der Absatz ist konstant, es handelt sich um ein Einproduktmodell ohne Verknüpfungen zu/ Abhängigkeiten von anderen Produktarten und mehr.[804] Auch in diesem Fall ist es aber möglich, das Modell durch Aufhebung dieser Prämissen so zu erweitern, dass die praktische Anwendbarkeit verbessert wird.[805]

3. *Gantt-Diagramm*
In der Praxis werden die zu fertigenden Erzeugnisse in der Regel mehrere Fertigungsstufen zu durchlaufen haben, zum Beispiel Drehen, Fräsen, Bohren, Schleifen, Montieren. Die Reihenfolge dieser Arbeitsvorgänge ist aus technischen Gründen für jedes Erzeugnis vorgegeben. Aus Sicht des Absatzes und unter dem Gesichtspunkt möglichst geringer Kapitalbindung ist es wünschenswert, dass Aufträge möglichst schnell abgearbeitet, also die *Durchlaufzeiten minimiert* werden. Dies wäre kein Problem, wenn, im Idealfall, beliebig viele Maschinen zur Verfügung stünden. In der Praxis ist deren Anzahl aber natürlich aus Kostengründen begrenzt. Der Fertigungsplaner steht also vor der Aufgabe, die Durchlaufzeiten bei begrenzten Produktionskapazitäten zu minimieren. Das ist möglich mit Hilfe eines nach dem Erfinder so genannten *Gantt-Diagramm*s[806]. Das Gantt-Diagramm ist ein Balkendiagramm.[807] In einem *Maschinenbelegungsdiagramm* werden dabei auf der Horizontalen die Zeiteinheiten, in der Regel, Maschinenstunden, abgetragen; auf der Vertikalen die Aggregate (Drehbank, Fräsmaschine etc.). Die Aufträge werden in Form von Balken, in der Praxis meistens in Form farbiger Tafeln, dargestellt (die umgekehrte Form, die Darstellung der Aufträge auf der Y-Achse und die der Aggregate als Balken, wird *Auftragsfolgediagramm* genannt; vgl. Abb. 3.130 und 3.132.

Es liegen zwei Aufträge vor, einer für 50 Einheiten des Erzeugnisses A, einer für 100 Einheiten des Erzeugnisses B. Die Mindestgröße eines Loses sind 50 Stück. A benötigt also (für 50 Stk.) eine Drehbank über 8 h, anschließend die Schleifmaschine über 7 h und so weiter.

Ein Gantt-Diagramm könnte dann aussehen wie in Abb. 3.131 dargestellt. Im Beispiel existieren zwei Bohrmaschinen und zwei Drehbänke; der Engpass ist die einzige Schleifmaschine. Durch entsprechendes Einphasen ist Typ B nach 20 Stunden fertig gestellt. Die

---

[804] vgl. Bloech (Produktion) S. 246 f.
[805] vgl. Bloech (Produktion) S. 249 ff.
[806] vgl.Bloech (Produktion) S. 278 ff, Wöhe (Betriebswirtschaftslehre) S. 432 ff.
[807] s. o. Kap. 3.4.3.

3.8 Produktion

Auftrag	Menge	Benötigte Arbeitsvorgänge in der Reihenfolge mit der erforderlichen (Zeit in h/50 Stück)
Typ A	50	D(8) – S(7) – B(8)
Typ B	100	D(3,5) – S(2) – B(4)

Abb. 3.130 Daten zu einem Beispiel Gantt-Diagramm. (Legende: D = Drehbank, B = Bohrmaschine, S = Schleifmaschine)

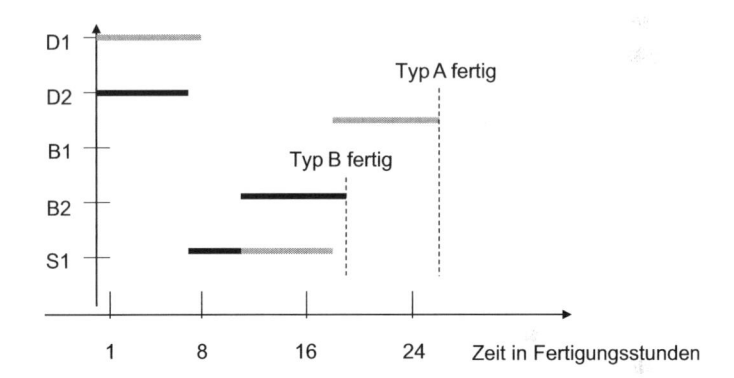

Abb. 3.131 Beispiel Gantt-Diagramm (Maschinenbelegungsdiagramm)

Fertigstellung von A verzögert sich etwas gegenüber dem Optimum, da nach dem Drehen die Schleifmaschine noch von B belegt ist.

Anhand des folgenden Beispiels kann der Leser die Erstellung eines Fertigungsplans selbst üben.

Beispiel: Maschinenbelegungsplan

Sie sind Leiter der Fertigung in einem kleinen Betrieb, der folgende Maschinen und das nötige Personal zur Verfügung hat:

2 × Drehbank (D)
1 × Fräsmaschine (F)

Auftrag	Menge	Benötigte Arbeitsvorgänge in der Reihenfolge mit der erforderlichen (Zeit/Stück)
A1	8	D(3) – F(2) – B(2) – S(2,5)
A2	10	B(1) – D(4) – S(1)
A3	6	D(4) – S(3)
A4	10	D(2) – B(1) – F(3) – B(1) – S(2)

Abb. 3.132 Daten zum Übungsbeispiel Gantt-Diagramm

 1 × Bohrmaschine (B)
 1 × Schleifmaschine (S)

Es ist Montagmorgen, alle Maschinen sind frei und folgende Aufträge sind zu bearbeiten:

Annahmen:
- Die Aufträge sind in der Priorität 1–4 und
- in einem kompletten Los (d. h. kein Splitting) zu bearbeiten.

Lösung:
 A1 = 76 h
 A2 = 86 h
 A3 = 104 h
 A4 = 138 h

In der Praxis sind oft 20–30 Aggregate vorhanden und Dutzende von Aufträgen einzuplanen. Entsprechend optisch beeindruckend sind die Gantt-Diagramme. Bisweilen bedecken sie ganze Bürowände vom Fußboden bis zur Decke.

4. *Produktionsplanungs- und Steuerungssysteme (PPS-Systeme)*
Man mag sich nun fragen, ob es heute wirklich noch nötig ist, die Produktionsplanung und -steuerung in wesentlichen Punkten manuell vorzunehmen oder ob Software-Programme dazu nicht besser in der Lage sind. Tatsächlich sind seit Jahren Softwareprodukte auf dem Markt, welche diese Aufgabe übernehmen, die PPS-Systeme[808]. Typischerweise bestehen sie aus *Modulen wie in Abb. 3.133 dargestellt*:

---

[808] vgl. z. B. Wöhe (Betriebswirtschaftslehre) S. 442 ff.

3.8 Produktion

Modul	Aufgabe
Grunddatenverwaltung	Integrierte Verwaltung der Planungsdaten
Produktionsprogrammplanung	Ermittlung des Primärbedarfs
Mengenplanung	Materialbedarfsermittlung Bestellmengenplanung Losgrößenplanung
Termin- und Kapazitätsplanung	Durchlaufterminierung Kapazitätsterminierung
Werkstattsteuerung	Auftragsveranlassung
Betriebsdatenerfassung (BDE)	Auftragsüberwachung

Abb. 3.133 PPS-Module. (Quelle: in Anlehnung an: Wöhe (Betriebswirtschaftslehre) S. 442 f.)

Mittlerweile sind die traditionellen PPS-Systeme weiterentwickelt und integrierter Bestandteile der ERP-Software geworden. Die Integration bezieht sich auf die Verzahnung beispielsweise mit der Entwicklungs-, Materialwirtschafts- und Vertriebssoftware.

So sind viele Produktionsprozesse heute IT-technisch hochgradig optimiert. Die manuelle Produktionsplanung, etwa mit Hilfe des Gantt-Diagramms, hat aber noch nicht überall ausgedient. Viele kleine und mittelständische Betriebe besitzen zwar die PPS-Software, setzen sie aber nur partiell ein.

Die Schwierigkeiten beim Einsatz der PPS-Systeme liegen dabei nicht in der Software selbst. Vielmehr liegen sie, wie so oft, in der mangelnden *Datenpflege*. Ohne entsprechende Pflege der Daten ist die Brauchbarkeit auch der besten Software in der Praxis begrenzt – das alt bekannte „garbage in – garbage out" Prinzip.

Die mangelnde Datenpflege beginnt teilweise bereits bei den Stammdaten. Es ist in der Praxis keineswegs selbstverständlich, dass alle Maschinenlaufzeiten und Stücklisten ständig auf dem aktuellsten Stand gehalten werden. Typisch sind auch Mängel bei der BDE. Zum Teil wird an die Software nicht oder nicht zeitgerecht die Information weitergegeben, dass ein Auftrag an einer Maschine auch tatsächlich beendet wurde. Das PPS verfügt also nicht über die Information, dass ein Aggregat wider frei ist und den nächsten Auftrag übernehmen kann. Schließlich passiert es regelmäßig, dass ein dringender Auftrag, zum Beispiel für einen wichtigen Kunden, unter Umgehung aller formalen Produktionsplanung manuell kurzfristig eingeschoben wird.

Manuelle Planung bei der Fertigungssteuerung ist in solchen Situationen weiterhin gefragt. Es ist dabei deutlich zu sagen, dass der nur begrenzte Einsatz von PPS-Systemen in KMUs keineswegs immer in personellen Unzulänglichkeiten, etwa mangelnder Ausbildung, liegt. Vielmehr arbeiten diese Unternehmen oft bewusst mit sehr kleinen Serien. Sie legen hingegen großen Wert auf extreme Flexibilität bei der Erfüllung von Kundenwünschen, was ein Wettbewerbsvorteil gegenüber Großunternehmen darstellt. In dieser

Situation würde eine zu stark automatisierte und formalisierte Fertigungsplanung und -steuerung mehr stören als nutzen.

3.9 Marketing/Absatz

3.9.1 Marketing als Unternehmensphilosophie

Marketing wird in der Öffentlichkeit gelegentlich mit Absatz oder Vertrieb, bisweilen sogar mit Werbung gleichgesetzt. Dabei sind sich Literatur und Praxis einig, dass Marketing eine wesentlich weiter gehende Bedeutung hat. Marketing ist eine *Unternehmensphilosophie*, Marketing durchdringt alle Unternehmensbereiche – oder sollte es zumindest.

Eine einfache aber prägnante Definition lautet: Marketing ist „marktgerichtete und damit marktgerechte Unternehmungspolitik"[809].

Am besten kann das Marketing-Konzept erläutert werden, indem es dem *Absatz-Konzept (Selling concept)* gegenüber gestellt wird. Das Absatz-Konzept gilt idealtypisch als Vorstufe des Marketing-Konzepts[810].

Ein Unternehmen, das nach dem Selling concept operiert, hat als Ausgangspunkt die existierenden Produkte. Durch entsprechende Absatz- und Verkaufsförderungsaktivitäten – „a large-scale selling and promotion effort"[811] – versucht es nun, diese existierenden Produkte zu verkaufen.

Marketingorientierung bedeutet das umgekehrte Vorgehen. Ausgangspunkt sind die *Bedürfnisse („Needs")* der (potenziellen) Abnehmer. Oberste Handlungsmaxime ist es, bestimmte Bedürfnisse des Konsumenten zu befriedigen. Danach wird das Unternehmen ausgerichtet, was beispielsweise auch bedeutet, die Produkte gemäß diesen Bedürfnissen zu entwickeln oder zu ändern.

„Instead of a product-centered ‚make and sell' philosophy, the marketing concept is a customer-centered ‚sense and respond' philosophy. ... The job is not to find customers for your product, but the right product for your customers. As stated by famed direct marketer Lester Wunderman: ‚The chant of the Industrial Revolution was that of the manufacturer who said, ‚This is what I make, won't you please buy it'. The call of the Information Age is the consumer asking. ‚This is what I want, won't you please make it'"[812].

Abbildung 3.134 zeigt den Unterschied graphisch.

Bedürfnisse („needs")[813] sind dabei zu unterscheiden von Wünschen („wants"). „Wants are the form human needs take as they are shaped by culture and individual personality. An

---

[809] Weinhold-Stünzi (Marketing) S. 13.
[810] vgl. Kotler/Armstrong (Marketing) S. 11 ff.
[811] Kotler/Armstrong (Marketing) S. 11.
[812] Kotler/Armstrong (Marketing) S. 11.
[813] s. o. Kap. 3.5.6.

3.9 Marketing/Absatz

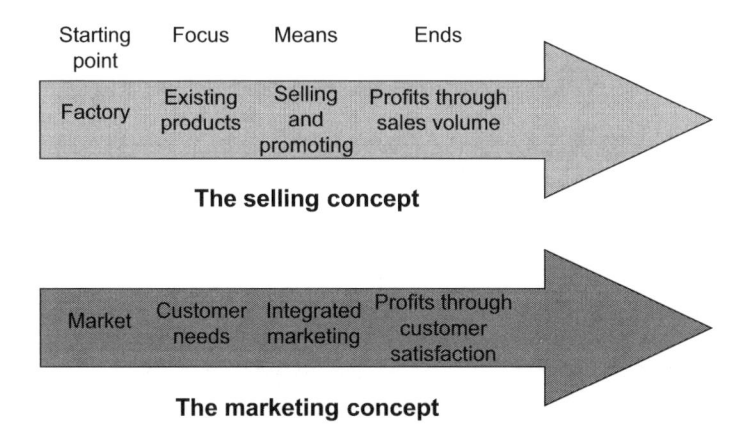

```
Starting    Focus      Means        Ends
point
        ┌─────────────────────────────────────┐
        │         Existing  Selling  Profits through │
        │ Factory products  and      sales volume    │
        │                   promoting                │
        └─────────────────────────────────────┘
                    The selling concept

        ┌─────────────────────────────────────┐
        │         Customer  Integrated  Profits through │
        │ Market  needs     marketing   customer        │
        │                               satisfaction    │
        └─────────────────────────────────────┘
                    The marketing concept
```

Abb. 3.134 Gegenüberstellung von Absatz- und Marketing-Konzept (Selling and Marketing Concept). (Quelle: Kotler/Armstrong (Marketing) S. 12)

American needs food but wants Big Mac, french fries, and a soft drink."[814] Das Abstellen auf Bedürfnisse und nicht auf Wünsche bedeutet, dass zunächst gar *nicht* der Wunsch nach einem *konkreten Produkt* des Abnehmers im Mittelpunkt steht. Das konkrete Produkt ist dann erst Ausfluss des Marketing.

Ein typisches Beispiel ist Google. Google's selbst definierte Mission ist es „to organize the world's information and make it universally accessible and useful."[815] Google will also das Informationsbedürfnis der Menschen befriedigen. Mit der allen bekannten Suchmaschine, ja mit dem Internet insgesamt, hat das zunächst nichts zu tun. Die Suchmaschine ist erst die konkrete Ausprägung der Bedürfnisbefriedigung. Getreu der Mission bietet Google mittlerweile denn auch eine ganze Reihe weiterer Produkte an, von Desktop-Publishing Software bis hin zu Google Earth.[816] Alles mit dem Ziel, Information jedem zugänglich zu machen.

Es wird auch deutlich, dass die konkreten Wünsche zur Bedürfnisbefriedigung dem Konsumenten zunächst gar nicht bewusst sein müssen. Tamagotchis befriedigen offenbar ein Bedürfnis – Spielbedürfnis, Spaßbedürfnis, Selbstverwirklichungsbedürfnis oder was auch immer. Aber es ist nicht gesagt, dass der durchschnittliche Verbraucher wirklich den Wunsch nach einem derartigen Produkt formuliert hätte, bevor Tamagotchis auf den Markt kamen[817].

Als Begründers des Marketing, wie es heute verstanden wird, gilt allgemein *Philip Kotler*.[818] In Deutschland hat *Heribert Meffert*[819] ein weit verbreitetes Lehrbuch geschrieben,

---

[814] Kotler/Armstrong (Marketing) S. 6.
[815] Google Inc. (Overview).
[816] vgl. Google Inc. (Features).
[817] vgl. Meffert (Marketing) S. 14 ff, vgl. auch z. B. Kotler/Armstrong (Marketing) S. 13.
[818] vgl. Kotler/Armstrong (Marketing).
[819] vgl. Meffert (Marketing).

jedoch ist auch eine Reihe weiterer Lehrbücher bekannt und zur Vertiefung empfehlenswert.[820]

3.9.2 Ethik im Marketing

Marketing-Aktivitäten sind für viele ethisch fragwürdig. Kritiker finden sich schon seit langem. Hervorgehoben wird dabei der manipulative Charakter des Eingehens auf Bedürfnisse, die dem Konsumenten selbst nicht bewusst sind, und mögliche gesundheitliche und ökologische Schäden.[821] Tastsächlich werden fragwürdige Praktiken auch in der Marketing-Literatur selbst nicht rundweg bestritten: „Consider the fast-food industry. Most people see today's giant fast-food chains as offering tasty and convenient food at reasonable prices. Yet many consumers and environmental groups have voiced concerns. Critics point out that hamburgers, fried chicken, french fries, and most other foods sold by fast-food restaurants are high in fat and salt. The products are wrapped in convenient packaging, but this leads to waste and pollution. Thus, in satisfying short-term consumer wants, the highly successful fast-food-chains may be harming consumer health and causing environmental problems."[822]

Die Kritik entpuppt sich bei näherem Hinsehen als typisches Teilgebiet der Shareholder Value vs. Stakeholder Value Debatte. Vertreter des Shareholder Value werden wie auch die Marketing-Literatur[823] darauf hinweisen, dass erfolgreiches Marketing auf *langfristiges* Eingehen auf Kundenbedürfnisse baut, mit anderen Worten auf langfristig zufriedene Kunden setzt. Nur dann wird das Unternehmen überleben. Langfristig zufriedene Kunden aber gewinnt man nicht durch Manipulation, ebenso wie sich langfristig gesellschaftlich schädliches Verhalten nicht auszahlt. Und schließlich – jeder weiß, dass Fast Food gesundheitsschädlich sein kann. Aber offenbar entscheiden sich viele Konsumenten jeden Tag freiwillig zu diesem Verhalten. Warum sollte man den mündigen Verbraucher davon abhalten, mit seiner Gesundheit umzugehen, wie er möchte?

Stakeholder Value werden dem die typischen Argumente „pro Unternehmensethik" entgegen halten.[824] Es ist nicht notwendig, die Argumente hier zu wiederholen. Denn ja nachdem, wo jemand in der Unternehmensethik-Debatte steht, wird er auch in der Marketing-Ethik Debatte stehen.

---

[820] vgl. z. B. Nieschlag/Dichtl/Hörschgen (Marketing), Luger/Pflaum (Marketing), Schneider (Marketing), Tietz,/Köhler,/Zentes (Marketing).
[821] vgl. z. B. Packard (Persuaders), Packard (Waste), vgl. auch z. B. Bookhagen (Positionierung).
[822] Kotler/Armstrong (Marketing) S. 13.
[823] vgl. Kotler/Armstrong (Marketing) S. 13ff.
[824] s. o. Kap. 2.3.

3.9.3 Der Markt als das wirtschaftlich relevante Umfeld der Unternehmung

Der *Markt* wird definiert als „ein Zusammentreffen von Angebot und Nachfrage für Güter und/oder Dienstleistungen."[825] Ein Unternehmen hat mit einer Reihe von Märkten zu tun, so dem Beschaffungsmarkt, dem Finanzmarkt, und dem Absatzmarkt. Im Mittelpunkt steht hier der *Absatzmarkt*, der Markt, der „die erzeugten Güter und Dienstleistungen … abnimmt."[826]

Relevante Größen sind in diesem Zusammenhang

- *Marktkapazität*
- *Marktpotenzial*
- *Marktvolumen*
- *Marktanteil*.

Es ist wichtig, diese Begriffe definitorisch auseinander zu halten[827].

Die *Marktkapazität* „umschreibt das Aufnahmevermögen des Marktes von der Bedarfsseite her."[828] Sie umfasst also alle *Bedürfnisse*.

Die Bedürfnisse sind aber nicht gleichzusetzen mit der *Nachfrage*. Eine Nachfrage entsteht erst, wenn das Bedürfnis auch mit entsprechender *Kaufkraft* unterlegt ist. Diese Marktgröße, also die, bei der die Kaufkraft mit einbezogen wird, ist das *Marktpotenzial*.[829]

Ein einfaches Beispiel: ein Kind, das seine Nase an der Scheibe einer Konditorei platt drückt, aber kein Taschengeld hat, hat ein Bedürfnis nach Süßigkeiten – ist also Teil der Marktkapazität – aber zunächst nicht Teil des Marktpotenzials. Marktpotenzial und Marktkapazität können weitgehend identisch sein, etwa wenn es um Grundnahrungsmittel in entwickelten Industrieländern geht. In anderen Fällen kann aber eine erhebliche Diskrepanz vorliegen.

Unter *Marktvolumen* wird „die Gesamtheit aller in einem bestimmten Markt angebotenen Produkte verstanden",[830] es beleuchtet also die *Angebotsseite*. Die Relation zwischen Marktvolumen und Marktpotenzial wird als *Marktsättigungsgrad* bezeichnet. Entspricht das Volumen dem Potenzial, beträgt der Sättigungsgrad 100 %, der Markt ist gesättigt[831].

Der *Marktanteil* schließlich „umfasst jenen Teil des Marktvolumens, den die einzelne Firma an Umsatz zu bewältigen mag."[832] Der Marktanteil ist also der Umsatz eines

---

[825] Luger/Pflaum (Marketing) S. 22.
[826] Luger/Pflaum (Marketing) S. 22.
[827] vgl. Weinhold-Stünzi (Marketing) S. 44 ff.
[828] Weinhold-Stünzi (Marketing) S. 45.
[829] vgl. Weinhold-Stünzi (Marketing) S. 46f.
[830] Weinhold-Stünzi (Marketing) S. 48.
[831] vgl. Weinhold-Stünzi (Marketing) S. 48.
[832] Weinhold-Stünzi (Marketing) S. 48.

Abb. 3.135 Marktgrößen.
(Quelle: in Anlehnung an:
Weinhold-Stünzi (Marketing)
S. 47 ff.)

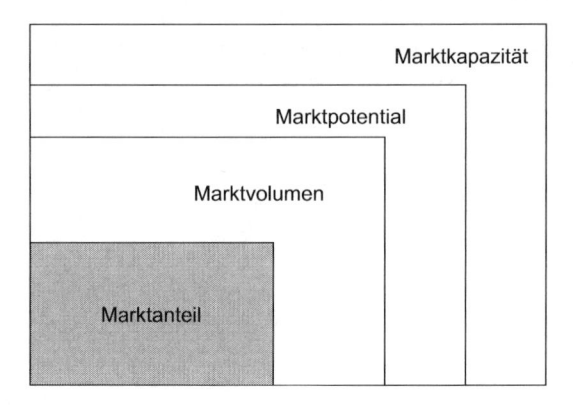

Unternehmens in Relation zum im Markt erzielten Gesamtumsatz, ausgedrückt in Prozent. Bisweilen wird nicht die Wertgröße Umsatz, sondern der *Absatz in Stück* als Indikator genommen. Beispielsweise ist es in der Automobilindustrie üblich, die Anzahl der Neuzulassungen eines Unternehmens an den gesamten (PKW-)Neuzulassungen als Marktanteil zu definieren. Abbildung 3.135 stellt die Begriffe graphisch gegenüber.

3.9.4 Marketingstrategie

Idealtypisch und vereinfacht dargestellt verläuft die Entwicklung eines Gesamtkonzepts des Marketings wie folgt:

- Entwicklung der *Marketingstrategie*
- *Segmentierung des Marktes* als ein Kernpunkt der Strategie
- Entwicklung und Einsatz der *Marketing-Instrumente*.

Unter *Marketingstrategie* werden „eine bzw. mehrere für das Unternehmen rentable Verhaltensweisen verstanden, die mittel- und langfristig die Unternehmensexistenz sichern."[833] Wenn der Ausgangspunkt jedes Marketing die Befriedigung von Bedürfnissen ist, dann folgt daraus, das im sich im Kern die Marketingstrategie mit der Frage befasst: *Welche Bedürfnisse wollen wir befriedigen*? Unter Einbezug des Wettbewerbs kann die Fragestellung so präzisiert werden: *Welche Bedürfnisse können wir besser als der Wettbewerb befriedigen*? Der Sinn der Formulierung ist offensichtlich; der Versuch, in einem Markt aktiv zu sein, in dem sich bereits überlegene Wettbewerber aufhalten, ist zum Scheitern verurteilt.

---

[833] Luger/Pflaum (Marketing) S. 60, vgl. zum Abschnitt z. B. Luger/Pflaum (Marketing) S. 60 ff, Meffert (Marketing) S. 59 ff.

3.9 Marketing/Absatz

Offensichtlich ist auch der unmittelbare Zusammenhang mit der generellen *Unternehmensstrategie*.[834] Befriedigung langfristiger Bedürfnisse, besser als der Wettbewerb – das leitet sich unmittelbar ab aus den Strategischen Erfolgspositionen (SEP). Die Entwicklung der Marketingstrategie ist also keine isolierte Aktion. Beim konkreten Vorgehen kann daher auch auf die Entwicklung der Unternehmensstrategie verwiesen werden.

Ein Kernpunkt der Marketing-Strategie ist die Definition des *relevanten Marktes*[835], d. h. die Abgrenzung des Marktes, in dem die Unternehmung tätig sein soll. Diese Festlegung ist keinesfalls trivial. Denn wenn Marketing von Bedürfnissen ausgeht, so ist auch der Markt zunächst nach *denen abzugrenzen* und *nicht* nach den Produkten. Wer sich nur auf die technisch definierten Produkte konzentriert, der kann übersehen, dass bestimmte Bedürfnisse gerade im Zug des technischen Fortschritts auch ganz anders befriedigt werden können. In der Historie lassen sich zahlreiche, zum Teil auch in der Literatur genannte, *Beispiele* finden:

- So nützte es den US-amerikanischen Eisenbahnen seinerzeit wenig, immer bessere Züge und schnellere Lokomotiven einzusetzen. Das Bedürfnis, das sie bedienten, war keines nach „Eisenbahn fahren", sondern das Mobilitätsbedürfnis. Das konnte immer besser durch Automobile und Flugzeuge befriedigt werden. Entsprechend sanken die Marktanteile der Eisenbahnen.
- Auch die Hersteller von Schreibmaschinen, die sich nicht rechtzeitig umstellen konnten, verschwanden vom Markt, auch wenn ihre Produkte exzellent gewesen sein mochten. Denn sie bedienten das Bedürfnis nach Informations- bzw. Textverarbeitung. Und das konnten Personal Computer schnell wesentlich besser.
- Die Steuerungs- und Automatisierungstechnik basiert auf unterschiedlichen Technologien: der Pneumatik – Steuerung per Luftdruck -, Hydraulik – Energie- und Kraftübertragung mittels Flüssigkeiten – und Elektroantrieben[836]. In jedem der Sektoren sind unterschiedliche Anbieter führend. Alle Techniken bedienen aber das gleiche Bedürfnis in der Investitionsgüterindustrie. Sie sind daher grundsätzlich substituierbar. Die Anbieter tun daher gut daran, die technischen Entwicklungen auf den Nachbargebieten zu beobachten, da von daher eine größere Gefahr als von den eigentlichen Wettbewerbern drohen kann.
- Welches Bedürfnis befriedigt ein Schlüssel? Ein Schlüssel ist eine Art der Steuerung der *Zugangsberechtigung*. Zugangsberechtigungen können aber auch anders vergeben werden, zum Beispiel mittel Magnetstreifen-Karten oder Iris-Erkennung. Insofern ist es fraglich, ob Schlüssel in zehn oder zwanzig Jahren noch die heutige Bedeutung haben.
- Was ist der relevante Markt für einen Hersteller edlen Whiskys? Sicher gehören nicht unbedingt nur andere Whisky-Marken hierzu, sondern zum Beispiel auch Cognac. De-

---

[834] s. o. Kap. 3.2.
[835] vgl. Abell, D. (Business) S. 17 ff., Boston Consulting Group (Product), Meffert (Marketing) S. 34 ff.
[836] vgl. Festo Didactic KG (Steuerungstechnik).

finiert als das Bedürfnis nach „edlem Genuss" mögen dazu auch zum Beispiel Zigarren gehören. Umgekehrt gehört ein billiger Whisky, obwohl vom Produkt her betrachtet ähnlich, vielleicht nicht hierzu.

Auch wenn diese Betrachtungsweise auf einer strategischen Ebene wichtig und richtig ist, so ist sie doch schwer operativ umzusetzen. Wenn es etwa um die Berechnung konkreter Marktanteile geht, so ist das in der Praxis fast unmöglich, wenn auf so etwas Abstraktes wie die Bedürfnisse abgestellt wird. So wird *operativ* der Marktanteil und damit der Erfolg des Unternehmens wesentlich stärker an produktorientierten Größen ausgerichtet. Die erwähnten PKW-Hersteller können mit der Anzahl Neuzulassungen im täglichen Geschäft wesentlich mehr anfangen als mit der abstrakteren Aussage, sie befriedigten das Mobilitätsbedürfnis.

In der Praxis wird also zu unterscheiden sein zwischen strategischer und operativer Betrachtung. Strategisch ist es essentiell, sich an den Bedürfnissen zu orientieren; operativ wird man pragmatischer Vorgehen und stärker auf die Produkte abstellen.

3.9.5 Marktsegmentierung

Um erfolgreich zu sein, kann ein Unternehmen heute nicht mehr den gesamten Markt undifferenziert bearbeiten. Vielmehr ist der Markt aufzuteilen in relativ homogene Gruppen, die dann gezielt angesprochen werden können[837]:

„Produkt- und Dienstleistungsmärkte können heute nicht mehr global betrachtet werden, sondern erfolgreiches Marketing setzt die Bearbeitung von Marktsegmenten voraus. Auch wenn man heute von Massenmärkten spricht, stehen dahinter Segmentierungsstrategien, denn auch Massenmarktstrategien sind Segmentierungsstrategien. Eine Totalstrategie für den Automarkt, Uhrenmarkt, Bekleidungsmarkt, Häusermarkt, Nahrungsmittel- bzw. Kosmetikmarkt kann nicht erfolgreich sein. Zu verschieden sind die Konsumentenansprüche, die frei verfügbaren Einkommen der Nachfrage sowie die im Markt vorhandenen Preisklassen.

Ein Marktsegment ist ein Teil des Gesamtmarktes mit homogenen Käufergruppen. Ob ein Marktsegment besonders gewinnversprechend ist oder nicht, hängt u. a. von der Zahl der Mitbewerber ab. Ein Auto für ‚alle' wäre ebenso wie eine Zahnpasta für ‚alle' ein Misserfolg (flop)."[838]

Unter *Marktsegmentierung* wird folglich „die Aufteilung eines Gesamtmarktes in bezüglich ihrer Marktreaktion intern homogene und untereinander heterogene Untergruppen (Marktsegmente) ... verstanden."[839]

---

[837] vgl. zum Abschnitt Bauer (Marktabgrenzung), Backhaus (Investitionsgütermarketing) S. 195 ff, Kotler/Armstrong (Marketing) S. 216 ff., Meffert (Marketing) S. 174 ff, Luger/Pflaum (Marketing) S. 69 ff.
[838] Luger/Pflaum (Marketing) S. 69.
[839] Meffert (Marketing) S. 174.

3.9 Marketing/Absatz

Nach moderneren Konzepten beinhaltet die Marktsegmentierung aber nicht nur die Aufteilung des Marktes, sondern auch die gezielte „Bearbeitung einer oder mehrerer dieser Segmente."[840]

Marktsegmentierung kann sowohl im Konsumgüter- als auch im Industriegüterbereich vorgenommen werden. Bekannter ist die Marktsegmentierung jedoch im Konsumgüterbereich.

Die Segmentierung wird nach unterschiedlichen *Kriterien* vorgenommen. Abbildung 3.136 zeigt die typischen.

Geografisch	
Welt Region / Land	Nordamerika, West Europa / Deutschland ...
Region / Bundesland	Ostdeutschland, Bayern ...
Größe der Agglomeration	< 5000; 5000 - 20.000; 20.000 - 100.000; ... > 1 Mio.
Bevölkerungsdichte	Städtisch, ländlich
Klimaregion	Nord, Süd

Demografisch	
Alter	< 6; 6-11; ... 65 +
Geschlecht	Männlich, Weiblich
Haushaltsgröße	1-2; 3-4; 5+
Familienstatus	Single; verheiratet ohne Kinder; verheiratet, Kinder unter 18 J.; verheiratet, Kinder über 18 J.; allein erziehend ...
Einkommen	< 10.000 € p.a. ... > 60.000 € p.a.
Beruf	Schüler/Studierende; Arbeiter; Angestellte; Führungskraft; Freiberufler; Rentner ...
Schulbildung	Hauptschule, Realschule, Gymnasium; Hochschule ...
Konfession	Katholisch, protestantisch, jüdisch ...

Psychografisch/Soziografisch	
Lebensstil	„Achiever", verschwenderisch, Asket ...
Persönlichkeit	Autoritär, pflichtbewusst, emotional ...
Kontaktfähigkeit	Einzelgänger, gesellig
Werthaltung	Konservativ, liberal ...

Verhaltensbezogen	
Allgemein:	
Freizeitgestaltung	Fernsehen, Vereinsleben ...
Urlaubsgestaltung	Naherholung, Fernreisen

Auf das Produkt bezogen:	
Kaufmotive	Bequemlichkeit, Qualität, Preis ...
Verwenderstatus	Kein, regelmäßig, ...
Verwendungsintensität (user rates)	Gelegentlicher Nutzer (light user), mittlerer Nutzer (medium user), intensiver Nutzer (heavy user)

Abb. 3.136 Kriterien der Marktsegmentierung. (Quelle: in Anlehnung an Kotler/Armstrong (Marketing) S. 217, Thommen/Achleitner (Betriebswirtschaftslehre) S. 129)

---

[840] Meffert (Marketing) S. 174.

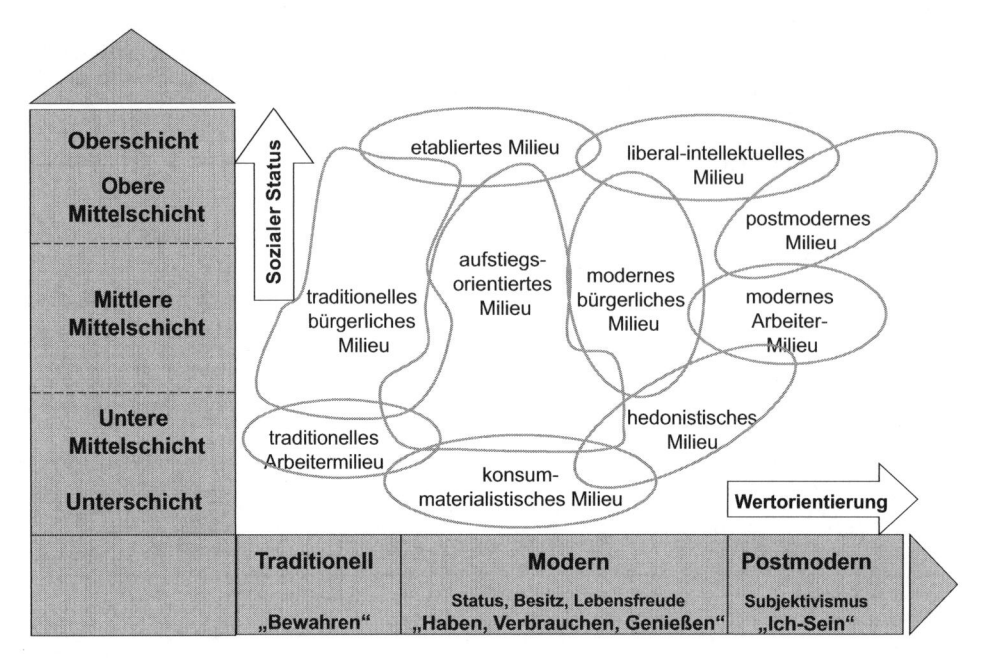

Abb. 3.137 Milieus in Deutschland nach der Sigma-Studie. (Quelle: Sigma Institut (Milieus)

Beachtenswert sind insbesondere die so genannten „weichen" Kriterien (psychografisch, soziografisch, verhaltensbezogen). Ihre Messbarkeit ist naturgemäß relativ schwierig. Gleichwohl ist ihre Bedeutung heute höher als früher, da das für die Unternehmen relevante Konsumverhalten sich mehr und mehr danach ausrichtet und weniger nach „harten" Kriterien wie dem Einkommen.

Entsprechende Agenturen bieten deshalb Ihre Dienste an bei der Segmentierung des Marktes nach diesen Kriterien. Bekannt ist die jährliche Studie des Sigma-Instituts, Mannheim. Sigma teilt die deutsche Bevölkerung nach den beiden Dimensionen „Wertorientierung" und „sozialer Status" in 10 Gruppen ein (Abb. 3.137).

Interessierten sei die im Literaturverzeichnis angegebene Website empfohlen. Hier finden Sie nicht nur nähere Informationen, sondern es kann (nach Registrierung) auch jeder selbst testen, zu welchem Milieu er nach der Studie gehört.

Neben diesen allgemeinen Milieubeschreibungen können Unternehmen anhand der Studien auch feststellen, welche Einstellungen die Gruppen im Hinblick auf *bestimmte Produkte und Dienstleistungen* haben. Die Studien sind daher eine wertvolle Basis, um anschließend die operativen Marketing-Maßnahmen danach auszurichten.

3.9.6 Die Marketing-Instrumente

Ein Unternehmen, das die Marketing-Strategie entwickelt und die zu bearbeitenden Marktsegmente definiert hat, steht nun vor der Aufgabe, die in der Strategie definierten

3.9 Marketing/Absatz

Ziele auch durch entsprechende *Maßnahmen operativ umzusetzen*. Dazu dient der Einsatz der *Marketing-Instrumente*.

„Für die Aufgaben des Marketings stehen verschiedenartige Instrumente zur Verfügung, die es ermöglichen, bei sachgerechtem Einsatz die richtigen Kunden so zu bearbeiten, dass sie das Angebot an Sachgütern bzw. Dienstleistungen wahrnehmen und dem vom Anbieter benötigten Preis akzeptieren. Ihr Einsatz basiert auf der Marketing-Strategie und hat die Aufgabe, die Strategieziele in Maßnahmen umzusetzen, die der Realisierung der Strategieziele dienen. Somit sind die Marketing-Instrumente das ‚Handwerkszeug' der Produktmanager und Marketingmanager."[841]

Die Marketing-Instrumente werden allgemein in vier Gruppen klassifiziert, den bekannten *4 Ps*:

- *Product*
- *Price*
- *Place*
- *Promotion*.[842]

In der Terminologie von *Meffert*[843] entspricht das im Deutschen:

- *Produkt- und Programmpolitik*
- *Kontrahierungspolitik*
- *Distributionspolitik*
- *Kommunikationspolitik*.

3.9.6.1 Produkt und Programmpolitik (Product)

Die *Produkt- und Programmpolitik* „beinhaltet alle Entscheidungstatbestände, die sich auf die marktgerechte Gestaltung aller von Unternehmen im Absatzmarkt angebotenen Produkte beziehen."[844]

Dazu gehört:

1. „Die Auswahl und Gestaltung geeigneter Einzelangebote einschließlich Gestaltung der Produkte, der Verpackung und der Kennzeichnung einer Marke (Produktpolitik)
2. Die Einbettung der Einzelangebote in einen größeren Angebotszusammenhang (Sortimentspolitik)

---

[841] Luger/Pflaum (Marketing) S. 174.
[842] vgl. Kotler/Armstrong (Marketing) S. 53 f.
[843] vgl. Meffert (Marketing).
[844] Meffert (Marketing) S. 317, vgl. zm Abschnitt Kotler/Armstrong (Marketing) S. 249 ff., Meffert (Marketing) S. 317 ff., Nieschlag/Dichtl/Hörschgen (Marketing), S. 151 ff. Luger/Pflaum (Marketing) S. 177 ff., Weinhold-Stünzi (Marketing) S. 83 ff.

Definition		z.B. Automobil
Die aus den **physikalisch-funktionellen** Eigenschaften eines Produktes resultierende Bedürfnisbefriedigung	Grundnutzen	Bequemer und sicherer Transport von A nach B
	+	
Über den Grundnutzen hinausgehende Bedürfnisbefriedigung	Zusatznutzen	Alle über den reinen Transportnutzen hinausgehenden Nutzenkomponenten des Autos
Aus den **ästhetischen** Eigenschaften eines Produktes resultierende Bedürfnisbefriedigung	Erbauungsnutzen	Befriedigung des Schönheitsempfindens bei der Betrachtung von Form und Farbe (Styling) des Fahrzeugs
	+	
Aus den **sozialen** Eigenschaften eines Produktes resultierende Bedürfnisbefriedigung	Geltungsnutzen	Soziale Anerkennung oder Aufwertung durch den Kauf und die öffentliche Nutzung einer preisträchtigen Luxusmarke (z.B. Mercedes-Benz)
	=	
Die aus **allen Eigenschaften** eines Produktes resultierende Bedürfnisbefriedigung	Produktnutzen	Summe aller Nutzenkomponenten des Automobils

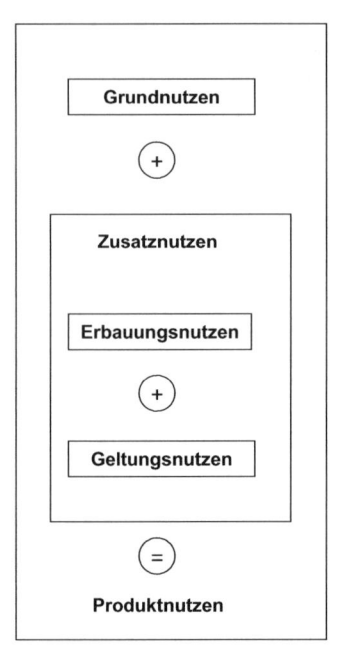

Abb. 3.138 Komponenten des Produktnutzens. (Quelle: Meffert (Marketing) S. 323)

3. Die Ergänzung des Angebots um zusätzliche Leistungen (Servicepolitik)."[845]
Wohl in keinem anderen Punkt wird das umfassende Konzept, das hinter dem Marketinggedanken steht, so deutlich. Das gesamte Angebot des Unternehmens im Markt ist darauf ausgerichtet.

Wie wird nun unter Berücksichtigung dessen bei der Gestaltung eines *einzelnen Produkts* konkret vorgegangen?

1. *Produkte*: Wenn es sich ein Unternehmen im Rahmen der Marketing-Strategie zum Ziel macht, bestimmte *Bedürfnisse* zu befriedigen, dann folgt daraus: sie muss eine *Leistung* bieten, welche dem Abnehmer einen *Nutzen* zuführt, der das *Bedürfnis befriedigt*[846].

Nutzen ist also das Schlüsselwort. Der Produktnutzen besteht dabei aus diversen Komponenten, neben dem *Grund*nutzen ist das der *Zusatz*nutzen, der wieder in „Erbauungs-" und „Geltungs"nutzen unterteilt werden kann (Abb. 3.138).
Dazu ist ergänzend zu bemerken:

- Es ist keineswegs zwangsweise so, dass der Grundnutzen im *Vordergrund* stehen muss. Bei Designerkleidung etwa ist es offensichtlich, dass der Grundnutzen von Kleidung, Schutz vor Kälte und sonstigem Unbill des Wetters, nicht im Vordergrund steht. Auch

---
[845] Luger/Pflaum (Marketing) S. 175.
[846] vgl. Weinhold-Stünzi (Marketing) S. 84.

3.9 Marketing/Absatz

beim erwähnten Beispiel Automobil wäre wohl die Annahme sehr naiv, der Grundnutzen „bequemer und sicherer Transport von A nach B" stünde beim Autokäufer stets im Vordergrund.
- Im Vordergrund einer Produktentwicklung kann folglich auch durchaus ein Nutzen stehen, der allgemein als eher „emotional" denn „rational" bezeichnet würde, was auch immer im Einzelnen unter diesen Begriffen zu verstehen ist.
- Es ist auch nicht in unbedingt relevant, ob der Nutzen dem Abnehmer *bewusst* ist oder nicht. Beispiele hierzu wurden schon genannt. So mag eine Mutter eine bewusste Kaufentscheidung für bestimmte Babywindeln treffen, weil sie das Beste für Ihr Kind will; der Nutzen, dass die Windel auch die bequemsten für sie sind, wird sie eher unbewusst wahrnehmen.[847] Deshalb ist die Ermittlung psychischer Determinanten des Käuferverhaltens gerade auch für die Produktpolitik wichtig[848].
- Nutzenmaximierende Produktpolitik ist *nicht* unbedingt identisch mit Maximierung der Qualität. Nicht maximale Qualität ist das Kriterium, sondern *genau die Qualität, die den Nutzen stiftet, die der Kunden bereit ist, zu bezahlen.*

Deutschen Unternehmen wird in diesem Zusammenhang gelegentlich „overengineering" vorgeworfen. Der Kern des Vorwurfs lautet, die Produktgestaltung sei eher getrieben von dem Wunsch der Ingenieure, high-tech zu liefern, als vom Wunsch der Kunden: „Haben Sie in Ihrem Büro auch so eine schöne neue Telefonanlage? Eine, mit der Sie alles machen können, weil sie individuell programmierbar ist? Dann ist Ihnen vermutlich schon mal das Gleiche passiert wie mir: Ich komme am Wochenende ins Büro, das Telefon klingelt im Sekretariat, aber ich kann das Gespräch nicht entgegen nehmen. Warum? Wegen der individuellen Programmierung meiner Sekretärin. Bis ich das Handbuch gefunden und studiert hatte, war das Gespräch längst wieder weg."[849] Der Grund, so der Autor, liege darin, dass die Produkte zu sehr unter dem Gesichtspunkt technischer Brillanz denn und nicht unter dem der Orientierung am Kundennutzen entwickelt werden. „Woran liegt das? Ich behaupte, es liegt an unserer Forschermentalität. Deutsche Forscher sind sich oftmals selbst genug. Die Herausforderung ist für sie die technische Lösung. ...Wirklich große Ingenieure (hingegen, J.P.), die ihre Entwicklungen erfolgreich umgesetzt haben ... waren unternehmerische Erfinder, die den Nutzen ihrer Kunden im Auge hatten."[850] Ob die Anklage des Autors im konkreten Fall gerechtfertigt ist, muss hier nicht diskutiert werden. Die Grundaussage, sich am Kunden und nicht unbedingt am besten technisch Möglichen zu orientieren, bleibt bestehen.

---

[847] s. o. Kap. 2.2.5.
[848] vgl. Kroeber-Riel (Konsumentenverhalten) S. 45 ff., Nieschlag/Dichtl/Hörschgen (Marketing) S. 202 ff.
[849] Backhaus (Engineering) S. 130.
[850] Backhaus (Engineering) S. 130 ff.

Fall: Nutzenorientierte Produktentwicklung eines Rasenmähers

Der folgende Fall wurde von einem Unternehmensberater glaubwürdig (wenngleich nicht überprüfbar) vorgetragen.

Der Berater wurde mit seinem Team zu einem Hersteller von Rasenmähern gerufen. Das Top-Management bestand mehrheitlich aus Ingenieuren und war dementsprechend technisch orientiert. Die Produkte hatten technisch auch einen ausgezeichneten Ruf. Dennoch waren der Absatz und Gewinnsituation unbefriedigend.

Die Berater untersuchten den Markt unter dem Gesichtspunkt des Produktnutzens. Der Grundnutzen eines Rasenmähers ist klar – den Rasen schneiden. Aber geht es wirklich nur darum? Nein, fanden die Berater heraus.

Den Zusatznutzen hat wohl schon jeder einmal unbewusst erfahren, der eines Abends im Mai in einer Reihenhaussiedlung den Rasenmäher angeworfen hat. Was passiert? Kurze Zeit später werden auch Nachbarn anfangen, den Rasen zu mähen. Das bedeutet: das Mähen des Rasens hat auch einen *Geltungsnutzen*. Es signalisiert der Umgebung: seht her, hier ist ein ordentlicher Mitbürger, der sein Haus und seinen Garten pflegt!

Um diesen, dem Benutzer nicht bewussten, Zusatznutzen zu vermitteln, muss der Rasenmäher natürlich entsprechenden Lärm verursachen.

Nun standen die Berater vor einem typischen Problem, wenn ein unbewusster Zusatznutzen vermittelt werden soll. Er kann nicht offen thematisiert werden. In dem Fall wäre es hochgradig kontraproduktiv gewesen, damit zu werben, der Rasenmäher sei speziell laut.

Die Berater kamen zusammen mit dem Unternehmen auf eine geniale Idee. Eine „Turbo-Funktion", zuschaltbar wie bei einem Staubsauger, die bei dem normalerweise nicht besonders lauten Rasenmäher zusätzlichen Lärm verursachte. Die zusätzliche Leistung beim Schneiden des Rasens selbst wäre nicht notwendig gewesen, aber darauf kam es ja auch nicht an.

Zusammen mit einer Reihe anderer Marketing-Maßnahmen kam das Unternehmen, so der Berater, schließlich wieder auf Erfolgskurs.

2. *Sortiment*: Die einzelnen angebotenen Produkte dürfen nicht isoliert betrachtet werden, sondern müssen „in einem sinnvollen Zusammenhang stehen ... Produkte, die unter Gesichtspunkten des Absatzes in einem sinnvollen Zusammenhang stehen (gleiche Endzielgruppe, gleiche Bedarfsgruppe), werden als Sortiment bezeichnet. Die einzelnen Artikel im Sortiment sollen sich so ergänzen, dass Synergieeffekte entstehen, die entweder in Form von Kostensenkungen (relativ zum Umsatz) oder in erhöhten Umsätzen wirksam werden."[851]

Kosteneinsparungen können in allen Bereichen des Unternehmens entstehen, in der Entwicklung durch gemeinsame Nutzung von Know-how, in der Produktion durch gemeinsame Nutzung von Anlagen und gemeinsame Komponenten (Baukastenprinzip), im Marke-

---
[851] Luger/Pflaum (Marketing) S. 210.

3.9 Marketing/Absatz

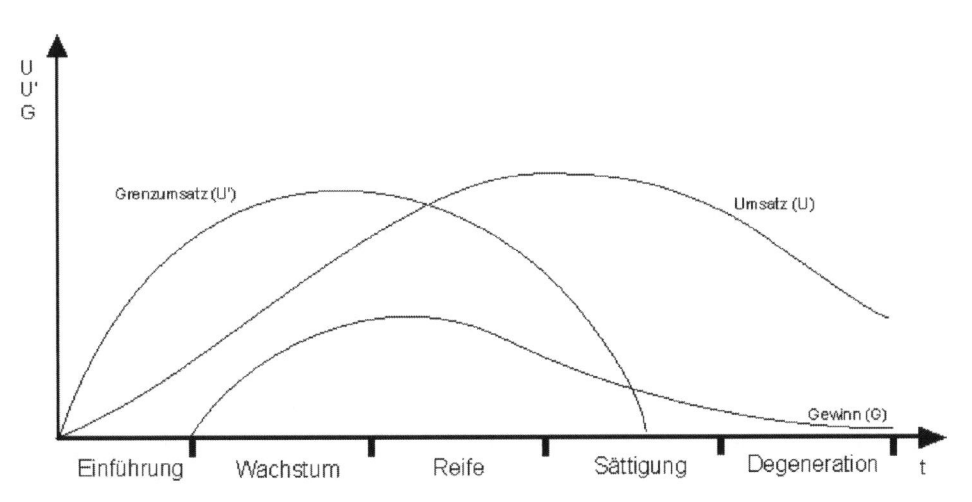

Abb. 3.139 Lebenszyklusphasen. (Quelle: in Anlehnung an Meffert (Marketing) S. 332, Thommen/Achleitner (Betriebswirtschaftslehre) S. 167)

ting durch gemeinsame Nutzung von Werbung, Außendienst und so weiter, schließlich in der (Distributions-)Logistik durch gemeinsame Nutzung der Infrastruktur.

Umsatzsteigerungen sind etwa dadurch zu erzielen, dass viele Abnehmer ganze Gruppen von Produkten „aus einer Hand" haben möchten. Anwender suchen oft eine *Problemlösung* und nicht ein spezifisches Produkt.

Zentrale Entscheidungen der Programmpolitik betreffen erstens die *Sortimentstiefe*, d. h. wie viel verschiedenartige Ausführungen eines Produkts im Sortiment sind, und die *Sortimentsbreite*, d. h. wie viele unterschiedliche Produktarten im Sortiment zu finden sind[852].

Neben der Bestimmung von Sortimentstiefe und -breite gehört die *Lebenszyklusanalyse* zur Sortimentspolitik.

Das bekannte Modell des *Produktlebenszyklus* unterstellt, „dass jedes Produkt – unabhängig von seinem spezifischen Umsatzverlauf – zunächst steigende und dann sinkende Umsätze erzielt und dass jedes Produkt ganz bestimmte Phasen durchläuft, unabhängig davon, ob die absolute Lebensdauer eines Produktes Jahrzehnte, einige Jahre oder nur wenige Monate dauert"[853].

Die typischen Zyklen sind in Abb. 3.139 dargestellt. Die Kunst der Sortimentspolitik liegt darin, innerhalb des gesamten Sortiments für eine *ausgewogene Verteilung* der Produkte im Lebenszyklus zu sorgen. Offensichtlich ist es nicht zukunftsträchtig, zu viele Produkte in der Sättigungs- oder gar Degenerationsphase zu haben.

---

[852] vgl. z. B. Thommen/Achleitner (Betriebswirtschaftslehre) S. 160 f.
[853] Meffert (Marketing) S. 330.

Aber auch der umgekehrte Fall – zu viele Produkte in der Einführungsphase, oder sogar noch vorher, in der Entwicklungsphase – ist gefährlich. Denn in diesen Phasen fällt noch kein Gewinn an, und die Zahlungsströme sind negativ. Im ungünstigsten Fall könnte das Unternehmen trotz guter Zukunftsperspektiven zahlungsunfähig werden, bevor die Gewinnphase erreicht ist.

Es ist erstaunlich, welche Erkenntnisse ein Unternehmen aus der einfachen „Übung" gewinnen kann, die Produkte auf der Lebenszyklus-Graphik einzutragen.

Ich kenne einen Fall, in dem sich ein Unternehmen durch steigende Umsätze und gute Gewinne auszeichnete. Die dadurch ausgelöste Selbstzufriedenheit erhielt einen merklichen Dämpfer, als festgestellt wurde, dass praktisch alle Produkte sich in der Reife- oder Sättigungsphase befanden. Trotz einiger Entwicklungsanstrengungen waren keine zukunftsträchtigen neuen Produkte im Sortiment. Das Unternehmen lebte also in gewisser Weise von den Erfolgen der Vergangenheit. Diese Situation ist durchaus nicht ungewöhnlich, aber gefährlich. Gefährlich deshalb, weil die Umsatz- und Gewinnsituation durchaus zufrieden stellend sein kann und daher keine Warnsignale auftauchen, bis es zu spät ist. Hier rechtzeitig Entwicklungen zu erkennen, das macht den Wert der Lebenszyklusanalyse aus.

3. *Serviceleistungen* als *Leistungsergänzung* dienen dazu, „die Attraktivität der Hauptleistung zu erhöhen"[854]. Es ist dabei unerheblich, ob für den Service ein Entgelt verlangt wird oder ob er kostenfrei ist.

Serviceleistungen können viele Formen annehmen[855]:

- Vor dem Kauf etwa durch gute Information und kompetente Beratung
- Während der Abwicklung des Kaufs durch Leistungen wie Lieferung ins Haus oder Installation des Produkts
- Nach dem Kauf durch technischen Kundendienst, Garantieleistungen u. ä.

Alle Maßnahmen haben das gemeinsame Ziel, die Zufriedenheit und dadurch die Loyalität des Kunden positiv zu beeinflussen.

3.9.6.2 Kontrahierungspolitik (Price)

Die Kontrahierungspolitik umfasst „alle vertraglich fixierten Vereinbarungen über das Entgelt des Leistungsangebots, über mögliche Rabatte und darüber hinaus gehende Lieferungs-, Zahlungs-, und Kreditierungsbedingungen."[856]

---

[854] Luger/Pflaum (Marketing) S. 215.
[855] vgl. Luger/Pflaum (Marketing) S. 215 ff.
[856] Meffert (Marketing) S. 467, vgl. zum Abschnitt Kotler/Armstrong (Marketing) S. 311 ff,, Meffert (Marketing) S. 467 ff., Nieschlag/Dichtl/Hörschgen (Marketing), S. 294ff Luger/Pflaum (Marketing) S. 276 ff.

3.9 Marketing/Absatz

Aus der Definition wird deutlich, dass im Mittelpunkt der Kontrahierungspolitik zwar die Festlegung des Preises liegt, wie dies aus dem englischen Ausdruck hervorgeht, dass aber dazu noch viel mehr gehört.

Gleichwohl, im Mittelpunkt steht der Preis. Zur Festlegung des Preises können in der Praxis grob vier Strategien unterschieden werden:

1. *Kostenorientierte Preisbestimmung*: Diese Methode ist in der Praxis relativ weit verbreitet, da die Preise so mit den im Unternehmen in der Regel vorhandenen Informationen einfach und schnell ermittelt werden können.
   Der Grundsatz ist simpel:
   a. aus der Kostenrechnung werden die *Selbstkosten*[857] pro Stück herangezogen
   b. es wird ein *Gewinnaufschlag* von, beispielsweise, 5 %, addiert, was den Preis ergibt.
   Zwar ist es grundsätzlich richtig, die Kosten bei der Preisfestsetzung zu berücksichtigen, da ja langfristig die Kosten durch die Preise gedeckt sein müssen. Als allein angewandte Methode hat die kostenorientierte Preisfestsetzung aber Mängel.
   So besteht die Gefahr, dass „bei einem hohen Fixkostenanteil und einer zu klein geschätzten Absatzmenge die Preise zu hoch ausfallen (weil der Fixkostenanteil pro Mengeneinheit sehr groß wird), so dass die Produkte gar nicht abgesetzt werden können."[858] Zwar kann versucht werden, diese Gefahr durch modernere Kostenrechnungsverfahren wie die Deckungsbeitragsrechnung oder Prozesskostenrechnung[859] zu umgehen.
   Es bleibt aber der Nachteil, dass die Preisfestsetzungsstrategie *nicht marktaktiv* ist. Es ist keineswegs gesagt, dass der nach dieser auch „Cost-plus" genannten Methode errechnete Preis zum maximalen Gewinn führt. Sie ist „nicht darauf angelegt, Marktchancen preislich zu nutzen und in überplanmäßige Gewinne umzusetzen."[860] Genau darauf zielt die zweite Strategie ab.
2. *Nachfrageorientierte Preisbestimmung*. Bei dieser Preisbestimmungsstrategie wird der optimale Preis analytisch aus der Preis-Absatz-Funktion abgeleitet, aus der Funktion, die angibt, „welche Mengen des betrachteten Erzeugnisses in der untersuchten Periode bei jeweils verschieden hohen Preisforderungen absetzbar sind"[861]. Dadurch kann der maximale Gewinn analytisch hergeleitet werden. In einer *monopol*artigen Situation, wenn das Unternehmen also der *einzige* Anbieter des Produkts ist, liegt dieser Preis beim so genannten *Cournotschen Punkt*. Der Cournotsche Punkt ist ein zentrales Konzept der Volkswirtschaftslehre, genauer: der Mikroökonomie. Für weitere Details wird auf die entsprechende Literatur verwiesen.[862]

---

[857] vgl. z. B. Haberstock (Kostenrechnung I) 146 ff., Olfert (Kostenrechnung) S. 182 ff.

[858] Thommen/Achleitner (Betriebswirtschaftslehre) S. 223.

[859] vgl. z. B. Haberstock (Kostenrechnung II), Olfert (Kostenrechnung) S. 269 ff., Kaplan/Cooper (Cost).

[860] Luger/Pflaum (Marketing) S. 295.

[861] Meffert (Marketing) S. 500.

[862] vgl. z. B. Woll (Volkswirtschaftslehre), Hirshleifer (Price)

An dieser Stelle bleibt festzuhalten, dass die nachfrageorientierte Preisbildung *theoretisch* – soweit bestimmte Voraussetzungen vorliegen – *optimal* ist, da mit ihr der Preis festgelegt werden kann, der den höchsten Gewinn erbringt. In der Praxis hat sie aber ein gravierendes Manko: meist ist die *Preis-Absatz-Funktion nicht bekannt*, d. h. es ist nicht bekannt, ob beispielsweise eine Preissenkung von 10 % zu einer Absatzsteigerung von 5 %, 10 % oder 20 % führte. Ohne die Preis-Absatz-Funktion kann aber der optimale Preis nicht errechnet werden.

3. *Konkurrenzorientierte Preisbestimmung*. Im Gegensatz zur marktorientierten Preisfindung handelt es sich hier um eine sehr *pragmatische* Methode. Der Preis wird auf Basis des Entgelts festgelegt, das der Wettbewerb verlangt, je nach Situation korrigiert um bestimmte Auf- oder Abschläge. Die Art der Preisfindung ist typisch bei *Oligopolen*, also *wenigen Anbietern* im Markt. Mittelständische Unternehmen orientieren sich dabei oft am *Leitpreis*, was in der Regel der Preis des Marktführers ist.

Ein in der Öffentlichkeit bekanntes Beispiel ist der *Benzinpreis*. Tankstellen orientieren sich bei der Preisfestsetzung an dem, was Wettbewerber in der Umgebung verlangen.

Durch den steigenden Konzentrationsgrad in der Wirtschaft wird diese Preisbestimmungsmethode immer bedeutender. Es ist freilich alles andere als eine aktive Art der Preisfestsetzung[863].

4. *Nutzenorientierte Preisbestimmung*. Die nutzenorientierte Preisfestsetzung ist eine konsequent am Marketing-Gedanken ausgerichtete Strategie. Sie steht in enger Verbindung zur Produktpolitik.

Ausgangspunkt ist die Frage: was ist der Kunde bereit, für das Produkt, genauer: den *Nutzen*, den das Produkt bietet zu zahlen? Auf dieser Basis wird der Preis festgelegt.

Um nun aber die Preise in *Übereinstimmung mit der Kostenstruktur* zu bringen, muss das Unternehmen nun noch einen Schritt weiter gehen, und eine bestimmte Methode der Kalkulation und der Produktentwicklung anwenden. Diese Methode wird *Target Costing* genannt[864].

Target Costing funktioniert so: der maximale Preis, den der Kunde zu zahlen bereit ist, wird festgestellt. Das ist die nutzenorientierte Preisbestimmung. Die entsprechenden Kosten dürfen also (abzüglich der Gewinnspanne) maximal so hoch sein. Sie werden *Allowable Costs* genannt, die Kosten also, die „erlaubt" sind.

Dem werden die tatsächlichen Kosten, die „*Drifting-Costs*" gegenübergestellt, die im ersten Schritt in der Regel über den Allowable Costs liegen.

Kennzeichen des Produktentwicklungsprozesses ist es nun, die Drifting Costs so zu „kneten", dass sie am Ende nicht höher sind als die Allowable Costs.

---

[863] Meffert (Marketing) S. 525 f.

[864] vgl. zum Abschnitt Seidenschwarz (Costing), Monden/Hoque (Costing), Witt (Controlling 1) S. 209 ff.

Diese Vorgehensweise kann sich durchaus auf einzelne Teilfunktionen beziehen. So wird im Fall von Target Costing bei den obigen Beispielen gefragt werden:

Wie viel ist der Kunde bereit, mehr für den zusätzlichen Geltungsnutzen durch den neuen Rasenmäher zu zahlen? Also: wie hoch sind die Allowable Costs für die Turbo-Funktion? Oder: Wie viel ist die Kundin bereit, mehr für die Windel zu zahlen, damit ihr Baby besser liegt und sie schneller fertig ist? Die Mehrkosten der Windel dürfen maximal in Höher dieser Allowable Costs sein.

Hier kann sich der Leser nun zu Recht fragen, wie diese Zahlungsbereitschaft denn festgestellt werden soll, zumal es sich, wie in den Beispielen, zum Teil um einen nicht bewussten Nutzen handelt. Durch statistische Verfahren, dem so genannten *Conjoint Measurement*,[865] besteht grundsätzlich die Möglichkeit, das zu erkennen. Vereinfacht gesagt, werden dabei unterschiedlichen Gruppen Produkte mit bestimmten Eigenschaften vorgelegt und die Frage gestellt, wie viel sie bereit wären, für das Produkt zu zahlen (z. B. einer Gruppe A ein Rasenmäher ohne, einer Gruppe B ein Rasenmäher mit Turbo-Funktion). Aus den unterschiedlichen Zahlungsbereitschaften für die unterschiedlichen Produkte ist dann die Bereitschaft abzuleiten, für eine bestimmte Funktion zu zahlen. Conjoint Measurement wird in einigen Branchen mit Erfolg eingesetzt. Da es sich aber um ein sehr aufwändiges Verfahren handelt, lohnt sich der Einsatz nur für sehr große Unternehmen. Typisches Beispiel ist die Automobilindustrie. Andere Unternehmen, die ebenfalls Target Costing und eine nutzenorientierte Preisbestimmung praktizieren, müssen sich bei der Festlegung der Allowable Costs auf ungenauere Methoden beschränken, notfalls mit groben Schätzungen durch den Vertrieb.

Insgesamt existiert weder in der Literatur noch in der Praxis *die* richtige Methode der Preisbestimmung. Üblich ist deshalb eine Kombination der genannten Methoden. In der Praxis bedeutet das oft genug letztlich eine – wie immer definierte und begründete – „politische" Festlegung des Preises, die analytisch kaum exakt nachvollziehbar ist. Es kann auch, typischerweise bei der Zulieferindustrie, eine Preisfestlegung bedeuten, die vor allem Ergebnis der entsprechenden Verhandlungen mit den Abnehmern ist.

3.9.6.3 Distributionspolitik (Place)

Die *Distributionspolitik* „bezieht sich auf die Gesamtheit aller Entscheidungen und Handlungen, welche der Übermittlung von materiellen und/oder immateriellen Leistungen vom Hersteller zum Endkäufer ... betreffen"[866].

Abbildung 3.140 zeigt die distributionspolitischen Themen im Überblick.

Grundfrage des *Absatzwegs* ist die Frage, ob der Hersteller direkt dem Endkäufer gegenüber tritt oder ob *unabhängige* Händler – insbesondere Groß- und Einzelhändler –

---

[865] vgl. z. B. Palloks (Kostenmanagement).
[866] Meffert (Marketing) S. 582; vgl. zum Abschnitt Kotler/Armstrong (Marketing) S. 361 ff., Meffert (Marketing) S. 582 ff., Nieschlag/Dichtl/Hörschgen (Marketing), S. 425 ff., Weinhold-Stünzi (Marketing) S. 139 ff., Thommen/Achleitner (Betriebswirtschaftslehre) S. 181 ff.

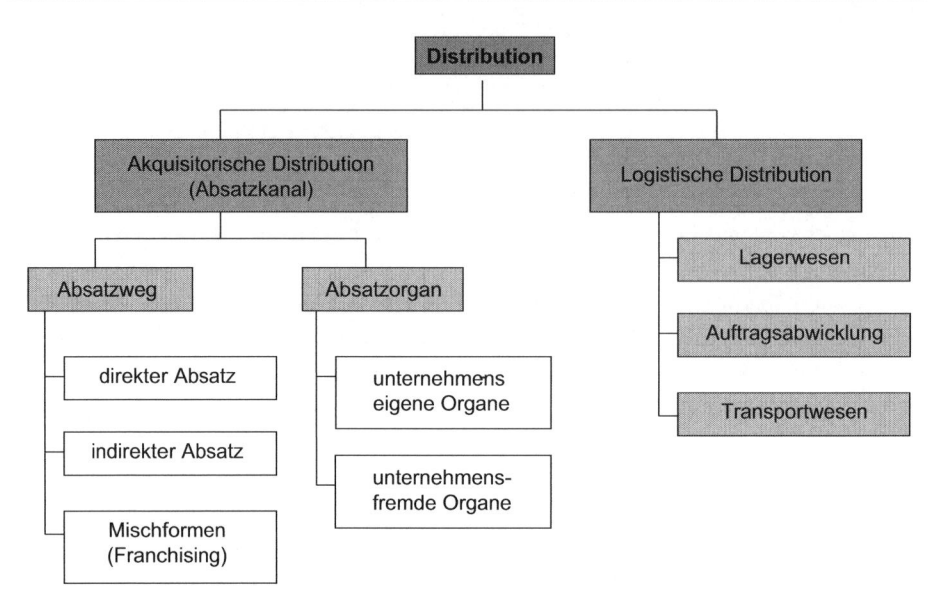

Abb. 3.140 Distributionspolitische Entscheidungen. (Quelle: Thommen/Achleitner (Betriebswirtschaftslehre) S. 183)

zwischengeschaltet werden. Das entscheidende Differenzierungskriterium stellt also der Sachverhalt dar, „dass beim indirekten Absatz von einem Produzenten unabhängige Handelsunternehmen die Waren an die Verbraucher bzw. Verwender weiterleiten, während beim direkten Absatz kein Handelsbetrieb eingeschaltet wird".[867]

Vorteil des direkten Absatzes ist natürlich die unmittelbare Kontrolle, dem steht der Nachteil gegenüber, dass die Distributionskosten bei direktem Absatz steigen.

Tendenziell wird daher eher die *direkte* Absatzform gewählt, wenn Produkte nicht standardisiert sind, erklärungsbedürftig, neuartig, hochpreisig.

Indirekt vertrieben werden hingegen eher Standardprodukte, Güter des täglichen Bedarfs, Verbrauchsprodukte.

Auch die *geografische Streuung* der Kunden spielt eine Rolle – je breiter die Streuung, umso teurer die Distribution, umso eher wird der indirekte Absatz gewählt. Weltweit tätige Unternehmen gründen daher oft eigene Vertriebsgesellschaften in den wichtigsten Märkten, während der Vertrieb in Gegenden mit geringer Siedlungsdichte und wenig konzentrierter Nachfrage – Beispiel: Afrika – unabhängigen Distributoren überlassen wird.

Ein Sonderfall ist das *Franchising*. „Unter Franchising versteht man eine vertraglich geregelte vertikale Kooperation zwischen zwei rechtlich selbständigen Unternehmen, bei der der Franchise-Geber (engl. ‚franchisor') dem Franchise-Nehmer (engl. ‚franchisee') gegen ein Entgelt das Recht gewährt, Güter und Dienstleistungen unter einer Marke bzw.

---

[867] Nieschlag/Dichtl/Hörschgen (Marketing) S. 467.

3.9 Marketing/Absatz

einem bestimmten Unternehmenskennzeichen und nach den Vorgaben des Franchise-Gebers zu vertreiben."[868]

Die Hamburger-Kette McDonalds ist das in der Öffentlichkeit bekannteste Beispiel, aber auch in der Hotel- und Autovermietungsbranche ist der Absatzweg üblich. Speziell in den Vereinigten Staaten ist Franchising weit verbreitet: „An estimated 2.000 franchised US companies with over 320.000 outlets account for some 1 trillion $ annual sales. Industry analysts estimate that a new franchise outlet opens somewhere in the United States every eight minutes".[869]

Die Popularität des Franchising ist der Tatsache zu verdanken, dass Vorteile des direkten und indirekten Absatzes gut kombiniert werden können. Der Franchisor hat einen relativ großen Einfluss auf die Distribution, ohne dass dazu wie beim direkten Absatz große finanzielle Mittel nötig wären. Der Franchisee hat ein geringeres Risiko als ein rein selbständiger Händler und profitiert vom Know-how des Franchisors bei Marketing-Maßnahmen, Personalschulungen und so weiter.

Unternehmenseigene und -fremde *Absatzorgane* existieren sehr viele. Wichtige Ausprägungen sind (vgl. Abb. 3.141).

Einige der Formen bedürfen einer kurzen *Erläuterung*:

Zwischen *Außendienstmitarbeitern* einerseits und *Handelsvertretern* andererseits ist definitorisch deutlich zu unterscheiden. Erstere sind Angestellte des Unternehmens, letztere sind Selbständige, die in fremdem Namen und auf fremde Rechnung arbeiten. *Kommissionäre* hingegen „kaufen und verkaufen im eigenen Namen, jedoch auf Rechnung und Gefahr ihrer Auftraggeber."[870] *Key-Account-Manager (KAM)* sind Betreuer von Großkunden (Key Accounts). Ihre Tätigkeit geht teilweise weit über das reine Verkaufen hinaus. So kümmert sich der KAM auch darum, dass die Prozesse im Unternehmen auf die Bedürfnisse des Kunden ausgerichtet sind.[871]

Hypermarkets (Hypermärkte) sind besonders großflächige Supermärkte, die in der Regel „auf der grünen Wiese" erstellt sind. Typische Beispiele sind die französische Kette Carrefour, zum Teil auch Wal-Mart.

Rag Jobbing bedeutet *Regalgroßhandel*. „Regalgroßhändler mieten – vorzugsweise in Supermärkten und Verbrauchermärkten – Regale an und lassen dort eigene Verkaufsstände aufstellen. Diese werden von örtlichen Verkaufsbetreuern überwacht."[872]

Der *Convenience Store* „führt ein begrenztes Sortiment an Lebensmitteln und Waren des täglichen Bedarfs. Man findet ihn heute vor allem an Tankstellen … Es besteht aber die Tendenz, diese Vertriebsform auch auf traditionelle Einzelhandelsformen auszudeh-

---

[868] Thommen/Achleitner (Betriebswirtschaftslehre) S. 186.
[869] Kotler/Armstrong (Marketing) S. 371 f.
[870] Thommen/Achleitner (Betriebswirtschaftslehre) S. 189.
[871] vgl. Belz ((Account).
[872] Thommen/Achleitner (Betriebswirtschaftslehre) S. 195.

Unternehmensintern:
- Außendienst (Reisende, Fachberater)
- Key Account Manager, Geschäftsleitung
- Verkaufsniederlassung
- Fabrikverkauf (Factory Outlets)

Unternehmensextern
- Handelsvertreter (Agent)
- Kommissionär
- Makler
- Großhandel
- Cash-and-Carry-Märkte
- Rag jobbing
- Einzelhandel
- Supermärkte
- Fachmärkte
- Hypermarkets
- Kaufhäuser
- Fachgeschäfte
- Convenience Stores
- Kooperationen

Unternehmensintern- und extern
- Telefonverkauf
- Versandhandel
- Internet
- „Tupperware-Parties" und dgl.
- Shop-in-the-Shop

Abb. 3.141 Absatzorgane. (Quelle: in Anlehnung an: Thommen/Achleitner (Betriebswirtschaftslehre) S. 188)

nen. Beispielsweise bieten Bäckereien neben ihrem eigentlichen Sortiment weitere Lebensmittel an oder führen eine Imbissecke."[873]

Das zweite große Teilgebiet der Distributionspolitik ist die *logistische Distribution*. Wie erkennbar handelt es sich um die physische Verteilung der Produkte und die administrative Abwicklung. Hierauf wird nicht näher eingegangen.

3.9.6.4 Kommunikationspolitik (Promotion)

„Sind das Leistungsprogramm der Unternehmung definiert, das hierfür zu fordernde Entgelt bestimmt sowie die zu ergreifenden distributionspolitischen Maßnahmen festgelegt, gilt es, mit Hilfe der Kommunikationspolitik die aus der Sicht des Unternehmens relevanten Bezugsgruppen zielgerichtet zu informieren."[874]

---

[873] Thommen/Achleitner (Betriebswirtschaftslehre) S. 192.
[874] Nieschlag/Dichtl/Hörschgen (Marketing) S. 528, vgl. zum Abschnitt Kotler/Armstrong (Marketing) S. 419 ff., Meffert (Marketing) S. 658 ff., Nieschlag/Dichtl/Hörschgen (Marketing) S. 527 ff, Luger/Pflaum (Marketing) S. 218 ff.

3.9 Marketing/Absatz

Für diese zielgerichtete Information stehen sehr viele Instrumente zur Verfügung:

- *„klassische" Werbung* in Printmedien, TV und Hörfunk, sowie die Außenwerbung
- *persönlicher Verkauf* durch Außendienstmitarbeiter und dergleichen
- *Direct Marketing* bzw. Direkt-Kommunikation „umfasst sämtliche interaktiven Kommunikationsmaßnahmen, die eine individuelle Ansprache des Konsumenten vorsehen … oder durch ein Responseangebot direkten persönlichen Kontakt mit dem Kunden … herstellen können."[875] Definitionsgemäß gehört dazu auch der persönliche Verkauf, jedoch geht es in erster Linie um die telefonische Ansprache des Kunden sowie Direct Mail oder auch Teleshopping.
- *Verkaufsförderung (sales promotion)* „beinhaltet jene primär kommunikativen Maßnahmen, die der Unterstützung der Schlagkraft der eigenen Absatzorgane, der Marketingtätigkeiten der Absatzmittler und der Unterstützung der Verwender bei der Beschaffung und Benutzung der Produkte stehen."[876] *Unterstützende* Maßnahmen stehen hier also im Vordergrund. Beispiele sind Händlerschulungen, Werbung am Verkaufsort (sog. *Point-of-Sales* Maßnahmen), Gewinnspiele oder Produktproben.
- *Public Relations* (Öffentlichkeitsarbeit) umfasst die „planmäßig zu gestaltenden"[877] Beziehungen zwischen Unternehmen und Interessensgruppen, also Stakeholders, wie Kunden, Bürgerinitiativen, Staat, Gemeinde. Im Unterschied zur Werbung und einigen anderen Instrumenten steht hier *nicht* ein bestimmtes Produkt oder eine bestimmte Marke, sondern das Unternehmen insgesamt, gelegentlich auch Einzelpersonen, im Vordergrund. Ziel ist die Verbesserung des Images, der Atmosphäre, des Verständnisses. Der absatzfördernde Effekt ist also eher indirekt.
- *Sponsoring* hat seit den 1980er Jahren durch zunehmende Verunsicherung über die Wirksamkeit „klassischer" Kommunikationsmaßnahmen an Bedeutung gewonnen. Gefördert werden vor allem Bereiche wie Sport, Kultur, Soziales, Umweltschutz, zum Teil auch Bildung. Es basiert auf dem Prinzip des gegenseitigen Leistungsaustauschs. Ein Unternehmen stellt „der geförderten Person bzw. Institution Geld, Sachmittel und/ oder Dienstleistungen mit der Intention zur Verfügung, hierfür eine wirtschaftlich relevante oder ideelle Gegenleistung zu erhalten. Aus der Sicht des Begünstigten verkörpert es somit ein Instrument der Finanzierung, aus jener des Sponsors eines der Kommunikation"[878].
- *Event-Marketing* ist die Inszenierung von unternehmens- oder produktzentrierten Ereignissen, bei denen die *Erlebnisorientierung* im Vordergrund steht[879].
- Messen und Ausstellungen

---

[875] Meffert (Marketing) S. 665.
[876] Meffert (Marketing) S. 664.
[877] Meffert (Marketing) S. 664.
[878] Nieschlag/Dichtl/Hörschgen (Marketing) S. 538.
[879] vgl. Nufer (Event-Marketing).

- *Online-Werbung* „umfasst alle Werbemaßnahmen, die mittels Websites im World-Wide-Web (WWW) durchgeführt werden".[880] Dazu gehört eine Reihe von Instrumenten, angefangen von einfacher Banner-Werbung über Pop-Ups bis hin zum Suchmaschinen- oder Key-Word-Advertising, bei dem ein Unternehmen bei Suchmaschinenanbietern Werbeplätze kauft, die speziellen Suchbegriffen zugeordnet werden[881].
- *Social Media-Marketing* umfasst die Dienste und Werkzeuge des Web 2.0 zu Marketingzwecken, also Marketing mittels „Austausch von nutzergenerierten Inhalten (user generated content), wie z. B. Meinungen, Erfahrungen und Informationen, im Internet"[882]. Dazu gehören Weblogs, besser bekannt als Blogs, Aktivitäten in Sozialen Netzwerken, Webforen, Podcasts und mehr
- *Mobile Marketing* gehört zu den wohl aktuellsten und am stärksten wachsenden Kommunikationsmaßnahmen im Bereich der elektronischen Medien. Diese Marketingmaßnahmen über mobile Endgeräte funktionieren einmal nach dem Push-Prinzip, bei dem das werbetreibende Unternehmen den Adressaten über Mitteilungen wie SMS, MMS, mobile Coupon oder dergleichen kontaktiert. Dem steht das Pull-Prinzip gegenüber, bei welchem die Zielgruppe durch andere Medien (TV-Werbung, Produktaufschriften…) auf den mobile Marketing Auftritt des Unternehmens hingewiesen wird.[883]
- *Viral Marketing*, das sind alle Techniken, Kunden zu animieren, Produkte und Dienstleistungen weiter zu empfehlen. Es handelt sich also um eine moderne Form der Mund-zu-Mund Propaganda. Im Mittelpunkt steht dabei oft das Internet. So ist der Verweis auf eine interessante und/oder witzige Website bzw. ein Video, der per Email weitergegeben wird, eine beliebte Technik[884].
- *Multimedia-Kommunikation*, d. h. der „Einsatz verschiedener elektronischer Medien, die miteinander verknüpft werden"[885], mithin eine Kombination der genannten Instrumente.

Es ist evident, dass angesichts der Entwicklungen auf dem Gebiet der IT und Telekommunikation gerade die Möglichkeiten der Multimedia-Kommunikation sich noch mitten in der Entwicklung befinden. Untersuchungen lassen vermuten, dass das Potenzial aller Formen des online Marketings in vielen Fällen noch nicht ausgeschöpft ist. So teilen viele Unternehmen den Löwenanteil ihres Marketingkommunikationsbudgets nach wie vor „traditionellen" Medien wie TV und dergleichen zu, obwohl ein größerer Teil der Verkäufe bereits via Internet induziert wird[886].

---

[880] Homburg (Marketingmanagement) S. 801.
[881] vgl. Homburg (Marketingmanagement) S. 801.
[882] Homburg (Marketingmanagement) S. 796.
[883] vgl. Homburg (Marketingmanagement) S. 802.
[884] vgl. Langner (Viral).
[885] Meffert (Marketing) S. 665.
[886] vgl. Nichols (Advertising).

3.9 Marketing/Absatz

Die *Wirkung* der Kommunikation, insbesondere, aber nicht nur, der klassischen Werbung, wird in der Theorie oft mit so genannten *Stufenmodellen* beschrieben. Das Ursprungsmodell ist dabei die berühmte AIDA-Formel:

Attention (Aufmerksamkeit)
Interest (Interesse)
Desire (Wunsch)
Action (Aktion).

In der praktischen Anwendung bedeutet das, zunächst den Kunden auf die Existenz eines Produktes aufmerksam zu machen, sein Interesse daran und den Kaufwunsch zu wecken, um ihn dann zum Konsum zu animieren. Die Formel, die ursprünglich von Lewis stammt, ist über 100 Jahre alt. Das Wirkungsstufenmodell ist in der Folgezeit um diverse Modelle erweitert worden. Sowohl aufgrund theoretischer Unzulänglichkeiten als auch fehlender empirischer Bestätigung ist das AIDA-Modell wie auch die traditionellen Wirkungsstufenmodelle insgesamt in die Kritik geraten. In der Literatur gelten sie heute eher als überholt. In der Praxis werden sie jedoch weiterhin gebraucht, wohl nicht zuletzt wegen der Einfachheit und Eingängigkeit.[887]

Inhaltlich steht bei der Entwicklung der Botschaften das im Vordergrund, was *Unique Selling Proposition (USP)* genannt wird. „Dabei geht es vor allem darum, den Zielgruppen einen einfachen, klaren und gegenüber den Wettbewerbern dominanten Nutzen zu versprechen. Die kreative Aufgabe besteht darin, eine Positionierung des Produkts vorzunehmen, die eine möglichst große Annäherung an das jeweilige vom Konsumenten gewünschte Idealprodukt gewährleistet. Außerdem soll eine klare Abgrenzung gegenüber den Konkurrenzprodukten erfolgen."[888]

Der Leser wird dabei vielleicht so etwas wie ein Déjà-vu-Erlebnis haben. Die USP, das *Alleinstellungsmerkmal*, hat nicht zufällig eine große Ähnlichkeit mit der SEP, der strategischen Erfolgsposition bei der Unternehmensstrategie. Geht es bei der Strategie darum, sich gegenüber dem Wettbewerb abzugrenzen und abzusetzen, so dient die USP dazu, genau diese singuläre Position des Unternehmens auch zu kommunizieren. Und auch die Nutzenargumentation ist nicht unbekannt. Der Nutzen steht nicht nur bei der Entwicklung der Marketing-Strategie und der Produkt-Entwicklung im Vordergrund. Die Nutzenargumentation ist auch ein Kernstück erfolgreichen individuellen und kollektiven Kommunikationsverhaltens überhaupt.[889]

Daraus ergibt sich: die Kommunikationspolitik darf nicht isoliert gesehen werden. Sie steht in einem engen Zusammenhang mit der Anwendung der anderen Marketing-Instrumente. Erfolgreiches Marketing bedeutet also nicht nur erfolgreichen Einsatz der *einzelnen* Instrumente, sondern erfolgreiches *Zusammenwirken* der Instrumente. Das steht im Mittelpunkt des nächsten Abschnitts.

---

[887] vgl. Lürssen (AIDA), Schweiger/Schrattenecker (Werbung), Meffert (Marketing) S. 676 ff., Nieschlag/Dichtl/Hörschgen (Marketing) S. 533.
[888] Meffert (Marketing) S. 691.
[889] s. o. Kap. 2.2.52.

3.9.6.5 Marketing-Mix

Die *optimale Kombination* des Einsatzes der Marketing-Instrumente wird *Marketing-Mix* genannt[890]. Die Kunst des Produktmanagers bzw. Marketingleiters besteht „darin, die diversen Marketing-Mix-Faktoren so zu kombinieren, dass sie mit einem gegebenen Aufwand, die angepeilten Marketingziele am besten realisieren",[891] mithin eine Anwendung des ökonomischen Prinzips par excellence.

Das bedeutet einmal eine *Synchronisation*, also „zeitlich richtig abgestimmten"[892] Einsatz der Instrumente.

An einem Negativbeispiel sei die Notwendigkeit demonstriert: wenn ein neues Produkt groß beworben wird, dann muss es an den Verkaufsstellen auch erhältlich, Kommunikations- und Distributionspolitik also synchronisiert sein. Andernfalls wäre der Kunde, der aufgrund der Werbung den Artikel kaufen möchte, verärgert und würde vermutlich ein Konkurrenzprodukt erwerben. Der Werbeaufwand wäre also ineffizient. Was sich banal anhören mag und analytisch auch banal ist, kann in der praktischen Durchführung durchaus Probleme bereiten.

Solche Probleme entstehen beispielsweise oft, wenn ein Produkt auf einer wichtigen Messe angekündigt wird. Messen sind beliebte Ereignisse, um neu Produkte auf den Markt zu bringen. Da sie terminlich nicht vom Unternehmen beeinflussbar sind, kann das dazu führen, dass die Ankündigung vorgenommen wird, obwohl Produktion und Distribution noch nicht so weit sind. Zwar wird jedes Unternehmen versuchen, den Markteinführungsprozess auf solche Termine auszurichten. Aber der Zeitdruck des Wettbewerbs erlaubt oft nicht, zeitliche Reserven einzubauen, und so kann die kleinste Verzögerung zu derartigen Problemen führen.

Neben der Synchronisation gehört zum optimalen Einsatz die *Harmonisierung*, so dass durch den Einsatz verschiedener Instrumente „im Rahmen einer einheitlichen Marketing-Konzeption die gleichen Gedanken vertreten"[893] werden. Das bedeutet auch gleicher Stil, gleiche Appelle und Argumente.

Auch das wird anhand eines Negativ-Beispiels demonstriert. Mann stelle sich vor, ein Automobilhersteller der Premium-Klasse baue hervorragende, PS-starke Fahrzeuge (Product), für die ein entsprechend hoher Preis festgelegt wurde (Price), und die auch entsprechende beworben werden (Promotion), verkaufe seine Fahrzeuge in Hinterhofwerkstätten, die schmutzig und ohne kompetentes Personal sind. Distribution (Place) passte nicht zu den restlichen Instrumenten des Marketing-Mix.

Oder, ein noch drastischeres Beispiel: man stelle sich vor, Porsche werbe mit dem Slogan „Geiz ist geil!".

---

[890] vgl. zum Abschnitt Luger/Pflaum (Marketing) S. 308 ff., Weinhold-Stünzi (Marketing) S. 78 ff, Thommen/Achleitner (Betriebswirtschaftslehre) S. 265 ff.
[891] Luger/Pflaum (Marketing) S. 308.
[892] Weinhold-Stünzi (Marketing) S. 79.
[893] Weinhold-Stünzi (Marketing) S. 80.

3.9 Marketing/Absatz

Sicher, diese Beispiele sind übertrieben, um den Punkt zu verdeutlichen. Das Harmonierungsproblem stellt sich aber in der Praxis durchaus:

- Vor einigen Jahren haben deutsche Automobilhersteller ihr Händlernetz ausgedünnt und nur noch die besten, kompetentesten Händler unter Vertrag genommen; gerade auch, um ihr Image nicht durch schlechte Händler zu beeinträchtigen. Also genau, um wie im Beispiel die Distribution mit den anderen Marketing-Instrumenten zu harmonisieren, auch wenn das Problem in der Praxis wohl in weniger drastischer Form auftauchte[894].
- Im Kapitel über Unternehmensstrategie wurde das Beispiel der Boutiquen genannt, die preislich mit anderen Herstellern zu konkurrieren versuchen, obwohl sie Kostenstrukturen her nicht wettbewerbsfähig sind.[895] Aus Sicht des Marketing ein Beispiel, wie Produktpolitik (hochwertige Ware und insbesondere guter Service) sowie Distribution (aufwändige Gestaltung der Verkaufsstellen) im Widerspruch zur Preispolitik stehen.
- Wer in den Preiswettbewerb geht, d. h. eine Niedrigpreispolitik betreibt, muss auch sein Distributionsnetz darauf ausrichten und ggf. konsequent auf Service verzichten. Was gerade bei nicht erklärungsbedürftigen Produkten, bei denen der Kunde kaum einen Rat braucht, gut funktionieren kann. Discounter sind ein gutes Beispiel.
- Wohl jeder Konsument hat es schon erlebt: er will ein hochwertiges und teures Produkt in einer edel hergerichtete Verkaufsstelle erwerben – und wird von einem inkompetenten und unhöflichen Verkäufer bedient. Die Kommunikationspolitik stimmt nicht überein mit dem Einsatz anderer Marketing-Instrumente.
- Vielleicht am schlimmsten ist es, wenn die Qualität eines Produktes nicht das hält, was die Werbung verspricht. Wenn etwa teure Fahrzeuge, laut Kommunikationspolitik das Beste dessen, was der Markt zu bieten hat, in unabhängigen Qualitätsstatistiken nur mittelmäßig abschneiden.

Die Optimierung des Marketing-Mix gehört wohl zu den *Königsdisziplinen* der Betriebswirtschaftslehre in der Praxis. Denn in kaum einem anderen Teilgebiet ist eine Abstimmung mit und der Einbezug von so vielen anderen Bereichen im Unternehmen notwendig. Eine hochkomplexe Aufgabe, die entsprechende Qualifikationen verlangt.

3.9.7 Fallstudien zur primären Wertschöpfungskette

3.9.7.1 Beschaffungsstrategie der Fitness Handels GmbH

Dass die Fitness Handels GmbH innerhalb des Unternehmens die Lieblingsgesellschaft von Fritz Ness war, war für die Geschäftsführerin Yvonne Diehl Segen und Fluch zugleich[896]. Ein Segen, weil sie dadurch eher als andere Dinge durchsetzen konnte. Ein

---

[894] vgl. auch Meffert (Marketing) S. 1272 ff.
[895] s. o. Kap. 3.2
[896] vgl. zur Fallstudie Fischer (Logistik)

Fluch, weil sie unter besonders genauer Beobachtung des Chefs stand. An einem Tag stürzte er aufgeregt in ihr Büro und fragte: „Was unternehmen Sie, um die Einkaufskosten zu senken? Sie wissen doch, wir müssen unserem Hauptabnehmer 3,5 % Rabatt einräumen. Und wie der Markt aussieht, werden andere bald nachziehen!"

„Ich bin gerade beim Überlegen, denn wir müssen unsere Beschaffungsstrategie wirklich überarbeiten. Aber warum sind Sie denn so aufgeregt?"

„Weil die heute angerufen und gesagt haben, sie kämen in drei Wochen vorbei und wir sollten nachweisen, dass wir eine effiziente Logistik-Kette haben."

„Aber das geht die doch gar nichts an!" antwortete etwas wütend Yvonne Diehl.

„Das dachte ich auch. Aber die sagten, dass sie eine längerfristige Partnerschaft nur mit einem gesunden und modern geführten Unternehmen eingehen und dass sie das genau wissen wollen. So läuft das heute nun mal! Also, machen Sie sich an die Arbeit."

Und Yvonne Diehl machte sich an die Arbeit. Dass einiges an der Beschaffung verbessert werden musste, war ihr schon lange klar. Durch die Anfrage des Großkunden hatte die Sache aber dramatisch an Dringlichkeit gewonnen.

So etwas wie eine „Beschaffungsstrategie", die diesen Namen verdient hätte, gab es bisher genau genommen gar nicht. Die Produkte waren halt bestellt und ins Lager gelegt worden, in der Hoffnung, sie bald weiter zu verkaufen.

Es traf sich gut, dass sie gerade einen Praktikanten eingestellt hatte, Christoph Zornig, der im sechsten Semester BWL studierte, sich auf Logistik spezialisierte und froh war, die gelernten Theorien in der Praxis anwenden zu können.

Die beiden ließen sich als erstes eine Liste aller bezogenen Artikel ausdrucken, geordnet nach dem Einkaufswert des einzelnen Artikels. In einer zusätzlichen Spalte wurde aufgezeigt, wie viel Prozent dieser Einkaufswert am gesamten Volumen ausmachte. Es war nicht ganz einfach gewesen, Pit Baith zu überreden, eine Liste in dem Format zu erstellen. Der hatte Yvonne Diehl erst einmal wortreich zu erklären versucht, dass die Prioritäten im IT-Bereich derzeit andere seien und seine Abteilung frühestens in vier Wochen für dieses „statistische Zeugs" Zeit fände. Auf den dezenten Hinweis, dass dieses Projekt aber bei Fritz Ness persönlich hohe Priorität habe, änderte er allerdings schnell seine Meinung.

Die Liste war sehr aufschlussreich. Diehl und Zornig erkannten, dass sie mit weniger als 30 % der zu beschaffenden Artikel 80 % des Einkaufsvolumens bestritten. Diese knapp 30 % waren also A-Produkte.

„Wenn wir jetzt noch die Schwankung im Verbrauch pro Artikel ausrechnen, können wir eine ABC/XYZ-Analyse machen. Damit lässt sich doch was anfachen!" erklärte Zornig altklug.

„Wie bestimmen wird denn die Schwankung?" fragte Yvonne Diehl, die sich an die XYZ-Analyse nur noch dunkel aus ihrer Studienzeit erinnern konnte.

„Kein Problem, kann man mathematisch herleiten. Wir müssen nur für jeden Artikel den Variationskoeffizienten bestimmen!" Zornig blätterte etwas in einem der mitgebrachten Lehrbücher, fand die Formel und schrieb sie auf ein Blatt Papier.

„Schön. Müssen wir nur noch Pit Baith überzeugen, uns eine Liste nach der Formel per EDV zu erstellen. Dann müssen wir prüfen, ob sie stimmt, und wahrscheinlich zweimal korrigieren. Dauert etwa sechs Wochen und erfordert fünf Konferenzen", meinte Yvonne Diehl verschmitzt lächelnd.

„Nein, brauchen wir nicht. Ich brauche nur den jeweiligen Verbrauch, d. h. Lagerabgänge der letzten Monate. Dafür haben wir doch eine Liste. Die brauche ich als File – Ascii oder so – dann importiere ich die in mein Excel und erstelle die Liste selbst. Dauert keine drei Stunden, wenn ich die Files habe."

„Nicht schlecht. Ihr lernt ja tatsächlich was Brauchbares an der Uni", sagte Diehl ehrlich anerkennend.

„Nix Uni, Fachhochschule!" antwortete Zornig.

„Na gut, Fachhochschule."

Zornig hielt Wort, und nach kurzer Zeit lagen alle Daten für eine ABC- und XYZ-Analyse vor.

Tatsächlich zeigte sich schnell, dass die Lagerbestände bei den AX, teilweise auch bei den BX und AY Produkten, sehr hoch waren. Sie wurden, wie seit zwanzig Jahren, im Wesentlichen im gleichen Rhythmus bestellt wie C- und Z-Produkte. Durch regelmäßige Lieferungen kleinerer Mengen, gestützt auf entsprechende Verträge mit den Lieferanten, könnten hier die Lagerkosten deutlich gesenkt werden. Das würde um die 2 % an den Gesamtkosten ausmachen.

Yvonne Diehl machte sich sofort daran, mit den Lieferanten über entsprechende Verträge zu reden. Zornig hatte ihr dazu eine Mappe zusammengestellt, in der er alle Lieferanten nach dem Schema seines Lehrbuchs bewertet hatte. Die brauchte Diehl allerdings nicht. Sie kannte alle wichtigen Lieferanten sehr gut, und der Inhalt der Mappe bestätigte nur ihre Einschätzung.

Die meisten Lieferanten waren schnell für die neuen Verträge und Lieferbedingungen zu gewinnen. Natürlich hielt sich die Begeisterung in Grenzen, aber sie kannten die Situation auf dem Markt und hatten Verständnis.

Am schwierigsten gestaltete sich der Umgang mit dem Hauptlieferanten von Massageölen, der Firma Edelweiss GmbH & Co. KG. Das Traditionsunternehmen war in der gleichen Stadt wie die Fitness GmbH beheimatet. Dennoch schaffte es das Unternehmen nicht, die verlangten Mengen zuverlässig und sehr pünktlich zu liefern. Die Lieferungen kamen mal Tage, mal Wochen zu spät, dann aber in riesigen Mengen.

Yvonne Diehl bat um einen Termin bei Fritz Ness, um Lösungswege zu finden.

„Also, wir haben alles versucht. Es gibt nur noch einen Weg. Wir müssen den Lieferanten wechseln. Wir haben ja seit einem Jahr schon bei Source-of-Wellness AG" – einem multinationalen Unternehmen – „eingekauft, und sehr gute Erfahrungen gemacht. Hochprofessionell, nie ein Problem. Preislich sogar einen Tick günstiger als Edelweiss. Und selbst wenn sie ausfallen sollten, wir haben noch zwei andere Anbieter im Markt, die einspringen könnten."

„Sie scherzen, Frau Diehl", antwortete Fritz Ness. „Ich kenne die Probleme von und mit Edelweiss. Der Seniorchef, Adolf Edelweiss, kümmert sich heute noch persönlich um jedes Detail in seinem Laden. Mit Vierundsiebzig! Er ist immer noch rüstig, gutes Handicap – acht oder sieben oder so. Aber total unflexibel geworden, was die Leitung seines

Unternehmens betrifft. Blockt alles ab, was irgendwie neu ist. Ich wundere mich, dass sie überhaupt schon Computer in der Buchhaltung einsetzen. Gebe Gott, dass ich mal nicht so werde. Klar, dass die Probleme haben.

Aber Sie wissen auch, die beliefern uns praktisch seit Gründung. Einige unserer Mitarbeiter haben mit den Kindern aus dem Edelweiss-Clan im Sandkasten gespielt. Die als Lieferanten aufgeben zugunsten eines Multis? Wollen Sie eine Revolution?

Abgesehen davon, dass Adolf Edelweiss im gleichen Golfclub ist wie ich. Und abgesehen davon, dass er im Stadtrat sitzt und der Stadtrat den Bebauungsplan ändern muss, damit wir unsere neue Lagerhalle bauen dürfen."

„Abgesehen davon, dass wir die Lagerhalle nicht mehr brauchen, wenn wir die neue Beschaffungsstrategie unternehmensweit einführen", konterte Yvonne Diehl schlagfertig.

„Wie auch immer, nützt alles nichts. Mit Edelweiss kommen wir auf keinen grünen Zweig mehr. Und Massageöle sind ein Schlüsselprodukt. Ohne Lieferantenwechsel erreichen wir unsere Einkaufsziele nie!"

Nach längerer Diskussion sah Fritz Ness ein, dass Source-of-Wellness tatsächlich Edelweiss weit überlegen war. Die beiden kamen überein, Edelweiss als Lieferanten auszuphasen. Aber nicht auf einen Schlag, sondern sukzessive, über einen längeren Zeitraum, durch immer geringere Bestellungen.

Adolf Edelweiss sprach Fritz Ness in der Folgezeit mehrfach auf die immer geringeren Aufträge an, wenn er ihn irgendwo traf. Ness wich aber stets aus, und deutete die wahren Gründe nur kurz an.

Am Ende hatte Source-of-Wellness die Funktion als Hauptlieferant von Massageölen komplett übernommen. Adolf Edelweiss kam auf das Thema nicht mehr zu sprechen. Anscheinend hatte er sich damit abgefunden. Zusammen mit den anderen Maßnahmen führte das zu den erhofften Einsparungen.

Fritz Ness überwies aber der Mehrheitspartei im Stadtrat, deren Mitglied Edelweiss war, noch eine großzügige Spende. Vorsichtshalber.

3.9.7.2 Face Lifting des Supercar SC 242

Die Mittelklasselimousine SC 242 bereitete dem Management von Supercar die größten Sorgen. Obwohl von der Anzahl der abgesetzten Einheiten her führend, machte das Unternehmen aufgrund des harten Preiswettbewerbs in diesem Segment damit Verluste. Hinzu kam, dass das biedere „graue Maus"-Image des Typs nicht mit dem übereinstimmte, was Supercar für seine Produkte anstrebte. Die Unternehmensberatung McArthur hatte daher schon vorgeschlagen, die Produktreihe einzustellen.

Dies waren die Rahmenbedingungen, als die Entwicklung und Markteinführung einer neuen Generation des SC 242 bevorstand.

Der SC 242 war in der Form mit geringen Änderungen seit sechs Jahren auf dem Markt, höchste Zeit also, über ein „Face lifting", auch „Große Produktaufwertung (GPA)" genannt, nachzudenken.

Es war klar, dass sich der neue „SC 242 II" klar von seinem Vorgänger unterscheiden musste. Es war auch klar, dass dies die letzte Chance für den SC 242, ja für eine Mittelklasselimousine bei Supercar überhaupt war. Würde er die Erwartungen nicht erfüllen, bedeutete das endgültig das Ende der Reihe.

Das Projektteam, das mit der Aufgabe betraut wurde, war sich der Situation bewusst. James Acton, der für Vertrieb und Marketing zuständige Vorstand, ließ es sich nicht nehmen, persönlich die Leitung des Projektteams zu übernehmen. Das ein Vorstand selbst im Projektteam operativ mitarbeitete, war ungewöhnlich und im Fall von Acton am Anfang auch umstritten. Denn gerade Acton hatte früher dafür plädiert, aufgrund der Verluste den SC 242 auslaufen zu lassen. Konnte so jemand denn vollen Herzens dabei sein, den Nachfolger zu entwickeln? Acton versicherte glaubwürdig, das sei der Fall. Die Entscheidung, weiter zu machen, sei gefallen, und nun stehe er auch voll dahinter.

Als externer Partner wurde die Hamburger Marketing-Agentur Reiter & von Stark (RvS) ausgesucht. Auch das war für Supercar etwas ungewöhnlich. RvS gehörte nicht zu den ganz großen Agenturen, mit denen die Unternehmung normalerweise zusammen arbeitete. Sie war erst vor wenigen Jahren gegründet worden, hatte sich aber schnell den Ruf erworben, kreativ und erfolgreich zu sein.

Als oberstes Ziel war der Gruppe vom Vorstand mitgegeben worden: den SC 242 profitabel zu machen. Innerhalb dessen hatte die Gruppe eine große Freiheit, soweit sie sich innerhalb der grundsätzlichen strategischen Positionen von Supercar bewegte.

Acton und die anderen Teammitglieder begannen zunächst, über die Zielgruppe zu diskutieren. „Der neue 242 darf nicht das Auto für den gutbürgerlichen Familienvater werden", sagte Andreas Pflug, der für S-Int im Projektteam saß. „Wir müssen also ein anderes Marktsegment anpeilen und das auch kommunizieren. Unsere Zielgruppe ist der Achiever, der Aufsteiger, der ‚Young Executive', um die 30 bis vielleicht 40 Jahre, gut verdienend, aber noch nicht ganz so gut verdienend, dass er sich den größeren SC 244 schon leisten könnte." Die Mehrheit in der Gruppe nickte zustimmend, aber Michael Reiter von der Marketing-Agentur widersprach. Er stand im Ruf, manchmal auch bei den Kunden ziemlich frech aufzutreten. Bisher hatte ihm das aber noch nicht geschadet, ganz im Gegenteil. Er brachte es fertig, so aufzutreten, dass man seine Kritik akzeptierte, ja sogar von der Agentur erwartete, so frech zu sein.

„Gähn. Sorry Leute, das langweilt mich. Die Aufsteiger, darauf stürzen sich doch alle möglichen Autohersteller der Premium-Klasse drauf. Wir müssen uns da etwas differenzieren, sonst schwimmen wir nur mit. Wir könnten zum Beispiel die etwas kritischer eingestellte Gruppe ansprechen, liberal-intellektuelle, postmoderne, vielleicht das moderne Arbeitnehmer-Milieu."

„Intellektuelle? Öko-Fuzzis und Alt-68er als Supercar-Fahrer?" fragte Acton sichtlich skeptisch.

„Schätzten Sie die nicht falsch ein. Die essen schon lange nicht mehr nur Müsli und laufen mit den ältesten Klamotten rum. Die schätzten das Edle, solange es nicht zu durchschnittlich ist. Sie sind von der Kaufkraft her genau in unserer Range. Und wir reden von rund 10 Millionen Konsumenten in Deutschland allein!"

Das überzeugte.

Die Zielgruppe wurde definiert als der kritische, selbstbewusste Individualist, 30–49 Jahre, Einkommen über dem Durchschnitt, aber nicht unbedingt Spitzeneinkommen.

Die Fahrzeugreihe sollte das Bedürfnis der Individualisten nach dem *etwas anderen* Produkt abdecken, mit dem sie sich als Individualist definieren konnten. Sie sollte aber etwas weniger „exotisch" als die, bezogen auf Deutschland, ausländischen Anbieter positioniert werden, und auch preislich etwas günstiger.

„Was ist mit dem Umweltschutz? Öko und Supercar – widerspricht sich das nicht?" fragte Andreas Pflug.

„Wir sollten die Ökologie etwas herausstellen", meinte Reiter, „wir müssen zu relativ günstigen Verbrauchswerten kommen in der Klasse und das auch kommunizieren. Und wir sollten wohl den Diesel zeitgleich mit dem Benziner auf den Markt bringen und nicht wie bisher üblich später – als Signal, dass wir niedrige Verbrauchswerte ernst nehmen. Aber die Ökologie darf nur subtil 'rüberkommen. Keinesfalls den SC 242 als ‚Öko-Wagen' positionieren. Zuviel Öko ist definitiv out, auch bei den Intellektuellen, selbst wenn sie etwas anderes behaupten".

Nachdem die Definition des angepeilten Marktsegments vom Vorstand abgesegnet war, machte sich die Gruppe an die Entwicklung der Produkt- und Preispolitik.

Sie redeten über viele Details, kamen auch gut voran, hatten mit dem Ergebnis aber ein Problem. Zwar machte das Produkt einen hervorragenden Eindruck.

Aber der Finanzbereich kalkulierte, dass das Fahrzeug kaum unter 44.000.- € auf den Markt zu bringen wäre, um auf Vollkostenbasis rentabel zu sein. Das war aber nicht nur deutlich mehr, als nach Untersuchungen die Zahlungsbereitschaft der Zielgruppe war. Es würde den SC 242 auch in Konkurrenz zu den größeren Modellen der Reihe SC 244 und dem Sportwagen SC 110 im eigenen Haus bringen. Der Vorstand nahm den ersten Produktvorschlag deshalb nicht gut auf. „Soll das ein Witz sein? Wir reden von *Mittel*klasse. Noch ein paar Extras, und der Kunde ist bei über 50.000.- €!" drückte es Christian Frey aus. Nach hitziger Debatte lehnte der Vorstand die Vorlage daher ab. Es wurde ein Zielpreis von maximal 35.000.- € in der Basisversion festgelegt.

Was dann begann, war ein schmerzhafter und von vielen Rückschlägen begleiteter Prozess der Kostensenkung. Einige Neuheiten, auf die man besonders stolz war, mussten aus Kostengründen wieder aus dem Konzept genommen werden.

Die Hauptlast mussten die Lieferanten tragen. Von ihnen wurden im Rahmen des Supply Chain Management erhebliche Zugeständnisse erwartet, nicht nur was den Preis betraf, sondern auch im Hinblick auf zeitliche Vorgaben bei den JIT-Lieferungen. Einige Lieferanten erklärten, sie könnten diese Vorgaben nur erfüllen, wenn eine bestimmte Mindestabnahme garantiert würde. Da diese Mindestabnahme mit dem SC 242 allein nicht garantiert werden konnte, überlegte sich das Unternehmen gemeinsam mit den Lieferanten, ob die gleichen Teile nicht auch in den neuen SC 244 und SC 246 Verwendung finden könnten, bei denen ebenfalls in kurzer Zeit ein Generationenwechsel anstehen würde. Die Entwicklungsabteilung fand eine entsprechende Lösung, und so entstanden einige neue langfristige Partnerschaften, von der beide profitierten.

Ein Beispiel, wie sich Marketing-Entscheidungen auf die Beschaffungsstrategie auswirken können.

Der SC 242 II wurde schließlich mit 36.500.- € in der Basisversion in Deutschland eingepreist.

Die letzte Aufgabe für das Projektteam bestand in der Festlegung der Kommunikationspolitik. Im Mittelpunkt stand hier eine von RvS entwickelte Werbekampagne, in der das Motiv kritischer Individualismus und Nonkonformismus als Leitmotiv für den SC 242 in den Mittelpunkt gestellt wurde. Die Agentur bestätigte wieder einmal ihren Ruf. Die Spots waren frech und provokativ. In einem Fall zu provokativ. Und nicht nur zu provokativ, sondern nach Ansicht vieler auch kontraproduktiv, so dass Supercar es ablehnte, ihn im Fernsehen laufen zu lassen.

Dabei handelte es sich um einen offensichtlich arabischen Terroristen, der bei Anblick des neuen SC 242 seinen Sprengstoffgürtel abnahm, genussvoll eine Fahrt mit dem Auto machte, es am Ende abstellte, den Sprengstoff wieder umschnallte, die Verkaufsräume eines Händlers eines Wettbewerbers betrat und sich und dessen Fahrzeuge in die Luft sprengte.

Die Agentur schickte den Clip aber als Attachement an einige Email-Adressen, von denen er an Freunde weitergeleitet worden. So kursierte er innerhalb der Internet-Gemeinde und war dort recht populär. Was auch die Absicht war.

3.10 Fazit: Betriebswirtschaft als Koordinations- und Optimierungsaufgabe

Es ist gerade in den letzten Kapiteln schon deutlich geworden: Betriebswirtschaft besteht nicht nur aus unterschiedlichen Aufgaben und Funktionen, die nebeneinander laufen. Entscheidend ist auch die Koordination und Kooperation. Marketing hat unmittelbare Auswirkungen auf die Beschaffung; Rechnungswesen und Controlling müssen Vertrieb, Produktion und anderen Bereichen Daten liefern, die als Entscheidungsgrundlage dienen; die Mitarbeiter müssen sowohl die Qualifikation als auch die Einstellung besitzen, die zum Unternehmen „passt". Und alle Teilbereiche müssen kohärent zur Strategie sein.

Erfolgreiche *Unternehmensführung* ist – auch wenn der Vergleich etwas pathetisch klingen mag – in dieser Hinsicht wie die Leitung eines Orchesters. Mitarbeiter und Teilbereiche sind ebenso zu koordinieren wie Musiker im Orchester. Ein exzellenter Musiker nützt vielleicht wenig, wenn er nicht optimal eingebunden ist in das gesamte Orchester. Ebenso nützen individuelle Spitzenkräfte nur bedingt etwas, wenn sie nicht eingebunden sind in die Unternehmung.

Das gilt umgekehrt auch aus der Sicht der *Mitarbeiter und Leiter einzelner Abteilungen*. Leistung bedeutet nicht nur, im eigenen Bereich „gut" zu sein. Leistung bedeutet, sich in das Unternehmen einzubringen, ein „Lieferant" eines bestimmten „Produkts" für die Nachbarabteilung zu sein.

So nützt der beste Controller wenig, wenn er in der Sache hervorragende Berechnungen anstellt, es aber nicht fertig bringt, die Konsequenzen der Unternehmensführung zu vermitteln, so dass sie daraus Maßnahmen ableiten kann. Ebenso wenig nützt der beste Ingenieur, der exzellente Produkte am Markt vorbei entwickelt.

Nicht zuletzt aber gilt es für jedes *Individuum* im Unternehmen, die *eigenen* Interessen ebenso adäquat zu vertreten wie die – wie immer definierten – Sachinteressen, dabei fair zu bleiben, ohne zu naiv zu sein, sich anzupassen, ohne zum Opportunisten zu werden.

Um den Anforderungen zu genügen, ist gerade auch *Vielseitigkeit* gefragt. Betriebswirte können, je nach Tätigkeit mit dem einen oder anderen Schwerpunkt, die ganze Bandbreite ihrer Neigungen und ihres Talents einsetzen. Mathematische und analytische ebenso wie intuitive, kommunikative und soziale Fähigkeiten.

Es ist nicht zuletzt diese Vielseitigkeit, welche die Betriebswirtschaftslehre in der Praxis sehr interessant und spannend macht.

Konsequenzen und Schlussbemerkungen 4

4.1 Die Ebene des Individuums

Angenommen, ein Studierender habe sein Studium erfolgreich abgeschlossen. Er (oder sie) hat die Lehrbücher gelesen – vielleicht auch dieses -, die Vorlesungen und Seminare besucht, (hoffentlich) viel gelernt und (hoffentlich) eine gute Stelle zum Berufseinstieg gefunden. Er hat viele Anregungen über sein Verhalten in der Praxis bekommen.

Über die Anregungen und Hinweise hinaus, die sich auf einzelne Situationen und Bereiche beziehen, sucht der Absolvent aber möglicherweise noch nach *Gesamtkonzepten*, nach einem generelleren „Leitfaden".

Hier werden nun zwei solcher Konzepte vorgestellt, eines, das sich auf die Arbeit bezieht, und ein zweites, welches das Freizeitverhalten einbezieht, um am Ende noch zu einigen Schlussbemerkungen zu kommen.

1. Intrapreneurship
Mitte der achtziger Jahre machte ein Buch Schlagzeilen, das den Titel *Intrapreneurship* trug.[1] Das Wort ist eine Kombination aus Unternehmer – Entrepreneur – und Intra, also Innen bzw. Innerhalb. Sinngemäß ist es also mit „Unternehmer innerhalb des Unternehmens" zu übersetzen. Das Buch ist so etwas wie eine verkappte, vielleicht auch offene, Aufforderung, die verkrusteten Strukturen in Unternehmen, gerade auch in großen Konzernen, zu durchbrechen und zu umgehen. Dem „rational" im eigenen Interesse handelnden Bürokraten und Opportunisten wird der initiative, der „wilde", der nach dem bekannten Ausdruck von Schumpeter[2] in „kreativer Zerstörung" Handelnde entgegengestellt.

---

[1] vgl. Pinchot (Intrapreneurship).

[2] vgl. Schumpeter (Kapitalismus).

1. Komme täglich zur Arbeit mit der Bereitschaft, dich feuern zu lassen.
2. Umgehe alle Anweisungen, die dich daran hindern, deinen Traum zu verwirklichen.
3. Unternimm alles, um dein Projekt fortzuführen, ganz gleich, was in deiner Stellenbeschreibung steht.
4. Suche dir Mitarbeiter, die dich dabei unterstützen.
5. Folge deiner Intuition, welche Leute du aussuchst, und arbeite nur mit den Besten.
6. Arbeite im Untergrund solange du irgendwie kannst - Publicity löst den Immunmechanismus eines Unternehmens aus.
7. Setze nie auf ein Rennen, an dem du nicht beteiligt bist.
8. Denke daran, dass es einfacher ist, um Vergebung als um Erlaubnis zu fragen.
9. Bleibe deinen Zielen treu, aber bleibe auch realistisch im Hinblick auf die Wege zu ihrer Erreichung.
10. Erkenne deine Sponsoren an.

Abb. 4.1 Die 10 Regeln des Intrapreneurs. (Quelle: Pinchot (Intrapreneurship))

Berühmt und oft zitiert sind die 10 Regeln, die der Autor G. Pinchot für den „Intrapreneur" aufstellte (Abb. 4.1).

Es ist auffällig, dass hier mikropolitisches Taktieren keineswegs abgelehnt wird. Im Gegenteil steht im Zentrum die Aufforderung, gerade diese Techniken einzusetzen, freilich nicht im unbedingt im opportunistisch-egoistischen Sinn, sondern um „deinen Traum zu verwirklichen" – was immer der Traum sein mag.

Intrapreneurship mag gerade für junge, mit einer gesunden Portion Idealismus ausgestattete Fach- und Führungskräfte eine große Anziehungskraft ausüben. Praktiker werden auch bestätigen, dass viele Projekte nur deshalb erfolgreich durchgeführt werden konnten, weil einige Regeln nicht befolgt wurden und beispielsweise weder um Erlaubnis gefragt noch auf die Stellenbeschreibung geachtet wurde. Auch das vorliegende Buch enthält Beispiele.

Dennoch ist der Ansatz nicht frei von Widersprüchen: „Kein Unternehmen verträgt eine größere Zahl von Intrapreneurs; die Gefahr ist allzu groß, dass sie sich durch ihre Initiativen nicht nur gegenseitig voran treiben und dabei gleichzeitig in Schach halten …, sondern dass sie sich gegenseitig lähmen und blockieren und wegen ihrer Unberechenbarkeit das Unternehmen unsteuerbar machen. Deswegen wird die unwahrscheinliche Kombination eines Energie geladenen unkonventionellen Intrapreneurs gefordert, der Sportsmann genug ist, sich an die Spielregeln zu halten. Im Grunde entsteht eine dialektische Situation: Einerseits schreibt sie den Akteuren vor, die Regeln zu verletzen, aber die Strukturen zu achten; der eigene Weg sollte gegangen werden, aber eingebettet in die Gesamtzielsetzung (Unternehmenskultur); man soll sich durchsetzen, aber gleichzeitig seine Sponsoren und Mentoren achten und respektieren und zu deren Vorteil beitragen …"[3]

---

[3] Neuberger (Macht) S. 115.

4.1 Die Ebene des Individuums

Der Umgang mit dem Konzept erfordert also profunde Kenntnis des Umgangs mit *Ambiguitäten.*

In der Praxis ist aber wohl nicht nur das ein Problem. Je nach Gesamtsituation im Unternehmen ist es möglich, dass der Intrapreneur sich in der Situation des einsamen Streiters im Kampf gegen Windmühlen befindet, dass also die große Mehrheit von Mitarbeitern und Führungskräften sich längst mit den Strukturen arrangiert hat und den Intrapreneur nur als Störenfried betrachtet. In dieser Situation wird er sich zwangsläufig nur selbst aufreiben und am Ende resignieren und/oder das Unternehmen verlassen. Es lohnt sich also, vorher sehr genau zu überlegen, inwieweit es sinnvoll ist, sich als „Intrapreneur" zu versuchen.

2. Work-Life-Balance
Work-Life-Balance „bedeutet eine neue, intelligente Verzahnung von Arbeits- und Privatleben vor dem Hintergrund einer veränderten und sich dynamisch verändernden Arbeits- und Lebenswelt."[4] Work-Life-Balance ist als Konzept in den letzten Jahren eine sowohl in der betriebswirtschaftlichen als auch in der populärwissenschaftlichen Literatur ausführlich beschrieben und diskutiert worden[5].

Konkret können sich dahinter eine ganze Reihe von Maßnahmen verbergen:

- Maßnahmen zur Flexibilisierung der Arbeitszeit, etwa durch Geleitzeit, Job Sharing, teilautonome Teams, Telearbeit
- Maßnahmen zur Bindung von Mitarbeitern wie Mentoring, Wiedereinstiegsprogramme nach betrieblichen Auszeiten (Babypause etc.), Unterstützung bei der Kinderbetreuung
- Maßnahmen zur Gesundheitsprävention wie Fitnessprogramme, Gesundheits-Check und dergleichen.[6]

Work-Life-Balance kann zunächst einmal aus der Sicht des Unternehmens gesehen werden. Maßnahmen auf diesem Gebiet rechnen sich für Unternehmen, so zumindest das Ergebnis einer Studie der Prognos AG: „Die Bilanzierung unterschiedlicher Maßnahmen zur Verbesserung der Work-Life-Balance in Unternehmen zeigt, dass sich betriebliche Investitionen in diesem Bereich schnell amortisieren. Durch die verkürzte Abwesenheitszeiten und den schnellen Wiedereinstieg in den Beruf, z. B. nach einer Familienpause oder außerbetrieblicher Qualifizierungsphasen verringern sich die Kosten für die Überbrückung der zwischenzeitlich nicht besetzten Stelle und der Zeitbedarf für die Wiedereingliederung bei der erneuten Arbeitsaufnahme deutlich"[7]. Weiterhin werden Vorteile durch höhere Motivation, geringere Fluktuation und geringeren Krankenstand genannt. Die Prognos AG kommt durch verstärkte Anwendung von Work-Life-Balance Konzepten auf beachtliche

---

[4] Prognos AG (Balance) S. 4
[5] vgl. z. B. Streich (Balance), Millard/Molloy (Living), Zakrzewski/Roth (Balance), Kastner (Zukunft).
[6] vgl. Prognos AG (Balance) S. 16 ff.
[7] Prognos AG (Balance) S. 4.

positive volkswirtschaftliche Effekte; genannt wird eine Steigerung der Produktivität pro Erwerbstätigen um 1,6 % und eine Steigerung des Bruttoinlandsprodukts von 2006 bis zum Jahr 2020 um 248 Mrd. €. Daneben wird mit einer Steigerung der Geburtenrate von 986.000 zusätzlichen Geburten im gleichen Zeitraum gerechnet.[8] Einige Unternehmen, zum Beispiel Lufthansa, Hertie, BMW, haben mittlerweile eigene „Work-Life-Balance Programme" entwickelt, um die Produktivität zu steigern.[9]

Hier geht es aber nicht in erster Linie um die betriebs- und volkswirtschaftlichen Auswirkungen. Vielmehr soll darauf hingewiesen werden, dass der Einzelne sich durchaus auch *bewusst* Gedanken machen sollte über eine ausgewogene Gestaltung seines Lebens zwischen Beruf und Freizeit. Das mag beim Berufseinstieg noch nicht im Vordergrund stehen. Aber 55 h wöchentlich zu arbeiten, was der Durchschnitt bei deutschen Managern ist, oder gar mehr als 60 h, was immer noch 10 % der Manager tun[10], ist vielleicht nicht für jeden auf die Dauer erstrebenswert. Es bietet sich deshalb an, proaktiv über die Lebensgestaltung nachzudenken, und bei Bedarf auch die genannte Literatur zu Rate zu ziehen. Nur so kann der Einzelne sein Leben noch weitgehend eigenbestimmt führen.

Ob Work-Life-Balance, Intrapreneurship, oder die zahlreichen Instrumente, die im zweiten und dritten Teil des Buches genannt wurden – Möglichkeiten, das (Berufs-)Leben erfolgreich zu gestalten, bestehen beinahe unendlich viele. Es bleibt freilich dem Einzelnen überlassen, in letzter Instanz zu entscheiden, welche davon er wie anwenden möchte. Blinde „Literaturgläubigkeit" und „Ratgebergläubigkeit" war noch selten zielführend.

Und noch ein Punkt soll an dieser Stelle wiederholt werden: die Bedeutung des Faktors „Zufall". Die Karriere, wie das Leben insgesamt, lassen sich nicht vollständig planen. Es ist daher unabdingbar, sich auch eine gewisse Gelassenheit anzueignen gegenüber dem, was Zufall, Schicksal, oder wer oder was auch immer mit dem Individuum im Leben vorhaben.

4.2 Die Ebene der Unternehmensführung

Wie aus diesem Buch deutlich geworden sein sollte, bietet die Betriebswirtschaftslehre gerade für den, der in der Verantwortung steht, ein Unternehmen zu führen, eine Menge von Erklärungsmodellen und Gestaltungshinweisen.

Es erscheint müßig, viel zu wiederholen oder zusammenzufassen. Ich möchte mich daher auf einen Hinweis auf das beschränken, was hier viel mehr als in anderen Lehrbüchern in den Mittelpunkt gestellt wurde – die Auswirkungen der Verfolgung der Interessen des Einzelnen im Unternehmen. Sie machen Unternehmensführung zu einem hochkomplexen Prozess und damit *grundsätzlich* anders als die Bedienung einer noch so komplizierten Maschine oder das Fliegen eines Flugzeugs.

---

[8] vgl. Prognos AG (Balance) S. 8 f.
[9] vgl. Streich (Balance) S. 117.
[10] vgl. Streich (Balance) S. 115.

Wer das verinnerlicht hat – und manche erfahrene und erfolgreiche Praktiker haben das – der wird ganz anders an Aufgaben herangehen, als das viele Lehrbücher suggerieren. Denn ihm wird bewusst sein, dass Unternehmensführung nicht nur so genanntes logisch-rationales Vorgehen bedeutet. Unternehmensführung bedeutet auch die Quadratur des Kreises, das Möglichmachen des Unmöglichen, Ambiguitäten, prinzipiell unlösbare Zielkonflikte lösen, am Chaos nicht zu verzweifeln, Anarchist und oberster Gesetzeshüter zugleich zu sein, und dennoch das Unternehmen insgesamt auf Kurs halten. An Herausforderungen herrscht kein Mangel.

4.3 Die gesamtgesellschaftliche Ebene

Die Wahrnehmung eigener, mit denen des Unternehmens nicht identischer Interessen durch Individuen ist eine Tatsache, mit der alle leben müssen und auch leben können. Aber auch wenn dem so ist, so darf dennoch nicht übersehen werden, dass individuelle Interessenspolitik und opportunistisches Verhalten auch zu schädliche Auswirkungen haben kann. Erinnert sei nur an die volkswirtschaftlichen Schäden in der Größenordnung von vielen Milliarden € aufgrund geringer Motivation, die auch dadurch bedingt sind.[11] Es gilt also, diese negativen Auswirkungen zu begrenzen und einzudämmen. Die Betriebswirtschaftslehre kennt viele Methoden, wie Unternehmensleiter das tun können. Aber während die Methoden gerade bei kleinen und mittleren Unternehmen, die vom Eigentümer oder Miteigentümer geleitet werden, praktikabel sind, stoßen sie bei großen börsennotierten Aktiengesellschaften an *systemimmanente Grenzen*.

Denn diese Unternehmen werden von angestellten Managern geleitet, die selbst eigene persönliche Interessen haben und diese auch wahrnehmen. Und diese Interessen divergieren oft genug von denen des Unternehmens, wie nicht nur hier, sondern auch schon in vielen anderen Beiträgen zur Genüge dargelegt wurde.

Von diesem Personenkreis zu verlangen, die treibende Kraft gegen die Schäden durch individualinteressenorientiertes Handeln zu sein, bedeutete, sich selbst zu verbessern. Es gliche praktisch der Empfehlung, „sich am eigenen Schopf aus dem Sumpf zu ziehen."[12] Das ist nicht zu erwarten.

Mit Gestaltungshinweisen auf der Ebene eines Unternehmens ist die Betriebswirtschaftslehre daher überfordert, denn es fehlt am Interesse der Adressaten, diese auch umzusetzen.

Lösbar ist das Problem nur auf der *übergeordneten* Ebene, durch *politische und gesellschaftspolitische* Maßnahmen.

Wie können die Maßnahmen aussehen?

---

[11] s. o. Kap. 3.5.6.
[12] Arnim (Gemeinwohl) S. 188.

Aus der Wirtschafts- und Unternehmensethik sind zwei grundsätzliche Vorgehensweisen bekannt, wie Einfluss auf das Verhalten genommen werden kann: der *Compliance*- und der *Integrity*-Ansatz[13].

Im Mittelpunkt des *Compliance*-Ansatzes stehen formalisierte Regelungen und Vorschriften, Kontrolle und Überwachung. Ziel ist es, „Handlungsspielräume ... zu begrenzen, um opportunistisches (Fehl-)Verhalten soweit wie möglich zu verhindern"[14]. Das ist auch der Ansatz, den die Politik in Deutschland und anderen westlichen Ländern verfolgt. Das Schlüsselwort lautet „*Corporate Governance*" (CG).[15]

Vom Wortsinn her wird CG allgemein etwa mit Unternehmensüberwachung und -Kontrolle übersetzt. Eine einheitliche Definition existiert zwar nicht. Jedoch geht es in jedem Fall darum, opportunistisch handelnde Manager zu kontrollieren, und deren Handeln im Sinne der Eigentümer und Kapitalgeber sicherzustellen. Die Kernprobleme lauten demnach: wie können die Kapitalgeber „sicherstellen, dass die Manager das ihnen überlassene Kapital nicht stehlen oder in schlechte Projekte investieren? ... Wie kontrollieren Kapitalgeber die Manager?"[16]

Im Mittelpunkt der CG-Diskussion in Deutschland steht der „Deutsche Corporate Government Kodex" (DCGK).[17] Der DCGK wurde mit dem im Juli 2002 verabschiedeten Transparenz- und Publizitätsgesetz (TransPuG) gesetzliche Verpflichtung.[18]

Inhalte sind[19]:

- die Festlegung der übergeordneten Zielsetzung der Unternehmung
- Bestimmungen über Strukturen, Prozesse und Personen der Unternehmensführung. Das umfasst u. a. Bestimmungen über die personelle Besetzung des Vorstands; die Informationsversorgung des AR; Auswahl, Vergütung und Verhalten der Mitglieder von Vorstand und Aufsichtsrat[20]
- „regelmäßige Evaluationen der Führungsaktivitäten zur Bestandsaufnahme und kontinuierlichen Verbesserung der Modalitäten der Unternehmensführung"[21] sowie
- eine „proaktive Unternehmenskommunikation."[22]

---

[13] s. o. Kap. 2.3.2.
[14] Noll (Unternehmensethik) S. 119.
[15] vgl. dazu z. B. Siegwart/Mahari/Ruffner (Governance), Nippa/Petzold/Kürsten (Governance), Heinrich (Complementarities), Werder (German).
[16] Nippa (Konzepte) S. 7, vgl. auch insbes. Shleifer/Vishny, (Governance) S. 737 ff., Osterloh,/Frey (Governance), Frey (Wirtschaft).
[17] vgl. z. B. Regierungskommission Deutscher Corporate Governance Kodex (Kodex), Werder (German), Sprenger (Mittelstand), Jacob/Schoppen (Grundsätze).
[18] vgl. Sprenger (Mittelstand) S. 3.
[19] vgl. Werder (Kontext) S. 12 ff.
[20] vgl. Werder (Kontext) S. 16 ff.
[21] Werder (Kontext) S. 12.
[22] Werder (Kontext) S. 12.

Die im Kodex aufgeführten Maßnahmen sind allerdings im Wesentlichen sogenannte „Soll-Empfehlungen". Die Unternehmen sind nicht verpflichtet, sie einzuhalten, wohl aber müssen sie im Fall einer Nichteinhaltung ihre Handlungsweise erläutern (sog. „comply or explain" Prinzip).[23]

Die Ergebnisse der Maßnahmen zu CG in Deutschland werden gemischt beurteilt. Es ist festzustellen, dass sich die Akzeptanz des DCGK seit Einführung deutlich verbessert hat, ohne dass sich indessen an der grundsätzlichen Problematik etwas geändert zu haben scheint.[24] Für ein endgültiges Urteil ist es ohnehin noch zu früh.

Unabhängig von der konkreten Beurteilung bestimmter Maßnahmen ist es aber mehr als fraglich, ob der Compliance-Ansatz, also CG, *allein* ausreicht, um das Problem zu lösen.

Notwendig erscheint eine Ergänzung durch ein Vorgehen nach dem *Integrity-Ansatz*, also des Ansatzes, der positiv darauf setzt, „moralisch verantwortungsvolles Verhalten zu stützen."[25] Denn „auch ausgeklügelte Anreize und Kontrollmechanismen reichen mit zunehmender Offenheit und Turbulenz der Unternehmensumwelt nicht aus."[26] Die Alternative, der Compliance Ansatz, ist „sicher der langwierigere und schwierigere Weg, aber auch der erfolgversprechendere. Dies formuliert R. Haas, wenn er über seine Erfahrungen bei Levi Strauss berichtet: ‚Wir mussten begreifen, dass man ethisches Verhalten nicht per Zwang in eine Organisation einpflanzen kann. Ethisches Verhalten hängt nämlich von den gemeinsam geteilten Grundeinstellungen ... ab."[27]

Und so schließt sich der Kreis. Erfolgreiches betriebswirtschaftliches Handeln kann nicht abgekoppelt betrachtet werden von *gesellschaftlichen Grundeinstellungen*.

Die Forderungen nach der „Wiederkehr des ehrbaren Kaufmanns"[28], nach der Verbindung von geschäftlichem Erfolg mit „Tugend, Moral, Anstand"[29], sind also, neben allem anderen, auch ein Gebot vernünftiger Betriebswirtschaftslehre. Denn alle noch so ausgefeilten betriebswirtschaftlichen Techniken nützen wenig, wenn die innere Bereitschaft der Betriebswirte fehlt, diese auch konstruktiv anzuwenden.

Zu der Veränderung gesellschaftlicher Grundeinstellungen, zur Förderung des Bewusstseins der Verbindung zwischen geschäftlichem Erfolg und Tugend, Moral und Anstand, können viele beitragen. Politiker, Unternehmer, alle Betriebswirte selbst, und nicht zuletzt auch diejenigen, die mit der Ausbildung zukünftiger Fach- und Führungskräfte betraut sind. Notwendig ist eine Ausbildung, welche auch diese Themen anspricht, aber schwerpunktmäßig nicht mittels einer isolierten theoretischen Vorlesung über Unternehmensethik, sondern integriert in ein praxisorientiertes Programm.

---

[23] vgl. Sprenger (Mittelstand) S. 3.
[24] vgl. o. V. (Akzeptanz), o. V. (Schneider).
[25] Noll (Unternehmensethik) S. 120.
[26] Noll (Unternehmensethik) S. 121.
[27] Noll (Unternehmensethik) S. 122.
[28] Mader (Aktienrating) S. 14.
[29] Mader (Aktienrating) S. 14.

Und so bleibt die Erkenntnis: Betriebswirtschaftslehre, das ist der Einsatz bestimmter Techniken im Unternehmen. Es sind Methoden des Rechnungswesens, es ist die Konzeption einer Werbekampagne, die Auswahl von Lieferanten, die Optimierung von Abläufen im Unternehmen; es sind Entscheidungen über die Rechtsform einer Unternehmung und über die farbliche Gestaltung von Arbeitsplätzen.

Aber Betriebswirtschaftslehre ist mehr. Es bedeutet auch Denken in gesellschaftlichen Zusammenhängen, in Kombination mit allen Techniken.

Ein guter Betriebswirt muss die Techniken beherrschen. Sein Horizont sollte aber darüber hinaus reichen.

Literatur

Abell, D. (Business), Defining the Business, Englewood Cliffs, N.Y. 1980
Abell, D. F./Hammond, J. S. (Planning), Strategic Market Planning, Englewood Cliffs (N.J.) 1979
Adams, M. (Messlatte), Messlatte gesenkt, in: Spiegel Nr. 22/2002, S. 91
Adorno, T. W. (Moralia), Minima Moralia, Frankfurt a. M. 1988
AHK German-British Chamber of Industry & Commerce (Hrsg.) (LLP), Limited Liability Partnership (LLP) (Partnership mit beschränkter Haftung), London o. J.
Ahn, H. (Möglichkeiten), Möglichkeiten und Grenzen der Balanced Scorecard, in: Wirtschaftswissenschaftliches Studium, Nr. 3/2005, S. 122 ff
Akerlof, G. A. (Lemons), The Market for „Lemons". Quality Uncertainty and the Market Mechanism, in: Quarterly Journal of Economics, Bd. 84/1970, S. 488 ff
Albert, H. (Sozialwissenschaften), Theorie und Prognose in den Sozialwissenschaften, in: Topitsch, E. (Hrsg.): Logik der Sozialwissenschaften, Königstein 1980(10), S. 126 ff
Allen, R. W. et al (Tactics), Organizational Politics Tactics and Characteristics of Its Actors, in: California Management Review, Nr. 1/1979, S. 77 ff
Allianz SE (Hrsg.) (Geschäftsbericht), Geschäftsbericht 2013, München 2014
Alpar, P. et al (Wirtschaftsinformatik), Anwendungsorientierte Wirtschaftsinformatik, Braunschweig/Wiesbaden 2000(2)
Andersen, U. (Hrsg.) (Parteien), Parteien und Parteiensystem in Deutschland, Schwalbach/Ts. 2003(2)
Andler, K. (Losgröße), Rationalisierung der Produktion und optimale Losgröße, München 1929
Ansoff, H. I./Declerck, R. P./Hayes, R. L. (Planning), From Strategic Planning to Strategic Management, London et al 1976
Arbeitskreis Krähe (Hrsg.) (Unternehmungsorganisation), Unternehmungsorganisation, Köln/Opladen 1963(4)
Arnim, H. H. von (Gemeinwohl), Gemeinwohl und Gruppeninteressen, Frankfurt a. M. 1977
Arnold, U. (Beschaffungsmanagement), Beschaffungsmanagement, Stuttgart 1995
Arnolds, H./Heege, F./Tussing, W. (Einkauf), Materialwirtschaft und Einkauf, Wiesbaden 1998(10)
Atteslander, P. (Wohlstands), Die Grenzen des Wohlstands, Stuttgart 1981
Augustine, N. R. (Reorganization), Organization, Reorganization, and Disorganization, in: Directors Monthly, June 2004, S. 1 ff
Bacher, U. (BWL), BWL kompakt, Wiesbaden 2005(4)
Bachrach, P./Baratz, S. (Nondecisions), Decisions and Nondecisions, in: American Political Science Review, Nr. 3/1963, S. 632 ff

Backes-Gellner, U./Pull, K. (Sozialpolitik), Betriebliche Sozialpolitik und Maximierung des Shareholder Value: ein Widerspruch?, in: Zeitschrift für Betriebswirtschaft, Nr. 1/1999, S. 51 ff
Backhaus, K. (Engineering), Happy Engineering, in: Manager Magazine, Nr. 8/1999, S. 130 ff
Ballwieser, W. et al (Hrsg.) (IFRS), IFRS 2006, Weinheim 2006
Ballwieser, W. (Unternehmensführung), Wertorientierte Unternehmensführung, in: Zeitschrift für betriebswirtschaftliche Forschung, März 2000, S. 160 ff
Balser, M. (Siemens), Gewinn von Siemens bricht ein, in: Süddeutsche Zeitung vom 27.01.2006
Bamberg, G./Spremann, K. (Hrsg.) (Agency), Agency, Theory, Information, and Incentives, Berlin et al 1987
Bamberger, I./Wrona, T. (Unternehmensführung), Strategische Unternehmensführung, München 2004
Bange, C./Schinzer, H. (Szenarios), Produktvorstellung anhand eines Szenarios, Unterlagen zu einem Seminar des Management Forum Starnberg am 21.3.2000 in München, München 2000
BASF SE (Jahresabschluss), Jahresabschluss 2013 und Lagebericht, Ludwigshafen 2014
Bauer, H. H. (Marktabgrenzung), Marktabgrenzung, Berlin 1989
Bea, F. X. (Organisation), Organisation, Stuttgart 1999
Bea, F. X./Haas, J. (Management), Strategisches Management, Stuttgart 2001(3)
Becker, W./Schwertner, K./Seubert, C.-M. (Anreizsystemen), Strategieumsetzung mit BSC-basierten Anreizsystemen, in: Controlling, Nr. 1/2005, S. 33 ff
Beer, S. (Kybernetik), Kybernetik und Management, Hamburg 1962
Beinert, W. (Design), Was ist Corporate Design?, URL: http://www.wolfgang-beinert.de/wissen/grafikdesign/corporate-design.html, Stand: 8.6.2006
Bellinger, B. (Zeit), Die Betriebswirtschaftslehre der neueren Zeit, Darmstadt 1988
Belz, C. u. a. ((Account), Spitzenleistungen im Key Account Management, Frankfurt a. M. 2005
Berekhoven, L. (Marketing), Internationales Marketing, Wiesbaden 1978
Bergmann, G./Kolb, M. (Geldes), Die Ohnmacht des Geldes, in: Schwaab, M.-O. et al (Hrsg.): Führen mit Zielen, Wiesbaden 2002(2), S. 45 ff
Berg-Schlosser, D./Müller-Rommel, F. (Hrsg.) (Vergleichende), Vergleichende Politikwissenschaft, Stuttgart 2003(4)
Bertalanffy, L. von (Systemlehre), Zu einer allgemeinen Systemlehre, in: Bleicher, K. (Hrsg.): Organisation als System, Wiesbaden 1972, S. 31 ff
Bertelsmann Stiftung (Hrsg.) (Daten), Daten und Fakten, URL: http://www.bertelsmann-stiftung.de/cps/rde/xchg/SID-0A000F0A-79DA6A47/bst/hs.xsl/2094.htm, Stand: 24.01.2006
Bertelsmann Stiftung (Hrsg.) (Satzung), Satzung der Bertelsmann Stiftung, Gütersloh 2004
Bertelsmann Stiftung (Hrsg.) (Stifter), Der Stifter URL: http://www.bertelsmann-stiftung.de/cps/rde/xchg/SID-0A000F0A-F7639812/bst/hs.xsl/2092.htm, Stand: 24.01.2006
Berthel, J./Becker, F. G. (Personal-Management), Personal-Management, Stuttgart 2003(7)
Bertrandt AG (Portrait), Unternehmen Portrait, URL: http://www.bertrandt.com/servlet/page?_dad=homepage&_schema=PORTAL_WEB&_pageid=201, Stand: 07.11.2005
Berwanger, J. et al (SE), Societas Europaea (SE), in: Gabler Wirtschaftslexikon, URL: http://wirtschaftslexikon.gabler.de/Archiv/13452/societas-europaea-se-v9.html?print=true, Stand: 1.10.2014
Beschorner, T./Hollstein, B./König, M. (Hrsg.) (Unternehmensethik), Wirtschafts- und Unternehmensethik, München/Mering 2005
Bettin, E. (Abwerbung), Unlautere Abwerbung, Berlin 1999
Bibliographisches Institut (Hrsg.) (Lexikon Bd. 8), Meyers Enzyklopädisches Lexikon – Bd. 8, Mannheim/Wien/Zürich 1973
Bieber, P. (Recruiting), Recruiting im Web: das kleine 1 × 1 der Personalbeschaffung!, in: Rath, B. H./Salmen, S. (Hrsg.), Recruiting im Social Web, Göttingen 2012, S. 87 ff

Binkelmann P./Braczyk H.-J./Seltz, R. (Hrsg.) (Gruppenarbeit), Entwicklung der Gruppenarbeit in Deutschland, Frankfurt a. M./New York 1993

Birkinshaw, J./Fry, N. (Auslandstöchter), Wie sich Auslandstöchter neue Geschäfte erschließen, in: Harvard Business Manager, Nr. 2/1998, S. 51 ff

BITKOM (Hrsg.) (Stellenanzeigen), Stellenanzeigen im Internet sind bei Firmen erste Wahl, URL: http://www.bitkom.org/de/presse/66442_62229.aspx, Stand: 30.09.2014

Blake, R. K./Mouton, J. S. (Grid), The Managerial Grid, Houston 1963

Bleicher, K. (Konzept), Das Konzept Integriertes Management, Frankfurt a. M./New York 2004(7)

Bleicher, K. (Organisation), Organisation – Formen und Modelle, Wiesbaden 1981

Bleicher, K. (Organisationskulturen), Organisationskulturen und Führungsphilosophien im Wettbewerb, in: Zeitschrift für betriebswirtschaftliche Forschung, Nr. 2/1983, S. 135 ff

Block, S. B./Hirt, G. A. (Financial), Foundations of Financial Management, Boston et al 2002(10)

Bloech, J. et al (Produktion), Einführung in die Produktion, Heidelberg 1998(3)

Blohm, H./Lüder, K./Schaefer, C. (Investition), Investition, München 2006(9)

Blomert, R. (Habgierigen), Die Habgierigen, München 2003

Boda, Z. (Globalization), International Ethics and Globalization, in: Zsolnai, L. (Hrsg.): Ethics in the Economy, Oxford et al 2004(2), S. 233 ff

Bode, T. (Kampagne), Die Kunst der Kampagne, in: Harvard Business Manager, März 2005, S. 96 ff (Interview)

Bögel, R. (Unternehmenskultur), Organisationsklima und Unternehmenskultur, in: Rosenstiel, L. von/Regnet, E./Domsch, M. (Hrsg.) Führung von Mitarbeitern, Stuttgart 2003(5), S. 707 ff

Bokranz, R./Landau, K. (Arbeitswissenschaft), Einführung in die Arbeitswissenschaft, Stuttgart 1991

Bonneau, E. (Smalltalk), Erfolgsfaktor Smalltalk, München 2002

Bookhagen, A. (Positionierung), Ethische Positionierung: Verbindung von Unternehmensethik und strategischem Marketing, Wiesbaden 2001

Bontrup, H.-J. (Arbeitswelt), Demokratie in der Arbeitswelt. Alter Hut oder Zukunftsperspektive?, Hannover 2002

Bornhofen, M. (Buchführung I), Buchführung I, Wiesbaden 2006(18)

Bornhofen, M. (Buchführung II), Buchführung II, Wiesbaden 2006(17)

Borussia Dortmund GmbH & Co. KGaA (Hrsg.) (Basisinformationen), Basisinformationen, URL: http://www.borussia-aktie.de/?_%1B%E7%F4%9D, Stand: 26.01.2006

Borussia Dortmund GmbH & Co. KGaA (Hrsg.) (Geschäftsbericht), Geschäftsbericht Juli 2004–Juni 2005, Dortmund 2005

Borussia Dortmund GmbH & Co. KGaA (Hrsg.) (Kodex), Corporate Governance Kodex, URL: http://www.borussia-aktie.de/?%9FY%1B%E7%F4%9D, Stand: 26.01.2006

Bosetzky, H. (Beförderung), Die instrumentelle Funktion der Beförderung, in: Verwaltungsarchiv, Bd. 63/1972, S. 372 ff

Bosetzky, H. (Mikropolitiker), Managerrolle: Mikropolitiker, in: Staehle, W. (Hrsg.) Handbuch Management, Wiesbaden 1991, S. 285 ff

Boston Consulting Group (Hrsg.) (Product), The Product Portfolio, in: Perspective, Nr. 66, Boston 1970

Boston Consulting Group (Hrsg.) (Vision), Vision und Strategie. 34. Kronberger Konferenz, München 1988

Brabänder, E./Hilcher, I. (Umsetzung): Balanced Scorecard – Stand der Umsetzung, in: controller magazin, Nr. 3/2001, S. 252 ff

Brauchlin, E. (Entscheidungsmethodik), Problemlösungs- und Entscheidungsmethodik, Bern/Stuttgart 1978

Braun, J. (Dimensionen), Dimensionen der Organisationsgestaltung, in: Bullinger, H.-J./Warnecke, H. J. (Hrsg.): Neue Organisationsformen im Unternehmen, Heidelberg 1996, S. 65 ff

Braun, O. (Haftung), Die Haftung des GmbH-Geschäftsführers, Marburg 2003
Breton, A./Wintrobe, R. (Conduct), The Logic of Bureaucratic Conduct, Cambridge et al 1982
Breuer, R. E. (Debatte), Die Debatte ist so bizarr, Interview mit R. E. Breuer, in: Manager Magazin Nr. 11/2002, S. 66 ff
Bröckermann, R. (Personalwirtschaft), Personalwirtschaft, Stuttgart 2003
Bröckermann, R./Pepels, W. (Hrsg.) (Personalmarketing), Personalmarketing, Stuttgart 2002
Brockhaus (F. A. Brockhaus) (Hrsg.) (Enzyklopädie Bd. 6), Brockhaus Enzyklopädie, Bd. 6, Mannheim 1988(19)
Brockhoff, K. (Geschichte), Geschichte der Betriebswirtschaftslehre, Wiesbaden 2002
Bröll, C./Nöcker, R. (Makler), Die Makler der Mächtigen, in: Frankfurter Allgemeine Zeitung, 26.10.2002
Brost, M. et al (Moral), Manager ohne Moral?, in: die Zeit, 1.12.2005, S. 25 ff
Brox, H./Rüthers, B./Henssler, M. (Arbeitsrecht), Arbeitsrecht, Stuttgart 2002(15)
Brühl, R. (Controlling), Controlling, München 2004
Brunken, I. (Meister), Die 6 Meister der Strategie, Berlin 2005
Brunsson, N. (Hypocrisy), The Organization of Hypocrisy, Copenhagen 2002(2)
Buchanan, J./Musgrave, R. A. (Public), Public Finance and Public Choice, Cambridge, Mass. 1999
Buchhorn, E./Palass, B. (raus), ... und raus bist du, in: Manager Magazin, Nr. 11/2003, S. 209 ff
Buchter, H. (Stonecipher), Harry Stonecipher: Gestrauchelter Aufräumer, in: Financial Times Deutschland, 7.3.2005
Bühlmann, H./Loeffel, H./Nievergelt, E. (Spieltheorie), Entscheidungs- und Spieltheorie, Berlin/Heidelberg/New York 1975
Bühner, R. (Headquarters), Governance Costs, Determinants, and Size of Corporate Headquarters, in: Schmalenbach Business Review, April 2000, S. 160 ff
Bühner, R. (Organisationslehre), Betriebswirtschaftliche Organisationslehre, München/Wien 1994(7)
Bundesvereinigung der Deutschen Arbeitgeberverbände (BDA) (Hrsg.) (Drittelbeteiligungsgesetz), Betriebsverfassungsgesetz 1952 bzw. Drittelbeteiligungsgesetz, URL: http://www.bda-on-line.de/www/bdaonline.nsf/id/43B0B66063C10088C1256DE70069F40A?Open&setprintmode, Stand: 30.01.2006
Burns, T. (Micropolitics), Micropolitics: Mechanism of Institutional Change, in: Administrative Science Quarterly, Bd. 6/1961, S. 257 ff
Büscher, M. (Market), Ethics of the Market, in: Zsolnai, L. (Hrsg.): Ethics in the Economy, Oxford et al 2004(2), S. 211 ff
Busse von Colbe, W. (Paradigmenwechsel), Die deutsche Rechnungslegung vor einen Paradigmenwechsel, in: Zeitschrift für betriebswirtschaftliche Forschung, 54 Jg. 2002, S. 159 ff
BVR (Hrsg.) (Bundesverband), Bundesverband der deutschen Volksbanken und Raiffeisenbanken, URL: http://www.bvr.de/public.nsf/index.html!ReadForm, Stand: 24.01.2006
BVR (Hrsg.) (Genossenschaftsbanken), Genossenschaftsbanken – stark im Verbund, URL: http://www.bvr.de/public.nsf/index.html!ReadForm&main=3&sub=20, Stand: 24.01.2006
CA Controller Akademie AG (Hrsg.) (Controller), Controller & Controlling, Wörthsee-Etterschlag 2004
Chandler, F. G. (Communication), Fundamentals of Business Communication, Chicago et al. 1995
Chatterjee, A. (Mother), Mother Teresa – The Final Verdict, London/Calcutta 1996
Cho, I. K./Kreps, D. M. (Games), Signaling Games and Stable Equilibria, in: The Quarterly Journal of Economics, Nr. 2/1987, S. 179 ff
Cho, I. K./Sobel, J. (Stability), Strategic stability and uniqueness in signalling games, in: Journal of Economic Theory, Nr. 2/1990, S. 381 ff
Christie, R./Geis, F. (Machiavellism), Studies in Machiavellism, New York 1970
Ciampa, D. (Spitze), Der Sprung an die Spitze, in: Harvard Business Manager, April 2005, S. 88 ff

Ciampa, D./Watkins, M. (Start), Right from the Start: Taking Charge in a New Leadership Role, Boston et al 1999

Clark, C. W. (Overexploitation), The Economics of Overexploitation, in: Hardin, G./Baden, J. (Hrsg.): Managing the Commons, San Francisco 1977, S. 82 ff

Clausewitz, C. von (Kriege), Vom Kriege, Hrsg. Erftstadt 2003

Coase, R. (Economics), The New Institutional Economics, in: American Economic Review, Papers and Proceedings of the 110th Annual Meeting of the American Economic Association, Chicago, 3–5 January 1998, S. 72 ff

Codd, E. F./Codd, S. B./Salley, C. T. (OLAP), Providing OLAP (On-Line Analytical Processing) to User-Analysts, in: An IT-Mandate, Whitepaper, Codd & Associates, o. O. 1993

Coenenberg, A. G. (Jahresabschluss), Jahresabschluss und Jahresabschlussanalyse, Landsberg a. L. 2003(19)

Coelius, C. (Bewerbungsbrief), Bewerbungsbrief und Lebenslauf, Hamburg 2006

Cohen, M. D./March, J. G./Olsen, J. P. (Papierkorb), Ein Papierkorb-Modell für organisatorische Wahlverfahren, dt. in: March, J. G. (Hrsg): Entscheidung und Organisation, Wiesbaden 1990, S. 1 ff

Cohen, M. D./March, J. G./Olsen, J. P. (People), People, Problems, Solutions and the Ambiguity of Relevance, in: March, J. G./Olsen, J. P. (Hrsg.): Ambiguity and Choice in Organizations, Bergen 1976, S. 24 ff

Cohen, S./Roussel, J. (Supply), Strategisches Supply Chain Management, Berlin/Heidelberg 2006

Collis, D. J./Montgomery, C. A. (Konzerne), So können Konzerne Ressourcen optimal nutzen, in: Harvard Business Manager Nr. 06/1998, S. 26 ff

Colvin, G. (Money), What Money makes You Do, in: Fortune, August 17, 1998, S. 79 f

Copeland, T./Koller, T./Murrin, J. (Unternehmenswert), Unternehmenswert, Frankfurt a. M. 2002(3)

Corsten, H./Gössinger, R. (Supply), Einführung in das Supply Chain Management, München/Wien 2001

Crainer, S. (Ultimate), The Ultimate Business Library, Oxford 2000(2)

Cramer, A. (Gegendarstellung), Gegendarstellung (im Namen der Warsteiner Brauerei Haus Cramer KG), in: Manager Magazin Nr. 10/2005, S. 111

Crozier, M./Friedberg, E. (Macht), Macht und Organisation, Königstein/Ts. 1979

Cyert, R. M./March, J. G. (Firm), A Behavioral Theory of the Firm, Englewood Cliffs 1963

DaimlerChrysler(Hrsg.) (Aktionäre), Unsere Aktionäre, URL: http://www.daimlerchrysler.de/dc-com/0,,0-5-504289-49-509515-1-0-0-0-0-0-243-7163-0-0-0-0-0-0,00.html, Stand: 23.01.2006

Däumler, K.-D. (Finanzwirtschaft), Betriebliche Finanzwirtschaft, Herne/Berlin 2002(8)

Däumler, K. D./Grabe, J. (Kostenrechnung I), Kostenrechnung I, Herne/Berlin 2003(9)

Däumler, K. D./Grabe, J. (Kostenrechnung II), Kostenrechnung II, Herne/Berlin 2006(7) (vor.)

Däumler, K. D./Grabe, J. (Kostenrechnung III), Kostenrechnung III, Herne/Berlin 2004(7)

Dasgupta, P. (Control), The Control of Resources, Oxford 1982

DATEV eG (Hrsg.) (Berater), Tabellen und Informationen für den steuerlichen Berater, Nürnberg 2010

Daum, A./Lawa, D. (Quality), Controlling als Unterstützungsinstrument eines Total Quality Managements, in: Steinle, C./Bruch, H. (Hrsg.): Controlling, Stuttgart 1998, S. 925 ff

Deal, T. E./Kennedy, A. A. (Cultures), Corporate Cultures. The Rites and Rituals of Corporate Life, Reading (Mass.) et al. 1982

Deckstein, D. et al (verdient), Wer verdient, was er verdient?, in: Der Spiegel Nr. 18/2002, S. 104 ff

Deich, S. (Tantiemen), Tantiemen, in: Preis, U. (Hrsg.) Innovative Arbeitsbedingungen, Köln 2005, S. 559 ff

Dell Inc. (Hrsg.) (Effect), The Dell Effect, URL: http://www.dell.com/downloads/global/corporate/delleffect/DellEffect.pdf, Stand: 24.8.2006

De Maria, W. (Whistleblowing), Whistleblowing – International Bibliography, URL: http://www.uow.edu.au/arts/sts/bmartin/dissent/documents/DeMaria_bib.html, Stand: 02.11.2005

Dettling, W. (Macht), Macht der Verbände – Ohnmacht der Demokratie?, in: Dettling, W. (Hrsg.): Macht der Verbände – Ohnmacht der Demokratie?, München/Wien 1976, S. 7 ff

Dettling, D. (Hrsg.) (Parteien), Parteien in der Bürgergesellschaft, Wiesbaden 2005

Dettling, W. (Hrsg.) (Verbände), Macht der Verbände – Ohnmacht der Demokratie?, München/Wien 1976, S. 7 ff

Deutsche Bank AG (Hrsg.) (Jahresbericht 2004), Jahresbericht 2004, Frankfurt a. M. 2005

Deutscher Industrie- und Handelskammertag (DIHK) Hrsg.) (Umfrage), Fachliches Können und Persönlichkeit sind gefragt., Ergebnisse einer Umfrage bei IHK-Betrieben zu Erwartungen der Wirtschaft an Hochschulabsolventen, o. O. 2004

Deyle, A. (Controller-Praxis I), Controller-Praxis I, Gauting b. München 1971(8)

Deyle, A. (Controller-Praxis II), Controller-Praxis II, Gauting b. München 1971(8)

DHS – Deutsche Hauptstelle gegen die Suchtgefahren e. V. (Hrsg.) (Störungen), Suchtbezogene Störungen am Arbeitsplatz, Hamm 2001

Dickey, T. (Budgetierung), Grundlagen der Budgetierung, Wien 1993

Dietl, H. (Institution), Institution und Zeit, Tübingen 1993

Dietl, H./van der Velden, R. (Leistungsmessung), Ungenaue Leistungsmessung und leistungsabhängige Entlohnung in einem Multitasking-Principal agent-Modell, in: Wirtschaftswissenschaftliches Studium, Nr. 6/2003, S. 318 ff

Dietmar-Hopp-Stiftung (Hrsg.) (Alles), Alles über die Dietmar-Hopp-Stiftung, URL: http://www.dietmar-hopp-stiftung.de/ger/Ueber_die_Stiftung.php, Stand: 24.01.2006

Dinkelbach, W. (Operations), Operations Research, Berlin 1992

Donnelly, J. H./Gibson, J. L./Ivancevich, J. M. (Management), Fundamentals of Management, Boston, Mass. et al 1998(10)

Domsch, M. E. (Personalentwicklung), Personalplanung und Personalentwicklung für Fach- und Führungskräfte, in: Rosenstiel, L. von/Regnet, E./Domsch, M. (Hrsg.): Führung von Mitarbeitern, Stuttgart 2003(5), S. 475 ff

Dr. Ing. h.c. F. Porsche AG (Hrsg.) (Aktionärsstruktur), Aktionärsstruktur, URL: http://www.porsche.com/germany/aboutporsche/investorrelations/shareholderstructure/, Stand: 27.01.2006

Drucker, P. F. (Praxis), Neue Management Praxis, Düsseldorf 1974

Drummond, H. (Machtspiele), Machtspiele für kleine Teufel, Landsberg a. Lech 1993

DSW (Deutsche Schutzvereinigung für Wertpapierbesitz e. V.) (Hrsg.) (Aufsichtsratsstudie), Grafiken zur DSW-Aufsichtsratsstudie 2013, Die wichtigsten Aufsichtsräte im DAX 30 in 2013, URL: http://www.dsw-info.de/uploads/media/Grafiken_PK_Aufsichtsratsstudie_2013.pdf

DuBrin, A. J. (Politics), Winning Office Politics, Englewood Cliffs 1990

Dubs, R. et al (Hrsg.) (Managementlehre), Einführung in die Managementlehre (5 Bde.), Bern/Stuttgart 2005

Dunst, K. H. (Portfolio), Portfolio-Management, Berlin/New York 1979

Dyllick, T. (Umweltbeziehungen), Management der Umweltbeziehungen, Wiesbaden 1989

Eberl, P./Kabst, R. (Vertrauen), Vertrauen, Opportunismus und Kontrolle – Ein empirische Analyse von Joint Venture-Beziehungen vor dem Hintergrund der Transaktionskostentheorie, in: Schauenberg, B./Schreyögg, G./Sydow, J. (Hrsg.): Institutionenökonomik als Managementlehre?, Wiesbaden 2005, S. 239 ff

Ebers, M./Gotsch, W. (Theorien), Institutionenökonomische Theorien der Organisation, in: Kieser, A. (Hrsg.): Organisationstheorien, München 1995, S. 185 ff

Ehrbar, A. (EVA), EVA, New York et al 1998

Eisele, W. (Rechnungswesens), Technik des betrieblichen Rechnungswesens, München 2002

Emery, F./Thorsrud, E. (Democracy), Democracy at Work, Leiden 1976

ems Unternehmensberatung (Hrsg.) (Limited), Die Basics – was Sie unbedingt über die Limited wissen sollten, URL: http://www.emskg.de/download/info_ltd.pdf, Stand: 1.10.2014

Enderle, G. (Regel), Die goldene Regel für Manager?, in: Lattmann, C. (Hrsg.) Ethik und Unternehmensführung, Heidelberg/Wien 1988, S. 130 ff

Engelhardt, W. H./Raffée, H./Wischermann, B. (Buchhaltung), Grundzüge der doppelten Buchhaltung, Wiesbaden 1006(7)

Epstein, B. J./Walton, P./Mirza, A. A. (IFRS), IFRS 2006, West Sussex 2006

Erdheim, M. (Macht), Macht Macht bitter und krank (Interview), in: Frankfurter Allgemeine Sonntagzeitung, 30.7.2006

EU Commission (Hrsg.) (Responsibility), Promoting a European Framework for Corporate Social Responsibility, Luxemburg 2001

Färber, F./Keim, T./Westarp, F. von (E-Recruiting), Trends im E-Recruiting, in: Personalwirtschaft, Nr. 12/2002, S. 46 ff

Farnsworth, C. H. (Whistleblowers), Survey of Whistleblowers find Retaliation but no Few Regrets, in: New York Times, 21.2.1988

Fauliot, P. (Kunst), Die Kunst zu siegen, ohne zu kämpfen, München 2003

Fayol, H. (Verwaltung), Allgemeine und industrielle Verwaltung, München/Berlin 1929

Festo Didactic KG (Hrsg.) (Steuerungstechnik), Lexikon der Steuerungstechnik, Esslingen 1988

Fiedler, F. E. (Leadership), A Theory of Leadership Effectiveness, New York et al 1967

Fink, C./Grundler, C. (Strategieimplementierung), Strategieimplementierung im turbulenten Umfeld, Steuerung der Fischerwerke mit der Balanced Scorecard, in: Controlling, Nr. 4/1998, S. 226 ff

Finthammer, V. (Geschichte), Ein Irrtum der Geschichte?, dradio.de vom 09.11.2004, URL: http://www.dradio.de/dlf/sendungen/hintergrundpolitik/320354/

Firchau, V. (Information), Information Systems for Principal-Agent Problems, in: Bamberg, G./Spremann, K. (Hrsg.): Agency, Theory, Information, and Incentives, Berlin et al 1987, S. 81 ff

Fischer, B. (Logistik), Logistik und Supply Chain Management (SCM), in: Hering, E./Frick, G. (Hrsg.) Betriebswirtschaft in Fallbeispielen, München/Wien 2003, S. 120 ff

Fischer, T./Rödl, K. (Reporting), Value Added Reporting, in: Controlling, Nr. 1/2005, S. 23 ff

Flechtner, H. J. (Kybernetik), Grundbegriffe der Kybernetik, Stuttgart 1966

Fombrun, C. J. (CSR), Building Corporate Reputation through CSR Initiatives: Evolving Standards, in: Corporate Reputation Review, Nr. 1/2004, S. 7 ff

Forrester, J. W. (Dynamics), Industrial Dynamics: a major breakthrough for decision makers, in: Harvard Business Review, Nr. 4/1958, S. 37 ff

Frank, H./Pudwitz, F. (Siemens), Prozessorganisation anhand eines Beispiels aus dem Bereich Medizinische Technik der Siemens AG, in: Frese, E./Werder, A. von (Hrsg.): Organisationsstrategien zur Sicherung der Wettbewerbsfähigkeit – Lösungen deutscher Unternehmungen, Düsseldorf 1994, S. 163 ff

Frankfurter Allgemeine Zeitung (Hrsg.) (Preisliste), Preisliste Nr. 66 vom 1. Januar 2006, Frankfurt 2006, URL: http://www.faz.net/dynamic/download/anzeigen/Preisliste_FAZ_Nr_66.pdf, Stand: 4.7.2006

Frankfurter Allgemeine Zeitung (Hrsg.) (Stellenmarkt), Stellenmarkt, Frankfurt 2006, URL: http://www.faz.net/s/RubFAEFD2AB4A4F4BEABFF401D6E092AD24/Tpl~Estm~Sressort.html, Stand: 4.7.2006

Franko, L. G. (European), The European Multinationals, London/Stanford 1976

Frese, E. (Organisation), Grundlagen der Organisation, Wiesbaden 1988(4)

French, J. R. P./Raven, B. (Bases), The Bases of Social Power, in: Cartwright, D. (Hrsg.): Studies in Social Power, Ann Arbor 1959, S. 150 ff

French, W. L./Bell, C. H. (Organisationsentwicklung), Organisationsentwicklung, Bern 1994(3)

Freudenberg, H. (Reorganisationen), Strategisches Verhalten bei Reorganisationen, Wiesbaden 1999

Frey, B. S. (Entscheidungssysteme), Gesellschaftliche Entscheidungssysteme, in: Wirtschaftswissenschaftliches Studium, Nr. 4/1976, S. 153 ff

Frey, B. S. (Oekonomie), Moderne politische Oekonomie, München/Zürich 1977
Frey, B. S. (Wirtschaft), Die Wirtschaft soll vom Staat lernen, in: Harvard Business Manager, März 2004, S. 94f
Frey, B. S. (Wirtschaftspolitik), Theorie demokratischer Wirtschaftspolitik, München 1981
Frey, B. S./Kirchgässner, G. (Wirtschaftspolitik), Demokratische Wirtschaftspolitik, München 2002(10)
Freyberg, R.-J. (Standortvorteil), Die deutsche Mitbestimmung ist ein Standortvorteil, in: Frankfurter Allgemeine Zeitung v. 01.09.2004
Friedag, H. R./Schmidt, W. (Scorecard), Balanced Scorecard, Freiburg et al 1999
Friedl, G./Pfeiffer, I. (Anreizwirkungen), Ausgestaltung und Anreizwirkungen der Vorstandsvergütung in Deutschland, in: Controlling, Nr. 3/2014, S. 148–154
Friedman, M. (Responsibility), The Social Responsibility of Business is to Increase Its Profits, in: The New York Times Sunday Magazine, September 13, 1970
Frick, G. (Personalmanagement), Personalmanagement, in: Hering, E./Frick, G. (Hrsg.) Betriebswirtschaft in Fallbeispielen, München/Wien 2003, S. 296 ff
Fritz, C.-T. (Transaktionskostentheorie), Die Transaktionskostentheorie und ihre Kritik sowie ihre Beziehung zum soziologischen Neo-Institutionalismus, Frankfurt a. M. et al. 2006
Gabriel, J. M. (Pluralismus), Zwischen Pluralismus und Korporatismus, in: Beiträge und Berichte der Forschungsstelle für Politikwissenschaften an der Hochschule St. Gallen, Nr. 87/Mai 1983, St. Gallen 1983
Gairing, F. (Eigeninteressen), Hinter den Sachzielen verstecken sich Eigeninteressen, unveröffentlichtes Papier, Hochschule Pforzheim, Pforzheim o. J.
Gairing, F. (Führen), Sich selbst Führen!? – Denkansätze zum SelbstManagement, in: Schwaab, M.-O. et al (Hrsg.): Führen mit Zielen, Wiesbaden 2002(2), S. 133 ff
Gairing, F. (Organisationsentwicklung), Organisationsentwicklung als Lernprozess von Menschen und Maschinen, Weinheim 1996
Gairing, F. et al. (Schlüsselkompetenzen), Schlüsselkompetenzen. Konzept zur integrativen Förderung von Schlüsselkompetenzen im Rahmen der neuen Bachelor-Programme der Fakultät für Wirtschaft und Recht, unveröffenlichtes Arbeitspapier der Hochschule Pforzheim, Pforzheim 2005
Gaitanides, M. (Prozessorganisation), Prozessorganisation, München 1999(2)
Galbraith, J. K. (State), The New Industrial State, Boston, Mass. 1967
Gallup GmbH (Hrsg.) (Arbeitsplatz), Das Engagement am Arbeitsplatz in Deutschland ist nach wie vor auf niedrigem Niveau, Pressemitteilung vom 18.10.2004, Potsdam
Gallup GmbH (Hrsg.) (Engagement), Gallup Engagement Index 2004, Potsdam 2004
Galtung, J. (Gewalt), Strukturelle Gewalt, Reinbek 1975
Gälweiler, A. (Führung), Die strategische Führung der Unternehmung, Sonderdruck für den BBS-Führungskreis, Mannheim 1979
Gälweiler, A. (Unternehmensführung), Strategische Unternehmensführung, Frankfurt a. M. 1987
Gandz, J./Murray, V. V. (Experience), The Experience of Workplace Politics, in: Academy of Management Journal, Bd. 23, 1980, S. 237 ff
Garz, A. (Skills), Soft Skills, URL: http://www.studserv.de/karriere/softskills.php, Stand: 25.11.2005
Gendo, F./Konschak, R. (Mythos), Mythos Lean Production, in: iO-Management, Nr. 7–8/1999, S. 38 ff
Ghoshal, S./Morna, P. (Bad), Bad for practice: A critique of the transaction theory, in: Academy of Management Review, Nr. 1/1996, S. 13 ff
Gil, C. (Machiavelli), Machiavelli. Die Biographie, Düsseldorf 2000
Gilbert, D. U. (Unternehmensethik), Institutionalisierung von Unternehmensethik im Internationalen Unternehmen, in: Zeitschrift für Betriebswirtschaft, Nr. 1/2003, S. 25 ff

Glogowski, E. (Gunst), „Wer gefällt, dem wird Gunst zuteil", in: Frankfurter Allgemeine Zeitung v. 2.6.2003
Göbel, E. (Institutionenökonomik), Neue Institutionenökonomik, Stuttgart 2002
Gobold, T. A. (Spieltheorie), Spieltheorie, URL: http://www.geocities.com/lightvolcano/study/gametheory.html, Stand: 04.11.2005
Goerke, W. (Organisationsentwicklung), Organisationsentwicklung als ganzheitliche Innovationsstrategie, Berlin/New York 1981
Goleman, D. (Führen), Durch flexibles Führen mehr erreichen, in: Harvard Business Manager, Nr. 5/2000, S. 9 ff
Google Inc. (Hrsg.) (Overview), Company Overview, URL: http://www.google.com/corporate/, Stand: 28.8.2006
Google Inc. (Hrsg.) (Features), Google web Search Features, URL: http://www.google.com/help/features.html, Stand: 28.8.2006
Goold, M./Pettier, D./Young, D. (Centre), Re-Designing the Corporate Centre, in: European Management Journal, Nr. 11/2001, S. 83 ff
Gottwald, M. (ERP II), ERP II ante portas, in: is report, Nr. 3/2006, S. 16 ff
Göx, R. F./Budde, J./Schöndube, R. (Modell), Das lineare Agency Modell bei asymmetrischer Information über den Agentennutzen, in: Zeitschrift für Betriebswirtschaft, Nr. 1/2002, S. 65 ff
Graebig, K. (Normung), Stand der Normung, in: DIN Mitteilungen, Nr. 12/2005
Grandjean, E. (Arbeitsgestaltung), Physiologische Arbeitsgestaltung, Landsberg a. L. 1987(3)
Grass, R. D./Stützel, W. (Volkswirtschaftslehre), Volkswirtschaftslehre, München 1983
Graßhoff, U./Schwalbach, J. (Managervergütung), Agency-Theorie, Informationskosten und Managervergütung, in: Zeitschrift für betriebswirtschaftliche Forschung, Nr. 5/1999, S. 437 ff
Greiner, U. (Gewinne), Wahnsinnige Gewinne, in: Die Zeit, 1.12.2005, S. 1
Grochla, E./Thom, N. (Matrix-Organisation), Die Matrix-Organisation, in: Zeitschrift für betriebswirtschaftliche Forschung, 1977, S. 193 ff
Gronau, N. (Enterprise), Enterprise Resource Planning und Supply Chain Management, München 2004
Groß, A./Florentz, X. (Finanzierung), Finanzierung, München 1977(4)
Gruber, A. (Signalling), Signalling and Market Behavior, in: Bamberg, G./Spremann, K. (Hrsg.): Agency, Theory, Information, and Incentives, Berlin et al. 1987, S. 205 ff
Gudehus, T. (Logistik), Logistik, Berlin/Heidelberg 2005(3)
Günther, H. O./Tempelmeier, H. (Produktion), Produktion und Logistik, Berlin et al 1997(3)
Gutenberg, E. (Grundlagen I), Grundlagen der Betriebswirtschaftslehre, Bd. 1: Die Produktion, Berlin/Heidelberg/New York 1984(24)
Gutenberg, E. (Grundlagen II), Grundlagen der Betriebswirtschaftslehre, Bd. 2: Der Absatz, Berlin/Heidelberg/New York 1983(17)
Gutenberg, E. (Grundlagen III), Grundlagen der Betriebswirtschaftslehre, Bd. 3: Die Finanzen, Berlin/Heidelberg/New York 1980 (8)
Haase, M. (Managementlehre), Metatheoretische Überlegungen zur Zusammenarbeit von Institutionenökonomik und Managementlehre, in: Schauenberg, B./Schreyögg, G./Sydow, J. (Hrsg.) Institutionenökonomik als Managementlehre?, Wiesbaden 2005, S. 153 ff
Haberstock, L. (Kostenrechnung I), Kostenrechnung I, Berlin 1998(10)
Haberstock, L. (Kostenrechnung II), Kostenrechnung II, Berlin 1999(8)
Hague, R./Harrop, M. (Comparative), Comparative Government and Politics, Atlantic Highlands, N.J. 1987(2)
Hahn, D./Hungenberg, H. (PuK), PuK Planung und Kontrolle, Wiesbaden 2001(6)
Hammer, M./Champy, J. (Reengineering), Business Reengineering, Frankfurt a. M./New York 1994(3)

Handelsblatt (Hrsg.): (Unternehmen), Die 500 größten Unternehmen Europas, URL: http://www.handelsblatt.com/pshb/fn/relhbi/sfn/e500_start/index.html, (Stand: 04.08.2006)

Handy, C. (Wofür), Wofür arbeiten wir?, in: Harvard Business Manager, Nr. 3/2003, S. 96 ff

Hank, R. (Eisenacher), Die Eisenacher und die Rüsselsheimer, in: Frankfurter Allgemeine Zeitung v. 6.8.1994

Hanning, U. (Hrsg.) (Intelligence), Knowledge Management und Business Intelligence, Berlin 2002

Hansen, U. (Umweltmanagement), Umweltmanagement im Handel, in: Steger, U. (Hrsg.) Handbuch des Umweltmanagements, München 1992

Hardin, G. (Altruism), The Limits of Altruism, Bloomington 1977

Hardin, G. (Tragedy), The Tragedy of the Commons, in: Hardin, G./Baden, J. (Hrsg.): Managing the Commons, San Francisco 1977, S. 16 ff

Hardin, G./Baden, J. (Hrsg.) (Commons), Managing the Commons, San Francisco 1977

Hartmann, H. (Lieferantenmanagement), Gernsbach 2004

Hartmann, H. (Materialwirtschaft), Materialwirtschaft, Gernsbach 1993

Hartmann, M. (Mythos), Der Mythos von den Leistungseliten, Frankfurt a. M. 2002

Hartmann, J. (Politikwissenschaft), Politikwissenschaft, Chur 1995

Hartmann, J. (Vergleichende), Vergleichende Politikwissenschaft, Frankfurt a. M./New York 1995

Hartwich, E. (Zielentfaltung), Zielentfaltung (Policy Deployment) als Management-System, in: Schwaab, M.-O. et al (Hrsg.): Führen mit Zielen, Wiesbaden 2002(2) S. 161 ff

Haugrund, S. et al (Prozesse), Unternehmerische Prozesse, Funktionen und Entscheidungen, unveröffentlichtes Diskussionspapier, Hochschule Pforzheim, Pforzheim 2005

Hawranek, D. (Takt), Neues Takt-Gefühl, in: Der Spiegel, Nr. 33/2008, S. 76f

Hax, A. C./Majluf, N. S. (Management), Strategisches Management, Frankfurt a. M./New York 1988

Hayek, F. A. (Knechtschaft), Der Weg zur Knechtschaft, Hrsg. München 1971

Heinen, E. (Einführung), Einführung in die Betriebswirtschaftslehre, Wiesbaden 1992(9)

Heinen, E. (Grundlagen), Grundlagen betriebswirtschaftlicher Entscheidungen, Wiesbaden 1976(3)

Heinrich, R. P. (Complementarities), Complementarities in Corporate Governance, Berlin et al 2002

Heinrichs, H. (Rechtsformen), Rechtsformen der Unternehmen, Skript, Aachen o. J.

Henkel KGaA (Hrsg.) (Governance), Corporate Governance Henkel, URL: http://www.henkel.de/int_henkel/ir_de/binarydata/pdf/Corporate_Governance_Modell_Henkel_2005_Stand_05_de.pdf, Stand: 25.01.2006

Henning, K. W. (Organisationslehre), Betriebswirtschaftliche Organisationslehre, Wiesbaden 1975(5)

Henning, H. J./Six, B. (Konstruktion), Konstruktion einer Machiavellismus-Skala, in: Zeitschrift für Sozialpsychologie, Nr. 8/1977, S. 185 ff

Henrich, A. (Demotivation), Kostenfaktor Demotivation: 250 Mrd. € wirtschaftlicher Schaden in Deutschland, in: UGW Report Nr. 2/2004, S. 1 f

Hentze, J. (Personalwirtschaftslehre), Personalwirtschaftslehre 1, Bern/Stuttgart/Wien 1994(6)

Hering, E./Frick, G. (Hrsg.) (Fallbeispielen), Betriebswirtschaft in Fallbeispielen, München/Wien 2003

Hersey, P./Blanchard, K. H. (Behavior), Management of Organizational Behavior, New York 1977

Herzberg, F. (Work), Work and the Nature of Man, Cleveland, Ohio 1966

Hesse, J./Schrader, H. C. (Assessment), Die 100 wichtigsten Tipps zum Assessment Center, Frankfurt a. M. 2006

Hetzer, J./Papendick, U. (Freunden), Unter Freunden, in: Manager Magazin Nr. 08/2001, S. 92 ff

Hetzer, J./Papendick, U. (Katzen), Fette Katzen, in: Manager Magazin Nr. 07/2004S. 100 ff

Hewlett Packard (Hrsg.) (Citizenship), 2005 Global Citizenship ReportURL: http://www.hp.com/hpinfo/globalcitizenship/gcreport/pdf/hp2005gcreport.pdf, Stand: 31.10.2005

Hichert, R. (Botschaft), Die Botschaft ist wichtiger als der Inhalt (Interview), in: isreport, Nr. 6/2005, S. 16 ff

Hichert, R. (Sagen), Sagen, was zu sagen ist, Unterlagen zum Vortrag auf dem Controller-Congress in München, 2.5.2004

Hilke, W. (Bilanzpolitik), Bilanzpolitik, Wiesbaden 2002(6)

Hill, C. W. L. (International), International Business, Boston et al 2003(4)

Hill, W./Fehlbaum, R./Ulrich, P. (Organisationslehre), Organisationslehre 1, Stuttgart 1994(5)

Hinterhuber, H. H. (Unternehmungsführung I), Strategische Unternehmungsführung. I. Strategisches Denken, Berlin/New York 1996(6)

Hinterhuber, H. H. (Unternehmungsführung II), Strategische Unternehmungsführung. II. Strategisches Handeln, Berlin/New York 1997(6)

Hinterhuber, H. H./Rothenberger, S. (Führung), Führung und Strategie verbinden, in: Frankfurter Allgemeine Zeitung, 06.02.2006

Hirn, W. (Vergeigt), Vergeigt, in: Manager Magazin, Nr.06/2005, S. 105 ff

Hirn, W./Schwarzer, U. (Mächtigsten), Die 50 Mächtigsten, in: Manager Magazin Nr. 05/2005, S. 40 ff

Hirshleifer, J. (Price), Price Theory and Applications, Engelwood Cliffs, N. J. 1997(6)

Hoff, A./Weidinger, M./Hermann, L. (Gestaltung), Gestaltung der Lebensparameter Arbeit, Zeit und Geld – die Zeitphilosophie der Hewlett-Packard GmbH, URL: http://www.arbeitszeitberatung.de/az-datenbank/dokument.aspx?ID=1, Stand: 21.7.2006

Hoffmann, R.-W. (Arbeitskampf), Arbeitskampf im Arbeitsalltag, Frankfurt a. M. 1981

Hoffmann, W. K. H. (Macht), Macht im Management, Zürich 2003

Hofstede, G. (Consequences), Culture's Consequences, Thousand Oaks/London/New Delhi 2001(2)

Hofstede, G. (Kultur), Kultur und Organisation, in: Handwörterbuch der Organisation, Stuttgart 1980(2), Sp. 1168 ff

Hofstätter, M. (Entwicklung), Zur Entwicklung der Berufschancen von Hochschulabsolventen in der Privatwirtschaft, in: Schilling, M. (Hrsg.) Leben und Studieren im neuen Jahrtausend, Wien 2000

Höhn, R. (Stäben), Die Führung mit Stäben in der Wirtschaft, Bad Harzburg 1970(2)

Holtbrügge, D. (Personalmanagement), Personalmanagement, Berlin et al 2004

Homann, K. (Vorteile), Vorteile und Anreize, Tübingen 2002

Homburg, C. (Marketingmanagement), Marketingmanagement, Wiesbaden 2012(4)

Hooghiemstra, R./Manen, J. van (Dilemmas), Supervisory Directors and Ethical Dilemmas: Exit or Voice, in: European Management Journal, Nr. 1/2002, S. 1 ff

Hope, J./Fraser, R. (Beyond), Beyond Budgeting, Boston, Mass. 2003

Höpner, M. (Unternehmen), Wer beherrscht die Unternehmen?, Frankfurt a. M./New York 2003

Horngren, C. T./Foster, G./Datar, S. M. (Accounting), Cost Accounting, Upper Saddle River, N.J., 2000(10)

Horsch, A. (Agency), Agency und Versicherungsintermediation, in: Wirtschaftswissenschaftliches Studium, Nr. 9/2004, S. 531 ff

Horsch, A./Meinhövel, H./Paul, S. (Einführung), Institutionenökonomie und Betriebswirtschaftslehre – Einführung zum Einkommensaspekt menschlichen Handelns, in: Horsch, A./Meinhövel, H./Paul, S.: Institutionenökonomie und Betriebswirtschaftslehre, München 2005, S. 1 ff

Horsch, A./Meinhövel, H./Paul, S. (Hrsg.) (Institutionenökonomie), Institutionenökonomie und Betriebswirtschaftslehre, München 2005

Horváth, P. (Controlling), Controlling, München 1994(5)

Horváth & Partner (Hrsg.) (Scorecard): Balanced Scorecard umsetzen, Stuttgart 2000

hrTeam Unternehmensgruppe (Hrsg.) (Verkaufstraining), Seminarunterlagen Verkaufstraining Basisseminar, Böblingen 1998

HSBC Trinkaus & Burkhardt (Hrsg.) (Geschäftsleitung), Geschäftsleitung, URL: http://www.hsbctrinkaus.de/tub/tiles/display?def=wirueberuns.geschaeftsleitung, Stand: 25.01.2006

HSBC Trinkaus & Burkhardt (Hrsg.) (Zukunft), Zukunft gestalten. Seit 1785, URL: http://www.hsbctrinkaus.de/tub/tiles/display?def=wirueberuns.historie, Stand: 25.01.2006

Huber, M./Scharioth, J./Pallas, M. (Hrsg.) (Practice), Putting Stakeholder Management into Practice, Berlin/Heidelberg 2004

Iaconetti, J./O'Hara, P. (Karriere), Start in die Karriere, Zürich/Wiesbaden 1989

Ibelgaufts, R. (Karrierefrauen), Karrierefrauen – Frauenkarriere, Niedernhausen 1991

Ihde, G. B. (Portfolio), Portfolio-Management, in: Wirtschaftswissenschaftliches Studium, Nr. 3/1980, S. 130 ff

IHK München – Industrie- und Handelskammer München und Oberbayern (Hrsg.) (Unternehmenssteuerreform), Unternehmenssteuerreform 2008, München 2007

IMP (Innovative Management Partner) (Hrsg.) (Advantage), The Nature of Competitive Advantage,, Innsbruck et al 2006

Ims, K. J./Zsolnai, L. (Failure), Shallow Success and Deep Failure, in: Zsolnai, L./Ims, K. J. (Hrsg.): Business within Limits, Oxford et al 2005, S. 3 ff

Infineon Technologies AG (Hrsg.) (Realignment), Strategic Realignment, Ad hoc Mitteilung, München, 17.11.2005

Institut der deutschen Wirtschaft (Hrsg.) (Zahlen), Deutschland in Zahlen 2005, Köln 2005

Ittner, C. D./Larcker, D. F. (Zahlen), Wenn die Zahlen versagen, in: Harvard Business Manager, Februar 2004, S. 70 ff

IWD (Hrsg.) (Nachwuchsschmiede), Nachwuchsschmiede Mittelstand, URL: http://www2.ellinogermaniki.gr/ep/geh-mit/htm/Didaktisierung_Berufsausbildungstext_in_Zarb.doc, Stand: 10.8.2006

Jacob, H. J./Schoppen, W. (Grundsätze), Grundsätze zur Corporate Governance, in: Frankfurter Allgemeine Zeitung v. 9.8.2004

Jansen, H. (Neoklassische), Neoklassische Theorie und Betriebswirtschaftslehre, in: Horsch, A./ Meinhövel, H./Paul, S.: Institutionenökonomie und Betriebswirtschaftslehre, München 2005, S. 49 ff

Jansen, H. (Verfügungsrechte), Verfügungsrechte und Transaktionskosten, in: Horsch, A./Meinhövel, H./Paul, S.: Institutionenökonomie und Betriebswirtschaftslehre, München 2005, S. 101 ff

J. D. Power (J. D. Power and Associates)/mot (mot Autozeitschrift) (Hrsg.) (Kundenzufriedenheit), Zum vierten Mal in Folge belegt Toyota bei der allgemeinen Kundenzufriedenheit in Deutschland den ersten Platz, URL: http://www.cwnewsroom.de/data/attachments/101432.pdf, Stand: 08.12.2005

Jebens, C. (Mittelstand), Was bringen die IFRS oder IAS dem Mittelstand?, in: Der Betrieb, 56. Jg. 2003, S. 2345 ff

Jenoptik AG (Hrsg.) (Annual), Annual Report 2013, URL: http://financialreports.jenoptik.com/reports/jenoptik/annual/2013/gb/English/0.html, Stand: 30.09.2014

Jennings, M. M. (Ethics), Business Ethics, Mason, Ohio 2003(4)

Jensen, M./Meckling, W. (Theory), Theory of the Firm: Managerial Behaviour, Agency Costs, and Ownership Structure, in: Journal of Financial Economics, 1976, S. 305 ff

Jensen, M./Murphy, K. J. (Performance), Performance Pay and Top-Management Incentives, in: Journal of Political Economy, Vol 98, 1990, S. 225 ff

Johnson, G./Scholes, K. (Strategy), Exploring Corporate Strategy, London et al 2002(6)

Joly, M. (Aufsteigers), Das Handbuch des Aufsteigers, Hrsg. München 2004

Joos-Sachse, T. (Controlling), Controlling, Kostenrechnung und Kostenmanagement, Wiesbaden 2004(3)

Jost, H. (Leistungsrechnung), Kosten- und Leistungsrechnung, Wiesbaden 1996(7)

Jost, P.-J. (Hrsg.) (Prinzipal), Die Prinzipal-Agenten-Theorie in der Betriebswirtschaftslehre, Stuttgart 2001

Kahn, R. L./Katz, D. (Leadership), Leadership Practice in Relation to Productivity and Morale, in: Cartwright, D./Zander, A. (Hrsg.): Group Dynamics, Research and Theory, London 1960(2)

Kalveram, W. (Ethos), Ethik und Ethos. Wirtschaftspraxis und Wirtschaftstheorie, in: Zeitschrift für Betriebswirtschaft, Nr. 1/1951, S. 15 ff

Kalveram, W. (Gedanke), Der christliche Gedanke in der Wirtschaft, Köln 1949

Kalveram, W. (Industriebetriebslehre), Industriebetriebslehre, Wiesbaden 1972(8)

Kammler, J. (Gegenstand), Gegenstand und Methode der politischen Wissenschaft, in: Abendroth, W./Lenk, K. (Hrsg.): Einführung in die politische Wissenschaft, München 1982(6), S. 9 ff

Kaplan, R. S./Cooper, R. (Cost), Cost and Effect, Boston, Mass. 1998

Kaplan, R. B./Murdock, L. (Process), Core Process Redesign, in: The McKinsey Quarterly, 1991, S. 27 ff

Kaplan, R. S./Norton, D. (Scorecard), The Balanced Scorecard, Boston, Mass. 1996

Karich, I. (Systeme), Le Systeme financier islamique, Brüssel 2002

Karlshaus, J. T. (Kostenrechnungsinformation), Die Nutzung von Kostenrechnungsinformation im Marketing, Wiesbaden 2000

Kastner, M. (Zukunft), Die Zukunft der Work Life Balance, Kröning 2004

Kato, T. (Compensation), Chief Executive Compensation and Corporate Groups in Japan, in: Barkeme, H./Geroski, P. A./Schwalbach, J. (Hrsg.): Managerial Compensation, Strategy and Firm Performance, International Journal of Industrial Organization, Special Issue 1997, S. 455 ff

Katzenbach, J. R./Smith, D. K. (Teams), Teams. Der Schlüssel zur Hochleistungsorganisation, Wien 1993

Kaufmann, M. (Wut), Grenzenlose Wut, in: manager-magazin.de vom 05.03.2003, URL: http://service.manager-magazin.de/digas/servlet/find/ON=manager-238844

Kayser, G. (KMU), Was sind eigentlich kleine und mittlere Unternehmen (KMU)?, URL: http://www.ifm-bonn.org/presse/kay-aif.pdf, Stand: 01.11.2005

Keller, T. (Holdingkonzepten), Unternehmungsführung mit Holdingkonzepten, Köln 1990

Kellerman, B. (Macht), Die dunkle Seite der Macht, in: Harvard Business Manager, September 2004, S. 90 ff

Kets de Vries, M. F. R. (Chefs), Chefs auf die Couch, Interview in: Harvard Business Manager, April 2004, S. 62 ff

Kets de Vries, M. F. R./Miller, D. (Personality), Personality, Culture and Organization, in : Academy of Management Review, Nr. 11/1986, S. 266 ff

Keusch, C. (Information), Kritische Erfolgsfaktoren für Management-Information-Systeme, in: Dorn, B. (Hrsg.): Das informierte Management, Berlin et al. 1994S. 103 ff

Kiehling, S. (Fairness), Fairness führt zu besserer Arbeitsleistung, in: Information, hrsg. von der Internationalen Treuhand, Basel, April 2006, S. 42 ff

Keyes, J. (Knowledge), Knowledge Management, Business Intelligence, and Content Management, Boca Raton/New York 2006

Kiener, S. (Sicht), Die Principal-Agent-Theorie aus informationsökonomischer Sicht, Heidelberg 1990

Kiesel, K. (GmbH), Die GmbH kommt im 21. Jahrhundert an, in: Magazin Wirtschaft, IHK Stuttgart, Nr. 8/2008, S. 14f

Kieser, A. (Hrsg.) (Ansätze),Organisationstheoretische Ansätze, München 1981

Kipnis, D./Schmidt, S. M./Wilkinson, I. (Influence), Intraorganizational Influence Tactics, in: Journal of Applied Psychology, Bd. 65, 1980, S. 440 ff

Kirsch, W./Esser, W.-M./Gabele, E. (Wandels), Das Management des geplanten Wandels von Organisationen, Stuttgart 1979

Klein, P. A. (Power), Confronting Power in Economics: A Pragmatic Evaluation, in: Journal of Economic Issues, Nr. 4/1980, S. 871 ff

Kloyer, M. (Innovationskooperationen), Opportunismus und Institutionen in vertikalen Innovationskooperationen, in: Schauenberg, B./Schreyögg, G./Sydow, J. (Hrsg.) Institutionenökonomik als Managementlehre?, Wiesbaden 2005, S. 283 ff

Kluck, D. (Logistik), Materialwirtschaft und Logistik, Wiesbaden 2002(2)

Knauf, H./Knauf, M. (Schlüsselqualifikationen), Schlüsselqualifikationen praktisch. Veranstaltungen zur Förderung überfachlicher Qualifikationen an deutschen Hochschulen, Bielefeld 2003

Koch, J. (Markt), Markt und Organisation? Eine Dekonstruktion. Zum Verhältnis von Transaktionskostenansatz und Organisationsforschung jenseits von Opportunismusbehauptung und Opportunismusvorwurf, in: Schauenberg, B./Schreyögg, G./Sydow, J. (Hrsg.) Institutionenökonomik als Managementlehre?, Wiesbaden 2005, S. 185 ff

Kolb, M. (Personalmanagement), Personalmanagement, Wiesbaden 2008

Koller, W./Legner, M. (Bilanz), Vom Beleg zur Bilanz, 1984(2)

Kook, H. (Multidimensionale), Multidimensionale Management Informationen, Unterlagen zu einem Seminar des Management Forum Starnberg am 20.3.2000 in München, München 2000

Kopel, M. (Performancemessung), Zur verzerrten Performance-Messung in Agency-Modellen, in: Schmalenbachs Zeitschrift für betriebswirtschaftliche Forschung 1998, S. 531 ff

Köppl, P./Neureiter, M. (Hrsg.) (Responsibility), Corporate Social Responsibility, Wien 2004

Koreimann, D. S. (Zielvereinbarung), Führung durch Zielvereinbarung, Heidelberg 2003

Korndörfer, W. (Betriebswirtschaftslehre), Allgemeine Betriebswirtschaftslehre, Wiesbaden 1999(12)

Kosiol, E. (Organisation). Organisation der Unternehmung, Wiesbaden 1976(2)

Kotler, P./Armstrong, G. (Marketing), Principles of Marketing, Upper Saddle River, N.J., 2004(10)

Kotter, J. P. (Career), Self Assessment and Career Development, Boston et al 1991(3)

Kotter, J. P. (Leaders), John P. Kotter on What Leaders really do, Boston 1999

Kotter, J. P. (Managers), The General Managers, New York 1982

Kotter, J. P. (Transformation), Why Transformation Efforts Fail, in: Havard Business Review on Change, Boston 1998, S. 1 ff

Krajewski, L. J./Ritzman, L. P. (Operations), Operations Management, Upper Saddle River, N.J. 2006(6)

Kräkel, M. (Beförderungsentscheidungen), Beförderungsentscheidungen und verdeckte Spiele in Hierarchien, in: Zeitschrift für betriebswirtschaftliche Forschung, Nr. 1/1005, S. 25 ff

Kräkel, M. (Benefits), Managerial versus Entrepreneurial Firms: the Benefits of Seperating Ownership and Control, in: Schmalenbach Business Review Januar 2004, S. 2 ff

Kramarsch, M. (Managementvergütung), Aktienbasierte Managementvergütung, Stuttgart 2004

Kramer, R. M. (Paranoia), Warum eine Position Paranoia gesund ist, in: Harvard Business Manager, Nr. 1/2003, S. 48 ff

Krause, D. G. (Kunst), Die Kunst des Krieges für Führungskräfte, Landsberg 2002

Krcal, B. (Bescheidenheit), Bescheidenheit ist keine Zier, in: Welt am Sonntag, 27./28.3.1999

Kreikebaum, H. (Unternehmensplanung), Strategische Unternehmensplanung, Stuttgart et al 1997(6)

Kreis, S. (Machiavelli), Niccolo Machiavelli, 1469-1527,URL: http://www.historyguide.org/intellect/machiavelli.html, Stand: 19.10.2005

Kremlin-Buch, B. (Rechnungslegung), Internationale Rechnungslegung, Wiesbaden 2002(3)

Kroeber-Riel, W. (Konsumentenverhalten), Konsumentenverhalten, München 1992(5)

Kropp, M. (Mittelstand), IAS/IFRS auch für den Mittelstand?, Vortragsunterlagen zum 13. Arbeitskreis Controlling am 18.6.2004 an der Hochschule Pforzheim, Pforzheim 2004

Kruschitz, L. (Investitionsrechnung), Investitionsrechnung, München/Wien 2000(8)

Küng, H. (Sinnfrage), Verdrängte Sinnfrage – das zentrale Problem, in: Innovatio, Nr. 3–4/1987, S. 4 ff

Küpers, W./Weibler, J. (Emotionen), Emotionen in Organisationen, Stuttgart 2005

Kuran, T. (Islam), Islam and Mammon, Princeton/Oxford 2004

Küting, K. (Fair), Fair value – ein Garant für Fair play, in: Frankfurter Allgemeine Zeitung v. 22.8.2005

Küting, K. (Rechnungslegung), Internationale Rechnungslegung, Stuttgart 1999

Laffont, J. J. (Incentives), The Principal Agent Model: The Economic theory of Incentives, Cheltenham/UK/Northampton/USA 2003

Laidler, D. (Microeconomics), Introduction to Microeconomics, Oxford 1985

Langer, K. (Dolch), Hinter dem Lächeln den Dolch verbergen. Interview mit Senger, H. von, in: manager-magazin.de, 26.8.2004, URL: http://www.manager-magazin.de/koepfe/karriere/0,2828,314174,00.html, Stand: 20.10.2005

Langer, J. (Herrschaft), Grenzen der Herrschaft, Opladen 1988

Langner, S. (Viral), Viral Marketing, Wiesbaden 2005

Lasswell, H. D. (Politics), Politics: Who gets what, when, how, Cleveland/New York 1968

Lattmann, C. (Führungsstil), Führungsstil und Führungsverhalten, St. Gallen 1975

Laux, H./Liermann, F. (Organisation), Grundlagen der Organisation, Berlin et al 1993(3)

Lay, R. (Ethik), Ethik für Manager, Düsseldorf 1989

Ledergerber, Z. (Whistleblowing), Whistleblowing unter dem Aspekt der Korruptionsbekämpfung, Bern 2005

Leitl, M./Rust, H./Schmalholz, C. G. (Image), Hoffentlich stimmt wenigstens das Image Ihres Unternehmens, in: Manager Magazin, Nr. 10/2001, S. 276 ff

Leisinger, K. M. (Whistleblowing), Whistleblowing und Corporate Reputation Management, München 2003

Lenk, K. (Soziologie), Politische Soziologie, Stuttgart et al. 1982

Lenk, H./Mairing, M. (rational), Ist es rational, ethisch zu sein?, in: Ruh, H./Leisinger, K. M. (Hrsg.): Ethik im Management, Zürich 2004, S. 31 ff

Lewin, K. (Authoritarian), The Consequences of Authoritarian and Democratic Leadership, in: Gouldner, A. W. (Hrsg.): Studies in Leadership, New York 1950, S. 409 ff

Lewin, K. (Frontiers), Frontiers in Group Dynamics, in: Human Relations, 1. Jg. 1947, S. 5 ff

Lewin, K./Lippitt, R./White, R. K. (Patterns), Patterns of Aggressive Behavior in Experimentally Created ‚Social Climates', in: Journal of Social Psychology, No. 10/1939, S. 271 ff

Leyk, J./Kappes, M. (Advanced), Advanced Budgeting und seine Anwendung in der Praxis – Best Practice der Planung und Budgetierung, in: Controlling-Berater, Nr. 6/2007, S. 755 ff

Loll, A. (Lob), Lob ist unersetzlich, in: Frankfurter Allgemeine Zeitung, 27.5.2006

Lötzerich, R. et al (Einstellungstest), Den Einstellungstest bestehen, Berlin 2005

Lück, W. (Rechnungslegung), Einführung in die Rechnungslegung, München/Wien 2002(11)

Luczak, H. (Arbeitswissenschaft), Arbeitswissenschaft, Berlin/Heidelberg/New York 1997

Luczak, H./Volpert, W. (Hrsg.) (Arbeitswissenschaft), Handbuch Arbeitswissenschaft, Stuttgart 1996

Ludsteck, W. (Korsett), Neues Korsett für den Elefanten, in: Süddeutsche Zeitung v. 05.07.1989

Luger, A. E. (Betriebswirtschaftslehre), Allgemeine Betriebswirtschaftslehre, Bd. 1, München/Wien 2004(5)

Luger, A. E./Geisbüsch, H.-G./Neumann, J. M. (Betriebswirtschaftslehre 2), Allgemeine Betriebswirtschaftslehre, Bd. 2, München/Wien 1999(4)

Luger, A. E./Pflaum, D. (Marketing), Marketing, München/Wien 1996

Luhmann, N. (Systeme), Theorie der sozialen Systeme, Frankfurt a. M. 1984

Luhmann, N. (Organisation), Funktion und Folgen formaler Organisation, Speyer 2005(5)

Lürssen, J. (AIDA), AIDA – reif für das Museum?, in: absatzwirtschaft online, URL: http://www.absatzwirtschaft.de/psasw/fn/asw/sfn/buildpage/cn/cc_vt/artpage/0/SH/0/ID/30115/page1/PAGE_1002979/page2/PAGE_1003000/aktelem/PAGE_1003205/pakid//s/0/index.html, 22.7.2004

Lürssen, J. (Karriere), Die heimlichen Spielregeln der Karriere, München/Zürich 2005
Maccoby, M. (Narcissistic), Narcissistic Leaders, in: Harvard Business Review, January-February 2000, S.68 ff
Machiavelli, N. (Fürst), Der Fürst, Hrsg. Stuttgart 1961
Mader, H. (Aktienrating), Corporate Governance als Qualitätsmerkmal im Aktienrating, Unterlagen zum Vortrag gehalten am 15. Controlling Forum in Pforzheim, 22.4.2005
Madison, D. L. et al (Exploration), Organizational Politics: An Exploration of Managers' Perceptions, in: Human Relations, Bd. 33, 1980, S. 79 ff
Mairing, M. (Verantwortung), Kollektive und korporative Verantwortung, Münster 2001
Managerseminare online (Hrsg.) (Schritte), Sieben Schritte: So funktioniert Selbstmarketing, URL: http://www.managerseminare.de/msemi/3393383/frontend/Know-how_detail.html?urlID=145336&selectedKat=&steuerkat=&ItemKategorie=5777, Stand: 1.8.2006
Mann, A. (Governance), Corporate Governance Systeme – Funktion und Entwicklung am Beispiel von Deutschland und Großbritannien, Berlin 2002
March, J. G. (Coalition), The Business Firm as a Political Coalition, in: The Journal of Politics, Nr. 4/1962, S. 662 ff
March, J. G. (Decision), Decision making perspective. Decisions in organizations and theories of choice, in: Van de Van, A. H./Joyce, W. F. (Hrsg.): Perspectives on Organization Design and Behaviour, New York 1981, S. 205 ff
March, J. G. (Entscheidung), Entscheidung und Organisation. Wiesbaden 1990
March, J. G./Olsen, J. P. (Garbage), Garbage Can Models of Decision Making in Organizations, in: March, J. G./Weissinger-Baylon, R. (Hrsg.): Ambiguity and Command: Organizational Perspectives on Military Decision Making, Marshfield, Mass. 1986, S. 11 ff
March, J. G/Romelaer, P. J. (Positions), Positions and Presence in the Drift of Decisions, in: March, J. G./Olson, J. P. (Hrsg.): Ambiguity and Choice in Organizations, Bergen 1976, S. 251 ff
Martin, N. H./Sims, J. H. (Tactics), Power Tactics, in: Harvard Business Review, Nr. 6/1956, S. 25 ff
Masing, W. (Handbuch), Handbuch Qualitätsmanagement, München/Wien 1993
Maslow, A. H. (Motivation), A Theory of Homan Motivation, in: Psychological Review, 1943, S. 370 ff
Maslow, A. H. (Personality), Motivation and Personality, New York/Evanston/London 1970(2)
McGregor, D. (Human), The Human Side of Enterprise, New York 1960
McLean, B./Elkind, P. (Guys), The Smartest Guys in the Room, New York et al 2003
Meffert, H. (Marketing), Marketing, Wiesbaden 1998(8)
Meier-Hayoz, A./Forstmoser, P. (Gesellschaftsrechts), Grundriss des schweizerischen Gesellschaftsrechts, Bern 1978(3)
Meinhövel, H. (Principal-Agent), Grundlagen der Principal-Agent-Theorie, in: Wirtschaftswissenschaftliches Studium, Nr. 8/2004, S. 470 ff
Ménard, C. Hrsg.) (Institutions), Institutions, Contracts and Organizations, Cheltenham 2000
Mertens, P./Stößlein, M. (Prozesse), Computergestützte Funktionen und Prozesse, Skript, Universität Erlangen-Nürnberg, Wintersemester 2004/2005, Nürnberg 2004
Meyer, C. (Bilanzierung), Bilanzierung nach Handels- und Steuerrecht, Herne/Berlin 2006(17)
Meyer, C. (Kennzahlen), Betriebswirtschaftliche Kennzahlen und Kennzahlen-Systeme, Sternenfels 2005(3)
Meyer, M. (Wahrheit), Wirtschaftsethik im Controlling oder: Wie halten es die Controller mit der Wahrheit?, in: Controlling & Management, Nr. 5/2004, S. 292 ff
Michales, A. C. (Ethics), A Pragmatic Approach to Business Ethics, Thousand Oaks, CA, 1995
Michaelson, S. W. (Marketing), Sun Tzu Strategies for Marketing, Boston, Mass. et al. 2003
Migros (Hrsg.) (Migros-Idee), Die Migros-Idee, URL: http://www.migros.ch/Migros_DE/Content/UeberMigros/Geschichte/blip_red_geschichte_einer_idee.htm; 6.8.2001, Stand: 22.12.2005

Milgrom, P./Roberts, J. (Influence), An Economic Approach to Influence Activities and Efficient Organizations, in: Journal of Political Economy, Bd. 96 (1988), S. 42 ff

Milgrom, P./Roberts, J. (Bargaining), Bargaining Costs, Influence Costs, and the Organization of Economic Activity, in: Alt, J. E./Shepsle, K. A. (Hrsg.): Perspectives on Positive Political Economy, Cambridge et al. 1990, S. 57 ff

Millard, A.-M./Molloy, A. (Living), Stop Living your Jog, Start Living your Life, Hamburg 2005

Minto, B. (Pyramid), The Pyramid Principle, New York 2002

Mintzberg, H. (Power), Power in and around organizations, Englewood Cliffs 1983

Mintzberg, H. (Profis), Profis bedürfen sanfter Führung, in: Harvard Business Manager, Nr. 3/1999, S. 9 ff

Mohr, M. O. (Moral), Mikropolitik und Moral, Frankfurt a. M./New York 1999

Molcho, S. (Körpersprache), Körpersprache des Erfolgs, München 2005

Möller-Hergt, G. (Gegendarstellung), Gegendarstellung, in: Manager Magazin Nr. 10/2005, S. 111

Monden, Y./Hoque, Y. (Costing), Target Costing based on QFD, in: Controlling, Nr. 11/1999, S. 525 ff

Morgenthau, H. J. (Macht), Macht und Frieden, Gütersloh 1963

Mountfield, A. (Visionen), Bloß keine Visionen, in: Frankfurter Allgemeine Zeitung vom 26.8.2003

Müller, W. (Patronen), Gewinne nur noch mit Patronen, in: „Freitag" v. 1.2.2002

Müller-Stewens, G./Lechner, C. (Management), Strategisches Management, Stuttgart 2005(3)

Müller-Thurau, C. P. (Bewerber), Der Bewerber-Knigge, Freiburg 2006

Musashi, M. (Ringe), Das Buch der fünf Ringe, Hrsg. München 2005

Musgrave, R. A. (Finanztheorie), Finanztheorie, Tübingen 1969(2)

Nauer, E. (Organisation), Organisation als Führungsinstrument, Bern/Stuttgart/Wien 1993

Neubauer, W./Rosemann, B. (Führung), Führung, Macht und Vertrauen in Organisationen, Stuttgart 2006

Neuberger, O. (geführt), Führen und geführt werden, Stuttgart 1995(5)

Neuberger, O. (lassen), Führen und führen lassen, Stuttgart 2002(6)

Neuberger, O. (Macht), Mikropolitik. Der alltägliche Aufbau und Einsatz von Macht in Organisationen, Stuttgart 1995

Neuberger, O. (Mikropolitik), Mikropolitik, in: Rosenstiel, L. von/Regnet, E./Domsch, M. (Hrsg.): Führung von Mitarbeitern, Stuttgart 2003(5), S. 41 ff

Neugebauer, U. (Unternehmensethik), Unternehmensethik in der Betriebswirtschaftslehre, Sternenfels/Berlin 1998(2)

Neus, W. (Betriebswirtschaftslehre), Einführung in die Betriebswirtschaftslehre aus institutenökonomischer Sicht, Tübingen 2001(2)

Nicolai, A. T./Thomas, T. W. (Kapitalmarktkonforme), Kapitalmarktkonforme Unternehmensführung: Eine Analyse im Lichte der jüngeren Strategieprozesslehre, in: Zeitschrift für betriebswirtschaftliche Forschung, August 2004, S. 452 ff

Nichols, S. (Advertising), Advertising Analytics 2.0, in: Harvard Business Review, March 2013, S. 60 ff

Niedenhoff, H.-U. (EG-Staaten), Mitbestimmung in den EG-Staaten, Köln 1994

Niedenhoff, H.-U. (Mitbestimmung), Mitbestimmung in der BRD, Köln 1992(9)

Nielsen, R. P. (Managers), What can Managers do about unethical Management?, in: Journal of Business Ethics, 1987, S. 309 ff

Nieschlag, R./Dichtl, E./Hörschgen, H. (Marketing), Marketing, Berlin 1997(18)

Nippa, M. (Konzepte), Alternative Konzepte für eine effiziente Corporate Governance, in: Nippa, M./Petzold, K./Kürsten, W. (Hrsg.), Corporate Governance – Herausforderungen und Lösungsansätze, Heidelberg 2002, S. 3 ff

Nippa, M./Petzold, K./Kürsten, W. (Hrsg.), (Governance), Corporate Governance – Herausforderungen und Lösungsansätze, Heidelberg 2002

Nitobe, I. (Bushido), Bushido, München 2004
Noll, B. (Unternehmensethik), Wirtschafts- und Unternehmensethik in der Marktwirtschaft, Stuttgart/Berlin/Köln 2002
Noll, P./Bachmann, H. R. (Machiavelli), Der kleine Machiavelli, München 2004
Nutzinger, H. G. (Hrsg.) (Wirtschaftsethik), Christliche, jüdische und islamische Wirtschaftsethik, Marburg 2003
Nufer, G. (Event-Marketing), Wirkungen von Event-Marketing, Wiesbaden 2002
Oehler, K. (Intelligence), Corporate Performance Management mit Business Intelligence Werkzeugen, München/Wien 2006
Oehlrich, M. (MoMiG), Das GmbH-Recht nach dem MoMiG, in: Wirtschaftswissenschaftliches Studium, Nr. 11/2009, S. 560 ff
Ogger, G. (Nieten), Nieten in Nadelstreifen, München 1992
Olfert, K. (Kostenrechnung), Kostenrechnung, Ludwigshafen 2003(13)
Olfert, K. (Personalentwicklung), Praxis der Personalentwicklung, Heidelberg 1992(2)
Olfert, K./Rahn, H.-J. (Einführung), Einführung in die Betriebswirtschaftslehre, Ludwigshafen 1999(5)
Olfert, K./Reichel, C. (Finanzierung), Finanzierung, 2005(13)
Olfert, K./Reichel, C. (Investition), Kompakt-Training Investition, Ludwigshafen 2002(2)
Olson, M. (Logic), The Logic of Collective Action, Cambridge 1971(2), dt: Olson, M. (Logik), Die Logik des kollektiven Handelns, Tübingen 1968
Oneal, M. (Boeing), Boeing chief forced out, in: Chicago Tribune, 8.3.2005
Ortmann, G. (Apriori), Das fatale Apriori des Marktes. Kommentar zum Beitrag von Jochen Koch, in: Schauenberg, B./Schreyögg, G./Sydow, J. (Hrsg.) Institutionenökonomik als Managementlehre?, Wiesbaden 2005, S. 229 ff
Osterloh, M./Frey, B. S. (Governance), Corporate Governance: Eine Prinzipal-Agenten-Beziehung, Team-Produktion oder soziales Dilemma?, in: Schauenberg, B./Schreyögg, G./Sydow, J. (Hrsg.): Institutionenökonomik als Managementlehre?, Wiesbaden 2005, S. 333 ff
o. V. (Akzeptanz), Akzeptanz des Deutschen Corporate Governance Kodex, in: Der Aufsichtsrat, URL: http://www.aufsichtsrat.de/meldungen.html, Stand: 2.9.2006
o. V. (Bank), Deutsche Bank übertrifft sich selbst, in: Die Welt, 29.10.2005
o. V. (Einkommensberechnung), Einkommensberechnung im Vertrieb, URL: http://www.acquisa.de/SID115.JVjnQETSAxU/downloadServiceDetail?topicID=115&typeSubjectOrTopic=topic&Title=Vertriebsmanagement&subtopicID=44&Area=premium&topicName=Verg%FCtungssysteme&d_start:int=0, Stand: 3.8.2006
o. V. (Job), Nur zwölf Prozent der Deutschen engagiert im Job, URL: http://www.3sat.de/3sat.php?http://www.3sat.de/nano/news/61486/index.html v. 19.1.2004
o. V. (Manager), Manager entscheiden gern allein, in: Frankfurter Allgemeine Zeitung v. 13.08.2005
o. V. (Netzplantechnik), Die Methode der Netzplantechnik (=NPT), Seminarunterlagen der Hochschule St. Gallen, St. Gallen o. J.
o. V. (Planungsmacher),Die Planungsmacher, in: iS Report Nr. 2/2002S. 10 ff
o. V. (Propheten), Falsche Propheten, in: Manager Magazin, Nr. 11/2002, S. 146 ff
o. V. (Raymond), Raymond erhielt Traumgehalt, Welt v. 18.4.2006
o. V. (sahnen), Manager sahnen ab, Süddeutsche Zeitung v. 2.8.2006
o. V. (Scheibchenweise), Scheibchenweise, in: McK Wissen, März 2006, S. 86f
o. V. (Schneider), König Schneider, in: manager-magazin.de, URL: http://www.manager-magazin.de/koepfe/artikel/0,2828,432379,00.html v. 18.8.2006
o. V. (Sinn), Vom Sinn der Raketen, in: Süddeutsche Zeitung, 10.6.2005
o. V. (Soft), Soft Skills: Definitionen URL: http://www.infoquelle.de/Job_Karriere/Wissens-management/Soft_skills.cfm, Stand: 25.11.2005
o. V. (Steuermanöver), Heikle Steuermanöver, in: Sonntagszeitung (Tagesanzeiger) v. 22.08.2004

o. V. (Stonecipher), Boeing-Chef Stonecipher muss gehen, URL: http://www.handelsblatt.com/hbi02/fn/relhbi/sfn/hh_news_text/iID/1002216/ba/top/da/07.03.2005%2015:45:00/depot/0/index.html, Stand: 01.11.2005

o. V. (Teresa), (Mutter) Teresa, URL: http://www.heiligenlexikon.de/start.html?BiographienT/Mutter_Teresa.htm, Stand: 12.10.2005

o. V. (Unternehmen), Rangliste: Die größten Unternehmen 2013, URL: http://www.faz.net/aktuell/wirtschaft/unternehmen/rangliste-die-groessten-unternehmen-2013-12267817.html; Stand: 22.09.2014

o. V. (Variable), Variable Vergütung bei Arbeitnehmern unbeliebt, in: Frankfurter Allgemeine Zeitung, 10.9.2005

o. V. (Weltalmanach), Der Fischer Weltalmanach 2005, Frankfurt a. M. 2004

Packard, V. (Persuaders), The Hidden Persuaders, New York 1957

Packard, V. (Waste), The Waste Makers, New York 1960

Palazzo, B. (Interkulturelle), Interkulturelle Unternehmensethik. Deutsche und amerikanische Modelle im Vergleich, Wiesbaden 2000

Palloks, M. (Kostenmanagement), Kundenorientierung und Kostenmanagement, in: Marktforschung und Management, 1995, S. 119 ff

Papendick, U. (Abseits), Anleger im Abseits, in: Manager Magazin, Nr. 05/2004, S. 126 ff

Papendick, U. (Hopp), Hopp verlässt den MLP-Aufsichtsrat, in: manager-magazin.de vom 13.03.2003, URL: http://www.manager-magazin.de/koepfe/artikel/0,2828,240005,00.html

Papendick, U./Student, D. (kleben), Die an der Macht kleben, in: Manager Magazin, Nr. 10/2005, S. 40 ff

Papendick, U./Student, D. (Macht), Die mit der Macht spielen, in: Manager Magazin, Nr. 4/2004, S. 106 ff

Paul, H. (Bezüge), Bezüge steigen schneller als der Gewinn, in: Stuttgarter Zeitung, 9.4.2005

Paul, J. (Beteiligungscontrolling), Beteiligungscontrolling und Konzerncontrolling, Wiesbaden 2014

Paul, J. (Controlling), in: Hering, E./Frick, G. (Hrsg.) (Fallbeispielen), Betriebswirtschaft in Fallbeispielen, München/Wien 2003, S. 67 ff

Paul, J. (Durchsetzungsfähigkeit), Zur politischen Durchsetzungsfähigkeit einer ökologisch orientierten Marktwirtschaft, Frankfurt a. M./Bern/New York 1986

Paul, J. (Kennzahlen), Wenn Kennzahlen schaden, in: Harvard Business Manager, Juni 2004, S. 108 ff

Paul, J. (Planwirtschaft), Der späte Sieg der Planwirtschaft, in: Information, hrsg. von der Internationalen Treuhand AG, Basel, Oktober 2004, S. 29 ff

Paul, J. (Scorecard), 10 Jahre Balanced Scorecard: Was haben wir gelernt?, in: Controller Magazin, Nr. 1/2002, S. 51 ff

Paul, J. (Strategisches), Strategisches Controlling, in: Ebert, Günter (Hrsg.): Controlling. Loseblattwerk, Bd. 3, 38. Nachlieferung, Landsberg/Lech 2000, S. 1 ff

Paul, S./Horsch, A. (Ökonomik), Evolutorische Ökonomik und Lehre von den Unternehmerfunktionen, in: Wirtschaftswissenschaftliches Studium, Nr. 12/2004, S. 716 ff

Paul, J./Kleppich, S. (Berichtswesen), Ermittlung von Kennzahlen und Gestaltung des Berichtswesen, Lektion 5 des schriftlichen Lehrgangs Beteiligungscontrolling des Management Circle, Eschborn/Ts. 2006

Peemöller, V. H. (Konzernabschluss), Vorlesung zum Konzernabschluss, Skript, Erlangen 2005

Pendse, N. (OLAP), Die Unternehmenswelt ist OLAP, Interview, in: iS-Report, Nr. 9/2003, S. 24 ff

Perridon, L./Steiner, M. (Finanzwirtschaft), Finanzwirtschaft der Unternehmung, München 2004(13)

Perroux, F. (Macht), Wirtschaft und Macht, Bern/Stuttgart 1983

Peters, T. (Seminar), The Tom Peters Seminar – Crazy Times call for Crazy Organisation, New York 1994

Peters, T. J./Waterman, R. H. (Excellence), In Search of Excellence, New York et al 1982
Pettigrew, A. (Politics), The Politics of Organizational Decision-Making, London 1973
Pfaff, D./Zweifel, P. (Principal-Agent), Die Principal-Agent Theorie, in: Wirtschaftswissenschaftliches Studium, Nr. 4/1998, S. 184 ff
Pfannenschmidt, A. (Verflechtungen), Personelle Verflechtungen über Aufsichtsräte: Mehrfachmandate in deutschen Unternehmen, Wiesbaden 1993
Pfeffer, J./Sutton, R. I. (Trap), The Smart-Talk Trap, in: Harvard Business Review, May-June 1999, S. 134 ff
Picot, A./Dietl, H./Franck, E. (Organisation), Organisation, Stuttgart 2005(4)
Picot, A./Reichwald, R./Wigand, R. T. (Unternehmung), Die grenzenlose Unternehmung, Wiesbaden 2003(5)
Pieroth, G. (Irrationalität), Zum Umgang mit Irrationalität – ein Erfahrungsbericht, in: Kostenrechnungspraxis, Nr. 6/2002, S. 341 ff
Pietsch, G. (Opportunismus), Institutionenökonomik jenseits des Opportunismus: Forschungsprogramm statt Utopie, in: Schauenberg, B./Schreyögg, G./Sydow, J. (Hrsg.) Institutionenökonomik als Managementlehre?, Wiesbaden 2005, S. 1 ff
Pinchot, G. (Intrapreneurship), Intrapreneurship, New York 1985
Pohl, R. (Messlatte), Führungskräfte – Der Erfolg ist die Messlatte, in: Rheinischer Merkur Nr. 51/2004 (Sonderveröffentlichung)
Pohl, M./Baudendistel, O. (UMTS), Die deutsche UMTS-Versteigerung unter spieltheoretischen Gesichtspunkten, Seminararbeit, Universität Basel, Basel 2003
Popper (Logik), Logik der Forschung, Tübingen 1994(10)
Porter, M. E. (Strategy), Competitive Strategy, New York/London 1980
Porter, M. E./Kramer, M. R. (Philanthropy), The competitive Advantage of Corporate Philanthropy, in: Harvard Business Review, December 2002, S. 57 ff
Porsche AG (Dr. Ing. h.c. F. Porsche AG) (Hrsg.) (Engineering), Porsche Engineering, URL: http://www2.porscheengineering.de/german/company/default.htm, Stand: 07.11.2005
Pratt, J. W./Zeckhauser, R. J. (Principels), Principals and Agents: an Overview, in: Pratt, J. W./Zeckhauser, R. J. (Hrsg.): Principals and Agents. The Structure of Business, Boston 1985, S. 1 ff
Probst, G. J. B. (Management-Philosophie), Variationen zum Thema Management-Philosophie, in: Die Unternehmung, Nr. 4/1983, S. 322 ff
Prognos AG (Hrsg.) (Balance), Work-Life-Balance, Berlin 2005
Preissler, P. R. (Controlling), Controlling, München/Wien 2000(12)
Pümpin, C. (Erfolgspositionen), Management strategischer Erfolgspositionen, Bern/Stuttgart 1983(2)
Raffée, H. (Grundprobleme), Grundprobleme der Betriebswirtschaftslehre, Göttingen 1995
Rainer, R. K./Watson, H. J. (Executive), The Keys to Executive Information System Success, in: Journal of Management Information Systems, Fall 1995, S. 83 ff
Rappaport, A. (Value), Creating Shareholder Value, New York et al 1986
Rappaport, A./Chammah, A. M. (Prisoner's), Prisoner's Dilemma, Chicago 1965
Rath, B. H./Salmen, S. (Hrsg.), Recruiting im Social Web, Göttingen 2012
Regierungskommission Deutscher Corporate Governance Kodex (Hrsg) (Kodex), URL: http://www.corporate-governance-code.de/, Stand: 2.9.2006
Reiche, L. (Bank), Deutsche Bank: „Noch ein langer Weg", in: manager-magazin.de vom 30.7.2007
Reichel, W. (Musterbewerbungen), Erfolgreiche Musterbewerbungen und Lebensläufe, München 2005
Reinhardt, S. (Schleimer), Schleimer schlagen Selbstdarsteller, in: Spiegel-Online vom 18.11.2004, URL: http://www.spiegel.de/unispiegel/jobundberuf/0,1518,328394,00.html, Stand: 28.11.2005

Reiß, M. (Reengineering), Reengineering: radikale Revolution oder realistische Reform?, in: Horváth, P. (Hrsg.): Kunden und Prozesse im Fokus. Controlling und Reengineering, Frankfurt a. M. et al 1989, S. 1 ff

Reuters Deutschland (Quote), Quote for Borussia Dortmund GmbH & Co. KGaA, URL: http://de.reuters.com/investing/stocks/quote?symbol=BVB.DE, Stand: 1.10.2014

Richter, M. (Vormarsch), Variable Gehälter auf dem Vormarsch, URL: http://inhalt.monster.de/9361_de-DE_p1.asp, Stand: 3.8.2006

Richter, R./Furubotn, E. G. (Institutionenökonomik), Neue Institutionenökonomik, Tübingen 1999(2)

Ridder, H.-G. (Personalwirtschaftslehre), Personalwirtschaftslehre, Stuttgart 2006(2)

Rieg, R. (Budgeting), Beyond Budgeting, in: Controlling Nr. 11/2001, S. 571 ff

Rieger, W. (Privatwirtschaftslehre), Einführung in die Privatwirtschaftslehre, Nürnberg 1928

Riemer, R. (UMTS), UMTS – Eine Einführung, URL: http://www.umts-report.de/umtseinfuehrung.php?show=2278, Stand: 06.10.2005

Risch, S. (Geistern), Von allen guten Geistern verlassen, in: Manager Magazin, Nr. 1/1998, S. 166 ff

Robert Bosch GmbH (Hrsg.) (Gesellschafterstruktur), Die Gesellschafterstruktur und Organisation der Robert Bosch GmbH, URL: http://www.bosch.com/content/language1/html/2153.htm, Stand: 18.01.2006

Roethlisberger, F. J./Dickson, W. J. (Worker), Management and the Worker, Cambridge, Mass. 1939

Rogowski, M. (Irrtum), Ein Irrtum der Geschichte, Interview mit M. Rogowski, in: Stern, Nr. 43/2004

Rohe, K. (Politik), Politik. Begriffe und Wirklichkeiten, Stuttgart et al 1994(2)

Röhr, T. (Personalpolitik), Personalpolitik aus Sach- und Menschenrechten. Unternehmensethik in theologischer Perspektive, Gütersloh 1998

Rohrhirsch, F. (zurück), Wenn du voran willst, schaue zuerst zurück, in: Wirtschaftsjunioren Stuttgart e. V. (Hrsg.): einblick, Ausgabe 2006, S. 4 ff

Rosenstiel, L. von (Grundlagen), Grundlagen der Führung, in: Rosenstiel, L. von/Regnet, E./Domsch, M. (Hrsg.), Führung von Mitarbeitern, Stuttgart 2003(5), S. 3 ff

Rosenstiel, L. von (Mitarbeitern), Motivation von Mitarbeitern, in: Rosenstiel, L. von/Regnet, E./Domsch, M. (Hrsg.), Führung von Mitarbeitern, Stuttgart 2003(5), S. 195 ff

Rosenstiel, L. von (Organisationspsychologie), Grundlagen der Organisationspsychologie, Stuttgart 2000(4)

Rosenstiel, L. von/Comelli, G. (Wandel), Führung zwischen Stabilität und Wandel, München 2003

Rosenstiel, L. von/Regnet, E./Domsch, M. (Hrsg.) (Mitarbeitern), Führung von Mitarbeitern, Stuttgart 2003(5)

Ross, S. A./Westerfield, R. W./Jaffe, J. (Finance), Corporate Finance, Boston et al 2005(7)

Rudolph, U. (Networking), Karrierefaktor Networking, Freiburg i. Br. 2004

Ruh, H./Leisinger, K. M. (Hrsg.) (Ethik), Ethik im Management, Zürich 2004

Rump, J. (Organisation), Organisation, Skript der Fachhochschule Ludwigshafen, Ludwigshafen 2005

Ruppen, D. A. (Governance), Corporate Governance bei Venture-Capital-finanzierten Unternehmen, Wiesbaden 2002

Rusche, T. (Dialog), Ethik und Wirtschaft im Dialog, in: Ruh, H./Leisinger, K. M. (Hrsg.) Ethik im Management, Zürich 2004, S. 43 ff

Sadowski, D./Junkes, J./Lindenthal, S. (Mitbestimmung), Gesetzliche Mitbestimmung in Deutschland, in: Zeitschrift für Gesellschaftsrecht, 2001, S. 110 ff

Samuelson, P. A. (Economics), Economics, New York et al 2004(18)

Sandner, K. (Macht), Prozesse der Macht, Berlin/Heidelberg 1990

Sandner, K. (Hrsg.) (Prozesse), Politische Prozesse in Unternehmen, Berlin 1989

Sandner, K. (Unternehmenspolitik), Unternehmenspolitik – Politik im Unternehmen, in: Sandner, K. (Hrsg.): Politische Prozesse in Unternehmen, Berlin 1989S. 45 ff

Sandner, K. (Zielgerichtetheit), Zur Zielgerichtetheit betriebswirtschaftlichen Denkens – Eine Einführung, in: Sandner, K. (Hrsg.): Politische Prozesse in Unternehmen, Berlin 1989S. 1 ff

Schädler, S. (Profifußball), Rechtsform- und Finanzierungsalternativen im deutschen Profifußball vor dem Hintergrund grundlegender Strategieentscheidungen, Diplomarbeit, Hochschule Pforzheim, Pforzheim 2002

Schaeper, H./Briedis, K. (Kompetenzen),Kompetenzen von Hochschulabsolventinnen und Hochschulabsolventen, berufliche Anforderungen und Folgerungen für die Hochschulreform, HIS-Projektbericht, Hannover 2004

Schauenberg, B. (Anmerkungen), Institutionenökonomik und Managementlehre: Anmerkungen zu diesem Band, in: Schauenberg, B./Schreyögg, G./Sydow, J. (Hrsg.) Institutionenökonomik als Managementlehre?, Wiesbaden 2005, S. 369 ff

Schauenberg, B./Schreyögg, G./Sydow, J. (Hrsg.) (Institutionenökonomik), Institutionenökonomik als Managementlehre?, Wiesbaden 2005

Schein, E. (Awareness), Coming to a New Awareness of Organizational Culture, in: Sloan Management Review, Winter 1984, S. 3 ff

Scherm, E./Süß, S. (Personalmanagement), Personalmanagement, München 2003

Scheuch, E. K./Scheuch, U. (Bürokraten), Bürokraten in den Chefetagen, Reinbek b. Hamburg 1995

Schmelzer, H. J./Sesselmann, W. (Geschäftsprozess), Geschäftsprozess Management in der Praxis, München 2003(3)

Schinzer, H. et al (Monitor), Management mit Maus und Monitor, München 1997

Schmid, M. A. (Sage), Wie eine griechische Sage das Leben verändert, in: Stuttgarter Zeitung v. 21.10.2005

Schmid, J. (Verbände), Verbände, München 1998

Schmid, M./Maurer, A. (Hrsg.) (Institutionalismus), Ökonomischer und soziologischer Institutionalismus, Marburg 2003

Schmid, F. A./Seger, F. (Arbeitnehmermitbestimmung), Arbeitnehmermitbestimmung, Allokation von Entscheidungsrechten und Shareholder Value, in: Zeitschrift für Betriebswirtschaft, Nr. 5/1998, S. 453 ff

Schmidt, H. (Dschungels), Das Gesetz des Dschungels, in: Die Zeit, 4.12.2003

Schmidt, R. H. („Flop"), Agency Costs are not a „Flop"!, in: Bamberg, G./Spremann, K. (Hrsg.): Agency, Theory, Information, and Incentives, Berlin et al 1987, S. 495 ff

Schmoldt, H. (Standortvorteil), Die Mitbestimmung ist ein Standortvorteil, in: ifo Schnelldienst, Nr. 22/2004, S. 3f

Schnaitmann, H. (Unternehmensführung), Prozessorientierte Unternehmensführung, Frankfurt a. M. et al 2000

Schneeweiß, C. (Produktionswirtschaft), Einführung in die Produktionswirtschaft, Berlin et al 1999(7)

Schneider, D. (Flops), Agency Costs and Transaction Costs: Flops in the Principal-Agent-Theory of Financial Markets, in: Bamberg, G./Spremann, K. (Hrsg.): Agency, Theory, Information, and Incentives, Berlin et al 1987, S. 481 ff

Schneider, D. (Investition), Investition und Finanzierung, Wiesbaden 1980(5)

Schneider, W. (Marketing), Marketing und Käuferverhalten, München/Wien 2006(2)

Schneider, J. M. (Unternehmensbewertung), Unternehmensbewertung nach dem EFQM-Modell, in: controller-Magazin, Nr. 5/1998, S. 370 ff

Schreyögg, G. (Organisation), Organisation, Wiesbaden 1999(3)

Schreyögg, G. (Unternehmensstrategie), Unternehmensstrategie, Berlin/New York 1984

Schreyögg, G./Kliesch, M./Lührmann, T. (Bestimmungsgründe), Bestimmungsgründe für die organisatorische Gestaltung einer Management-Holding, in: Wirtschaftswissenschaftliches Studium, Nr. 12/2003, S. 721 ff

Schröder, E. F. (Unternehmenscontrolling), Modernes Unternehmenscontrolling, Ludwigshafen (Rhein 2000(7))

Schubert, U. (Management-Kreis), Der Management-Kreis, in: Dworatschek, S. (Hrsg.), Management für alle Führungskräfte in Wirtschaft und Verwaltung Bd. 1, Stuttgart 1972, S. 36 ff

Schumpeter, J. A. (Kapitalismus), Kapitalismus, Sozialismus und Demokratie, Hrsg. München 1980

Schwaab, M.-O. et al (Hrsg.) (Zielen) Führen mit Zielen, Wiesbaden 2002(2)

Schwalbach, J./Graßhoff, U. (Unternehmenserfolg), Managervergütung und Unternehmenserfolg, in: Zeitschrift für Betriebswirtschaft, Nr. 3/1997, S. 203 ff

Schwanfelder, W. (Sun Tzu), Sun Tzu für Manager, Frankfurt a. M./New York 2004

Schwarz, H. (Gehälter), Mit der Transparenz steigen die Gehälter, in: Süddeutsche Zeitung, 2.8.2006

Schweiger, G./Schrattenecker, G. (Werbung), Werbung, Stuttgart 2001(5)

Schwenker, B. (Debatte), „Polemische Debatte" (Interview), in: Manager Magazin, Nr. 5/2004, S. 40f

SEBG – Gesetz über die Beteiligung der Arbeitnehmer in einer Europäischen Gesellschaft (SE Beteiligungsgesetz) v. 22.12.2004

Seel, M. (Moral), Über das Böse in der Moral, in: Bohrer, K. H./Scheel, K. (Hrsg.): Moral und Macht, Merkur Sonderheft Nr. 50/1996, S. 772

Seidenschwarz, W. (Costing), Target Costing, München 1993

Seifert, M. (Vertrauensmanagement), Vertrauensmanagement im Unternehmen, München 2001

Seifert, J. W. (Visualisieren), Visualisieren Präsentieren Moderieren, Offenbach 2004(21)

Seliger, L. (Jahre), Darum prüfe, wer sich 10 Jahre bindet, in: iS-Report Nr. 8+9/2000S. 28 ff

Sen, A. (Menschen), Ökonomie für den Menschen, München/Wien 2000

Senger, H. von (Strategeme), 36 Strategeme für Manager, München 2004

Senger, H. von (Traktat), Das Traktat Sanshiliu Ji Miben Bingfa, URL: http://www.36strategeme.ch/traktat.htm, Stand: 19.10.2005

Shleifer, A./Vishny, R. W. (Governance), A Survey of Corporate Governance, in: The Journal of Finance, Nr. 2/1996, S. 737 ff

Shonfield, A. (Capitalism), Modern Capitalism: The changing Balance of Public and Private Power, Oxford 1965

Siegwart, H./Mahari, J./Ruffner, M. (Hrsg.) (Governance), Corporate Governance, Shareholder Value & Finance, Basel 2002

Siemens AG (Hrsg.) (Arbeitsgebiete), Arbeitsgebiete, URL: http://www.siemens.de/index.jsp?sdc_p=t4l0s4o1305780i1305777c61d1317048fmun1305780pz2&sdc_sid=3854469960&, Stand: 09.02.2006

Siemens AG (Hrsg.) (Geschäftsbericht), Geschäftsbericht 2005, München 2005

Siemens AG (Hrsg.) (Unternehmensstruktur), Unternehmensstruktur URL: http://www.siemens.com/index.jsp?sdc_p=cfi1336680l0mo1032895ps7t4uz2&sdc_bcpath=1327903.s_7%2C1328954.s_7%2C1336680.s_7%2C&sdc_sid=3856913178&, Stand: 09.02.2006

Siepmann, T. (Clausewitz), Carl von Clausewitz: Vom Kriege, URL: http://www.thomas-siepmann.com/html/clausewitz.html, Stand: 20.10.2005

Sigma Institut (Hrsg.): (Milieus), Sigma-Milieus für Deutschland, URL: http://www.sigma-online.com/de/SIGMA_Milieus/SIGMA_Milieus_in_Germany/, Stand: 30.9.2014

Simon, H. (Gewinner), Die heimlichen Gewinner (Hidden Champions), München 1996

Simon, H. (Models), Models of Man, New York 1957

Simon, H. (Rational), Rational decision making in business organizations, in: American Economic Review, Bd. 49, S. 253 ff

Smith, A. (Wealth), The Wealth of Nations, Hrsg. Chicago 1976

SAI Social Accountability International (Hrsg.) (SAI), What does SAI do?, URL: http://www.saintl.org/index.cfm?fuseaction=Page.viewPage&pageId=487&parentID=472&nodeID=1, Stand: 01.11.2005

Solomon, R. C. (Excellence), Ethics and Excellence, New York 1993

Spence, M. (Market), Market signalling – informational transfer in hiring and related processes,, Cambridge, Mass. 1974

Spence, M. (Signaling), Job Market Signaling, in: Quarterly Journal of Economics, Bd. 87, 1973, S. 355 ff

Spremann, K. (Information), Asymmetrische Information, in: Zeitschrift für Betriebswirtschaft, Nr. 5–6/1990, S. 561 ff

Sprenger, C. (Mittelstand), Corporate Governance – Auch für den Mittelstand eine Chance, Unterlagen zum Vortrag gehalten am 15. Controlling Forum in Pforzheim, 22.4.2005

Sprenger, R. (Mythos), Mythos Motivation, Frankfurt a. M./New York 1998(15)

Staehle, W. (Management), Management, München 1989

Stärkle, R. (Organisation), Skript der Hochschule St. Gallen, St. Gallen 1980

Statistisches Bundesamt (Hrsg.) (Jahrbuch 2009), Statistisches Jahrbuch 2009 für die Bundesrepublik Deutschland, Wiesbaden 2009

Statistisches Bundesamt (Hrsg.) (Jahrbuch 2013), Statistisches Jahrbuch Deutschland 2013, Wiesbaden 2013

Statistisches Bundesamt (Hrsg.) (Rechtsformen), Steuerpflichtige und deren Lieferungen und Leistungen 2012 nach der Rechtsform, URL: https://www.destatis.de/DE/ZahlenFakten/GesellschaftStaat/OeffentlicheFinanzenSteuern/Steuern/Umsatzsteuer/Tabellen/Voranmeldungen_Rechtsformen.html; Stand: 21.09.2014

Stauss, B./Friege, C. (Lektionen), Zehn Lektionen in TQM, in: Harvard Business Manager, Nr. 2/1996, S. 20 ff

Stegelmann, K. (Faktor), Der menschliche Faktor, in: Spiegel special Nr. 1/2005, URL: http://www.spiegel.de/spiegelspecial/0,1518,337457,00.html, Stand: 21.11.2005

Stehle, H. (Gesellschaftsformen), Die rechtlichen und steuerlichen Wesensmerkmale der verschiedenen Gesellschaftsformen, Stuttgart et al 1995(16)

Steigenberger AG (Hrsg.) (Geschichte), Geschichte des Konzerns, URL: http://www.company.steigenberger.de/servlet/PB/menu/1001781_11/index.html, Stand: 25.01.2006

Steinle, C. (Strategisches), Strategisches Controlling und strategische Planung im Zusammenwirken: Der zentrale Entwicklungstrend im Controlling, in: Steinle, C./Bruch, H. (Hrsg.), Controlling, Stuttgart 1998, S. 341 ff

Steinle, C./Bruch, H. (Hrsg.) (Controlling), Controlling, Stuttgart 1998

Steinmann, H./Löhr, A. (Idee), Unternehmensethik – eine „realistische Idee". Versuch einer Begriffsbestimmung anhand eines praktischen Falles, in: Zeitschrift für betriebswirtschaftliche Forschung, Bd. 40/1988, S. 299 ff

Steinmann, H./Löhr, A. (Grundlagen), Grundlagen der Unternehmensethik, Stuttgart 1994(2)

Steinmann, H./Löhr, A. (Kommissionen), Der Beitrag von Ethik-Kommissionen zur Legitimation der Unternehmensführung, in: Steinmann, H./Löhr, A. (Hrsg.): Unternehmensethik, Stuttgart 1991(2), S. 269 ff

Stern, H. J./Peck, S. (Signale), Die richtigen Signale setzen, in: Harvard Business Manager, August 2003, S. 18f

Stewart, G. B. (Quest), The Quest for Value, New York 1999

Steyrer, J. (Rahmenbedingungen), Sozioökonomische Rahmenbedingungen politischer Prozesse in Unternehmen, in: Sandner, K. (Hrsg.): Politische Prozesse in Unternehmen, Berlin 1989S. 7 ff

Streich, R. K. (Balance), Work-Life-Balance – Rollenprobleme von Führungskräften in der Berufs- und Privatsphäre, in: Rosenstiel, L. von/Regnet, E./Domsch, M. (Hrsg.) Führung von Mitarbeitern, Stuttgart 2003(5), S. 111 ff

St. Gallen Consulting Group (Hrsg.) (Scorecard), Workshop zur Balanced Scorecard, Vortragsunterlagen zu einem Workshop an der Hochschule Pforzheim am 1.12.2000, Pforzheim 2000

Stiglitz, J. E. (Ethik), Ist globalisierte Ethik möglich?, in: Ruh, H./Leisinger, K. M. (Hrsg.): Ethik im Management, Zürich 2004, S. 79 ff

Stock, R. (Normen), Wirkungsweise von Normen in Organisationen, in: Zeitschrift für Betriebswirtschaft, Nr. 8/2004, S. 785 ff

Stöger, G. (Chef), Wie führe ich meinen Chef?, Zürich 1998

Stone, W. F. (Psychology), The Psychology of Politics, New York/London 1974

Studer, H. P. (Kapitalismus), Jenseits von Kapitalismus und Kommunismus, Niederteufen 1987

Studer, H. P. (Marktwirtschaft), Die Marktwirtschaft der Zukunft – vom selbstwuchernden zum selbstorganisierten System, in: Kratky, K. W. (Hrsg): Systemische Perspektiven, Heidelberg 1991, S. 157 ff

Suchanek, A. (Ethik), Ökonomische Ethik, Tübingen 2001

Sun Tzu (Krieges), Die Kunst des Krieges, Hrsg. München 2001

Swoboda, P. (Finanzierung), Betriebliche Finanzierung, Heidelberg 1991(2)

Taylor, F. W. (Management), The Principles of Scientific Management, New York 1911

Taylor, F. W. (Betriebsführung), Die Grundsätze wissenschaftlicher Betriebsführung, München 1913

The World Bank (GDP), GDP, URL: http://data.worldbank.org/indicator/NY.GDP.MKTP.CD; Stand: 22.09.2014

Thom, N. (Change), Change Management, in: Corsten, H./Reiss, M. (Hrsg.): Handbuch Unternehmungsführung. Wiesbaden 1995

Thom, N./Kraft, T. (Personalberatern), Erfolgreiche Kooperationen mit Personalberatern, in: Personalwirtschaft, Nr. 11/2000, S. 44 ff

Thommen, J.-P./Achleitner, A.-K. (Betriebswirtschaftslehre), Allgemeine Betriebswirtschaftslehre, Wiesbaden 2001(3)

Thöni, R. (Globalisierung), Nicht fit für die Globalisierung, in: SonntagsZeitung, 1.1.2006

Tietz, B./Köhler, R./Zentes, J. (Marketing), Handwörterbuch des Marketing, Stuttgart 1995(2)

Titscher, S./Königswieser, R. (Entscheidungen), Entscheidungen in Unternehmen, Wien 1985

Tollison, R. D. (Rent), Rent Seeking: A Survey, in: Kyklos, Nr. 4/1982, S. 575 ff

Trebesch, K. (Organisationsentwicklung), Organisatoren und Organisationsentwicklung, in: Zeitschrift für Organisation (ZfO), Nr. 2/1983, S. 85 ff

Trechsel, F. (Investitionsplanung), Investitionsplanung und Investitionsrechnung, Bern/Stuttgart 1973(2)

Trisa AG (Hrsg.) (Gruppe), Trisa Gruppe, http://www.trisa.ch/ueber-uns/trisa-gruppe.html, Stand: 30.09.2014

Trisa AG (Hrsg.) (Mitsprache), Mitsprache, kapital- und Erfolgsbeteiligung, URL: http://www.trisa.ch/unternehmensphilosophie-und-kultur/mitsprache-kapital-und-erfolgsbeteiligung.html, Stand: 30.09.2014

Ucum, U. (Islam), Wirtschaftsethik im Christentum und Islam, Frankfurt a. M. 1998

Ulmer, P. (Arbeitnehmermitbestimmung), Paritätische Arbeitnehmermitbestimmung im Aufsichtsrat von Großunternehmen – noch zeitgemäß?, in: Zeitschrift für Handelsrecht, 2002, S. 271 ff

Ulrich, P. (Unternehmensethik), Unternehmensethik – integrativ gedacht, in: Ruh, H./Leisinger, K. M. (Hrsg.) Ethik im Management, Zürich 2004, S. 59 ff

Ulrich, H. (Unternehmung), Die Unternehmung als produktives soziales System, Bern/Stuttgart 1970(2)

Ulrich, H. (Unternehmungspolitik), Unternehmungspolitik, Bern/Stuttgart 1978

Ulrich, P. (Wirtschaftsethik), Integrative Wirtschaftsethik, Bern/Stuttgart/Wien 1997

Ulrich, P./Fluri, E. (Management), Management, Bern/Stuttgart 1992(6)

Ulirch, P./Lunau, Y. (Ethikmaßnahmen), ‚Ethikmaßnahmen' in schweizerischen und deutschen Unternehmen, in: Die Unternehmung, 1997, S. 49 ff

Ulrich, H./Probst, G. J. B. (Anleitung), Anleitung zum ganzheitlichen Denken und Handeln, Bern/ Stuttgart 1988
Unzeitig, E./Köthner, D. (Analyse), Shareholder Value Analyse, Stuttgart 1995
Useem, J. (Shame), Have they no Shame?, in: Fortune, Nr. 8/2003, S. 22 ff
Vanberg, S. (Wertschöpfungskette), J. D. Edwards macht Wertschöpfungskette zum Wettbewerbsinstrument, URL: http://www.globalewirtschaft.de/pm/?w=det&ID=8244v. 12.6.2003
Velasquez, M. G. (Ethics), Business Ethics, Upper Saddle River, N. J. 1998(4)
Verband für Arbeitsstudien REFA e. V. (Hrsg.) (REFA), REFA-Methodenlehre des Arbeitsstudiums, Bd. 1–3, München/Wien 1988
Vettiger, H. (Managementlehre), Einführung in die Betriebswirtschafts- und Managementlehre, Zürich/Chur 2006
Visser, H. (Islamic), Islamic Finance, Amsterdam 2004
Voigt, S. (Institutionenökonomik), Institutionenökonomik, München 2002
Voith AG (Hrsg.) (Geschäftsjahr), Bericht über das Geschäftsjahr 2003/2004, Heidenheim 2004
Voith AG (Hrsg.) (Geschichte), Die Geschichte, Heidenheim 2004
Voith AG (Hrsg.) (Struktur), Marktorientierte Struktur, URL: http://www.voith.de/d_konzern_struktur_organisationsstruktur.htm, Stand: 09.02.2006
Vogel, I. (verkaufen), So verkaufen Sie sich richtig gut, Berlin 2005
Volk, H. (Ethik), Ein Plädoyer für mehr Ethik und weniger Management-Technik, in: Frankfurter Allgemeine Zeitung v. 29.9.2003
Volkert, J./Bhardwaj, G. (Responsibility), Corporate Social Responsibility: In Need of a Development Concept?, unveröffentlichtes Manuskript, Pforzheim 2006
Volkswagen AG (Hrsg.) (Geschäftsbericht 2000), Geschäftsbericht 2000, Wolfsburg 2001
Volkswagen AG (Hrsg.) (Geschäftsbericht 2005), Geschäftsbericht 2005, Wolfsburg 2006
Vroom, V. H. (Motivation), Work and Motivation, New York et al 1964
Wächter, H. (Personalwesen), Vom Personalwesen zum Strategic Human Resource Management, in: Staehle, W./Conrad, P. (Hrsg.): Managementforschung Bd. 2, Berlin 1992, S. 313 ff
Wagenhofer, A. (Distorting), The Value of Distorting Overhead Cost Allocations in an Agency Setting, in: Management Accounting Research, Nr. 7/1996, S. 367 ff
Wassener, B. (Chips), Time to forget Memory Chips, in: Business Week, 21 November 2005, S. 28
Waters, J. A. (Catch), Catch 20.5: Corporate Morality as an Organizational Phenomen, in: Steinmann, H/Löhr, A. (Hrsg.): Unternehmensethik, Stuttgart 1991(2), S. 281 ff
Watzlawick, P./Beavin, J. H./Jackson, D. D. (Kommunikation), Menschliche Kommunikation, Bern et al 2003(10)
Weber, J. (Advanced), Das Advanced – Controlling – Handbuch, Weinheim 2005
Weber, M. (Analysen), Soziologie-universalgeschichtliche Analysen-Politik, Stuttgart 1973
Weber, W. (Einführung), Einführung in die Betriebswirtschaftslehre, Wiesbaden 2003(5)
Weber, M. (Ethik), Die protestantische Ethik I, Hrsg. Hamburg 1975
Weber, M. (Grundbegriffe), Soziologische Grundbegriffe, in: Weber, M.: Wirtschaft und Gesellschaft, Tübingen 1972(5), S. 1 ff
Weber, K./Kaufmann, M. (Hopp), Vadder Hopp, in: manager-magazin.de vom 14.01.2004, URL: http://www.manager-magazin.de/koepfe/unternehmerarchiv/0,2828,276919,00.html
Weber, J./Linder, S. (Beyond), Better Budgeting und Beyond Budgeting erfolgreich implementieren, in: Controlling, Nr. 12/2004; S. 677 ff
Weibler, J. (Vertrauen), Vertrauen und Führung, in: Klimecki, R./Remer, A. (Hrsg.): Personal als Strategie, Neuwied 1997, S. 185 ff
Weidner, W./Freitag, G. (Organisation), Organisation in der Unternehmung, München/Wien 1996(5)
Weinhold-Stünzi, H. (Marketing), Marketing, Heerbrugg/St. Gallen 1972(8)

Welch, J. F. (Growing), Growing Fast in a Slow-Growth Economy, Vortrag, gehalten vor Financial Community Representatives in New York, 8.12.1981, zit nach: Slater, R. (Hrsg.) Get Better or get Beaten, New York 1994, S. 20 ff

Welford, R. (Greed), Tackling Greed and Achieving Sustainable Development, in: Zsolnai, L./Ims, K. J. (Hrsg.): Business within Limits, Oxford et al 2005, S. 25 ff

Wentges, P. (Governance), Corporate Governance und Stakeholder-Ansatz, Wiesbaden 2002

Werder, A. von (Hrsg.), (German), German Code of Corporate Governance (GCCG), Stuttgart 2001(2)

Werder, A. von (Kontext), Der Germane Code of Corporate Governance im Kontext der internationalen Governance-Debatte, in: Werder, A. von (Hrsg.), German Code of Corporate Governance (GCCG), Stuttgart 2001(2), S. 1 ff

Werder, A. von (Mitbestimmung), Modernisierung der Mitbestimmung, in: Die Betriebswirtschaft, März/April 2004, S. 229 ff

Werres, T. (Späthfolgen), Die Späthfolgen, in: Manager Magazin, Nr. 01/2006, S. 76 ff

White, R. K./Lippitt, R. (Leader), Leader Behavior and Member Reaction in three ‚Social Climates', in: Cartwright, D./Zander, A. (Hrsg.): Group Dynamics, Research and Theory, London 1960(2)

Wiedmann, K.-P./Buxel, H./Hennigs, N. (Kundenmanagement), Kundenmanagement-Performance auf einen Blick, in: Controller Magazin, Nr. 2/2005, S. 113 ff

Wiersema, M. (Firings), Holes at the Top: Why CEO Firings Backfire, in: Harvard Business Review, December 2002, S. 70 ff

Wildemann, H. (KANBAN), KANBAN-Produktionssteuerung, München 2005

Williamson, O. E. (Institutions), The Economic Institutions of Capitalism, New York 1985

Wimmer, R. (Organisationen), Die Steuerung komplexer Organisationen, in: Sandner, K. (Hrsg.): Politische Prozesse in Unternehmen, Berlin 1989S. 131 ff

Witt, F.-J. (Controlling 1), Controlling 1– Ganzheitliches Controlling, München 1997

Witt, F.-J. (Controlling 2), Controlling 2– Spezielles Controlling, München 2000

Wittlage, H. (Unternehmensorganisation), Die Unternehmensorganisation, Herne/Berlin 1989(4)

Wöhe, G. (Betriebswirtschaftslehre), Einführung in die Allgemeine Betriebswirtschaftslehre, München 2002(21)

Wöhe, G. (Werturteile), Zur Problematik der Werturteile in der Betriebswirtschaftslehre, in: Wöhe, G.: Betriebswirtschaftslehre und Unternehmensbesteuerung, München 1984, S. 51 ff

Wöhe, G./Kaiser, H./Döring, U. (Übungsbuch), Übungsbuch zur Einführung in die Allgemeine Betriebswirtschaftslehre, München 1996(8)

Wöhe, G./Kussmaul, H. (Buchführung), Grundzüge der Buchführung und Bilanztechnik, München 2006(5)

Wolff, B. (Reorganisation), Anreizkompatible Reorganisation in Unternehmen, Stuttgart 1999

Woll, A. (Volkswirtschaftslehre), Allgemeine Volkswirtschaftslehre, München 2003(14)

Womack, J. P./Jones, D. T./Roos, D. (Revolution), Die zweite Revolution in der Automobilindustrie, Frankfurt a. M./New York 1992(7)

Wosnitza, M. (Kapitalstrukturentscheidungen), Kapitalstrukturentscheidungen in Publikumsgesellschaften, Wiesbaden 1995

Wunderer, R./Dick, P. (Personalmanagement), Personalmanagement – Quo vadis?, Neuwied/Kriftel i. Ts. 2001(2)

Yamamoto, T. (Hagakure), Hagakure Bd. I und II, München 2003

Zach, M. (Monrepos), Monrepos, Tübingen 1996(2)

Zakrzewski, B. M./Roth, W. L. (Balance), Work Life Balance jenseits der 50 Stunden Woche, Kröning 2005

Zäpfel, G./Wasner, M. (Peitschenschlageffekt), Der Peitschenschlageffekt in der Logistikkette und Möglichkeiten der Überwindung chaotische Verhaltens, in: Logistik-Management, 1. Jg. 1999, S. 297 ff

Zelazny, G. (Bilder), Wie aus Zahlen Bilder werden, Wiesbaden 1999(5)
Zelazny, G. (Präsentationsbuch), Das Präsentationsbuch, Frankfurt a. M./New York 2001
Zillig, T. (Organisationsformen), Neue Organisationsformen, Lizentiatsarbeit eingereicht an der Wirtschafts- und Sozialwissenschaftlichen Fakultät der Universität Bern, Bern 2003
Zimmer, A./Weßeles, B. (Verbände), Verbände und Demokratie in Deutschland, Wiesbaden 2001
Zimmermann, H./Henke, K.-D. (Finanzwissenschaft), Einführung in die Finanzwissenschaft, München 1978(2)
Zollondz, H.-D. (Qualitätsmanagement), Grundlagen Qualitätsmanagement, München/Wien 2002
Zsolnai, L. (Hrsg.) (Ethics), Ethics in the Economy, Oxford et al. 2004(2)
Zsolnai, L./Ims, K. J. (Hrsg.) (Limits), Business within Limits, Oxford et al. 2005

Sachverzeichnis

A

ABC-Analyse, 327, 466, 493
Ablauforganisation, 245, 278, 279, 280, 281, 282
Ablaufplan, 281, 282, 283
Absatz, 154, 163, 171, 174, 256, 402, 488, 501, 504, 505, 506, 507, 514, 518, 522, 530, 533, 534, 536, 537
Adam Opel AG, 339
Adam Smith, 166, 242, 254, 273, 297, 300, 336
Adams, Stanley, 158, 160, 161
Aktiengesellschaft, 16, 28, 46, 198, 202, 207, 212, 213, 217, 228, 230
Aktienoptionen, 54, 386
Allowable Costs, 534, 535
Ambiguität, 86, 90, 358, 360
Assessment Center, 48, 50, 329
Aufbauorganisation, 245
Aufsichtsrat, 4, 17, 18, 46, 176, 192, 194, 196, 212, 213, 215, 220, 225, 228, 236, 240, 312, 346, 376, 394, 453, 477, 479, 480, 481, 556
Auftragsbeziehung, 42, 43

B

Balkendiagramm, 281, 282, 283, 514
Bedarfsermittlung, 491, 496
Bertrandt AG, 50
Beschaffung, 163, 268, 272, 323, 325, 429, 433, 463, 466, 489, 490, 491, 495, 496, 498, 501, 503, 505, 506, 513, 539, 544, 549
Bleicher, 36, 171
Boeing, 145
Bonus, 53, 54, 476

Borussia Dortmund, 230, 231, 232
Bosetzky, 96
Boutiquen, 168
Budget, 3, 5, 34, 48, 74, 94, 98, 109, 120, 406, 408, 451, 453, 454, 461, 482, 485, 486
Bürokratie, 69, 70, 243, 273, 314, 485
Business Intelligence, 408, 437, 438, 441, 443, 474

C

Challenger, 148, 150, 160
Chargenfertigung, 509
Clausewitz, Carl von, 78
Compliance, 141, 142, 556, 557
Conjoint Measurement, 535
Controlling, 4, 7, 12, 13, 56, 87, 94, 163, 164, 267, 271, 288, 307, 320, 402, 408, 410, 411, 422, 428, 434, 436, 437, 438, 439, 440, 441, 442, 446, 447, 449, 450, 452, 453, 454, 455, 456, 459, 460, 461, 463, 464, 465, 466, 468, 471, 474, 477, 479, 481, 482, 483, 484, 485, 549
Cournotscher Punkt, 533
Cyert, 84, 97

D

DaimlerChrysler, 27, 182, 207
Deutsche Bank, 146, 182, 186
Deutscher Corporate Government Kodex, 556
Divisionale Organisation, 256
dotted line, 248, 261

© Springer Fachmedien Wiesbaden 2015
J. Paul, *Praxisorientierte Einführung in die Allgemeine Betriebswirtschaftslehre*,
DOI 10.1007/978-3-658-07106-6

E
Einkommensteuer, 209, 210
Einkommensteuergesetz, 412
Einzelfertigung, 509, 510, 511
Einzelgesellschaft, 28
Einzelunternehmen, 199, 202, 209
Entgelt, 227, 319, 372, 379, 381, 387, 389, 390, 432, 532, 536, 538
E-Recruiting, 325
ERP, 439, 504, 517
Ethik, 7, 127, 128, 129, 131, 132, 134, 135, 136, 137, 138, 141, 142, 143, 145, 146, 151, 172, 179, 188, 245, 303, 474, 480, 520
Executive Information Systems, 445

F
Fertigungslos, 513
Fertigungstyp, 507, 508
Fertigungsverfahren, 507, 510, 511
Finanzbuchhaltung, 413, 415, 439, 448, 481
Finanzierung, 1, 27, 205, 207, 208, 410, 411, 417, 426, 429, 430, 432, 433, 434, 495, 505, 539
Finanzplanung, 4, 433
Ford Pinto, 138, 139, 160
French, 71, 73, 74, 99
Friedman, Milton, 132
Führungsstil, 10, 141, 345, 346, 347, 348, 349, 350, 352, 354, 355, 375
Funktionale Organisation, 255
Funktionendiagramm, 247, 249, 251

G
Gantt-Diagramm, 511, 514, 515, 516
Gefangenen-Dilemma, 44
Genossenschaft, 198, 222, 223, 224, 225
Geschäftsführung, 12, 14, 29, 140, 143, 189, 200, 201, 205, 207, 211, 213, 214, 218, 223, 228, 230, 231, 268, 289, 307, 308, 320, 448, 453
Gesellschaft
  mit beschränkter Haftung, 9, 28, 197, 200, 235
    GmbH & Co. KG, 28
Gewalt, 65, 66, 67, 68, 82, 154
Gewerbesteuer, 209, 229
GmbH & Co. KG, 228, 229, 230, 231, 235, 236, 237, 545

Greenpeace, 25, 34, 35
Güter, öffentliche, 57, 59

H
Haftung, 201, 202, 205, 206, 207, 208, 209, 212, 215, 227, 228, 229, 230, 235
Handbuch, 243, 281, 455, 478, 479, 529
Handelsgesellschaft, offene, 28
Handelsgesetzbuch, 28, 197, 412
Hardin, 58
Hauptversammlung, 212, 213, 228, 240
Hawthorne, 335
Herrschaft, 69, 70, 345
Herzberg, 363, 366, 367, 387, 388
Hilti AG, 171
Holding, 9, 12, 261, 266, 267, 268, 269, 270, 274, 275, 420
Hopp, 226, 227
Human Resources Management, 163, 317

I
IBM Credit, 299, 300
Individualethik, 129, 130, 147, 156, 161, 360
Infineon, 181
Informationsasymmetrie, 48, 49, 52, 221, 330, 376
Integrity, 141, 142, 556, 557
Interessen, 2, 5, 7, 14, 20, 46, 61, 62, 69, 70, 71, 74, 84, 88, 90, 92, 93, 94, 97, 99, 100, 105, 111, 112, 124, 131, 132, 133, 142, 151, 154, 158, 173, 175, 183, 186, 221, 222, 227, 265, 266, 288, 296, 300, 303, 320, 375, 376, 377, 378, 379, 397, 398, 403, 474, 476, 480, 550, 554, 555
International Division, 255, 258, 259
Intrapreneurship, 551, 552, 554
Investition, 67, 152, 323, 324, 410, 411, 422, 423, 424, 425, 426, 427, 428, 429, 505

J
Just-in-time, 491, 493

K
Kampf der Geschlechter, 43
Kanban, 492, 493, 495
Kapitalgesellschaft, 47

Sachverzeichnis

Kapitalgesellschaften, 198, 199, 202, 206, 207, 209, 215, 221, 415
Kapitalrendite, 100, 257, 449, 466, 470, 472
Kapitalrentabilität, 471
Kennzahlen, 16, 18, 19, 319, 388, 446, 447, 449, 450, 463, 464, 465, 466, 467, 468, 469, 471, 472, 474, 476
Kennzahlensysteme, 447
Key Performance Indicators, 470
KG a.A., 230
Koalitionen, 3, 84, 93, 99, 100, 110, 112, 287, 289, 477
Kommanditgesellschaft, 28, 198, 200, 227
Kontrollspanne, 251, 253
Körperschaftsteuergesetz, 412
Kostenrechnung, 193, 371, 422, 439, 447, 449, 450, 475, 478, 533

L

Lieferanten, 37, 131, 132, 133, 135, 148, 235, 412, 416, 440, 463, 492, 496, 503, 504, 512, 545, 546, 548, 558
Logistik, 163, 180, 193, 271, 277, 298, 308, 310, 382, 450, 463, 464, 466, 467, 471, 489, 490, 496, 500, 501, 503, 531, 544

M

Machiavelli, Niccolo, 74, 75, 76, 77, 96, 127
Macht, 4, 48, 62, 64, 65, 67, 68, 69, 71, 72, 73, 74, 75, 83, 84, 92, 94, 97, 100, 102, 104, 153, 157, 159, 186, 296, 301, 338, 345, 378, 400, 454
Management by Objectives, 355, 358, 383, 403, 453
managerial grid, 347
March, 84, 85, 97
Market for Lemons, 49
Marketing, 1, 3, 10, 22, 106, 108, 141, 161, 163, 167, 178, 298, 310, 319, 325, 332, 382, 501, 507, 518, 519, 520, 522, 523, 524, 526, 527, 528, 530, 531, 534, 537, 539, 540, 541, 542, 543, 547, 548, 549
Marktanteil, 470, 471, 472, 521, 524
Marktwirtschaft, 37, 38, 39, 131, 166, 239, 390, 394
Maslow, 363, 364, 365, 366, 367, 387, 388
Materialwirtschaft, 262, 439, 489, 490, 491
Matrix-Organisation, 260, 261

MbO, 343, 355, 356, 357, 358, 360, 369, 378, 383, 384, 403, 453
McGregor, 348, 388
Methods-Time-Measurement (MTM), 319
Migros, 174, 181
Mikropolitik, 5, 41, 96, 99, 101, 102, 104, 116, 127, 184, 301, 397
Mitbestimmung, 17, 212, 214, 215, 216, 217, 218, 219, 240
Moralist, 155, 361
Motivation, 6, 60, 82, 106, 110, 118, 119, 126, 127, 142, 185, 218, 243, 252, 253, 296, 305, 314, 319, 335, 355, 361, 362, 363, 364, 365, 366, 367, 368, 369, 370, 371, 372, 373, 374, 375, 376, 387, 388, 389, 397, 410, 471, 553
Mülleimer-Modell, 85, 86, 89, 91, 92, 96, 184, 185, 186, 323, 360, 401
Multimedia-Kommunikation, 540
Mutter Theresa, 33, 35

N

Netzplan, 281, 284, 285
Neuberger, 96, 97, 104, 290, 359, 397
Neue Institutionenökonomik, 5, 37
Non-Profit Organisations, 25

O

Öffentlichkeitsarbeit, 34, 539
Ökonomie, politische, 61
OLAP, 441, 442, 443, 487, 489
Olson, 61, 218
Opportunismus, 4, 57, 76
Organe, 176, 201, 202, 212, 213, 214, 216, 217, 228
Organigramm, 17, 20, 90, 247, 249, 270, 276, 277, 291, 292, 308, 312, 313, 317, 408, 409
Organisationsentwicklung, 293, 294, 295, 296, 306

P

Peitschenschlageffekt, 504
Personalauswahl, 48, 327, 328, 332
Personengesellschaften, 198, 199, 200, 201, 206, 207, 208, 209, 430
Planung, 15, 40, 120, 165, 180, 255, 284, 318, 319, 321, 337, 422, 436, 447, 449, 450, 451,

452, 453, 454, 461, 462, 463, 478, 485, 487, 493, 505, 506, 511, 517
Policy, 63, 64, 65
Politics, 63, 64, 65, 71, 74, 77, 83, 84, 96, 183, 184, 289, 397, 399, 475
Porsche, 50, 52, 208, 542
primäre Prozesskette, 163
Principal Agent, 5, 41, 43, 45, 46, 47, 51, 54, 60, 127, 142, 186, 221, 320, 330, 376, 377, 383, 395, 397, 480, 482
  Problem, 41, 56
Produktion, 15, 36, 63, 95, 101, 109, 163, 174, 180, 189, 242, 253, 255, 256, 257, 262, 268, 269, 271, 272, 297, 298, 308, 309, 310, 319, 320, 335, 340, 343, 351, 381, 405, 406, 428, 463, 464, 487, 488, 493, 495, 500, 501, 503, 505, 506, 507, 508, 530, 542, 549
Produktionsfaktor, 26, 318, 323
Produktionsplanung und -steuerung, 439, 464, 516
Produktlebenszyklus, 531
Projektorganisation, 271, 272, 443
Prozessorganisation, 271, 273, 274, 275

R
Raven, 71, 73, 74, 99
Rechnungswesen, 7, 100, 161, 163, 193, 252, 255, 256, 262, 272, 277, 282, 308, 410, 411, 412, 413, 417, 418, 421, 422, 455, 474, 476, 480, 549, 558
Rechtsform, 26, 163, 175, 196, 197, 198, 200, 201, 202, 203, 206, 207, 209, 212, 222, 224, 227, 228, 229, 230, 232, 234, 235, 236, 238, 558
Reengineering, 293, 297, 298, 299, 300, 301, 302, 303, 336
REFA, 10, 319, 382
Reflektionskompetenz, 5, 6, 128
Report Design, 447, 456, 457
Reporting, 289, 418, 447, 454, 455, 461, 477, 478, 480
Robert Bosch, 226
Rüstkosten, 513, 514

S
Sägezahnfunktion, 498
SAP, 108, 226, 315, 439
Schnittstellenminimierung, 251, 253, 254

Serienfertigung, 509, 510, 513
Shareholder Value, 53, 130, 131, 132, 133, 134, 135, 136, 146, 173, 218, 394, 520
Siemens AG, 219, 275
Smalltalk, 112, 116
Smith, Adam, 38, 39, 131
Soft Skills, 102, 104, 105
Sortenfertigung, 510
Sortiment, 39, 145, 171, 255, 477, 530, 531, 532, 537
Sozialkompetenz, 2, 102, 397
Spiele, 5, 91, 92, 93, 94, 95, 96, 105, 112, 116, 127, 184, 252, 289, 292, 404, 477
Spieltheorie, 37, 43, 45
Sponsoring, 539
Stabsstellen, 94, 245, 247, 261, 263, 264, 265, 266, 270
Stakeholder Value, 130, 131, 133, 173, 218, 394, 520
Status, 91, 100, 107, 110, 129, 152, 153, 186, 288, 320, 333, 338, 369, 370, 526
Stellenbeschreibung, 247, 249, 250, 289, 322, 552
Steve Jobs, 175, 181
Stiftung, 9, 198, 222, 225, 226, 227, 235, 237
Stille Gesellschaft, 198, 222
Strategic Business Units, 261, 263
Strategie, 8, 11, 13, 74, 78, 82, 83, 89, 90, 92, 108, 111, 112, 135, 163, 180, 181, 182, 183, 184, 185, 186, 187, 188, 189, 190, 196, 266, 301, 450, 451, 468, 469, 470, 473, 474, 522, 523, 526, 527, 528, 533, 534, 541, 549
strategische Erfolgspositionen, 164, 166, 168, 180
Stückliste, 511, 512, 513
Subsystem, 40
Sun Tzu, 81, 82, 127
System, 23, 24, 36, 38, 40, 45, 56, 84, 87, 91, 92, 97, 124, 127, 214, 216, 243, 289, 358, 379, 401, 408, 410, 413, 438, 443, 446, 457, 466, 468, 478, 482, 484, 485, 486, 488, 492, 501

T
Taktfertigung, 511
Tantieme, 54, 384
Target Costing, 534, 535
Taylor, 334, 335
teilautonome Arbeitsgruppen, 337

Sachverzeichnis

Transaktionskosten, 42, 43, 135, 293, 330
TRISA AG, 345

U
Ulrich, 36, 136, 138
UMTS, 45
Unique Selling Proposition, 541
Unternehmensethik, 5, 129, 130, 132, 133, 134, 135, 136, 138, 140, 151, 156, 172, 174, 520, 556, 557
Unternehmensführung, 356, 357, 375, 376, 437, 468, 505, 549, 554, 555, 556
Unternehmenskultur, 126, 141, 146, 171, 176, 178, 179, 180, 186, 187, 354, 377, 388, 552
Unternehmenspolitik, 64, 65, 133, 171, 175, 180, 183

V
Verfügungsrecht, 43
Vision, 77, 82, 171, 174, 175, 180, 181, 182, 189, 190, 191, 388, 468
Voith AG, 269, 270
Volkswirtschaftslehre, 5, 6, 7, 20, 37, 39, 41, 45, 57, 166, 533
Vorstand, 3, 4, 17, 18, 21, 46, 47, 53, 111, 119, 120, 179, 192, 194, 196, 207, 212, 213, 219, 221, 225, 228, 236, 240, 309, 310, 311, 312, 314, 315, 316, 346, 376, 385, 394, 397, 398, 408, 410, 412, 453, 477, 478, 479, 480, 481, 488, 547, 548, 556

W
Werkstattfertigung, 334, 510, 511
Wertschöpfungskette, 163, 503, 543
Whistleblowing, 95, 156, 157, 158, 159, 160
Work-Life Balance, 554

Druck: KN Digital Printforce GmbH · Schockenriedstraße 37 · 70565 Stuttgart